A STUDY
OF COMPARATIVE CIVILIZATIONS

比较文明学

第一册

绪论·世界文明的起源与体系

方汉文　著

中华书局

图书在版编目(CIP)数据

比较文明学/方汉文著. —北京:中华书局,2014.7
ISBN 978 - 7 - 101 - 10128 - 7

Ⅰ.比… Ⅱ.方… Ⅲ.比较文化 - 研究 Ⅳ.G04

中国版本图书馆 CIP 数据核字(2014)第 086896 号

书　　名	比较文明学(全五册)
著　　者	方汉文
责任编辑	李晨光　齐浣心
出版发行	中华书局
	(北京市丰台区太平桥西里 38 号　100073)
	http://www.zhbc.com.cn
	E-mail:zhbc@zhbc.com.cn
印　　刷	北京瑞古冠中印刷厂
版　　次	2014 年 7 月北京第 1 版
	2014 年 7 月北京第 1 次印刷
规　　格	开本/880×1230 毫米　1/32
	印张 54½　字数 1500 千字
印　　数	1－1500 册
国际书号	ISBN 978 - 7 - 101 - 10128 - 7
定　　价	228.00 元

目　录

序　言*

我十分高兴地得知，优秀著作《比较文化学》（Bijiao Wen-hua Xue）的作者方汉文教授撰写了另一部具有挑战性的新书《比较文明学》。

比较文明学是 21 世纪最重要的学术领域之一，分布于地球上的众多文明，为了更好、更和平地生存和合作，通过文明之间的比较研究可以互相理解。在我的人生中，全部生命贡献于这一新学科。

现在，我极为高兴有新的中国同行（僚友）来分享这一乐趣。我希望，他的新著将会受到中国人民欢迎，并且为比较文明学的进一步发展作出贡献。

国际比较文明学会终身名誉会长、日本比较文明学会名誉会长、丽泽大学比较文明文化研究所所长、东京大学名誉教授、国际日本文化研究会名誉教授

伊东俊太郎
2004 年 5 月 21 日

---

* 原文为英文，中文由苏州大学英文系教授、美国加州大学洛杉矶分校英文系硕士朱新福译出。

　　试设想，一个不很开化的印第安人，他的经验是
否不如通常的文明人那样丰富和幸福？我想并不如此。
一切文明国家的儿童都那么喜欢扮"印第安人"，这
是值得深思的。

——《爱因斯坦文集》第三集

前　言

　　就世界学术总的历史进程而言，东西方民族可谓各有自己
的贡献。古代希腊人的哲学无疑是最伟大的学术创造之一，它
远远超越了民族界限，受到世界各个民族的关注。意大利则从
文艺复兴时代起就以艺术与思想为世界之先导，英国的经验哲
学与经济学，法国的文学与社会政治理论，古代犹太人与古代
印度人所创造的宗教信仰，中国的儒学、佛学与道家学说都是
世界精神创造的瑰宝。

　　恩格斯有一句名言："德国人是一个哲学民族。"① 与这句
话对应的是黑格尔曾经说过的"学哲学，讲德语。"这两句话
都是基于德国古典哲学在 18—19 世纪空前繁荣的基础上的判
断，德意志民族长于哲学思维，并富于精神创造。马克思的判
断客观地评价了这一时期西方哲学发展的状况，它概括了德国

---

　　① 《马克思恩格斯全集》第 1 卷，人民出版社 1956 年版，第 591
页。

民族在理性思维特别是形而上学哲学方面的巨大贡献。如果从人类学术研究的总体历史进程来看，笔者以先哲为榜样，认为应当补充这样一句话："中国人是一个'文明'民族，研究比较文明，讲汉语。"

这不仅仅是说，中华民族是世界上最古老的文明民族之一，而且是说，中华民族重视并且善于从学术发展的总体性视域——文明研究（这也是当代学术的一个制高点）——来进行思考与研究。

中华民族是一个极度关注历史与文明研究的民族。与世界主要古代文明相比较，如埃及、印度、美索不达米文明、希腊罗马文明、美洲文明等，中国文明虽然不一定是最早的文明，但中国文明研究的历史最为悠久，历史资料最为丰富，记载最为详尽而且没有中断。其余各主要古代文明都在不同时期因为各种原因而中断，其研究也都因为时代久远、兵火焚毁而大受损失。只有中国文明研究记载全面，几乎从黄帝时代到当代，文字记录没有间断。不仅是中国历史，包括中亚各国古代文明的历史、印度佛教的各种学说与历史，惟有中国才留下了大量的、最全面的文献资料。要研究世界文明是离不开中国史籍与汉字文献的。我们举一个最明显的例子，罗马帝国是西方文明的开端，如果要研究西方文明不能不研究罗马文明，而研究罗马文明，就不能不涉及到古代日耳曼人即所谓蛮族的入侵，日耳曼人中的主要部族之一哥特人正是受到了来自亚洲的一支强大的游牧民族的压迫，才开始向罗马移动的。这个游牧民族就是公元91年前后大规模西迁的匈奴人。公元89年汉将窦宪击破北匈奴，北匈奴残部与郅支部合在一起，沿着哈萨克斯坦与乌兹别克斯坦交界处的咸海北岸，迁向伏尔加河流域。德意志民族史诗《尼伯龙根之歌》中就记载了公元457年日耳曼蛮族国家勃艮第被匈奴灭亡的故事。十八世纪英国历史学家吉本

（Edward Gibbon）的《罗马帝国衰亡史》中描述了匈奴人在欧洲征战，最终导致罗马帝国灭亡的历史。但是无论是欧洲史诗还是历史学家，对于匈奴这一草原民族原来生活在哪里，他们为什么突然出现于欧洲，都是一无所知。关于对欧亚两大洲的历史都曾经有过重大影响的草原民族匈奴，最详细的历史记载与文献只有中国的史书。正如美国学者麦高文（William Montgomery McGovern）所说："而关于中亚细亚的最重要资料，却是以汉文写成，而包含在中国的正史中的，中国史料的正确与丰富，可说远胜其他一切资料的总和。"① 此外还有突厥人在欧洲与亚洲的迁徙与流动、蒙古帝国的西征等等，所有这些重大的历史事件，记载最可靠与最详尽的仍然当数中国文献。西方以古希腊罗马为代表的地中海文明，其文化中心转移后为大西洋文明，虽然也有举世闻名的经典与文献，但由于中世纪基督教的政教合一统治，曾经一度中断了这一文明的人文主义传统，中古西方文明在世界文明中并不处于先进行列，直到16世界之后，由于较早实现工业化才有大的进展，但是从文明传统的角度来看，它也经历了传统的断裂，虽然文艺复兴之后对于复归希腊罗马传统的要求一直强烈，但与文明传统一直没有中断的中国相比，它也有自己的不足之处。

这充分显示了一个民族的精神特征：记载与研究人类文明的历史过程，并且以一种忠于史实的态度作深刻的分析。"究天人之际，通古今之变"，这是中华民族的优秀历史学传统，也形成一种追求理性、保持人道主义与道德观念，但又注重实际与历史事实的民族精神。中国文明是古代文明中为数不多的没有沉溺于宗教神秘与幻想的文明之一，这与它注重历史事实

---

① ［美］W. M. 麦高文：《中亚古国史·著者原序》，章巽译，中华书局2004年版，第5页。

有直接关系，笔者认为，这也是我们这个民族值得自豪的一个特点，是我们对于世界文明的一种贡献。世界文明如同一个民族一样，需要它的历史学家与书记官。我们可以说，中国是世界的历史学家与书记官，这是由中华文明的传统与特性所决定的。更为重要的是，研究世界文明的历史经验与发展规律，分析它现实阶段的特性，判断世界文明的发展趋势，都必须以文明的历史为依据。这就说明研究比较文明，中国有不可替代的优势。

全球化时代中，文明研究已经成为世界各国学术界竞相争逐的学术制高点。世界各国学术界都在孜孜不倦地对各个领域进行研究。特别是比较文明学的兴起，更是将文明研究推向一个新的阶段，一个以世界文明的同一性与差异为切入点，以综合性研究与深入的历史分析相结合的前所未有的阶段。

然而恰恰在这个领域里，至今还没有发现当代中国学者的重要论著，听不到来自世界文明古国的声音，这不禁令人感到一种遗憾乃至悲哀。

忽反顾以流涕兮，哀高丘之无女。

这样一种古老而又保持新鲜生命力的文明形态，这样一个有文明研究传统的大国，没有理由不参加比较文明的学术竞争。

可惜的是，世界文明的研究一直存在各民族与东西方文化之间的隔阂，西方民族对于东方文明研究知之不多，同样，东方文明研究也局限于各自民族本身的范围，没有建立具有比较性的文明研究。正因为没有世界文明的共同视域，从北京猿人、南京小汤山猿人、山顶洞人等到发现于中国大地上众多的古代人类与古代文明遗址，时至今日仍然被排除在世界文明与考古、历史学研究的视域之外，相当多的研究结论仍然得不到承认。由于缺乏比较，世界文明体系的内在联系无法被认识。

在本书中，我们提出了比较文明学的世界文明体系与历史形态的理论，这是不同于西方比较文明学与其他文明研究的重要理论。我们认为：世界文明是由包括东西方文明与不同民族文明共同体所组成的系统，东西方文明集中了世界文明史的经验，它们代表文明类型的两极，互相促进。同时，世界文明体系的发生与结构组成方式都具有相互联系性、共同规律性与各自不可取代性。

相互联系性是第一个基本特性，即世界文明体系从形成之初就存在互相联系、彼此交流与传播、互相影响的特性。人类的先祖有可能从非洲走出，来到世界各地，谋求生存与发展，这一过程中的交流从未完全中断。欧亚大陆相连，不同文明之间的交流自古就相当频繁，农业文明时代，尼罗河流域与两河流域的农业生产技术传入欧洲，推动了欧洲农业的兴盛。公元10世纪之后，欧洲农业开始蓬勃发展。16世纪之后，欧洲的工业化带动了亚洲与世界各地的工业发展。古代中国农业生产技术向东亚与东南亚各国扩散，使这些国家进入文明时代。世界古代民族之间交流的历史远超过我们目前已知的资料，这种历史联系说明各文明体系都不是孤立存在的，文明之间的联系与交流是推动世界文明前进的根本动力。

第二，世界文明之间有共同的发展规律性，这里的文明规律性是指：世界文明基本上经历了蒙昧时代、野蛮时代、采集与渔猎生产时代、农牧业生产时代、工业化生产时代等不同类型与历史阶段。这种规律是从宏观上所言人类社会发展的基本阶段，并不是一种僵死的模式或是公式，也并不是所有民族文明全都必须逐一经历所有发展阶段，而只是大多数民族已经经历了的人类社会发展的主要类型与历史阶段的划分。历史上任何一个时期，都会有少量的民族相对超前或是滞后，世界历史各阶段中，都有些部族保持原始生活状态，或是超越某一两种发展阶段，直接进入较发达社会的情况发生。但是这丝毫不说明人类的文明是没有发展规律的一团乱麻。相反，正是 17 世纪之后，通过对世界各地原住民生活的研究，科学家们才得以揭示不同文明发展的各个阶段的特性，这种规律性的认识才逐渐确立。某种程度上，依靠这种规律的存在，我们才能看到某些非规律性现象的价值，这正从反面说明了认识与掌握规律的重要性。

第三，各民族文明具有独特的历史进程与本质特性，如果对于一个人来说，性格与命运相关，那么对于一个民族而言，它的历史命运则可能会更多地影响其民族特性。独立性并不与规律性相对抗，相反，这种独立性恰是世界文明共同规律的实存，也是规律的演绎。各民族文明产生的气候、土壤、地理位置、周边民族等自然与人文环境不同，历史发展阶段不同，民族风俗、语言文字、宗教信仰、道德伦理、民族心理与性格、历史文化都不相同。例如，要了解犹太人的民族性格，必须了解这一民族所承受的沉重历史灾难。公元前 16 世纪到公元前 13 世纪，犹太人在埃及遭受奴役，公元前 586 年巴比伦军队攻陷耶路撒冷，圣殿被毁之后，经历了"巴比伦之囚"、罗马人的统治，直到希特勒法西斯的排犹，正所谓"艰难育汝成"，历经磨难才有了犹太民族所独有的民族心理与性格。不同民族所从事社会生产与活动的方式及社会制度不同，所以必然形成不同文明形态。世界上没有一种文明的形态与其他文明完全相同，以斯拉夫文明的支系之一南斯拉夫人为例，南斯拉夫支系包括保加利亚、塞尔维亚、克罗地亚、斯洛文尼亚、黑山和马其顿等民族。南斯拉夫的不同民族经历了希腊化时代、罗马帝国、神圣罗马帝国、拜占庭与奥斯曼帝国等多种统治与侵略，巴尔干半岛集聚了天主教、东正教、耶稣教、伊斯兰教等众多的不同宗教信仰与历史传统的民族，各自都有独立性，历史证明，无视其民族特性必然会引发矛盾。非洲与南美的丛林里生活着相当多的部族，相距很近，但风俗完全不同，只有尊重彼此的风俗才可能在这里生存。承认民族独特性，就能建立不同文明之间的共存关系，全球化时代中，世界文明体系就建立在共同繁荣之上。

世界文明体系是由各民族或是多个民族的文明共同体构成的，所谓文明共同体，就是以一个原发文明为起源的具有共同或相近观念、但又有自己发展特色的文明团体。有的西方学者如克里斯托弗·斯卡列（Christopher Scarre）等人所著的《古代文明》（Ancient Civilizations）中，就把文明划分为"原生文明"（Primary Civilizations）和"第二级文明"（Secondary Civilizations），如中国殷商、两河流域、印度河谷等文明为原生文明；而受到原生文明影响所产生的文明则为第二级文明，如米诺斯和麦锡尼、东南亚文明等①。我们则采用"文明共同体"的概念，用它来说明文明的起源与互相影响的关系，这样更合乎文明体系的辩证发展规律性。世界文明体系之说，所强调的是世界不同民族文明的互相联系与互相促进。从 15 世纪末期开始，由于海上航线的开通，殖民化与工业化进程同时启动，世界各民族文明进入有史以来从未出现过的大规模交往。美国经济学家沃勒斯坦等人也据此提出了"现代世界体系论"等观念。如果从文明关系角度看，世界体系早已存在，只是这种体系是隐性的，各种文明在不同地区的进化，展示了人类文明的同一性。各种文明彼此之间的交往也早已存在，历史上多个世界帝国的建立、丝绸之路的开通，使得世界文明体系之间的联系早已建立。地理大发现之后，工业化过程的实现只不过是使得这些体系表征化了，文明交往更加自觉了，有更为坚固的经济与生产

---

① Christopher Scarre, *Ancient Civilizations*, Upper Saddle River, New Jersey, Prentice Hall, 2003, P. 10.

的联系链条而已。如果只承认工业化之后所建立的所谓"世界体系"，看不到在此之前世界文明之间的历史交往，这是一种实用主义的认识。这种认识只把工业化看成是世界化的动力，是一种从资本主义社会形态出发的有限见解。我们所主张的世界文明体系则从人类社会文明的历史来看这种联系，当然也包括工业化之后的"世界历史"，从古代文明到现代文明的发展，应当说是一种更为全面的认识。

作为东方文明的代表类型之一，东亚文明与其他文明一样，它对于相关国家与民族间有一种文明认同（civilizations identity），这种认同不只是区域的相近，而是由文明起源与文明精神的共同性的所决定的。公元 6 世纪前后，中国文明大规模东传日本，历时 14 个世纪，正像日本学者所注意到的那样，这一时代早于基督教传入英国。中国文明对东亚和东南亚国家文化生活的影响在世界文明交流史上罕有其比，中国对日本、越南和朝鲜等国的影响与印度佛教对这些国家的影响不同，中国的政治经济、农业、手工业、商业贸易直到文学艺术，全面影响了东亚与东南亚，涉及社会生活的各个层面，如此长期与大规模的交流，形成了一种共同的文明环境，这就是文明体系的基础。

马克思和恩格斯说到学术研究中的比较与竞争时曾经有一段极为精彩的话：

> ……但是，他当然完全不懂得比较解剖学、植物学、语言学等等这样的一些科学。这些科学仅仅由于在可比较的对象的范围内比较和确立差异就取得了巨大成就，在这些科学中比较是具有普遍意义的。
>
> 一些大民族——法国人、北美洲人、英国人——不论在实践方面和理论方面、在竞争方面和科学方面，都是经常互相比较的。像德国人一样的害怕比较和竞争的小商人

和市侩，总是躲在他们的哲学商标制造家们给他们制造的不可比较这个盾牌后面。①

我相信，中国人不是当年德国的"小商人与市侩"，中国学者绝不害怕将中华文明与世界其他文明进行比较研究，不会躲在中国文明"不可比较"的盾牌背后。无可怀疑，当代世界学术与比较文明研究中，中国学者的加入将会真正使它成为全球化时代有多种文明学术背景的学科。

所谓比较，并非牵强附会，也不是风马牛不相及的杂俎，或是如古人所说"木与夜孰长"之类的不具有可比性的穿凿附会，更不是简单类比，如东方之孔子释迦牟尼可比希腊之苏格拉底柏拉图等。比较不是所谓的"打通"，也不是寻找互异之处。关于比较研究的误解中，最为流行的认为比较就是"打通"，虽然持此说者各不相同，但这是目前国内外对于"比较研究"相当流行的一种说法。美国当代学者米勒（Hillis Miller）曾经针对把比较研究看成是"打通"之类的说法，有过一段不无讥讽的话：

> 韦勒克认为，既然现在他已经清楚地指出摆脱危机的道路，那么现在应该沿着这条路走下去，即是说，继续来从事"比较文学"。这一短语指涉的是当时发表在哈佛大学的杂志《哈佛之声》上的一个讽刺漫画。漫画上画的是哈佛大学比较文学的创始人列文和皮基奥利，他们身穿水管工的衣服，拿着修理工具，正在敲一户居民的房门。漫画的标题上写道："我们来比较文学"。这幅漫画真是非常诙谐，出人意料地巧妙。它影射"文学"中有些东西坏了，把它们修理好的方法以就是加以比较，"比较文学"

---

① 马克思恩格斯：《论艺术》（一），人民文学出版社1960年版，第291—292页。

就像"修理水龙头"，好让水流畅通。①

比较文学当然是建立在不同民族文学具有共同特性的基础上，但绝不只是相同的文学现象，更重要的是，即使没有相同的文学现象，并不意味着不可比较。所以仅仅是"打通"或是把东西方文学（当然也包括文明）中的相通之处揭示给人看，并不是比较学科的主要目标。简单罗列东西方文明中这些相同的现象，尽管再多再详细，不可能达到东西方文明本体层次的互相认同。这并不是反对求同研究，而是要求在不同文明中的现象、结构与意义的认证中，进一步来研究东西文明本质特性与共同规律，从而达到对人类文明本体性的把握。只有达到了本体意义上的认识，才可能说，我们真正理解了人类文明。

比较研究是一种思维与方法的运用，它所关注的是不同现象中存在的逻辑的合理性。这里的逻辑指的则是人的理性法则。在比较文明学这个领域中，首先就是人类文明的历史实践的理性法则以及实践过程的研究。所以比较文明是历史又不是一般的历史，是哲学又不是一般的哲学，它涵盖经济学、人类学、社会学但又不同于其中任何一种学科，它从文化研究起步但又不同于一般的文化研究。可以说，它是人类文明关系的体系研究，是历史现象、哲学思考与文明研究视域的一种结合，正因为是一种体系的研究，所以它超越其中任何一个学科，它的跨越文化、跨越学科的视域、思维与方法，是任何一个学科所不具备的。

———————

① 美国加利福尼亚大学厄湾分校教授、曾任北美现代语言学会主席的美国艺术与科学院院士、著名文学批评家与文学理论家希利斯·米勒2003年10月访问了中国，并应清华大学比较文学与文化研究中心、苏州大学比较文学研究中心与外国语学院的邀请发表演讲。此即引自米勒的演讲《比较文学的（语言）危机》，李元译，载《中华读书报》，2003年10月22日，第11版（国际文化）。

本书的主旨可以用一句话来说明：东方与西方犹两仪之互生，遂成多元文明之体系。古今东西，天道人道，共参天人之合一。

所谓文明，从现象上看是一种人类创造精神的表达方式与人类的生存形态，也是一种人道精神的实现。但反思文明就会认识到，文明也是一种天道，是自然之道，因为文明是人类依靠自然来创造的。人类新石器时代的"农业革命"是最早的社会文明形态，在这种文明中，人类就是利用了自然的矿物冶炼金属，制造生产工具，从事生产；人类利用野生水稻和野生麦类培育了水稻与麦类；人类驯养了自然界中的野牛野马才有了家畜。更为彻底地说，人自身也是自然进化的产物，人是从古猿进化而来的，没有自然就没有人类创造与人类自身，所以说文明是人道也是天道，恩格斯说文明是一种"社会品质"，这是极为正确的，社会品质就是人类社会实践所具有的品质，是人与自然的相互作用中形成的品质，也就是人道合于天道的产物。所以，笔者经常强调，文明不完全是自然，也不完全由人类创造，人类在宇宙中的使命就是通过文明创造来实现的，文明的产生，归根结底应当是天道与人道的合一。欧洲哲学家重视从自我意识、宇宙精神等方面来看待历史文明，宇宙精神与自我意识是从不同角度来强调的存在的本体意义，也是对于道的一种阐释方式。中国儒学则更主张从"天人感应"的角度来体悟它，程颢甚至说：

> 天地之间，只有一个感与应而已，更有甚事。①

从汉儒董仲舒的天人感应到明代理学家的"感应"，思想体系不同，但是基本精神中仍然有明显的承袭，这就是彰显人道与

---

① ［宋］程颢、程颐：《二程集》（上），中华书局1981年版，第153页。

天道之间的互相感应，是寻找人类与自然造化的契合。这也是真正的天人合一，也就是说，天人合一并不是人类与自然的融合，而是人类通过自然的创造。文明应当是人类创造的历史形态，所谓历史形态是指它是一个模式，只具有其中个别要素还不行，如有的部族可能有文字或是有铁器，但这并不说明它已经进入了文明形态。作为形态，它具有本质与表征的不同属性。在这种形态中，人类的心性即精神与自然之道即天理，达到契合状态，契合就是道得以实现，即人类获得了精神与物质的解放，这是文明的本质。从而产生一系列表征，具有了文字、法律与道德准则、发明了铁器与生产生活用具等。如果只是从物质生产的表征来理解文明，其实是没有看到文明的实质，至少不是对于文明全面的理解。

　　文明分为东方文明与西方文明等不同类型，仅从类型上看是有差异甚至对立与冲突的，这两种文明之间的差异性表现得如此之鲜明，似乎是绝然相反，冰炭难容。但是，也正是因为这种差异性与它们之间所存在的同一性使得东西方文明在历史交往中互相促进，阴阳消长，变化无穷，东西方文明都从对方受益，得到互补。东西方文明的比较研究中，有的西方学者把东方看成是一种古代文化体制的代表，是"静止的"、"僵化的"东方，这种看法是错误的。东西方文明，并不是一种空间与时间的对立，它们各有自己独立的形态发展，并且有长期的交流与互动。东西方文明差异归根结底是人与自然关系不同联系方式的展现，所以比较文明的同一与差异，会增加认识途径，克服单一性，最终达到人与自然和谐发展的目的。古与今，东方与西方，是时空中的差异与同一的表现形式，如果没有它们的差异就不会产生和谐，和谐不是求同或是打通，而是对立事物的参证与契合。辩证发展就是承认事物的差异，但这种差异之中存在着同一，此即所谓"同与异俱于一"。古人说君子必辩，所谓"辩"，就是"有诸己不非诸人，无诸己不求诸人"。一阴一阳之谓道，各民族保持自己的传统，世界文明才会共存。文明之道的成长有赖于东西方文明差异的参证与契合，由此产生推动力。

德国科学家莱布尼茨曾经说过：中国与西方（欧洲）代表了人类文明的两极。文明是人道与天道合一的显现，也是人类掌握自然与社会的实践，这两者是同一事物的不同说法而已。世界文明的发展规律如同一切事物一样，是在一阴一阳的消长之中实现自己的历程。世界文明从东方滥觞，创造了农业文明社会，在工业文明阶段在西方取得巨大成就。无可否认，西方文明在现代社会有巨大影响力，东方文明在近代以来受到有力冲击，无论是古代波斯宗教、印度佛学或是中国儒学，已经被千年历史发展证明其内容中既有值得继承的成分，也有必须淘汰的部分。但是不可忽视，世界文明的危机确实是存在的，至少到 19 世纪，西方文明的内在冲突如宗教与科学、理性与感性、自我自由与人类责任之间的冲突已经暴露无遗，西方文明的衰落并不是斯宾格勒等人故作惊人之语。如果仅仅是那样，它绝对不会引起世界的关注，从根本上来说，西方文明的大限已经显现出来。福山等西方学者过于片面地看待西方文明，认为历史已经终结，其终结于资本主义与西方文明的胜利。这种看法是极为可笑的，世界文明是永远不会终结的，文明自身的否定与进化，不同文明的冲突与融合，证明了世界文明必然不断出现新的文明形态。文明辩证论认为，惟有不同文明的对立与转化，才是世界文明进步的轨迹。

如果说世界文明是一个系统，那么这个系统不但可以划分为多种多样的文明类型，如汤因比所划分的 21 类，或是伊东俊太郎等人划分的 17 类，不但可以划分为东方文明与西方文明，更为重要的是，人类文明的不同类型之间，特别是东西方文明之间存在互相促进的关系。这种关系首先表现为文明传统观念之间的参同与分歧，也表现为不同文明之间的战争、商业经贸与文化交流的关系，这就是文明间的辩证联系。文明间的辩证联系还表现于人类经历的每一个历史阶段都有文明与反文明之间的对立，无论东方或西方，都与反文明势力进行过艰苦的斗争：

前文明社会中，人类以文明为主要目标，力图克服蒙昧、野蛮，取得在自然界中生存的条件，以形成人类社会。

进入农业文明阶段后，古代部族、民族与国家建立，萌生出多神教、一神教和人文主义等信仰，在这一阶段中，人类文明的对立主要表现于科学、人文创造与宗教专权、专制制度之间的矛盾。其中西方与东方各有不同表现，但追求科学与进步的精神是一致的。

从 1600 年前后工业文明在西方发展壮大，到 19 世纪世界性的大工业形成，世界文明的进程其实一直是在与殖民侵略、宗教扩张、民族文明灭绝的斗争中实现的。

20 世纪中，进步文明的对立面则是法西斯主义、帝国政治与世界霸权、环境污染与恐怖主义等。

在未来社会中，人类文明与反文明之间仍然会存在着对立冲突，如地缘政治、恐怖主义、霸权主义与蛊惑人心的邪教等，世界在这些冲突中不断前进。东西方文明互相推动，为世界发展作出了自己的贡献。

德国哲学家康德说：

启蒙运动就是人类脱离自己加之于自己的不成熟状态。不成熟状态就是不经别人的引导，就对运用自己的理智无能为力。当其原因不在于缺乏理智，而在于不经别人的引导就缺乏勇气与决心加以运用时，那么这种不成熟就自己所加之于自己的了。Sapere aude! 要有勇气运用你自己的理智！这就是启蒙运动的口号。①

拉丁文 Sapere aude，就是"敢于认识"的意思，我曾经在一本书的开卷就引用它来自勉与鼓励读者。至今，我仍然认为，对于中国人来说，它具有特别重要的意义。至于我写作此书的目的与意图，已经有了一定的说明，这里我仍然愿意引用孟德斯鸠对于《法意》（即《论法的精神》）一书所说的话：如果这部书还算得上成功的话，那很大程度上取决于主题的庄严性，当然我也不认为自己完全缺乏才能。

笔者始终认为，个人的禀赋对于学科与学术发展的作用固然重要，但从总体而言，世界学术中，某一学科的兴衰最终取决于时代所赐予它的机遇与条件。当今时代，东西方文明的交流与汇融，不仅仅会实现科学技术与社会经济的全球化，更为重要的是，可能会产生新千年的前所未有的学术。历史上东西方文化学术的相遇如同原子核的撞击一样，会产生巨大能量的聚变。以希腊化时期为例，从公元前 322 年亚历山大逝世起，到公元前 30 年罗马人征服埃及，奥古斯都即罗马帝国皇帝位，这一时期史称"希腊化时期"（Hellenism 或是 Hellenization），这是古代西方文明的代表性阶段地中海文化与包括犹太及印度等在内的东方文化的一次大规模的交汇与融合，有人称其为"古代世界的现代化"。正是在这种历史背景中产生了基督教，实际上并不是希腊文化向东方扩张的"希腊化"，而是一种文化的"交融"（sycretism）。西方文化与东方文化都得到丰富，西方的希腊罗马传统借助于基督教与文艺复兴中的科学技术臻于完善。东方的巴勒斯坦直到印度西北部、中亚民族大夏、安息等地都不同程度的学习了古代希腊罗马文明，形成了龟兹文

---

① ［德］康德：《历史理性批判文集》，何兆武译，商务印书馆1997年版，第22页。

化、犍陀罗文化等同时具有东西方特征的"交融"型文化。历史证明，东西方与西方的主体文化也会因交流而造成自身的转型，形成新的创造。

与此相比，当代的全球化将是西方与东方最遥远的古老文明中国的全面接触，这一时代必将带给双方文明以更大的冲击，传统文明的转型与新文明的诞生也是必然的。

东方文明与西方文明之间的差异性与同一性最终表现为什么？

其同一性与差异性集中表现于对道与存在意义的追求。人类文明创造中，物质的世界是有限的，不重复的，无论是锦衣美食还是明堂高轩，不过只是形体与样式的变化，而且都是必然要损坏消灭的。西方与东方，人类文明活动的最高目标都是对于人类精神的追求，所不同者在于追求的方式、想像、理解与这种追求的归属是不同的。东方以感悟的知性与理性的结合来实现对于道的整体性与不同层面的把握，具有"具体的抽象"的辩证思维特性；西方以理性思维为主，采用形而上学与分析方法来追求现象背后的存在的意义。东方以道德伦理来实现道在人类社会中的形式与规范，西方以科学技术来掌握自然，重在利用性。东方体察自然与社会的关系，追求一种和谐的实践方式；西方把人类理解作为存在精神的规律表现，以实现对于自然的利用。

东西方是如此的不同又是如此的相同，道，在它的本相中就是存在的精神，存在的精神在它的显现与形式化中就成为了道。但同时，正因为这种从本相到形式化的过程，道与存在精神也各自完成了自已，互相壁垒森严地拒绝了对方。而因为这种拒绝，道还是要回归存在的精神，其途径就是逻各斯与"辩"，古希腊的逻各斯包括了道、言与逻辑等多种含义。正如存在的精神必然成为道一样，道的存在是阴阳变化的辩证过程。这种过程绝不是无意义的，它的意义就恰恰在于道与存在精神的合一与分离。

也就是说，当我们说到东方之道时，西方的存在精神已经在其中了；当我们指向存在的精神追求时，东方的道已经呈现于斯了。西方以神作为存在精神的化身，以"道成肉身"（incanation）来实现它，东方以"圣贤"之言来体现"道"的内涵，这就是所谓"道可道，非常道，名可名，非常名"。圣贤之言，同样也是人格化的神圣意志。在这互相争议、互相斗争、互相分裂之中，道与存在已经合一了。

道即存在之精神，道亦非存在之精神；存在精神即是道，存在精神亦非道。东方即西方，东方亦即非西方。西方亦即东方，西方亦即非东方。东方与西方永远在合一与分裂，东方与西方永远有差异与同一，惟有东西方的结合才有伟大的新文明的母体产生。

中国古代的老子是世界上最伟大的哲学家之一，他有一段名言，正可以用来说明人类文明发展的历史与前途：

    寂兮寥兮，独立不改。周行而不殆，可以为天下母。

　　学问赐予一个国家荣耀，无知则带给任何民族以耻辱。

　　　　　　——本杰明·马丁（Benjamin Martin）

　　《技术文库》（Bibliotheca Technologica，1738）

　　各个民族国家进行竞争，所由取胜的因素不一，其中最主要的一个似乎是文明所已达成的等级，越高就越有利。

　　　　　　——达尔文《人类的由来》第一篇第七章

　　国家与学术为存亡，天而未厌中国也，必不亡其学术。

　　　　　　——王国维《沈乙庵先生七十寿序》

绪　论

卷一　研究的缘起与目标

一、比较文明学的前提

　　在我们现在所知的宇宙间，只有我们这颗蔚蓝色的行星上才存在着生命，地球的存在至少已经有 60 亿年的历史。只有地球上才生活着亿万年进化而成的万物的灵长——人类。据达尔文《物种起源》中的研究，在地球的寒武纪之前的远古时代，地球上就有生物的存在。而人类的祖先大约在第三纪晚期就有可能产生。人类形成于第四纪大冰期中，距今大约有 300 万年到 50 万年间。人类的出现，为宇宙中的这个星球带来了巨大的变化，人类创造出了地球上从未有过的万物万事。所有这些创造，统统可以称之为人类文明，这是宇宙间仅存的非自然本身的产物。所以我们完全可以把文明看成是人类与宇宙其他物体之间根本不同的象征，是人类区别于自然的总体性标志，也是最重要的标志。

人类文明有什么意义？

它是宇宙偶然的产物还是一种别有意义的安排——由人类创造的文明来为这古老空寂的宇宙带来精神的价值——抑或人类与其所创造的文明不过是一种自生自灭的宇宙现象？

我们如何看待人类，如何看待人类文明的价值与未来发展？

世界不同文明之间是什么关系，如何评价不同文明？

……

这一切都无可回避地将我们推向比较文明研究，比较文明学是当代的一门重要学科，它是将世界各民族文明，各种文明体系与不同历史阶段的文明形态作为研究对象，从中发现世界文明历史规律与特点的学科，是总体文明研究。由于研究对象与范围的巨大与多样，这就使得比较文明学要有它建立学科研究的前提，首先要克服学术研究中两个最重要的横向与纵向的、空间与时间的分隔：学科界限与民族文明界限。

从空间的、横向的研究方面而言，当代学术研究基本上采取源自西方的学科性研究方式，西方的学科研究模式从古代希腊开始形成，亚里士多德和他的学生就已经划分了它的主要研究范围与学科门类，学科（discipline）一词的本意就包含有划分界限的意义。这种学科研究中，主要是依据研究对象划分为不同学科：如数学、物理、化学、哲学、历史、文学、逻辑学等，从不同的领域来研究自然界与人类社会、人类的精神与物质的创造。但是，学科研究的对象与学科划分之间的冲突也从学科产生之日就已经存在，作为学科研究对象的世界是一体的，而学科是人为分隔开来的，以一种人为划分的学科来研究一体的世界，必然有无法逾越的困难。这种模式的发展趋势是学科分类愈来愈细，彼此之间的隔离不断加大，联系愈来愈少，已经成为学术的障碍。所以，跨越学科界限，建立跨学科的研究方式，以适应研究的对象，成为一种历史的要求。19 世纪以后，这种跨学科研究也越来越多。比较文明学可以说是这种跨学科研究中集大成同时具有高度概括性的研究，这是一种综合性的跨学科研究，它绝不排斥其他学科，相反，它是在现代学科严密划分的基础上形成的，可以吸收各学科的成果以丰富其内容。当然，它更需要对于人类文明总体及其构成的深思与理解，要有宏大视域与精密知识的结合，它需要借鉴、利用、提炼、综汇相关学科的成果，以形成自己的学科规范与内涵。

　　另一方面，从纵向与历时角度而言，世界各民族都有自己的文明起源与历史，都有自己的学术范畴、方法与传统。即使是自然科学，也划分为西方科学与东方科学，有古代希腊人的科学，也有古代印度与中国人的科学，有西方科学史也有东方科学史。西方的数学不同于中国的算学、西方的"哲学"、"逻辑学"等在汉语中都没有完全对应的词，中国有"经学"、"理学"等学问，但中国有没有"哲学"这一学科名称，这一学科的名称是来自于西方的。

　　但是，世界各民族的科学与学术无论有多大的差异，其本质是相同的，世界的科学与学术都以自然与人类社会为研究对象，这种研究有人类文明的共通性，是超越不同民族传统界限分隔的。17 世纪，大批西方传教士进入中国，欧洲人对于中国有如此发达的学术惊叹不已。德国科学家莱布尼称赞中国与欧洲是世界上最发达的两个文明，他指出，中国的"学问"与欧洲的"科学"是不同的，但这只是说二者是对共同事物的不同研究方式，中国重视观察，欧洲重视数学计算，东西方文明科学研究之间没有本质的差异，应当互相借鉴。① 中国从明代起就迅速接受西方数学、天文学等科学，并与中国传统的科学技术研究联系起来。清代王国维等人已经认识到，学术的价值是不分东西方的，他指出：

> 何以言学无中西也？世界学问，不出科学、史学、文学，故中国之学，西国类皆有之；西国之学，我国亦类皆有之。所异者，广狭疏密耳。……余谓中、西二学，盛则俱盛，衰则俱衰，风气既开，互相推助。②

这也就是后来钱锺书所说的"东海西海，心理攸同；南学北学，道术未裂"的含意。中国虽然没有名为"哲学"的学科，但中国的"经学"与西方的"哲学"一样，是文明的核心，如马克思主义经典作家所说，哲学是"文明的活的灵魂"。民族文明的创造是一个大的体系与系统，包括国民经济与人民生活的物质基础，国家政治制度与管理机构，以及宗教信仰学术思想等精神活动不同层次，其中各民族之间在不同层次都有差异，但以学术思想等精神领域的差异最为突出。所以，如果学术思想都有本质的相同，那么跨越民族文明界限的研究当然是可行的。实际上，世界各主要文明之间的交流自古是存在的，这种

---

① 关于17世纪西方与中国文化交流的研究，可以参考［德］夏瑞春编著的《德国思想家论中国》，陈爱政等译，江苏人民出版社1997年版，第5页中的有关论述。

② 王国维：《观堂集林》（下），河北教育出版社，2001年版第816－817页。

交流与影响已经化入了各自文明的构成因素之中，经过长期的历史融合，外来文明与本土文明，彼此难分，合为一体了。如果从发生认识论的角度而言，这也是世界不同文明之间产生共通性的一个证据。

世界需要有跨越民族界限、跨越学科界限、东西方民族所共有的文明研究，这就是比较文明学。正因为这样，我们可以对比较文明学产生的前提进行简单的归纳：

首先，跨学科的文明研究，意义在于破除学科界限所造成的局限与分隔，比较文明学将负起这一重任，它的研究范围涉及人类、宇宙和地球环境之间的联系，背景广阔，它关注人类生存的过去与未来。这就决定了它要跨越天文学、地质学、物理学、生物学、哲学、神学、历史与文学等多种学科，甚至还包括历史地理学、人类学、民族学、社会学等多种新兴学科与交叉学科，更重要的是它是一种系统研究，是多种学科的有机结合，而不是分别的、割裂式的研究。

其次，世界文明之间的关系发展在召唤比较文明学，全球化时代中，世界多元文明的共存与共同繁荣，要求对全人类文明的起源、发展和规律进行研究，要求对于文明的现象和本质，对于它的类型与历史形态进行深入分析，揭示人类文明的意义，指出它的历史经验与教训。文明形态的普适性与独立性，是这一研究的核心，理解各文明的共性、普遍性与相通性，也就理解了它们的独特性、个性与本土性。

归根结底，比较文明学这个学科是"世界历史"的产物。古代社会中人类社会已经存在着交往，但是只有工业化才将人类社会带入了"世界历史"的阶段，"资产阶级，由于一切生产工具的迅速改进，由于交通的极其便利，把一切民族甚至最野蛮的民族都卷到文明中来了"①。世界改变的不仅仅是人类的社会环境与生活状态，而且改变了民族心理与性格，工业化是一本打开的心理学。世界历史落实到人的精神之中，是所谓学术"范式"的转换，是学科性质的转变。比较文明学是现代学术转型的产物，从传统的形而上学与实践学科的二元对立向结合为一体的转化。由于学科多样化所造成的一种现象，通常人们所说的"文化马赛克"，在比较文明学这样的多学科结合中，转化为有机体。正因为这是一种世界性的具有崇高意义与高层次的学术研究，所以它会成为一种多学科的完美结合，获得其他学科所不能替代的价值与成就。

二、21 世纪是比较文明研究的世纪

比较文明研究如此重要，古今中外的有识之士无不关注这一极为重要的领域：古代希腊的希罗多德、修昔底德、苏格拉底、柏拉图、亚里士多德，其后的西方学者如圣奥古斯丁、圣托马斯·阿奎那、弗朗西斯·培根、博克、休谟、康德、黑格尔、弗洛伊德、马克思、恩格斯、摩尔根、汤因比、塞缪尔·亨廷顿……，中国人从孔、老、孟、韩、庄子、荀子、司马迁、程朱陆王、严复、孙中山、郭沫若、贾兰坡、裴文中、陈垣、范文澜、梁漱溟……，他们的思想与学术都关系到比较文明研究，虽然没有采用比较文明研究的名称。其他如当代欧美各国学者、日本学者、印度学者，已经在这一领域有相当重要的论著，这是值得我国研究者们学习的。

人类认识与学科发展的规律决定了比较文明研究只能在当代才会成为学术研究与社会关注的中心，这是因为人类认识是一个从低级到高级、从简单到复杂、从部分到整体的过程。学

---

① 《马克思恩格斯选集》第 1 卷，人民出版社 1995 年版，第 276 页。

科发展史上，最先出现的是基础学科，基础学科同时向两个方向发展：一个方向是分化成多种多样的分支学科与新学科，另一个方向则是形成综合性的或是跨越性的学科。所以，只有在多种基础学科研究的基础上，才可能有比较文明研究这样的复杂的、综合性的学科。学科又要受到社会环境的制约，只有世界文明发展到一定阶段，世界主要文明之间建立直接联系，互相理解，世界文明的整体性呈现出来，比较文明学才会应运而生。

公元前 8 至前 6 世纪，希腊建立了奴隶制城邦国家，并且开始向海外殖民，建立了一百多个殖民城邦。北至黑海地区的赫勒斯滂、色雷斯等，西到意大利南部、西西里岛、高卢与西班牙东海岸，南达叙利亚与利比亚等地，形成了以希腊为中心的地中海文明。地中海文明与埃及文明、两河流域文明交往相当多，与世界其他文明则交往不多。公元前 6 世纪，希腊与波斯的战争爆发，先进的民主制度国家希腊受到专制君主国家波斯的进攻，从此，希腊人开始关注东方。希腊人自称为西方，将波斯人称为东方民族，在希罗多德的《历史》中开始记述波斯、印度等东方文明，但是对于远东的中国文明尚不确切知道。罗马帝国开始与中国交往，但是双方只有使节来往，安息国等在中间阻隔，两国不可能实现全面的交往。虽然有丝绸之路的商贸关系，但是西方对于中国文明知之不多。罗马人的心态也很特殊，罗马人把非罗马帝国的民族如日耳曼人等统称为蛮族，无论是希腊人还是罗马人，都自认为是世界文明的中心，把其他民族看成是野蛮民族。罗马帝国灭亡后，中世纪欧洲与远东的中国文明之间的联系不多，基督教是一神教，把东方民族看成是异教与野蛮民族，这种认识根深蒂固，长期影响欧洲人对东方的看法。公元 10 世纪之后，西欧农业开始大垦殖运动，经过三百年开荒，西欧农业生产飞跃发展，带动了手工业和商业发展，西欧成为经济中心。西方文明中心开始从地中海的希腊向大西洋岸边的西欧转移，大西洋文明取代了地中海文明，成为西方文明的代表。但是，直到地理大发现之前，西方对于东方的中国文明仍然缺乏全面了解，中国在西方印象中，主要是丝绸、茶叶、瓷器等农产品生产地，关于中国的宗教信仰、政治制度、语言文化、哲学与文学等方面几乎完全不知。东西方主要文明之间没有直接联系，没有比较的参照系，不可能形成对于世界文明的真正认识，当然更谈不上比较文明的研究。

15 世纪末期到 16 世纪初，在西方被称为"冒险的时代"或是大发现的时代，因为在这一历史时期，海上环球航线开通，东西方的海上大交通形成。欧洲的葡萄牙与西班牙两个伊比利亚半岛上的小国，由于海上冒险大发其财，随着撒哈拉沙漠以南非洲的发现，美洲与澳洲的发现，欧洲列强纷纷加入殖民的行列。最后，殖民者们会聚南中国海，完成了对于东方的探险。

17 世纪到 18 世纪，西方形成了东方研究的第一个高潮。大批的传教士与旅行家经海路来到中国，东西方文明直接联系在一起，他们将古老的东方文明的各种情况向欧洲报告，欧洲对中国日本有了深入的认识，引起东西方文明之间的比较。这是海上交通之后的最重要的东西方文明之间的高层次融合，其意义不同于欧洲对于非洲与美洲的殖民，是近代史上的东西文明之间的大规模直接交流。我们仅从以下现象即可看出这次交流在欧洲之深入：

1. 公元 1585 年西班牙人门多萨（J. G. de Mendoza，1545－1618）的《中华大帝国志》（Historia de las cosasmas notables, ritos y costvmbre del gran Reyno de la China）出版，随即被译为英、法、德、拉丁、荷兰、意大利等欧洲文字。

2. 意大利耶稣会士利玛窦（M. Ricci，1552－1610）的《基督教远征中国记》（De Christiancl Expeditione apud Sinas）一

书于 1615 年出版，利玛窦不同于门多萨，他在中国传教多年，精心研究过中国的科学与学术，所以他的见解更有专业价值，也更真实可信。

3. 1667 年，德国耶稣会士基歇尔（A. Kircher，1602 - 1680）的《中国图志》（China Monumentis Illustrata）出版，首次以大量图像直观地再现了中国事物，给欧洲人以深刻印象。

4. 18 世纪，法国出版早期汉学三大名著：《耶稣会士书信集》（1702 - 1776 年）、杜赫德（J. -B. Du Halde）的《中华帝国通志》（1735）与《中国论丛》。

5. 从 1666 年到 1774 年，英国皇家学会会刊《哲学汇刊》发表介绍中国的文章，共约 34 篇。

在历时二百多年的持续研究的影响下，欧洲全社会关注东方与中国，大量关于中国的论著行世，上至皇帝下到平民，对于中国的科学、政治、文字乃至生活习俗、茶叶种植、养蚕、丝绸等方面，无所不谈。自从中世纪十字军东征，西方与中近东国家发生密切联系之后，西方从来没有如此全面地关注过东方世界。

也就在这一时期，西方文明经历了重要的启蒙主义思想改革，标志着现代社会的建立。一种极为重要的现象是，所有启蒙主义思想家与其他有识之士，包括伏尔泰、孟德斯鸠、狄德罗、魁奈、歌德、休谟等人无不重视中国文明与中西文明的比较，这是一次世界规模的文明研究，笔者认为，正是这种比较对于西方启蒙主义兴起与现代思想观念建立具有决定作用。有的学者认为，是中国启蒙了欧洲，如果从一定程度而言，这种说法并不为过。17 - 18 世纪的东西方文明交流中，古代中国文明为欧洲提供了可供借鉴的经验。这种经验是正反两方面的，一方面是中国曾经有过的发达的科学技术、稳定的政治社会制度、无神论的信仰、先进的农业生产等方面给欧洲以启示。另一方面，中国的政治腐败、封建专制统治、科学技术的败落也给欧洲以警示，促进欧洲启蒙思想的兴起。

19 世纪被西方学者称为"历史的世纪"，从中可以看出，历史学不但取得重要进展，而且获了崇高声誉。德国与法国历史学家们的历史研究方法对欧洲学术是重要的创新，记录时代与联结过去的深刻反省，成就了历史科学的重要历史地位。德国著名历史学家兰克（Leopold Ranke）创立的兰克学派，主张一种整体性的世界史研究，他称之为"总体史"。虽然他实际上只研究了拉丁和日耳曼民族史，但是这种观念与方法却超出了民族史，影响到了比较文明等方面。除了史学方法与观念更新，历史哲学与比较文明关系更密切，历史哲学的形而上学思维方式与广阔视域，更适合于比较文明学。18 世纪后期到 19 世纪，欧洲的历史哲学出现高峰，康德、赫尔德、黑格尔的历史哲学表达了西方从整体上研究世界文明的愿望，西方与其他文明之间的比较其实已经朝着学科化的目标迈进。

20 世纪后期，经济全球化推进了文明研究，世界各种文明从原本隔离的状态下解放出来，在现代化道路上相逢。各文明之间的比较与竞争超过任何一个历史时代，这也使得比较文明学的兴起势不可挡。联合国教科文组织首当其冲，推出连续性的《世界文化报告》，表现出对于世界文明与文化多元化研究的极大关注。2000 年的《世界文化报告 2000——文化的多样性、冲突与多元共存》中写道：

> 关于人类起源的新发现表明：我们人类都属于一个物种，不同文化的发展道路为人类历史中文化的多样性留下了印记。……因而，我们应当把文化多样性看做是：它在过去已经存在、现在呈现着更丰富的形式、在将来会成为汹涌的大河。最终这种多样性是人类意愿的产物。我们发

明了文化，会与文化共存。①

联合国教科文组织国际专家小组还出版了关于文化研究的报告《多种文化的星球——联合国教科文组织国际专家小组的报告》（The Multicultural Planet —— the report of a UNESCO International expert group，1993），这个报告由罗马俱乐部的著名学者欧文·拉兹洛（Ervin Laszlo）主编，曾经担任联合国教科文组织总干事的费德里科·马约尔为该书所写的序言中说道：

> 我们的星球在有记载的历史以前很久就具有多种文化。所谓文化，我且称之为表现一个社会的行为和物质特征的复合体，就它的某些成分而言，历来是在各种文明之间交流不息的。②

在 21 世纪的国际学术研究中，各种文明间"交流不息"的文化"成分"，已经到了需要一个总结性认识的阶段。中国也在力求与世界学术同步，中国学术界的"夏商周断代工程"是举世关注的重大科研项目，其中一个专题就是"世界诸古代文明年代学研究的历史与现状"，其成果是由东北师范大学世界古典文明史研究所编著的《世界诸古代文明年代学研究的历史与现状》一书，汇集了古代近东与西方古典这两大研究领域的最新成果，已于 1999 年正式出版。虽然如此，但从总体而言，中国的比较文明与世界文明研究仍然处于初期阶段，它的重要任务之一就是要改革单一的传统"世界史"编纂模式，发展比较文明与文化研究等多种研究。

---

① 联合国教科文组织编《世界文化报告 2000——文化的多样性、冲突与多元共存》，关世杰等译，北京大学出版社 2002 年版，第 10 页。

② [美] 欧文·拉兹洛编辑《多种文化的星球——联合国教科文组织国际专家小组的报告》，戴侃、辛未译，社会科学文献出版社 2001 年版，第 1 页。

比较文明研究的一个重要特点还在于：它不仅是跨学科的，而且超越了单纯的学术研究的范围，吸引了社会各界的目光。从联合国到各类国际组织、各国政府到民间团体，从世界和平组织到生态环境保护、反对种族歧视、提倡妇女权益、保护世界文化遗产、世界财贸与经济的各种组织与派别，林林总总，形形色色，几乎无不直接间接与比较文明研究牵连在一起。比较文明研究成为社会问题意识的一个中心，这是一个明显的趋势。与比较文明研究相关的各种论著占据了世界学术最显赫的地位：德国哲学家斯宾格勒的《西方的没落》、英国历史学家汤因比的《历史研究》、美国哈佛大学国际政治学家塞缪尔·亨廷顿教授的《文明的冲突与国际秩序的重建》、美国比较文学学者爱德华·赛义德的《东方学》与《文化与帝国主义》、甚至包括福山的《历史的终结与最后的人》等论著都成了畅销书，这种现象也是极为罕见的。

这里我们还没有计入一些自然科学对比较文明研究有重大影响的理论，例如达尔文进化论、爱因斯坦相对论、当代物理学家关于宇宙形成的理论、关于全球化的理论等等，无不涉及到文明比较。更重要的是，20 世纪中期以来，比较文明学成为一门国际性学科，国际比较文明学会（International Society for the Comparative Study of Civilizations）成立，出版了大量比较文明学研究的论著。

比较文明学研究引起关注，它能够走向学科化与国际化，根本原因在于有一些重要的理论问题一直在吸引世界有识之士的广泛关注，认为对于这些问题有理论解释的必要：人类文明是单一起源的还是多元起源？西方文明会不会衰落？当代世界主要的冲突是不是"文明冲突"？未来社会的文明如何发展？……

毫不夸张地说，如果从这些研究的重要性来说，21 世纪学术应当以比较文明研究为指归。如果说，17－18世纪的东西方文化交流对于西方文明的现代化有重要意义，那么，21世纪的比较文明研究可能更多地对中国文明复兴有所助益：西方文化的内在冲突甚至"文明的没落"会给中国以重要启示，中国会从西方学习到如何进行改革，正如200多年前启蒙主义思想家以中国为对象进行研究一样。

当然，在21世纪中，比较文明并不仅限于中国与西方。跨文化的或是多元文化观念的比较文明研究在许多国家中已经成为一个重要的学术领域，国际学术界的有识之士纷纷涉足这一领域。这是一个大舞台，世界各国学者在这里展示自己的实力，互相竞争。亚洲国家日本早就出版了一批世界文明研究的论著，其中不少已经有了中译本。对于中国学者来说，关注世界与中国历来是我们研究的宗旨，与世界学术研究接轨，是我们长期以来的目标，中国学者当然有责任进入这一领域。

中国的学术是开放的，从魏晋汉唐对于佛教的接纳到明清之后对于欧美文明的开放，形成了中国学术开放的传统，这是进行比较文明研究的良好学术环境。中国在比较文明研究的一些相关学科如哲学、人类学、民族学、生物学、地质学、天文学等重要学科一直与世界发达国家保持密切关联，自从清末派遣留学生以来，许多中国留学生在欧洲向一流学者学习，归国以后从事相关研究，为中国近代学术与西方学术的融合提供了条件。此外，从明末清初以来直到今天，中国兴起了一个大翻译运动。世界历史上有过多次重要的翻译活动，其中有几次大规模的翻译活动举世闻名。第一是公元前3世纪起，罗马人对于希腊典籍的翻译。第二是古代中国对佛经的翻译，到唐代达到高潮。第三是阿拉伯的阿拔斯王朝的"百年翻译运动"（主要是阿拔斯第一王朝，公元750－844年）。如果将中国明清以来的翻译活动联系起来，应当说超过了以上各次大的翻译活动。经过中国数代翻译工作者的巨大努力，从古代到近现代世界学术主要著作在中国有了较好的译本，欧美的主要学术研究成果可以迅速进入到中国来。中国学者在先秦诸子以来的深厚中国学术背景的基础上，掌握了近代到现代西方进化论、相对论等最新理论。知古知今，知中知外，能将东西方学术汇集于一体，这正是中国学术界得天独厚之处。这不仅仅是对于翻译活动的热忱，而是表现出一种面向世界的开放学术态度。

比较文明的兴起会带来世界与中国学术的春天，中国学者以独特的文化背景与思想观念和理解来阐释世界文明的时代终于到来了。世界文明研究中曾令人困惑不解的许多重要历史现象，可能从此得到说明。比较文明是世界性的多学科综合研究，中国甲骨文、西亚楔形文字、埃及象形文字、亚述学、埃及学、中国研究、印度研究、古希腊罗马研究等诸多研究领域，多种研究手段、方法与学科的结合，必然使世界学术呈现出新的面貌。

1867 年，马克思《资本论》第一卷德文版在汉堡出版，1868 年 3 月，恩格斯在《民主周报》中上发表了为《资本论》第一卷所写的书评，其中写道：

> 自世界上有资本家和工人以来，没有一本书像我们面前这本书那样，对于工人具有如此重要的意义。资本和劳动的关系，是我们全部现代社会体系所围绕旋转的轴心，这种关系在这里第一次得到了科学的说明，而这种说明之透彻和精辟，只有一个德国人才能做得到。欧文、圣西门、傅立叶的著作现在和将来都是有价值的，可是只有一个德国人才能攀登最高点，把现代社会关系的全部领域看得明白而且一览无遗，就像一个观察者站在最高的山巅观赏下面的山景那样。①

---

① 《马克思恩格斯选集》第 2 卷，人民出版社 1995 年版，第 589 页。

如果我们从民族文明特性来理解恩格斯这段话，其中深意自然会被理解。英国是世界工业化最早的国家，也有世界上最早的经济学理论家，但是恩格斯仍然以德国人为解决现代社会关系的特选者。因为当时的西方世界中，只有德国人才有可能对"现代社会关系的全部领域"看清楚。这并不仅仅因为德国哲学是领先于世界的，更重要的是在整个文化领域中，康德、歌德、席勒、赫尔德、黑格尔、马克思、恩格斯都是站在"最高的山巅"，具有一种世界历史观念，一种世界文明的视域，只有他们才可能对世界文明发展规律作出正确判断。以后的历史证明了恩格斯的看法，后世的杰出学者中，胡塞尔、海德格尔、卡西列、弗洛伊德（奥地利）、马尔库塞、哈贝马斯等，都具有世界影响。

全球化所带来的东西方文化交汇，同样需要站在世界文明的山巅上观看全景的学者。要理解这样一个时代，观察从蒙昧、野蛮时代到现代化社会的人类文明，是不是要待诸中国学者的介入呢。根基最为深厚的中国学术，当然有可能在这种对话中发出更重要的声音。我们当然也期望，对于世界文明的历史与当前的格局的分析，会由新一代中国学者来完成。

三、文化相对论（Cultural Relativism）与文化多元论（Cultural Pluralism）

如果穿越时空，任何一个面对人类文明创造的人，无论你具有何种文化的传统，无论你是用来自古代爱琴海岸的希腊人所特有的目光，这是在雅典的哲人中就已经流传的，从柏拉图、亚里士多德的论著中所培养出的那种把形而上学与数学的精密分析相结合的，意欲洞察事物之本质的目光，用一种浸透着"逻各斯"观念的方法与对于"存在"的意义追求的尺度来衡量一切；抑或你是来自黄河与长江之滨，在古老的《易经》和64卦爻精神的陶冶下，如老子和孔子那种从现象中领悟其运动法则，这也是一种传统，"伏羲作八卦，文王演为六十四，孔子作篆爻系辞，三圣重业，易乃具足"。这是世代累积的眼光与思想，就是中国古代人称之为"辨"的认识方式，这是一种同时具有差异与同一，具体与抽象的辩证理性思维。

也有可能，你会用一种从那静静流淌的恒河，在喜马拉雅山沉寂的雪峰之麓所产生的佛陀智慧来思考，用一种冥想式的思维，被称之为"渐悟"（nirvāda）或是"知性"（kalpanā）的方式来思索。

总之，无论你来自何方用何种视域（perspective）来观察、来思想，你都会从精神上，而不仅仅是从目光所触及的人类创造物的形象鲜明的对比中，如埃及沙漠中的金字塔与中国长城的造型，高耸入云的哥特式的中世纪城堡与平铺于地表的北京故宫，公元之初的罗马人圆形竞技场与中国秦代兵马俑方阵的形式差异中，都会产生一种看到这种差异之与内在的和谐所产生的精神震撼，并且会产生一种要超越这种强烈的外在形式对比的观念。这就意味着你会像17－18世纪的欧洲硕学鸿儒一样，借助于传教士带来的文献，对于人类在西方文明之外的另一高度发达的文明类型——中国文明——的意义进行思考。法国伏尔泰（François – Marie de Voltaire）曾经惊呼：

> ……在这个时期，巴比伦的迦勒底人开始了长达1900年的天文观察，这就是以后由凯里斯泰尼斯（Callisthenes）传入希腊的天文学，而婆罗门氏族开始在印度取得权势，也就是在这个时期，波斯人开始制定了法律，而南方的阿拉伯人和北方的西徐亚人还居住帐篷中，中华大帝国即已

以其灿烂文明举世皆知了。①

法国人的惊叹，因为他们看到另一种伟大文明——与欧洲基督教文明完全不同的——一种以人文精神为主导的文明形态。这一差异的伟大意义在于告诉人们：发达文明的形态不是惟一的，东方有与西方不同的高度发达文明。这也许就预示着，过去与将来的世界都不是绝对一体化。这个世界并不像《圣经》所说，是唯一的一个上帝所创造的。发人深思的是，西方的上帝是来自于古犹太教，但是在古犹太教义中，最早的"神"恰是一个复数名词，从语源学来看，这可能是早期的非一神教的遗存。同样，你也会像清代官员冯桂芬一样，由于海上大发现，不再相信中国居于天下之中，而对于"西海"、"西人"的"西学"有新的认识：

> 今则地球九万里，莫非舟车所通、人力所到据西人舆图所列，不下百国。此百国中，经译之书，惟明末意大里亚及今英吉利两国书凡数十种，其述耶稣教者率猥鄙无足道。此外如算学、重学、视学、光学、化学等皆得格物至理，舆地书备列百国山川厄塞、风土物产，多中人所不及。②

东方与西方的文明，具有如此大的差异，而那些认真研究过不同民族特别是东西方文明的人普遍承认，这是一种整体性的文明差异，而不是枝节的不同。出生于印度孟买的英国作家吉卜林（Rudyard Kipling），可以说是具有一定观察力并且亲身经历了不同文明经验的人，他有一段经常被西方人引用的诗句：

---

① François - Marie de Voltaire: *The Philosophy of History*, New York, Philosophical Library , 1965, P. 88.

② 冯桂芬：《采西学议》，载《校邠庐抗议》，上海书店出版社，2002 年版，第 55 页。

Oh, East is East , and West is West,
And never the twain shall meet .
Till Earth and Sky stand presently,
at God's great judgement Seat.

东方就是东方，西方就是西方，
非到天地相接于
上帝的宝座前，
东西两方不聚首。

当然，这种感慨并不排除一种殖民主义的观念所导致的偏颇，某些西方殖民者对于原住民或是他们所称之为"土著"的人，有一种偏见，认为这些人从整个种族上是低于自己所属种族的，故对其文明的评价也是一种野蛮、落后文明的定位，这就使得他们把不同文明之间的交流看成是不可能的。同时我们也不可否认由于东西方文明形态的不同造成的心理影响，这也是常见的现象。作为一个中国人，青年时期就到英国读书的中国著名学者严复，自然也会对东西方文明的不同感触深刻。他曾经谈到过向中国人宣传西方的苦衷，他在《论世变之亟》中说："夫与华人言西治，常苦于难见其真。"这就是一种无法言说的苦恼，并非完全是严复崇拜西方，实在是文明相差太大，思维方式殊异，使人有不知从何说起的感觉。即使在当代社会中，这种观念也相当普遍，"文化相对论"（Cultural Relativism）就是一种具有代表性的思潮。

所谓文化相对论有多种各不相同的、有时是相反理解的思潮。我们这里取其原初含义，即认为民族文明与文化产生于各自不同的环境，有不同的机制，彼此不可能完全融合。这种认识基于这样一个原理，即文明与文化具有自己的内部结构，而彼此之间很难达到完全的融合。这种思潮起源于欧洲，康德的学生赫尔德的思想就是其中一种有代表性的观念，他认为文化之间虽然可以互相影响，但是每一种文化都有其核心，不同文化互相接触只是外部的相接，不可能进入核心。我们在斯宾格勒的《西方的没落》中，同样可以看到明显的文化相对论的观念。

我们应当如何看待文化相对主义观念呢？

东西方巨大的反差无疑会产生惊异，而惊异是产生知识的动力。亚里士多德认为"惊异" θαūημα（thauma）是哲学产生之源，他在《形而上学》中写道："早期哲学家的历史清楚表明这门学科不是一门实用的学科，因为现在或早先的人们进行哲学思考都是开始于惊异。"这种"惊异"在古希腊戏剧家索福克勒斯的名剧《安提戈涅》中得到阐释，剧中的台词是"奇异的事情虽然多，却没一件比人更奇异。"如果要补充一句话，那就是：没有比看到与自己不同的、异国异族的人更令人惊异的了。从比较文明的角度看，从古希腊罗马时代起，东方的赛里斯人就是最令西方人惊异不已的民族，正如老普林尼（Pline L'Ancien）写于公元 77 年的《自然史》中所说：

> 在文章的一开头就使人越来越感到惊奇，即人类甚至可以劈开大山挖出其中的大理石、可以向赛里斯国索取衣料、可以到红海海底去探求珠宝、可以到地心深处去寻觅碧玉。①

中国人生产的丝绸被希腊人说成是树上产的"羊毛"，产丝的蚕被说成是白色的小虫，东方的一切都是奇幻的，令人向往的，同时也是与西方迥然不同的，甚至无法理解的。这里已经存在一种早期的"东方主义"，一种文化相对论的萌芽。

---

① ［法］戈岱司编：《希腊拉丁作家远东古文献辑录》，耿昇译，中华书局 1987 年版，第 12 页。

16 世纪之后，世界地理大发现，开始了西方与东方文化的直接交流。随着工业化时代到来，经济全球化趋势不断加强，但是，这并不意味着东西方可以达到完全的彼此理解，而是表明了世界文明的多元性。"多元论"（Pluralism）的概念在西方并不是绝对的同一或是完全的融合，这个词的本义是"多元化"，它强调不同文化之间的可理解性与融合性，所以在联合国的《世界文化报告》中被译为"多元共存"。但是，在当代文化研究中，共存经常被误读为同一化，甚至被看成是以一种文化模式统一世界，如西方现代化模式等。所以我们这里仍然用了"多元论"的概念，区别于同一化，与"多元共存"基本意义是相同的。事实上，即使在全球化时代，不同文化，特别是东西方文化之间的差异仍然存在。另一方面，无论在西方民族还是东方民族中，文化相对论依然是有影响的社会思想。世界仍然要回答何种文明能代表历史前进的方向，世界不同文明能否"共存"等问题。

西方文明，从希腊起到现代西方，作为一种重要的世界文明传统，都给人类社会以巨大影响，为人类进步作出了伟大贡献。但这种文明的内外冲突又使得人们不得不考虑它的前途与未来，如果从西方文明自身的经历看，希腊罗马古典文明在基督教立为罗马国教之后，发生了文明转型。公元 10 世纪之后，西方文明中心从地中海转向西欧，工商业经济兴起，经过文艺复兴，西方文明形态再次发生深刻的内部变化。古典人文主义、基督教精神与科学思想多种因素共同构成西方文明核心，其内部冲突从未中断。所以一批西方学者从启蒙主义时代起就不断思考西方文化的前途，甚至一度把中国文明看成是解决西方体制冲突的榜样，关于这一点，我们上文已经提到。现代化进程中断了启蒙主义者的思考，而当代思想家再次从东西方文明间的关系进行反思，这些反思的历史维度是前所未有的，从康德、斯宾格勒到后现代主义思想家德里达关于西方理性中心主义、美国学者赛义德关于"东方学"、汤因比的历史研究等，都从新的角度提出了西方文明中存在的问题，总之，西方文明的自我批判进入一个新阶段。

无论从人类社会生活的模式或是个体的心理、行为来看，东西方不同民族之间都有基本相同的共性。世界各国有基本相同的房屋居舍、衣着穿戴；食用相同的大麦小麦、驯养大致相同的牲畜；甚至有大致相同的行为特征、社会模式、道德标准，乃至喜怒哀乐的表达都基本相似。所以，英国生物学家达尔文（Charles Darwin）在其名著《人类的由来》（The Descent of Man and selection in relation to sex）一书中从人类种族的角度，比较了东方印度人与西方欧洲人之间的同一与差异，他写道：

> 在印度，象埃耳芬斯东（甲222）所说的那样，尽管一个新到的欧洲人开始无法辨别当地的许多各式各样的族类，不久以后，他们在他的眼光里，却又会见得极度地各不相似，而印度人对各个欧洲的民族国家的人，一开始也看不出任何不同来。即便在最相殊异的人的族类之间，在形态上也有许多相似的地方，实际上要比我们起初意料所及的多得多。[①]

人类的共同特性，是一种族类特性，就是青年时代的马克思经常说到的"类特性"。尽管东西方人类在人种、语言与文明上存在巨大不同，他们却可能存在着种类的特性。类特性是最根本的存在，民族的差异是一种社会历史的产物，它在一定条件下会产生歧视与对立。莎士比亚悲剧《威尼斯商人》中反映了这种民族差异所形成的对立，犹太人夏洛克对于基督教徒歧视

---

① ［英］达尔文：《人类的由来》上册，潘光旦、胡寿文译，商务印书馆1997年版，第262页。

犹太民族的行为深恶痛绝，他说："……犹太人没有眼睛吗？犹太人没有手臂、肢体、有感觉、喜好与热情吗？犹太人不是吃着同样的食物，爱到同样武器的伤害，会得同样的病，用同样的方法可以治好，他们同样会感觉冬冷夏热，和基督教徒一样吗？"

毫无疑问，不同人种的人，完全有着相同的人类特性。犹太人没有不同于基督教徒的感觉与理智，其他民族也一样，全都有共同的人类特性。正因为存在种类的特性，也必然产生相同的人类文明，或更正确地说，人类不同文明之间存在一种共通性，正像不同民族之间完全可以互相理解一样，不同民族文明中存在同一性。所以莎士比亚笔下人物的台词，却从深层次说明了人类可以互相理解的根源。这并不只是犹太人或是基督教徒的感觉，中国古代人早就有这种经验与体会，中国古代文明是一种多民族融合的文明，黄河长江流域的先民与中国周边的戎蛮夷狄等少数民族融合后，才产生了中国文明。同样，印度文明也不是某个单一民族所创造的，早在史前时代，从欧洲来的亚利安民族进入印度次大陆，与印度半岛上的原住民共同创造了印度文明，所以直到今日，印度人的种族、民族间的差异相当大，但是这种差异，不但无碍于文明的发展，甚至可以说，有利于文明的进步。世界文明发展最迅速的往往是多民族互相融合的时代与地区，幼发拉底河与底格里斯河之间的美索不达米亚平原是世界文明发祥地，具有 5000 多年的文明史，创造这一文明的是哪一个民族？史学家们争论不休，有说是黄种人，有说是白种人，有说是黑色人种，也有说是其他种族的人创造了这一文明。但是当代研究证明，它的民族是多种多样的。公元前 5000 年前的埃利都人创造了欧贝德文化，公元前 3500 年前后苏美尔人来到这里，创造了更为发达的古代城邦文明，其后阿卡德人、古提人、阿摩利人、加喜特人、亚述人、迦勒底人等，不同民族轮番在美索不达米亚平原上创造出有自己特色的文明。所以很难说哪一个民族是两河流域文明的创造者，只能说众多的民族全都有自己的贡献。

多元文明共存的经历会产生相应的哲学，这是关于文明关系的思考。令人惊讶的事实是，早在中国先秦时代的诗歌《诗经》中已经出现了一种"他人"与自我的辩证关系的思考，很多西方学者认为中国人没有理性思维的能力，中国古代文明中也缺少这种成分，其实这种观念本身即是一种无知的表现。笔者认为：世界上最早的哲理诗就出现在于中国的《诗经》中，古代诗人表达了自我与他人之间的心理同一性。我们以《小雅·巧言》为例：这是一首几乎人人皆知的名篇，早在唐代起就被魏征等人反复引用，用来说明我们与异族是可以互相理解的：

> 奕奕寝庙，君子作之。秩秩大猷，圣人莫之。
>
> 他人有心，予忖度之。跃跃毚兔，遇犬获之。

这首诗是人类文明史上哲理诗的杰作，它不但早在 3000 年前就提出了一个当代人特别是西方的后现代主义学者所经常引用的词——他人（other）——而且已经触及到后现代主义话语中的关键概念，这就是个体的心理认证（identity）。要理解这种被后现代主义者抬高得无以复加的"认证"，就必须追溯到西方哲学中的一个核心概念——自我（ego）。

认证不过是自我意识的对象化，自我才是西方意识的中心，而且是一个无法消解的中心。其无法消解的原因在于，人类的认识起于一种对于区别的追求，就是说，要认识一个事物，就要理解它与其他事物之间的区分，就此而言，东西方认识的原理是一样的，先秦诸子的"同异之辩"也是关于认识原理的探讨，与希腊人可以共鸣。但认识的发展历史上，东西方又有不同，西方认识论更为重视同一性，identity 这个词的本义之一就是"同一性",追求自我的认证,以区分自我与世界,作为认识世界的前提,这种观念深入西方文化之中。要理解认证的意义,必须要了解"自我"的历史与演变。自我这个概念对不同哲学家来说有不同含义,如康德的自我与黑格尔的自我就大不相同,而西方哲学家的自我与精神分析学家弗洛伊德的自我也大不相同。其中最甚者是黑格尔,在他的哲学中,自我如同阿拉伯神话中那个在铜胆瓶中关了几百年而最终被放了出来的魔鬼,一下子成了人类精神的最高境界,全部哲学的目的变成了似乎有点疯狂的"自我意识"的自由,这就是被称为"黑格尔哲学的秘密"的所在。这种"自由"恰恰同当时德国社会压抑的政治生活形成了最鲜明的对比。同样,在黑格尔的《美学》中,他批评中国古代抒情诗,说它没有"主体内心生活的自由独立"等等,因为它使用了隐喻,把主体自由外化于物体①。这真是奇谈怪论,笔者已经对此进行了反驳。其实对于这位本来不懂汉语更无法理解中国抒情诗的学者,只需指出《巧言》这首小诗,就足以反驳其谬论了。诗中所表达出来的是一种来自现实的,而又具有超时间特性的真知。在对真理的悟知中,独有东方民族的特点,不以形而上学思辨来掩蔽感性的真知,但又超越直接感悟的近距离视域。从总体来说,这是一种东方文明精神的感性显现,它显现于中国《诗经》之中,而不是《荷马史诗》或是如黑格尔本人所承认的、不具有"全人类精神特性"的一些史诗如德国的《尼伯龙根之歌》等。

从一定程度上,这是一种东方文明所共有的特性,不只是

---

① 参见黑格尔《美学》(朱光潜译,商务印书馆1981年版,第三卷下册)第230页中关于东方抒情诗的论述。他认为:"在这种诗里主要的表现形式是显喻和意像。有时是由于主体还没达到内心生活的自由独立,就只能用比喻把自己和某一外在对象同一起来。"

表现于中国，就是在其他东方民族中也存在。古代波斯诗歌也
是如此，波斯诗人欧玛尔·海亚姆（1048－1122 年）的《鲁拜
集》英译本第 99 首诗中这样写道：

> Ah! Love, could you and I with Him conspire,
> To grasp that sorry. Scheme of Things entire,
> Would not we shatter it to bits and then,
> Re mould it neare to the Heart's Desire!

> 爱哟，你我若能与"他人"相通，
> 把这老天的大架子推倒，
> 重新创造新宇宙
> 方合我们的心愿。①

这可以说是一种与中国诗经产生共鸣的诗，诗中同样出现了
"他人"这一概念，而且这里的"他人"大写，用来区别于
"自我"和"你"的凡俗之辈。这里的大写的他人，引起了中
外翻译家的兴趣，理解也不一致，胡适把这个"他人"译为
"天公"（胡适的译诗第一句为"要是天公换了卿和我"）；而郭
沫若直译为"他"（郭氏的译诗第一句为"爱哟，我与你如能
串通'他'时"）；徐志摩译为"运神"也不是"命运之神"
的意思。柏丽则译为"命运"（其第一句为"啊，我爱，愿咱
们与命运商讨"）。根据中国学者的看法，这首诗中的"他人"
一词，在波斯文中是琐罗亚斯德教的词 yazdan（波斯文的拼
音），意为创世主、天神、天使。"它的意思不同于一般波斯语
中指上帝的 khoda，更不同于阿拉伯语的 allah。而且第四句中

---

① 这首诗的英译出自费兹吉拉德（Edward Fitzgerald, 1809－1883）
的英译本，中文有郭沫若、闻一多、徐志摩、柏丽、张鸿年等多种译文，
以上译文系笔者所译。

还有一个词 azade，指的是高尚的人、正直的人①。

如果这样理解，在古代波斯的抒情诗中，不但有自我与上天的心灵相通，也有与世俗的他人间的心理交流。这就正与诗经《巧言》合为双璧，互相辉映，展现出东方民族精神的丰富性与高尚的情操。没有一种载体能像抒情诗这样能鲜明地裸露出民族精神，这一长处，无论是史诗还是悲剧都无法与之竞争。

从荷马史诗中，我们看到希腊民族的智慧与天才、他们所具有的超凡绝伦的想象力，看到了对人类文明进步有重大贡献的古代希腊民族的智慧与勇敢。但是无可讳言，同时也可以看到一种对于海外民族掠夺的难以压抑的贪婪与战争的喜悦，所掠夺的对象就是东方民族。《荷马史诗》描写古希腊人与特洛伊人的战争，这场战争大约发生于公元前 12 世纪。特洛伊是亚洲富裕的古国，其文明程度并不低于当时的希腊，所以不能认为是对于野蛮民族的"开发"，只能说是西方最早的为财富而发动的战争。尤其重要的是，如果从现在的地理学概念来看，小亚细亚的特洛伊其实属于东方国家，虽然这场战争发生于希波战争之前，希腊人的东西方民族划分还没有完全形成，但是希腊人对于特洛伊文明的轻视却已经随处可见。从文明差异角度我们可以把这一场战争看成是一场东西方之战。这一点恰是绝大多数人所忽略的，只有部分学者仍能从中看到东西方文明的历史对抗。看到这一点，也就知道这种对抗是有历史来源的，莎士比亚的剧本《特洛伊勒斯与克莱西达》（Troilus and Cressida）取材于荷马史诗，《荷马史诗》形成于公元前 8 世纪，从那时到莎士比亚生活的 16 世纪，其间经过了两千多年，但仍有一种东西方文明的对抗性隐现于其中。托马斯·韦斯特

---

① 北京大学东方语言学专家张鸿年先生特此见解，并在相关论著中予以阐释，可供参酌。

（Thomas G . West）说道：

> 严阵以待的特洛伊是莎士比亚笔下最古老的种族，同时因为它也是西方第一史诗（the first epic poem of the West）的人物，莎士比亚将其作为自己的西方文明史诗的开端；《特洛伊勒斯与克莱西达》成为一个超越了所有戏剧范围的演出。东方主义与希腊人精神（Hellenic Princiles）间的紧张像一道光线一样贯穿于政治制度的连续中，其后则有罗马人，意大利人，法国人或是英国人跟随着希腊人与特洛伊人的开端。[1]

这一分析是完全可靠的，从荷马到莎士比亚直到现代西方的一些作家如康拉德等人，一直有一种或隐或现的与东方对立的观念，这种观念中，西方是民主、光明、理性、科学的代表，这就是所谓的"希腊精神"或"希腊原则"（Hellenic Principles）；而东方则是集权、黑暗、非理性、蒙昧的文明类型，这就是西方所谓的"东方主义"（Orintalism）精神的真正所指。所以他们的有些作品中，东方人的形象大多是可怜的、无能的、受到打击的，而西方英雄是救世主。《荷马史诗》中就有一种残酷对待东方人的行为，特别是我们从"阿喀琉斯的愤怒"等章节中（这正是黑格尔最为欣赏的章节），看到对特洛伊战场的描绘，特洛伊英雄赫克托尔被杀死后，又被战马拖着尸体绕城狂奔。这种惨无人道的描绘，令后世的莎士比亚都感到难以容忍，在他的剧本中，特洛伊勒斯说："他已经死了，仍然被缚于杀人者的马尾上，毫无人道地在战场上拖着飞奔！上苍啊，仍旧紧皱您的眉头，降下您的愤怒吧。"任何一个心理正常的人，

---

[1]　Thomas G. West, The Two Truths of Troilus and Cressida, *Shakespeare as Political Thinker*, Edited by John Alvis & Thomas G. West, Carolina Academic Press, 1981, P. 127.

看到特洛伊城破后的妇女儿童惨遭杀戮的描写，都不能不产生出对于这种描绘的理性的抵制，同时会体验到审美情感的沦丧。

无可怀疑，古代民族与当代民族有不同的道德与审美观念，但人类所共有的文明与道德观念却是永恒的，以中华民族的道德观念而论，是不会欣赏这种描绘的。殷周之间战争中，曾经有过"血之浮杵"的描写，孟子曰："吾于武成，取二三策耳。以至仁伐不仁，如何其血之浮杵也？"这里不仅是对于历史事实的质疑，也是对于一种历史叙事的批判，从社会道德与文明心理角度的批判。这也应当是人类文明共有的道德准则，东方的中国哲人有这样的人性关怀，古代西方圣哲当然也会对残酷的屠杀表示同样的愤慨。这是一种基于人类良心与道德最起码的理念，达尔文《人类的由来》一书中就把人类良心与道德观念作为衡量人类的基本标准之一，没有这种人性，就不能成为人类大家族的成员。

从宏观的角度来看，比较文明研究又可以看做是当代世界理论研究中的一个千古难题，绝对的文化相对论就直接与其相冲突。比较文明学科的研究关系到世界文明的历史发展与命运，其意义重大。如何才能正确地解决这一问题，无疑对于各国学者都是一个考验。

四、文明比较与经典文化

库恩（T. Kuhn）在《科学革命的结构》中曾经说过："经典一旦改变，这个世界也随之改变。"对于人类经典来说，这种评价并不过高，世界各主要文明创造诸多重要经典如《圣经》、《古兰经》、佛教经典、中国"六经"（包括《诗》、《书》、《礼》、《乐》、《易》、《春秋》）与古代波斯经典《斯维陀经》等，笔者曾经将其称为十大经典，当然其中佛经是多部经典的总称。

文明的差异在经典中表现得最为显著，因为经典是民族精神最集中的表现，是民族精神的物化形态。经典在世代的流传中，启蒙与教育人民，强化民族的文明传统。如果我们要比较两种文明，最有效也是最直观的方法是比较它们的经典。经典是一个相当宽泛的概念，包括传统文化经典、宗教经典、学术经典与文学艺术经典等类别，什么是经典呢？经典在中国古代简称为经，诗《小雅·小旻》曰："匪大犹是经"，《毛传》："经常也"。简略地说，经典就是长期流传的作品，所以经典包括的范围极广。经典虽然范围广，但是其中最为重要的是主要经典或是古代经典，所以我们经常说的经典有一个特指，就是古代文明经典。西方民族大多以史诗神话与宗教文本为经典，如英国、法国、德国、俄罗斯等，都有自己的民族史诗与神话，特别是希腊史诗，可以说是整个西方文明的源流。东方同样有史诗，中国的汉族、蒙古族与藏族都有长篇史诗。但是，东方没有必要去仿效西方把史诗作为文明与文学的代表性文体。固然西方有的东方未必有，但是东方有的西方也未必有。例如，西方经典以宗教与神话为主，而中国所具有的人文经典则西方不一定具有。马克思曾经说过，希腊神话不仅是"希腊艺术的武库"而且是它的"土壤"。这个比喻用于中国六经与希伯来《圣经》可以说同样合适。笔者认为中国的《诗》、《书》、《易》、《礼》、《乐》和《春秋》六部经典，就是中国文明的宝库。只不过中国经典既不是《荷马史诗》那样的神话，也不是《圣经》、《古兰经》与《斯维陀经》那样的宗教经典。中国有的是世界上最早的、独一无二的人文经典，当其他民族都在以神话或宗教文本为思想和艺术的起源时，早熟的中华文明已经渡过了这个阶段，它所选择的是以体现了人文主义思想创造为主的文明经典。经典如同土壤一样，培育着不同的民族精神，不同民族精神会创造出不同的文明类型。

世界文明史上，主要有三大类型的经典：

（1）人文型经典：人文经典是以理性启蒙为主的一种文明经典，之所以被称为人文经典，是因为它在人类、自然与神三者之间，选择以人类为认识与经验主体。它不同于宗教经典以神性特别是一神教的教化为主旨，也不同于神话史诗类经典以非理性思维或是自然崇拜、多神崇拜为特点。世界古代文明经典中，中国的人文经典占有重要地位。中国文人经典以易经、诗经、书经、礼经、乐经与春秋等六经为代表。它的一个重要特点是"群经"，即多部经典的组合。这是人文经典不同于一神教经典之处，一般来说，一神教经典多数是由人格化的神创立的经典或是关于唯一的神的经典，以一部经典形式居多。

六经这样的经典群不是个人所作，它们起源于很早，到公元前5世纪时经删理成为定本，主要删定人是孔子。王充《论衡·谢短篇》曰："春秋家曰'孔子作春秋，周何王时也'？自卫返鲁。然后乐正，春秋作矣，自卫返鲁，哀公时也"①。据范文澜所列的"西周东周年表"所载，"春秋绝笔"于公元前481年，而孔子卒于公元前479年，可肯定六经于公元前5世纪就已经被编定了。虽然关于它的删定人与时间还有争议，但基本可以肯定是儒家主要经典。六经对于中国文明的作用，可以说是极为重要。刘勰曾经精辟地指出六经是"性灵熔匠，文章奥府。渊哉铄乎！群言之祖"②。除六经之外，中国古代还有大量的其他文献，以后分为经、史、子、集等类别，这些文献浩如烟海，难以计数。但六经是群言之祖，是经典之源，其他文献是六经之流。

---

① ［汉］王充：《论衡》，《诸子集成》第七册，中华书局1954年版，第126页。

② 《文心雕龙注》上册，范文澜注，人民文学出版社1958年版，第23页。

这种人文经典也是以后各种学科的渊源，以这些经典为标准划分了最早的哲学、文学、道德伦理、法律，艺术与历史等不同学科，如《诗经》代表了文学；《尚书》、《周易》代表了哲学与政治学；《春秋》代表了历史学等等，它们本身就是本学科的开山之作。人文经典坚持理性的传统，不是以神圣的教喻或是神灵显现来说教，而是以人类自身的认识与感悟、感知为途径，以此来教诲人民。从而形成了中国文明的基本特性。谢灵运《辨宗论》中说："华民易于见理，难于受教。故闭其累学，而开其一极。夷人易于受教，难于见理，故闭其顿了，而开其渐悟。"①这里所说的夷人主要指的是古代印度与中国西域的人民，是中国古代的西方。印度古代文明特别是雅利安人入侵之后建立的文明，基本类型也是一种宗教性文明，与基督教文明相近，与中国古代人文主义是不同的。由于中国文明经典的人文理性，所以它可以容纳异教，在中国创造了多种宗教与非宗教信仰共同发展的环境，中国封建社会中出现了儒、释、道等不同信仰与宗教共存互动的历史局面。占据主导地位的儒学并没有一神教的排斥异教的主张，儒学不是一种宗教而是一种学说与信仰，一种取得统治地位的、以理性认识为基础的学说。

这种文明长期以来受到一神教的宗教文明类型的学者的误解，要理解一种具有世界影响的、而又不是一神教的非宗教性的文明类型，对于宗教文明传统的学者来说，其困难程度非常之大。容易使人想起中国古代哲学家庄子所说的那种"不可相知"论，《庄子》曰："小知不及大知，小年不及大年，奚以知其然也？朝菌不知晦朔，蟪蛄不知春秋，此小年也。"相知之

---

① ［清］严可均校辑《全上古三代秦汉三国六朝文》（三），中华书局1958年版，第2612页。

难，无以知其然，势之使也。正是在这种误解中，我们可以清楚地看到一种惊奇与无知相混融的感情。这种不理解可以说非常普遍，我们只须指出一个事实就足以说明这一状况。德国学者马克斯·韦伯（Max Weber）是西方当代影响最大学者之一，特别是他关于文明研究的理论，更是受到当代西方学者的推崇，中国当代学者中也有相当多的人对他评价极高。笔者无意否定其学术成就，但要指出，至少他的《儒教与道教》（Konfuzi-amismus und Taoismus）一书把中国儒学列为世界性的六大宗教（儒教、印度教、佛教、基督教、伊斯兰教与犹太教）之一就是不妥的，是一个观念性错误。他自己的论述显然与其观念之间是互相矛盾的，他在比较中国的儒生与其他宗教教士时就说：

> ……这个居于领导地位的知识分子阶层，从来没有基督教或伊斯兰教神职人员的性格，也没有犹太教拉比、印度婆罗门、古埃及祭司或埃及印度的文书的性格。他们虽然受过礼仪训练，但这却是高雅的俗人教育。封建时代的"士"，当时官称为博士。①

韦伯对于中国的"士"阶层的性格百思不得其解，看不到"士"与其他教职人员的本质区别，究其原因还是因为对于中国文明类型的理解是错误的。中国的儒学不是宗教，儒生学习的不是宗教经典，而是六经，即所谓"六经取士"。所以他们的性格才与其他任何宗教的神职人员不同。归根结底这是文明类型、文明经典的不同，而不是个人秉性的差异。不能不说韦伯的宗教经济理论的出发点就错了，不能不说他对于宗教本质的理解就有偏差。所以其他论述遂亦大谬矣，所谓"失之毫厘，差之千里"者是也！这只是一个例子，类似情况在西方学

---

① ［德］马克斯·韦伯：《儒教与道教》，王容芬译，商务印书馆1999年版，第160页。

术界相当普遍，早自 16 世纪起，欧洲人一直在讨论中国的宗教与哲学，讨论老子、孔子与佛经，但一直缺乏对于中国文明本质的理解，关键在于缺乏比较文明的视域。这里也要顺便说到，我国当代学者中也有人同样主张"儒家宗教"学说，究其原因是对宗教以神为崇拜对象的本质认识不足。

（2）宗教型经典：宗教经典是神的文本，这与人文主义精神是相对的，这种经典以基督教的《圣经》与伊斯兰教的《古兰经》为代表，还可以包括大量的佛经、道经等其他宗教经典。其中又可以分为两大类：第一类是神谕型或箴言语录型的经典，以历史叙事为主，这种叙事大多是古代民族的历史、创世纪、宗教创立与传播过程等。这种经典的现实性表现为一种信仰的传统确立，如果这种信仰与政治相结合，则会成为社会统治力量，在这种状况下，社会行为的基本规则只是神的意旨的显现。《圣经》与《古兰经》都属于这类经典，它们对于自己的文明有决定性的作用，它们是权威话语，是民族精神的集中体现。第二类则是训示、故事、说教等，它们是一种教旨的说明，这是衍生的经典。它们的形式更加多样，不但有神喻与说教，还有历史故事、掌故轶事等，佛教与道教经典是这种经典的代表类型。

第一类经典如《圣经》与《古兰经》都是单一文本的经典，《圣经》虽然分为《旧约》与《新约》两部分，但结构上仍属于同一部经典，当然这里只是指原典。第二类经典则经常是卷帙浩繁，佛经是世界上数量最为众多的经典，佛经分为经、律、论三大类即三藏。藏即是梵文的 pitaka，这个字的本意是竹箧，以后发展为"部、类"等意义。如同中国古典文献以编为单位，这个编最早就是古代竹简用牛皮勒为一组，称为一编，以后转义成为文献的文本单位一样。佛经中汉语佛经数量最多，把所有的佛经汇集起来的佛经总集称为《大藏经》。根据有关统计，当代中国编辑出版的《中华大藏经》总共收入 6000 多部，2300 卷，总字数将达到 2 亿多，可能是世界最大的经典集成之一。中国的道教也有大量的经典，这里要把道教与道家的关系进行区分，道家是一种哲学思想，而道教是一种宗教，两者历史上与思想上有一定联系，但从本质上说是不同的。把道教经典汇集起来的典籍就是《道藏》，中国《道藏》的汇辑始于唐开元中，到明英宗正统十年由邵以正督校刊正的正统《道藏》，加上明神宗万历三十五年由张国祥辑印的《万历续道藏》，共 5846 卷。20 世纪初上海涵芬楼影印本数量就达到1120 册①。

宗教经典的特点在于通过神的存在的颂扬肯定一种高于人类的智慧与力量，人类应当无条件地服从这种力量。由于这是信仰性的教化，所以它只要求信徒的服从，而不要求思考，这是一种意志的力量，而不是理性的思维。这与人文经典是完全不同的，人文经典是以理性、情感来启蒙、教化民众。在宗教经典中，上帝、主都是真理与光明的化身，具有无穷的力量，人类行为以服从主的旨意为唯一目的。在人文主义经典中，没有神的绝对权威，如《易经》中，主张天人合一，强调人与自然之间的互相辩证关系，"天行健，君子自强不息"。这是一种根本的差异，中国文明与西方文明之间的差异的根源也在这里。

（3）史诗、神话型经典：古代社会中产生了大量的神话与史诗，其中有的演化为以后的宗教经典，比如《圣经》可以说是从古代犹太人的史诗演化而成的，只是经过神圣化以后，脱离了史诗的原型成为宗教经典。而更多的神话史诗则保留了原有的形态，经过世代流传，也对民族精神形成产生一定作用，

---

① 参见罗竹风：《道藏要籍选刊序》，《道藏要籍选刊》（一），胡道静、陈莲笙、陈耀庭选辑，上海古籍出版社 1989 年版，首页。

这种作用方式与其他形态的经典不同，作用层次也不尽相同。

一方面，神话与史诗不同于宗教经典，它是原始崇拜与古代思维的反映，而不是成熟的宗教思想体系。从神话与史诗中可能产生出宗教，但这种联系不是必然的。另一方面，神话史诗类型也不同于人文主义经典，它不可能对于人类理性思维进行反思，它只是人类思维的早期形式，以神话语言来反映社会现实。史诗神话有它的特性，它的教化对象最初是原始民族，也是这些民族的想象力与思维的产物，现代神话学的研究证明，神话思维是人类思维早期形式，是理性思维的前身。

从本质上来说，神话史诗是非理性的，所以也不完全具有审美特性，而只是以民族的情感与前理性意识为基础的经典话语。近代以来，西方神话学、符号哲学对于神话的本质提出了新的看法，认为神话并不只是古代人的想象或是幻想，而是古代思维的一种符号编码与理解方式，古代人用神话来"解释世界"。这样，神话思维也成为人类思维发展史上的一个阶段。如果从民族心理角度来看神话，神话有不同的民族特色是肯定的。印度神话的想象力具有夸张具体行为程度的特性，以鲜明的对比造成深刻印象。希腊神话富于哲理性，这是一个善于思考的民族的特性表现。中国神话的表达朴素而意味深远，注重人伦道德教育等等，这都对于民族心理的形成有一定影响。但是这种心理作用并不是神秘的，不可理解的。有的学者如荣格（Carl Gustav Jung）等就曾提出神话的集体无意识概念，并把它作为民族心理的基础，但是至今仍未能得到任何科学证明。我们认为，神话与史诗也是一种文明经典，它们作用于民族心理，形成民族性格，比较文明学证明，不同民族的神话经典对民族精神的形成有深刻烙印，神话经典与其他经典一样，具有比较文明研究的价值。

古代欧洲史诗众多，古希腊人的《伊利亚特》与《奥德赛》中都充溢着一种征服与冒险精神，也表现对于人类命运反思的精神特征。希腊神话中的诸神都具有人格化的特点，所以成为主体的实际是人，可以说这是基督教之前具有人文主义精神特征的史诗。欧洲中世纪之后的英雄史诗，如英国的《贝奥武甫》、法国的《罗兰之歌》、西班牙的《熙德之歌》、包括俄国的《伊戈尔远征记》、芬兰的《卡莱瓦拉》等，诗中的英雄就更具有民族特性。中世纪之后，欧洲民族国家形成，民族性格之间的不同也显现出来。从人物形象来看，也发生了一定变化，阿喀琉斯式的人类英雄被保家卫国的民族利益斗士所取代了。在这里，我们也看到一种显得狭隘的民族精神代表。从宏观视域来看，从欧洲的史诗与神话中可以看出一种文明的一致性，这是地中海文明与大西洋文明所代表的西方的统一性。东方史诗的历史也极为久远，巴比伦史诗《吉尔伽美什》被认为是世界上最早的史诗，中国西藏的《格萨尔王》、印度的《摩诃婆罗多》、波斯的《列王纪——勇士鲁斯塔姆》等都是其中的名篇。这些史诗从类型上与西方史诗有一定的相似之处，都是以英雄的征服与征战为主要故事线索，其结果是英雄的胜利或灭亡。

从中国古代神话中关于后羿、逢蒙等英雄的传说、楚辞中的神话故事，我们可以推测：中国的华夏民族可能曾经有过类似的英雄史诗，后来由于中国文明的演变有特殊的轨迹，这种神化的英雄及其人格不能符合中国儒家的人文主义精神，以致最后被淘汰。中国文明的思想最高层次追求是"道"，"道"的本体是终极真理与道德，而不是上帝精神的代表。神不能统治"道"，当神化身的"英雄"战胜对手时，道的肉身形象却是圣人，道没有人格化为西方神话中杀死毒龙的英雄。从尧舜甚至到孔子，圣人们都是以德服人，不是以力胜人，也不是以武力来征服，即所谓"在德不在鼎"。这是一种重要的文明理想的区分，所以神话英雄并没有在中国文明成为歌颂的对象。古代神话中最杰出的英雄羿曾经为民除害而力射十日，但在屈原《离骚》中，这位英雄不但没有受到赞扬，反而与桀、纣、浇等一起受到批评，班孟坚曰："上陈尧、舜、禹、汤、文王之法，下言羿、浇、桀、纣之失。"这个英雄与无道君主一起，甚至与妖怪为伍，成为奇谈怪论中的牺牲品，刘勰《文心雕龙》中说："康回倾地，夷羿敝日，木夫九首，土伯三目，谲怪之谈也。"

西方的神话英雄成为了民族精神的骄傲与代表，黑格尔《美学》对《荷马史诗》中的英雄阿喀琉斯大加赞扬，认为这个形象是人性的典型。与这种赞赏相比，而中国的神话英雄竟沦为"谲怪之谈"，受到贬抑。东西方之间差别之大，怎能不令人为之扼腕兴叹。这其中的道理，只有比较文明学才揭示出来，只有从经典与民族精神、心理与性格之间的联系，才可能从千年尘封的历史中看到选择与扬弃的原则。

文明经典的比较研究与其他文本的比较不同，它不追求个别词句、作品或文本形式的相通等，而重视文明思想的认同。古代经典中往往有相近的历史叙事，如创世思想是世界民族早期的重要观念，东西方都有创世记一类的传说，最常见的模式是将中国的"盘古开天地"或是伏羲女娲神话与《圣经》中的创世记进行比较，从中得出的结论是：无论东方还是西方，都有神创造人的传说。但是，东西方的创世观念之间的比较，是不能离开文明起源与社会环境的，特别是从野蛮、蒙昧社会进入渔猎与农业社会的进程中，民族文化创造的特征更加明显。古代农业生产重要起源地是两河流域、尼罗河流域与中国黄河流域，古代希腊人主要活动地域是爱琴海，这里岛屿密布，利于发展交通运输与商业，农业并不是特别发达。可以说，从《荷马史诗》中的特洛伊征服起，希腊人就建立了殖民传统，只不过殖民的手段并不相同，有武力征服也有移民。经典是历史文明的载体，最容易分辨出不同民族的特征，经典中的每一个字都有浓厚的民族色彩。《伊利亚特》中描写最多的是战斗的场面，是血肉横飞的战场厮杀，特别是阿喀琉斯在杀死赫克托耳之后，竟然还用马来拖住他的尸体狂奔。这种暴行甚至引起了天神阿波罗的不满，他对众神说道：

> 但你们这些天神，一味偏袒凶恶的阿喀琉斯，
> 他却丝毫不顾仁义，心地狂野，
> 固执偏激，像一头狮子一样，
> 以自己的野性与蛮力，
> 扑向人群中撕咬。

希腊神话中的诸神本身就相当凶残，对于希腊人的暴行都感到难以忍受，由此可见这种描写确实是过分血腥。胜利的欢悦固然是可喜的，但是即使是战争中，也有人道主义的原则。我们已经指出，中国古代战争描写中是反对血腥场面的过度渲染的，这与荷马史诗是完全不同的。

中国人真正的创世记是一种农业文明的发展史，这种创世记载中主要是先祖开辟家园，定居生存的记录，而这种纪录中，虽然有迁徙和流亡的痛苦经历，但更多的是从事生产的愉悦，如诗经中的《生民》：

> 厥初生民，时维姜嫄。……履帝武敏歆，攸介攸止。载震载夙，载生载育，时维后稷。……诞后稷之穑，有相之道。弗厥丰草，种之黄茂。实方实苞，实种实褎。实发实秀，实坚实好。实颖实栗。即有邰家室。

这是周人先祖后稷在"邰"地开创生活的经历，这里已经明显是一种定居的、农业生产的文明。公刘是后稷的子孙，《周本纪》的世系是：后稷—不窋 — 鞠—公刘—庆节—皇仆—差弗

—毁渝—公非—高圉—亚圉—公祖类—亶父—季历—文王昌①。关于他的诗是《公刘》：

> ……笃公刘！既溥既长，既景乃冈，相其阴阳，观其流泉，其军三单。度其隰原，彻田为粮。度其夕阳，豳居允荒。

为什么公刘离开了先祖所在"邰"，而来到了新的土地？这是因为社会变迁，农业生产为主的氏族受到游牧民族的侵袭。"夏后氏政衰，去稷不务。不窋以失其官，而奔戎狄之间。不窋卒，子鞠立，鞠卒子公刘立。公刘虽在戎狄之间，复修后稷之业，务耕种，行地宜，自漆沮度渭取材用"②。从中可以看到，这是从事农业生产的公刘受到戎狄等游牧民族的压迫，最后逃出祖先所在地"邰"，"自漆沮度渭"即是渡过渭河，来到渭北高原新开地"豳"的历史进程。这是一种农垦拓殖的欢乐，一种积极向上的、和平安祥的、甚至于有些田园享乐的美好图景。我们从中可以感到一种生命创造的真正乐趣，而不是厮杀抢掠式的阴郁。这种阴郁我们在一些中世纪史诗中随处可见，其中充满了诡计与阴谋。人类精神在这种诗中是被强制变形的，个体的自由在受到生命威胁的语境中是无法存在的。这种诗连西方文学史家都评价极低，把它们与古代史诗区分开来。

与中国、希腊的经典都不相同的是古代犹太人的经典，在《旧约·申命记》中，我们可以读到摩西对于以色列人的话：

> 我们听从了耶和华我神的话，都照你所吩咐的行了。求你从天上你的圣所垂看，赐福给你们的百姓以色列，与

---

① 参见《史记·周本纪》及三代世表，《二十五史》百衲本第 1 册，浙江古籍出版社 1998 年版，第 51 页。

② 《史记·周本纪第四》，《二十五史》百衲本第 1 册，浙江古籍出版社 1998 年版，第 16 页。

> 你所赐给我们的地，就是你向我们的祖先起誓，赐我们以
> 流奶与蜜之地。

从形式上看起来，这也是对于安居乐业的欢乐颂扬，以色列人在摩西带领下，走出埃及，来到迦南地。这块"流奶与蜜"的迦南地与周人的先祖所寻找的具有"流泉"的丰美之地——豳——大同小异，都是农耕民族定居所需要的土地，农牧为主业的先民们在这里可以得到安居与生产，这是两个古代民族中华先民与以色列人的共同梦想。但是由于两个民族的遭遇不同所以经典并不相同，《公刘》表达了一种得到农耕田园的农夫们的人间欢乐，而《申命记》则是一种对神赐予土地的感恩。这种现象的产生是出于两种文明的历史命运的差异，华夏诸族虽然受到游牧民族的侵犯，被迫迁移，但仍然保持了人文精神的自信。而犹太民族历经苦难，公元前 13 世纪，在埃及被奴役了300 年之后，摩西带领犹太人走出埃及来到西奈半岛，在这里制定了犹太教律法"十诫"，信奉唯一的主雅赫维（JHVH）。《申命记》所表达的就是对于神的感激与忠诚，是神的赞美诗。据相关史料记载，为了确立一神教，犹太民族曾经有过巨大的牺牲，摩西曾经杀了 3000 人才最终确定了一神教的权威地位。

历史在不同的民族中以相同的方式来叙事，读出这种大叙事的意义，就知道它们的隐秘与内情。"出埃及记"与"自漆沮度渭"可以说是一种民族迁徙的历史大叙事，是民族历史苦难的解读。即使如此，我们也可以看出，两者间的对比仍然是明显的。在历史磨难中，中国把一个农民首领后稷变成了歌颂的对象，而以色列人却找到了一神教崇拜。后稷、公刘及其后的古公亶父，都只是摩西而不是上帝。选择人文主义与宗教信仰，都是文明历史的必然，而不是个别人的意志所决定的。

18 世纪法国著名东方学家杜赫德曾经在他的《中华帝国全志》中发表了这样一种观点：曾经有一个人把中国人从蒙昧中

带领出来，这是一个"被上帝选择的人，他可以确保最早的人类及其后代遗民之间的传统。"①他认为，这个人就是伏羲，"伏羲就是中国的摩西"。不过在笔者看来这个判断还应有一定的补充，摩西的意义在于为犹太人找到了唯一的神，而伏羲等人的意义则在于为华夏民族创立了人文主义信仰，这两者是不同的。

五、文明的精神极限：道－存在－梵

宇宙的创造遵从一种辩证的法则——从对立的两极中取得一种同一，并且在这种同一中再创造出差异。天体构成中，太阳与月亮在太阳系中，从功能与形象上代表了两极，但是它们统一于太阳系之中。地球上的高级物种分为两类：雌雄阴阳或是男女。这两类之间并不是完全对立的，它们的互相依存就是生命的法则。首先是性别区分，无论是亚当、夏娃还是伏羲与女娲，男人与女人的生存意义都是不同的。从母系社会向父系社会的转化，女权思想与女性主义观念的历史命运起伏，都令人看到这一性别区分的意义所在。同时，西方学者又反复强调男女的同一体，特别是在弗洛伊德与荣格等人的著作中，经常把男女一体看做是人类史前的状态。我们无须再重复他们的说法，最明显的事实是，人类的男女，生物的雌雄，通过交合来延续生命，可以说生命与种类本身，就是一个统一体。时间上分为白天与黑夜，过去与将来，两者统一于现在，现在既不是过去，也不是将来。而现在统摄过去与将来，划分过去与将来。方向上分为上与下，左与右，东与西，南与北，它们统一于主体，主体视域既是东又是西，由它来分东与西。即使你身处地

① ［法］维吉尔·毕诺：《中国对法国哲学思想形成的影响》，耿昇译，商务印书馆2000年版，第205页。

球的最东端，你仍然有更远的东方。同样，你身处地球最西端，仍然有更西的方向。《易经》中用两个符号"━"与"━ ━"来说明这个道理，是最为清楚的了，太极图中的阴阳合一，互为依存的形象可以说明两者之间的辩证合一性。

阴阳符号，这个图形化了的哲理在世界文明史上是伟大的创新之一，这是中华民族的独特创造，是我们的先民深刻思索宇宙与人类精神存在的原理之后的归纳，它的产生必然有一个漫长的历史过程，最终托名于周文王演绎出来。特别引人注意的是，它没有产生于当时文明相对发达的东部的殷商，而是来自西部可能有着西部异族文明成分的西周。有人认为，这种卦爻是来自西部少数民族的占卜方法。我们认为，尽管要考证它的来源可能有一定困难，但是，这种象征符号的意义中就含有不同文明结合为一的原理，这正是人类精神的重要方面，这也是卦爻的意义所在。这种精神属于全人类，它是人类精神财富的总结，也是解释东西方文明创造的根源所在。

"一阴一阳之谓道"，道，这是中国理论中最高的精神范畴，它是本体、认识论、方法论、实践论的合一。与中国的"道"相对应的是西方的"存在"（希腊文 eimi，大约近似于英文的 be），这是希腊哲学中最重要的概念，作为一个哲学名词，它同时含有"是"、"有"和"存在"的意思，其中最重要的是"存在"。作为"存在"来讲，它又有两种基本的意义，一种意义是与精神相对的物质；另一种意义是抽象意义上的存在，即永恒不变的事物的本质。希腊哲学家巴曼尼德斯最早将"存在"作为最重要的形而上学范畴提出，柏拉图与亚里士德都对存在概念有重要发展。亚里士多德曾经提出，第一哲学就是要研究"存在的存在"（Being as Being），并且由此建立了哲学本体论。

有同等价值的是印度人的"梵"，梵，就是对于存在意义的认识，也是一种东方的本体论与认识论。早在公元前的印度哲理诗《吠陀经》及其后的《奥义书》、《薄伽梵歌》等名著中，就已经提出了"梵"的概念。印度的"梵"这个概念的产生有自己的特点，最早的"梵"是最高的天神，同时又是世界的本原。从认识上来说，梵的学说强调神秘与不可认识的特性。与梵相近的是另外两种文明中最重要的范畴：西方的"存在"与中国的"道"。道、梵、存在，这三个人类最重要的精神范畴的创造是不朽的，它们形态虽然各异，但是其间有密不可分的联系，比较文明学是从精神规范的最高层次来比较研究这三种范畴的，通过这三种范畴的研究，可能得到对于丰富的人类精神世界的最终悟解。

但是也必须看到，东方与西方的文明，作为人类精神创造的产物，它们既有共同的对于人类精神最高境界的追求，同时，文明作为一种社会形态，它与社会生产、民族创造、个性表达都有直接关系，这也决定了它是一种多元的外化形态，它们自身就存在着多元的统一性，所以文明研究中的差异与同一的辩证关系会时刻展现出来。这三种精神范畴中，"存在"代表了基督教化之前的西方古典人文主义思想，它所具有的形而上学思维方式，对存在本质的追求所代表的是一种求真的向往。"梵"则产生于南亚次大陆的特殊文明环境之中，印欧语系的雅利安人把宗教信仰与想象、思辨结合为一，把"梵"与天神认同，以宗教救世的"善"为最高追求。也恰在这一点上，印度宗教区别于犹太教，犹太教把神与精神完全同一化了，雅赫维就是真与善的最高代表，已经放弃了人类精神的独立思考。中国的"道"产生于独立发展的古代东亚农业文明之中，它具有希腊人的形而上学思维方式，但又不像希腊人的理性思维那样纯粹、抽象与思辨。它更为突出的是一种求实的、辩证的、中庸的、结合了真善美多种因素的融合形态。如果作一个最简单的比较，相当能说明三种精神范畴的各自特点：存在，是穿透了现实物质世界的精神范畴，现实虽然是存在的，但现实不等于存在。梵，是现实中所不存在的宗教概念，是玄思与冥想的产物。而道则是最为普通的"道路"与精神的"道"的范畴的合一。

尽管东西方民族的心理意识存在差异，但与这种差异同时并存的就是同一人类创造精神的同一性——这是各民族所共有的。

正像哈贝马斯所指出，同一性与理性是西方认识论的前提。可惜的是，西方哲学中，竟然把"同一"与"差异"对立起来了，只承认同一性逻辑，不承认有所谓的"差异逻辑"，直到20世纪末期，才有后现代主义理论家们提到"差异逻辑"，不过仍然语焉不详。我们已经指出，中国古代哲学家同样反思过同与异，墨子认为："同与异俱于一也"。这是一种完全不同于西方的认识论，代表了一种东方的思维方式与逻辑，这种思维与逻辑被科学家李约瑟称之为"辩证逻辑"。当然，同一性逻辑与辩证逻辑其实是互为参照与互为补益的，同一性逻辑为人类思维确定规则与工具，而辩证逻辑为人类思维开拓方向，两者的结合，将是人类思维新发展阶段最重要的动力，这也是东西方文明互为逾越互为借鉴的象征性指示。中国的辩证逻辑中，已经容纳了"差异逻辑"，同时又超越了"差异逻辑"，因为单一的差异逻辑其实就是所谓的"悖论"，不能完全构成逻辑体系，而辩证逻辑则是完整的逻辑体。通过文明的交往，可以使原本在不同文明中产生的逻辑体系直接交流，建立新的逻辑体系。法国诗人与思想家瓦莱里（Paul Valéry）在1928年就曾写道：

> 在今日世界里中，还有什么比欧洲人和远东人在思想同时在心灵深处的直接沟通，产生更新奇和可能是更深刻

的影响呢？迄今为止，这种情感和思想交流还从来没有过，并且，我们之中还没有人认识到这一点。①

世界上虽然有多种多样的文明，其中相差最远的、最不相同的，具有两极特性的就是东西方文明。那么，从这两种文明的比较入手，来研究人类所创造的文明能达到什么程度，它对于人类自我认识与认识世界起什么作用，这就是研究东西方文明的终极目标。这种研究可以说是一种最根本的研究，它的出发点如同创世记的神话一样，是指向人类生存的终极性目标的。每一个具有理性思维能力的民族都有这种本体与存在的意义的探索，也是人类最高的精神追求。而我们从东西方文明中，可以看到这种追求的多种表达形式，也就有可能对这种追求的普遍意义得到进一步的理解。

东西方比较是最具代表性的，东方－西方两大文明形态，它们之间的交流与比较，历来是举世关注的中心，因为它是人类最具代表性的生存形态研究，它也就成为人类认识的根本目标之所在。这可以说是一种本体论意义上的认识目标，它具有超越现实的意义。

六 、比较现代化

近代以来的社会发展，进一步把文明比较研究推进到一个新的局面，一种关系到人类发展前程的必须的选择。相当多的国家与民族已经面临着一种选择：如何实现自己民族与国家的现代化？本土传统文明的发展与现代化模式之间作何种选择，

---

① 这是瓦莱里为中国人盛成（Cheng Tcheng）：《我的母亲》（Ma Mére, Paris , Éditon Victor Attinger）一书所写的序言。引自何兆武等主编《中国印象——世界名人论中国文化》上册，广西师范大学出版社 2001 年版，第 84 页。

这是最具现实性的比较文明研究目标。虽然相当多的当代学者理论家们重复说明，本土－外来文明的对立是不可取的，只宜互相补益，但是选择具体的现代化模式仍然是必要的，这种选择与传统文化之间的关系是一个必须关注的问题。

传统与现代化之间的关系首先在社会学领域引起讨论，社会学家胡格韦尔特的《发展中社会的社会学》一书出版，开始了以发展中国家为主要研究对象的现代研究。现代化，从来不是一种单纯的经济进步，而是经济、政治、社会文化与个人观念和国际环境多种因素共同作用的结果。现代化并不是西方化，现代化并不是一个固定的模式，欧美发达国家创立了现代化的模式，但是这种模式并不是唯一的。发展中国家可以有自己的现代化模式。而且，发展中国家要实现现代化，则要有自己的发展模式。

20 世纪后期，西方社会学家继续发展了多元现代化的观念，其代表人物爱森斯塔特（S. N. Eisenstadt）等，提倡以现代性来超越"轴心文明"，通过现代文化的多重视野（multiple visions）达到一种视界融合，从而实现多元现代化①。肯定了发展中国家与其他民族文明实现现代化的权利，并且对这种现代的模式也作了初步探讨。如果承认现代化是多元的，那么就意味着承认"另类现代性"（alternative modernities），这已经不单是现代化模式，而是关系到人类社会性质与人性的根本。对于西方来说，必须承认东方文化的合理性与进步意义，才可能承认东方的现代化。东西方文化，都不是绝对完美的，西方的殖民扩张与东方的专制都曾经对人类社会发展造成阻碍，这是一种历史事实。但是，东西方文明又都有自己的价值，古代

---

① 关于以色列社会学家爱森斯塔特的"多元现代化"学说可以参见方汉文的《文明史观与多元现代化：爱森斯塔特的理论》，载《西北师大学报》2007 年第 6 期，第 23—28 页。

东方文明与近代西方文明都曾经有力推动了世界文明程度的提高，双方都有自己的传统。因此，绝对的一体化与单一现代化模式肯定不可能成功，现代化不是以一种模式取代其他。

但是从目前的研究水平与规模来说，多元现代化的研究仍然是杯水车薪，远不能满足经济全球化中对于理论的要求。20世纪60年代以后，亚洲—太平洋区域经济发展迅速，先是日本实现经济高速发展，带动了所谓"亚洲四小龙"、中国大陆与印度的经济腾飞。东方新的发展并不只表现于经济领域，二次大战后，伊斯兰教出现复兴，1958年伊拉克革命后，中东国家科威特、民主也门、巴林、卡塔尔和阿拉伯联合酋长国相继独立，1979年，伊朗爆发伊斯兰革命，伊斯兰教在中东等地区复兴。亚洲国家中，新加坡与韩国迈向现代化社会进程中的思想政治倾向也吸引了世界的注意，1965年8月，新加坡退出马来西亚联邦，建立了新加坡共和国，经过20年高速度的经济增长，新加坡成为新兴工业化国家。几乎就在同时，韩国经济也取得高速发展，1986年到1989年，韩国经济增长速度连续三年超过12%，被人称为"亚洲又一个日本"。但是从文化思想而言，新加坡与韩国都与日本当年的"脱亚入欧"的思想不同，他们的做法是改造传统文化来适应现代社会的要求，这两个国家在历史上都曾经受到过儒家文化的影响，这是两国现代化的重要特点。这一特点引起世界学者们的兴趣，有人称其为"儒学的复兴"。

目前要对多元现代化理论作出最终判断，特别是对不同文明的现代化发展作出预测为时尚早。只有所谓的"儒家精神重建"等例证，或是依据部分地区经济发展的经验，人们都很难作出有历史意义的判断。但无可否认的是无论任何国家、民族、社会团体乃至个人，都面临这一选择。这种重大的文明选择不是个别的经济学理论、人类学理论、政治学理论等所能解决的。

这是人类数千年文明的价值评判，选择的可能性取决于人类最古老的、具有凝聚性的文明形态比较之中。

无须说明，这种比较不是简单的优劣之比，不是战场对决，非要见一个高低不可。东西方文明的比较，我们可以称之为"辩证的比较"，它不是在水平面上的是与非、有与无、成与败之比，而是多因素的、多元作用的复杂博弈。如同中国围棋一样，一枰黑白子互相纠缠，黑中有白，白中有黑，你中有我，我中有你，这本身就是一个动态过程，这种比较从充满结论的道路上走来，向着没有结论的未来走去。

这可以说是人类历史的亘古难题，从人类历史的大进程来看，公元前10世纪到公元前5世纪，西方古代希腊与中国春秋时期共同演绎出人类文明创造的一个辉煌时代。其后，中国的汉代与西方的罗马，又都相继进入强大的帝国时代，直到14世纪元代的蒙古大帝国之后，东西方之间的交通经历了150年左右的中断。可以说从古代起，东西方各自的独特发展中，存在相似的发展轨迹。更为重要的是，东方与西方，并不像大多数现代人所理解的那样，是远隔重洋不相来往，越来越多的研究证明，早自远古时代起，东西方就有相当频繁的经济交往。以丝绸之路为代表的古代东西方交通，是世界上同等发达的重要文明之间平等的历史交往。公元15世纪是人类历史上有重要意义的一个世纪，这一时期形成了对于当代社会有重大影响的"地理大发现"。公元1421年至1423年，中国大明王朝三宝太监郑和率领当时世界上最大的船队，远航印度洋，到达非洲。英国学者加文·孟席斯甚至认为："……他们继续在南极洲和北极，北美洲和南美洲探险，还通过太平洋到达澳大利亚。"①

---

① ［英］加文·孟席斯：《1421：中国发现世界》，师研群译，京华出版社2005年版，第7页。

可惜的是，在郑和之后，中国人的巨大帆船队从此永远消失于
海洋上。相反，西方人却利用了中国人发明的罗盘与航海技术，
1492 年 10 月 12 日，意大利水手哥伦布带领的西班牙船队发现
了美洲新大陆。1521 年，西班牙人麦哲伦的船队进入太平洋，
从此，东方与西方两大文明形态之间的大交流与大冲撞再次进
入高潮。也就是从这时起，一种比较性的文明研究潮流在世界
的东方与西方再次涌动不息，由此形成了"东方－西方"这样
一种颇有象征意义的比较文明模式。

　　几百年来，东西方文明形态与发展模式的比较，古老而沉
寂的东方与飞速发展的西方、空间与时间的双重差异所形成的
反差持续引发人类对于历史经验与前程的思考。东方－西方，
这个鲜明对比的思想符号，在欧洲与亚洲的思想和理论界的上
空盘旋，时而高涨，时而沉寂，挥之不去。

　　东西方的互相理解实在是太重要了，这个时代正在到来，
它正在形成一种潮流。这种潮流的推动力来自于人类社会进程，
这是全球化力量的推动。

　　这种情形不由使人想起马克思那个声名遐迩的比喻："一
个幽灵，……在欧洲徘徊"，一种观念长期在思想界讨论，而
又得不到承认，就如同幽灵一般。如果我们没有理解错误，这
正是莎士比亚悲剧《哈姆雷特》中的描述，守城人发现一个幽
灵（illusion ghoust）或是精灵（spirit）总在城堡上出现，它在
游荡之中，霍拉旭（Horatio）对它说：

> I'll cross it，though it blast me. Stay，illusion！
> （我要拦住它，即使它会伤害于我。停下，幽灵！）

东西方比较的研究者，就是这个欲知究竟的霍拉旭。这个幽灵，
无论是对于莎士比亚还是马克思，都代表着巨大变动产生前的
预兆。东西方文明的相会，这就是古老的思想幽灵，一直徘徊
在世界文明之上，从公元前 5 世纪的希腊波斯战争起，东西方

文明界限开始划分。公元 161 年，罗马皇帝马尔库斯·奥留斯·安东尼派出使者来到东方，公元 162－165 年间，罗马征服了帕提亚人，解除了古代罗马的重要威胁之一。公元 166 年罗马使团到达中国，这一年是汉延熹 9 年，这是罗马第一个到达中国的使团，也是地中海文化的使者第一次正式进入中国。以后的几个世纪中，西方不断向东方派出各种宗教人士传播基督教，再加上印度佛教、波斯拜火教、伊斯兰教的大传播，这样就在东西方交通要道上形成了一种壮观的局面。两条路线同时在其间展开：一条是传教士、教士、教民与各种各样的学者，他们来往于东西方国家之间，进行传教、朝圣等活动与学习交流，为了东西方的互相理解，人们所进行的努力确实令人惊叹。另一条是举世闻名的丝绸之路，东西方的各种物产在这条道路上进行商业贸易，促进了世界经济的发展。

20 世纪的后期，一种历史环境为这个幽灵的肉身成道创造了条件，这就是全球化（globalization）。

卷二　文明观念溯源

一、文明的语源学考察及其定义

什么是文明？

西方文字中的"文明"（Civilization）出现早于"文化"（Culture），在拉丁文中，与文明相关的词谱系相当广。主要有（1）civilis（即 civil，意为公民的、人类社会的；civilian，意为平民的，非军人的）；（2）civis（civizen，即市民或公民）；（3）civitas（意为城市自治）；（4）civilitas（公民身份，特指罗马共和国所颁定的公民）。如果对于这些拉丁语词进行语源学的分析，可以清楚地看出从古希腊城邦时代的公民直到罗马共和国、甚至罗马以后时代的公民、市民身份演变的过程，可以看出西欧中世纪城市自治的历史。也有的西方学者认为，从历史环境分析，文明的意义中包含了古代希腊罗马的城邦化社会与蛮族的区别，这两者代表了不同的生活方式与风格，在希腊罗马人看来，这种区分是文明与野蛮的不同，野蛮民族是外在于城邦居民社会的，是非社会化的。17 世纪之后，由于海上环球航线的开通，欧洲学者中有人就用文明与野蛮来区分欧洲社会与其他民族，将欧洲视为文明社会，其他民族看成是有待教化的野蛮民族，由此形成了文明研究中的"欧洲中心主义"。

与文明直接相关的是"文化"，英国学者伊格尔顿（Terry Eagleton）在他的《文化论》一书的开篇说道：

"文化"（Culture）据说成了英语中最为复杂的两三个词之一，它有时被认为是与它相对的词——自然（nature）——通常一起获得最为复杂的词的赞誉。①

事实上，岂止英语中的"文化"一词如此，在汉语、德语、法语等多种语言中，在用多国语言书写的联合国报告中，在当前流行的许多重要著作中，文化与文明都是极为普遍而又意义极不统一的词，例如美国哈佛大学教授亨廷顿（Samuel P. Huntington）的代表作《文明的冲突与世界秩序的重建》（The clash of civilizations and the remaking of world order）中，虽然对于文明概念进行了辨析，但他最后仍然是把"文明"与"文化"当做基本相同的概念，在使用中不作区分。其中最具代表性的是联合国的一系列文件，如教科文组织总干事提出的行动计划草案《世界文明发展十年》（E/1986/L，30，第 24 节）、《文明与未来》（联合国教科文组织信息文件，巴黎，1988 年，第 56 页）等多种文件中同时使用的"文化"与"文明"，形形色色，定义与含义都十分多样。无可否认，文明概念在当代社会中使用是相当混乱的。

歧义之多固然有利于广开思路，然而与之相伴者必然是言词概念的含糊不清，文明的概念令相当多的人感到其无所不包。柏拉图《斐德罗篇》中讲过一个故事，古代埃及的白鹭神（Ibis）发明了计数、几何与天文，为了防止这些东西失传，他准备用文字来把这些发明记录下来。埃及国王却说，文字看起来比记忆更为长久，但是，文字过于简单，它会使人们变得单调。而且文字对于所有的人永远都是同样的，这也就使得事物被记载下来传到后人与远方时，读到文字的人并不知道文字的来历，容易以讹传讹，使概念变得模糊不清，文字无声，无法自我辩护。歧义、误读、别解的产生主要原因还是时间与空间的隔离作用。陈澧《东塾读书记》中说："盖时有古今，犹地之有东

---

① Terry Eagleton , *The Idea of Culture*, Blackwell Publisher, 2000, P. 1.

西南北，相隔远则言语不同矣。地远则有翻译，时远则有训诂；有翻译则能使别国如乡邻，有训诂则能使别国如旦暮，所谓通之也。"所以在开始研究时，必须对于所研究的中心概念的文字本义进行时间与空间的梳理、分辨、甄别，以恢复其原有意义，比较其衍生意义，从而对于语义与这个词的含义有全面的理解。这种工作是中国的训诂学的主要内容，《尔雅·序》中说：

> 通诂训之指归，叙诗人之兴咏，总绝代之离词，辩同实而殊号者也。①

时代久远，造成语义茫昧，需要通过训诂的手段来进行整理。这种语文学研究其实是一切科学的基础，西方同样有与中国"训诂学"相近的学科，当代西方的显学——阐释学（Hemeneutics）——就产生与中国训诂学异曲同工的古代西方语文学的考据研究。希腊化时期，东西方学者聚集于埃及的亚历山大里亚，对希腊古籍与圣经的文字和寓意进行研究，产生了后世的阐释学。训诂、传注、阐释是东西方学术中的不同学科，它们可以说是各有侧重，虽然如此，它们的语文学基础是共同的，它们都是从语言文字的最初使用意义与历史语义、从文字符号的显义与隐义、从词语的本义与引申义等角度的研究方法，这些方法在近代以来对于社会科学发展有重要的促进作用。中国清代的乾嘉学派，西方近代的实证主义，都大量地使用这些研究方法，由于它具有严谨、直观等特点，至今仍然有较广泛的运用。在考察文明概念时，它是基本的方法之一。西方社会科学最近一个世纪以来受到语言学相当大的影响，西方学术界对于结构主义语言学和符号学的应用称之为"语言飓风"。在语言学方法走向世界时，它自身也从各个学科接受了最丰富的营

---

① 《十三经注疏》下册，中华书局影印本，1980 年版，2567 页。

养，改变了自身最初的形态，例如索绪尔语言学原本强调共时性研究方法，在当代研究中却逐渐与历史主义等方法相结合，在"新历史主义"等学术流派中，已经形成了共时与历史相结合的方法。同时，我们也要看到，这里我们所进行的语源学解释，已经与中国的乾嘉学派、西方的实证方法有了本质的区别。这可以说是一种结合了人类学、哲学、考古学、心理学等学科的方法，由于它具有综合的特性，它代表了一种方法的观念性改变，也可以说是在比较文明研究中，为语源学方法增加了东西方不同学术传统的内容。

二、文明与语言文字

"文明"一词在汉语中是由两个字组成的，其中的"文"是古代汉字中最常用也是最重要的字词之一，在不同语境中代表不同思想观念，在其使用中不可避免地产生多种含义。如孔子曰："周郁郁乎文哉！吾从周"、"言而不文，行之不远"，《国语·晋语》曰"敏而有文"，荀子曰"文谓敬事之威仪也"等等。其中每次使用的意义都有所不同，所以我们要对这个字的意义进行比较深入的探讨。在"文明"这个词中，根据汉字的组词规律，"文"是"文明"一词的中心，所以对"文"的解释又成为理解"文明"一词的前提。

甲骨文中就已经有"文"字的存在了，虽然以后对于它的研究还是比较少的。"文"字在古代汉语中，主要有以下含义：

1. 文身与文饰

"文"的最初意义是指自然事物所具有的色彩、物体的花纹、纹路等。这是文的本义，其他意义是由此衍生出来的。

> 青与赤，谓之文。（《考工记》）
> 青与赤，谓之文。（《左传·昭公 25 年》）

> 文者，物象之本。(《左传·宣公15年》)
> 春阳生物，焕有文章，故谓之文。(《太元永》)

有人认为，古代的东方与西方民族对于颜色的感觉是不一样的，东方人喜好红色，而西方人更习惯于蓝色。如有的论者就指出：

> 亚细亚是世界上最早见到太阳的地方。……生活在这片土地上的先民们，大多都崇尚红色，他们把红色——鲜血和太阳的颜色，看作是生活的标识和希望的象征。①

这种说法虽然是一种民族审美特性的分析，但是其中含有一定的宗教习俗的解释，即认为古代东方民族有太阳崇拜的历史，古代埃及人就有太阳崇拜的习俗。有人则认为，与东方的尚红相反，古代西方以地中海为主，以后大西洋文化成为主体，蓝色的海洋是文明产生的环境，所以蓝色自然成为了人们所喜爱的色彩。无论这些说法是否确实有道理，令人感到惊讶的是，古人所说的"青赤成文"就正是红色与蓝色。

色彩在先民们生活中的地位是相当重要的，40—50万年前的山顶洞人已经开始使用色彩，在他们的居住地发现了赤色的铁矿石粉，"有些穿孔饰物的孔道用赤铁矿粉末染成红色"②。笔者曾经指出，其他用途之一就是文身，因为在渔猎生产中，对于自己身体的文身是一种重要手段。鲜艳的色彩对于野兽有恫吓作用，而有利先民的自身防卫。文身是古代民族中最常见的生活习惯，中国古代典籍中早就记载这种习俗，"文身，刻画其身以为文也（《穀梁哀13年传》)"、"雕文谓刻其肌以丹青涅之（《礼记·王制》)"。文身习俗在世界各古代民族中几乎全

---

① 刘伟东、王鑫编著：《红色画廊：远古的绝响》，江苏美术出版社2000年版，第1页。

② 周口店北京人遗址博物馆编、高星撰文《周口店北京人遗址》，北京美术摄影出版社2004年版，第105页。

都存在，"被发文身，雕题交趾"的现象十分普遍。可以想见，周口店的先民可能同样有过文身的经历。从文身进一步发展到用色彩来装饰外部世界，美化抑或相反丑化物体，以适应于自己的用途，这是大致的历史发展进程。随着生活的进步，文身等习俗逐渐式微，而随着纺织品的大量生产，染色成为文饰的一个重要方式。这就是典籍所谓"绣绣衣服"，"织染丝织"意义的产生。无论是文身还是文饰，先民们"文"的观念来源应当是明确了，这种观念来自于对外部现实的追求，也是先民心理意识的反应。

从有关于文饰的记录来看，应用最多颜色是红色、白色与蓝色。依笔者所见，除了习俗之外，古代民族使用色彩可能受到染料的限制，赤青白三种颜色的染料是自然界中可以直接得到的，特别是一些矿石与植物中都有这三种颜色，由于分布比较普遍，容易制作成染料，所以被广泛使用。而其他一些复杂的染料则可能以后才得到使用，如中国殷商时期白色的应用可能多一些，所以后世有"殷人尚白"的说法。而相对来说，代表帝王尊严的黄色则到后世的朝代中才开始大量使用。我们可以看出，中国的色彩运用中，至少到了秦代，颜色的使用已经多种多样，在陕西临潼发现的秦代兵马俑本身是彩色的，并且是多种色调的，因年代久远已经褪色，现在残存的颜色隐约可见，说明当时色彩的使用已经相当发达。先民的审美其实是来自于自然而又利用自然的创造，这种创造中，丰富了他们的颜色，也成就了他们有审美的眼睛。这种审美观念一旦形成，就有了长期影响。直到当代社会生活中，红色、白色与蓝色仍然是最重要的颜色，世界各国的国旗中，含有这三种颜色的是相当多的，它们分别代表了不同的意义，如果只从色彩本身来说，这些最易于得到的色彩成为主要色彩并不是偶然的。

文明发展证明了马克思的名言：人类五官其实是世界历史

的产物。马克思指出：

> 眼睛成了人的眼睛，正如眼睛的对象成了社会的、人的对象，成了人为人创造的对象。……因为不仅五官的感觉，而且所谓精神的感觉，实践的感觉（意志、爱情等等），——一句话，人的感觉，感觉的人性，——都只凭着相应的对象的存在，凭着人化了的自然，才能产生。五官感觉的形成，是已往的整个世界历史的工作。①

人类创造了文明，同时文明又反转来涵化与提高人类自身，文明使人类有了不同于野兽的视觉、听觉、味觉、触觉和嗅觉，使人具有了审美感觉与理念，最终，是文明创造了人，创造了不同于野兽的人类本体。人体及其感觉是人类精神之本，人体是文明的产物，那么人类精神也必然是文明的产物。在自然万物中，人成为世界的主体，当然源于人类的主体精神，而同时，如果没有自然与自然所代表的客观精神，就是自然的道，人类也不能取得这种地位，人同样不能成为人。人在改造自然中，自然也塑造了人，人的五官与身体，作为人体的组成，与人的精神一起被自然变成了人的本体构成，不同于其他任何动物的本体。

无须讳言的是，不仅不同地区的人有不同的色彩观念，在审美中，不同时代的人，也有时间上的差异。有趣的是，这种因时代所形成的差异竟会凝固化，我们可以从同一历史时代的不同文明的民族比较中看到，一般来说，生存于森林与山区的民族，对于鲜明的色调比较喜欢，如大红、明黄、黑色等。而其他的一些民族，特别是城市生活中，多数人则喜欢较柔和、协调的色彩。同样的道理，一般来说，儿童们喜欢鲜艳的色彩，而大多数成人相反。这虽然只是生活中常见的现象，但其中所蕴含的道理却来

---

① 马克思 恩格斯：《论艺术》（一），人民文学出版社1960年版，第202-205页。

自一部人类文明史，如马克思所说"整个世界历史"。

2. 文字与文章

"文"的另一层意义是文章、文学与文字。这一层是引申义，是在原初意义基础上产生的间接性含义，更确切地说，就是在原初的色彩、文身与文饰的基础上，进一步发展出文字与文学的意义。

为什么"文"会成为文章呢？文章是作者精心构造的产物。它在某种程度上，如同织锦的产生。我们写下一行行一页页文字时，恰如同织机上经纬相交，纺织出一段锦绣，文章的华彩与织锦的花纹相映成趣，中国古人早已经发现了两者的相同之处，这其实正是汉语中"文章"名称的来源。我们平常所说的"锦绣文章"、"黼黻文章"等，也都是用纺织物来比喻文章，正是这种来源的一个明证。关于这个意义引申出来的过程，前人其实是说得极为清楚的："文者，会集众采，以成锦绣。会集众字，以成词谊，如文绣然也。"（《释名·释言语》）文章由语言文字写出，如同锦绣汇集众采一样。

"文"，既然具有这一层意义，即所指为语言文字，那么这种意义产生过程也是值得研究的。

文字是记录语言的符号，是语言与思维的产物，这是人们对于文字的普遍理解。人类的感情与意识都有一种要求，就是使得它们客体化与主体化，这是一种双向的运动。因为意识是无形的，这种精神的产物需要传达，更需要保存。这就要求客体化，也就是物质化，物质化的主要手段是声音与书写，于是就产生了语言与文字符号。在语言中，意识通过声音达到客体形式化，而文字则是意识的视觉客体化与形式化。这两者之间有统一的一面，它们都是意识外化的产物，与意识之间有基本的同一性。但同时，语言与文字又是不同的意识物化体系，它们之间各有自己独立的系统，各有自己的特征。文字不同于语言，文字作为视觉的对象，它已经含有了听觉所不具备的感性形象，这种形象的特征是文字所具有而语言所未必有的。语言从本质上来说，虽然是意识的感性化形式，但是与文字相比，语言仍然是抽象的，这是由语言的介质声音所决定的。声音总是数学性的，而视觉形象则是更为具体、直观的。直观的形象从表面看来是单一的，其实它有着更为丰富的联想与意会，它有语音符号所不具有的"象"。世界文字体系经过历史变迁，多数民族的文字采用拼音体系，拼音文字已经成为抽象的符号，基本脱离了形象的特性，只有汉字等少数文字仍然保留了表意或是象形的特性。所以 20 世纪以来，汉字这种文字体系引起了西方学者的关注，美国诗人庞德、法国哲学家德里达等人都发表了关于汉字的文化意义的见解。对于这些见解的是与非，目前还存在不同看法。我们认为，这样的基本观念是应当肯定的：意识与语言相比，意识变化无穷，而语言与之适应的程度则相对有限，"意翻空而易奇，言征实而难工"。这就需要文字来辅助语言，文字产生的原因就是要"立象尽意"，以弥补语言的不足，使意识得到更全面的再现。更为重要的是，文字可以使语言得到保存，使其形象化，文字从而局部地超过了语言，文胜于言，同时文又再现了语言。

中国古代杰出语言学家许慎在说到文字的起源时，就指出："黄帝之史仓颉，观鸟兽蹄沆之迹，知分理之可相别异也，初造书契，……"。与此相近的是《易经》中所说："仰则观象于天，俯则观法于地，观鸟兽之文，与地之宜，近取诸身，远取诸物，于是始作八卦，以通神明之德，以类万物之情。"这两段话中，前文的鸟兽"蹄沆之迹"与"鸟兽之文"，其实是相同的，"文"在这里就是"迹"，也就是物象与符号。

人类从自然界中动物所留下的痕迹受到启发，认识到了一种原理，就是人可以把自己的意识对象化与形象化，从这种对象化了的符号中，人可以观察到自己的意识表达。动物的痕迹是动物行为对象化的产物，使得动物之间可以借此得到认同，这是生物界的常识。鸟兽可以从同类所遗留下来的足迹与气味来辨别是同性还是异性，是同类还是异类等。而人类则是通过意识的形象化产物——文字——进行彼此之间的交流。

3. 文字起源的启示

这里顺便解答一个小疑问：文字创造是否真的起于鸟迹？

中外古代文献中，都有文字创造起于鸟兽迹的说法，这就使得有人产生误会，以为文字的形状是受到鸟迹的启发。饶宗颐曾经指出过这种说法的普遍性：

> ……（《意林》五引）北凉时马鹜，在策文中所提出的意见，他认为仓颉从观察鸟迹因而发明了文字。梁僧佑《出三藏记》论胡汉文字同异亦说："昔造书之主凡三人。长名曰梵，其书右行，次曰怯庐，其书左行。少者仓颉，其书下行。梵、怯取法于净天，仓颉因华于鸟迹。"彼合胡汉为一家，亦谓汉字因于鸟迹而生。……谓仓颉造字缘于鸟迹。汉代王充已有是说，《论衡·感类篇》云："仓颉起鸟迹。"高诱注《淮南子·修务训》说："史皇仓颉，生而见鸟迹，知著书。"是处书字应指文字而言。①

笔者认为，汉字是一种表意文字，它的造字原理前人早已经进行过归纳，这就是许慎所提出的为六书：象形、指事、形声、会意、转注、假借。其中每一种原则都对于汉字的形成有重要作用。"鸟迹说"从性质来说，只能是一种象形原理，而

---

① 饶宗颐：《符号·初文与字母——汉字树》，上海书店出版社2000年版，第35页。

且充其量只能是象形中的一部分。自然万物，人类创造，包括人类本身，全都可以成为象形的依据。日月星辰，江河湖泊，山川林木，飞禽走兽无一不可以成为造字的依据。如果依此类推，则会有"兽迹说"，"人迹说"，"虫迹说"等等，不一而足。事实上，古代汉字中确实有一部分与鸟类有关的文字，但是更多的是与人体如手、目、口、足、发、耳等有关、与林木山水有关的文字，如果因为汉字中有这些物象就认为汉字起源于对于这些东西的摹仿，那就十分荒诞了，所以马骕的"鸟迹说"应当说是不能成立的。

为什么会产生"鸟迹说"这种看起来奇怪的说法呢？主要是对于《易经》等古代经典中的"鸟兽之文"缺乏正确的理解。我们上文中已经指出，《易经》中所说的"观鸟兽之文"之后，尚且有"以通神明之德，以类万物之情"。也就是说，观鸟兽之文本身不是造字的依据，而造字的原理是"类万物之情"，关键是"类"字。什么是类？简单说就是分类别异，就是许慎所指出的："知分理之可相别异"，用现代的语言来说，通过作为符号来区分不同事物的特性。同时，笔者认为，还有一层许慎所不曾指出的意义，这是古代逻辑学中的"类"的原则，就是对于事物划分比较的原则，这是《墨经》中的"类"，其来源也是《易经》。这里的"类"就是比较，在造字的过程中，类比也是一种原理。

至于所引王充《论衡》而称其为"鸟迹说"，则是一种误解，王充《论衡·感类篇》曰：

> 以见鸟迹，而知为书，见蚩蓬而知为车，天非以鸟迹命仓颉，以蚩蓬使奚仲也。奚仲感蚩蓬，而仓颉起鸟迹也。[①]

---

① 王充：《论衡》，《诸子集成》卷七，中华书局1951年版，第184页。

这里说的是"见验而类"的认识方法，奚仲由蜚蓬的启发而萌生了制造车，仓颉见鸟兽迹而领悟到造字的道理，但并不是说汉字就是从鸟迹而来的，这是明显的道理。任何一种文字都是一种符号体系，即使是形象文字，也是由多种事物的象征符号所构成，绝不可能是一种动物的痕迹，所以马骕等人如此胶柱鼓瑟实在是贻笑千古。再举个例子来说，牛顿躺在苹果树下，看到苹果落下而悟到了地心吸力的存在，这是历史事实。但只是说明苹果落下这一事实启发了牛顿。如果说牛顿的力学定理是关于苹果树的定理，那就十分荒唐。瓦特因看到水开后水汽冲开壶盖，创造了动力学的定理，如果说瓦特的研究是关于水壶的定理，那也不合事实。同样的道理，见鸟兽迹而感类，类万物之情，发明文字，与用鸟迹来作为汉字，实在是相差万里。

笔者曾经在一本专著中比较过许慎的"分理相别异"的说法与瑞士语言学家索绪尔（Ferdinand De Saussure）的学说，指出两人虽然有文明及时代的巨大差异，他们对于语言的理解却有令人惊讶的相近之处。索绪尔在《普通语言学教程》中提出一个对于西方整个理论界影响深远的结论"语言中只有差别"。这个口号在近半个世纪后，成为后现代义理论的中心观念，法国学者德里达（Jacques Derrida）起而批判的就是这一结论。我们先不去讨论德里达自造的"延异"（différance）与索绪尔的"差异"（difference）之间有什么实质的不同，而要指出，差异，就是"分理相别异"。从这一点来说，西方语言学家与中国古代先贤之间是一致的。这种理解不但是关于语言本质的深刻洞见，并且体现了一种哲学思想，可以与先秦哲学家的"辨同异"和希腊雅典哲学家们关于同一与差异关系的辩论相媲美，当然，最令笔者关注的是其中古代与今日相关联的理性思辨精神，这种思索中，把"异"与"同"、同一性与差异性概括为辩证思维的范畴。20 世纪末期，笔者开始建构"新辨证论"的比较文明思想体系时，就是从古代《易经》《墨经》开始，并且参考了西方古代与后现代思想家们的理论观念，最终形成较为完整的思想观念的。

时有古今，地有东西，人类理性与思想模式之间的联系却会冲破时空界限而契合。

当然，上边所提到的类比原则同样是古今中外的共同认知方式，而且作为思维方式，它也是建立于同一性与差异性关系思考的基础之上的，索绪尔从语言进化史的角度提出：类比是语言创造的原则，他认为语言进化过程其实是一种"类比"过程：

> 所以类比的最明显、最重要的效果就是用一些比较正常的由活的要素构成的形式代替旧有的、不规则的和陈腐的形式。①

这一"类比"，正与"以类万物之情"可以相通，类万物之情不是类万物，而是万物所由，是通过万物所表达的精神，这种精神体现于社会生活的种种变化，也就产生了新旧交替，从而使语言长河不断汇入新的水源。有人以为语言的变化如同河流，新旧词汇就是河流中从各支流中不断汇入的水与不断流出的水，也基本上符合这一看法。我们顺便涉及一下《出三藏记》中的"造书三说"，其实这是一种极为肤浅的说法。这三说之中，首列梵书与佉书，认为取法于天，而后列仓颉说，谓之取法鸟迹。其中颇含讥讽之意。取法于净天者，得天之益，以神造为根。而汉字则是鸟迹所成，完全曲解了中国《易经》中的"观鸟兽之文"的原意。长期以来，在造字学说中一直存在着西方中心主义与西方崇拜的观念，这种观念的表现之一就拼音文字高于

---

①　［瑞士］费尔迪南·德·索绪尔：《普通语言学教程》，高名凯译，商务印书馆2001年版，第240页。

其他文字。这种观念最明显的表现者之一就是卢梭（Jean‑Jac-
ques Rousseau），他也有一个"造书三说"，完全可以与古代僧
人的三说相呼应，卢梭说道：

> 有三种书写方式与人类据此组成民族的三种不同状态
> 完全对应。描画物体适合于野蛮民族；使用字句式的符号
> 适合于原始民族；使用字母适合于文明民族。①

这位卢梭在法国启蒙主义者中其实是一个地位颇为尴尬的人，
他往往把一种轻率的情绪化见解放到科学论文中，言而无据，
游谈无根。与其他一些严谨的启蒙主义学者相比，他的某些观
点是十分可笑的。套用中国人的话来说，卢梭的文章实属"语
多鄙倍之词"，这里并不是指其言词浅俗，有些西方学者攻击
他的《忏悔录》中有不少猥亵琐碎的描写，认为不登大雅之
堂。我们认为，卢梭在反对封建道德方面的贡献是功不可没的。
可是如果从学术研究而言，他的认识中表现出一种偏激与极端。
1749 年第戎科学院征文《论科学与艺术》中，他否定科学与艺
术的历史作用，"人生善良而幸福，是文明腐蚀了人，毁了人
的幸福"。1755 年征文《论人类不平等的起源和基础》中，赞
颂人类自然状态特别是原始社会。这些说法虽然被认为是对于
私有制的批判而受到欢迎，但我们不应忽略，他的观点中蕴含
着明显的反理性的成分，这种观念与后世的尼采、弗洛伊德等
人的理论是相通的。后边两人反对文明，认为文明对于人类是
有害的观点，更是直接来自卢梭。西方文明中有这样一种值得
注意的现象，理性与反理性，科学与宗教之间是纠缠在一起的，
宗教往往用科学来证明自己的存在意义，康德等人都曾经致力
于论述上帝存在的证明，就是一个明显的例子。卢梭的反理性

---

① ［法］让·雅克·卢梭：《语言起源论》，转引自［法］雅克·德
里达：《论文字学》，汪家堂译，上海译文出版社 1999 年版，第 3 页。

主义恰恰是以启蒙的、理性的面目出现，但其观念的根源仍是反理性的，所以会形成他内在矛盾的暴露。特别是在涉及东方民族时，他对于东方是一无所知的，在理性中心观念与反理性的根源同时作用下，轻率的结论就是难免的了。所以德里达批评这种说法是"支配着文字概念的人种中心主义（l'ethnocentrisme），和逻各斯中心主义（logocentrisme）即表音文字（如，拼音文字）的形而上学"。可谓一语中的，所反击的并不是一两个人，而是一种传统。只要这种传统仍在继续，反理性与理性中心就会在西方文明中交替出现。

文字得之于天或是受之于神，这是一种相当普遍的观念，甚至可以说各民族都有这种观念，中国早就有仓颉造字"泣鬼神"、"天雨粟"的说法，其中已经透露出一种神秘主义的观念。这种观念对于西方来说，首先是来自埃及，柏拉图《斐德若篇》中曾经批评文字创造之神（Dieu Teuthus），认为这是从埃及传到希腊的不祥之物，并不是没有根据。

公元前 3100 年，古埃及的美尼斯一世（Menes I）统一了上埃及与下埃及，建立了第一王朝，大约在这一历史时期前后，埃及人的"神文"（hieroglyphika）成为主要文字。圣书体又可称为碑铭体，是人类最早的文字之一，它的书写方式起源于图画，曾经被广泛使用，以后演变成为一种专用书体，主要用途是刻写神庙和金字塔的石碑，也用于祭祀礼器的文字书写。可以说这是一种相当于中国的金文铭文的古代文字，中国古代主要是以青铜器等作为祭祀礼器，大约从原始社会末期就已有青铜器，直到秦汉时才衰微，上面刻写的文字称为金文，亦称"吉金文"。金文的时代晚于埃及神文，两者的祭祀方式与对象也大不相同，这可能是形成两种文字的创造精神之间的重点不同。至于铭刻方式，也有值得注意的地方，中国古代尚且有大量的甲骨文，就是把初期文字刻到了兽骨上，特别是牛胛骨与龟板上。秦汉之后又大量的刻字于石头上，可以说中国文字本身就是中国文明精神的代表，它借用一切可能的材料，处处进行书写，如水银泻地，与自然完全融合为一。而埃及神文在其发展中，反而并没有向俗世流传。再者，埃及神文是一种图画性与刻符性过渡的文字，它的形态比中国甲骨文与金文都要原始一些。

埃及人认为文字是神所创造，所以称神文（mdw – ntr，意为上天的文字）。而且埃及专有文字之神，这个专司文字之神的名字叫"托特"（Thoth）。这个神与中国的仓颉还是有些不同的，仓颉尽管创造了文字，也有所谓"鬼神泣"、"天雨粟"之类的说法，但仓颉本人并没有被完全神化。其中重要的原因之一就在于，中国古代文化中，宗教思想没有占据统治地位，人文主义思想相对发达，文字起源的意义并未被完全神化。在中国人看来，汉字的创造是师法自然造化，以类万物之情，没有太多的神启因素，主要是一种从自然出发的理性精神的创造。当然无须说明这种创造绝不是所谓的"鸟迹"的摹仿，而是人对于世界的符号化，通过差异区分与类比创造的一种符号系列，用以表达事物与人类思想，这才是文字创造的真谛。

在人类意识形象化的产物中，符号是最主要的方式，而文字系统又是符号中具有代表性的。文字是一种象征与符号，这就是所谓的"文者，象也"（《淮南子·天文注》）。而这种符号是通过视觉形象来识别的，"文谓画也"（《礼记·月令》），"文，字也"（《书序》）。都说明文字体系的特性，文字体系在人类思维活动中起到了一种"分理别异"，"类万物之情"的特殊作用。这也说明，文字是一种起到分理别异作用的符号体系，正是由于具有这种性质，它才是文字符号的象征，而不是图画的个别具体事物的再现。

最后还要说到，语言学界流行相当广泛的"象形起源说"，语言学家们认为，古代的语言是来自图画的，最初的先民通过图画来表达意义，这是最原始的方法，就是把所要表达的事物通过直观的图画使其意义图像化。在这一过程中，图画把事物的原形直接再现出来。从一定程度上来说，这一过程不是符号化。图画也是人类意识的对象化，但这种对象的性质是图画而不是符号，是图而不是文。所以说，古代图画包括岩画等，作为文字的前身，并不是真正的文字，因为它与文字的本质是不同的。文字是符号化的产物，文字是意识的变形表达，它代表意识，同时具有象征性的形式化而不是把意识到物象直接再现。例如，岩画是古代民族中最常见的艺术，世界各地都有岩画的出现，从中国西藏到法国南部的岩画，有相当多的共同点，特别是其中大量的太阳符号，万字形符号，十字形符号等，在不同地区不同民族岩画中随处可见。有人认为，岩画就是文字的前身。其实这是不妥的，因为从岩画的主要构成来说，它还是艺术图画，它的主要目的与形式是以线条、颜色与构图来再现事物。但是同样作为古代人的创造——刻符——就大不相同了，刻符是古代文字的真正前身。刻符是通过具有象征意义的刻写符号来表达意义的系统，它与图画不同，它不是事物的直观再现，而是通过符号的象征与抽象作用来引起对于事物的联想，来表达事物这是一个关键的区别。"文字"的起源中，刻符的出现是关键的一步，比如中国仰韶文化的陶器刻符、欧洲的石器刻符等，从刻符中才发展出了文字系统。刻符是从物象向文字过渡的中介，这样一个进化过程明显可见：图画——刻符——文字。这也是"文"的含义的不断转化，不断进步，这一历史过程，在我们以上的梳理中，是看得越来越明显了。

三、"文"——作为文学

"文之为德也大矣"，这是中国古代文学理论名著《文心雕

龙》的开篇之句，这里的"文"指的主要是文学，文学是
"文"的重要内容。

在世界各古代文明中，文学都占有重要地位，在多数古代民
族中，古代神话与诗歌（包括史诗与抒情诗）都是最早的文化创
造形式。希腊人以史诗来作为自己历史的开篇，《荷马史诗》成
为了地中海文明的渊薮，由于史诗所具有的神话与文学性，文学
在古代希腊文明中的地位是无可置疑的。以色列人的《圣经》虽
然与荷马史诗不同，但也是一部古代民族史诗，只不过其中的宗
教意义相当重要。地处欧亚大陆东部的中国古代文明与地中海文
明相近，古代文明经典属于人文主义性质，而不是宗教文化。中
国古代文明经典"六经"中，《诗经》就是最早的文学经典。进
入文明社会之后，特别是世界历史进展到公元前 10 世纪到公元
前 5 世纪左右，世界主要文明都创造出了自己的经典。这些经典
在各种不同的语言中成为了"文"的代表。

中国先秦时代到两汉，文的主要内容就是以六经为代表的
古代文化经典。两汉之后有所变化，"文"的概念相对集中起
来，主要是文章与文学称之为文，这是文的观念的一次分化。
特别是南北朝时期，文学理论迅速发达，文的概念从已有的进
化中，进一步产生类型性的分化，这就是文学之"文"与其他
类型文体的"文"的分化。这一分化的过程相当长，最典型地
表现于南北朝时的"文笔之分"等争论之中，也就是说集中于
文学文体与非文学文体，文学文体内部的分化等复杂的纠纷之
中。无论这种争论如何激烈，有一点是必须明确的，文学作为
"文"的中心观念突出了，这是汉代以后的总体发展趋势。

是谁第一个指出泛论"文"的文字如经史传略等与文学作
品之间的区分呢？这个问题见解纷纭，笔者同意章太炎的见解，
是汉代的刘歆《七略》中初步完成了这一工作。章氏《诗辨》
中说："要之《七略》本孔子删诗意，不歌而颂，故谓之诵，

叶于箫管，故谓之诗"。这就是说：《七略》中已经全面区分了不同的文，区分了文学文体与非文学文体，正因为有了这一区分，才可能有南北朝时期的文学理论兴盛。所以当我们谈起南北朝所谓"文学的自觉"时，应当看到这是一种历史的积累，它的起因是两汉学者的贡献。可惜的是，这一贡献只有章太炎等少数文史哲兼通的人才可能看到，而一些只了解文学的人，如同司马迁所说，所谓"独通一经"而不能专断，他们是不能认识到这一点的。当然，我们强调汉刘歆《七略》中只是"初步"完成，因为毕竟他所完成的只是分类，而尚未进入对于文学文体形式特点的深入研究。

　　长期以来对于"文"的不同理解相当突出地表现在《文心雕龙》与《文选》的评价中，中国文学史上，《文心雕龙》与《文选》几乎同时出现，而且两者都有重要影响。但它们对于"文"的范围划分却完全不同。梁萧统《文选序》中提出了选文标准：

　　　　若夫姬公之籍，孔父之书，与日月俱悬，鬼神争奥，孝敬之准式，人伦之师友，岂可重以芟夷，加之剪截？老庄之作，管、孟之流，盖以立意为宗，不以能文为本，今之所撰，又以略诸。……至于记事之史，系年之书，所以褒贬是非，纪别异同，方之篇翰，亦已不同。若其赞论之综缉辞采，序述之错比文华，事出于沉思，义归乎翰藻。故与夫篇什杂而集之。①

标准是"事出于沉思，义归乎翰藻"，目的就是强调以言辞为中心，以文学作品作为主要内容，而把经史与诸子全都排除在外，因为这些作品毕竟与审美意义上的文学艺术之间旨趣不同。而《文心雕龙》则与以上看法相反，刘勰将诗、骚、赋等文学

----

①　梁·萧统：《文选》，岳麓书社1995年版，第3页。

艺术作品与经、史、诸子、传等多种文体，统称为"文"。这样，同一时期影响极大的两部论著中意见不统一，那么这两种"文"哪一种更正确呢？

其实，同一时代之人的见解不尽相同，古人中存在不同见解，是完全正常的。即使同为今人，见解亦未必能完全统一，这也是合理的。识见有高下，经过互相辩论可以得到促进，这就是孟子所说"君子必辨"。辨，历来是中国学者的一个重要研究方式。当然，佛经的辩说艺术，古代希腊人的雄辩术，与中国人一样，都是通过讨论来达到概念分析，促进彼此的理解。

王充《论衡·佚文》篇中说："文人宜遵《五经》、六艺为文，诸子传书为文"。即认为"文"从来就是一个内容丰富的综合性概念，它包括诗赋亦包括有六经、六艺、诸子传书。这个观念不仅从王充到刘勰是统一的，而且从《易经》、孔子直到当代学者中，一以贯之，成为了一个传统。

然而近世学者对于这个传统颇多异议，有批评者认为，《文心雕龙》文体论把经史子传列入"文"的范围，在齐梁时代文学分类已经明确的情况下，是落后的观念。特别是与萧统《文选》相比，很多人都对刘勰持一种批评的态度。

笔者认为，这种批评产生的原因在于以今人的观念来衡量古人，古人与今人对于文学的理解并不完全相同。刘勰不是对于文学特性没有认识，而是别有见地，这种见解是中国古代文学观念的特色之一，即从文明的一体观念来认识文学。刘勰一方面注重文学的基本特性、它的审美与艺术特征，不把文学作为政治与道德的附庸，这在《辨骚》、《明诗》等篇中表现明显。另一方面，又不同于《文选》的文学观，刘勰主张"道沿圣以垂文"，文必原道、宗经、征圣，主张一种历史主义的文学观，反对唯美论与形式主义。所以其"文"包括经、史、子、传，是一种文明意义上的文，这种文的来源是《易经》与孔子的《文言》。笔者曾指出：

> 在对三种主要文学文体的论述中，刘勰都是从言辞观念出发，要求思想意义与形式的有机结合，形成言辞的完善表达，成为有内容的艺术形式，言辞是深层意义的外显，从而具有本体性的形式美。

> 这就更显示与孔子论诗的一致性，孔子把诗与言并列，对诗评价极高，声称"不学诗无以言"，子曰"兴于诗，立于礼，成于乐（《论语·泰伯》）。"人而不为周南召南，其犹正墙而立也与"。孔子对诗的意义，当然主要是从言的角度来衡量的，推崇诗的目的也在于重视言，实现他道可以言的主张。这样，文学与言辞之间架起一道直通的桥梁。刘勰也正是从中悟出文学作为言辞的重要代表，而不是唯一内容的。因而《文心雕龙》中，把文学与经史子书并列，以言辞来统一说明。①

我们是从一种"文"的历史进化观念出发，来肯定刘勰"文"的历史含义，从以上对于文的考察已经可以清楚看出，从文身文饰到文章文学，这是一种历史的过程，这一过程在经典文献中保留下来，成为一个传统。这个传统就是《易经》中的"观鸟兽之文"，到孔子"文言"再到刘勰的"文之为德也大矣"，形成了一个历史的伟大链条（great train）。民族精神的特性并不是抽象地存在，它明显地表现于这个民族的文字与语言，文学观念与文明。西方从柏拉图到当代西方的理论家的伟大历史链条，同样出现于中国，从《易经》到孔子、扬雄、王充、刘勰、韩愈、朱熹、叶燮、章太炎等，无论他们之间见解如何分歧，却沿用相同的范畴，有共同的观念。

---

　　① 方汉文：《进抑或退：＜文心雕龙＞的文体范围——兼及当代西方文体论》，载《海南师范学院学报》1998 年第 1 期，第 26 页。

这个过程的形成从刘勰《文心雕龙·原道》中看得最为清楚，在论述文学的起源时，刘勰正是从"文"的历史产生过程来分析文学的，把它与自然中的花纹、纹路联系起来，认为自然之文与人文之文之间并不是没有联系的。这一见解引起相当多的误解，有人甚至以为刘勰是自然主义者，其实是一种误解。如果对于我们上文的观念演化有所认识，必然会对于这一历史过程的考察予以理解。刘勰是这样论述的：

> 文之为德也大矣，与天地并生者何哉？夫玄黄色杂，方圆体分；日月叠璧，以垂丽天之象；山川焕绮，以铺理地之形。此盖道之文也。……傍及万品，动植皆文；……故形立则章成矣，声发则文生矣。夫以无识之物，郁然有彩，有心之器，其无文欤？①

从自然的天地玄黄、山川焕绮、动植物的纹理，到人类的文学文明，刘勰认为其间必有一种联系，这就是道的存在，道是天地之心，它造就自然的山川绮丽，也是它最终产生了人类的文。

从道及文，应当说是一种精神的显现过程，理性的最高存在显现为感性的美，在这一层关系上，可以看出人类所创造的文学与自然所生成的文之间有一致性。但是，这种联系不是自发产生的，而从现实来说，自然与人类的整体观念却正在得到重视，目前还主要是从生态与环境科学角度，人类从维持自然与人类的生态平衡的水平来理解它。这还是远远不够的，人类应当从宇宙存在的意义来看它，宇宙的存在就是道的意义的证明。我们有一个宇宙，人类有了自己的家园，但是对于人类来说，更重要的是其精神的意义，如果没有这种意义，人类就如同蝼蚁、草木的价值，这种价值只是自然的价值。虽然我们爱

---

① 范文澜《文心雕龙注》上，人民文学出版社1958年版，第1—2页。

护自然，但我们不能把自己等同于自然。人已经超越了自然，就像精神的意义已经超越了宇宙的存在一样。这种超越中，文明是人类的手段，也是人类的成果，人类看到自然中存在着所谓的"文"，并不能简单化地把它作为精神自身表达的证明。一定程度上，只有人类能证明自身与世界，文明在这个意义上，不正是自然的代表吗？这可以说是前人所没有意识到的事实，天与人之间，和谐不是惟一目的，斗争也不是惟一手段，只有当它们统一于一种精神创造时，它们的意义就无比巨大了。

四、文明之文

无可怀疑，"文"的主要含义之一是文明，同时，"文"的最高意义也体现于文明。在汉语中，"文"直接与"文明"相关，由于汉语的语言特征，单音单字的词比较多，所以当"文"表示"文明"的含义时，它们经常是结合在一起的，也就是说，汉语中的"文"与"文明"是同根词。构词特征客观上起到了一种联系的作用。汉语中的"文明"一词较早出现于《易经》，《易经·大有》曰：

> 其德刚健而文明，应乎天而时行，是以元亨。

《尚书·舜典》中说：

> 浚哲文明，温恭永塞。
> 疏曰：经天纬地曰文，照临四方曰明。

理解中国古代文字离不开六书，转注假借的原则是经常可以看到的。"文明"一词的本意，可以看出是与经纬与照临的意义相关，所谓经纬无非是来自于织锦为文，而照临则与日月光明相关。所以"文明"是与蒙昧黑暗相对的，这在中国古代经典中是十分明显的。

这与拼音语言的单词的概念是不同的，英语中的文化

（culture）与文明（civilization）彼此之间没有共同词根。从语源学来看，具有非同源的可能性。前者以农业耕作为本意，而后者则是强调一种城市化，拉丁文 civil 的本意为"公民的"、"城市的"。前者实指，后者务虚。但是在人类历史上，真正的古典文明也始于人类开始大规模农业生产，有了农业文明才有城市与公民。所以两者也还是有一致之处的，只是后者所揭橥的战胜蒙昧的意义是不可忽视的。

文明与野蛮是相对的，人类从猿演化而来的历史至少在四百万年以上，从地质第三纪末期开始，经历了漫长的第四纪冰期，到更新世才进入了旧石器时代。南非发现的塔翁化石是南方古猿非洲种（Australopithecus africarus），被科学家看成是人类真正的先族，其时代大约在 300 万年前到 100 万年前。近年来，考古学家在东非发现了可以直立行走的古猿，它们的名称是阿尔迪古猿拉米种（Ardipithecus rabidus），从某种意义上来说，这只是人类先祖产生的证明。但可以肯定的是，大约在 150 万年前，直立人已经出现，50 万年前的智人已经能够制造生产工具，中国智人的代表北京猿人与法国阿舍利文明就是这一时期人类活动的证据。可以说在人类漫长的岁月中，文明的产生姗姗来迟，经历了长久的进化，才产生了人类的文明。那么，人类的文明是什么时代产生，又以什么作为文明产生的标志呢？

相当多的人将埃及文明看做是世界上最早的文明，埃及的统一已经在公元前 3050 年前后，那么是什么能使人们认为埃及文明是人类文明的开端呢？当我们说到人类的文明与蒙昧之间的对立，文明民族与野蛮民族之间的差异时，我们必须有一个基本相同的条件或标准。当我们认定世界主要古代文明时，尼罗河流域、两河流域、印度河流域，以中国为中心的太平洋区域、古代巴比伦等的先民们所创造的文明类型为什么被看做是人类文明的曙光，而其他一些民族的文明却没有这一殊荣。在这方面的分歧一直存在，很多非洲、美洲与世界其他地区的民族，一直在争论，认为自己民族已经创造了发达的文明，不应当否定多种民族创造文明的观点。这些争论只是暂时没有被广泛讨论，但是并不意味着不会被讨论，总有一天，这种争论会影响到世界关于文明形成与文明类型的观念观点，这只是时间早晚而已。正是由于存在这样的因素，就促使我们要关注文明与文明创造的前提，也就是什么可以作为文明社会或是民族文明成熟的标志。所幸的是前人已经提出过多种标准，发表了不同看法。

以文字发明为人类文明成立的标志。

以铁器的使用为文明成立的标志。

以城邦制的建立为文明成立的标志。这是一种在西方相当流行的观点，就是从氏族社会发展到城邦制，从而使人类进入文明社会。

以宗教形态作为文明成立的标志，如一神教建立后，改变了原始宗教与自然崇拜，从而使人类精神信仰建立起来。以人类意识与无意识之间的关系为主要标志，例如弗洛伊德在《文明及其遗憾》（1930年）一文中就认为，人类文明的出现是人类对于自己本能的升华作用（sublimation）的结果[1]。所以文明的产生与发展的原因要从个体的心理中寻找答案。

还有一种看法是将东西方文明分别看待，如黑格尔等人就把东方文明与西方文明分开来，在他眼里，世界历史分为东方世界、希腊世界、罗马世界与日耳曼世界。这样，世界历史仍然是他《精神现象学》中所提出的原则——自由意识——的实

---

① 可以参见车文博主编《弗洛伊德文集》第五卷，长春出版社1998年版，第246－247页。

现过程。这一过程最早出现于东方专制制度下，这时的自由意识只是一个人的自由，然后发展到希腊与罗马世界中，这时已经从一个专制者的自由发展成了少数人的自由，最后，由日耳曼的民主立宪制，确立了所有人的自由。他虽然承认世界文明最早起源于东方，但又强调东方与西方的文明性质不同，东方文明只是一种古代文明，一种不再发展的、陷于停顿滞后的文明等。这样的东方文明只是儿童的文明，而希腊罗马是青壮年的文明，直到日耳曼才成了老年的亦即成熟的文明。这种观念其实是西方的"东方学"的理论基础之一，形成了东西方的对立观念。其后果之一就是产生了所谓"古代东方论"，把东方看成是落后专制的代表，这一观念在当代西方理论界及部分东方学者中间，仍然有相当的影响。与这一观念相关联，又衍生出一些关于东方文明的理论分支，例如认为古代东方农业文明所产生的国家，是起源于人工灌溉的生产需要，不能说有真正的文明特性等等。

在已有的多种文明成立标志中，每一种都有自己的特点，我们不能否定它们的重要性。同时，我们也不能简单地把它们综合为一，认为文明产生是多种因素作用的结果，是这些因素的共同推动下，产生了文明。事实上文明的产生必然是同时具备多种作用条件，才可能最终形成。但是这只是一般的原则，研究文明，既要对于具体的民族历史进行具体的分析，又要确立世界文明的一般原则，否则就无法在东西方文明共同的理论视域里进行研究与考察。这是否意味着我们要提出几个关于文明起源与文明成立的具体条件或标准，作为一种法则来衡量世界各民族？这同样是没有必要的，我们需要的是从一种历史语境来考察文明，从世界文明的历史状态与主要范式来考察它，这就需要一种历史主义的观念。

让我们再回到关于"文"的考释，因为正是在关于"文"

的研究中，我们才看到中国古代的不同历史时期中，人们关于文化与文明的理解。我们并不是把这种理解作为我们衡量世界文明的统一标准，而是把它作为一种历史现象来思考，理解为一种历史过程。

中国古代社会中，文明的出现与"文"字密切相关，这是中国文明一种特有的原则："修身贵文"与"政化贵文"。修身贵文，就是通过文明教育来使得个体行为得到进步，从野蛮到文明。政化贵文则是在社会政治中，通过文明教育来达到社会的改善。

从这个意义上，也可以看出"文明"一词的意义。《文心雕龙·原道》中说：

> 心生而言立，言立而文明，自然之道也。

"心生而言立，言立而文明"，这也是比较早的"文明"一词的出现。这是一种独特的文明标志，其中有两个重要因素：心与言。虽然从形式上看，两者是不同的，但实际上两者有最密切的联系：心就是心理，也就是人类的理性思维，言就是语言文字，人类有理性，并且通过语言文字进行传播与协同，这就是文明。当然，这只是最简单的解释，是文明的最低纲领。

五、民族心理与文明意识

第一个因素心指的是心理，当然是人类所特有的心理意识，人类的精神。对于民族来说，只能是这个民族的心理特征。一个民族成为文明民族，其内在的素质是具有文明民族的心理意识。从野蛮人的心理到文明人的心理，这个过程是通过"文"的作用，有文才得以明。佛学中的十二因缘（dvādasanidāna），第一无明（avidyā），就是没有文明与知识。可见以文明来改进蒙昧野蛮的心理是一切文明的要义。这个过程在当代人看来是容易的，但在历史进化中却不是如此。由于人类散布于世界各地，心理意识间的差异是相当大的。很多原始民族中长期保持着古代人已经视为落后的风俗。从世界范围来说，东方民族进入文明时代较早，亚洲与非洲有众多的古代文明，较早就产生了较高类型的文明对于原始民族的教化。欧洲文明教化的进程中，首先是希腊罗马文明流被地中海各国，其后又有基督教对于一些古代民族的心理产生了巨大作用。南亚与东亚地区由于有中国与印度两个古代文明大国的存在，也较早进入文明社会。公元 7 世纪前后，中国僧人玄奘西行印度，写下《大唐西域记》这部伟大的著作。中国与印度虽然早有来往，但由于雪山阻隔，直接交通也有一定困难，玄奘是较早地翻越雪山直达印度的僧人之一，他书中的记载说明，沿途经过的百余国，其中大多数已经不是原始民族，几乎所有的民族都已经信仰佛教或是"异道"，没有食人生番的迹象，而且也没太多乱伦、血亲姻缘、家族婚姻的现象，这些现象曾经在一些野蛮民族中存在过，对于他们的心理而言，这些现象都是正常的。所以玄奘所历诸国基本是文明开化的民族，所观察到的风俗与社会，已经是文明心理形成的表征。即使如此，我们也可以看出，各国各民族的文明程度极为悬殊。特别是由于玄奘是从高度文明的大唐而来，他不无偏激地说道：

> 黑岭以来，莫非胡俗。虽戎人同贯，而族类群分，划界封疆，大率土著。建城郭，务殖田畜，性重财贿，俗轻仁义。嫁娶无礼，尊卑无次，妇言是用，男位居下。死则焚骸，丧期无数。劐面截耳，断发裂裳，屠杀群畜，祀祭幽灵。①

---

① ［唐］玄奘、辩机原著：《大唐西域记校注》上册，季羡林等校注，中华书局 2000 年版，第 45 页。

显然玄奘是以一种更为发达文明的要求来批评的，他所依据的当时中国社会的标准，唐代的法律、道德、伦理等已经是高度文明的产物了。同时他的评价中也有偏见，如"妇言是用，男位居下"，某些地区可能有一些母系社会的遗风，则未必不好。"死则焚骸"在今天已经成为中国提倡的风俗了。总之，"文"具有道德教化的功能，此即中国典籍中所载"文者，德之总名"（《国语·周语》）。"道德博文曰文"（《周书谥法》）。中国的"文"是一种道德伦理规范，一种文明心理意识的要求，是个人修身与政化的手段，在此是肯定无疑的。

其他一些地区的探险家的见闻中，野蛮民族风俗与心理意识的表现就大不相同了。阿拉伯人由于地理位置关系。早在中世纪就到远东来，这时的欧洲人一般没有到过这里。公元 9 世纪的阿拔斯王朝是一个伊斯兰大帝国，又是东西方交通的中介，阿拉伯地理学家早就记载了世界的奇风异俗，伊本·胡尔达兹比赫的《道里邦国志》中曾经记述过拉米（Al – Rami）岛的居民：

> 岛上有一种全身赤裸的人，他们生活在密林中。人们无法听懂他们的话语，因为，这些话语乃是一些忽哨。他们生得矮小，很怕见人。……当他们用手在树上攀缘时，无需依靠双脚的帮助。
>
> 海洋里还有一种白人，他们在海里泅水追赶疾风般行驶的船只。他们出售龙涎香以换回铁，他们用嘴衔着铁。岛上有一栽植胡椒的黑人，他们能将活人切成一块块地吃光。在山里，当用火冶炼时，可以从山土里提炼出银子。①

海客谈瀛洲，固多捕风捉影之处，然而世界海上交通开始之前，

---

① ［阿拉伯］伊本·胡尔达兹比赫：《道里邦国志》，宋岘译注，中华书局 1991 年版，第 67 – 68 页。

各大洋中诸多岛国，各大陆上的偏僻山区，生活着多种原始民族，在这些民族中，很可能存在着一些远古的野蛮陋习。宋赵汝适《诸蕃志》中记载晏陀蛮国"山中之人，身如黑漆，能生食人，船人不敢舣岸。"①关于这一古代国度的记载也见于阿拉伯商人苏莱曼（Sulayman）的《中国印度见闻录》，可以说印证了赵汝适的说法。苏莱曼说："越过朗迦婆鲁斯岛，便是两个被海水分开的岛屿，叫安达曼（Andaman）。这里的居民是吃活人的，黑色皮肤，头发卷曲，面容凶恶，两眼吓人，两只大脚板。"② 先哲曾经有言：正因为人类是从动物而来，所以人身上永远有动物的特性。食人等风俗就是一种野蛮的历史遗存，文明教化是改变这些野蛮风俗的手段，重要的是改变其心理意识，使其具有文明人类的意识。这就是要具有理性与道德意识，摆脱传统的野蛮风习。

世界民族是平等的，无论处于任何生活状态与任何社会发展阶段的民族，都拥有保护自己民族文明的权力。从某种意义上来说，任何文明形态都对人类社会具有历史意义，只要这一文明形态对于本民族的个人生活权利与其他民族不造成威胁，它都有存在理由。但也无可否认，人类文明的进化规律又要求对于落后习俗的合理扬弃，独特的文明在保持其创造性价值之中，也就具有自然进化的要求，这是当代社会发展的现实，这一现实的存在就是合理的。

六、语言与社会文明

语言使人类走向文明，这是众所周知的事实。衡量文明民

---

① ［宋］赵汝适等：《诸蕃志校释·职方外纪校释》，中华书局2000年版，第125页。

② 《中国印度见闻录》，穆根来、汶江、黄倬汉译，中华书局2001年版，第5页。

族的重要条件就是有无自己独立的语言文字系统，这也是最基本的观念，无须再重复了。重要的是，语言为什么能对于人类认识世界与人类自身产生作用，这就是"言立而文明"的理论意义。不理解这一层意义，只知道所有的文明民族都有语言文字，还不能有机地理解重要文明创造的真谛。在文明创造中，语言不只是作为工具，而是作为民族思维的符号机制发生作用，所以对语言文字应当从认识与实践的理论角度，进一步研究它与文明间的联系。东方与西方的有识之士，历来重视从这一理论意义上来看待语言。真知灼见可以逾越时空界限，互相认证与支持。看到古人与今人共通与交流之后，我们就可以由前人共识进一步推阐，更大的发现就在前面。

语言文字对于人类文明的意义，主要是从两个方面被认识的。第一个方面是语言文字对于人类社会生产与生活的密切联系，它们之间的相互作用。第二个方面是语言与人类心理意识特别是人类理性的作用方式，它们之间的共同发展。这两个方面虽然密切相关，但是彼此之间还是有区分的。前者主要是从社会文明角度来观察，而后者则从人类理性、人的意识来研究。我们下面从不同方面来论述它的意义。

从第一个方面来说，在语言对于社会生产与生活的关系方面，语言文字作为工具的作用早已得到承认。马克思与恩格斯把语言文字作为人类文明社会过渡阶段的主要标志之一，这已经是人所共知的常识了。恩格斯《家庭、私有制和国家的起源》中说到野蛮时代的高级阶段时指出：

> 从铁矿石的冶炼开始，并由于拼音文字的发明及其应用于文献记录而过渡到文明时代……①

语言产生与文字发明，使人类过渡到文明社会，这是关于语言

---

① 《马克思恩格斯选集》第 4 卷，人民出版社 1995 年版，第 22 页。

文字对于社会发展推动作用的评价，不可否认的是，从宏观来看，正是由于语言文字系统的应用，才使得人类社会得以进步，文明得以繁荣。语言与文明共同进步，从原始的简单语言发展出复杂的语言系统，从少数人使用的方言俚语发展到国家与民族的统一的语言。所谓"书同文"正是反映出这一进步的典型，秦始皇统一中国后，以统一的语言文字取代了六国的文字，这是有利于中华民族作为统一民族发展的。2000 多年后，中国语言文字又经历了一次大变革，20 世纪初期，中国掀起的新文明运动中，文言文在中国社会长期的统治地位被推翻，中国社会通用语言从文言文改为白话文。书面语再次与口语直接相接，使中国传统文明经历了新的考验。这两次大的变革都对于社会的发展有促进作用，充分说明了语言与文明之间的联系。但是我们也要承认，语言与文明的关系中，并不是所有的语言统一都对当时的社会起到促进作用，两者之间的关系是复杂的，动态的。只能说语言文字对于文明有不可否认的作用，这种作用有时是进步的，有时并不具有明显的进步性，只是社会生活变异所导致的必然结果，它既有利于社会的一面，也可能同时存在相反的影响。

某些西方学者认为欧洲的国家是建立在单一民族基础上的所谓民族国家，斯宾格勒曾经说过，在民族国家建立的过程中，原来的日耳曼人、法兰克人、安格鲁—撒克逊人转变为德国人、法国人与英国人等。其实并非完全如此，在近代国家建立过程中，西欧首先建立了民族国家，但是，这种民族国家并非是绝对地由一个民族组成的，西欧国家中任何一个民族国家都拥有多种民族，特别是东部欧洲国家中，民族更是众多。

欧洲共有 160 多个民族，而且每一个民族人口并不是太多，只有俄罗斯人是欧洲人口中最多的，拥有 1 亿以上的人口。其余另有 13 个民族是千万人以上的，即英格兰、法兰西、德意志、意大利、乌克兰、波兰、西班牙、葡萄牙、罗马尼亚、匈牙利、荷兰、捷克与希腊。其余的欧洲民族中，有 50 个是超过 1 万人的。

无可否认，欧洲国家民族相对单纯，有的国家中，某一民族可能占到全国人口的 90% 以上甚至更高。希腊、葡萄牙、冰岛、丹麦、爱尔兰、匈牙利、德国等国就是这样一些以单一民族为主的国家。但多数欧洲国家仍然是多民族的国家，其中又可以分为两大类：第一类是主要民族占到国家人口的多数甚至达到 80% 以上，包括芬兰、罗马尼亚与法国。第二类国家中，没有一个单一民族人口能达到 80% 以上，特别是在英国和西班牙这样的国家中。其余一些国家，根本谈不到以某一民族为主，例如瑞士、荷兰、比利时等国，没一个民族能被看成是主要民族。所以这些国家中不易于培养民族主义，这些国家的民众中的排外情绪也不太强烈。欧洲的民族虽然并不是最多的，但是民族冲突却并不少，有的国家民族较多，如俄罗斯与前南斯拉夫等国，由于历史原因，一直是民族矛盾相当突出的地方。俄罗斯的民族将近一百个，其中车臣等少数民族由于历史与信仰的原因，长期以来存在着尖锐的民族纷争，这些问题很难在较短的时间内得到解决。

我们下面再从民族语言的角度来研究欧洲文明。

欧洲语言主要有 5 个语系，即印欧语系、乌拉尔语系、高加索语系、阿尔泰语系与闪含语系。

一、印欧语是世界最古老的大语系，它包括三个大的语种与三种单独的语言，使用这一语系的人民占到了欧洲总人口的 95% 以上。先说这三种单独的语言，三种单独的语言是希腊语与阿尔巴尼亚语、克尔特语，这三种语言都是古代语言保存到现代并继续使用的语言。希腊人的语言文字曾经是欧洲最重要的语言，但是很早就被拉丁文所取代，拉丁文字是在希腊字母的基础上发展起来的，可以说希腊语言文字是欧洲语言的母体，包括斯拉夫语言文字也都借鉴了希腊文。但是多数国家早已经不使用希腊语，当代仍然在使用希腊语的人口大约有 1 千万左右。而阿尔巴尼亚语是古代色雷斯语的遗留，古色雷斯语早已经灭亡，只有阿尔巴尼亚仍然在使用受拉丁语和希腊语影响的这种古代语言。克尔特语即古代的高卢人所使用的语言，如今只有爱尔兰、英国与法国的布列塔尼半岛等地仍然在使用这种语言。三个大的语种即日耳曼语、罗曼语和斯拉夫语。第一个语种是日耳曼语，日耳曼语系分布于北欧、中欧与大不列颠地区，西部与北部日耳曼语还有一些不同。西部是荷兰、英格兰、苏格兰、奥尔斯特、弗里斯、佛拉芒、阿尔萨斯、卢森堡、奥地利、德意志与德语瑞士人，使用以德语为主的语言。北欧的一些民族如丹麦、挪威、瑞典、冰岛等地使用的语言同为日耳曼语，但与西欧国家是不同的。日耳曼语系使用人口约为 2 亿，约占欧洲人口的 1/3 强，次于斯拉夫的俄罗斯语。

第二个大语种是罗曼语，罗曼语分为两大语言分支，一支是西罗曼语，在西欧与南欧国家中通用，法兰西、意大利、瑞士、西班牙、葡萄牙、瓦隆、加泰隆、列托罗曼、卢森堡、科西嘉等国家与地区的民族。另一种是东罗曼语，使用者主要是东欧国家，包括罗马尼亚、摩尔多瓦、塞尔维亚与巴其顿的阿罗蒙人，人数不多。罗曼语的民族人口总数不足 2 亿人，略少于日耳曼语，大约也占欧洲人口的 1/3 略强。

第三个大语种是斯拉夫语，斯拉夫语是东欧与东南欧国家的语言，主要有东斯拉夫语、西斯拉夫语与南斯拉夫语。东斯拉夫语分布于俄罗斯、乌克兰和白俄罗斯。西斯拉夫语的民族是波兰、捷克、斯洛伐克等。南斯拉夫语则用于保加利亚、塞尔维亚、克罗地亚、斯洛文尼亚、马其顿、黑山、波斯尼亚等巴尔干地区。

　　印欧语系的民族占了欧洲人口的大多数，大约有近5亿人口使用的语言属于印欧语系，占欧洲总人口的绝大多数。印欧语系是世界古代语言中极有影响的，18世纪比较语言学的重大发现即是，古代印度的梵语与古代欧洲的希腊语是同源的，推测是由于雅利安人的南迁，使得这一语系从欧洲流传到亚洲的印度，这一发现揭开了世界文明交流史上的秘密，印欧语系也因此得名。

　　二、乌拉尔语系的主要民族是匈牙利人，芬兰人、爱沙尼亚人等，除了这些民族之外，欧洲洲历史变迁中，一些散居于不同国家的民族所操语言也属于这一语系。首先是匈牙利人，即古代的"马扎尔人"（Magyar），匈牙利民族多灾多难，曾经被匈奴等民族所征服，以后又被成吉思汗的孙子拔都所统治，并且经历了德意志人的大移民，16世纪之后基本上被奥匈帝国所控制。第二次世界大战中又为德国法西斯所占领，经历了多民族与帝国的侵略。所以匈牙利人语言复杂，其语言属于乌拉尔语系的芬兰－乌戈尔语，人民流散于东欧罗马尼亚、捷克等国家，仍使用其语言。

　　萨阿米人是分布于芬兰、挪威和瑞典等国家的民族，他们居住地偏北，所使用的语言也属于乌拉尔语系。俄罗斯的一些少数民族语言也属于这一语系，如莫尔德瓦人、卡莱利阿人、科米人、乌德穆尔特人等，乌拉尔语系总人口大约为2000万。

　　三、阿尔泰语系主要居民是土耳其人，除了土耳其之外，他们也生活于东欧国家中。另外有加告兹人、鞑靼人、巴尔基尔人、楚瓦什人等，他们的人数在欧洲大约为300万余。

　　四、高加索语系民族生活在俄罗斯的北高加索地区，这是一个从古代起就居住着多个民族的地区，其中如印古什人、车臣人、阿迪盖人、切尔克斯人、卡巴尔达人等，还有达格斯坦共自治共和国的阿瓦尔人、列兹金人等。

　　五、闪含语系起源地不在欧洲，这是一种古老的语系，它来自于亚洲。目前在欧洲的民族中，马耳他岛上的马耳他人，分布在东欧的犹太人都属于闪含语系。但他们两个民族的语言又有所不同，马耳他人的语言近似于阿拉伯语的一种小方言。而犹太人的语言是希伯来语，属于闪含语。

　　欧洲语言分布的总体特征是通用语言较多，如印欧语系的德、英语、法语等都是世界多民族共用的语言，美国与加拿大都在使用这些语言，欧洲许多国家也在通用这些语言。另外，双语或是多语现象较为常见，在俄罗斯各共和国，民族语言与公共语言俄语通用，东欧国家中以第二语言为俄语的民族也相当多。

　　法国作家雨果曾经在自己的小说《笑面人》中描写西班牙的巴斯克人水手，说他们是天才的语言学家，这些水手们生活在欧洲多个民族交界地区，会说西班牙语、法语、意大利语等多种语言。这种情况在欧洲其实并不罕见，欧洲国家众多并且地域集中，各民族之间交往频繁，使得多种语言之间的交叉使用超过了世界其他地区。

　　古代罗马人战胜希腊人，建立罗马帝国，拉丁语成为统治性的语言，并且作为官方语言长期统治欧洲。这一事实并不完全具有文明进步的意义，它虽然对欧洲大部分地区的统一有所推动，但从另一方面来说，罗马文明相对于希腊文明是落后的，罗马人要从希腊人那里继承高度发达的文明，这也是历史事实。拉丁文在整个中世纪成为了基督教与官方的语言，反而对于欧洲民族国家的建立起了阻碍作用。中世纪后期到文艺复兴，反对僵化的拉丁文，建立民族语言，是欧洲进步民族的主要奋斗目标。生活于 13－14 世纪的意大利诗人但丁（Aligieri Dante）认为当时通行拉丁文与各地的土语都是不利于意大利民族统一的，他主张用意大利通用的俗语来取代拉丁文，他对于这种语言高度评价："现在我们宣布这种俗语——我们已经说明它是光辉的、基本的、宫廷的、法庭的——就是被人们称作意大利俗语的。……既然语言作为工具对于我们的思想之必要正如骏马之于骑士，既然最好的马属于最好的骑士已如上述，那末最好的语言就适合于最好的思想。"① 但丁是贵族出身，受时代限制，话语之间流露出对于"山区农民"等的轻视，甚至他的这本《论俗语》的书也是用拉丁文写成。不过，他对于建立能促进意大利文明发展的民族语言的提倡，无疑在当时是有进步意义的。

从以上对欧洲主要民族语言的语系和历史的研究中，我们必然得出这样的结论：欧洲文明本身就是多元化的，欧洲从古代到现代一直生活着使用多种多样语系与语种的民族，是他们共同创造了欧洲文明。

有一种语言文明现象是值得注意的，历史上曾经发生过因语言宗教等的变化引起文明的改变，甚至使得文明改型。古代东方文明中，印度文明是一种引人注目的独特类型。地球上最晚的造山运动形成了喜马拉雅山系——世界是最高的也是最年轻的雪峰——它耸立于印度半岛北部，高耸入云的山峰似乎就是神圣、纯洁的精神世界的化身。它作为屏障有力地保护了印度半岛的生态环境，印度东、西、南面全都是海洋，温润多雨，生态多样。与喜马拉雅山另一侧的青藏高原形成鲜明对照，干旱少雨的青藏高原下边，黄河流域的植被早已经被过度垦殖所伤害。但上天从来是公平的，在这片次大陆的西北部留下了一些巨大的山口，使印度不至于与外界完全隔开，正是这一通道，完全改变了印度文明的命运。几千年间，先是欧洲的雅利安人，然后公元前 4 世纪的马其顿王亚历山大，白匈奴人，伊朗人，

---

① 伍蠡甫主编《西方文论选》上卷，上海译文出版社 1979 年版，第 169 – 171 页。

阿拉伯人等，形形色色的征服者从这里鱼贯而入，浩浩荡荡的大军从这里通过，各种腔调的语言也从这里被带入了印度次大陆。直到近代以来，大西洋文化兴起，欧洲殖民者葡萄牙人、英国人才改由海上进入印度。印度与曾经遭受异族侵略的中国不同，中国在汉唐之前，作为农业民族击败了匈奴与突厥等游牧民族。唐代之后，中华帝国已经衰落，虽然如此，但仍然保持了一种怀柔远人的姿态。中国文明征服了异族的入侵者，保持了中国文明的持续性。无论是元代蒙古民族、还是清代的满族，他们与古代中国的中原民族属于同一大的种族，而且他们都没有强烈的宗教倾向。这些外来民族在进入长江黄河流域之后，除了保护民族的生活习俗之处，基本改变了自己原有的宗教信仰与文化，学习了华夏族的发达文明，尊崇儒释道，淡化宗教意识。《马可波罗游记》中屡次指出，元代统治者的宗教观念很薄弱。几乎所有的外来民族全都在中国安居乐业，他们全都被中国文明这个大熔炉所熔化。甚至世界历史上以坚持独立宗教特异性而著称的以色列人，经历了出埃及、巴比伦之囚等历史磨难而坚持不渝，以坚强的信仰为世界所知，令人惊异的是，唐、宋时期陆续进入中国，其后又因战乱与种族歧视多次进入中国的以色列人，除了第二次世界大战期间的一次大型移民之外，其在开封等地的古代移民，全都融入当地，探访者多年后竟然无法找到其踪迹了，这不能不说是一种历史的奇迹①。

　　而在印度，主要的入侵者都是不同人种、不同文明、不同宗教的，甚至语系都不同，几乎每一次长期的入侵，都对于印度文明造成一次形态的转变。如果说，20 世纪的美国因为世界多种移民的进入，可以称为各民族文明的万国博览会。那么，

----

　　① 　关于犹太民族与中国的关系，可以参见王一沙：《中国犹太春秋》（海洋出版社 1992 版）。潘光主编《犹太人在上海》（上海画报出版社 1995 年版）等书中的介绍。

从世界文明的发展史来看，古代文明中，印度文明才是多民族的博览会。在印度多种文明相互混融中，宗教与语言是最重要的标志，其中语言又因与社会的更多层次相关而有更深层影响。印度文明成为变化最多，成分最复杂，宗教、种族最纷繁的形态，虽然不是完全由于使用不同语言所致，但不可排除多种语言所产生的影响。所有的古代文明中，从来没有一种文明经历了如此之多的变迁与更迭。印度文明的这种混融性，也为多姿多彩的世界文明类型贡献了混杂着东西方精神的一种独特脉系。同时，在世界语言体系中，欧洲语系也与东方的印度相混合，形成了印欧语系这一东西方相结合的语系。

古代印度河流域曾经存在过高度发达的文明，这一文明至少存在到公元 3000 年前，这一文明的基本形态是农耕为主，并且已经有早期的象形文字。可惜的是，这种文明已经消失殆尽，关于它的详情我们已经无以得知了。公元前 1500 年，来自欧洲的雅利安人从西北方向迁徙入印度，经过长期征战，战胜了印度当地民族或是更早进入印度的民族"达萨"（Dasa）人，"达萨"这个词的词义就是"奴隶"，这是古代战争留下的证据。雅利安人是欧洲民族，他们的语言属于欧洲语系，据有的学者推测，最早的雅利安语可能与北欧的芬兰－乌戈尔语有关，这一语系的分布在远古时代是在伏尔加河与乌拉尔山以西。但是，雅利安语可能只是古代印欧语系中的一个独立分支，与其他欧洲语言如意大利语等并没直接关系。近年来有学者认为：雅利安语是古代中亚语言，因为根据中国新疆出土的残卷目前的研究说明，这一语系与欧洲是没有直接关联的。但日本等国学者所论述的古代中亚语言与印度语言的关系，时间应当是佛经传播之后，目前尚未发现与古代雅利安语直接相关的材料。笔者并不否认这一发现的可能性，而且认为很可能会有新的发现，甚至是古代雅利安语言与中亚语言相混合的可能，只不过尚有待时日。

雅利安人向东迁徙，先是来到中亚地区，在伊朗高原上雅利安语与古代伊朗语系相混合，继而传入印度，形成印度—雅利安语言，这一语言就是古代梵语，是印欧语系的古代语种。正是梵语，创造了印度文明的开端——吠陀经典，其后的印度佛经等无不受其启发。这种语言与其文明精神中存在某种与西方传统相接近的成分，所以形成了神话与史诗，与古代希腊史诗可以互相参照。这种文明影响到整个印度与东南亚部分国家，是印度文明中最光辉的部分。但同时在印度南部，又有达罗毗荼语的存在，这是一种印度本地语言（有人曾经怀疑它来自西亚，但没有明显证据），这种语言的文明就与梵语完全不同，它同样创造了自己的文明。公元 1 世纪到公元 3 世纪，这一文明的代表作《诗韵八选》（*Ettuttogal*）问世，它与北方的吠陀经典、英雄史诗风格迥异，这是一种东方抒情诗与颂诗，它最主要的修辞手段与表达方式是隐喻。这些诗与其后的一些作品，在艺术上完全与中国的《诗经》是相近的。如马兰花隐喻爱情表示私情与私奔，在迭瓦库拉塔尔的《401 首爱情诗集》中的第 3 首写道：

> 山坡上黑茎的马兰花充满甜蜜，
> 我对于这山地主人的爱情啊，
> 比天高来比地广，
> 比海洋还要深。

这种以花喻爱的诗完全与中国《诗经》中的《将仲子》、《摽有梅》和《野有蔓草》等篇章相同，如《野有蔓草》一诗：

> 野有蔓草，零露漙兮。
> 有美一人，清扬婉兮。
> 邂逅相遇，适我愿兮。
> ……

这种东方式的抒情诗曾经在黑格尔《美学》中被大加贬抑，但是这也难以掩盖它自然的美。它以托物咏志的方式，以"兴"的手法，创造出人与自然的和谐的意境，这是某些西方文明背景下以史诗为最高规范的文人所难以理解的。千百年来它所代表的一种复合式的、多声部的审美、人与自然相交融的情趣永远受到广大人民的喜爱。如果从更广阔的历史视域看，中国与印度间的文明交往完全可能开始于佛经传入中国之前，因为丝绸之路在此之前就已开通，中国古代以《诗经》为代表的抒情诗对于中亚地区特别是波斯的文学影响很可能存在，有关学者已经对于这方面进行有益的探索。印度文学曾经深受泰米尔文学的影响，这其中很可能就有从中国经丝绸之路流传入印度的成分。其后统治印度的莫卧儿人来自中亚，很可能是最早接受中国影响的少数民族之一。

从公元11世纪直到19世纪，穆斯林进入印度，打破了梵语文明的统治地位，使波斯语与梵语平分秋色，在英语兴起之前，占据印度文明的主流。可以说在11世纪前，虽然印度也有多种语言文明，如巴利语、泰米尔语和俗语等，但梵语的主体地位是不可动摇的。自从穆斯林进入后，局面发生根本性的转变，印度从政治、经济到宗教都受到巨大冲击，整个文明形态从印欧语系的形态向波斯型转化，曾经影响世界的佛教迅速衰落。伊斯兰的莫卧儿其实也是古老的波斯文明的接受者之一，当然他们也改造了波斯文明，并且把它输入了印度。莫卧儿的建筑在印度史上地位重要，从改造著名的"帕坦风格"入手，先后有泰姬陵、德里宫殿、亚格拉宫殿、珍珠清真寺等散落于印度大地。有人说建筑是无声的音乐，其实，如果从语言文明特性的展现这一角度来看，建筑更是无声的语言，它鲜明地展示出一种语言与其文明的特征，展示它的民族特性。其余如具有波斯风格的绘画、文学艺术乃至于政治制度，生活习俗，莫卧儿全都留下了深刻印痕。这种影响直到英国人从19世纪开始的改革，才被一种西方现代化的模式所取代。从此英语成为印度的主要语言，英国的西方民主思想、政治制度与政府管理方式，西方的哲学、科学技术、法律、道德观念席卷印度，再一次使印度产生文明转型。到当代为止，印度成为世界上使用语言最多的国家之一，它的特点是大语种和使用这些语种的社会群体多，印度宪法中把主要语言规定为15种，其中有11种属于印度－雅利安语系，如梵语和其派生的阿萨姆语、孟加拉语、印地语、克什米尔语等。如果再加上英语，主要语言数不下20种。根据印度1951年人口普查结果，语言与方言共有845种。其中大的语系就有4类：印度－雅利安语、达罗毗荼语、南岛南亚语与汉藏语系。

如此众多的语言，创造了印度文明的多样性，它既具有东方人文经典，同时也有西方神话史诗的源流。它在佛经中创造了逻辑，虽然与亚里士多德所谓逻辑略有不同，但从基本体系来看，应当说与亚里士多德逻辑属于同一大的体系，是一种与中国古代逻辑墨经逻辑不同的思维方式的产物。我们联系到印度梵语与地中海的希腊语同属于印欧语系，可以断言，佛经逻辑与希腊逻辑之间的联系也绝非偶然，基本相同的语言会有相同的思维和意识，有相同的逻辑，这是完全正常的现象。

七、语言与思维和意识的产生

语言对于人类思维和意识的产生有什么作用？语言是否真的改变了人类的意识，使得人与猿类相别离，这些问题其实一直在困扰着人们。思维与意识是文明基础，文明发达的民族，必定有发达的思维与意识，无论个体的人还是社会群体，都是相同的。如我们所知，语言文字系统的应用是人类社会进入文明阶段的重要标志。但是语言文字如何对于人类意识产生作用的过程仍然需要进一步研究。20世纪语言学在思想界发生重大影响，不单纯是一个方法问题，主要原因之一就是语言与意识的关系再次引起人们的重视，才有所谓的"语言学飓风"，这一大潮虽然在20世纪末已经渐趋平静，但是对于它的反思却并不会马上结束。历史上，关于语言与意识关系的类似思潮其实已经多次发生，中国魏晋时期的"言意之辩"、西方中世纪关于语言与精神的多次辩论，都间接或直接与这一主题相关。

多数人认为，自古以来就存在着两大对立的观念：其一是语言与思维的同一论（identification），持这一理论者包括从古代希腊的柏拉图到西方的当代语言哲学家们，还有中国的孔子、扬雄、欧阳建等人。其二是语言与思维的疏离论（disjunction），这一理论的重要代表人物是亚里士多德等人，他们认为思维是理性的，而语言文字是具有感性特征的符号。如果把二者认同，则使思维离开本性。俄国心理学家维戈茨基（Л. С. Выгоцкий）早就提出关于所谓两大对立观念的说法：

> 以往关于思维与语言的研究表明，从古至今提出的所有理论不外乎两个方面：一个方面是思维与言语的同一（identification）或是联合（fusion）。另一方面则是同样绝对、几乎是形而上学的分离（disjunction）和隔断（segregation）。无论是用纯粹的方式表示上述两种极端理论中的任何一种理论，还是把两者结合起来，使之成为一种中间立场，都处在两极之间轴的某一点上，一切有关思维与语言的理论都跳不出这一圈子。①

这种说法虽然只是一种基本的划分，但是仍然有必要指出其不足之处，笔者认为：首先这是一种比较绝对的分法，因为古今

---

① 列维·谢苗诺维奇·维果斯基：《思维与语言》，李维译，浙江教育出版社，1997年版，第2页。

有识之士其实并没有真正表达过类似见解，他们从来不把语言与意识的关系看成是绝对的同一或是疏离。以古希腊的两位代表人物柏拉图与亚里士多德而论就是如此。柏拉图曾经有这样的名言："人这样认为，当心灵在思考时，它其实就是在心里说话，是在提出问题和回答问题。……我看思想就是话语，判断就是说出来的叙述，区别仅仅在于，它是在无声地对自己说，而不是出声地对别人说而已。"① 有的人根据他的这一看法，就把柏拉图划入语言思维同一论者之中。但是，如果稍加留心就可以发现，柏拉图在自己的著作中，多次强调灵魂、语言与文字三者之间是有差异的，《斐德罗篇》中所说的"三个逻各斯"就是一个鲜明的例子。他认为在灵魂对于真理的认识、语言讨论方式的认识和文字表达的真理三个不同层次上，可以有三个不同的逻各斯。三者之间，以灵魂为上，语言其次，而文字最低。我们上文所说到的埃及塞乌斯的文字故事，就是柏拉图为证明自己观点而引用的。由此可见柏拉图并不是真正的思维语言同一论者。另外，《克拉蒂洛斯》中，关于一个词的理念是普遍的，而词的音声是特殊的，以特殊的音声来表达普遍的理念，则是不合理的说法，都可以证明以上说法。钱锺书《管锥编》中曾批评柏拉图贬低文字作用，钱氏指出"柏拉图早谓语言文字薄劣（the inadequecy of language），故不堪载道，名皆非常（Hence the intelligent man will ever be bold as to put into language these things which his reason has contemplated，especially into a form that is unalterable. Names，I maitain，are in no case stable），几可以译注《老子》也。"② 这一论断可以说基本是正确的，柏拉图与老子之间的相同其实不只是一种巧合，而是一

---

① *Language and Thought：Anthropological Issues*，William C. McCormack（eds.），The Hague：Morton，1977，P. 29.

② 钱锺书：《管锥编》第二册，中华书局1979年版，第410页。

种"道不可言"的否定认识论的内在合一，都是对于道与言、思维与语言之间关系同一性的否定。笔者在多部论著中已经说过这一公案，兹不再重复。笔者这里所要指出的恰是另一方面，就是对于柏拉图或亚里士多德都有一种"知人论世"的观念，不要摘取片言只语，把他们作为一种思想的代表。这些伟大思想家的观念矛盾是一种常见现象，要全面看待他们的思想体系，孟子所说的"知人论世"的研究方法，是值得肯定的。柏拉图虽然曾把语言与意识认同，但也曾指出二者之间的不合之处，柏拉图是辩证地看待这一问题的，任何简单化的二元对立方法都不适应于柏拉图。

亚里士多德也是一样，他在《论解释》中所说的一段话，经常有完全相反的解释。他是这样说的：

> 话语是人心理经验的符号，文字则是话语的符号。人类的文字不同，他们的有声语言也是不相同的。但这些文字与经验及其所反映的事物，对于所有人全都是一样的。①

对这一段话的理解各不相同，西方学者芝诺·温德勒（Zeno Vendler）认为，这是与柏拉图相反的观念。而另一位学者埃尔莫·霍伦斯坦（Elmar Holenstein）则认为，亚里士多德所言是与他的老师柏拉图的语言观念相同的论述。他认为："这一观点显然是立足于柏拉图哲学之上的。"② 正是由于存在曲解和误读，我们不能随意把柏拉图或亚里士多德等人归之于任何一方，

---

①　亚里士多德的这一段话经常被转引，此处译自 The Basic Works of Aristotle, New York：Random House, 1968, P. 40, 可参见 *Language and Thought：Anthropological Issues*, William C. McCormack（eds.）, The Hague：Morton, 1977, P. 29. 等书的论述。

②　Elmar Holensteinm, *Human Equality and Intra as well as Intercultural Diversity*, The Monist 78（1995）, 1, P. 65.

要加以甄别，再来划定归属。

某种程度上，柏拉图肯定思维与文字之间的不同说法，确实与中国老庄的说法可以相互呼应。老子所说的"无形无名，万物之宗"等理论中，已经透露出其"道不可言"的宗旨。庄子则通过言意之辩，贬斥语言，推崇精神的绝对自由。他认为："道不可言，言而非也。……至言去言，至为去为"；"世之所贵道者，书也。书不过语，语有贵也。语之所贵者，意也。意有所随，意之所随者，不可以言传也"。

由于中国文明的特性，道家思想在中国有巨大的影响，老庄的言意分离论可以说随处可见，特别是在一些可能是后人的伪作如《列子》以及道家的著作《淮南子》、《吕氏春秋》中，比比皆是。魏晋张韩《不用舌论》就直接用老庄来论证言不尽意之说。而欧阳建《言尽意论》，则是以孔子学说来反驳他的，"而古今务于正名，圣贤不能去言，其故何也?"这种思想与佛经之间的关系更是微妙，一些禅学家所说的"心行处灭，言语道断"就明显与老庄合流了。《维摩诘所说经》、《中论》、《肇论》、《法华玄文》、《法华文句记》等佛学经典中，也推崇这种言意分离的观念。从唐到宋，这种说法在一些佛教信徒中大为流行，摘取释家与道家的片言只语，以其玄妙不可解来证明自己的思想高明到不可言传的地步，是一种时兴。当然，其中也有反对者，对于佛学深感兴趣的白居易就曾写过一首《读老子》：

> 言者不知知者默，此语吾闻于老君。
> 若道老君是知者，缘何自著五千文。

这也不是白居易的发现，早在他之前，刘勰就已经在《文心雕龙》中不无嘲讽地说："老子疾伪，故称'美言不信'，而五千精妙，则非弃美矣。"

笔者曾经指出：

老子和柏拉图的不足之处在于，他们把道与逻各斯的原初对立绝对化了，在肯定它的精神——意义时，把语言置于死地，用精神的纯粹性，高尚的理性完全取代感性的"形式"。后世的理性中心愈演愈烈，笛卡尔的"我思故我在"中，已经没有了"泰初有言"的地位，变成了泰初有道的代名。西方的语言的理性－语言中心论其实只是理性一极的天下，语言所具有象征、符号特性完全被销铄。①

语言与思维的绝对离弃已经成为一种错误的见解，但这并不是说我们认为语言与意识是完全同一的，也不是如维戈茨基所预言的那样，我们要把两者"结合起来，成为一种中间立场"。维戈茨基毕竟没有研究过东方《易经》中的辩证观念，更没有经过佛经"义学"的思想磨砺，不能理解这样的一个事实：语言与意识的关系是辩证合一的，有同有异，而且如墨子所说是"同异俱于一的"，这是因为它们是历史的，也可以说是发生的认识。

所谓同一论是指人类意识活动中，精神意向与外部世界的作用过程。人的意识活动的本质是一种对象化过程，无论这种对象化是否表现为物质的或物质与精神相结合的中介，它的活动就是一种运算，是一种符号化的过程，所以它不能不是语言性的，因为语言本身就是符号体系。前人不理解这一特征，把精神与物质对立起来，认为既是物质的即非精神的，而既是精神的即非物质的。却没有考虑到，如果从人类的意识来看，它是一种精神活动，而不能说是纯粹的精神。任何意识只能存在于肉体的人大脑之中，存在于人的意识（也包括所谓的"无意识"）中，意识作为神经系统的活动过程也必然是物质的。更

---

① 方汉文：《后现代主义文化心理：拉康研究》，上海三联书店2000年版，第157页。

重要的就是意识活动的符号性使得它成为了中介，联系物质与精神世界，这一联系过程是物质的，也是精神的，但同时不能简单归之于精神与物质的任何一方。

这就决定了意识与语言之间有一种同与异俱在的关系，这种关系的实质可以说明为两点：其一，从发生认识论来看，这是缘起的异与同。其二，从本体观念而言，这是体式的异同，言征实，有声有形，而意翻空，无声无形。总体来说，语言与思维在其产生的过程中并不是完全重合的，没有语言的人如聋哑人，老年或因病失语者，完全可以有思维的存在。但是，作为人类社会与个体活动来说，语言是思维最重要的表达形态甚至是构成因素，可以说有语言才有了人类的思维与人类文明，人类社会有了语言才可能进入文明社会，这也是不可否认的。

历史以时间的不可返回为特性，这就使得我们无法再现人类发明语言文字以使人类进入文明的进程。但历史同时又不是偶然的发生，它其实仍然在不同舞台上重演，以展示人类进化的每一细节。因此近代以来人类学、考古学、儿童心理学、语言心理学、比较文明学等各学科都在以各种方式重现语言与文明的真实联系。这种研究曾经遭到一些西方历史学家其中包括一些马克思主义理论家们质疑，在他们看来，历史只是历时的，而科学只能是共时的，特别是心理学、语言学等，不可能同时具有历史意识。因此他们对于索绪尔语言学、弗洛伊德精神分析、结构主义等学说的影响置若罔闻。其实这种观念是不对的，历史与现实，历时与共时永远是共存的，有历史才能认识现实，在现实中才能认识历史。

历史总是在现实中留下它的足迹，以使后来者可以从现实中发现过去。人类的历史其实一定程度上在我们每个个体身上重新演示，儿童成长的过程与人类进化的历程往往有内在的相似。同时，从当代的原始民族、甚至一些猿类的生活可以推测原始社会中人类的生活状况。前者是儿童心理学等学科的方法，后者则是当代人类学、心理学等采用的方法。诚如哲人所言，人体解剖是猴体解剖的钥匙，当代科学家把猿类、原始民族与婴儿甚至人类化石放在一起研究，通过多种手段，多种学科的综合研究，初步有如下结论：第一，从生物构造来看，黑猩猩、非洲南方古猿、尼安德特人与婴儿的发音器官相似。它们的共同特征是不是能发出复杂音素，如〔i，u，a〕等。黑猩猩的声带位置比人类要高，这就导致其会厌与小舌接近，所以气流是由鼻腔通过的，主要发音器官是鼻腔。或者说是以鼻腔为主要的共鸣器。人类声带低，会厌可以向下延伸，以口腔为主要发音器官。当然，人类的鼻腔也是辅助性器官，口腔与鼻相比，口腔容积大，有舌、牙等，发音响亮，而且多变，易于发出复杂的音。而黑猩猩等就不易发出复杂的音，这样就从生理角度使得它们不能有语言。这里我们顺便说到，由于猿类以鼻音为主，所以其正常发音应当是比较沉闷的，古人诗中说"两岸猿声啼不往"，可能是想象猿类在啼哭，其实只是因为其发声的限制而已，很可能听到的猿类叫声是得到食物的欢叫或是求偶的鸣叫，并非啼哭。同时也可以想象，在人类的进化过程中，古代人如最早的人类种族之一尼安德特人由于生理限制，是不可能有发达的语言的，发达语言的复杂发音，是人类发声器官进化到一定历史阶段的产物。

我们已经多次重复这样一个观点，人类的器官是世界历史的产物，随着人类的进化，人的脑量越来越大，现代人的脑量比猿类要大得多。发音器官也同样，所以说人类的发音器官与猿类的不同，正说明了人类进化中，通过语言的作用，不断发展了自己的发音器官。达尔文曾经关注过这一问题，他指出：

> 喉音的使用既然越来越多，则通过凡属器官多用则进，而所进又可以发生遗传的影响这一原理，发音器官就会变

得越来越加强，并且趋于完善；这也就会反应到语言的能力上面来。但语言的不断使用与脑子的发展之间的关系无疑地比这远为重要得多。即便在最不完善的语言方式有机会发展而得到使用之前，人的某一辈远祖的各种心理能力一定已经比今天任何种类的猿猴都要发达得多。但我们可以有把握地认为，语言能力的不断使用与持续推进会反应到心理本身上面来，促使和鼓励它去进行一长串一长串的思考活动。①

这就证明人类语言是在人类发展到一定的历史时期才可能产生的。就像儿童要到一定的时期才可能学习掌握人类语言一样。就是说，人类的身体、发音器官、思维与语言之间有一定的系统联系，缺少其中的条件，人类不可能成熟，也就不会有文明社会。

第二，从学习过程来看，儿童学习语言之前就有意识活动，这是明显的。但是，语言对于儿童的发育起的作用又是非同寻常的，学习语言使儿童的心理与思维方式发生显著变化。这方面的研究成果众多，我们仅以皮亚杰的儿童心理学理论来作证明。皮亚杰是西方社会科学界最杰出的学者之一，他所提出的发生认识论不仅对于儿童心理研究有重要意义，而且也对于西方哲学的核心认识论有相当影响，其理论模式以儿童个体发育为标本，表达的却是人类认识的总体发展过程，所以成为举世关注的理论之一，这也正是我们引述皮亚杰理论的根本目的。

皮亚杰认为儿童思维发展可以分为四个阶段：1）感知运动（0—2岁，也就是后现代主义心理学家拉康等人认为的前语言

---

① ［英］达尔文：《人类的由来》上册，潘光旦、胡寿文译，商务印书馆1997年版，第130页。

阶段）；2）前运演运动（2—7 岁）；3）具体运演（7—12 岁）；4）形式运演（12—14 岁）。在这几个阶段中，语言符号对于概念与逻辑的建立起到关键的作用，从第一阶段起，随着"语言、象征性游戏、意象等的出现，主客体之间的关系发生了转变。从简单的主客体互相依存关系变为具有以内化为主要特征的新型活动。也就是说儿童开始用概念来代替物体，这一现象弗洛伊德精神分析学中也曾指出，如儿童用玩具来代替想象中的欲望客体，其本质就是一种"位移"（displacemet）。这一现象其实是语言产生的表征，因为语言的本质就是用符号来代表事物概念，即所谓"能指"与"所指"的产生，用中国古代学术概念来说就是"形名"。《老子》曰："无名天下之始，有名万物之母。"有了语言就可以形名事物，认知世界，即所谓"泰初有言"。这一运动不断发展，从而使人类理性思维活动在儿童身上得以建立。所以这决不简单是语言学习，而是人类思维活动的建立。

我们讨论儿童思维中符号与语言的作用，并不能把这一过程与社会生活完全分开，这是无可非议的。皮亚杰就曾指出："换言之，从感知运动性行为过渡到概念化的活动不仅仅是由于社会生活，也是由于前语言智力的全面发展，同时也是由于模仿活动内化为表象作用的形式。没有这些部分地来自内部的先决条件，语言的获得、社会性的交往与相互作用，就都是不可能的了；因为不具备这个必要的条件。"①

近年来，一些学者对于笔者所使用的研究方法表示不能赞同，特别是不赞同把儿童心理学与发生认识用于社会历史的研究，认为儿童心理发展与原始社会，原始民族心理不同，彼此

---

① ［瑞士］皮亚杰：《发生认识论原理》，王宪钿等译，商务印书馆1996 年版，第 30 页。

之间不存在联系的必然性。对于这种说法，笔者已经在有关论著中进行过说明，在这里就不再重复。不过有一个例子可以作为说明，这就是马克思的一段名言。马克思曾经说过：

> 一个成人不能再变成儿童，否则就变得稚气了。但是，儿童的天真不使成人感到愉快吗。他自己不该努力在一个更高的阶梯上把自己的真实再现出来吗？在每一个时代，它固有的性格不是以其纯真性又活跃在儿童的天性中吗？为什么历史上的人类童年时代，在它发展得最为完美的地方，不该作为永不复返的阶段而显示出永久的魅力呢？①

马克思用儿童来比喻人类社会原始阶段的思想文明发展，说得何等精彩，这种独特的科学视域与方法，是值得我们学习的。

世界文明的历史从人类本体的角度而言是人类理性发展的历史，理性是人类意识的核心，这一地位不是弗洛伊德、尼采等人的反理性理论所能动摇的。当然，这里的人类理性的历史形态也不是黑格尔等人所说的"自我意识"与"绝对理性"，理性是人类各民族所共有的认识机制，是逻各斯、墨辨与因明学等宝贵的人类思想规律，而人类理性的重要表征是它的符号系统。语言学家萨丕尔（Edward Sapir）曾经认为："语言的内容，忠实地反映出它所服务的文明，从这种意义上说，语言史和文明史沿着平行的路线前进，是完全正确的。"② 其实在笔者看来，语言史与文明史不是完全平行的，而是紧密结合在一起的。语言在文明创造中具有不可替代的作用，并且在促进着它的发展。

---

① 《马克思恩格斯选集》第 2 卷，人民出版社 1995 年版，第 29 页。
② ［美］爱德华·萨丕尔：《语言论：言语研究导论》，陆卓元译，商务印书馆 1985 年版，第 196 页。

八、文明形态的转换范式

语言与社会文明，与人类思维方式的关系，我们已经基本可以理解了。但这并不是问题的完结，我们还要从一个重要的方面，即语言与整个社会文明形态甚至它的文明转换方式的关系领域，进一步探索。在一个多世纪之前，学术界对于这个问题还没有深入的认识，19 世纪的比较语言学等学科虽然受到重视，但是主要着眼于它的历史与考古的价值。在此之前的意大利维柯、德国的比较语言学家也重视语言，但是对于它的历史作用还没有深入理解。

我们先说明刘勰"言立而文明"的思想根源，然后，再涉及 20 世纪西方所发生的一场"语言学转向"与中国古代"文言"思想的相逢。

刘勰的"言立而文明"不是无源之水，它的真正源流是中国的六经与孔子的儒学。中国古人很早就开始对于语言的思考，这一思考相对于希腊人，可以说更有哲理性。希腊人重视从语言与思维的关系方面来研究语言，我们已经提到，柏拉图曾经提出过一个著名的学说：语言就是无声的思维，语言与思维是同一的。中国人也相当重视语言与思维的关系，一直有关于"言象意"的思考。但是，中国人同时从另一个方面，也就是 2000 多年后欧洲后现代主义者才开始重视的方面，即语言的存在与其本体意义上来进行研究，对于中国人来说，这就是"道"与"言"的关系。这种直观的但又是玄思的理论，是中国古代圣贤的重要思想，也是刘勰学说的来源。

如果从东西方文明史上指出其发展的重要历史阶段，古代印度佛陀的产生时期，阿拉伯的伊斯兰教诞生时期，古代希腊的雅典时代与中国的春秋时代都是当之无愧的。中国历史上，春秋时代是一个最为重要的思想转折点，在这个时期发生的各种理论斗争中，"道"、其实是核心观念，特别是关于"道能否言"的争论，可谓意义重大。辩论的一方是老子庄子，他们对于六经中的"德言"的思想进行批判，德言也就是六经中的"德音"，音与言两字相通假。德言说是一种古代认识论，以天命论为基础，主张遵奉天道与神道。《诗经·谷风》曰"德音莫违，及尔同死"，《诗经·假乐》曰"威仪抑抑，德音秩秩"等都可见对于天命及至王命的尊崇。德言同时也必然把神和权威作为唯一有言者，神是道的代言，神有言，于是道有言。《说卦》曰："神也者为言者也"。《系辞上》曰："易有圣人之道四焉，以言者尚其辞。"德言说的盛行对于当时的社会认识无疑有一定的反面作用，它肯定的统治者与神的权威，也会产生"替天行道"的思想僭位者，这就会对于"道"的科学的认识带来威胁，这是一种传统理性权威的观念。老子是新理性精神的一种特殊形态的代表人物，他与其后的庄子从否定辩证方式提出对于传统理性的质疑，这是一种批判形态。

他们主要提出这样的观点：其一，主张"道"是不可认识的，也是不可名状的。"无形无名，万物之宗"，庄子说"渊乎其不可测也"（《庄子·天运》），"可传而不可受，可得而不可见"（《庄子·大宗师》）。这种看法反对神与人对于"道"的滥用和把持。反对"德言说"以"道"来迷惑人民。但也有其消极的作用。其中涉及古代的"道"与"德"两者之间的关系，笔者曾经在有关论著中说明，在古人的认识中，德不同于道，德是道的感性显现，道是最高的精神范畴，两者有不同的地位。德的本义中含有感性、种族与生性的意义，在以后的进化中，这一意义消失了。而德的崇高的、道德规范的意义突显出来。所以在后世的学说中，"德言说"渐趋沉沦，文以载道的观念开始盛行①。

其二，否定言辞的认识与传达作用，老子《道德经》与《庄子》中都有大量对于言说的否定，《道德经》"道可道，非常道"，一般把第二个"道"理解为言说，这就是断言道不但是不可认识的，而且是不可言说的，不可认识与不可言说二者之间又是互相联系的。在研究中国哲学史时，不少人不明原委，对于老庄为什么激烈反对"言"感到不理解。而大多数哲学史家对此也是语焉不详，一带而过。其实根本原因在于老庄把言说看做一种对于道的认识与理解手段，如果承认道是可以言说的，就必然会对于占主导地位的话语无可奈何。因此，老子曰："多言数穷，不如守中。"庄子也说过："世之所贵者道也，书也。书不过语，语有贵也，语之所贵者，意也。意有所随，意之所随者，不可以言传也。"并且他们从反对言说进而反对"文"，反对"象"，反对"文章"，老子所说的"大辩若讷"、"大音希声，大象无形"、"五色令人盲"与《庄子·骈拇》所说的"是故骈于明者，乱五色，淫文章……多于聪者，乱五声，淫六律"等，几乎是如出一辙。

其三，必然导致另一种认识上的怀疑主义与神秘主义，走向回归自然，自然无为，甚至闭目塞听，返回到文明之前的状态。这样的结果是形成一种反对"文"的思想，是一定程度的"反文明"观念。当然，老庄思想与法国启蒙主义者卢梭、德国尼采等人的激进反文明观念还是有所不同的，这也是东西方文明特性的不同表现，老庄不是绝对否定主义的，他们仍然肯定道的崇高地位与其意义，只是不赞同以神化的或是俗世的

① 关于德与道之间的关系及变化，可以参见方汉文《〈文心雕龙〉旨在文言而非言道》（《山西师范大学学报》1999年第1期第36页）及方汉文《道与存在：文本意向的比较诗学视域》（《苏州大学学报》2001年第4期第58页）的有关论述。

"文"来明道。而西方的反文明观念更为激进，也更为彻底。对于文明的否定，在尼采来说就是对于存在意义的否定，而对于卢梭来说，则表现为一种感性的生存意义的怀疑和无奈，他们的观念具有强烈的对抗、叛逆色彩，而与老庄相比，就反而显得不那么超脱了。

总之，这是一种对于"言立而文明"的否定，无言则自然无文明可言。

这是一种虚无主义的认识论，一种否定辩证法的早期形式。而相对的一方则是孔子，他力主"道可言"，并且形成了与老庄学说相对的有系统的说法。笔者也曾总结过孔子道与言学说，由于孤陋寡闻，尚未发现国内外学术界涉及这一重要方面，而这一观念对于中国文明却是有着长远影响的，而且它有着从《易经》—孔子—后世的一条历史线索，这都与"文"、文明有直接联系，有必要从根本上阐明。因此这里再把主要观念重述一遍：

首先是变天道为人道，主张道可以言。孔子藉此完成了历史观念的转化，从经验的认识论向理性的认识论的转换，从神秘主义与形而上学向人文主义的征实方法的转换，扭转了道不可言的潮流。儒学虽然也主张天人合一，但是明显远天道，迩人道，薄造化，厚人伦。

《易》曰："鼓天下之动者，存乎辞"，这可能是对于语言最高的评价了。它的说法几乎可以使人想起德国恩斯特·卡西尔（Ernst Cassier）的名言："人是会使用符号的动物"。当然，我们也不会忘记，后现代主义者拉康也说过"符号切割人与世界"。所以，历来述而不作的孔子，竟然为易作《文言》，《文言》就正透露出一种历史的消息。孔子在《易经·系辞》中明确批判了圣人之意不可见的说法，这当然是有所指的。子曰："书不尽言，言不尽意，然则圣人之意，其不可见乎？"子曰：

"圣人立象以尽意，设卦以尽情伪，系辞焉以尽其言。"

道，对于孔子来说，主要是人间的道德伦理，甚至可以具体化为仁义思想、礼乐制度等。如果说以前的道是神道，言是神圣的"德言"。那么对于孔子来说，德言自然就成为了人言，成了有德的三皇五帝与圣人之言。孔子曰："有德者必有言，有言者不必有德"（《论语·宪问》）。道与德一起俗世化了，并且以语言为传达媒介，道可道，道可传，语言的地位变得十分重要。从中国文明整体发展趋势来说，文以载道的观念由此衍发，对于后世影响日益大起来。

另外，孔子标举文言，用来阐释经典，宣扬儒家的人文教化思想。把文与言结合为一，这是孔子的重要手段之一。孔颖达《周易正义》中曾经指出："文言者，是夫子第七翼也。以《乾》、《坤》其易之门户邪？其余诸卦及爻，皆从《乾》《坤》而出，义理深奥，故作《文言》以开释之。庄氏云文谓文饰，以乾坤德大，故特文饰，以为《文言》。"这也就是阮元所指出的奥妙："孔子于此发明乾坤之蕴，诠释四道之名，几费修辞之意，冀达意外之言。"说穿了，就是孔子把神秘《易经》解释为人文经典。并且说明这种经典的精神是人文主义的，不是神学的与宗教的。是孔子划清了六经与宗教经典《圣经》、《古兰经》的界限。在六经中，可以用人类的语言来阐释其人文精神，而不同于宗教中神圣的训释。道，不再是神秘主义的，而是人文精神的核心，它通过"文"、"言"来显现自己。韩愈说："通其辞，本志乎古道者也"。这位文以载道论的重要代表人物的说法，当然是极有代表性的。这样，我们完全可以把孔子的思想称之为东方的"语言转向"。

不妨进行一个宏观比较，东西方的"语言学转向"（哈贝马斯称之为：die linguistische wende）虽然发生于不同时期，一个在公元前 6 世纪的中国，而另一个在 20 世纪的欧洲，时隔

2500 多年，却有一种思想观念的联系。两者所面对的同样是文明发展中的方向问题，对于人类文明发展而言，认识总是头等重要的，所以理性与语言的关系历来被人关注。西方传统的认识论中，理性比语言重要，现在人们则重新发现了语言，语言不只是理性的载体，语言本身就是理性、道德、人性的综合表现。因此在认识与实践的双重意义上，语言与理性同样重要。语言，是人类认识真理与世界，把握自我（包括意识与无意识）与他人的主要方式，而不只是一种工具。中国的"道可以言"，与西方的"语言是存在的家园"两种思想最终汇流了。海德格尔说："语言此刻第一次变成了我们的主旨，这一事实本身就说明，语言这一现象本质在于'此在'开展的生存论建构。语言在生存与存在的根本就是言说。"① 他所说的话，某种程度上是孔子"道可以言"的翻版，历史从来在多个舞台上演，不过，上演的剧目却往往并不固定，某个时期的喜剧，在另一个时代可能变为悲剧。一种曾经令人柔肠寸断的悲剧，在当代可能变成一场闹哄哄的笑剧。值得注意的历史现象是，语言一向充当了文明观念转折的真正利器。经典从一定程度上来说也是一种语言，从蒙昧到文明的转折中，产生了六经、《圣经》与《古兰经》，舍其无以完成转折。孔子以《文言》来扭转不可知论，从天道转向了人道。海德格尔以语言来扭转西方的形而上学传统，把存在变为"此在"，也就是人的存在，可以说是殊途同归。

这是"道"与"存在"之间的直接约定，道成肉身以"文言"而显形，与作为存在的语言互相印证了。东西方文明，如同太平洋的海水与大西洋的海水可以相通一样，都是人类智慧

---

① Matin Heidegger，*Being and Time*，Basil Blackwell Publisher Ltd.，1962，P. 203.

与力量的同一性的展现。由此可知，道就是存在，存在也就是道，道借助于存在而复活，存在得道而永恒。

道与存在，最终必将相逢。

九、语言与文明认识论

语言学转换被哈贝马斯称之为人文科学的范式转换，并认为在西方思想认识中，从希腊至今经历了两次大的范式的转换。这其实是把西方哲学中的认识方法转换与文明发展结合起来的看法。第一次转换发生于希腊罗马与中世纪之交，性质为本体论向认识论转换。原始本体论是人对于世界的最早哲学思维方式，以认识世界的本质为目标，其意义在于把人与世界对立起来，也就是把人与世界划分开来，但这同时也就有了最初的认识论。至中世纪，人类的主体性突现，人与世界才真正两分，人与世界的关系成为认识关系，也就是主客体关系。其结果导致了形而上学与理性中心。第二次转换是语言学转向，发生于20世纪，为数众多的西方学派是这一转换的推动者，如德国现象学、存在主义、阐释学、行动交往理论、英国分析哲学、奥地利维也纳学派、结构与解构主义等，都在不同程度上促成了这一变化。哈贝马斯认为这是从"传统的意识哲学向语言哲学的转化"。因为在意识哲学中，无论唯心论还是唯物论，都是主体所创造出的观念，是人对于物质世界的统治。语言学转换以语言与世界的关系取代了主客体关系，其实也就是意识与世界的关系。语言与认识的本质联系是这一转换的关键，这首先是因为认识本身就是语言的。现代西方学者中，哈贝马斯与海德格尔均有一定影响，两人各有特色，海氏学说重玄思而轻规范，所议之题虽然深思而易空泛。所著《存在与时间》（Sein und Zeit）中考证 γτγαυτομαχτα περτ τηζ ουοιαζ（巨人们关于存在的争论）等处已遭世人所讪。所议"常人"之畏、闲言等猥琐宵小，亦为学人所轻。其人有如吾国魏晋清谈之士，乡党空议，流于空疏，实有难言之隐见于其中。前人诗评魏晋名士曰："夷甫任散诞，平叔从论空。岂悟昭阳殿，遂作单于宫。"清谈误国，非一朝一代之事也。哈氏则重理论体系建构，学风扎实，思想深刻。其不足之处在于所钻弥深而益窄，时有见木不见林的感觉，前人称之为"溺乱"，乃其病也。

笔者认为：东西方文明之间的辩证关系，决定了两大文明思维模式发展的大致趋势，可以将东西方文明思维方式的转换过程表示如下：

一、西方文明思维方式的转换

第一次转换：从本体论中心转向认识论中心，时期为古希腊罗马与中世纪之交。

第二次转换：从认识论中心转向语言论中心，时期为20世纪。

二、中国文明思维方式的转换

第一次转换：从原始崇拜转向"德言说"时期（殷商时期）。

主要表现：从原始宗教向人文精神转换，人文主义经典六经产生与形成，发展出以天道为主的观念。

第二次转换：德言说转向孔子"文言"时期（春秋战国）。

主要表现：孔子编定六经，为易作"文言"，批判"道不可言"的观念，重新阐释"德言"，发展出以"人道"为主体，天人辩证的学说体系。至汉代以后，社会统治思想完成了从黄老之学向儒学的转型。

第三次转换：天人辩证学说——多元认识论时期（明代之后）。

主要表现：从儒释道三教合一而形成的宋明理学到近代西方科学与宗教的进入，最终使原有的天人辩证学说与近现代西方认识论结合，形成多元认识范式。

　　从以上分析可以看出，西方与中国的思维方式变化是不同的，中国思维是渐进式的变化，而且变化中保持原有的成分。西方重视思想革新，思想潮流的变化大而剧烈。

　　西方思维的总体方向是形而上学向经验的、科学的与技术的思维方式转换，但其理性的认识核心一直在变化中持续。东方相反，人文主义的精神始终有巨大影响，早期曾有过的形而上学的思维方式，但后来被辩证理性所综合，成为辩证认识的核心。

　　从古代希腊雅典的思想家到 19 世纪德国古典哲学，直到 20 世纪的思想家如海德格尔、胡塞尔、萨特、德里达等人，形而上学的思辨精神一直是主线，这些人的思想是西方文明的精华，马克思与弗洛伊德等思想家虽然从政治经济学、心理学角度研究社会与个人，不同于传统的"理想王国"的哲学家们，但其思辨性仍然是特色。无可否认，这也是西方文明对于世界的重要贡献。

　　东方的印度佛教传入中国后，形成了儒释道三教合一的历史局面，辩证思维方式从而更具有社会生活的基础。伊斯兰教在接受东西方文明遗产的基础上，以宗教真理探求为目标，形成了政教合一的社会制度，重视现实生活与宗教神圣的两者合一，也具有自己的独特思维。其余的如南美洲的社会文明中，把古代与现代、民族与世界、东方与西方结合为一体，形成了更为丰富的生活与思维方式。

　　只要读过马尔克斯的《百年孤独》这部小说的人，无不为书中奇特的思维方式所感动，这是美洲大陆特有文明的表现，16 世纪美洲征服后，拉丁美洲的传统与欧洲移民的文化结合了起来，以阿兹特克与印加文明为代表的美洲文明发生转型，这一过程是漫长而痛苦的。甚至美洲的人种都发生了大的变化，印第安人、欧洲白种人、从非洲贩运来的黑人经过通婚，繁衍了拉丁美洲的民族。古代文明与现代社会交织在一起以后，所创造出来的同时具有时间与空间的巨大超越性的思维方式，不同于古老的亚洲、欧洲与非洲的观念。在多种文明混融中产生的艺术，充分显示了它特有的魅力，令世界为之称奇，这就是文明交流所培育的奇葩。关于这种思维方式，目前学术界还缺乏深入研究，从文学上来说，人们习惯称之为"魔幻现实主义"，其实没有能从文明角度来理解它的实质，没有达到对于新文明中所保存的传统思维方式与外来的思维方式结合的特征的深入理解，尚有待于我们去探索。

卷三 比较文明研究的主要观念

一、文明的范畴分类

　　长期以来，文明这个概念一直存在不同理解，据说文明的定义已达数百种。除了定义纷繁之外，在文明的范围与内容等相关方面，也表现得异常多样。在这种情况下研究文明，我们既没必要逐一罗列所有关于文明的定义，但是也不能因此放弃对于文明这个概念本身的分析研究。比较适当的做法是，对于其中重要的、有代表性的文明的概念及其定义进行简略的分析，然后阐明我们关于文明的定义。

　　在对于文明所下的定义中，有两个相关的工作是必须进行的。其中一个是概念的历史考察，特别是从语源学的角度来研究概念产生的过程。以上我们其实已经开始从这一视域来研究文明的概念，就是结合整个文明这个观念在人类意识中所形成的历史过程来研究它的本质，我们进行的实际就是这方面的工作。为了有确实的证据，我们以上主要是从汉语中"文"的历史演变过程来考察文化的概念。这样就为下一步全面考察"文明"含义作了准备。

　　另一个方面则是，从文明观念本身的类型划分来研究它，分类是一切科学研究的前提，它是研究的基本范畴，尤其对于一个概念来说，分类研究更是基本的研究。《墨经·大取》曰："夫辞以类行者也。立辞而不明于其类，则必困矣。"文明的概念要进行分类研究，与它相关的观念结合起来，这就有益于对于这个概念的深入理解。亚里士多德也说过类似的话，他指出：

"因为存在和——旦有了种类,知识或科学就要相应地分门别类。"① 我们对于文明的观念划分类型,有助于从根本上掌握文明概念的本质,扩展对于文明观念的理解。

简单地说,我们是从一个单独概念的研究进入到相关的观念研究,观念不同于概念,一般来说观念包括相关概念的集合,是中心概念的系统构成,也是对于概念的更为广泛与更为深入的把握。当然,如果说概念与范畴以词的形式出现,观念可能以词或是判断的形式构成,这就使得观念从形式与内容及概念都有了质的区别。但是在大部分的场合,概念与观念仍然是有相重合的部分,这也是不可否认的。

一般来说有以下几种类型的文明概念。

1. 关于"文明是精神与物质创造的总和"

相当多的学者认为:文明是人类精神与物质创造的总和。正因为如此,它也就必然是人类的行为与精神活动的总体。这是一种文明的总体性构成的概观,它强调文明的整体性作用。这种类型的观念是文明研究中最为普遍的,最有代表性的同时也是最基本的观念之一,正因为它流传非常广,也就顺理成章地成为大多数人最常使用的概念,也就是说,它在各种泛论文明的论著中经常看到。

关于它的具体定义,我们仅须举出两个有代表性的人物,就足以说明它是一种历史多么久远而又影响极大的观念类型。第一个是 19 世纪英国人类学家泰勒(E. B. Tylor)1871 年的《原始文化》(Primitive Culture)中的著名定义:

> 文化,或文明,就其广泛的民族学意义来说,是包括

----

① 苗力田主编《亚里士多德全集》第七卷,中国人民大学出版社 1993 年版,第 86 页。

全部的知识、信仰、艺术、道德、法律、风俗以及作为社
会成员的人所掌握和接受的任何其他的才能和习惯的复
合体。①

由于泰勒是人类学家，定义中有明显的人类学色彩。但相对来
说，这一定义与其他人类学家强调文化的民族特性相比，能超
越某一学科的限制，提出了比较有概括性、有普遍性意义的定
义，所以受到各界的重视。

第二个是当代西班牙学者，联合国教科文组织总干事费德
里科·马约尔于 20 世纪 90 年代提出的一个定义：

所谓文化，我且称之为表现一个社会的行为和物质特
征的复合体，就它的某些成分而言，历来是在各种文明之
间交流不息的。②

我们注意到，马约尔同时使用了"文明"与"文化"两个不同
的概念，但是，又没有对于它们作出明确的区分，基本上是把
两者等同起来的。如果加以比较，以上两个定义提出的时间相
距一个多世纪，但是其内容却有连贯性，保持了一种认识的传
统。从这里也可以看出这一类型的定义的确是相当普及的观念
了。当然，对于后者来说，这一定义是从世界文明的总体特性
与民族文化的具体特性的对比角度来研究的，这种视域本身使
它有了普遍性与特殊性的结合。但是它首先确定的仍然是社会
行为与物质特性之间的不同层次，从这一角度看，它仍然重视
人类精神活动包括人类行为与物质性的复合性，从概念的层次

---

① ［英］泰勒：《原始文化：神话、哲学、宗教、语言、艺术和习俗
发展之研究》，连树声译，广西师范大学出版社 2005 年版，第 1 页。

② ［美］欧文·拉兹洛编《多种文化的星球——联合国教科文组织
国际专家小组的报告》，戴侃、辛未译，社会科学文献出版社 2001 年版，
第 1 页。

划分上来说，与泰勒的观念是基本相同的。

与此相对的是一种物质与精神文明两分论，即认为文明只是精神或只是物质的部分，这一观点与总体论是相对立的。这一理论曾经有过相当的影响，虽然可能近年来它的影响日渐式微，但仍然是可以作为历史观点来分析的。这一派学者中分为两个相对立的两大阵营。其一是认为文明是指精神，是人的内心的产生的东西。比如德国的勃克哈特（J. Burkhardt）等人就曾提出，文明是人类精神发展的总合，而不包括物质的生产。

这种说法也是源远流长，罗马学者西塞罗等人早就有这样的一种说法，他认为文明的起源其实是对神的尊崇。这就把文明局限在精神范围之中了。所以有些人类学家的文化概念中，也强调文化是民族的思维方式与行为特征。这些观念不但说明其重视民族性，而且反映出一种注重精神的特色，其中明显受到以上观点的影响。其二是认为文明是物质的产物，也是物质创造的成就，所以它的实质就是物质的代表。这种见解的来源起自西方语言中的文明（civilization）一词的本义，其语源学意义中的词根拉丁文 civil，本义是"城市""公民"和"国家"的含义。这一含义的历史久远，已经无法对其进行有价值的训诂，可以推测的是，古代西方人的文明观念起源于城邦建立，古代城邦就是独立的小国家。城邦公民是不同于奴隶的市民，国家的建立是西方文明的重要标志，表明从野蛮向文明社会的进步。我们上文探讨中国"文"的含义时，也指出它具有指示人类文明进步的基本含义，"上古穴居而野处，后世圣人易之以宫室"。宫室的建成当然是在国家建立后的建筑，可以说中西文明观在这一点上是相同的。近现代学者中也有相当多的学者坚持文化是以物质为主的看法，值得注意的是，这一说法近代以来逐渐趋于衰落，其中的原因也是值得人们三思的。

物质与精神属于不同的文明，这种说法曾经以各种不同形式反映出来，因为世界各民族文化发展的进程不同，它们的差异性会引起对于文明的错误认识。从宗教与种族而言，基督教民族往往对于其他非基督教民族表示轻视，认为其文明是低级的、落后的"物质形态"，甚至不能称之为文化与文明。罗马时代，基督教取得国教地位，这样，不但当时的其他欧洲民族都成了所谓的"蛮族"，就是希腊文化也成了"野蛮"的文明。在但丁的《神曲》中，所有的希腊圣贤包括柏拉图、亚里士多德等全都进不了天堂，因为他们诞生于耶稣基督之前，不能信仰基督教，所以与其他异教徒、蛮族的身份是相同的。

相反，其他民族也会对西方文明有不同认识，20 世纪初期中国曾经有过对西方文明的批判，如认为西方文明只是物质的文明，而东方文明是精神的文明，物质文明的发达最终会使人堕落于物欲之中，失去人性，只有东方的精神文明才能真正拯救人类。不只是中国学者有这种看法，如俄罗斯的作家列夫·托尔斯泰、印度的泰戈尔、法国的伏尔泰等人也都有类似的看法。当然同时存在另一种情况，即并不认为东西方文化孰高孰低，孰先进孰落后，而只是认为人类文化总体就是精神的或只是物质的，这种研究态度也十分常见。

这种单一化的文明性质理解在现代社会中逐渐减少，人们越来越清楚地认识到：文明的精神导向作用固然重要，但是，文明同时也是一种社会现象与物质存在，它不只是人类精神的显现，从其构成来说，不可能没有社会生活与物质成分，只要有这些成分，文明就不会只是精神的构成。

我们可以简单概括以上看法：把文明看成是人类精神与物质创造的总体，这一观念虽然是比较全面的，是文明研究中最为流行的观念，不过这种观念也明显有它的局限性，这种局限性正是产生于它的出发点。精神与物质的创造是人类所有活动的总体，但是它们并不能说明文明的本质，如果作为一种文明定义来说，它并没有说明文明的意义到底是什么，而只是说文明的现象或是文明的产物是什么。因此这一定义固然是实用的，但是对于文明研究来说却是没有推动意义的，因为它不能从认识上反映文明的本质特性。至于另一种类型的定义，即把精神与物质文明分开，认为人类文明只是一种物质或是精神的产物，显然也有其片面性。这种观念形成中，唯心论的影响较大，特别是近代以来，西方形而上学与唯心主义的影响相当大，德国浪漫哲学家的特点之一就是以精神进化来取代人类文明的实践，用个人精神、自由意志等概念取代全人类的社会活动。从赫尔德到黑格尔无不如此，在他们的学说中，人类文明主要是一种精神活动，这种观念的危害相当大，当代学者中仍然有许多人受到其影响。

2. 文明启蒙观念

首先应当提到的是古代中国人的一种见解，这就是《易经》中的那段名言：

> 天文也，文明以止，人文也。观乎天文，以察时变。观乎人文，以化成天下。[1]

这一段话经常被人引用，但引用者经常略去前一句，即"天文也，文明以止，人文也"，这就大大减少了这一段名言的意义。它之所以重要，因为它提出了一种见解，即以人文来化成天下，这就是"文化"一词的来源。如果去掉前一句，就有两个缺陷：第一个是忽略了另一个重要概念"文明"的存在，这两个重要概念同时在这一段话中。第二个是使全句的意思变得不明显，因为全句的意思在于，指出天文与人文的区别。文化是人

---

① 《周易正义》，《十三经注疏》上册，中华书局 1980 年版，第 37页。

文过程，而人文与天文是相对的。

中国古代人见解是明确的，文明就是以人文精神来化成天下，用它来教化与训育人民。关于这一思想，我们在上文中已经涉及，这与后世儒家的文言、文德的教化主张完全一致。就是把文化作为一种提高人类素养、培养文明精神的过程。

西方同样有这种理解，而且这是比较文明中一种最常见的现象：当代西方与古代东方直接呼应，当代西方学术界有一种文化研究的热潮，学者们往往把它的起源归之于英国的马修·阿诺尔德（Matthew Arnold），对于这种看法正确与否我们先不作结论，但阿诺尔德关于文化的定义，却可以说是与中国《易经》同出于一辙。阿诺尔德认为文化其实是一种：

> ……对于完美的追求，一种趋于对于思索与精神境界的向往。……文化完全是企图接近那完美、文雅和发展的事物。①

而这种文明与文化的美好境界，只有通过教化才能得到。只不过东西方教化的目标可能有所不同，东方更重视道德伦理的方面，以"仁"为中心，而西方注意的往往是科学与信仰等方面。

这当然是一种朴素的认识方式，它从文化与文化的产生来认识文明。如果我们再从文明概念的形成来看，这其实也是一种基础概念。上文我们已对于"文明"一词的西方语源进行了简略分析，这里我们顺便对西方语言中的文化概念再进行一点分析。如德文 kultur，英法文的 culture，从语源学上一般认为是来自拉丁文 cultus，其词根是 col，也就是希腊文中的 koa，是农业的意思。中国学者陈序经曾考察过这个词，他指出：

---

① Gordon Mathew, *Global Culture/Individual Identity*, Routledge, 2000, P. 1-2.

Cultus 的意义，有了好几种：第一，是含有耕种的意义，比方，agri non omnes Frufiferi suntqui Coluntur（Cicero，Tusc，2，5.13），就是这个意思。第二，是含有居住的意义，比方 colitur ea（urbis）et habitatus frequentisslme（Cicero Verr. 2，4.53），就是这个意思。第三，是含有练习的意义，（比较 Cicerro，Brut，9，1）。第四，是含有留心或注意的意义。这不只是指着人类留心或注意于某种东西，而且含有神灵留心或注意于某种事物。比方，Deos deaque vencror qui hanc urbem colunt 看 Plaut 5，1，19），就是这个意思。第五，是含有敬神的意义，比方：Hos deos et venerari et colere debemus（Cicero，De Deorum Matura 2，28.71）；又如，西塞罗所谓哲学灵魂的文化（Cultura arrirui est Philosophia），也可说是表示文化的精神方面的意义。①

从这个词的语源学分析中，明显可见农业生产和定居生活的历史影响，农业社会对于游牧、采集与渔猎的生产来说，是相对发达的，人类文明在农业文明中才有了最重要的发展。从事农业的民族才可能定居，才可能发展出发达的文明。人类农业生产的历史是十分久远的，农业生产需要一定的地球环境，首先是土壤层的形成。同时需要一定的气候条件，在第四纪的三百万年中，全新世的近一万年，才真正为农业生产创造了条件。一般认为，农业的产生与发达是从新石器时代开始的，所以也叫做"新石器革命"，其实"新石器革命"也就是农业革命，这是文明时代的开始。以后进入陶泥时代、青铜时代和铁器时代，农业有了更大的发展。

公元前4000年，尼罗河流域的农业生产已经相当发达，上

---

① 陈序经：《文化学概观》，转引自杨深编《走出东方——陈序经文化论著辑要》，中国广播电视出版社1995年版，第333-334页。

下埃及王国形成，文字出现。美索不达米亚人在稍后，也就是在公元前3000年前后，进入乌鲁克文化时期，农业生产大发展，创造了象形文字。稍后，苏美尔人创造了中东古代城邦，这些城邦的创造要早于地中海地区。根据现代考古学发现，印度河流域也有早期城邦与城市群，中国黄河与长江流域也都相继出现古代城邦。也就是说，亚洲的印度河流域、中国长江黄河流域都出现了发达的文明。

文化的进步往往是在与其他民族的比较中才得以实现的，直到15世纪，世界各地都还保留有大量的原住民与原始民族，甚至到20世纪，仍然部分地存在这些民族。他们生活于原始社会的状态中，以渔猎生产为主，没有文字，没有健全的法律，崇拜自然事物，生活条件极其简陋。

几乎所有重要的古代文明都经受过游牧民族的侵袭。早在公元前1700年左右，埃及人就受到了西克索斯人的入侵，他们统治埃及100余年，直到公元前1570年，法老阿摩西斯一世才将西克索斯人驱逐出去。欧亚大陆上，从西伯利亚的叶尼赛河流域，从里海北部到高加索，在乌拉尔山与阿尔泰山周围一直到帕米尔高原上，这是一条广阔的草原地带。从远古时代起就生活着众多的游牧民族，突厥人、蒙古人、匈奴、鞑靼人、契丹人、通古斯人……他们在广袤的草原上生息繁衍，互相厮杀，在世界几个大的古代文明之间东冲西突，对于文明富裕的民族进行抢掠。欧洲到中世纪之后，经过蒙古人的大入侵之后。民族国家才稳定下来。中国从秦代开始，到汉代才战胜了匈奴人，而中原与北方游牧民族之间的斗争，历时十几个世纪，直到清康熙之后，由于历史时代的变化，游牧民族的弓箭手们在与手持步枪等武器的现代化军队对阵中丧失了优势，北方边患才真正得以解除。

地中海沿岸国家从远古时代起就受到北方游牧民族的侵略，

小亚细亚的古代民族，也曾反抗过来自沙漠与草原上的"马背上的民族"的入侵。一定程度上，当时世界文明的主要冲突就是游牧民族、海洋民族与农业民族之间的冲突，这种文明对抗的实质是不同形态与体系的矛盾。

由此也可以看出，美国学者亨廷顿关于文明之间关系的学说是错误的，特别是关于古代世界文明的认识是相当浮浅的，这也必然影响到他对于当代世界文明关系的判断。他认为当代世界的主要冲突是文明之间的冲突，在《文明冲突与世界秩序重建》中说道：

> 文明之间最显眼与重要的接触是来自一个文明的人战胜、消灭或是征服来自另一文明的人。这些接触一般说来不只是暴力性的，而且是短期的，间断的。……然而大多数商业、文化和军事的作用发生于文明的内部。如印度和中国也曾经受到异族（莫卧尔人、蒙古人）的入侵和奴役，但这两个文明在自己的文明内部都有漫长的"战国时代"。同样，希腊人之间的彼此斗争和商业比他们与波斯人或其他非希腊人之间更多一些。①

亨廷顿的错误主要在于两个方面，其一是概念错误，表现为混淆了民族内部发展与外部战争间的关系，前者是内部发展的必然进程，后者是侵略与民族压迫，这两者绝对不能混同。其二是观念错误，把文明之间的冲突看成主流，而忽略了发达文明与其他文明之间的斗争是世界历史的主线，这显然是十分荒唐的。这也是我们与西方学者的一个分歧，文明进步不能通过取消民族主权来实现。历史上的各个民族文明有先进与落后之分，

---

① Samuel P. Huntington, *The Clash of Civilizations and the Remaking of World Order*, Simon & Schuster Inc, 1996, P. 50. 中文译本可参见周琪等译，新华出版社2002年版。

但是每一个民族都有自己的主权，即自己生活的土地所有权，生活资料的所有权，基本人权与生活方式选择权。这些都属于民族主权范围。我们可以用先进文明来影响与教化落后文明，但是不能用侵略与殖民手段，简单说，只有文明教化，不能文明灭绝。

西方历史学家历来都十分重视的古希腊与波斯的战争、亚欧各国（并不像亨廷顿所说那样只是中国）反抗蒙古入侵的斗争，民族斗争往往反映着不同发达程度的文明的斗争，但在亨廷顿看来竟然是无关紧要的。这真令人对于他的历史观念与历史知识构成难以理解。

我们认为，世界文明是不断进步的，这种进步是世界各民族文化的共同创造所推动的。文明之间不是永远互相冲突的，印度文明、中国文明，希腊文明之间从古至今并没有大的冲突。相反，它们之间的互相交往却对世界意义重大。中国古人就对于泰西各国深感兴趣，汉代张骞凿空，开通丝绸之路，从黄河流域的古都长安，穿越沙漠与绿洲，直达地中海畔的大马士革与安都城，联结了东西方的所有重要文明，包括印度、希腊、埃及、两河流域与西亚等古代文明。中国古代四大发明远播世界，都是文明交往的成果。亨廷顿以文明冲突为历史主线的说法是可笑的，文明交往是文化进步的动力，这是历史所证明的。相反，历史上产生破坏作用的不是文明之间，而是文明与野蛮之间的斗争。虽然从局部与暂时来看，落后文化对于进步文化的侵略与胜利屡见不鲜，这种情况被一些历史学家津津乐道，如罗马人对于希腊人的侵略等。但从世界历史的总体进程来看，先进的文化形态是居主流的，就是取得胜利的落后民族也会选择发达的文化，改变自己原有的生活状态。西方的历史学家总是强调罗马人征服希腊之前是野蛮民族，在征服希腊之后，接受了发达的希腊文化，举世并称希腊罗马，成为西方文明的源流。其实对于罗马人历史解释也有不足之处。早在罗马人征服希腊前，就先接触了伟大的伊特鲁里亚人的文化。伊特鲁里亚人是亚平宁半岛上的一个古代文明民族，他们从公元前 9 世纪起就创造了灿烂的文明，当时的希腊仍处于荷马时期。罗马人先征服了伊特鲁里亚人，接受了他们的文明，以后才征服希腊①。从世界历史的总体进程来看，从采集渔猎、畜牧业向农业、工业社会生产的进化是一个总体趋势，文明程度是从低向高的。从游牧向定居，从定居向城市化，是大多数民族正在经历的过程。

也正因为如此，在古人的观念中，形成了文明与农业、定居之间的联系，也就是意识到精神与物质进步之间的关联。人们也产生了一种重要的意识——进步意识——这是与农业生产、定居生活及文明化程度提高一同产生的人类历史意识，进步意识是文明所产生的自觉意识。从生食到熟食、从赤身裸体到服装出现，从穴居到住房，人类惊喜地意识到自己在进步，从野蛮进入文明。

在这里我们要注意的是，文明进步观念与文明启蒙观念毕竟是不同的。这一点正是最容易被混淆的，东西方文明的历史发展中，西方学者与一部分盲从西方理论的学者，相当典型地表现出对于文明进步与所谓"启蒙"的混同。西方学者中，最流行的看法是，西方文明对于东方国家的濡染就是启蒙。德国学者赫尔德（H. Herder）是一位对于文化和文明研究有较大影响的人物，也是德国文化研究的真正创始人之一。他的思想观念属于启蒙主义，他认为文明与启蒙是相同的，都是为了人类的幸福，目的在于使人类受到崇高理性的进化。他从语言与文

---

① 关于罗马人对发达的伊特鲁里亚文明的接受可以参见方汉文著《比较文明史新石器时代至公元 5 世纪》，东方出版中心 2009 年版第十八章的论述。

化相关的角度论述文化："可以设想，人类社会从产生之日起，就将其宏伟事业之变成了一个进步的整体，当我们谈论一切语言和文化发展的整个链条时，就应当是这样的。"在西方观念中，文化是所谓"正在变成的事物"（becoming），人类是"正在进化中"的等等，基本上都是源出于此的。

启蒙主义者的历史进步作用无疑是应当肯定的，但是，欧洲的一批启蒙主义者的思想观念中却存在相当多的缺陷，这也是无可回避的。他们的理性王国、天赋人权和资产阶级"进步文化观念"就是其中的最主要特性。马克思主义创始人已经指出："现在我们知道，这个理性的王国不过是资产阶级的理想化的王国；永恒的正义在资产阶级的司法中得到实现；平等归结为法律面前的资产阶级的平等，被宣布为最主要的人权之一的是资产阶级的所有权；而理性的国家、卢梭的社会契约在实践中表现为而且也只能表现为资产阶级的民主共和国。18世纪的伟大思想家们，也同他们的一切先驱者一样，没有能够超出他们自己的时代使他们受到的限制。"[1] 当然，马克思主义创始人没有直接批判启蒙主义者的文明观念问题，虽然并不是完全没有涉及这一问题。例如他们已经指出，启蒙主义者认识不到历史发展规律与社会生产基础之间的辩证关系，只是从理性原则的自我实现，从"世界公民的永恒的普遍理性"这一原则来认识，其实这一理性只不过是18世纪末的欧洲中产阶级市民的悟性。但是也要承认，由于在18－19世纪，这一问题还没有成为时代的中心问题，也没有成为社会理论的中心。

时代把文明研究推进到历史的前列，这就使得文明观念成

---

[1] 《马克思恩格斯选集》第3卷，人民出版社1995年版，第356页。

为当代理论界的核心问题之一，启蒙主义文明观念不能不接受新的文明理论的检验，特别是在全球化背景下，接受多元文化时代的标准检验，这是历史上任何一个时期都不曾具有的时代标准。在我们看来，启蒙主义所谓"文明进步"观念的理论核心就是值得怀疑的。

什么是进步？这首先要有进步与落后、文明与野蛮的标准。启蒙主义的文明进步观念是以个人精神自由为最高理想的标准，虽然启蒙主义思想家的文明观念是最芜杂的，作为18世纪欧洲浪漫主义与理性中心主义的混血儿，这一时代思潮的决定性因素已经为这支队伍的旗帜染上了鲜明的色彩。从总体来说，启蒙主义者为西方文明戴上了一个理性主义的光环，这个光环是献给资产阶级的，但同时是献给整个西方文明的。从启蒙主义者开始，西方文明才正式完成了它的又一次转型。从罗马基督教文化的宗教文化类型向科学与理性文化的转型，我们可以将它称为（scientific turn）。就整个文明而言，欧洲文明中心向西转移，从地中海中心向大西洋中心转移。从文艺复兴开始，一批科学与文化的巨人在欧洲出现，列奥纳多·达·芬奇、米开朗基罗、但丁、培根等与数学家弗拉·卢卡·帕齐奥里和解剖学家梅尔·安东尼奥·德拉·托里等，已经开始了对于宗教王国的颠覆。但是新兴社会力量集团在意识形态中的胜利，是由18世纪启蒙主义者完成的。这个时期全欧洲的新兴力量再一次结成联盟，从德国莱布尼茨到后来的歌德、包括法国的百科全书派的学者们结成统一战线，他们共同的战斗纲领是理性主义的理想王国。看到这一图景者可能会惊呼：柏拉图的理想国再次改头换面出现于世，希腊人的理性主义终于战胜了宗教！但是，启蒙主义的理性与笛卡尔的理性已经不同了，他们的理性是一种理性的文化，是人类所创造的理性精神而不是自然的遗传。正像卡西尔那句名言所说：他们是"把理性看作是一种后天获得物。"① 这种理性表现于"天赋人权"的社会理想、宗教自由甚至无神论的观念、平等自由博爱的理想等。人类社会被说成是不断进步的、前途光明的社会，特别是新兴社会力量茁壮成长的欧洲国家。

但是，无论这种光环是多么辉煌，它终于露出了最黑暗的阴影。英国作家笛福也被认为是具有启蒙主义思想的人物，1719 年笛福的《鲁滨逊漂流记》问世，一个艰苦奋斗、无所不能的完美理性的代表人物竟然是一个海上殖民者。一个在巴西经营种植园、在非洲贩卖黑奴、甚至在荒岛上还继续奴役有色人种的冒险家！正如一幅漫画所示，趾高气扬的鲁滨逊身后，跟着的提着工具的奴隶星期五，这个仆人甚至连正式的名字都没有。这就是启蒙主义者理性文化的最好说明：进步的文化奴役落后的文化，欧洲的文化统治土著的文化。黑格尔不过是启蒙主义者赫尔德的不肖之徒，他在《精神现象学》中的一种说法最为形象，可谓一语道破了启蒙主义文化的本质。黑格尔把自我意识的独立与依赖说成是"主人与奴隶"的关系，② 这就是启蒙主义理性文化的图式，理性需要有非理性的奴隶，进步的欧洲文化与落后民族文化之间是主人与奴隶的关系，文明与野蛮、进步与落后的对立是这一公式的核心。

当然，这种文明进步观念的代表作并不仅仅是《鲁滨逊漂流记》，我们还可以在卢梭的文字起源理论中、狄德罗的《布甘维尔〈旅行记〉补篇》、孟德斯鸠的《波斯人札记》等著作中看到这一观念的种种表现，虽然其中有人从某一个角度批判了这种观念，但无论如何都不能改变这种观念在启蒙主义思想

---

① 参见 E·卡西尔《启蒙哲学》，顾伟铭译，山东人民出版社，1988 年版，第 11 页。

② 参见［德］黑格尔：《精神现象学》上卷，贺麟等译，商务印书馆 1987 年版，第 125 – 130 页。

中的主导地位。最有代表性的理论著作，则应首推上文所提到的赫尔德的《人类历史哲学观念》一书，这部著作尖锐地暴露了启蒙主义文明观念的本质——以理性中心观念看待文化差异。虽然赫尔德本人也被看成是启蒙主义阵营的人物，但是在这一观念上，却与他的老师康德之间有分歧。康德曾经撰文对于赫尔德的著作进行批判，可惜的是，这一批判的意义至今仍然不为多数人所知。其中的部分原因是由于康德本人的普遍历史观念也乏善可陈，其中浓厚的理性批判气息，在这一涉及多种文明、有人类学知识的课题上显得更加苍白无力，但更重要的显然是相当长的历史时期中，欧洲知识界对于这种批判是抵制的。在赫尔德看来，世界的构成是自然环境对于民族的不同作用，所以有不同民族的文化形态。但是，这并不意味着他否定理性普遍性原则，而只是认为，人类民族的成长其实有内在的机制，人类是自然之子，自然天赋是人类文明差异存在的基础。在这一原则的论述上，赫尔德作出一副历史主义的姿态，考察了人类产生的历史，而对于人类历史考察的结论则是：人类是不断进步的，这种进步的动力与根源则是来自天意，即神的旨意。赫尔德说："这一（摩西的）教诲就说明了：最初被创造的人是与指教一切的耶和华相通的，他们在他的指导之下通过动物的认识而获得了自己的语言和占统治地位的理性；并且既然人愿意以一种遭到禁止的方式也像它们一样地认识恶，他就非常惋惜地得到了它，并且从那时候起他就占有了另一种地位，开始了一种新的人为的生活方式。假如当时神明愿意使人类运用理性和先见的话，那么他们就一定会接受理性和先见了。——可是，耶和华是怎样在接受他们的呢，也就是说怎样在教诲、警告和通知他们的呢？假如问这个问题不是正像回答这个问题一样地大胆，那末传说本身就会在另一个地方给我们以对这个问题的启示。"

　　康德批判赫尔德时，主要是强调了理性对于世界文明的作用，他反对赫尔德把自然与理性对立起来（但康德并没有反对卢梭的类似作法），康德仍然坚持启蒙的理性指导作用，特别是强调原始民族与文明民族之间的对立。这其实是启蒙主义观念发展的一种必然结果，英国约翰逊博士有一句名言：一个野蛮民族与另一个野蛮民族是没有区别的。

　　康德在批判赫尔德时，曾经发表过这样的看法：

　　　　著者先生的意思很可能是：如果从没有被文明国家访问过的塔希提岛上的幸福的居民，注定了要在他们那种宁静的散懒之中生活上几千个世纪，我们就可以对如下的问题作出令人满意的答复了：到底他们为什么居然存在？以及这个岛屿如果是被幸福的牛羊而不是被处于单纯享乐之中的幸福的人们所盘踞，难道就不会同样地好么？因此那条原则就并不如著者先生所设想的那么邪恶——也可能说这种话的，就是一个邪恶的人吧。①

康德毕竟是一个伟人，具有伟大人物的天性，理解异己与人道主义。同时也可以看出康德是真心拥护理性启蒙的口号"Sapere aude（勇于运用自己的理智）"。对于赫尔德等人而言，这种理性与理智只是西方文明所具有的，其他民族甚至其他一些文明，在他们眼中并不是真正的文明，只是一种野蛮的变种。这种态度表现在对待中国文明上显得特别突出，甚至是一种完全矛盾的看法，赫尔德说，亚洲文明是"涂了膏油的木乃伊"，但是，当中国古代文明适应了启蒙主义初期的要求时，康德等人又说中国是"世界上最文明的国家"。

　　引人注目的是，相当多的东方学者也受到西方学者的影响，

----

　　① ［德］康德：《历史理性批判文集》，何兆武译，商务印书馆1997年版，第56－57页。

把启蒙看成是西方对于东方的启蒙，尤有甚者，有的学者提出"五四"运动是所谓"救国取代启蒙"现象。其实这种看法本身就是对于现代中西文化交流性质的一种错误理解，他们把中国文化发展看成了是受西方启蒙的过程，具体来说，就是把20世纪初期西方的思潮大量进入中国的历史过程看做是"启蒙"，这一过程后来由于侵略战争而中止，于是有了以上的说法。这种看法是错误的，笔者从来认为，东西方文化之间的交流是双向的，从来不是西方对于东方的启蒙。不同文明之间思想、政治和文化的影响是客观存在，但每一种文明都有自己的历史形态与体系划分，都不会被其他文明所"启蒙"或是改造。20世纪后期以来，后现代主义理论重新激发了对于现代性与现代化的反思，在这种反思中，传统的文明进步论、启蒙主义的理性中心受到最直接的批判，美国理论家杰姆逊、德国法兰克福学派的哈贝马斯等人对于启蒙主义理性大加挞伐。这种"文明的失落"使人们再次反思文明发展的历史进程的复杂性。

如果说理性本身就是辩证的，或是说理性对于感性是以主导与融合的方式作用的，那么归结底是因为社会发展也是辩证的，一种社会有进步也就有落后，一种文化中也是进步与落后的因素同时存在的。东方与西方，恰恰是彼此消长的，文化之间的关系并不只是冲突，而同时具有一种文化促进关系，这种关系从历史来看是文化交替消长关系。从公元前6至前5世纪波斯帝国和希腊诸城邦之间的斗争起，这种促进就已经存在，希罗多德（Herodori）《历史》中指出，波斯与希腊之间在斗争的同时，互相间的学习也是非常频繁的。波斯人早就开始学习见多识广的希腊人，丰富了波斯文化。东方国家印度、中国在中世纪之前，一直保持了发达国家的地位。欧洲国家到文艺复兴之后才逐渐领先。

笔者认为，可以这样表述与理解东西方文明的新辩证论：

公元前 10 世纪到公元 1 世纪，东西方同时进入发达文明阶段。此后，以中国为代表的东方国家中，将农业文明作为立国之本，社会制度以帝国专政制度为主，但同时呈现多样化。而罗马帝国则以基督教为国教，从奴隶社会向封建社会转化，宗教与世俗王权长期争夺。中世纪后期，欧洲大庄园主封建制度成为社会主体，工商业经济使城市独立、市场经济迅速发展，欧洲开始崛起。从公元前后开始的大约 15 个世纪中，分裂的欧洲在经济生产上显然落后于统一的亚洲大国中国。直到 15 世纪之后，才进入了西方文化的黄金时代，理性在世界范围里对于宗教与王权处于优势地位，资本主义在欧洲发展出一种理想王国的模式，科学与工业化的每一步进程都在证明理性的正确，西方文化似乎发展到了顶峰。与之相对的是，古老的东方仍然处于专制制度之下，相当多的民族与国家沦为殖民地，最古老的文明在西方近现代新生文化面前表现得停滞不前。然而就在 20 世纪，历史的逆转再次不可避免地发生了。经济危机开始重创资本主义国家，民族解放运动遍及全球，长期处于落后地位的东方，把自己古老文明与现代科技成功溶合在一起，在 20 世纪末，已经有人断言：新世纪与未来发展中，中国可能领先于西方。如果要总结世界文明体系变化的趋势，应当说文明是人类生存的历史状态，它是相对于野蛮与蒙昧状态而言的，它不是一种固定模式。世界从来是多元文明共存的，西方与东方是代表性的文明模式，它们在历史上是互相引领、互相砥砺而发展的，在某一时期可能西方领先，但在另一时期，可能东方会领先，这样才构成了世界文明体系的不断重构与进化。

我们注意到这样一种现象，东西方文化关系正在引起当代学者们的新思考：在当代世界中，是西方对东方启蒙还是东方对西方启蒙？

英国学者克拉克（J. J. Clarke）在其《东方启蒙运动》

（Oriental Enlightenment）一书中认为，从 20 世纪起，西方出现
的一系列思想运动，从尼采思想、托尔斯泰主义直到女权主义
等，都受到东方古老文明思想的影响。这是启蒙主义与浪漫主
义之后，东方对于西方的启蒙①。

历史往往经过一定时期才能看到其实质，东方会不会对于
曾经为人类作出巨大贡献的西方文化产生重要影响，现在断言
似乎还为时尚早，我们相信历史最终会给我们一个机会来审视
两者关系中的新阶段。

3. 文明作为民族的独特创造：原始民族与辩证理性

文明定义中，相当重要的一种是把文明视为民族独特创造，
一种本民族创造行为的特色。这种观念也比较普及，很多人都
有这种观念，特别在说到民间文化时，大多数人是从其民族特
色来认识的。而从理论上全面认识民族文化特性，把它作为文
明最主要的特征来确认，却是以人类学家的理论为代表的。人
类学者提出了自己的文化概念，如美国学者鲁本·本尼迪克特
所提出的文化概念：

> 文化是通过某个民族的活动而表现出来的一种思维和
> 行为模式，一种使该民族不同于其他民族的模式。②

这一概念中有两个方面是值得注意的，一是把文化理解为思
维与行为模式，基本上是偏重于人的精神活动方面，这是语
言、风俗等人类学家特别注重的方面，本尼迪克持的概念也
未能免俗，充分显示了论者的身份。另一方面，它的重点是

---

① 参见 J. J. Clarke：*Oriental Enlightenment*，Routledge，London and
New York，1997，P. 95 – 97.

② 本尼迪克特：《文化模式》，浙江人民出版社 1988 年版，第 45 –
46 页。

强调文化的民族特性，是某一民族所特有而不同于其他民族的地方。这是与其他定义所不同的，相当多的定义都强调民族文化的共性。

人类学是社会科学的一种学科，它本身就是一定历史条件下的产物，这一学科的观念与其历史之间有不可分割的联系，我们只能从这一学科的历史与现状来考察它的主要理论观念。人类学 anthropology 是从希腊文中发展来的，希腊文中的 anthropos 是古希腊文化的关键词之一，它的本意就是人。作为希腊文化中的人文主义精神的重要概念，希腊先哲们无不经常使用"人"一词，一定程度上，希腊精神就是人类的颂歌。俄国作家契诃夫（A. П. Чехов）有一篇小说《套中人》，讽刺俄国 19 世纪封建专制下的生活现实，中学古典文学教师别里科夫是作者所刻划的一个维护传统的思想守旧者，他习惯于对人称赞希腊文："anthropolos"，认为这个词的发音都甜美无比。如果不考虑这部小说的批判意义，这位中学教师的赞扬也不是毫无意义。把人类特别是人类所创造的文化作为一个整体来进行研究，一直是历代学者们的理想。18 世纪意大利学者维柯（Giambattista Vico）就提出要建立"人类的物理学"学科的思想，以后，康德等杰出学者也有一种研究人类历史文化统一性的观念，康德曾经称自己所进行的研究是"人类学"研究，赫尔德就是在关于人类历史文化方面与康德有重大分歧。马克思与恩格斯也说过，一切科学研究都是关于人的研究，而且，马克思晚年还运用人类学、比较语言学的方法研究过古代社会。19 世纪后期，人类学学科在欧洲创立，早期的人类学代表作是英国学者弗雷泽（J. G. Frazer）的《金枝》（Golden Bough）等著作。第二次世界大战后，人类学发展迅速，成为当代社会科学中的重要学科。人类学家对于社会科学研究有重大贡献，特别是对于文化研究，著名学者泰勒、马林诺夫斯基等人都创立了不同的学派，研究的重点则在于原始文化、民族文化等领域，其中的文化相对论的产生与普及就与人类学家的努力是分不开的。

但是无可讳言，当代人类学研究中的西方中心论是居于主导地位的，这恰恰是不能忽视的一点。人类学起源于对非西方民族文化的研究，这种研究从开张伊始就有一种对立性与参照性，即认为西方文化是理性的、科学的、进步的文化；而非西方民族文化看是非理性的、落后的文化；人类学的任务是认证，证明西方文化的合理性与正确性。另外就是启蒙观，用西方文化对于任何非西方的落后文化启蒙。泰勒《原始文化》一书中就指出，要理解落后的文化与先进之文化之间的差距，就要建立一种文化进步的模式，说明不同文化在这一模式中所处的不同地位。他还引用英国历史上那个名声不佳的约翰逊博士的名言："野蛮人之间总是相似的"。按照西方人类学家的观念，只有西方才是一种主体性的创造，也就是黑格尔所说的主体精神的自由，而其他民族只是被西方启蒙之后，产生文化震撼，才进入到社会主流中来。而同时，就是对于其他民族的赞扬，也只是把其他民族作为西方民族的配角、甚至西方的镜像来利用的。美国人类学家马歇尔·萨林斯（Marshall Sahlins）就曾对西方人类学的历史进行过反省，他认为西方人类学本身就是在"本土人民殖民遭遇的背景下发展起来的"，这里的本土是指被西方殖民的国家与民族。他说道：

> 在资本主义晚期，人类学竟成为了一种赎罪式的"文化批评"，即以一种道德上值得赞许的分析方式大量使用其他社会的例子来作为改正我们最近所遇到的任何麻烦的托词。（这里面有一种很深的传统：当人类学在萨摩亚以及其他地方"成长起来"时，它本来也就是这样。）这好像其他民族是为了我们才建构他们的生活的，好像是为了

解答西方种族主义、性别主义、帝国主义等邪恶才存
在的。①

这是当代西方学者对于西方人类学历史的反思，这一反思是难
能可贵的。甚至远超过大部分东方学者对于这一学科的认识。
从其讨论的实质来看，这一反思也是有历史连续性的，萨林斯
所说的问题其实是康德的延续，甚至连词语上都十分相似。这
并不是无意义的重复，而是由于在这个学科中，观念的变化还
没有真正发生，还有待于时间的推移才能得到实现。

人类学的目标是对于人类作总体研究，这一研究的中心其
实还是落实在文化方面，这也就使得人类学家主要把视域集中
于民族特性方面。什么是民族文化特性？世界民族林林总总，
文化形态多种多样，其特性也多得无以胜数。在这样一种情况
下，人类学家强调的主要是民族的思维方式与生活方式，也就
是民族的精神特性与实践方式，把它们作为民族文化特性的主
要构成。这种强调并不是偶然的，西方的思维方式是以亚里士
多德逻辑学为基础的，它的理性又有一种传统，这个传统从希
腊人到笛卡尔是一致的，而这一思维方式与其他民族是完全不
同的。中国的思维方式，是以墨经逻辑为基础的，其理性是从
《易经》中的辩证理性开始，到儒学、理学的兼容佛学、道家
思想。印度也有自己的因明学逻辑与理性，其他民族更是独具
特色。这样，人类学家对于其他文化思维方式的分析就已经先
定位于西方理性的立场了。

西方的理性思维方式对于人类历史进步有过重大贡献，这
是众所周知的，但这种思维方式不能取代各民族的思维方式，

①　［美］马歇尔·萨林斯：《什么是人类学的启蒙？——20 世纪的
一些教训》，引自马戎、周星主编《二十一世纪：文化自觉与跨文化对
话》（一），北京大学出版社 2001 年版，第 94 页。

也不能否认其他民族思维方式的意义。不能认识到这一点，这正是西方人类学者们的一个重要不足之处。法国学者列维－布留尔的《原始思维》一书就是西方人类学的名著，他把所有的非西方文化思维方式统统看成是原始思维，认为这种思维没有逻辑可言，只有一种"渗透性"的联想性质，所以是一种野蛮的、原始的思维方式，只有西方的思维才是现代的与科学的思维。这一观念流毒甚广，20世纪著名的结构主义者，法国文化人类学家列维－斯特劳斯（Claude Lévi－Strauss）的代表作《野性的思维》（LA PENSÉE SAUVAGE），明显受益于布留尔，虽然从表面上看来，他是在反对布留尔的学说。列维－斯特劳斯把原始民族的思维方式总结为"具体性"与"整体性"，其中对非西方民族思维及其文化的轻视之处显而易见。"而在本书中，它既不被看成是野蛮人的思维，也不被看成是原始人或远古人的思维，而被看成是未被教化或被驯化的思维，……"①这就必然把总结"民族特征"看成是对原始民族文化的猎奇，变成对于野蛮民族的解剖，这可以说是西方人类学文化观念的出发点。无论布留尔还是列维－斯特劳斯，他们把包括中国在内的东方民族与其他非西方民族的思维看成是原始的或是野性的思维，都是可笑的。如果从历史来看，世界文明古国都有相当严密的理性思维体系。理性思维的规律主要反映于成熟的逻辑体系，中国春秋时代的《墨经》中就已经提出完整的逻辑体系——墨经逻辑。这一逻辑体系与亚里士多德逻辑、印度佛教逻辑是人类三大逻辑体系。笔者曾经指出：

> 从世界逻辑发展史来看，主要有三大古典逻辑体系，其一是中国的古代辩证逻辑，特别是以墨经为代表的逻辑

---

① ［法］列维－斯特劳斯：《野性的思维》，李幼蒸译，商务印书馆1987年版，第249页。

学，这种逻辑依据中国文化中特别是六经中反映的辩证观念，不但制定了形式逻辑的基本规则，而且形成早期的辩证逻辑形态。其二是印度古典逻辑，以后被发展为因明学，因明二字就是梵语"费都希陀"的意译，因是依据，明是智慧，因明作为一个逻辑体系，研究推理、论证逻辑形式，同时包括一些如何认识对象的量论部分。因明学虽然起源于印度但在中国获得了巨大的发展，唐代慈恩大师窥基著的《因明入理论疏》对于陈那及商羯罗的新因明学论进行详细论证，对于后世影响很大。其三是古希腊亚里士多德的形式逻辑，这是西方第一个逻辑体系。亚里士多德之后，培根、笛卡尔、康德都对西方逻辑有一定发展。无论任何一种逻辑体系，都曾经对于人类文明的发展有独特贡献，这是首先必须肯定的。[①]

辩证逻辑与辩证理性是统一的，中国文化的辩证逻辑与辩证理性的特征是明显的，辩证理性的整体性观念、互动性观念、时空辩证一体观念等，都是为西方学者所不理解的。令人惊奇的是，正是 20 世纪后期，后现代主义对于传统理性的批判中，才发现了中国的辩证理性正是他们所提倡的，从而在 2000 年前成形的中国辩证理性中，发现了西方文化中所缺少的辩证理性。

这一场认识变化有着深刻的根源，从牛顿经典力学到爱因斯坦相对论，人类的认识有一个大的变化，如今，人类认识论正经历着更为深刻的变化。

尽管有的人类学者对于文化研究有一定贡献，但其思想观念的局限还是明显的。如加拿大学者弗莱（Nothrop Frye）虽然是一位文学批评家，但善于把人类学原则与方法运用于文化研究之中，这样一位从北美大陆产生的而且为欧洲所承认的为数

---

① 方汉文：《比较文学高等原理》，南方出版社 2002 年版，第 305 - 306 页。

不多的当代理论家，就恰恰可以成为后世的警示。他曾经提出自己的文化观念，认为文化就是一种认同，民族国家以文化来进行总体的认同。但是文化是多层次的结构，可以分为上中下三个层次。最底层的是生活方式，如衣食住行与社会生产等。在这之上则是一种意识形态，如政治、宗教、经济等及其所形成的社会制度。而最上层则是一个民族创造性的表现：特别是文学与艺术。在弗莱的理论中，对于文化认同的强调等方面可以说来自人类学，但是这种定义中忽略了民族文化与世界文化的共性，看不到其中的联系，非常不利于文化的理论认证，如果只有民族认证而无人类理性的认证，这种文化观念也是非常错误的。有的西方批评家讥讽弗莱的学说充满神学与宗教的气味，甚至有反科学的倾向，并不是完全没有道理。欧洲文化宗教色彩浓重，希腊神话一直是欧洲人最美好的故事，西方是一种在神话土壤中生长起来的文明。所以以色列人所创造的一神教从罗马时代起就在欧洲得到大发展并不是偶然的，西方《圣经》一变而为欧洲最重要的经典，而中国经典"六经"是人文思想的渊薮。《圣经》是宗教经典，六经是人文经典。宗教经典培育宗教精神，人文经典对于社会所贡献的最终还是人文主义。从文艺复兴到当代，西方经过几个世纪的思想探索，神学与宗教思维在与理性斗争上总体上来说趋于没落，但也不可忽视根深蒂固的西方宗教神学思想，它会在各种时机卷土重来。人类学家、准人类学家或如弗莱所自称"人类文艺学家"的理论虽然与当代基督教神学家们的学说是不同的，因为弗莱等人毕竟还是俗世学者，但这种理论过于浓厚的宗教神学色彩，仍然引起人们的警惕。人文社会学科毕竟是科学而不是神学，人类的古代文化是诱人的，但是宗教神学的解释却不能令人满意，这是无可否认的事实。

"民族的也就是世界的"，这是德国诗人歌德的名言，这句话经常被用来强调民族文化特性的重要性与它的世界意义。但是也要看到，这毕竟是一般的泛泛而论，与任何判断一样，它不可能是完美的。民族文化的特性首先是民族层次的意义，即在本民族范围内的适应性，这是必须明确的。而它只有在与世界其他民族文化共同存在、互相比较与交流的基础上，才可能成为世界的，这是其一。如果更彻底地说，民族的只有具有为世界所承认的积极意义时，它与世界水平有一种契合时，也就自然具有了世界性。相反，一个民族中的落后的、愚昧的现象，即使再独特，即使是举世皆无，也不会成为世界的。个别民族中有一些奇风异俗，特别是一些落后的风俗如吸食烟草鸦片、妇女缠足、抢婚、近亲结婚等，并不具有世界意义，而只能被逐渐淘汰。说到底，民族特性只是一定历史阶段的产物，是每一个民族在一定历史阶段适应于社会历史条件所形成的生活方式。伟大的民族能成为世界民族，重要的一个特点就在于它敢于放弃自己落后于时代的陈规陋习，敢于接受进步的事物。欧洲古代四大民族中，凯尔特人是现代法兰西、德意志和英格兰等民族的先祖，他们曾经长期称雄欧洲，在历史上留下深刻烙印。但是他们酗酒成性，经常因酒误事，这种特性就令人不敢恭维，也不具有世界意义。所以当他们与撒克逊人一同成为英国的主要民族后，撒克逊人的进步远比他们要快得多，以至产生了英格兰的撒克逊人歧视爱尔兰凯尔特人的现象，达尔文的《人类的由来》等著作中曾经分析过这种现象。当然，现代社会中，凯尔特人与其他欧洲民族一样随着文明程度的提高，提高了民族素质，已经改变了传统的看法。世界相当多的民族古代都曾经有过活人殉葬、蓄奴、宫中使用阉人、男侍等习俗，希腊人使用娈童的行为是十分流行的，就是一些杰出的思想家也未能免俗。柏拉图《盛宴篇》曾经有关于他的老师苏格拉底的一段描写，涉及苏格拉底与其所钟爱的少年阿西毕亚提之间的恋情。

古代波斯是有世界影响的民族，在东方民族中，它们最早对埃及与希腊进行征伐。希腊人虽然是波斯人的敌人，但是一直认为波斯人是可尊敬的敌人。但波斯人的阉人与后宫却被西方人认为是东方腐败的化身，一种"东方式"的对于人权与妇女的蹂躏。法国孟德斯鸠的《波斯人信札》就曾经讽刺波斯的阉人制度，当代的西方历史著作与文学作品中，就更是把阉人与波斯后宫描绘成神秘、恐怖的禁地。这种情形的产生与西方文化中的人文思想、人权意识和一夫一妻制度等有直接关系。无可讳言，阉人等是一种封建专制的产物，是对于人权的侵害，中国封建王朝中也曾经长期有太监等。这种风俗有什么世界性意义呢？长期以来，儒家思想尊崇封建礼教，缺乏社会批判精神，确实需要一种批判。敢于认识，也就是敢于批判。欧洲启蒙主义思潮并不是完美的，但是，它所主张的敢于认识的精神，对于我们是有重要借鉴作用的。当然，正如我们所指出，文化风俗是历史时代的象征，这种阉人与后宫等现象，正是封建制度的产物，从一种辩证批判的观念来看，才能看到其实质。民族主义情感支持下的文化观念，往往对本民族风俗维护而对非我族类进行讨伐，以这种极端的观念来看待文化，都不免失之公允。

4. 文明的历史检讨：老庄、卢梭（Jean-Jacques Rousseau）与弗洛伊德

有一种源远流长的观念曾在东方与西方互相呼应，这是一种反文化的观念。其实把它称为反文化是不太恰当的，应当说是对于文化的一种反思与检讨，看到文明与文化的产生改变了人类生存状况，使人类从野蛮人成为文明人，但从长远来看这种改变对于人类是否有利？相当多的人持怀疑态度。于是，就

有了从各种文明产生的不利影响、文明的缺陷等角度来研究文明的流派。这些流派是多种多样的，我们仅列举其中部分观念予以说明。

古代希腊与中国、印度都产生反文明的观念，中国的老子与庄子的学说是其中极有代表性的。老子与庄子可以并称为一种"文化消极论"。老子否定人文发明与科学、启蒙或道德规定的意义，主张"绝圣弃智，民利百倍；绝仁弃义，民复孝慈；绝利弃巧，盗贼无有"。在中国文化中，圣、智、巧、利指的就是古代社会的社会道德法律规范与科学发明，这些是古代文明中的重要构成。老子则从认识论上否定了其意义，他声言："五色令人目盲，五音令人耳聋，五味令人口爽"，"不出户，知天下"。老子的社会发展观主张小国寡民，退回到原始保守的生活状态。庄子则是以一种诡辩式的说法来否定文明的作用，他说："骈于明者，淫文章，……多于聪者，乱五声，淫六律。"反对文言，反对言说，否定外部世界甚至自身存在的意义，主张"无待"与"无己"。《庄子·应帝王》篇中著名的寓言——浑沌——就是广为世人所知的故事，象征性地表达了庄子的文明观。南海之帝为黑，北海之帝为忽，中央之帝为浑沌。黑与忽时相遇于浑沌之地，浑沌待之甚善。黑与忽谋报浑沌之德，"人皆有七窍以视听食息，此独无有，尝试凿之。"日凿一窍，七日而浑沌死。为浑沌凿七窍就相当于用文明文化来启蒙人类，教化人类，其结果是使人类削弱或灭亡。在庄子看来，人类所创造的文化与自然是相对立的，人类以文化来征服自然，是违反自然规律的。他把自然称之天，把文化称之为人，宣颖解说庄子曰：自然者天，造作者人。这里所说的造作者就是人类文化。庄子颇有用意地用一种异化象征来解说两者之间的关系。《庄子·秋水》篇中写道："曰'何谓天？何谓人？'北海若曰'牛马四足，是谓天；落马首，穿牛鼻，是谓人。故曰：无以人灭天，无以故灭命，无以得殉名。谨守而勿失，是谓反其真'。"这就是前人所说的"天人对立"，陈景元解释庄子之说曰："牛马，天理；穿络之者，以人灭天"。真可谓得庄周之道，比起王夫之等人强为之粉饰，非要把庄周思想与儒学扭在一起，硬把庄周的思想说成是"天人合一论"来，确实是真切得多了。

这是庄子的思想，同时也基本上可以看做是西方思想家卢梭的观点。

卢梭应第戎学院（L'Academie de Dijon）的征文《科学和艺术的发展是败坏了风俗还是净化了风俗》中，赞美原始社会，赞美太古时代的野蛮状态，认为科学与文艺败坏了人类意识。"奢侈很少是不伴随着科学与艺术的，而科学与艺术则永远不会不伴随着奢侈"。科学与艺术的最大罪过就是败坏了风化，使人们变得怯懦，追求虚荣，从而使社会堕落。卢梭虽然反对的是科学与艺术，但其所针对的是整个文明与文化。应当说，作为一个启蒙主义思想家，卢梭本人的形象是复杂的，他激进地抨击文明与社会进步，主要是对于当时社会生活中的种种黑暗腐朽现象而言，他的言论在当时仍是一定进步作用的。

但是，作为一种社会发展理论，卢梭的观点是有相当影响的，特别其中对于人类文明进步的谴责，成为后世文化倒退论者们的依据。卢梭不断成为各种流行思潮从无政府主义到后现代主义者们的宠儿，成为尼采等各种反文明思想的先驱，无论是否认真研究过卢梭思想的人，总爱玩弄一些卢梭的片言只语。其实这些伏尔泰时代已经被人弃之若敝屣的说法，至今要想重新流行于世，确实很困难。但是要认为当代不会再有类似论调，却又是错误的。精神分析学就创造了一种新的文化倒退理论，令人一定程度上回忆起卢梭思想，只不过有不同的理论体系而已。

　　精神分析学是当代西方最有影响的思想之一，它的创始人是奥地利心理医生西格蒙德·弗洛伊德，1900 年他的代表作《释梦》首次出版，精神分析学开始在世界各地传播。精神分析学的流派十分庞杂，我们不能一一论述，笔者曾经著有《现代西方文艺心理学》等著作，其中比较详细地研究了精神分析学的主要流派，特别是他们的文艺观念。总体来说，精神分析学大致可以分为三个主要发展阶段，第一个阶段是 20 世纪初到第二次世界大战期间，在这一段时间里，精神分析处于发展初期，弗洛伊德、荣格等主要代表人物创立了精神分析基本理论，还有一些学者如弗洛伊德的学生琼斯等人则为精神分析学的传播作出了贡献，特别是在美国、法国、英国等建立了精神分析学的分支。第二个阶段是第二次大战后到 20 世纪 60 年代，这一时期精神分析学的代表人物是第二代精神分析学者如弗洛姆、弗洛伊德的女儿安娜等人。这些学者把精神分析推向更广泛的社会文化研究。精神分析这个时期与其他流派之间的结合也是一个重要特点，如法兰克福学派的马尔库塞等人就把精神分析学与西方马克思主义结合起来，重点放在研究社会问题上。第三个阶段是 60 年代以后至今，这一时期精神分析学发展的特征是多样化，其中最为突出的是以法国拉康为代表的精神分析学与结构主义理论相结合的思想，对女权主义等思潮有较大影响。其他一些西方当代学者程度不同地受过精神分析的影响，如存在主义精神分析等。

　　弗洛伊德作为精神分析的创始人，他关于文化与文明的论述对于所有的精神分析学者来说，至今还是经典理论。首先要提到的是他的文明定义。弗洛伊德在《一个幻觉的未来》中，就提出了一个可能对于大多数人来说匪夷所思的文明定义：

　　　　所谓人类文明，对我来说意味着，人类生命是从其动物状态发展而来、而且不同于野兽生命的所有那些方面

　　——我不屑于对文化和文明加以区分——如我们所知，人类文明常常向观察者展示两个方面。一方面，它包括人类为了控制自然的力量和汲取它的宝藏以满足人类需要而获得的所有知识和能力；另一方面还包括人类为了调节人与人之间的相互关系，特别是调节那些可资利用的财富分配所必需的各种规章制度。但是，文明的这两种倾向并不是相互独立、彼此无关的，因为首先，人与人之间的相互关系深受本能满足的数量影响，而只有现存的财富才能使本能得到满足；其次，一个人本身在与另一个人发生联系时，可以起到财产的作用，由此另一个人可以利用他的工作能量，或者把他（她）选作一个性对象；另外，尽管文明被认为是人类普遍感兴趣的一个对象，但每一个人实质上却又都是文明的敌人。①

在他看来，人类与文明为敌，因为就是对个性进行压抑，"文明不过是少数人强加于大多数反抗者的一种手段而已。"

　　为什么要有文明，其产生的原因就是这种压抑。压抑是精神分析学的特有概念，这里主要指的是性压抑。他曾在《文明及其缺憾》中提出：

　　……我曾产生这样的观点，文明是人类所经历的一个独特的过程，我们现在仍然受这个观点的影响。我可以补充一句，文明是一个服务于爱欲的过程，爱欲的目的是先把每一个人，再把每一个家庭，然后再把每一个部落、种族和国家都结合成一个大的统一体，一个人类的统一体。……在我看来，现在文明进化的意义对我们来说不再是一个谜。当文明进化在人类中使自己消耗殆尽的时候，它一定要向我们展示

----

　　① 《弗洛伊德文集》第五卷，车文博主编，长春出版社1998年版，第156－157页。

爱欲和死亡之间，生的本能与和破坏本能之间的斗争。这种斗争是组成一切生命的基本的东西，因此，文明的进化过程可以简单地描述为人类为生存而作的斗争。①

简单总结他的看法，文明就是以压抑爱欲为手段，来构成社会、家庭与集体，从本质上来说，是对于生命本能的一种维护。

弗洛伊德的文明观为精神分析学其他人所发扬，其共同的主题就是"文明即爱欲与压抑"。我们仅从法兰克福学派一些学者的书名就可以看出他们的共同宗旨，马尔库塞的一部主要著作的书名是《爱欲与文明》，而弗洛姆的则有《挣脱幻想的锁链》等，其主题、书名与灵感均取自于弗洛伊德。在这些学者中，马尔库塞的学术声誉虽然不佳，却声名遐迩。他关于文化的观点可以说是把弗洛伊德理论中的阴暗面发挥得淋漓尽致，给人留下深刻印象，而且正因为是一种偏执的观点而受到一些人的喜爱。有人因之以炫奇，有人因之而神往，如此等等，不一而足。他认为，文明就是对于人类欲望的压抑，"人类的历史就是一部压抑的历史"。当然，马尔库塞还是创造性地发展了精神分析的文明论，他的主要观点是这样的：

其一，社会文明的压抑主是要一种理性的压抑，是理性对于感性的压抑，因此，要进行一种"文化革命"，革命的任务就是要解放感性，他提出一种"新感性"概念。新感性就是反对现行社会与文化。他曾经说过："正在这种意味上，新感性已经成为实践：新感性诞生于反对暴行和压迫的斗争，这场斗争，在根本上正奋力于一种崭新的生活方式和形式；它要否定整个现在的体制，否定现存的道德和现存的文化"。

其二，他认为西方当代社会属于一种后工业化社会，这种

---

① 《弗洛伊德文集》第五卷，车文博主编，长春出版社1998年版，第269－270页。

社会中，科学技术就是现代文明的代表，对人类进行管理，这种管理就是压抑人类本性。所以这种社会是病态的，是单维度的。

其三，马尔库塞还对于文化与文明的区分发表了看法，他认为文化是社会"观念再生产领域"，所以狭义的文化其实是指"精神世界"。而物质的生产领域则是文明。16世纪以来西方资产阶级的文化并不是简单地从属于资产阶级的。因为文化是社会的综合创造，所以他与弗洛伊德不同，主张一种"肯定的文化"（affirmative culture）。他提出，这种肯定的文化是指"资产阶级时代按其本身的历程发展到一定阶段所产生的文化。……这种文化的根本特征就是认可普遍性的义务，认可必须无条件肯定的永恒美好和更价值的世界"。这可谓一种美好的、理想的文化，而且，马尔库塞又认为，这种文化"可以在不改变任何实际情形的条件下，由每个个体的'内心'着手而得以实现。"①

从弗洛伊德到马尔库塞，精神分析学的文化理论日臻完善，成为现代文化理论中相当有影响的一种观念。这种观念与其他理论如结构主义、女权主义等相结合，在西方理论界正在继续发展。

二、文明的定义

经过以上讨论，可提出我们关于文明的基本定义了，我们

---

① 以上关于马尔库塞的观点，可以参见如下著作：［美］马尔库塞著《爱欲与文明：对弗洛伊德思想的哲学探讨》，黄勇、薛民译，上海译文出版社1987年版；此书的中文节译收入上海社会科学院哲学研究所外国哲学研究室编《法兰克福学派论著选辑》上卷，商务印书馆1998年版；马尔库塞著《现代文明与人的困境》，李小兵等译，上海三联书店1989年版等。

的文明定义与上述定义是不同的。这种不同最主要有两点：第一点，以上的文明定义都是这样一种方式，即从文明现象来描述文明，或是把文明的构成作为文明定义的主要方式。无论以上文明定义有多少不同，无不是这种定义方法。我们认为文明定义可以有另一种方式：就是可以从与以上定义不同的另一层次，用另一种视域来定义文明。这就是从文明的本质特性，而不是从其具体构成与表现来认识它。从文明的深层，从文明的观念意义来认识它。第二点，以上文明的定义大多是西方学者从西方学术体系来看待文明的，东西方文明是相通的，但是东西方文明与学术的体系又是相异的。因此，以东西方文明的普适性原则来定义文明，有助于理解文明的本质。

只有这样，我们才能真正理解人类文明，文明定义从形式上看来简单，它的意义却涉及文明的价值等重要问题。所以它并不简单是文明定义，它要回答的问题是：在茫茫无际的宇宙空间中，在漫长的时间长河中，人类甚至地球的存在可能都不过是短暂的一刻，那么人类存在的意义是什么，只有依靠人类本身所创造的文明来作为它的认证。也只有人类文明才能证明宇宙存在的价值与意义，人类不是中心，但是宇宙的意义与价值却是它的中心。如果人类文明证明了宇宙存在的意义与价值，那么人类文明也就获得了自身的认证。

从这一视域来观察，我们可以说：

文明是一种人类与自然和社会关系的作用模式，是这种关系的形态化。不同民族与社会团体有不同的自然环境、有不同的人类社会特性，这就规定了它会形成不同的作用模式体系，这就是文明体系。文明与文化是实现了的、模式化与形态化了的天人即人类与自然和社会的关系。同时，文明一但形成，作为一种体系，它又会对人和自然制定了新的秩序。

有了这样一种的认识，我们可以对一些千古之谜有新的认识。日常生活中，文化的差异最为引起人的关心。每一个民族的成员都在思考，为什么人类从体质上看基本上没有大的差异，地理环境也没有根本差别，但是文化如此不同。有的民族文明富裕，有的民族则贫穷落后，是什么决定了这一差异的存在？

是不是由人种所决定？如某些人所认为的那样，白人天生优越，有色人种不如白人。还是有些人所说，地理环境决定一切，海洋文明比大陆文明发达，西方地中海文明是海洋文明，比内地与沙漠的文明发达等等。

当然，以上这些看法都明显是荒谬的。文明的差异不在于某一个构成因素，而在于文明的模式体系。体系就是众多因素的构成，并且体系是以构成因素之间的联动为特征的。所以，如果从单个的因素比较，世界文明没有根本差异。只有文明体系的比较，才是文明差异的本质。东方文明的本质在于东方的自然环境与其人类社会构成的模式本身，同样，西方文明也是一种体系与模式。任何脱离东西方文明体系的单一因素都不会取代体系的价值。东方与西方不同，主要不是人种不同，更不是自然环境的不同，而是东方文明体系与西方文明体系的不同，其他文明体系的差异也是同一道理。

这样也就必然说明，文明在空间与时间中存在，它是人类存在的一种历史状态，是相对于野蛮与蒙昧阶段的高级生存方式。从人与自然的关系而言，文明是人类从自然的动物中分化出来，并且掌握世界发展规律的阶段，人类的精神也从这种实践中得到全面的彰显。所以文明是人类对于自然的独特创造。从人类自身来而言，文明是人类的类意识与个体自我意识的和谐，它表达了人类社会的规定与个性自由之间的适应程度。文明有它的层次结构，最基础的是人类社会的经济生产，其次是社会制度与国家民族，最高精神层次则是宗教信仰与意识形态。文明也有它的社会历史形态，一般来说，以人类进入农业社会为标志，它体现于不同的文明实践形态，完成人对于自然、人类自身与社会的责任与创造。

相当多的人不理解，什么是人类的精神实践？

首先在于，这是人类所独有的精神，是人类对于宇宙所负有的责任，文明是人类区别于其他任何生物的根本标志，弗洛伊德定义文明时所说的"不同于野兽生命的所有那些方面"，就是从生物性方面对于人类特性的一种肯定。而亨廷顿《文明的冲突与世界秩序的重建》一书第三章引用海沃德·阿尔克（Hayward Alker）的评价自己的文明观念是：使人类区别于物种的最高文化种群与最广泛的文化认证（the highest cultural grouping of people and the broadest level of cultural identity）[1]。一定程度上，这就是马克思所说的类特性。笔者在本书的开头就已经说到人类对于宇宙和世界所具有的责任与义务，它最集中地表现于文明之中。

文明是实践的，因为人类任何一种行为都具有实践性，世界上从来没纯精神的行为也没有纯物质的活动，大到管理世界与国家，宇宙航行，移山填海，小到举手投足，瞬间意念的萌生，都是人类精神与肉体的共同参与，是人类的精神与物质的结合，它是精神的也是实践性的，这两者并不矛盾，而是相辅相成的。同时，这又是人类所独有，其他种类所不具有的精神活动，这是一种本体论的人类精神行为。也就是说它是人类对于世界的意义认证，是道之体。孔子曰"人能弘道，非道弘人"，可以解释为，没有实践就无所谓人类精神。实践不是所谓物质活动的专利品，而是人类活动的特性。也就是说它不是无意义的行为，也不是生理性的活动，主要是指人类有理性的

---

① Samuel P. Huntington: The Clash of Civilizations and the Remaking of World Order, Simon & Schuster Inc, 1996, p. 57.

社会生活行为。海中鱼、天上鸟、林中百兽觅食交配，游戏玩耍，筑巢挖洞，群居结伙，无论它们的行为与人类多么相似，都不是实践。唯有人道才是实践。而从物种间来说，就是马克思曾经使用过的"类特性"。关于这种精神的构成，康德曾经把它解释为理性，对人类主体又可以划分为人类的纯粹理性、实践理性与判断力。如果把它作为历史的理性来解释，对于社会发展，它就是两个方面，社会是合理的而且可以为人所理解的计划所展开。同时它向着人类理性所认可的目标前进，从发展方式看，人类历史是合目的的。就发展性质说，人类历史是合规律的。

但是，从另一方面来说，人类是自然的产物，人类的实践也只能是人在理解与掌握自然的基础上才可能产生，这就说明人类负有其他生物所没有的责任，这是宇宙与地球对于人类的赐予，这就是天道的意义。康德说人为自然立法，这只是一种启蒙主义的观念。人以什么为自然立法呢？其实人类产生于自然，自然已经为人类立了法。人类的文明创造从表面上看来超越自然为人类设定的局限性，但即使是人类的这种超越性，也是在人类精神与自然的辩证作用下才可能产生的。所以人类与自然之间互为辩证关系，文明就是这种关系的产物。天道是人类最高精神也就是自然的最高原则，人道则是人类实现这一精神的方式，自然之道是天道的自然体现，三者的交互作用，推动了人类社会的不断向前。

传统认识论中一直存在唯心论与唯物论的对立，这一对立主要是在世界本原问题上的对立。马克思提出了人类精神与物质生产两种生产的理论，把生产实践作为人类实践活动的主要形式，已经从实质上解决了传统的对立，明确了哲学家的任务不是解释世界而是改造世界。邓小平提出了科学技术是生产力的论断，解决了长期以来对于科学技术活动性质归属不定的问题。当代西方学者所提出的工业化社会中的技术理性等世界性难题，也因此而得到解释。这就为文明辩证论提供了新的基础，这一理论认为，文明是理性与感性结合的实践。

这是不是一种折衷的说法？这是从文明的构成与性质来阐释其意义和价值的，因为文明的构成是多重性的，既有精神的成分亦有物质的成分，而且这两者是结合为一的，当我们说到一个民族的思维方式时，不能不说到它的行为方式；当我们说到一个民族的性格或心理时，又不能不说到它的社会类型，它的生活方式，它是一个游牧民族还是一个农业民族，这个民族处于工业社会阶段还是以农业生产为主的社会阶段等等，当然也离不开它的宗教信仰与文学艺术甚至语言。

如果按黑格尔的说法，人类精神就是人类的自我意识。当然，因为黑格尔具有历史感，他所说的自我意识也是意识的经验，并且是意识的发展史。也就是黑格尔的精神现象学的主体。恩格斯曾经解释过精神现象学："精神现象学（也可叫做同精神胚胎学和精神考古学类似的学问，是对个人意识各个发展阶段上的阐述，这些阶段可以看作人类意识在历史上所经历过的各个阶段的缩影）……"[①] 可见马克思主义也是承认精神现象学的，并且对于它的意义有不同于黑格尔的理解。但无可怀疑的是，自我意识并不能全部解决人类活动的全部，甚至不能解决精神的全部问题。

我们则愿意有一个最简明的，但是不同于前人的理解。人类精神的特性就是人所具有的理性与感性的实践性，实践性不同于理性也不同于感性，这是历史在人类身上刻划的迹象。这种理性与感性不只是人类活动的工具，它也是人类本身的意义。

---

① 《马克思恩格斯选集》第 4 卷，人民出版社 1995 年版，第 219 页。

中国古人用"道"来说明它，在一定程度上是可以吻合的，作为道，它是客观的，即是规律性的表现，从另一方面来说，它又是主体性的，是人之道。东方与西方民族尽管千差万别，但是彼此之间存在着基本的一致性。人类有形体的基本相似性、行为的基本类同与精神活动的趋同。世界任何地区的人类相会，都会明白：这就我们的同类——人。达尔文《人类的由来》一书中曾经感叹，从世界各地收集来的石箭头，无论两地相距多远，无论制作的年代相差多久，但基本的形式几乎完全一致。他认为："而这一事实只有一个解释，就是，不同的种族有着相类似的发明能力或心理能力。"人类精神就是这种共同的而有民族特色的能力，它为人服务，也是人的本质的象征。这种精神为人类所有，是其他动物不具有的。即使与人类最为接近的灵长类动物，它们分布于世界各地，却无法创造出世界各地人类所创造的任何一种物品。归根结底，是因为无论黑猩猩或是其他动物没有这种精神特性，它们也面临人类同样的自然，它们也有一定的智力，但是它们不会具有人类行为，无法在一种精神的指引下，不断进步，这就是人类不同于其他动物之处。所以道的本性是实践的，而不是唯心主义者所理想的"绝对精神"或是"绝对理念"，它是精神指导下的行为，它具有普遍性与合理性。

从古到今，文明实践不断证明着人类的共同精神，遍布世界的岩画是人类艺术精神共同性的直接证明，法国多尔多涅省拉斯高洞穴中，有着冰川时代的绘画，包括有大约 600 幅绘画与 1500 件雕塑作品。其中最大的长达 5 米的四头公牛，是现存尺寸最大的旧石器时代的艺术作品，还有大量的野马，这些作品被人称为"中国马"。如果把中国贺兰山岩画与这些欧洲古代岩画相比较，可以看出古代人类的艺术想象是多么的相似。更为令人惊异的是，20 世纪产生的计算机技术是以二进制数学为原理的，这种数学的早期代表人之一，德国科学家莱布尼茨则认为，最早阐明二进制原理的是中国的《易经》，这种远古的智慧，最终导致了信息时代的到来。《老子》中说：

> 道之为物，
> 惟恍惟惚。
> 惚兮恍兮，
> 其中有象。
> 恍兮惚兮，
> 其中有物。
> 窈兮冥兮，
> 其中有精。
> 其精甚真，
> 其中有信。
> ……

从农业社会到工业社会，物质的生产一直是推动社会进步的主要力量，现代社会中，信息与知识在社会生产中正焕发出新的力量。不能说几千年前的哲人已经预见到这一历史变革，这是由人类文明创造的规律所决定的，这就是辩证理性的规律，这是人类精神的核心。人以理性思考，以感性经验，人类的行为来创造，综合为文明。

所谓"内化"，是指人对于客观世界的认识与接受，这一过程是心理的，但也是实践的，更正确地说是包括心理在内的实践。文明的一切都是来自于自然的，正像康德所说，我们的一切经验都来自于自然，包括人类意识也是自然的产物。但这种接受不是被动的，而是从接受到创造，从内化到外化，形成了人类心理与行为的活动机制。"外化"指的是人类实践创造的物质性，实践不是没有精神的，实践本身就已经有精神活动在其中。

从文明的本义来看，正因为文明在人与自然的关系中体现了人类的创造，也可以认为文明是人的本质，但这只是从人类创造性这一方面而言。人类在文明创造中所表现出的目的性与规则，只有在与自然存在的合理性原则相一致时，文明才有其价值。自然存在的合理性是客观的，这种合理性存在的本原就是因为，人是自然之子，在我们尚未发现其他星球上的人类之前，只能说人类是太阳系—地球这一特殊的自然环境的产物。人及其文明产生于地球之上，所以其创造与这一环境有内在的同一性，只有从这一意义上，才能说存在本身就是合理的与符合规律的。这个存在不仅是人类本体也是人类文明。这个合理与合规律不是所谓精神的自我生成，而是人类与环境的内在契合性，这也是生态性的一个说明。我们不常使用生态性的概念，因为生态的本义仍然是自然维持的，而不是人类精神的合理性的证明。生态论其实是近代以来反对人类中心论的产物，它没有解决人类存在的根本问题。马克思主义反对宗教神灵，但同时肯定自然的客观合理性即自然与人的精神合理性。马克思主义创始人所说的人类思维之花，就是对于这种精神合理性的肯定。

有人说"文明就是人化"，这种说法固然无可厚非，但是亦显得不够精确，人化是人类行为的总体特征，用以说明任何一个行为层次都可以但又都不合适。比如在美学中关于美的定义，相当多的学者受到俄国学者斯托洛维奇的影响，从人与自然的实践关系来定义美的本质，其中重要的定义就是"美就是自然的人化"。而在其他领域也是如此，如在科学理论中，关于自然科学的定义为"科学就是人征服自然"等，这种定义与认识近年来越来越多，这只能从某一方面反映出我们这个时代由于理论的式微，所形成的不能提出有针对性理论的特征，这正是我们所不愿看到的。

首先在于文明是自然与人类的辩证合一，是精神与物质的辩证合一，这种合是用墨经的话就是"同与异俱于一"。这就是定义上所说，它是人类精神的总体实践方式。从精神方面来说，文明代表着人类最本质的创造，其中最重要的当然是思维方式、生产形态、社会制度、理性精神、艺术、宗教等。但是，精神活动本身也是一种实践，其中包括理论，马克思等人都使用过"理论实践""精神实践"的概念。精神作为一种活动来说，它绝对不是玄想冥思，不是以形而上学为代表形态的。精神活动的鲜明特性在于它是人类头脑与心灵的产物，它产生于物质的基础与行为的要求，"我思故我在"，可以理解为思考只有具有存在的意义时才是真正的思考，才是区别于动物的行为。初生婴儿的大哭大叫表明他们有了最初的意识与行为能力，但这不是有意义的精神实践，否则如美学家苏姗·朗格所言，我们没有必要去听音乐，只要听婴儿哭叫就可以了。只有人类的精神与人有意义与目的精神实践行为，它们才最鲜明的表达出人与其他种类之间的差异。它们都令人类为之自豪，人类思维与人类理性行为使得荒凉的世界成为精神的圣殿。我们赞美人类精神，精神之美是最伟大的活动本身。重要的是，人类把这种精神实现为物质的创造，人开垦土地，种植植物，饲养动物，制造机器，组成社会机构，所以它包含了不同的层次。但是每一个层次都是人类的创造，这是人类产生之前的地球所没有的，其中最重要的埃及、中国、希腊、印度、亚述、两河流域、巴比伦人的创造也只是距今 12000 年的新石器时代之后，才开始存在的。这是离我们最近也有说服力的创造。

与文明是人类创造观念相对立，还有一种相当流行的神创造文明说，这是要区别于我们的文明定义的。上帝创造万物与人类，这是《圣经》的"创世纪"的主要内容，同时也是一种文明神创说。类似的文明创造传说在世界各民族中都有，它的主要形态有两大类：其一是上帝指生式：如《圣经》中所说，神在"空虚混沌，渊面黑暗"之中，上帝说要有光于是就有了光。上帝创造了生命，于七日之内创造人类及万物，并且为人类及其他生物创造了食物。上帝"还为亚当与夏娃用皮子做衣服给他们穿"。上帝在这里充当两种角色，这是不容忽略的。一是创造了包括人类在其中的生命，另外一方面则是最早的文明创造行为，如人类的衣食住行等。这是一种神创说的典型，上帝所创造的文明行为是只有用途而没有实践过程的。其二是神灵与伟人的文明创造，有的学者将其称为"文化英雄"或是"制器传说"，历史学家顾颉刚等人还有这方面的专论。如中国传说中的巢人氏建造居所，黄帝创造车，燧人氏发明火乃至鲁班是木匠之祖等。其他民族也有类似的传说。特别是希腊神话中的这样一种模式，每一行业都有行业保护神。埃及神话中的卜塔是艺术家与工匠的保护者，克赫努姆是造型者，创造了陶器，也创造了人，被称为"创造了人和神的陶匠"。这些神也充当自然神，如海神、河神等，同时是人类所创造的事物的主神如农神、牧神、铁匠之神等。其所主持的文明创造往往是有一定历史经过的，不同于前一种上帝创造那样的简单直接。其中明显可见文明的差异，后者往往在多神教或是非宗教性信仰的民族中存在。由于没有一神信仰的绝对权威，这种创造过程中可以看出人类创造的艰苦劳动。

　　文明体系的构成因素是变化的，如生活方式，民族居住地等，但是文明体系作为一个系统来说，它是相对稳定的。条件变化影响文明体系，同样，文明体系反作用于条件，甚至会改变原有的条件，西方的宗教信仰，传入到东方就会有所不同，基督教在西欧与东欧的传播就是一个明显的例子。东正教与天主教、耶稣教的不同，归根结底在于这一宗教更适应于欧洲东部的文明，终于成为俄罗斯等民族的主要宗教。这就需要我们

对于文明体系与条件之间的关系有辩证性的认识，才能理解其
意义与构成。

从文明的总体构成特性来研究文明是必要的，关于文明的
基本构成，我们有以下的分析。

1. 文明的基本结构：三层五项

明确了文明的基本特性与定义后，进一步应当对于文明的
基本构成有所了解，只有了解了文明的构成，文明才不再是一
个抽象的概念，而成为一种实体。由于文明现象十分复杂，文
明的构成也极为丰富，它范围广阔，包罗万象，要认识它的构
成，必须有对于文明结构与系统的分析，因为文明本身是一个
整体，它的形态是系统结构。文明都表现出它的鲜明特色，即
使在一些人类所共有的行为上，如衣食住行这样一些人类最基
本的行为，各个民族都有不同。同样是使用纺织品，却有极大
的不同，旁遮普男人头上包着大包头巾，着无领长袖布衫，腰
中缠着围裤。女人们穿着肥腿长裤，身着单衫，披着长长的披
巾。而贝都因人不论生活在沙特阿拉伯还是伊朗，男人们身着
阿拉伯人的传统服装，妇女身着长袍而且戴面罩。生活于安达
曼群岛上的安达曼人，至今仍然盛行文身，不穿衣服，戴着用
骨头和树叶制作的腰带。法国菜系、中国菜系与土耳其菜系，
创造出完全不同的美味。纽约曼哈顿区的摩天大楼鳞次栉比，
生活在伊朗和阿塞拜疆东部的沙赫塞文人（Sakhsevens），仍然
在萨瓦兰山下、卡拉苏河畔过着游牧生活。德国的城市火车已
经以三百多公里的时速在运行，但爱斯基摩人仍然用狗拉着雪
橇在冰原上奔驰。文明的系统与结构是多么的有力，它顽强地
控制着每一个人的生活。当代工业社会发展无论多么迅速，它
也无法完全替代文明结构的巨大力量，在现代化的中东石油公
司办公室中，美国微软公司的英文 windows 系统，正被说阿拉

伯语的工程师们操作，进行阿拉伯语的解释。中国科学家因为在计算机汉字系统的创造上的成功，成为科学院院士。而在这一领域中，微软公司与中国科学家之间正在进行着竞争。这都表明，文明系统的构成因素表现于我们生活的各个方面，它表现在我们的衣食住行、举手投足。也就是说，这些因素是一个巨大系统的表现，这个无形的巨大系统，一直在控制着我们与我们生存的世界。

什么是系统结构？

从结构的基本特征来说，我们赞同瑞士心理学家皮亚杰的看法，他曾经把结构看成是"一个由种种转换规律组成的体系"。这个转换体系作为体系（相对于其各成分的性质而言）含有一些规律。正是由于有一整套转换规律的作用，转换体系才能保持自己的守恒或使自己本身得到充实。而且，这种种转换并不是在这个体系的领域之外完成的，也不求助于外界的因素。一个结构包括了三个特性：整体性、转换性和自身调整性。但是，我们也要强调，当把系统结构方法用于社会研究时，人们经常忘记了皮亚杰的另外一种更为重要的观念，这就是把系统结构方法用于社会研究时，不同于自然科学。社会研究有两个重要的不同：一个是历史发生的不同，社会结构是历史生成的，具有历史的转换作用。其二是社会不是自身满足的，要从深层结构去寻找对于经验事实的解释。我们可以说，以上这两点是非常重要的，这正是一般的系统结构研究方法的不足之处。一定程度上，这两种观念正与马克思主义相印证。马克思的历史唯物论与辩证唯物论被结构主义理论家皮亚杰作了现代版的阐释，马克思关于人类社会的不同历史发展阶段的理论被皮亚杰从发生学角度进行了说明。而马克思的经济基础决定上层建筑的理论，正可以被看成是深层结构与经验事实的关系说明。西方学者中有一种流行的看法，当代理论家中，有两种重要的理论是深层结构理论，一种是马克思主义的经济基础决定上层建筑理论，一种是弗洛伊德的精神分析理论，这也是一种深度理论，认为人类的文明其实是由其心理特别是无意识所决定的。还有的学者如美国的弗里德里克·杰姆逊列出了四种主要的"深度模式"：黑格尔－马克思的辩证法；弗洛伊德的心理学模式；符号学的模式（符号学区分了能指与所指，在能指中隐含了意义）；最后是解释学的模式①。马克思的理论已经是无人不知了，按杰姆逊的说法，主要是从黑格尔而来的现象与本质，内与外等的不同层次的区分。而弗洛伊德关于文明的理论则主要是《图腾与禁忌》、《摩西与一神教》等著作，其中仍然是以弗氏的"压抑"为原理，被压抑的成分并没有消失，而是在深层起作用。当然，最有影响的文明与文化研究方面的结构主义理论是列维－斯特劳斯的理论，其实这正是一种结构主义方法的不成功的尝试。

结构主义理论家皮亚杰就曾经对列维－斯特劳斯的人类学研究进行批判。这一批判虽然发生于 1968 年，但是其意义至今却没有完全消失，特别是当前列维－斯特劳斯、列维－布留尔等人的著作在中国或在其他地方被视为经典的情况下，它仍然是理论水平最高的批判之一。虽然皮亚杰本人的社会研究方法也有不足之处，但他对于系统结构的理解仍然是在列维－斯特劳斯等人之上的，他的批判也是击中要害的，而且对于我们研究比较文明有一定的启示作用。

首先是针对列维－斯特劳斯的结构主义理论，这种理论是索绪尔语言学结构主义的应用，斯特劳斯的人类学是一种共时性模式，把人类的精神看成一个基本结构，这一结构是先天生

---

① 参见弗·杰姆逊著《后现代主义与文化理论——弗·杰姆逊教授讲演录》，唐小兵译，陕西师范大学出版社 1986 年版，第 181–190 页。

成并且永远不变的。皮亚杰指出：

> 但是依照这种看法，人的精神自身永远相同，如列维
> －斯特劳斯本人所说，"象征功能"的永久性就是它的明
> 证，那末人的精神又成了什么呢？我们承认我们并不了解，
> 如果人们把这种精神看作是一个由许许多多永久性图式合
> 在一起的汇集，这种看法为什么就比起把精神看作是一种
> 仍然开放的、连续不断的自动构造过程，其结果更受人尊
> 重。……而如果说"野蛮人的思维"在文明人中永远存
> 在，其水平要比科学思维低级：然则分列等级的不同水平
> 就意味着在形成过程中有不同的阶段。人们特别要问，列
> 维－斯特劳斯在《野蛮人的思维》一书里记载的那些美好
> 的"原始"分类，它们大概不是没有否定的"应用"的一
> 个成果，而是在运算意义上的"群集"的成果吧？①

皮亚杰的批判虽然看起来比较简单，但实际上是切实而有力的，
是一种历史主义的批判，其中有关于人类进化与历史发展的根
本观念，当然，这种发展观是充满了发生学意义的。我们不能
苛求一个西方心理学家，不能要求他全面掌握历史唯物论，有
这种历史发展观念就已经是难能可贵的了。

而对于列维－布留尔学说的批判，则是在列维－斯特劳斯
对于列维－布留尔批判的基础之上的。我们上文已经说过，西
方早已经对于列维－布留尔的原始思维进行批评，甚至俄国理
论家也有过心理学方面的批评，而在中国对于它的批评是相当
薄弱的。最可笑的是，当我们很多理论家努力运用列维－布留
尔理论时，把我们的文明说成是原始思维的产物时，列维－布
留尔本人已经表示，自己的原始思维的说法是错误的，根本不

---

① ［瑞士］皮亚杰：《结构主义》，倪连生、王林译，商务印书馆
1986年版，第80－81页。

存在这种"原始思维"。布留尔的临终宣言可能是真诚的，这对于一大批以宣扬"原始思维"论的人是一场灾难，历史对于随波逐流者的嘲讽总是及时的。

关于列维－布留尔的原始思维与文明的关系，皮亚杰也曾说出过这样的意见：

> 在关于这种"自然"逻辑的整体是什么这个问题上，我们对于列维－斯特劳斯的结构主义和列维－布留尔（Lévy － Bruhl）的实证主义之间原则上的总的对立是相当清楚的。但是，列维－布留尔在他的遗著里收回了他观点。在我们看来，这正像他在初期著作里似地，同样是走得太过头了。并没有"原始思维"，但也许的确有一种在前运算水平意义上或在仅有的几种具体运算开始时的一种有限水平意义上的前逻辑。"互渗"（participation）是一个有意义的观念，如果我们不是把"互渗"看成是一种不管有什么矛盾和同一性的神秘联系，而是一种在幼年儿童身上经常看到的处在类于个体中途的关系的话：……即使在这种"互渗"关系中我们只看到一种"类比思维"，它作为双重意义的前逻辑，即先于明确的逻辑，和为这种明确的逻辑制订作准备，也还是有其意义的。①

可惜皮亚杰只对了一半。他毕竟见闻不广，我很怀疑他是否听说过中国的墨经逻辑。如果他能超越自己文明的限制，对于东方文明有更多的理解，能像李约瑟那样的科学家一样对于中国文明有所了解，他就不会作出这样的结论了。世界逻辑不是唯有亚里士多德的逻辑，世界的逻辑体系中除了西方逻辑之外，尚有中国的易经—墨经逻辑等其他文明的体系，这种易经—墨

---

① ［瑞士］皮亚杰：《结构主义》，倪连生、王林译，商务印书馆1986年版，第81页。

经逻辑不是所谓的"前逻辑",而是一种严密的科学的逻辑体系。它其中就有所谓的"类比思维"的成分,即"同异俱于一"。笔者在《比较文学高等原理》一书中指出,从类比思维发展到易—墨逻辑,正是中国逻辑发展的一种独特途径①。

皮亚杰可谓"知西不知东",认识还是不全面。王充曰:知古不知今,谓之陆沉。知今不知古,谓之盲瞽。我们可以加上一句:"知东不知西,谓之翁仲。知西不知东,谓之独目。"何为翁仲?古时的巨人称为翁仲,后来因为秦始皇用青铜铸了巨人的像,人们将铜像与石像就称之为翁仲。柳宗元《衡阳与梦得分路赠别诗》中写道:"伏波故道风烟在,翁仲遗墟草树平。"即以翁仲指石像。翁仲虽然历尽春秋,可惜不能与时俱进,有泥古不化之嫌。而所谓独目,也是一个典故,荷马史诗《奥德修纪》中的俄底修斯征战之后返乡的途中,在大海上漂流,来到一个独眼巨人所在的岛上,与独眼巨人斗智斗勇,最后终于战胜了独眼巨人。只知道西方而不知道东方,难免有偏颇。阿拉伯人的名言:西方人用一只眼看事物,而中国人用两只眼看世界。可以说是道出了其中的奥妙。知西不知东即不知阴阳对转,不知辩证逻辑的意义。

文明作为一个系统结构就是说它具有体系性,具有可转换性与整体性。在这种认识的基础上,才能讨论文明的结构成分。我们认为,文明基本可以分为三个大的层次与五个主要项目,故称为三层五项法:第一个层次是文明的基本条件,它包括两项:1. 各国与各民族人民的衣食住行等物质生活条件及其风俗习惯。这是人类从野蛮向文明转换的起点。2. 社会生产类型,指文明类型的主要生产方式,如畜牧生产、渔猎生产、农业生

---

① 参见方汉文《比较文学高等原理》,南方出版社 2002 年版,第 131－135 页与第 304－308 页。亦可参阅方汉文《文化认识论的逻辑基础》,载 2000 年 5 月 30 日《光明日报》。

产或是工业生产等，在人类历史上，古代文明一般是从农业为主的生产形态开始，逐步进入工业社会。由于社会生产类型在文明发展中地位重要，所以一般直接称为工业文明、农业文明、渔猎文明等。第二个层次是文明的国家政治机制，也有两项：1. 国家政体与国体，国家法律制度，国家机构等。2. 语言文字、科学技术等。第三个层次是文明的精神取向，主要就是宗教信仰、思想观念、文明逻辑与民族精神等意识形态因素。它的产生与形成标志是民族的文明经典。民族精神是指价值判断与精神取向。由于现实生活的复杂性，在有的宗教中，民族精神基本上被宗教信仰所取代。其实这是两个不同的方面，民族精神可以是宗教性的，也可以是非宗教性的。这是西方基督教理论家经常犯错误的地方，多数西方国家是宗教民族，所以对非宗教信仰民族不了解。这些成分共同组成了人类社会的文明，它们代表了文明成分的不同层次，同时彼此之间又有密切的联系。

　　所谓"层次"并不是指它的重要性有高低，而是说它的构成因素在结构中发挥不同的作用，分别代表了条件、机制与精神特征等不同方面。对于以上结构层次的分析可以看出，这三个层次有不同的属性：

　　文明条件主要代表了文明的物质基础方面；它是一个根基。

　　文明的社会机制主要代表了文明的机制；它起到关联的作用，联结基础条件与思想意识。而信仰宗教、思维方式与民族精神在整个文明结构中处于引导性地位。

　　必须说明的是，第一，所有的层次没有重要与不重要之分，思维方式与民族精神起的引导作用，离不开其条件与机制。相当多的人类学家片面强调民族思维方式的重要性，而忽略文明条件与机制，所以对于异族文明的研究往往是见木不见林，以偏概全。第二，以上只是文明分析的不同层次，而不是划分文明类型的标准，这两者有本质的区别。目前的文明类型划分标准是多重的，即同一种文明可以在多种类型中被认同。一个地域的自然地理可以作为文明的种类，如非洲文明、西亚文明、欧洲文明、大洋洲文明等。但宗教信仰与种族等同样可以作为文明的划分标准，例如在历史上的西亚文明中，苏美尔人、阿卡德人、阿摩利人、喀西特人、亚述人、迦勒底人、米底人等都有自己的历史文明类型。即使同在一个国家中，文明形态也千变万化，不能用一个标准来界定。如同在尼泊尔一个国家中就有30多种语言，其中近半数还有自己的文字。可以说每一种语言都有自己的文明。它还有三种大宗教，印度教、佛教与伊斯兰教，他们又都有自己的宗教文明。同时，尼泊尔的民族又有信佛教的尼瓦尔人，信喇嘛教的拉伊人、林布人、塔芒人和夏尔巴人等，其民族文明也不相同。从人种学来看，尼泊尔人主要是廓尔喀人、拉斯普特人、卡人等多种民族与当地的马嘉人、古隆人、松瓦尔人等不同种族混血而成，每一个种族都有自己的传统。

2. 文明的民族与种族因素

在区分了以上三个主要层次以后，我们对于其主要条件进行综合分析，这是单一因素的分析，并不能取代综合的分析。但是它们都有自己实际的意义，人们经常单独或是整体使用这些条件来做类型研究，如从地域国家来说，就有"亚洲文明"、"欧洲文明"、德国文明、俄罗斯文明等，从社会生产来说，又有"农业文明"、"工业文明"等，因此，我们必须对于文明构成条件进行整体性分析。在这种分析之前，先讨论其中几个重要的民族与种族因素，这也是争论比较多的方面。

（1）民族与民族心理

从古希腊和古代阿拉伯的地理学家起，这样一种观念就已经深入人心，即自然是人类文明之母。世界民族由于地理、气候、种族、宗教、风俗与民族心理的差异，形成了文明的特征。这其实是一种最直观的道理，中国古人早就提出："夫宫天地怀万物，而友造化，含至和。直偶于人形。"人类是自然的产物，自然条件的差异必然表现于人类文明之中，这是无可怀疑的，但是，重要的是自然条件并不是决定性因素，在人类历史进化中，文明的差异不是完全由于自然的不同而产生的。而恰恰在这一点上，西方的观念并不比东方进步，恰恰相反，由于受到宗教的影响，所谓大洪水传说、巴别塔传说等，更被一些人利用来不恰当地评价文明关系，反而使得西方近代以来的哲学家、历史学家在这一问题上走入歧途。

西方当代文明理论中，十七世纪意大利维柯是十分有影响的人物，他关于人类文明的产生与民族风俗的形成的理论至今仍为许多人奉为圭臬。但是在他《新科学》（关于导致发现氏族自然法新体系原理的民族本性的新科学的原理）中，对人类各民族本性进行的考据，其实不过是把《圣经》、《荷马史诗》结合起来，提出两个观点：其一是文明传播论，认为人类文明起源于希腊人等个别民族，而异教民族是落后的，而且是希腊等民族传播文明到全世界。一定程度上，西方学者所谓中国人是雅弗的后裔，东方文明是从西方传播来的等奇谈怪论，维柯就是始作俑者之一。其二是自然种族论，认为发祥于欧洲的民族由于自然与传统的先天优势，远比异教文明先进，这也是一种欧洲文明自然先进论。他的历史分期以《圣经》中的大洪水为历史起源，他对于中国及其他东方民族的自然历史全然不知，在第十一章《利用可证明大洪水的、属于最初民族的某些纹章》中，竟然说："自夸历史悠久的中国是用象形文字书写的，从而证明他们的起源不超过四千年前。"对于一位自认为是语言学家的学者来说，这是何等可笑的说法。难道维柯忘记了，埃及人同样是用象形文字的，其历史远长过希腊人，而且也早已超过四千年。更可笑的是他的永恒法律（leges aeternas），竟然认为民族状态的转变的标志是大洪水后产生的人类行为的转变与种族的繁衍：

> 392. 这里的一个例子是，引导一些男子从实行兽类媾合到实行人类性交的转变模式。
>
> 393. 最初发生这种变化的时间是在大洪水之后，天空向埃及人、希腊人和拉丁人猛掷雷电的时候。
>
> 394. 这种转变的本性是，父老因其特性而［同时］成为家庭状态中的哲人，祭司和君王。①

对于维柯的这种理论，我们没有必要多说，人类历史上可能存在过大洪水时期，无论西方或东方都有过类似看法，大禹治水的传说，六经中关于洪水的记载可以与《圣经》或其他神话互相证明。但是，大洪水并不能说明欧洲民族创造了唯一的洪水后文明，不能用一部《圣经》来平定天下。而且《圣经》中的大洪水是发生在美索不达米亚文明与安纳托利亚文明分布地区，与希腊人无关，这是无须说明的道理。从这一点而言，维柯是远落后于十九世纪的实证主义者了。其实早在十八世纪中期，孟德斯鸠就已经提出了这种实证主义观念，而在孔提亚克、圣伯甫和泰纳（Hippolyte Adolphe Taine）等人手中发展成一种征服了整个欧洲的学说。

如果说维柯的学说是依据《圣经》、神话与语言学，那么泰纳等人则是依据达尔文的进化论，泰纳所认为的影响文化的三大因素是"环境、时代和种族"。他这里所说的种族其实主要是指民族概念，各民族有自己独特的心理与性格，所有的文

---

① ［英］利昂·庞帕编译《维柯著作选》，陆晓禾译，商务印书馆1997年版，第214页。

化类型都是产生于这种自然的基础之上的，所以它是文化产生的土壤也是文化的表征。其实泰纳等人的理论的缺陷也迅速暴露出来，关键在于自然主义的观念是它的核心，但人类的历史文化毕竟不是植物史、动物史，如果我们能象剖析古动物化石一样研究人类文化，那就如同通过研究大理石的成分就可以知道雕塑的艺术成就一样简单。

（2）民族因素

我们所生活的地球目前分为五大洲与四大洋，地理状况千变万化。全球近 60 亿人口中相对集中地分布在东亚、南亚、东南亚、非洲尼罗河流域、欧洲、北美和日本。如果与公元前后相比，只有美洲的发现引起了美洲大陆的移民，其余地区没有大的变化。从地球的北纬 78 度到南纬 54 度之间，全都有人类居往。南极与北极地区仍然保持一种史前冰川地貌，高寒、生物稀少，植被也很罕见。所以南极基本上没有长期居住的民族，而北极地区也只有少数的民族。在极地生活的民族中，最为著名的是爱斯基摩人，他们在高寒地区所创造的独特文明一直是世人津津乐道的话题。其实，在世界其他地区，有着同样生活在极度艰苦自然条件下的民族，他们同样有绚丽多彩的文明，如生活在海拔最高的青藏高原的中国藏族，生活在非洲撒哈拉沙漠中、西伯利亚地区、非洲与南美的热带丛林中的原始居民等。

首先要说明的是，"民族"这个概念是有多种所指的，至少有两种用法最为普遍：其一，把一个国家称为一个"民族（nation）"，这是在世界范围内常见的说法。如法国被称为法兰西民族，德国被称为德意志民族等，把国家与民族等同，这样就混淆了民族与国家概念之间的界限。因为当代世界上几乎没有任何国家是单一民族的。

其二，最普遍的理解是，民族作为有共同生活方式、宗教信仰和心理特征的人类群体，这是一个常见的民族概念，它区别于通常所说的国家。我们在文明研究中，一般使用这一概念，这是要与以上民族概念相区别的。

世界民族总数无法逐一计算，在非洲地区，一个部落就是一个民族，甚至有自己的独特语言和生活方式。据估计，世界民族总数在 5000 以上。其中人口百万以上的民族却只有 300 个左右，而人口超过一亿的民族则只有 7 个。即汉族人口约 13 亿，主要分布于中国与东南亚地区，其侨民遍布世界。印度斯坦人，其总数约 3 亿，主要分布于印度和巴基斯坦等地，同时有广大的海外移民。美利坚人，总数近 2 亿，主要居住地是美国。孟加拉人总数约 1 亿 7 千万，以孟加拉国为主。俄罗斯人总数为 1 亿 5 千万左右，居住地主要在俄罗斯及原独联体国家。巴西人已经有 1 亿 4 千万之多，这个足球王国在美洲，已经成为除美国之外的人口大国了。日本人口约为 1 亿 2 千万，是亚洲人口最多的国家之一。这里我们没有把多民族的国家印度单独计算，除了中国之外，现在世界上人口最多、增长最快的国家就是印度。分布于世界各地的众多民族，共同创造了人类丰富多彩的文明。

从现实与历史来看，民族都是对文明发展产生重要影响的因素之一。这是由于，人类与其他物种之间有巨大的区别，人类是社会的动物，社会生活是人类精神的基本需求。希腊亚里士多德曾经把人称为政治动物，就从一个方面体现了人类的社会生活本质。自然与社会的条件从人类诞生起，就把人类分成了一定的群体。群体生活中所形成的民族，对于人类生活的各个层面都有决定性的意义。民族仍然是人类最重要的社会团体划分，近几个世纪中，民族主义思想一直是最有影响的思想运动，它的重要性越来越引起人们的注意。所以美国亨廷顿等西方学者基本上把民族与宗教认同，并且把民族作为区分文化与文明的最重要依据。

尽管如此，比较文明研究中仍然应当实事求是地评价民族的重要性。这一重要性完全鲜明地表现于从历史上就存在的民族汇融与交通，迄今为止的历史说明，文明民族中，没有一个民族是纯粹血统的，没有一个民族不曾经历过与异己民族的交流与互相影响。在所谓的"主体民族国家中"，这类国家中主要民族的人数占人口总数的三分之二以上。如欧洲的英国与法国，英国以英格兰人为主体民族，法国以法兰西人为主体民族，主体民族占人口的80%以上。亚洲的朝鲜与韩国，都是以朝鲜人为主体民族，占人口的99%以上。这一类国家在欧洲相对多一些，即使是所谓主体民族，其历史来源也是多种民族混融所形成的。而这类国家在亚洲与美洲都相对少一些，非洲则更少。其次，在所谓"混合型国家"中，民族更为多样，这一类国家中也有主体民族，但是只占人口的一半以上而在三分之二之下。这一类国家在亚洲比较多。在"多民族国家"中，主体民族只占人口的50%以下，其余则是各种民族。这一类国家在非洲是相当多的，在亚洲、美洲也大量存在。亚洲的印度就是一个多民族国家的典型，印度斯坦人是印度人数最多的民族，总数达到2亿多人，但他们只占全国人口的28%。毫不夸张地说，印度文明是多民族的创造，从婆罗门到穆斯林，多种信仰的多种民族共同创造了印度文明。非洲更是如此，一半非洲国家全都属于多民族国家。

基本上可以说，任何一个国家都是多民族的，任何一种文明也都是多民族所创造的。有的国家中，民族概念其实已经淡化，如美国这样的移民国家，它的民族来自世界各国，意大利、英格兰、爱尔兰、东欧各国、亚洲各国、非洲各国、南美各国几乎都有大量人口移民美国，他们的后裔中，各个民族的区分已经相对淡化。但是，从另一方面来说，美国的各民族一定程度上还保持有自己的民族习俗和特点，还没有形成一个真正的美国民族。但正是在这个国家中，却产生了混合各民族的美国文明，如果说《独立宣言》只属于来到美国的英格兰移民或是意大利移民，"肯德基"文化只属于墨西哥裔美国人，有谁能同意这种划分呢？

历史已经证明，恰恰是民族突破其固有界限时，才可能创造出最灿烂的文明。这就是当民族文明的特性显现出人类文明的真理，当民族的文明差异与世界的同一性产生辩证的和合时，这个民族最伟大的文明经典就可能涌现了。最有说明力的恰是西方文明的经典《荷马史诗》，希腊人以《荷马史诗》作为自己文明的象征，但古代希腊恰是多民族聚集的一些城邦，这也给后世的民族文明归属埋下了隐患。欧洲近代史上，一场"荷马故乡"的纷争曾在希腊、意大利甚至整个欧洲的范围里展开，众多的民族争先把荷马说成是自己的先祖，以说明希腊文明是本民族的文明创造，民族本位主义的心态使这位生前不得志的流浪艺人顿成了众多民族荣宗耀祖的目标。面对这种纷争，意大利人维柯不得不说："希腊各民族都争着夺取荷马故乡的光荣，都说荷马是他们那个地方的公民，理由就在于希腊各族人民自己就是荷马。"[①] 这并不是维柯有意折衷调和，而是这位文明学者高于常人之处。荷马是希腊各民族人民的荷马，如同屈原是中华民族的伟大诗人、莎士比亚是英国人民的戏剧家一样，他们所代表的民族精神与民族性格并不是一个单一部族或是地域的，而是具有全民族的、甚至是全人类共同的文明特性。中国古代《诗经》中有一句脍炙人口的名句："他人有心，予忖度之。"当世界处于一个后现代观念风靡一时、后现代主义

---

① 维柯：《新科学》，转引自伍蠡甫主编《西方文论选》上卷，上海译文出版社1979年版，第548页。

的民族"认证"（identity）被作为无所不包的文明观念时，我们从三千年前的中国古诗中所阐发的思想中，看到来自民间的文明心理学。"他人"是异于自我的，也是异于本部族或是部落的，甚至可能是异己民族。诗句的中心是强调不同集团或部族间的互相理解。当然，"他人"的思想绝不是古代中国人所独有的，我们已经指出，在古代东方其他民族诗歌中，可以发现同样的思想，甚至在创造了一神教的以色列人中间，也曾经存在过"他人的上帝"的思想。

马克思曾经说过这样的话：工业化是一本打开的心理学。我们则可以认为，全球化也正是一本打开的文明心理学，这是民族的心理学也是人类的心理学。它说明民族心理不是封闭的，而是可以交流的，因为人类有共同的心理本原。所以民族文明所基于的民族性、民族心理与民族性格，不只为文明特性而且为文明的普适性所存在。

从个人而言，"世界公民"可能是一个有意义的理想，当年从封建禁锢的地区来到法国大革命的故乡，卢梭向往自由的理想就曾经用这样一个词来表达——世界公民——一个超越民族国家界限的启蒙主义色彩极为浓重的概念。另外一位自称是"世界公民"的人则是马克思，他曾经对保尔·拉法格说："我是一个世界公民。"不幸的是，他仍然被巴黎所驱逐了，他终于离开了世界革命史上最重要的城市之一。可能正因为有这种心理，他对于历史上曾经被驱逐的伟人——意大利人但丁——情有独钟，所以《资本论》等书的题句，是这位诗人的诗句："走自己的路，让别人说去吧"；"在地狱的门口，这是要把一切犹豫不决都抛去的地方"。从这些充满忧患意识的诗句中，我们完全可以想象出，意大利人但丁因被那些"堕落了的佛洛伦萨人"放逐之后，再没回到过自己故国的情结。时代毕竟发展到了一种被称为全球化的阶段，与但丁、卢梭和马克思的时代已经不可同日而语了。世界变得更加宽容，民族之间的交往更加活跃，但是，一位德国当代学者哈贝马斯突然又发出了"世界公民"的呼声，赞同者中还有乌·贝克等人。哈贝马斯甚至还有一种"超越民族国家"的纲领，他认为："显然，只有把民族国家的社会福利国家职能转让给能够在一定程度上适应跨国经济的政治共同体，才在迄今的水平上履行这种职能。"①他们所提出的"世界公民大会"终于实现了，不过据说是由于几位法国哲学家努力的结果，特别是法国埃德加·莫兰与安娜·B·凯恩等人贡献最大。2001 年 12 月，在法国里尔，这个 1888 年曾经第一次响起"国际歌"的地方召开了第一届公民大会。这个会议提出的"人类责任宪章"，不过是哈贝马斯"超越民族国家"的通俗版②。

人间数百年，转瞬即逝，如果世界公民的先祖如卢梭等人得知，在法国里尔召开的世界公民大会的新章程，不知当作何感想，是喜还是忧？或是如毛泽东主席一首具有丰富想象力的诗中，描绘远离尘世的先烈与神仙们听到来自人间消息的心情：

> 忽报人间曾伏虎，泪飞顿作倾盆雨。

（3）文明的人类种族因素

不同的自然和社会环境中，生活着不同的民族，同时也产生形态各异的人类种族，这是一种社会现实。比较文明学研究中，种族关系是一个无可避免的内容。我们反对种族主义与种族歧视，但也要看到，长期以来由于各种错误观念的指引，有的人在学术研究中把种族问题作为禁区，也是一种违反科学规

---

① ［德］乌·贝克、哈贝马斯等著《全球化与政治》，王学东等译，中央编译出版社 2000 年版，第 78 页。

② 参见［中］乐黛云、［法］李比雄主编的《跨文化对话》，上海文化出版社 2002 年版，第 9 期，第 1 页到第 46 页。

律的做法。我们认为，正确的态度是承认种族差异存在的客观事实，以科学的态度和历史主义的观念来研究这一问题。

种族的概念经常被混用，有的学者把民族说成是种族，应当说这是不合适的，种族与民族是不同范畴，种族大于民族，同一种族中可以划分为不同的民族。瑞典生物学家林奈在《自然系统》（1735 年）一书中提出，人类是一个"种"（species），称为"智人种"（Homo sapiens），有四个亚种（subspecies）：欧洲白种人，亚洲黄种人，非洲黑种人和美洲红种人。

中国章太炎亦有一说："员舆以上，人种五，其色黄、白、黑、赤、流黄。画地州处，风教语言，勿能相通。"①

其余还有关于种族的多种划分标准，众说纷纭，很难统一。我们认为，关于人种的分类标准不宜过于琐细，有代表性的是联合国教科文组织所提出的三大种分类，这一分类法把现代人类划分为：蒙古人种，尼格罗人种和高加索人种。我们原则上依从联合国关于种族问题的划分，只作一个基本的分类，人类种族的形成其实没有太长的历史，估计从旧石器时代后期才初步形成。以后经过若干古代民族之间的长期交流，通婚，杂居，演变为现代人类。现代人类不是纯粹的划分，每一个种族之中都有其他种族的加入。

A. 高加索人种——"白种人"

高加索人种也就是欧罗巴人种，也就是所谓的"白种人"。这一人种是外来的，还是欧洲土生的，目前还没有定论。他们的人数占到世界人口的40%左右，他们骨骼比较粗大，最突出的特征是头颅形状前后狭长，与亚洲人的扁平形、非洲人的圆形不同，肤色多数浅，但也有深色，如印度人种中有相当多的

---

① 章太炎：《序种姓》（上），载刘梦溪主编《中国现代学术经典·章太炎卷》，河北教育出版社1996年版，第147页。

欧罗巴型，但肤色已经深得多了。这一人种一般头发柔软，多为黄、灰色，高鼻深目，口形扁，嘴唇平。低颧骨，面庞较窄，体毛多。但是如同其他种族一样，这并不是一个单一的种族，类与类之间的相差大，还可以具体划分为不同的类。欧洲是一个历史久远又相对开放的地区，早自旧石器时代起，就有无数古代民族在这里生活，彼此之间通婚与融合，所以人种复杂多样。

按照目前的人类起源说，人类是 200 万年前从非洲向东进发，先到亚洲，以后大约于 100 万年前至 70 万年前间到欧洲北部，但是这种说法一直没有得证明。19 世纪在欧洲相当多的地区发现了尼安德特人的遗骨，主要是在比利时、法国和德国有古人类发现，德国海德堡人是大约五十万年前的古人类，与中国北京猿人同期。西班牙北部阿塔皮尔卡发现的尼安德特人遗骨说明，这一人种身体高大，男性身高可以达到 2 米，体重平均达 65 公斤，很有可能这就是欧洲人类先祖。

它们分成两个大的分支，一个是巴尔干地区和高加索地区的人种，另一个是地中海的人种。以后随着地球的变暖，他们向北方挺进，在北欧地区又不断分化。在大西洋到波罗的海地区的北欧人外形特征比较突出，身材高大，肤色白，碧眼金发。法西斯主义的人种学家曾经把这种人标榜为最优秀的人种。而白海到波罗的海一带的人，则有与蒙古人种混血的现象，那些来自中部欧洲的人种则居于中间。从历史上看，这一人种早已经出现人种混融现象，如古代民族中的雅利安人、克尔特人等就已经开始与多种族混合，这些民族主要分布于欧洲的大部、北非、西亚和南亚等地。近代海上大发现之后，由于殖民主义发展，高加索人种的各民族迁居世界各地，海上许多原本没有欧洲人的岛屿逐渐被殖民者所占有，岛上的原住民或是被驱逐或是被同化或是混合起来。

B. 蒙古人种——"黄种人"

这一种族大多数居住于亚洲，有人称之为亚洲人种或是蒙古人种等，他们的先祖可能发源于中国与东南亚地区。他们人口也约占世界人口的40%，他们最典型的特征是黄色的皮肤，黑色的头发，头型扁平，身材中等，脸庞平，大多数人鼻子不高，眼珠黑色。他们的嘴唇比起高加索人种来要厚而且外翻一些，但与尼格罗人种相比又要薄而且向内。这一人类的先祖至少在五十万年前就在中国北京地区生活，北京猿人及山顶洞人、河套人、蓝田人等形成连续的文化，主要在中国、中亚地区、东亚与东南亚等地发现古代遗迹。以后有的部族通过白令海峡，来到美洲，成为印第安人的祖先。有的部族则进入到北极地区，这就是爱斯基人。有人将他们分为东亚、北亚与东南亚等三大分支，其实他们之间有最为亲密的关系，种族间分支与类型的混融是明显的。

除了中国之外，更早发现的直立人类是爪哇人，这也是目前已知的亚洲人类发源地之一，很可能这就是亚洲大陆主要人种的先祖。据考古学家裴文中研究，在旧石器时代初期，就是世界人类最古老的时代，中国出现了人类——"中国猿人"（Sinanthropus），其发现于中国北京西南约四十八公里周口店的一个山洞中，名为中国猿人北京种（Sinanthropus pekinensis），简称为"北京人"（Peking Man），他们的生活年代是四十万年前到数万年前。这一人种的特点之一是眉嵴（Torus supra – orbitalis）很突出，左右相连，嘴部向前突，额头低而且平，牙齿粗，齿根大，这是刚从猿类进化为人类的显著标志。中国猿人与爪哇直立猿人（Pithecanthropus erectus）、海德堡人（Homo heidelbergensis）、阿拉特人（Telanthropus）、南非特勒人（Telatnthropus）同属于旧石器时代的人类。其后发现的中国其他古代人类如河套人、丁村人等，完全可能是北京人的分支流脉。

这里我们顺便提及一场争论：北京人是不是蒙古种族？他们与爱斯基摩人等的关系如何？

北京人刚发现时，西方学者魏敦瑞就发表过一种看法，认为山顶洞人三个完整的头盖骨代表三个人种，其一是蒙古人种，与欧洲同时代的克鲁马努人有关。其二是与北极的爱斯基摩人有关。其三是与海岛民族的人种与南洋群岛的美拉尼西亚人有关。

中国考古学家经过研究否定了这种看法：

> 据头骨测量的结果，和解放后在中国发现的新人阶段化石相比较，这三个头骨都属于蒙古人种的范畴，具有若干原始性质，代表中国人民的祖先，决没有任何爱斯基摩人和美尼西亚人的特殊性质。看来，魏敦瑞的说法是没有根据的。[1]

笔者认为，中国考古学家的研究是可信的，北京猿人是中国人种也是蒙古人种的先祖，这是无可辩驳的事实。魏敦瑞及其他一些西方学者所说，中国猿人及蒙古人种是外来的，这种说法没有证据，相反，亚洲与中国的大量考古研究发现中国人是最古老的人种。这样，中国即蒙古人种的历史源流可以这样考虑，这一人种于旧石器时代早期，起源于中国大陆黄河长江流域，当时这里气候温润，物产丰富。以周口店地区为例，周口店地区是山地，温度与雨量适宜，有茂密的树林，林中的野猪、斑鹿、是刚从猿类分化出来的周口店人的最好食物。可能在山顶洞人之前，也就是在丁村人、河套人之前，周口店已经成为了中国猿人生活的地区。周口店河中有大量的鱼类，周围湖泊岸边，聚集成群的河狸、水牛等动物。这些自然资源构成了他们

---

① 裴文中：《旧石器时代之艺术》，商务印书馆 1999 年版，第 140 页。

所必需的生活条件。最初的人类在这种易于生存的地方产生，是完全合理的。

世界史证明，在古代文明产生之前，原始民族全都经过大量的迁移，一直到进入文明时代，特别是农业文明之后，才会定居下来，中国古代民族同样经过了大的迁移，他们大约分为四个大的方向：第一是草原方向，这就是向北迁移，进入了横贯欧洲和亚洲的大草原，大约在旧石器时代中期或后期就已经进入了这一地区。目前发现的最有代表性的就是河套文明，在内蒙古自治区伊克昭盟乌审旗萨拉乌苏河和宁夏回族自治区灵武县水洞沟遗址的发现，证明这是草原上最早的民族之一。完全可以肯定，从北京周口店等地向上行到蒙古草原，向西到吉尔吉斯草原，向东到西伯利亚，这一地区的民族可能有共同的祖先。

从阿尔泰山天山的古老地层与南方的喜马拉雅山的新崛起所形成的这一辽阔地带，众多的民族在这里角逐，铁蹄飞舞，其中占主要地位的仍是中国古代民族的后代，这就是突厥人、匈奴人、蒙古人、乃至到清代的女真人等。他们中有的民族到欧洲、亚洲定居下来，成为中欧、东欧、中亚的一些现代民族的祖先。

第二个方向是海洋方向，就是向东北进发，向东北亚沿海运动，穿过人类难以生存的西伯利亚地区，可能在冰封时期经过了白令海峡，进入北极地区，这些部族与以后的爱斯基摩人有关系。他们中的一部分到达美洲，定居于南北美，可能成为印第安文明、奥尔梅克文明的先祖。

第三个方向是向欧洲大陆，这是向西方的进发，即经过阿尔泰山、中亚沙漠，与这一地区的斯基泰等古代民族汇合。有人认为斯基泰人是雅利安种族，也有人认为是来自亚洲的中国蒙古种，其实最有可能的是两种人种的长期混合。这些人与下文所说的南下的另一部族生活于不同地区，他们以畜牧业为主，是游牧民族。而南下的部族较早进入农业文明。甚至这两种部族最早可能同行，中国西部的周民族先祖就曾经长期生活于中国北方地区。一般认为周与殷商是同一种族，笔者认为，也不排除这样一种可能，周人是中国古代民族中的一支，在民族迁徙中，从原居住的西部转向西北，以后又回到西部。《周本纪》所说的"公刘戎狄之间，复修后稷之业……"这是周人先祖生计方式再次从牧业向农业转变的说明，他们以前曾经是农业民族，后来从事游牧，终归于农业，这是一个农业民族经历迁徙的历史，诗经《公刘》等篇目就记述了这一过程。这一种变迁在古代民族中非常多见，古代希伯来人就曾经被迫在埃及长期生活，以后在摩西带领下走出埃及，定居于迦南地，这一历史过程与公刘率领自己的人民迁徙非常相似。在民族的流动中，由于生产方式的不同，产生了文明程度的差异，于是从事农业的夏商周先民与西域的游牧民族有来往也有战争，从诗经等古代文献的记录来看，恰证明了不同民族之间来往是相当密切的。

西域人与中原人之间的交往，是同一种族之间的来往。但也要注意到，由于中亚地区地处欧洲与亚洲之间，是多民族汇集的地区，所以就有多种文明的交流。波斯人的拜火教是最早传入中国的宗教之一，中国人最早知道的西方（古代的西方指印度等中国以西的地域，不同于现代西方）圣人并不是佛陀，而是波斯拜火教的琐罗阿斯德（Zoroaster）。据历史学家陈垣考证，自北魏南梁起，火祆教传入中国，其始谓之天神。《魏书》卷 101 记载，高昌国俗事天神；卷 102 记载，焉耆国俗事天神；《魏书》曰：波斯国俗事火神天神。这些记载都证明了古代文明之间的交流历史。

第四个方向是南中国海，他们向东南方运动，在中国大陆的东海、南海及沿海岛屿、东南亚地区定居下来。由于这一地区土地肥沃，宜于耕种，他们成为最早的农业民族之一，发展了中国古代文明。这一地区很早就与印度河流域、古代波斯人之间有交流。中国古代民族作为世界上最古老的民族，汉族、蒙古族、藏族、苗族、回族、高山族、维吾尔族等中国五十六个民族的祖先是同一种族。除此之外，这一地区从古代起有不同的其他分支，如匈奴人、通古斯人、鞑靼人等，所有这些人民族性格不同，生活习俗各异，但是从人种来说，都是同一人种——中国蒙古人种，他们有共同的祖先，起源于中国大陆的中国猿人。

黄河与长江流域的中国先民，他们是世界上最先进入文明时代的民族之一，早期来到中国的西方人对于中国人的文明程度惊诧不已，同时对于他们的种族也大加称赞，1515 年，葡萄牙人皮雷斯在奉献给国王的《东方诸国记》中说："中国人的皮肤人像我们一样白净。"这种赞扬以欧洲为自我中心，但对于这位葡萄牙人来说，这就是对于中国人的最高褒奖了。这也不是什么新鲜论调，其实早在他之前，来到中国的西方人就已经认为，中国人就是白种人。著名的传教士利玛窦也说过："中国人的皮肤是白色的；但在南方各省，因为是在靠近热带，有的人比较黑"。类以说法，不一而足①。中国人当然不会因为这些评价与高加索人种相认同，但重要的是，这是一种文明对于另一种文明的认同，其意义不在于人种，而在于东西方文明互相接触之后，所产生的认同机制，这是值得注意的。

C. 尼格罗人种——"黑种人"

尼格罗人种的大多居民历史上主要居住于非洲，所以有人

①　参见方汉文主编《往事中国丛书》的《丛书序言》，载［美］费兰控著《漫步中国》，曾建华等译，长江文艺出版社2002年版，第3页。

称之为非洲人，当代的尼格罗人则已经分布于世界各地，特别是由于美洲开发所引起的黑奴贩运，大量的非洲黑人被从故乡贩运到美国，成为美国最主要的少数族裔之一。历史上也有一小部分这一人种的民族分布于澳大利亚，但这些人种与非洲原住民有一些区别，所以也有人把它称为非洲－澳大利亚人种。非洲人是地球上最古老的居民之一，当代相当多的考古学家们认为，人类起源于非洲，现在世界的各种人，其实都是非洲人的后裔。人类共同的先祖是南方古猿，以后人类迁移到世界各地。虽然我们并不赞同这种"人类同一起源说"，但也认为，非洲是人类重要的发源地，目前从南方古猿到直立人、智人，非洲仍然是人类发展系列最为完全的地区，足可以证明，世界上最古老的民族曾经在这里生活。

在世界三大人种中，尼格罗人是为数最少的人种，他们人口占世界总人口的数量不足 20%。从形体来看，他们特征最为明显，他们身材高矮不均，大多数部族是中等以上身材，但也有相当矮的人种。这一人种皮肤呈黑色，毛发也是黑色，大多数人的头发自然蜷曲。男性一般不蓄长发，胡须与体毛不太浓密。面部特征明显，眼睛较大，低颧骨，面孔窄，低鼻而宽翼，嘴唇外翻而且厚。

非洲的农业文明是世界最早的人类文明形态之一，创造这种文明的人种就是黑种人。埃及人的象形文字记载中就有"伟大的尼格罗"，"他们不是白人和红人，而是尼格罗"，这是埃及人对于自己的称呼，这也是曾经有过光辉文明史的非洲的声音。从这里可以知道，现在被看做是具有侮辱意味的称呼"尼格罗"，在古代曾经是一种值得自豪的人种。如同中国被称为"支那"一样，由于历史语境的变化，以前并不具有褒贬意义的称名，会具有新的含义。关于非洲与其他民族的历史贡献，我们将在具体的文明史研究中，有详细论述。

三、文明的评价机制

对于文明基本条件的认识一直存在不同看法，在众多的看法中，相当重要的是三种决定论类型的观念，这三种观念分别与以上不同层次相适应。其一是实证论的文明观念，认为自然条件决定文明类型，这种看法有久远的历史，到十九世纪后，随着实证主义理论的兴起与人类学学科的发展，这种观念开始大流行，特别以法国孔提亚克、泰纳等的理论最为出名，可以看成是这一观念的代表。另外还有一些鲜为人知的学者，如德国的克莱姆（Gustav Frederich Klemm，1802 - 1867 年）就在其《普通文化学》（Allgemeine Kulturwissehschaft）、《人类普通文化学》（Allgemeine Kultur - Geschichte der Menschheit）等书中认为：地理等自然因素是直接影响人类文化的，人类文化主要有两大类，都与种族有关。一种是"主动种族"（active race），他们是欧洲民族，特点是能够主动创造文化，能够丰富固有的文化遗产。另一种则是被动种族（passive race），他们是些没有创造性的民族，只能模仿他人，受到别人影响。比如埃及人、印度人、芬兰人与蒙古人种的民族。而且人类文化进步也是由生产条件所决定的。人类社会分为三个阶段：第一是野蛮阶段，这个阶段中人类只能从自然得到食物，自己不能生产；第二是养殖阶段，人类生产力提高，畜牧业、农业的发展使人类社会能够生产自己所需要的产品。人类组成家庭与部族，树立神权权威，信仰宗教，发展语言文字，由此开始了文明社会。第三是自由阶段，这是文化发展的高级阶段，权威被推翻，个人追求自己的独立发展与自由。类似于格莱姆的理论举不胜举。这一类理论现在已经日渐式微。但是，并没有绝迹，有时还会变换形式，如中国文化研究中近年来曾经出现过一些说法，完全模仿了西方，提出所谓"海洋文化"与"大陆文化"、"蓝色文明"与"黄色文明"之间的对立，认为希腊是蓝色文明，有海洋文化特性，积极主动。而中国则是大陆文化，是产生于黄土地的黄色文明，缺乏进取精神与创造力等。其实都是这种理论的翻版，换汤不换药。

其二是民族主义的文明观，认为民族风俗、宗教信仰决定文明类型，如当代美国学者亨廷顿的"文明冲突论"，就是以其为理论基础的，亨廷顿判断文明价值的依据就是宗教信仰，他认为：

> 相当大的程度上，人类历史上的主要文明被确认为伟大的宗教。那些有共同的种族和语言，但宗教信仰不同的人们可能互相厮杀，如同当年在黎巴嫩、前南斯拉夫和南亚地区所发生的事实那样。[①]

这一判断过于偏颇，宗教是文明的重要因素，但不是决定因素。中国文明、埃及文明、印度文明和两河文明等古代主要文明的产生与发展几乎都不取决于它们的宗教因素，当它们产生时，所谓"伟大的宗教"全都没产生。而且同一宗教的民族之间并非没有战争，战争也不是完全因宗教而起。两次世界大战的对立阵营，全都不是以宗教为依据来划分的，"两伊战争"的双方在宗教上也并没有根本冲突。

最后一种即是把社会生产类型与历史阶段作为文明分析依据，如有人认为马克思主义是这种观念。这其实是一种误解，事实上，马克思从来没有依此来划分文明，这是对于马克思主义不理解所造成的误解。但是，确实有的学者以此来进行分析，这是一种来历久远的学派，早自德国十九世纪的社会文化学派就提出了这观念。先是拉弗哥尼－皮格尔享（M. V. Lavergne

---

[①] Samuel Huntington , The *Clash of Civilizations and the Remaking of World Order*, Simon & Schuster Inc, 1996, P. 42.

– Peguilhen）在《动能与生产原理》中论及，其他一些相当有影响的学者，影响较大的一些理论模式如黑格尔哲学，摩尔根的古代社会研究，当代学者托夫勒等人的"第×次浪潮"理论等，都可以从中看到格莱姆自然进化论的痕迹。虽然有的学说强调自然条件，有的则认为社会生产或是生产类型发展是主要作用方式。

　　从人类作为自然与社会的共同产物这一角度而言，人类的文明不可能脱离自然与社会基本条件的樊篱，除了地理气候种族民族等条件外，一定程度上，社会的物质生产水平、生产类型更是对于文明有重要的作用。但是，这种作用的层次是要明确的，它们也只能在其相应的层次上构成文明的重要因素。那么，是否这种因素就与文明的其他层次如宗教、社会制度与思维方式完全没有联系呢？当然不是，这正是我们所要反对的观念，因为我们提倡辩证思维方式与系统观念与此正是相对立的，文明的构成成分之间是一种互补性关系，一种差异性与同一性互相统一的关系。但这种关系又并不能说是决定论的，文明产生条件这一领域，我们更反对的是一种文明的"条件决定论"，这种决定论从自然与社会的条件出发，把文明看成一种被动的产物。庸俗"反映论"、机械唯物论、经济决定论都是最常见的理论框架。其原理往往是：物质生产的一定水平，决定了一个民族的文明发展；发达的经济与社会生产方式，会有与之相应的文明。比利时皮雷纳的《历史的潮流》一书中，从世界文明视域，把文明分成海洋文明与大陆文明两大类型，由于自然与历史条件的不同，有不同的发展道路。弗赖尔的《世界的开端》中，把世界历史划分为前工业社会、工业社会与后工业社会三大阶段，这样，人类文明创造完全被工业生产进程所决定。而且有价值的文明只有在工业文明的光辉照耀下，才可能形成。当代群众中，很有影响力的一个模式是所谓"第四次浪潮"模式，这种模式中，把人类文明进步完全看成是科学技术创造的成果，计算机、全球网络、信息技术对于文明又成为了决定性因素。如此之类的理论，在当代理论界如雨后春笋般冒出，从不间断。

没有一种物质因素能够完全左右文明的进程，也没有一种外在的因素能使得世界与一个民族的文明产生本质性的变化。条件只是产生文明的先在因素，而不是文明本身。从本体论来说，文明作为一个系统，它的因素是可以转换的，但是体系本身并不因之而瓦解。也就是说，只要体系存在，文明的差异性与同一性都是不能互换的。这就是最根本的原理说明。条件的不同，并不产生体系的相同或是不同，如果说有海洋文明与大陆文明，那么，希腊人与波斯人都是海洋文明的民族，可是两者之间的差异是多么大。希腊人自认为是城邦民主制度的典范，而把波斯人看成是东方专制主义。同样是面临蓝色的大海，一个是地中海，一个是波斯湾与阿曼湾，两个民族的命运却是如此不同，如何解释呢？如果真有所谓的海洋文明，那么康德所说的，那些生活在塔希提岛上的居民们，当然早就是海洋民族了，为什么全然没有希腊人所崇拜的"冒险精神"，反而成为殖民主义者的目标呢？

如果一种社会生产的类型，或是科技的发明就能决定一个民族文明的性质，那么，日本人从明治维新以来就引进了西方科学，日本社会成为一个工业化甚至后工业化社会。但是，日本民族文明却并没有完全西方化。原因只能是，文明体系不会因其条件的变化而完全丧失功能，甚至造成体系的崩溃。文明体系是一种相对稳定的存在，美国人类学家鲁思·本尼迪克特（Ruth Benedict）的成功之处就是在于，她看到了日本文明的一种体系性存在，这种体系的总体构成并不会随着日本社会的工业化而丧失殆尽。本尼迪克特指出：

我开始明白，为什么对某些急剧变化的行为，日本人却认为是完整一贯的体系中的组成部分。我能试图说明原因了。我和日本人一起工作就发现，他们最初使用的那些奇特词句和概念，一变而为具有重大含义，并充满长年积蓄的情感。同西方所了解的道德观、罪恶观有着巨大的差异。而他们的体系则是独特的，既不是佛教的，也不是儒教的，而是日本式的——包括日本的长处和缺点。①

这位美国学者没有详细论说，但这是一个事实。日本文明长期以来受到中国儒学的影响，以后又从中国接受了佛学，近代以来接受西方科学民主思想。但是，日本本土文明体系仍然是居于核心地位的，它并没有因此而发生改变。其他民族的文明也是同样，作为一个系统来说，它有一个核心，这个核心是它的理性精神，它所特有的思维方式与实践形态，它们并不是绝对的不变，但它们具有相对的稳定性。这种稳定性不是僵死的，恰恰相反，它们的核心是活的，具有与其他文明成份互相交换的能力，并能通过这种交换作用，使得本民族文明保持活力，所以它的稳定性恰是来自它的动力作用。西方学者如德国的赫尔德等人就不理解民族文明的辩证性，把一种文明的核心看成是拒斥外部世界的，是僵死不变的，这种看法当然是错误的了。

1. 文明的社会机制

我们已经指出，关于文明的三个层次历来有不同的评价，除了对第一个层次即文明的基本条件的评价之外，最重要的是对第二层次即文明的政治机制和第三个层次即文明的精神价值的评价。这样，对文明的评价其实包括两个大的方面，也是两

① ［美］鲁思·本尼迪克特：《菊与刀》，吕万和等译，商务印书馆2002年版，第14页。

个相关联的层次。第一个是社会政治构成，如国家的政体，社会制度、道德、法律、伦理观念层次，这一层次其实是文明的社会实践，是一种中介性质的划分。第二个是社会意识成分，如宗教信仰、语言文字、科学技术、艺术与文学等。这一领域主要是社会生活中与人类精神生活直接相关的方面，简单来说，前者是与社会生活的经济关系相对紧密。后者则是与社会的意识形态关系更直接一些。重要的是，这两大层次是不能分离开的，如同文明的其他层次一样，它们有一定的统一性。

社会制度包括社会的经济制度与政治制度，在现实生活中，它的意义更为广泛，甚至把国家体制与政治体制也包括在一起。在文明研究中，人们往往总称社会制度，虽然是一个比较宽泛的概念，基本上可以说明人类社会的基本构成，所以我们经常用这一概念。但是并不意味着这种概括是对的，例如"一国两制"问题，社会主义市场经济问题的出现，都给我们提出了新的课题。

从文明角度研究社会机制，最常见的错误恰恰有两种，就是分别从社会机制的政治角度与意识角度来概括社会，我们对于这两类有代表性的模式进行简单分析。

2. 社会政治经济决定论：黑格尔（Georg Wilbelm Friedrich Hegel）—弗里德里克·杰姆逊（Frederich Jameson）

第一种是把文明研究变成了社会制度的研究，就是把社会制度的政治经济因素构成如国家政体、法律、道德伦理、经济类型等作为社会机制研究的主要内容。这种研究从西方启蒙主义者起到当代的西方马克思主义一直是最常见的，在中国学者中也有较大影响，从新文化运动到 50 年代中国历史分期研究中，这种研究方法都是主导类型。在世界范围里，我们以两位有影响的代表人物黑格尔与当代西方马克思主义理论家弗里德里克·杰姆逊的理论作为标本，来展示这种观念的基本特征。

社会政治观念的早期代表人物之一是黑格尔，黑格尔虽然自认为是一种历史哲学的研究，但其中相当多的成分是政治观念。黑格尔把一切作为主体意识显现的过程，但是，这一主体意识却并不是超现实的，所以这一过程莫名其妙地与社会政治产生了瓜葛。在这个基础上，他提出了自己的三种政体理论。他认为：

> 世界历史从"东方"到"西方"，因为欧洲绝对地是历史的终点，亚洲是起点。世界的历史只有一个东方 κατ ἐξχήν（"东方"这个名词的本身是一个完全相对的东西）；因为地球虽然是圆的，历史并不围绕它转动，相反地，历史是有一个决定的"东方"，就是亚细亚。那个外界的物质的太阳便在这里升起，而在西方沉没那自觉的太阳也是在这里升起，散播一种更为高贵的光明。世界历史就是使未经管束的天然的意志服从普遍的原则，并且达到主观的自由的训练。东方从古到今知道只有"一个"是自由的；希腊和罗马世界知道"有些"是自由的；日耳曼世界知道"全体"是自由的。所以我们从历史上看到第一种形式是专制政体，第二种是民主政体和贵族政体，第三种是君主政体。①

这纯粹是"老黑格尔"的自欺欺人之谈了。什么是这三种政体的划分标准？可以说是没有任何标准，全凭他自己的想象。世界历史上政体形态多样，黑格尔的分类可以说是挂一漏万，而且充满偏见。埃及法老政治为什么不如雅典元老院制度？后者可以知道"有些"，前者因何就不能？这不是东方偏见又是什

---

① 黑格尔：《历史哲学》，王造时译，上海书店出版社1999年版，第110－111页。

么？更奇怪的是，中国被当成专制制度的代表，而且远远落后于德国。中国只有一个人是自由的，而日耳曼则全体是自由的。这当然与事实不符，特别是这种认识方法缺乏历史观念。笔者要指出的是，西方历史学家及部分中国历史学家忘记了这样一个事实：世界史上最早的民主制度是产生在东方的，产生在两河流域与中国。两河流域的军事民主制度与中国古代史上的"禅让制"其实就是最早的政治民主制度。也就是说，中国至少早在公元前4千年前就已经有了最初的民主制度。

从夏商周三代开始，中国社会进入了国家形态。在此之前，原始社会后期，部族的联盟是主要社会形态之一。部族联盟的社会制度中，相当重要的权力分配制度就是禅让制，而禅让其实就是一种民主选举。《尚书·尧典》曰：

> 帝（尧）曰："咨。四岳。朕在位七十载，汝能庸命巽朕位。"岳曰："否德忝帝位。"曰"明明扬侧陋"。锡帝曰："有鳏在下，曰虞舜。"①

毫无疑问，这是一则世界上最早的部落联盟首领民主选举的记载。当然，并不是部落成员的直接选举，而是通过部落首领主持的选举。四岳就是各部落的酋长，尧作为部落联盟的原有首领，在他的主持下，选出了舜作为新一代首领。而且这是一个制度，并不只是尧一代实行。《尚书·舜典》记载舜以后仿效尧的行为，主持部落酋长会议，选举出了新的首领——禹。我们从《史记·夏本纪》中可知，禹也是忠实执行了民主选举制度的，在他主持下，选出皋陶，在皋陶死后，又选出了益。据郭沫若考据，尧舜禹三代的传承与西印度的二头盟主是相同的。无论如何，这是一种古代民主选举制度。

与此相比，日耳曼人的社会制度典型形态是封建专制，关

---

① 《十三经注疏》上册，中华书局影印本1980年版，第123页。

于这一点，马克思在《政治经济学批判·序言》中就已经对于社会经济形态进行了基本分类，他认为："大体说来，亚细亚的、古代的、封建的和现代资产阶级的生产方式可以看做是社会经济形态演进的几个时代。"① 而且，马克思特别把日耳曼的社会形态作为封建社会的代表，他谈到日耳曼的生产制度时指出："在这种所有制形式下，公社成员本身既不像在东方特有形式下那样是公共财产的共有者，也不像罗马的、希腊的（简言之，古典古代的）形式下那样……"② 十分明显，与东方亚细亚相比，封建的日耳曼社会才是真正的专制，至少东方社会还有公共财产，备受黑格尔赞颂的日耳曼社会却连这一点也没有。

而且黑格尔的政治观念还使得他忽略了基本的逻辑，三类制度划分中竟然把专制、民主与贵族和君主制三种并列，他竟然忘记了君主制度也是一种专制。这种赞颂方式其实不过是臭名昭著的"大日耳曼主义"精神导致的一种错乱，这种错乱早已经在恩格斯《家庭、私有制和国家的起源》一书的"德意志人国家的形成"一章中，得到了彻底揭露。所有黑格尔赞美的东西，恰恰是文明进步的对立面。古代罗马人对于日耳曼人评价不高，塔西陀《历史》中就把日耳曼人与达奇人看成是"从来不可靠"的民族。罗马帝国衰落之际，日耳曼人利用这一时机，建立了自己的民族国家，其意义并不在于政治制度的先进，而只是欧洲现代民族（moderne Ntionalitäten）的出现，但德意志民族的社会形态刚好是落后的、野蛮的。无论如何，历史学家从来都是客观地评价了日耳曼人在罗马社会末期的历史贡献，使欧洲变得"有了生气"，以采邑制度和依附制度进入到封建

---

① 《马克思恩格斯选集》，人民出版社 1972 年版，第 83 页。

② 《马克思恩格斯全集》上册，第 46 卷，人民出版社 1979 年版，第 477 - 478 页。

制度而告终。黑格尔等人没有自知之明，极力鼓吹一种并不存在的日耳曼精神贡献，这种沙文主义的自我吹嘘早已经被人揭露过，恩格斯曾经指出：

> 然而，德意志人究竟是用了什么灵丹妙药，给垂死的欧洲注入了新的生命力呢？是不是像我们的沙文主义的历史编纂学所虚构的那样，德意志种族天生有一种特别的魔力呢？绝不是。德意志人，尤其在当时，是一个天资高的雅利安部落，并且正处在生机勃勃的发展中。但是使欧洲返老还童的，并不是他们的特殊的民族特点，而只是他们的野蛮状态，他们的氏族制度而已。①

这对于黑格尔，也对于任何民族自我中心主义者都是一贴清凉剂，这才是一种世界公民的坦荡胸怀与坚持真理的态度。

如果把氏族社会和农民保持制度即所谓的依附制说成是高级社会制度，那么，中国人甚至印度人都会让日耳曼人难望其项背。公元前十一世纪时，氏族社会为主体的西周战胜了奴隶制的殷商，相似于日耳曼人战胜罗马人，只不过时间上早了近1500年左右。西周氏族社会经济体制与日耳曼人也十分相近。西周土地是采邑制，领主为大邑，农夫为小邑，土地为井田，并且有公田。到东周时期，土地兼并严重，农民沦为依附者，封建社会特征更加明显。东方民族的社会制度与西方有所不同，这就是马克思所说的东方文明特征。但是，无论哪一种封建制度都不是理想社会的模式，日耳曼如此，中国西周同样。如果说黑格尔理论对于我们有启示作用，那么，克服民族中心与沙文主义，这是我们从黑格尔理论中得到的直接启示之一。

第二种是对社会机制作出新的解释，这一领域里新的思想大量涌现，人们从各个方面来重新阐释社会经济、政治制度对

---

① 《马克思恩格斯选集》第 4 卷，人民出版社 1995 年版，第 156 页。

于社会的决定性作用，多种新的学说形成，新的解释模式产生。其中有相当影响的如精神分析模式、文化唯物论模式、存在主义模式等，不能一一论及。无论方法如何多样，仍然是以社会的经济与政治制度为依据。我们以其中最有代表性的杰姆逊的"精神分析马克思主义"社会文化研究来做一个说明，以期举一反三。杰姆逊列出过一个社会历史发展的简表：

马克思：（生产方式）

原始社会—亚细亚生产方式—封建主义—资本主义—社会主义—共产主义

摩根：（《古代社会》）

蒙昧时代—野蛮时代—文明时代

德鲁兹：（后结构主义）

符码化—超符码化—解符码化（再符码化）

然后，杰姆逊对自己的公式进行理论阐释，他说道：

> 最后，我想以弗洛伊德的精神分析法对无意识的认识为原理提出一个对生产方式进行研究的方法。我们知道，弗洛伊德认为无意识是永恒的、无时间的，儿童时代的各种欲望以及遭受的创伤在后来的生活中也会通各种途径表达出来，特别是通过梦来表现。我们似乎可以从这个角度对生产方式进行考察，可以说所有的生产方式都在一个社会结构中留下痕迹，都有其积淀。正如弗洛伊德对梦的分析中有一个同心圆（这以后我们再专门讲），在生产方式的发展中，也可以看到这个同心圆的作用。……我认为在每一现存的生产方式里，例如法国资本主义中，总是留有以前各种、各阶段生产方式的踪迹。①

---

① ［美］弗里德里克·杰姆逊：《后现代主义与文化理论——杰姆逊教授讲演录》，唐小兵译，陕西师范大学出版社1986年版，第22－24页。

明眼人一看便知，正如杰姆逊教授本人所承认的那样，这种理论的模式是一种"精神分析马克思主义"，因为其原理基本是来自马克思与弗洛伊德。说其"基本上"，是因为对于两个人的学说都是似是而非的理解，这也可能是后现代主义理论家的通病吧。马克思恩格斯关于人类社会生产形式变革的理论中曾经反复强调，社会生产的形式具有历史的遗存性，社会生产的变革是一个历史过程，经济基础有相对稳定性，熟悉马克思著作的人都明白这一点。而弗洛伊德精神分析中关于梦的形成过程的"同心圆"的说法则显得不伦不类，如果用精神分析的类似原理，笔者认为杰姆逊的说法更近似于荣格（Carl Gustav Jung）关于社会文化的理论，这是一种将精神分析运用于社会历史发展研究的学说，而与弗洛伊德梦的形成的原理是风马牛不相及的。关于精神分析学在西方文明发展中的运用，笔者曾经指出弗洛伊德学说的一个致命弱点，一个学术思想上的阿喀琉斯脚踵：把个体心理与社会心理混为一谈。梦，是个体心理现象，它的心理分析只适于个体而不可能运用于社会心理。人类社会的理想、愿望与个体的欲望（desire）之间没有共同性，个人无意识会成为梦，而社会永远不会有无意识之梦。弗洛伊德有一句话令人啼笑皆非："情绪联系本质上还是一种力比度关系。"泛性欲化的理论没有根据，这是人所共知的了。笔者愿意再一次引用法国杰出的理论家塞弗（L. Seve）的一段话："使人类行为生物化，其本身也就要求否定人类行为在根本上所带有的历史性质，也就是要求相信人的本质就其基础而言是永不改变的。"① 但愿杰姆逊不主张人类返回到原始社会或是更为久远的猿类去，因为在那样的时代，才可能有这种个性心理

---

① 参见方汉文《西方文艺心理学史》，陕西人民出版社 1999 年版，第 385 页的有关论述，塞弗的论述引自《马克思主义对心理分析学说的批判》，金初高译，商务印书馆 1985 年版，第 173 页。

的无意识遗传行为影响到集体行为。

当然，我们顺便还要涉及最后一个问题，是不是马克思就不曾注意到社会生产的历史遗传性？

这个问题其实过于简单，只需指出这样一个事实就足以令人关注。近年来，马克思《路易·波拿巴的雾月十八日》突然在西方理论界走红，被大批后现代主义者们奉为圭臬。这一现象的原因虽然很复杂，但是历史主义观念与文明研究在西方重新崛起，不能不说是重要原因。经历了结构主义、语言学转向等风潮之后，文化唯物论与新历史主义再度将学术界的目光吸引向历史文化。而马克思这篇文章中有一个引人注意的地方，就是具有一种历史文化视域。在这种历史背景下，如果我们要知道杰姆逊等人理论的实质，只需认真阅读马克思《路易·波拿巴的雾月十八日》开头的一段话：

> 人们自己创造自己的历史，但是他们并不是随心所欲地创造，并不是在他们自己选定的条件下创造，而是在直接碰到的、既定的、从过去承继下来的条件下创造。一切已死的先辈们的传统，象梦魇一样纠缠着活人的头脑。①

这可能是对于杰姆逊理论最适当的提示了，作为一种阐释的理论，无论它循环与否，其价值总是存在的。由于这段论述是如此的简洁明了，我们无须再赘一词。

3. 社会意识决定论：哈贝马斯（Jürgen Habermas）—亨廷顿

与上文所说把社会生产等看成是中心相反，有的理论是把社会机制的研究变成了以宗教或是语言等为中心的文化研究，

---

① 《马克思恩格斯选集》第 1 卷，人民出版社 1995 年版，第 585 页。

从而将社会意识作为社会机制的主体，并把它作为文化的决定性因素。从理论形态来看，这也是一种决定论。正像社会机制决定论一样，社会意识的文化理论同样复杂纷纭，我们仍然选取其中最有代表性的两种学说作为样板，来分析这种社会意识决定论的本质。第一种是所谓的语言决定论，它在文化与社会理论方面真正有代表性的并不是索绪尔语言学，也不是法国结构主义理论家拉康、列维－斯特劳斯、福柯或是德里达，对其作出全面理论阐释的是德国法兰克福学派的第二代理论家——哈贝马斯；第二种是宗教决定论，其代表人物是亨廷顿。

语言在社会文化中的作用历来受到人们的重视，从古代希腊哲人亚里士多德、柏拉图，中国的庄子、墨子等，都对于语言的文化性质和作用有过精辟的论述。但是，语言真正在比较文明研究中引起重视，应当说是两次大的历史潮流。第一次是十九世纪欧洲的比较语言学等学科的产生，出现了德国语言学家威廉·冯·洪堡特（Wilhelm von Humboldt），《格林童话》的作者、著名的童话作家与语言学家格林兄弟和主要从事印度－欧洲语言研究的比较历史语言学家葆朴等人。历史从来是鱼龙混杂，泥沙俱下，而且正像希腊哲人所言：轻扬者易浮其上，沉重者易落其下。洪堡特所进行的比较语言研究（das vergleichende Sprachstudium）长期以来不为世人所重视，而与其同时并且有一定联系的历史比较语言学却大行其道，甚至马克思恩格斯在晚年著作中多次提到历史比较语言学，并且尝试着使用这一方法。其实洪堡的比较语言研究与历史比较语言学大相异趣，他所进行的毋宁是一种"比较文明学"的语言学分支。洪堡特的观点可以说是与赫尔德等人互相应合，他认为，语言对于一个民族和个人的思维方式与世界观有决定性作用，所以也就对于一种文明的形成发展举足轻重。在《论人类语言结构的差异及其对人类精神发展的影响》一书中，他明确指出：人类的历史其实是一种精神观念实现的过程，其动力与目的是一致的。因此，语言只是精神的表现形式，它从精神出发而又反作用于精神。语言是人与世界之间的联结者，由于它的活动就是记录人对世界的看法及经验，并且进行重组。在这一过程中，语言变为自立，于是形成一种独立的"世界观"。但是，这种世界观并不是决定性的力量，决定性的力量是人的精神而不是语言。这是我们一定要明确的地方，现在许多人错把洪堡特说成是"语言决定论者"确实是冤枉了他。不过，要说他是后世的语言决定论者的先驱，是有道理的。尽管他本人没有这种主张，而其理论所给人的影响却与他的初衷相背离。特别是并世与后世的一些学者如语言学家沃尔夫、哲学家卡西列等人在语言与文明关系上的大力渲染，人们容易追根溯源，把语言决定论的帽子扣在洪堡特的头上。

第二次潮流是发生在二十世纪的"语言学转向"，从形式上看，语言学转向主要是发生于社会科学研究领域里的方法论变化，但实际上有的西方学者把它看成一种文化转向，一种涉及人类社会的思维方式的转向，而且已经把社会机制变成了语言变迁的产物。这一阵营非常强大：英国分析哲学、奥地利的维也纳学派、德国现象学、阐释学，结构主义、解构主义、女权主义和少数族裔批评等纷纷加入，有人称之为"语言飓风"，意指其席卷一切。这一转向的社会效应是无可怀疑的，仅从其社会流行语言就可以看出，包括我们所使用的"言语"、"话语"、"文本"、"结构"等等，无不源出其中。可能是西方理论界自马克思主义、精神分析之后创造时代语汇最多的潮流之一。以上种种使我们不能不提到这一思想潮流。在这场洪流中，德国哲学家哈贝马斯不耐寂寞，成为了语言学转向思想研究的弄潮儿。哈贝马斯在人们印象中是"晦涩哲人"式的学者，竟然成为流行思想的辩护者，其实是无独有偶，60年代后期欧洲激进学生运动中，法兰克福学派的第一代哲学家马尔库塞走出书房，充当了学生运动的辩护哲学家，写下了《论解放》等著作，提出新感性理论，认为当时的斗争是"一代崭新的生活方式与形式，目的在于否定整个现有体制，否定现在的道德和文化"。哈贝马斯则提出了一种语言中心论的社会思想发展模式，既否定唯心主义，也否定唯物主义，改变决定论的模式，这就是语言认识论。他认为：

> 20世纪人文科学领域里发生的最重要的变化，就是"语言学转向"（die linguistische Wende）。……"语言学转向"是人文科学领域里发生的影响最大、最激进的范型的改变。正是由于这一改变，从古代希腊以来的人文科学的基础受到了怀疑，人类把握世界的方式也发生了根本性的改变。①

这一范型转换被置于认识论的历史背景下，他认为在古代社会中，人们关注的是存在的本质，是一种本体论的思维。本体论思维中只有客体而没有主体。因此，在中世纪转向了主客体关系，人类主体进入认识领域，研究主客体之间关系即是认识论。认识论是一种意识哲学，因为它是建立在一种同一性思维之上的。这里哈贝马斯显然是受到黑格尔逻辑学影响，把认识根源定位于世界的同一性，"同一性"也就是我们现在所说的 identity。认识原则是理性，方法是把世界多样性抽象为整体中的部分，变成了一种差异与同一性关系。而且这种关系又通过自我复制，重新变为一种有序的多样性。意识哲学的主客体分裂必然产生了唯心论与唯物论之间的对立。这种对立却有一个共同点：就是把意识作为认识世界的保证。有人可能怀疑，唯心论是以意识作为认识世界的保证，从其理论性质来说，这是必然

---

① 哈贝马斯《语言学转向》，《文本与阐释理论》，慕尼黑1993年版，第96页，此处参考章国锋先生的译文，并参照英文译本做了改动。

的。但是为什么说唯物论也是如此呢？哈贝马斯解释说，唯物论认为认识是一种对于世界的"反映"，这种反映被说成是真理或规律，归根结底仍然是意识哲学。所以唯物论与唯心论本质上没有区别，全都是意识哲学。只有语言转向才是革命性转折，把哲学根本问题从意识与世界之间的关系变成了语言与世界的关系。这一转变消除了原有的意识哲学所具有的先验主体性，因为意识是产生于先验主体的。而在语言转向之后，世界是言说的产物，现在人们所面对的是语言与存在。不是我思故我在，而是我言故我在。因为意识必须依靠语言才能成为现实。正是在这里，哈贝马斯利用并同时解构了胡塞尔的现象学。在胡塞尔现象学中，"意义"被认为是哲学的根本问题，意义是通过语言表达的。但又并不是语言，意义只是一种"意向性"（intention）。而意向性其实分为两个部分，第一个是"表达前意向"（vorausdrückliche intention），第二个是"意向投射性"（intentionale Projektion）。这两个部分与传统的"意义"理论是不同的，它是把意义变成了表达，也就是以语言来取代了意义。应当说这是胡塞尔的贡献。但是哈贝马斯对此仍不满意，他认为胡塞尔仍然是将意义视为先验于语言的。而在他看来，事实相反，恰恰是语言先于意义。这样，世界的意义产生于语言，无语言则无意义。

如何评价哈贝马斯的语言意义观？

笔者曾经就意向性作过解释，事情要从古代希腊哲学说起。希腊哲学的中心是"存在"，对于存在就已经有不同的理解。一种是赫拉克利特的感性世界，这个世界是永恒的、不断生成和变化的世界，这个世界是绝对存在的。另一种巴曼尼德斯的世界则是思想的世界，思想所存在于不是具体的事物，而是事物的共性，也就是所谓"类"的特性。古代哲学家们都关注"类"，中国墨经中的"类"与巴曼尼德斯是基本一致的。柏拉

图的存在就是理念、是超验的存在，柏拉图曾经说过，事实的
存在可以在三个层次上得到体现：第一是绝对意义上的理念
（eidos）；第二是实物的层次；第三是艺术摹仿的层次。而只有
理念的意义才是真正的意义。可以说，古希腊人的"意义"概
念是直观的，虽然有形而上学的性质，但是并不形成所谓"意
向性"。意向性是在浪漫主义之后才成为重要概念的，原因是
浪漫主义者强调主体作用，这样就对主体意向与事物本身之间
的意义有了区分，从而客观上使得意向性概念突出。经过胡塞
尔现象学、伽达默尔解释学、海德格尔关于语言与存在意向等
流派的研究，意向性与意义、语言之间的关系才真正引起了
注意。

　　能否说语言先于意义呢？笔者认为这并不是问题的关键，
语言与意识谁先谁后，从古代希腊起到后现代主义，争论两
千多年，至今没有结论。但其中有启发的是这样一个事实，
皮亚杰与精神分析关于儿童心理学的研究与人类文化学中关
于原始民族语言的研究都证明，语言与意义的发生是密切相
关的，但并不是说就是完全同一的。现在认为语言先于意识
或是意义的发生，至少还没有科学上的证明。尽管胡塞尔等
人从哲学角度有相当的猜想，但无法有确切的证明。事实上，
没有语言的个体是有意识而且有意义表达方式的，这是无可
辩驳的现实，聋哑人没有语言但有意义表达，一些原始民族
可能没有发达的语言系统，但是可以有相当发达的意识。儿
童在前语言阶段就有意识的萌生，这也是众所周知的。皮亚
杰对此有过解释：

　　　　我们不能仅仅用语言交往来说明这些特点，因为聋哑
　　儿童，虽然由于缺乏适当的社会性刺激而与正常儿童相比
　　是落后的，可是事实证明他们有同正常儿童相似的认知结
　　构。所以在概念工具的加工制作过程中出现的这个基本转

折点，不能只归因于语言，而应一般地归因于符号功能，产生这种功能的根源则是在发展中的模仿行为——这是最接近表象作用的感知运动形式的行为，但却以动作的形式表现出来。[①]

换句话说，有行为就有意识，有思维就有意识，语言产生于其后，语言在意识发展到一定阶段才可能具有。如果把这一观念运用于人类社会发展史，应当说语言文字是人类社会一定社会阶段的产物，尽管语言发生可能很早。其实关键并不在于语言与意识孰先孰后，而在于语言不可能完全取代意识，语言不可能决定社会认识方式，如果那样，我们只需要区分英语认识论、汉语认识论、斯拉夫语认识论、突厥语认识论。目前世界至少存在 3000 种以上的语言，如此多的认识论令人目不暇接，可能也就没有认识论的意义了。当然，这并不是说语言与认识无关，只是说，语言无法决定认识。

其实哈贝马斯的理论并不高明，至少很难系统说明社会文明的构成因素与相互关系。他关于社会文明决定性因素中，宗教同样有重要地位。这方面他又与当代美国学者亨廷顿达成了共识。我们上文中已经说过，亨廷顿关于社会文明的观念很明确，他认为在文明诸因素中，宗教信仰是决定性的因素。他把当代世界划分为七种主要文明：中华（Sinic）文明、日本文明、印度（Hindu）文明、伊斯兰文明，西方文明，拉丁美洲文明，非洲文明。这看起来是根据地域划分的文明，但他又强调宗教是主要因素："宗教是界定文明的一个主要特征，正如克里斯托弗·道森所说：'伟大的宗教是伟大的文明赖以建立的基础。'在韦伯提出的五个'世界性的宗教'中，有四个

----

① 皮亚杰：《发生认识论原理》，王宪佃等译，商务印书馆 1981 年版，第 30 页。

——基督教、伊斯兰教、印度教和儒教与主要的文明结合在一起。"① 亨廷顿不是真正的历史学家,所以他虽然强调宗教在文明中的作用,但是对于文明的历史发展,社会的历史发展却又没有明确的认识。他所提出的只是一个文明间关系的历史阶段划分,我们简要把这一划分归结如下:

第一阶段是公元 1500 年前——文明遭遇阶段,从新石器时代起的文明起源,但文明之间的联系不多。安第斯文明和中美洲文明与其他文明之间几乎没有联系,尼罗河流域、印度河流域、底格里斯河和幼发拉底河流域,以及黄河流域文明之间"维持最微小的联系"。虽然也有文明间的战争,但主要是文明内部的交通贸易与斗争。

第二阶段从公元 1500 年到 1910 年,以西方兴起为主要标志。到 1500 年,欧洲进行了文艺复兴,社会多元主义,扩大商业和技术,从而开始一个全球政治新纪元。经过几个世纪的扩张,"安第斯文明与中美洲文明被有效地消灭了",印度文明和伊斯兰文明、非洲文明被征服,中国受到影响,只有俄、日和埃塞俄比亚三个帝国统治的文明保持独立。

第三个阶段从 1920 年起,世界走向多元化,西方文明对于世界的支配作用消失,世界走向多文明的体系。西方文明所特有的威斯特伐利亚条约所造成的政治与国际政治的分离原则,被以宗教为主体的文明冲突所替代。

我们再回头来看哈贝马斯的文明历史演进论,就不难明白他与亨廷顿的一致之处了。哈贝马斯在他的主要著作《交往行动理论》中也列出一个表格,说明世界文明之间的关系,不过在哈贝马斯的理论中,把"宗教"换成了"世界观",但是观

---

① Samuel P. Huntington, *Clash of Civilizations and the Remaking of World Order* Simon & Schuster Inc. 1996, P. 47.

察的视域却没有变化①：

图 7. 各种世界观合理化的潜力

合理化潜力＼合理化方面	高	低	
伦理学的	统治世界：犹太教基督教	逃遁世界印度教	拯救宗教
认识论的	世界直观希腊哲学	适应世界儒教	宇宙起源学形而上学世界观
	西方国家	东方国家	

哈贝马斯也画出了粗线条的社会发展历史略图，他主要参考了马克斯·韦伯的资本主义道德伦理论，从基督教中世纪到文艺复兴后 16 世纪为一阶段，这是宗教伦理统治文明的阶段。然后是从 16 世纪到 18 世纪，现代意识开始影响社会，形成"对目的合理的行动"，造就了"结构机制化的社会"。最后才是 19 世纪到今天的现代社会。

可以看出，哈贝马斯、亨廷顿等人的理论构架基本相同，甚至历史分期也近似。根本原因在于，他们都是以社会意识形态因素，如宗教、道德伦理作为依据，进行社会历史进程的划分。同时在他们的理论中，主要还是以西方文明为主要视域的。

以上诸种分析研究模式，对于我们的研究有一定的参考作用，我们可以提出新的从文明研究角度出发的新历史发展模式。

---

① 参见［德］哈贝马斯：《交往行动理论·第一卷——行动的合理性和社会合理化》，洪佩郁等译，重庆出版社 1994 年版，第 274 页。

4. 文明与反文明：社会发展模式

笔者认为，从比较文明学的角度来研究社会制度，应当有一种新的视域，一种文明与社会机制的全面联系。从这种观念出发，人类社会机制划分可以与文明发展的历史相联系。从宏观上看，社会发展主要动力和标志包括科学技术、生产形态与各种文明成分，特别是促进社会进步的精神形态。没有先进的精神形态社会就可能倒退，殖民扩张主义、种族主义、法西斯主义、恐怖主义、军国主义、极端民族与宗教主义、邪教组织和性别歧视等是人类精神形态中反动的成分，是一种"反文明"。从人类进入文明社会以来，就陆续成为人类文明进步的障碍。人类社会进步就是文明克服反文明的进程。分为三个大的阶段并具有相应的主要类型：

1）自我中心的文明机制（部族文明社会）；

2）集权中心或是集约型文明机制（国家文明社会）；

3）多元文明机制（现代社会）。

需要说明的是，以上社会文明机制是历史的，它反映了人类社会的历史进程。同时，它又不是绝对的时序意义，即某一历史时代虽然有主要文明类型，但并不排除其他文明类型的共存。如当代社会中仍然存在着多种文明类型，部族文明从来没有完全消灭过，它在世界的许多国家与地区仍然存在并发挥着重要作用。生活在美洲、非洲的相当多民族仍然保持着部族生活习俗，他们的文明中仍然有自我中心的特性，虽然与古代社会已经大为不同。但是从认识社会历史文明发展的总体趋势来说，我们必须要承认文明发展中的历史进步性。

（1）自我中心文明机制（egocentricism civilizations）

人类文明其实是从旧石器时代后期才真正开始的，这是渔猎文明阶段，从这时到公元 5 世纪，是从部族文明社会到中心文明社会的阶段。世界各民族进入各种生产形态和文明阶段的时代不同，形态也不相同。大多数民族在这一阶段仍然没文字，没有冶铁生产，没有城市文明等，因此有人把它看成是野蛮时代。我们认为从人类文明创造来看，已经进一种文明状态。在这个时期，人类已经开始最早的社会性生产，首先是采集与渔猎生产。在这种生产中，人类必须组成一定的部落团体，才能有协作。有协作就有了早期的部族，部族其实是最早的人类社会制度。西方人类学家塞维斯（Elman R. Service）曾经将古代社会形态进行分列，有这样几个类型：群集（bands），以采集渔猎为主；部落（tribes），以农牧业为主；邦族（chiefdoms），有不平等划分的社会；国家（states），有阶级划分的社会。我们简化一下这个划分，把国家之前的三个阶段合而为一，称之为部族。这个词以前很多学者使用，不是我们的发明。

　　这个制度的特点是首领制度，一些原始民族仍然保持了这一制度。在部族中就已经有了早期的法律制度、道德规范、宗教信仰等。这时的道德规范是最简单的，但对于人类生活也是最基本的。大致可以归结为两个大的方面，一是生产分配制度，其中最重要的是私有财产的出现，以及对于私有财产的保护。摩尔根《古代社会》一书中就反映了这一方面的内容。其二是家庭生活制度，人类自身的遗传使得部族不得不制定相应的婚姻与家庭制度。从恩格斯《家庭、私有制和国家的起源》中，我们可以看到普那路亚婚姻等评论。在部族心理方面，弗洛伊德在《图腾与禁忌》中其实勾勒出了对于部族社会的一种猜测，从部族首领的产生到家庭生活的组织都有精神式的解释。而在列维－斯特劳斯的人类学著作中，从理论上说明了部族的婚姻制度与家庭生活构成。

　　这里我们特别要提到一种现象——特选者之梦（the chosen people dream）：在部族社会中，各部族的文明创造是以本部族为中心的，它受到本文明基本条件的限制，如地理、政治、种族、它的生产制度与生活方式的特性、它的宗教信仰、文学艺术、思想政治观念等，无论东方或是西方的部族基本上都是如此。古代社会中部族是主要构成，其文明的自我中心特性明显，一般来说，古代部族都认为自己的文明是世界上最优秀的文明，自己的种族是世界上最好的。这种观念形成一个范式，如古代犹太人有一个非常重要的思想，认为犹太人是上帝的选民或称特选者（the chosen peole），这是犹太人不同于世界其他民族的。这一思想一直流传到今天，仍然是西方文明的重要思想根源之一。特选者之梦成了西方众多民族的心理疾病，可是很少有人知道，这一思想不但受到过身为犹太人的马克思的反对，而且曾经受到精神分析学家、犹太人西格蒙德·弗洛伊德的嘲讽，他在谈到犹太民族时说："目前，上帝偏爱他们的迹象无疑是十分缺乏的。该民族的历史表明他们已失去了上帝的宠爱。"① 犹太文明有 4000 年的历史，可是其中有近 2000 年遭遇奴役或离散，世界史上称之为"世界性大离散时代"（Diaspora Era），这样一个民族的确很难从正常心理上被理解为特选民族。

当然自我中心并不是犹太民族所独有的心理现象，而是古代部族具有的文明现象，《希罗多德历史：希腊波斯战争史》中描绘波斯人时写道：

> 他们最尊重离他们最近的民族，认为这个民族仅次于他们自己，离得稍远的则尊重的程度也就差些。依此类推，离得越远，尊重的程度也就越差。这种看法的理由是，他们认为他们自己一切方面比所有其他的人都要优越得多，认为其他的人住得离他们越近，也就越优越。因此住得离

① 《弗洛伊德文集》第五卷，车文博主编，长春出版社 1998 年版，第 415 页。

他们最远的，也就一定是人类中最差的了。①

这样，共同的部族文明是心理认同的依据，这种认同就意味着对于其他民族文明的差异，对于其他文明可能产生敌对。虽然这种敌对现象不是必然的，但是在战争或其他情况下，部族自我中心的表现还是十分明显的。部族是部落与氏族的合称，部落中有不同种姓，氏族中同一种姓的比较普遍，虽然这种划分不是绝对的，但宗教与血缘起了重要作用，这是无可怀疑的。《国语·晋语》中说："昔少典娶于有乔氏，生黄帝、炎帝。黄帝以姬水成，炎帝以姜水成。成而异德，故黄帝为姬，炎帝为姜，二帝用师以相济也，异德之故也。异姓则异德，异德则异类。"这是古代氏族发展史的忠实描绘，也是对于部族中心观念的精辟总结。

从新石器时代到奴隶制度，各大古代文明以众多的部族、城邦在世界大舞台上演出了一幕幕精彩的戏剧，众多的民族与部族发展了自己有特色的文明，多种宗教繁荣起来。文明发展史上的自我中心阶段是各民族共同的必经阶段，这是部族与民族自我意识确认的时期。各个民族都有一种"替天行道，舍我其谁"的观念，其他部族被认为是"异类"与"蛮夷"，这种观念的局限性随着社会交往、生产的一体化与文明交流而显现出来。人类认识的规律一定程度上与儿童的认识发生遵守共同的规律。儿童认识世界也是从自我中心开始的，最初的主体与外界是合一的，自我就是世界，形成儿童的自我中心主义。在人类社会中，部族是典型形态，甚至在许多民族一直保持到奴隶制度时代，所谓家长式（patriachalischen）的生产方式，全都制约着这一文明形态的发展。随着儿童的成长发育，儿童认识

---

① 《希罗多德历史：希腊波斯战争史》上册，王以铸译，商务印书馆 2001 年版，第 70 页。

到主体与客体、主体与他人之间的互相对立与差异，于是，承认他人与权威，建立起更为强大的统一中心，以保证自我与相近部族的安全，成为文明集约性动力。

（2）集约型文明（unitary civilizations 公元 5 世纪到公元 17 世纪）

从公元 2 世纪到公元 5 世纪之间，世界文明经历了第一次重要转型，从自我中心的但是多元的文明向单一中心的集约型文明转型。从那时起到 17 世纪海上大交通时代，大约有 14 个世纪之久。所以从 5 世纪到 17 世纪，这个时代可以称之为"集约时代"（unitary times）这一时代中，东西方从部族社会发展出民族国家。这一进程一般是分两步完成，首先是出现了统一的大型帝国。波斯帝国、罗马帝国、拜占庭帝国、大中华统一的秦王朝、印度孔雀帝国、伊斯兰的倭马王朝与阿拔斯王朝等，使世界成为大型集权帝国的时代。然后这些帝国先后解体，裂变成为近现代的民族国家，我们今日的民族国家的格局就是如此形成的。无论哪一个阶段，都要求有统一的思想文明以适应其发展。中国的儒学，西方的基督教、印度的印度教及以后的伊斯兰教相继成为国家与民族文明的思想与宗教中心。

公元前 213 年，秦始皇焚烧了除秦史官、法家、农艺、医药、卜巫之外的所有书籍，次年坑杀方士儒生 460 人，这就是"焚书坑儒"事件。秦始皇的目的并不是要毁灭文明，而只是为了建立统一王朝，定法家为一尊，禁止其他各家学说。这是从春秋百家之后，中国首次文明统一，也是世界上最早的集权政权与统治思想相结合的范例之一。只不过仅仅时隔几十年，公元前 140 年，刚登基不久的汉武帝就采纳了董仲舒独尊儒术的主张，从此，儒家思想统一中国长达近 2000 年，成为世界上唯一一种非宗教的集约型文明典型，它的特点是以儒家思想为主体。由于儒家不是一种宗教，更不是一神教这种成熟的宗教形态，它的思想本身又具有对于异己文明的宽容性与开放性，于是形成了中华文明儒释道合一，兼容拜火教、基督教、伊斯兰、犹太教等其他宗教的开放性文明。值得注意的是，中国文明的一统性与传承性是明显的，它是世界上唯一从未间断过的文明体系。历史上曾经经历过多种宗教传入、异族入侵，但最终结果是由于这种文明本身所具有的辩证理性与开放性，成功地使各种民族与宗教溶入中华文明。

基督教文明产生于罗马帝国，公元 323 年，罗马皇帝君士坦丁在尼西亚召集基督教历史上第一次宗教大集结，制定基督教正统教义，以三位一体学说为正宗，阿里乌斯教派成为异端邪说。公元 392 年，罗马皇帝提奥多西一世颁布法令，把基督教定为国教，并且关闭了所有的异教神庙。但是，宗教只是文明的一种成分，它与文明的其他构成因素，文明的整体性之间存在着相互辩证的关系，宗教不能完全决定民族文明，它不断受到文明的扬弃。基督教国家的历史就是一个明显的例子，1054 年，基督教内部的纷争终于使得它分裂成东方与西方两大派。东方基督教称为"正教"，也就是人们俗称的东正教，西方的就是天主教。16 世纪以后，天主教出现宗教改革，从中产生"新教"。新教又为分三派：第一是被称为"英国国教派"的圣公会派，第二是德国的路德派，第三是加尔文派。基督教分化的历史本身表明，宗教与民族文明相结合的过程中，其受到多种作用力，宗教不可能完全决定一个国家民族的文明，另外，正是基督教文明中较早提出政教分治，王权与宗教之间的分立，这也是西方文明的一大特色。这样，王权与宗教之间互相牵制，对于社会民主化和自由思想的发展有相当的作用。这一点是西方与中国的另一个重要契合之处，中国从秦代开始，一直没有任何一种本国的或是外来的宗教能够与政权完全合一，虽然历代皇帝有不少宗教教徒。17 世纪之后，基督教传遍世界各大洲，并在相当多的国家中成为主要宗教，特别是在欧洲与美洲，民族国家的集约性发展得极为充分。

当代学者广泛关注宗教与政权的结合，这种政教合一的文明模式在伊斯兰国家中最为突出，但是，要从历史上看，这种模式的开创应当说是罗马帝国与基督教的合一。从那时直到当代，经历了1600多年的历史沧桑。其间欧洲从大一统的帝国到中世纪民族国家的建立，一直到工业化社会，虽然产生了东正教等不同内部分支，但基督教仍然在部分国家中作为国教。虽然在许多国家已经不再提起"政教合一"，但基督教文明的整体性却仍然在这些国家人民心理中超过其他宗教，这是无可怀疑的事实。当然，西方与中国一样，也是较早实行政教分离的，现代西方国家中，政教分离已经十分普遍，几乎所有的西方国家已经从政体上保证了宗教不干涉国家事务，政府与教廷分离。

从公元7世纪起，伊斯兰教开始向西亚、北非、南亚和中亚传播开来，它从一开始就表现出与民族、政权相结合的"政教民三合一"的特征，其中最具象征性的就是哈里发政府的建立与穆罕默德所颁布的四大政治纲领。穆罕默德在公元622年来到麦地那，开始建立第一个伊斯兰国家，组织起穆斯林公社"乌玛"，公布宪章，他本人身兼宗教领袖，行政领导与军事统帅。伊斯兰教国家从一开始就是政教民三位一体的文明，四大政治纲领第一条就是建清真寺，穆罕默德所创立的"先知寺"也就是后世的清真寺与其他宗教的寺庙不同之处就在于，它是宗教中心与政治、军事中心，这正是伊斯兰的一个文明象征。公元661年到750年间，伊斯兰教建立起了第一个世界性大帝国，即中国史书所说的"白衣大食"，与当时的大唐帝国、拜占庭帝国、查理曼帝国等并立于世。帝国领袖称为"哈里发"，意为先知在人世间的代表，集宗教、行政与军事大权于一身，这是伊斯兰政教合一的典型形式。司法长官是由那些精通《古兰经》的伊斯兰教学者担任的，阿拉伯语为国家语言，社会等级森严，阿拉伯血统的人居于社会高层。这一文明体制一直持续到其后的阿拔斯王朝（公元 750－1258 年），虽然 13 世纪由于蒙古人的西征，使得已经风雨飘摇的阿拔斯王朝最终灭亡，但是阿拉伯人的政教民合一的体制却延续下去了。这一体制的继承者就是奥斯曼帝国，奥斯曼是土耳其人建立的国家，从 14到 16 世纪，这个非阿拉伯民族建立的伊斯兰国家，在哈里发制度消失之后却继承了政教合一的传统。伊斯兰教是国家宗教，而且哈乃斐派教法是官方立法，在历史上，奥斯曼帝国首次使伊斯兰教法成为官方法律，国家的权力机构是伊斯兰教长老会，它的作用是维护宗教信仰，监督教法实行。17 世纪起，奥斯曼帝国逐渐崩溃，各征服国开始独立，也门、埃及、叙利亚、伊拉克、黎巴嫩等国以及阿拉伯国家与亚洲等地的伊斯兰国家也纷纷独立。

　　伊斯兰国家进入现代社会后，文明形态也发生了相当大的变化。土耳其成为伊斯兰世界的第一个在宪法中明确规定政教分离的国家，1961 年和 1982 年宪法规定土耳其是"民主、政教分离和实行法制的共和国"。埃及、沙特阿拉伯等少数国家也在进行一定的改革，但是大多数国家仍然是政教合一的体制。

　　集约型文明的主型是在封建社会中形成的，是民族国家的产生使文明形态有了新的变化。我们已经指出，东方各民族中先产生国家，甚至在青铜时代，在奴隶制度仍然是社会主体的情况下，东方已经产生了民族国家。这是马克思古代东方理论中指出的重要现象之一。当代一些学者如张光直等人认为，中国夏代已经是民族国家制度了。即使是按照稍保守的范文澜等人的西周封建秦为大一统国家说，同样认为中国古代国家产生年代，比起罗马后期日耳曼封建制度的建立，已经早了数百年。以后，世界各地陆续建立了民族国家，再一次显示了人类文明的普遍性。重要的是，集约型文明产生的原因并不只是国家建立，我们要注意的是，它还有人类认识与社会文明自身的因素，这是不可忽视的。笔者认为这种要求总的来说就是人性中文明进化、礼法理性的要求，即所谓"道"的意义。古今圣贤对此有过相当多的论述，如孔子《论语》中说"道千乘之国：敬事而信，节用而爱人，使民以时"以及"礼之用，和为贵"等。仁义礼智信都是人类文明进化的目标，它们也是社会中人与人之间关系的原则。这种原则集中于社会的礼法，无论是表现为思想或是宗教，特别是发达的宗教，无论其信仰什么，都会首先把社会的统一、文明进步作为教义。从根本上来说，人类的这种对于社会道义、对于自身责任的要求，必然使人类克制自身、追求统一。我们也必须承认，这一过程一定程度上就是理性的产物，理性思维与科学精神对于人类社会的统一有巨大影响。先是从东方的辩证理性发源，中国人、古希腊人、印度人、阿拉伯人等不同民族文明中所共有的人文精神与理性精神，成为文明集约的客观基础。虽然这种统一并不是专指政治的集权，但是这一要求在客观上却为文明集约奠定了基础。

从世界文明的主流来看，从 17 世纪之后，随着海上大交通的发展，东西方的文明交流出现了前所未有的兴盛，交往产生文明的辩证发展，造成了文明形态的变化。但从理论上说，文明形态的变化本质上又不只是交往所促成的。应当说文明类型的演变中，有着社会机制、时代性等方面因素的作用。民族国家的集约型文明不是永恒的，它与自我中心的部族文明之间虽然不可同日而语，但现代社会经济与文明的一体化与本土化的对立会从不同方向对它产生作用，使得文明类型从集约型变为多元文明。

（3）多元一体文明（multi‑unificational civilizations）

什么叫多元一体文明？

我们先解释一体化（unification），一体化对于世界文明来说是一个历史概念，它是指近代社会以来，随着世界性大生产的出现、工业化社会的推进、也随着世界文明的交流与互动，世界上不同民族国家之间的社会生产、生活之间的同一性增强的趋势。也有人理解为一种同一社会生活与生产模式在全球的普及。一体化在文明意义上，表现为多种文明之间的辩证互动。

那么，文明的一体化会不会产生这样的一个后果，全世界的文明全被一种文明模式所取代。比如世界各民族文明全部被西方现代模式所取代，后工业化的大生产在世界各地建立了密切的协作网络，跨国公司在各国建立起分支，计算机网络把世界各地联成一个大系统，欧几里得几何、牛顿力学与爱因斯坦相对论成为全世界科学的公式，而古代巴比伦天文学、中国算术、中医、阿拉伯医学等几乎完全被取代。生活方式的西方化更是有目共睹，如麦当劳、可口可乐、牛仔裤、摇滚乐等成为各民族的时尚等。亨廷顿曾经引用过奈保尔（V. S. Nipaul）的一个术语即是：普世文明（universal civilization），关于这个词的解释是这样的：

> 这个术语的意义是什么？这一观念表示，总体来看，人类文化上正在趋向同一，全世界各民族正逐步接受共同的价值、信仰、方向和体制。[1]

其实这种普世文明从来不存在，将来也不会有。这种观念的最大错误是对民族与世界、本土与全球的辩证关系不理解。

民族的也就是世界的，老歌德的这句话只有一半是对的，另一半应当说，"民族的只有成为世界性的时候，才可能成为世界的"。也就是民族文明的创造只有对于世界文明有意义、

---

[1]　Samuel P. Huntington: The Clash of Civilizations and the Remaking of World Order, Simon & Schuster Inc, 1996, p. 56.

有推动作用时，它可能成为世界的。西方的近代科学技术与现代文明模式（包括以上所提到的具体生活方式如可口可乐、牛仔裤等的流行）因为对于当代世界文明有其意义与价值，所以才被采纳，才得以流行。但是并不说明它是普世文明，更不是唯一方式。

凡是存在的都是合理的，凡是合理的都是要经过扬弃的。

西方文明中的多少成分能为世界所采用，这要取决于历史。同样，中国人发明的指南针、火药、造纸与印刷术、阿拉伯数字、印度人发明的数字零，美洲人的咖啡……都有它们对于世界的贡献，这并不说明中华文明、阿拉伯文明、印度或美洲文明成为"普世文明"。任何一个民族文明中都有糟粕，希腊人的娈童之风、英国人贩卖鸦片、英美殖民者贩运黑奴、中国的妇女缠足、美国种族主义的私刑、德国法西斯思想、日本"武士道"与军国主义思想、乃至太平洋、大西洋一些海岛民族所有过的食人恶俗、世界相当多民族曾经有过的活人殉葬制度等等，不一而足，这些"文明"，是民族的，但绝不是世界的。民族文明只有对于世界文明发展有益时，才可以真正是世界的。

"多元文明"在当代几乎已经无人不知了，但是它的意义并不只是多种文明的并列，多元化应当是指多种文明体系具有平等的可持续性发展的地位。这就并不排斥文明之间有同一性与一体化。一体化不是同质化（homogenization），一体化意味着不同文明之间的互相区别与共同存在。笔者所以采用这样一个词：多元一体文明，目的就是说明多元化与一体化是并存的，它们不是互相排斥的。

这种看法有一种认识论来作为基础，这就是辩证理性的认识论。传统的理性中心观念认为一体化与多元化是对立的，黑格尔的理性中心观念就是代表。黑格尔《逻辑学》、《小逻辑》等著作中有两个中心词：同一性（identity）与差异性（difference），黑格尔认为人类认识是建立在同一性的基础之上的，寻求同一与分类是人类逻辑也是人类认识的起点。但是，一百多年后，西方后现代主义理论家们在批判理性中心时，把黑格尔的认识秩序完全颠覆了，他们提出要有"差异逻辑"，以反对从亚里士多德到黑格尔的同一性逻辑。在德里达的代表作《论书写学》(De La Grammatologie) 等书中，生造出一个词 différance，用来解构西方的理性中心，反对同一性、逻各斯中心的认识论。以笔者之见，其实德里达先生大可不必自行创造新词，更不必去寻找新的逻辑体系与思维方式。

> 众里寻他千百度，蓦然回首，
> 那人却在灯火阑珊处。

后现代主义所创造的差异逻辑早在两千年前的中国已经确实存在，这种认识论的根基就是墨经逻辑。这种认识论以差异性与同一性的辩证关系为认识世界的方式，不同于西方形式逻辑所导致的同一性认识。这样，就为这种辩证理性理解当代世界文明的总体发展——文明的多元性与一体性创造了前提。

以辩证理性来认识，世界文明发展必然进入多元化与一体化并存与互动，这就是"同与异俱于一"的辩证发展观。民族文明在一体化过程中会坚持自身同一性并接纳外部的差异性，形成新的文明。而世界一体化中又会从民族文明的特性中得到真正的动力，从差异推动一体化前进，一体化不是以消灭民族差异为目标，相反，一体化是以差异性为动力的，这就是新辩证论的文明观。

马克思是最早指出世界一体化观念的学者之一，《共产党宣言》中那段名言是论证经济全球化时引用最多的，这就是：

> 资产阶级，由于开拓了世界市场，使一切国家的生产
> 和消费都成为世界性的了。……过去那种地方的和民族的

自给自足和闭关自守状态，被各民族的各方面的互相往来和各方面的互相依赖所代替了。物质的生产是如此，精神的生产也是如此。各民族的精神产品成了公共的财产。民族的片面性和局限性日益成为不可能，于是由许多种民族的和地方的文学形成了一种世界的文学。①

正如马克思在这段话之前所写到的，这一切源于美洲的发现，绕过非洲的航行，也就是所谓环球海上航线的开通，或是"大航海时代"的到来，这是一种全球化的进程。

工业文明所创造的社会制度与以前不同，它并不只是一种统一模式，如果理解它的性质就会知道，它首先是对于统治人类达数千年之久的农业社会的一种叛逆。近代欧洲才真正有了国家与民族，而且国体与政体问题才真正受到注意。从卢梭的社会契约论，到法国人权宣言、美国独立宣言，可以说西方才真正有了自己特色的民族、国家、法律、道德、人权的文明观念。这一观念对于人类进步有极其巨大的作用，我们必须肯定这一点。但是这一观念产生于一种西方文明的自我认证，它们都是西方文明的产物，并不是普世文明。而现代社会生产与文明交流所带来的异类观念必然会使它们产生对立。东方各民族的宗教教义、哲学观念、道德等与西方不同，都会形成差异与同一的交换。正如辩证理性所认识，如果能把同一性与差异性作辩证理解，西方文明才会真正走向世界。

从 17 世纪到当代，人类一体化进程进展迅速，在经济领域这一变化具有明显的可规定性，这就是所谓经济"全球化"（globalization）。由于经济全球化其实已经成了言人人殊的概念，我们愿意采用一种具体的描绘，首先从经济领域说明它的特征，

---

① 《马克思恩格斯选集》第 1 卷，人民出版社 1972 年版，第 276 页。

这是最为切实理解全球化的途径。法国学者雅克·阿达指出：

> 我们看到，经济全球化进程的特征：既表现为全球产品，服务和资本市场逐渐统一，同时也表现为全球范围内生产不断一体化。这样，它把竞争也扩大到了曾经由组织原则和补充原则统治的领域。在以下三方面尤其能感受到这些变化：首先在贸易领域，南方的工业竞争对北方从凯恩斯时代承袭下来的社会和解提出质疑；其次在金融领域，80年代的非规则化浪潮动摇了银行体系的稳定性；最后在货币领域，最牢固的兑换机制没能经受住摆脱了一切束缚后的资本移动的冲击。①

经济全球化的主体是生产、产品服务和资本市场的统一，并由此引起了贸易、金融与货币的全球性联系，这一经济学的说明是可信的。但是，更重要的是科学技术的全球化与文明的全球化。文明全球化目前可以说仍然是一个不确定的说法，所以我们目前所讨论的主要还是一种设想，一种基于过去国际文明交往所产生的历史反思与前景预测。

多元化与一体化在人类交往史上历来是同时并在的，公元前134年到前140年间，世界的东方发生了一个重大事件，汉王朝的使者张骞历经艰难，成功开辟了一条从中国通往罗马的通商之路，这条路被一位西方地理学家称之为"丝绸之路"（La Route de La soie）。两千年后，西方学者们认为，丝绸之路的开通就是全球化的真正开端。至少，一种全球意识从那时起在东西方人之间开始萌芽。罗马人知道东方有一种赛里斯人，有一个泱泱大国，人民勤劳，文明发达，有与西方不同的文明。中国人也知道，西方存在一个叫大秦的国家，是与中国一样具有高度文明的大国。这就是一种人类文明意义上的互相认证，

① ［法］雅克·阿达：《经济全球化》，何竟、周晓幸译，中央编译出版社2000年版，第242－243页。

对于世界上还有相同发达文明的惊喜。据《后汉书·西域列传》记载："大秦王安敦遣使自日南徼外献象牙犀角瑇瑁始一通焉。"这一年是汉桓帝延熹九年（公元 166 年），"大秦王安敦"就是罗马皇帝哈德良之子安东尼，他在位时间是公元 138 年至 161 年，他派出的使臣到达大汉朝时，他本人已经去世 5 年了。17 世纪之后，环球航行的成功，使得东西方文明才真正相逢。人类的全球化意识在这时可以说有了新的开端，东西方两大重要文明体系开始了交流，并且有了互相的比较。文明的差异与同一性引起人们对于全球文明发展的反思。以后的几个世纪里，西方科学技术的发展速度远远超过东方，经济发展的不平衡最后导致西方文明向东方与世界的扩展。经济全球化与文明全球化在不同层次发生，文明差异性与同一性之间的对立与冲突是明显的、无法回避的存在。但是，这并不意味着文明全球化不可行，只是说明文明全球化不是某一种文明的全球扩展，而只能是多元化与一体化的辩证发展。乌尔里希·贝克曾经把全球化分为七步，其中说到文明全球化：

> 第六，文化全球化的辩证法："全球种族空间"（阿尔琼·阿帕多拉伊）指的是什么？不是趋同，不是西方化，不是真实性的缺失，而是"差别的普遍性"：世界社会的巴比伦式的心脏在语言和认同感的混乱中跳动"。①

我们不能不再次惋惜，这位德国学者同样不知道中国墨经的"异与同而俱于一"，与他所说的"差别的普遍性"是可以互相发明的。历史已经证明，文化全球化的进程就是这种差异与同一的共存，是一体化与多元化的并进。正是在文化全球化中，在一体化的经济发展中，人类社会又产生了多次的民族文明复

———————

① ［德］乌·贝克、哈贝马斯等：《全球化与政治》，王学东等译，中央编译出版社 2000 年版，第 15 页。

兴，其中如中国的儒学复兴、伊斯兰复兴、犹太复兴等都具有世界意义，它们与世界现代化是同一进程的产物，是这个时代辩证发展的最有力证明。必须认识到：文化与文明的全球化，与古代西亚的巴比伦王国（古巴比伦从公元前 1894 年至前 539 年）的霸权是不可同日而语的，全球化时代已经不存在任何"巴比伦式的心脏"了。

5. 文化（culture）与文明（civilization）的概念区分

文化与文明有什么不同？

一种观点认为没有必要对于文化与文明进行区分，两者可以互相取代，交替使用。人类学家泰勒在《原始文化》一书中就认为，文化与文明两个概念基本相同。这也是一种相当流行的看法，而且在研究实践中，这两个词混用的情况也十分普遍。

另一种意见认为，文化与文明之间应当有一定的定义、意义、范围方面的区别，应当区别使用，并且对于文化与文明提出了不同的见解。简略来说，有如下重要看法：

其一，德国学者关于文化与文明两分观有相当影响，所有研究文化的学者们在区分文化与文明的概念时，经常提到"德国学派"。这是因为德国学者中大多数人坚持文明与文化两分。但是，至于区分的原则是什么，却没有或很难说有共同的见解。我们以洪堡特的看法为例，他认为：

> 文明，也即各个民族在其外在的社会建制、风俗、习惯方面，以及在与此有关的内在心态方面的人化过程（Vermenschlichung）。在这种崇高的社会生活基础上，再加上科学和艺术，就构成了文化。①

---

① ［德］威廉·冯·洪堡特：《论人类语言结构的差异及其对人类精神发展的影响》，姚小平译，商务印书馆 1999 年版，第 36 - 37 页。

这也就是说文化是在文明的基础上构成的，文化可以包括文明，文化比起文明来，有共同的社会生活基础，而且还有科学与艺术。这样文明就偏重于风俗人伦与人类精神的进化，而文化则有了科学与艺术的实践，具有与物质相结合的一个方面。如古代文明的民族有其文明的历史，但是缺少现代的技术与物质的文化。巴特（R. Barth）等人也表达了相近的看法，把文化看成是人类对于自然物质作用的过程，而文明是人类自身进步的因素等。

简单地归纳起来，所谓"德国学派"的主要意见是把文明看成人类精神因素的成就，而把文化与科学进步联系，作为人类物质活动的总结。

其二，相当多的学者反对德国学者的观念，甚至持相反的看法。认为文明以物质的成分为主，而文化偏重于精神。陈序经先生曾经论述过这一看法，他指出：

> 然而，也有些人以为文明是偏于物质方面的东西，而文化是偏于精神方面的东西。比方，张伯伦（H. St. Chamberlain）在其《十九世纪的基础》（Die Grundlagen des 19 Jahrhunderts2. Aufl, 1900）一书里，以为工业经济、政治、教会是属于文明，而世界观（Weltan – Schauung）（包括宗教与道德的观念）与艺术，是属于文化，可以说是趋向于这种看法。[1]

虽然这已是一个多世纪前的见解了，但是今天同意这种见解的人并不少。

以上两种看法是以精神－物质关系来区分文明与文化的标准，在文化研究中，这是最重要的区分标准之一。

---

[1] 杨深编《走出东方——陈序经文化论著辑要》，中国广播电视出版社1995年版，第343页。

其三，从历史时代来看待文明与文化，突出地表现于部分人类学家们之中，人类学家以研究文化为主要对象者居多，特别是在文化人类学这一学科。人类学家把文化作为原始民族生活状态与思维的模式，而把文明看成是社会进步所带给人类的成果。有人据此认为人类学家的观念与德国学者的看法相反，其实，两者只是着重点不同而已，他们用不同的标准看待文化与文明，并不存在绝对的对立。

简单说，人类学家是从历史时代角度来看待两者的差异，文化是民族自发的创造，而文明是启蒙以后的文化。不是所有的民族都有文明时代，直到现代仍然有少数民族并没所谓的文明。非洲森林中至今仍然生活着一些保持原始社会生活习俗的民族，如生活在刚果盆地热带雨林深处的俾格米人，现在仍然保持传统的文化习俗，生活在美洲的印第安人、爱斯基摩人也只是部分接受了现代文明。赤道人种的澳大利亚土著直到19世纪仍然过着独特的早期社会生活，直到被欧洲殖民者所迫害之前，他们的文化与现代文明是不同的。对于他们来说，文化就是历史的生活状态，而文明则是指现代以来的外部影响。所以在人类学语汇中的文化与文明都是有特定含义的，与一般的文化理论中有所不同。这也就给文化与文明的理解增加了历史的含义。

其四，同样是从历史时代来看待文化与文明，也有与人类学家们不同的甚至相反的理解。文明可以被理解为一定历史时代的观念，而文化却可以被看成是现实与再现的成分。除此之外，还可以有更多细微差别的不同理解。我们以历史学家汤因比关于文明与文化的理解为例，来说明理解的多样性。汤因比认为：

　　　　我同意并采用 P. 巴格比（Bagby）对文化所下的定义，即文化是"一个社会成员内在和外在行为的规则，但那些原本是明显遗传下来的规则不算文化"。巴格比附加的解释是：由于文化是"在历史中业已成型或重复出现的成分"，所以"文化是历史可被认知的一面"。……怀特海说："世上每一个因具有高级活动而闻名的时代，在其顶峰阶段，以及在造成这一顶峰阶段的代表人物中间，都能发现某种深刻、普遍的特征，它们被不声不响地接受，在人们日常发生的行为上打下自己的印记。……如果依从怀特海的说法，我就应在精神的意义上给文明一个定义。它也许可以称之为创造一种社会状态的努力，在这个社会状态中，整个人类成为一个无所不包的大家庭的成员，将在一起和谐地生活。我相信，这就是迄今已知的所有文明一直有意无意追求的目标。①

汤因比的《历史研究》一书在西方声誉甚高，被看做的世界文明研究的皇皇巨著，特别是被英国学术界所肯定，但是却引起德国与俄国一些学者的微词。我们认为，首先应当肯定这部巨著的贡献，它是从比较文明化与比较文明的角度来研究世界历史的著作，同时在资料梳理方面有巨大功绩。但是也应看到，比较文化史的研究不同于一般的世界史，它要求作者有更高度的理论水平与分析能力，汤因比所使用的斯宾格勒理论本身就显示出一种紧贴于事实描述的特点，特别是一些基本范畴与重要观念，基本上亦无新意。因此汤因比的全书与他使用的概念都有不能超越现象，议论恓饤，正如中国古人所说"不能持论"、不能作"越世高谈"。他关于文明文化的区分中，也暴露出这一特点。但也正是在这一点上，他不得不避开了明显的斯宾格勒色彩。为了说明这种关系，我们不惮繁复，再引用斯宾

① ［英］阿诺德·汤因比：《历史研究》，刘北成等译，上海人民出版社2000年版，第19页。

格勒的文化与文明的定义。

> 每种文化都有它自己的文明。文化和文明这两个词一直是用来表达一种不确定的、多少带有一点伦理意义的区别的，在这本书里是第一次当作一种周期性的意义来用，用以表达一种严格的和必然的有机连续关系（organic succession）。文明是文化的不可避免的归宿。……这样，我们就第一次懂得了为什么罗马人是希腊人的后继者，从而古典晚期的埋藏得最深的秘密也就第一次得到了说明。关于罗马人是未曾开启一种伟大发展、反而结束了这种发展的野蛮人这一事实的意义，除此之外，还能有什么呢？……一句话，希腊的心灵，罗马的才智；这一对照就是文化与文明的区别素。①

这里容易产生的误解是斯宾格勒把文明看成是历史时代的特征，其实恰恰相反，他是把文明作为文化的终结的意义，从而有周期性发展。这就是他所说的："作为一种历史进程，纯粹的文明就是要不断地摧毁那些业已变成无机的或僵死的形式"。他的公式是，文化－文明的不断循环，文明破坏旧有形式，以创造新的文化。这种观念其实是一种古老的神话的再现，时代是循环发展的，春夏秋冬，萌生－成长－死亡－重生，如此而已。

我们把汤因比的说法作为一种见解，并不代表所有的历史学家，只是说明历史学界相当流行的一种观念是把文明作为一种"历史认可"，而把文化则看成是生活状态。也就是死亡的文明与生活的文化。也有人表达相异的观念，如黄盛璋先生就认为：

----

① ［德］奥斯瓦尔德·斯宾格勒：《西方的没落》上册，齐世荣等译，商务印书馆2001年版，第54页。

在我看来，文化是人类对自然加工、改造即用劳动创造出来的在物质或精神方面的各种表现；文明则是文化发展到一定高度，从而脱离野蛮状态的一个社会阶段。在一定时间和地区内，一种文明常是由多种文化汇合而形成。就原始文化和文明而论，最简单的区别：一是有低级与高级发展之不同；二是有个体与综合的差异。一般理解：文化和自然相对待，文明和野蛮相对待，文化可以有糟粕，文明只能为精华。考古证明，野蛮时代已有各类文化，但不能称为"文明"，文明高于文化，且为综合与精华的表现，概括地说：文明是文化长期汇流成的河。例如，中国文明就是由各地区、各时期、各种不同的文化汇合而成。某一时期，某一地区文化即使再重要，也不能代表或称为中国文明。基于这一认识，我们认为：作为一个社会源远流长，根深蒂固的精神基础的，应是文明，而不是文化。[①]

可以说，这种理解是基本正确的，只是表达有不足之处，如"文明高于文化"等论断就有一定局限性，不宜过于强调。

至此，我们可以阐明关于文化与文明概念的最主要看法。

我们认为文明与文化是两个相关联但又有各自意义与用法的概念。文化与文明不能断然分隔开来，这是因为它们的所指有共同部分，这是众所周知的事实。但是，毕竟所指范围又有相对差异，在长期的使用过程中，二者又产生了相对的意义的不同，所以我们主张：

从基本的意义上，<u>文明指人类一定历史发展阶段所形成的历史形态</u>。这一形态是历史的累积，表明人类脱离原始社会与野蛮生活，因此它具有历史类型学的意义。其中既包括有世界

---

① 黄盛璋：《〈亚洲文明〉代序》，黄盛璋主编《亚洲文明》第二集，安徽教育出版社1992年版，第2页。

影响的古代文明如埃及文明、中国文明、印度文明、巴比伦文明及希腊罗马文明等，也包括地区性的文明，如爱琴文明、米诺文明、西伯里亚文明、阿尔梅特文明、玛雅文明及印加文明……中国《易经》中说"天下文明"，指的是人类从蒙昧转向智慧与知识的历史过程，当然，其并不是具体某一个历史朝代的所指。

　　文明包括文化的基本构成，所有的文明全都是文化的历史形态，文明在其所处的时代就是一定的文化实践。与文明相比，文化更注重现实的实践性质，<u>文化是文明形态的实践方式。一般来说，文化是具体的、感性的、实践行为；而文明是概括的、总体的构成；这只是相对的区分，不是一个绝对标尺。</u>我们说"西方文明"时，指的是由于西方历史文化所形成的这个传统，这个文化形态。而说到"西方文化"时，既包括西方文化的历史类型，也包括文化当前的与历史的实践方式。举例来说，我们说武术、京剧、中医等是中国的"文化"，但一般不说它们是中国的"文明"，说"相扑"是日本的文化而不说它是日本的"文明"，说可口可乐与爵士音乐是西方文化，但很少说它们是西方"文明"。这种含义上的差异是明显的，它代表了人们观念中对于文明与文化的具体区分。

　　我们要注意的是，汉语中的"文明"一词有不同用法，我们所研究的主要是文明（civilization）的学术意义，在日常生活中，"文明"一词有另外的用法，如"行为文明"、"精神文明"与"物质文明"等，而且还有一些时代所留下的词汇，如"文明戏"、"文明棍"等，不属于研究的范围。

　　有鉴于文化与文明的意义的基本同一性与其在语义中的复杂性，我们一般不对文明与文化作过于复杂的区分，在运用中注意二者基本相同的使用方式。但是，我们对于二者的不同所指意义，在使用中还是提倡加以区别。

最后要提到的是，"文化"一词的意义在当代西方文化研究中得到了最广阔的意义泛化，从 20 世纪中期起，文化研究与文化批评在西方蓬勃兴起，出现了文化唯物论、新历史主义等一大批学者，文化是他们的中心观念之一。文化对于他们来说是对于学科界限的突破，是"历史大联合"（弗里德里克·杰姆逊语），是一个无限广阔的范围，这就与传统的文化概念有所不同。同时，也使得当代"文化"概念的内涵与外延扩大起来，20 世纪 30 - 90 年代。由于经济全球化的形成，文化产业得到了空前未有的发展，推动了西方当代"文化研究"的诞生。虽然英国文化研究学派经常贬低法兰克福学派，但是，事实上"文化研究"这个词正是法兰克福学派所创造的，20 世纪 30 年代，法兰克福学派开始一种文化与传媒的跨学科研究，主要包括媒体的政治经济学批评，文本分析、大众接受研究等，他们的主要目的是反映社会大众对于意识形态的影响。他们所面对的社会现实是商业化的文化大生产与工业化社会的文化传播。20 世纪 60 年代，伯明翰大学的当代文化研究中心其实是文化研究的第二代，他们同样是以马克思政治经济学原理为基础的，关注的是文化媒体与大众文化之间的关系。他们推崇大众阐释，但同时肯定高雅文化在反抗资本主义文化生产中的积极作用。如果要讨论它的历史功过，可以说没有充分揭示反对文化霸权的意义，将通俗与精英文化对立等策略，应当说是这种持续时间不长的英国文化研究学派的短处。20 世纪末兴盛的是文化研究的第三代，即所谓后现代主义文化研究，这种命名已经足以说明这一代文化研究的基本特性，即以后现代理论为主要线索的文化研究，这与前两代以西方马克思主义理论为基础是根本不同的。美国学者道格拉斯·凯尔纳（Doouglas Kellner）认为，第三代文化研究——后现代主义文化研究——体现了从国家垄断资本主义时代向后福利主义社会转型的历史特点，这是跨国化与全球化的资本时代，"容纳于信息/娱乐社会中的差异、多样性、折中主义、民粹主义和剧增的消费主义。从此角度看，大量的媒介文化、后现代主义建筑、购物中心及后现代奇景成为技术资本主义新阶段的推动者和殿堂，因为它作为资本的最新阶段，包含了后现代的形象和消费文化"。

笔者认为，这种概括基本准确，但显得比较感性，我们可以把后现代文化研究定义为，以后现代理论为指导的跨学科文化研究。因为在这种文化研究中，形形色色的后现代理论规定了文化研究的方向与内容，包括女性主义、解构主义、后殖民主义、后精神分析、文化人类学学说、阐释学、接受理论、东方主义与西方中心主义、西方马克思主义等多种理论学说使后现代文化成为一种理论强化的态势。它涉及电视、电影、出版业、新闻传媒业、互联网、政治经济学、哲学、历史、文学、心理学、人类学、社会学、美学等等①。

因此，比较文明学研究的范围与文化研究范围是易于分清的，同时，从一定程度来看，文明研究与文化研究的相互促进，应当对于双方都是有利的。

从这个意义上来说，笔者在拙著《比较文化学》出版后，决定再出版《比较文明学》，就是为了加强二者的互相促进与共同发展。

---

① 关于后现代文化的构成与基本特性，可以参见方汉文：《后现代主义文化心理：拉康研究》的"前言"（三、后现代的文化心理学），上海三联书店 2000 年版，第 8—13 页。

卷四　比较文明学学科与方法论

一、文明研究的学科划分

东西方文明研究早已经引起世界有识之士的关注，它应当在学术界成为重要的课题并引起东西方的广泛兴趣。但是它的发展状况却远不能令人满意，至今在高等院校与科研机构中，正式开展东西方文明的比较研究，开设比较文明学课程的寥若晨星，原因何在？

重要的原因之一就是这种研究的归属不定，它应当归于何种研究，它是不是一种学科？对于社会科学与人文科学日益专业化的今天，如果没有一门名正言顺的学科或是学术规范来弘扬它，就很难获得大的进展。我们再依据世界当代学术划分的状况来仔细分析一下，如果把它归之于欧美大学里的东方学（Orientalism）显然是不现实的。因为正如赛义德所说："东方学作为一种话语方式在文化甚至意识形态的层面对此组成部分进行表述和表达，其在学术机制、词汇、意象、正统信念甚至殖民体制和殖民风格等方面都有着深厚的基础。"[1] 西方的"东方学"已经是当代显学之一，无论如何评价它，它的学术规范在西方已经根深蒂固。由于研究范围等方面的不同，关于东西方文明的研究不可能归入其中。更令人深思的是，迄今为止欧洲大学里只有"东方学"，还没有一种"西方学"（"西方"一

---

① ［美］爱德华·W·萨义德：《东方学》，王宇根译，生活·读书·新知三联书店1999年版，第2页。

词作为学术而言，在英文中是 the Occident），西方人创立了东方学，而东方人却没有创立出相对的西方学，这种不平衡岂非也可以看成是一种强势话语的突出表现？而且，即使是有这样的"西方学"，也不可能全部包括东西方文明研究。

　　且不说东西方文明研究，即便是关于一般的"文明研究"，也有这样的几种意见。首先是两种对立的观念：一种认为文明研究不是一种学科，或是不赞成把它搞成一种学科。另一种相反的看法，即是应当有一种"文明学"来研究文明，当然其中就可能包括东西方文明或是其他文明类型、文明体系、文明形态及一切与文明相关的内容。

　　这样，我们必须先对世界教育与学术中的学科有一个基本的认识。

　　当代世界教育与学术中的学科概念从近代以来逐步确立，这一过程的主导趋势是西方学科向东方的普及。欧洲学术经历了古代希腊、中世纪、文艺复兴和古典主义等不同时期，已经形成了世界上最发达与门类最全的学术体系之一，与源远流长的中国、伊斯兰学术相比各有特色。欧洲学术的主要特点是学科门类齐全、系统性强、设置周密，并且在欧洲历史悠久的大学中长期发展，具有相当的学术优势。公元 11 世纪起，欧洲建立大学，最早的大学是意大利波洛尼亚大学、萨莱诺大学与巴黎大学，早期大学学科设置相当简单。以波洛尼亚大学为例，这所大学 1159 年建立于意大利北部城市波洛尼亚，这里是中世纪的商业中心之一，由于反抗神圣罗马帝国企图侵占意大利，这里的法学家们关注城市权利法，以此为武器反对神圣罗马帝国①。波洛

---

　　①　关于欧洲大学的起源说法极不统一，此处以意大利南方的那不勒斯附近的萨莱诺（Salerno）大学为最早的大学，其大约成立于 1099 年。有论者以意大利北部的波洛尼亚大学为最早。可参见方汉文：《西方文化概论》，中国人民大学出版社 2006 年版，第 272 页的相关论述。

尼亚大学的法学学科因此尤其发达，此外还有神学、医学、文学等课程。诗人但丁、塔索、佩特拉克、戏剧家哥尔多尼、科学家哥白尼等人都是这个学校的学生。欧洲大学基本上是以神学、法学、哲学、文学、历史等社会科学学科与自然科学特别是医学、数学、天文学、地学、物理学为主体的，这就对于自然科学的发展有极大的推动作用。

虽然如此，整个西方学术仍然是一个单一文明为主体的产物，是从古希腊以来的西方文明主流的学术体系，这也是事实。西方医学、欧几里得几何、柏拉图哲学、亚里士多德哲学、罗马法学、基督教神学等是西方教育的柱石，这种教育的专业性是突出的。而且从 16 世纪之后，随着工业革命的发展，西方教育与学术风行世界，一定程度上，目前世界各国所使用的学科（discipline）本身就是一个西方的学科概念。

中国古代学科划分以六经为渊源，分为经、史、子、集、农、算、医、兵、术等不同学科。这一传统在中国延续了两千多年后，在 20 世纪初被全面废止。西方的"学校"、大学、科学院等概念取代了中国的私塾、书院、国子监、翰林院等机构，中国从体制、学术与器物方面全面接受了西方影响，这就是中国学术史上的"近代新学"与"西学"的兴起。中国的学科也成了西方学科的翻版，郑观应《西学》一文中说：

> 论泰西之学，派别条分，商政、兵法、造船、制器以及农、渔、牧、矿诸务，实无一不精，而皆导其源于汽学、光学、化学、电学，以操御水、御火、御风、御电之权衡，故能凿混沌之窍，而夺造化之功。①

自认为对于教育认识颇深的马克斯·韦伯曾经把西方的专业教

---

① 郑观应：《盛世危言·西学》，夏东元编《郑观应集》上册，上海人民出版社 1988 年版，第 274 页。

育与中国的人文教育进行过比较："西方与中国的一个十分重要的差别在于，在我们这里，除了这种等级制的教育考核之外，还出现了理性的专业训练，并且部分地取代了前者。"[①] 韦伯是一个务实的学者，但可惜的是，实际上他对于中国教育知之不多，只是从科举制度等来认识中国教育。虽然如此，但无可否认中国封建社会长期以来的教育偏重于人文，缺少科学知识，强调教育为政权服务、使教育从属于道德伦理的目的，这是无可讳言的缺陷。事实上自从进入近代社会，西方的教育和学术就开始向东方输入。伊斯兰与印度教育较早地接受了西方的学术体系，历史悠久的伊斯兰与印度的医学、数学、天文学等学科与西方学科相结合，成为现代学术的组成部分。世界学科发展的历史证明，西方学科划分以其科学性与进步性在世界普及并不是偶然的。

但是，我们也看到，正因为学科划分，原本是统一的研究对象被割裂开来，成为各个单独学科的对象，而学科的划分又使得认识成为单一的、互不联系的知识。人类文明创造是一种全面的创造，如果只有分科的研究，而没有一种综合的科学即文明科学来研究它，文明永远不会被正确认识。同时，如果没一种比较的文明，即使有文明研究，但只是地域文明的研究，如欧洲文明研究、非洲文明研究、中东文明研究、印度文明研究等等，仍然无法有世界文明研究，世界文明不是地域文明的总合，世界文明是人类与世界存在之道的显现，它的属性是无形的，它的显现却是历史的与物质的。

印度学者查特基（Siniti Kunar Chatterji）曾经用一个众所周知的寓言作为比喻，用以说明文明研究与各种不同研究方式

----

① ［德］马克斯·韦伯：《儒教与道教》，王容芬译，商务印书馆1995年版，第173页。

包括各种学科、各种民族文化研究之间的关系：我们就像那些盲人一样，在摸到大象身体的各个部分时，一个说它像柱子，一个说它像蛇，第三个说它很硬，第四个说是一堵墙诸如此类。

这个例子及它说明的道理，对于文明研究这种综合性的、多学科的研究来说，更是极有价值的。

二、东西方学科的历史交流

西方科学与学术思想是从古代希腊的哲学与数学而来的，这是众所周知的，但是，这是一种文明传统而不是一两门学科。这种文明与科学都是一种历史实践的产物，尼罗河冲积平原上土地度量产生最早的几何学，这种几何学对于埃及金字塔的建造等社会实践又有指导作用。中国古代黄河长江流域的土地灌溉、井田制的生产，都要求有一种辩证关联的思想方式，要求有地方与中央、方向与时间、自我与他人之间的互相关联，由此形成的易经、墨经的逻辑与辩证思维，决定了中国科学发展的方向。这是与西方完全相异的，希腊人的城邦制度与海上贸易与毕达哥拉斯数学和形而上学的哲学有一种内在的契合，雅典人的原子论观念也是这种思想的产物，这种机制在笛卡尔、牛顿力学里就达到了高峰。稍有历史眼光的人就会注意到，其实从 16 世纪之后，西方科学思想经历了一个大的转折。这就是从单一理性思维向多元系统思想的转折（请注意，科学上的这一转折与我们上文所说到的世界文明向多元一体的转型是完全一致的）莱布尼茨与爱因斯坦就是这一转变的代表人物，正是这两个人对于现代科学产生了最大的影响。

莱布尼茨是现代计算机数学的先驱，他所发明的二进制数学与中国《易经》的阴阳爻恰恰是完全一致的，他本人从不讳言自己的研究与中国学术的关系，相反以此为荣。

文明交流的作用真奇妙，如庄子所言：立乎不测，而游于无有者也。我们举三种发明来说这种交流的伟大历史作用：
（1）中国人发明的火药，传至海外发明了利枪重炮，使世界军
事史大变样。（2）中国人发明的易经阴阳符号，传入西方，被
西方人从二进制数学的角度加以研究，以后有计算机技术，使
得世界科学大改变。（3）中国人发明的指南针也就是罗盘，传
到阿拉伯人与西方人，开始了海上航行，最终才有了海上交通
的成功。更重要的是，17 世纪 Gilbert 等人所发展的磁学，导致
了场物理学的发现，这一发现的基础就是磁方向性，而磁方向
性是中国指南针已经应用的原理，根据有关记载，至少到公元
初年前后，中国人已经发现了磁方向性。以上只是几个例子，
但其意义却是非凡的。这一切令人反思东西方文明的关系，是
什么使得西方能有推动世界文明进步的发明？为什么这些最早
被中国人所掌握的发明却没有能在中国形成伟大的科学技术推
动力？对于其中的原因，我们下一步将进行更多的分析，但从
世界文明交流的历史来看，世界的进步没有西方不行，脱离了
东方也是不可能的，正是东方与西方的合流，才有了世界今日
的学术。早就有人说过，西方学术的源流中就有东方，现在也
可以断言，世界学术的将来就是东西方的互补与合作，这是一
个已经被历史证实了的真理。

如果我们摆脱了自我中心的历史观，那么可以对于世界科
学与学术发展、对于东西方文明交流所形成的作用会有一个更
为全面的看法。

初期的文明交流中，由于东方文明较早发展，公元前的中
国科学技术已经领先于欧洲而与印度等国在伯仲之间，并且可
能通过多种路线与方式和西方产生过交流。已故的学者童恩正
先生曾经有过一个有意义的发现，中国白铜冶炼技术可能在公
元前已经进入西域和印度，而且有可能正是中世纪之后的西方
稀有金属冶炼术之祖。童先生指出：

公元前 2 世纪初，镍合金首先出现在大夏。镍币由 Euthydemus 的继承者 Demetrius - Euthydemus II、Pantaleon 和 Agathocles 所铸造。化学成分已证明大夏镍币的成分与中国白铜相差无几，因而几乎可以肯定其来源于中国。欧洲直到 1751 年才提炼出镍，同样当时在中国也不知道镍是一种单独的元素。[①]

中国古代白铜冶炼技术是从合金到单一元素，其取矿、冶炼方式与以后的欧洲是基本相同的。中国古代道家的黄白术也就是所谓的金丹术，中世纪传入欧洲，成为欧洲的炼金术的前身。这种炼金术风行一时，促进了欧洲化学的早期形成。

中国汉代之前的就形成的阴阳五行学说是典型的中国文明代表，它是一种哲学思想，全面地表现于中国的医学、天文学、数学、地学等各个领域。这种思想可以总结为一种辩证观念，也就是所谓关联思想（correlative thinking）。阴阳之间是相关事物的相互联系与相互转化，而五行说则进一步阐明了事物构成的基本元素之间也是互相联系的，促成事物变化的是其联系关系。这种思想与西方的决定论是相对的，决定论思想是以因果联系为单一线索的。古代希腊与波斯、印度也都曾有过事物的基本元素学说，但是都没有发展成为文明的主导思想，也没有形成逻辑与认识论。只有中国经过数千年的思想淘汰与选择，形成了以辩证逻辑与阴阳五行学说为代表的思想体系，这一思想体系引导中国科学有过光辉的历史，在科学之母数学等领域所取得的成就曾经领先世界。当然，这一思想对于中国科学曾经有过负面作用，这是无可非议的事实。但从另一方面来说，这种思想在文明交流中，可能通过丝绸之路等多种路线的传播

---

① 童恩正：《古代中国南方与印度交通的考古学研究》，载《考古》杂志，1999 年第 4 期，第 84 页。

到达古代中东与西方，对于当地的科学与学术发展起了促进作用。李约瑟曾经详细探究过这一影响，他认为：

> 现在的问题是，这些关联表是从何而来呢？无疑地，它们很多是来自阿拉伯人和犹太人的。在 Agrippa 15 个世纪之前的 Philo Judaeus 已经将事物以七数分类。许多随后的著作，特别是犹太人和阿拉伯人的如 Rasāil Iklwānal － Safā 都有"中国思想的"关联——诸如身体各部分、星球、神、七弦琴之弦、黄道世的星座、季节、元素、体液、字母等，以四及七数的组，"作复杂芭蕾舞"，虽则中国以"五"数为单位的分类，在西方却很少被发现，我们不能不揣想公元前 3 世纪的中国自然主义（阴阳学派）的启发，曾经印度的接触或经丝路，传到拜占庭（Byzantium）、叙利亚和其他近东的地区。①

如果说古代的东西方交流只是一种间接的影响，那么近代以来的文明与文明的交流就是最直接的。东西方文明交流的重要阶段是 17－18 世纪，海上交通发展，环球航线的开通，使东西方文明大交流得以形成，西方与东方各自从对方接受了巨大的文明遗产。东西方的交流并不意味着文明的征服，没有任何一种文明能够永远统治世界，相反，外来文明只会丰富与激活本土文明，本土文明具有传统的优势，吸收外来文明的优秀成分有利于本土文明的新陈代谢，本土文明经历现代化之后，仍然会保持固有传统，并且与外来文明形成共存的格局。

三、东西方文明与比较文明学学科

17－19 世纪的西方学术发生的变化，最重要的意义是打破

---

① ［英］李约瑟：《中国古代科学思想史》，陈立夫等译，江西人民出版社 2000 年版，第 372 页。

了一元化的传统，开始了多元文明的学术探索。众多的新学科纷纷涌现，如比较语言学、比较宗教学、比较神话学、人类学等，所谓"比较"实际上意味着这些学科的内容大多数是跨文明的，是对于西方文明之外的语言、宗教、神话、民族风俗等的研究，这是一种东西方文明相结合的学科。这一开端是不自觉的甚至可能是不自愿的，西方学者一开始是怀着一种对于野蛮民族的兴趣、对落后文明的探奇的。他们是以西方学术为准绳来衡量其他文明的语言、其他宗教与神话的。但正是这种探索使得西方学术向世界真正敞开了大门，不是在殖民文明的基础上，而是在可以平等对话的可能性上（当然事实上还尚未能尽如人意），西方学术再次走向世界的同时，其他文明也必然走进西方。也就在各种具体的、分类明确的学科建立的同时，人们感到需要建立一门全面研究文明的学科——文明学或是比较文明学。这只是一个开始，多元一体文明时代，所有的学科与其他文明遗产一样，有一个辩证发展的未来，这就是东西方的互动与互补。学科只有在东西方文明之间相互辩证理解中，才可能有新的发展。

从 19 世纪初期起，关于建立文明科学（science of civilization）的思想就开始在欧洲酝酿，来自哲学、人类学、历史学、宗教学等领域的学者不约而同地认为，应当有一门科学专门研究文明，主要是不同民族的文明，这门学科可以称为文明学或是比较文明学。

1838 年，德国学者培固轩（M. V. Lavergne Peguilhen）在《动力与生产的法则》一书中，较早地提出了"文化学"（Kulturwissenschaft）一词，并且提出要建立文化学学科。

1854 年，格雷姆（Gustav F. Klemm）出版了第一部文化学专著《普通文化学》（Algemeine Kultuwissenschaft），这是一部以原始文化研究为主要内容的著作。关注这一领域的还有人类学、社会学、民族学等方面的学者①。

东西方文明的比较研究也引起世界学者的注意，东方学、国际汉学、印度学、伊斯兰文明研究等学科早已把东西方比较作为主要内容。明末清初，中国学者已开始进行东西方文明、中外文明的比较研究。鸦片战争之后，在长达百余年的时间里，中国人进行了长期的关于东西方文化与文明的争论，龚自珍、王壬秋、林则徐、冯桂芬、魏源、严复、章太炎、张之洞、梁启超、李大钊、鲁迅、胡适、张申府、冯友兰、陈序经、梁漱溟、许仕廉、孙本文等来自各方的人士各抒己见，从朝廷大员、封疆大吏到大学教授、归国学子，可以说是中国近代以来最重要的讨论之一。历时既久，论题亦无所不包，从王壬秋等人反对建立同文馆到今日的后殖民主义，时刻关系到中国在世界发展中的格局与地位，这种争论仍在进行之中。正是这种大规模的、逐渐深入的文化与文明的讨论，为东西方文明的科学研究在中国的建立提供了条件与基础。

1921 梁漱溟出版《东西文化及其哲学》，这是国内出版的第一部全面比较研究东西方文化与文明的重要著作。它对于明末以来的东西方文明之争从哲学角度进行比较分析，将以往的经验的现象的比较、简单的价值判断以及东西方文明孰优孰劣的争议理论化。首次系统分析了东西方文明的思想意义及其历史作用。但这部著作的研究内容与方法明显受到作者所处时代与自身学术经验的限制，只能以中国儒学、印度佛学与西方哲学为代表进行类型的比较，缺少历史与辩证的分析。正式提出建立文明学学科和东西方文明比较研究的是陈序经，1934 年上海商务印书馆出版了陈序经的《中国文化的出路》，其主旨是

---

① 关于"文明学"学科的创立可以参见陈序经《文明学概观》等著作，收入杨深编《走出东方——陈序经文明论著辑要》，中国广播电视出版社 1995 年版中的有关论述。

宣传"全盘西化"的主张，激起一片反对之声。但这是第一部以人类学、社会学和文明学来进行研究的理论著作，作者偏颇的主张使得全书有不少明显的错误，但是书中阐述了文明学的基本概念，介绍了近代西方文明研究的主要方法，其学术价值是重要的。1947 年商务印书馆出版了陈序经另一部重要著作《文化学概观》，追溯了西方文明学建立的历史，对于文明学学科的主要研究范畴、内容与特点进行详细的说明。这是国内不多见的全面介绍西方文明研究的著作，作者留学欧洲期间收集了相当丰富的文明学研究资料，对于这一学科发展的历史与现状介绍详尽。作者论证的材料则主要是东西方文明理论观念特别是中西文明观念。作者是"全盘西化"的争论中一方观点的主要代表人物之一，所以对于当时的不同观点都有较深切的理解。

海外学者是东西方文明与文明研究的重要力量，二次世界大之后，欧美学术界重视对于中国等远东国家的文明与文明研究，相当多的学术机构以东西方文明或是中西文明为主要研究对象。当中国大陆从 50 年代到 70 年代末停止了关于东西方文明的讨论时，台湾与海外的东方学家与中国学者如牟宗三、熊十力、唐君毅、方东美、钱穆、徐复观、殷海光、张佛泉等，仍然进行了深入的研究。所以到 80 年代之后，大陆学术界重开讨论，在海外发展得相当成熟的后期"新儒学"等讨论立即与大陆进行呼应。其中具有代表性的是美国夏威夷大学哲学系出版的《东西方哲学》（Philosophy of East and West）杂志，夏威夷大学的成中英的《论中西哲学精神》（1991 年）、美国哈佛大学历史学家张光直的《中国青铜时代》、美国哈佛大学哲学家杜维明等人的相关著作。但将文明研究和比较文明研究作为学科，无论是各自独立或是相结合成为一体的理想仍然没有能全部实现。

当代国际比较文明研究已经有了相当的发展。1961 年，国际比较文明研究学会（The International Society for the Comparative Study of Civilizations ）在奥地利的萨尔茨堡成立。1970 年，其总部迁移到美国。这个学会以前的主要成员是欧美国家的学者，在世界各个城市举行学术会议。近年来，日本学者积极参加比较文明学的研究工作，曾经担任了国际比较文明学会主席等职务。东京大学名誉教授、丽泽大学教授、曾任比较文明学会会长的伊东俊太郎的著作《比较文明》（东京大学出版社，1985 年）、《文明的诞生》（讲谈社学术文库，1988 年）、《比较文明与日本》（中央公论社，1990 年）、梅悼忠夫《为了文明的构筑》（中央公论社，1981 年）、梅原猛编《讲座·文明与环境15 新文明的创造》（朝仓书店，1996 年）等论著，虽然大多数内容是普及性的，但是通俗简明，表现出学科初创与普及时期的特点。

伊东俊太郎认为比较文明学"是推进多样文明的比较研究，探明各文明之间的相互关系，从而更加有助于今后全球社会的和谐发展的学科"。比较文明学的主要课题是从"国家"这一狭隘单位中脱离出来，使用"文明"这一更具广泛意义的构架；超越本民族中心主义，认识各文明的特点；通过对诸文明的比较，谋求共生共存的地球文明。为了区别于一般的文明研究，他还对文明与文化的含义作了比较。他认为：

> 人类发展到今天共经历了五大转换期，即"人类革命"、"农业革命""都市革命"、"精神革命"、"科学革命"。或许可以这样认为，所谓文明：一般是指人类诞生即"人类革命"以后，在一切发展阶段上人类创造的内容而言的，与此相对，所谓文明，其真正的词义是指伴随着城市形成的"都市革命"以后所创造的内容。……总而言之，所谓文明就是文化发展的形态，是经历了"都市革命"的文

明之意，它一直关联到今天的科学技术文明。在这个意义上，文明与文化并不是对立的，而是相连续的，文明是更高一级的"特殊的"文化的存在方式。这可以说是关于"文明"与"文化"的关系的最被广为接受的认识。①

无论作者如何辩解，这种对于文明与文化的观念仍然是以历史时代为标准来区分二者，只不过是强调文明的范围大于文化，并且可以包括文化在内。作者还用两个同心圆来表示文明与文化间的关系：

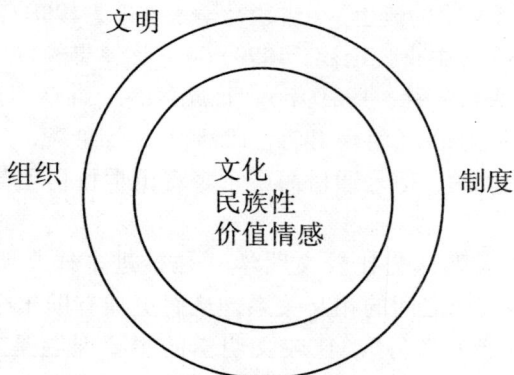

文明

组织　　　　　　文化
　　　　　　　民族性　　　　　制度
　　　　　　　价值情感

外面的大圈为文明，其构成有组织纪律、制度与设施，而内圈为文化，构成为民族性、观念形态与价值情感。

联系到我们以上对于文明与文化关系的研究，可以看出这些概念相对来说简单化一些，没有系统的构成说明。但是从区分比较文明与比较文化这一角度，仍然可以作为一家之说。中国的比较文明学也正在发展之中，东北师范大学世界文明史比较研究中心出版的《文明比较研究》杂志 2000 年出版了两期，

① ［日］伊东俊太郎：《何谓比较文明学》，载《文明比较研究》（东北师范大学世界文明史比较研究中心主编），2000 年第 2 期，第 4 页。

发表了一批关于比较文明与比较文化、比较文学的研究论文。

笔者涉足于比较文明学研究时间不长，由于这一领域在国内属于有待开拓的新学科，所以也受到关注。有评论者指出："世界比较文明研究是国际新学科，方汉文从 20 世纪 90 年代起就潜心于这一学科在中国的开拓，先后出版了《比较文化学》、《陶泥文明》，提出了世界文明八大体系划分、世界文明起源四大时期，在国际学术界独树一帜，多次受邀出席国际比较学研究会议，为中国学者创立新学迈出了重要的一步。"①

从以上的分析可以看出，比较文明学特别是以东西方文明为主的比较研究具备了一种历史的需求，这种需求对于东方与中国，同时对于西方，都是从古代起就存在而在当代已经更为迫切。

从目前的研究实际来说，比较文明研究可以说是范围最广泛的研究，它与文明研究、跨文明研究等互相交叉，形成了相当复杂的研究态势。有人认为文明研究应当以研究对象的区域来划分，如分成东方学或东方文明研究、各种民族国家的文明研究，如法国文明、中国文明、英国文明、印度文明研究等。另一种意见则是从学科对象与方法等不同方面来划分，如人类文明学、比较语言学，比较历史学、比较宗教学、比较文学与比较文明学。此外，在一些相关学科中，也开始对于文明的研究，如历史哲学，这方面有黑格尔等人的著作；世界史与比较史学，如斯宾格勒、汤因比等人的著作；文明交流史方面的研究，如中西中外文明交流史，或是一种比较文明学的研究，如梁漱溟、马克斯·韦伯等人的研究。为了说明文明研究的分布，我们可以把这方面涉及的学科列成如下简表：

---

① 陈熙涵"方汉文著《比较文明史》出版——全球化时代世界文明史的新探索"，《文汇报》，2009 年 7 月 21 日，第 9 版。

地域文化学	东方学	远东国家如印度、中国的研究
		近东国家阿拉伯国家研究
	西方文化研究	欧美西方国家文化研究
		其他西方国家文化研究如澳大利亚等
	其他文化	如非洲、拉丁美洲国家文化等
跨文化研究	人类文化学、社会学等	如英国马林诺夫斯基等人的人类文化学研究、美国的人类学家进化论派与新考古学派如马歇尔·萨林斯（Marshall Sahlins）等人的理论。
	历史哲学	黑格尔、沃尔什等
	世界文明史	斯宾格勒、汤因比等，近年来有《世界文明史——观察世界的新视角》的作者美国学者威廉·麦克高希（William McGaughey）等人的研究。
	文化历史学研究	德国弗里德里希·拉采尔（1844－1904）的人类地理学派、弗里泽·格雷布纳（1877－1934）的文化圈理论、民族社会学派的埃米尔·涂尔干、列维－布留尔等人的理论
	社会政治学研究	如《现代世界体系》一书的作者美国学者伊曼纽尔·沃勒斯坦（Immanuel Wallerstein）等。
比较文明学	“比较主义”诸学科：比较文学、比较语言学、比较历史学、比较宗教学、比较教育学等	
	国际文明交流研究：如中西交通史、东西方文明交流史等	
	东西方比较文明研究，比较文明史研究等	

以上只是一个相对的划分，实际上各种研究方式之间是相通的，没有绝对的划分。因为在研究的实践中，它们是紧密结

合在一起的。可以看出，如此大范围的重要课题的研究，已经使得比较文明学学科的建立势在必行了。

四、比较文明方法论

比较文明学的研究方法总体来说是比较方法，但是这种比较不是普通的类比，而是一种辩证的思维方法与比较研究，是一种系统方法。这里我们首先要反思的是 18 世纪 – 20 初欧洲学术界中出现的"比较主义"，这是当代比较学科的始祖，我们已经说过，正是由于东西方文明的大交流，使得西方意识到跨文明研究的重要性，于是出现了一批被称为"比较主义"的学科群。比较方法在学术研究中发挥了重要的作用，但是这种比较研究已经不限于普通的方法论意义，它本身即具有跨文明与思维方式的转换的多重意义，因此我们有必要对于其方法论进行说明。反思比较方法，认识其实质与特性，这是我们方法论的重要内容。

在比较文明学研究中，比较主义思潮的方法论有什么借鉴意义？如何才能建构起适应这一新学科的新方法？这也是值得我们研究的。从文明研究的历史来看，主要有以下方法值得讨论：1. 以黑格尔为代表的历史哲学价值判断方法；2. 以斯宾格勒为代表的文明类型学方法；3. 与文明研究密切相关的人类学社会学等的观察统计方法与后现代主义的"文明研究"方法等。

1. 价值判断方法：黑格尔历史哲学模式

读过黑格尔《精神现象学》的人如果再读《历史哲学》，就如同一艘在波峰浪谷上颠簸得万分疲惫的舰船终于驶入了风平浪静的港湾，前者的艰涩、剧烈多变的思辨与后者平缓舒坦的描述形成了如此鲜明的对比。但是，这平静的水面以下却有

着更多的暗礁与逆流，在这部著作中，这个被马克思称为留着
"庸俗的德意志市民"小辫子的思想家的狭隘民族主义精神暴
露得最为彻底。而且不仅仅如此，他的历史哲学本身就是一种
精神史的苍白映象，宗教幻象的生产成了最主要的历史进程，
而历史的终结则为所谓的"自我意识"。这种历史哲学的思想
观念很难为人所承认，但是其方法却有独到之处。这就如同自
然界的大象与犀牛一样，它们生前对于人类可能没有直接的用
途，但是象牙与犀牛角却为人所珍视。黑格尔的历史哲学如同
他的自然哲学一样，生前就遭人厚非，但是他的历史哲学方法
却一直为世人所喜爱。

谁是西方历史哲学学科与方法的创始者？这一问题争议纷
纷，有人认为应当首推中世纪神学家圣·奥古斯丁（St. Augu-
tine，公元354－430年）著作中对于历史所作的神学反思，这
应当是神学哲学中较早对于历史进行研究的著作。也有人认为
应当是从意大利维科开始，也就是从18世纪起，早期启蒙主义
者是历史哲学的创造者。最普遍的看法是把德国的赫尔德作为
历史哲学的开始者，他的名著《人类历史哲学的观念》（Ideen
zur Phlosophie der Geschichte der Menscheit）被一些人看成是历
史哲学的开山之作。笔者认为，无论如何，在康德时代，西方
历史哲学就已经成为相当重要的学科了，康德发表于1784至
1797年的历史哲学论文包括《世界公民观点之下的普遍历史观
念》（1784）等，应当是西方历史哲学的肇始之作。赫尔德等
人是继康德之后重要的历史哲学家。康德、黑格尔之后，西方
历史哲学发展兴旺，特别是进入20世纪，更是影响日增。其中
最重要的有克罗齐、狄尔泰、柯林武德、沃尔什（William
H. Walsh）等人。历史哲学的出现大大改变了西方历史学的研
究，传统史学观念受到挑战。这种挑战是对传统史学观念的质
疑，新的历史哲学家们力图推翻历史就是过去时代事件记录的

观念，他们所提出的一些观念"如一切历史都是当代史"，"历史就是思想史"等，极大地震动了历史研究界。有人认为是金声玉振，起聋发聩。但也遭到激烈反对，被一些传统学者目为野狐禅，是故作惊世骇俗之谈。有一点是无可否认的，这些新观念已经对历史研究理论形成了冲击，其产生的震荡与裂变是不可弥合的，虽然历史研究当然不会完全屈从于这些新观念，但是却会永远不可能回复到不知道这一些理论存在之前的状态，如同伊甸园中吃了善恶之树的果子的人类，再也不可能回到原有蒙昧无知的状态了。

历史哲学中的形而上学思辨性是比较文明学所需要的一种精神层次观照，这不仅仅是因为文明本身就有精神层次的内容，这一点是人所共知的。重要的是，文明需要一种人类精神意义的阐释与发明，只有从精神层次上，才能从本质上展示文明，提升文明。我们已经指出，文明实际有不同的结构层次，构成条件与构成成分与民族意识特性的形成是有内在的关联的，民族的文明最终在精神层次得到最鲜明也是最具有代表性的展现。我们已经指出，民族经典其实就是民族精神象征，犹太法典、《圣经》、《金刚经》、中国"六经"都是民族精神的主要代表。我们要理解一个民族的文明，无疑要观赏它的形式与表达，长城、泰姬陵、艾菲尔铁塔、遍布世界的佛像、金门大桥、自由女神像……这都是最精彩的文明象征，文明象征也是文明精神的凝聚与物化形态，这是无可置疑的。但是，它是无声的，是只可意会而不言传的，而经典则是一个民族的话语，是精神的语言化，也是一种物质化即在声音层次上的代表。语言可以表达最精确的、最细致的、最深奥的精神内容，这是任何图像或是造型都无可比拟的，所以经典的地位是无可替代的。要理解伊斯兰文明、中国儒家文明、西方基督教文明、印度文明就必须诵读《古兰经》、《论语》、《圣经》、《金刚经》等经典，这就意味着从意识形态上全面来理解它，进入它的内心与思想。文明哲学的形而上学方式就是一种精神探索，黑格尔把世界文明分成以下类型，东方世界（包括中国、印度、波斯）、希腊世界、罗马世界、日耳曼世界与现代世界，既有时间又有空间，从精神构成来逐一分析。其中也有相当强烈的比较意识，这种方法当然对于比较文明学有重要意义。

总体而言，文明的把握方式主要有三种：其一是精神的掌握，这就是文明经典的论述与分析。其二是象征的把握，我们可以通过艺术与文学、部分宗教象征来把握它，象征是介于精神与实践之间的，也有人认为文学艺术也是精神的。但无论如何文学艺术是通过形象来启示于人的，这与重要文明经典是不同的。第三是行为实践的把握，如建筑、饮食、生产、家居等方面。对于精神把握来说，其最终目的是与其他方式统一起来，集中起来，而不是形成对立。

历史哲学方法，特别是其中影响很大的形而上学方法，无疑对于比较文明研究有重要参考作用。20 世纪起，历史哲学有相当大的变化，1938 年雷蒙·阿隆（Raimond Aron）的《历史哲学绪论》、怀特（Morton White）的《历史知识基础》、丹徒（A. C. Dantu）的《分析历史哲学》等出版。分析历史哲学与思辨历史哲学有不同的发展方向，从方法上也有相当大的不同。但是，历史哲学主要方法的不足之处也是明显的，其中表现最为突出的仍然是黑格尔，沃尔什的看法就代表了大多数西方学者的看法。他认为，黑格尔为代表的历史哲学方法其实是以理性概念来演绎历史，黑格尔本人把历史看成是理性精神的发展过程，因为在黑格尔《历史哲学》开篇就表明了这一立场，黑格尔说：

> 哲学用以观察历史的唯一的"思想"便是理性这个简单的概念。"理性"是世界的主宰，世界历史因此是一种

合理的过程。①

在这种历史观念中，历史的演进不过是观念的外化，而观念又总是外在于历史事实本身的，这是无可怀疑的，克罗齐等人就是从这一角度来否定黑格尔的。沃尔什更为具体地指出它的思想源流：

> 由此看来，黑格尔就遭到大体上和康德的历史哲学同样的反对意见；确实，一个讽刺者可以说，它提供的只不过是康德论题的加工，用逻辑的工具炮制了出来，使得它看来仿佛是更深刻得多。黑格尔肯定要比康德更有历史头脑，而《历史哲学》一书无疑地要比康德有关这个题目所可能写出的任何著作都更有趣；然而他们在原则上的一致却是始终如一。……如果我集中注意于哲学对历史学的直接效果，那么似乎只有两种答案是可能的：一种是太明显了而不可能不引起人们的兴趣，另一种是太猛烈了而不可能成为不可置信的。第一种是，哲学保证历史学家们说，如果他们足够长期而艰苦地努过力并且足够幸运地发现了适当的证据，那么他们就终将使得任何历史局势都成为有意义的。这是一条所有的历史学家都要设定的真理，无论哲学家有没有告诉他们这一点。第二种则是，如果我观察历史的事实，我们就会看到它们是符合纯粹理性独立于一切经验之外而能制定出来的一种模型的。这是一种没有一个真正的历史学家将会相信的一种说法。无论是康德还是黑格尔，都没有明确地做出过任何第三种可能的选择。②

---

　　① ［德］黑格尔：《历史哲学》，王造时译，上海书店出版社 1999 年版，第 9 页。

　　② ［英］沃尔什：《历史哲学导论》，何兆武、张文杰译，广西师范大学出版社 2001 年版，第 160 页。

这位沃尔什受黑格尔影响很大，所以他对于黑格尔的批评既温和又有些偏离中心，我们只是以其作为参考。黑格尔这种理性中心的概念外化，就是把一切都纳入"理性"与精神的范围，世界历史被看成理性精神的外化，这种客观唯心主义观念的泛滥其实到处都有，中国庄子曾经有过类似的说法，这就是著名的"东郭子问道"。东郭子问于庄子曰："所谓道，恶乎在？"庄子曰："无所不在。"东郭子曰："期而后可。"庄子曰："在蝼蚁。"曰："何其下邪？"曰："在稊稗。"曰："何其愈下邪？"曰："在瓦甓"。曰："何其愈甚矣邪？"曰："在尿溺。"东郭子不应。庄子曰："夫子之问也固不及质正获之问于监市履狶也，每下愈况。汝唯莫必无乎逃物。至道若是，大言亦然。"这与老子形成了鲜明的对比，《老子》中说："孔德之容，惟道是从。道之为物，惟恍惟惚。"王弼注曰："孔，空也。惟以空为德，然后乃能动作从道。"如果真是这种意义，那么老子的道是何等的缥渺而高远，而庄子的道虽则卑下，却是多么的实在，它竟然在尿溺、蝼蚁、屠夫小贩们之中。这就是庄子的"道之外化"，其道理用了荒诞的言辞，阐释的却是老庄所重视的观念，他们认为道是无所不在的，与黑格尔的世界历史的理性原则是毫无二致的，世界就是理性的实现。

也正是在这里，充分暴露了历史哲学的方法特别是康德、黑格尔、赫尔德等人的形而上学方法的不足，这是一种主观精神的客观显现，在西方与东方哲学中都存在。它对于阐明文明的精神意义固然是必不可少的，但也会使文明研究成为一种观念的附庸，这是我们所必须牢记的。

2. 文明类型学：斯宾格勒－汤因比

文明类型学是比较文明学中影响最大的方法之一，只要稍微关注比较文明学发展的历史就会明白，它的代表人物之多，延续之久，对于当代学术界的作用之大，都是其他方法所不能及的。

文明类型学方法就是把人类文明发展划分为一定的历史形态与类型，并且对于不同类型的文明进行比较分析。这种类型划分的原则可以是多种多样的，如可以分为东方与西方，不同国家与民族的文明，如英国文明、日本文明、印度文明、中国文明等多种类型。也可以有大的类型划分，如德国学者斯宾格勒《西方的没落》一书是较早提出文明类型划分的，按他的意见，世界文明有过 8 个大的形态，埃及文明、巴比伦文明、印度文明、中国文明、古典文明、阿拉伯文明、墨西哥文明与西方文明。前 7 种已经死亡，只有西方文明仍然存在。汤因比《历史研究》中把文明划分为如下类型：

一、充分发展的文明

A. 独立的文明

与其他文明没有亲缘关系的文明

中美洲文明

安第斯文明

不从属于其他文明的文明

苏美尔－阿卡德文明

埃及文明

爱琴文明

印度河文明

中国文明

从属于其他文明的文明

叙利亚文明，从属于苏美尔－阿卡德文明、埃及文明、爱琴文明和赫梯文明

希腊文明，从属于爱琴文明

印度文明，从属于印度河文明

非洲文明，起初从属于埃及文明，之后从属于伊斯兰文明，再后从属于西方文明。

东正教文明 ⎫
西方文明 ⎬ 从属于叙利亚文明和希腊文明
伊斯兰文明 ⎭

B. 卫星文明

密西西比文明，中美洲文明的卫星文明

"西南部"的文明，中美洲文明的卫星文明

北安第斯文明，安第斯文明的卫星文明

南安第斯文明，安第斯文明的卫星文明

? 埃拉米文明，苏美尔－阿卡德文明的卫星文明

赫梯文明，苏美尔－阿卡德文明的卫星文明

? 乌拉尔图文明，苏美尔－阿卡德文明的卫星文明

伊朗文明，先是苏美尔－阿卡德文明，后是叙利亚文明的卫星文明

? 麦罗埃文明，埃及文明的卫星文明

朝鲜文明 ⎫
日本文明 ⎬ 中国文明的卫星文明
越南文明 ⎭

? 意大利文明

东南亚文明，先是印度文明的卫星文明，后在印度尼西亚和马来西亚出现伊斯兰文明的卫星文明

俄罗斯文明，先是东正教文明，后为西方文明的卫星文明。

邻近欧亚与亚非大草原地带的土著游牧文明

二、失落的文明

最初的叙利亚文明，为埃及文明所取代

基督教聂斯托利（景教）文明，为伊斯兰文明所取代

　　基督教一性论文明，为伊斯兰文明所取代

　　远西基督教文明，为近代西方文明所取代

　　斯堪的纳维亚文明，为西方文明所取代

　　中世纪西方城市文明，为近代西方文明所取代①

当代学者所提供的文明形态与类型名单中，这是比较完备者之一。其中有问号的是一些已经消失的历史文明或是不为世人所知的类型。当然，这个名单对于世界文明类型来说仍然是挂一漏万，世界历史上曾经存在过的文明远比以上要多，其中相当了一部分已经消失于历史的尘埃之中。除此之外，颇有影响的是亨廷顿《文明的冲突与世界秩序的重建》一书中所提出的文明类型划分，他采用 14 个主要文明说，即美索不达米亚文明、埃及文明、克里特文明、古典文明、拜占庭文明、中美洲文明、安第斯文明、中国文明、日本文明、印度文明、伊斯兰文明、西方文明、拉丁美洲文明、非洲文明。其余类型划分比比皆是，我们就不一一述及。从以上划分基本可以看出类型划分方法的大致。

　　类型学方法并不是一种形式主义的划分，这是它最容易产生误解之处，当代学者动辄就进行文明类型划分，欧美文明、印度文明等等，但是这种划分的原则是什么，它的意义何在，却是越来越令人深思的。据笔者所见，类型划分其实是一种形态的建构，它要表达出人类文明发展中的历史关系，这种关系只在一定的文明类型中体现出来。在这里，历史就是共时性累积成型化，我们透过文明类型所要进行的是历史生成过程的分析，而不只是逻辑比较的本身，生成过程本身的意义远远大过类型本身。因为历史所提供给我们的是真正有意义的方法而不

---

　　① ［英］阿诺德·汤因比：《历史研究》，刘北成等译，上海人民出版社 2000 年版，第 52－53 页。

是一两种观念。希腊文明、基督教与文艺复兴之后的科学技术为什么能结合为一，并且成为后世西方文明主要源流，引导世界的现代化进程。中国文明为什么历经两千年封建制度，仍然能保持大一统不变。伊斯兰文明为什么能在几个世界之中迅猛发展席卷亚非，这都是历史成型过程而不是文明类型本身所能说明的。斯宾格勒说：

> 因此，历史思想负有双重的任务，一种是用比较方法处理各个文化的各别生活过程，另一种是考察各种文化中间的偶然的、不正常的关系对于这些文化的意义。①

这是文明类型研究的主要意义所在，这是复式的而不是单一的，因为时间会给它增加应有的厚度，使得类型成为具有时间维度的实体。

这种类型学最大的不足之处就是尚未能达到一种整体形态的研究，将文明的各种成分作为一个综合的整体予以分析，这里强调的是内部成分的互相联系，所有成分成为一个有机体，因此文明也是一个有机体。这种有机体的观念如此之强烈，甚至使一些人相信，文明如同其他有机体一样，是会有生长死亡的。这正是从斯宾格勒到汤因比的相同之处，斯宾格勒认为西方文明正在走向没落，所有文明都要经过三个大的阶段，第一个是前文明阶段，第二个是文明阶段，第三个是后文明阶段，然后走向灭亡，并且周而复始，如生命的存在一样。汤因比罗列了大批所谓已经死亡的文明，在他所说的主要文明中大多数已经不存在。亨廷顿则认为 14 种主要文明中，至少 7 种已经不复存在。

这种观念显然是不妥的，文明是一种有机体，但这种有机

---

① ［德］奥斯瓦尔德·斯宾格勒：《西方的没落》上册，商务印书馆 2001 年版，第 127 页。

构成并不等于生物有机，而是一种文明系统。这是西方机械论思想经常犯的一个错误，包括康德在研究艺术时，也曾经用生物有机体来说明艺术，艺术如同生物一样，会生长与死亡。其实无论文明还是艺术，它们都是人类实践的产物，不是自然有机物。人类创造的时效性在于它们自身存在的条件及其对于社会历史的作用，当这种功能与作用不复存在时，文明与艺术就会消失。荷马史诗只能存在于古代希腊文明的历史生活之中，如果没这种条件，荷马史诗就会成为遗产，它不会在后世的历史条件下存在，正如前人所说荷马史诗不可能与火药时代共同存在，没有历史条件，任何文明都是不可能存在的。

历史类型学一般是比较的，比较方式是其主要的手段，但是它又与比较文明学不同，可以说它是一种类型之间的类比方式。研究者们在比较时，往往就抛弃了历史，变成一种互相的比附。如果没有历史，比较有什么可比性呢？这种比较的结果就是一种文明的中心论与优劣论，一般来说，其最后终结是欧洲文明的中心论。黑格尔的最后结论是日耳曼精神是世界精神的最后代表，斯宾格勒的最后结论也大同小异，认为德国是西方最后一个民族，它负有完成西方历史最后一个阶段的伟大使命。汤因比一方面说自己反对欧洲中心论，另一方面却又把西方文明作为世界文明的中心。这种比较方法其实不是真正的历史比较，没有历史主义观念，没有把文明的发展过程中各民族的作用真实体现出来。

这一切都要求我们要超越传统的类型比较，建立一种新的文明体系比较研究方法。建立东西方文明中不同逻辑、不同认识论，不同评判价值与模式的辩证观念，在这种观念上，才有多元文明时代的比较方法，而且，这种方法不只具有方法论的意义，它是从人类思维基本形式发展而来的，这是在比较思维基础上的比较方法，当然，它是一种历史与逻辑结合的比较。

3. 人类学的文明研究方法

19 世纪末期的学科分化是在文明研究兴起的整体背景上产生的，在众多学科中，建树颇丰、在学术界产生影响，而又在高等院校分得教席者并不多见，人类学可以说是其中的佼佼者。人类学（anthropology）简单说就是人类之学，用著名人类学家马林诺夫斯基的话来说就是："这门伟大的研究人的科学。"在人类学家看来，人是文化的动物，文化是人类的最高禀性与区别于其他动物的特点。所以人类学其实把文明列为最重要的研究内容。人类学也分为体质人学与文化人类学等不同门类。人类学中的文化人类学是对不同民族和国家的文明进行整体研究，以考察人类文明的起源和变迁的学科，它的目的是发现人类文明发展的规律性和共同特性，所以比较方法是它的重要方法。在具体的学科方法上，人类学的文明研究也形成了自己的方法体系。

文化人类学以实地考察为重要作业方式，也就是所谓的野外作业方式。早期人类学家主要研究对象是原始文化，所以人类学家们深入原始民族居住地，考察原始文化形态。实地采访与调查是主要方式，这就已经具有了实证主义方法的特征。弗雷泽的巨著《金技》收集了世界各国的仪式、神话与民间习俗，长达 12 卷之多，材料之丰富为史所罕见。其他甚至被有的人认为不属于正统人类学者的如列维－布留尔、列维－斯特劳斯等人的著作，也都有同样的风格。人类学方法上有重要革新意义的是英国学者马林诺夫斯基等人，他们以功能学派著称于人类学界。其实他们的方法并不只限于功能方法。特别是马林诺夫斯基，可以说他在有意识地建立人类学学科的基本方法方面贡献极大。

1914－1918 年，马林诺夫斯基根据在西太平洋海岛上的当地土著调查，以田野作业为主形成了功能派理论。在他发表的《西太平洋的航海者》（1922 年）、《野蛮人的性生活》（1932年）和《珊瑚岛田园和巫术》（1935 年）等一列著作中，形成了方法理论。这种方法是以实证和调查为主的研究，改变了传统人文学科中形而上学方法为主的局面。这一方法的研究对象是封闭的岛屿、原始民族社群，手段是观察与实验性的。由于这种研究是一种预设的局域性研究，所以其结果必然只有相对意义。原始文化的落后与现代社会之间的反差并不具有代表性，所以，这种方法的实验性恰恰成了它的缺点，也正是这一点引起了其他文化人类学家对于它的反对。

在文明研究中，人类学的体质人类学也有相当大的贡献，最突出的就是古人类分期法的提出。人类学家们把人类分为远古、古代和化石现代人的不同历史时期，也就是分为远古人、古人和智人。大约相当于中国考古界的早期猿人、晚期猿人（直立人）、早期智人（古人）和晚期智人（新人）。为人类如何从猿类进化到人，提供了理论依据。现代考古学对于森林猿人、直立人和智人的考古发现，与人类学理论互相证明，基本上解决了人及其亚种的关系问题。我们举一个例子就可以看出人类学研究对于文明研究的重大意义，这就是中国北京猿人与南京汤山猿人化石的发现，这一考古发现为世界晚期智人在中国的存在提供了确凿证据，从而为人类起源和文明起源作出巨大贡献，具有人类学的价值，世界文明起源与人类起源研究者都为此感到震惊。曾经对中国人类起源持怀疑态度的西方学者、前苏联的学者们，对此不得不作出新的评价。

相当多的西方学者们都持人类单一起源论，认为人类起源于非洲，亚洲人类是非洲迁移到亚洲的先民的后裔。前苏联的生物学博士 H·H·切鲍克萨罗夫曾经说过：

　　　　中国学者认为现代中国的国土（即或是其中的一部

分）曾经是人类的原始故乡，而中国猿人则是能够制造工具的最早的人科。这个假设是经不起认真一驳的。根据考古学和古人类学的最新资料可以推测，以蓝田（陕西）、周口店（河北）所出骨骸为代表的东亚猿人来到这些地方是更新世中期（大约六十万年至五十万年前）。这些猿人来自西方，很可能是来自非洲。苏联和国外的许多人类学家都遵从达尔文而认为非洲是人类的原始故乡。正是在非洲发现了距今二百万年以上的"能人"（homo habilis）制造的最古老的砾石工具。这些分布到东方道路可能是在西亚、印度和印度支那的适于生活的地区，这些地区经常发现旧石器时代早期的石器。有可能，猿人还利用了另一条道路，即从亚洲中部经现今的新疆而到达黄河流域。[①]

但是，其后不久，苏联著名学者阿列克谢耶夫等人撰著的《世界原始社会史》一书中，就以考古学与人类学相结合的科学方法，指出了中国发现北京猿人的重大意义："从 1927 年起在中国北部和北京附近周口店山洞中所作的发现，对于理解远古人科形态类型的进化肯定有极重要的意义。"[②] 其实切鲍克萨罗夫的观点没有任何新奇，早在他之前的众多西方学者已经提出类似的看法。但是，相当多的西方学者仍然是从中心传播理论来看待中国文明起源的，这些说法大多是不值一驳的。笔者在本书的相关章节将就这一问题进行详细的说明。

30 年代之后，人类学家走出海上孤岛的调查方式，越来越关注现代社会中的殖民地生活，这就引起了人类学观念与方法

---

① ［苏联］Н·Н·切鲍克萨罗夫："毛主义和中国的民族人类学"，参见苏联考古文选编译小组编译《苏联考古文选》，文物出版社 1980 年版，第 140 页。

② ［苏联］В·П·阿列克谢耶夫等著《世界原始社会史》，汪连兴等译，云南人民出版社 1987 年版，第 77 页。

上的一个重要变化——文明互动理论的产生。与传统的原始文明不同，非洲等地的殖民地不是一种单一封闭的原始文明，而是多种文明同时并存。以西方文明为代表的殖民者文明与土著文明互相汇融，两种或以上文明的冲突与结合同时并在。这就形成了新的更为复杂的研究对象，从而必然促成新的方法论的形成。当然，这也就产生对于传统方法的反思，当年人类学家们所观察的太平洋岛上的居民生活并非是绝对封闭的、与外界无涉的。相反，这些居民实际上早已经成为了当代社会的成员，因此对于他们文明的描述其实是基于一个错误的前提之上，即将其作为一种与当代社会没有联系的原始文明来看待。这种错误观念产生的功能派或其他学派的研究结论，应当在当代社会中重新改写。而新的方法即不同文明之间互相作用的动态作用方法，必然成为人类学方法的主体。马林诺夫斯基认为非洲文明动态的实际情况是"一个较高级文明对于一个较简单而且处于被动地位的文明的主动冲击的结果"（the result of an impact of a higher, active culture upoun a simpler, more passive one）①。我们不难看出，这种观念的提出本身就是人类学的一种重要发展趋势，与比较文明学的观念相吻合，从文明联系与相互作用的角度来研究。很明显，这种方法与观念与我们所指出的世界文明发展的第三个历史阶段是基本同步的，都是面对多元文明之间的关系、旨在了解文明之间的互相影响、代表了一个新的历史时代的方法观念。

4. 关于所谓"文明圈"的多学科研究

早自 18 世纪后期，随着文化地理学在欧洲的兴起，相当多

---

① *Bronislow Malinowski*, *The Dynamics of Culture Change*: *An Inquiry into Race Relations in Africa*, Yale University Press, 1945, P. 15.

的学者服膺于一种"文化圈"或是"文明圈"的理论，19 世纪中，这种理论浸润了相关的几个学科，在民族学、社会学、政治学等领域里影响最大。20 世纪中，关于文明圈的理论发展更为迅速，相当多的东方学者包括中国、日本的学者不同程度地受到其影响，划分了世界的几个大的文明圈，以其作为研究世界文明的依据。

文明圈的理论不是一种统一的理论，从理论观念上来看，它受到地域政治学等多种观念的影响，其基本观点是将文明类型的产生与形成和它的地理条件与位置及区域关系联系起来，从文明的区位特征来研究它的性质。它的研究方法是将世界文明划分为不同的地域范围，以一种或多种文明对于其他文明的影响来界定文明特性。它是由多种不同学派、不同学科的学者在不同时代所提出的。较早提出这一理论的是德国学者列奥·弗罗贝纽斯（1873－1923）等人，他们认为一个地域的文化现象具有基本相同的特征，这就构成了这一地域文化的主要特点。而这种文化又是不断向其他地区扩散的，在扩散中形成了一个文化圈。这种理论的主要代表人物有弗里泽·格雷布纳（1877－1934）、奥地利考古学家与民族学家奥斯瓦尔德·孟金等人。

这种研究方式对于当代比较文明也有一定影响，日本比较文化学与比较文明学家伊东俊太郎的著作《比较文明》一书中，认为世界文明是多元发展的，并不能以西方特别是欧洲为唯一起源和中心。各种文明之间是互相交流与影响的。世界文明大致可以分为 17 个基本文明，并且由这些基本文明对周边文明产生影响。同时，周边文明又会对基本文明产生反作用，这样，就会形成基本文明与周边文明的互动关系。而且，他还把文明圈发展成为"文明的交流圈"的理论，世界文明圈之间又是动态地交流的，世界历史上这种例子比比皆是，比如著名的丝绸之路就是一个大的文明交流圈，在这个文明圈中，中国文明与印欧文明产生了交流。同样，还存在地中海文明交流圈、撒哈拉文明交流圈、中美洲文明交流圈等等。

伊东俊太郎的基本文明概念是指"具有自己独特风格，得到独立发展，并且有 900 年以上历史的文明。以这个标准来衡量，他大致划分出：两河流域文明、埃及文明、爱琴海文明、印度文明、中国文明、希腊文明、罗马文明、波斯文明、非洲文明、叙利亚文明、中美洲文明、安第斯文明、拜占庭文明、阿拉伯文明、俄罗斯文明、日本文明、西欧文明与美国文明等。这些基本文明产生了一些周边文明，如中国文明辐射产生的朝鲜文明与越南文明，阿拉伯文明辐射产生的伊朗文明、巴基斯坦文明等。

这种文明圈理论的模式与汤因比等人大同小异，关于文明划分的类型也没有大的差别。这种划分势必不能全面反映文明性质与历史，例如，西藏竟然被他划分为受到印度文明影响的"周边文明"之中，这种划分是极为荒谬的。西藏是中国文明的重要组成部分，从远古以来就与中原有着极为密切的关系，其民族、语言、习俗、宗教都是中国文明的构成部分。西藏人种是蒙古人种，语言属于汉藏语系，宗教是佛教传入中国后的主要教派之一，无论从哪一角度看都是中国文明的构成（而不是所谓"周边文明"）。

5. 比较文明学的研究方法

如果有人问，本书是不是比较文明学的方法？或是更直接地问，是不是比较方法？

我们只能说，比较文明学的学科是以比较为视域的学科，比较在这里不只是方法意义，更重要的就是学科的认识和思维方式，所以它不能只是类比或是比附。我们要对比较文明的比较方法进行历史反思，比较方法是比较文明学的基本方法，甚至在一些并不自称为比较文明学的论著中，也都有关于比较方法的讨论，从这个意义上来说，比较方法就是我们的研究方法。如果从相反的方面去考虑，比较方法确实面临它的信任危机。这也有两种表现，一是比较方法本身的局限性，比较能不能解决事物之间联系的实质，其实一直受到怀疑。黑格尔《小逻辑》中曾经对于学科中的比较方法作过一种评价，其实是对于19世纪以来比较主义学科方法的历史反思，见解深刻，我们不惮反复引用，目的是引起对于比较方法局限性的认识，黑格尔说：

> 我们今日所常说的科学研究，往往主要是指对于所考察的对象加以相互比较的方法而言。不容否认，这种比较的方法曾经获得许多重大的成果，在这方面特别值得提到的，是近年来在比较解剖学和比较语言学领域内所取得的重大成就。但我们不仅必须指出，有人以为这种比较方法似乎可以应用于所有各部门的知识范围，而且可以同样地取得成功，这未免失之夸大；并且尤须特别强调指出，只通过单纯的比较方法还不能最后满足科学的需要。比较方法所取得的成果诚然不可缺少，但只能作为真正的概念式的知识的预备工作。①

黑格尔的说法显然不公，比较解剖学与比较语言学的成功是现代科学史上的范例，它们的成功当然应当归功于广义的比较方法。如果比较方法不是科学，那么，什么是科学方法呢？他所谓"真正的概念式的知识"其实指的就是形而上学的范畴，就是19世纪德国浪漫主义哲学家的从概念到概念，从范畴到范畴的推理。这种方法早已经受到实证主义、结构主义理论家们的

---

① ［德］黑格尔：《小逻辑》，贺麟译，商务印书馆1982年版，第252页。

批评，已经名声不佳了。如果认为形而上学方法是科学方法，而比较方法却只是一种"预备工作"，那当然是不能令人信服的。

但是也无可否认，比较方法的滥用已经成为它的灾难。牵强附会的类比、浅薄的比附，没有实质联系已经成为一种令人反感的、无所不包的方法，成为包治百病的"莫里逊氏的药丸"，中国人称之为到处可以贴的"狗皮膏药"。比较主义学科一个多世纪来的发展已经使人们充分认识到形式类比的比较方法的局限性了。特别是汤恩比、斯宾格勒等人的类型学比较，其实完全是欧洲中心主义的方法论，方法观念的偏执使得其方法远离科学，单一种族或民族的赞美诗永远不可能成为世界文明史的主题曲。只要人类存在下去，人类文明的争论就会继续。在这种文明研究中，没有历史主义的观念，这种文明类型分析其实只是旧日黑格尔理论的改头换面。如果我们看到这种类型方法在世界文明研究中重现时，当我们读到汤因比洋洋洒洒的《历史研究》、斯宾格勒大部头的《西方的没落》，我们只能像人所共知的那个典故所描述的一样，如同法国大革命后的时代里，再看到臀部盖着贵族徽章的说教者一样，众人哈哈大笑，四散而去。中国作家鲁迅的小说里描写过这样一种历史场景，完全可以与路易·波拿巴时代相比，当中国人推翻帝制后，剪去了满清强迫人民留起的长辫子，不料一个号称辫帅的军阀张勋突然复辟帝制，于是遗老遗少们纷纷放下了盘在头顶的发辫，加额相庆。可是，这次短命的复辟转瞬即逝，刚刚放下的辫子不得不再次卷起。

古人有诗云：劝君莫奏前朝曲。黑格尔的文明研究方法早已经为时代所淘汰，重复他的方法只能遭到有识之士的嘲笑。所以还是请斯宾格勒、汤因比及其崇拜者，收起你们的辫子。否则不仅是已经去世的美国学者赛义德先生不同意，而且事实

上只凭这样的方法，更难在当代的比较文明研究中分得一匙
羹汤。

五、材料与考证

　　对于比较文明研究的学者来说，由于这是一个新学科，材
料与证据方面存在疑问相当多，最常见的是两种方向相反的错
误认识。其一是唯材料论，自德国的历史主义流派之后，世界
史的研究中轻视材料与考据的观念已经得到根本的扭转。19 世
纪德国历史学家利奥波尔德·冯·兰克为代表的历史主义对于
欧洲史学有重要影响，兰克创造了自己的史料研究方法，他的
早期著作《近代历史学家批判》中就对欧洲近代史中轻视史料
甄别，不注重原始材料与第一手资料的学风进行了严肃的批判，
他要求历史的真实性。什么是真实性，如何才可能具有真实性？
事实上从来没有一个历史学家不认为自己的材料与观念是真实
的，这就要求有一种鉴定的方法与原则。兰克认为，任何精神
现象必须与实际的现象结合起来，看不到的事物必须从可见的
事物中得到解释，只有这种解释才是可信的。

　　但是，同样是兰克，他在《政治论文》中有一段名言：

　　　　以其全部无可置疑的首创性突然呈现在你面前的精神
　　现实性，是不可能从任何更高的原则之中推导出来的。[1]

其实兰克本人是非常重视历史事件的主观意向与精神作用的，
他的观念是来自于"活生生的个体"的，兰克从不反对形而上
学，相反，兰克极为重视形而上学的解释，他的主要著作《英
国史》、《教皇与宗教关系史》等著作都是从民族精神与宗教角

―――――――――――

　　[1]　转引自迈纳克（Friedrich Meinecke）："论兰克"，载何兆武主编
《历史理论与史学理论》，商务印书馆 1999 年版，第 430 页。

度来解释历史的。如今，这种历史主义观念虽然已经过时，但是它的价值并不会因之消失，材料不等于历史，这一原则在文明研究中同样重要。材料，对于我们而言，意味着一种研究方式的基础，对于它的应用应是考古发现与文献的结合，是多种史料的结合。是在史料基础上的个体的精神体验与历史客观现象的结合，这才有可能保持一种文明研究的优秀传统。从 19 世纪 20 年代兰克史学的兴起，到 20 世纪 70 年代的罗伯特·福格尔（Robert Fogel）等人的量化史学，世界历史研究一直处于一种材料中心主义观念的统治之下，其原则是兰克等人所确定的，美国史学家格奥尔格·伊格尔斯（Georg. G. Iggers）曾经有过一个概括的总结：

> 自从利奥波尔德·冯·兰克以来，"科学的"取向就和从修昔底德到吉朋的文学传统共同享有三项基本的前提：（1）他们都接受了真理的符合论（Correspondance Theory of Truth），认为历史学是描绘确实存在过的人和确实发生过的事。（2）他们都假设人的行为反映了行为者的意图，而历史学家的任务则是要理解这些意图以便重建一篇完整一贯的历史故事。（3）他们是随着一种一维的（One dimensional）、历时的（Diachronical）时间观念在运作的。……而正是这些前提，在近代的史学思想中却逐渐受到了质疑。①

我们可以说，所谓受到挑战，不仅仅是指来自历史学，更多的是来自人类学、社会学、比较文化学与比较文明等不同学科的材料的挑战，这是多学科的挑战，也是一种多元材料观念的挑战；同时受到了不同文明中历史材料观念的挑战，文明研究与文化研究，带来了多维的时空观念，共时与历时相融合，所以

---

① ［美］伊格尔斯：《二十世纪的历史学——从科学的客观性到后现代的挑战》，何兆武译，辽宁教育出版社 2003 年版，第 3 页。

我们称之为"多维与多元材料观念"。

这也就使我们可以反思下面一种更为有害的倾向。

这一种相反的倾向是"史料虚无主义",就是轻视史料,无视于考古发现,或是历史考据的发明。文明的历史不是由某一个人所说或是某些文献记载所能决定的。这一倾向有两种表现,一种是精神史的任意挥发,同样是德国史,在德国浪漫主义历史学家与哲学家笔下,就变成了一种没有史料的精神史,这种倾向发端于黑格尔等人的著作中,大成于部分后现代主义历史学家与文化人类学家。另一种倾向则是盲目疑古,不相信考古与科学发现,世界各国的文明与历史研究中都存在这种现象,比较典型的是中国20世纪初期的疑古思潮。这种思潮在中国历史学界争论不休,如果从比较文明学角度来看,其谬误与原因就昭然若揭了。

中国是一个文明古国,但是文明社会的发展规律在于,文字发明只是社会发展到一定阶段的产物,只有文字发明之后,才可能有文字记载的出现。正像俄国语言学家 B. A. 伊斯特林所说,世界主要的表词文字埃及、苏美尔、中国与克里特的文字大约都是公元前 30 – 前 20 世纪前后产生的。从文字产生再到文献形成,又有相当长的历史时期。20 世纪初期,一些中国史学家把《史记》看成是中国历史可靠记载的开端,对于汉代之前的历史持怀疑态度,产生了所谓"疑古派"。1922 年北京大学顾颉刚在《与钱玄同先生论古史书》一文中,提出这样一个观点,《说文》中的"禹,虫也,从虫,象形"及"虫,兽足蹂地也。"怀疑禹本是古代神话里的动物。[①] 按照这一思路,顾颉刚等人主编的《古史辨》中再次对于中国古代史的真实性

---

① 参见顾颉刚著《我与古史辨》,上海文艺出版社 2001 年版,第 206 页。

展开讨论，认为中国古代史是"层累地造成"的。这就是中国20世纪初期的所谓疑古思潮的缘起。以后钱穆曾经描述这一经过：

> 古史之怀疑，最先始于胡氏。其著《中国哲学史》，东周以上，即存而不论，以见不敢轻信之意。近数年来，其弟子顾颉刚始有系统见解之发表。《古史辨》"与钱玄同先生论古史书"："我很想做一篇层累地造成的中国古史。第一，说明时代愈后，传说的古史期愈长。第二，说明时代愈后，传说的中心人物愈放愈大。第三，我们在这上，即不能知道某一件事的真确的状况，但可以知道某一件事在传说中最早的状况。"胡适《古史讨论的读后感》云："这三层意思，却是治古史的重要工具。顾先生的这个见解，我想叫他做'剥皮主义'。譬如剥笋，剥进去方才有笋可吃。这个见解，起于崔述。崔述剥古史的皮，剥到经为止，还不算彻底。顾先生还要进一步，不但剥的更深，并且还要研究那一层一层的皮是怎样堆砌起来的。……"①

这种思潮的起源其实并不是中国传统，而恰恰是兰克的历史考订史观的变形，当时一些受到西方历史学思想影响的学者其实对于西方历史学观念并不理解，食"洋"不化，傅斯年主持的中央研究院历史语言研究所的工作中，相当多的人主张"有一分证据说一分话"，其实只是歪曲了兰克的学说，其精神实质不但与现代史学不相符，就是与更早的实证主义方法也是大相径庭的。中国人学西方科学精神与方法，如若不与本文明相结合，则难免有不伦不类的结果。对于西方文明理解较深的严复就反对过这种盲目搬用西方方法的毛病，他对于清末海禁大开之后，盲目学西方经验的做法，曾讥之为"淮橘为枳"。他说

---

① 钱穆：《国学概论》，商务印书馆1997年版，第330页。

过："盖一国之事。同于人身，今夫人身，逸则弱，劳则强者，固常理也。然使病夫焉日从事于超距赢越之间，以是求强，则有速其死而已矣。……此中大半，皆西洋以富以强之基，而自吾人行之，则淮橘为枳，若存若亡，不能实收其效者，则又何也？"①

另外一种疑古思潮是对于古代文字的怀疑，1900年，中国发现了甲骨文，经过一个多世纪的研究，商代先公先王的存在与世系已经基本清楚，证实与纠正了《史记》中的有关记载。甲骨文这种对于古代文字的研究既是考古学也是历史学的发现，更是文明研究的发现，这一发现的意义引起了世界学术界的重视。但是一些中国传统学者对于它的意义在当时是认识不足的，如章太炎、钱穆等学者都先后表示过不同意见，虽然两人前后态度有所不同，但根本原因仍然在于对书面记载与考古材料不能同等对待。

20世纪的中国甲骨文发现，是世界古文字发现的一个重要方向，与克尔特线形文字、苏美尔泥板文字、埃及象形文字是同样重要的世界古文字大发现，引起世界语文学、历史学与考古学、历史学的大震动，其历史价值与学术重要性无与伦比。先是孙诒让对于《铁云藏龟》的研究，写成《契文举例》二卷，开文字与历史研究之先河。以后罗振玉的《殷商贞卜文字考》（1910年）、《殷虚书契考释》，王国维的《殷卜辞中所见先公先王考》及《续考》，陆续问世，形成所谓"罗、王学派"，对于中国古代史贡献巨大。王国维的考据说明，中国上古史记载是属实的，古代典籍中所说的王亥是殷之先公，《山海经》、《竹书纪年》、《楚辞》、《吕氏春秋》、《史记》、《汉书》

①　严复：《原强》，载南京大学历史系等《严复诗文选注》，江苏人民出版社1975年版，第54－55页。

等书中所出现的，原本认为是古代神话的人物，竟然是历史上实有其人！王国维所排定的世系与古代史籍基本相同。这一发现如同埃及古代王表的发现，使中国进入世界古代文明史中的文明古国的行列的，一切反对之词都破灭了。郭沫若说：

> 得见甲骨文字以后，古代社会之真情实况灿然如在目前。得见甲骨文字以后，《诗》、《书》、《易》中的各种社会机构与意识才得到了它们的泉源，其为后人所粉饰或伪托者，都如拨云雾而见青天。我认定古物学的研究在我们也是必要的一种课程，所以我现在即就诸家所已拓印之卜辞，以新兴科学的观点来研究中国社会的古代。①

郭氏这里所说的"古物学"其实就是考古学，这是历史学家自觉认识到现代考古学发现的意义并以此为工具研究古代文明的由衷之言。

试想如果兰克等人知道 20 世纪中国甲骨文字这一伟大历史考证时，将会用怎样的理论来阐释它？其实这也是预料之中的事情，因为现代历史学理论其实正是建立在 19 世纪与 20 世纪考古人类学等学科发现的基础之上。

笔者以为，尽管近世以来诸学科的发现数不胜数，但是从材料科学角度来看，以下发现对于文明研究意义极为重大：

1. 1899 年，中国甲骨文发现，罗振玉、王国维、郭沫若等人破解甲骨文，排列殷商帝王世系，并利用这一古代文字材料对于中国古代文明进行研究。

2. 1900 年，在古希腊文明旧地诺萨斯发现了一种线形字，这就是迈锡尼人的文字，英国人文特里斯于 1953 年成功解译了

---

① 郭沫若：《中国古代社会的研究》，河北教育出版社 2000 年版，上，第 187 页。

这种文字，这是公元前 13 世纪的西方古代文字，从而为西方文明之源——古代爱琴海文明研究打开大门。

3. 1788 年，入侵埃及的法国军官夏德（Bochard）发现罗塞达石碑，法国学者让·弗朗索瓦·商博良（Jean Francois Charmpollion，1790 – 1832）等破译这种文字，识读埃及象形文字，发现历史人物托勒密（Ptolemy）与克莉奥佩特拉（Cleopa-tra）等人的姓名，并初步排出历代国王世系。

4. 19 世纪，苏美尔人的楔形文字被解读，波斯波里的贝希斯吞铭文等的成功解释。1964 年意大利考古学家在叙利亚的埃布拉遗址发现青铜时代宫殿，随即获得近 20000 块刻有楔形文字的泥板文书，再次为近东文明研究增添异彩。

我们不能不惊叹于世界文明史上的奇迹，东西方几乎同时发现了相近时代的古代文字，这是文明辉煌的再现，是文明研究的科学方法的成就，也是文明研究材料方面的伟大发现，其意义如何估计也不会过大。这些发现并不只是被锁在博物馆玻璃柜里的文物，它将为世界文明研究，特别是比较文明的研究发挥无比巨大的作用。

有了这种比较文明学的视域，我们再看所谓"古史层累说"等观念，可以说是十分简陋了，人类文明的发现，正是随着时代的前进而发现越多，现代人对于上古发现在超过古代人，这恰恰是科学与文明研究前进的必然，将来的人们会比我们对于古代文明有更多的认识，古史就是这样层层发现的，而不是人工假造的。愈是古代，愈是不可能知道更古的时代，这是由于科学与文明的不发达，文献与材料无法得到全面整理，古代器物深藏于地下，古人缘何识之？《论语·八佾》中说：

> 子曰："夏礼我能言之，杞不足征也；殷礼我能言之，宋不足以征也；文献不足故也。足则我能征之矣。

《孟子·万章》中说：

> 北宫锜曰："周室班爵禄也，如之何？"孟子曰"其详不可得闻也。诸侯恶其害己也，而皆去其籍。

孔、孟所不知道的殷周之事，后人就更无从得知，所以后人关于殷周的历史只是层累所制造出来的。这是一种单线单向思维的观点。孔孟所不知道的殷周先王先公，20 世纪中国学者已经借助于甲骨文可得而知。时代越向后，我们对于古代的历史知之越系统，可知的历史时代越来越向前，古史的发现是层层推进的，这才是正确的文明观。

当然，疑古思想与对考古材料的怀疑并不只是中国所独有，世界各国也都不同程度地存在。特别是对于东方文明包括埃及、印度与中国文明的研究，西方学者与部分本土学者经常持怀疑态度（对于希腊史与克尔特文明史研究也存在，但相对于东方文明要少一些）。但是，这毕竟无法改变现代历史与文明研究的大势所趋，西方考古学的发达影响世界，20 世纪以来不仅欧洲考古已经成果不凡，而且埃及、印度等国的研究也有了重大发现，形成了新的考古和历史研究的派别与方法。也有一些有识见的中外考古学家对于中国原始与古代文化研究取得了重大成就。王国维所提出的"二重证据法"已经接近新的历史材料观，1925 年王国维在清华研究院发表题为《古史新证》的讲演时说过："吾辈生于今日，幸于纸上材料之外更得地下之新材料。由此种材料，我辈固得证据以补正纸上之材料，亦得证明古书之某部分全为实录，即百家不雅驯之言亦不无表示一面之事实。此二重证据法，惟在今日始得为之。虽古书之未得证明者，不能加以否定，而其已得证明者，不能不加肯定可以断言也。"

王氏的见解在今日看来已经相当普通，如果与当代历史学理论相比，甚至比起兰克史学都已经十分简单，还称不上一种史学理论，只是一种基本观点而已，但仍然引起中国史学家议论纷纷。王国维对于当时已经出现的欧美比较文明学与比较文化学、人类学、社会学等研究尚不了解。在他之后，世界历史的研究更是日新月异，单线单维的历时向度的研究早已经一去不返了，当代史学理论的引入，比较文明学新学科的诞生正促使中国历史研究发生巨大变化。所以，在本书的材料上，我们提倡多维多元的材料观。如果只是从历史证明与材料的角度，以下方面都是必要的。

1、文字与典籍的历史记载资料。

2、古代文字的发现而出现的材料，如苏美尔泥板文字、克尔特线形文字、埃及象形文字、中国甲骨文字等，其中的年表、帝王纪、纪事等史料。

3、考古发掘的材料，特别是 20 世纪以来的世界范围的众多考古发现，大量地下器物破土而出为文明研究提供了最宝贵的材料。

4、口头与文字记录的神话、传说。

5、共时的历史现象与人类行为比较研究，特别是比较文明学的东西方文明间的比较，儿童心理学与历史心理学、人类社会的历史结构研究等。

这就是我们所说的多维（历史与共时）、多元（跨文明与跨学科）的研究资料观念，在本书中，我们可以看到这一研究方法的实践。当然，作为这种材料观念的核心并不只是所谓"二重证据"或是多重证据的实现，关键是材料观，历史材料不是历史，如果没有历史观念，任何材料都不可能构成历史，正像人类的本质不是碳水合化物，也不是肉加上骨头，人是有灵魂的动物，这个最简单的例子只是说明，观念是灵魂，而材料只是人体的物质成分。一切材料的运用，最终取决于运用者的观念与方法。

六、人类文明认识的三大阶段与东西方文明的比较研究

从以上的分析可以看出，我们在本书中关注的核心是东西方不同文明体系之间的比较，东西方文明体系的比较是一种历史的比较研究。东方文明与西方文明，都是一种历史累积所形成的文明，它们本身就是历史，举凡于东西方的政治、思想、社会生产、经济民生、国家制度、科学等问题的研究，从来没有脱离过历史。所以历史比较是我的主要方法特征。当然这并不排斥逻辑的研究，而是历史与逻辑的同一。

从人类的认识史来看，主要经历了三个大的阶段：

第一是神话与宗教的认识阶段，这个阶段中以想象与类比为主要特性。

第二是理性的认识阶段，这个阶段以理性的思维方式为主，从形而上学的理性到科学的技术的理性，只是不同的方式而已。

第三是文明的认识阶段，这是人的理性与感性全面的认识阶段，以多维的、多元的历史观念为主，以辩证的理性思维为主要方式。

那么，理想的比较方法应当是什么呢？

笔者从 1999 年开始提出"新辩证论"，就是在对比较主义学科历史反思的基础上，建构一种系统的研究体系，它包括认识论、本体论、方法论与研究实践等不同部分，结成一个体系，这个体系运用于世界文明的比较研究是适合的。如果概括地说，它可以这样来表述。

第一、比较并不是只有方法论意义，比较是人类思维的基本构成，也是逻辑学的起点，有了比较思维与比较逻辑，比较方法才能得到真正的科学应用。这是新辩证论的第一个贡献，指出比较思维－比较逻辑－比较方法的历史途径，发现比较研究的真正意义。

第二、东西方的思维不同源于东西方的逻辑不同，中国墨经是一种古代辩证逻辑体系。它的中心观念是对同一性与差异性关系作出辩证理解。而古代希腊逻辑、亚里士多德逻辑是形式逻辑体系，印度佛经逻辑也是形式逻辑体系。亚里士多德逻辑是三段论，佛经逻辑是五段论，同属于形式逻辑没有本质不同。由此形成了西方思维的同一性为中心到理性中心的历史进程。而中国的辩证逻辑最终在中国文明中树立了阴阳互补、差异性与同一性互为补充的观念，抵制了理性中心观念。

第三、世界文明的多元化进程显示了辩证逻辑的价值。现代社会中，西方文明中的理性中心主义极端性暴露出来，有见识的西方学者提出"差异逻辑"等观念，作为反对理性中心主义的思想观念。其实正与中国传统的辩证逻辑可以互为呼应。有的学者如德里达自达等不自觉地向中国文明寻求出路。"别求新声于异邦"，19世纪是中国人向西方寻求新声，而21世纪西方转向从东方文明寻求新声，这就是历史的辩证法。这并非意味着未来的希望已经定格在东方，而只是说明东西方之间有差异逻辑的根源，差异本身是前进的动力。

第四、不同文明之间的比较研究应当有一种辩证观念，文明认证与自我－他人关系的研究中应看到，东西方的同一性与差异是同时存在的，不能像萨特一样，把自我与他人的关系看成是"他人即地狱"的对立。东方不是绝对的黑暗、落后、专制。西方也不是启蒙者，不是民主、科学的唯一代表。德先生与赛先生不是出生在西方，而可能是出生于东方而来到西方，并且可能在东西方之间来往运动。当然，西方民主科学在人类历史上的伟大贡献是不可磨灭的。西方文明以一种勇猛精进的态度，对于冲决有些国家中存在的东方民族封建专制有重要的贡献，历史把这一重任赋予了这种文明，并且通过它完成了这一进程。部分东方民族的专制统治对于本民族的科学与文明造成极大的危害，这是不容否认的事实，只有反思这一历史，才会有继承与进步。

新辩证论的比较就意味着多元方法观念，是对于一元方法与单一思维的否定。这并不是不要方法，而是不要受至一种方法的限制。道可道，非常道，认识道的方法并不是永恒不变的。任何一种方法建立之时，就已经有了它的障碍，有法必有障。方法就是"方"，中医中的"方"就是一种方剂，对付疾病的一种策略，说得简单一些，一方只能治一病，而不可能一方治百病。方法只适用于相对的对象。但同时也要看到，对象不是恒常不变的，方法也就不能不变。中国古代佛学家已经把这一道理说得极为清楚了，永嘉玄觉《证道歌》中说：

> 一法圆通一切性，一法遍含一切法。

如此来看我们的研究方法，也就容易理解了。得道而为法界慧海，只是佛教的理想境界，其实有法就有执，万法圆通无碍的境界是不会存在的。东西方先哲早已经认识到方法的局限，我们难道还能对于某种方法执迷不悟。

比较，作为一种视域，从其最基本的意义来说就是同异俱于一，就是破除一法之执，要采取辩证的认知方式与方法。我们所面对的是多元的文明，我们能有的只是与其相对应的、超越东西方任何一种文明的观念与方法，这是十分正常的。方法的融合与互补是多元文明研究所要求的，是跨越文明的。

东方与西方之间方法的互补极有意义，孔德、泰纳的实证主义方法与中国乾嘉学派的考据学，可以在不同文明研究形成跨越界限的利用，清代学术大师顾炎武、戴震、阮元、王氏父子的研究与法国泰纳的实证研究几乎同时在世界的东西两极兴起。实际上，音韵训诂文字考释等方法在西方文明中也在广泛使用。我们仅举当代几个突出的例子：

只要看一下海德格尔《存在与时间》"导论"第一章对于

"存在"的考据①。

哈贝马斯《认识与兴趣》中关于"理论"一词的饶有兴致的考据②。

德里达《论文字学》等著作中关于"文字"、"差异"等概念的考据。

英国文明唯物论学者威廉姆斯等对于"文明"与"文化"等概念之间的差异的考释。

同样，马林诺夫斯基等人的人类学功能主义研究方法与王国维、郭沫若等人关于甲骨文研究的方法完全可以互为补益。用原始氏族社会来研究古代社会，用地下文物来研究古代社会，都是行之有效的研究方法。

马克思主义的方法在中国历史研究中的应用成就辉煌，正说明了跨学科、跨学科的比较文明学方法的应用前景是何等美好。中国历史学从司马迁起形成了"究天人之际，通古今之变"的传统，有《春秋》到《正续通鉴》的编年史，也有《史记》到《清史稿》的纪事体史书，但基本方法是据史直书，以记事纪实为主要方法。一部25史之记事详尽天下无双，但是没有能通览古今的历史哲学或历史学科原理综论的著作。唐刘知几《史通》、清章学诚《文史演义》虽然能阐发千古之幽微，见古今之得失，然不能根本改变中国历史研究方法的传统。直到20世纪马克思主义传入中国，古老的中国历史学如凤凰涅槃，出现了一大批优秀的中国通史著作与杰出学者，日月灿烂，如出其中。20世纪40年代前后到90年代，经过长期酝酿，出现了范文澜《中国通史简编》、吕振羽《简明中国通史》、翦伯

---

① 参见［德］海德格尔：《存在与时间》，陈嘉映等译，三联书店1987年版，第5-8页的有关论述。

② 参见［德］哈贝马斯：《作为"意识形态"的技术与科学》，李黎等译，学林出版社1999年版，第119-120页的论述。

赞《中国史纲》一、二卷，郭沫若主编《中国史稿》，翦伯赞
主编《中国史纲要》，蔡美彪《中国通史》等，到1990年上海
人民出版社出全白寿彝《中国通史》，近百年来的中国通史编
写令世界史学界为之震憾。虽然其中缺点不少，如后期的以编
写为主的方式已经使得学术著作失去个性等，但瑕不掩瑜，一
种新的科学研究方法与古老传统的结合说明了不同方法的辩证
结合是完全可能的。对于中国学者来说，并非没有前车之鉴，
特别是五四运动之后的"新史学"探索，其中就有盲目否定中
国古代史实与文献等重大缺陷，这更是我们所应记取的教训。

　　总之，方法不是万能的，我们所用的方法是那些对于我们
研究对象所适用的方法，对象决定方法，同时，方法也扩展了
对象。因为在用这种方法时，就已经有超越这种方法的意识。
我们所不用的方法，并不意味着永远不用。比较文明研究是人
类把握世界方式的一种变革，这已经使得传统的一切研究方法
不可能全部在这里得到使用。特别是，东西方文明比较研究在
跨越文明界限时，也就跨越了某一文明中的方法观念，进入了
更加广阔的方法论的领域。

世界文明的起源与体系

目　录

给我物质,我就用它造出一个宇宙来。

—— 康德《宇宙发展史概论》

人类是地球上的生物,人类文明更是地球及其所在的宇宙的产物,所以我们研究人类文明的起源及其发展,必须从地球和宇宙这个环境开始。人类与地球和宇宙的关系,也是人与自然关系的核心,唯有地球与宇宙的存在才有人类存在,唯有人类存在,才有人类文明的产生。

人类文明与自然之间的关系,历来有多种看法,我们不能一一叙述这些观点。但是我们有必要面对其中两种主要观念,而且这两种观念还是相互对立的。任何研究都无法回避这两种主要观念,我们以下的研究中,虽然不是以某一种观念为主导来证明某一种结论,而是以科学研究的历史事实与理论来论证,但也必然有其观念的取舍与评判。所谓两种对立的观念就是自然决定论与非自然决定论之间的对立。

"自然决定论"是一种相当流行的理论,一些学者认为,人类文明的兴起与衰亡主要取决于自然环境的变迁,即天人关系中天起决定性作用。如美国学者弗·卡特(Catter)和汤姆·戴尔(Dale)就曾经提出过一种表土决定论,即认为人类的主要文明的兴衰取决于地球的表土层是否恶化。他们列举了 20 多种文明兴衰为证明,特别以美索不达米亚文明为例,从公元前 3500 年前后的苏美尔早期王朝(据《苏美尔王表》)到公元前 538 年波斯居鲁士王攻陷巴比伦城,大约 3000 年期间,这一曾经领先世界的古代文明,最后竟然毁于河流的泥沙淤积:

上述所有这些王国与文明在美索不达米亚平原上的存

在靠的全是幼发拉底和底格里斯两河的流水和夹带的淤泥。
但与此同时,它们也无时无刻不受到这些水和泥沙的橙红色
混合物的威胁,始终面临着毁灭。①

这是一种有相当影响的学说,两河流域兴衰的研究众说纷纭,其
中多数人关注的是社会制度、国家体制与社会生产和经济方面的
原因,但卡特与戴尔的学说则以地理学的解释而令人耳目一新。
当然,这种说法是否能成立,还有待于进一步的商榷,但它的确为
我们提供了一种新的思路。另一种更为著名的说法是西方著名
历史地理学家亨廷顿(E. Huntington)所提出的,他认为中亚地区
曾经存在过的古代文明以后有两种大的发展趋势,由于这些古代
文明大多是农牧业文明,所以它一种是走向衰落,由于没有足够
的资源,受到自然环境恶化的影响,只能被动地灭亡。另一种是
走出草原向其他雨水丰富的地区发起攻击。如中国西域民族向
中国的进攻,特别是蒙古民族向欧洲的进攻。形成这一历史状况
的主要原因就是地理环境的恶化,如河流断水、牧场沙化、天气干
旱等。主要表现为克里雅河、尼雅河、塔里木河等已经无水,所以
使得沿河的古国纷纷灭亡。同时,他还发现沙漠中的植物在消
失,沙漠森林已经死亡,胡杨树与沙柳处于干枯状态。正是这些
原因千百年来影响着人类文明发展,造成了文明的退化与
消亡②。

此外,还有英国的汤因比提出的文明起源理论的"挑战反应
论",汤因比认为,古代文明多起于自然条件相当恶劣的地区,而
不是产生于山清水秀或是自然资源丰富的地区,比如多产生于气

① [美]弗·卡特、汤姆·戴尔:《表土与人类文明》,庄峻、鱼姗玲译,
中国环境科学出版社1987年版,第34页。

② E. Huntington, *The Pulse of Asia. A Journey in Central Asia Illustrating the Geographical Basis of History*, London, 1907, A. Cons able, P. 30 – 400.

候干燥的沙漠地区等。原因在于恶劣的自然条件对于人类构成一种挑战,刺激人类奋发有为,创造文明以改造自然。这也是一种自然与人类关系中,以自然条件为文明起源原因的理论,这种说法虽然与上述理论有一定程度的差异,但仍然没有能揭示人类文明创造的真正动力所在。

其余一些理论我们就无须再一一引述了,需要说明一点的是,对于自然决定论的批评至今仍然处于无力的地步。其中的原因主要在于,反驳这类学说的是某些哲学家,他们对于文明的自然环境大多没有研究,只是从理论上反驳亨廷顿等人的学说,显得不够系统,缺乏证据。另一类主张非自然决定论者是一些地质学家与古生物学家,他们举出了自然环境相对稳定的证据,以说明自然环境变化不是影响文明兴亡的主要原因。但是,由于对于人类文明变化的规律又缺少深入研究,没有宏观与深刻的理论视域,所以也不能服众。

自然与人类文明息息相关,传统的文明研究忽略自然因素的作用是完全错误的。虽然我们并不赞成自然决定论,但是把人与自然的关系与人类社会生活各个层面联系起来,用一种系统论与全面综合的方法来研究文明的历史,这是我们文明研究的起点。以下的分析中,我们会看到,自然从来不只是一种物质因素,事实上它一直对我们的精神世界产生作用,这种作用或显或隐,绵绵不绝,最终左右着人类文明的进化。如果说人类文明是一幅图画,那么自然就是它的背景。没有背景的图画是不可能存在的,无论这种背景是什么形式,即使是一种空白,它也是一种背景。因此,我们必须从自然环境入手来研究人类文明。

第一章　宇宙起源研究

一、宇宙起源的方式

　　人类,就目前所知而言,是我们这个广漠宇宙中的唯一住户。迄今为止我们所进行的月球、火星与太阳系的太空考察,尚没有发现其他与地球人类相同或是相似的生灵,甚至没有发现生物的存在。

　　为了从宇宙中发现生物与文明的存在,人们可谓用心良苦,从古代起人类就开始星象的观察,希望能从苍冥之中获得来自外星的启示,航空航天器发明以后,人类更是信心百倍地进行了各种探索,希望通过登陆各个星球,发现文明踪迹。同时,人类向宇宙发出各种信息,以求取得回应,从 1972 年起,美国向太空发射了多枚探测器,命名为"先驱者"号,在探测器上安装了一种介绍地球人类的金属板。金属板上刻有一男一女两个地球人的图像。另外还有太阳系九大行星的示意图。并且在第三颗行星即地球的下面划出一条线来,指向探测器,表明它是来自地球。俄罗斯与乌克兰等国从 1962 年 11 月 19 日起,利用雷达天线、射电望远镜等,以莫尔斯电报码等形式,从天文台向宇宙深处多次发射信息,希望能得到宇宙间其他异类文明的信息。

　　近年来不断传来这样的研究结果,即用科学模拟的手段来研究生命存在的环境,这样可以判断宇宙中除了地球之外,是否还有其他的允许他生物存在的条件与环境。2004 年 4 月 4 日,新华社报道英国开放大学巴里·琼斯教授的研究成果,他在英国皇家天文学会上报告说:

　　到目前为止,我们发现的都是像木星一样不大可能有生命存在的行星。但我们预测,在可居住区域内会有一些较小型的岩石世界,在那里水是以液态形态存在的。[①]

从天文学常识来说,生命形式只能产生于这样的岩石行星之上,它必须位于温度适宜的区域之中,既不太热也不太冷。琼斯领导的科学小组用计算机模拟了 9 个类似太阳系的行星,然后将虚拟的岩石行星放置到模拟的太阳系中。这些虚拟的行星质量从地球的十分之一到十倍,大小不等。经过对于它们运行情况的观察表明,虽然某些可居住的行星会因巨型行星的引力作用而被推出轨道,但是有将近一半的行星可以安全运行。琼斯通过这种试验得出结论,至少有 10% 的类似太阳系之外另有行星。模拟结果则显示,其中又约有一半能够支持岩石行星。这就存在这样的可能性,大约有二十分之一的星系中可能有支持生命的条件,宇宙中有相当丰富的生命资源。

　　我们认为这种模拟试验与设想都是合理的,其结论也并非不可信。虽然我们不排除在将来发现外星人至少是外星生物的惊喜,但现在我们不得不承认,就我们目前的认识能力而言,人类在宇宙之中是我们所知的唯一的高级生物,在此岸世界里,生命与人类文明之花,可能只盛开于我们所居住的星球之上。

　　这一现实当然有足够的理由令人类感到自豪,世界所有民族几乎一无例外都有关于人类的赞歌,人类中心并不只是希腊人或是古代中国人的偏见,事实上,人类作为"万物的灵长"受到的赞颂无以复加,人类自认为是宇宙中心的观念也就必然产生。但是,人类也必须考虑这样一个问题:人类是孤独的。有识之士看到这种孤独并不总是祥瑞之兆。

────────────

　　① 参见 2004 年 4 月 5 日《文汇报》第 1 版,新华社北京 4 月 4 日电"太阳系外可能还有'地球'"。

德国 – 瑞士的哲学家雅斯贝尔斯（Karl Jaspers）曾经感叹道：

> 人在这个广袤的世界中却是孤独的。人是沉默的万物
> 和他自己的代言人。①

人类的孤独就是文明的孤独，为什么茫茫宇宙只有地球人类得以
幸存，人类是如何产生的，人类的产生与我们所生活的地球，进而
与宇宙之间有什么关系，也就成为我们所必须考察的课题。对于
这种关系的考察，又必然会把我们引导向对于宇宙是如何起源的
研究，有了宇宙才有人类，有了人类才有人类所创造的文明。起
源的研究是一种重要的关于开始的研究，这也是人类存在以来就
始终关心的重大课题，关于宇宙的起源的看法，可以分为以下几
种主要方式：

1. 神话与宗教的宇宙形成观

古代世界中，各民族通过想象力和信仰的形式对于宇宙或是
世界（古代人在没有建立"宇宙"概念之前往往用世界、天地、自
然等概念来代替宇宙）的形成提出看法，形成了人类文明最初的
宇宙观。虽然数量比较多，但是类型并不复杂，我们先选取东西
方民族中最有代表性的类型予以介绍。

其一是自然形成模式，这是最常见的宇宙起源模式。公元前
三千纪的古代美索不达米亚人提出了"巴比伦创世神话"，这是
《圣经·创世记》之外最著名的创世记之一，"巴比伦创世记"刻
写于7块泥板上，名叫《埃努玛－埃里什》（Enuma Elish），与其他
创世神话一样，这种创世记是人与宇宙共同的产生模式。它的特
点是认为宇宙从海洋中形成，最早的世界是一片混沌与海洋，原
初的海水"提阿玛特"（Tiamat）和地下甜水"阿普苏"（Apsu）混合

---

① ［德］雅斯贝尔斯：《人是什么》，转引自熊伟主编《存在主义哲学资
料选辑》上卷，商务印书馆1997年版，第717页。

为一体,产生诸神。第一对神是拉姆(Lahmu)和拉哈姆(Laha-
mu),代表淤泥的力量。第二对神是安夏(Anshar)和基夏
(Kishar),代表地平线的力量。他们产生了天神安努,安努产生
了流动的甜水神埃阿。诸神与阿普苏和提阿玛特发生战争,埃阿
杀死了阿普苏,并在阿普苏的尸体上建造了住所,他的妻子生下
了马尔都克。提阿玛特准备惩治诸神,诸神以马尔都克为首来反
抗,战胜了提阿玛特。马尔都克将提阿玛特的身体分为两部分,
一部分用来造天,一部分用来造地。随后他又为诸神建造了居
室,在天上放置太阳、月亮和星星,用来标志时间。安排了河流与
山林。为了寻找代替工作的对象,在埃阿的帮助下,用叛逆之神
金古的血来造人①。

这种模式虽然也有神化宇宙的成分,如由神的身体化成天
地,但是其来源是归之于海洋等自然因素。而且其中有明显的古
代农业文明形成的因素,如淤泥地与甜水等,也有母系社会的一
些遗迹。海洋是其最重要的因素,一切产生于海洋,是一种原始
的对于世界创生的猜测。当代西方精神分析学家们有所谓"海
洋记忆"之类的说法,认为人体胚胎在母体子宫中是在羊水中浸
泡的,这就是人类出自海洋的经验。这种说法虽然有一些近似于
神话,但是宇宙来自海洋的创世说是两河人的早期神话之一,是
确定无疑的事实。这种说法无论是两河人从其他民族继承的也
好,或是自创的也好,以后在世界多种民族传说中出现,是引人注
目的。

其二是神旨创造模式。《圣经》"创世记"(Genesis)就是这
种模式的代表,"创世"一词的希伯来文原意是"开始",原文就是
《圣经》开篇的"起初,上帝创造天地"。这是一种有体系的创世

---

① 参见于殿利、郑殿会著《巴比伦古文化探研》,江西人民出版社
1998年版,第127－128页。

故事,《创世记》共 50 章,但只有第 1 到第 11 章是关于宇宙起源,其余是关于以色列人祖先的传说。前边这部分内容涉及一切事物的起源。首先是"万物起源",即上帝用 6 天时间创造万物,第 7 天休息。"人类起源"即上帝将人类始祖亚当夏娃安置在伊甸园,最后二人因为偷食禁果,被逐出乐园,繁衍人类。"洪水传说"描述上帝因为对于人类罪恶的不满,以洪水毁灭人类,只有诺亚方舟得以逃脱水灾。"巴别塔"则讲述人类不同语言的产生。

这种模式的本质是"无中生有",宇宙是神的创造,《旧约》的第一个动词就是"创造",也就是希伯来文的"巴拉"(bara),据统计,这个词在《旧约》中出现了 49 次,可见其重要性。根据西方神学家的看法,"巴拉"这个词指的是"绝对的创造",即"使其产生"、"使其存在"。这是一种极具特色的神创思想,却又与以后的哲学思想有相通之处,它完全没有自然生成宇宙的观念,提出一个用精神创造世界的模式。

与犹太教相近的是古代波斯人的经典《阿维斯陀》中的创世模式,其中描述混沌初开就有两个神,一个是善神,一个是恶神,这种双神并举的创世模式虽然有不同之处,但神创宇宙的基调是相同的。

其三是自然进化与神灵创造混合型的宇宙观。如中国的盘古开天地,女娲造人的传说等,这些传说不同于以上两种,它们不很系统,以神或英雄的创世故事为主。从历史过程来看,大多数是从民间传说中发展而来,以后在典籍中被整理,具有一定的哲理性。如《艺文类聚》卷一所引《三五历纪》中所说:"天地混沌如鸡子,盘古生其中,万八千岁,天地开辟,阳清为天,阴浊为地。盘古在其中,一日九变,神于天,圣于地。天日高一丈,地日厚一丈。如此万八千岁。"清马骕《绎史》卷一引《五运历年纪》曰:"首生盘古、垂死化身,气成风云,声为雷霆,左眼为日,右眼为月,四肢五体,为四极五岳,血液为江河,筋脉为地理,肌肉为田土,发髭为星辰,皮毛为草木,齿骨为金石,精髓为珠玉,汗流为雨泽,身之诸虫,因风所感,化为黎氓。"所谓黎氓,就是黎民百姓,也就是现在我们所说的人类。其他民族也有类似的传说,这一类传说古朴简单,内容也比较单纯,反映了古代人类对于宇宙形成最粗浅看法。

另外如埃及太阳神创世说,这种创世论形成早,形态相当复杂。最早的天神不是太阳神,而是海水神"努",他的儿子是太阳神拉。太阳神开始出生时是一个发光的蛋,浮在无边的水面上。我们从这里可以看出有海洋起源论与仿生论的明显痕迹。

太阳神拉出生以后,其他的神才跟随太阳神走入茫茫世界。太阳神生了 8 个儿女,男女各半,儿子风神舒与女儿湿气神特夫内特结为夫妻。从这里我们可以看出古代埃及的血缘婚的一些影响,特别是特夫内特的形象是狮首人身,可以说是狮身人面像的前身。太阳神拉分开了天地,天是从海水中升起的。拉又为陆地上创造了人与万物[1]。

埃及的太阳神崇拜是世界最早的古代宗教,关于这种宗教的性质现在还有争论,西方多数宗教学者认为它不是一种一神教,而是一种准一神教。因为崇拜对象具有自然神的特征,是从自然神崇拜向一神崇拜的过渡。也有的学者如精神分析学家弗洛伊德在《摩西与一神教》一书中就认为,埃及曾经出现过太阳神一神教,这就是最早的一神教。笔者认为太阳神的一神教与犹太人摩西的一神教虽然有所不同,但并没有本质的区别,一神信仰的关键是精神信仰的权威性,从这个意义来说,太阳神与非物质的神、人格神并没有性质的差异。不过,从宗教发展形态来说,太阳神崇拜与犹太教先知崇拜与佛教智者崇拜之间,虽然发生时间可

① 参见李永东编著《埃及神话故事》,宗教文化出版社 1998 年版,第1－5 页。

能相同,但仍然有一定区别,可以说是一神教的不同形态了。无论其宗教形态如何,它的宇宙观却是一种混合型态的,而且构成方式也相对复杂,明显有多种文化成分,这可能与这种最早的古代文明与多种原始民族都有过交往有关。

其他一些民族也有过类似的创世神话,如印度的《梨俱吠陀》中的"金胎"说等,中国南方民族神话传说中的葫芦生人等,大致也属于同一类型。

随着人类理性认识能力的发展,这种认识模式也发生了变化,人们意识到这种认识方式是非理性的,也没有历史依据,它只是人类认识初级阶段的产物。于是就有了哲学的宇宙观出现,它包括了宇宙的形成与对于宇宙基本特点的认识,是一种理性的宇宙观。

2. 理性宇宙观

理性宇宙观是人类社会进入文明时代,理性思维方式形成后的产物。绝大多数民族的理性宇宙观念是从神话宇宙观念中发展出来的,初期的理性宇宙观念中还保存了一些想象与神话的基本特征,以后逐渐演变为科学与理性的认识。这里所说的科学包括哲学社会学与自然科学,在古代文明中,古代自然科学与社会科学是紧密结合在一起的。

世界各主要文明中,较早对于神话宗教学进行批判的是中国文明,中国文明与希腊文明的性质相近,都是人文主义类型的古代文明,不同于其他一些古代宗教文明。正是由于有这种人文主义精神,因此有可能较早地对神话宗教创世说进行批判,建立理性主义的宇宙观。中国最早的理性宇宙观应当是《易经》中所说的阴阳生化学说,这种学说以后与"五行说"结合,形成了有中国文明特点的宇宙观。这种宇宙观把创世说、创生说与宇宙说、天地论等结合起来,形成完整的宇宙论。这种宇宙论的特点是非宗教的,不是神创世论,但也不是自然创世论。这是一种经过理性思考的新型理论,它以抽象的"道"作为创世之本,近似一种唯心的创世论。这种宇宙论又只是同一文明之中的多种理论,所以它的代表人物与表现形态也是多样化的,虽然保持了总体上的一致性,这种一致性主要体现于理论的思维方式,这是一种辩证的思维方式。

其一是"道"生天地论。这一观念强调,宇宙的产生,从鸿蒙初开到世界形成,不是盘古或天神们所创造,而是由无所不在的道所生成。中国古代哲学家老子《道德经》中较早提出这一观念,《道德经》中认为,天地不是自生的,而是派生的。这种观念可以说是一大发明。《道德经》中说:

> 天长地久,天地所以能长且久者,以其不自生,故能长生。

这个道理虽然简单,但十分重要,凡是自然生长的万物无有不坏的,人所以要死是因为人是人所生,是自然的产物。人不是神的产物,如果人是神的产物,那么人也就与神一样的是永恒的了。正因为这个道理,《圣经》不得不说人类的沦落,亚当夏娃本来是永恒的,因为罪恶才沦为下世人类祖。即使这样也无法克服内在矛盾:人是神的创造物,但又面临世界末日的毁灭。虽然同为宗教,但佛教对于这个道理认识得远比犹太教清楚,从一开始就说人与万物必有其始终,即使金刚之身也不是绝对不坏,所以佛的涅槃不但不是欢天喜地,而是一片悲切,如同一般人去世一样。总而言之,人文学说是经过智者深谋远虑以后提出的,所以有它的逻辑依据,而神话与宗教则不是依据理性尺度的。

天地万物生于道,所以它不是自生的,而是道的产物,道是永恒的,道所创造的万物与宇宙也是永恒的,至少是长久的,这就是天长地久的原因。可见,老子的解释就高明得多了。他还具体阐释了"道"的先在:"有物混成先天地生,寂兮寥兮,独立不改。周行而不殆,可以为天下母,吾不其名,字之为道。"这个道也就是无,即老子所说:"天下万物生于有,有生于无。……道生一,一生二,二生三,三生万物,万物负阴而抱阳。"如果我们把老子的创世说与上帝的创世说相比较,两者的不同立即互见。上帝是神创世界,是神从无中生有,先要有光,划分混沌,创造万物与人类。而老子学说则有一个先天地而在的道,这个道不是神,只是虚无之道,道生一,一生二,二生三,三生万物,万物划分为阴阳,如同人分男女,天分日月,生物分雌雄。道生万物与神创万物之间是大不相同的。

即使是人们经常说到的庄子的混沌故事,也不是神创世界,而是哲理寓言,是自然形成的理性认识,不过是采取了寓言的形式而已。庄子以道为天生与创生之本的思想是毋庸置疑的,《庄子·天地篇》中说:"故通于天地者,德也;行于万物者,道也。"《庄子·大宗师》说:"夫道,有情有信,无为无形,可传而不可受,可得而不可见;自本有根,未有天地,自古以固存。神鬼神帝,生天生地。"但是最为人们津津乐道的还是《庄子·应帝王》中的混沌开窍故事:

> 南海之帝为倏,北海之帝为忽,中央之帝为浑沌。倏与忽时相与遇于浑沌之地,浑沌待之甚善。倏与忽谋报浑沌之德,曰:"人皆有七窍,以视听食息,此独无有,尝试凿之"。日凿一窍,七日而浑沌死。

有人称其为神话,有人称之为寓言,无论如何称呼,其中的哲理性都是显而易见的。神话学者袁珂曾经指出:"这个有点滑稽意味的寓言,包含着开天辟地的神话的概念。混沌被倏、忽——代表迅疾的时间——凿开了七窍,混沌本身虽然是死了,但是继混沌之后的整个宇宙、世界也因之而诞生了。"①这种解释当然是对

---

① 袁珂:《中国神话传说》上册,中国民间文艺出版社1984年版,第66页。

的,这正是对于宇宙和时空关系的有益思索,但是,庄子的思想更为深刻之处在于,神话恰恰是超越了寓言的,神话本身也是理性的或哲学的,虽然它依然假托于神话,这种思维中的宇宙观与时空观已经完全是理性的了。

更为重要的当然是古代中国人的三大宇宙观,这是理性思维发展到高级阶段的学说,这三种宇宙观是盖天说、浑天说与宣夜说。《晋书·天文志》曰:

> 古言天者有三家,一曰盖天,二曰宣夜,三曰浑天。汉灵帝时蔡邕于朔方上书,言宣夜之学,绝无师法;周髀术数俱存,考验天状,多有违失;惟浑天近得其情。……蔡邕所谓周髀者,即盖天之说也。①

实际上,早从汉代起,盖天说就已经受到科学家们的批评,如著名科学家张衡就曾反对过天圆地方的学说。但是无可否认,三大学说相对于神话与宗教的宇宙起源论来说,已经是相当进步的学说,与《易经》及老子的宇宙观相同,也属于一种科学假设,是一种理性的学说。

西方的理性宇宙论则早在古代希腊就已经萌芽,爱奥尼亚学者们提出了关于宇宙自然起源论等多种学说。从普鲁塔赫(Prutarch)的著作中可以知道,毕达哥拉斯学派的费罗劳斯(Philolaus)就已经认为,世界是自然的产物,地球、太阳与月亮都以一种倾斜的圆周轨道围绕着一团火在旋转。还有赫拉克里德(Heraclides)和毕达哥拉斯学派的埃克范图斯(Ecpphantus)都提出了地球运动学说,主张地球是自转的。这就是说,古代希腊人已经指出了地球的公转与自转,这是人类宇宙论的最伟大贡献之一。经常被人们提到的是亚里士多德的《天论》,其中说明地球是圆

---

① 《晋书·天文志》,见《二十五史》(二),浙江古籍出版社 1998 年版,第 16 页。

形的,但是他主张地心说,即地球是宇宙的中心。特别是公元前
2 世纪时的亚历山大城的克洛狄阿斯·托勒密(Claudius Ptole-
my,约公元前 100 – 前 170 年)的天文学,可以说已经初步建立了
古代的科学研究认识。他提出了系统的地心学说,认为太阳、行
星、恒星都在围绕地球转。但是,他无法解释这种理论与实际测
量之间的矛盾,于是就提出了一些补充的看法,这就是在"均轮"
的圆周之外,加上了"本轮"的圆周。这就是说,天体都在围绕地
球作偏心圆的运动。

可是从基督教成为国教之后,宗教的宇宙论取得统治地位,
理性的与科学的宇宙论全都被禁止了。而托勒密的学说,因为恰
与基督教的地球中心说相契合,成了神创宇宙的证明,正是在这
个角度上才得到神学的肯定。但是进一步的研究却被禁止了,其
实地心说的这一命运是托勒密本人所无法预料的。直到 16 世
纪,波兰科学家哥白尼(Nicolas Copernicus,1473 – 1543 年)出版
了《天地运行论》,提出太阳中心学说,才真正开创了科学宇
宙论。

宇宙的形成是人类最古老的问题,可以说自从有了人类就在
思索这一问题,但是真正要解决这个问题,却绝非易事。对世界
有重大影响的学说之一是康德所提出的,他的宇宙形成理论——
"星云说"——是现代理性宇宙论的代表,但耐人寻味的是,由于
现代科学宇宙论的发展,康德的宇宙论也成为理性宇宙论的终
结。康德的理论是一种科学哲学理论,正如他本人所承认,只是
"凭小小的猜测,作一次冒险的远行"。它吸收了牛顿力学的原
理,反对神学观念,把宇宙看一个系统,"运用力学定律来从大自
然的原始状态中探索天体本身的形成及运动的起源"。康德是
这样来解释天体形成的:

> 我假定,构成我们太阳系的星球——一切行星和彗
> 星——的物质,在太初时都分解为基本微粒,充满整个宇宙

空间,现在这些已成形的星体就在这空间中运转。这种原始的自然状态,即使我们根本无意把它看作是一个系统的起源,似乎也是一种不会得出什么东西的最简单的状态。当时它还没有形成什么东西。相距遥远的天体的形成,它们相互之间由吸引作用所规定的距离,以及它们由所聚物质的平衡而出现的形状,所有这些都是后来的事。……

　　因此,假如在一个很大的空间中有一个地点,这里微粒的引力比其周围其他地方要大,那么,分布在这整个范围内的基本物质的质点就会向这一点落去。这种普遍的下落运动的第一个作用,就是在引力中心形成一个物体,它好像是一个无限微小的胚芽在迅速生长,它吸引的下落物越多,对周围物质的吸引力就越大,生长也越快。当这个中心物体增大到它所吸引的远处质点的速度,由于阻挠质点互相接近的微弱斥力而向旁偏转时,就变成侧向运动,再借助于离心力的作用,就形成一个围绕中心物体运转的圆周运动。……因此,在分散的质点群中显然有相当大的部分一定会由于排斥作用而正好达到了这种符合规定的状态;但还有更多的质点没有达到,它们会下落到中心体,使其团块增大,因为它们不能自由地保持在飘浮高度而将穿过下面质点的轨道,最后由于受到下面质点的阻力作用而失去了一切运动。引力的中心物体是太阳,它因聚集了大量物质而为行星系的主要部分,起初它还没有燃烧的火焰,只是在它完全成形以后火焰才在它的表面上突然产生出来的。①

这就是康德的星云假说的基本内容,由于其系统性,我们不惮其烦,引用了他关于太阳系形成的主要过程的描绘。从中可以得出

---

　　① 〔德〕伊曼努尔·康德:《宇宙发展史概论》,全增嘏译,上海世纪出版集团、上海译文出版社2001年版,第25—28页。

两点结论：

其一，这是牛顿力学自由落体运动在哲学中的运用，是一种以其为理论基础对于天体形成的假说。

其二，其观念总体是辩证的与运动的，说明世界只是一种运动的物质，天体是在运动中逐渐形成的，并且也就有其解体的可能性。

其三，解决了第一推动力问题，但是并不是完全没有神学思想，至少康德本人是这样主张的，即原始的微尘与物质仍然是有目的的。

恩格斯曾经对于这种学说予以极高的评价：

> 在这种僵化的自然观上打开第一个缺口的，不是一位自然研究家，而是一个哲学家。1755 年出现了康德的《自然通史和天体论》。关于第一次推动的问题被取消了；地球和整个太阳系表现为某种在时间的进程中生成的东西。①

从康德之后，宇宙观研究中出现了转折，宇宙观主要不再是哲学家们的研究领域，研究的主体从哲学家转向以科学家们为主体。研究与思维方式也发生转变，从哲学转向科学，从理性转向科学思维，当然科学思维也是一种理性思维，但毕竟二者之间仍然是有所不同的。

3. 科学宇宙观的得与失

科学宇宙观与宗教神话、哲学理性的宇宙观是不同的，科学宇宙观是以现代科学方法来研究宇宙形成与天体运动的，这是一种综合性学科，天文学、天体物理学、地质学等学科在这里交叉，已经成为当代科学研究的前沿学科，取得了许多成就。虽然如

---

① 《马克思恩格斯选集》第 4 卷，人民出版社 1995 年版，第 266 – 267 页。

此,从宇宙观的科学体系来说,仍然是一门极不完全的学科理论,特别是由于任何方法都是有自身缺陷的,自然科学的进步将会使得原有的科学理论体系不断更新,任何建立于其上的假说都会被重新建构。我们先简要描绘这一学说的主旨,然后再提出我们的看法。

托密勒宇宙论已经有了科学研究方式的萌芽,但在宇宙论中,真正具有科学意义的还是哥白尼的天体论。可惜的是,由于当时科学的局限,哥白尼虽然提出了模型,但仍然不能用物理学原理来解释自己的太阳中心说。这项工作直到1687年牛顿的《自然哲学的数学原理》中才得到阐明,根据万有引力定律,引力使月亮围绕地球运转,这一路线是绕着椭圆形轨道进行的。同时,地球与其他行星以同样的椭圆形轨道绕着太阳公转。

但是,正如恩格斯所指出、以后又被黑格尔自然哲学的历史命运所证实,自然科学家对于形而上学的反感,成为了自然科学发展的最大障碍。牛顿的名言是:物理学,小心形而上学啊!这一警告与爱因斯坦的另一说法几乎完全相同,历史告诉我们,伟人也会犯错误,而且其错误造成的后果远大于一般人。当然,一定程度上,这也反映出自然科学研究方法如果不与人文精神相结合,其作用是相当有限的。

现代物理学的代表人物爱因斯坦(Albert Einstein)相对论提出后,对于宇宙论产生了巨大影响,就如同当年康德运用牛顿力学来解释宇宙论一样,当代科学家们趋之若鹜,用爱因斯坦的相对论观念来解释宇宙论,希望能获得突破。由于这些理论都正在建构之中,大多数还很没有经过时间的考验,我们只能对于其中有代表性的"大爆炸理论"作一个简单的评述。

其一,根据广义相对论,宇宙是有始有终的。一位被认为用相对论建构宇宙理论的物理学家,英国剑桥大学的史蒂芬·霍金(Stephen Hawking)认为:

然而在广义相对论中，情况则相当不同。这里，空间和时间变成为动力量：当一个物体运动时，或一个力起作用时，它影响了空间和时间的曲率；反过来，时空的结构影响了物体运动和力作用的方式。空间和时间不仅去影响、而且被发生在宇宙中的每一件事所影响。正如一个人不用空间和时间的概念不能谈宇宙的事件一样，同样，在广义相对论中，在宇宙界限之外讲空间和时间是没有意义的。

在以后的几十年中，对空间和时间新的理解是对我们的宇宙观的变革。古老的关于基本上不变的，已经存在并将继续存在无限久的宇宙的观念，已经为运动的膨胀的并且看来是从一个有限的过去开始并将在有限的将来终结的宇宙的观念所取代。这个变革正是一下章的内容。几年之后又正是我研究理论物理的起始点。罗杰·彭罗斯和我指出，从爱因斯坦广义相对论可推断出，宇宙必须有个开端，并可能有个终结。①

其二，既然宇宙有开端，那么这个开端是什么？如果它不是上帝的第一推动力，又是什么开创了宇宙。从 1912－1916 年相对论创立开始，经过多位科学家的研究，终于提出宇宙产生于大爆炸理论，这是康德宇宙论之后最重要的宇宙理论，也是自然科学家们提出的最重要理论体系。这种理论经历了数十年发展，在 20 世纪后期才趋于成熟，但直到今日，仍然是一种发展中的理论。

根据广义相对论，一个时间不变的空间的静止空间是不存在的，那个宇宙就是时而变大时而变小的。这样就有两种宇宙状态，其一是封闭宇宙状态，即宇宙中物质密度大于宇宙延伸速度

---

① ［英］史蒂芬·霍金：《时间简史》，许明贤、吴忠超译，湖南科学技术出版社 2003 年版，第 44 页。

时,宇宙便处于膨胀之中。不过这种膨胀的速度是有限的。其二是无限膨胀,这种状态就是物质密度低于临界值时发生的,这时空间变得无限大,天体之间的分裂也是无限的,互相分离而去。这样,我们就必须假定存在一个原初的统一宇宙,这就是1927年比利时天文学家勒梅特所提出的"宇宙蛋"的设想,这是宇宙的物质和能量原本所在的,这是在宇宙的零时刻存在的。这个宇宙蛋突然发生了大爆炸,宇宙产生于这次大爆炸之中。美国科学家伽莫夫为这种理论命名为"大爆炸理论",从此风行世界,成为普遍流行的学说。

这一学说的物理学验证是1929年美国天文学家埃德温·哈勃所提出,这就是宇宙是膨胀的证实,哈勃用望远镜发现,除了银河系所在的星群之外,其余所有的星系都在远离地球而去,而且速度越来越快。哈勃计算了九个星系与地球之间距离的关系,得出了哈勃定律:即星系远离地球的速度与星系和地球之间的距离成正比。

另外两个辅助性的证明是:其一,1848年伽莫夫以粒子物理学理论研究大爆炸学说,认为大爆炸会留下遗迹,那就是在宇宙里的温度为几度($K°$)的微状背景辐射。这一假设于1965年得到证实,美国贝尔实验室中的两位天文学家彭齐亚斯和威尔逊发现了宇宙微波背景辐射温度,大约是3度。其二,宇宙中氦的存在,这也是伽莫夫所提出的。如果真的有大爆炸,那么宇宙中应当遗留有大约有25%的氦。其后的宇宙科学家们认为,可以证实宇宙中存在着30%的氦,可以说也证实了伽莫夫的假设。

霍金关于大爆炸理论作了进一步的推演,但是基本上是总结了前人的学说,他认为:

> 按照广义相对论,宇宙在过去某一时刻必须有一无限密度的状态,亦即大爆炸,这是时间的有效起始。类似地,如果整个宇宙坍缩,在将来必有另一个无限密度的状态,即大挤

压,这是时间的终点。即使整个宇宙不坍缩,在任何坍缩形成黑洞的局部区域里都会有奇点。这些奇点正是任何落进黑洞的人的时间终点。在大爆炸或其他奇点,所有定律都失效,所以上帝仍然有完全的自由去选择发生了什么以及宇宙是如何开始的。①

从古代神话到相对论,宇宙认识论的历程漫长而艰辛,有必要进行简单评述。

二、宇宙认识论的缺失

当我们完成对于人类宇宙观特别是宇宙起源的简单回顾之后,一个结论是不可避免的:宇宙起源仍然是一个未解决的问题。这不仅是我们的结论,也是当代物理学家们大多数赞同的看法,霍金在《时间简史》的结尾处就一再强调,至今尚未有一种完整的理论来解释宇宙起源。他还引用了爱因斯坦的话:在制造宇宙时,上帝能有多少选择? 这不只是对于上帝创世的怀疑,更应当看做是人类对于宇宙起源研究的一种思索。笔者认为,这种科学态度是值得肯定的,人类认识的阶段性使其认识必然要受到限制,认识的初期从感性得到启示,但无法获得理性的方法,在获得理性能力之后,则可能要失去观察与体验的兴趣。当代科学中的经验论泛滥与科学认识论的缺失,其实恰恰妨碍了正确宇宙观念的形成,一些所谓"科学的宇宙认识论",并不是真正代表科学的见解。

从以往的研究可以看出,不同的方法在不同的历史阶段发挥主要作用。但是并不意味着方法的绝对意义上的错误与正确。历史上的主要研究方法都曾对于宇宙论发展有过重大贡献,其中

① ［英］史蒂芬·霍金:《时间简史》,许明贤、吴忠超译,湖南科学技术出版社2003年版,第232页。

任何一种方法的历史价值都不可否认。神话与宗教方法、理性的哲学方法与科学方法，只是人类历史上因时代不同所形成的不同认识方法，现在我们还不能说哪一种方法观念能够得到世界的赞同。而且三种方法是完全结合在一起的，比如，宗教的上帝创世论就与现代科学理论可以共同存在，无论是牛顿、爱因斯坦还是当代西方科学家们的理论中，都仍然把上帝创世作为一种最基本的前提。特别是哲学的、理性的宇宙论，在 20 世纪的消退是十分不合理的。历史的教训告诉我们，在宇宙之谜的解释中，现代科学家们曾经拒绝哲学方法，这种状况对于科学进步恰恰构成障碍。

这个错误在爱因斯坦相对论中就已经存在，他在《相对论前物理学中的时间与空间》一文中就曾经说过：

> 我坚信，哲学家曾经对科学思想的进步起过有害的影响，在于他们把某些基本概念从经验论（empiricism）的领域里（在那里它们是受人们驾驭的）取出来，提升到先验论（the a priori）的难以捉摸的高处。因为即使观念世界看起来并不能借助逻辑的方法从我们的经验中演绎出来，但就一定的意义而言，它还是人类意识（human mind）的产物，没有人类的意识便无科学可言。不过，这个观念世界很难独立于我们的经验性质之外，正如衣服依赖于人体的形状一样。这对于我们的空间与时间概念尤为正确。迫于事实，物理学家只好使时间与空间概念从先验的奥林帕斯山降落到人间的土地上来，以整理这些概念并使之适用于实际情况。①

其中对于先验论与哲学家的偏见是毫无根据的，事实上，爱因斯坦最终还是在时间与空间这个他曾经认为是最富经验的概念上，

---

① ［美］阿尔伯特·爱因斯坦：《相对论的意义》，郝建纲、刘道军译，上海科技教育出版社 2001 年版，第 2 页。

不得不承认自己的错误。

爱因斯坦与荷兰物理学家德西特把相对论用于宇宙研究中，发现宇宙是运动的，它不是静止的，宇宙或是膨胀，或是收缩。但是爱因斯坦不能接受这一事实，因为这与他从经验论出发的观念是相反的。于是，爱因斯坦修改了理论，目的是说明宇宙是平静的。这是爱因斯坦的一个明显违犯科学精神的错误。他自己在晚年时谈到此事时，曾经承认这是他一生中"最大的错误"。当然，也正是这种勇于承认错误的精神，使我们更感到这位科学巨匠的精神境界的高尚。

杰出的科学家们早已经认识到经验论科学的巨大缺陷，早在1899年，德国杰出科学家与哲学家恩斯特·海克尔就曾经指出：

> 在我们这个"自然科学世纪"里，经验知识取得了巨大的进步，可是理论上对它根本不能进行相应的说明，我们称之为"哲学"的那种对各个个别现象的因果联系的更高认识，也与它极不相称。我们经常看到，几个世纪以来，在我们大学里讲授得的所谓哲学是抽象的，绝大部分是形而上学的科学，它把自然科学新近获得的财富拒之于千里之外。另一方面，我们也不得不同样遗憾地承认，绝大多数所谓"精密的自然科学"的代表人物，只满足于他们专门研究的狭小范围，沾沾自喜于他们的观察和实验，而对所观察到的现象的普遍联系作更深入的认识——这正是哲学！——却认为是多余的。……自然科学与哲学、经验成果与成果之间这种反常的和破坏性的对立，在广大学术界无疑会越来越激烈，会引起越来越大的苦恼。近半个世纪以来，浩如烟海、层出不穷的自然哲学通俗读物，都反映出这样的情况。尽管观察的自然科学家与思考的哲学家之间存在着对立，可是还有那些来自两个阵营的杰出之士携起手来，共同研究，致力于解决最尖端的研究任务——即简称的"宇宙之谜"，这确实是一

种可喜的现象。①

霍金也认为,当代社会普遍存在的自然科学与哲学相对立的现象是不合理的,正是这位科学家呼唤哲学进入宇宙论。他指出:

> 迄今为止,大部分科学家太忙于发展描述宇宙为何物的理论,以至于没有工夫去过问为什么的问题。另一方面,以寻根究底为己任的哲学家跟不上科学理论的进步。在 18 世纪,哲学家将包括科学在内的整个人类知识当作他们的领域,而讨论诸如宇宙有无开初的问题。然而,在 19 至 20 世纪,科学变得对于哲学家,或除了少数专家以外的任何人而言,过于技术性和数学化了。哲学家如此地缩小他们的质疑范围,以至于连维特根斯坦——这位本世纪最著名的哲学家都说道:"哲学余下的任务仅是语言分析"。这是从亚里士多德到康德以来哲学的伟大传统的何等的堕落!②

霍金的批评虽然略显辛辣,却是逆耳忠言,表现出杰出科学家的一种坦诚与远见。经验科学可以解决宇宙是什么以及其如何运动的问题,但它不能解决宇宙产生的原因与它的未来,正因为不能解决这些问题,宇宙论就没真正建立。可以说,历史是有意把问题留给了它所宠爱的形而上学,留给了这个人类的"伟大传统"。

三、宇宙论简述

关于宇宙开始与终结问题方面,我们应当如何看待这种开始

---

① [德]恩斯特·海克尔:《宇宙之谜》,郑开琪等译,上海世纪出版集团 2002 年版,第 2 页。

② [英]史蒂芬·霍金:《时间简史》,许明贤、吴忠超译,湖南科学技术出版社 2003 年版,第 233 页。

的研究,人类是否有能力解决"开始"或是"创世"这种问题呢?从科学的观念来说,人类所面对的只能是现存对象,而"开始"所要研究的是早已不存在的对象。所以我们先要进行的是关于"开始"这个问题本身的思考。而且,宇宙论只是开始研究之中的一种,虽然它的地位相当重要,但它不能取代人类的开始、文明的开始等其他同样重要的问题。

在开始研究中,一直有两种理论,其一是有开始论。其中又可以分为两大类,一类是"第一推动力"的开始为上帝或是其他超自然能力,如老子的道或是其他民族神话中的神。另外一种是以自然为第一推动力。大爆炸理论只是自然开始论的一种。所有开始论必然有成因与终结的质疑。以"大爆炸理论"为例,它最终也存在着什么是临界点与归宿的必然质疑,而这一质疑是关键,事实上,所有的有始论一直无法回复这种质疑。

另一种是无始论,即宇宙是无开始也无结束的存在。这种理论流行相当广,只是受到现代科学家们的批评,以为是一种过时的理论,所以不受重视。我们仅举一例来说明。德国的恩斯特·海克尔就主张宇宙无始终论,他曾经说道:

> 我们把这些结论简单地总结为以下几条:(1)宇宙空间是无限广大和无边无际的;它没有一处是真空,到处都充斥着实体。(2)宇宙时间同样是无限的和无边无际的;它既无开端又无结束,它是永恒的。(3)实体到处存在,而且每时每刻都在不断地运动和变化;没有一处有完全的静止和凝滞;同时,物质的无限数量却总是不变的、正如永远转化着的能量一样。(4)实体在宇宙空间里的普遍运动,是一个周期性地重复其发展状态的永恒循环。(5)这些发展阶段存在于物态的周期性变化之中,这时,首先出现的是物质和以太的最初分化(可称量和不可称量的物质的分化)。(6)这些分化是以物质的持续凝聚、无数最小凝聚中心的形成为基础的,这时实体的内在原始特性即感觉和志向是起作用的原

因。(7)在宇宙空间的某一部分由于这种凝聚过程便产生
了开始小后来大的天体,在天体之间的以太便产生了高度的
张力,而在宇宙空间的另一部分则发生了相反的过程,即天
体由于互撞而毁灭。(8)旋转着的天体在碰撞的力学过程
中所产生的巨大热量,就是新的活力(动能),它促成相撞时
产生的宇宙微尘运动形成新的旋转着的星体,这种永恒的循
环过程又重新开始。我们的母亲地球是在几十亿年前由旋
转的太阳系的一部分产生的,再过千万年以后也将变得僵
硬,其轨道愈来愈小,直到与太阳相撞。①

海克尔的理论其实是牛顿力学与康德哲学的结合体,虽然其中有
些观念明显有不足之处,但是其作为宇宙无始终论的代表仍然是
具有经典意义的。

　　我们提出第三种看法,这就用时空辩证的观念来观察宇宙与
时空,可以称之为一种有限论体系,它的主要内容有以下几点:

　　其一是时间与空间。我们认为,时间与空间的统一性是相对
论的主要成果,这是必须肯定的。相对论以前,我们的时空概念
主要有两种对立的观念,一种是哲学中的主观时空,一种是物理
学中的绝对时空,这两种概念的谬误,已经在爱因斯坦《论狭义
相对论》中被指出了。相对论建立了四维连续统一的时空观,就
是"时空概念"(time – space concept)具有四维性(four – dimen-
tionality)。但是,相对论不是绝对完美的,这是爱因斯坦本人也
承认的,相对论至少在当前仍然只是一种用物理学与数学定律来
解释物体运动规律的学说,如果将其扩大到对宇宙起源的研究局
限性是显而易见的。对于时空研究而言,时空的本质不可能被一
个设定的物理学参照系所证实,时空都有物理学意义,时间有延

① 　[德]恩斯特·海克尔:《宇宙之谜》,郑开琪等译,上海世纪出版集
团 2002 年版,第 208 页。

续性,空间有延展性,这是无可怀疑的。但是时空的意义本身是超越物理学的,这是因为时空对于人类有特殊意义,这种意义就是人类生命的连续性与延展性,不同于物理空间的特性。举个最简单的例子,声音以声波振动为特性,这是它的物理特性。但是,声音的语言意义却不是一种物理性。如果我们认为,语言的本质就是声音的振动,这只是从物理层面说明它的性质。更为重要的,是从语言的社会功能来理解它的,因为语言已经进入到人类意识的领域里了。

时空具有相对特性,这是物理学上的意义,但是从本质上来说,它是绝对的,而非主观的。近代以来的物理学家们把绝对时空看成是主观的是极端错误的,正像相对的并非就是客观的一样。从这一方面来说,牛顿力学没有解决的问题,爱因斯坦同样没有解决。

其二,宇宙本体论中的有限无限。无论是爱因斯坦或是大爆炸理论所设定的两个基点:起点与膨胀,到目前为止仍然是一种没有得到证明的假设。这就使得它们的科学性大打折扣,一定程度上来说,它们依然可以看做是一种新的创世记。不过创世的主角变了,从上帝转变为自然本身。这样,虽然角色转换了,问题却还存在。这个问题不是什么样的力量在创造世界,不管是神的力量还是大爆炸,都一种巨大的创造力。而推动力是什么?为什么会发生大爆炸,这个问题仍没有解决。如果说宇宙早已经存在,是什么原因使它产生爆炸。如果说宇宙原本不存在,那么大爆炸之前又是什么。这些问题是对于大爆炸理论的质疑,这种疑问是它本身所无法解决的。

宇宙的存在是无开始的,也没有终结,但是并不是说宇宙是静止不变的。事实上,宇宙是处于永无休止的变化之中的。这种变化的总过程表现为从非宇宙物质向宇宙物质的转化,也就是说,宇宙并非从来就是我们现在所处于的这个状态。天体不等于宇宙,天体只是宇宙的一个构成成分,这种成分就是我们通常所说的物质结构。宇宙不只是物质的,宇宙也是非物质与反物质的,以往的宇宙论是建立在物质运动观念的基础之上的,从牛顿力学、相对论到量子物理学,这种宇宙观迄今为止不能从根本上解决问题,主要原因就在于此。其实当代量子学家已经为我们提供了认识宇宙的新的可能性,只是多数宇宙研究的科学家们至今尚未充分认识这种发现的重要意义。可以说,当代宇宙论研究完全相同于 19 世纪后期爱因斯坦相对论之前的状况。当时的自然科学家们特别反对黑格尔的自然哲学,机械唯物论在自然科学中占统治地位,这种观念延迟了自然科学本身的发展,直到爱因斯坦的出现,证实了黑格尔早已经指出的理论发展可能性,自然科学才走出徘徊不前的局面。笔者认为,当代科学正在面临爱因斯坦之后的又一次大转折时期,从 20 世纪中后期出现的物理学重大理论进展预示着新的理论突破。这一突破的意义并不亚于相对论和量子论对于传统物理学的推动,只有过之,而无不及。

詹姆斯·乔伊斯曾经有一个被世人称之为"神秘话语"的句子:Three quarks for Muster Mark。其中的"夸克"(quarks)一词出人意料地激发了物理学家们的灵感,被用来命名我们至今所知的最小可分物质。我们对宇宙的一切认识无不源于微观世界的研究,因此对于物质可分性的研究其实是宇宙论的基础。1969 年诺贝尔奖被授给美国加州理工学院的牟雷·盖尔曼,因为他发现了这一物质并且对其命名。当代物理学家们认为,我们所知的宇宙是由夸克所产生的,这是因为物质是由夸克所构成的。但是,从大型粒子加速器的试验中表明,一种反物质和反夸克是存在的。这是人类认识史上意义最重大的发现之一,这一发现可以使我们得出这样一种推论,在我们的宇宙历史上,反物质可能存在。虽然霍金关于这个问题曾经说过:"我们没有直接的证据,表明其他星系中的物质是由质子、中子还是由反质子、反中子构成,但二者必居其一,否则我们又会观察到大量由湮灭产生的辐射。因此我们想念,所有的星系是由夸克而不是由反夸克构成;看来,一些星系为物质,而另一些星系为反物质也是不太可能的。"①事实上,霍金的这一结论无疑下得太早,浩瀚宇宙中,我们所知道的天体与星系不足其万一,一些星系为物质,另一些星系为反物质,是完全可能的。即便银河系全部是由物质构成的,并不意味着在宇宙中不存在反物质的天体。再退一万步来说,即使现在的宇宙中不存在反物质的天体,也不意味着从来没有存在过反物质的天体与将来不会出现反物质的天体。

爱因斯坦的相对论与大一统理论早已经受到挑战,物理学家海什说,20世纪的物理学就像托勒密的宇宙学一样愚蠢,是一种错误的理论。而且不仅仅是批判,新的理论框架正在形成,斯蒂芬·温伯格正在进行的弦理论就是全新的,其目的在于描述所有的自然界的力,构成物质的基本粒子以及最终解决时空问题。弦理论在物理学与宇宙论中掀起一种热潮,虽然这种理论目前尚未成熟,但它的革命性作用已经显而易见。

1956年李政道与杨振宁提出弱作用实际上不服从 P 定律(宇称守衡)的对称,证明弱力使得宇宙和宇宙的镜像以不同的方式发展,吴健雄博士证明了它们的预言,通过实验证明,放射性元素的核在磁场中排列后,它们的自旋方向是一致的。同时一个更重要的发现是,弱作用不服从 C(电荷)对称,即其可以使得反粒子构成的宇宙行为与我们的宇宙不同,这就是说,理论上已经证明了反粒子宇宙存在的可能性。

反物质与黑洞(black holes)的发现告诉我们,宇宙是从反物质与物质的对立统一中存在的。宇宙是处于一种状态向另一种

---

① [英]史蒂芬·霍金:《时间简史》,许明贤、吴忠超译,湖南科学技术出版社2003年版,第101页。

状态转化过程之中的。也就是说,宇宙之前可能存在过前宇宙,
以后也可能存在后宇宙。我们现在的宇宙状态只是宇宙的状态
之一,在此之前可能存在过宇宙的反物质状态,而且,在亿万年
后,也可能再次出现宇宙的反物质状态。宇宙的变化可以归结为
物质状态与反物质状态的反复作用之中。霍金将黑洞理论称之
为量子引力理论,因为这种理论基于一种为别人所忽视的作用力
引力,但是引力的作用可能产生恒星的坍缩与黑洞。根据物理学
家萨拉玛尼安·强德拉塞卡、列夫·达维多维奇·兰道等人的理
论,所谓坍缩其实就是恒星形成的过程,这种过程是氢原子受到
引力作用而凝聚在一起,形成恒星。在恒星早期,它的引力被热
所平衡,在它以后的时期中,也可以根据引力与不相容原理达到
平衡。当这种平衡被破坏后,恒星开始收缩。收缩过程中,表面
的引力场增强,这样造成了光线的向内偏折加大,不能从恒星逃
逸。这就形成了一个区域,在这个区域里,速度最快的光都无法
向外逃逸出去,所以,任何东西都不可能从此处外出,也就意味着
没有任何东西能被外界的观察者所发现,这个区域就叫做黑洞。
简单说,黑洞就是无法与外界联系的区域,它的边界是由视界所
规定的,即事件视界,这一视界就与不能从黑洞逃逸的轨迹相重
合了。黑洞理论的出现,使得宇宙论的解释变得更为明朗,不是
向着所谓大爆炸的方向,而是向着我们所解释的宇宙大循环的
方向。

　　反物质与黑洞的发现,可以证明我们所总结的宇宙与天体的
形成观是合乎物理科学的。在无限的宇宙中,反物质与物质的转
化是运动的总趋势,其中无疑有力的作用,这种力是反物质与物
质之间的作用力,这种作用力如果从原理上看,就是阴阳相对与
相聚的作用力。正是这种作用与反作用,使得基本粒子产生聚
合,聚合作用的结果形成天体。天体与天体之间仍然存在阴阳对
立与聚合关系,这是宇宙与天体运动的基本模式。

四、小结：宇宙与人类理解

宇宙对于人类及其文明有什么影响呢？

先看宇宙对于人类认识的总体影响，宇宙是变化的，特别是太阳系中地球运动的方式决定了古代人类认识的基本方式，地球人类所看到的是太阳月亮的一起一落，感受到四季的变幻，由此对于古代人类的辩证观念产生大的影响。

中国古代经典中其实已经解释了宇宙变化的规律，解释了宇宙与天体运动之间的联系，这就是：

> 一阴一阳之谓道。

宇宙变化不是无规律的，它的规律就是阴阳交替，阴是反物质的状态，它是否有方向我们尚不得而知，很可能是一种无方向的作用力。阳是物质状态，是一种有方向的作用力。它们之间的作用是宇宙变化的动因，它们可以以形成物质天体或是毁灭天体的方式来促成宇宙的变化，也可能是以另一种方式，如形成反物质的天体与物质天体的方式。总之，这是宇宙运动的动力，在这种动力作用模式下，宇宙是不断运动的，也是不断产生与毁灭着的，从宇宙发展的规律来看，这是一种大循环的模式。

正如西方科学家们已经看到的，没有一种自然科学理论能取代哲学与文化的观念。我们从这样一种思想中可以获得关于宇宙起始与终结的理解。中国古代的《淮南子·俶真训》中写道：

> 有始者，有未始有有始者。有未始有夫未始有有始者。有有者，有无者，有未始有有无者。有未始有夫未始有有无者。所谓有始者，繁愦未发，萌兆牙蘖。未有形埒垠。无无蠕蠕，将欲生而未成物类。有未始有有始者，天气始下，地气始上，阴阳错合，相与优游，竞畅于宇宙之间。被德含和，缤纷茏苁，欲与物接而未成兆朕。有未始有夫未始有有始者，

天含和而未降,地怀气而未扬,虚无寂寞,萧条霄兆,无有仿佛,气遂而大通冥冥者也……①

中国神话中的创世纪并不突出,但是,中国古代的叙始理论却相当发达。从文明差异来说,中国古代人文文明的哲学思想发达,不同于其他文明的宗教思想发达,所以当其他文明纷纷发展创世纪时,中国发展了叙始理论。叙始理论不是关于宇宙创造的学说,而是一种生成哲学,这种学说中包括了宇宙论、万物生成、人类生成与个人发展的理论,是一种认识论。一定程度上,它是一种古代形态的发生认识论。类似于《淮南子》的理论我们可以从《庄子·齐物论》中看到:

> 有始也者,有未始有始也者,有未始夫未始有始也者。有有也者,有无也者,有未始有无也者,有未始夫未始有无也者。俄而有无矣,而未知有无之果孰有孰无也。今我则已有谓矣,而未知吾所谓之其果有谓乎,其果无谓乎?②

有了这样的认识理论,宇宙论中的种种困惑可以迎刃而解了,宇宙的开始与它的终结是联系在一起的,如果有始,则必有终,如果无始,亦无其终。

如果说宇宙无其始终,那么天体特别是太阳系是我们最关心的。太阳系是宇宙的骄傲,因为太阳系中的地球产生了生物与人类,地球产生人类的秘密,其实不在别处,就在太阳系本身。

地球生命的存在与进化是一个漫长的过程,从无生物到生物,从低级的生物到高级的生物,生命的存在与进化中,有一个相当显著的但是从来无人过问的现象:生物的生命呈现出两性形态,即雄性与雌性,也就是阳性与阴性。即使是一些低级生命形

---

① 《淮南子·俶真训》,载《诸子集成》七,中华书局影印本,第19页。
② 《庄子集解·齐物论》,载《诸子集成》三,中华书局影印本,第12－13页。

态如植物的花粉传播,也有雄性与雌性的关系,更原始一些的动物中,还有自体繁殖现象,无论哪一种都有不同性别的存在。笔者认为这正是生命存在的秘密,也是地球产生生命现象的重要原因。由于地球在太阳系的位置位于太阳与月亮之间,太阳的引力与光热作用与月亮的引力作用方式不同,但又同时作用于地球之上,这两种分别代表阴阳力量的作用力对于最早的海洋生物产生作用,产生了生命,并且把生命的基本形态定格为阳性与阴性,生命通过阳性与阴性的交合得以继续。简单地说,因为太阳系中太阳、月亮与地球三个星球之间的特殊关系,才产生了生物与人类。如果没有太阳系,没有地球与太阳、月亮或是三者之间的位置关系不是这样,地球即使有生命,其形态也不一定就是如此了。

正因为如此,地球生物生命形态是雄雌划分,人类与其他动物一样,区分为阳性与阴性,阳性为男人,阴性为女人,阴阳交合,是物化的力的形态,结合成为胚胎,并发育成人。如果从生命运动的总体模式来看,基本上是与宇宙和天体运动的模式相吻合的,也与生物进化的规律相一致。

最后还要指出,从本质上说,人类每一个个体生命的产生,其实在一定程度上重复着宇宙演化的原理,再现着生物进化的历史,自然在我们身上重演着它的轨迹,原因就在于我们是自然之子,地球这一自然环境已经决定了生活于其上的所有生物的规律。以上是我们关于宇宙与人类关系的总体认识,这种认识是一种天人相关的认识论,它的形而上学层次虽然可以联系到中国古代的"天人合一"的认识论,但是从认识方式来看,它与现代的宇宙认识论之间并不对立。宇宙的演进对于人类的精神信仰起了最重要的作用,说到底,一切信仰的根源都来自于宇宙。最早的太阳神信仰曾经在埃及等文明中十分重要,这种信仰来自于对宇宙中太阳作用的崇拜。拜火教对于光明的崇拜同样与太阳有关,我们还可以从希腊神话中的太阳神、印度神话中的太阳神等看到类似的内容。

　　基督教与伊斯兰教全都有人类末日世界毁灭的信仰,这种信仰可以说是这两种宗教的最重要观念,宗教伦理建立于这种信念之上,只有末日的审判是公正的。如果我们从宇宙论角度来看,这种宗教信仰与宇宙有始有终的观念是密切相连的,甚至可以说是把宇宙论变成了神学的信念。耶稣与释迦牟尼都曾经有过宗教沉思的经历,在这种经历中,宇宙论必然是其重要内容,他们正是透彻地想清楚了宇宙必然毁灭这一结局,才有了世界末日的思想。更为引人注意的是,现代科学中的宇宙大爆炸理论与宇宙终结论,与基督教上帝创世和世界毁灭的理论之间完全有一种精神上的内在呼应,难怪当代信仰基督教的科学家们对于宇宙大爆炸理论表示了与神相通的理解。

第二章 人类产生的自然环境

一、人类起源与地球变迁

1. 人类的家园——地球

忧郁的丹麦王子哈姆雷特曾经诅咒地球说：

……the earth, seems to me a sterile promontory; this most excellent canopy, the air, look you, this brave
o'erhanging firmament, this majestical roof fretted with golden fire—— why, it appeareth no other thing to me than a foul and pestilent congregation of vapours. [1]

在我不畅的心情中，
地球，这美好的承载，
竟成为不毛之地。
那头顶的苍天
如同穹庐覆盖，
金色的星球运行其中，
也不过是些乌烟瘴气。

（《哈姆雷特》第二幕第二场）

---

[1] The Complete Works of Shakespeare, edited bx George Lymān Kittredge, The Athenàeum Press, 1936, P. 1163.

无论这位失意的王子如何诅咒,地球这颗圆圆的星球毕竟是人类美好家园之所在,它默默地承载着人类与万物,滋润着生活于上的所有生物,为它们提供了生存所需要的一切。地球母亲的称号,是人类对于它最高意义的褒奖。另一方面,地球自然环境的变化又对人类生存形成影响,地球数十亿年的形成历史中,曾经多次出现大冰期,对于人类与其他生物的生存造成威胁,直到工业化社会之后,人类对于地球的依赖性才大大减少,但是,这只是表面现象。2005 年春天,东南亚与南亚一些国家的沿海突然遭遇巨大海啸,造成 10 多万人失踪与死亡。这是自然对于 21 世纪人类的一个警告。我们只能说,人类部分地成了自然的主人。但同时,人类对于地球的危害又在加大,工业生产与人类生活对于地球资源的掠夺性开发与污染,正在使自然环境与人类关系成为社会关注的中心。人类从环境的奴隶到具有与环境相对抗能力(这种能力与自然力相比目前仍是相当弱小的)的地位的变化,对于人类文明有什么意义?这是我们要关注的重要问题之一。

　　希腊人亚里士多德曾经对于地球的大小作了估计,据他推测地球的圆周大约是 400000 斯特迪亚,虽然我们现在无法得知他的计算方法与衡量单位,但是对于他的勇气还是佩服的。现在,我们早已经能够精确地计算地球的圆周,但是对于地球的年龄仍然不能有准确的计算。物理学家或是宇宙学家们估算地球年龄大约为 60 亿年,现在正在中年。地质学家有他们的计算,就是从古代沉积岩形成的时间来计算地球年龄,西方地质学界 20 世纪有一种比较流行的看法,认为地球年龄为 20－40 亿年。无论哪一种算法,地球有数十亿年的历史是基本可以肯定的。在这样一个漫长的时代中,人类出现于什么时代?

　　据一种粗略的估计,生命大约出现于 20 亿年前,而哺乳类动物出现于 2 亿年前。类人猿出现于 1000 万年前,而人类出现很晚,至今只有 50 万年的历史。

　　人类的起源是一个历史的过程,在人类产生之前,地球已经经历了长期的演化,人类只是地球一定历史阶段的产物。只有当地球具备了适合于人类生存的自然条件如气候、地质、宇宙空间包括大气层、阳光照射、水分等自然条件,人类才可能产生并且发展。如果其中的任何一种条件不具备,比如缺少冰川时代或是侏罗纪,人类都不可能生存。从生物形成以后,相应的时代就有相应的生物。随着地球环境的变迁,生物或存在或进化或毁灭,是人类之外自然界的规律。

　　首先应当关注的是地球是否具有一个稳定的自然环境。地球近20亿年间没有大的变动,这一点可以从地质考古得到证明,也就是说,从20亿年前起,大地就有孕育生命的基本条件,这一自然环境至今没有大的变化。关于地球大变化的学说有多种,比如曾经有极大影响的"地极移动学说"与"大陆架板块漂移学说"等,一大批杰出的地质学家与地理学家如泰勒和魏格纳等人对于这些学说都有相当重要的论述,但是,至今为止,我们还没有比较确切的证据。虽然如此,我们不可否认地球的自然变化,我们将在以下章节详细介绍这种变化的可能性。但从世界文明史的角度来考虑,如果有大的自然变迁,现有的条件必然有大的变化,而生命的存在就是不可能的,生命存在的基本条件是稳定的自然条件。所以各种学说实际上只是一种有限度的变化。

　　另外也要对地球自然环境大的变迁予以关注,从数十亿年间的历史来看,古人常用"沧海桑田"来形容大地的变化,实际上地球的变化远远大于沧海桑田的变迁。地球上多次出现大的冰川时代,也曾有过相当温暖的时期,温差相距极远。温暖时期还没有形成南北极地区的冰层,没有格陵兰冰盖,海水上涨,一片汪洋。而陆地上则雨水充足,气候温暖,植物茂盛,动物活跃。而冰川时期则相反,大地与部分海洋都被冰层覆盖,气温下降,到处是冰天雪地,一些热带亚热带的动植物在这时可能会灭绝。比如晚生代的冰川世界与侏罗纪之间的变化就是如此。地球如此之大的气候变化是出于什么原因？可以说至今没有明确答案。如果把导致变化的因素归之于地球自身的变化，这种可能性看来是不大的，即使是地球陆地板块曾经产生断裂与漂移，造成了大陆之间的位移，这种变化也不会对地球自然环境产生如此之大的影响。所以更大的可能性是宇宙间的天体状态变化对于地球产生影响，如太阳热能的变化等。

关于太阳热能变化，目前众说纷纭，主要有两种对立的看法。其一是认为太阳的热能在减小，这种说法在 19 世纪和 20 世纪初期曾经有较大影响，目前赞同者已经大大减少。其二是一种相反的看法，即认为地球热量在加大，这种说法现在甚为流行。太阳的热能其实是原子内部能量的核反应，主要是以氢原子为燃料的，有人估计，由于太阳的全部氢含量为 1/3，那么以太阳当前的热量消耗计算，大约可再用 300 亿年。那么，太阳为什么又会过热呢？有的科学家提出这样的解释，太阳变热并不是由于燃料过于充分，相反，这是由于氢原子的作用后产生的不足所造成的。这种情况相似于蜡烛燃烧，当蜡烛燃烧到一定程度时，由于蜡油增加，它会变粗，火焰会更大。太阳也一样，当它燃烧到一定时期时，由于氢的不断变化，过多的氢可能会被摄入，会形成太阳的燃烧过度，氢这时大量补充而又没有得到正常的充分燃烧，形成高温。这种高温影响到地球的变化。当燃烧过热时，地球接受的辐射加大，地球进入温暖时期。相反，如果太阳的燃烧处于另一种状态，即氢的供给量不足，太阳燃烧相当充分。这时太阳的热量会下降，接受辐射的地球也会相对冷却。不过，根据有人观察，我们生活的时代，地球总体温度是上升的，但到底增加多少，却说法不一，有人说地球温度上亿年才会增加一度，也有人说地球温度近年来已经有所增加。

当代比较流行的看法是，地球温度增加，由于人类自身大量使用热能,产生温室效应,这一切都会产生所谓"全球变暖",加速冰雪溶化,大量的雪水又会使得海水上涨。但是我们也要看到,这种变化是相当缓慢的,程度也相当轻微,不会影响人类生存基本条件的变化。当然,21世纪以来在联合国框架内的地球气候变化的国际研讨与合作是非常重要的,它对于维护人类生存环境有决定性因素。无论如何,地球有一个相对稳定的大自然环境,但又有一定历史时期的变化,这是一个事实。在此我们要把地球历史上大的时期变化与我们当今所说的"地球变暖"等概念区分开来,起重要作用的地球历史时期变化是以亿年或是百万年为单位的,它们是一种长期的影响地球基本条件的变化,与我们当前所说的变化是不可同日而语的。

从另一种层次来看,即使是地球的历史时期变化,对于宇宙与地球本身可能也是微不足道的,但是对于生物与人类却是至关重要的。海洋的泛滥与收缩、气候的变冷变热都会使得大量海生动物被迫改变生活状态,从海洋走向陆地。陆地物种的增加与生存竞争会使得生物从低级向高级进化。原来生活于森林中的猿类会因为地球温度变化而被迫走出森林,气候温和的森林之家不复存在,它们不得不在冰天雪地中捕食求生。严寒的天气是它们生存的大敌,偶尔的雷击使得森林起火,它们从火中获得温暖,被天火烧烤过的野果或野兽成为它们的美食,这有可能使得它们从食草变成杂食动物。火是如此重要,所以对于火的保存与自己引火是人类祖先的重要发明,中国人把火的发明者称之为燧人氏,并且将其列为自己的先祖。希腊人把普罗米修斯看成是人类的救星,拜火教教徒把火作为神、圣来礼祀。卢克莱修斯《天道赋》中说:"当此之时,民犹知夫用火。/虽获兽而不衣其皮,故形无蔽而乃裸。/唯林莽之是栖/或岩穴之是息……"从中也可以看出对于火的重要性的认识。

无可怀疑,正是自然的变迁促进了地球生物生存环境的大变化,这种变化推动了生物的进化,最后才有人类的产生。这种理论可以看成是一种进化论,当然是一种广义的进化论,与达尔文进化论的主旨是相同的。这是一种宇宙观念的、宏观的进化论,它把生物进化、人类产生与宇宙形成和地球自然环境的变化联系起来。生命是这样起源的,人类是这样产生的。正如同宇宙中没有"第一推动力"一样,地球上生命没有创生之神,不是上帝,而是自然精神创造了人类。

　　人由猿类进化而来在当代已经普遍受到承认,虽然仍有一些宗教抵制这一看法,坚持人类是上帝所创造,但对于公众来说,人的进化已经众所周知了。进一步要强调的是,从宇宙论来看,人类生命是从最原始的生命形态发展出来的,生命的起源是从低级生物而来的,最早的生物是珊瑚与海绵,我们今日的生命形态是从地衣海藻等原始生物发展而来的,这是生命历程的真相。章炳麟《原人》曾经对于人类起源有过一个形象的说法:

　　　　赭石赤铜箸乎山,菁藻浮乎江湖,鱼浮乎薮泽,⋯⋯求明昭苏而渐为生人。人之始,皆一尺之鳞也。[①]

这只是一种简单的猜测,实际上地球上的生命经历了漫长而艰辛的发展过程,地球环境也有巨大的变化,可以说是一部充满忧患又洋溢着欢乐的乐曲,个体的生命可能是朝生暮死,瞬间即逝,而人类与生命的旋律却在地球上回响。

　　鹤鸣于涧,声闻九霄。

　　生命有限,其意义永恒!

2. 大陆漂移的学说

　　在地球已知的历史时代中,它的状态是基本稳定的,也正是

---

　　① 章炳麟:《原人》,载刘梦溪主编《中国现代学术经典章太炎卷》,河北教育出版社1996年版,第143页。

这种稳定的自然环境,使地球生物能够形成与生存。近年来我们对于月球与火星的探测表明,这些星球上都可能存在过生物生存的条件,都可能有过空气与水,这是极为重要的发现。但是,可能由于天体物理条件的变化,这些星球产生了极大的变化,这就有可能使得生物生存的条件遭到破坏,甚至更有可能使得原有的生物毁灭。这是一种极为可怕的现象,宇宙的历史中,如果以前曾经存在过或以后产生其他星球的生物与人类,这种现象对于人类存在的价值具有参考意义。

但是有一个事实是无可怀疑的,地球环境经历了并且正在经历着巨大变迁。这种变迁中,对于人类社会有最直接影响的是陆地——人类赖以生存的母亲——的移动,关于这种移动,有多种学说,其中最有代表性的就是大陆漂移说。

英国作家赫·乔·韦尔斯(H. G. Wells)在他的《世界史纲——生物和人类的简明史》一书中曾经说过:

> 最近几年从岩石里又探索出另一个戏剧性的故事——关于地球表面上大陆漂移的故事。我们必须很简单地记下这个运动是怎么能够发生的。

> ……地幔岩石在千百万年中极其缓慢地在蠕动,把浮渣般的大陆扫拢在一起成为一个整块。但是大约就在这时,巨大的爬行动物已开始在其上爬行的这块超级大陆,被出自地壳深处的新发展的涡流作用所撕裂。高温的岩石流开始从直达这块大陆中心呈波浪形由南向北一线涌出,以后这里产生了南北大西洋。上升的岩石流向东西扩展,把漂浮中的大陆的距离拉开,使南北美洲跟欧洲和非洲相距越来越远。

> ……给人印象特别深的是印度这块陆地的旅程,向北移动有了4000英里,以几乎每年两英寸的平均速度去和亚洲大陆的其余部分连接起来。它靠上亚洲大陆时的缓慢冲撞,加上非洲的反时针方向的移动,堆起了阿尔卑斯、阿特拉斯、

高加索和喜马拉雅等山脉。

澳洲是从南极洲裂开来的,它向东和向北移动。南极洲漂向南方,带着泥炭、煤和爬行动物的化石,这些在今天可以用来证明它过去曾有过温暖的气候。现今,较新的向上的陆流正在加宽红海和波斯湾,大约每年半英寸。地壳下沉而形成的非洲的地堑裂谷看来是将要分裂这个大陆的一个深潜的陆流体系的最初信号。①

其实在笔者看来这完全不是什么"戏剧性的故事"而是重要的发现,这一发现不但可以说明地球地理地貌的重要特征,而且,我们认为,从这里还可以解释地球与世界起源的秘密。韦尔斯这里的描述颇具浪漫色彩并且有强烈的想象性,然而遗憾的是,他对于这个重要现象的发现者竟然只字不提。

这一发现应当归功于杰出的德国学者阿·魏根纳(Alfred Wegener),是他在 1911 年正式提出了陆地漂移的学说。

其实早自中世纪起,就有学者发现,大西洋两岸的地形具有耦合性,如果把两岸合拢在一起,就会像拼图或是积木游戏一样成为完整的一块大陆。如果再仔细观察地球上其他大陆,更会令人无限惊奇,几乎所有大陆都是可以拼合在一起的。这就是说,地球表面的大陆原本是完整的一大块,以后由于外力的作用,这块大陆被分裂开来,形成了各大洲。

伟大的发现往往出于偶然的观察,这真是颠扑不灭的伟大真理。

先后对于这一现象感兴趣的有弗朗西斯·培根和洪堡(1796—1859)等杰出学者,19 世纪中,这一发现经酝酿开始成熟,先后有多位科学家提出大陆可能分裂的学说。最后魏根纳系

---

① 〔英〕赫·乔·韦尔斯:《世界史纲》上卷,吴文藻、谢冰心、费孝通等译,广西师范大学出版社,2001 年版,第 14 - 15 页。

统研究了这一现象,并且用科学理论说明它。1912 年 1 月 6 日,魏根纳在法兰克福的地质学学会的会议上,首次以《大陆的水平移动》为题,把自己的发现以科学论文形式公之于众。1915 年,魏根纳的代表作《大陆与海洋的形成》一书出版,立即引起了激烈的争论。这场争论长达 15 年之久,这里只说到是 15 年,因为魏根纳于 1930 年在科学探险中不幸以身殉职,这距离他的主要著作问世是 15 年。在此前一年即 1929 年,魏根纳接到来自哥本哈根科学家们的一份报告,经过丹麦科学家观察,格陵兰岛每年向西漂移 36 米,这是世界上大陆漂移学说的第一份有力证据。次年,在一次北极的科学考察中,魏根纳死于自己所多次登临的这块大陆。当时埋葬他的科学家们说:魏根纳安息在北极,他将随着冰川向西移动,千百万年之后,会随之漂入大西洋中。那里正是启发他提出大陆漂移学说的地方。

我们先来看一个地球表面大陆移动的数据方面的测量,1927 年,西方学者里特尔和哈蒙德公布了 1927 年 10 月和 11 月在北美洲和欧洲之间所作的经度差测定的结果,并将它们和 1913 – 1914 年得到的测值作了比较,其结果如下:

1927 年华盛顿 – 巴黎的经度差为:

5h17m36.665s ±0.0019s

而 1913 – 14 年为:

5h17m36.653s ±0.0031s

5h17m36.651s ±0.003s

1913 – 14 年的两个数据中,第一个取自美国的测值,第二个来自法国。

根据以上经度增长,可以计算出,相当于距离每年增长

0.32m ± 约 0.08m

也就是说,两大洲间的距离是以三年近一米的速度在漂移,这是魏根纳所坚信的,也与他的理论所推断出的移动距离大致相等。

这就说明了，大陆并不是固定不动的，它们都在漂移之中，而且漂移的方向是固定的。

大陆为什么会漂移，它是如何漂移的？

对于真正具有科学精神的学者来说，大陆移动的原因还是未解之谜。不过仍然有一些相当有说服力的看法。魏根纳的分析是有一定理论根据的。（1）地球地质的四大通道是一个说明。地质学与古生物学的研究可以证明，现在的各大洲之间在远古时代是相通的，也就是说，最早存在一个远古大陆。以后逐渐分裂为不同的陆地。大陆之间，最大的可能性是存在陆地通道而不是像某些学者所认为的那样只存在大陆桥。地质通道可能是非常多的联结，但是最主要的可能是 4 个。第一个是澳大利亚与印度、马达加斯加与非洲大陆之间的联结。我们已经观察到，不但印度的动植物与澳利大利亚之间有直接关系，就是印度人种也与澳洲相关。当然，这只是说可能在大陆相近的状态下的人种迁移，因为人类的出现可能要晚得多了。冈瓦纳古大陆可能从塞武纪就存在，到侏罗纪消失。第二个是南美与非洲之间的一个古陆地，这就是赫伦古陆地，这个陆地大约在白垩纪消失。第三是马达加斯加与德干高原之间的历史通道，这也是一个古大陆，即勒穆利亚古陆。这个古陆大约于白垩纪到第三纪之间才消失。第四是北美洲与欧洲之间的古陆，此古陆断裂最晚，大约于第四纪才最后断开，特别是格陵兰群岛，曾经是大陆之间的桥梁。这种通道联系，是大陆移动的地质证据之一。地球处于不断运动之中，沧海桑田，变化无穷，特别是地壳的平衡作用，使得海洋与陆地处于不断变动中。产生这种移动的根本原因是由于深海底与大陆地块的构造成分是不同质的。魏根纳指出：

> 不难看出，大陆移动理论的全部观念范围的出发点是，假设深海底和大陆地块由不同的物质组成，或者说某种程度表现为地球的不同层次。最外的、由大陆地块体现的壳层，

并不(或者说不再)盖满整个地球表面;深海底则是地球再下一层露出的表面,估计这一层也存在于大陆地块之下。这是大陆移动论的地球物理方面。①

(2)地球物理与地质学方面的研究也证明:大陆和海洋的不同是根本原因,现代地质学进一步证明了这些结论。地震、重力学、磁学等方面的研究表明,我们的地球表面并不是钢板那样的结实,而是由不同的地质材料所构成的。就像是一个由不同质料皮革所缝合成的足球,这个足球在长期的运动中,产生一种均衡的变化,从而有了海与陆,大陆在不断分裂,以达到更大的均衡。

虽然大陆移动论起于海岸线的吻合,但是地质科学表明,真正的相合不是平面的,而是有层次的,即与深海接壤的大陆陡坡,才是大陆的真正边界。利用海深线的陆棚边缘拼对,这是当代科学中的一个发明。另外,当代科学家根据放射性同位素地质年龄测定,划分了古生代、中生代的动物区系,这才复原了古大陆的原形,这可以说是对于魏根纳设想的一个有力证明。

(3)古生物与生物学的证据也是不可忽略的。一个统一的古大陆生物会在陆地分开之后,在遗传上产生隔离,发生变异。魏根纳早就证明,澳大利亚的有袋类单孔目动物竟然表现出与南美洲袋类动物相关。负鼠与袋鼠的一个分支竟然在美洲出现。这些动物的化石在欧洲发现过,但是没有在亚洲出现。所以他推测,这种动物在澳洲与南极洲和南美洲联结在一起的时代就已经存在,即在侏罗纪前期(从印度分开)与始新世(澳大利亚与南极洲分开)时代。如果再早一些,应当说能在印度发现袋类动物,至少是其化石,虽然至今尚没有发现。此外,还有气象学方面的证据,也提供了有说服力的证据。

---

① [德]阿·魏根纳:《大陆和海洋的形成》,张翼翼译,商务印书馆1986年版,第135页。

（4）大陆移动说其实经常被学者从不同角度来阐释,最常见的是两种说法,即大陆移动与地极漂移。大陆移动是指相对的大陆移动,即地壳某些部分相对于某一任意选定部分的移动,在全球范围里,魏根纳是选定非洲为大陆移动的标准的。这样,美洲与大西洋中脊向西移动,美洲的速度快于大西洋中脊一倍。

地极漂移是地质学的概念,其实主要是指地极在地表的运动。如果两者结合起来,就可以看出,整个地壳是向西方的,也就是与地球转动一致的轴线运动。同时,局部地壳漂移又是指向赤道的。

这样,我们是否可以说,地壳的全部运动应当就是地球自转与围绕太阳公转过程中所产生的,魏根纳并没有提出这一结论。我们也只是提出一种理论构想,其结果有待于科学家们进一步的证明。

有一点可能是中国人感兴趣的,即魏根纳指出的一种有意思的现象:

> 于是这个引人注意的事实说明,地下的质量肿胀全都程度不同地向东北倾倒,并不可逆转。但是这肯定表明欧洲大陆地块相对于其下的硅镁层向西南方向运动,在这个过程中,它在硅镁层中的向下伸出部分因摩擦而被拉住。如果我们掌握全球的这类重力干扰地图,那么我们无论如何在有年轻的地块增厚的所有各处,都能确定相对位于其底下的硅镁层的运动方向。这看来正是确定地壳漂移的唯一直接方法。对欧洲来说,这种漂移是向西南方向的,亦即有一个向西而可能与整个地壳向西转动相对应的分量,以及一个向南而与地壳向赤道漂移的分量。[①]

———————————

① ［德］阿·魏根纳:《大陆和海洋的形成》,张翼翼译,商务印书馆1991年版,第278页。

中国古代神话中有一个共工触不周的故事,其中有关情节可能与大地的运动有关。传说中黄炎二帝发生战争,炎帝兵败,其后裔共工氏起而与黄帝之裔而战。《淮南子·天文训》中有一段描述:

> 昔者共工与颛顼争为帝,怒而触不周之山,天柱折,地维绝。天倾西北,故日月星辰移焉;地不满东南故水潦尘埃归矣。

中国地形西高东低,水向东流,这种现象其实相当符合大陆移动的方向,大陆向西移动,所以形成了东南不满、水潦尘归的现象。

另外,大陆移动说还与一种现象有关,这就是人类与其他动物在各大洲的迁徙。我们一直未能解开的谜团是,美洲大陆的原住民从人种来看与亚洲人十分相近,同时,北极地区的人种也与亚洲人种相近。早就有人提出了人类迁徙的假设,即古代亚洲人类可能是在白令海峡结冰时期,也就是在冰川时期通过海峡的。如果依照魏根纳学说,在第四纪中,欧亚大陆可能是与美洲相连的,现在的白令海峡当时可能并不存在,或者可以说是一个古代大陆通道。那么,美洲先民是从欧亚大陆移居而去的,就更是顺理成章了。甚至可以说,它本是一块大陆,美洲的居民与欧亚大陆上的居民属同一种族。

据欧洲科学家研究,直到第四纪,格陵兰与北美洲之间的联系可能依然存在。而欧亚大陆与美洲之间的断裂可能在此之后。其距离更为接近。时间甚至可以晚到1万多年之前,这时的人类大迁徙早已经开始了。所以亚洲先祖在此时进入美洲是完全可能的。在美洲发现黄种人,发现亚洲早期文明创造的流传,都是可能的。

笔者认为,这是对于古代中西交通史的一个重要解释,虽然目前仍然有部分学者持怀疑态度,但我们予以采信,并且以此为基础来推测人类史前大迁徙。

二、远古的生命演化

1. 地球的生命形态

我们观察地球生命的产生。自然环境的历史演变过程方面，最早的可以从前寒武纪计算起，前寒武纪可以分为两个大的时代：太古代（也就是始生代）与元古代。太古代是地质开始沉积的时期，但科学家们发现，从这个时代起，就已经有冰川的存在。当然也从这个时期起，生命已经产生，最早的生命形态已经以有机物的形式存在。从太古代到元古代大约有 15 亿年之久，在这个漫长的历史时期中，生命得到了最充分的进化。1927 年在前寒武纪的石英砂岩中，古生物学家们发现了相当完好的节肢动物异栉蚕（Xenusion），这种动物就是现代的原气管类动物栉蚕（Peripatus）的先祖。

进入**寒武纪**之后，地球环境开始发生了一些变化，原因可能是由于极点的偏移，出现了不同的地带，最早的生物——古杯动物出现。这是一种造礁生物，主要分为两大类，一类是海绵动物，另一部分则是珊瑚。据古地质学家估计，这一时期从北纬 70 度到南极地区广泛分布着古杯动物。也就是说，这些最早的生物主要是海生的，人类与其他生物都是从这些海生生物进化来的。人类起于海洋，这是个经常被当代不同学科的学者提到的命题，可以从古地质学中关于古杯动物的考察中得到证明，海绵动物与珊瑚，可能是地球上最早的生命形态。它们至今保存于地球，成为生命进化的活标本，对于生命，它们是最有资格的见证者。

寒武纪之后是**志留纪**，这一时期地球生命中出现了早期的藻类，这是生命状态的一个新阶段。根据生物考古学的发现，很可能早在志留纪的早期即奥陶纪，就已经有了藻类的存在，特别是环管藻类 Cycloerrinus，在地球不同纬度地区都有存在。可以推断,地球表面相当大的地区范围内,气候是没有大的差异的。或是说,这时地球气候条件已经能够允许生命在其中生长发育,并且为高一级的生物进化提供了可能。

泥盆纪中地质的变化是大量老红砂岩的形成,这些红砂岩的成因至今尚不清楚,不过有两种较大的可能性。一种是陆地形成,即从荒漠所形成。另一种是水中形成。这一时期的特点是气候温暖,水量充沛。在这一时期很可能形成温带,这是最适合生物生存的条件。不过,对于泥盆纪的研究相对来说比较薄弱,因为地质遗迹材料不多,这是特殊时期之一。

石炭纪是一个地球地质变化较大的时期,同时也是一个生命力发展的重要时代。在这个时期中,大量的煤炭形成,煤炭就是由生物所形成的,是由水生与陆生的不同植物分别形成了不同质地的煤。可以推测,这一时期中,地球上大多数地区的气候是相当温暖与潮湿的,这可能是形成大量煤炭的原因之一。另外可以得知的是,这个时期的植物生长迅速,从化石来看,它们没有年轮。科学家们由此推断,这证明当时大多数地区没有寒冷季节。我们不能不感谢大自然本身,在人类诞生之前为人类准备了生活资料,如果说食物是人类取自自然并加以改造,煤与石油同样是自然为人类准备的丰盛礼品,以迎接万物之灵长的诞生。

另外一个重要特征是,很可能在石炭纪后期,有了大量植被的形成,出现了不同的植物群,如赤道-热带的植物带、南北温带植物带等。从古生物学的研究可以得知有了不同的气候带,当然这种气候带的差异并不太大。这种差异对物种的多样化有决定性的影响,物种的多样化是生物进化中的必然趋势,不同物种之间与种内的生存竞争,则有力地推动了生物进化,从低级向高级逐步演进。

从**二叠纪、三叠纪、侏罗纪、白垩纪**直到**第三纪**,进入新生代(Senozoic)。这段时期中,生物进化经历多次反复,地质与气候屡次变化,但终于为高级动物的产生创造了契机。新生代约起于7000万年前,这是一个相对温暖的时期,与以后的第四纪冰川时代形成明显对比。在新生代之前,地质形成方面,煤炭层仍在不断形成,其他一些矿物质也沉积起来,如盐类沉积的镁灰岩、含有氯化钾的钾石盐岩等也大量形成。发现的侏罗纪植物中,已经有明显的年轮。大量的蕨类、苏铁、针叶类的南洋杉科,罗汉松科都已经出现,有相当重要意义的是,根据植物可以推断,侏罗纪时期南极地区、西伯利亚地区等高寒地区都要比现在温暖,这种温度可能一直保存到第三纪,也就是说在第四纪之前,冰川期到来之前的地球是温润多雨的。特别是第三纪,可以说是生物在地球上占据前所未有的重要地位的时期,地球已经从一个荒漠和冰川的不毛之地,变成了一个充满生机的美丽星球。

当时欧洲的植物群落与现在相比,由于气候比现在温暖,热带植物比现在要多。据俄国生物考古学家研究,现在俄国的伏尔加河流域的植物属于亚热带,现在生于亚热带的一些棕榈植物、红杉、樟树等当时可能遍布东欧平原①。可以设想,当时欧洲东部可能气候温润,甚至会常年高温,有人估计有的地区平均气温在16－17度,这与今日的状况是大相径庭的。西欧的动物化石也证明当时气候可能比现在要温暖得多,河马是一种生活于温暖地区的动物,但在第三纪的一些时期,河马曾经大量活动于西欧,其他如骆驼、羚羊、三趾马等也在欧洲有化石。如果我们有可能复活古代的生物,将会出现一幅当今人类所无法想象的图景:今日北极地区,当时是茂密的原始森林,多种温带与亚热带植物混生于这里,至少已经发现的柳树、杨树、榛树、栎树、红杉、银杏、枫香、木兰等北方树木在这里存在,这些植物漫山遍野,一望无际。

---

① A. Краснов, Начатки, Третичной флоры юга России, Труды Харьковск, Общ Сст, XLIV,1911, стр, 209－212.

丛林中出没着各种动物,海水中游鳞如织。动物之间的竞争产生的进化,不断提高着它们的品质。总之,万事俱备,只欠东风,只等着人类的到来了。

2. 土壤的形成

300 万年前,地球进入第四纪冰期,这一时期中,大地被冰川所覆盖,气候变得寒冷,北极与南极都形成了大冰盖。在地球的历史上,大冰川时代其实曾经不止一次降临,如晚生代也曾有过冰川,但是没有第四纪冰川这样大的规模。北半球可以说大部分地区都为冰川所覆盖,包括赤道在内的非洲、澳大利亚、新西兰、南部非洲、欧洲西部与南部、亚洲东部与西部、太平洋上的夏威夷群岛、喜马拉雅山、昆仑山、阿尔泰山到处都有冰川的分布。而且研究表明,北半球与南半球的冰川几乎是同时形成的,这样我们可能想见当时气候的变化是多么剧烈,与第三纪相比,至少要下降 20 度左右,有的地区可能还要多,特别是一些原先就有冰川分布的地区,这时就会变得更加寒冷。

冰川期的气候变化对于生命存在造成了威胁,其直接结果是一些动物的死亡与绝种。比如相当多的学者认为,陆地上最大的动物恐龙可能就是由于气候变化而灭绝的。但是从更广的范围看,冰川时期与以后的冰后期,对于世界动物与植物的发展有极为重大的意义。在这一时期,南北半球的生物有大的交流与互相融合,北方的动植物向南方移动,南方则向北方移动,两者汇合与杂交,对于物种繁育意义重大。当然,另外一个更为重要的因素是适合人类生存的土壤出现,在远古的荒漠与冻土带上,人类的生存条件是有限的,即使在砂土上,农业生产仍然无法进行。直到黄土和粘土等形成,人类才有了自己的真正的家园。而黄土带的形成,大约就是在第四纪前后,我们今天发现的人类文明遗迹中,相当多的数量是在黄土带中。土壤特别是黄土是大自然为人类所准备的一份厚礼,它对人类生存与文明的发展都有不可忽视的作用。

　　黄土(德文 Löss,原文含有疏松的、松散的意思)的物质结构主要是粉状的,它是颗粒型的结合体,有人认为它就是一种粘土。黄土的类型很多,由于分布于世界各地,所以黄土的土壤成分其实是多类型,但是最典型的黄土是中国与中亚地区的黄土,特别是中国黄土高原的黄土,其厚度达到 200 米,是世界上最厚的冲积型黄土层。黄河在黄土高原上流淌,浑浊的河水中,每年要冲入海洋无可计数的黄土,但至今尚未能对黄土高原造成根本性伤害,可见黄土层之厚。黄土在世界上分布非常广,除了热带与寒带之外,世界大多数地区都有黄土或类似黄土的岩层存在。可以说从北纬70度附近的达格达半岛到南纬40度以下,从欧洲西部布列塔尼半岛、伊朗、西伯里亚,东到中国黄土高原、黄海沿岸、蒙古高原,也包括北美洲与南美洲、新西兰都有黄土的分布。不夸张地说,世界文明主要发源地中,黄土地质占据主要地位。中外神话中都有神灵用黄土造人的传说,中国女娲传说中,女娲用草绳子沾着黄泥水,甩出人类来。甚至有的学者认为,中国黄帝之所以称为黄帝,是因为黄土而得名。因为中国古代文明的中心是黄河文明,其主要发源地就是黄土高原。

　　至于黄土的成因,至今没有统一的说法,但是笔者认为有两种重要的成因学说是值得注意的:

　　一是风化学说,这是一种在美国、中国、欧洲各国学术界都十分流行的学说,即认为黄土地的形成与季风有一定关系,黄土是强风携带的大量粉尘积淀以后,形成土地表层。法国学者维莱特·达乌德在研究了墨西哥的黄土地之后,提出了这种看法。这种观点以后得到了李希霍芬及中国人相当熟悉的一位西方学者安特生等人的响应,两人都曾经在中国黄土高原进行过科学考察,厚厚的黄土层使得他们认为这种土质不能等同于一般的河流冲积平原的土质。他们的观点大致可以归结为：黄土其实来自于荒漠，荒漠中岩石产生风化，大风把风化所形成的粉尘从高原带到了地势较低的地区，并且在这里堆积起来，这种堆积使原本不平的土地变得基本平坦。

二是沉积形成说，这种学说起于十九世纪欧洲的地质学家，他们以欧洲黄土地特别是莱茵河流域的黄土层形成为依据，建立起了这种学说。著名地质学家莱伊尔在《地质学原理》一书中认为，博登湖这样的大湖中的水由于自然地质的变化，如地震等原因，会流入莱茵河河道，在水流的冲蚀下，粘土会被冲出，然后在河床中沉积下来，这就是莱茵河的黄土地的成因。这种沉积说的有力证据是，从古代黄土中挖掘出的动物中，陆生软体动物贝壳类占多数，而直到现在，这种贝壳仍然在莱茵河水中存在并继续在土中沉积。由此可见这种黄土沉积的历史是十分久远的了。

除此之外，尚且有多种黄土成因的看法，我们不能一一进行讨论，这里只是说明，以笔者之见，世界黄土类型差别很大，中国黄土高原的黄土类型与欧洲黄土相比，不仅土层厚，所见的动物化石差别也很大。笔者曾经在典型的黄土地类型渭河北岸的挖掘中，亲眼看到多种陆生动物的化石，而较少见到水生动物的化石。而且黄土高原土质状况与沉积型也完全不同，如果断定黄土高原是黄河冲积而成，似乎目前还缺少证据。无论如何，地球表土层的形成对于人类产生是非常重要的，这种表土是人类据以生存的条件，大部分动物与植物是人类生存的必需品，这些动物与植物也是生存于地球表土之上的。

3. 动物进化

人类的祖先在第四纪冰川时代正式形成，这个时代的到来，使得地球气温下降，原来生活于丛林中的动物面临危机。这是由于冰川很可能使得大部分森林不复存在,冻土带与草原代替了原来的森林,兽群被迫走出丛林开始新的生活。大部分的猿类不能适应这种新环境,努力寻找新的森林来取代新环境,所有回归到森林的猿类就是一直生活至现在的猿类。但是,据我们目前所知,至少是古代猿类中的腊玛古猿没有再回到森林中去,它们成了人类的祖先。所以不能说是自然造就了人,因为对于所有的动物包括猿类在内,自然环境是相同的,但是动物的反应却不尽相同。也有科学家猜测,可能是由于某种自然条件限制了猿类中的一支,使其生活与其他猿类不同,正是这种差异形成了人类。我们却认为,自然条件固然是重要的,但是不可忽略人类先祖的精神因素与自然条件的契合,任何自然因素都只可能对于某种精神素质产生作用,从而形成真正的差异,而这种差异是人类先祖所具有的特性,从这一角度来说,是人类精神造就了人。这种精神得自于人类自身,而不是受之于天。

我们以上大致把地球生命的起源与相应的历史时代作了分析,大的进化路线是从海绵类生物到藻类,然后再到低级生物,下一步发展是原始脊椎物,到脊椎动物。再经历了鱼类、两栖类、爬行类、哺乳类、猿类最后到人类,这只是一种发展的主要过程的描述。也有的学者列出了详细的生命进化阶段,如恩斯特·海克尔(Ernst Haeckel)的《创造的历史》等书,把人类生存形态向前倒数,共分为三十级:1. 无构造原生物;2. 单细胞藻类;3. 变形虫类;4. 鞭毛动物类;5. 空球动物类;6. 原肠动物类;7 与 8. 扁体动物类;9. 蠕形动物类;10. 鳃肠动物类;11. 原始脊椎动物类;以下为脊椎动物类:12 与 13. 无头类;14 与 15. 圆口类;16. 原始鱼类(软骨鱼类);17. 硬鳞鱼类;18. 肺鱼类;19. 原始两栖类;20. 鳞蝶螈类;21. 原始爬行类;22. 哺乳爬行类;23. 原始哺乳类;24. 有袋类;25. 半猿类;26. 西方猿类;27. 犬猿类;28. 人猿类(Man - like - Apes Anthropoides);29. 猿人类(Ape - like

Man，Pitecanthropi）;30. 人类①。我们要指出的是,这种分类中
虽然有许多不够准确的地方,但也有它的意义,即在于提出了一
个进化的模式。当然,生物的进化绝对不会是这种单线条式的,
因为几乎从地球形成开始就有生物存在,对于其进化过程的复杂
性我们要有充分估计。

　　必须肯定,生物进化这一自然法则是普遍适用的,达尔文的
进化论与人类产生的理论对于人类进化都是十分重要的。但是
也要指出,任何一种进化的模式都是后人依据动物化石进行的一
种模拟和推论,地球的历史进化过程是无法重复的。正如达尔文
所说,我们所能肯定的只是这样一种观点,地球上一切生物都是
远在寒武纪之前的远古时代已经存在的,它是现在一切生物的先
祖。但是这种进化过程的每一个环节,却是我们不可能完全再现
的。因为古代地质与生物环境与现代完全不同,只依靠化石是无
法重复的。达尔文一再强调:

　　　　占优势的分布广的物种,最常变异,并且变异最多,变种
　　起初又常是地方性的——由于这两个原因,要在任何一个地
　　层里发现中间连锁就比较不容易。地方变种不等到经过相
　　当的变异改进之后,是不会分布到其他遥远地区的;当它们
　　散布开了,并且在一个地层中被发现的时候,它们看来好像
　　是在那里被突然创造出来似的,于是就被简单地列为新的物
　　种。大多数地层在沉积中是断断续续的;它们延续大概比物
　　种类型的平均延续时间较短。②

正如达尔文所说,地球变化无常,可以想象,化石层水平运动也是

---

　　① 参见周谷城著《世界通史》上,河北教育出版社2000年版,第27－
28页。
　　② ［英］达尔文:《物种起源》,周建人等译,商务印书馆2002年版,第
532页。

相当大的,当低于海平面时,灭绝生物肯定相对多,而这一时期的地质化石相对丰富,高于海平面时则相反。总之,生物进化的复杂性是不可能用简单归纳来说明的,用这一观念来看待人类先祖的产生与活动,也是适用的。

第三章　人类的产生与进化

一、人类一元起源论

人类是如何起源的？现代的人类是从世界的一个地方或地区起源还是在世界的多个地区起源？这是长期以来争论不休的问题。主要分为两大观点，一方是人类一元起源论，认为世界人类起源于一个地区，即东部非洲。另一方是人类多元起源，即认为人类起源于世界多个地区。笔者主张人类起源多元论，认为当代世界考古科学、人类学、比较文明学的研究都可以说明人类同属于一个大的种属，无论黑色白色还是黄色人种，全都是人类。人类的先祖是猿人，在第三纪末期，地球的自然变革中，猿人产生。这种是从猿到人的一种必然过程，世界自然变化提供了人类形成的共同条件，生活于主要大陆亚洲欧洲与非洲的猿类中，同时产生了人类，所产生的人类种属（species）相同，种族（race）各异。

人类一元起源论的始作俑者是英国的达尔文，是这位伟大的生物学家提出人类一元起源的观念。他在《人类的起源》一书中说：

> 人类是由一个种或几个种构成的问题是近年来人类学家们讨论得很多的问题。他们由此而分成两派，一元论者（monogenist）和多元论者（polygenist）。……那些接受进化原理的自然学家，而如今大多数的青壮年学者都已经接受了这一原理，无疑地都会感觉到，人的一切种族都从一个单一的原始祖系传下来的。至于他们是不是觉得最好进一步，为了要把各种族之间彼此相差的分量表达出来，而把它们称为

不同的种,那还是第二个问题。①

达尔文主张一元起源的理由其实十分简单,即从观察上来说,人类各种族之间的差异小于其近似之处。"在这些近似点中间,好多在性质上极不重要,或极为独特,不重要与独特到一个地步,使我们不可能设想它们当初是由不止一个原始的人种不谋而合地各自取得的。"这种推论方法反映出进化论创始时期研究方法的简陋与粗糙,因为单凭这种相似性很难说明同源性。最重要的是,达尔文时代没有足够的考古学证据来说明其理论。同时,达尔文还猜测,人类最早起源地可能是非洲。

这种说法的不足之处是显而易见的。第一,一元起源论最终会引导向一切物种的单一起源,即所有的动物、植物、甚至原生物,都会是一个原始祖先。上帝创造万物模式有可能在进化论的大旗下重现,那么《圣经》创世纪中的亚当与夏娃这一对人类先祖可能就是东非猿人的化身。这也就无法解释人类种族的差异,欧洲人、非洲人与亚洲人种之间的不同之处。

达尔文本人也考虑到人类祖先从一对始祖而来的设想毕竟过于简单,所以他提出古代亚种(suspecies)的概念。并且说:"在这一类例子里的一些亚种的祖先并不是任何单一的一对动物,而是许许多多正变异之中的个体,其变异的程度虽各有不同,而变异的方式方向则大体一致;由此我们不妨作出结论,认为人的各个种族也就是这样产生出来了的,他们各自的一些变化,即,有别于其他种族之处,有的是不同的环境条件所直接造成的结果,而有的是某种方式的选择所间接产生的影响。"②

---

① ［英］达尔文:《人类的由来》上册,潘光旦、胡寿文译,商务印书馆1997 年版,第 273－274 页。

② ［英］达尔文:《人类的由来》上册,潘光旦、胡寿文译,商务印书馆1997 年版,第 282 页。

第二，从理论上来说，如果人类是一对始祖的后代，那么人类只是一种偶然性的产物，为什么只有这一对先祖能产生人类，如果这一对先祖毁灭，那么人类就不可能诞生了。这一对人类始祖又是如何来的呢？难道与这一对始祖同时的同"种"都不能产生人类？

这显然是不合理的，人类产生不是一对甚至不是一群猿类所能决定的。它必然是一定自然条件下同种的大量动物进化的产物。如果认为只是一个动物种属中的一对并且只在一个固定的地区产生后代，本身就是不符合进化论原理的。

第三，达尔文本人及其他一元论者认为，古代人类是从一个中心向多个地方流动的，但是现在没有可能证明这种流动过程。如果认为人类从非洲起源，就必然有从非洲向世界各地流动的路线。但是至今没有能发现这种流动的可能，如亚洲与欧洲就没有非洲猿人流动的证据。相反，倒是有可能证明，爱斯基摩人种与中国人种的相同，或是印度人种与欧洲人种、澳大利亚人种的相同。这一点也是达尔文《人类的由来》一书中所多次提到的。这反而说明，多元起源的人类是流动到各地的。非洲的猿人先流动到中国南方来，再流动到美洲去，那就不是人类的流动，而是猿类的流动，这种流动也没有任何证据。

总之，从认识论而言，人类单一起源最大的缺陷是将人类的产生看成单一的、偶然因素的产物，而忽视了人类是一定历史阶段的自然产物。

人类一元起源论的现代证据十分重要，就是人体基因的研究。从人体基因的研究证明，世界上所有人体的基因是完全相同的，自然科学家们由此推论，人类有共同起源。

其实这并不能证明人类有共同祖先，只能证明人类是同一种属，自然进化使得同一种属的基因相同，这是十分自然的，并不说明人类不会从各地产生。其他属类的动物同样可能有共同基因，并不说明它们具有同一祖先。

二、多元起源论

笔者认为,人类起源是多元的,从原理上说,这是动物进化的必然结果,从低级向高级的进化必然产生最高级的人类。人类的产生是一定自然环境下物种进化的阶段性产物,自然条件相近,就会使得猿类变为人。也就是说具备基本的条件后,在世界的不同地区,都产生了从猿类向人类的进化。我们现在已知的与人类最近的非洲南方古猿,可能只是变成为人类的猿的一种。这并不排斥在欧洲、亚洲或是非洲其他地区其他人类先祖存在的可能性。但可以肯定的是,类人猿恰是由已经灭绝的动物所进化而来的,而不是可能相近的动物的先祖。

更重要的是,所谓人类起源,一定是以人类特性形成为标准的。什么是人类特征?至少是能直立、会使用生产工具、从生物形态看有人类大脑与其他体质特性的。这样的人类最早只能称为智人,智人在世界多个地区发现,并不是只在非洲。中国至少有两处重要的智人发现地即北京周口店与南京汤山,这就是人类多元起源的直接证据。且不说,此前的古人类发现在世界各地和中国也相当多。所以人类多元起源是无可置疑的。

至于说以没有发现非洲南方古猿作为反对多元起源论,那就不合理了。古猿只能说是对于猿类的发现,这种猿类可能是人类的先祖之一,这是我们毫不怀疑的。但这只是猿类历史而不是人类起源的直接证明,这是应当区分的。生物学分类中,人科(Homididae)同时包括两个属:一个是南方古猿,一个是人(Homo),真正的现代人只是智人。在明确了这一观念之后,我们再进入对于人类先祖也就是智人之前的猿人的考察,对人类起源的前期过程有一个认识。

达尔文等学者都趋向于认为人类先祖产生于第三纪末期,第三纪开始于 6500 万年前,第三纪的末期即上新世,也在距今 500 万年前开始,大约到距今 300 万年至 200 万年间结束。现在没有足够的资料来说明,我们在第三纪所发现的动物化石就是人类先祖这一判断。但可以肯定的是,从 300 万年前开始的地质历史第四纪化石中,已经有大量的人类先祖的化石。从自然环境来看,第三纪与第四纪的气候差异是相当大的。第三纪就是所谓的"新生代"(Cenozoic),第三纪是一个大的地质史划分,其中又可分为早晚两期,早期分为三世,而晚期分为两世,因此第三纪共有五世,划分如下:

早第三纪(Paleogene):古新世(Paleocene,距今 6500 万年前到 5300 万年前);

始新世(Eocene,距今 5300 万年前到 3700 万年前);

渐新世(Oligocene,距今 3700 万年前到 2200 万年前);

晚第三纪(Meogene):中新世(Miocene,2200 万年前到 500 万年前。

上新世(Pliocene,500 万年前到 200 万年前)。

第三纪期间,地球表面大部分地区温暖湿润,最重要的是北极地区没有冰盖,欧洲和亚洲的大部分地区都是森林,而且是热带森林。这些森林是以后煤田油田形成的基础,我们可推断,如今的中东波斯湾地区,古代应当是大片茂密的森林,正是这些森林形成今日的大油田。

从第三纪晚期开始,地球温度开始下降,出现大冰期。距今 300 万年前,南极与北极形成了大冰盖。第四纪大冰期终于到来。持续三百万年的大冰期,经历了五次大的寒温转变,变化幅度非常大之。我们再把第四纪的历史时期分列如下:

第四纪:更新世(距今 200 万年前到 1 万年前)

全新世(1 万年前至今)

正是在这种巨大的环境变迁中,自然界的动物与植物也都发生了巨变,由于不适应新的环境,相当一部分动物灭绝了。而人类为什么能够存活下来,是不是人类体质本身适应了自然环境?事实上,对于人类来说,这正是人类不同于普通动物的地方,人类并不是被动地适应自然,归根结底是人类在困难条件中的发明与创造拯救了人类,人类的本质可以说是发明创造,人发明了用火,以抵御寒冷。这种发明是如此重要,以至希腊人认为是天神救了人类,把普罗米修斯作为火的发明人,中国人则奉燧人氏为火的发明人。总之,用火的发明确实令我们能认识到人类文明创造之伟大,以至产生拜火教与火的崇拜,也是丝毫不值得奇怪的事情。人发明石器为武器与工具,战胜野兽,发明陶器以提高人类生活品质,由于熟食,人类的身体更加强健,智力更加发达。在同样艰苦的自然条件下,许多巨大的哺乳类动物灭绝了。巨大动物的灭亡这种情况在地质史上屡次发生,早在中生代就有过恐龙灭亡的历史,曾经在丛林中活跃的各种恐龙类等巨大动物,因为一次又一次的寒冷天气的到来而灭亡。它们只能适应温暖的气候。而第四纪冰期,平均温度要比我们今天的温度低 10 度以上。大冰期到来时,森林消灭,草原出现,原有的作为食物的动植物全都消失,所以大型哺乳动物的灭亡是必然的。另一方面,气候又会从冷变热,这就使得另外一类动物——寒带动物如披毛犀、猛犸象等——也会灭亡。曾经有科学家们怀疑,是人类先祖大量捕杀这些动物,从而使得这类动物灭亡。其实当时的环境中,人类所捕杀的这些动物只占极少数量,它们灭亡的真正原因是气候的变化,它们不能适应这种温暖的气候,最终退出生物界。

猿类为适应自然,也经历了进化。在寒冷的冰期,一片冰天雪地,到处是冰川,而海洋面积大大缩小。这样就使得各海岛连成一片。更为重要的是,由于温度下降,原有的热带森林面积也在减少。猿类被迫从森林中走出,适应在草原上的生活。它们原有的食物已经没有,它们被迫采集地上的野果与捕杀动物。这种生活使得猿类不再攀援,不再上树,而要用手来采集,用手来使用石器击杀动物。这就使得猿类站立起来,直立行走,手持武器来追击野兽。工具的使用,火的使用及熟食,生活环境及生产的这一切变化,使猿变成了人。人的体质更为强健、大脑容量更大,人类群居而且组成社会,这就是人类产生的过程。这一过程大约经历了近三百万年,到距今 50 万年前,智人(Homo sapiens)出现,人类才真正产生。20 - 30 万年前,尼安德特人即所谓的古人,成为了离我们最近的人类的典型。而智人与尼安德特人的化石,是在世界多个地区发现的,笔者以为,这也是人类多元起源论的证明。

从本质上说,人类的产生,是人类应对自然环境,并且积极创造了人类所需要的生活条件的结果。

三、从森林古猿到非洲南方古猿

第三纪末期是猿类开始向人类先祖的过渡,这并不是人类的起源,而是类人猿的起源。这一时期目前还只有不完善的化石发现。这种发现主要分布在两个地区:第一个是非洲的森林古猿的发现,森林古猿是灵长目动物,这种动物与人类的关系目前仍是十分不确定的,其中突出的一点是森林古猿的牙齿具有向人类进化的趋势。人类没有犬齿,而森林古猿的犬齿也呈现出退化,所以可能是向人类转化的证据。1994 年,考古学又有新发现,在埃塞俄比亚阿发地区的阿拉米斯,发现了 440 万年前的阿尔迪古猿拉米种(Ardipithecus ramidus),这种大型猿类可能是与人类最为接近的古猿之一,它们的牙齿已经具有人类特征,可惜的是,目前还不能分析出它是否可以直立行走。第二个是在印度发现了与森林古猿同期的灵长目动物化石,有人认为,这种动物同样具有人类特性,并且据此强调人类起源多元性。笔者注意到这一发现,并且高度评价它的意义。我们估计,以后将会有更多的第三纪末期的类似动物发现,目前的化石发现中,以非洲化石与数量为多,这是一个事实。

有重要意义的发现是在第四纪的地质带中,这就是南方古猿的发现,南方古猿主要生活在第四纪时期,它的学名是"南方古猿非洲种"(Australopithecus africanus)。由于这种南方古猿的主要发现地在非洲,这些发现成了人类一元起源论的主要证据。

1924 年起到 1974 年前后,在南非与东非各地,考古学家们陆续发现南方古猿化石。第一块化石在南非发现,是一块南方古猿的头骨和天然颅腔模,这是一块大约为 200 万年前的、年纪为 6 岁左右的幼儿。从头骨形状来看,既像是猿又像是人,其颌骨和牙齿已经具备了人类的基本形状。这块化石的发现者是南非约翰内斯堡的威特沃斯兰德大学解剖学教授雷蒙德·亚瑟·达特(Raymond Arthur Dart),出土于南非塔翁村附近,这就是著名的"塔翁化石"。以后几十年里,经过大量挖掘,在南非出土了 1000 多块古代人类化石。

1959 年,英国考古学家们在东非的坦桑尼亚奥杜威峡谷中,发现了另一种南方古猿的化石,即南方古猿鲍氏种(Australopithecus boisei),其年代在 179 万年前后。有的考古学家还认为,已经可以肯定,在东非肯尼亚等地发现的南方古猿、哈达尔古猿等都可以直立行走,也就是 350 万年前就已经有了直立行走的"南方古猿"。但是这种说法恐怕还需要更多的证据。

笔者认为,南方古猿发现的意义十分重要,它们生存年代大约为 400 万年前到 100 万年前的一段期间。这是最早的人类近亲的发现,它们是直立行走的古猿,以前关于人类直立的时代不能确认,南方古猿的发现可以大致确定,人类开始直立行走的时代早于其他人类特性。另一方面也要看到,南方古猿的脑与牙齿与人类区别较大,脑量也小得多,不宜看作人类。但是,从南非的斯瓦特克兰斯洞穴发现,这里有南方古猿粗壮种与早期人类化石,其中已经有用火的迹象。还有大量的石器、骨器与兽角,这些工具说明它们已经处于采集渔猎生活阶段，这一处洞穴的地质与古生物考察可以鉴定，这里是 180 万年以前的高地草原环境，它其实是从猿到人的中间过渡状态。

从人类先祖生存的具体环境也就是生存小环境来说，也有一些标准与条件。一般来说，它们首先选取有山有水的地区，有山可以有岩洞，岩洞的可以抵抗风雨雷电、严寒酷热，可以安家群居，保存火种用以烹饪。同时也可以在山洞中用石器和火来抵御野兽袭击。一般有河流，有河流除了有较丰富的鱼类以外，还有大量来喝水的动物可供猎取。另外一个重要特点是一般选取森林与草原之间的地区，这种地区野生资源最丰富，无论是植物还是动物，都远超过丛林，而且有利于对于猛兽的防御。所以，无论是南方古猿还是以后的北京猿人，先民居住的大环境虽然不同，但是小环境却非常相似。南非斯瓦特克兰斯古洞穴与周口店地区全都在森林与草原交接地带，有河流、并且都发现了大量的动物骨骸。不同之处是，斯瓦特克兰斯洞穴还发现了一些猿类为剑齿虎等猛兽所伤害的遗迹，而周口店则发现了大量动物骨骸，可以说明，人类狩猎能力不断加强，曾经为害于人的猛兽可能已经成为人类的捕获物了。

能人（Homo Habilis）是一种尚未有定论的化石发现，它到底属于猿还是人尚不能完全确认。这是 1961 年在肯尼亚北部的塞伦盖蒂平原上的奥杜威峡谷中发现的一批化石，多数考古学家们倾向于认为这是生活于 170 万年前的、会制造工具的早期人类，称之为能人。能人的生理特性是脑量已经大于南非古猿。但是，目前这种能人只在东非与南非发现，而且数量不多，所以能否成为一个人科种类还是有待于讨论的。但是有一点十分突出，东非能人与北京周口店的智人一样，都是天才的石器制造者，能人是最早的石器工具制造者，这是其主要贡献之一。

我们上文所提到的前苏联的生物学家 H·H·切鲍克萨罗

夫则依据"能人"作出了人类一元起源的结论,他认为:"……正是在非洲发现了距今二百万年以上的'能人'(Homo habilis)制造的最古老的砾石工具。这些人分布到东方的道路可能是西亚、印度和印度支那的适于生活的地区,这些地区经常发现旧石器时代早期的石器。"[①]其实我们看到,他的结论错误百出,至少关于能人的生存年代都是错误的,著名考古学家路易斯·利基(Louis Leakey)宣布,能人生活年代是在 170 万年前,并不是所谓"200万年前"。另外,这种能人是否存在本身就受到西方学者们的怀疑,"皮之不存,毛将焉附",切鲍克萨罗夫关于这种"人类"流动到世界各地的设想,就更没有可靠根据了。

此外,还有一种被称为"真人"(Homo sapiens)的古代人类,这种人被看做是现代人类的最直接前身,序列仅在智人之前。这一人种在尼安德特人之后,欧洲最典型的真人就是克鲁马努人种,生存年代在奥瑞聂文化期,法国奥瑞聂(Aurignac)和意大利的格里马底(Grimaldi)都发现了大量的真人全骨骼。此外还有在南非发现的克拉西斯人等,大约在 12 万年前,其人种很难确定,不太具有典型意义。但是,非洲作为人类祖先的起源地之一,这是可以肯定的了。

四 、东方先祖:爪哇猿人与北京人

从地质变化来说,亚洲与非洲发现古代人类先祖的可能性相对大于澳洲、美洲。这是由于第三纪末到第四纪的地质变化中,亚洲与非洲的自然环境更为有利于人类的生存。在人类防御能力和生存能力低下的条件下,人类首先选择安全的地区生存。古

---

① 　[苏联]H·H·切鲍克萨罗夫:"毛主义与中国的民族人类学",引自苏联考古文选编译小组编译的《苏联考古文选》,文物出版社 1980 年版,第 140 页。

代人类在大冰期严酷自然条件的逼迫下,在海平面升高、大洪水冲击的困难条件下,向亚洲高原与非洲高原这种海拔比较高的地区运动,以求生存。并且在高原上有较大河流的区域居住,这里有较好的冲积平原等,利于发展农业与养殖,在亚洲与非洲形成了最古老的文明。以后由于自然条件的变化和人类过度垦殖,造成这些地区沙漠化,使得古代文明灭亡,这就是后话了。

而欧洲及一些海岛,地势相对低洼,气温相对低一些,这都不利于古代人类生存。在大冰期时期,这些地方全部在冰川覆盖之下,地球转暖时,又是森林地区或是沼泽地,不能满足古代人类生存的基本条件。所以古代人类生存与文明都不可能长久持续。虽然这些地区也有断续的古人类化石出现,但是没有形成系统的发展体系,也没有演化出以后发达的古代文明。

当人类产生之际,正是地球地质经历变化之时。第三纪末到第四纪初,亚洲的青藏高原地质发生变化,喜马拉雅山脉、冈底斯山脉、念青唐古拉山脉等开始升起,也有人称之为造山运动。从5000万年前到1万年前的全新世,青藏高原一直在升起,平均高度早就超过了4000米。这就使得中国、印度乃至整个亚洲的地势升高。青藏高原的升起,使得西伯利亚冷气流与印度洋暖气流之间的对流隔断,使得西伯利亚冷气流不得长驱东来,也使得西南季风形成,给印度半岛和中国西南地区带来随季风而来的雨水。这种影响一直及于中国的黄河与长江流域,太平洋与印度洋所形成的夏季季风温热湿润,就是中国古人所说的"南风",有利于农业发展[①]。而非洲大陆则是古人类与猿类的另一个选择,这里是典型的古老大陆,第四纪以来,一直与全球气候变化同步,是比较稳定的地区之一。第四纪最后一次大冰期的干旱气候,使这

---

① 参见中国科学院青藏高原综合科学考察队主编《青藏高原隆起的时代、幅度和形式问题》,科学出版社1981年版,第10-160页。

里成为草原与森林交界地区,多种植物与动物类型,为古人类提供了基本的生活条件。但是南部非洲没有尼罗河那样的大河,所以人类可能从这里北上,寻求能发展农业文明的地区。另外需要说明的是,亚洲的东亚、南亚与非洲的东非、南非,现在的气候比较干旱,这是近万年以来全新世气候变化的结果,在第三纪末到第四纪,这些地方的气候相对温润,反而比其他地方适于人类生存。

与非洲直立的古猿类同时期,亚洲有没有类似的人类先祖?

1884年,在印度尼西亚工作的医生尤尼琴·杜布瓦(Eugène Dubois)宣布,他在当地的特厄尔河河床中发现了直立人(Homo erectus)化石,有一块头盖骨、股骨和牙齿。这种直立人被称之为猿人(Pithecanthropus)。发现者认为,这是从猿向人的过渡,也就是说,是与非洲发现的南方古猿同一类型的人类先祖。可惜的是,杜布瓦的发现一直没得到西方学术界的承认。其中相当重要的一个原因就是,多数学者反对将印尼等地发现的猿人看成是人类先祖,他们坚持认为人类是一元起源的,只有非洲的南方古猿才是人类共同的先祖。

中国的北京地处平原与山区交接地区,北京南边的周口店,北依山林,就是北京西山,南边是华北平原上的草原,是古代人类最易于选择居住的地方。这里的地质是石灰岩地区,但山清水秀,不远处有一条小河,这里就有多种动物生存,山林地区有猕猴、野猪、斑鹿等动物,草原上有野马、羚羊、大象、野牛等。大量迁移的动物有肿骨鹿(Sinomegaceros pachyosteus)等数种,这些全都可能是北京猿人最易于猎取的对象之一。周口店河可能形成一些小湖泊和小型湿地,生活着水牛和犀牛等大型动物和河狸、水獭等小型动物。再向远方一些,这里与草原沙地相连,可能有鸵鸟、骆驼等动物存在。从自然环境看来,有些相似于奥杜威大峡谷,但自然多样性与气候优越于奥杜威大峡谷,这就使北京猿人可以在这里长期生活。

最重要的考古发现是中国北京人的发现。1929年12月2日，在中国北京西南约48公里的周口店地区挖掘出了一块头盖骨，以后被命名为中国猿人北京种（Sinanthropus pekinensis），简称为"北京人"（Peking Man）。北京人生活在更新世中期，距今约50万年前。这一人种就是所谓的智人人种，是最早的人类。北京猿人的头盖骨是中国科学家裴文中等人发现的，其鉴定者是体质人类学家弗兰克·魏登莱克（Franz Weidenreich，即魏登蓝）由于这位西方人类学家的鉴定，北京猿人较早得到西方大多数学者的认同，这位人类学家也因此名扬四海。以后在南京的汤山地区发现了同一历史时期的汤山人，这就证明北京人的发现不是偶然现象，亚洲猿人活动地区是相当大的。

北京人的发现意义重大，这是人类研究史上第一种与现代人类基本相同的人类。让我们引述一段北京人的发现者裴文中教授的论述：

> 中国猿人北京种已具有人类的基本特征。在长期的劳动中，双手适应于复杂的动作，日渐灵巧。他们的上肢骨与现代人极为近似，除了上膊骨的骨壁厚，髓腔较小外，完全具有现代人的形式。锁骨也与现代人没有特殊差别，腕骨中的月骨也具有现代人的一切特征。由于长期直立行走，中国猿人北京种的下肢骨，与现代人没有什么区别。股骨的主要形状，例如大小、形状、比例以及肌肉的附着点等，都和现代人相似。但是股骨干的内侧缘显著隆起，最向前弯曲的部分在骨干中部以下周径最小之处，这些特征类似大型的猿类。

> 中国猿人的脑髓较现代的大型猿类发达。平均脑量为1043立方厘米，比大型猿类大两倍以上，属于现代人的脑量变异范围之内。

> 从体质形态及中国猿人北京种制作石器、能够劳动等方

面判断,他们应具有音节的语言。①

从体质上来看,这是世界上最早的人类,从猿类向人类迈进,终于完成了最后的一步。历时 400 万年的人类进化史最终写下辉煌的一页。当代中国考古学家高星指出:"周口店遗址……在世界范围内也是一处有关人类起源与演化的圣地。……这些材料的出土成为科学史上里程碑式的事件,有力地支持了进化论和唯物论,确立了直立人这一人类演化阶段,解决了发现于印度尼西亚的'爪哇人'的归属问题,是有关东西方人种形态差别特点的建立及变异原因阐释的材料基础,是古人类'多地区起源''连续进化、附带杂交'等理论的支撑点,是研究以蒙古人种为代表的现代东亚人类的起源与演化过程的主要依据。"②

显而易见,以上看法完全支持了我们本书中的论证。

北京猿人开始用火,这是世界上最早的人类用火发现之一,意义极为重大。在发现北京猿人之前,只有尼安德特人(Neandelthal man)有用火遗物,尼安德特人要晚于北京猿人 20－30 万年,尼安德特人生存于距今 20－30 万年前。北京猿人用火的发现,在当时把人类用火的历史提前到 40－50 万年前。当然,在非洲斯瓦特克兰斯的南方古猿与人类洞穴中,考古学家发现了火烧遗骨,这是 100 万年前的用火,也是目前所知的最早用火纪录。这里的火可以断定是篝火而不是野火,但是没有燃火地点,所以还不能看做是完全确凿的用火结论。

五、东方上古前文明特征的显现:小石器制造

最重要的是北京猿人独立的石器制造,这是中国猿人文化的

---

① 裴文中:《旧石器时代之艺术》,商务印书馆 1999 年版,第 120 页。
② 周口店北京人遗址博物馆、高星撰文:《北京的世界文化遗产·周口店北京人遗址》,北京美术摄影出版社 2004 年版,第 28－29 页。

主要特征之一。石器制造并不是中国猿人的发明,南非古猿已经开始制造石器。但是,北京猿人的石器与南非古猿有所区别,它们属于不同时期的石器。南方古猿等早期石器代表类型是所谓奥尔德沃石器,这是埃塞俄比亚哈达尔地区的阿瓦什河谷发现的石器类型,其年代在250万年之前,属于奥尔德沃文化,这是最早的石器制作技术规范。这种石器主要形状是有锋利边缘的小石片,也就是经过敲击形成的砍砸器。这种石器的主要作用是切割与刮削,可以用来切割分离动物的肉、皮、骨等,也可以用来切断植物。通过试验说明,这种最原始的石器已经可以切开大象的厚皮。但是,这种石器不能用来作为长矛的矛尖与箭镞,所以攻击性不大,作为武器的功能就受到限制。我们可以断定,当时猿人们与野兽的斗争中战斗力并不够强大,从这些石器在动物骨上的刻痕可以判断,猿人们可能当时是食用已经死去的动物肉或是腐肉。

北京猿人发明了一种特殊的打击方法来制造石器。属于更为高级的石器技术——阿舍利文化类型——这是19世纪在法国阿舍利发现的石器类型,加工特点是从两面加工的,即所谓双面器。可以有石刀与石斧,有加工手执握之处,便于用力,这就有更强的进攻性。北京猿人的石器加工有自己的特点,完全不同于欧洲同一时期的石器。

在南京汤山葫芦洞1993年发现了与山顶洞人同期的猿人,这是大约五十万年前的古人类:

> 据吴新智院士介绍,经多学科专家的系统研究,全面系统揭开了南京汤山葫芦洞猿人遗址的地理地质背景,南京直立人1号、2号头骨及其伴生的哺乳动物、孢子花粉、植硅体化石和洞穴成因演变,并用石笋热电离质谱技术和哺乳动物牙化石氨基酸外消旋测年数据,阐明了南京直立人的生活环境和年代。专家们一致认为,南京直立人及其伴生的哺乳动物群的性质、年代与北京直立人(北京猿人)及其伴生的哺

乳动物群相似,南京汤山葫芦洞与北京周口店第一地点属于同时期的古人类遗址。……有趣的是,1 号头骨鼻梁高耸及上颌骨额突在中国其他人类化石中很少见,而在欧洲人类化石中出现较多,表明"南京人"在进化过程中可能曾有与外地区古人类杂交的现象……专家们还运用热电离质谱测年等科技手段,推测当时汤山地区气候干冷,冬季古长江结冰,南京猿人生活在中更新世冰期时代。根据洞中生长的石笋年龄和钙板测年表明,葫芦洞堆积从距今 50 万年前开始,洞口于距今 10 万年前封闭。①

这样,中国考古学中人类起源的链条基本完整:从北京猿人到现代人,历史过程连续,在人类起源研究的各阶段都发现了相应的化石。

我们再确认一下这一链条的各个环节:1963 年 6 月到 8 月,中国科学院古脊椎动物与古人类研究所的科学家黄万波、汤英俊和张宏三人在陕西省蓝田县陈家窝子发现一个猿人下颌骨,著名考古学家吴汝康将其命名为中国猿人蓝田种(Sinanthropus Iantianensis)。经考察证明属于更新世中期。

特别是 1958 年在广东韶关马坝发现的古人类化石,称为马坝人。其地质考古时代为更新世晚期。中国科学家吴汝康等鉴定,历史时代大致相当于欧洲大名鼎鼎的安德特人。

旧石器时代晚期发现的人类是智人阶段,与现代人相同,这一时期的发现对于人类文明起源有重要意义。中国发现的主要有柳江人、河套人和山顶洞人。其中最有代表性的就是河套人与山顶洞人的发现,这些人类发掘不只是个别人种的发现,而是一种重要文化遗址的发现,都有大量的石器、动物化石等。河套人

---

① 参见叶雷、曹家骧:"南京汤山葫芦洞、北京周口店属同期古人类遗址",载《新民晚报》,2003 年 2 月 21 日第 1 版到第 4 版。

与山顶洞人已经进入了"原始氏族社会",大约为旧石器时代晚期。中国考古学家裴文中认为:

> 要之,山顶洞人的文化,很大程度上阐明了人类文化的起源。从石器的使用发展为骨角品的广泛应用,是由原始向文明发展的一个阶段,这标志着人类历史的划时代的变化……山顶洞人以后,人类历史又进入了一个新的阶段——新石器时代,社会组织方面也达到母系氏族社会的阶段……①

笔者赞同这种看法,考古发现已经证明,中国是人类起源地之一,人类文明即将开始它的宏大乐章,这一乐章的主标题是"人类是宇宙的主人"。尽管这一提法可能会被看成"人类中心主义",但是,蒙昧与野蛮时代的遗迹却会给人们展示惨痛的历史,170万年前南非斯瓦特克兰斯的人类先祖头骨上残留的豹子牙齿痕说明,就在人类先祖居住的洞穴前,人类还是不能免除遭受猛兽的捕杀,而且尸体还被猛兽保存到安全的地方,以防食腐的土狼来抢夺。当人类处于蒙昧与野蛮时代中,人类的处境是相当可怜的,人类体质在自然界并不是最强有力者,他只有依靠自己的精神,人类才能成为自然的主人,只有人类成为自然的主人,他才能爱护这个宇宙与地球。人类之伟大,在于人类精神与文明的伟大,这也正是人类区别于其他族类之处。

---

① 裴文中:《旧石器时代之艺术》,商务印书馆1999年版,第142-143页。

第四章 关于文明起源的理论与学说

一、众说纷纭:文明起源理论

在研究了宇宙与人类的起源之后,我们才有可能进行人类文明起源的研究。

文明起源原本是最为古老的问题,但是这一领域的研究长盛不衰,近年来,文明起源这一重要理论再次成为世界学术界关注的中心。文明起源从总体上说,很难从一两个具体条件上得到说明,因为文明本身就是多种条件的综合。正像我们已经指出的那样,是社会生产方式、国家组织与意识形态等不同层次的构成。正确地说,只有当许多必要条件完全具备才可能真正称为文明。但是历史却告诉我们,这是不可能的,没有一种文明从开始就是各方面都成熟的文明。

因此文明起源的标准与文明形成的条件一直没有统一的看法,关于文明起源的理论也就出现众说纷纭、各执一词的局面。这种争论早已经在考古学、历史学家等传统学科中存在,近年来,新兴的人类学、文化研究、比较文明学等学科出现,争论就随之在新学科中蔓延开来。我们这里要说明的是,文明起源与人类起源之间虽然有一定联系,但从本质来说是不同的,文明起源研究人类文明社会与行为的最初形态,而人类起源是关于人类自身产生的过程,这是两个不同的领域。人类存在已有数百万年历史,但是只有经历了漫长的蒙昧时代与野蛮时代之后,人类社会才进入文明时代,文明时代仅有万年。实际上,这两个领域的研究经常被混淆,有的人类起源理论其实是说文明起源,反之亦同。故此我们在研究人类起源之后,再进一步开展对于文明起源的研究,以区别其源流异同。

先将文明起源的主要理论介绍如下,作为阐述我们的文明起源理论的前提。

关于文明起源的条件:要研究文明的起源,首先要明确要具备什么条件才能被认为是文明的成立? 当我们说某一种文明起源时,它具体有哪些要素,或是说文明起源有什么标志? 这是首先引起争论的问题。

(1)国家-城邦文明起源说:以国家和城邦的建立作为文明起源的主要标志,还可以扩展到以社会生产方式与劳动分工作为文明起源的标准。相当流行的一种观点认为,马克思主义创始人是持这种起源论的(注:笔者认为这是不对的,马克思主义创始人并不是国家—城邦文明起源说的支持者)。这种见解在中外学术界都相当普遍,我们仅举最常见的例子以说明。有论者认为:

> 尽管意见纷陈,但有一点可以肯定:无论从时间看,还是从内容看,马克思使用"亚细亚生产方式"这一概念都是企图对人类文明社会开端的社会形态作出一种规定。可以这样说,研究这一概念的历史发展及其他内涵,也就意味着探讨马克思文明起源观的变化发展。
>
> 按照马克思主义观点,国家是文明时代的首要标志,恩格斯的《家庭、私有制和国家的起源》将国家建立后的社会称为文明时代,显然是将国家视为人类早期文明的集中体现或本质特征。①

无论马克思恩格斯是否如论者所说持这种看法,至少论者是持这种看法的,而且这种看法在西方学术界还相当流行,比较常见的

---

① 张树栋、刘广明主编《古代文明的起源与演进》,南京大学出版社1991年版,第18页。

论著就有 E. 色维斯(Elman R. Service)的《国家与文明的起源：文化进化的过程》(*Origins of the State and Civilization：The Process Cultural Evolution*,1975)等著作,也正是这位考古学家所提出的"酋邦制"文明起源论,成为当代西方学界颇有影响的观念,中国当代的一些历史学家与考古学家也接受了这种理论。但从这种理论的本源来说,政治经济学学科无疑是一个重要的学科视域,进而影响到各个领域,对于这些相关观念的演变,我们有必要加以关注,以理解它的缘起与学说的目的。

(2)语言文字起源说:以系统的语言文字应用为文明起源的标志或是作为文明起源的必要条件之一,这也是一种国内外学术界有相当影响的看法。必须说明的是,大多数学者是以语言文字与其他因素如城市、国家、青铜品等诸多因素共同作为文明起源条件的。但是其中强调语言文字作为社会交流工具的重点是相当明显的,因此我们也将其作为一种重要的理论。

以语言文字应用为文明起源标志的观点,最有影响的倡议者当然是人类学家路易斯·亨利·摩尔根,他的名著《古代社会》中提出,人类社会早期发展分为 7 个阶段,每个阶段都有相应的社会形态。先后经历了低级蒙昧社会、中级蒙昧社会、高级蒙昧社会、低级野蛮社会、中级野蛮社会、高级野蛮社会,最后才进入文明社会。他认为文明社会"始于标音字母的发明和文字的使用,直至今天"[1]。这种观点仍然有相当多的拥护者,比如西方学者切尔德(*V. G. Childe*)等人的看法,他认为:除了国家之外,还有语言文字与城市、城镇的存在。其中语言文字是"人类传播经验与积累知识的新工具,在文明形成中是必不可少的因素"[2]。持

---

[1] ［美］路易斯·亨利·摩尔根:《古代社会》,杨东莼、马雍、马巨译,商务印书馆 1977 年版,第 12 页。

[2] V. Gordon Childe：Civilization Cities and towns, *Antiquity*, 1957, 121,P. 37.

这种观点者,除了相当多的西方语言学家、考古学家以外,中国学者也相当重视语文字在文明形成中的作用,我们在上文中已经介绍了《文心雕龙》中"言立而文明"的观念,此外如《易经·文言》中的"天下文明"一句,孔颖达疏曰"有文章而光明也",也都是指语言文字的使用代表人类思维的成熟,特别是理性思维的确立。什么是理性,理性就是逻辑与科学的认识方式,希腊人的逻各斯、中国古代墨辨理性和印度的因明学,都是理性的基础。理性使人类走出蒙昧与野蛮,语言文字是传播理性的工具,这其实也是古代人有代表性的看法。而且这种看法在当代国内外都有相当的拥护者,从语言与思维的同一性方面来理解这一观念,笔者在以前的论著中多次涉及这个问题,特别是关于西方艺术心理学的论著中有详细的解释,可供有兴趣的读者参考。

(3)青铜器起源说:青铜器的出现具有多重意义,表明人类生产与生活工具经历了石器、骨木器、陶器之后的又一新阶段。青铜器不但是生产工具,也是主要的礼器,代表一个国家的礼仪制度与道德法律制度的建立,"夏铸九鼎"就是青铜时代权威意义的象征,所以也被看做是人类文明出现的重要标志之一。张光直等学者认为青铜器是文明社会的主要特征:

> 中国青铜时代这个概念与古代中国文明这个概念之间相合到几乎可以互换的程度。青铜器本身当然便是古代中国文明的突出的特征,而造成它们的特殊地位的因素,同时也正是导致那种文明产生的同样的因素。[1]

当然,中国文明是世界古代文明形态之一,如果中国文明以青铜器为特征,意味着至少青铜器是世界文明起源的特征之一。但我们认为,以青铜器作为文明起源,与以上以各种单一因素为起源

---

[1] 张光直:《中国青铜时代》,生活·读书·新知三联书店1999年版,第27页。

条件一样,往往不能成为文明的必要条件,如中美洲的玛雅古代文明就没有青铜器的使用,但它仍然是一种重要的古代文明。以青铜器为文明起源标志这种观念在中国学术界影响最大,而且有明显的历史学学科特征,因为中国古代史学关于文明起源学说受到近现代的学者王国维等人的影响,重视出土文物与典籍的二重证据。但这里要说明的是,中国当代考古学发展较晚,所以尽管青铜器出土多,但其他考古发现近年才获得长足进展。所以中国文明研究中,应当更多重视考古学新发现与文明理论本身的研究,从人类活动的多样性与人类文明的精神层次来考虑起源特性,这是更高层次,也是更广范围的认识,执一物为证,必有例外。当然,这也是当代更多学者强调多种因素结合起来的综合因素起源说的主要原因。

(4)新石器文明起源说:国际学术界相当多的学者们有一种认识,认为从旧石器发展到新石器是经历了一场革命,即"新石器革命"。这种认识的中心观点是强调新石器时代人类已经具备了文明社会的各项条件,特别是最为重要的社会生产方式的变化,具有实质意义的差异,人类实际上进入了早期文明社会。中国考古学家夏鼐指出:

> 有人认为"文明"这一名称,也可以用低标准来衡量,把文明的起源放在新石器时代中。不管怎样,文明是由"野蛮"的新石器时代的人创造出来的。现今考古文献中,多使用"新石器革命"(*Neolithic Revolution*)一名辞来指人类发明农业和畜牧业而控制了食物的生产这一过程。经过了这个"革命",人类不再像旧石器或中石器时代的人那样,以渔猎采集经济为主,靠天吃饭。这是人类经济生活中一次大跃进,而为后来的文明的诞生创造了条件。①

---

① 夏鼐:《考古学论文集》下,河北教育出版社2000年版,第677页。

目前,这种文明起源说的影响正在扩大,并且超出考古学一个学科,在众多的学科中得到响应。笔者认为,这是一种正确反映了人类社会进步性质的学说,社会文明形态的不同,最终要取决于其社会所存在的人类生存方式,生存方式依赖于经济生活。所以我们应当重视这一学说的合理性。当然这一学说并没成为一种体系,它只是一个起点。我们所要作的恰是从这里入手研究文明形态的演变与体系形成,从野蛮蒙昧到渔猎、从渔猎到农牧、从农牧到工商业等不同社会阶段的起伏与伸展。

(5)综合因素起源说:当代社会历史著作中,经常用多种因素综合起来作为文明起源条件,如英国的丹尼尔的《最初的文明》等著作中,以文字、城市和系统的礼仪中心等多种因素都作为文明成立的条件,这样,把文明起源问题看成是一定历史时期多种条件具备之后的必然结果。严格地说,文明社会的产生必然是多种因素的结合,这种观念无疑是正确的。但是,作为一种科学认识,文明起源作为一种历史现象也不可缺少对于促成因素的分析,否则任何现象都无法洞察其因果联系,不可能有预见性。因此,我们主张,肯定文明社会是多种因素所促成的,但是文明起源毕竟有具体的历史因素与条件,不能用综合来取代分析。

(6)非社会条件文明起源论:有的学者在讨论文明起源的条件时却没有明确的社会条件,提出以某种精神因素作为文明起源的标志。如德国哲学家斯宾格勒的文明起源是"从静态向活动状态的转化",这一观点被深受其影响的英国历史学家汤因比进一步发挥,认为可以取代关于文明起源研究以往的看法。汤因比《历史研究》第二部"文明起源"中提出:

> 我们想寻找一个直接的目标,即找到前文明社会和文明之间永久的、根本的区别这一点已失败了。但我们却意外地得到了有关我们目前想要探讨的最终目标——文明起源的性质的某种启示。自前文明社会开始转变为文明,我们发现

这是一种从静止状态向活动状态的过渡。我们还将要发现，这同一个公式也很好地适用于文明形成的不同模式，即文明是通过无产者同现存文明以前的那些占统治地位但丧失了创造力的少数人分道扬镳而形成的。①

第一，我们从这里尚未能看到所探讨的"最终目标"即"文明起源的性质"的启示，我们在这里所看到的仅仅是不同时期的社会变革，这种变革从人类社会存在以来就从没有间断过。如果认为从这里可以看出文明起源，那么这种推论还是缺乏说服力的。一种社会变革理论虽然与起源有联系，但两者之间存在根本差异，不可能互相取代。第二，汤因比先生理论的直接来源并不是马克思主义，虽然在这段话中有"无产者"等名词，正像他自己所说，这并不是什么新学说，只是第二次大战前德国曾经盛行的社会革命理论，这种理论因其与德国法西斯有牵连而本身声誉不佳，所以在欧洲各国并没有得到承认。但近年来，汤因比的理论却在东方国家中被视为新奇，甚至一些学者趋之若鹜，我国的一些学者也纷纷表示赞同，仿佛在追赶世界学术创新的潮流。这样不但会招致嘲笑，而且要警惕其中所含的危险。

关于文明起源的历史条件尚有多种看法，我们不可能一一详述，其中影响比较大的已经基本说到。以下是关于文明起源的另一个重要方面的讨论，文明的起源和发展过程是通过外部传播的，还是由内部具备一定条件后产生的？由于其中有的理论我们在探讨人类起源时已经部分涉及，为避免重复，故从简论述。

二、驳所谓"文明传播论"

什么是文明传播论？

---

① ［英］阿诺德·汤因比：《历史研究》，刘北成、郭小凌译，上海人民出版社 2000 年版，第 60 页。

文明传播论是这样的一种理论学说,即认为世界文明起源于一个中心,从这个中心向世界各地进行传播。这种理论最主要是以埃及为世界文明最早的中心,因为埃及文明邻近西方,而且其存在早于西方文明,这一点已经为世界所公认。所以西方学者往往认为世界其余文明是从埃及传播而来的。世界各主要古代文明中,两河流域与埃及距离很近,自然被认为是最易于传播的。另外两种东方古代文明印度文明与中国文明,也被认为是从埃及传播而来。文明传播论虽然把埃及作为世界文明的发源地,但是文明发展的重心却是欧洲,因为希腊文明与埃及和近东文明都有相当密切的关系,而后两种文明先后衰落,所以只有希腊罗马文明才是真正的文明中心。这样世界文明的真正传播是从希腊罗马文明开始的。经过这样的一番推导,埃及文明传播论就变成了实际上的地中海文明传播论。印度文明较早就被看成是一种外来文明,19世纪比较语言学与比较宗教学家们发现,印度古代语言与欧洲古代语言之间有过历史联系,从而论证了印欧语言同属一个语系。以后又陆续发现古代雅利安人对于印度文明的影响,于是把印度文明看成是欧洲雅利安人文明的产物。这种观念忽略了古老的印度河文明的存在,以后受到印度学者与多数西方学者的批评,现在已逐渐式微。

在文明传播理论中,由于中国古代文明与外来古代文明之间的接触一直很少,所以关于中国文明是如何经传播而致的猜测最为多样,可以说中国文明的各方面都先后遭到国外学者的质疑,从中国猿人到旧石器时代的石器,从殷墟文字到四大发明,从农业上的稻谷生产到郑和航海,无一不被怀疑,其批评也最缺乏证据。我们仅列举其中有代表性的例子,其余不一一述及。

其一是中国人种西来说。我们上文已经提到,在发现中国北京猿人及山顶洞人时,西方学者魏敦瑞就提出一种看法,认为山顶洞人的头骨有三种类型:第一种是蒙古人种的祖先,与欧洲同时期的克鲁马努人有相当的关系;第二种与北极的爱斯基摩人有关,在他看来,不是北京猿人远行到北极,而是爱斯基摩人来到了中国北方;第三种则与南洋群岛的美拉尼西亚人有关,当然,也是古代美拉尼西亚人登上亚洲大陆,来到北京附近活动。在此之前,更有西方学者提出,中国猿人不能成为独立人种,只能是爪哇直立人的一支。中国学者当即对此进行了驳斥,裴文中、吴新智等中国考古学家以确凿的证据与深入的研究证明,中国猿人与爪哇人分别是不同历史时期不同来源的人类,不能混为一个人种。山顶洞人三个完整头骨都是蒙古人种,具有原始性质。从来没有任何爱斯基摩人和美拉尼西亚人的特殊性质①。驳斥了中国人种外来说,从根本上推翻了中国文明外来说,这是无须再加以说明的了。这场斗争的性质并不仅仅是民族文明独立性之争,而是科学认识与主观臆断和伪科学之间的斗争。中国考古学虽然起步晚,但成就突出,目前的研究结果已经完全可以说明中国人种独立起源,以上种种荒谬见解不攻自破。其二是所谓中国文字是从埃及传播来说。这种说法的历史十分久远,较早提出者之一是17 世纪德国耶稣会士祈尔歇(*Athanasius Kircher*),他的《中国图说》(1667 年)认为,《圣经》中犹太人闪的子孙带领埃及人来到中国,向中国人传播了埃及文字,以后中国人才有了自己的文字。此说一起,直到二十世纪,三百余年间不绝如缕。中国学者早已经反驳了这种毫无根据的说法,中国古代的陶文与甲骨文研究证明,中国是世界上最早创造文字的国家。特别值得注意的是,近年来还有李学勤先生著《古埃及与中国文字的起源》等文,专门对于这一问题作了透彻的分析②,可供参考。

---

①　参见裴文中《旧石器时代之艺术》,商务印书馆 1999 年版,第 119 页,第 139－140 页。

②　李学勤:"古埃及与中国文字的起源",见李学勤著《比较考古学随笔》一书,广西师范大学出版社 1997 年版,第 129－135 页。

其三是中国的彩陶文化是从欧洲传播来的说法。中国新石器时代广泛应用彩陶,分布十分广泛。同一时代彩陶在欧洲与近东也有发现,所以著名的西方考古学者安德森(J. G. Andersson)曾经断言,中国所发现的彩陶与欧洲等地彩陶有联系,他曾经提出:

> 远东方面发现彩陶的地方,西起新疆的婼羌,东达辽东半岛,东西距离,跨有三十六经度,几乎与近东方面,西起东欧,远达西部印度及西部突厥斯坦,彩陶发现的最大区域,完全相等。……我们如谓远东各省的彩陶,实构成了一个文化丛,与近东彩陶文化同其复杂与丰富,亦决非过甚之词。一旦中亚方面的许多地方,如果经过详细的考察,这远东与近东两大区域便可联系起来。届时我们便可明白东西文化交流的实况。[①]

对于中国彩陶外来说,已经有相当多的批评,我们上文也已经涉及其中的部分观点,这种说法没有根据已经被世界学术界所公认,而且类似说法近年来也不再出现于学术界。所以没有必要再逐一进行驳斥了。

其四是近年来又有些人认为中国早期青铜器也是来自异域,如中国西北的齐家文化和中原二里头文化中都有的早期青铜器制作工艺是从西伯利亚和伊朗等地区传来的说法。美国哈佛大学费正清研究中心的胡博(Louisa G. Fitzgerald – Huber)博士的论文《齐家和二里头:关于远距离文化的接触问题》[②]就提出了这样的看法。中国学者李学勤撰文讨论了其中伊朗南部沙克尔曼

---

① 转引自周谷城著《世界通史》上,河北教育出版社 2000 年版,第 130 页。

② Louisa G. Fitzgerald – Huber , Qijia and Erlitou : The Question of Contacts with Distant Cultures ,*Early China* , vol. 20 , pp. 17 – 68.

省克尔曼东北的沙赫达德（*Shahdad*）出土的金属器与中国的红铜爵、觚形器之间的关系。李学勤先生本着科学严谨的态度，引证中国考古学家石璋如先生、杜金鹏先生关于爵的演变的看法，说明中国爵的研究状况。同时他也主张对于"不同文化中的类似文化因素，即使彼此没有传播、影响的联系，也是应该比较研究的"①。笔者对于这种态度是赞同的，但也认为，考古挖掘与文明史的研究结合起来，可能会对于中国文明起源与其他文明之间的关系有更大的推动。青铜器不只是重要礼器，而且是代表一个时代的生产力的发明，所以更宜慎重。共时性的比较研究与历时性的传播研究应当泾渭分明，中国青铜器的独立创造是关系到民族文明特性的根本问题，不能轻易下结论。从目前研究成果来看，中国青铜器是独立创造的，这一结论毋庸置疑。

　　其五所谓"西方三大发明"对于中国的影响之说。我们所熟知的是中国四大发明对于世界的影响，但是西方学术界相当多的学者却坚信，西方三大发明：马车、骑马术和冶金术对于中国古代文明发展有直接作用。一位名叫库兹尼娜（*E. E. Kuznina*）的学者在 1998 年美国出版的《东中亚铜器与早期铁器时代的人们》一书所收入的论文中，即作如是说②。她坚持认为，古代西方三大发明决定了中国文明的进步。此外，比如中国古代的马车是中国独立的发明还是来自外国？这一类问题也不断被西方学者们所提出，1983 年英国考古学家皮格特（*S. Piggott*）就提出，中国马

---

　　①　李学勤："谈伊朗沙赫达德出土的红铜爵、觚形器"，载余太山主编《欧亚学刊》第一辑，中华书局 1999 年版，第 120 页。

　　②　E. E. Kuznina ，"The Tarim Basin People and Pastoralists of Asian Steppes"，In *The Bronze Age and Early Iron Age Peoples of Eastern Central Asia*，ed ．Victor H ．Mair，Philadelphia ：University of Pennsylvania Museum，pp. 63 – 93.

车来自高加索地区①。全球化时代中，东西方的学术交流相当频繁，所以西方学者的见解迅速受到中国学者的关注，中国学者立即就这一问题与西方展开辩论，以有力的证据证明，中国马车早在古代即已经存在，无须从高加索引进马车②。

……

关于文明起源的争论层出不穷，限于篇幅，不再一一罗列。从中可以看出，关于文明起源的争论往往与不同学科有关，不同学科有不同的关注中心，考古学、历史学、政治经济学等各有其关于文明起源的条件与重点，所以各持一端，不能统一。这就证明，迫切需要有一门学科全面研究这一类问题。比较文明学具有跨学科综合性研究的优势，应当在这一领域有所作为。

三、多元文明起源论

我们主张人类多元起源，是说人类在世界多个地区独立形成。同时也主张文明的多元起源，这也包含两种含义，一种是说文明是在世界不同地区独立形成的，另一方面是说，文明形成的条件是多种的，并不能单纯以某一种条件来作为文明成立的绝对标准。这两者之间有一定的一致性，但并不是同一事物。

多元起源论是世界上有重要影响的学说，并且正在受到越来越多的支持。英国剑桥大学教授丹尼尔（*G. Daniel*）是颇有影响的当代西方学者，他所提出的世界古代六大文明是埃及、两河流域、印度、中国、墨西哥（包括奥尔梅克文化与玛雅文化）和秘鲁，但是埃及文明与两河流域文明之间的交流与传承关系是众所周

---

① S. Piggott, The Earliest Wheeled Transport from the Atlantic Coast to th Caspian Sea, Ithaca , New York ; Cornell University Press , 1983, P. 103

② 可参见王海城"中国马车的起源"，载余太山主编《欧亚学刊》第三辑，中华书局 2002 年版，第 1－75 页。其中涉及中外学者关于中国马车起源的一些争论。

知的,所以不能看成是独立起源文明。如果这样看来,真正独立起源的可能只有五种。也有的学者发表这样的看法,认为美洲文明从发展形态与连续性以及所达到的文明程度来说,都不能与旧大陆文明相比,只能说是次文明形态。但是这种说法显然是不合适的。我们应当承认,以上六种文明至今为止没有确凿证明有互相濡染关系,应当说都是独立起源的文明。如果依照古代文明的衡量标准,那么美洲主要文明应当说都已经达到高级文明社会程度。

文明是不是连续的,这也是一个有分歧之处。一般来说,西方学术界认为,古代文明大多数已经灭绝。埃及文明、两河文明都是起源最早的文明但也过早地消亡了。埃及古国从公元前4000年前开始统一,到公元前12世纪前后的新王国后期,埃及帝国终于衰落。人类历史上的尼罗河时代在拉姆塞斯三世(公元前1182年－公元前1151年)时期突然结束,使得这一伟大文明实际上不再继续。公元前4000年到前3000年间,美索不达米亚平原上的文明之花绽放,苏美尔人等创造了灿烂的文明传统。但是好景不长,公元前2006年,埃兰人就攻破了乌尔第三王朝的城邦,从此,苏美尔人退出了历史舞台,这也标志着两河流域文明的衰落。这两种文明可以说都未能持续多久。

关于印度文明是否为持续文明,目前还有一些分歧。传统的理论认为,古代印度河流域的文明早已经灭亡,可能早在雅利安人进入印度次大陆之前,哈拉巴与略有不同的印度河－恒河文明已经不存在了。所以印度文明其实是后来的雅利安人重新建立的起来的,雅利安人所创建的吠陀经典为中心的文明持续至今,这样就不能说印度古代文明是持续的。而且印度历史上屡经异族征服,穆斯林与西方国家的入侵极大地改变了印度原有文明的中心地位。这些都有可能成为印度古代文明灭亡的证据。但有些研究印度文明的西方学者近年来发表看法,认为印度文明是一种持续的文明。如 *A. L.* 巴沙姆的《印度文化史》等著作中,强调作为一种民族的文化传统来说,印度文明是最古老的持续文明。他写道:

> 没有一个国家像印度那样,有如此漫长而绵延不断的文化。虽然世界上还有更加古老的文明(以埃及和伊拉克地区的最为著名),但这些文明实际上已被那里的居民遗忘,并且被新入侵的文化所掩盖,以致没有人还能记诵《死者之书》或《吉尔伽美什史诗》,在现存的传说中也没留下任何关于拉美西斯二世或汉谟拉比这些伟大帝王的记录。……另一方面,印度的婆罗门却至今还在每天祭拜时反复诵唱3000多年前编写的吠陀颂歌,而传说则使人们追忆起在大约同一时代的那些英雄式的首领,以及他们进行的伟大战役。在文化延续的时间长短方面,中国次于印度,而希腊仅列于第三。①

如果说巴沙姆对于印度文化传统是从具有雅利安人特性的吠陀时代算起,那么美国的乔纳森·马克·基诺耶(*Jonathan Mark Kenoyer*)就连印度河文明都算上了,他也认为:

> 印度河和历史时代早期城市间的许多连续性,可能是人们生活类似环境、有类似原料的结果。但是其他连续性明显是社会和意识形态连续性的反映。这些变化表明,文化进化的动态过程导致出现了社会经济组织和政治复合体的新形式。②

---

① A. L. 巴沙姆主编《印度文化史》,闵光沛等译,商务印书馆1997年版,第2—3页。

② [美]乔纳森·马克·基诺耶:《走近古印度城》,张春旭译,浙江人民出版社2000年版,第325—326页。

这位作者可能是把文明的"持续"概念与"影响"概念没有作严格的区分,其实这是两个不同的范畴。文明的持续一般是指这种文明占主导地位,不曾有过间断。而影响则是指这种文明的作用力的存在。两者之间的差异是明显的,民族文明的影响可以说是永恒的,它一般不可能消失,如埃及文明对于当代埃及、两河文明对于今日的伊拉克社会的影响都不会完全消失,"拉美西斯与汉谟拉比二世"这些伟大帝王对于这些地区的历史作用也不会无影无踪的。但是,这些地区古代文明传统的中断是一种历史事实,远在古代就已经由于军事征服或是经济衰落或是中心转移等各种各样的原因而产生了。总之,两者相差甚远,不宜混淆。具体到印度文明而言,经历了三次大的变革,这种变革不同于中国文明经历蒙古人、满清时代,印度文明实现了较大的文明形态转换。公元前 1500 年前后的雅利安人入侵印度,灭亡了印度河文明;公元 12 世纪末期,伊斯兰教民族战胜印度教,统治印度;从 17 世纪起,英国人进入印度。这三次大的文明形态转换,对于印度留下了深刻的印痕,永远无法抹去。

值得思考的是,为什么世界关注中国文明的起源? 夏鼐先生曾经有过一种说明:

> ……荷兰著名考古学家法兰克福(*H. Frankfort*)在五十年代初便指出,世界范围内独立发展的文明可能只有三个:近东(埃及、两河流域),中国和中、南美(墨西哥、秘鲁)。后者远在新大陆,与旧大陆遥隔重洋,一般认为它们的起源与旧大陆无关。只有中国文明的起源这一问题,成为传播论派和独立演化论派的争论的交锋点。它不仅是中国史学和中国考古学中的一个重要课题,也是世界文化史上的一个重要课题。①

---

① 夏鼐:《考古学论文集》下,河北教育出版社 2000 年版,第 661 页。

此可谓要言不烦，一语中的，最清楚地说明了中国文明起源在世界文明起源论之中的关键地位。

在简述了文明起源的理论之后，我们要重申的是，文明多元起源与人类多元起源一样，是我们所坚持的理论观念。同时，我们认为，文明的起源应当放在一个更为广阔的视域里来看，以往的文明起源论主要是从政治经济学、历史学、哲学、考古学等方面来研究，所以有标准与条件的不同。如今，在比较文明学发展的当代，我们应当以文明为主要对象，从比较文明学学科本身出发，进行关于文明起源、发展与终结的研究，这就会有新的认识与新的理论。这是一种以文明为本位并且以文明为本体的研究，是文明研究回归自身的必然。

四、关于文明起源的历史时代

文明起源于何时？对此也充满了争议，我们的看法是，文明的起源比我们现有的看法可能要早得多，从世界范围的人类生活与精神活动的属性来看，人类文明是起源于新石器时代的，也就是说，人类起源于"新石器革命"（Neolithic Revolution）时代。在这一时期，人类首次具备了长期限制人类生存与自然生产的基本条件粮食、衣物、居住、安全。从文明意义上来说，人类从自然界的动物变成了人，从野蛮与蒙昧状态下产生了根本性转变，建立了新生活的诸多方面，这就是文明的起源，其时代大约于距今15000年到10000年间，至少到7000年前，也有学者认为，大约是从12000年前到7000年前，人类已经有了相当发达的农牧业文明。人创造了自然中所原本没有的农作物，驯养了牲畜，建造了住房。

人类从分散或是群居的动物进入了新的状态——社会生活——这是任何动物没有的生活状态，西方有些学者不理解人类社会与所谓的"动物社会"的根本区别，人类社会是理性的组织，而动物只是由于群居所形成的一种依赖性,两者是根本不同的。人类最基本的社会组织都有语言交流、生活禁令、道德法规、精神信仰、家庭形式等社会性因素。这是文明的精神创造,它与人类手中的新石器一样,既是人类创造的,也是服务于人类的。

正像中国考古学家夏鼐所说的那样,人类发明农业和畜牧业而控制了食物的生产这一过程,经过了这个"革命",人类不再像旧石器或中石器时代的人那样,以渔猎采集经济为主,靠天吃饭。这是人类经济生活中的一次大跃进,这就是人类文明的产生。从这里也可以看出,农业的形成是文明起源的最重要标志,有了农业,才可能有定居的生活,甚至有的学者认为,只有农业民族才可能产生文字,有了文字才可能说是有了文明,当然这种说法并未得到普遍的承认。

从目前的研究来看,人类最早的农业文明可能于 10000 年到 8000 年前,产生于两河流域、中国黄河长江流域与古代埃及,由农业文明开始揭开了人类文明史的序幕。我们主张人类多元起源,是说人类在世界多个地区独立形成。同时也主张文明的多元起源,这也包含两种含义,一种是说文明是在世界不同地区独立形成,另一方面是说,文明形成的条件是多种的,并不能单纯以某一种条件来作为文明成立的绝对标准。这两者之间有一定的一致性,但并不是同一事物。

第五章　世界文明体系

一、文明哲学的产生

歌德在《浮士德》开首的献辞中写道：

> 消逝的憧憬重新攫取我的心灵，
> 将我带向那庄严的仙境。
> 我的歌声变得轻飘，
> 如同风神埃奥洛斯的琴声。
> 泪如雨下而浑身颤抖，
> 苦涩的心情终于变得宁静。
> 过去的一切却即将成为现实，
> 曾经把握的一切却又消失于远方。

如果仔细体味，这位德国诗人所创造出的这一意境，与其把它看成是海市蜃楼或万重蓬山，甚至只是把它看成是一种诗人的奇思异想，反而不如承认，这是一种从诗人自身体验出发的，形象化的哲理思索，这种思索把人类最基本的时空观念结合在一起，是一种时间与空间在人类感觉中的融合，过去可以成为现实，而已有的一切却又会远去。没有不变的永恒，也就没有了永远的存在。历史作为文化记忆与现实是联为一体的。一定程度而言，这一观念与中国古代易经中的思想是相通的，阴阳转化是对于永恒不变的否定，历史可能在将来实现，而现实又将成为历史，只不过诗人是在用诗来说明，早在 1000 多年前，一位同样善于思想的中国诗人李商隐早就有更为形象的说法，在他那首千古绝唱的《无题》

中,诗人写道:

> 此情可待成追忆,只是当时已惘然。

同样是一种深刻的、从个人来看历史的思维。虽然只是个人身世,但其意义却不止于此,它同样深入人类共有的文化记忆之中,从个人感觉到的此情此景,凝结成对于时空的思考,从个体的存在意义来反思人类存在的价值。文化与文明的发生就是如此,它从个体经验而起,对于全体经验而用。它从感性而起,为理性的总结而用。对于世界各民族来说,这种经验与认识是基本相同的,但是,它们形成的过程,却可能是相反的。尤其对于东方与西方,它们的整个文化之间有一种相同又相反的思维方式。无论采用何种思想方式,它们都是基于人类创造基础之上的反思,不同于一般的哲学思考,是一种文明哲学或是文化哲学。

我们所说的如果我们能把时间与空间的这种相对联系看成是一种历史认识的观念,那么,对于新的世纪的到来,就会有新的体会。近代欧洲学者创造了文化哲学,反思人类文化与文明创造的思想意义,康德、赫尔德、谢林与黑格尔等人都有文化哲学方面的重要著作。文化哲学是传统哲学的近代形态,是一种高级的哲学体系与观念的创造,它以哲学思想来反思民族历史,关注世界文明创造的未来,它的意义是不言而喻的。

我们需要一种历史的、辩证的文明哲学,它研究的主要对象就是世界文明类型的划分,文明的起源与历史,文明的发展与未来前途。我国有着久远的历史学,历史对于我们来说只是已经发生的事实,中国历史学以真实性为最高追求。不足之处在于缺少历史哲学与文明哲学,因此尤其需要进行这一领域的研究。据笔者看来,世界文明发展主要可以分为如下几个大的历史阶段:

(1)世界古代文明类型:以上古时代文化的出现与文明形态的形成为起点,到公元5世纪为止。在这一时期,人类社会基本形成,从新石器时代到公元5世纪,这是世界主要的史前文明与早期文明的滥觞时代。从大的范围来说,在亚洲、欧洲和非洲几种重要文明形态相继产生,即中国长江黄河流域、埃及尼罗河流域、两河流域、印度河流域和古代地中海地区的文明。在这些地区先后产生各有特色的文明类型,创造了早期的语言文字或是符号系统,发展了冶铜与冶铁的技术,从原始畜牧业向农业社会转化,有了最早的国家或是类似的社会组织。但是,从文明程度来说,由于大多数文明仍然处于古代文明阶段,经济、政治、科学、技术与教育仍然处于滥觞时期,这是与公元 5 世纪之后繁荣起来的世界文明经典时代有所不同的。但是,我们也不能同意某些西方学者的见解,把这些文明看成是原始文化,它们已经完全摆脱了原始文化的局限,进入一种高等文明的类型。事实上,这种文明只是其后的文化多样化形态的前身,它们已经具备了自己的特性。所以,我们把它们看成是一种早期的文明形态。

为什么选择公元 5 世纪为断代下限? 必须说明的是,我们这里只是基本的断代,有的文明其实起源与成熟得更早,如经过夏商周断代工程的研究证明,中国黄河古代文明比以前所认为的要早得多。但是从世界多种文明的总体发展进程来考虑,公元 5 世纪各主要文明的基本形态特征已经具备。到此时,埃及王国已经建立 3000 多年,腓尼基人在公元前 1100 年前后建立了迦太基城。公元前 1000 年至前 960 年,以色列王大卫定都耶路撒冷,统一以色列,建立犹太国家。公元前 1062 年,周武王灭商,建立周朝,其后进入秦汉两代,开始封建社会。希腊人也进入了荷马时代,使用铁器,生产力开始迅速发展。公元 475 年西罗马帝国灭亡,标志着欧洲文明新阶段的开始。新巴比伦、亚述帝国等也已经成为历史。这一时期中,多种文明的东西方不同类型也初具特色。

(2)世界经典文化类型:从公元 5 世纪到公元 1600 年英国东印度公司建立,这一历史时期中,世界的重要文明体系如古希腊

－西方、古代印度、波斯－阿拉伯、中国等进入一个新的发展阶段,这一时期中,众多互相联系与独立发展的发达文明出现。它的主要表现是,完整的语言文字系统形成、国家社会制度完善、科学技术发达、人类学术思想与人文艺术成就斐然。其中最重要的是,不同民族文化精神的代表性产物——文化经典不断普及。如西方基督教的《圣经》、中国的《六经》、伊斯兰教的《古兰经》等。这些经典是文化发展到一定阶段的产物,它们代表着一种类型的成熟,也突出了这种文化的精神价值与意义。16 世纪是一个世界文明大交流的时代,随着地理大发现完成,殖民主义开始大规模扩张、东西方经济文化交流进入新高潮,其主要表现是 17－18世纪,基督教向东方传播,东西方交流持续发展,欧洲开始重新认识东方与中国,不同文化类型之间开始了直接交往的新阶段。

(3)近代文化交流与转型:从 17－18 世纪,经历了中世纪的长期隔绝之后,东西方的交流日益频繁,先是中国文化使得古老欧洲感到震惊,惊叹于它的思想、道德和曾经辉煌的科学,但这个时期也恰是西方科学飞速发展的时代。迅速强大起来的欧美国家立即把古老而落后的东方与其他非西方国家作为殖民对象。正是在这种殖民主义的背景下,东西方之间的文化交流同时发展起来。正是这种交流中,不可避免地产生了文化转型与混融。无论东方还是西方文化都互相影响,它们已经不再是原有的文化类型。可以说,早期的全球化已经初见端倪。

(4)现代文明的形成:19 世纪是人类文明的转折时代,现代工业化运动的世界范围扩展,殖民主义的衰落,第一次世界大战的发生,使各大文明体系处于激烈的动荡与转型之中。

(5)全球化时代的文明互补:进入 20 世纪之后,科学技术的高度发展推动了世界一体化进程,后工业化社会中,人类共同的环境、和平、经济利益进一步关联,全球化趋势已不可逆转。所以,我们认为这是一个世界文化交流所产生的新的文化类型的时代,是一个新的历史阶段。

全球化的发展进入高潮,也推动了世界文化的发展,出现了"文化冲突论、"文化辨证论"与文化融合论等不同观念之间的对立,这是一个新的历史时代。

这样,我们把比较文明史分为五个大的历史阶段,这五个阶段其实是以不同文明类型的发展为特征的,所以它不同于一般的历史分期。这是一种宏大视域的划分,它有利于我们认识世界文明形态的特点与历史。

二、八大文明体系

文明的体系,就是以一种文明传统为基础的全部系统构成。它有民族文化的经典创造,有社会生活的独特道德伦理、政府法律、精神信仰、宗教组织、社会风习、民族心理性格、社会制度、思维与行为方式等的同一性,最重要的是,在这些方面的同一性构成了一种契合与调节的机制。这是体系中最重要的一点,由于这种机制,这种文明就具有了代谢能力,使得这种文明体系可以存在与延续。

任何一种文明都有自己的特点,这些特点产生于不同的历史环境。当我们观察一种文明时,往往注意到它的主要方面,而忽视其具体环境所产生的不同特征。在古代希腊,人类建立了高度发达的文明社会,古代城邦民主制度得到实行,哲学与文学艺术空前繁荣,古代科学思想十分活跃。但是,这并不代表希腊已经成为完美的文明社会,比如宗教与道德的规范与社会风习之间的对立冲突往往就令后人感到惊讶,希腊人中娈童与妓女的活跃就是令后世历史学家们费解的文化现象,这一现象与雅典发达的法规、崇拜道德与思想的社会风尚其实是并存的,这种传统就是一种体系,它由看起来互相矛盾的方面所构成,但它们的存在都有内部的根据。古代埃及历史上的同族通婚甚至近亲婚是一种普遍的现象,所以有的学者推测这可能是导致古代埃及灭亡的原因之一。波斯古代文明中,安息国中的弗拉职特斯四世竟然被其妻穆萨与幼子所杀,儿子即位后竟然与其生母穆萨结婚,当时发行的银币上,刻有两人的头像,一面是国王,一面是王后,其实就是希腊女神像。而这位发动政变并且以后下嫁亲生儿子的王后穆萨,当年是罗马送给国王弗拉职特斯的意大利裔女奴。现在我们所看到的出自苏萨的王后雕像,是来自希腊的工匠所雕刻的,其时代大约是公元初期。这位从西方来到东方的女王,本来应当像中国的文成公主一样,为异邦带来文明的发展与技术,可是却带来了安息这个东方古国的内乱,从此之后,安息历史上内乱不绝,人称小安息时代开始。这些事件中所透露出来的文明体系之间的差异,令人对于历史会有更深刻的理解。

中国文明史上同样如此,唐代中国文化高度发达,封建王朝统治有力,但是王族与大家族中的行为放纵、宫闱内乱又是空前绝后的。封建社会压制广大妇女,但是上层妇女却并非如后人想象的那般循规蹈矩,皇后专宠面首、公主再婚、王室与贵族妇女专横跋扈、欺侮驸马或是丈夫的行为十分常见。就是在这种历史事件中,文明向我们展示了它的丰富内容,也提醒我们作为一种文明体系,它是复杂的,是由多种因素所构成的。

从世界历史上看,进入新石器时代之后,世界文明形成的步伐并不一致,据目前的研究来看,文明先在欧洲、亚洲与非洲三个大陆发展起来,这三个大洲中形成了农牧社会中的大型文明集中地。它们集中于非洲北部的埃及文明、亚洲西部的两河文明、亚洲东部的中国文明、亚洲南部的印度文明,这些文明都是独立文明。

稍后的历史时期中,欧洲的地中海文明、美洲文明等先后独立形成。主要文明形成之后,它进入一个稳定与均衡的历史发展时期。这些文明都存在过一定的历史时期,并且对于世界文明有自己的贡献。在历史发展过程中,这些文明中有的文明形态经历了多次转变,有的文明基本形态未变,无论其变化过程如何,它们至今仍然都是具有一种独立的文明体系价值。当然,其中有的文明中,社会生活形态已经完全改变,但是它的民族文化传统却并没有完全消失,它的价值仍然存在,它仍然是一种文明体系。

直到 15 世纪的海上航线开通,世界各国真正联为一体,世界文明大体系形成。其实,从古代开始,欧洲人、中国人、阿拉伯人都在海上努力探索海上交通。15 世纪,中国的郑和受国家派遣开辟海上航线,远航海外,最远曾经达到过东非等地。可惜的是,中国过早地从大洋上撤退。就在郑和之后不久,欧洲人实现了环球航行。葡萄牙、西班牙的殖民者们远征非洲、征服了美洲,最终来到东方。1509 年,葡萄牙人与中国人首次在马六甲相逢,此后不久,葡萄牙人在澳门获准定居,西班牙人则来到了南中国海岸的福建省。这是全球航线开通之后,东西方文明所形成的一条直通的航线,以后被人们称为"海上丝绸之路",它是世界两大文明的相逢,标志着世界文明大体系的诞生。随后,欧洲列强发起世界性的殖民运动,欧洲因此获得了海外市场、资源与劳动力,西方文明成为世界最强有力的文明。也正由于此,世界各文明之间形成了大交往,世界文明的大体系就是这样形成的。

在本书中,我们依据当代世界的文明形态,参考其历史,对世界各文明的体系划分如下:

1. 亚洲太平洋文明体系:亦即环太平洋文明或亚太文明,东起东北亚的中国、日本、朝鲜,西到美国的西海岸,这种文明体系在亚洲大陆东部的古代遗址(如北京周口店等地)起源,在远古时代经过白令海峡到了美洲,另外它还分布于东南亚到南太平洋的广袤地区。这是以中国持续文明为中心的体系,包括日本、朝鲜与东南亚的部分文明。

2. 南亚文明体系:从南亚到东南亚与亚洲太平洋文明体系

交叉,以印度半岛与印度洋为中心的文明体系,它同样传播到东南亚的部分地区。古代曾经对东亚与西亚的部分国家与地区有过较大影响。

3. 地中海大西洋文明体系:从地中海向北与向西,包括了东欧、北欧、西欧直到俄罗斯西伯利亚地区,这种文明起源于地中海,以后中心西移大西洋沿岸,其中东西欧洲、南北欧洲都有一定差异,但基本类型是相同的。

4. 中东阿拉伯文明体系:从阿拉伯半岛、西亚到欧洲的土耳其、东南亚部分地区与南亚印度(部分区域与民族)、巴基斯坦(部分区域与民族)、阿富汗、非洲埃及等地。这是以伊斯兰教的传播为主要划分的文明体系。

5. 北美大洋洲文明体系:包括美国、加拿大到澳大利亚、新西兰,是由于16世纪以后海上交通发展形成的当地文明与外来文明相结合的文明,外来文明主要是欧洲移民所带来的地中海－大西洋文明传统,在北美地区这一文明占有主流地位。

6. 拉丁美洲文明体系:以拉丁美洲为主体,传统的美洲三大古代文明,玛雅文明、阿兹特克文明与印加文明被西方殖民主义者所毁灭后,原生文明成分与殖民宗主国文明混合形成了一种新的文明体系。

7. 非洲文明体系:非洲古代文明历史久远,《圣经》中就已经记载了非洲的古代强国,北非文明也是世界上最早的文明之一。环球海上航线开通之后,东西非、南部非洲和中非地区,在古代文明传统与宗教、民族的同一性基础上演化出现代形态,形成了非洲的区域文明体系。

8. 犹太文明体系:以色列是古老的犹太文明重新建立的国家,这一文明以犹太民族与宗教为主要构成,除了以色列之外,尚有大量的犹太人分布于世界其他国家主要是欧美地区,他们相当大程度上保持了犹太文明传统。

这就是我们的八大文明体系划分,由于世界文明体系划分众多,为了区别于其他划分,我们在多部著作中进行过基本相同的划分,如在《比较文化学》、《西方文化概论》和《比较文明史》等著作中也进行过类似的体系划分,与这里的体系可能有些出入,但大体是一致的。可以看出,我们这种划分主要是以区域与文明传统结合进行的一种划分。如果只从历史来划分,许多文明其实已经不存在,它的传统已经由后起的文明所继承,比如古老的波斯文明以后由于伊朗历史上的希腊化和阿拉伯化,已经并不存在,只是一种历史文明。所以我们就不再列为单独的文明体系。此外,如俄罗斯与中东欧一些国家,传统中以东正教为特有宗教,与西欧国家之间本来有相当多的区别,但由于文明传统上仍有相当大的继承性,我们不再分列。还有土耳其的奥斯曼帝国等曾经十分强大,由于其与阿拉伯文明的联系,我们也不再分别列出。

如上所述,划分文明体系,是一种相当流行的作法,几乎所有文明与文化研究都在进行这种划分。我们认为,这种划分虽然目前已经过多而显得泛滥,但仍然是有必要的,因为世界文明的多样性使得研究者不得不对其进行划分,掌握各自特性。

仅仅是划分文明类型并不是文明研究,重要的是通过一定方式的研究掌握文明的规律与其性质,比较文明学是最主要的研究方式,舍此并无他途。而且,必须从东西方文明比较研究入手,以世界文明中最具代表性的文明体系进行比较,这种比较研究是从思维方式的差异、世界文明的最突出形态来进行研究的。早在17-18世纪,由于海上大交通的开通,德国科学家莱布尼茨与法国伏尔泰等人就提倡从东西方文明的比较来进行研究,以把握世界文明的规律,这是富于远见的。我们认为,如果只列出世界文明的主要体系,仍然不能称作比较文明的研究,甚至连真正的文明研究都算不上。只有对于东西方文明的典型形态进行比较研究,才称得上是比较文明学。

三、西方的视域：近东、中东与远东

东西方文明之间，存在着的差异是相当大的，其中最为重要的是文明形态的不同。所谓文明形态，就是对于世界各文明依据其历史与根源，它的主要特征、它与其他文明之间的联系来进行分类，构成文明基本类型的分析。从这个意义来说，文明形态也就是人类文明的重要存在形式，这是检验文明的不同特性与不同阶段的一种设想。其实早自康德、黑格尔、斯宾格勒（*Oswald Spengler*）就曾探讨过"文化形态学"及其意义，看法是这样的：自然的世界（*World – as – nature*）是一种存在的形态，与自然世界的形态学相反，有一种"世界历史的形态学观（*conception of morphology of world history*），即作为历史的世界（*world – as – history*）。从这个总体视角出发，斯宾格勒提倡一种对于文化的总体形态研究：

> 至今为止，我发现没有人仔细考虑过那把一种文化的各个部门的表现形式内在地联系起来的形态关系（*morphological relationship*），没有人超越政治的界限去理解过希腊人、阿拉伯人、印度人和西方人关于数学的终极的和根本的观点，他们早期的装饰的意义，他们的建筑、哲学、戏剧和诗歌的基本形式，他们对伟大艺术的选择和发展，以及他们的工艺细则和原料选择；至于这些事物对于历史的形式问题所具有的决定性重要意义，那就更没有人加以重视了。他们有谁知道，在微积分和路易十四时期政治的朝代原则之间，在古典的城邦和欧几里得几何学之间，在西方油画的空间透视和以铁路、电话、远距离武器制胜空间之间，在对位音乐和信用经济之间，原有深刻的一致关系呢？但是从这种形态学的观念看来，即使平凡单调的政治事实也具有一种象征性的、甚至形式而上学的性质；埃及的行政制度、古典的货币铸造、解析

几何、支票、苏伊士运河、中国的印书术、普鲁士的军队以及罗马人的道路工程等等,当做象征看待,全是可以一致地获得了解和认识的——在此以前,这恐怕是不可能的。①

这些话虽然说得冗长一些,但中心意思还是明确的。

1)它提出了一种文化分类,即所谓的文化形态学,这是一种新的文化分类,它不是以每一个民族、国家作为分类标准,而是一种世界文化大类型的划分,而且提出了划分的中心观念:象征性。即在以上所提到的各种具体事物之间,如希腊人、阿拉伯和印度人的数学、西方油画的空间透视、中国印书(刷)术等等事物之间有一种共同的内在潜质,这种潜质来自于民族精神的深处,它是本民族不同于其他民族的最突出特征。

2)认为文化的不同形态之间不是能互相融合与兼并的,而且,它们是不能互相理解的。它们之间有着永恒的隔阂。斯宾格勒把世界文化划分为八个大的历史形态,埃及文化、巴比伦文化、印度文化、中国文化、古典文化、阿拉伯文化、墨西哥文化和西方文化,现在前七种文化已经名存实亡,只有西方文化仍处于所谓"战国世纪",具有生命力。

3)其历史观念是一种生物轮回学说,文化形态如同生物一样,有生长老死的过程,这可以从两个方面来看,从生物观念来说,如同春夏秋冬轮回。从文化的过程来说,有三大阶段:前文化阶段、文化阶段、文明阶段,这三个阶段周而复始。我们上文已经说过,这种历史观念并不新颖,它可以追溯到西方的神话中的同一模式。

4)虽然斯宾格勒标榜反对欧洲中心论,但事实上,斯宾格勒又把欧洲文化特别是所谓"浮士德型的文化",也就是德意志的

---

① [德]奥斯瓦尔德·斯宾格勒:《西方的没落》上册,齐世荣等译,商务印书馆2001年版,第18-19页。

文化形态看成是最先进的文化形态。

我们已经注意到,斯宾格勒的"文化"一词,其实也就是"文明",所以他的文化理论其实是关于文明的理论。

当然,它的理论模式并不像斯宾格勒自己所吹嘘的那样,是"历史上从来没有过的",它明显从德国的赫尔德、黑格尔等人的历史哲学、精神现象学中受到启发,如其中所说的"自我意志的自由"等概念,可以说是黑格尔哲学并不高明的翻版。公允地说,西方的自我意识与理性中心模式对于人类有相当大的贡献,这是无可置疑的。但是,这并不是唯一的,也不是最正确的认识模式,多元的认识论正在向它挑战,早在中国《易经》中就已经提出了另一种认识模式,这就是辩证理性的认识论模式,所谓辩证就其意识本质来说,就是反对理性中心与理性唯一性。其中依赖于非理性的、直觉的、感悟的认识是非常重要的。在认识主体上,则必然不是以自我意识为主的,而是以客观的道为主的。以后,当佛教传入中国后,唯识论引起了中国学者的注意,这不是偶然的。因为早在佛教传入之前,中国人已经发展了自己的超意识认识方式,佛教的认识从六识开始,眼识、耳识、鼻识、舌识、身识、意识。意识相当于理性与感性的综合,但只是其中之一,以后的"未那识"和"阿赖耶识"都已经超越了上述认识方式。特别是"阿赖耶识",被西方学者铃木大拙等人比作无意识,不能说是毫无道理①。

特别是中国的天台宗所阐发的"阿摩罗识"也就是根本净识,才真正为阿赖耶识等非理性为主的认识论提供了依据,这种对于理性中心的逆反,应当说是东方文化对于世界的独特贡献。

客观地说,虽然早在斯宾格勒之前,就已经有文化形态学的

---

① 关于佛教认识论与西方无意识学说之间的联系,可以参见弗洛姆与铃木大拙合著的《禅宗与精神分析》(王雷泉等译,贵州人民出版社 1998年版)等书中的论述。笔者认为,他们的有些观点是有参考意义的。

见解,也早就有人对于世界文明作出过基本相似的分类。但其中影响最大,并且成为以后的西方学者所模仿的样本的,却是斯宾格勒的"比较文化形态学"。

比较文化形态学观念首先进入历史学领域,并且推动了历史学理论的发展。英国历史学家汤因比(*Arnald Joseph Toynbee*, 1889－1975)就是这种学说在历史领域的代表人物,他有过多种的文化形态划分,其中最主要的是 21 类与 26 类形态划分法,主要包括:西方基督教文明、拜占庭东正教文明、俄罗斯东正教文明、伊朗文明、阿拉伯文明、印度文明、中国文明、朝鲜与日本文明、希腊文明、叙利亚文明、古代印度文明、古代中国文明、米诺斯文明、苏美尔文明、赫梯文明、巴比伦文明、埃及文明、安第斯文明、墨西哥文明、于嘉丹文明、玛雅文明、玻里尼西文明、爱斯基摩文明、游牧文明、斯巴达文明、奥斯曼文明等。他强调在这些文明中,大多数文明都是已经死亡的文明,例如古代中国文明就是早已经死亡的文明,而现代的其他文明也都是正在走向灭亡的文明,只有西方基督教文明才保持着创造性的活力。

另外,在当前的文化形态学研究中,我们不得不说到美国学者塞缪尔·亨廷顿的见解,这种理论就是"文明冲突论",他认为整个世界陷入了认同危机(*a global identity crisis*)之中,这种认同不是意识形态的,而是对于文明的认同。当代世界存在 8 种主要文明:西方文明、东正教文明、中国文明、日本文明、印度文明、伊斯兰文明、拉美文明、非洲文明。当代人在文明作用下组成文化共同体,"一般来说,具有不同文化的国家之间最可能是相互疏远和冷淡的关系,也可能是高度敌视的关系。文明之间更可能是竞争性共处(*competitive coexistence*)——冷战和冷和平。"①

---

① ［美］塞缪尔·亨廷顿:《文明的冲突与世界秩序的重塑》,郭学堂、成帅华译,载《国外社会科学》杂志,1998 年第 6 期,第 36 页。

亨氏以上8种文明划分如果从比较文明学标准来看,缺陷是相当明显的,比如文明划分标准不明显。东正教文明、日本文明无论从哪个角度来看,都不能说是完全独立的文明,东正教文明是基督教文明的一个支流,如果把东正教与基督教分开,恐怕东正教与基督教都不会同意。日本文明从古代来说基本上是亚洲太平洋文明体系中的一个分支,独立成为文明的意义不大。这并不只是斯宾格勒、汤因比学说的变种,它所代表观念有一定缺陷,将文明之间的联系看成是敌对关系,或是高度敌视关系,这是极为不妥的。

文明形态学另外一种有代表性意义的划分法是:东西方文明二分法。近年来,由于亚洲的东亚国家经济的发展,这种发展与中国传统文化的关系也就显现出来。西方学者开始关注这一另类的、异质的文明形态。另一方面,部分学者由于各种原因也展开了文明关系的讨论,如美国亨廷顿的文化冲突论、萨义德的东方学研究等,都使东方—西方的典型化文明形态关系受到普遍关注。

西方文明形态从近代以来在世界政治经济中发挥了重要作用,由于它的特殊地位,相当多的人把它视为人类文明进步的标准形态,也是发达文明的唯一形态。但是近年来的东方文明重新引起关注,作为一种与西方不同的文明模式,使人们可以重新思考:文明的典型意义是否可能是多元的? 或是说,东方文明,特别是在亚洲取得一定成功的中国传统文明,是否可能作为一种与西方文明平等的典型,对于当代世界的文明多元产生巨大影响。在东西方文明关系方面,笔者认为特别值得注意的是所谓"二东二西"的概念。

什么是"二东二西"之说?

先说所谓"二西"的概念,这是中国早已经有的概念,中国历史上曾经有过两次大的西方文化大潮,其一是汉唐以来的佛教文化的引入，对于中国文化产生较大影响。其二是现代欧美等西方国家对于中国文化的影响，至今西方的影响仍然在发展之中。由于古代印度对于中国来说也是西方，所以学者们把这二者合称"二西之学"。

而"三东"的概念同样产生较早，不过近年才再一次引起人们的关注，美国学者赛义德的《东方学》中提倡一种与西方相对的东方主义，这是后殖民主义的中心概念之一。但他的东方指的不是中国等远东国家，而是以阿拉伯与巴勒斯坦文化为主体的近东方文化。所以这就形成了两个东方的概念，所谓"二东"一是阿拉伯近东，一是以中国为代表的远东，二者皆为东方，但中国文化与阿拉伯文化之间还是有巨大不同的。其实，自从希腊人的"东方"概念形成之后，就逐渐有了三个东方——近东、中东与远东。

这三个"东方"几乎包括除了西欧地区以外的所有欧亚大陆民族及部分非洲地区，三个"东"的得名是以距离欧洲中心地区即西欧的远近而命名的，距离近的称为近东，远的则是远东，中间地区是中东。不过这种称呼只是约定俗成的，从来没有精确的划分。经过几十年的使用，"近东"这一名称已经逐渐不太多用了，经常使用的"中东"地区包括了以前的近东地区，其实在最早的用法中，近东指与欧洲地理位置较近的北非与西亚国家，中东指的是伊朗与阿富汗。现在的用法中，中东包括了伊朗、阿富汗、埃及、巴勒斯坦、叙利亚、伊拉克、约旦、黎巴嫩、阿拉伯也门共和国、也门民主人民共和国、沙特阿拉伯、阿拉伯联合酋长国、阿曼、科威特、卡塔尔、巴林、土耳其、塞浦路斯与以色列等国家。这一地区是当代世界各种冲突最激烈的地区之一，这里地处欧洲、亚洲与非洲三大洲的连接地区，战略地位十分重要，其最中心的两河平原上，从7000年前就成为古战场，直到今日仍是硝烟弥漫，各种势力在这里展开激烈斗争，从无安宁。

　　至于远东地区,传统的看法包括东北亚的中国、日本、蒙古、朝鲜与俄罗斯的西伯利亚地区,近年来也有人将中亚五国放入远东地区,还有人将印度、巴基斯坦都归入远东地区。笔者认为这种大远东的划分法更能反映远东文化的整体性,所以在本书中远东除了中国、日本、朝鲜和中亚之外,还包括了印度与巴基斯坦的文明。同时笔者也赞同赛义德的看法,不能笼统使用"东方"文化概念,而要明确"三个东方"或是"二东"(中东与远东)概念,这样才有利于文化与文明的研究,而目前,大多数著作中一般使用"东方"的概念,会使得东西方文化研究概念不清,因为"二东"文化之间是有实质性不同的,笔者多次指出,中国文化是三教合一、天人辩证、没有绝对中心的。而伊斯兰文化是一神教文化,相信安拉是唯一的主,从一定程度上来说,由于伊斯兰教与基督教都是一神教,所以它们之间互相对立与排斥是有历史原因的。而且印度文化与伊斯兰文化之间也有一定距离,虽然不是由于一神教信仰形成对立,但是其间的差异也是存在的,理解这一点,对于研究东西方文化与文明是相当重要的。

四、世界文明的新辨证论

　　针对世界文明、文化研究中的这一发展趋势,笔者近年来提倡一种比较文明与文化的新辨证论,以作为中国学者对于世界不同文明研究的一种方略,特别是对于东西方文明形态模式的一种应对。

　　新辨证论有以下主要方面:

　　从世界文明史来看,东西方文明的起源与形成都是不同的。

　　由于自然条件与人类活动方式的不同,上古人类活动已经形成了生产方式的不同,虽然同是渔猎生产,但已经有了以中国为代表的东方小石器工具制作的特点。而西方石器时代人类可能较多使用大石器生产。生产工具的不同,表现出人类不同民族的心理与性格因素,也决定了他们以后文明形态及模式的演变。

农牧业文明中,东西方文明之间的差异更加突出。

中国是最优秀的农耕民族,其主要生产工具与农作物都是独立发明与培育的,发展出精耕细作的农业生产社会。但是,从中国历史记载来看,中国并没有长期保持印度与俄罗斯式的农村公社制度,相反,国家集权的封建制度更适于中国自然地理。中国水力资源丰富,多山地少大面积的平原,农业生产从以小麦生产为主的黄河流域逐渐向以高产水稻为主的长江流域转移。中国社会以混合了城镇与乡村的封邑制度为基础,长期保持了大一统的封建国家制度(也有的学者认为中国不是封建制度,只是一种东方专制制度,对此,我们将在以后的章节中进一步辨析)。这种以皇权为最高权力的制度,有利于中国高产型精耕农业的发展。使中国在与周边游牧民族的斗争中,主要是以民族融合为主,形成了以汉族为中心的多民族国家,汉族本身也是历史上多种民族的融合。枪炮发明之前,游牧民族战胜农业民族或是工商民族的历史是常见的现象,世界历史上农业民族战胜游牧民族的大型战争只有两次,一次就是秦汉唐三代的中国战胜西域包括匈奴等在内的游牧民族。中国农业文明保持了 1000 年的胜利,以后的王朝中虽然曾被强盛的游牧民族所入侵,但仍能以发达的文明同化入侵民族,仍然保持传统文明。

地中海地区的民族从石器时代就已经与东方不同,进入农牧业时代之后,欧洲人向埃及与西亚人学习了农牧业,迅速形成了发达的农牧业文明,古代希腊罗马奴隶社会已经成为世界发达民族。但是,欧洲特别是西部欧洲,并不具有发展农业生产的优势,欧洲民族众多,没有一个中心民族能够融合与同化其他民族。欧洲海岸线长,远超过世界各大洲,海湾多并且能深入大陆,以形成内海。其土地 1/3 以上是半岛与岛屿。海岸线长达 37900 公里,远超过非洲,虽然比不上亚洲,但是欧洲地域相对小,所以其每平方公里海岸线长度是亚洲的 2 倍多。如果与中国相比,欧洲面积仅 1016 万平方公里,中国是 960 万平方公里,中国海岸线算世界上相当长的,但是 20000 公里的海岸线远比不上面积大小相近的欧洲。

如此优越的海洋条件与众多民族集聚,使得欧洲从古代就具备了工商业发展的条件。罗马帝国之后,蛮族被西方文明同化,反而成为重要的中坚力量,丰富了欧洲的文化。中世纪欧洲发展出了纯粹的封建社会模式,这就是欧洲的古代民族国家,这里实行城邦公国与庄园制度,在这种制度中,奴隶制度与农奴制度被彻底改变,城市化的出现促进了欧洲的工商业文明突飞猛进。这是欧洲历史上最重要的时代,从中世纪后期,欧洲主要社会类型从农牧社会转型为工商业社会。17 世纪之后,欧洲开始大规模海上扩张,征服非洲与美洲,远航中国南海与印度洋,将工业文明推向世界。

从古代希腊开始,西方在地中海周围建立殖民地,以后欧洲各国不断向东方与世界采取扩张政策,农业文明时代的扩张主要是财富掠夺与土地侵占,但这种扩张并没有使西方成为世界霸主。海上航线开通之后,西方从非洲、美洲与亚洲掠夺了大量黄金与财富,成为世界上最富有的国家。东方的市场、非洲的黑奴劳动力与世界各地的资源,促进了欧洲的工业文明。同时,欧洲也以工业文明来征服世界,工业文明成为西方文明的一种生产模式。其实这是不对的,工业文明是一种时代文明模式,并不只是西方所独有,西方历史上也曾有过畜牧与农业文明以及早期工商业等形态,只是在近代社会成了工业文明先进民族。

东西方文明之间的历史冲突是存在的,并且不容回避。

但是,从另一方面而言,文明形态模式只能从积极的方面来理解而不能作为文化冲突的理论依据。无论是"二东二西"之分,或是西方、中国、伊斯兰等不同文化形态的划分,都不能否认文明之间有对立冲突的因素,但更要看到文明之间有同一性与互动性,也就是说,它们之间有一种辩证关系。

一种在文化理论上的无能是我们必须关注的,如上文的亨廷顿的"文化冲突"理论、甚至列维·布留尔的"原始思维"理论现在竟被我国与西方的某些学者奉为圭臬,这真是令人慨叹。"文化冲突论"是以敌视东方文化文明为主旨的,早就有西方学者如赫尔德、洪堡、黑格尔、朗克等人,从不同角度对于中国与东方文明进行诋毁,认为东方是专制的,西方是民主的;东方是神秘主义的,西方是科学文明的;东方的是原始思维的,而西方是逻辑思维的;东方是落后和静止的,西方是前进与发展的……这些见解也必然导致两种文明与文化之间的冲突。这种冲突不一定是战争形式,但冲突的性质是不可调和的。

而且,这种理论不只是西方学者所独有,东方学者也有过类似的说法。其中最著名的是清代辜鸿铭的一句话,这句话反复被西方学者所征引,德国汉学家王海(*Thomas Heberer*)就曾指出:

> 中国的学者辜鸿铭曾说过:"必须承认,一场斗争现在正在欧洲文化与远东文化之间进行着。人们可以将它看作东亚文化与中世纪欧洲文化间的斗争。"(*Ku*,1921:4)
>
> 这段话让人联想起亨廷顿(*Huntington*)的"文明的冲突",从内容上看很有现实意义。然而它却是世纪转折时期的思想家之一辜鸿铭早在1901年便在书中写下的。由此可见关于文化冲突的争论并非我们这个时代的产物,而是早已有其渊源。①

其实这些说法是关于文明关系的片言只语,理解十分肤浅。真是

---

① [德]王海(Thomas Heberer):《东方与西方:对抗还是合作? —论双方的误会与曲解》,转引自马戎等主编《二十一世纪:文化自觉与跨文化对话(一)》,北京大学出版社2001年版,第27—28页。

庄子所谓"夏虫不足以语冰"，"小年不知大年"。从远古时代存在的东西方文明之间的交往，到 16 世纪之后的环球航线的开通，形成了世界文明之间的大交流，斗争是不可避免的，但文明之间的共存已经是世界的共识。所以可以判定，这是一种偏激的历史观念，当前危害极大。

从 19 世纪末至今，历史已经为一种新的文化辩证观念提供了依据，它以世界民族文化的大汇融为时代背景。在自然科学方面，爱因斯坦相对论、德国普朗克、丹麦尼尔斯·玻尔等人为代表的量子论所谓现代物理学的"两场大革命"，彻底转变了曾经存在过的物理学的"蔑视辩证法"（列宁语）的倾向。社会科学中，美学的实验科学方法，哲学与文学中的现代主义思潮，其后反对理性中心的后现代主义思潮等，都在促成一种新辩证观念。当代学者巴赫金关于不同文化和意识形态之间的"对话"思想，哈贝马斯关于文化的"交往"原则，都可以说是这种新辩证观念的具体学说。笔者把中国传统辩证论与西方当代辩证理论结合起来，认为可以这样简略地表述这一新辩证观念，它主要涉及三个方面的关系，即人与自我的关系、人与自然的关系、人与社会的关系。其一，关于人与自我的关系。我们认为这种关系主要不是黑格尔那种以自我意识为中心的精神现象学研究，也不是弗洛伊德的自我、本我和超我的无意识研究，而是以自我的认识论为主体。在认识论中，首先是逻辑层次，差异性与同一性是辩证的统一关系，它们必须得到对方的承认，它们都存在于比较这种具体的联系中。哈贝马斯曾经说过："同一和差异不应当视为一种先验原则，相反，这对范畴涉及的是具体对象的自身性质。"①所以笔者主张在《墨经》"同异俱于一"的观念与西方后现代的"差异逻辑"

---

① 哈贝马斯：《语式的伦理解释》，法兰克福 1991 年版，第 127 页，转引自《世界文学》，1996 年第 6 期，第 127 页。

观念基础上,发展出新辩证的同一性与差异性互相逾越(*trans-gressions*)关系,同一性与差异性之间的逾越是新辩证论的逻辑基础①。

其次是认识方式的层次。在新辩证论中,纠缠已久的认识方式问题可以迎刃而解。如长期对立的理性与非理性、感性与理性、意识与无意识、形象思维与逻辑思维之间的关系,传统思维不承认非理性、无意识的观念必须被新的逾越所取代,而事实上只有承认其存在才能进一步研究它们的性质。特别是语言符号与意识之间的关系,这也是西方长期以来没有得到解决的问题。已经成为全球化时代理论观念不得不解决的问题,新辩证论可以为这种讨论提供新的思路。

其二,在人与自然的关系方面,也就是所谓的天人观方面。传统认识论中西方占主导地位的是天人相胜、人为自然立法(康德语)等观念;中国从先秦起就有天人合一的朴素思想,汉代又发展为"天人感应"等学说,以后又有了魏晋的"天人新义"等理论,这些理论学说都有一定的历史价值。但新辩证论主张人与自然的互为逾越与互为保护,创造新的天人观。人类是自然的产物,这是不可回避的事实,人类必须承认自然的他在性与存在合理性,人不能以宇宙的中心自居而破坏自然环境。只有认识自然他在的意义才能理解自然对于人的价值。

从黑格尔以后,"自然的人化与人化自然"的观念被滥用,把自然看作只为人类存在的自然,"人化"是这种观念的中心,这种观念对于人与自然的关系是有害的。天行其道,不为尧存,不为桀亡。自然有自然的规律,所以古人有"天人相参"(范蠡)之说。新辩证观念认为必须承认自然规律,把保护自然、保护环境作为

① 参见方汉文《文化认识论的逻辑基础》,载《光明日报》(2000.5.30),理论周刊栏。

人化自然的前提。同时，人类又必须利用和战胜自然，这是事物的另一方面，环境保护的目的不是"封存自然"，而是更好地利用自然，这才可能有人与自然共同发展的前途。

其三，在人与社会，也就是人与人的关系中，主体与他人之间的互为主体是认证的关键，这就意味着要承认他人的主体性，否定自我中心论。哈贝马斯等后现代主义者的"主体间性"理论就一定程度上的反映了这种认识，承认了他人具有主体性。虽然在现实中，这些人的承认只是理论上的，并没有真正把东方也看作一种文化主体，但比起其他西方中心论者已经有所进步。互为主体的认证，并不意味着文化差异的完全消失，它只是说明在全球化进程中，对话正趋于深入。也正是在这种接近中，双方的不同之处也可能会更为突出。

人与人的关系相当集中表现于文化间的联系，最具典型性的是本民族文化与异族文化之间、东方文化与西方文化之间、中国文化与外国文化之间的关系。新辩证观念主张在文化平等的基础上，实现文化间的互为参照与互为逾越，逾越的是文化间的障碍与自我中心。因此在比较文明与比较文化研究中，新辩证观念必然会成为推动研究进展的动力。

新辩证观念所面对的是全球化中复杂多变的文化思潮，深层的理论分析中，尖锐对立的文化一体论与文化相对论正在引起新的纠纷。更为严重的是所谓"文化冲突论"等欺世之谈也正肆行无忌，而一些意在反对西方中心论的学说又显得深文周纳，无以服众。我们认为，在克服自我中心的文化冲突论，与异己的、异质的文化进行对话方面，新辩证论将是一种有力的理论。从对话进而到互相逾越与激发，可以形成真正辩证的比较，正如巴赫金所说：

在文化领域内，外在性是理解的最强有力的杠杆。异种文化只有在他种文化的眼中，才得以更充分和更深刻地揭示

自己(然而并不是全部,因为还会有其他文化的到来,它们
将看到和理解更多的东西)……在两种文化发生这种对话
性相遇的情况之下,它们既不会彼此融合,也不会相互混同,
各自都会保持自己的统一性和开放的完整性,然而它们却相
互丰富起来。①

这就是新辩证论的核心观念之一:文明之间的逾越是避免文化冲
突,也是避免绝对的融合的必然之道。世界文明既不会消融,也
不会统一,更不会永远对立。文明的差异是推动文明发展的重要
因素,它是文明与生俱来的成分,会永远存在的。

五、比较文明学的东西方比较研究

1. 方法与视域

东方与西方,是历史上无数思想者与实践者关注的中心,希
腊的历史学家希罗多德(*Hérodote*)的笔下,就已经出现了东方民
族的概念。中国最伟大的历史学家司马迁同样注意到了西方。

地球是宇宙中的一个星球,如果从宇宙来说,其实无所谓东
方与西方,因为宇宙是无限的(有也人认为宇宙是有限的),东方
人把西方叫做西方,西方人把东方称为东方,首先是一种地理空
间的划分,这是毋庸讳言的,一般来说,认为东西方的划分是以安
纳托利亚高原为界,安纳托利亚高原北边是黑海,西边是爱琴海,
西南是地中海,呈半岛地形,古代赫梯帝国以这里为中心,势力远
达欧、亚、非三大洲,现今属于土耳其的国土。这是一片位于东西
方之间的地域,直到今天,土耳其应当属于东方国家还是西方国
家还是有一定争论的。但是古代人认为,安纳托利亚以东是东

---

① 转引自刘宁译"巴赫金论文两篇",《世界文学》,1995 年第 5 期,第
221 页。

方,安纳托利亚以西是西方。但同时更要注意,无论东方还是西方,都不是一种简单化的空间概念,而是建立在文化比较关系上的所指。比如俄罗斯是东方还是西方? 日本是东方还是西方? 这样一些疑问随时都会产生,因此我们应当从文明形态和观念的整体性与系统性中来研究东西方关系。那么,东西方划分这种概念是如何起源的,从什么时代起,生活在同一个地球上的人类产生了这种概念? 为什么会产生这样一种观念呢? 这是首先要研究的。

(1)比较的方法与视域

从研究对象与范围来说,它是如此的宏大,几乎是前无古人的工作,这是毋庸讳言的。这也使得作者感到责任的重大,如履薄冰,诚惶诚恐,在写作的过程中,不惮剧烦,不敢率尔操觚。而对于读者也不能不提醒,这是一本跨越不同民族、国家与时代的文化研究,所涉及的方面十分广阔。当此之际作者不由想起,当年一位西方学者面对一项比起这一范围小得多的研究尚且发出慨叹,即英国学者李约瑟在《中国古代科学思想史》的前言所说:

> 吾人甚知本卷所涉领域的范围广大,但因中国文化史与欧洲文化史同其繁复,若予缩减则将感不足。读者的兴趣如果在旧世界两端思想对比的一般发展上,便觉此交响曲无一单独音符是多余的。[1]

我们所面对的任务远比李约瑟先生的中国与欧洲的古代科学思想比较更为宏大,从时间上来说,是从古到今,从空间而言,是世界两个半球,所谓世之"两仪",几乎包括了人类所有重要文明。面对如此重任,我们虽然没有伟大的历史学家司马迁当年写作

---

① ［英］李约瑟:《中国古代科学思想史·前言》,陈立夫等译,江西人民出版社1999年版,第1—2页。

《史记》时的才力与勇气,但仍然要重复他的那句名言:"有能绍明世,正《易传》,继《春秋》,本《诗》、《书》、《礼》、《乐》之际,意在斯乎,意在斯乎,小子何敢让乎?"远自东西方上百万年的人类发展旧绪,直到当代世界最新的发明演进,人类主要文明创造的伟大精神,鼓舞着我们,我们没有退避的余地,只有前进才是唯一出路。这正是所谓:意在斯乎,意在斯乎,小子何敢让乎?

正因为如此,这个宗旨本身就容易使得这本书成为一种具有创新意义的工作。因为这个重要的研究范围里迄今为止尚缺乏有世界影响的著作,我们没有借鉴与师从,也就没有受到别人影响的顾虑。而同时,笔者又有得天独厚的条件,即本身是东方的也是中国的学者,而由具有悠久历史文化传统的中国学者来完成这一研究,有如此深厚的历史背景,必然有它独特的价值。当然,从世界文化研究总的发展来说,现代学术中,西方学者的影响是相当大的,特别是在理论领域,一些重要的理论体系几乎被西方所垄断。所以有的西方学者甚至断言东方学者不可能有形而上的视域与理论能力。对于这些可笑的见解,我们还是让本书的研究来作出最有力的回答吧。事实上,世界学术研究史上,中国学者可能是最伟大的理论先驱,特别是中国先秦时代理论家的创造,可以说是举世无双的。如孔子、孟子、荀子、墨子、韩非子、孙子等人的理论,至今仍然影响巨大。

但是,我们首先要注意的也是这一关键之处,即我们的研究范围虽然是史无前例的,它却并不是本书具有意义与价值的必然条件。决定性的不是所研究的对象范围,而是研究工作本身所具有的价值属性。这种价值最终表现于它能否使人们认识东西方文化的基本特性是什么,它们之间的历史渊源与联系是什么,它们的发展对于我们的世界有什么影响与作用等等。这是一些基本的问题,它们能否得到解决,并不取决于我们是否在研究它们,而是取决于我们如何研究它。我们以什么理论观念、什么方式方法,依据什么历史事实与证据,用什么类型的资料来研究它。

所以,决定本书价值的,并不在于它首先把东西方文化研究作为自己的研究对象,而在于它以何种方式来进行这种研究。

在我们的研究开始之前,我们有必要再对于我们的观念、方法体系与历史资料的选取方式进行说明。

我们将要开始的,是一种对于东西方文明比较为中心的研究工作,如果说只是各自研究东西方文明,或是只是把东西方文明作为一种并生的现象,进行各自的研究,那还不是本书的宗旨。本书只能是把东西方文明互相联系起来,从它们的相互联系与各自特征进行研究,这种研究,只能是一种比较文明的研究。简略地说,这就是对于东西方文明的各自特征、历史联系与总体规律的研究,是东西方文明的比较研究。

为什么要进行东方－西方文明这样一种研究? 它有什么历史意义,又有什么现实性,这首先是不容回避的问题。

问题的起源相当古老,几乎可以说与人类文化创造的起源一样古老。从近百万年来人类进化来看,人类文明先后在世界各地发生。在文明创造中,人类作为整体与个体,首先产生的都是空间与时间意识。在人类的空间意识中,方向是最重要的形式之一。在自然环境中,太阳从东方升起,向西方落下,人类"日出而作,日暮而息"。这就使人在一天之中关注太阳的运动方向,由此可能产生最初的东方与西方观念。再从一年的劳作来看,大多数地区都受到季风影响,东西南北风,四季冷热不同,无论打猎还是放牧,农耕还是捕鱼,都与四季时节变化和风向密切相关。特别是农业民族,早就对于风的方向有明显的区分。中国著名的《南风诗》就是对于南风的赞颂,相传舜弹五弦琴,作《南风》之诗:

南风之薰兮,可以解吾民之愠兮。

中国处于亚洲东部,从南方而来的季风温暖潮湿,会带来降雨,有利于农作物生长，这是南风被赞颂的主要原因。有趣的是，几乎所有的北风都是不受欢迎的，中国《诗经》中的《北风》一首就这样对北风进行描绘：

> 北风其凉，雨雪其方。
> 惠而好我，携手同行。
> 其虚其邪？既亟只且！

古希腊赫西俄德(Hesiod)的《工作与时日》中说："要避开勒那昂月的不幸日子，这个月中每天都可能有牛冻死。北风之神在大地上吹着寒气，人类便会尝到霜天雪地的苦头"①。人们有一种联想，就是把不同方向的风作为不同地域、民族与国家的代表，甚至与之相关的不同意象。比如东风作为东方民族与国家的代表，西风作为西方的代表。再就风向与季节的关联，产生了寒冷与温暖，欢欣与沮丧，光明与黑暗的不同意向，如"东风无力百花残"、"古道西风瘦马，断肠人在天涯"、"东风吹，战鼓擂"等诗句所表达的情感。

由于方向意识的产生，不同民族对于自己身居世界的何方，其他还有什么民族，这些民族在自己的何方，这样一类问题产生兴趣。这一现象在一定时期内，在各民族中都会产生。一般来说，较早的时代中，各民族大多认为自己居于世界中部。以后，人们会由于与远方交通的发展，而知道其他民族的存在。于是由此产生了对于世界其他民族位置的理解与想象，在古希腊、古代中国、古代印度、古代阿拉伯都产生了古代地理著作，用来理解不同民族的地理方位。

正是在方向意识形成之后，在古代地理学知识发展之中，人类产生了最初的东方与西方文化之间的相对概念，有了最早的东

---

① ［古希腊］赫西俄德：《工作与时日神谱》，张竹明、蒋平译，商务印书馆1991年版，第16页。

西方文化之区分。古代的西方以希腊为代表，而东方则有了中东与远东两个概念。

2. 东西方的历史认识进程

东西方互相认识的过程也就是它们对于自身文化特性和地位的认识过程，因为只有认识了他人，才能认识到自我。在文化的认识中，也只有对于异类文化有了认识，才能对于本体文化有正确的认识。东西文化在长期的历史交往中，不断提高对于对方的认识，同时也不断对于自己本身有新的认识。笔者认为，在这一互相认识过程中，由于历史交往的特殊性，东方与西方都不是直接认识对方的，而是经历了复杂的认识过程。

中国人认识外来文化有一个历史过程，这是由中华民族文化交往的历史特殊性所决定的。这个过程表现为三个大的步骤，第一步是远古时期，中国人把自己作为中国，也就是以自己为中心来看待四周的民族；第二步是中古封建时代里，把西方印度作为与中国文化的主要参照系，有"东土与西学"之分；第三步，到了近代，与世界各国有了更多的接触，才有了中国与"万国"，特别是"西洋"即欧美国家的文化关系区分。在这一历史进程中，中国文化逐渐与异类文化相比较与交往。

甲骨文中已经有了殷商与周边民族之间关系的记载，由此可以看出，殷人已经产生了本民族文化与异域民族文化具有差异性的观念，从理论意义上来说，这意味着文化的自我认证（*identity*），如同一个人具有了自我意识，知道自己是不同于其他人的个体。这是人的认识中的一种巨大变化，对于一个民族的文化来说，其意义同样重要。郭沫若《卜辞通纂》中梳理了殷人对于异族征伐的记录，发现了前人所没有能证实的历史事实。从中可以知道，黄河流域的中华民族先祖曾经与周边民族进行过长期的战争，这种战争中必然产生不同文化之间的交往。殷商王朝地处中原，它

与来自四边的异族同时作战,其中最常见的有"土方"、"鬼方"和
"西戎"等,郭沫若认为:

> 则土方之地望盖在今山西北部;而匈方或更在河套附近
> 也。要之,卜辞中习见之土方与匈方必为严狁之部族无疑。①

如果可以断定其为猃狁即是严狁,这就是《诗经·出车》中所
说的:

> ……
> 天子命我,城彼朔方。
> 赫赫南仲,严狁于襄。
> ……
> 既见君子,我心则降,
> 赫赫南仲,薄征西戎。

可以证实早自殷周时期,中原民族就已经进行了对周边民族的长
期征战,这些民族大多数文化低于殷周,殷周当时已经是农耕为
主的民族,而周边民族大多数可能仍为游牧民族。这就是文化差
异的所在。这种战争的性质是先进的农业文明对于落后的游牧
民族的征战,由此产生的文化交往,有利于周边民族生产的发展,
有利于文明程度的提高。

值得注意的是,殷周有了四方概念,可能自认为居于天下之
中。司马迁《史记》里自称"中国",对于周边民族区分了东西南
北不同民族,并且记叙了不同的民族文化风俗,在《匈奴列传》、
《南越尉佗列传》、《东越列传》、《朝鲜列传》、《西南夷列传》中,
基本相同于中国六经中东夷西戎北狄南蛮的分法,有明显的异类
文化意识。那么,中国人何时才意识到自己是东方民族,或是说
以东西方文化来划分呢? 笔者认为,到了汉代,印度佛教传入中

---

① 《郭沫若全集·考古编》第二卷,科学出版社 1982 年版,第 440 页。

国,使得中国关于东西方文化的划分明确起来,从汉明帝永平年间的遣使西向求法的传说开始,以后将近一千年间,印度佛学进入中国,在中国的发展远胜于印度。中国成为世界上佛教经典最丰富的国度。所以中国的第一个主要的外来文化影响是印度,因为以前所接触的四方文化包括西域诸国都是文化水平低于中国的,只有印度佛教才引起了中国人的兴趣,意识到这是一种高度发达的文化。这种文化的高度理论体系建构,宗教信念,想象力都是中国文化中所不多的。中华民族从历史上来说是一个开放求实、积极向异己民族学习的民族,所以立即兴起了西向求法的高潮。在这种文化背景下,古代印度成为“西方”、“西学”的代表,中国作为“东土”、“东方”的代表。这是一个巨大的历史转折,中国人的文化意识从“四夷”与“中国”之间关系的自我中心,转向积极对外开放。东西方文化互相促进,互相补益的观念在这时已经开始出现。

第三次认识的进步表现于明清之后,近代地理发现形成了东西方文化大交流,欧洲人大举向东方进发,文明古国印度事实上已经被西方所占领,它经历了封建时代以来,被伊斯兰教所征服之后的又一次大的文化转型,传统的印度文化成为多种近代文化混合的形态。虽然西方殖民主义在中国遇到了最顽强的抵抗,中国已经沦为半殖民地半封建国家,但中国仍然是世界上唯一的一个成功地抵御了西方文明入侵、保持了自己文化传统的古代文明国家。但是,不可否认,这次文化冲击使得中国人意识到,“万国”时代已经到来,中国要在世界多元文化中再次认证自己的身份。中国必须认识到本体文化与异类文化,特别是西方文化之间的关系。中国文化中的开放思想再一次战胜了封闭观念,历史上曾经形成的“儒释道三教合一”就是中国文化善于兼收并蓄的主要象征。所以明清以降凡600年间,中国文化与西方文化的交往达到一个新的高潮。这是自汉代以后的最大的中西文化交往。

这个过程中,中国文化的接纳是多于输出的。中西交通史专家张星烺说:

> 大梦既醒,欧风美雨,犹如怒潮而来。新时代既启,留学外国者,何啻数万人。欧美之拜金主义,机械生活,随回国留学生而输入华夏。至如文学、史学、地学、史地学,以及高尚之道德、宏毅之精神,则输入者远不如机械学之多。①

作者所说的是半个世纪之前的状况,实际上东方文化不能说是已经式微,近代以来,虽然西方文化风靡全球是一个事实,但笔者也在一本论比较文化学的书中指出:近现代世界可以说有四大文化复兴,除了西方的"文艺复兴"(The Renaissance)运动之外,其余三次分别为:伊斯兰文化复兴;犹太文化复兴与中华(儒学)文化复兴,这三次世界性的文化复兴运动全都是东方文化。当然,其中的犹太文化虽然发源于东方,也与西方文化有密切的联系。

西方的文化认证却经历了一个相反的历程,古希腊虽然早就有了"东方"的概念,但由于没有实际的交往,特别是欧洲与中国等远东国家之间,没有直接的交通。欧洲所最先接触的是波斯、埃及等以后成为伊斯兰教统治的中东地区,所以东方特别是远东对于他们是神秘的。在西方历史上留下最深刻印痕的其实是一次战争,是这次战争,使得西方对于东方文化产生了最初的重要印象,完成了希腊文化的自我认证过程。公元前 5 世纪,古代波斯与古代希腊之间发生了战争,这就是历史上著名的希波战争。

从那时起,东西方之间的冲突就已经不断,以后的中世纪十字军东征,欧洲与中东地区包括东部欧洲,持续展开了西方与东方之间的征战。直到十六世纪的世界大发现,欧洲才发现了远东,特别是中国与印度,使得东西方关系史发生了转折性变化。

---

① 张星烺编注《中西交通史料汇编》第一册,中华书局 2003 年版,第 6—7 页。

在这个世界的转折期,曾经因为久已隔绝的中国与欧洲之间的交通恢复,出现了短暂的"东方热",这股东方热潮使得东方的道德、哲学、文学艺术与丝绸、茶叶、陶瓷等相互辉映,使欧洲为古老文明的魅力折服。但这种热潮在西方的世界化进程中只是一段短暂的小夜曲,虽然浪漫但并不能满足欧洲。理性化了的基督教或是说基督教与理性的相融合,使得欧洲文明具有了精神信仰与科学技术相契合的最佳角度,实现工业文明的内在需要与民主社会所具有的文明自信心,使得这种文明把殖民扩张作为自己的义务与时代赋予的职责,再次向着东方进发。在这种进程中,浮士德式的信仰与魔鬼的热情如此紧密地结合,这是一种强大的动力。

这种需求的产生并不是来自理论研究本身,首先是来自当代社会生活现实,因为在我们这个时代中,无论世界各国、不同民族与文化中,在意识形态上有多么大的差异,却都无法避免面对世界性的文化交流与实践,正是社会生活本身在要求理论的创造,事实上是理论被迫要回答现实的要求,正是人类历史迫使我们要思考东方与西方,这一永恒的文化主题。

这里也必须说明,人类不是被动地接受社会现实。人的定义非常多,笔者认为,人的本质之一即人是具有文明意识的动物。可以说,文明研究现象的兴起,是人类对于自身发展的一种历史总结与回顾,是人类对于自身要求提高的一种表征。

这与相当多的文明研究者的观念特别是西方学者们的观念是不相同的,因为当代世界上理论的重要性几乎是人所皆知了,但对于理论产生的原因却往往是人见人异,理解大相径庭,"理论"这个观念的起源本身就是一个最好的说明。德国学者哈贝马斯(*Jürgen Habermas*)曾经对于西方语言中的"理论"作过一个小考证,他在《认识与兴趣》一文中谈到,西方的理性的具体表现就是理论,其实是指形而上学的思维方式,这种理性能力是得之于神的。我们并不赞同哈贝马斯的结论,他以理论的神圣性来附会德国哲学的思辨性也并不新鲜,众所周知,十九世纪德国哲学以形而上学的思辨性闻名于世,出现了康德、谢林、黑格尔等一批杰出哲学家,他们以独具特色的形而上学思维方式与浪漫的诗学精神相结合,使得原本在世界学术中并不突出的德意志民族突然间光芒四射。甚至笛卡尔之后一直处于欧洲形而上学领导地位的法国人也不得不对他们刮目相看,直到 20 世纪后期才终于以一批所谓"后现代主义"的理论家再现了法国哲学的辉煌。而德国这种哲学是以对于实践的背离为特色的,是所谓"首足倒置"的,被认为是无法深入社会现实而躲避于理论的蜗角之中。即就哈贝马斯的考据而言,我们从哈贝马斯关于理论的文字训诂中,所看到的恰是它的反面,古希腊的庆典活动是公众出于人类行动的要求而举行,它的神圣性恰恰基于它的实践性,如何能想象,希腊人的大型庆典活动只是一种"形而上学思维方式"的表现? 这种有宗教意义的庆典活动在东西方文化中是同样普遍的,它们的敬神从属于现实的目的,如祈福免灾,保佑战胜敌人等。以《尚书》、《周礼》中的记述为例,其中"盟誓"就是通神的语言,如《大祝》所说"掌六祝之辞","以示鬼神示"。这种话语其实是产生于历史活动之中的,也就是人类生活之中的。所谓"作六辞以通上下亲疏远近:一曰祠,二曰命,三曰皓,四曰会,五曰祷,六曰诔。"什么是这些祷、祠的意义呢?《周礼·小宗伯注》云:"求福曰祷,得求曰祠",这些告祖宗神明的话都是有着现实生活要求的,无非是祈求多子多福、长寿富贵而已。再以宗教神圣性著称于世的希伯来人为例,《圣经·诗篇》中"亚卫是我的牧者"里,在赞颂上帝时也表现得十分实际:"你用牧杖引导我,用牧竿保护我。在敌人面前你为我摆设盛宴,你待我如上宾,斟满我的酒杯。"《古兰经》中说:"信道的人们啊! 真主已准许你们享受的佳美食物,你们不要把它当作禁物,你们不要过分。"这里的神性分明有着最现实的目的,祈求上帝的护佑,防止敌人的进攻,享有自己的财产、食物与权利。可以说在古代宗教文献与经典中,宗教活动中表达的忠诚,往往是有最直接的现实要求。如果按照哈贝马斯的说法,对于神灵"敬献忠心"是理论的源起,那么实际上不是理论为生活"打上自己的烙印",相反,正是生活为理论打上了自己的烙印,归根结底是最基本的人类行为、现实生活的需要,使得理论得以形成。是人类而不是神形成了理论。所以,从现实世界中产生的文化理论,势必反过来影响现实,这也是无可置疑的。

3. 全球化时代的文明认识论

"文化热"在现实生活的各个层面上出现是产生文化理论要求的最基本动因,可是纷繁复杂的文化现象又使得人们不知如何看待。可以说世界文化正出现一种前所未有的两极化趋势:在全球化中突出的文化一体化与民族宗教纷争所引发的文化冲突同时并存,这就是所谓的文化逾越现象(transition)。

所谓"一体化"(unification),也包括两种基本含义,一是多种文化之间的互相流通与交往,如今古老的非洲大陆的祖鲁人的舞蹈、毛利人的表演与巴黎时装表演的新潮款式一同出现;西藏喇嘛寺庙中的"唐卡"与后现代主义风格的绘画,在世界大都会的博物馆中并列,这是一种保持着文化多元的大交流。另一现象则是世界文化的同一性,全球互联网使世界各地连成一体,庞大的全球金融系统更是世界性大帝国的象征,亚历山大王、成吉思汗这些盖世英雄梦寐以求的一统天下,已经在另一种意义上实现了。可口可乐、好莱坞电影、耐克运动鞋,中国餐馆、丝绸、茶叶……在世界各国处处可见。从经济学角度来说,这就是马克思曾经指出的"世界历史现象",即随着社会生产的发展,物质生产成为世界性的,民族工业的闭关自守为世界性生产交流所取代,"历史也就在愈来愈大的程度上成为全世界的历史"。这些重要的文化现象正在引起世界性的关注。这只是事物的一个方面，另外更为重要的是，政治、军事，宗教行动与文化关系之间联系更加鲜明，文化愈加显示出其世俗化的一面。宗教圣城耶路撒冷一直在最激烈的争夺之中，公元前1250年，希伯来人出埃及进入迦南地，从此开始与迦南人和腓力斯丁人的冲突，1049年希伯来人攻下耶路撒冷，从此这里成为犹太教的圣地。公元4世纪起，拜占庭皇帝君士坦丁皈依基督教，以后耶路撒冷也成为基督教圣地。公元610年，穆罕默德在麦加开始传播伊斯兰教时，穆斯林向着耶路撒冷城的阿克萨清真寺礼拜，据《古兰经》所说，穆罕默德曾经受安拉之命夜间行至耶路撒冷，把坐骑拴在一巨石上，然后登宵，伊斯兰教把这里看成是继麦加、麦地那之后的第三圣地。不同宗教之间，为了圣地开始了多种形式的斗争，一直延续到今日。此外，印度国内印度教与穆斯林之间的斗争，围绕着克什米尔的宗教斗争，巴尔干地区的不同民族宗教文化之间的斗争等等，都是不可忽视的事实。

我们反对美国学者亨廷顿的"文化冲突说"，即认为冷战结束之后，世界的主要冲突将主要是不同文化之间的冲突，这是一种没有根据的奇思异想。但是我们并不否认文化差异的存在，但是把当前世界主要冲突特别是宗教冲突说成是文化冲突却不对头。文化并不等于宗教，宗教只是文化的一个构成部分，宗教不能取代文化整体及文化的各种组成成分，例如宗教就不能取代民族、科学与教育等，以美国为例，美国黑人与白人大多数信仰基督教，虽然同为基督徒，但他们之间同样有文化冲突，这种冲突是民族的、种族的冲突，但不是一种宗教的冲突。世界并没有像亨廷顿所说的那样成为文化冲突的世界。一定程度上，冲突是永远存在的，但是，构成世界主要冲突的并不是文化，而是政治、宗教与经济的冲突。文化冲突论表面上看起来颇有新意，其实经不起推敲。

正因为世界文化发展本身的复杂性,于是也就随处可见一系列重要原理的讨论:这就是文化的传统性与现代性,文化的民族性与全球性,文化的差异性与同一性,文化的多样性与一体性,文化的本土性与世界性,从来没有如此众多的重要理论观念需要讨论。

文化理论如此重要,以至联合国教科文组织也把文化讨论看成是自己的工作范围,这可以说是学术研究史上不多见的现象,虽然这并不意味着文化研究就能够超越其他方面的研究,但是至少说明文化研究的重要性正在引起国际的重视。从 60 年代起,先后有两个"国际发展十年"的报告,其中已经反映出,以前所通行的主要以计量经济为基础的增长目标的发展战略,已经暴露出其明显的局限性。而长期以来受到忽视的人类社会与文化因素的发展,正在重新进入人们的视野。计量经济可以成为世界经济发展的主要指标,这是一种典型的现代西方理论思想模式,其中理性中心观念的影响显而易见。因此,近年来"文化发展度"成为联合国有关组织的关注目标。联合国教科文组织 1970 年在威尼斯召开了第一次文化政策政府讨论会,1982 年墨西哥城世界会议通过了"世界文化发展十年计划",这个计划于 1986 年 12 月获得联合国大会的批准,从 1988 年开始执行。文化多元化与世界一体化进程的关系,已经成为举世关注的理论中心,联合国教科文组织的专家欧文·拉兹洛(*Ervin Laszlo*)说:

> 文化的对话,如果不是为了取得那种处于各种文化的区别和特征之下的普遍性,它便会成为一种乌托邦的理想。各种文化的普遍性——它们的活生生的表现和它们的有形或无形的传统——正在获得人们广泛的承认,这主要归功于联合国科教文组织的努力。人们可以看到每一种文化都表现出带有普遍性的价值。各种文化之间的对话可以起源于对这些价值的承认,起源于它们有相互尊重、欣赏和保存文化

遗产以及进一步发展人类的创造性的共同基础。①

联合国教科文组织的努力的重要性，首先就在于它把为当代世界所关注的问题归结起来，引起世界的关注，这是其他任何机构或某个学者所不能做到的。一个世界性组织的重要性不只表现于它的地位，更重要的则在于它完成历史使命的作为。而当这种作为以世界大多数民族所共同关心的现象为中心时，这个组织的作用就会受到更大的肯定。它将把一种新的理论观念体系提交给世界文化特别是东西方文化及历史的研究。当代世界中，历史文化的理论几乎成了西方学说的一统天下，非西方的文化研究往往被认为是观念陈旧、缺乏理论创新或被说成是史料堆积而被排斥在外。甚至一些东方学者在反驳西方话语时，也以西方理论为依据。因此，当本书作者近年来在东方文化理论与西方理论观念基础上建立新理论体系时，所面对的正是这样一种复杂的局面。这就要求我们在研究东方与西方文化的本质与特性及世界历史文化发展历史过程与规律性时，必须要符合这样的基本条件：

（1）具有独特的文化观念，既不是东方中心的，也不是西方理论的摹仿，这一点也包括了不用西方理论观念来阐释历史文明，特别重要的是后者，因为近代以来西方经济与科学的发达造成了其中心地位，容易产生强加于其他民族的文明阐释。

（2）一部真正的比较文明学著作，应当是跨文明与学科的。不是历史学，也不是哲学，也不是历史哲学。但是它包括了比较文明学理论、比较文明史与比较文明哲学三个大的构成部分。

（3）新辩证为中心的文明哲学理论体系，不是一种融合或拼合，它的目的在于建立一种跨文明比较的理论系统，它是包括认

---

① ［美］欧文·拉兹洛编辑《多种文化的星球——联合国教科文组织国际专家小组的报告》，戴侃、辛未译，社会科学文献出版社2001年版，第8页。

识论、方法论、历史观与实践方式的统一体。

令笔者感到欣喜的是,世界范围内近年来出现理论热与文明研究热潮,这不是一时的时髦,这是人类文化发展到一定阶段的产物。

西历纪年(公元)又一个千年的到来,对于基督教来说,是第二个千禧之年。耶稣诞生二千年后,世界出现了一种新的气象——全球化。如果说时光消逝如川流是一个时间范畴,人们从日出日落,从钟表指针来感受它,那么,从空间范畴而言,我们可以从世界性的物质与精神的潮流来观察它,从我们的衣食住行的变化来体悟它。几乎世界的每一个角落,来自其他民族的、其他国度的文化现象占据了重要地位。传统的东西方文化之间的对立与区分,正在经历着变化,传统的东西方之间的关系,已经进入了一个新的阶段。

于是,在这种时候,人们容易回顾第一个千禧之年。那个时候,在公元10世纪末到11世纪之初的欧洲,看到的是截然相反的另一幅图景:东西方之间战火弥漫,中世纪之后,欧洲各民族进入封建国家形成时期,宗教纷争和地方势力的割据使欧洲陷入分裂之中,不同文化的民族之间正在欧洲摆开战场。远自亚洲而来的东方游牧民族马扎尔人饮马多瑙河,并且挥师西向,使得西欧的主要民族几乎全部沦于铁蹄之下。北非的阿格里布王朝,法蒂玛王朝,这些阿拉伯国家的军队远渡重洋,如同当年古代波斯人海上袭击希腊人一样,大举进攻西欧诸国。所不同的是,这次战争中,外来的北非人是暂时的胜利者,而希腊人罗马人的后裔们没有他们的先祖那样幸运。意大利、法国南部等都被他们所占领。北方的诺曼人也南下征伐,使得当时的欧洲战火纷飞。东方世界则相对宁静,印度次大陆刚刚经历了三个大的王朝的争夺,8世纪末,古老的中国经历了唐代的大一统时代,虽然与西部边陲的异族有激烈的战争,东部也正在形成以女真、蒙古族为主体的新游牧民族势力。但在公元960年,宋代仍然是一个统一王朝。

"王母桃花千遍红,彭祖巫咸几回死"。

21世纪的世界已经今非昔比了,这是一个东方与西方正面相逢的时代,从欧洲的观念出发,被称为中近东的阿拉伯与被称为远东的亚洲各民族与西方正在发生着前所未有的频繁交流,这是一个前所未有的文化精神之间的互相认证(identity)阶段。

其实这种所谓的新气象也是渊源有自,并非自今日而始,从15－16世纪的地理大发现以来,"全球化"(globalization)的幽灵就始终在地球的上空游荡,迟迟不能消散。与以前的几个世纪相比,所不同的是,当新纪元到来之际,"全球化"已经成为时代的标记而具有强烈的号召力。人们把全球化作为一种最重要的历史潮流看待,认为它已势在必行。作为一种时代特征自觉地被世界各民族所认同,这是令世界各民族都感到振奋的。从世界比较文明研究的视域来看,这就意味着,一种新的世界文明观念的真正形成,全球化作为一种关于文明的意识形态观念,正在变得越来越重要。东西方文明的本质差异与共同特性,从来没有在如此广泛的意义上受到重视,从来没有如此众多的杰出学者关注这一重要领域,关于它的各种学科、学说与观念也空前流行。

这是一种好现象抑或相反?

是耶? 非耶? 将予以言之。

A STUDY
OF COMPARATIVE CIVILIZATIONS

比较文明学

第二册

东西方文明的历史形态

方汉文　著

中华书局

目 录

第一章　东方文明的国家与民族

东方文明与西方文明是世界两大基本文明形态，也是人类文明的代表形态，也可以称为总体性文明形态，它们是由各自不同国家与民族所创造的文化与文明体系所组成，这些文明类型可以称为具体形态或类型。这些国家与民族分布于不同的地区，它们具有不同的自然与人文环境关系。研究东西方民族不同的自然环境、人种、民族与宗教信仰等状况，这是研究东西方文明的基本前提与条件。根据两大文明形态分布，我们对东西方的主要国家与地区具体进行介绍：东方文明以亚洲的国家与民族为主，又分为中近东与远东两大组成：1. 中近东国家，包括三个国家。（1）两河流域文明与巴比伦文明起源地伊拉克。（2）古代波斯帝国所在地伊朗（3）伊斯兰文明起源地沙特阿拉伯。2. 远东国家：中国与印度。西方文明则以欧美国家为主体，可以划分为：1. 欧洲的国家与民族 2. 美洲的北美地区包括美国加拿大。其余一些国家与民族，如澳洲、新西兰和日本则在适宜的地方予以简介。

关于民族与人种，我们必须作以下简要说明：

第一，人类分为不同的种族，种族是一种自然特性，主要表现为具有共同体质与生活特点的人类群体，它具有遗传性，是一种客观存在。

第二，民族是人类社会属性，指具有共同历史文化包括语言、宗教、思想观念、生活习俗的人群。民族不同于种族，两者各有独立特性。

第三，根据联合国教科文组织 1950 年关于种族问题的声明及有关研究，我们按照国际常见的划分法，将人类划分为三大种族：第一是蒙古人种，即所谓黄色人种、亚洲人种。这一人种原住民分布于亚洲和美洲，人口总数为世界的42%左右。以黄色皮肤为多，黑色头发，头发是直的。身上毛发不多，脸庞平，五官不突出，眼睛是黑色的。第二大种族是欧罗巴人种，也有人称为高加索人种或是白人。原住民居住于欧洲，从古代起就进入北非、西亚等地。16世纪之后，由于欧洲殖民主义扩张，这一人种进入美洲、非洲与大洋洲等地。这是世界人口最多的人种，约为世界总人数的43%左右。这一人种肤色较浅者多，只有南亚国家民族肤色较深。这一人种头发柔软，颜色多样，以黄灰黑三色居多。面庞狭窄，五官突出，身材比其他种族要高一些。第三种人是尼格罗人，也就是非洲人或是黑人，澳大利亚的原住民也基本上属于此种族，所以也称为尼格罗－澳大利亚人种。这一人种是非洲的原住民，经过殖民主义掠夺，目前人数剧减，只占到世界人口总数的15%左右。黑人皮肤黑，黑色的头发弯曲生长，面庞较窄，嘴唇宽厚，身材高低不等，但相对来说，身材较高者多一些。以上只是对于种族的粗略划分，实际上由于各种族之间的长期互相混合，现有的种族类型相当多，不能一一尽数。

第四，我们反对任何种族主义，也反对狭隘的民族主义，主张各种族与民族的完全平等。近代以来，欧洲一些国家中流行种族主义，宣扬白色人种优越论，这是完全不符合历史事实的，也不符合世界各民族人民的看法。我们主张公正地研究种族与民族的历史，尊重不同种族与民族。世界文明是各民族人民共同创造的，未来是属于世界各民族的。

一、亚洲的自然环境

亚洲即亚细亚洲，古代亚述语中，"亚细亚"就是东方大地的意思。东方文明主要指亚洲国家与民族，只有日本在政治经济意义上不被算作东方国家，但日本在地理环境与历史文明方面，仍然被看作是东方国家。东方又通常划分为中近东与远东，以距欧洲的远近为命名的根据。传统意义上的中东是指阿富汗与伊朗，近东包括埃及、巴勒斯坦、叙利亚、伊拉克、约旦、黎巴嫩、阿拉伯也门共和国、也门民主人民共和国、沙特阿拉伯、阿拉伯联合酋长国、阿曼、科威特、卡塔尔、巴林、土耳其、塞浦路斯等国家。但是中东与近东经常混用，不加区分。远东原本是指东亚，包括中国、朝鲜和日本等，也有人把印度包括在远东的范围之中。

亚洲与欧洲共同拥有欧亚大陆，欧洲在大陆西部，亚洲在大陆东部，亚洲是世界最大的洲，陆地面 4，400 万平方公里，几乎占到世界陆地总面积的三分之一，相当于欧洲土地总面积的 4 倍。亚洲人口众多，估计到 20 世纪末已经有 36 亿人口，占到世界人口的一半以上。

高原山地面积占了亚洲土地面积的 75%，这个洲地势极高，平均海拔约 950 米。最高的青藏高原平均海拔 4500 米，被称为"世界屋脊"。青藏高原上的喜马拉雅山是世界第一高峰，海拔高度达 8844 米左右，被世界各国视为神圣的土地。亚洲的死海则是世界最低的地方，水面已经为 −292 米，海底则为 −792 米，也是地球陆地最深的地方。

这里的地形复杂多样，北部大平原地区，主要是西西伯利亚大平原，是世界最大的平原，此外还有中西伯利亚平原、哈萨克丘陵与中亚的图兰低地。亚洲的中部地区以山地与高原为主，有安纳托利亚高原、亚美尼亚高原、伊朗高原、帕米尔高原、青藏高原、天山山脉、蒙古高原等。东部地区以山脉与平原为主，这里众多的山脉多呈北东走向，分成多组的巨型隆起带与沉降带。南部地势较低，有阿拉伯台地、德干高原、掸邦高原、印度河－恒河平原、美索不达米亚平原等。

它具有典型的大陆性气候，季风性明显，蒙古高原上形成的冷空气高压，分别向东、北、东南与西方吹风，太平洋海岸以刮西北风为主，印度洋海岸以东北风为主，北冰洋海岸吹西南风。夏季在大陆上形成低压中心，海洋季风吹向大陆，形成湿季。亚洲没有大西洋海岸的那种温带湿润海洋性气候，但其他各种类型的气候一应俱全。从寒冷少雨的极地苔原气候到热带、亚热带、温带气候等均有。亚洲与欧洲相比，内陆距海岸的距离相当远，气候温差大，冬季寒冷，夏季炎热。西伯利亚地区的维尔霍扬斯克－奥伊米亚康地区绝对最低温度达到零下71℃，是世界上年温差最大的地区。亚洲地区河流密布，水量丰富，河流年径流量为世界第一，约占世界流量的三分之一，正是这些众多的河流所形成的冲积平原哺育了古代人类文明。长江黄河流域是中国古代文明发源地，流向太平洋的长江是世界第三、亚洲第一大河，总长6300公里，流域面积180多万平方公里。黄河全长5464公里，超过万里，可以通航灌溉。流向印度洋的河流中，青藏高原南侧的印度河、恒河流域是印度古代文明发源地。从安纳托利亚高原与亚美尼亚高原发源的底格里斯河与幼发拉底河，则是著名的美索不达米亚文明的发源地。亚洲古代文明主要发源于内陆地区，这也是亚洲古代文明的一大特色。当然也必须指出这一方面还有不少争论，例如中国古代文明起源传统看法是内陆西部起源，但笔者在近年出版的《陶泥文明》（2008）中指出，中国古代文明的另一起源可能是东部沿海的龙山文化。

另外一个显著的特色是，亚洲矿藏丰富，石油天然气储量居世界之首，亚洲石油储量占世界67.7%，天然气储量占世界的31.1%。沙特阿拉伯－波斯湾的石油储量占世界的60%，仅沙特阿拉伯一国的石油储量就占到世界的1/4，大自然赐予了波斯湾地区巨大的能源财富，但同时也使得这一地区成为世界列强必争之地，中世纪十字军东征是为了寻找黄金与财富，当代西方列强则在寻找黑色的黄金石油，中东地区成为世界能源供应的中心。

如果从亚洲大陆的结构来划分，可以分为东北亚、东南亚、南亚、中亚与西亚等地区。东北亚地区包括中国、蒙古、朝鲜、韩国、日本等国家；东南亚包括越南、老挝、柬埔寨、缅甸、泰国、马来西亚、新加坡、菲律宾、印度尼西亚、东帝汶、文莱等国家与地区；南亚包括尼泊尔、锡金、不丹、孟加拉、印度、斯里兰卡、马尔代夫、巴基斯坦、阿富汗等国家与地区；中亚包括土库曼斯坦、乌兹别克斯坦、塔吉克斯坦、吉尔吉斯斯坦、哈萨克斯坦等；西亚包括伊拉克、伊朗、科威特、沙特阿拉伯、巴林、卡塔尔、阿拉伯联合酋长国、阿曼、也门、叙利亚、黎巴嫩、约旦、巴勒斯坦、塞浦路斯、土耳其、以色列等国家与地区；北亚指俄罗斯的西伯利亚地区，亚洲目前总计48个国家与地区。

世界各人种都生活在亚洲，亚洲最典型的人种是汉－蒙古人种，也就是黄色人种，所以称为亚洲人种。只在东南亚与南亚地区生活着澳大利亚人种，亚洲也有部分欧罗巴人种的民族。由于历史久远，移民相当多，所以亚洲各民族的混血与融合是相当普遍的。亚洲民族数目众多，总数达到1000多个，其中超过1亿以上的民族就有4个：中国的汉族人、印度斯坦人、孟加拉人与日本人。此外还有人口在5000万以上的民族6个：爪哇人、朝鲜人、旁遮普人、比哈尔人、泰卢人和马拉地人，世界人数最多的民族是中国的汉族。

各种各样的宗教在亚洲都有自己的信仰者，而且教派繁多，不一而足。世界主要宗教基督教、佛教、伊斯兰教、印度教与中国的儒学与道学，都是亚洲最重要的宗教与信仰，此外还有犹太教、日本神道等多种信仰。

世界语系大约可以分为 11 种，包括印欧、汉藏语系、尼日尔—科尔凡多语系、南岛语系、非亚语系、达罗毗荼语系、阿尔泰语系、南亚语系、尼罗－撒哈拉语系、乌拉尔语系和高加索语系。亚洲主要分布着七个大的语系：汉藏语系、印欧语系、南岛语系、达罗毗荼语系、南亚语系、阿尔泰语系和闪含语系等。可以说，世界主要语系几乎全部可以在亚洲找到，同时，有的语系几乎全部分布在亚洲，如汉藏语系、南亚语系和达罗毗荼语系等。至于日本语与朝鲜语等，目前尚没有明确的语系，但是它们是世界不属于大语系中使用人数最多的语言，所以在世界语言中也有重要地位。

丰富的资源与多样的气候，使得亚洲农业相当发达，这里不但是世界农业文明的起源地，直到今日，相当数量的农产品仍然居世界首位，有的产品产量达到世界总产量的 80% 以上，特别是茶叶、黄麻、天然橡胶、大米，生丝、胡椒等农作物的产量在世界上都名列前茅。亚洲也是世界工业集中地区，制造业中的大宗产品如汽车、船舶、钢铁、家电、钟表、棉纱、棉布与毛纺品等产量也居于世界前列，近年来亚洲的高科技发展迅速，电子、信息、生物化学等工业成为主要产业。

从历史来看，世界主要古代文明大多起源于亚洲，中国、印度、两河流域的古代文明都是世界上最早的文明，久远的农业文明为亚洲社会建立了丰厚的经济基础，直到环球海上航线开通之前，亚洲的社会经济与文化仍然在世界上位居前列。从 16 世纪到 18 世纪，这是西方殖民主义扩张的历史时期，美洲、大洋洲与撒哈拉沙漠以南的非洲被殖民主义者所"发现"并征服，亚洲也成为殖民主义"东方探索"的最终目标。欧洲列强齐聚亚洲各海岸，向远东与中东各国野蛮进攻，北方的沙俄向乌拉尔山以东扩张，越过叶尼塞河与勒拿河，进入黑龙江下游地区。经过两个多世纪的殖民主义瓜分，到第二次世界大战后，除日本之外，亚洲多数国家已经成为殖民地，中国等国家成为半殖民地。亚洲非洲与拉丁美洲一起，成为西方工业化的资源、人力、财富的来源，也成为其市场，正是近代亚洲为 16 世纪之后的所谓"世界化"、"新发展"、"再次突围"等提供了可能。

历史从来是公正的，第二次世界大战后，亚洲各国纷纷独立，民族解放运动风起云涌，到 20 世纪末期，一个独立民主自由的新亚洲已经出现，从此之后，亚洲经济的突飞猛进令世界震动。20 世纪 70 年代之后，亚洲出现了经济飞跃，在世界经济总产值中，亚洲在 20 世纪末期达到世界的 25% 以上。60 年代日本经济腾飞，1986 年之后，日本国民总产值居世界第二，仅次于美国。70 年代之后，亚洲四小龙保持经济高速发展，达到或接近世界发达国家中等以上水平。80 年代之后的东盟国家泰国、马来西亚、印尼与菲律宾也创造了经济高增长率。最重的是，从 90 年代起，亚洲大国中国经济起飞，1993 以后，国民经济增长率几乎一直居世界第一，成为世界经济发展最大的拉动力量。

毋庸置疑，古代的东方与亚洲将会重新焕发出青春，为人类文明进步作出新的贡献。

二、东方文明与中国

1. 国土与资源

中国，即中华人民共和国，位于东半球的东亚地区，太平洋的西岸，全国土地面积 960 万平方公里，约占亚洲的五分之一，中国的陆地面积位居世界第三，次于俄罗斯与加拿大。人口 12 亿，是世界人口最多的国家。中国领土北达黑龙江，止于北纬 53°31′的漠河镇以北的黑龙江主航道中心线。南部边界线是南沙群岛的曾母暗沙，位于北纬 4°15′。东经 135°5′的乌苏里江与黑龙江汇合处的耶字碑东角，是中国最东的领土，西边则是达到东经 73°40′的帕米尔高原的乌孜别里山口。南北相距5500 公里，跨纬度近 50°，所以气候多样，从寒带到热带，各种类型气候俱全。东西相距 5200 公里，跨经度达 62°多，所以时差相当大，西部大城市乌鲁木齐尚在黑夜之中时，东北名城佳木斯早已经阳光灿烂。中国的东部与南部有渤海、黄海、东海、南海内外四个海洋，共同构成了所谓中国海，是世界东方最重要的海洋与海岸，16 世纪之前，由于没有海上交通，中国海几乎不为西方所知，直到葡萄牙与西班牙人分别来到澳门与福建之后，中国海才成为亚洲与世界交往的门户之一。

中国是世界上山地最多的国家之一，由于中国与美国加拿大面积相近，曾经有人比较过中国与美加的地理，认为中国与美加虽然面积相近，但中国多山，美加两国以大平原相连，大山不多。所以虽然中国耕地与平原总面积受到影响，交通不如美加方便。但是中国突起的山地实际大大加大了中国的空间面积，而且山地的高度不同，物产丰富，山地的矿藏也相对要多，总体来说，中国的地理仍然有自己的优势。以抵御自然能力而论，2006 年美国墨西哥湾的新奥尔良与德克萨斯州等地受到台风侵袭，由于地势低洼，损失严重。而台风在中国的东南沿海虽然也常有侵害，但地势相对较高，所以造成的危害一般不如美国那样巨大。

在中国土地总面积中，山地大约占到 33.3%，平原只占12% 左右。大小山脉纵横，连绵起伏，尤其是中国西部，高过4000－5000 米的大山竟然多达十余条，这是世界绝无仅有的，我们以主峰超过 4000 米的山脉来计算：（1）喜马拉雅山平均海拔 6000 米以上，最高峰珠穆朗玛峰高达 8848.27 米（最新统计为 8844 米左右）；（2）冈底斯山平均海拔 6000 米以上，最高山峰冈仁波齐峰高达 6714 米；（3）唐古拉山平均海拔 6000 米以上，最高峰格拉丹东峰 6621 米；（4）念青唐古拉山平均海拔 5000－6000 米，主峰念青唐古拉峰 7126 米；（5）昆仑山平均海拔 5000－7000 米之间，主峰木孜塔格峰高 7723 米；（6）喀喇昆仑山平均海拔 6000 米以上，主峰乔戈里峰高达 8611 米；（7）巴颜喀拉山平均海拔 5000－6000 米，主峰达 5442 米；（8）天山平均海拔虽然只有 3000－5000 米，但是主峰托木尔峰却有 7435 米高；（9）阿尔泰山平均海拔为 1000－3500 米，但是主峰友谊峰为 4374 米；（10）祁连山平均海拔 4000 米以上，团结峰高达 5826 米。与中国的群峰相比，美洲的安第斯山平均海拔 3000 米，只有部分山峰在 6000 米以上。欧洲高山更是不多，最高的厄尔布鲁士山高 5642 米。

中国的青藏高原平均海拔 4500 米，冰峰连绵，蔚为奇观，高原总面积达到 250 万平方公里，占中国总面积的 1/4，是世界最大也是最高的高原，号称世界屋脊，直到 20 世纪中期之前，飞机都难以飞过其上空。巨大雪山上的冰雪融化之后，水流经过雪山南北两坡的大河长江、黄河、怒江、澜沧江、恒河与印度河，分别注入太平洋与印度洋，山高水远，气势不凡。其中长江是世界第三大河、中国第一大河，仅次于美洲的亚马孙河与非洲的尼罗河。黄河是中国第二大河。中国河流众多，多大河，多长河，长度超过 1000 公里的河流还有黑龙江、珠江、海河、淮河等多条江河。中国大地上湖泊星罗棋布，面积在 1000 公里以上的湖泊就有 16 个之多，水产资源丰富，多为鱼米之乡，且有便利的水上交通。

欧亚大陆与太平洋之间的季风性气候是中国所特有的气候特点，海陆对比强烈，特别是东部与南部，季风性最为明显。冬天刮北风和偏北风，西伯利亚与蒙古高原的风使全国寒冷干燥，与欧洲湿润的冬季相比是大不相同的。夏季相反，东部与南部降水相当多，全国气候类型复杂，有六个温度带，包括寒温带、中温带、暖温带、亚热带、热带、赤道带等。中国的矿藏种类多而且储量丰富，如煤炭、石油、黑色金属与有色金属等，都在世界上屈指可数。

2. 中华文明古国

中国是人类的起源地，也是世界古代文明发祥地，这里已经发现远古时代的人类活动遗址多处，从旧石器时代到新石器时代的进化过程具有连续性。从大约4000多年前，中国建立了夏商周王朝，以后经历了春秋战国、秦汉、三国、魏晋南北朝，隋唐五代，宋辽金元明清等王朝，是世界上唯一持续至今的古代文明。中国在亚洲大陆东部，亚洲是东方文明的所在地，中国当然成为东方文明的代表。由于路途遥远，山水阻隔，直到17世纪之前，西方对于中国的了解都是相当少的。15世纪西班牙与葡萄牙的冒险家开始海上航行，其直接目的之一就是发现传说中的东方，据说那里是黄金之国，这里指的就是中国。

中国历史上版图比现在要大，汉代与清代都曾经有过比现在更大的疆域，即使进入现代，中国面积仍然比今日要大。中国文明从古代开始就是以农业文明为主体的，从夏代开国，经历了夏商周三代奴隶制度，成为世界文明古国。公元前720年到前476年的春秋时代，公元前475年到公元前221年的战国时代，是中国社会与思想发生剧烈变化的时期，从青铜器发展到铁器的应用，中国农业一跃成为当时世界最发达的农业，具有中国特点的精耕细作式的农业模式已经形成，手工业中的铁器工具使用后，生产工艺明显提高，基本可以满足社会生产的需要。原有的农村公社制度早已经被封建地主制度所取代，土地买卖与转移加速。春秋时代是中国第一个思想文化的繁荣时代，主要经典六经的形成，孔子、老庄等诸子百家学说争鸣，使中华民族成为真正的文明民族，具有高度发达理性的民族。中国的春秋时代与古代希腊的雅典时代一样，是人类社会文明发展中具有划时代意义的阶段。

从公元前 221 年的中华大帝国——秦朝——的建立，到公元 907 年朱温灭唐，中国经历了秦汉唐三个大的封建专制时代，这是中华文明史上的一个强盛时期。周秦汉唐时代都曾经多次击退周边游牧民族，曾经入侵欧洲的匈奴人、突厥人等都曾经被汉民族所击败，农业民族战胜游牧民族，这在世界历史上并不多见。

从公元 960 年北宋王朝开始，中华封建帝国开始从兴盛走向衰败。中间经过蒙古人的入侵，元代兴盛期大约有 89 年左右，随即被推翻。从蒙古大帝国的历史来看，其在欧洲的入侵只取得了短暂的胜利，同样元朝在中国的统治也相当短促，虽然蒙古帝国最终皈依了中国文明，企图以中国为中心建立世界大帝国。但作为游牧民族，蒙古文化与当时的中华文明相比较是相当落后的，入主中原之后，元代的民族歧视与等级制度不符合中国文明传统。元代蒙古贵族在中国北方推行的畜牧业生产，使大片良田变成草原，破坏了原来相当发达的黄河流域农业生产布局，所以朱元璋能迅速推翻蒙古人的统治，于 1368 年在南京建都。这也代表了中国文明发展模式的一个重要转折，从以黄河流域为中心向以长江流域为中心的转折。

总之，蒙古帝国在世界范围内的侵略中，在欧洲与中国遇到的抵抗最为顽强，因为这两个地区都已经具有发达的农业文明，而且蒙古人在这两个地区的统治时期最短，蒙古帝国统治时期较长的是东部欧洲与俄罗斯的部分草原地区，金帐汗国等蒙古统治者在这一地区的影响相当深远。同时值得注意的是，从 1200 年前后德里的突厥苏丹入侵北印度起，蒙古人、莫卧儿人、伊朗人与英国人陆续进入印度，直到 20 世纪，南亚大陆上的印度文明一直遭遇被入侵和殖民的命运。

明代的中国出现了早期资本主义的发展,科学技术与手工业成就突出,工场工业与工业行会十分兴盛。这一时期也是西欧资本主义发展时期,世界经济发展的规律使东西方同时开始早期资本主义进程。但是,明代在中国的兴盛只持续了 60 年左右,就被农民起义所推翻。随后游牧民族女真人入侵,开始了中国封建社会最后一个朝代满清王朝的统治。

16 世纪之后,欧洲殖民主义浪潮席卷世界,非洲与美洲的古代文明纷纷被毁,但是殖民主义者在中国遇到挫折,无论是早期的西班牙葡萄牙殖民主义者,还是后来的英美法德等国家的军队,都未能征服中国。近代中国遭受了西方发达国家的疯狂掠夺,沦为半殖民地。但是中国文明的强大与其优秀的民族素质再次显示出来,两次世界大战中,中国都是战胜国,特别是在第二次世界大战中,中国战胜了凶残的日本法西斯军国主义,为世界和平作出了贡献。1949 年 10 月 1 日,中华人民共和国成立,标志着古老中华文明的新生。

中国人种除某些少数民族有欧罗巴人的特征之外,绝大多数为蒙古人种。56 个民族使用汉语等 55 种语言,其中汉回族同用汉语。中国语言分为 5 个语系,分别属于汉藏语系、阿尔泰语系、南亚语系、印欧语系、南岛语系等。中国文字多样,汉字是世界著名的表意文字,除了汉字之外,中国各民族还使用了多种字母,主要有藏文字母、朝鲜文字母、回鹘文字母、傣文字母、阿拉伯字母与斯拉夫字母。中国政府还组织有关方面推行汉语拼音,创造了汉语拼音字母。中国的一些少数民族以前只有语言没有文字,中华人民共和国成立之后,语言工作者们帮助壮族、傈僳族、哈尼族等没有文字的民族创制了新的文字,利用拉丁字母等通用字母,来表达自己的语言,发展自己的文明。

目前中国有 56 个民族，汉族人口占绝大多数，约为全国人口的 93% 左右，除了汉族之外，壮族是人口在千万以上的民族。人口在百万以上的民族是：蒙古、回、藏、维吾尔、苗、彝、朝鲜、布依、满、侗、瑶、白、傣、黎、土家、哈尼与哈萨克等 17 个民族。人口在百万以下，十万以上的有：傈僳、畲、水、拉祜、东乡、纳西、柯尔克孜、土、羌等 9 个民族。人口在一万到十万之间的有：保安、达斡尔、仫佬、布朗、景颇、撒拉、毛南、仡佬、锡伯、阿昌、德昂、普来米、塔吉克、怒、乌孜别克、崩龙、京、鄂温克、裕固、基诺、俄罗斯等 21 个民族。人口不足万人的有：鄂伦春、门巴、独龙、塔塔尔、珞巴、高山、赫哲等 7 个民族。

这些少数民族有不同的宗教，信仰基督教的有部分彝族、苗族人与云南的一些民族；信仰东正教的有俄罗斯与部分鄂温克居民；信仰伊斯兰教的有回、维吾尔、哈萨克、柯尔克孜、塔塔尔、乌孜别克、塔吉克、东乡、撒拉与保安等民族；信仰喇嘛教的有藏、蒙古、土、裕固等一些民族；信仰佛教的有傣、布朗、崩龙等民族。还有一些民族如佤族、高山族、独龙族、怒族、鄂伦春族依然保持着各种崇拜与古代萨满教的传统。

三、南亚文明古国印度

印度共和国位于亚洲南部，在古代语言中，印度一词的意义是河流，因为古代印度文明起源于印度河谷，故此印度河的名称成为印度国家名。印度所在的南亚次大陆伸入印度洋之中，是一个半岛地区。次大陆的北部以喜马拉雅山与中国、尼泊尔、锡金、不丹为界，东面是缅甸与孟加拉国。南面与斯里兰卡、马尔代夫等国隔海相对。土地面积为 297 万平方公里，位居南亚地区之首。北部的喜马拉雅山地区平均海拔在 4000 米以上，冰峰林立，气候寒冷，生活条件艰苦。只有在雪线以下的山谷低地中，反而山林茂密，有多种植物带的树木。南部是德干高原也称为南方高原，面积占全国面积的一半以上。多山地与高原，高原的西北地区宜于发展农业，特别是种植棉花等农作物。在喜马拉雅山与南方高原之间是中部的恒河平原，这是一个巨大的冲积平原，面积达 70 多万平方公里，土地肥沃，农业发达。这里也是印度现代经济与社会的中心，交通便利，一座座城镇相互连接。西部是塔尔大沙漠，干燥少雨，是游牧民集中的地区。印度半岛面对印度洋，其东西海岸线分布着众多的岛屿。

从北方向南的冷空气遇到喜马拉雅山的阻挡，而印度洋的温热空气则会形成季风，季节分明，降雨丰富，所以河流众多，水流充足。最大的河流是恒河，它被印度教尊为圣河，教徒以沐浴恒河为神圣之事。它从喜马拉雅山起源，向南而下，长达 2700 公里，流域总面积 106 万平方公里，流入孟加拉湾。

公元前 20 世纪到公元前 15 世纪前后，印度曾经有过发达的印度河流域文明，这是一种独立起源文明。公元前 15 世纪，印度受到雅利安民族的入侵，原有的文明被毁灭，雅利安人建立了新的吠陀文明。公元 6 世纪起，印度建立封建国家。8 世纪初期开始，由于伊斯兰教扩张，倭马亚王朝就开始入侵印度北部地区，10 世纪到 12 世纪，来自阿富汗东部的突厥人不断进攻印度，1206 年，经过长期战争后，终于在印度建立了第一个伊斯兰国家德里素丹国，标志着伊斯兰文化从此在印度占据统治地位。16 世纪时莫卧尔帝国建立，莫卧儿人（Mughal）其实是蒙古人（Mongol）人的波斯读音。最早的西方入侵者葡萄牙人就已经与莫卧儿人同时进入了印度，但在长达两个世纪的时间里，葡萄牙人的作用与影响是相当有限的，18 世纪，英国殖民者进入印度，对印度文明产生巨大影响。这一变化过程最剧烈的时期是 19－20 世纪。印度莫卧儿大帝国灭亡之后，印度实际上成为了英国的殖民地，传统文明与外来因素之间存在着激烈的冲突。政党与宗教、意识形态与精神信仰、西方现代文明与东方传统等多种多样的矛盾在南亚次大陆表现得异常丰富多彩。

印度是一个宗教发达的国家，但是，在交通不便的地区，仍然盛行自然崇拜。全国主要宗教是印度教，大约有82%的居民信仰印度教。由于历史关系，伊斯兰教也是印度的一个大宗教，大约有11%的居民信仰伊斯兰教，其中逊尼派为主，什叶派人数较少。另外有不到3%的居民信仰基督教，主要分布于那加兰邦与喀拉拉邦等地。锡克教只占全部居民的2%左右，主要生活在旁遮普邦。佛教是印度古老的宗教，虽然现在已经衰落，但在马哈拉施特拉邦，仍然有不少的佛教徒，这里还有着耆那教教徒，这一宗教还分布于拉贾斯坦邦、古吉拉特邦等地。此外在一些大城市如孟买等地，还生活着拜火教与犹太教教徒。古代雅利安人属于欧洲人种，他们的后裔在印度与波斯地区长期生活，仍然保持了形体与种族上的基本特征，只是肤色与欧罗巴居民已经完全不同。北方是欧罗巴人种的主要生活地区，中部也相当多。南方的达罗毗荼人属于澳大利亚人种与北方种族的混合型。另外还有突厥人的后裔等属于蒙古人种的居民。种姓制度是印度教的一个特点，对于印度社会有相当影响。传统的种姓制度原来只是划分一定阶层，经过长期演变，现代印度种姓制度变得极为复杂。全国有4000个种姓，大多数人都被划入种姓之中，其中的贱民竟然达到8000多万。种姓制度加剧了人们之间的对立与冲突，在印度，宗教冲突也经常发生。

全国大民族约有20多个，分别属于印欧语系、达罗毗荼语系、汉藏语系与南亚语系。印度的国家语言是印地语，英语是国家的第二语言。除此之外，伊斯兰教使用乌尔都语为规定语言，其文字是阿拉伯文字。梵文也是规定的语言，梵文是古代印度佛教的语言文字，目前仍然有少量的梵文被使用。地方语言多种多样，并且各地也规定了自己的地方性官方语言。如西孟加拉邦规定孟加拉语为地方语言，古吉拉特邦用古吉拉特语，阿萨姆邦用阿萨姆语，北方邦、中央邦、拉贾斯坦邦、喜马偕尔邦、比哈尔邦等地则使用印地语，泰米尔纳德邦用泰米尔语等等，可谓多种多样，不一而足。除了英语之外，所用的文字也相当多样，古代印度的婆罗密文字是至今仍然在使用的文字，由于历史久远，形成多种变体，北部与南部所使用的文字有相当差异。

1950 年 1 月 26 日，印度共和国成立，不过仍然保留英联邦成员国的资格。印度设立议会，仿效西方国家体制，分为上下两院。上院为联邦院、下院为人民院。联邦院议席 244 席，最多不超过 250 席。其中 12 席由总统指定，其余分配到各邦议会及中央直辖区。人民院最多为 547 席，由印度公民直接选举产生。总统为国家元首、国家权力的最高掌握者及武装力量统帅。联邦设立以总理为首的部长会议，协助总统行使职权，总理必须是议会中多数党的领袖。

独立之后，印度政府实行公私混合经济与计划经济的多元化政策，经过半个世纪的努力，已经建立起全面的工农业生产部门，年经济增长率从 5% 到 6%，并且还在继续提高，20 世纪 90 年代初期，人均国民收入虽然不过为 320 美元左右，但农业生产连年丰收，引进外资活跃。进入 21 世纪后，印度与中国、俄罗斯和巴西等经济发展迅速，吸引了世界的目光。印度的现代高科技发展引起世界关注，其计算机软件设计已经成为世界最发达的国家之一，为印度经济带来巨大收益。

四、中东文明与西亚地区的民族

伊斯兰教是西亚地区的主要宗教，这是西亚文明的重要特色。自从伊斯兰教从阿拉伯半岛地区兴起之后，迅速传遍西亚地区，并且向亚欧非三大洲辐射。虽然如此，经过十几个世纪的兴衰变化，阿拉伯半岛与波斯湾仍然是伊斯兰世界的中心地区之一。

1. 两河文明故地——伊拉克

两河文明也称为美索不达米亚文明，是形成于西亚的最早文明，也是世界最早的文明之一。公元前 4 千前开始，在幼发拉底河与底格里斯河流域的平原上形成。最早出现的是苏美尔和阿卡德的城邦，公元前 19 世纪巴比伦王国在这里建立。在两河流域北部还出现了亚述帝国，亚述帝国经历了 1000 多年的变化，被新巴比伦王国所取代。从公元 7 世纪起，伊斯兰教在阿拉伯半岛兴起，两河流域伊斯兰化，从此两河流域再没有离开过伊斯兰教，虽然 11 世纪起曾经先后被塞尔柱突厥人、蒙古人所征服，但实际上伊斯兰信仰已经在这里根深蒂固。16 世纪以后，奥斯曼帝国统治了伊拉克，直到第一次世界大战期间才被推翻。

今日伊拉克所在的美索不达米亚平原就是昔日两河文明发源地，伊拉克共和国位于亚洲的西南部，是西亚的腹地。北接土耳其，东边与伊朗接壤，南方是科威特、沙特阿拉伯。幼发拉底河与底格里斯河的冲积平原居于中南部，占有大部分国土，地势低平，平均海拔不超过 100 米。北部与东部与安纳托利亚高原与亚美尼亚高原相接，西面与西南是阿拉伯高原。古代两河流域的气候曾经温润多雨，但大约在 5000 到 3000 年前变得干燥起来，有的地理与地质学家据此认为，两河文明衰落的原因就是气候变干燥与土壤沙化严重。这里的年平均降水只有 100 毫米左右。伊拉克西部是所谓的荒漠高原，这里其实是阿拉伯高原的延伸部分。东北部则以山地为主，是库尔德人居地的地方，是农牧业较为发达的地区。

摩苏尔是亚述文明古地，巴格达是苏美尔与阿卡德人所在地，北方是阿卡德人，南方是苏美尔人。伊拉克的土地总面积43.5万平方公里，有2000多万人口。北部与中部土地丰饶，西部与南部的沙漠地带人烟稀少。伊拉克人中95%以上信仰伊斯兰教，伊斯兰教的两个主要教派在这里人数相差不多，什叶派人数多于逊尼派，大约占到全体教徒的60%以上。还有少数的基督教徒，只占不到5%的人口，主要是亚美尼亚人与艾索尔人。伊拉克有两个大的民族，第一是阿拉伯人，人数大约有1000万左右，分为定居民与游牧民两类，分布于全国各地。第二是库尔德人，人数大约250多万，生活北部的山区，他们是些定居的农民与游牧民。库尔德人是古代进入这里的雅利安人种，他们与古代的波斯人与印度人有相近的人种关系，但是从古代起，就已经分化开来，伊拉克的库尔德人与土耳其的库尔德人是同一民族，信仰伊斯兰教。他们的生活方式仍然是部落制度，大约有70多个部落在这一地区。库尔德人以英勇善战闻名于世，他们的部落近似于军事团体，遇到战争发生，随时可以参加战斗。

另外，伊拉克还有波斯人、土库曼人、土耳其人、切尔克斯人等少数民族，人数都不太多。

1921年，英国在伊拉克的委任统治结束，虽然国家获得独立，但是大部分土地在部落族长与地主手里，农牧业发展缓慢。而且石油开采权被西方垄断公司所控制。直到20世纪70年代，伊拉克实现了石油工业的国有化，将所有的石油公司收归国有，从此走上以石油工业为主的工业化道路，经济发展迅速。伊拉克的石油储量极其丰富，位居世界第二，仅次于沙特阿拉伯。已探明的石油储量达1000亿桶，占世界已探明石油储量的15%左右。石油工业是伊拉克国民经济的命脉，年输出量达到1亿多吨。近年来，由于两伊战争、海湾战争与以美国为首的多国部队入侵伊拉克，石油生产与国家政治经济都受到一定程度的损失，甚至收藏在博物馆的古代文物都受到一定影响。据伊拉克国家博物馆负责人说，大约有170，000件古代文物可能遭到破坏，这些文物中不乏7000年前的稀世珍宝。这也是两河古代文明的历史厄运，不由令人深感惋惜。

2. 伊朗伊斯兰共和国

西亚腹地的伊朗，就是古代波斯帝国，它的南部是波斯湾与阿曼湾，北方是土库曼斯坦和里海，东接巴基斯坦与阿富汗，西北是阿塞拜疆、亚美尼亚，西边则是土耳其与伊拉克。伊朗国土总面积为164.5万平方公里，中部是不太高的伊朗高原，海拔在700到1000米之间，土地多为沙漠或是盐泽地。伊朗北部与里海相接，在高原与里海之间是厄尔布尔士山脉。南部则是九格罗斯山脉。在里海与厄尔布尔士山脉之间是一个狭长的平原，这里土地肥沃，是伊朗农业主要的地区。伊朗南面是波斯湾与阿曼湾，中间是霍尔木兹海峡。海峡北面是伊朗的一个叫格什姆的岛，南面就是阿拉伯半岛，与阿拉伯联合酋长国和阿曼隔海相望，最近距离只有33公里，水深60米，地势极其险要。这个海峡历来是兵家必争之地，一旦发生战争，这里必然成为争夺的中心。

由于地势是中间高，所以河流是向四周流或是在山间盆地与高原上积聚起来。最大的河流是卡伦河，它从扎格罗斯山起源，最后流入波斯湾，全长850公里。伊朗气候基本上是干燥性气候，中部的高原是亚热带干燥性气候，北部与南部的山地为亚热带半干燥性气候。只有里海附近属于亚热带湿润性气候。伊朗的石油天然气储量都很大，石油大约占世界总储量的10%左右。

公元前 3000 年，雅利安人从欧洲来到西亚，建立了埃兰王国。公元前 2600 年到公元前 2550 年间，埃兰王国被亚述人所灭亡。以后米底人曾经在这里建立米底帝国，后来亡于波斯人。公元前 550 年前后，波斯大帝国变得强盛起来，与古代希腊人进行战争。波斯帝国就是西方人所认识的最早的东方，经过长期战争后，最终波斯人被希腊人所战胜。公元前 4 世纪，亚历山大王远征东方，灭亡了波斯帝国，伊朗成为"希腊化"的地区之一，这也是西方对于东方征伐中最早的胜利。从中世纪起，先后有安息帝国、萨珊王朝等在这里建立。公元 7 世纪之后。这里成为伊斯兰帝国的领土，从此伊斯兰教在这里占统治地位。1925 年，巴列维王朝进行了一系列的改革，直到 1979 年，伊斯兰共和国建立。

古代伊朗曾经是拜火教的中心，自从伊斯兰教进入伊朗之后，拜火教势力逐渐衰退。现在伊朗以伊斯兰教为国教，绝大多数人是什叶派教徒，占 90% 左右，只有少数逊尼派。除了伊斯兰教之外，伊朗尚有少数基督教徒、犹太教徒，还有为数不多的古代波斯宗教——祆教——的信仰者。

伊朗共有 40 多个民族，以波斯人为主要民族，除此之外，还有库尔德人、卢尔人、巴赫蒂亚尔人、俾路支人、阿塞尔拜疆人、沙赫塞文人、卡拉帕帕赫人、卡拉达格人、土库曼人等多个少数民族。国语定为波斯语，反映了伊朗的民族历史传统。但是现代波斯语中有相当多的阿拉伯语等异族语汇，目前使用阿拉伯文字来书写，这种语言与文字的复杂联系同样表达出这个古国文明的进程。

政教合一是伊朗的政治特色，1979 年伊斯兰革命成功，伊朗公布了第一部宪法，以法律形式规定，伊朗实行政教合一的制度，神权高于世俗的一切权力。而且明确了以什叶派的伊玛姆派为国家宗教，国会不得制定有违于国教和宪法的法律。宗教领袖掌握国家最高权力，教职人员在国家中具有领导作用。

在伊斯兰国家中，伊朗是一个国民经济全面发展的国家，工农业生产的各个部门比较健全，生产水平较高。石油工业是其最重要的工业，伊朗是世界第 4 大产油国，第 2 大石油输出国。胡泽斯油田年产油量居世界第 2 位，仅次于沙特阿拉伯的腊斯坦努拉油田。全国有三大石油区，第一是扎格罗斯山西边的丘陵地带，这里有多个世界特大级油田。第二是波斯湾海底油田。第三是西部的纳夫特沙赫、中部的萨腊季与阿尔博兹等地。伊朗的天然气储量位居世界第 2 位。其余如纺织工业、钢铁工业、采矿业、汽车、电子、机械等工业也有一定基础，伊朗核能发电业受到俄罗斯的援助，已经引起国际原子能组织的关注，近年来关于伊朗的核能力发展一直是西方世界争论的焦点。俄罗斯也在天然气工业方面与伊朗合作，早在 20 世纪 70 年代就已经建成了从伊朗西南部通向俄罗斯阿斯塔腊等地的输气管道。

伊朗是一个文明古国，波斯文明对于东西方都有巨大影响，它的古典文化与文学有悠久传统，公元 10 – 15 世纪，创作了大量的波斯语诗，体裁短小，多为抒情诗，具有东方文学的浓郁特色。首都德黑兰是西亚地区最大的城市，是国家的政治经济中心，同时也是亚非欧三大洲空中交通的枢纽。

3. 沙特阿拉伯共和国

沙特阿拉伯王国是阿拉伯半岛上最大的国家，阿拉伯半岛位于亚洲西南部，三面环海，被波斯湾、阿拉伯海与红海所包围，整个半岛的形态像一个巨大的靴子，沙特就是这个靴子的靴身。全国土地总面积 210 万平方公里。西边是红海，东边是波斯湾，北面与约旦、伊拉克、科威特等国相，东南方则有卡塔尔、阿联酋与阿曼等国，南部与也门接壤。全国土地面积的一半是沙漠，巨大的鲁布哈利沙漠横亘在东南部，全国其余地方的沙漠也星罗棋布。所以沙特阿拉伯有两个称呼，一个是"沙漠王国"，以喻其沙漠分布之广。另一个则由于盛产石油，而被称为"石油之国"。

这里虽然周围都是海洋，但是全国属于亚热带沙漠气候，干燥少雨，河流湖泊都相当少，土质是碱性土，地表水不多，但是其地下水资源相当丰富。

沙特以盛产石油著称于世，已探明的石油储量为 2575 亿桶，占世界石油总储量的 1/4 以上，天然气也相当丰富。沙特石油主要在波斯湾及其海域，世界上最大的海上与陆上油田都属于沙特，海上最大油田是萨法尼亚油田，陆地最大油田是加瓦尔油田。

阿拉伯半岛南部从古代就产生过多种文明，公元前 2000 年到公元前 1000 年间，先后有米奈人、赛伯伊人和希木伊尔人建立了奴隶制的国家，但是在伊斯兰教兴起之前，这些文明已经衰落。阿拉伯半岛一直处于拜占庭与波斯等大帝国的争夺之下，公元 570 年，穆罕默德出生于麦加城，当时的阿拉伯地区处于波斯帝国与拜占庭帝国的争夺之中，穆罕默德创立伊斯兰教后，统一了阿拉伯地区。公元 7 世纪到 8 世纪，阿拉伯成为世界大帝国，统治地区跨越了亚欧非三大洲，11 世纪时，帝国衰落。到 16 世纪，阿拉伯地区被奥斯曼帝国所统治。20 世纪初期，沙特家族统一内志地区，1932 年 9 月 18 日，沙特阿拉伯王国成立。

国家政治体制是政教合一的君主制度王国，没有宪法与政党，以《古兰经》为国家立法之本与执法的依据。国王是国家元首，但是服务于沙特的两个伊斯兰圣地麦加与麦地那伊斯兰教神圣权力。国家设有协商会议，由议长和 60 名委员组成。

1938 年，沙特发现石油，从此改变了这个原本不发达国家

的命运。20 世纪 70 年代，第四次中东战争之后，石油价格飞
涨，使沙特石油生产增长迅速。石油年收入达到 400 多亿美元，
居世界之首。石油工业的发展带动了电力、电信、化工与农业
的发展。

　　伊斯兰教的圣地麦地那位于西北部，这里有穆罕默德的陵
墓，朝觐者们在另一个圣城麦加朝圣后，一般要来这里谒陵。
圣城麦加是伊斯兰教的精神中心，穆斯林礼拜时必须朝向麦加
的方向，所有穆斯林在经济条件许可的情况下，必须到麦加朝
圣一次，成为朝圣者"哈吉"，这是穆斯林一生中最大的心愿。
麦加是穆罕默德的出生地，位于红海吉达港东 90 公里，离首都
利雅得有 1500 公里。每年的朝觐日期为回历 10 月 1 日到 12 月
10 日，不过朝觐大典只在最后 7 天举行，近年来朝觐者每年已
达数百万之众。这是沙特阿拉伯历史文化中的不同寻常之处。

第二章　欧洲：西方文明环境述略

一、多彩的欧罗巴

希腊历史学家希罗多德在《历史》一书的第四卷中说，没有人知道欧罗巴名字的真正来源，他只知道亚细亚是因普罗米修斯妻子的名字而得名，而欧罗巴则可能来自于推罗的一名叫做欧罗巴的妇女，她出生于亚细亚，从来没到过欧罗巴。但是语言学家们却有不同的解释，他们认为欧罗巴（Europe）这个词的语源是闪族语系中的"伊利布"（erib）一词，本义是"日落之处"，也就是"西方的大地"之意，与"亚细亚"（Asia）一词形成空间的对应，亚细亚的闪语意义是"日出之处"，也是"东方的大地"。也还有第三种说法，据说古代地中海的水手们在海上航行，他们将右手的陆地叫做亚细亚，把左手一侧的陆地称为欧罗巴，从此之后，亚细亚成为亚洲的名字，而欧罗巴成了欧洲的名称。

无论如何，我们在东半球的西北部，北冰洋以南，大西洋以东，看到的这片美丽而古老的土地就叫做欧洲。大约在中新世，由于地壳的运动，使得欧洲大陆与美洲之间断裂，纽芬兰与爱尔兰以北的地区，原本是与欧洲大陆和格陵兰相连的，从这时开始分开，大西洋的出现隔断了旧大陆，形成了新大陆。大西洋的海水倒流入大陆后，没有大的出海口，形成地中海，这里养育了欧洲的古代文明。再向西去，在比利牛斯山与阿尔卑斯山之间的西欧地区，是大西洋文明的核心地区，中世纪前后，古代地中海文明中心转移到大西洋地区，并且辐射到北欧与东欧地区，形成大的西方文明。16 世纪环球海上航线开启之后，西方国家对美洲、非洲与亚洲进行大规模殖民，扩散西方文明，使世界进入近代社会。

欧洲北部是北冰洋，西临大西洋，东部是俄罗斯高寒地区的亚洲部分，欧洲虽然与亚洲大陆相连，但是有相对明显的划分标志。从乌拉尔山，乌拉尔河、黑海、高加索山到马尔马拉海、达达尼尔海峡，博斯普鲁斯海峡等，与亚洲分离开来。我们上文说过，东西方的分界线是土耳其的安纳托利亚高原，那是欧洲南部与东方的分界线，乌拉尔山与高加索则是欧洲北部与东方的亚洲的分界线。

从土地面积来看，欧洲是世界第 4 大洲，它的土地总面积约有 1016 万平方公里，大约为世界陆地总面积的 7% 左右，20 世纪末欧洲总人口数尚不足十亿人，一般认为欧洲人口总数占世界总人口的 12%。欧洲地处欧亚大陆的西部，亚洲地势高，欧洲的地理学家们经常将亚洲特别是东亚的中国蒙古称为"亚洲高原"或是"亚洲高地"，但欧洲地势低，也没有亚洲那种雄伟挺拔的高山，欧洲唯一的高山是阿尔卑斯山，平均高度不过 3000 米，长度也不过 600 公里，与号称世界屋脊的中国青藏高原无法相提并论，青藏高原的平均海拔高度就在 4000 米以上。欧洲的平均海拔高度只有 340 米，与澳洲相同，是世界各大洲中海拔最低的，而且土地平坦，平原面积大约占 60%，这就是举世闻名的欧洲大平原，从乌拉尔山向西，一直到大西洋岸边，千里沃野上遍布茂密的森林。

由于欧洲地形其实是一块伸进大海的半岛，所以基本上是海洋性气候，欧洲大部分地区是北温带，最北是挪威的诺尔辰角，最南是西班牙的马罗基岛，欧洲的地理特点之一是没有热带地区，位置虽然偏北，气温却并不是最低的，因为北大西洋暖流对这一地区提供了相当大的热量。但欧洲有着世界上最寒冷的地区——俄罗斯西伯利亚地区，从地理疆域而言，这一地区实际属于亚洲，但俄罗斯是传统意义上的欧洲国家，故此多数人仍将西伯利亚与欧洲相联系起来。不过大西洋沿岸受到暖流影响，终年不结冰。最北部是北极圈，也是世界上最北的地区之一，斯堪的纳维亚半岛上的挪威、瑞典与芬兰等国的一些地区已经进入北极圈。当然，由于受到极地气候影响，北欧与俄罗斯北方都有极光现象，属于寒带气候。

从地理上来看，欧洲可以分为五大地区，这就是西欧、南欧、北欧、中欧与东欧，包括45个国家和地区。西欧由欧洲西部大西洋海岸与岛屿组成，包括英国、爱尔兰、法国、比利时、荷兰与卢森堡6个国家；在阿尔卑斯山以南，沿地中海分布着18个国家，包括南斯拉夫、斯洛文尼亚、克罗地亚、波斯尼亚和黑塞哥维那、马其顿、罗马尼亚、保加利亚、希腊、阿尔巴尼亚、意大利、梵蒂冈、圣马力诺、西班牙、直布罗陀、葡萄牙、安道尔、摩纳哥、马耳他；沿着波罗的海与北海的南部，阿尔卑斯山以北，分布着中欧地区的8个国家，包括波兰、捷克、斯洛伐克、匈牙利、德国、奥地利、瑞士、列支敦士登；北欧国家包括斯堪的纳维亚半岛上的瑞典、挪威、芬兰、日德兰半岛上的丹麦与北极圈附近的冰岛；东欧国家地处波罗的海到乌拉尔山之间的地区，包括爱沙尼亚、拉脱维亚、立陶宛、乌克兰、白俄罗斯、摩尔多瓦及俄罗斯的欧洲部分。

以上是根据自然环境与地理位置的划分，如果从欧洲文明的起源与发展来看，欧洲可以分为三个大的文明系统：（1）地中海文明，最早的欧洲文明产生于南欧的地中海地区，从3000多年前起，在地中海地区兴起了一系列的古代文明，其中最为著名的是古希腊文明与罗马文明。中世纪时期，这里又成为基督教控制全欧洲的中心，直到文艺复兴运动兴起，地中海一直是欧洲文明的核心。中世纪以后，西方文明的中心转向了大西洋地区，但是地中海文明的意义并不因此减弱，在欧洲的工业化运动中，意大利仍然是欧洲工业化最早的地区之一。（2）西欧文明系统，我们已经看到，地理上的西欧其实只包括英国、爱尔兰、法国、比利时、荷兰与卢森堡等国，但是作为一种文明体系，西欧文明可以将北欧的斯堪的纳维亚半岛与中欧地区甚至原来的地中海各国全部包括进去，西欧文明以大西洋沿岸国家为最早的推动者，以后逐渐向东向南发展，成为欧洲的中心。这一文明传统以基督教为主要信仰，虽然有不同教派的区分，但有基本相同的文明基础。（3）东欧文明系统，欧亚大陆的东部地区，土地广阔，气候较寒冷，主要大国俄罗斯曾经在这里建立起沙俄大帝国的势力范围，有的历史时期甚至扩充到西亚与中亚地区的国家民族。这里历史上曾经受到东罗马拜占庭帝国的影响，基督教的东方教派在这里占有重要地位。主要国家包括波兰、捷克、斯洛伐克、匈牙利、保加利亚、罗马尼亚、巴尔干地区与阿尔巴尼亚等。俄罗斯位于欧洲东部，与东欧诸国历史渊源极深，是跨欧亚两大洲的国家。在东西欧交界处的一些国家，同时受到两种文明的影响，如白俄罗斯与波罗的海三国，其文明成分介于东西欧之间，呈现复杂的状况。

二、基督教的人间乐土

在欧洲的任何一座历史名城中，最出名的建筑大多是基督教教堂；高耸入云的教堂尖顶已经成为欧洲文明的象征。基督教是世界三大宗教之一，它在公元初期形成于巴勒斯坦与小亚细亚地区。它的前身是古犹太教，罗马帝国时代，基督教开始在罗马社会下层中传播，基督教教义宣称世界是上帝所创造的，并且只有上帝能统治世界，人类的先祖即有罪恶，被称为原罪。人类也因此受苦受累，人类的出路是信仰上帝与耶稣，从而得到拯救。基督教最初受到罗马皇帝的残酷迫害，以后这种宗教的上层发生变化，转而与帝国合作，公元 4 世纪，基督教被罗马帝国定为国教，从此成为统治欧洲的宗教信仰。基督教虽然成为统治性宗教。其发展历程并非一帆风顺，宗教教派分裂与宗教改革此起彼伏，从无宁日。公元 1054 年，拜占庭皇帝与罗马教皇之间斗争激烈，基督教分为东西两大派，东部教派称为"东方正教"，宗教受国王控制，西部教派是天主教，也称"公教"，有独立的宗教组织与教皇。16 世纪时，基督教兴起宗教改革运动，教会组织分为两大分支，新教独立于传统教会。新教又分为三派：圣公会派、路德派与加尔文派。基督教的分裂与宗教改革运动一方面说明了宗教思想与教会组织的分化，另一方面也代表了宗教精神的改革，一定程度上反而说明这种宗教具有相当的生命力与改革精神。

西欧与西南欧洲以天主教为主要信仰，意大利首都罗马就是天主教的中心，教廷就设在罗马的梵蒂冈。西班牙、葡萄牙与法国居民都是传统的天主教徒，宗教与民族和语言有一定关系，西欧与西南欧国家相当多的民族语言属于罗曼语系。日耳曼语系的民族中，一部分德意志人、荷兰人、奥地利也都是天主教徒。天主教势力也进入了东欧地区与斯拉夫语系，如波兰人、捷克人、斯洛伐克人、克罗地亚人、斯洛文尼亚人以及部分乌克兰人和白俄罗斯人，他们仍然坚持天主教信仰，虽然这一地区东正教徒势力强大，匈牙利人、巴斯克人与爱尔兰人也都是天主教徒。

新教分布的主要地区是在中欧、北欧与不列颠地区。瑞典人、冰岛人、丹麦人、挪威人与苏格兰人等大多数是新教徒。德国最主要的新教是路德派，一些拉脱维亚人和爱沙尼亚人受到德国的影响，也信仰路德派。新教中另一个重要教派加尔文派主要在荷兰人与瑞士人中存在。英国国教是新教的圣公会派，这也是英格兰人的主要宗教信仰。

东正教是盛行于东欧与巴尔干半岛的主要宗教。其中信仰者以东斯拉夫人为最多，俄罗斯人、乌克兰人和白俄罗斯人多数信仰东正教。南斯拉夫人包括塞尔维亚人、黑山人、马其顿人、保加利亚人、希腊人、罗马尼亚人、摩尔多瓦人等也都是东正教徒。

伊斯兰教于公元 7 世纪产生于阿拉伯半岛，由穆罕默德创立，它与基督教一样，同属于一神教。伊斯兰教教义宣称：安拉是唯一的主，穆罕默德是神的使者。伊斯兰教分为两大派，逊尼派自称为"正统派"，占教徒的大多数。另一派是什叶派，人数较少，但在伊朗被定为国教。伊斯兰教是欧洲的第二大宗教，只不过分布较散。过去只有阿尔巴尼亚是一个以伊斯兰教为主要宗教的国家，近年来独立的波斯尼亚也是一个伊斯兰教国家。土耳其人中信仰伊斯兰教的居民分散居住在东南欧的一些国家之中，如希腊、保加利亚和罗马尼亚等。

东欧地区有一定数量的伊斯兰教信徒，俄罗斯境内的伊斯兰教民族集中于北高加索地区与伏尔加河流域，如鞑靼人、巴什基尔人、车臣人、印古什人、阿维盖人等，他们大多数是阿尔泰语系的民族。

据不完全统计，欧洲约有基督教徒 7.2 亿左右，其中天主教徒有 3.6 亿多，还有 2.4 亿新教徒，1.2 亿多东正教徒，伊斯兰教徒约有数百万人，佛教徒约有数十万，从人数比例来看，基督教在欧洲占绝对多数。

三、主要社会历史阶段

无论是希腊罗马还是中世纪的学者们都没有明确的欧洲历史划分，直到文艺复兴时期，学者们才提出了正式的历史阶段划分。在他们看来，欧洲的历史可以分为三个大的阶段：古代（Ancient）——中世纪（Medieval）——现代或是近代（Modern）。古代从上古时代起到西罗马帝国的灭亡为止，中世纪大约从公元 5 世纪到公元 16 世纪，近现代社会从 16 世纪至今。

欧洲是古代人类活动的主要地区之一，考古学证明，西欧、南欧及欧洲其他地区都有大量的猿类及人类生存的遗址，特别是法国、西班牙等地的古代人类遗址挖掘成果丰富，证明了欧洲大约 2 万年前的古代社会中已经有相当发达的生产与艺术，这在其他地区的考古发现中也是不多见的。

公元前 8 世纪起，在欧亚非三大洲交界的爱琴海地区，受到多种古代文明的浸润，依靠得天独厚的自然条件，欧洲第一个最重要的文明——古代希腊文明——蓬勃兴起。前人分析希腊文明兴起时，十分看重其自然条件，如拥有世界上最曲折的海岸线、岛屿密布、气候温暖及交通便利等，这些优越条件对于希腊文明的兴起自然是必不可少的。但是本书作者认为，最为重要的则是古代多种文化的交流，来自于北非的埃及文明、来自于亚细亚与巴勒斯坦地区的古代犹太文明、西亚文明、甚至可能有来自于更远地区的东方古代文明汇集于此，多种文明的不同因素融合在一起，互相补益，最终形成了灿烂的希腊文明。希腊文明起源中一个显著特点是起点相当高，前文明阶段早在距今 3000 多年前已经进入青铜时代，虽然现在没有证据表明这种青铜文化的具体来源，但很有可能与同时期的埃及青铜文化有关。公元前 17 世纪到前 16 世纪的克里特岛城邦已经实行了奴隶制度。希腊本土的迈锡尼文明具有先进的金属冶炼与加工工艺，展示了这一文明的独特之处。

公元前 12 世纪，迈锡尼各城邦组成了希腊联军，跨海远征小亚细亚的特洛伊城，这种大型的跨海作战，远征侵略和掠夺财富代表了西方殖民主义的特色，为以后绵绵不绝的海外征服开了先河。特洛伊战争后 80 年，公元前 1500 年前后进入希腊半岛地区的多利亚人突然挥戈南下，辉煌的迈锡尼文明转瞬间灰飞烟灭，不复存在，只留下一部《荷马史诗》吟唱着英雄们的悲壮故事。

我们已经指出，公元前1500年前后是世界民族大迁徙的时代，雅利安人从欧亚大草原上一路南行，进入印度半岛，灭亡了印度河流域的文明，建立吠陀文明。也就在同一时期，多利亚人在希腊建立了新文明。公元10世纪到公元前5世纪，东西方文明几乎同时进入奴隶制盛期，希腊城邦繁荣，中国则出现了春秋战国时代的发达文化，伊朗高原上的波斯帝国也在此时强大起来，大流士皇帝带领强大的军队，于公元前492年以米利都起义为借口，向曾经支持米利都的希腊宣战，世界历史上第一次东西方之间的大型战争开始，直到公元前449年，雅典与波斯才正式签订了和约。希波战争之后，希腊文明衰落，公元前338年的科林会议之后，希腊沦为马其顿的从属国，公元前2世纪中期，罗马人征服马其顿王国后，希腊成为罗马大帝国的一个组成部分。

公元前168年，罗马共和国取得马其顿战争的胜利，建立了庞大的国家，西到大西洋岸边，东到小亚细亚，南到北非，设置9个行省，统一管理，成为西方历史上最大的国家。罗马的版图几乎包括了现代欧洲的所有重要国家，如果西方各民族要追溯一个统一的西方文明根源，那么就必然会回到罗马。公元前3世纪到前2世纪，罗马处于最兴盛的年代，到公元前2世纪中叶，罗马开始走向衰落，公元前27年，屋大维在罗马实行独裁统治。公元395年，罗马帝国分为东西两个部分，西罗马帝国以罗马为首都，东罗马以君士坦丁堡为首都，帝国内部奴隶起义不断，公元5世纪，被罗马人称为蛮族的日耳曼人入侵罗马，公元476年，日耳曼雇佣兵首领奥多雅克废黜罗马皇帝罗慕洛，西罗马帝国宣告灭亡，欧洲历史上辉煌的希腊罗马文明落下帷幕。

西罗马帝国的灭亡标志着欧洲进入封建社会也就所谓的中世纪，这一历史时期持续了大约一千年。中世纪欧洲的政治经济大权被基督教教会所控制，实行政教合一制度，排斥人文主义思想与科学研究，严重束缚了社会经济的发展。直到公元10世纪，欧洲的农业才出现转机，经过大垦殖运动，农业生产技术得到迅速发展。12世纪起，手工业与城市化兴起，大大地改变了欧洲的状况。从以上情况可以看出，中世纪虽然宗教统治欧洲，政治黑暗，但也并不是全无发展，特别是在中世纪后期，欧洲工商经济的发展已经不可忽视，这种社会经济类型是任何古代文明中所从未有过的，它蕴含着无比强大的生命力，它为欧洲各国在以后的几个世纪里跃居世界强国作好充足的准备。公元14世纪到16世纪是欧洲进入现代社会前的关键时期，这一时期里的文艺复兴、宗教改革与地理大发现共同推动了西方文明进入新阶段。

17世纪之后，欧洲的工业已经位居世界前列，社会经济发展的速度也远超过世界其他地区，特别是海外殖民与扩张给欧洲带来了巨大的经济利益，使西方文明走向世界，也推动了世界文明的一体化进程，马克思称之为"世界历史"的形成。从17世纪以后，"革命"一词成为欧洲历史的主旋律，欧洲经历了英国的产业革命，法国大革命等一系列重大政治历史事件，在科学、思想政治、工业生产等方面都经历了革命，其结果是欧洲建立了现代民族国家，实行了资本主义、实现了城市化、工业化与科学化，西方文明成为一种发达文明，对当代世界产生重要影响。

第三章　文明历史形态的理论观念

一、文明历史形态的理论

人类文明有没有一种历史发展的规律？如果说它有一种规律，那么这种规律是什么，是由什么因素决定各种文明产生、发展、成熟或者是转型甚至毁灭？这是文明史理论所关注的中心也是它所要解决的问题。

文明的历史形态是指文明在一定历史阶段所形成的模式，具有普遍性的结构与发展规律，正因为具有普遍性，它就必然具有一定的代表性与典型性。在美国的杜兰（Will Durant）等文明学研究者看来，文明发展其实没有明确的历史形态，也没有固定的历史发展规律。他的代表作《世界文明史》是一部篇幅浩繁的著作，有相当丰富的历史资料，但是其中历史时代与理论观念的线索却都不够清晰，这可能是这部长达千万字的巨著产生的世界影响远远小于汤因比的《历史研究》的主要原因之一。后者的篇幅还不及前者的十分之一，但是论述精辟，见解深刻，是前者所难以企及的。杜兰认为，文明其实是一种增强文化性的社会秩序，它的产生主要有四种条件：经济的供给、社会政治组织、伦理传统与知识和艺术的追求。但是这种秩序并不是固定不变的，而是不断形成与死亡的。他提出：

> 这些条件消失，即使有时只是其中之一项，也足以毁灭某一文明。……因为文明不是自生，更不是永不朽灭，它必须经由每一世代的不断更新，如在其进程中，遭遇了

任何财政上或传递上的严重中断，俱可导致灭亡。①

杜兰的观点并不是文明灭亡论，也不是纯粹的文明历史循环理论，但是对于文明史的历史发展规律与过程，文明的历史形态等重要问题却未能有明确的观念。他虽然也主张文明是不断进步的，并且把人类应付挑战的动力看成是文明发展的动力，但这些看法中有些是与他人相近的，如他所说的挑战与应对理论容易令人想起汤因比的某些观点。

另外两位日本学者的文明史理论则表达了另一种观念，即文明史的发展是有一定形态也有一定规律的，但是这种形态与规律或是没有固定的结构与动力，或是一种受到自然规律支配的人类社会现象。这两种理论虽然尚属粗糙，但我们可以将其作为文明史分析的一种参照。

岸根卓郎的《文明论——文明兴衰的法则》一书是以文明史为主线的一部著作，虽然篇幅不大，但是其观念却相当新颖。从全书的指导思想中，一定程度上可以看出作者曾经受到过斯宾格勒的文明兴衰观念的影响，但是可以说青出于蓝，已经具有了作者相对独立的看法。他认为文明的本质其实就是精神与物质发达，这种发达的最终结果是使人类得到舒适与丰富。而文明的发展是受到世界辩证法则影响的，这种法则就是二元对立与周期交替，表现于自然科学中的熵定律。东西方文明是以800年为周期的一种交替模式，这种交替是双向对称的双螺旋结构，而在未来的21世纪中，东方文明将复兴，西方文明将走向衰落。他认为文明是成长性的、进步性的，这种进步有基本规律可循，先是社会精神高涨，文明成为了思想、哲学、宗教性的存在。而后，文明如同人一样，经历从青年到衰老的过程，

---

① ［美］威尔·杜兰：《世界文明史》，幼狮文化公司译，东方出版社1999年版，第6－7页。

最后甚至会崩溃与灭亡。

　　　　各个文明似乎都是在形成了最高的思想、哲学、宗教、
科学之后走向崩溃的。①

这种理论的贡献在于其方法与观念的新颖，不过，成也萧何，
败也萧何。用自然科学方法来研究社会科学，在当代虽然成为
一种潮流，但是其缺陷也是显而易见的。如果人类只是作为自
然的一个因素，具有与自然物质完全相同的属性，那么就不会
有人类的存在。因为人类区别于自然之处就在于人类的社会化
的肉体精神，这正是社会科学所不可取代的作用。

　　另一位日本学者伊东俊太郎是日本杰出的理论家，他的文
明史观比起前者来要更为完备与深刻。伊东俊太郎认为，世界
历史上曾经有过 17 个基本文明，这里的基本文明起码是有 900
年以上历史的、有独特风格与发展线索的文明。这些文明都不
是完全独立的，它们是在一个文明交流圈中活动，与周边文明
之间进行交流。世界文明发展有共同规律，这就是所谓的五次
革命，这五次革命是：人类革命、农业革命、都市革命、哲学
革命和科学革命。其中人类革命是指从猿类发展到人类，以直
立行走与工具发明为主要标志。农业革命是以栽培植物、驯养
动物为主要标志，这是文化产生的时代。都市革命是指都市的
大量形成，由城市而产生文明。精神革命是从公元前 8 世纪到
公元前 4 世纪，在东西方文化中产生了伟大的思想体系引起的
精神革命。科学革命指的是近代西方科学的产生。

　　伊东俊太郎的理论有相当的贡献，特别是他关于文明之间
交流与比较的研究，指出文明史上不同文明之间的互相影响对
于文明形态发展的作用，批判了西方中心论，都是正确的。但

――――――――――

　　① ［日本］岸根卓郎：《文明论——文明兴衰的法则》，北京大学出
版社 1992 年版，第 152 页。

是也有不足之处，主要是其文明发展理论中没有关于文明发展动力、发展规律的论述。另外，他关于文明发展不同历史形态的分类标准不一，五次革命的视域不统一，这是他理论上的薄弱之处。无论如何，这是东方学者中敢于提出自己一家之说，并且有一定见解的理论。

我们认为，比较文明史是世界史的核心。自古至今，世界的历史已经被从不同角度进行过研究，历史学、哲学、文学、神学等不同学科都有自己的历史观，与此相同，比较文明史也有自己的历史观念与形态论。但与其他任何学科不同之处在于，文明史的历史观是从世界文明系统与体系、文明内部各种成分与外部世界的各种联系角度出发，以一种文明一体观念来研究世界历史发展的规律与形态，因此，它是一种多元的、多视域的世界历史。这种历史不是一般意义的历史，而是思想、经济、宗教、制度、心理等的综合性的过程。由于这种过程的复杂性与多样性，文明史必然也必须有自己的历史规律与历史形态的划分，这是文明史不可或缺的成分。

二、比较文明的历史形态

人类社会发展有基本相同的轨迹与规律，这种规律性就表现于世界文明的历史形态，文明的历史形态不等于社会历史形态，例如，农业文明是一种文明的历史形态，它的社会形态可能是奴隶社会或是封建社会等。但是文明形态与社会历史形态之间的联系是十分紧密的。要注意的是，文明的历史形态是指世界主要文明一定阶段的典型模式，但是，这种形态不是每一个文明都必须具有的，也不是世界文明的主要体系发展中都必须全部经历的历史阶段。这两点说明是非常重要的，以后我们在东西方文明的比较中就会看到，东西方文明所经历的历史形态恰恰不是完全相同的。

比如说，资本主义就是一种社会历史形态，这种形态对于西方文明的发展有重要作用。因此，世界学者们一直关心这样一个问题，从中世纪之后的经济发展来看，中国与欧洲同样有发达的经济。某种意义上来说，中国在 17 世纪之前可能比欧洲有更发达的农业与手工业。但是，为什么欧洲进入了资本主义而中国一直是封建国家？有的学者如马克斯·韦伯等人的理论还有相当大的影响，他们认为中国占统治地位的儒家思想中所具有的保守内容影响了中国走向资本主义。但是，美国学者伊曼纽尔·沃勒斯坦（Immanuel Wallerstein）在其《现代世界体系》中文版的序言中却发表了另一种看法，

> 资本主义作为一个世界体系为什么发端于西欧而不是中国，对此学术界已进行了长达两个世纪之久的讨论。中国和西方的许多知名学者参与了。我曾两次讨论这一问题，一次是在《现代世界体系》的第一卷第一章中（最早成文于 1970 年）；另一次是在"西方，资本主义与现代世界体系"一文中，此文发表在《评论》杂志第 15 卷第 4 期、1992 年的秋季号的第 561－619 页（距第一次已有 20 年了）。在这篇简短的序言中，我不可能再次展开这一话题。
>
> 但是，请允许我对于这关键性的问题略述几点看法：第一，创立资本主义不是一种荣耀，而一种文化上的耻辱。资本主义是一种危险的麻醉药，在整个历史上，大多数文明，尤其是中国，一直在阻止资本主义的发展。而西方的基督教文明，在最为虚弱的时刻对它屈服了。我们从此都在承受资本主义带来的后果。……①

资本主义作为一种社会历史阶段，并不是所有民族都必须经历。

---

① ［美］伊曼纽尔·沃勒斯坦：《现代世界体系》第一卷中文版序言，尤来寅等译，高等教育出版社 1998 年版，第 1 页。

换言之，它不是人类文明的必由之途，工业文明可以有各种形态，未必非要建立资本主义社会才能实现工业文明，所以它也不是文明史的必须阶段。东方的国家中，除日本之外，大多数国家都没有经历这样的阶段。印度这样的国家虽然经历殖民主义，但并没有过真正的资本主义。同样，阿拉伯文明、古代印度文明、美洲文明（除新兴国家如美国外）也没有与西方资本主义完全相同的社会历史阶段，这是文明差异所形成的。我们的目的不是制定一个世界各种文明必须具有的公式，也不是以某些固定的社会历史模式来规定世界文明，而是从中发现有共同特征的历史形态与历史规律性。

特别重要的是，我们不能以欧洲社会发展的主要历史阶段来检查其他文明。有的学者对于马克思主义社会历史理论进行了庸俗的解释，把人类社会发展简化为原始社会、奴隶社会、封建社会、资本主义和帝国主义，最后进入共产主义社会，更为不妥的是把这种发展模式作为一种公式，强加于世界各民族文明之中。这种见解近年来已经被马克思主义理论家进行了深入批判，马克思关于东方社会的有关论述，主要是关于世界文明历史特性的重要观念，它证明马克思主义从不以一种简单化的态度来对待世界文明史。总之，文明形态是人类社会所必经的，社会类型却是由各自文明特点来决定的，而不是社会类型决定文明形态。社会形式不等于文明形态，一般来说，文明形态大于社会形式，在人类社会发展中，文明形态的作用更为重要，起决定性作用的是文明形态。

我们认为，世界文明史在各种文明体系中有不同表现，在不同民族文明中也各有特性，但是从世界文明史来看，主要有以下大的发展阶段并由此产生与之相适应的历史形态：

前文明时代： 这是文明的准备阶段，人类从自然中分化出来以后，在野蛮与蒙昧中与自然和人类自身进行斗争，争取物质与精神的自由。这一阶段以人类意识产生、简单语言与思维活动的开展，以及原始宗教产生等为主要标志。人类的直立行走、工具制造则是文明产生的物质准备。从考古学的历史时代划分，大约从旧石器时代之前到中石器时代之前。

以中石器时代为典型形态的时段，这是人类从野蛮向文明的过渡阶段，在社会生产与生活形式上就是渔猎采集阶段。人类有了早期的精神与自我意识，包括原始宗教、道德伦理、社会组织意识等。以渔猎采集活动为主要生产方式，人种与部族划分是这一阶段的重要标志，表现出文明程度的不断进步，程度较高的文明战胜程度较低文明，促进了文明进化。

1）**世界古代文明时代**：从大约 12000 年前的新石器时代，开始了所谓的"农业革命"，到公元 5 世纪为止，这是人类社会的第一个真正文明阶段，也可以称之为"农牧文明"。在这一文明之中，民族国家得以建立，大多数国家经历了奴隶社会并进入封建社会。文明的产生是人类创造了自然所不曾供给于人类的新物质，保证了人类群体的社会需要。这种新物质带给人类体质与精神的进化是文明的真正价值。农业社会中的人类利用和改造自然，创造了自然界原本所没有的物质产品。粮食与手工业产品的产生，发达宗教与人文信仰的确立，使人类有了丰富的精神生活。人类个体意识与集体意识的独立发展，民族国家与家庭的建立，满足了人类自身的精神与物质需要，这是农业文明的重要成果。

2）**世界经典文明时代**：从公元 5 世纪到公元 17 世纪之前，世界主要文明体系显示出自己的独特价值，形成了各自的语言文字与文化经典，从公元 475 年西罗马帝国灭亡到公元 1600 年英国东印度公司成立，东西方文明为人类社会发展进程规划出基本轨迹。相当重要的是，在农牧业生产的时代，世界文明体系其实已经基本形成，但是这一体系形成的标志不是伊曼纽尔

·沃勒斯坦等的世界一体化，而是各文明之间的冲突与交换，各个主要文明共同体的形态，这是世界文明体系的真正实现。

3）**近现代文明交流与转型时代**：公元 17 到 18 世纪，东西方文明之间展开了大规模的交流，由此产生了从本原型文明向负合型、主合型与从合型多元文明的转化①。从欧洲的工业革命开始到大规模工业化生产的世界性形成，时间上从 16 世纪到 20 世纪中期，由于这一时期以工业化为主要标志，也可以称为"工业文明阶段"。这一社会中，西方资本主义成为重要的社会形式，但封建社会依然存在，甚至一些不发达民族仍然保持着原始民族的生活。环球航线开通，各民族文明特别是东西方之间的大规模交往形成。早期全球化进程启动，西方学者的"世界文明"概念开始形成。也有人认为，文明时代就是工业文明形成的时代，这种看法与我们的看法有所不同，也是一种相当有影响的观点。

4）**现代科技文明时代**：从 19 世纪开始，直到今日方兴未艾。其中主要是高科技发达以后所形成的社会生产力极度发达，所以也可以把这个时代称为"科技文明时代"。美国科普作家阿尔文·托夫勒（Alvin Toffler）等人并不是杰出的思想家，但是他们所指出的这样一个事实却是十分重要的：21 世纪的世界经济中知识与信息作为产业，其作用与价值已经预示着一个中心的转换，传统工业的"大烟囱时代"的中心地位已经为这种新经济形态所取代。其实早在 19 世纪中期这种转变已经开始，所以我们以这一阶段为独立的文明发展阶段。

5）**多元文明时代（多元和谐文明阶段）**：和谐文明是未来文明的模式，用"和谐"来概括未来时代的特性，主要有以下

---

① 参见方汉文《比较文明史新石器时代至公元 5 世纪》，东方出版中心 2009 年版，第 20 至 21 页。

所指：人与自然的和谐存在，就是生态和谐，科学技术过去的目的是征服自然，现在以探索自然生态利用为主要目标，所谓生态科学成为科学的主流。其实在当今社会中这一发展趋势已经初露端倪。和谐另外的内容包括人与宇宙空间的大和谐，人类在开拓地球之外的宇宙空间中，必然会有新的发现，如果地球人类能在宇宙发现其他人类或是高等动物，将会产生地球文明与其他文明之间的联系。

另外，多元文明之间的互补与互为参契是未来文明最重要的内容之一，主要表现为世界多元文明之间的互补与互为参契，这种和谐性建立于自我与他人，个性与社会之间和谐的基础之上。一定程度上，文明的和谐最终取决于个体与社会、自我与他人之间的联系，只有个体的精神自由才可能有民族文明之间的统一性。东西方文明，古代文明传统与当代文明革新之间的和谐也是一个重要的发展趋势。

未来社会中，不同的历史阶段仍将存在，初期是以文明谐和为主要标志，多元文明的平等关系建立是重要进程。其次则是人类对于宇宙空间与人类自身存在意义的探索为中期，地球自然资源与人类存在的自然限度是这种探索的推动力。直到人类存在的精神与自然本体的统一。在科技文明中，仍然是社会生产力发达为主要标志的文明形态，尽管这一形态的不足之处正在显露出来。科学与技术及人类精神之间有极大的差异，科学只是人类精神的创造，而不是人类精神本身。而人类精神的真正实现则是科学的人文化。

黑暗力量的存在是无可怀疑的，但是，是否会像有的西方学者所预测的那样，将会出现一个"黑暗时代"呢？这里主要是指以某些宗教或恐怖势力所统治的时代，并且是世界性的。我们将对于这个问题从世界文明的历史角度进行分析，结合从中世纪到法西斯主义的历史经验来研究它。重要的不是断言其发生或是不发生，而是审视它是否具有引导历史的必然性。

综上所述，可以看出世界文明形态的总体发展趋势可以表述为：世界文明是从蒙昧与野蛮中产生，东西方文明的主要历史发展阶段和形态互补与互为参契同中有异，在农牧业社会中分化为不同的文明共同体，创造了独具特色的主要文明类型。从 16 世纪起，近代工业化社会中，东西方文明开始大交流，开始了文明逾越，20 世纪中期兴起的科技社会使文明之间的融合与"全球化"进程加速。未来文明将会面临一个和谐发展的时代。总而言之，世界文明经历了从分到合、从合到分的历史，而且这一进程仍将持续下去。

这种文明历史形态划分有什么意义？它与其他一些历史形态划分有什么不同？

文明历史形态模式并不是一种孤立的现象，它受到一个时代文明研究成果的制约。存在过多种多样的时代划分原则，如以婚姻家庭形态、父权母权制来划分等，或是以宗教、神话来划分。文明历史形态划分最早的希腊人，曾经用黄金时代、白银时代等来划分，这是早期的感性形态划分。我们所参考的以生产形态划分则是一种近代以来获得各界所普遍认同的一种模式。这种模式与以生产工具为标准是不同的，罗马时代的哲学家卢克莱修斯·卡鲁斯（约公元前 99－前 55 年）曾经写过一部长诗《物性论》，其中首次根据生产工具来划分人类社会历史形态，主要分为三个时代：石器时代、青铜器时代和铁器时代。最有意义的是，他还提出了最早的人类生产时代——采集生产——的存在。但是这种划分形态对于关注社会历史事件的历史学，对于人类进步的考古学等可能都是有效的。如中国学者郭沫若与美籍华裔学者张光直等人对于青铜时代的研究，都可以说是某一历史时代的代表。但是，对于人类文明史这样的宏大叙事来说，这种研究的实用性就成为一种视域的局限，单一的考据研究与社会发展理论之间的脱节是明显的。因此，我们需要跨文化视域与思维方式的新型研究。19 世纪之后，比较科学的划分模式出现，德国学者爱德华·哈恩（1856－1928年）所提出的三阶段划分法具有一定意义，这种划分为：狩猎时代、畜牧时代和农耕时代。但无可讳言，哈恩的划分法中有相当的缺陷，如他认为人类确实存在采集生产时代，但是这种生产主要是妇女从事，男人则以狩猎为主。同时他认为人类生产的不同时代划分是由于宗教信仰的不同而产生的。虽然如此，从跨文化的社会生产的共同模式来思考，已经成为重要的当代观念。

所以，我们并不是完全以生产工具的进化为原则来划分历史形态，因为生产工具并不能完全表达人类文明实质上的变化，虽然它是极为重要的因素。因此，我们采用了以文明形态来划分，这种形态划分，避免了石器时代、青铜时代、铁器时代等划分模式所形成的生产工具中心视域的局限，同时也不同于以家庭、婚姻等生活形态划分父权制、母权制等划分，而是建立一种以文明历史进步的整体性为中心的划分，这种划分虽然仍有许多不足之处，但它的中心是文明本体，这是前人所没有注意到的，这就保持了文明研究的中心线索的连续性。基本廓清了文明发展的线索，这是我们的历史形态划分最重要之处。

我们再与其他一些学者的历史形态论进行比较，更可以看出我们的文明形态论的主要特点。

德国哲学家与世界文明史家雅斯贝尔斯（Karl Jaspers，1883－1969 年）在《世界的起源与目标》一书中，把人类所具有的共同特性看成是文明的核心，而文明史就是人性产生与形成的历史。他把文明史划分为四个时代：1. 史前时代。也叫普罗米修斯时代，这个时代中文明开始萌生，开始制造生产工具，有了语言、火的发明，以及人类群体的形成与宗教的产生，但这时的人类尚处于文明社会之前，在黎明前的黑暗之中。2. 古代文明。这是公元前5000年到公元前2000年，出现了三大文明区域，第一是两河流域、埃及与地中海文明，第二是雅利安印度河文明，第三是中国黄河文明。这一时期文明主要表现为农业灌溉有组织地进行，国家与帝国产生，民族形成等。雅斯贝尔斯重视文字的发明，重视艺术的作用，认为只有历史才使人真正成为了人。但是，即使如此，人类精神仍然没有得到最后的确立，没有精神就没有人性，没有人性就没有文明。3. 轴心期文明。这是雅斯贝尔斯所创造的一个概念，以后被广泛采用。轴心期是人类文明的关键转折。公元前500年前后，在希腊、中国、印度、波斯和巴勒斯坦等古代文明发达的地区，几乎同时发生了精神转折，人类的人性得以发扬。这是一个时间段，大约从公元前800年到公元前200年，而以公元前500年为中心。这一转折对于人类历史是不朽的，长期影响人类文明的历史发展。4. 科技时代。时间是从15世纪开始，经过17 - 18世纪的准备，到20世纪进入全面发展的时代。这个时代有两个重要特点，一是欧洲文明作为科技文明的代表成为世界的中心，它在各方面都取得了巨大成功。二是开启了世界一体化的进程，世界历史与世界文明史从此开始[1]。

其他一些学者如伊东俊太郎的《比较文明》中的历史形态论划分为人类革命、农业革命、都市革命、哲学革命和科学革命等模式。从某些方面看，也会使人感到与我们的历史形态划分有明显不同之处。

笔者认为，文明史有不同阶段这是显而易见的。最重要的不是如何区分不同历史时代，而是如何建立一种历史联系方式，

---

① 参见雅斯贝尔斯《论历史的起源与目标》中"第一部世界史"的相关论述，载《卡尔·雅斯贝斯文集》，朱更生译，青海人民出版社2003年版，第125至210页。

如何用一种历史主义的观念来看待不同阶段之间的关系。只有发现历史形态之间的有机联系，历史阶段划分才是有意义的，才可能揭示形态之间的内在关系。否则就只是一个历史年表。雅斯贝尔斯的理论比起单一的纪年式的历史划分来说显得更有理论体系性，因为他毕竟找到了一个中心即"人性"。这个中心线索一定程度上比起黑格尔历史哲学中的绝对精神来说显得具体一些。另外，比斯宾格勒与汤因比的划分也更多一些历史感。但它的阿喀琉斯脚踵仍然存在，这就在于人性是一个过于抽象也过于宽泛的概念。如果以人性为历史形态划分依据，首先要说明人性是什么。这就要提出一个为各个历史时代都承认的人性标准，可惜的是，这是不可能的。人性，本身是一个大的概念，它与文明概念并不等值。人类从蒙昧野蛮中进化，固然与人性有关，但人性的历史并不等于文明的历史。更为难以令人理解的是，轴心期这个概念与人性的关系也不清楚，甚至可以说没有直接关联。我们可以反诘雅斯贝尔斯，如果说新石器时代是人性转折最充分的时代难道不可以吗？如果从人性转变角度来说，新石器时代可能更为典型，远胜过轴心期。所以伊东俊太郎等人就另列了"人类革命"一个阶段来，这就与雅斯贝尔斯完全相悖了。

　　纵观文明形态划分，笔者认为，唯一的原则是回归到文明观念本身。只有文明本身才能作为文明历史形态的依据。我们把文明进化的历史用文明体系这个唯一准则来说明，才能说明它的内部联系。我们的历史形态划分是根据统一的历史线索来进行的，这就是社会文明程度。从史前文明到过渡文明，再到采集渔猎、农业、工业、科技社会这一历史进程中，先分后合，多元分化与融合不断进行，社会文明程度是其中心线索。伊东俊太郎先是以人类学意义上的"人类革命"为标准，继而又转向社会生产，以后又用"哲学""都市"等不同标准来划分文明史，前后不统一，没有法则，这就无法揭示其内在联系。

回归文明史自身，就意味着以系统与辩证的观念来看待文明史，所谓系统性就是一种整体观，并不是说非要划分某几种大体系。从汤因比到伊东俊太郎等学者，都把世界文明划分为十几种甚至二十几种模式，这算得上体系吗？这只是一种形式划分，有体系之名而无体系之实。任何真正的体系都是在历史上发展的，并且只在历史发展中存在。如果说他们的努力还是一种认真的尝试，而另外一些人的做法就显得荒诞了，如后结构主义理论家福柯等人的社会结构之类的学说就是这一类了，这是一种完全摒弃历史观念的社会结构分析，他把人类社会看成是一个个孤立的认识阶段，人对世界的认识是唯一的共时模式，没有历史，没有主体作用，甚至连社会客体本身也没有。

真正的体系性就是揭示文明各组成部分之间的相互"参契"与"独化"关系，所谓"参契"是中国文化中一个重要概念，即参同契异，也就是文明发展中的辩证矛盾关系。所谓"独化"也是借用了中国哲学中的一个词，指不同文明的独立性与独特性，任何民族文明都是唯一的，不同于其他文明的，不重复的。文明的生灭如同自然界中的生物种类进化一样，一旦消失就无可再造。原因在于它是一种形态体系，如同生物自身的体系一样，这种体系只能适合于一定的环境，恐龙与猛犸象等古代生物由于失去了适合于生存的环境而灭亡，但是，同样一些上古时期的生物却适应了环境，生存下来，古代文明的兴亡也是同样的道理。

这才是真正把世界文明作为一种相互关联的结构与体系来看待，正如阿尔都塞所指出，这种辩证矛盾关系不同于黑格尔所说的"扬弃"，阿尔都塞在《为马克思辩护》一书中指出，马克思学说的辩证矛盾与黑格尔的辩证矛盾是不同的，黑格尔的辩证矛盾最后归结为对立面的同一性（identité），而马克思则主张"相互作用性"①。我们认为，比较文明的新辩证论的理论基石就是强调相互作用性。在历史领域里，在"人的科学"之中，体系性的建构仍然是可能的，瑞士学者皮亚杰虽然不是一位马克思主义者，但他是一位杰出的、有真知灼见的科学家，对于福柯等人的批判却是有力的，他认为：

> 因此，把富科的结构主义称为没有结构的结构主义就并不过分。他从静态的结构主义中保留了所有消极的方面：对历史和发生的贬低，对功能的蔑视，而且迄今还无人可与之匹敌地也否定了主体本身，因为他认为人很快就要消失了。至于积极的方面，他的结构只不过是些用形象表现的图式，而不是必然以结构的自身调整来达成守恒的转换系统。②

福柯的《考古学》近年来在中国走红，受到许多批评家们的推崇。不过笔者仍然推荐大家读一读皮亚杰对这本书的批判，福柯，这位自称为结构主义的理论家却连结构主义的基本原理都不懂，这也是一种悲剧性的人物了。

东方与西方，世界八大主要文明体系之间都存在互相依存与互相竞争的关系，这种关系也就是一种辩证关系，所以系统观念与辩证是合一的。文明史的发展中，每一种文明的进步都离不开与其他文明之间的交流与逾越，正是文明之间的冲突与融合才使文明得以进步。西方文明早在希腊罗马时代就与波斯、埃及与两河文明之间有大量交往。犹太人在希腊的神学活动对于希腊罗马宗教有重要影响，来自东方的基督教成为了西方文

---

① 参见阿尔都塞《为马克思辩护》（Louis Althusser, *Pour Marx*, Paris, Maspero, 1966）中的有关论述。此书中文译本《保卫马克思》（顾良译，商务印书馆1984年版）亦可供参考。

② ［瑞士］皮亚杰：《结构主义》，倪连生、王琳译，商务印书馆1986年版，第95页。

明的永久柱石。从中世纪开始，西方对于东方的征伐就是这种文明交往的一种特殊形式。当然，蒙古人的西征，奥斯曼帝国、阿拉伯人与伊斯兰教的西进，同样是文明的交流。在这种文明间的辩证联系中，各文明本身也得以进步。

三、文明发展的动力与机制

正如恩格斯所说："如果文明是实践的事情，是一种社会品质，那么英国人无疑是世界上最文明的人"①。所谓社会品质，就说明文明不是单一经济活动特别是物质的产物，它是文明社会所具有的，而其他社会阶段所不具有的品位与质地。这是社会作为整体的有机构成才可能具有的性质，而不会是某一种因素所决定的。这就要求我们首先把文明发展置于社会发展的基础上来思考。

马克思与恩格斯十分重视社会生产力，并且把社会生产力看成是文明的果实。马克思说过："由于最重要的是不使文明的果实——已经获得的生产力被剥夺，所以必须粉碎生产力在其中产生的那些传统形式。"②这里很明确地指出，生产力是文明之果实，而不是生产关系。

是生产力发展使人类社会从野蛮进入文明，如果我们再进一步分析，答案是极为清楚的。生产力的要素每一部分都是文明的产物，从生产者来说，是生产者自身从蒙昧野蛮人变成了牧民与农民，工人与科学家；正像马克思主义创始人所指出的那样，有时这种变化其实是非公正的，可能是具有压迫性质的，

---

① 《马克思恩格斯全集》第 1 卷，人民出版社 1956 年版，第 666 页。

② 《马克思恩格斯选集》第 1 卷，人民出版社 1995 年版，第 152 页。

比如《鲁滨逊漂流记》中的那个礼拜五，就是在被鲁滨逊俘虏之后，从不具有农牧业劳动技能的人变为一个生产者。如果只是从作为劳动者所具有的技术来说，这就是一种文明的果实。再从生产工具与生产对象来说，从采集活动到弓箭的发明，铁器的发明、机械与电力、核能与电子的发明，都从特定角度映射出生产力所创造的文明进步。这是我们要说明的第一层意义。

更为重要的是，世界文明的进步从本质上来说，是人类创造过程，这种过程并不是某一个民族所完成的，而恰恰是先进文明利用人类的发明所创造的，不同文明之间的交往，由此形成文明的参同与契异，是推动文明的巨大动力。文明差异与同一之间的辩证关系，是文明发展的机制。

所有重要文明的形成几乎无不是文明交往的产物，每一个时代中最发达的文明也就是最多种民族共同的创造，冲突与对立往往是发展的前奏。在文明发展意义上，早期的农业定居民族与游牧民族之间的交往与冲突可能对于文明发展有相当重要的作用。美索不达米亚地区四通八达的交通条件是这种文明在农牧时代遥遥领先的原因之一，这里没有高山大海的阻隔，公元前3000年前的苏美尔人来到美索不达米亚创造定居的农业，而使用闪米特语的游牧部落则与他们有过密切的来往。大量的人口从游牧向定居、从草原向城镇集中。我们可以想象外来民族直下的路线，北线是从地中海出发，经土耳其到马尔丁、向北然后转向东南，向东到达摩苏尔，即古代尼尼微城。南线则是从波斯湾北上，经过乌尔等地，上行到巴格达。两条大河是最方便的运输干线，南上北下都十分方便。这里经过苏美尔人、阿卡德人、阿摩利人、迦勒底人的不断争夺，多种民族的交往，最终成为当时最发达的农业文明古国。5000年后，2003年美国人发动对伊拉克的战争时，借道土耳其不成，最终还是沿着古代的南北两线夹击，攻占巴格达。当时一位中国军事分析家说，伊拉克地形易攻难守，也是一种颇有历史感的分析，其实历史早已经证明了这一点。

从文明体系来看，希腊雅典时代与中国春秋时代都是人类文明发展史上的典型时代，东西方文明在世界的两极几乎同时创造了最发达的文明。创造这一历史辉煌的重要因素就是同时在东西方进入成熟期的人类理性。而理性精神在东西方的产生，则与不同文明之间的互相逾越与交往、与这种交往所产生的文明内部的精神改革有直接关系。首先是与波斯的战争，东方文明的冲击使希腊人明白了，在安那托利亚高原之东还有更远的东方存在。雅典城邦经历了从农业经济到商业经济、从专制到民主的转变，形成了城邦的繁荣。同时，希腊人从多神教向主神教的转化、苏格拉底的理性神灵说的出现，真正为希腊文明提供了精神宝库。中国从殷商时代起，来自西部的西周异己文明与相对发达的殷商文明互相融合，文明逾越产生了春秋的一代繁荣。春秋诸子学说是中国文明确立的精神支柱，没有他们的精神，没有六经与孔老墨韩就没有中华文明的精神导向。春秋诸子与伊奥尼亚的哲人们一样，作为一种理性成熟的标志，它们永远是文明的"活的灵魂"。这种民族的精神对于文明类型的确立与它的变迁的作用是推动性的，而且它并不因为文明形态进化而失效，相反，它是弥久愈坚的。这就是精神推动力的特殊之所在，这是它区别于生产力等因素之处。一般来说，生产力与其他物质因素是通过除旧布新来作为动力的，而精神引导则以传统维新方式嬗变。

当然，精神嬗变中也有思想的变革，这是作为传统革新的组成部分而存在的，它并不证明传统的不重要，而只是传统适应现实的一种方式。文艺复兴运动带给欧洲最伟大的成果之一就是科学革命，西方文明起源于希腊罗马文化，希伯来人创造的基督教是其信仰的核心，而文艺复兴则为它带来了科学革命。

科学革命对于西方文明进步的贡献远胜过其他。正如历史学家赫伯特·巴特菲尔德所指出："所谓科学革命……胜过基督教兴起以来的一切事物，使文艺复兴和宗教改革运动均降为仅仅是一系列事件中的一个事件，仅仅是中世纪基督教世界体系中的内部的替换。……科学革命作为现代世界和现代思想的起源如此赫然地耸现，以致我们对欧洲历史时期的通常的划分已成为一种时代错误，成为一种阻碍物。"① 这位历史学家的看法中有不少错误，如他把科学革命与文艺复兴对立起来就是不妥的，一定程度上，科学革命的精神正是起源于文艺复兴运动之中。但是他对于科学革命历史贡献的评价却并不为过，几个世纪之中，科学革命改变的不止是欧洲历史，甚至改变了整个世界史。如果再向前看，我们还可以更清楚地看到文明进步的系统性与体系性，文艺复兴运动的反对宗教专制精神其实就是近代工业革命的精神，欧洲历史上工业革命的历史有力地证明了这一点，这一革命从来就不是某一个民族单独能完成的。

1566 年，尼德兰 200 名天主教与新教徒们组成的"贵族联盟"向菲利普二世上书，反对在尼德兰推行西班牙宗教裁判制度，这一建议不但遭到西班牙总督的拒绝，而且大骂他们是"乞丐"，由此激起了广大市民与工商业者的愤怒，掀起了"破坏圣像运动"。从这里开始了一场革命，这场革命的最后结局是 1648 年荷兰独立。这是英国产业革命之前重要的政治革命，它是世界工业革命的精神先驱，正是这种精神推动了工业革命的产生。总之，无论是商业贸易、宗教传播、民族迁移、还是科学技术的推广，都会促进文明进步。精神与物质在文明进步中的作用都是不可低估的。因此，我们有必要在文明形态分析

---

① ［美］斯塔夫里阿诺斯：《全球通史：1500 年以后的世界》，吴象婴、梁赤民译，上海社会科学院出版社 1992 年版，第 245 页。

中，用一种具有辩证精神的文明体系与系统的观念，揭示不同文明之间的互相逾越，核心作用之一就是东西方文明之间的交往，这是最具有代表性的历史形态中精神信仰与社会经济之间的作用，它揭示人类社会文明形态的发展规律与机制的深层。

第四章 前文明历史阶段

一、前文明阶段与人类分化

从比较文明学的观念来看，世界文明体系划分为不同的文明共同体，其中每一个文明共同体都是以同源文化为结合原则的，但是，民族文明是独立的，有自己的宗教与精神信仰、民族国家与社会，而保持了大致相同的思想文化观念，处于相近的文明阶段（在一定时期中会产生分化，如中国文明共同体中的日本文明在明治维新之后的分化，伊斯兰文明中的亚洲、欧洲与非洲国家的不同分化等）。

文明是多种条件的综合，特别是在分不同层次上的生活与生产方式、民族国家的认同和精神形态三个大的层次。这三个层次的基本条件具备，就可以说进入了文明社会。进入文明社会之后，这三个层次的发展可以看作文明进步的主要方面。前人所提出的文明条件虽然相当多，但是与这三个关键性因素相比，重要性的大小是不言而喻的。

从世界文明有历史形态来看，这三个层次主要条件的具备是在新石器时代，也就是所谓的"石器革命"时代。更为准确地说，是在农业、畜牧业和纺织业生产形成，人类解决了衣食住的基本问题之后。在物质条件具备之后，民族国家这种人类社会所特有的形态才可能形成，而且实际上，城邦与国家是明显较晚时期才能产生的。也正是在有了基本的定居生活、相当充裕的物质生活条件与设施，人类的语言、宗教、文化经典也才能产生，人类文明才真正实现。所以，首要条件当然是人类生产与谋取食物的方式，从这一角度来说，渔猎采集的生产方式其实就是从野蛮向文明的过渡时期。在此之前，人类社会经历了长期的前文明阶段。这个阶段被称为前文明阶段，也就是一般的历史书中所常提到的蒙昧阶段与野蛮阶段。

　　大约20—30万年前，早期智人尼安德特人已经有人工取火的能力，并且语言能力已经得到进化，他们的发音器官已经不同于猿类，向人类发音器官进化。从社会生活方面看，人类在这时处于采集与狩猎的生产阶段。但是直到中石器时代文化中，阿齐尔文化、塔登努阿文化、陵格比文化、马格尔莫斯文化等才有了大规模渔猎生产的痕迹。古人类用石制的箭镞和石斧等器具进行生产，还有的民族发展出吹箭。人类社会如同自然界一样，它的每一步进程都会在历史中留下印迹，甚至会保留下化石。早期渔猎采集的时代距今最少已经在1万多年以前，但在现代社会中，仍然有些原始民族保留着渔猎生活的基本形态，如生活在斯里兰卡的维达人，南美洲的博托夸多人、火地人和中国的鄂伦春人等。这些人与古代狩猎民族主要的不同是，现代社会中的狩猎民族大多数是定居的，这是由于他们已经无法自由迁居，他们大多居于交通比较闭塞的山区或是海岛，只有在这种与外界隔离的环境中，他们才可能保持自己的文明不被世界所同化。

二、前文明时代的狩猎生产与人类迁移

　　据估计，在旧石器时代之前，采集、捕鱼与狩猎已经成为人类主要生活方式之一，但是这一时期中与中石器时代的采集渔猎生产时代是不同的。在旧石器时代，人类活动仍然处于一种原始的、不自觉的维持生命的阶段。人类生产力还很弱，人的生产性质处于最原始的阶段，人与野兽的捕食活动之间没有明显的本质性的差异。而且，人类经常成为野兽的食物或是受

到伤害。我们在很多前文明时代的遗址发掘中，可以看到人骨与兽骨埋在一起，人骨上残留着野兽咬啮的痕迹。这都证明当时的历史时代仍然处于狩猎活动的初期。

人类还不知道自觉地使用生产工具，或是只创造了最为简单的生产工具。人类最重要的标志之一是人的直立行走，这是当代世界学术界所十分重视的标准之一，有的学者还把人类直立行走作为一种人类形成标准与人类使用生产工具的行为对立起来、否定会使用生产工具是人类的特征。这其实是很片面的一种观念，人类正是在生产活动中，先是以手、足、甚至包括牙齿作为捕食工具，最后发展为人类生产工具，人类的手作为一种生产工具，在采集与捕食中分化出来。人不再用四足行走，手专事生产，而脚用以行走，这样才促成了人类直立行走。所以从根本上来说，直立行走作为人类标志，也是由于生产活动的要求，也是人类使用生产工具的结果。

旧石器时代的打制石器是人类最重要工具，石器是人类生产活动的工具，也是照亮人类文明的曙光。

罗马诗人卢克莱修曾经有一首诗描述早期人类的活动：

> 人类最初的武器就是自己的双手，
> 牙齿、双足，树枝、石块与烈火
> 从那以后，正像人们所知
> 人们才陆续发现了铁与铜。

卢克莱修所处时代的学者们知识不够发达，他们还不能精确地知道古代人类经历的旧石器与新石器时代，但是关于人类活动的基本方式的看法却是对的。

由于工具的创造，渔猎生产形态逐渐形成，人类从猎取小型动物开始，逐渐发展为对于大型动物的猎取。古代动物中，猛犸象、野牛与披毛犀等是相当普遍的，它们曾经生活于整个欧洲与亚洲大陆上，它们当然是当时人们主要的猎取对象。但是，自然条件发生了变化，第四纪晚冰期到来，习惯了温暖环境的这些大型哺乳类动物不能抵御严寒，纷纷向温暖的地方转移，以狩猎为生活的人类不得不随着远行的鹿群、野牛和象群一同迁移，沿途追捕猎物以维持生存。这样，人类与动物一同向多个方向迁移，主要目的是为了寻找更为温暖的地方。于是越过了白令海峡，向着更为温暖的中美与南美迁徙，或是在冰期越过海洋来到澳大利亚和印度等地。

大型哺乳动物的灭绝是一个令人类惊心动魄的事件，它直接关系到人类的生存。

在全球变暖的全新世到来之前，地球上曾经存在过一个冷暖交替的时期，这就是第四纪的晚冰期，这个时代大约为18000 年到 12000 年前。这一时期气候变化迅速，忽冷忽热，百年之间气温就有大变化。大型动物如猛犸象、野牛和披毛犀等不能适应气候变化，几乎全部灭绝。动物大灭绝的历史再次重演，如同当年因为不能适应气候变冷时恐龙全部灭绝一样。美国科学家马丁（P. S. Matin）曾经指出世界各地大型哺乳动物灭绝的时间不完全一样。其中澳大利亚最早，可能在距今13000 年前，而亚洲与欧洲大陆稍晚，大约在 13000 年前到11000 年前，其次为北美地区，大约为 11000 年前，而南美最晚，大约只在 10000 年前[①]。我们如果把这个时间表按照上文所说的动物与人类迁移的路线排列一下，基本上可以看出人类迁移的历史顺序：

　　欧洲与亚洲大陆—北美地区—南美地区

人类与动物的群体为了躲避晚冰期的严寒，从大陆向北美、南

---

　　① 参见 P. S. Martin: Prehistoric Overkill. P. S. Martin and H. E. Wright eds, *Pleistocene Exitinitions*, Yale University Press , New Haven, 1967, pp. 75 - 120.

美不断迁移，最终可能大多数动物仍然免不了灭绝的下场。只有少数动物如野牛等幸免于难，顽强地生存下来，与人类共同渡过了难关。

如果从科学理论来说，任何历史都会给生物留下记忆，生命就是密码的储存。这场劫难同样给动物留下了它们的习性之谜，这就是远程的迁徙。北雁南飞，鹿群远迁，野牛长途奔走，这样的生存习惯常令我们感到奇怪，其实从它的历史看来，这只是一种生物记忆。经过了晚冰期的野生动物具有了这种迁移的习惯，成为了本能。

因为在第四纪冰川的后期，由于大量结冰，海平面大幅度下降，亚洲与北美之间的白令海峡的陆地可能露出来，至少是结冰层可以通过，于是，从亚洲向美洲的通道打开。从北温带出发的移民向三个主要方向进发。其一西迁路线，是来自亚洲东北部的狩猎部落追随着迁移的动物群落，通过白令海峡，来到北美，并且继续南行，来到气候宜人的中美洲地区定居，发展出奥尔梅克文明。另有一部分民族一直到达安第斯山，创造了秘鲁的古代文明。这就是美洲古代文明与美洲土著民族的来源，他们的文明中有多种成分，反映出长途迁移中广泛吸收多种氏族文化成分的特色。当然这一群体的分支可能达到北极地区，这就是极地民族人类与亚洲相同的原因。

其二，东迁路线，主要是通向朝鲜与日本，其中一部分人可能到达日本。日本文明有一个显著特色，就是不同时期的文明划分显著，北方原住民的文化落后而日本岛民相对发达，可以说明这是不同时期的移民到达以后所形成的。较早到达的可能是相对落后的，因为移民往往保持原居住地的文明不变，所以越是未开化的民族，反而可能是最早到达的。日本北海道的爱努族是蒙古人种，这一民族很可能是通过冰河到达日本的，他们最明显的特征就是生产方式，他们以渔猎与采集为生，保持了古人类最初的生活方式，他们的宗教是自然神论，自然与人为的一切全都有神灵，祭礼歌曲与艺术全都是随着兴致而发，在当代社会中保持着原始习俗。而以后的日本民族则是文明时代以后才移居日本的，由文明社会居民移居而来，所以两者差异比较大，并且不易融合起来。如同地层中的化石一样，不同时代化石保存在一定的地层中，不会混同。文明形态也一样，不同发展阶段的种族会保持自己的特点，不会混同。

其三，南迁路线，这一方向的迁移是向澳大利亚，大陆东南方的古人类有可能通过印尼群岛进入澳大利亚，成为澳大利亚土著民。我们知道，印度的古代居民中有相当一部分澳大利亚土著，可以设想，这也是当时交通的便利所形成的迁移的结果。并且从澳大利亚再经过印尼群岛，最后到达印度半岛，这也是一种往复式的迁移路线。印度与印度尼西亚、马来西亚乃至整个东南亚地区的人种中，相当重要的是所谓马来人，这一人种的来源比较复杂。霍尔等人认为，大约在公元前2500年和公元前300－前200年亚洲南部向东南亚区域曾经有过两次大的移民，马来－印尼人就是在两次迁移中来到群岛之上的[①]。这两次大移民都是与当地矮小黑人结合，以后形成马来人的。而这些海岛显然不是古人类的发源地，这些矮黑人是从哪里来的呢，只有可能是史前的冰期先行到达这里的移民，可以说是多代移民结合而形成了现代民族。

考古学家裴文中先生早就指出一种迁移的可能性，我们这里写下，以示不敢掠人之美，裴文中先生认为：

> 山顶洞中发现的三个完整的头骨，只是个体的不同，而不是人种的区别。其中之一没有移往他处依然居住在中

---

① ［英］D. G. E. 霍尔：《东南亚史》上册，中山大学东南亚历史研究所译，商务印书馆1982年版，第23－24页。

国的土地上，经过数万年之久，性质固定了，就成为现代的蒙古人种。再者，具有共他性质的个体，向北方移动，经过长久的岁月，后来固定在北极附近。由于长期在北方居住的结果，逐渐形成一种固定的性质，成为现代的爱斯基摩人。第三种向南移动，经过数万年到达南洋群岛，成为现代的美拉尼西亚人种。我们还有别的证据，来推论美拉尼西亚人是由北向南移动的。越南的新石器时代山洞中，曾发现非常多的美拉尼西亚人骨，这就是他们南迁过程中的证据。①

裴先生所说的美拉尼西亚人种，就是我们所说的马来人。有的西方学者如我们前文提到过的苏联人类学家们曾经提出，中国南方人与北方人差异很大，所以南方人不是蒙古人种，而是印度尼西亚等南亚的人种。这种怀疑就是不明白中国上古人类迁移的路线，裴先生的推论应当是合理的，中国南方人种与马来人是山顶洞人南下所形成的，而爱斯基摩人与印第安人是山顶洞人北上所形成的。

那么，为什么这个移民过程分为不同阶段，而不是像现代移民一样持续不断地进行呢？

这主要是由于地球环境的变化。冰期过后，大自然进入新的一轮温度回升时期，冰川消融，海水上涨，陆上通道或是冰道成为海峡，隔绝两岸交通，没有交通工具的古人类无法渡海。昔日通途已经成为汪洋。于是，白令海峡两边的黄色人种各自安居，美洲与亚洲大陆上的同一人种发展各自的文明，由于当时亚洲大陆古代人类仍然处于渔猎生产阶段，所以来到美洲的原始居民们大多数没有发展出农业文明，一定程度上保持了狩

---

① 裴文中：《旧石器时代之艺术》，商务印书馆 1999 版，第 139 – 140 页。

猎为生的习俗。澳洲大陆与亚洲之间的海域水面高涨；海面宽广，难以渡过，所以在东南亚、印度的海岛与澳大利亚的同一人种之间也只能遥遥相望。澳大利亚成为一个大海岛，与大陆隔绝，各个部落保持了原始的生活方式。

三、人种分化与种群形成

大绝在晚更新世后半期，旧石器时代的晚期，从世界各区域里的现代人中开始分化出不同的人种，也就在这一时期里，世界的主要人种得以定型。这些人种在以后的岁月中不断再分化，如非洲黑人近 3000 年间的分化中产生了极为多样的种群、部族与部落，同一人种中不同种群的差异极大，身材高大的东非人与身材矮小的桑人之间的差异确实令人难以想象。但是非洲人种作为尼格罗人种的基本类型已经确定，他们彼此之间尽管差异很大，但与其他人种如欧罗巴人、亚洲中国人种或是蒙古利亚人种不属于同一种类，这是易于判定的事实。

人种分化有不同的历史阶段，大的人种分化在旧石器时代后期已经完成，这种分化的主要原因是自然环境的差异与生产生活方式的不同。

首先是生活区域的不同对于人种形成有决定性作用，地球自然状况复杂，南北极地与赤道、非洲、澳洲、美洲与亚欧大陆之间，同一大陆的不同地区之间的气候、山川地形、自然植被、动物与矿产等条件差异极大，生活于同一区域内的人类会形成基本相同的人种。

另外，人种形成与生产形态是密切相关的。从事捕鱼的种族与从事狩猎的种族与从事采集的种族，分别居住于山林、草原与平原地区，不同的气候条件与生活方式，造成了身体形状、生活习俗的极大不同，经过长期的人与自然的适应，有了自己不同的生活生产方式与精神信仰。同一人种生活于基本相同的自然与人文条件下，形成了各自的古代文明。

生活于气候炎热的非洲的居民，在沙漠边缘、草原、森林中生活，生存相对容易，采集活动与简单渔猎生产就可以满足生活需要。这里的黑人种族长期在这种环境生活，直到现代仍然能看到原始种族的存在。

从亚洲的原始民族中，逐渐演化出中国－蒙古亚利安人种，这是以多种渔猎、采集与早期种植养殖活动为主的人类，他们生活的黄土高原、中国中南部与西伯利亚地区，气候多样，地形也十分复杂，这些地区的人类文明意识起源早。

生活于欧洲森林地区的人类处于寒冷的气候条件下，日照相对少，生活条件相对严峻，在从事狩猎与牲畜养殖活动中，欧洲种族也开始形成。梭鲁特文化相当重要的发明就是矛刀，而马格德林文化中的刀具、刮削器等也是相对发达的，还有大渔叉的发明，整个渔猎文明中最重要的工具弓箭，据说最早出现于马格德林文化之中。

到以后的渔猎采集活动的时代，一般认为即所谓氏族社会为主的时期。人类在适应地球环境变化中直接利用自然已有产物与条件的生产，产生了进一步的类间的分化，小的种族与部族纷纷诞生。这就产生了种群。种群就是同一人种中的不同族类，种群分化是一种必然现象。首先过大的种群不宜于生产，特别是随着生产能力发展，人类战胜野兽的能力增大，活动范围扩展，人类居住地变得越来越大。同时，由于人类种族繁衍中，分群的婚姻成为主要形式，这就是摩尔根等人所说的群婚制，其开始时间可能比起摩尔根等人所预计得要早得多。当然，也有些学者主张人类的自然分群，如同狒狒群中一定时刻，会有成长起来的公狒狒争夺领导权，或是如蜂群中产生新的蜂王后自然分群一样。当然，如果把人类种群分化完全等同于动物是不妥当的，人是社会动物，其分与合必然有其社会原因，而不是像动物那样的自然行为。所以我们仍然主张从人类群体生产与生活的必要性来看待分化，在这种活动中，种群划分有利于人类的进化，所以它必然产生。

种群分化会产生人种内部的差异，这一差异会随着社会生产方式、部族与家庭生活方式的不同、阶级的分化、财产拥有的多少不同等，对于人种形态与文明程度有较大作用。但其改变程度已要相对小得多了。大的人种分化与种群区分，在旧石器时代已经基本完成，这一分化对于文明发展有什么意义？

这正是笔者所要讨论的观点，以前的人种分化这一重要问题只在民族学家、人类学家们中间引起重视。而历史学与文明史学家只重视文明发展以后的历史，漠视这一重要的社会历史现象。笔者认为这是十分错误的，因为人种与种群的分化是文明起源的一个重要前提，人种分化与种间的竞争，使得文明程度有了不同。而人种间与种群间的差异，又为以后的部族产生、民族国家产生与家庭产生奠定了基础。种群分化为以后可能产生的群婚制提供了可能，并且为家庭乃至一夫一妻制最终形成创造了条件。人种与种群的不同，原本是由所从事的生产与其生活方式所决定的，反过来，人种与种群的固定，又对于同一种族所从事的生产活动与生活方式，对于使用的语言、所信仰的宗教等都有反向作用。所以无论从任何角度来看，人种与种群的分化都是人类文明史研究值得重视的因素。

第五章　文明过渡时代：渔猎采集生产

一、渔猎采集与中石器时代

关于渔猎生产阶段是不是属于文明社会的范围，我们在上文已经作了简要的说明，我们认为，如果不以欧洲学者的文明定义为圭臬，也不止步于所谓的"文明必要条件"等传统说法，从比较文明学的新观念来研究人类文明，那么，人类文明历史阶段划分中，渔猎生产应当是人类文明前的准备阶段。当然，也可以有使用"渔猎文明"之类的字眼，但是，这个时代已经与"蒙昧"与"野蛮"时代有一定区别。因为从比较文明学来看，所谓的蒙昧与野蛮是一个相对的概念，对于一个民族的文明发展过程来说，没有具体的标准。有的民族，如非洲丛林与美洲丛林中的民族、美洲印第安人等长期处于渔猎或采集的生活状态，就不宜于用一种生活方式来概括其文明程度。另一方面，相当重要的是，这些概念有时并不是针对于人类文明或农业文明大的历史时期而言，而是相对于西方文明而言，特别是相对于西方古代文明而言。在这一时期，人类文明系统的三大层次已经有了雏形，但是真正的文明尚未形成，应当说这是一种向文明过渡的阶段。

渔猎采集生产从何时开始？可以说自从有人类就有这种生产活动，这种活动方式从世界范围说，是从旧石器时代开始直到新石器时代才基本结束。这里说基本结束只是说大多数民族不再以此为主要生产方式，而某些少数民族，直到现在仍然保持这一生活方式。但是，这种生产有它最典型的时代，这就是从旧石器时期向中石器时期的过渡，特别是中石器时代，这是渔猎采集文明发展最充分的时期。

中石器时代是渔猎采集活动最典型的时代，这一时期中，旧石器时代人类简单的渔猎采集活动向高级的、社会性生产活动发展。同时，在新石器时代之前，真正的农业与牧业还没有出现。中石器，就是介于旧石器与新石器之间的历史时代，虽然早在1866年法国学者威斯特洛普（H. Westropp）早就提出，在旧石器时代与新石器时代之间存在着一个中间阶段即中石器时代。但是，从考古发现的角度，一直没有能为这一历史时代寻找到依据。直到19世纪末，地质考古学家们在亚洲、非洲等各大洲都发现，在旧石器时代的打制石器与新石器时代的磨制石器之间，存在着一个细石器的文化层，这就是中石器时代。中石器时代大约是从12000年前的全新世开始，代表着从旧石器向新石器的过渡。中石器时代没有发现大规模的农业生产遗存，证明这是一个前农业时代。这时的主要生产工具是细石器、骨器与木器等，弓箭与渔具的发明是这一时期最重要的发明。大多数中石器时代人类还没有陶器，中国已经使用陶器的半坡人显然是晚于中石器的。中石器时代已经有猎人狩猎的伙伴——狗——这是最早驯养的动物，欧洲与中国已经有最早的狗，另外还有中东地区的山羊等驯养动物。

欧洲、亚洲、非洲各大陆先后发现了人类渔猎生产活动的遗址，欧洲的发现比较早，已经为人们所熟知。近年来在非洲的发现，再一次证明了非洲是人类的发源地之一，其中大量发现的非洲遗迹最具有典型性。它说明了早在大规模的农业活动在中国、美索不达米亚、印度河谷出现之前，非洲的渔猎生产已经存在。《非洲通史》中说道：

在阿尔及利亚和利比亚交界地区的阿杰尔高原和塔德拉

尔特－阿卡库斯发现的古代遗物，都是结论性的。对这里发现的炉边什物和陶瓷制品进行的检验表明，早在我们纪元前8000年，人们就在使用陶器。在阿卡库斯，发现了一具带有兽皮衣服痕迹的准黑人型人的遗骸。各种物件经过鉴定，都是我们纪元前9000年的。在阿尔及利亚阿哈加尔山脉也发现了年代相同的古代遗物，三个独立的实验室对这些遗物进行了分析。从这些发现中可以得出结论说，阿杰尔高原和乍得的恩内迪的新石器时代显然比马格里布诸国的新石器时代更早，即欧洲南部的和昔兰尼加的属同一时代。

对下努比亚的新石器时代的营地发现的有机遗物进行研究的结果具有特殊的意义，从这些获得的结果有可能引出以下结论：早在我们纪元前13000年，人类就已经开始采集野生谷类植物并用它栽种谷物，对巴拉纳地区发现的古代遗物所做的放射性碳测定，表明年代为 12,050 ± 280 年。采用同样的鉴定方法来测定图什凯地区的古代遗物的年代，表明年代为 12,550 ± 490 年，这证实，在尼罗河盆地，从野生谷类中采集谷物的做法比近东早 4000 年。①

非洲是中石器遗址较多地区，东非的大湖区域，西非的尼日利亚的加纳，南部非洲的广大地区都有中石器的分布，远比旧石器时代要多，这时的非洲石器加工细致，体积不大。在乌干达的桑戈地区，发现了用卵石制成的石锄与石头的砍刀。这种桑戈石器的时代距今至少 4 万年前，已经不是一般的中石器时代的概念了，但在非洲大多数中石器时代中都发现了石箭头，这也是非洲人类善于使用弓箭的一个证明。

---

① J. 基－泽博编辑：《非洲通史》，联合国教育、科学及文化组织编写《非洲通史》国际科学委员会，中国对外翻译出版公司 1984 年版，第 202－203 页。

　　中国是否存在中石器时代，说法历来不一。裴文中曾经于1935 年提出广西山洞中发现的打制石器为中石器时代，1947 年他对哈尔滨地区的顾乡屯与内蒙古自治区的札赉诺尔进行调查，在这一地区的含有第四纪哺乳动物化石的地区内发现了细石器，他认为是中国的中石器时代。可惜的是，他最终还是推翻了以上两个地区为中石器时代的结论。唯一有价值的是陕西省大荔县沙苑地区的沙苑文化，可能属于中石器。裴文中曾经指出：

　　　　据《新中国考古的收获》的叙述，沙苑文化中的细石器与中国北方细石器文化的石器基本一致，但是制作技术稍为原始，如两面加工的石器比较少见，石器上保留原来的砾石面。石片石器是沙苑文化中较典型的工具，在长城以北的细石器文化中非常少见，特别是单面加工的尖状器尤为罕见。从沙苑文化的全部文化遗物观察，当时人类主要从事狩猎生活，可能处于母系氏族社会的初期。目前尚未发现新石器时代的陶片，可能属于中石器时代，但也不排除早期新石器时代的可能性。①

沙苑地区是三个河流的交汇处，渭河与洛河在此交汇后流入黄河，这里河流纵横，水草丰茂，活动着大量的鸟类与野兽，是一个天然的猎场，也是一个打鱼采集的好地方，而且适于发展畜牧业，所以古代民族选择这里生活是十分理想的。从这里出土的大量石器来看，主要用途是作为弓箭用的细小石器，这种石器一般用较硬的黑曜石、石英、玛瑙、玉石髓等石料制造，技术上也比旧石器先进，除了打击法外，有了压制剥片的技术。这就使造出来的石器更为锋利、更有杀伤力。

---

　　①　裴文中：《旧石器时代之艺术》，商务印书馆 1999 年版，第 145页。

二、弓箭发明与大型围猎

渔猎文明的主要生产方式是两大类，其一是植物性生产，即采集活动，以植物的浆果、根叶等可食性成分作为主要生产对象。生产工作最为原始，主要是人类的手与简单的木石类工具。其二是动物性生产，即捕捉生活于河湖水泊中的鱼类与狩猎飞禽走兽，人类发明了弓箭与长矛，发明了渔具，特别是弓箭的发现，是划时代的发明。恩格斯说过：

> 弓箭对于蒙昧时代，正如铁剑对于野蛮时代和火器对于文明时代一样，是决定性的武器。①

中国古代最早的诗歌之一"弹歌"就是一首歌颂狩猎的诗。这首诗初见于《吴越春秋》的"勾践阴谋外传"，后来被清代沈德潜的《古诗源》收入，是上古流传的诗：

> 断竹，续竹。飞土，逐肉。

这首歌可以说是中国古代弓箭发明的证明，它再现了中国古人用弓箭为武器的狩猎活动。"断竹"就是砍下竹子，"续竹"即用弓弦制作弓，"飞土"就是射出石器制作的箭来，古人往往用土来表示石，两者通用。可见当时还没有金属，应当是在青铜时代之前。"逐肉"就是击中野兽，原文的"肉"也写作一个古字，宝盖下一个六字，大约是指一些穴居的小野兽如野兔田鼠之类。这首歌传说是黄帝所作，传说中的黄帝陵就在陕北地区黄陵县黄河岸边的桥山上，黄帝生前活动的地区应当离此不远，大致在黄河中游黄土高原上。可以断定的是，黄帝时代这里的农牧业与渔猎业可能已经相当发达了。就在今日，沙苑附近的黄河滩上，仍然有一种风俗，就是用一种猎犬追逐野兔。

---

① 《马克思恩格斯选集》第 4 卷，人民出版社 1995 年版，第 20 页。

这种猎犬腿长身细，当地人称为"细犬"，善于奔跑，能追上如离弦之箭般的野兔。这是当代猎人经过几千年的驯养与淘汰中选育出来的优良品种，很可能自远古时代，这里就已经是良好的狩猎园地了。

渔猎文明中，人类的生产物从形态上看主要不是人类的发明与创造，食物以自然创造物为主，工具以自然界的石头为主。但是这种采集活动与工具使用，已经不同于动物采集食物，而且，人类的采集活动与种植活动，猎渔与驯养活动，都有自然的联系。这些活动中，人类结成团体，组织成古代社会，家族与部族，发明语言与符号。可以说，人类自从存在起，就已经不是自然的被动构成，人没有按动物的方式服从于自然。特别是工具与生产的出现，自从这个时期起，世界已经不再是昔日的世界，人类也不再是昔日的动物。世界对于人类而言变成了人类实践的产物，人类对于这个世界也具有非凡的意义，人类是世界的主人。当然，人类成为世界的主人，并不意味着人类与自然世界的对抗，或是像精神分析学家弗洛伊德所说的人类自我中心主义。只是说人类不同于其他动物，人类创造了文明，改变了世界，人类使世界有了新的意义。从最低等的原始生命到人类，几亿年的进化最终产生了这一变化，何其宝贵！

弓箭类型是在使用中不断产生进化的，据有的学者推测，使用至今的吹箭可能是最早的弓箭类型之一，这种弓箭在非洲和东南亚地区流行。非洲布须曼人与矮小的俾格米人是使用这种弓箭的能手。生活在斯里兰卡的维达部落、菲律宾的阿埃塔人、南美洲的博托库多人也都曾经以使用吹箭闻名，这些人种之间可能有一定的历史联系。我们上文在讨论史前人类迁移时，曾经指出，由于狩猎活动的历史变迁，曾经使得不同人类互相混合。从人种分析看，这些民族之间并非没有混合形成的可能性。如果再从所使用的吹筒式弓箭来看，这些古代民族之间联系可能会有更多的发现。在当代西方小说与电影中，吹箭是野蛮民族使用的一种利器，箭头上涂有毒药，可以立即致死人命。其实吹箭首先是一种生产工具，狩猎民族使用它来猎取野兽，获得食物，以维持生存，这并没有什么奇怪的。

中石器时代，欧洲的渔猎生产是较为发达的，包括阿尔齐文化、塔登努阿文化、陵格比文化、马格尔莫斯文化等基本上都属于这种生产。欧洲先民使用的石器与弓箭制作精良，加工细致，形态有力，一般来说规格也相对大一些。中石器时代渔猎生产在欧洲达到了自己的高峰。正像黄河养育了中国的渔民与猎人一样，多瑙河是欧洲渔猎生活的天堂。多瑙河在喀尔巴阡山中穿行，流经塞尔维亚境内，留下富饶美丽的莱潘斯基·维尔谷地，这里河岸的山坡草木丛生，河流在这里转了一个大弯，形成巨大的涡河，水中鱼类与藻类极为丰富，7000 多年前，欧洲先民在这里过着衣食丰裕的渔猎生活。中国黄河有沙苑，欧洲多瑙河有莱潘斯基·维尔，这里的居民在适合于渔猎生产的自然环境中，长期过着自足的生活，保持渔猎生产方式。大约在同一时期，两河流域与中国黄河长江流域的部分地区已经开始种植谷物与水稻，甚至在莱潘斯基·维尔和沙苑的这类地区周围已经纷纷进入农业社会时，他们仍然如世外桃源一般，过着快乐自由的时光。

在渔猎生产活动中，最为令人关注的发现是美洲人的大规模猎杀活动，美洲大平原辽阔无际，而且是一马平川。古代这里是多种大型动物聚集地区，印第安人创造了大型围猎生产，为人类渔猎采集生产的历史写下了最灿烂的一笔。在美洲平原上，这种活动有自己的特点，往往是大型的围歼，一般有两种方式，一种是把野牛驱赶入山谷，聚而歼之，这是高难度的复杂猎杀技术，需要大量猎手并且需要具有相当高明的组织方式。另外一种方式更为古老，是把大批狂奔的兽群驱下悬崖，使其坠崖而亡。从山谷中的大量的动物骨骸可以看出，这种围猎规模相大，猎物众多，估计当时可以解决较长时间的供给。

三、文明社会组织理论：酋邦制及其他

文明研究者们往往对于家庭、国家与部族之间的关系感到疑惑，因为人类学家们把家庭与婚姻制度看成是文明的基础，从摩尔根到列维－斯特劳斯都注重对于原始民族婚姻制度的分析研究，从杂交、群婚到对偶婚的历史观念，一直是判别社会分工乃至家庭和氏族社会的主要线索。这种观念经过恩格斯《家庭、私有制与国家的起源》的传播，影响中国史学家如郭沫若等人对于中国古代史的研究。我们认为，这种研究方式与其主要观念都是必须肯定的。婚姻与家庭在文明起源上的重要性是不可低估的，特别是因为它们其实是国家和部族的基础。古代埃及曾经存在过一定范围里的血缘亲关系，国家高层内姐弟通婚、父女通婚等现象多次发生。如果当时社会没有这种婚姻基础，其发生就是不可能的。其他古代文明中也存在类似情况，直到公元前 2 年，安息国王后穆萨曾经杀死国王弗拉阿特斯四世，并且与自己的儿子弗拉阿特斯五世结婚。乱伦是一种禁忌，唯因有了这种禁忌，社会才能走向文明，这是精神分析学家弗洛伊德最基本的文明观点之一。无论如何，婚姻形态直接影响到国家与部族制度，这是无可非议的，它是国家与文明起源研究最重要的参考之一。但是笔者也要指出，对偶婚与家庭的出现，都与人类定居生活、房屋的出现有直接联系，没有这些文明条件，家庭与婚姻的进步是不可能的。

但是，重要的是关于国家、部族与城邦之间的关系，它们在文明起源中有什么作用？

笔者认为，国家与城邦都是文明发展到一定阶段的产物，它们在文明多种因素形成以后才可能产生，它们是人类社会制

度与政治生活的产物，是人类社会相当高级阶段的产物，它们是文明成熟的标志，但不是文明起源。近年来世界史学与考古学界相当盛兴的"酋邦制"理论，就是针对摩尔根等人的"国家文明"学说的。摩尔根提出，人类社会是从部落联盟这种平等主义的社会组织进入到不平等的阶级社会的。但这种观念显然不符合古代社会发展实际，而从部落到国家之间应当有一个过渡形式，这就是所谓"酋邦制"兴起的主要思想基础。

色维斯（Elman R. Service）等人 20 世纪中期提出"酋邦制"理论，认为社会发展史大约经历四个阶段：1）游团（bants）：即地区性的渔猎采集集团；2）部落（tribes）：农业经济时代的组织；3）酋邦（chiefdoms）：有不同阶层划分的社会；4）国家（states）：有阶级与政府的社会。20 世纪后半期，桑德斯（William T. Sanders）、普莱斯（Barbara J. Price）等一批西方学者用这种理论来解释文明起源。酋邦制度下有了阶级划分，社会权力集中于个人，酋长可以有权力分配土地和多余产品，有所谓神赐的执法权力。从理论上来说，酋邦制兼有部落与国家双重性质，从社会组织来看，它与部落联盟相同，没有完全的国家组织。从权力性质来看，它又类似于国家，有君主的行政法律权力。这种模式其实是把酋长制与城邦制的一些特点结合起来。但是，在人类社会发展史中，是不是真正存在过酋邦制，需要有历史与考古事实来证明。美国华裔学者张光直运用酋邦制理论解释中国历史，在《中国青铜时代》一书所收入的论文《从夏商周三代考古论三代关系与中国古代国家的形成》中，用这种理论对于中国古代史进行对照，列出以下图表[①]：

---

① 张光直：《中国青铜时代》，生活·读书·新知三联书店 1999 年版，第 93 页。

文化名称	新进化论	中国常用的分期
旧石器时代	游团	原始社会
中石器时代		
仰韶文化	部落	
龙山文化	酋邦	
三代（到春秋）	国家	奴隶社会
晚周、秦、汉		封建社会（之始）

值得注意的是，张光直其实仍然是按照传统社会划分标准，无论是部落制的仰韶文化还是酋邦制的龙山文化，都是原始社会。一般的理解就仍然是野蛮社会。这种理解实际上与西方理论家的理解是有一定差异的，他们中相当多的人是把酋邦制作为一种文明社会来理解的。当然也与我们的看法相差甚远，我们的基本观点之一就是把新石器文明看成是文明时代，所以他所说的中国仰韶、龙山文化当然是文明时代了。

无论如何，如果把酋邦制度看作文明起源有一个明显的错误，酋邦制度形成并不等于文明社会的到来，酋邦制度只能说明原始部落发展到有阶层划分、有领导人的阶段，这是所有原始民族必然经历的阶段，而不是文明社会的表征。生活在非洲的众多部落、美洲的印第安民族、世界各地的原始民族都已经有酋邦制度，但从社会形态来说，并没有进入文明社会，这就是最有力的证明。如非洲的俾格曼人，他们目前还有 20 万人左右，共有 10 个大的民族部落，生活在布隆迪、喀麦隆、中非、加蓬、卢旺达和扎伊尔等 7 个国家的热带雨林中。他们只有语言，没有文字。这个种族特别矮小，俾格曼一词在希腊文中就是指从肘部到指掌关节的长度，欧洲人用来形容这一人种之短小。这个民族长期在丛林中生活，身体已经适应了这个环境，据科学家研究，他们已经难以在丛林之外生活，可能身体中的胰岛素等成分已经与其他民族不同。他们至今仍然过着男人狩猎、女人采集的生活，从事的是典型的渔猎采集生产方式。他们相当多的人仍然保持裸体习惯，与外界社会来往极少。类似这样的保持原始生活方式的民族部落，非洲、南亚、中东等地都大量存在。所以，以是否形成酋邦制作为是否进入文明社会的标志，肯定是不妥的。正如我们上文所说，文明起源是一个综合指标，以单一的社会组织为依据，肯定有违于事实。

我们认为，从原始氏族社会到国家之间，确实存在一个过渡阶段，在这个阶段中，文明社会与非文明社会之间产生分化，这是一个决定氏族能否进入文明的关键阶段，这就是文明的部族与原始部落之间的分化。部族因为农牧业的多种发明进入文明社会，而没有能创造出农牧业文明的氏族部落，仍然处于渔猎采集的生产活动中，仍然是原始民族。从理论的层次来说，人类是创造与发明的物种，这一本质在文明人类中得到最突出的体现。更透彻地说，不是人类社会划分阶层这一社会组织形式本身创造了文明，而是生产的发明创造了文明，其中包括划分不同层次的社会组织。

四、部族构成的特点与性质

什么是部族？

就是由部落的聚合而形成的具有民族意识的共同体或是集合体，有的考古学家称之为"部落聚合"，我们认为，部落聚合可以说是一种早期的部族，两者之间没有严格的界限。人类文明发展的形式是多种多样的，最早形成的是氏族，以后发展成部落，这是野蛮时代人类为了抵抗自然与野兽侵害所形成的共同体。农牧业生产出现之后，进入部落聚合与部族时代。

这里要说明的是，苏联的历史学家也曾经使用过一个词"部族"（народность），我认为是一个非常有意义的概念，可惜的是这一概念只强调了民族性，而忽略了从生产方式方面来理解部族的性质。我认为，部族形成的关键乃是最初的共同生产与生活方式。生活在同一地区的氏族，只有在从事共同的生产中，才可能有共同的利益。这是形成部族的基础。共同的生产与生活利益，使得他们之间产生密切的联系，为了共同利益与异己部族之间的斗争，最终使得部族固定起来。而且，这种生产并不是抽象的，它是特定形式的生产，具有农牧业生产所特有的性质，只有这种生产才会为部族的产生准备条件。

部族有什么不同于"酋邦"之处？难道只是为了标新立异另起一个名称吗？

当然不是，部族与酋邦有本质的不同。首先，部族的意义在于它是以人类发明为标志的部落与民族集合，具体而言，它指的是完成了牧业农业生产的各种基本发明或是接受了这些发明，如粮食栽培、家畜驯养、纺织制作、房屋建筑，创造了宗教与语言文字等。并不是所有的酋邦都独立进行了这些发明，也不是所有的酋邦都接受了这些文明。

渔猎采集生产条件下，基本的社会组织是流动的团体（即所谓游团 bants），这是对的。这种团体从社会组织来看，属于原始部落，它的基本单位是家族，部落以家庭血缘关系为主。但石器时代晚期开始，农牧文明兴起，并且形成多种发展模式，如以农业为主、以牧业为主、或是农牧混合等不同的部落聚合。这是在人类定居以后，由于区域的接近，军事争夺不可避免造成的。同时产生了最初的宗教与民族意识，部落聚合基本上是在同一地区的、有共同生产方式与宗教信仰的团体。由于还有相当多的氏族部落保持了渔猎采集生产，这就产生了农牧文明部族与渔猎采集的部落的分化，发达的农牧业部落聚合进入部族时期，其他的一些部落或是部落聚合仍然保持渔猎生产形式。部族文明的最大特点是创造与接受了文明的社会组织。这种社会组织不同于原始部落，它的领袖是领导部族进行生产的英雄人物。他的统治地位与生产形式密切相关，至少在文明早期，部族首领就是先进生产力的代表人物。这对于任何文明其实都是一样的，人类理性的机制决定了人类要把最优秀的、最具有发明创造力的、对于社会生产力和科学作出贡献的人作为领袖。最明显的一个当代例子就是爱因斯坦曾经被推选为以色列国的第一任总统。文化人类学中有所谓"文化英雄"（cultural hero），就是指那些引导人们进行生产的部族首领。世界各国的部族首领多是观象制器者与开辟英雄。无论是观象制器还是开辟英雄，主要还是集中于农牧业生产时期，他们的发明主要是与农牧业有关。中国历史学家胡适给顾颉刚写的信中说："至于'观象制器'之说，本来只是一种文化起源的学说"[1]。这种说法是很有道理的。中国农业文明开始于旧石器时代晚期，部族首领以"三皇五帝"为代表，他们无一例外，几乎都是农牧文明的发明家。中国古代三皇五帝的说法相当多，我们取唐司马贞《史记·补三皇本纪》等书的意见，三皇为伏羲、女娲、神农；五帝为太皞、炎帝、少昊、颛顼、黄帝。关于他们的记载中，全都有发明创造的内容：

> 伏羲禅于伯牛，钻木作火。（《绎史》卷三）
> 伏羲化蚕，西陵氏始养蚕。（《广博物志》卷五十）
> 太昊师蜘蛛而结网。（《抱朴子·对俗》
> 火德王，故曰炎帝，以火名官。斫木为耜，揉木为耒。

---

① 胡适："论观象制器的学说与颉刚书"，载《胡适论学近著》，山东人民出版社 1998 年版，第 467 页。

未耨之用，以教万人。始教耕，故号神农氏。(《史记·补三皇本纪》)

神农教生谷，以致民利。(《管子·形势》)

黄帝乃伐木构材，筑作宫室，上栋下宇，以避风雨。(《新语》)

黄帝造车，故号轩辕氏。(《太平御览》卷七七二引《释名》)

黄帝始造釜甑。(《太平御览》卷七五七引《古史考》)

(少昊) 五雉为五工正，利器用，正度量，夷民者也。(《左传·昭公十七年》)

帝颛顼之法，妇人不辟男子于路者，拂之于四达之衢。(《淮南子·齐俗篇》)

......

从中可以看出，神农、黄帝、伏羲等就是古代部族的首领，人们认为他们创造了农牧业生产的主要条件，包括生产与生活工具、房屋建筑与文字等，当然，其中有相当重要的社会制度与意识形态方面的发明，如颛顼所发明的"法"，可能是一种十分重要的中国上古法典。这一法典或许会证明，中国上古时代的法典可能也是系统的。可惜的是，以后由于封建制度长期持续，儒家思想抵制法家，导致法制衰退，使得中国文明蒙受巨大损失。

但从以上有关部族首领的记载可以看出，最早的部族首领是以农牧业发明人的身份出现的，这就意味着部族制度的建立与农牧业生产与文明生活之间的联系是明显的。当然，无须说明，在以后的发展中，由于不同的部族之间的政治与军事斗争的推动，部族首领由政治与军事领袖所担任，也是十分自然的过程。

其次，部族的重要意义是它的民族文化意识的产生，这是对于自我的一种认证。世界上从没有抽象的文明，只有具体的民族文明，如中国文明、印度文明、希腊文明、两河流域文明、埃及文明等。这些文明无一不是一定的部落与民族的聚合体创造的，而且各具特色。他们都有自己的文明经典，这是文明在精神世界最高层次的表现。部族时代就是共同文化精神形成的时期，人类由于人种的不同，肤色、崇拜、习俗等不同形成了最初的民族意识，共同的区域生活、军事斗争，促进了民族意识的发展。

部族是从以血缘联系为主的氏族向以民族聚合体进化的基础组织，或是说，它是国家的前身。它已经有了阶层与私有制，有了宗教、政治、文化意识。在部族中，法律制度是一种约定性的习俗，首领行使行政管理与法律的权力。部族早期形态中，可能是以民主制度为主的，以后的发展中，民主制度逐渐被家族世袭所取代，走向了封建制度。从而出现文明的代表形式城邦与国家。如果说到部族与氏族或是部落聚合之间的不同，那就在于部族是一种文明社会的组织，它是农牧业生产这一特定历史阶段的产物，也是农牧业生产方式产生的社会条件。其次，它具有基本的公众管理制度，如部族的法规，基本的道德与生活秩序，主要有私有财产保障、杀人盗劫的惩罚、婚姻制度等，有了语言文字，具有宗教精神信仰等。可以说，它已经具备了早期的国家形态，只是没有国家与政府而已。

从人种、种群到部族，可以清楚地看出早期社会组织的发展历程。这一形态在以后的发展中，有了不同的发展阶段，有的部族较早成为文明国家，有的部族在世界主要文明之外，被称为蛮族，其实这里的蛮族已经不是野蛮民族的意义，而是相对于古代文明社会而言的不发达的民族，经过几个世纪或更长时间，才进入民族国家。

五、文明精神形态的萌生

早期文明发展中，精神与意识形态的发展已经有了重要的
地位，特别是与社会制度和组织形式有直接关系的宗教。早期
文明是古代宗教的萌发期，各种文明中宗教发展的形态不同。
中国古代宗教发展的特点是，巫教与人文思想可能同时并存。
三皇时代的巫教可能是比较普遍的，大约在伏羲时代创造了
巫教：

> 庖牺氏作始有筮。（《天中记》卷四十引《古史考》）

但黄帝似乎对于巫教不感兴趣，有关传说中没能发现类似的
说法。

早期文明中，宗教发展的总趋势与社会生产关系密切，
最早出现的可能是一些动物崇拜与植物崇拜，也就是所谓的
图腾，这是渔猎采集生产活动中所遗留下来的。进入文明时
代，农业牧业的崇拜大大发展，其中最为突出的是祈雨仪式，
这种仪式东西方都很盛行。其次是丰收祈求，这种崇拜有时
与生殖崇拜结合起来，因为当时人们把庄稼的生长看成是与
人类生殖同理。这就是古代希腊人的狄奥尼索斯、小亚细亚
传来的阿都尼斯、巴比伦人的杜姆兹、古代埃及人的奥西里
斯等神灵崇拜产生的原因。性交与土地灌溉之间的关系也被
神秘化，中国古代的灌礼就是一种，估计这种礼仪中有原始
生殖活动的场面，所以提倡礼制的孔子就表示自己不愿观看
这种活动。也就是这时，宗教的理性化与人格化过程开始，
先是太阳神、天帝等自然神的出现，然后这种自然神或是多
神教变成了唯一的神上帝（天）。这一过程受到农牧业生产的
制约也是明显的，农业经济靠天吃饭，风调雨顺就可以丰收，
反之就会有大饥荒。所以决定风雨的天帝是唯一的最高神灵，

是农业文明宗教的必然选择。天帝崇拜长期统治从事农业生产的民族，这是为宗教发展史所证明了的。直到以后人类领袖取代了天帝，成为一神教为止。

语言的形成是部族文明的突出代表，最早的语言可能是原始氏族的沟通方式，它的出现是相当早的，渔猎与采集活动都需要语言来辅助进行，最早的语言在人类大迁移之前已经初步形成，但这是一种原始的语言，只有基本的词汇与语法。近年来关于美洲原住民语言的研究证明，他们的语言可能与旧大陆有关系，这是 500 年来关于美洲之谜的一种新解读。

由于部族的形成，大的部族产生共同的语言体系，有相当大的使用范围，成为以后世界各大语系的根源。从世界范围来看，有以下主要语系：

东亚、东南亚的汉藏语系，以后又分化为汉－泰语系与藏－缅语系。

非洲与小亚细亚的闪－含语系，这一古老语系构成与演变都相当复杂。古代埃及语也属于这一语系，闪族语则广泛使用于古代阿卡德人、亚述人、腓尼基人、古代犹太人、巴比伦人和阿拉伯人；此外还有柏柏尔语、库施语、非洲的班图语等也是这一语系的。

澳大利亚语系是一个独立的语系，但它的影响达到东南亚的马来亚－波利尼西亚语。

南亚语系多种多样，以达罗毗荼语系、蒙达语系、蒙－克梅尔语系。其中印度有多种语言，它的古代语言是雅利安语系，属于印欧语系。

中亚地区是阿尔泰语系的发源地，突厥人、蒙古人等属于这一语系的民族。

北部欧洲的乌拉尔语系是一种原生语系，以芬兰－乌戈尔－萨莫迪语系为主体。以后与印欧语系合流。

欧洲的印欧语系是一种大的古代语系，希腊语、斯拉夫语、日耳曼语、克尔特语、罗曼语、伊朗语、印度－雅利安语、亚美尼亚语、阿尔巴尼亚语等都是从这一语系发展而来的。

从语系的分布可以看出，语系划分其实并不是按现代区域划分的，这些古代语言可能在中石器时代之前已经形成，并且随着人类迁移分布到世界各地。古代语言之间也可能有多种联系，如印欧语系与闪语之间的联系就是一个例子。

文字的出现要晚于语言，文字历来被认为是文明的标志。文字的本质是一种表意与表音的符号，这种符号与语言是同一的，同一语言一般使用同一文字体系。只有发达的语言才有文字，相当多的语言没有文字。所有发达文明都发明出自己的文字系统，所以文字的产生也一定程度上说明了这个民族的文明程度。

关于文字的起源，历来有两种看法，一种看法认为文字起源于图画，另一种看法则认为文字起于刻符。笔者认为从当代研究的新成果来看，文字起源于刻符更为接近事实。图画是一种古代艺术，它起源相当早。旧石器时代的奥瑞纳－索留特列亚文化中就已经有大量相当成熟的动物图形，以后的中石器时代马格德林文化中又有大量原始绘画。法国、西班牙岩洞画，此外，在火地岛、美拉尼西亚群岛、亚马逊河热带丛林、赤道非洲等地都有大量原始绘画。但这些绘画表达的意义简单，艺术冲动大于思维与传达性质，不具有语言文字的特性。而且这些地方也已被证明，没有发展出成熟的文字体系。世界主要的古代文字类型是埃及文字、中国文字、苏美尔文字与阿兹特克文字，值得注意的是，这些古代文字都有从象形文字发展而来的过程，而早期的象形文字与刻符的关系是十分密切的，这些古代文字产生地，又几乎都有过陶文刻符的历史。可以推测，人类最早把语言的表意与表音特性用符号表示，先刻成陶文、泥板文字、甲骨文文字等各种文字，最后才发展成系统的象形文字。公元前一千纪，世界文字进入第三个发展阶段，从以象形文字为主体发展到以拼音文字为主体。腓尼基人发明的字母传遍了多个国家。

文字对于文明的意义十分重大，这种影响主要是三个方面：第一是对于民族意识的产生，从实践层面看就是对于国家的形成，每一个独立的国家与民族都有自己的语言。有一种重要的历史现象也说明，以表达词义为主要特征的语言文字几乎与奴隶制国家是同时形成的。第二，语言文字体系形成对于宗教的传播也有不可替代的历史作用。第三，文字对于文化经典的形成也是功不可没的，中国易经的起源地可能是中国西部，这里正是半坡陶文刻符的发源地。西亚波斯古地不但是陶文起始地，也是古代祆教经典的产生之地。正如我们已经指出的那样，人类历史上的三次大的文字传播，陶泥文字（包括刻符）－象形文字－拼音文字，都是世界范围内的大型传播，都对于世界文明的进步有重大推动作用。这种传播的结果是文化经典的产生，民族国家的建立、宗教体系的统一。人类从文明起源阶段的以血缘关系为主的部族团体，进入以地域和行政为主体的民族国家阶段。

公元前一千纪，腓尼基人发明了拼音字母，在这种字母的基础上，形成了以字母为发音和书写符号、以音素为拼读单位的文字系统。由于腓尼基人是商业民族，他们与世界多种民族有广泛的交往，这种拼音文字的优点受到赏识，迅速传遍了世界各国。引人注目的事实是，许多大帝国也就在此时产生：波斯帝国、亚历山大王所建立的横跨东西方的大帝国、希腊化时代各国、罗马帝国、拜占庭、阿拉伯帝国，全都使用了这一种文字。同时，文字与宗教之间也产生了历史与共时的联系与共鸣，这种联系甚至会扩大化，影响到政治与国家体制、新旧思想的交替。文字与语言结合，它对于文明的影响就更大了，中世纪欧洲拉丁文成为基督教思想的象征，而欧洲各民族国家的语言则被称之为"俗语"，是不登大雅之堂的语言。意大利人但丁写了《论俗语》来为意大利语辩护。中国文言文统治达到2000年，20世纪初期的新文化运动才使得这种语言文字的统治地位被推翻。不再使用文言的同时，才真正"打倒孔家店"了。

早自文明起源时代，世界性的大宗教开始选用固定的文字系统表达自己的教义，产生宗教凝聚力。正如俄国语言学家B. A. 伊斯特林所说：

> 在这个时期，许多文字体系变成了最大的宗教学说的正式文字体系；例如，希伯来文字成了犹太教的正式文字，波斯－巴列维文字成了祆教的正式文字，拉丁文字成了西方基督教的正式文字，希腊文字和叙利亚－阿拉米文字成了东方基督教的正式文字，阿拉伯文字成了伊斯兰教正式文字。所有这些宗教教义中，犹太教虽然存在了几千年，但它始终是希伯来人的宗教，可萨人接受犹太教恐怕是惟一的例外情形。祆教也几乎没有越出伊朗的国境，此外，它很快就被伊斯兰教所排挤。①

以后，中世纪后期就有各民族国家的兴起，拉丁文一统天下的局面被打破，罗马教皇再也不能以拉丁文来号令天下了。只有在古代宗教典籍、医学、生物学等学科领域里，仍然保留了拉丁文的地位。东方基督教则早已经没有统治性文字了，拜占庭皇帝一直不能用希腊文字来统一自己的领地，索性就放弃了"书同文"的梦想，让臣民与诸侯使用自己的文字来传教。在

---

① ［俄］B. A. 伊斯特林：《文字的产生和发展》，左少兴译，北京大学出版社1987年版，第274页。

这方面，似乎东方帝国的传统并不彻底，远不如罗马教廷更为集权。

从以上分析可以看出，文明的兴起受到自然条件的支配是无可怀疑的，但这绝不是自然决定论，只能说是自然为人类文明提供了条件，文明是人类的创造，它的发展主要不取决于自然环境的变化，但是也不是人类主体单方面所决定的，像某些西方学者所说，人类种族是决定因素。当然，它也不是所谓的"挑战与刺激"式的反应。文明，从形成的原理来说，是主体与客体之间的作用方式的历史形态化。同样的地理位置、气候条件，甚至同样的人种，由于与自然之间产生作用的方式不同而有了不同的文明。有意思的是，一旦这种作用方式变化，人类种族本身也发生极大的变化。欧亚大草原自古以来一直是农业民族与游牧民族共同生活之地，但是，从事农业的民族与游牧者之间的文明则完全不同，可以说，文明的产生是取决于文明类型本身的力量。例如，中国西周王朝的先祖曾经长期过着游牧生活，或有可能被游牧民族所裹挟，直到公刘时代才来到岐山，开始大规模的农业耕作，从游牧民族变为农业民族。这样，他们的文明发生了根本的变化，"取厉取锻，止基乃理"，掌握了冶炼技术，农业生产技术大大进步。根据历史分析，冶炼技术很可能是游牧民族最先掌握的，周民族由于与游牧民族关系较近，才可能较早掌握这一技术，并将其运用于农业生产之中。"民亦劳止，汔可小康。惠此中国，以绥四方"。从中可以看出，他们有了初步的民族与国家认同，建立了文明社会，逐渐强盛起来。

世界文明总体进程正是这样的变化过程，第四纪晚期的地球环境为渔猎采集、农业与牧业的发展提供了条件。而不同的生产形态（渔猎—农牧—农牧混合等）、宗教与意识形态就直接影响着各种文明，决定了文明区域的划分及文明类型的区别。

不同文明之间对于资源的利用与争夺，河流湖泊森林草原的分配、耕地的归属，使得欧洲、亚洲、非洲、澳洲甚至极地圈内都进行着斗争，随着北极地理变化，宇宙的开发，向新空间发展的可能性不断增加，文明之间的互相争夺与共同协作都在同步发展，同时，文明之间的互相渗透与影响也在发生，世界历史将呈现出多元文明共存的景象，世界精神与人类精神互相之间的融合，是这幅美丽图画的未来。

第六章　古代文明及其类型
（新石器时代－公元 5 世纪）

一、全新世：文明之始

　　漫长的冰期结束，全新世终于开始了。这个时刻大约在旧石器时代与新石器时代之间即 12000 年前，这个时期的主要特征是全球变暖，湿润的气候对于植物生长是十分有利的，这就为农业生产的发展创造了条件。另一方面，由于气候变暖，海平面上升，原来露出水面的岛屿、岛屿与陆地的通道淹于水下，阻断了人类迁移的通道。人类开始定居于各大陆，各大陆、次大陆的主要交通阻断，人类开始种内繁衍，开始形成种族。所以世界主要人种的划分可能从这个时期起变得清楚起来。同时，由于冰期形成的极地冰盖开始融化，大地江河横溢，洪水泛滥，给人类留下了大洪水的历史记忆。几乎所有民族的古经典中都记载了大洪水的传说，两河流域的传说、中国古代传说及《圣经》中充斥着大洪水的记忆。在这种自然条件下，人类经历了冰期之后生活最艰难的时代，适于寒代带候的大型兽群在古老的大陆已经绝迹，以渔猎为生的人类捕食日益困难，人类不得不发明了驯养与栽培，从渔猎型生产向农牧型转变。人类开始定居，形成部落与家庭，发明了制陶与金属冶炼技术，进入文明社会。人类进入文明社会，是人类自身的发明的结果，也是自然环境的迫使。G·恰尔德曾经模仿恩格斯关于"工业革命"的说法，把新石器时代称之为"石器革命"，同时也有另外一些称呼，如由于新石器时代发明陶器，有人称其为"陶器文明"等①。我们认为，这一时代最主要的转折还是农牧业的兴起，应当称之为农牧业文明。渔猎采集是人类依靠自然的生产，而农牧业生产是人类创造自然产物的生产，是文明的开端。但同时也要强调，农业文明并不意味着只有农业生产，农业文明时代的渔业、牧业与早期工商业也相当发达，它们对社会的作用也相当重要。从新石器时代起到公元5世纪，是世界古代文明阶段。

新石器时代人类发明非常多，如小型船只、车辆、弓箭、玉器等都在这一时期出现。这些发明中，陶器与纺织是其中非常重要的。它们的重要性并不只是有利于人类生活质量的提高，最重要的是代表了古代工商业生产的兴起。笔者一直认为，古代文明类型中，早期工商业是一种重要的形式，但是由于历史时代的限制，这种类型只在部分地区较为发达，如地中海文明。陶器在亚洲与欧洲的出现都非常古老，它的最初出现是在亚洲还是在欧洲，目前还没有明确结论，最早出现的可能是黑陶，以后出现了彩陶。如果我们稍加注意，就会看出，从西太平洋海岸到中国良渚文化的黑陶、半坡文化的彩陶、克里特人的精美彩陶、亚平宁半岛上伊特鲁里亚人的黑陶，都是世界艺术精品。但陶器的出现，主要意义是对于人类取水、烹饪、熟食有重要影响。而纺织的出现也相当早，这里的纺织是指人类手工纺线与织布，最早的纺织以野生的植物纤维为原料，主要是野生的大麻和苧麻等，以后人类发现了更好的亚麻。纺织史上，最独特也是最早的发明是中国蚕丝与丝绸，这一发明在中国约有近万年的历史，我们所发现的最早丝织品残片已近8000年了。欧洲与近东则是羊毛的主要产地，绵羊毛织品是传统的衣

---

① 关于陶泥文明的理论与历史分期，可以参见方汉文《陶泥文明》（山东美术出版社2008年版）的有关论述。

服原料。纺织工艺的出现，使得渔网成了重要的生产工具，捕鱼生产发生了大变化。

总之，古代社会中，农业、牧业与古代工商业几乎同时起步，生产与商业联系起不同种族与部族，形成古代文明。

1. 驯养与畜牧

人类学会畜牧可能在培植活动之前，特别是对于有的民族来说，能不能饲养家畜是他们文明进化的基本标志。摩尔根就曾经指出：

> 但是，到野蛮阶段中期开始之时，东半球最先进的民族虽然不知有谷物，却已经有了家畜，因而能得到肉类和乳类的供应，他们的生活状况远胜于美洲土著；处于同期的美洲土著虽会种植玉蜀黍等作物，却没有家畜。闪族和雅利安族之从大群野蛮人当中分化出来，似乎就是由饲养家畜开始的。[1]

他关于东西半球的比较是不可靠的，但是关于闪族与雅利安族饲养家畜早于耕作的判断是完全可能的。

根据农业考古学的研究，在家畜中人类最早驯养的是猪，大约在 10000 年前，人类已经从野猪中驯养了家猪。但是犬是例外，由于它是狩猎时代的产物，与弓箭一样，也是一种生产工具，不过是一种活的工具。所以犬也是人类最早的伙伴，苏联学者们认为狗的驯化是"人类文化史上的一个重要事件"，并且认为它揭开了畜牧业历史的第一页，这种说法也是有一定道理的。据说布须曼人早在新石器时代就已经驯养了狗。世界上最古老的狗的种族——西藏獒犬早在远古时代就已经与人类

---

① ［美］路易斯·亨利·摩尔根：《古代社会》上册，杨东莼、马雍、马巨译，高等教育出版社 1997 年版，第 21 页。

共同生活在青藏高原上了，由于高原特殊环境，这种犬保持了狼的骨骼与生性，退化最少，可以说是从野兽向家畜过渡的一个样板。另外，早在14000年前，伊拉克帕勒高拉地区的猎人们已经驯养了最早的犬，用于捕猎活动。最早的家畜都是渔猎时代由与人类关系最密切的野兽驯养而来的，其起源不难推测，当猎捕的动物一时过多，超过当时的食用需要，就会用圈栏关起来。长期的驯养使得野兽驯化，成为家畜，绵羊的驯养也已经有10000年以上的历史。最难驯养的是善于奔跑的马，这是可以想见的，所以世界各古代遗址中，最晚发现的是马的骨骼。但即使如此，仰韶文化遗址中，马的发现已经十分普遍。

畜牧业的发展给人类生产生活带来巨大的变化，有意思的是，可能最早的驯养者是妇女，她们在驯养了家畜家禽之后，成为畜牧业的创始者。当家畜与牲畜多到一定程度时，野外狩猎变得没必要，主要生产方式变为养殖。生产的对象改变，生产主体也随之变化，昔日的猎人变成了牧人或是农民。世界农业文明发展布局是这样的，森林与草原集中的欧洲与部分亚洲地区首先发展了畜牧业，特别是东欧地区与亚洲北方的草原上，畜牧业产生较早。而一些土壤形成较好的冲积平原上，如北非尼罗河流域、印度河流域、西亚两河流域、中国黄河长江流域等地，农业种植业较早兴旺起来。

非洲的畜牧业在晚石器时代已经发展，从几内亚、尼日利亚等地的遗址中，已经发现有狗、牛的遗骨。东非肯尼亚南部的纳罗苏拉遗址中，发现了大量的家畜动物化石，如山羊、绵羊、牛等都已经存在。欧洲与亚洲的考古也证明，家畜家禽的驯养对于居民生活水平的提高有巨大影响，私有财产中，牲口的拥有量与土地的拥有量一样，是财富的标志。而且明显可以看出，当时的社会已经有了农业与畜牧业分工。伟大的农牧文明时代到来了。

2. 水稻与小麦的起源

粮食生产是人类生产中最为重要的生产形式，它也是起源最早的农业产品，特别是人类主要的粮食产品小麦与水稻，是它们养育了人类，它们的出现扭转了人类食用野果与兽肉充饥的历史，在没有粮食的时代，正如韩非子所说："民食果蔬蚌蛤，腥臊恶臭而伤腹胃。"人类在食用谷类产品之后，脱离茹毛饮血的原始状态，体质与精神都有巨大的变化，人类变得更健壮也更聪明，才具备了不同于野兽的体质与精神状态。

但是人类何时种植谷物，一直没有确切的答案。大多数研究文明起源学者只是依据史书上所载"神农"、"黄帝"的传说或有关记载来判断，缺乏准确的纪年；西方人类学家、史学家的某些没有根据的说法，有些就属于猜测。如相当多的西方学者认为，主要农作物产生于如下民族：

稻谷这一农作物是由印度人最早栽培的。

爱琴海的希腊人种植了小麦与斯佩尔特小麦；

欧洲的日耳曼人种植了裸麦和燕麦；

玉米最早的种植者是美洲人。

其实这些说法大多数属于臆测和附会。我们不妨以水稻为例，关于它的起源可谓说法纷纭。当代生物考古学家认为，所谓水稻（Oryza sativa）应当指经过驯化与栽培的作物，它不是指野生状态的草本。世界学术界对于水稻起源的基本观点并不一致，西方考古学家瓦特（Watt）、瓦维洛夫（Wavilov）和日本学者加藤茂苞等都发表过论著，认为水稻起源于印度的奥里萨邦。不过这种说法并不是很精确，因为印度国内的考古发现证实，是在中部的卢塔尔最早发现了稻谷，时间大约为公元前1700 年前。水稻大约起源于旧石器时代的晚期，也就是所谓的中石器时代。它的栽培历史最早可以推至距今约 10000 年前后。

本书作者认为：就农业产品的起源来说，我们必然尊重科学考察方法。生物考古学的规律是，人工栽培的植物是从野生植物中挑选培育的，所以任何一种人工栽培植物的起源地区，必然有野生品种同类植物的存在。当人工栽培这种植物成功之后，野生品种也会保存下来。

历史学家陈炎曾谈到过在浙江河姆渡考察的结果：

> ……而河姆渡的稻谷遗存经 C^{14} 测定为公元前4970年，距今约7000年。这一发现惊动了全世界，中外学者已经确认河姆渡是世界上有大量物证的最早水稻产地。我国考古和农业专家还进一步论证了河姆渡文化是中国稻作农业的发源地，并以它为中心向四周扩散，向东北越海传到朝鲜和日本；向南越海传到台湾和东南亚各国。今泰国、越南、缅甸都称稻为"谷"，与南方越族先民称稻为"谷"一致。过去学者们认为越南的"占城稻"对中国的水稻种植曾产生过影响。其实它的老祖宗却在河姆渡，最初由中国传入越南，经过改良后，又反馈到中国的。[1]

1921年，安德森在河南渑池仰韶文化的新石器时代陶器上发现了水稻壳的印痕。这一发现引起西方学者的重视，经过研究，确定其为栽培稻种。从那以后，中国大地上不断有古代水稻的发现，如1955年安徽大城墩新石器遗址、湖北的屈家岭、天门县石家河、武昌洪山新石器遗址，1956年在云南剑川海门口、宾川县白羊村、元谋县大墩子新石器遗址，1960年在云南滇池周围的新石器时代遗址、1956－1958年在吴兴钱山漾遗址、1959年在杭州水田畈遗址、1973年在河南淅川黄楝树遗址、1974年在浙江余姚河姆渡遗址、1988年在湖南澧县彭头山遗址

---

① 陈炎：《海上丝绸之路与中外文化交流》，北京大学出版社1996年版，第3页。

等地，陆续发现碳化水稻，分布时期从 8000 年前到 4000 年前。这些确凿的证据证明，中国的黄河长江流域的新石器时代早期到晚期都有水稻种植。

此外，中国有大量的野生稻，这是水稻在中国的起源更为坚实的依据，水稻是从野生稻栽培而来的，只有本地有野生稻，才可能栽培出水稻。专家指出：

> ……在海南分布有多年生普通野生稻（Oryza perennis，或 O. spontanea）、药用野生稻（O. officinalis）、疣粒野生稻（O. meyeriana）。在广东（博罗等地）分布有多年生普通野生稻和一年生野生稻（O. satava f . spontanea）。在广西（桂林等地）分布有多年生普通野生稻和一年生野生稻。在云南（思茅等地）分布有多年生普通野生稻、药用野生稻、疣粒野生稻和一年生野生稻。在福建（漳浦等地）分布有多年生野生稻。在湖南（茶陵、江水）分布有多年生普通野生稻。在江西（东乡、贵溪）分布有多年生普通野生稻。在安徽（巢湖）分布有深水野生稻。在新疆（新源）分布有秕壳草（Leersia oryzoides）。在四川分布有多年生假稻（Leersia hexaandra）。在西藏（察隅等地）分布有一年生野生稻等等。以上各野生稻种与栽培种都保持着一定亲缘关系，有远有近，如果把它们有机联系起来，进行核型结构、同工酶谱和遗传亲和力的分析，相信会表现出在稻种形成上具有科学意义的进化程度。因此作者认为，中国是栽培稻种发源地之一。在作者考察前后，我国科学家曾进行过同样的大量工作。[①]

诸如“占城稻”和“印度稻”的水稻起源论，虽然有一定影

---

① 李璠：“起源于中国的栽培植物及其原始农业文明”，载黄盛璋主编《亚洲文明》第三集，安徽教育出版社 1999 年版，第 33 页。

响，但缺乏严密的科学研究和考察，所以结论难免有不实之处。

在农作物中，除了水稻之外，最重要的当数小麦、大麦等谷物的种植，相当多的西方学者认为：美索不达米亚是史前小麦的故乡。因为从史前遗址中已经发现了小麦的碳化籽粒与小麦麦穗。

本书中我们不妨再对世界小麦培养的历史稍作追溯。美索不达米亚文明历来被认为是小麦的最早培养者，经过对美索不达米亚平原野生小麦品种研究，发现它们是一粒系与二粒系小麦，这就证明，美索不达米亚小麦与当代世界主要小麦品种不同。而我们今日所说的小麦是所谓栽培普通系小麦种（六倍体，$2n = 6x = 42$），这是当代世界主要小麦品种，是面粉的原料。李璠先生认为：这种小麦起源于中国。在中国已经发现此种古代小麦的印迹。1985 - 1986 年在甘肃省民乐县东灰山新石器遗址中，发现了多种粮食的碳化籽粒，其中就有小麦的碳化籽粒。这些籽粒形态完整、呈椭圆形，胚部和腹沟清晰可见。在小麦分类上属于普通小麦（Triticum aestivum）。碳十四年代分析有三个数据：ZD2 - 229：5000 ± 159；ZD2 - 275：5625 ± 74，ZD2 - 276：5775 ± 47 年。当代中国农业科学家和考古学家们宣布：他们发现了普通六倍体小麦的多种亲本，也就是野生的小麦。这种野生小麦的发现地有以下：

1979 年李璠教授在中国西藏发现六倍体西藏野生小麦（Triticum sizangense Li，ssp. nov）。

20 世纪 50 年代初李璠在陕县三门峡和卢氏县等地发现山羊草属 Ae squarrosa，即"中国小麦草"，分布黄河流域直到新疆地区。

同样是在 50 年代金善宝教授在云南发现"铁壳小麦"，并且把它定名为"云南小麦"（Triticum yunnanense），这是一种从野生到普通小麦的过渡型品种。

发现证明了野生小麦从野生向栽培的演变的类似自然进化系谱。普通小麦是在中国经过人工培育成功的，中国小麦是独立栽培成功的。李璠指出：

> 长期以来，学术界对普通小麦的起源迷惑不解，我们的发现使这一疑难得到澄清，那就是普通小麦起源于中国，原产地在青藏高原。在甘肃仰韶文化的早期已经栽培普通小麦了。A. De 德康道尔在所著《农艺植物考源》一书中认为，从中国本部延伸到幼发拉底河流一带，气候相似，在史前时代可能就是小麦栽培的故乡。达尔文在其著作中引用罗兹列尔·德隆卡姆的话说："史前有三个小麦新种或变种由中国的蒙古引进到欧洲，他认为这些都是那里的原始种。"大概在史前，中国的普通小麦和黍稷一起被带到瑞士湖居，导致欧洲普通小麦的兴起并普及世界各国。由此知道，西亚的幼发拉底河流域是一粒和二粒小麦的故乡；东亚的黄河流域是普通小麦的故乡。中国古代人民在选择和培育普通小麦的工作上，对全人类赖以生存的主要粮食作物之一，作出过卓越的贡献。①

由此可知，当代世界的主要粮食作物之一——普遍小麦——也有可能是从中国起源。中国古代典籍《淮南子》中说："于是神农乃教民播种五谷，相土地……"《史记》中则说是"轩辕艺五谷"，所说的就是黄帝的时代。神农与黄帝的时代就是新石器时代，是中国农业起源的时代，也是中国文明起源的时期，由此可以推测，大约在 10000 年前到 7000 年前，中国已经培育出小麦品种了。

据埃及考古学家研究，埃及在距今约 10000 年前的约旦贝哈遗址中，已经可以看到加工大麦的石磨与镰刀等。耶莫遗址

---

① 李璠："起源于中国的栽培植物及其原始农业文明"，载黄盛璋主编《亚洲文明》第三集，安徽教育出版社 1999 年版，第 30 页。

距今约 9000 年，已经发现有原红小麦、原小麦和扁豆等。西非
的一些国家如几内亚、加纳、塞拉利昂等，石器时代已有薯类
的种植。东非地区是古代亚非两洲的交接地带，来自非洲的高
粱、可可、芝麻、豇豆、薯类、油棕、西瓜、南瓜等从这里经
过埃塞俄比亚传入亚洲，而亚洲的主要农作物如豆类、麦类可
能同样传入非洲。一般认为埃及农作物是从两河传入的。

中国古代的农林牧业起源相当早，已经成功栽培出多种农
林作物：

在浙江河姆渡、河南裴李岗、西安半坡村、河南大河村等
遗址都发现：普通大麦（Hordeum vulgare）、粟（Setaria itali-
ca）、高粱（Soghum vulgare）、稷（Panicum miliaceum）等"五
谷"类主要粮食作物，另外还有桃（Prunus persica）、樱桃
（Prunus pseudocerasus）锥栗（Castanea henryi）、葫芦（Lagena-
ria siceraria）、菱角（Trapa natans）、芡实（Euryale ferox）、枣
（Ziziyphus jujuba）、核桃（Juglans regia）、油菜（Brassica
chinensis）、莲（Nelumbo nucifera）等的种籽，并且这些植物在
中国都有野生种，根据史书记载可以证明已有 5000 年到 8000
年的栽培史。

经济类作物，在中国也有久远的历史。茶（Camlia sineni-
sis）、大豆（Glycine max）、柑桔（Citrus sp）、梨（Pyrus brit-
schneideri）、李（Prunus salicica）、梅（Prunus mume）、海棠
（Malus sp）、杨梅（Myrica rubra）、枇杷（Eriobotrya japonica）、
柿（Diospyros kaki）、香榧（Torreya gradis）、荔枝（Litchi
chinensis）、龙眼（Litchi chinensis）等各类作物，被公认是中
国起源的，它们都有野生品种，并且有历史记载。

农业文明是在世界不同地区同时发生的。从地球大环境来
说，是全新世的到来，为人类提供了开展农业生产的条件，人
类选择最适合的自然栖息地，并且在这些地方发展了农业文明。

黄河、尼罗河、美索不达米亚平原上的两河冲积地，都是最佳选择。灿烂的农牧文明是人类历史最伟大的贡献之一，直到今日它仍然直接影响着我们的生活。还有许多重要发现在此无法逐一列举，如"服牛马"即牲畜力的使用。棉花中（Gossypium herbaceum）、番茄（Lycopersicon esculentum）培育等，在古代就已经传遍世界，它们也是人类农业文明的成果之一。考古发现的意义不在于一种认定，比如哪里最先种植某一种作物这一事实本身的认定，它的意义在于说明一个民族农业文明发展的历史阶段特性，从而认识到，从新石器时代开始的农牧业生产作为人类文明的开端，其意义是永恒的。

3. 农牧生产的主要类型

世界农牧业的不同发展阶段中，有三种主要类型：

自然依赖型农业　　这是农业文明发展的初级阶段，以新石器时代和铜石并用时代为主，主要特征是农业生产的过程与成果完全依赖自然环境。自然条件利于农业发展时，也就是风调雨顺的年头，没有干旱、洪涝灾害等自然现象时，农业耕作与收成成功，反之，则会形成饥荒。这种农业大约主要存在于10000 年前到 5000 年前，开始主要分布在下列地区：两河流域的莫耶地区、耶利哥地区、沙塔尔·休干等地区，这是苏美尔文明之前的古农业；中国的黄河长江流域的裴李岗、磁山、河姆渡等地，包括较发达的仰韶文明，这是中原夏商周三代之前的古代农业；另外还有中美洲和安第斯山的墨西哥、秘鲁等古代农业区域，也都属于这一类型。非洲也是这种农业的一个重要的地区，西非等地早已经有古代农业的产生。

自然依赖型农业最主要的特征是没有大型的农业灌溉系统，因而缺乏对旱涝自然灾害的对抗的能力。其主要工具一般为石器与铜器，这是农业的起源时期，反映了人与自然关系中人类受自然条件支配的地位。这时的人不是具有主体地位的人。

独立型农业　　当农业文明发展到一个新的阶段时，出现了新的形态——灌溉型农业——这是人类调节自然环境对于生产作用的重要尝试。这一形态的出现首先得益于由于铁器工具的使用，不仅是耕作，对于人类工程建造、军事、城市建设等方面的能力也有极大提高。对于河湖海洋水利等自然环境的认识也不断加强，人类开始修筑水利工程，包括灌溉渠道、小型水库等，农业生产有了独立于自然条件的特性。

早期埃及的农业发展受惠于西亚地区，西亚人向埃及人传入了大麦、小麦的种植、动物的驯养等农业技术。由于埃及有比西亚更为优越的自然和人文条件，尼罗河水形成的冲积平原利于灌溉，而且受到邻国的政治军事干扰少，所以较早发展了灌溉事业。埃及重视农业灌溉，国家的行政区划就是依照灌溉地区的不同而划分为州，称为"诺姆"。全国分为数个州，由中央政府统一管理。所以有的西方学者就认为，东方国家的封建集中制成于农业的水利事业，正是水利设施的管理形成了从中央到地方的严密管理体制。州长用埃及的象形文字来表达，就是"挖掘河渠者"，州长的职务出现相当早，大约在第一王朝时就有了州长，其主要工作就是领导修建水利工程。从这里可以看出，水利是埃及农业的中枢，是国家最为重视的关键。水利灌溉是农业的表征，如同羊毛加工是工业化的象征完全一样。

古代中国灌溉发达，从春秋战国时代开始就有大型水利工程的修建，四川成都的都江堰是当时世界上最浩大的水利工程，这一工程修建成功，对于中国西南农业发展有巨大的推动作用。秦始皇统一中国后，由韩国工程人员郑国主持修筑了郑国渠，灌溉整个渭北与关中部分土地，并且开垦大约 4 万顷土地，从而使黄土高原上的秦国成为列强之首。汉代关中又大兴水利，渭河以南的漕河渠、渭河以北的龙首渠，都是当时的大型水利工程，中国成为农业大国，关中等地的古代水渠一直使用至今。中国农业能养活世界上最多的人口，其实与其悠久的农业水利建设历史有直接关系。中国水利的重要性引起西方学者的极大兴趣，认为这是与埃及人极为相似的，他们认为中国古代行政单位"里"也是来自于农业灌溉的概念，《剑桥中国秦汉史》中写道：

> 总之，里的农业居民是汉政府赖以建立的基础。里本身随着春秋战国时代的农业变革而发展。特别是，它是国家通过治水和灌溉来开垦新地的结果。①

这种说法也是有一定道理的，无论是古埃及的"诺姆"，还是中国汉代的"里"，都反映出农业生产技术对社会行政的重要影响。马克思论及古代东方社会与亚细亚生产方式时，已经指出古代农业灌溉对于社会生产的重要作用，其主要观点即与此相似。可以说，古代农业灌溉作为一种生产力与生产方式，其作用直接或间接地体现于社会的上层建建筑与意识形态之中。

　　新型农业的出现并不完全是自发的，一定程度上，这种独立型农业产生的地区，都是文明发展较早、自然条件不断恶化的地区，而且人类生产本身具有一定的破坏性，这种破坏性加剧了自然条件的恶化，以致形成恶性循环。埃及尼罗河流域的农业文明建立于10000年前到5000年前，那正是尼罗河流域气候最宜人的时代，从公元前12世纪起这里就变成了一片大沙漠。

　　正像美国学者戴尔所说："随着文明从尼罗河流域和美索不达米亚向地中海沿岸和近海岛屿的蔓延……来自灌溉区域的

---

　　① ［英］崔瑞德、鲁惟一编《剑桥中国秦汉史》，中国社会科学出版社1992年版，第593－594页。

开化农民尝试着将他们在尼罗河流域与美索不达米亚地区的稳定土地上所学会的耕作方式移植到这里来。……他们这样做了，结果是从贫困走向灾难。"① 虽然灌溉一定程度上解决了农业生产的用水，但并不能真正使古代农业完全自立。灌溉不是万能的，大部分土地仍然不能依靠灌溉来得到解决，所以这种农业还不是完全独立不靠天雨的农业，自然环境仍然从总体上辖制着农业生产。以灌溉发达的陕西关中为例，1929 年关中大旱，饥民死亡无数，是中国史上的大悲剧。公元前 12 世纪，尼罗河水位大幅度下降，肥美的尼罗河平原被沙漠所盖，河口三角洲的派鲁亚克斯河已经断流，最后北方首都不得不迁都。有学者认为，曾经辉煌一时的埃及农业最终是因为气候变干燥而消亡的。我们并不认为尼罗河水量变小会使得整个埃及文明灭绝，但是必须承认，这种农业生产模式可能会对自然环境造成巨大的毁灭性的危害。

互利型农业生产　　农业文明在人类社会中的统治地位其实早自 17 世纪就已经结束，工业化宣告了农业文明时代的结束，但这并不意味着农业生产对于社会变得不重要，农业对于大多数国家来说仍然是国民经济的基础。而农业生产本身也在经历着巨大变化，近代以来农业生产从相对独立型发展为互利型生产，虽然目前仍然处于实验阶段，但已经是农业生产的方向，有巨大的生命力。

互利型农业生产的主要目标就是改变农业生产对于自然条件的依赖，以人工方式取代自然满足农作物所需要的条件，达到人与自然互利的目的。这种农业生产的形态是十分复杂多样的，也是一个渐进的过程。如实行大型机械化农业生产，大田

----

① ［美］弗·卡特、汤姆·戴尔：《表土与人类文明》，庄崚、鱼姗玲译，中国环境科学出版社 1987 年版，第 48 页。

作业，采用喷水或滴水等新式灌溉方法，运用化肥来解决土地肥力递减，以后又发展出温室型农业等，基本上解决了灌溉等问题。即使在缺水的情况下，仍然能使农业正常发展。

虽则如此，如果认为农业可以完全摆脱自然环境的影响，那是完全不可能的。因为归根结底，人类全部社会生活都不可能不受到自然环境的作用，农业作为一种社会生产也不能成为例外。

二、农牧文明的主要模式

农牧业文明其实是人类所创造的第一个文明，在此之前的渔猎采集生产时代，虽然也有学者称之为"文明"，我们有时也沿用此说，但实质上并没有真正达到文明社会的标准，只能说是前文明阶段。文明的标准与条件如我们所强调，是一个系统结构，是三个主要层次，渔猎生产时代离这三个层次中的任何一个都相差甚远。归根结底，文明是人类由受自然控制的被动生产生活向主动创造型生产生活的转化，文明是人类相对于自然的创造，这是渔猎生产所不可能达到的，而只有在农业生产中，才可能说达到了这一总体目标。但是从另一方面看，农牧业文明中，人类又只是一定程度地摆脱了自然的桎梏，即作为人类主体的创造性虽然得到了体现，这种创造性又只是直接依托于自然环境的。人类还没有能力改变自然的主要条件，这种情形可以说至今依然存在，人类不能控制风霜雨雪，冬暖夏凉，地震海啸等自然变化。从宏观看，地球环境的变化对于整个农业文明生产的兴衰起落仍然具有重要的作用。当然，因为从根本上来说，自然是人类之母，它也根据自己的变化塑造了人类文明，使得人类文明模式永远深深烙上环境的印记。人类文明不是与自然对抗，而是与自然达到互利与互补，这是文明的最终目的。

文明起源初期，也就是地球的全新世开端，被看做是一个现代间冰期，是近 300 万年来，地球从最寒冷的第四纪最后一次大冰期后开始转暖的一个时期。这个时期开始于 10000 年前，在这个时期中，农牧业应运而生。在距今 9000 前到 6000 年前，地球表面温度达到历史新的高度，成为一个高温期。这样就使得各大陆中心地区温度达到相当高的地步，从而形成了热低气压地区。而地球表面大部分地区是海洋，海洋温度升高缓慢，所以气压也相对低。这样会造成陆地与海洋之间温差加大，特别是主要大陆欧亚大陆，与海洋之间的温差加大，会形成全球性的西南季风。这种季风挟带着大量的雨水，向大陆深入，温暖的季风改变了大陆干燥的气候，为农牧业生产大面积展开提供条件。世界五个大的农业文明区域就在此时形成。

可惜的是好景不长，这种季风从距今 6000 年前到距今 3000 年前最为强劲，这也正是美索不达米亚文明、埃及、中国、古印度、美洲等主要农业文明兴旺发达的时期。近 3000 年来，地球环境发生变化，西南季风渐衰，使得大陆气候趋于干旱、沙漠化。各主要农业文明几乎都逐渐衰落（其中有个别农业文明如中国农业因为青藏高原的崛起而得以幸免），两河、埃及等地都沦为沙漠或沙化土地。那么，为什么近 3000 年来地球气候发生如此之大的变化？据地球科学家美兰柯维奇（Milankovisch）等人的看法，这是由于地球运动的缘故。因为地球轨道偏心率、地轴倾斜度和岁差现象三者是变化的，它们的变化使得地球接受太阳能量而产生变化，从而引起地球气候的变化。根据这种解释，大约 6000 年前，北部非洲、东亚、中近东、南亚、中南美这些地区受到不同的季风影响，气候变得多雨温润，适合于农牧业发展，由于多种条件的结合，最终使得这些地区成为世界农业文明的中心。

但是，我们先不要盲目赞同米兰柯维奇的学说，因为地球环境毕竟只是农业文明诞生的外部条件之一，除此之外，各民族社会与意识形态的性质是相当重要的因素，这其中涉及民族的生活方式、政治制度、宗教信仰、周边关系等因素，最终决定了农业文明中心的形成。所以，古代文明中心都是有连续历史、有文化传统的部族所创造的。世界古代文明中心，可以分为两个大的类型，一种是以农牧业混合为特征的文明，如美索不达米亚文明、南亚印度河谷文明、中南美文明等，这些文明中农业与牧业都有重要位置。这里较早形成了城邦制度，可以称之为西亚文明模式；但这些古代文明已经较早地衰落或是转型，都不能看做是完全连续的文明。另一种是以东亚为代表的农业为主的文明，这一古代文明中，以城邑发展和井田等多种形式存在，其中的黄河－长江文明是延续时间最长的文明模式，这种文明模式的生产一直是农业为主体的。当然这种划分不是绝对的，任何一种农业文明都有同时期的牧业存在，这种划分只是对于文明发展中的特点的掌握。

1. 美索不达米亚农牧混合文明

一般认为，世界最早的农业文明形成于西亚美索不达米亚平原上。虽然我们已经从非洲史上可以得知，西亚农业可能是从非洲传入的，这是一种相当普遍的看法。但是，如果从大规模的农业生产来看，西亚与埃及的农业才是比较典型的古代农业，这是无可怀疑的。西亚农业，根据学者们普遍的看法，这是一种萌发最早、也衰落最早的文明。"从约公元前3300年古朴象形图符的出现到公元前323年波斯帝国的灭亡，两河流域文明经历了3000余年的历史"[1]。虽然这一文明早已消亡，但

---

[1] 张强：《古代近东与西方古典年代学研究综述》，见东北师范大学世界古典文明史研究所编著《夏商周断代工程报告集：世界诸古代文明年代学研究的历史与现状》，世界图书出版公司1999年版，第1页。

无论从任何方面来说，它都不只是达到了文明社会的标准，而且可以说是古代文明的典范。它对于世界文明的影响至今犹存，也正是它为文明发展提供了经验。特别是由于它的过早衰败，反而为我们保持了一种古代农业文明的优美画卷，如同古代化石一样，可供我们分析与比较。

（1）西亚文明启蒙模式

美索不达米亚文明的产生与衰落引起人们关于文明理论的极大关注，相当多的学者认为，自然条件艰苦的西亚地区最早发生文明，意味着人类对于自然条件的一种挑战。这是汤因比的所谓"自然挑战论"的一个典型。

从自然条件来看，这里其实并没有一般人所形容得那么艰苦，可以说是属于中等条件的地区，比起尼罗河与中国古代黄河地区的条件稍差一些。这里有两条大河底格里斯河与幼发拉底河流过，冲积平原土地肥沃，有相当好的灌溉条件。事实上这里曾经有过古代世界最发达的灌溉渠道，当时渠网密布。但是它的河流没有尼罗河水量充足，而且上游没有大的湖泊可以作为水源的调节。据有关资料显示，这里的河道与渠道曾经大规模堵塞，所以这里的洪水频发，据学者们推测，《圣经》里的大洪水的原型就是两河的洪水。直到近年来，迪亚拉地区底格里斯河大坝建成，这里才基本免除了洪水的威胁。但从总体环境来看，这里仍然是宜于发展农业与牧业的，所以不是挑战，可能原因正相反，是比较理想的农业与牧业环境使得这里最早发展了文明，人类在这里是顺应大自然的规律、利用有利条件来发展农业的。

学者们发现，上古时期这里并不是所谓沙漠地区，当产生文明的6000年到10000年前，这里的气候与今天大不相同。西南季风十分强劲，亚美尼亚山区降雨量比现在要多达数倍，可以想见发源于此地的两条大河波涛滚滚，滋润着整个大平原，为农业灌溉创造了条件。整个波斯湾到伊拉克甚至到地中海，都是一片茂密的森林。这是发展农业极为理想的地区。无数地质科学家已经论证了这一地区自然条件的变化，其中最有影响的如选斯特·哈斯（Diester Hass）以波斯湾水文地质和古代动物化石的研究，再现了6000年前和3000年前这一地区的地质状况①。结果证明，6000年前这里气候温暖湿润，但是到了3000年前却开始干燥起来，气候变化的状况与农业兴衰的曲线是完全吻合的。

从文明发展史看，这里是远古人类活动地区之一，也就是说，这里的文明是连续性的，从原始社会生产中发展出农牧业文明是顺理成章的。这里曾经是宜于人类居住的地区之一。旧石器时代人类活动遗迹在北部山区早已发现。古代欧贝德文化（公元前4300-公元前3500年）在这里建立了村镇。乌鲁克文化（公元前3500年-公元前3100年）已经有了冶铜业，建立了众多的城邦。这时的所谓城邦，其实也就是部族居住地。捷姆选特那色文化（公元前3100-公元前2700年）是另一个重要发展时期，这是农牧业大大发展的时代，灌溉工程到处都是，房屋建筑与公共建筑也取得相当大的成就。数学上的十进位制普遍采用，并且有相当高的天文学成就。这时的社会制度已经是奴隶制度，国家也在这一时期形成，古代楔形文字与最早的法律体系的建立，都使得璀璨的一代文明之花在这里开放，它也形成了一种独特的兼具东西方特征的文明模式。

（2）是城邦还是"东方城市国家"

西方学者们往往重视埃及与希腊之间的交流，认为埃及文

---

① 参见 L. Diester-Haass, Holocene climate in the Persian Gull as deduced from Grain-size and pteropod distribution, *Marine Geology*, 14, 1973, PP. 207-223 的观点。

明对于西方文化之源有巨大影响，但却经常忽略西亚，这种局面到近年来有所改变。笔者认为，美索不达米亚文明对于西方精神文化的作用是不可低估的。其中最为重要的就是政治制度方面的城邦制度及与之相应的政治军事民主制度，这是西亚文化对于世界的重要贡献，它的来源其实是苏美尔人。

什么是城邦？谁是最早的城邦创建者？

从古代希腊历史学家、哲学家到当代历史学家，对于城邦有相当多的定义，我们不能一一复述。我们先说中国学者顾准关于城邦的一个最简单的定义，他认为：

> ……城邦，是以一个城市为中心的独立主权国家。这里所说的"以一个城市为中心"，显然就排除了领土广阔，包含多个城市的国家。那种国家是"领土国家"，而不是城市国家了。领土国家因为疆域广阔，人民之间不可能有紧密的政治生活，或者换一句涉及下面将要详加讨论的"政体"问题的话来说，领土国家没法实行主权在民的"直接民主制度"制度。所以，城邦首先是迥异于"领土国家"的"城市国家"①。

这位中国当代杰出理论家的看法是十分准确的，虽然他主要是以希腊人的"城邦"为依据进行研究，但对于我们理解世界上最早的城邦美索不达米亚城邦是有借鉴作用的。据笔者之见，城邦的定义应当作如此表述：城邦是一个以城市为中心的社会自治团体，它具有自己的独立领土与居民，它以原始民主与军事民主为基本原则。我们这样定义城邦，其实是参考了恩格斯的看法的，他在区分国家与氏族理论时，提出了这样两个原则：第一是有了按地域划分的居民；第二是公共权力已经设立，这

---

① 顾准：《希腊城邦制度——读希腊史笔记》，中国社会科学出版社1982年版，第8页。

种公共权力已经不再同自己组织为武装力量的居民直接符合了①。虽然恩格斯这里说的是国家，但这种国家是相对于氏族而言的早期国家形式，所以对于世界文明史上的城邦应当是适用的。

从 6000 年前开始，古代世界的文明社会中，生产与生活工具都有了相当的提高，金属冶炼方面出现了复杂浇铸工艺，这种工艺用于生产工具制造上，必然使得生产长足发展。值得注意的是，美洲的古代文明由于一直独立发展，所以没有发现铁，只是进入了铜器时代。直到西班牙征服者的到来，美洲大陆才开始有了铁器与马。但是在欧亚大陆上，这两样重要的物产已经为文明发展作出了最重要的贡献。这一时期，两河流域的灌溉系统进一步完善，这就促使农牧业的管理正规化，需要有统一的组织，于是进化到了以城邑为中心的城邦制度阶段。在乌鲁克时代发生了所谓的"城市革命"，大量的城邦出现，这些城邦规模不大，人口不多，其中最著名的乌尔城邦也就是由三个城市与周围的乡村所构成的，总面积不到 100 平方公里，人口大约有 5000 人。其他还有如埃利都、拉尔萨、乌鲁克、阿克沙克、拉拉克、阿达布、拉伽什、乌玛、舒路帕克、尼普 、基什和西帕尔等城邦。

城邦的构成方式是中心城市加上村镇，城市中有王家宫室、神庙和贵族住宅。城邦制度从政治军事意义上说，主要有三个层次：第一是民众大会，这是一种古代民主最鲜明的表现，全体城邦或是各部族正式成员都有权参加会议并且发表自己的意见。第二是长老会议，这是较高层次的会议，长老是各部族德高望重的代表人物，构成城邦的管理层，他们根据民众大会与

---

① 《马克思恩格斯选集》第 4 卷，人民出版社 1995 年版，第 170 － 171 页。

首领聚会的精神，参与重大决策。第三是首领会议，这是最终决定性机构。这一社会形式就是古代城邦或是城市国家①。我们已经提到，在苏美尔史诗《吉尔伽美什与阿伽》中清楚地描绘了当时的社会制度。三级权力机构的首领会议也称之为军事首长会议，这是因为城邦中的重要问题往往与军事有关，军事首长往往也就是行政首长。军事首长与行政长官称为"恩西"（ENSI），长老会议与公民大会合称为"安肯"（苏美尔文称之为 unken），就是城邦会议。在乌鲁克人中，长老会议就是贵族会议，而公民会议则是由成年男子组成的。当基什王阿伽派人向乌鲁克人提出无理要求时，乌鲁克首领吉尔伽美什召集了城邦会议，长老会议主张投降，而民众大会则主战，最后，吉尔伽美什带领人民战胜了基什人。从中可见，公民大会是有决定权的，而城邦统治者在重大决策时，受到城邦民主制度的约束。

这一传统我们在荷马史诗中依稀可见，希腊联军的军事会议决定重大问题时，普通成员也可以发表自己的见解，这是其他文明中较为少见的。

城邦制度是美索不达米亚文明对于世界文明的巨大贡献，这是人类社会所建立的最早国家形式，比起以后的封建王朝与帝国，资产阶级共和国等国家形态的起源，它是人类最自然的国家形态之一。城邦的历史对于认识国家本质及其历史是有重要意义的，城邦制度的核心是民主制度，这一制度是产生于私有财产之后的。这一制度的存在说明了私有财产的拥有并不是国家产生的唯一根源，当然，人类社会制度的最终目的也就不是维护私有制。可以说，原始社会的公有制与城邦的民主制度，其实是人类理想的范本。人类的理想如社会大同与乌托邦曾经

---

① Thorkild Jacobsen, Primitive democracy in ancient Mesopotamia, *Toward the Image of Tammuz and Others Essays in Mesopotamian History and Culture*, Harvard University Press, 1970, P. 2.

被看做是最美好的事物，近年来由于世界局势的变化，苏联的解体，使得这些曾经鼓舞过亿万人的理想突然被弃之如敝履。这实在是一种很短视的看法。人类的历史证明，真正的民主制可能正是公有制的向导，公有制是真正民主的保障。

同时，也可以看出，君权、神权和任何非民主制度都不是人类最初的选择，它们也并不具有永恒性质，它们只是人类历史中的一种社会形式，随着人类社会的发展，它们消亡的可能性是存在的。20世纪以后人类所进行的一系列国家形式的改革，如欧洲共同体，一国两制等，有着深远的人类文明依据。

城邦制度在世界各地得到传播，两河流域的亚述、阿拉巴哈和玛利、安那托里亚半岛上的胡里特人、哈梯人与赫梯人也都建立起了大大小小的城邦。这一国家制度还向印度河流域推进，印度河谷出现了摩亨佐－达罗、哈拉巴城邦。在地中海沿岸的城邦有乌加里特、阿拉拉赫、毕布勒等。

值得注意的是，几乎在同一历史时期或是稍后，中国夏商周三代之前的部族已经开始了城邦化。中国城邦的称呼就是甲骨文的"邑"，到了殷商时，仍然保存有邑的存在。我们经常可以从甲骨文中读到所谓"土方征于我东鄙，伐二邑……"之类说法。现代考古学在中国发现了20多个城邑的遗址，可能就是最早的方国也就是城邦，我们下文对此还有讨论。

城邦时代中产生了霸权国家，两河流域最早的霸主是基什，这是苏美尔人建立的一个霸主国家，它被其后的乌鲁克所击败，乌鲁克之后则是乌尔，然后又是乌玛成为苏美尔的霸主。两河流域是多民族混居的地区，苏美尔人是诸民族中是最发达的民族，但并不是永恒的霸主，这里的第二代主人是属于塞姆人种族的阿卡德人。公元前2371年，萨尔贡一世建立了阿卡德王国，结束了苏美尔人长期以来的统治，开始了阿卡德文明时代。可惜的是，阿卡德人的历史资料遗留不多，至今关于他们的文明仍然是一个不解之谜。虽然近年来也有一些学者致力于这方面的研究，但是由于缺乏考古发掘，尚不能成为有力的说明。此外，阿摩利人、加喜特人、亚述人也都在这里建立过大帝国。其中最为著名的当然是巴比伦与亚述，这两个大帝国把美索不达米亚文明推向历史高峰。但是，从另一方面来说，这也造成这种古老城邦文明的终结。在帝国制度下，社会发生根本的变化，帝王专制取代了古代民主制。

最早的城邦创造者是美索不达米亚文明的创造者苏美尔人，这是众所周知的事实。但是，长期以来这种创造并没有得到应有的承认。相当多的西方理论家认为，城邦的真正创造者是古代希腊，在他们看来，尽管两河流域也曾存在过近似的古代社会组织。但是这与希腊城邦是不同的。俄国的一些学者如IO. B. 安德烈耶夫等人建议把两河流域的城邦称之为"城市国家"，以区分两者。在他们看来，公元前 3000 年的城市化是人类历史上第一次城市化，是属于青铜时代的城市化，其作用范围是在亚细亚、南亚，甚至波及巴尔干半岛，包括迈锡尼与克里特文化都是东方城市国家的产物。他们也承认，这种城市化的结果是产生了最早的城邦。但这种城邦受到东方专制主义的影响，其城邦化程度与类型都是不彻底的，是一种东方国家化。而真正的城邦是 2000 年后的第二次城市化，发生在公元前 8 – 前 7 世纪，这一次城市化虽然是在第一次城市化启发下形成的，但是性质完全不同，这是铁器时代的城市化，这次城市化成功于两处：希腊与意大利，也就是雅典与罗马。罗马的前身是埃鲁特里亚文明。安德烈耶夫认为：

> 综上所述我们觉得可以得出一个完全确定的结论：东方城市国家大多数都只达到 社会政治发展的一个被希腊人在自己历史的古朴时期（前七—前六世纪）就已超越的阶段。这是一个具有明显的社会等级划分的贵族共和国阶段。

就这样，没有一个东方城市国家发展达到真正的城邦制度：城邦制度最重要的基础是公民平等原则和民众大会的立法权。①

这种看法是不正确的，城邦制度最早产生于近东地区，它的特点是民主制，其中的所谓公民大会并不是完全统一的标准。青铜时代与铁器时代对于城邦是什么社会制度不起决定性作用，不能用一种"青铜—专制"与"铁器—民主"的公式来表达城邦发展史。而且，爱琴海文明与埃特鲁里亚文明都受到两河文明的影响，它们的城邦只能说是一种发展模式，其基本原则早在两河城邦中就已经体现出来，所以不能作出西方城邦与东方城市国家的划分。

（3）经济与法律特点

从社会经济角度来分析，美索不达米亚有如下三大特点：

第一，这一文明其实是一种农牧混合型的文明。美索不达米亚平原只是一个小平原，周围都是草原与山区，众多的游牧民族包围着这一农业发展地带，从文明之初，就不断受到周围牧民的侵略与骚扰。而且平原地区也多次易主，被游牧民族所占领。这样就使得这里的文明发展有一种特性，农业生产与畜牧业生产紧密结合。多种游牧民族经过征战，占领一定的地区，他们学习了先进的农业生产技术。其中有的部族变成了农业部族，开展了农业生产。也有的部族仍然坚持游牧生活，与农业生产并存或是部分吸收农业生产的技术与经验。无论是成为整个文明的占领者，还是局部接受农业文明，都使这里的社会形成一种农业与畜牧业共同发展、互为补充的局面，这一局面的

---

① IO. B. 安德烈耶夫：《古希腊罗马城邦和东方城市国家》，见中国世界古代史学会编《古代世界城邦问题译文集》，时事出版社 1985 年版，第 65 页。

长期持续，使得文明具有一种历史所形成的特点：农牧结合的生产类型，既有农业文明的稳定发展与高度精神维度，如艺术、科学、宗教、天文、法律等，同时又有一种积极进取，特别是向外部扩展的精神。这种精神在一定历史条件下导致掠夺与侵略。

第二，商业经济在社会经济结构中占重要地位。传统的看法认为，从早期文明到新巴比伦时代，王室经济与寺庙经济居于统治地位，就是说私有经济不发达。但这种看法近年来被不断质疑，无论从任何方面来看，古代商业经济在这里的地位都是异乎寻常的重要，而这种经济是典型的私人经济。中国学者于殿利、郑殿华曾经写道：

> 1981 年在罗马举行的国际学术讨论会是研究古代近东经济史的一个里程碑。提交大会的论文所揭示的从阿卡德萨尔贡到新巴比伦王国时期古代近东（主要指美索不达米亚、赫梯、小亚细亚和北叙利亚及乌加里特，不包括埃及）的私人经济状况使人耳目一新。学者们一致认为："在整个近东地区的任何历史时期，私人经济的作用和地位都比迄今所认为的更重要。""私人经济，更确切说是独立于王室再分制之外的产品交换在古巴比伦经济起着巨大的，可能是决定性的作用"。有的学者甚至认为："在美索不达米亚历史的任何时期，私人经济都起着决定性的作用。"
>
> 古巴比伦时期私人经济的发展程度，在商品经济中得到了较好的体现。这时期除了国家和神庙控制与组织的商业贸易外，私人的商业活动也十分活跃。①

---

① 于殿利、郑殿华：《巴比伦古文化探研》，江西人民出版社 1998 年版，第 232 页。

商人在古代巴比伦被称为塔木卡与沙马鲁，两者有所不同，塔木卡一般指大商人或是官商，其社会地位也相应来说是比较高的，他们中可能相当多的人在政府中有一定地位，代表政府从事某种商业活动，所以本人的生活费用主要靠政府开支，也就是说，他们与近现代意义上的商业私有经济是有所不同的。而沙马鲁则是中小商人，这些人社会地位不高，但可能是地道的私商，比较富裕。

其中有疑问的是所谓"官商"的说法，这种商人地位的定位最早是俄国学者提出的，认为他们是为政府或王室工作的商人，并不是真正的独立私人经济。我国学术界曾经长期沿用了这一说法，但近年来对于这种说法的质疑不断增加，有学者认为所谓官商的说法是不确切的，甚至是不存在的，所以关于这种商人的社会地位与作用，尚有待于进一步研究。无论如何，从社会经济与生产来看，商业经济与私有经济的地位相对于其他文明来说，可能更为重要，这已经成为近东文明的一种特有现象。我们要指出的是，这种现象对于理解希腊文明仍然具有参考作用，与东亚文明相比，稍后时期出现的希腊雅典城邦，商业活动也十分重要，特别是活跃的地中海地区贸易中，希腊人与腓尼基人等的交易活动频繁，商人的社会地位相对较高。

这里也顺便说，与迈锡尼文明及以后的希腊文明相比，美索不达米亚的手工业虽然规模不大，但也有一定发展，这与其商业经济发达是有联系的。

第三，具有发达的法律体系与司法系统。由于其社会阶层划分多样，贵族奴隶主、公民、奴隶、工商业者等多种阶层之间关系错综复杂，同时，私有经济与商业经济的发达使得社会生产中对于社会政治特别是法律制度有强烈的要求，所以西亚文明的法律完善在世界文明中也是颇有特色的。我们仅从两点就可以看出法律对于其社会的重要性，其一是古代文字与法律的关系，西亚文明的古文字是世界最早的，而且从有古文字起就有了法律。世界各种古代文字如中国的甲骨文、埃及象形文字等所留下的记载中，一般来说最多的是占卜与宗教之类。但是，在苏美尔人的楔形文字中，绝大多数是法律文献，这些法律文献的中心是私有财产的分配。可以想见，法律在他们生活中居有何等重要的地位。

其次是宗教王权与法律之间的关系。古代世界帝王对于自己权力的解释有一种最常见的说法：君权神授。多数君主都将自己的权力说成是上天或神灵所赐予的。埃及国王都要自称是太阳神之子，从第五王朝起，"拉"（太阳神）之子的称号自动排列于国王的名字之前。但苏美尔与阿卡德人的王族则在称受命于天的同时，要强调自己是"正义之王"，王权与法律的目的是一致的，都是"建立秩序，主张正义"。秩序与正义的形式化结果就是法律，而法律的最主要应用则是在于财产分配与经济事务的管理，这对于美索不达米亚人来说是一个常识，在多姿多彩的世界文明中，它显示了一种色调不俗的文明精神。一定程度上，如果说埃及与中国古代文明都是以神明、上天与王权崇拜为主要特色，那么，西亚文明则可以说是以法律与神权崇拜为代表精神。

公元前 2378 年，苏美尔城邦拉伽什的统治者卢伽尔安达被推翻，新的"恩西"王乌鲁卡基那取得政权后，为了缓和国内矛盾，稳定局面，进行了改革与立法，从此为历代王朝的立法打下基础。乌尔第三王朝时，产生了第一部也是世界上最早的见之于文字的法典《乌尔纳木法典》。法典分为前言与正文两部分，前言具有神话性质，正文现在残存 20 多条，法律条文规范，表达清楚，是一部正规的法典。法典的核心内容是保护个人所有权益，这种权益的中心是私有财产与正当的婚姻生活。如第 27 条规定："如果某人强行耕种（另一人）的可耕土地，并受到了起诉，而他本人态度轻浮，那么他应当失去费用。"第 6 条规定："如果一个男人离弃了原配夫人，他应当赔偿银子一明那。"家庭是社会最基本的组织单位，也是基本的经济体，维护私人财产与家庭是一致的。虽然法律的倾向性是明显的，以维护贵族与奴隶主的权益为主，但是在维护社会秩序与道德、主持公正与正义方面的历史作用实在是功不可没。

乌尔王朝之后的古巴比伦王国（公元前 2006 年—公元前 1559 年）期间，是美索不达米亚文明立法的最盛时代，历代君主无不立法修典，《苏美尔法典》、《苏美尔亲属法》、《李必特·伊丝达法典》、《俾拉拉马法典》（亦称为《埃什努那法典》）等著名法典应运而生。其中包括举世闻名的《汉谟拉比法典》，汉谟拉比是巴比伦第一王朝第六代王，他统一两河流域，集历代法典之大成，编纂了《汉谟拉比法典》。法典分为三大部分：第一是前言，内容与前人法典大致相同，宣传自己的王权得自于神授，美化汉谟拉比的文功武略，宣扬法典的正义性。法典的主要条文就是正文，共有 282 条。其中有神判规定 5 条，关于盗窃和奴隶规定 20 条，田地与房屋等不动产规定 63 条，借贷经商规定 38 条，婚姻家庭规定 68 条，伤害罪处罚 20 条，关于职业人员的报酬与责任的规定 26 条，租用工具与雇工的规定 37 条，赎还奴隶的规定 5 条。

不仅是巴比伦，就是以后的亚述王国，也同样有《中期亚述法》等重要法典，可见在西亚文明中，法律与立法意识已经是一种传统。同时，也有与之相适应的较严密的司法制度与审判程序，都可以显示这一传统的先进与发达。

这一法律传统对于以色列《圣经》法律精神、希腊罗马法律制度都有直接影响，其基本原则与立法精神一直可以在现代西方法律中看出。它所强调的神圣裁决原则其实是一种神灵主持的正义观，至今可以从西方法庭上以《圣经》起誓中看出，它所主张的"同等复仇"原则，即"以眼还眼，以牙还牙"的方式，也在西方法律文化中明显可见。

综上所述，以上三个方面是互相联系的，农牧业混合的生产、重商主义观念与正义法律思想，它们互为支持，正是这种生产才有大量的商业贸易，商业发达对于法律完善也有推动作用。这些因素共同组成了美索不达米亚文明所独具的一种有别于东亚北非农业文明的形态，这种形态的直接继承者是希腊罗马。当然，与其他文化一样，希腊罗马文化并不是单线传承的，而是多种线索的结合，这种文化的某些成分可能首先对于克里特人和迈锡尼产生过影响，不过最终收效是在雅典。雅典人把城邦发展到了一个新的阶段——发达的城邦制度，而要追溯其源，可能会在美索不达米亚平原上。公元前 539 年，波斯王居鲁士二世灭亡新巴比伦王国，这是美索不达米亚文明衰亡的明显标志。其实，作为一种农牧业文明，早在公元前 11 世纪前后，也就是古希腊开始崛起之前，古老的美索不达米亚文明已经开始颓败。这是否也是一种历史的安排，把城邦制的火种交付给了雅典人。无论如何，美索不达米亚文明持续时间将近 3000 年，它全面创造了人类历史上第一个典型的农业文明类型，为我们理解人类早期文明提供了宝贵的依据。

2. 古代埃及农业文明

（1）古代埃及：农业文明的典型社会

当美索不达米亚农牧业文明在亚洲西部兴起时，非洲北部的尼罗河流域也出现了一种古老的农业文明。这就是埃及文明，这种文明由于持续时间长，国家制度严整、民族与人种都比较单一，所以其影响甚至比两河文明还要大。

当代埃及学的研究表明，埃及文明起源在 6000 年前。应当说，埃及人与美索不达米亚人相近，都以王表的方式记录历史。

这与中国人和希腊人是不同的，中国人与希腊人以记史的方式记录历史时代，而印度人则几乎没有完全的历史记录。根据帕勒摩石碑（Palemo Stone）的王表所记，大约于 3000 年前早王朝第一位国王统一全国。我们转引中国学者近年编纂的埃及年代学表如下：

前王朝时期	史前文化
早王朝时期	第一至第二王朝
古王国	第三至第八王朝
第一中间期	第九至第十王朝
中王国	第十一至第十二王朝
第二中间期	第十三至第十七王朝
新王国	第十八至第二十王朝
第三中间期	第二十一至第二十五王朝
后王朝时期	第二十六至第三十一王朝
希腊罗马统治时期	托勒密和罗马王朝

埃及文明是一种独立起源的文明，前王朝就是史前文化时期，历史学家们指出：

> 按照传统的观点，前王朝是以第一王朝的创立者美尼斯统一上下埃及为下限的。这一事件大约发生于公元前 3000 年，所以埃及前王朝要在这个大约时间之前。这个时间大约有三个连续的文化时期：塔索－巴达里文化、涅伽达文化第一期和第二期。它们的确切时间无法考证，我们只能确定它们应出现于公元前 4000 年左右。[①]

---

① 郭丹彤："古代埃及年代学研究的历史与现状"，见东北师范大学世界古典史研究所编著《世界诸古代文明年代学研究的历史与现状》，世界图书出版公司 1999 年版，第 18 页。

毫无疑问，埃及文明是世界上曾经存在最为长久的奴隶－封建制度文明之一。历代王朝的持续与稳定的发展，是这一高度发展文明成功的重要保证之一。从公元前3000年的早王朝到公元前332年亚历山大征服埃及，古埃及持续了2700多年。在政权与制度的稳定性方面，与其可以比较的唯有中国，中国从公元前2000年前后的夏代建立奴隶制国家到秦进入封建制（或是更早从战国即进入封建制），到20世纪推翻封建王朝，其历史时代稍长于埃及。只是埃及文明过早地消亡，只为人类留下了一个曾经长期稳固统治的帝国历史。这一伟大文明的兴衰，是令后世不断思考的，"征事于史，可以明古今之成败"。

（2）埃及的自然环境与社会特性

埃及与美索不达米亚平原相比，自然条件更加恶劣，埃及位于世界上最大的撒哈拉沙漠地区，这个大沙漠形成于大冰期之后，至少有1万年以上的历史，几乎所有的河流全都消失于沙漠之中，唯有尼罗河形成了自己的冲积地。但是这块土地又被夹于沙漠与高山之间，交通不便，气候严酷，人类在这里生存完全依靠尼罗河的恩赐，所以希罗多德说："埃及是尼罗河给人类的一份厚礼。"虽然如此，埃及文明还是很容易使人们联想起汤恩比的所谓"挑战－应战学说"，即人类文明产生于自然条件严酷的地区，这是人类对于自然挑战的一种应战。其实这种理解与汤因比的学说之间也是有一定距离的，因为汤因比的"挑战－应战学说"其实并不只是限于人与自然关系这个范围。汤因比用"挑战与应战学说"解释文明起源时，指的其实是文明起因的各种因素之间的关系，他认为：

> 到目前为止，我们通过这种令人精疲力竭的进程，已经有了一个发现，各个文明不是起源于单因，而是起源于多因；文明的起因不是一个统一的整体，而是一种关系。我们可任意设想这种关系，既可把这种关系看做是两种非

人类的力量之间的相互作用，如同汽油和空气在汽车引擎中的交互作用一样；也可把它当做在两个人物之间发生的一次遭遇。……的确，看到人们在不同的场合对同一种挑战（即使这种挑战是在相同条件下的同一种族和同一环境之间的相互作用）做出多种多样、变幻莫测的应战现象，我们也并不感到奇怪。[①]

可见汤因比的"挑战－应战学说"其实是一种含糊其辞的说法，只能说他强调的是对立和冲突本身，即他所说的"遭遇"与"创造"而已，而这种创造的"各个力量"只是"一个个的人"。这就是说，文明的产生因个人的不同而异，有的地方由个人创造出了发达文明，有的地方则一事无成。我们已经指出，所谓挑战学说是不可靠的，归根结底还是一种人种主义，本质上与历史上的"雅利安人种优秀论"等没有根本的区别。

人类文明是由多种多样的种族（当然也包括这个种族中的个人）所创造的，白、黄、黑、赤等各色人种都创造了属于自己的发达文明。同时，这些个人与种族只是一定的自然与历史环境的产物，没有埃及文明就没有埃及人，就像离开黄河长江文明就不能说到中国人一样。更为重要的是，人类没有理由有意挑选自然条件最差的地区发展文明，没有必要人为制造挑战与应战的"遭遇"。埃及文明产生恰恰说明，这里曾经是自然条件相对优越的地区，人类文明之初，必然会选择易于生存与发展的地区。尼罗河三角洲相对于沙漠当然更宜于人类生存，这是最简单的道理。而且，历史地理学家们证明，在 5000 年前的尼罗河自然环境比起今日来更为优越，很可能是非洲大陆上相当适宜于人类发展农业生产的地区，5000 年前西南季风势力

---

① ［英］阿诺德·汤因比：《历史研究》，刘北成、郭小凌译，上海人民出版社 2000 年版，第 73－86 页。

十分强大，使得撒哈拉沙漠气候湿润，特别是尼罗河流域更是典型的适于耕作的地区，土地肥沃，湿热多雨。从沙漠岩画中可以看出，这里有多种动物在活动。文明产生于此是顺理成章的。我们在此仍然要提醒，历史学家在研究埃及文明的兴衰时，一定不能忘记自然科学家特别是历史地理学家与古地质学家们的意见，众多的科学家们一致认为：在埃及文明发展时期，恰恰是大西洋气候影响非洲的时期，埃及尼罗河地区气候变得十分湿润，撒哈拉沙漠面积缩小，尼罗河与其支流水量充沛，沙漠上有大的湖泊，这里是发展农业文明的理想地区。

那么，埃及文明为什么衰落，是否因为当地气候变得恶劣所致呢？

相当多的科学家们指出了埃及文明衰落与当地气候变化之间的关系。当然这完全可能是一种历史事实，科学家们只是根据历史时代自然环境的变化来说明这一现象的。我们也认为，气候变化是形成埃及文明衰落的一个重要原因。但是从根本上说，埃及文明衰落是多种原因造成的，是这种文明构成的各种因素都已经发展到了其对立面，新石器时代以来的农业革命中的进步因素，在这种早衰的文明中已经老化，原有的进步因素成了社会前进的力量，使得这种文明过早地消亡了。埃及文明消亡并不是一种偶然的现象，从理论上来说，它并不代表着农业文明这一文明类型的衰落，可以说埃及就是埃及。但其中也表明，农业文明，这种伟大的文明类型，已经在埃及身上全面反映出它的积极与消极，农业文明不是永恒的，它必然要灭亡。农业文明的灭亡并不是农业生产的消灭，这是两个不同的概念。农业文明是以农业生产为主要生产方式的社会，而农业生产是一种社会生产方式，可以说农业生产是一切社会中都必需的，而以农业为主要生产方式的社会却并不是永恒的。

（3）埃及文明的盛与衰

在研究古埃及文明盛衰时，有两个重要原因是我们必须关注的。

首先是社会政治制度，埃及虽然与美索不达米亚毗邻，它们之间也有历史接触，但是社会制度发展的轨迹是不同的。埃及是一种典型的神权加王权的社会结构，从古王国时代起，埃及实行法老专制统治，这是最古老的君主专制制度之一。法老号称太阳神之子，他是集神权、政权与军权合一的人物，一定程度上，埃及法老制度就是世界上最早的政教合一制度，后世的伊斯兰教的政教合一一直引起教内教外的争议，如果与埃及法老制度相比，也只是小巫见大巫了。神灵与俗世政权的合一，其实是一种虚假的结合，这是精神上的神灵崇拜与现实生活中的王权的双重桎梏，这种制度对于社会发展是极为不利的。在农业与牧业的生产中，主要生产者是农民、牧民、从事农业生产的奴隶主与奴隶、工商业者等，这些阶层的利益得不到保护。社会上占主导地位的是神职人员与王室和贵族，这些人是政权的既得利益者。不从事社会生产的神职与王室贵族占有大多数土地与财富，必然引起社会矛盾的激化，引发社会动乱，最终导致生产停滞，影响整个社会的进步与发展。埃及社会中的自由民本是一个很具有生命力的阶层，他们是社会主要生产力，可惜的是，这一阶层一直没有得到较好的发展，始终处于神权与王权、大奴隶主的高压之下，这也是社会生产力得不到解放的原因。这就必然会导致各种形式的反抗，其中包括奴隶与农民起义。

在传统的唯物论史观中，奴隶起义与农民起义被看成是改朝换代的原因，而王朝的更替在一定程度上使得社会有所进步。世界史上的奴隶与农民起义曾经受到一些"唯物论史家"的高度评价，如罗马的斯巴达克斯起义，中国秦朝的陈胜吴广起义，俄国的普加乔夫起义等，都曾经被推崇为历史进步的动力。然而，近年来史学思想变化极大，唯物史论不再是唯一史学观念，历史教科书也为之一变，几乎所有的世界史与世界文明史的论著中都删去了关于农民起义的记载。笔者认为，这也是不正常的。农业文明社会中，无论是神权还是王权，无论是奴隶社会还是封建社会，社会政治制度的变革都是不可避免的。在这种变革中，奴隶与农民起义是一种重要的推动力。这种变革的结果并不完全有利于社会进步，但其中有相当多的起义仍然是对于社会有巨大推动作用的。奴隶与农民起义虽然并不是推动社会变革的唯一力量，但是完全否定其历史作用也是不对的。埃及的历史说明，文明内部成分的对立与冲突是造成这种文明衰败的主要原因，其中，社会经济与政治地位的不平等是一个直接原因，正是这种不平等造成了不同阶层之间的对立，使社会矛盾加剧，爆发起义，对社会发展形成阻碍。社会生产力停滞不前甚至倒退，使得这一文明最终完结。古埃及历史上充满灾难与纷争，如果与其他古代民族相比，其黑暗程度更浓重。公元前2250年到公元前2000年，相继出现"黑暗时代"。尼罗河畔大量的墓碑碑文说明，当时人民生活苦难已经难以忍受。古王国灭亡后，这种苦难并没有减轻，所以起义连绵不断，贵族们惊呼不已，纸草《聂菲尔列胡箴言》中说"穷人发了财，仆人们在欢笑。"孟菲斯的萨卡拉墓地出土纸草《伊浦味陈词》中说：

> ……以前所预言的事，现在都实现了。最好的田地已落在匪徒之手。……尼罗河在灌注着，〔可是〕没有人为它而耕耘。……由于国内的情形，克曷努谟也不复创造了。……庶人已变成珍宝的所有主。那曾经是〔甚至〕制造不起草鞋的人，现在已成财富的所有者了。贵显者不复与自己的人们共享他们的欢乐了。人们的心情是残酷的，疫

病遍于全国，流血到处发生。①

这份纸草所记的是一个有身份的人甚至可能是一位贵族在奴隶起义的乱世之秋的哀叹，表明他对于世事巨变的惊讶之情，其中绘声绘色的描写令人想起司马《史记·陈胜吴广列传》，司马迁曾经记下陈胜一句发自肺腑的名言"苟富贵，毋相忘"，有谁能想到，曾经扫平六国的强大秦王朝在这些农民军面前竟然不堪一击。但伊浦味显然是一个有识见的人，其中所说的"克曷努谟"也不复创造之语实是其心头的隐患，"克曷努谟"是古埃及神话中的创造之神，起义被看成是引发社会生产创造停顿的原因。这时是埃及的中王国末期，大约在公元前1750年前后，应当承认，当时的社会矛盾已经尖锐化到如此地步，可以说创造力完全丧失了。

这里我们也不可避讳一个问题：起义与反叛是否会对于社会生产乃至整个文明发展有一定的破坏力？

一定程度上，这种破坏力是无可避免的，任何反抗都会对于原有的社会制度、生产与意识形态产生破坏作用。这种对旧有制度的破坏会促生新的社会关系，形成新的文明。这是马克思主义的基本观念，也是黑格尔曾经表达过的思想，黑格尔关于"恶"会产生推动力的思想，从反面说明了这一原理。可惜的是黑格尔没有也不可能把自己的思想全面用于社会生产与政治的研究，这是黑格尔的局限性，也是无可讳言的了。民族历史的问题归根结底是如何看待其文明的类型及其归属，而文明研究又是系统的全面研究，它不执著于某些个别因素，如不同的政治思想、学术观念之间的争论，以世界文明发展史的宏观

---

① 《伊浦味陈词》，译文参照 Б. А. 杜拉耶夫《古代东方史》第一卷，第236－242页引文，可参见周一良等主编《世界通史资料选辑·上古部分》，商务印书馆1962年版，第4页。

视域来展开研究，这是它的生命力所在。从这里来看待以前争论的人民群众与帝王将相在历史发展中的作用，会有新的认识。

另一个重要原因是埃及文明的意识层次，埃及人是极为突出的礼敬神黩的民族，信仰对于一个民族的精神发展有着决定性的作用。埃及人曾经从太阳神崇拜中发展出一种古代的一神教，这是人类历史上最早的一神教，远在犹太人的一神教之前。可惜的是，埃及的一神教没有能持续下来，湮灭于历史的尘埃，埃及人的神灵崇拜又长期停滞于比较原始的崇拜之中，未能进入理性化的阶段。从原始宗教向高级宗教和人文主义思想观念转变也是许多民族文明史上的重要转折。古代希腊的雅典城邦的人文主义与神灵崇拜的结合模式、中国的人文主义信仰模式、印度的佛教、犹太人的古代犹太教等都是这种转变的成功模式。但是，埃及文明却没有完成这种文明发展的转变，也就是说，当一些民族的原始宗教转向高级发展阶段时，埃及的意识形态转变并不成功。长期以来，埃及的宗教信仰是陈旧的，这种转变不成功的原因之一就是王权为了维护自己的稳定，排斥其他发达宗教的介入。其情形相似于罗马最初对于基督教的拒斥。埃及不是罗马，它没有能成功地完成宗教程度的提高。

这种意识形态的落后是不能创造出有积极意义的文化经典的，不可能有中国的六经与先秦诸子说、希腊的荷马史诗与哲学经典、印度的史诗。埃及也没有希伯来人的《圣经》这样的宗教经典，埃及文明没有这种经典创造的历史环境，没有这种人文主义精神与一神教等高级宗教的思想，也没有这样的思想家。没有这种文化经典，埃及注定要停留于古代文明阶段。那么，埃及人的精神领域里的主要指导思想是什么呢？简单地说，主要是一些被称为"灵学"的经文，如《埃及亡灵书》（The Book of the Dead）、《埃及生死之书》（The Book of the Living and

Dying）和《金字塔经文》（The Pyramids Texts）等。这些经文以对于大神奥西里斯为首的广大神圣世界的赞颂为主，所关注的是人死后的亡灵的世界与超度，由于面对的是"冥界"与超度，所以保存木乃伊成了生者重要的活动。这种活动的结果是保存下了大量的木乃伊，成为世界文化史上的奇观。

埃及亡灵书的内容庞杂，主要是经文，其中包括咒语、赞美诗、长篇开释、各种礼仪的真言、神名等等，还有许多祭文，用来赞颂死者，祝愿其早日超度。在埃及人的信仰中，人死后灵魂不灭，来到另一个世界冥界。这里一片黑暗，到处是恶魔，它们阻挠亡灵们通过自己的地区，而亡灵们则要前往奥西里斯王国去。于是，亡灵们就祈求宙斯来保护自己，而得到宙斯的咒语就可以得到保护。由于宙斯的咒语有如此强大的力量，神庙的祭司们就以宙斯的名义写了大量的咒语，送给那些国王、王后、王子和显贵们。这些咒语献给形形色色的神灵们，所祈愿的事情五花八门，无所不有。可以说，埃及经文是人类精神史上的一朵奇葩，它充分展现了古代人类对于生命奥秘的好奇、激动与悲哀，这些情感激发了他们的想象，创造出一种对于死亡的畏惧与再生的希望。但并不是能说它已经成为人类文明的经典，至少在人类精神探索的层次上，它还显得不够深刻。

精神信仰对于文明发展的作用是不可低估的，以精神信仰为中心的意识形态如果长期保持于一种原始状态，在以宗教为意识形态中心的社会中，主要宗教如果长期不能进入理性化阶段，这种文明的高级阶段就不可能到来。埃及经文的翻译家们目前对于埃及经文的看法还不一致：

> 一般来说，经文的翻译家可分为两类，一类人认为埃及人的信仰是半野蛮状态下的产物，是自然崇拜与原始迷信的融合。另一类人则认为埃及人的信仰固然有野蛮原始

的一面，但这些信仰是可贵的，他们可弄清埃及人的神灵观，而这与哥普特、阿拉伯或基督教没有什么不同。古代埃及人不可能上升到抽象的思想，于是任何信仰都要通过具体的事实作载体。无论什么时期的经文都坚定复活和永生，以及再生为神的信念。在奥西里斯的天国里，地球上来的神为那里纠正了错误，树立了楷模，只有正义的神灵才能进入天国，而谎言者和犯事者是无法通过神灵的查验的，也不会在神灵的审判中告释。①

这些替原始宗教辩护之辞并非没有事实依据，但是无可讳言，这种原始信仰使得意识形态建立于一种迷信之上，血缘亲这样的习俗竟然在埃及长期流行，足见其精神信仰的影响之大。乱伦禁忌是人类大多数原始民族就已经确立的，但是在埃及一直没有公开禁止，根本原因还在于精神信仰的特殊性。这种情形下，社会动乱、政治腐败、生产力松弛是必然现象。公元前12世纪，古埃及新王朝的颓败之势已经无可挽回。国内政治局势动荡不安，农业生产一蹶不振，大面积的粮荒发生，公元前1170年，粮食价格竟然上升到正常价格的8倍左右。到公元前1153年，国家粮仓竟然断粮，全国无粮可供，甚至皇室人员也无法工作了。法拉姆塞斯三世是所谓的铁腕人物，竟然在动乱中被刺。宗教势力掌握大权，公元前1070年，新王国的最后一位皇帝拉姆塞斯十一世又被全体祭司们废除王位。神权与王权之间的长期的合作与争夺关系，在这里表现出极为残酷的一面。新王国后期的祭司们，已经堕落为真正的社会蛀虫，而且他们大权在握、横行无忌，对于国家政治危害极大，最终影响到整个社会进步。

---

① ［美］E. A. 华理士·布奇：《埃及亡灵书》，罗尘译，京华出版社2001年版，第88-89页。

3. 古代印度农业文明的形态转换

古代印度流域文明也就是哈拉巴文明，是整个印度文明的前身，这是一种已经消亡了的古代文明，大约在距今 5000 年前产生。现在还没有充分证据说明这里是古代人类的起源地，这就使人向邻近地区寻找文明起源地。距这里不远，就有石器时代的遗址，主要有巴基斯坦境内的梅赫尔格尔等，时代上限可以到公元前 7000 年前。虽然至今还没有发现猿人生活的踪迹，但无可怀疑的是，这里是人类最早的聚集地。至少是移民来到这里的时代较早，古代印度半岛是多种文明交汇的地区，相当多的民族来到这一地区，估计公元前 3000 年前后，已经有非洲、亚洲的移民在这里生活，最早在这里生活的达罗毗荼人早已经建立起自己的文明社会。

公元前 2600 年前后，这里出现了早期的城邦社会，主要有哈拉巴、摩亨卓达罗、甘瓦里瓦拉等城邦。这些城邦大部分集中于印度北部，并不临海，与爱琴海的城邦不同。虽然它出现得比较晚，比起美索不达米亚等地来说要晚得多，但是从目前的遗址挖掘与考察来看，它可能与美索不达米亚文明与中亚文明之间有相当密切的联系，因此印度河流域文明受到外来文明特别是西亚文明模式的影响的可能性是相当大的。它的文明主体是一种内陆性的城邦社会，因为早期文明主要是在印度北部的，北部比南部发达，这种情况曾经长期在印度存在。所以印度文明的城邦虽然同属于城邦文明，却与爱琴海的城邦文明有极大的不同。同时也与美索不达米亚的城邦文明之间有相当的差异，通过以下的比较可以看出这些特点来。

（1）印度－萨拉斯瓦提河平原的城邦群

从纬度上看，印度古代文明与美索不达米亚文明相近，这就使人对于它们的自然环境与文明类型产生一些看法，认为印度农业与美索不达米亚农业大致相同，这种看法也是有一定道理的。但是从自然基本条件来说，印度可能是古代农业中条件最为有利的。古代印度气候湿润，印度洋季风力量强大，降水充足，这一地区曾经河流密布。特别是北部地区，有来自喜马拉雅山雪水融化后所形成的河流，这是世界上任何地方都没有的地理环境。喜马拉雅南麓到印度河平原、恒河平原，土地比较肥沃，所以它发展农业的条件是其他任何地区都难以比拟的。这些得天独厚的自然条件决定了印度与埃及是不同的，它不是一种处在大沙漠威胁下的干旱地区，不是艰苦条件下的农业生产。考古学家们发现，这里曾经有过沙化的迹象，但是这种沙化程度并不太高，所以不足以形成大的沙漠，也不会使得农业生产停滞，这就是说，如果用自然环境变化的原因来解释印度河流域文明的消失是缺乏证据的。

这种文明是一种有自己特色的文明类型，它的基本特征是城邦多样化，即大小城邦数量多而且类型各有特点，城邦与农村并存。从挖掘来看，这里是一种农业时代的重要城邦文明形态，虽然仍是以农牧业生产为主，但商业、手工业的社会生产化程度不会低于其他古代文明。据当代考古挖掘证明，印度河流域古代城邦的数量是惊人的，100 平方公里之内大约有 500处城邦遗址。而且它的分布有自己的规律：大型城邦是中心城邦，中心城邦周围是大量的小城镇。最大的两个中心城邦是哈拉巴与摩亨卓达罗，它们是古代超级大城市，人口都在 4 万人上下。以它们为中心，构成了印度文明特有的城邦群体。这种群体分布合理，在古代社会生产相对落后的情况下，生产和生活资料缺乏，不允许有大城邦的集中存在。在一个地区和古国中，一般来说只有一个政治经济文化的中心，周围则是农村。所以像古代印度河流域的这种情形还是罕见的，它有一定的典型性与代表性。至少在大多数文明中，没有如此之多的星罗棋布的城邦群体。

世界古代农业文明中，美洲与欧亚大陆远隔重洋，基本上独立发展。其余的主要文明中，印度河流域时间最短。埃及、美索不达米亚、中国持续时间都在 2000 年以上，中国文明一直发展到今日。但是印度河文明的历史却不是如此，考古学家的研究说明这是一种相对来说较为短促的文明。印度河流域遗址的挖掘从 20 世纪 20 年代开始，已经有 80 多年的历史，据文物的放射性碳测定，这里的城邦开始于公元前 2600 年，但是它的下限却在公元前 1750 年前后，也就是说这是一种只存在了 800 多年的文明，在古代文明中，这是为数不多的。

是什么原因造成了这种文明如此迅速的消亡？有人认为，是雅利安人入侵并且毁灭了古老的印度文明。但这种说法一直受到质疑，当代的研究证明，是在古印度文明灭亡之后才有雅利安人的到来，至少是它的文明鼎盛时代之后，雅利安人才入侵印度次大陆，所以异族入侵并不是文明灭亡的主要原因。当然，很可能是雅利安人最后清除了这一古老文明的残余，因为雅利安人是外来民族，他们从欧亚大陆来到印度半岛时，已经有自己的文化传统，并且把这一文化带到了印度半岛，这一点是无可怀疑的。

城邦群的存在对于印度河谷文明的意义是极为重要的，它说明这里存在过相当发达的古代文明。可惜的是，目前对于遗址与文物的研究仍然处于初始阶段，仍然无法破译其文字，正如克里斯托弗·萨勒（Christopher Sarre）所说：

> 哈拉巴与莫享卓达罗仍然是最为知名的城邦，但是它们现在被认为是十余个大型印度文明遗址中的两个。不幸的是，其中没有一个能被成功破解它那些出现于方印石与

铜盘之上的神秘印度文字。①

这个文明是一个相对开放的古代文明，由于其地理位置在欧亚大陆交界地，海洋陆地交通便利，通过印度洋与阿拉伯海地区可以直航这里，我们现在还不能断定当时有没有海上远航的可能，但近海航行并非没有可能。古代游牧民族与农业民族在这里交汇，远古时就来到这里的地中海人种即达罗毗荼人、澳洲人种与后来的雅利安人种与其余一些混合人种，在这片丰饶的土地上辛勤劳作，使得印度河谷的文明虽然经过了转换，但并没有真正湮灭，而以新的文明形态继续发展下去。

(2) 印度的文明转换

世界古代文明中，印度文明的历史变迁最大，经历了文明形态的剧烈转换。而且每一次外来入侵都给印度文明带来巨大的类型改变，这种类型改变的程度之剧烈是常人难以想象的，它基本改变了印度文明的原有类型，使印度文明屡经变型。虽然文明的变型可能对于文明程度本身并不是不利因素。从印度文明的起源而论，印度河谷文明对于整个印度文明传统的影响现在还可见其踪迹。雅利安人进入印度后，战胜了本地原住民，建立起了以雅利安移民为主体的吠陀文明，这种文明完全不同于印度河谷的原有文明形态。如果说到印度的文明，主要起源应当是雅利安文明。也有认为古代印度河谷文明是达罗毗荼人所创造，而这一人种至今还是印度的主要人种之一，如果这一推测得到证实，那就可以断定，这一人种所创造的文明应当是印度文明的起源。但事实上这种看法尚不能得到证实，因为哈拉巴文明的文字至今尚未得到破解，还没有证据说明这就是达罗毗荼人的文字。同时笔者认为，认定一种文明类型的归属并

---

① Christopher Sarre , *Ancient Civilizations*, The Lindbriar Corporation Pearson Education, Inc. New Jersey , 1997, P. 18.

不取决于其起源，或仅仅是文明起源中的文字，而是对于文明的社会生产、民族国家与精神信仰等不同层次的认定。所以从这些方面而言，从历史发展的主线来看，即使哈拉巴文明的文件得到破解，这种公元前2000年前的文明对于印度以后的文化传统的直接影响仍然小于雅利安人所创造的文明。

如果包括雅利人在内，印度接受外来文明影响主要有三个大的过程，几乎贯穿了印度的全部历史。最为重要的是，每一次外来文明的冲击对于次大陆文明类型都产生了较长时期的并且是实质性的影响，而印度传统又在每一次冲击后顽强地与外来文明形成交织在一起的混生状态。对于这种状态，又是见仁见智各不相同。有人认为是印度文明自身产生了质的改变，有人则认为是印度文明同化与吸收了对方。不熟悉印度文明发展史的人很难立即作出判断，在争论中也就突出一个要点，即印度文明近4000年的转换与演进，是研究文明类型的有说服力的例证。

第一次是公元前1500年前后的雅利安人入侵。印欧文化首次改变了以哈拉巴文明为代表的印度，如果假设哈拉巴文明具有东方青铜文明的特点，有些方面可能近似于中国的夏商周文明，但是相对来说，印度河谷文明与近东与西方的联系要多一些，这就会形成其文明观念的不同。但自从雅利安人入侵后，印度文明类型中，伊朗—印度的雅利安人的宗教经典与史诗等鲜明地形成了这种文明的特色，这是第一次文明转换所留下的成果。

第二次是从8世纪初期开始的伊斯兰教扩张，倭马亚王朝开始入侵印度北部地区。10世纪到12世纪，来自阿富汗东部的突厥人不断进攻印度，1206年，经过长期战争后，终于在印度建立了第一个伊斯兰国家德里素丹国。伊斯兰文化从此进入印度，这是对于印度历史影响最为深远的一次变革。伊斯兰入侵者的成分复杂，他们主要是由突厥人、阿富汗人、蒙古人和少部分阿拉伯人所组成，从信仰上来看，他们其实是苏菲派，而且称不上是正统的苏菲派。他们的政权建制基本仿效阿拉伯人，实行政教合一。这与印度宗教与国家体制都是相当不同的。伊斯兰的势力主要在旁遮普邦、信德、克什米尔与孟加拉北部地区，在这些地区伊斯兰文化深入发展，以至于根深蒂固，形成了与印度教相对的势力，这种势力的存在一直到20世纪印度文化中仍然可以看得很分明。无论如何，从那以后的印度再也不是印度教的一统天下了，伊斯兰教与印度教甚至多种宗教互相对立与互相濡染的复杂局面持续至今。16世纪时莫卧尔帝国建立，这真是一个颇具历史意味的名称，莫卧儿人（Mughal）其实是蒙古人（Mongol）人的波斯读音。蒙古人是强大的军事民族，但不是一个以宗教信仰而见长的民族。蒙古帝国昌盛时代，包括成吉思汗在内的各位大汗对于主要宗教之间的争端都没有太大的兴趣，宁愿采取一种和衷共济的态度，允许各种教派共存。所以在莫卧尔王朝时代，印度教与伊斯兰教之间的对立状况没有根本解决。

在世界文明发展史上，印度的伊斯兰化并不是一个孤立的现象，而是与近代世界文明发展的总体趋势有内在关联的。引人注目的是，东西方文明从近代开始有了相当不同的发展走向。资本主义在西方产生，尼德兰、英国、法国、德国相继进入工业文明与资本主义，美洲也随之实行工业化。而东方则在游牧民族与农业民族的统治下，以大清帝国、莫卧儿王朝、奥斯曼帝国等封建大帝国与西方相对峙。简单说，西方开始资本主义之时，东方主要国家除日本等少数国家外，在游牧民族或半农半牧民族为主体的统治下进入封建大帝国化。这种对峙的最终结果是18世纪之后的西方资本主义扩张，这是继蒙古人的军事扩张、伊斯兰教政教合一的军事扩张之后，世界范围里最大型的经济、军事与殖民主义的扩张。这是工业文明对于农牧业文明的扩张与殖民，由于历史原因，欧洲是以基督教为主要信仰的，所以这一扩张中基督教总是充当精神信仰的先锋，但我们认为，宗教的问题归根结底是一个文明问题，宗教冲突的本质是处于不同文明阶段的文明形态之间的冲突。到20世纪，这一扩张成为强弩之末，经济全球化与知识经济时代的到来预示了未来世界的前景。

关于西方世界的近代发展与东方文明的关系，这里必须有一个基本的理解。

西方文明起源于地中海，中世纪开始，文明中心从地中海向西移动，形成以大西洋地区特别是西部欧洲为中心的古典文明。中世纪后期的大西洋文明已经开始工商业化社会发展，文艺复兴之后，特别是16世纪起开始走向工业化与相应的一体化进程，这个进程被马克思科学地描述为西欧封建社会向资本主义的发展，而这一发展的推动力是欧洲资产阶级，恩格斯在《反杜林论》中说过，资产阶级是一个被压迫的等级，它所反对的是封建贵族，它的武器是"经济力量的手段"，这些手段"由于工业的发展和商业的扩展而不断成长起来"。同时，宗教改革与科学技术如同两翼，从意识与生产力的不同角度为工业化推波助澜。马克思在《资本论》中曾经说过："为资本主义生产方式创立基础的革命的前奏曲，是开演于十五世纪最后三十余年及十六世纪最初十数年间。"马克思这里主要是指资本积累时期的圈地运动、宗教革新与大规模教产盗劫所产生的暴力掠夺等行为。无论如何，在工业化大潮下，欧洲文明发生了巨变，无论是采取了法国革命那样的手段还是英国产业革命的手段，欧洲产生了一种对于人类进程有决定性影响的文明——工业文明——也就是所谓资产阶级文明，这是与传统的农牧业文明特别是以封建宗教为主体的文明形态完全不同的一种形态。

工业文明的后果是世界市场的形成与殖民主义的扩张，其内在需求推动仍然是劳动力与资源，所以早期的一体化或是如有的西方当代学者所说的早期全球化，本质上是欧洲文明的全球扩张。这种扩张的进程先从非洲、美洲开始，继而向东方的亚洲伸展，最后形成了全球范围的殖民化。这一过程是有不同阶段的，从早期的殖民地占领、宗教渗透到后来的科技与工商业扩张，以及"文化帝国主义"等手段的运用，各自有其发展规律与特征。经过4个世纪的发展，20世纪最终形成了全球化的经济文化网络。

东方世界在这一历史进程中的文明形态变化是不同的，印度、中国与阿拉伯国家从文明形态上仍是以农牧业为主体的，工商业在各国纵然都有巨大发展，但主要文明类型的转换性质是不同的。其中最明显的一个因素是长期以来被人们所忽视了的，这就是游牧民族在近代以来的帝国建立中所起的作用。伊斯兰教的扩张虽然已经成为历史，但是其在东方世界的影响却日益深入，它仍是奥斯曼帝国形成的主要作用力。而在莫卧儿帝国与大清帝国形成中，游牧民族的军事独裁与民族主义力量是其主流。它们所创造的文明形态与西方是完全不同的。也就是说，西方工业文明的形成恰是在一个多角文明关系中所形成的，由此形成了这样的局势：西方工业文明、美洲与非洲的原住民文明与东方帝国封建宗教文明同时并存。

这是我们观察近代东方史的一个不可忽视的视域。然而，这一点被多数人或多或少地遗忘了。

第三次文化类型变化是西方殖民主义进入印度，这是一个长期而复杂的过程。早自16世纪起，最早的西方入侵者葡萄牙人就已经与莫卧儿人同时进入了印度，但在长达两个世纪的时间里，葡萄牙人的作用与影响是相当有限的，直到18世纪，英国殖民者大批进入印度，才引起了印度文明整体上的变化，这一变化过程最剧烈的时期是 19－20 世纪。印度莫卧儿大帝国与中国大清帝国等都土崩瓦解，印度演变为具有深厚西方殖民主义色彩的现代国家，政党与宗教、意识形态与精神信仰、西方现代文明与东方传统等多种多样的矛盾在南亚次大陆的表现丰富多样，从甘地的反暴力思想到多种宗教冲突，文明形态呈现出的历史性与共时性的显现，是世界其他地区所不多见的。

（3）印度经典文明

来自亚欧大陆的雅利安人先是在印度建立了独立的国家，他们也在大约公元前 900 年到前 1000 年左右进入伊朗，基本上完成了对于印度与波斯这两个古老国家的文化转换，这种局面持续到公元前 4 世纪亚历山大入侵印度。我们上文已经提到，雅利安人是古代印欧人的一支，但即使是印欧人的起源到底在哪里，现在仍然是不解之谜。主要有两种看法，一种认为其起源是在欧洲，这是英国学者拉撒姆（A. G. Latham）等人提出的。笔者在此愿意提到近年来的一种说法，美国威斯康星大学教授、佛教史研究家那拉因（A. K. Narain）近年来提出一种看法，即远古时代的印欧人种可能居于中国西北的甘肃和鄂尔多斯，是游牧民族，他们的祖先可能就是黄河流域的齐家文化，这是仰韶时期的文化。他引证了美国哈佛大学考古学家张光直《古代中国考古学》（The Archaeology of Ancient China）中的看法，认为印欧人种可能起源于中国，中国古代的吐火罗－月氏人，就是古代印欧人种的一支：

> 不仅如此，作者还进而认为印欧人也可能起源于中国，吐火罗－月氏人是"最初的"印欧人的一支，也是最后离开故乡的。与吐火罗人同属"最初的"印欧人的还有赫梯人和说 Centum 语组语言的各支，他们先后在公元前三千年至公元前二千年西迁。居住在"最初的"印欧人西边的是"较晚的"印欧人（"Second"Indo－Europeans），他们包

括伊朗语各族如 Cimmerians，Scythians，Saka，Samartians
等。还有其他说 Satem 语组语言的各支。这样，我国北方
就成了吐火罗－月氏人以及印欧人的"摇篮"。①

目前尚不能断言他的论断是正确的，可以断言的只是这并非不
是一种新的思路。但是，可以肯定的是，中国的月氏是从远古
时代就居于中国西北的民族，是古代游牧民族，以后被匈奴冒
顿单于所破，他们的国王被单于所杀后，月氏分为两个大族。
以后大月氏开始西迁，大约于公元前 2 世纪来到妫水流域建国，
以后渡过妫水，战胜了巴克特里亚即大夏国，建立了贵霜王国，
贵霜是对于印度文明产生重要影响的国家。正是这次大迁移，
造成了中国、印度和希腊化时代的东方诸民族之间的大交流，
这就是所谓犍陀罗文化。

一般认为，雅利安人的文明程度是低于印度河谷文明的，
因为雅利安人本来是草原民族，印度河文明则已经建立了相当
发达的城市文明。雅利安人占领印度之后的行动也证明，他们
相当长的时间里没有能建立起像印度河文明那样发达的城邦，
可以想见他们的文化并不是相当发达的。直到雅利安人创立印
度教，创造出了吠陀经典，才真正可以说创立了印度文明。

笔者多次指出，世界文明史上有这样一种奇怪的现象：宗
教史诗与宗教经典常常不是由发达的城邦所创造，当然也不是
由农业发达地区的民族所创造，而是由草原沙漠地区或是农牧
业并行地区的先民所创造的。这就是所谓"史诗原创地"问
题，发达的美索不达米亚诸多城邦中，并不是中东史诗的产生
地。诗人荷马并不是雅典人，而是流浪于草原上的盲诗人。同

---

① 徐文堪："关于吐火罗语和吐火罗人的起源问题"，载黄盛璋主
编、童本道副主编《亚洲文明》第三集，安徽教育出版社 1999 年版，第
88 页。

样，印度发达的青铜时代哈拉巴城邦文明并没有流传下来史诗，相反，倒是没有什么大型城邦的希伯来人创造了世界上最发达的宗教。如果说能与希伯来人的宗教与圣经旧约的创造并驾齐驱的，那就是印度雅利安民族所创造的吠陀经典了，这些民族恰恰也是从欧亚大陆的草原地带来到次大陆的。这些民族显然在其原居住地就已经有了自己的宗教信仰，并且可能形成了自己的文化经典。吠陀经典只是来到南亚次大陆之后基于自己民族文化传统上的一种创造，这种经典的宗教特色与史诗内容，都可以说与南亚次大陆原居民文化是不同的。而且这种经典主要不是在与敌对"达萨"的斗争之中创造的。我们把吠陀与旧约比较一下就很清楚，旧约中记载了丰富的以色列先民与周边民族之间的战争与冲突，但是吠陀经典中关于与达萨的斗争却并不多，不是经典的主要成分。

吠陀经典是雅利安人的宗教经典，构成主要是经文与颂歌及咒语等，包括 4 部大吠陀经典即《梨俱吠陀》、《沙摩吠陀》、《耶柔吠陀》和《阿达婆吠陀》。到了公元前 9 至前 6 世纪，又产生后期吠陀与解经文本《梵书》、《森林书》与《奥义书》等。无论是前期还是后期的吠陀经典，都充分显示了印度文明作为一个整体文明的特色，勾划出了它以后发展的路径。在吠陀经典的哺育下，婆罗门教成为主要宗教。婆罗门教以梵天为最高信仰，表明雅利安人的宗教已经不同于原始宗教，但是婆罗门教并不是纯粹的一神教，其中的轮回思想等有着原始宗教的特色。印度文明的另一特色是种姓制度，种姓制度与婆罗门教互为表里，相互支持。在印度这个世界多民族的大熔炉里，种族的等级划分与歧视恰恰表现得最为突出。印度的宗教与希腊、希伯来的不同，印度宗教极为乐观，但又极为悲观。它的乐观表现为对于苦难的忍受，这种忍受中充满了痛苦但又得到了精神的安慰。它的悲观则是一种宿命论的、轮回式的命运观念，命运的不可逆转与永恒不变。从婆罗门教到佛教再到印度教和锡克教，虽然宗教教义有极大变化，但是它的精神却有直接的传承性，它们是伊斯兰教进入印度之前的主流。

（4）世界两大宗教的遭遇：印度的伊斯兰化

印度的伊斯兰化可以说是世界穆斯林运动历史上最伟大的成就之一，也是伊斯兰在东方最成功的典范。早在伊斯兰教作为一种宗教在阿拉伯兴起之前，阿拉伯人就已经与印度有了密切来往，阿拉伯地区是印度与地中海商贸的中转站。满载印度的香料、宝石与工艺品的大船从印度洋出发，到阿拉伯半岛南部进入红海，而后经过埃及进入地中海。另外一条道路就是从阿拉伯半岛的西海岸，经叙利亚进入地中海。阿拉伯人对于印度早就有征服的意图，只是时机未到。直到倭马亚王朝瓦立德一世的时代（公元705－715年）才正式攻入印度。

伊斯兰影响是以信德为根据地的，正像埃及的艾哈迈德·爱敏所说：

> 在阿拔斯时代前期，信德已处于阿拔斯人的管辖之下，艾布·加法尔·曼苏尔于伊斯兰教历142年任命希沙姆·本·阿姆鲁·秦赫莱比为信德总督。希沙姆继续向北扩张，征服了"喀布尔"和"克什米尔"，俘获了大批战俘和奴隶。信德和伊斯兰王国之间有商业往来。信德出产香料、糖和木材。……对外扩张停止后，学术活动就随之兴起，因为有些征服者本人就是学者。[1]

这里所说的学术活动主要是指宗教，即伊斯兰教的传播。世界宗教传播中有两种方式：一种是征服型宗教传播，基督教对于

———————

[1]　［埃及］艾哈迈德·爱敏：《阿拉伯-伊斯兰文化史》第二册，近年时期（一），朱凯、朱希同译，纳忠审校，商务印书馆2001年版，第214－215页。

美洲与非洲的传播，伊斯兰教对于印度和非洲的传播都属于这一类型。这种类型的传播是先征服某一民族与国家，然后用各种手段来宣传自己的宗教，这就是所谓"剑与福音书"的宗教传播。另一种类型是精神型宗教传播，中国儒学与印度佛教的传播方式都是通过没有武力活动的精神传播，以宗教人士宣教为主，中国历史上的"白马驮经"就是这样一个传播模式。

阿拉伯文化东进印度的过程还有另外一种特点，阿拉伯人先是征服中亚民族，然后通过中亚地区进入印度。伊斯兰帝国的建成主要是在倭马亚与阿拔斯王朝时代，建成了横跨欧亚非三大洲的帝国。在这一扩张过程中，非洲与中亚地区甚至包括东南亚，从宗教信仰角度看，伊斯兰都没有遇到真正强大的对手。欧洲是基督教的核心地区，东亚是儒学的中心，南亚则以印度教为主。在这三者中，对于前两者，由于种种历史原因，伊斯兰教都没有能真正进入。唯独在南亚，伊斯兰遭遇了另外一种世界主要宗教与古老文明，两者之间关系的发展是引人注目的。印度是一个文明大国，而且有深厚的宗教传统。阿拉伯国家的文明化远比印度要晚得多，在以前的历史交往中，阿拉伯人从印度学到了很多东西。现在，双方的位置颠倒过来，阿拉伯人征服了印度人并且要向他们传播宗教了，伊斯兰教是一种形成年代较晚的一神教，而印度教则是古老的多神教，它们之间的较量意义十分重大，这并不是一个简单的过程。

莫卧儿帝国之前，德里苏丹王朝是以伊斯兰特色的政教合一为体制的国家，这种国体在印度历史上是从来没有过的，是伊斯兰教国家所独有的。在这种国家中，对于印度教徒进行宗教歧视是必然现象，如规定印度教徒不得出任官职，并对印度教徒施以高额赋税，这些都还是一般的，更为重要的是还有一定的宗教迫害行为，如禁止印度教徒在其所选定的河流中沐浴等，这都是对于印度宗教信仰的伤害与亵渎，但是所有这些并未能改变印度人根深蒂固的印度教信仰。要靠压迫来彻底改变印度人的信仰是不可能的。于是，在北方出现了两种宗教的对立：

> 印度传统的文化虽然没有像以往那样同化新来的穆斯林征服者，但伊斯兰国家政权也无力消灭印度人的传统信仰，因而在南亚次大陆上形成了伊斯兰教与印度教并存相对峙的二元文化结构。从地理分布区域上看，统治阶级所尊奉的伊斯兰教主要流行于旁遮普、信德、克什米尔和孟加拉等北方地区，而中部和南部地区则是印度教徒占绝对多数。从人种结构上看，当时的穆斯林由三部分人组成：一是 8－10 世纪侵入印度西北和西部沿海地区的阿拉伯人后裔；二是 11、12 世纪侵入印度的突厥穆斯林及其后裔；三是改宗的被征服者。在第三部分人中，下层普通民众和不可接触者——贱民占绝大多数。这些人之所以接受穆斯林教，主要是为了免交苛重的人头税、摆脱高级种姓对他们的歧视。[1]

这种对立局面并没有发展成其中任何一方被对方所消灭，1525年，帖木尔后代所建立的莫卧尔帝国开始了它长达三百多年的统治。世界古代文明的命运真是令人感叹，就在 1644 年，清兵入关，开始了近三百年的满清统治。东方两大文明古国在近代以来，先后被来自北方的游牧民族所统治，而且长达三百年之久。而这一历史时期，却正是欧洲工业革命开始的时代，近代科学技术与民主思想在西欧这一历史舞台上展开最绚丽多彩的一幕时，东方的古代文明却进入了历史上最黑暗的时代。同时，我们还可以关注另一种文明势力，在中世纪欧洲一片黑暗时，伊斯兰文明却焕发出异样的光芒。但是，当欧洲工业文明进

---

[1] 王晋新、周巩固主编《世界史纲》上册，上海人民出版社 1999年版，第 423 页。

程启动时，伊斯兰文明与东方文明却同样处于一种相对滞后的状态。科学技术作为社会发展的推动力，曾经并不是西方人的专利，中国与印度也都曾经有过辉煌的古代科学。但是也无可否认，希腊人对于科学的认识是相当深刻的，在某些方面可能超过其他民族，这也是西方文化中科学技术地位异常重要的历史原因之一。比鲁尼的《印度察考录》中曾经写道，梵天，这位德高望重者在命令人们敬重婆罗门时说："希腊人——他们是异族人——当他们掌握科学并超过别人时，他们就应当受到尊敬。"这句话如同一句先知的箴言一般，最终在近代竟然灵验。希腊人并没受到印度人的尊重，但是以希腊文明为前身的西方文明，却在印度的转折中起到了关键的作用，而且，其用以进入印度并发挥重要作用的利器就是科学技术。

4. 关于中国古代文明

旧石器时代后期的"太平洋文化圈"在中国南北方及其他周边地区形成，时间大约为20000年前到12000年前，以周口店地区的人种和独特的石器造型为特色。有人称之具有中国传统石器文化的类型特征。

中石器与新石器时代起，以黄河与长江流域为主体的多种文化群落开始崛起。中国先民的活动范围更加集中，所创造的文化类型的早期特征显现出来。如河姆渡文化这样的早期形态、以中原与关中为中心的仰韶文化、河南龙山文化（陕县庙底沟二期）则发展出一种彩陶文化类型。而在长江下游，则有一支玉器、黑陶和早期铜器的文化类型的发现，如：马家浜文化（公元前5090±150—前3990±135）、崧泽文化（公元前3910±245—前3230±140）、良渚文化（公元前3305±130—前2130±100）等。我们可以推测这种文化可能与以后的吴越文化、甚至与中原文化风格迥异的楚文化都有一定的历史关系。这种联系必将得到进一步的揭示。

中国文明是世界上最古老的文明体系之一，它的特点在于：一方面它是世界上产生最早的文明之一，根据现代考古学的发现，中国文化是在广袤的土地上呈现多元形态的古代文明群体。以前我们只把中国文明看成是单一的黄河文明是不对的。近年来的考古研究表明，从中国东北到西南，从黄河流域到长江流域，都有上古文明遗址的存在。其中最重要的是旧石器时代的周口店地区和太湖地区的良渚文化。从世界文化史来看，越来越多的人关注着"太平洋文化区域"的概念，这是一种可喜的现象。但对于它的最早提出者之一，中国猿人即北京人的发现者之一裴文中教授的历史功绩却少有人提及，我们在上一章已经论述了他的主要发现与主要观点，这种观念是在严密的、扎实的考古工作成果基础上提出的，有相当的科学性。我们认为，有必要在尊重科学发现的角度重新回顾他的见解：

> 事实上，光是根据文化，不大可能在上述中国和西方文化之间找到直接的相同之处，因为山顶洞的人工制品很可能代表了一种具有自己特征的独立发展的文化。
>
> 到旧石器时代之末，一个重要的北方的或"古北的"文化区似乎从欧洲延伸到东亚，大约在北纬45度以北（主要是西伯利亚）。但是，同时也很可能存在着另一个人类和文化的潮流（系统），沿着太平洋海岸，从马来亚延伸到满洲里——在新石器时显然仍为印度支那的北山文化（Bacsonian）和广西的洞穴工业所代表。根据其地理位置和某些特别的特征（粗糙的石器、穿孔的砾石……），我们倾向于把山顶洞文化归入这一独立发展的"太平洋"文化区——然而像使用赤铁矿染色的习惯可看作是"北方

的”影响。①

另一方面，中国文化保持了从古代到近代、现代的一致传统，是世界所有古代文明中唯一持续的文明类型。在它前后产生的主要文明类型都经历了转移和变型的命运，希腊文明在罗马时代接受了东方传来的基督教，已经发生根本的变异，经过文艺复兴与宗教改革之后，更是有较大的变化。印度的原有印度河文明则已经消失，雅利安人的文化与本土文化混融，多种因素产生作用，特别是近代以后，这种文化受到多种外来文化的影响，其固有传统也有一定的变异。唯有中国文化一直持续下来，成为世界文明硕果仅存的一支，这种现象已经引起世界的关注。经过以青铜文化为代表的发展阶段，这一阶段以夏商周三代为代表类型，中国文明走向新的繁荣。也就是在这一历史时期，产生了中国文化的经典六经，这种经典对于中华民族的民族心理、精神特征、思维方式和行为规范都有重要的决定性作用。从此后，中国进入一个稳定发展阶段，历经了秦、汉、唐、宋、元、明、清等主要朝代的更迭。虽然蒙古人与满族先后入主中原，但他们皈依了中华文明，维持了这一文明的传统。

将中国与欧洲相比较，双方都有相当长的封建社会，欧洲从罗马帝国起到文艺复兴结束，大约有 1000 年之久，而中国从秦汉起到辛亥革命则近 2000 年。中国的封建社会历史比欧洲长了将近一倍。相同之处在于，自从欧洲确立了基督教为主要宗教的文化之后，欧洲封建社会相对稳定，主要形态是基督教对于异教的征服并在各国取得统治地位，以农牧工商的混合型文明为主，建立欧洲特色的大庄园经济与采邑制度。而中国封建社会相对稳定于以六经为指导的文化传统，封建君主专制是其

---

① 裴文中：《旧石器时代之艺术》，商务印书馆 1999 年版，第 110 - 111 页。

政治制度的主要形式。

中国历史上基本没有发生像欧洲历史上屡次发生的政教之间的斗争。可以说，中国发展出一种独特的非宗教文化传统，这是以六经等人文经典为中心的、以大一统国家的政治制度、道德伦理、文学艺术、语言思维方式为构成因素的一种相对稳定的模式。这是中国文明的长处，也是它的短处，中国文明虽然持续，相对稳定，但社会制度变化缓慢，专制制度统治时间长，缺乏民主与科学精神。封建帝王实行的愚民政策使民族素质不断弱化，所以在近代社会的落后是必然的。

世界主要文化类型中，唯有中国文化是非宗教性的，这是它的主要特点之一。正因为如此，中国文化在对外对内都有其他文化类型所不能及的长处——这就是"多教合一"——一种伟大的历史贡献。中国文明的发展中，并不是完全与外界隔绝的。历史上一直有多种外来民族的干扰，最重要的有汉代，中国击败了游牧民族匈奴人和突厥人，迫使匈奴人远走欧洲，保卫了先进的中国农业文明。唐代也多次战胜文明程度较低的游牧民族，特别是 16 世纪以来，西方殖民者的先行队伍——伊比利亚半岛的西班牙与葡萄牙人——在征服了非洲与美洲之后，来到中国海，遇到实力强大的中国的抵抗，使西方文明的东方征服首次真正受挫。

中国文明因其以人文主义为精神主体，所以是开放型的。汉唐时代，印度佛教传入中国，对于中国文明造成冲击。其后又有元代蒙古人的入侵，直至清代满族的入主中原。西方文明兴起后，中国作为一个贫弱的国家，仍然在 19 到 20 世纪有世界上人数最多的留学生到欧美留学，令世界为之震惊。但是，中国文明的类型没有发生根本改变，中国没有发生其他民族文化中的那种文化转型，如希腊人被罗马人征服后、印度被雅利安人征服后的文化转型。中国文明从来没成为一种被征服的文明，美洲古老的墨西哥文明与秘鲁文明被西班牙与葡萄牙殖民者毁灭，从此拉丁美洲的古代文明作为一种文明形态已经被转换。中国文明吸收外来民族文化，使其成为中国文化的一个组成部分，但中国文明没有彻底改换。

中国文明的思想观念是一种辩证理性，这是一种把本体与认识结合为一的思想体系与方法。它的理论核心是天人辩证——即人与自然之间的辩证；人与社会之间的辩证观念，即个人与社会、国家、宗族之间的辩证；人与人之间的辩证，即自我与他人之间的辩证。这是一种以中国《易经》为起始的全面辩证认识与实践观念。它的逻辑基础与西方亚里士多德的形式逻辑是不同的，从易经到墨经，都贯穿一种辩证逻辑，这种逻辑是辩证理性的认识逻辑。正是由于这种理性的存在，使中国文化在人与自然、人与社会和个人之间的关系方面有了独特的处理方式。

另外，以神与人之间的辩证的、协调的关系为主旨，不同于其他民族对于神的绝对崇拜。非宗教意识形态与宗教意识形态的结合是中国文明的重要特征之一，不理解这一原则的人对于中国有两种臆想：一种是把中国人的宗教意识看成是原始崇拜，特别是当中国文明在17－18世纪传入欧洲时，很多欧洲人对中国文明无法理解，以西方的一神教至上的观念来看待中国，其实对于中国知之不多。很多人把中国人描述成没有真正信仰、只有原始崇拜或是物质崇拜的民族。另一种看法就是把中国看成是完全没有神灵观念的民族，只有对于人间君主的服从，而没有宗教热忱、没有对于真理和天国憧憬的人群，黑格尔等人就持有这种观念。

这两种看法都是不符合实际的，中国大地上曾经产生和流行过多种宗教，早期文化遗址中已有神灵崇拜的遗存，并且有图腾、巫术、天神崇拜等多种形式，以后又发展出萨满教、道教等多种宗教。外来的宗教则有佛教、伊斯兰教、拜火教、基督教等，但是没有一种宗教能在中国成为唯我独尊的国教。中国从汉代起就有独尊儒术等说法，但儒学与西方宗教之间的概念还是不同的，它不能被看成是一种真正意义上的精神崇拜，它只是一种学说，而且它本质上没有对于神灵的崇拜。没有宗教的权威，也就没有神灵的绝对崇拜，这就从客观上形成了人类精神在信仰这一巨大空间的相对自由。这种自由被多种观念所充分利用，特别是儒释道三教合一等观念，可以说作为人间君主统治的辅助得到发展。这种自由对于文化发展具有重要意义。没有绝对宗教观念，使中国文化具有开放性，海纳百川，成就这种文化精深博大的内容与非同凡俗的形式。没有对于异教的排斥，使中国文化不与其他民族对立，而易于为其他民族所接受。

最后，中国文明具有一种自我完善性的对外关系，以对于本体和自我的守约和完善为主要目标，对于外界事物与其他民族采取合理的接纳与改造。这种思想观念源出于以内在的阴阳交替、推陈出新为轨迹，行为道德上的"己所不欲勿施于人"，"他人有心，予忖度之"原则，使得民族文化关系上，中国一直保持非侵略性的、非殖民性的特点。秦汉以后，中国长期在亚洲处于经济文化强盛地位，但对于周边民族和国家没有进行掠夺。相反，倒是不断受到经济文化相对落后民族的进犯与干扰。即使在汉唐这样的盛世，仍然以维护边界和平为目的，而不是对于其他民族的征服。只有在元代蒙古民族统治时期，在中国文明的主体精神未被接纳的情况下，才有欧洲"灭国四十"这样的对外征战。但总体来说，中国文明类型的主导精神仍是鲜明的。

我们不可讳言，中国文明类型也有它的历史特征所形成的不足之处，前人对于中国文化的不足之处有很多看法。这些看法基本可以分为两大类：其一是只从一些现象的、感性的层次来认识，如有人提出的所谓中国文化的腐朽、缺乏理性精神、权力至上、以情代法、封建伦理浓重等等，这些看法有的是正确的，有的则属于偏见。更为可笑的是一些西方学者如列维－布留尔等，把中国文化看成是"原始思维"的产生，这些荒谬绝伦的看法就不值一提了。其二，十七世纪之后，西方科学发展迅速，中西比较中以西方文化体系为整体参照，人们对于中国文化有了较深入的、精神层次的分析，提出了一些有价值的观点，如梁漱溟所作的比较：

（一）西洋生活是直觉运用理智的；

（二）中国生活是理智运用直觉的；

（三）印度生活是理智运用现量的。①

作者这种比较仍然稍嫌简略，再如当代学术界中相当流行的一种看法，认为中国人的理性是一种"实践理性"（以后又改为"实用理性"等说法，但仍以前者影响为大），有人从这样的角度来说明这一概念：

> 在儒家思想中，这种肯定现实生活的世界观所关注的是伦理实践，并与之紧密相连。离开了伦理实践，这种世界观或生活态度便无意义。不过实用理性并不只是一种伦理实践。它也同思辨的思维模式形式相对照。在这方面，实用理性同杜威的实用主义也有着某些相似性：实用理性也将有用性悬为真理的标准，认定真理在于其功用、效果。
>
> 不过，实用理性又不能等同于杜威的实用主义，因为它承认、尊重、相信甚至强调去符合一个客观的原则、规

---

① 梁漱溟：《东西文化及其哲学》，商务印书馆 1999 年版，第 162 页。

> 则，此一原则、规则或秩序在某种意义乃是独立于人的思
> 维和经验的，这就是天道，或称天命。人道不能同天道分，
> 人道必须遵从天道，天道与人道是一而二，二而一的
> 东西。①

所谓的"实践理性"或"实用理性"其实并不是对于中国文化
特别是其思维方式的本质分析，而主要是对于儒家伦理和伦理
哲学、道德哲学的一种观念总结，观点与观念都不是思维方式
本身，只是思维方式的形式化产物。如同钱币不是财富本身一
样，各种钱币如德国马克、美元、英镑、人民币等只是财富的
具体存在形式和流通手段。而且实践理性本身就是一个不通的
概念，康德用它只是指道德实践，在西方哲学中这个概念也并
没有获得完全的肯定，更何况把它用于中国道德，就更不适宜。

笔者曾经多次指出，中国文化的深层是其思维方式的独特
之处，这就是辩证理性特征，辩证理性这个概念不是中国所独
有的，而是被普遍承认的概念，特别是黑格尔哲学之后，这种
辩证理性观念在西方已经开始盛行。萨特的《辩证理性批判》
等著作还对它大加挞伐，当代的后现代主义者其实也在提倡一
种"辩证理性"。中国的辩证理性是中国文化的精神支柱，它
的天人辩证、人人辩证（即人与他人和社会）、人的自我辩证
是其三大表现，其本质是逻辑中的辩证逻辑，即差异性与同一
性的合一，中国古代易经中的阴阳相生、春秋诸子的"合异同
论"就是其早期学说之一。中国文化的优越之处在此，它可以
凭借辩证思维克服西方的理性中心、逻各斯中心、自我中心、
菲勒斯中心和能指中心，以达到理性与非理性、自我与他人、
能指与所指之间的和谐。但我们也要指出，辩证理性的思维并

---

① 李泽厚：《也谈实用理性》，见《李泽厚哲学文存》下卷，安徽
文艺出版社 1998 年版，第 731 页。

不是绝对完美的思维方式，它极容易成为一种"融合论"的根据，但实际上不可能完全融合。如"天人合一"的天人观，其实就是把《易经》中的法天地思想与司马迁"究天人之际"的辩证观念变形了，绝对的天人合一是不存在的，这是一种消极的天人观，是汉代董仲舒等人的错误观念影响的一种表现。中国经典文化的主体是儒家文明，但是，中国文化是一个系统观念，主要由儒释道等不同文化成分构成。这些成分不是并列的，从历史作用来看，儒家文化居于中心地位。它延续了二千多年，成为世界上唯一持续不断的文化。特别是当代以来的"儒家文化复兴"更是一种重要的文化现象。

也必须看到，中国文明类型中的融合论应当说从我们思维方式中可以找到非必然的联系，我们认识中的理性与非理性、形与神、能指与所指、形式与内容等方面的混融性，是这种思维方式的缺陷之一。这对于我们的文化发展有极大影响，我们文化中不能把道德与认识、人情与法律、真与假、真理与必要性甚至包括文字中的书写与意义、能指与所指等进行合理合度的区分，其根源就在于此。

第七章　经典文明的社会形态演化

一、经典文明的社会制度与机构

公元 475 年西罗马帝国灭亡，次年，末代皇帝罗慕洛斯·奥古斯都被日耳曼人俘虏，庞大的罗马帝国灭亡，从此西方文明进入封建化阶段。经历了一千余年的历史风雨，到 15 世纪的后三十年，工业化席卷欧洲，资本主义与海外殖民使西方为世界所瞩目。1600 年英国东印度公司建立，标志着东西方经典文明的终结。经典文明这一历史形态留给人类什么教训与经验，是我们研究的目标。

农业文明社会中，从部族到民族，进而发展出多种多样的国家制度与机构，人类文明差异性与同一性同时突现出来，东西方民族建立起了形态迥异的国家与社会，发展出异彩纷呈的文明形态。在比较文明研究中，农业文明仍然是最为多样的社会文明的阶段，没有什么能比发现独立在美洲发展的墨西哥、秘鲁的古代农业国家更能令世界惊奇，它证明了即使没有直接的传播，独立农业文明形态的演进也是完全可能的。其实古往今来的国家政治与社会变迁，无不与文明之间的关系直接相关，罗马帝国的衰亡、阿拉伯大帝国的兴起、印加帝国的灭亡，直到大清帝国、奥斯曼帝国、俄罗斯罗曼诺夫王朝、伊朗巴列维王朝被推翻，都与世界各文明之间的关系密不可分，也使得比较文明学要关注不同国家的社会政治机构与国家制度。

在所有关于社会制度与机构的研究中，最为重要的当属对于国家与民族、社会制度与政治体制的研究，这是无可争辩的事实。关于国家与社会制度，我们将在相关章节有集中论述，这里我们先要就农业文明与国家的关系进行研究。

恩格斯把国家的产生分为三种主要形式：第一是雅典式国家，这种国家是从氏族发展而来的，它产生于内部阶级斗争，在没有外来力量干预的情况下产生，是国家的一种纯粹形式。第二是罗马式国家，这种国家产生于氏族内部的罗马人与外部的平民集团的斗争。第三是日耳曼式国家，这种国家产生于日耳曼人的对外征服之中，这三种形式都是相对于旧的氏族组织而言的。

从恩格斯关于国家的论述中可以看出，这是一种历史主义的国家形态论，与我们目前所有关于国家的论述是不同的。在恩格斯看来，国家有其基本特征，这只是相对于氏族组织而言，国家形态又是历史性的，不是固定不变的。它是一个历史形成的概念，而不是固定的模式，雅典城邦式国家与罗马人国家、日耳曼人国家产生于不同历史时期的不同社会组织。如果说雅典是奴隶制国家，那么日耳曼人的国家是"氏族组织不知不觉地变成了地区组织……"，同时权力组织性质也由"军事首长的权力变成王权"。也就是说，日耳曼人国家是从氏族社会直接转变成为封建王权国家的。国家演变没有固定规律，有的氏族社会可以演变成为民族国家，有的则可以演变成为帝国或是蛮族的国家组织。

笔者认为，历史主义是认识国家与社会组织的共同原则，国家，尽管神圣无比，不能离开历史主义原则。民族国家并不是神赐的，它只是人类社会一定历史阶段的产物，既不会成为人类社会终结，更不会永恒。现代民族国家的兴衰其实已经证明了这一结论，当代正在欧洲等地进行的经济社会共同体的实践，其实也已经对落后于现实的西方文明研究与历史研究提出了挑战。有了这一历史主义的认识，再来分析文明社会中的社会组织，就不会将一个阶段的历史看成是永恒的。历史主义，其实最根本的就是要破除障眼法，给人类以发展的观念。

从文明角度特别是从东西方文明角度来研究国家，成为当代国家理论的中心课题，这并不是一种偶然的现象，传统的国家理论研究中心在西方，东方民族只是被研究的对象。是作为西方民主社会与民族国家的对照物，是西方视野中的帝国、专制制度。

但事实上，世界上最早的国家产生于东方，这本是一个常识，不幸的是长期以来却被忽视。最古老的文明大国波斯、中国与印度都没有进入文明社会组织与国家研究的视域，古代巴比伦、赫梯、亚述等大国没有受到应有重视，这种现象当然不正常。事实上，中国、印度与波斯等文明古国只是被称之为"亚细亚东方社会"，只有马克思等少数学者予以关注。长期以来对于东方古代国家的研究充斥着偏见，这种偏见使得西方学者根本看不到文明社会进程中东方社会的贡献。

我们仅以所谓"民族国家认同"的讨论为例就可以看出在这一领域里理论上的混乱。西方汉学家们强调，中国思想史上有一种文化主义与民族主义，列文森（Joseph levenson）认为，"近代中国思想史的大部分时期，是一个使'天下'变为国家的过程"。他还引用了梁启超所说的一段话："其不知爱国者，由不自知其为国也。中国自古一统。环列皆小蛮夷；无有文物，无有政体，不成其为国，吾民亦不以平等之国视之。故吾国数千年来常处于独立之势，吾氏之称禹域也，谓之为'天下'，而不谓之为'国'。既无国矣，何爱之可云"。这些早已过时的议论还是引起了当代中国学者们的忧虑，有学者认为："当代中国究竟有没有民族国家的认同危机，或者至少是这种危机的潜在因素呢？对这个问题采取断然否定的态度，或许是有一点过分乐观了"①。

笔者以为，忧国忧民甚至防患于未然是完全正确的，但是，梁启超与列文森的看法却不足为据。自清代朴学之后，中国学术处于与西方学术大交流时期，早期学者特别是康有为、梁启超、章太炎、刘师培等人多不谙西文，于西学往往主观臆测，而以西方理论标准衡量中国，则往往是风马牛不相及。列文森等西方学者对于中国及东方文明更是隔膜，其结论必然更是荒唐。文明交流如果不达到一定历史阶段与相对的水平，东西方的互相理解是不可能的。甚至东西方经过几个世纪的接触，彼此之间也不一定能达到完全理解。因为需要一种比较文明思维方式的互相参同与契异，没有这种思维的整合，即使是最发达的文明之间，也是无法互相理解的。16世纪起，葡萄牙人就在中国南海定居下来，这是最早到中国的欧洲民族之一，经过数百年与中国的接触，葡萄牙并没有成为最理解中国的民族，也没有最伟大的汉学家产生于这个国家。类似的例子，不胜枚举。

本书作者认为，国家的形成是文明发展的重要现象，欧洲人所提出的早期城邦国家与以后的民族国家、中国人所说的古代文明国家与近代国家等，都是文明进程的重要标志。我们所说到的社会生产与生活更是与国家联系最为紧密。国家，从本质上来说，是指由单一民族或多民族所组成的社会组织，它具有一定的法律制度、军事和权力机构。国家是最高实体性社会机构，国家之间的联盟可以具有一定的效力，但是一般不能代替国家的主权。同时我们也要看到，国家的形成与发展只是社会生产与生活发展阶段的一个具体形式，这种形式并不是必然具有的。有的民族发展中，并没有形成明显的民族国家，特别

① 姚大力：《变化中的国家认同》，见复旦大学历史系、复旦大学中外现代化进程研究中心编《近代中国的国家形象与国家认同》，上海古籍出版社2003年版，第159页。

是美洲、澳洲与非洲等地的土著民族，他们的历史发展与欧洲完全不同。欧洲从古代的城邦国家发展到中世纪，经历了罗马帝国与基督教的统一，在中世纪产生了民族国家，这只是欧洲国家的历史。非洲与美洲，甚至中国古代文明，都有不同的国家与民族发展形式，不能完全用欧洲的国家标准来衡量。如果用欧洲观点来看，美洲的印加帝国算什么样的国家呢？这完全是西方所不理解的，所以我们在文明条件中并没有完全把国家作为唯一重要条件来考察，而是把国家作为文明的构成因素之一来考察，从人类文明的规律性观察国家的历史作用，或是说，把国家作为文明阶段的标志之一，而并不因此否定其他标准。这一观念可以说是我们的出发点。

更为重要的是，东西方文明不同，关于国家、民族国家的概念不是同一个范畴，如果没有一种比较文明的观念，是不能相提并论的。中国与东方文明古国不但早就有了国家概念，而且起源早于西方。从广义的民族国家来说，中国最早可以说是从黄帝时代立国，这种国家是初期国家，是部族集合。以后的夏商两代与古代印度、埃及王国与美索不达米亚古代王国一样，正式形成了古代王国。可以说中国国家政权形成是世界上最早的，既有城邦制又有王国制，国家治理机构严密，最主要的特点之一是中央政权与诸侯国并存。而且政权更迭频繁，有相当丰富的行政经验。国民对于主权国家认证明确，君臣划分清楚，中心国家与蛮夷划分清楚，说中国人没有国家概念完全是一派胡言，《诗经》中就有"惠我中国"的诗句，中华与周边民族的区分正是这种古代民族国家概念的一个有力证据。从总体来说，中国与东方古代王国以同一文明为主要认证标准，是古代多民族国家。从社会政治制度来说，夏代是古代奴隶制国家，这种奴隶制度并不典型，殷商时期就已经有了井田制度，这种制度可以说是早期的封建制度。西周之后，中国正式进入封建

制度，建立封建民族国家。而西方民族国家直到中世纪后期才
建立，以单一民族国家为认证。所以欧洲的民族国家不同于中
国的国家，这是完全不同的两个概念。绝对不能像列文森那样
以西方的民族国家作为"国家"的标准概念来衡量中国古代国
家与封建王国。

这就是从东西方比较文明学角度来看民族与国家，这样才
可能得到清楚的理解。

二、经典文明社会组织的多元性

世界文明史上的国家类型相当多，可以大致分为四个不同
的类型，第一类是古代独立国家，这是人类文明史上出现最早
的国家形式，其中包括美索不达米亚、埃及与欧洲的城邦国家
与东方的城市国家；城乡结合型国家，如印度的城邦、中国的
夏商周三代等。这种国家形态复杂，包括宗教国家、王国与其
他形态，可大可小，有的国家也可能是联盟性的。第二类是各
历史阶段有差异但又可归为一类的帝国类型，这是由于宗教或
政治原因所形成的超越民族界限的大型国家或是国家联盟。这
种国家在人类文明史的各个阶段都可能产生，如亚历山大的庞
大帝国、罗马帝国、秦汉以后的中华大帝国、阿拉伯帝国、奥
斯曼帝国、蒙古大帝国等，其中有的更像民族联盟。第三类是
民族国家，也可以称之为近代国家。这种国家形态又可以分为
两种，第一种是封建民族国家，主要是指欧洲中世纪之前到中
世纪产生的以民族为主体的封建国家。第二种是中世纪之后，
欧洲资产阶级建立的民族国家。有的历史教科书中说到民族国
家只指近代资产阶级的国家，这是不妥的。实际上，近代国家
已经超越了单一民族的界限，变成了国家的总称。第四类是综
合型国家，有多种形态，如中国汉唐到宋元明清历代长期的统
一大王朝，它在有的时期更像世界帝国，但并不具有太强的扩

张性。此外还有近代演变出的多种多样的国家体制等。

在区分了国家类型之后，有必要再简单说明一下我们讨论中经常涉及的概念。国体与政体一直是有争议的概念。从马克思主义理论观念来看，国体是指国家的阶级性质，即国家是由什么阶级在掌握权力。也就是什么阶级在实行专政，因此历史上有奴隶主专政，有封建地主专政、资产阶级专政与无产阶级专政等。从另一种意义来说，国体就是指这个国家属于什么社会性质，如奴隶制国家、封建主义国家、社会主义国家、帝国主义国家等。而政体则是指与国体统一的为国体服务的国家政权构成形式，即所谓政治体制。由于历史环境的差异，相同的国体可能采取不同的政体，如同属于资本主义国家者可以有君主立宪制、民主共和制等不同政体。值得注意的是，对于国体与政体、国家体制与政治体制等不同概念之间的理解并不一致，历来是见解纷纭，莫衷一是，我们宁可采取更为广阔的视域来对待些正在讨论中的问题，而不是撷拾个别西方学者的见解，一叶障目，不见秦山。

笔者认为，国家体制与政府体制是两个不同的概念，这是无可怀疑的。但是，国家体制与政治体制之间联系紧密，不可分离。如果说到一个国家是奴隶制国家这种国体，其实也必然有对于它的政体的理解。说到英国国体必然会涉及它的政治体制，政府、国会与王室等，如同研究伊朗就会涉及其政府、国会与宗教之间的关系等。事实上，比较文明学研究国家与民族时，更为重视的是国家的构成原则，是政治体制与社会的关系，这是长时期对于国家发展起作用的因素，也就是说，我们主张从综合的角度来研究国家，国家就是人类社会的结合体，这并不是本书作者的发明，而是一种传统，让我们引用西塞罗那句名言：

Quod illi principi et praepotenti Deo qui omnenm hunc

mundum regit，nihil ecorum quae quidem fiant in terris acceptius quam concilia et caetus hominum jure sociati quae civitates appellantr。

　　谨以创世之至高无上之神而言，人世万物中最为中意的莫过于此被称为"国家"者人类社会及结合体了。

因为神是没有国家的概念的，至高无上之神在创造人类与万物时，并没有创造国家，亚当与夏娃没有国籍，即使耶稣是何国人也无法说明。即使是在《圣经》中，耶和华痛斥巴比伦城的淫乱和堕落，也没有专门针对某一"国家"发难，如此说来，国家确实是人类创造的重要事物。从人类创造的意义上，也就是从文明的角度，国家确实应当是重要的构成因素，不同国家的比较也必然成为重要的参照系了。

　　我们在关于人类社会发展的一般规则中已经说明，人类文明进化的一般发展趋势是，由于血缘关系而构成古代家庭与氏族，上古时代的众多氏族由于共同的生活区域，相近的生活与生产方式，结合而形成相对大的部族。由相近的部族集合起来或是以某一部族为主体，形成民族国家或文明古国。

　　部族时代已经具有了早期国家的一些因素，部族中产生了不同的阶层，有了私有财产的存在，形成了社会群体所共同的道德、宗法、婚姻的契约与约定关系，部族的权力归于部分人所有。这些可以说是部族中国家的政治因素最初的表现。但是，部族与国家之间有相当的差异，部族虽然不同于氏族，但它受到血缘关系与家族关系的限制，只有它进一步组合起来，成为以地域为主的社会群体，才可能有民族国家，民族与国家则是不同部族的联合体，一般来说，这种联合的原则是地域。按地域来划分居民，作为国家的标志之一，在这里仍是适用的。另外，这种联合体之间的关系是以社会契约形式所规定的，因此国家产生一定的机构，以行使公共权力。

人类生存的物质需要使得人类不得不结成一定的经济共同体，渔猎生产中大型的围猎、围渔，农业生产中的开荒与种植，都需要不同的部族进行协作。而人类生存竞争中的自然法则，又使得人类采取族外婚姻，这样就会产生不同部族的亲密关系。不同部族之间的战争又使得一些部族联合起来，与另外一些部族进行斗争。具有共同利益的部族占据共同的生活区域，形成了共同的生活与文化，由此产生了古代的民族，民族就是共同信仰与共同公共权力的部族集合，在民族的基础上进化为古代国家与民族国家。

那么，有没有基于血缘关系上所形成的国家？

张光直先生的《从商周青铜器谈文明与国家的起源》一文中，曾经发表过这样的看法：

> 在研究中国古代文明和国家起源时，常有这样一条法则：在古代王国文明形成的过程中，血缘关系渐被地缘关系所取代，政治的、地缘的团体所占的成分比亲属占的成分越来越厉害和强烈，而亲属关系则日趋衰微。这是根据外国古代史所得的经验作出的结论，用它来看中国具体的史实似乎很合理，然而是错误的。因为在中国古代，文明和国家起源转变的阶段，血缘关系不但未被地缘关系所取代，反而是加强了，即亲缘与政治的关系更加紧密地结合起来。[①]

张光直先生没有举出事实来证明自己的观点，笔者以为，其实不必把古代中国与古代中东或是西方对立起来，这样可能又会陷入中国古代家族与西方城邦民主的老套子。中国古代商周王权继承制度是父死子继，兄终弟及，这是无可怀疑的。早在甲

---

① 张光直：《中国青铜时代》，三联书店1999年版，第471页。

骨文文献解读之前的古史记载中也是这么写的。这种情况在世界各文明中大同小异，埃及与巴比伦的王权也都如此。但是，这里所说是政治权力的传递而不是一般的血缘关系与地缘关系，以此作为批评国家形成理论的证据是不足为凭的。另外，中国古代的禅让制度，也从一个侧面说明，即使在古代中国，其政治权力承继关系也是多种多样不断变化的。而从夏商周到春秋战国，国家形式越来越完善，以地域并且以民族为国家组建原则，是明显的。例如，西周之所以称为西，显然是一种地域标准。先秦夏商时代中的主要民族集团如华夏、夷、狄、戎、蛮等各有其居住区域，《史记·五帝本纪》中说："流共工于幽陵以变北狄，放驩兜崇山以变南蛮，迁三苗于三危以变西戎……"，这里明确把地域与居民联系起来，这些部族集团是由众多的小氏族或是部族集合而成的。这里所说的"变"，其实就是以地缘关系取代了血缘关系，部族与以后的民族关系取代了氏族关系，对于中国古代国家来说，如同罗马帝国对待蛮族一样，把一些民族限定在一定地区，而中央帝国却保持多民族的统一。

所以，这里张先生的错误主要是把氏族与部族甚至民族等同起来，从氏族到部族，最后到民族，经历了恩格斯所说的"氏族组织变成了地区组织"的根本性变化，氏族以血缘为主，而统一国家的各民族居民分区居住，各地区集中某些部族与民族，这一改变如同蛹变成为蛾，性质大不相同。

再从中国国家形成历史来看，地域与民族的决定性作用无可置疑。中国奴隶制度的国家产生于夏，夏朝成立的标志就是划分居民为九大部分，称之为九州。《左传》中所说"茫茫禹迹，画为九州"。而且夏还铸了九鼎，《左传》中还说："昔夏之方有德也，远方图物，贡金九牧，铸鼎象物，百物而为之备。"可见九鼎是地区权力的象征物，设立的地方长官就是九牧，以九鼎代表全国的权力。另外，夏已经有了自己的法律与管理机构，以行使公共权力。《礼记》中说到夏的"三宅"可能就相当于三个部，"宅及事，宅乃牧，宅乃准，兹惟后矣"。可能就相当于现在的国务院、部长会议组织与司法部。因为夏有刑法，《左传》说"夏有乱政，而作禹刑；商有乱政，而作汤刑；周有乱政，而作九刑"。

因此我们认为，国家的主要构成是民族集团，是以区域居民划分与公共管理机构建全为特征的。国家不以家族氏族为主要体制。这并不是以外国的理论来说明中国，而是为中国的历史事实自身所证明了。

需要稍加说明的是，关于国家形成中血缘关系因素的分析并不是针对某一个人的观点的，而且，也并不否认中国或其他民族国家形成中，血缘关系是一种重要因素。但是，从民族国家形成的历史与其意义来看，血缘关系并不能构成主要因素，国家不是以家族为起点的。

关于西方的国家概念，其中也有许多要分析的地方，如周谷城先生区分了欧洲中世纪的几个主要概念，他认为，欧洲中世纪的行政区域主要分为三种：即领主所管辖的行政区域，教皇所管辖的区域，还有"城市国家"，这三种行政形式中都有"国家"的称号。中世纪后期，才开始建立了民族国家。而民族国家是不同于以上多种多样的、大大小小的"国家"的。他认为：

> 所谓民族国家，即操同一语言的人民在同一政治组织之下生活的国家，例如操英语的人民，或操法语的人民，或操波兰语的人民，或操匈牙利语的人民，倘一旦在许多地方政权之上建立起统一的政权，能把地方政权纳入统治之下，肃清地方主义，便算民族国家（national states）。①

---

① 周谷城：《世界通史》下，河北教育出版社2000年版，第641页。

很明显周先生所指乃是所谓欧洲民族国家，不能用于说明所有的国家。即欧洲中世纪之后，由于基督教世界（christendom）之后，从统一的拉丁文与统一的信仰中分化出来的民族的、地域的国家。大约在 14－15 世纪大批出现。关于这一点，当代学者已经逐渐注意到了，我们也就不必一一指出了。我们要反复强调的是，中国的民族国家早在古代已经建立，这与欧洲是不同的。中国的民族国家是从黄帝古国－夏商奴隶国家－西周秦汉封建国家中发展而来的。

这样，我们就可以回答列文森的问题，也就是梁启超所说的天下与国家的问题。东方国家概念与西方民族国家概念不是同一概念，不能用同一标准来衡量。中国古代王国就是大一统形式，但它已经是国家。这种大一统并不妨碍其国家认证与民族认证，相反，这种国家从历史上来说就是在同一文明主体中的民族认证。总之，孟子所说："皆曰天下国家"，以天下为国家，这是中国古代国家产生的特点，并不是不知有国家的意思。《广雅释言》曰："国，邦也"。《周礼·载师》曰："国宅凡官所有宫室吏所治者也。"《后汉书·光武帝纪上》注曰："国谓诸侯王国也。"从中可以看出，古人的国家概念是十分清楚的，国就是邦国社稷，也就是治理权力，这与西方国家概念并没有根本区别。因此，中国人并没有必要以"天下国家"而感到羞愧，似乎这样就不是国家了，梁任公与列文森所说的"国人无国"之说是没有根据的。

世界帝国或是霸权帝国是文明史上的一种重要现象，自从进入文明社会之后，东西方社会完成了从古代民主制度向君主制度的转换，大多数国家实行封建帝王制度，王朝与帝国成为主要形式。霸权帝国或是世界帝国不是一般的帝国，而是指那些超越多个民族与国家疆域、跨越欧亚非等大洲的界限所建立起来的大型帝国。这种帝国以军事征服或同时伴有宗教传播为手段，建立起大一统的国家形式。古代社会中虽然产生过多种大帝国，如埃及、巴比伦、孔雀王朝、秦王朝等，但仍然只是一个大的民族国家。但是，亚历山大帝国、罗马帝国与上述帝国就大不相同，这是一种跨越亚非欧三大洲的世界帝国。这种世界帝国与一般帝国最大的不同就是其跨文明的特点，多种文明之间的交往与融合对于社会发展是有益的。而文明交往所产生的思想观念的互通，更具有重要的社会意义。当然，由于亚历山大帝国存在的时间较短，与罗马帝国是不能相比的。

意大利商人马可·波罗曾经记下自己在蒙古人建立的大帝国中的经历，其中说到自己在亚洲大陆上从西到东、从北到南的旅行畅通无阻。这在当时已是郡国林立的欧洲是不可能的。特别是记载忽必烈大汗对于世界主要宗教的态度，可以看到一种能够融合多种宗教的思想，这也是元帝国的一个重要特点。《马可波罗游记》中写道：

> 对于回教徒、犹太教徒、偶像教徒之主要节庆，执礼亦同，脱有人询其故，则答之曰："全世界所崇奉之预言人有四，基督教谓其天主是耶稣基督、回教徒谓是摩诃末，犹太教徒谓是摩西（Moise），偶像教谓其第一神是释迦牟尼（Cakya－Mouni），我对兹四人，皆致敬礼，由是其中在天居高位而最真实者受我崇奉，求其默佑"。[1]

当然也无可否认，由于征服战争会给人民生活带来苦难，会造成社会动乱。而且还有一种更大的危机一直存在，却没有受到关注。这也可以被看做是这本行纪的一个缺陷。

一般来说，大帝国的出现都是宗教征服与军事征服的产物，而这种征服是多种多样的。在农业文明中，游牧民族对于农业

---

[1] 《马可波罗行纪》，冯承钧译，上海书店出版社1999年版，第190页。

民族的征服相对较多，而落后文明对于发达文明的征服也反而较多。在征服后，有两种发展，一种是落后文明被发达文明所同化，如罗马人征服希腊后，被高度发达的希腊文明所同化。但历史上也有另一种状况，即出现不同文明之间的对立或是原本落后的文明会因获得统治地位而推迟发达文明的进程。如蒙古帝国的建立就对欧亚大陆的先进文明造成相当大的损失，虽然也不是像欧洲历史学家形容的"黄祸"那般恐怖，但其破坏作用仍然是存在的。莫卧儿人的文明原本是游牧民族，在印度建立起的莫卧儿王朝是一个不大不小的帝国，就对印度文明有过不利作用。中国除了元代受到蒙古大帝国的侵害之外，清代受到相对落后的女真民族的侵略，对于中国的近代化与现代化进程产生了相当大的反面作用。正是在所谓康熙和乾隆这样的盛世，欧洲工业化进程一日千里，大清国却停滞不前，拉大了东西方之间的距离。清政府的封闭落后政策除去其他原因外，可能有一种文明的因素在其中起作用。这正是我们在比较文明研究中需要反思之处。可以说，在农牧文明发展中，由于国家与民族发展中的一些历史因素，东西方文明之间的差异进一步加大，特别是西方蛮族以民族国家形式独立发展，对于其经济文化都有决定作用。而东方的一些蛮族则在大一统帝国的强大压力下，最终迁移到边远地区，失去了建立民族国家的可能性。而东方帝国则在一定历史条件下会被文明相对落后的游牧民族所征服，使发达的母体文明发展滞后，由此加大东西方发展的差距。或换一种说法，罗马帝国由于蛮族入侵而崩溃，这一崩溃导致了欧洲众多民族国家的诞生，民族国家的独立对于欧洲文明产生相当大的推动作用。另一方面，东方帝国的命运则相反，中国作为一个封建大帝国在元代以及清代受到游牧民族入侵，游牧民族征服了文明大帝国后，因落后的统治方式延缓了帝国的发展。同样的现象产生于印度，印度在莫卧儿人侵以后，文明发展长期受阻，导致印度在近代以来落后于西方。正是由于这一历史原因，近代以来东方大帝国的发展落后于欧洲民族国家，这些大帝国已经被游牧民族入侵者所掌握，统治国家的游牧民族以封闭自守的封建制度来对抗启蒙运动与工商经济发展，原有的东方文明成为入侵者奴役人民的精神枷锁，文明进程被野蛮统治所中断，造成东方落后于西方。最明显的例子是，中国在明代后期，资本主义生产关系已经崭露头角，如果不是清兵入关所造成的战乱与以后清朝所推行的封建统治，中国很可能较早进入资本主义。

比较东西方历史上不同的"蛮族入侵"及其不同后果，从中可以看到文明进程的复杂性与文明演变的多样性，这是比较文明学最核心的观念，也是它最大的贡献。

三、东西方的蛮族与文明社会

世界文明分为不同的文明体系或称为文明共同体，在每一个文明共同体中，都有不同的国家，虽然文明程度不同，但是彼此之间有共同的基础。同时，在这些文明共同体的边缘地区，也存在一些相关的游牧民族与农耕民族，他们在欧洲被称之为"蛮族"，主要原因并不在于其文明落后，而是由于它不属于基督教民族。在中国文明史上，也有相当多的少数民族被称之为"蛮夷"。首先应当承认，这些民族虽然不完全从属于古代文明中的任何一个文明共同体，但是他们其实与所在地区的文明民族有相当密切的关系，所以"蛮族"这个称呼是不恰当的。

从另一方面来说，虽然他们曾经在历史上长期与文明民族进行商业或其他交往，但他们仍然保持了自己独立的民族生活方式与习俗。我们可以说，在文明进化史上，这是从部族向民族国家发展的重要历史阶段的一种现象，具有典型意义。我们虽然仍然沿用"蛮族"这个约定俗成的称呼，保持其历史意义，以表示与主要文明共同体各民族之间的区分，但是并不把它们归之于野蛮民族之中。

从公元前 10 世纪到公元 10 世纪，大约 2000 年时间里，世界文明主要共同体与各蛮族的关系经历了分化与互相征战的过程。各蛮族主要分布于草原大漠、深山密林与河湖沼泽地区，而且以游牧狩猎生活方式为主，时聚时散，时起时灭。他们自身也经历着剧烈的分化，不时有新的部族兴起，旧的民族则在战争中灭亡与分化。其数目与民族状况都难以统计。如果大致划分，可以说有东西方两大类蛮族，其历史命运并不相同：

第一类是西方蛮族，也就是欧洲蛮族；欧洲古代文明中心是位于南部的罗马帝国，罗马帝国的北方，早期的蛮族主要是克尔特人、日耳曼人、斯基泰人和萨尔马特人等。其东部是斯拉夫人与以后到来的匈奴，匈奴最早是在中亚地区及中国北方活动，公元一世纪前开始西迁，进入欧洲，最后定居于多瑙河流域，最后发展成独立的民族国家。

第二类是东方蛮族，其中又可以划分为东亚蛮族与南亚蛮族，合称东方蛮族。东亚古代文明中心是中国，周边有多种古代民族存在，我们上文已经说过，这些蛮族被分为东夷西戎北狄南蛮等不同集团。其中每一个集团都有数目众多的民族在中国境内外活动，而且随着历史时代不同也有相当大的变化。他们的时代从石器时代到青铜时代、铁器时代一直到现代。当汉族已经进入现代社会时，还有一部分少数民族保持着原始社会、奴隶社会和封建制度，这些民族大多数是从事农业与畜牧业的民族。

中华民族中的少数民族如蒙、回、满、藏、维吾尔族与南方众多的被称之为"南蛮"的民族，从秦汉之后陆续归入中国，成为中华民族大家庭中的成员。其中蒙古族曾经建立过世界大帝国，满族也曾经统治中国三百年，他们都一定程度上被中华文明所同化，进入了文明社会。由于东西方文明的差异，蒙古大帝国与西方文明之间有不同标准，所以蒙古大帝国可能被西方视为是野蛮民族，但这与罗马时代的欧洲蛮族是不同历史时代意义上的，不可同日而语。比如，同为蒙古族的一些部落，大约在公元10至12世纪的克烈部、乃蛮部与汪古部就信仰过基督教，据《多桑蒙古史》记载，这些部落在11世纪曾经有过景教传教的事情，成吉思汗还曾经利用过这些民族来为自己服务。这些民族按西方标准就很难被说成是蛮族了，他们信仰基督教可能早于相当多的西方文明民族。

历史上曾经对于中国文明长期进行侵扰的蛮族主要有匈奴、突厥等游牧民族。他们不但在中亚地区活动，以后还向欧洲和南亚移动，活动范围相当广泛，他们可以说是从东方蛮族变成了西方蛮族。

另外就是南亚蛮族，南亚文明以印度文明为核心，由于印度半岛的特殊地理环境，印度洋方向来的海上民族对于南亚文明的作用并不构成主要威胁，主要是来自北方的入侵者。

首先是来自中亚的突厥人，他们是印度最大的蛮族对手，在伊斯兰教扩张之前，游牧民族突厥人就开始向印度进犯。8世纪初，穆斯林对中亚的征伐中，战胜了吐火罗人、布哈拉人与粟特人，基本统治了突厥人。从9世纪起，伊朗与呼罗珊即花剌子模成为与印度相邻的强大国家，10世纪时，新兴起的萨曼王朝也开始借用突厥兵力对印度进行威胁。1192年，伊斯兰教的穆伊兹－乌德－丁带领精锐的突厥骑兵，与印度的拉杰普特人进行大战，穆斯林以少胜多，再次击溃印度人。在对印度长达几个世纪的征服中，突厥人、阿富汗人、伊朗人与蒙古人时而联合，时而分开，其军事力量中突厥骑兵一直是主力。但是在征服之后，突厥人就逐渐融合于印度社会之中，莫卧儿王朝的统治者们既非真正的伊斯兰教徒也不是印度教徒，他们是一些宗教观念不太强的游牧民族的后裔。相对宽容的宗教政策与行政管理，也许这正是他们能够在印度这个宗教对立十分尖锐的国家里立足的原因之一。

另外一支存在时间不长的蛮族呋哒人，就是所谓的"白匈奴"，虽然他们活动的时间短暂，但却是一支曾经对于印度文明产生重要影响的蛮族。公元 5 世纪起，他们打败了波斯人，在今日阿富汗国土境内建立呋哒国，开始向印度北部进犯。曾经一度十分强大，他们消灭了犍陀罗的寄多罗贵霜王朝的残部，建立起一个游牧的呋哒帝国。直到 528 年才被北印度王公们联合起兵所击败。其首领在逃亡克什米尔之后不久，就被突厥人与萨珊王朝所消灭。从此这个拜火教民族融入其他民族之中，不复存在。与印度历史上的许多宗教与民族一样，虽然不能看出其明显的历史遗产，但是他们所留下的印痕是必然存在的。这个民族可能是最早活跃于亚洲的白色人种，他们的历史证明了古代世界中的多种族与多种文明的共存。

如果比较一下东西方蛮族的命运与其各自发展，可以发现一种重要现象，这些蛮族都是生存于主要文明周边的民族，他们因自己的军事力量或是地理优势而长期保持了相对独立，没有被主要文明所同化，当然，这并不是指双方没有交流。但由于东西方文明模式的不同，这些蛮族自身的演变及他们与中心文明之间的联系发生不同的变化，西方蛮族在与罗马帝国长期征战中，最终发展成民族国家，或是说对于独立民族国家的成立有直接作用，正是这些民族国家的诞生使罗马帝国之后的欧洲发展为同一文明起源的多元国家并立状态。可以说，从城邦、领地与蛮族集体等不同形式发展来的国家之间的平等竞争有利于自由民主精神的发展。而东方蛮族一部分向西方迁移，另外一部分则融入了主要文明之中。大多数东方蛮族没有最后形成民族国家或是被消灭，他们对于东方文明进程有过历史贡献，但是没有能形成与主体文明之间的竞争。在一定的历史时代，这些相对落后的民族还会控制主体文明，建立起大帝国。但是，由于这些民族文化的历史局限性及其与被征服国家之间的关系，这种大帝国一般不可能实行民主政治，而对外则是封闭自守，使得东方在近代文明发展中受到阻碍，这是无可否认的历史事实。

四、地中海—大西洋文明

1. "四海地区"与地中海文明的形成

在欧洲、亚洲与非洲交界处有四个内海，即地中海、黑海、里海与咸海，从西向东连成一线，这一带是世界古代文明交汇的地区。这一地区以地中海为中心，西北是欧洲的大西洋地区，东北沿黑海、里海向俄罗斯草原地带延伸，东面经过咸海与中国西域与中亚地区的草原相接，并且经过帕米尔高原与古代北印度文明相接。南面是古老的埃及与撒哈拉沙漠以北与以东的多种古代文明，东南则是小亚细亚地区，连接着古代西亚文明。古代世界的主要文明基本上在这一地区汇聚在一起，从新石器时代起，这里就形成了一个多种文化交相辉映，争奇斗艳的交接地带，特别是彩陶时代与青铜器时代，这一地区很可能形成了多元文化交流的中心。法国雷奈·格鲁塞曾经说过：

> 在彩陶方面，我们发现出自一些不同地点的陶器，都有奇妙的类似之处：例如埃及和后新石器时代的苏萨，苏萨和安瑙，安瑙和中国的后新石器遗址，苏萨、安瑙和赛伊斯坦，以及赛伊斯坦、俾路支和印度的哈拉帕及莫罕交－达罗二遗址等地点之间，所出土的陶器都是如此。根据这一有力证明，我们可以认为，那种相信各伟大的史前期文明都是彼此完全隔绝的说法极不可靠，而要立即予以摒

弃，同时也反对那种民族迁移的无用假说。让我们且满足于这样一个结论：即当历史的黎明期，从埃及一直延展到黄河及印度河，曾存在着一种共同的文明，"我们可称它为彩陶文明"。[1]

要说明的是两点：第一，古代文明交流起源于彩陶时代完全可能，青铜时代这种交流并不会断绝，我们在有关章节中从陶文流传方面揭示这一交流的历史证明。第二，我们并不赞同他一概排斥民族大迁移的说法，相反，正因为存在交流，民族的大迁移才是完全可能的。并且这种民族迁移是经常发生的，公元前1500前后雅利安人就是从这一地区向印度进发的，以后又有中国西域与中亚的多个民族的西迁，如匈奴、月氏等民族的西迁。

在多元文明交错发展的进程中，先是埃及、西亚、印度与中国古代文明的产生，以后才有地中海文明的兴盛。希腊罗马的文明也被称为地中海文明，是西方的文明的源流，这种文明的基本形态和主要特征在整个西方文明漫长的历史中起了重要作用。古希腊文明发生在地中海东部的希腊半岛地区，它的范围包括爱琴海、小亚细亚西部沿海、爱奥尼亚群岛、意大利南部和西西里岛。这个范围远远大于今日的希腊领土。所以希腊文明又被称为爱琴海文明或地中海文明。虽然有多种说法，其实所指为一，地中海文明包括了希腊文明与罗马文明，古代希腊文明就是所谓的爱琴文明。地中海文明中心以后向西移动，范围扩大到大西洋岸边，这就是以后的大西洋文明。

为什么西方文明起源于希腊？古代希腊地区的自然条件很有自己的特色，这里以山地为主，粮食与其他农作物不多，只

---

① ［法］雷奈·格鲁赛：《东方的文明》上册，常任侠、袁音译，中华书局1999年版，第20页。

有葡萄和橄榄等作物比较适于生长。这一地区的海岸线绵长，希腊半岛周围大约有2000多个小岛，其中克里特岛是较大的岛。有比较好的港湾，有利于古代希腊海员从这里航行。希腊与尼罗河、印度河、黄河、两河流域等古代文明起源地的自然条件区别较大，如果要加以比较，希腊是所谓的"蓝色文明"、"海洋文明"，应当说是能表达其自然环境特色的。直到今天，世界商业船队中的船员中，大约近1/5是希腊人，可以说，希腊从古至今都是一个海洋民族，一个擅长航海的国家。但是，在古代，由于技术条件的限制，远洋航行是不可能的，所以希腊人的航海只是在地中海地区的近海航行，真正的远航是大西洋岸边的伊比利亚半岛上的葡萄牙人与西班牙人所进行的。

公元前20—公元前15世纪，在爱琴海地区克里特岛上兴起克里特文明，从这种文明遗址的发掘中可以知道它曾经有过建筑精美的宫殿，工艺精良的手工艺品，而且发现了线形文字A版文书，证明它已经是相当发达的文明。这一地区大约于公元前3000年左右进入青铜文明时代，与中国、埃及和两河流域的青铜时代相近，但发达程度并不完全一致。克里特文明已经进入奴隶社会，岛上的城邦中，以克诺索斯城邦最为强大。考古学挖掘表明，克诺索斯王宫的建筑宏伟，具有相当高的水平。宫中用具讲究，象牙、陶品与青铜器制作精美，具有独特的民族风格，展现了地中海地区人民高度的金属工艺水平。

这种文明后来被来自希腊半岛上的迈锡尼文明所取代，迈锡尼文明产生于伯罗奔尼撒半岛，它的形态是一种早期城邦文明，年代从公元前1500年到公元前1200年，这种文明留下的青铜武器、工艺品都说明这已经是相当发达的文明了，而且它也留下了早期的文书，但这种考古研究只能为希腊文化的早期形态研究提供一定的参考。

2. 荷马时代

公元前 12 世纪，迈锡尼人组成希腊联军，远征小亚细亚地区的特洛伊城，这场战争持续了 10 年之久，以迈锡尼人攻克特洛伊城为结束。但是迈锡尼人好运不长，仅仅在特洛伊战争后不到一个世纪，北方的多利亚人南下，进入希腊半岛地区，灭亡了迈锡尼文明，从此之后，在希腊地区出现了近两个世纪的文明倒退，社会返回到部族时代。也就在这个时期，产生了希腊文化的经典——《荷马史诗》。

公元前 10 世纪至公元前 8 世纪，盲诗人荷马（Homer）整理了前人的传说而成《荷马史诗》，这是希腊民族的主要史诗，史诗是一种重要的世界文学形式，它一般既有神话传说的成分，又是一个民族的历史文献。《荷马史诗》所反映的历史事件是希腊人对于特洛伊人的战争，一定程度上是最早的西方民族对于东方侵略的历史记录，特洛亚是位于小亚细亚西北角的一个富裕城邦，据说有"神话般的财富"，特别是以产马和织布闻名于世。我们可以想见它可能有比较发达的畜牧业、农业与手工业。《荷马史诗》由两大长诗组成，全都是万行以上。一部名为《伊利亚特》，写希腊人攻占特洛亚城的战事。另一部名为《奥德赛》，记述参加特洛亚战争的希腊英雄俄底修斯在战争结束后，历经磨难返回家乡的过程。综观全诗，基本上是一部反映古代战争的史诗，其中也有希腊人海上历险生活的描绘。

公元前 8 世纪起，西方的部族与民族开始重新组合，经过吞并与联合，形成了多个以城市为中心、周边是农村的城邦。公元前 6 世纪前后，这些城邦先后进入奴隶制社会，农业与商业经济开始繁荣，这就是希腊城邦国家，也有人称之为城市国家。

西方文明以希腊罗马文明为起始，在它的历史发展中，并

不是一成不变的。首先从文明性质上，可以说经历了两次大的
文明转型。第一次是罗马帝国时代，将原本是民间的宗教基督
教定为国教，开始了长达千年的中世纪封建统治。这就改变了
希腊文化原有的没有一神教宗教的模式。由于基督教教义，原
有的希腊文化经典受到贬斥。因为希腊的人文主义精神与基督
教是格格不入的，即使是希腊的神话和宗教，对于基督教来说
也是异教。我们从一个典型的事例就可以看出这种对于希腊精
神的排斥，意大利诗人但丁是中世纪后期的伟大诗人，他的
《神曲》中已经有对于当时宗教的不满，但诗中仍然充溢着对
基督教的虔诚之情。他把古代希腊的伟大诗人荷马、哲学家亚
里士多德等人放在地狱之中，尽管无人不知这些人对于西方文
化有巨大贡献。但是但丁认为他们的罪过在于他们生活于耶稣
之前，当然只能是异教徒了，所以必然有罪。这里其实是对于
希腊文明的一种排斥。第二次转型是欧洲的文艺复兴，发生于
14 至 16 世纪的文艺复兴运动，不但是古代希腊人文主义精神
的再生，而且产生了对于西方文化有重大影响的科学思想，自
此之后，科学技术在西方文明中的地位日益重要。无可否认，
正因为如此，也必然产生西方文明的内在冲突，即人文精神与
理性中心、一神教与民主精神、科学与宗教等多重矛盾。另外，
西方文明中心也经历了转移的过程，从最初的以地中海为中心，
转向了以大西洋为中心。这一转移的确切时间无法计算，变化
大约开始于中世纪中后期的 10 世纪至 12 世纪，到 16 世纪的海
上大交通之后，大西洋国家沿岸的英法等国已经成为欧洲经济
发达的强国，而希腊古国已经风光不再。

　　西方文明的构成也有它的特点，英国哲学家罗素等人认为
西方文明有三种重要精神：古希腊精神、基督教宗教和科学技
术观念。我们认为，这是具有一定的历史主义观念的，西方文
化从历史发展来看，的确是多种精神所汇集起来的。它有一个

历史发展的过程，历史的每一步都会在文明中留下它的印痕，只用一两种观念来代表西方文化，当然是简明的，但必然有偏颇之处。所以只能说希腊文明是西方文明的主要源流之一，不能用希腊文明来取代整个西方文明的概念。

希腊文明的多样性恰恰体现于它的城邦的多样性，希腊有两种完全不同的城邦，一种是以雅典为中心的城邦，一种是以斯巴达为代表的城邦。这两种城邦各有特色，公元前478年到公元前477年，以斯巴达为中心建立了提洛同盟，这一同盟成立的目的原本在于反对波斯人的入侵，以后却成为了雅典人的工具，用来称霸地中海世界。

斯巴达城邦代表了一种古代军事民主联盟的形态，这个地区以农业生产为主，国家政治也很特殊，实行双王制度，设两个国王，这种形态有人指出如同西亚地区的部族社会中的制度。但不同之处在于，斯巴达也有长老会议与公民会议，政权主要由贵族掌握，实行土地与奴隶国有制度。斯巴达人以严格的训练与近乎严酷的生活而著称，儿童从小在艰苦的环境中长大，成年男子全部要接受军事训练，直到60岁以后才可以解除兵役。为了与雅典人对抗，以斯巴达为中心，公元前6世纪建成了"伯罗奔尼撒同盟"，这一同盟最终战胜了以雅典人为代表的提洛同盟。

雅典政治以民主政治为基本特色，雅典的民主政治得来不易，它是雅典人民经历了长期的政治改革、多次的选举等才建立起来的，民主政治对于整个西方文明影响巨大。雅典人建立了提洛同盟，代表进步的民主力量，工商业比较发达，与代表贵族守旧势力的伯罗奔尼撒同盟对垒。如果从历史发展的总体进程来说，具有工商业特色的希腊文明超越了斯巴达人的农业文明，但是希腊人以后却被罗马人所战胜，罗马人最初也是一个农业民族。

雅典位于阿提卡半岛，公元前 8 世纪时，这里的 4 个小城邦联合起来，建立了雅典城邦，成为希腊的核心。制定了法律，划分了城邦居民的阶层。城邦居民分为三大阶层，贵族、农民与手工业者，按规定只有贵族才可从事政治，充当政府官职，这也就意味着早期的国家已经出现。公元前 6 世纪时贵族与平民之间的矛盾激化，公元前 594 年，代表工商业阶层的梭伦掌握政权，担任首席执政官。梭伦上台之后，进行了一系列旨在限制贵族权力的改革。梭伦改革的主要受益者是工商业奴隶主，他打击了氏族势力，但是并没有能满足平民的要求。公元前541 年，庇西特拉图以武力夺取政权，实行僭主政治，其政治倾向是有利于平民阶层的。这一时期雅典的经济发展较快，民主制度也在酝酿之中。克里斯提尼上台之后，推行民主化改革。他划分了 10 个选区，打破传统的血缘部落的界限，使社会结构发生了实质性改变，从血缘组织到地域组织，这是一个关键性的改革。创立了 500 人会议这一新国家机关，设立公民大会。设立"陶片放逐法"，使得公民可以通过投票的方式放逐国家最高公职人员。这样的一系列举措，大大推进了雅典的民主政治。所以笔者一直认为，希腊民主制度的真正建立，是在克里斯提尼的时代。当然也有人对此有不同看法。

3. 东西方交往与希腊的兴亡

古代希腊原本没有所谓的西方文明意识，古代民族的自我中心认识方式，使得希腊人与世界其他民族一样，自认为是世界的中心，但是，有两个重要因素影响了希腊人的意识。

首先是开拓海外殖民地的扩张主义，这种扩张过程中，希腊人与其他民族特别是东方民族之间产生复杂的联系。虽然希腊人可以说从政治与经济上左右了殖民地的发展，但是对于希腊本身的地理位置与自己在世界文明中的地位有了新的认识。

从公元前 8 世纪起，希腊各城邦开始开拓海外殖民地，希腊人的殖民方式主要是移民，在长达两个世纪的时间里，向南北西三个方向建立了 100 多个海外殖民地，这些殖民地也实行城邦建制，沿袭了希腊城邦的民主制度与社会风俗，扩大了希腊人的影响。这些新城邦同时又在重建更新的城邦，有力地传播了希腊文化。城邦最集中的地区是意大利南部与西西里岛，这里几乎成为新的希腊。南到埃及与利比亚、西到意大利南部、高卢与西班牙东海岸地区，北面一直到黑海和色雷斯地区，建立了大批的殖民地。其中包括叙拉古、那不勒斯、拜占庭等地。在这时期，基本奠定了地中海文明的范围。

海外殖民使希腊文明与东方的埃及、两河地区有了广泛的接触，扩大了希腊的视野，也使希腊人产生了自觉意识。但是，由于被殖民地区的东方文明已经趋于衰落，或是社会经济制度远逊于希腊，反而增加了希腊人的优越感。

其次，公元前 5 世纪，希腊与波斯之间进行了长期的战争，直到公元前 449 年，双方签约，这场东西方之间的第一次大战宣告结束。在希腊人看来，希波战争是民主制度的希腊战胜了专制制度的波斯帝国，是西方战胜了东方。从此，东西方文明分化成为一种众所周知的事实，而西方人在东西方的比较中，已经把东方看成了专制主义制度横行的国度。

从比较文明学来看，希腊文明应当说是以农业文明为主体并且兼具发达的工商业，这是地中海文明的典型形态。而波斯人则是农牧民族，双方的战争是一场古代城邦民族与统一帝国之间的斗争，其结果十分引人注目。希腊人战胜波斯人，应当说是为数不多的农业民族战胜农牧民族的战例。世界史上，定居的农业民族战胜农牧民族的战例并不多见，尤其是大型战争中，如果希腊波斯战争算得上是一次重要的战争，那么中国汉代战胜匈奴则是另外一次，这两次大型战争都发生在古代，为后代留下了教训。

希腊建立了世界上最早的殖民地，在地中海周围有多个希腊的殖民地，有人比喻这些殖民地如同池塘边的青蛙一样，希腊就是这样的一个池塘。在这时期，希腊的政治经济进入了兴旺发达的阶段，也成为西方文明史上最光辉的时代。特别是在伯里克利时代，希腊民主政治取得较好的发展，国家保护公民自由与权利，甚至个人出身与财产也不会构成公民自由的限制。国家支持公民从事政治与文化艺术活动。五百人会议掌握了行政大权，陪审法庭是选举产生的。贵族会议的权力被取消了，原来规定只有贵族才能担任公职的规定也被取消，而且任何一级的公民都有担任国家最高公职的权力。贫穷公民担任公职后，可以享受公职津贴。全体公民具有选举权，公民大会成为国家最高权力机关，每月召开会议研究国家大事。

这些极为重要的民主制度与法律的制定，使得希腊民主政治变得更加完美。法律面前人人平等是民主制度的基础，所以民主政治就是法治的政治，法治不能以公民的身份与财产为转移。另外就是公民具有参予政治与决策的机会，这代表着一种政治生活的民主化。国家的重大问题首先经过辩论，然后再采取投票表决等方式，少数服从多数。国家公职进行公选，公选以投票方式进行。所有公职都有任职时间的限制，一般的公职都只任期一年，过时则进行轮换。

希腊民主政治制度是人类历史上引人注目的成就，关于它的作用与历史地位，几千年来几乎所有重要的思想家都进行过评价，特别是马克思等伟大思想家所进行的高度赞扬，认为它是其他任何一种政治制度所无法比拟的。这并非伟人们情有独钟，而是由于它确实是全人类的财富，直到今天，这种制度仍然与伟大的希腊神话一样，成了难以企及的典范。当然，这只是相对于古代而言，希腊时代是人类的童年，其民主政治也只是童年的产物，不能以今天的尺度来要求古代希腊人。

　　希腊文明兴盛并不是永恒的，公元前431至公元前404年之间的伯罗奔尼撒战争出人意料地以雅典的失败结束，再一次证明了，在世界文明史上，相对发达的文明完全可能被落后的文明所战胜。更大的悲剧在于，雅典人只能依靠马其顿来帮助自己，以对付东方的波斯可能发动的再次入侵。

　　公元前4世纪初期，位于希腊北方的马其顿逐渐兴起，国王腓力二世进行的国家改革，使得马其顿成为一个军事强国。希腊人错误地把振兴希腊的希望寄托在马其顿身上。公元前338年，马其顿在喀罗尼亚战胜了希腊军队，第二年在科林斯召开了泛希腊会议，确立了马其顿的领导地位。公元前336年，腓力二世被刺身亡，亚历山大即位，这位亚里士多德昔日的学生野心勃勃，立即准备远征东方。公元前334年到公元前325年，经过十年征战，亚历山大建立了庞大的帝国。但是亚历山大这位雄才大略的君主却不幸是个短命的英雄，正当其事业达到高峰时，他却于公元前323年病亡，时年仅33岁。在他身后，庞大的亚历山大帝国分裂为三个国家，不再有昔日的霸气。公元前2世纪中期，罗马人征服希腊，原属于马其顿的希腊城邦从此归属于罗马帝国。这里的希腊已经全无当初的气象，城邦老旧，毫无生气，人类文明史上的奇葩——古代希腊文明——悄然凋谢。

　　为什么古代最先进的文明类型，具有民主政治与工商业优势的希腊，竟然只有短促的兴盛，然后就猝然灭亡？

　　历来西方学者重视对于罗马帝国灭亡原因的讨论，而忽视对于具有先进文明的希腊城邦灭亡原因的思索，这是很不正常的现象。正如同我们只关心殷商或是秦王朝的灭亡，而忽视曾经战胜突厥威胁的隋文帝之治，兴亡治乱的历史目的在于以史为鉴，如不全面观察，则极易产生偏见。

4. 古希腊作为西方文明的起源

明白了希腊文明与西方文明的关系以及它们以后的发展，就可以对西方文明作出一个基本评价，这种评价是把希腊文明看作西方文明的主要源流之一，从整个西方文明的历史发展来分析它的性质与特征，正是由于西方文明有三种主要的历史来源，也就决定了它的基本特性和表现。

首先，希腊文明中的理性中心特征是十分明显的，从希腊哲学到欧洲主要国家的文化中，都是以倡导人类理性为宗旨的。这又表现为不同层次，一是作为文明的整体倾向是对于理性的崇尚；这与其他一些文明是不同的，一些古代文明是以对宗教崇拜或是其他崇拜为主导的，古代希腊虽然也有多神教等信仰，但是宗教并不能取代理性。另一层次则是对于理性观念的思想建构。古希腊的亚里士多德建立了形式逻辑体系，为西方理性思维的发展打下了逻辑基础，西方理性以这种形式逻辑为准绳，规矩行为、道德、思想观念。虽然西方的理性中心观念与亚里士多德逻辑在近代以来，多次受到严峻挑战，从弗郎西斯·培根到弗洛伊德、萨特等近现代思想家都已经看到这种形式逻辑的不足之处，有的想用新的逻辑体系特别是辩证逻辑来取代形式逻辑，有的则从非理性角度来反对理性中心，但至今还不能说改变了西方文明的这一基本特征。西方反理性思潮的不断出现，正说明了理性中心的作用是何等强大，难以改变。

西方理性思想建构主要有三个大的阶段：古代希腊以亚里士德为代表的古代阶段，在此之后，中世纪宗教神性压抑理性发展，这种压抑直到文艺复兴之后才得以解除；第二阶段是以十七世纪法国思想家笛卡尔（R. Descartes，1595——1650）为代表的近代阶段，这个阶段中把理性与道德伦理、封建统治和以后的资产阶级的理想结合起来，建立理想国，从柏拉图起，建立理想国家一直是西方思想家的努力目标；第三阶段是黑格尔为代表的从近代向现代社会过渡的理性中心思想，这一阶段中增添了丰富的辩证思想内容，但没有从根本上改变以理性为中心的思想方式。

西方文化中的理性中心表现于文明各种构成成分之中，在道德伦理中，康德等人一直把道德看成是理性的实践，有所谓实践理性的观念。所以从这一点来看把中国的理性思维看成是实践理性，其实是对康德学说的附会。在法律中，西方法哲学也是一种理性的法律实践。西方的社会制度甚至宗教观念，无一不受到理性中心的影响。这就形成了西方文明中对于理性的崇拜与倡导，这种精神对于人类的启蒙与觉醒、破除蒙昧、追求知识和进步有巨大的推动作用，这也是近代以来西方取得巨大成就的原因之一。但是，如果形成理性中心观念，人类对于自我与世界的认识也就会形成自我中心或是相反，形成理性对于人性的压制。我们这里并不是故作惊人之语，许多西方学者也已经看到，历史上出现了这样一种奇怪的现象，正是在理性中心的西方国家中，宗教仍然占据统治地位，乃至各种邪教主张都可能有巨大的市场。这正是由于经过近代科学批判之后，原有的造物主形象改变了，变成了理性的代表，重新受到崇拜。而且更令人沮丧的是，在理性的重压下，非理性作为理性的对立面而存在，不仅没有被消除，反而发展迅速，在意识形态中居于重要地位。这就使人不能不反思理性中心观念。

十九世纪后期以来，西方知识界的一个重要任务就是批判理性中心。从哲学方面有存在主义、现象学等，一直到后现代主义的哈贝马斯、德里达等，从对于形而上学的批判到技术理性的批判，基本上都是这一范围。心理学方面的弗洛伊德、荣格、拉康等人，文学理论方面的加拿大学者弗莱等都是其代表人物。对于理性中心的批判是对于西方文化深层内容的批判，这种批判的角度可能不同，但对于理性中心的要害的纠正必然是有益的。但是也不可回避，对于理性中心的批判不等于对理性的批判，理性是人类思维之花的沃土，没有理性就没有人类进步。值得注意的是，在对西方理性中心的批判中，相当重要的一股力量就是反理性观念或是非理性观念，因此要注意不能以反理性和非理性的绝对否定来对待理性，这是不可忽视的。

我们已经指出：科学精神是西方文明的重要特征之一，科学精神是指对于自然和社会现象的本质及其规律的观察、实验和运用，科学精神是西方文明对于世界的重要贡献之一。从历史来看世界各主要文明都有科学发明，但是西方较早地发展出系统科学观念，并通过一种科学精神把它变为人类社会生活最重要的推动力，从而使人类社会不断进步，使人类社会能具有今天这样强大的征服利用自然的能力。中国的五四运动中提出了一个口号：要请进"赛先生"，所谓"赛先生"指的就是科学（Sience）。

希腊也是西方科学精神的起源地，早在希腊毕达哥拉斯时代，数学已经是最重要的思想认识工具，欧几里得几何学的建立为数学几何学提出了重要的模式，人类通过自己的观察与分析，将自然的规律性表现掌握在手，并且加以利用。中世纪之后，实验方法进入科学，使科学长足发展，成为人类社会中举足轻重的力量，科学是一种生产力并且是一种对社会有重要影响的思想观念，以科学方法分析事物成为重要的思想方法。

这样，我们其实把西方与中国的文明精神进行了形式上的比较。从主客体之间的关系来说，西方的主体精神以个体自我意识为代表，主张用理性和科学为工具对客体进行利用和分析，人类驾驭自然征服自然是它的目标。黑格尔曾经提出"以自我为一切可以取得实体生存的根据"的思想和把自然变为自己生存的"一种单纯客观形式"的思想，他认为这是希腊的精神特征，这种特征在当时曾经被引以为豪，但今日正面临着一种世界性的审判。这种审判在西方内部的代表先是法兰克福学派几代学人，从马尔库塞到哈贝马斯等人。比他们更为有力的是二十世纪末期以来的反对后殖民主义与生态主义相结合的思潮。以自我为根据与把自然只是作为人类一种生存客观形式的思想导致人类与自然的对立，也必然使得人类社会本身异化。弗洛伊德曾经把人类主体与自我之间的关系发展称之为对于人类中心的三次冲击，其中虽然有不够确切的地方，但这种批判的发生是值得反思的，而且可以预计，历史必将有更严峻的批判。

雅典城邦实行民主制度，长期以来有一种误解，认为柏拉图与亚里士多德主张贵族政治，这其实是一种误解。他们两人主张的是一种贤人政治，贤人（aristocratos）就是品德出众的优秀人物。由于当时认为贵族是品德出众者，所以称贵族是 aristcratos，这就产生了意义的混淆，使得柏拉图与亚里士多德的本义被歪曲了。从他们二人的著作中可以看出，虽然他们对于雅典城邦政治有很多不满，但他们都认为雅典城邦国家在政治上远非其他国家所能比拟，对于民主制度的优越性是肯定的。

希腊文明有自己的特点，希腊人从事农牧业生产，有相当发达的海上贸易，与东方封闭文明古国不同。这种社会生产形成了希腊人开放的精神心态。同时，希腊民族以多神崇拜为主，神话发达，想象力丰富，这都对于其文明发展有影响。在这种社会与精神环境中，希腊人的思维机制、思想与东方不同，希腊文明中，以真理和理性追求为最高目标，"存在"的意义并不与神完全认同，这与希伯来的神性是不同的。希腊人的存在是对于宇宙本质的探寻。中国的环境与希腊大不相同，北部亚洲高原隔开了中国与希腊罗马的直接联系，与近东和印度的交往也极为困难。东部与南方的大海则使大规模的中外交流难以实现。在相对封闭的环境中，中国独立发展出高度文明本身就是一种历史奇迹。中国文明本位在于其思维方式的辩证理性，中国思想的最高范畴——道——与西方的"存在"互相对应。如果说"存在"范畴指向真理与本质，这种追求是对于形而上学的宇宙之真的追求，如果世界不能提供这种追求的样板，存在就会指向宗教，这正是希腊文明的命运，那么"道"这个范畴则是现实与理想的中庸，道的观念起源就是其意义的最好说明：道，其一是道路，这是道的适应性；其二，道为言说，道可道，非常道，言说是一种符号化的形式，当思维成为一种言说或理性逻各斯时，思维的纯粹性已经丧失。所以辩证理性最终导向现实与理想的融合，承认现世的权力高于真理的追求。道最终指向了现世，它也就区别于希腊人的存在。

城邦国家中，哲人的理想国家制度鲜明地反映了西方与东方文明的差异，柏拉图《理想国》中说世界有五种政治制度：1. 君主专制度，这是最落后的制度；2. 斯巴达克和克里特制度，受到"广泛赞扬"；3. 寡头政治，是由少数人进行统治的制度，这种制度在"荣誉上居第二位"；4. 民主制度，是寡头政治之后产生的，与其相对立；5. 僭主政制，这是城邦"最后的祸害"。柏拉图提倡贤人政治，主张建立以哲学为最高学术规范，以全面发展的有智慧的哲学家作为国家统治者的理想国。虽然柏拉图对于民主制度有许多不满，但他对其评价仍然是不能与专制政体同日而语的。当谈论到民主制度时，他以苏格拉底之口说出：

苏：那么民主主义是不是也有自己的善的依据，过分地追求这个东西导致了它的崩溃？

阿：这个东西你说的是什么？

苏：自由。你或许听到人家说过，这是民主国家的最大优点。也因为这个原因，所以这是富于自由精神的人们最喜欢去安家落户的唯一城邦。①

在当时所有现实存在的国家制度中，民主制度仍然是最为进步的，这是无可怀疑的，《理想国》正是以雅典为蓝图的理想国家模型。另外，柏拉图的理想王国与其理想人格是统一的，理想人格就是思想家，具有保卫城邦与领导城邦的能力，这样的人是上帝加入黄金所生成的。这种人格最优秀的品质当然还是智慧、道德与善，这是西方完全人格的表现。这个理想国虽然在雅典并不可能实现，也正因为其不可能实现才是理想的，但这种理想王国的光辉最终在十八世纪启蒙主义的资产阶级理想王国中再次放射出来，这是西方文明国家理论的精华，也是其对世界的一种贡献。

有意思的是与柏拉图同时代的孔子与孟子也有自己的理想国模型，如果把两者对比一下，就可以看出东西方关于国家制度的不同理想了。孔子理想的国家其实就是西周专制国家，这也是由他"吾从周"的宣言的主旨所决定的。孔子理想的国家制度由孟轲依据西周制度作了如下安排：

> 天子一位、公一位、侯一位、伯一位、子男同一位、凡五等也。君一位、卿一位、大夫一位，上士一位，中士一位、下士一位，凡六等。天子之制，地方千里，公侯皆方百里，伯七十里，子男五十里，凡四等；不能五十里，不达于天子，附于诸侯曰附庸。天子之卿，受地视侯，大夫受地视伯，元士受地视子男。大国地方百里。君十卿禄，卿禄四大夫，大夫倍上士，上士倍中士，中士倍下士，下士与庶人在官者同禄，禄足以代其耕也。次国地方七十里。君十卿禄，卿禄三大夫，大夫倍上士，上士陪中士，中士

---

① ［古希腊］柏拉图：《理想国》，郭斌和、张竹明译，商务印书馆1997年版，第339页。

陪下士，下士与庶在官者同禄，禄足以代其耕也。…耕者之所获，一夫百亩，百亩之粪，上农夫食九人，上次食八人，中食七人，中次食六人，下食五人；庶人在官者，其禄以是为差。（《孟子·万章下》）

除了吏治与政治之外，还有关于土地制度的井田制，孟子说：

方里而井，井九百亩，其中为公田，八家皆私百亩，同养公田。（《孟子·滕文公上》）

很明显，孔孟的理想国并不是想象的，而是向历史上曾经存在过的西周制度的返回。他所描绘的古代国家制度、吏治、设置、薪俸与供给完全体现出中国社会的特征，井田的九百亩分布宛然如在目前。与柏拉图的理想国比较起来，两者大相异趣。一个是西方的理想王国，这是以民主城邦制度为主的，追求完美人格与政治的理想国度。另一个则是东方的帝王专制制度，这是对于历史王朝的回归与赞美。前者以农工商贸的互利为发展目标，后者则是一种严格等级制度下的公私田亩制度。

东西方的理想王国与制度，两者之相距何其远矣，其何止于千里哉！

一切都不能以一种民族文明的自我中心观念来评价，只有历史主义才是公正的。我们不能用西方中心的观念来批评中国古代专制主义，当然也不能以民族主义观念来排斥西方城邦制度。历史就是历史，历史也就是现实，因为它们至今还在延续，任何评价都不是结论，历史只是一种进程而不是一种目的。作为进程它是现实的，作为目的却往往是无法直接得到证实的。希腊民主制度，归根结底仍然是一种贵族民主制度，全民的民主在当时是不可能实现了。

罗马帝国建立后，整个西方进入世界帝国时代。而东方却早在此之前已经结束了古代文明时代，中国、印度等国先后进入经典文明时代。中国的秦汉时期与印度的孔雀王朝称雄东方，一些东方蛮族与少数民族纷纷融入大一统封建帝国。东西方文明史各自书写新一页，文明体系性的差异已经不能再以同一标准来衡量，只能分别从不同线索来研究。我们下面就分别从东西方文明各自视域来分析它们。

五、大西方的统一体——罗马帝国

1. 条条大道通罗马

当希腊人建立自己的文明时，距其不远的意大利第伯河畔建立了一个小城，名叫罗马，谁也不知道，这个小城的将来就是罗马大帝国的中心，也正是罗马人灭亡了古代世界光辉灿烂的希腊文明。

罗马帝国时代最伟大的诗人维吉尔有一首长诗《埃涅阿斯纪》，这首长诗记叙了罗马帝国创立的过程，虽然其中的记述与民间传说略有不同。据说特洛伊战争之后，英雄埃涅阿斯漂流到了意大利拉丁地区，他的后代在这里建立了一个名叫阿尔巴·龙伽的城邦。经历了若干世代之后，出现了一个篡位者阿穆留斯，他夺取了哥哥的王位后，因为害怕哥哥的女儿西里维亚和战神马尔斯的孪生子会起来报复，就令人将这一对双生子抛入了第伯河。一头母狼救起这两个孩子，并且哺育俩孩子长大成人，取名罗幕洛与勒莫。这两个孩子长大后，杀死了篡位的阿穆留斯，并且在第伯河畔建立了一个新城罗马，罗马就是罗慕洛之名，据说因为建城之事发生争执，哥哥又杀死弟弟，并以哥哥的名字来命名这个城市。当然，罗马建城的故事仅是传说，据历史学家们考证，罗马城建立的时间是公元前753年。

意大利半岛中部是人类最早的活动地区之一，考古学发现说明，石器时代的采集生产在这一地区已经存在，进入青铜时代之后，第伯河的原住民以渔猎为生。公元前2000年前后，在草原上活动的印欧人携带着自己的铁器，进入了半岛，并且与半岛上的居民混合为一体，印欧人中的拉丁人建立罗马城，他们也就是意大利人（Italia）。这个称呼大约始用于公元前，最早是希腊用来称呼亚平宁半岛上除了罗马人之外的民族，以后被罗马人所使用，泛指半岛上所有的居民。半岛居民虽然有了统一的称呼，但仍然分为不同的部落。在罗马社会发展的过程中，有一支外来文化有力地推动了罗马的前进，这就是公元前8世纪进入意大利的伊特鲁里亚（也译作伊达拉里亚）人，这是一个具有发达文明与极高天赋的民族，西方历史学家房龙在其《人类的艺术》中曾经说过："有人类就有陶器。世界各地，从中国到秘鲁，从西班牙到墨西哥，都有陶器。但伊特鲁里亚人，是历代最伟大的陶工"。其实伊特鲁里亚人并不仅仅是最伟大的陶工，也是伟大的金属工艺师与艺术家，他们制作的青铜器等也是古代世界的杰作，2003年意大利托斯卡纳地区博物馆藏品到中国展出，使世界另一个伟大的陶器艺术国度中国的人民亲眼看到了闻名已久的亚平宁半岛上的古代陶器艺术。

地中海北部中央地带的亚平宁半岛是古代罗马的诞生地，亚平宁半岛、西西里岛和其他邻近岛屿基本上为地中海式气候，全年温度变化小，夏季干燥而炎热，冬季多雨而湿润，阳光明媚，年降水量大约在500到1000毫米左右。这里水力丰富，但没有丰富的矿藏与多样化的物产，自然条件只能说是中等。

罗马原本只是亚平宁半岛上的一个小国，它强大起来以后，统一了整个意大利，以后又利用亚历山大帝国灭亡的机会，将希腊化时代的三个大帝国全部收入自己的版图，将地中海变成了罗马大帝国的内海。到了恺撒时代，罗马人渡过海峡征服了不列颠，这一成功其实预示着整个地中海文明日后的大变化，即从内海文明向大西洋文明的转化。西方历史上，巩固而持久的大帝国是从罗马算起的，此前的亚历山大帝国统治时间太短，没有深刻的历史影响。只有罗马大帝国才真正奠定了西方经典文明的基础。

2. 罗马帝国：西方古代文明的终结

如果计算罗马的历史应当从公元前753年罗马城邦建立算起，到公元476年，西罗马帝国的末代皇帝罗慕洛斯·奥古斯都被日耳曼人所俘，罗马帝国灭亡，历时大约1229年。但是真正的罗马帝国的时代其实并不长，公元前3世纪到公元前2世纪，罗马帝国发动东征，先后征服马其顿、叙利亚、希腊与小亚细亚地区，而且在埃及建立了保护国，到公元前146年，罗马人攻陷科林斯城，同一年中，罗马人还残酷地将迦太基城毁灭，建立起罗马大帝国，从这时起到西罗马亡国，大约有622年的历史。

为什么亚平宁半岛上一个文化并不发达的小城竟然能征服众多的民族，建立起世界大帝国，罗马人有什么过人之处，这是比较文明学者们所经常思考的问题。

本书作者认为，如果以一种历史主义的观念来分析罗马，会有如下重要发现。

第一，罗马具有前所未有的政治体制，这种体制适合了当时社会发展阶段的要求，这是罗马成功的前提。罗马人的政治体制是一种独创，它不同于希腊人的城邦民主制度，也不同于马其顿与其他希腊化时期国家，它是一种混合型政治，只能称为罗马政体。在共和国时代，政府权力由贵族掌握。国家政府是由百人团投票产生的，罗马百人团会议是议事机关，由他们推选出两名执政长官，这两名执政官必须是贵族出身，但是执政时间只能一年。政府的中心是元老院，执政官必须尊重元老院的意见。从国家性质来说，罗马共和国是奴隶制度国家，如

同希腊城邦国家一样，不可能实现真正与彻底的民主，因为国家权力主要掌握在大贵族阶层手中，

虽然国家设立公民大会，但是公民只有参加公民大会的权利，而平民不可能掌握国家权力。罗马共和国的历史上，一直有平民与贵族之间的激烈斗争。经过长期的斗争，平民取得了一定的胜利。法律规定，两名执政官中的一名必须由平民担任；平民的上层可以与贵族通婚，普通的平民获得自由与人身权利，国家出现了自由民。十二铜表法及其他法律制订了各级官职向平民开放。当然，最具有实质性的胜利是，公民大会获得立法权。平民可以分得一定数量的土地。正是这些原因使罗马具有古代民主共和国的实质，也使罗马强大起来，成为世界大帝国。

第二则是罗马强大的军事力量，罗马民族具有强烈的尚武精神，历来重视军队建设与军事力量的发展，早在王政时代后期，就已经把居民编为"百人团"，组成罗马军队。进入共和国与帝国时代后，大规模的征服战争中，罗马军队变得十分强大，并且有严格的军事建制，在世界军事史上威名赫赫。一个罗马军团就有6000多人，每个军团分为30个连队，每个连队又分成两个百人队，恰成6000之数。军团指挥官共有6名，百人队长统领百人队，一般连队的长官就由第一个百人队长担任。军队纪律严明，战斗中不能退缩，临阵脱逃者被处以"什一抽杀"的刑法。罗马方阵设计也很巧妙，前后相顾，进退自如。罗马军队所到之处，必须建造坚固的工事与营防，这也是西方古代战争中相当重要的因素，特别是两军对垒的情况下，罗马人往往以坚固的防御与坚定的进攻而取胜。罗马以此种战术征服了大批的殖民地，可谓所向无敌，直到遇上了来自东方的草原民族匈奴人的骑兵，匈奴骑兵善于长途奔袭，灵活机动，忽而佯败，忽而声东击西，使罗马军队摸不着头脑，挫败了罗马人的锐气，最后败于蛮族军队。

一般认为，罗马从共和制度向帝国制度演变以公元前146年布匿战争的结束为起始，从这时到公元前30年前后基本结束，由于大征服的成功，罗马共和国繁荣昌盛，但好景不长，随着大量奴隶进入罗马，自由民大批失业，成为流氓无产者，这种社会力量极不稳定，对社会局势随时构成威胁。同时，经济与军事的发达也催生了新的骑士阶层，这是一个中产阶层，从他们里面又不断产生高利贷者与商人，这又是一个新生阶层。贵族与政要、大商人、奴隶主成为社会上层，从欧洲各地掠夺来的财富与大量商品使罗马人过着极为奢侈豪华的生活，大型的公共浴池，戏剧演出，角斗士们的表演，培养起庸俗的社会风习，同时也加深了贫富分化与阶层之间的对立，当社会矛盾发展到无法调和的地步时，制度的变革已经在所难免。公元前88年，在同盟战争中立下战功的将领苏拉当选为执政官，开始在罗马实行专制制度，他取消了平民会议，将元老院定为国家最高机构，使罗马共和制最重要的公民大会变得毫无权力。这种专制制度在贵族支持下变本加厉，公元前27年屋大维在罗马正式开始建立罗马帝制，这是罗马帝国的第一位皇帝也就是所谓的"奥古斯都"，屋大维自称为"普林斯"，意为元首，元老院的首席元老，虽然不称为国王，但实质上已经改变了罗马共和国的性质。独裁必然导致君主专制，这是不可避免的历史规律。屋大维深深知道罗马人痛恨专制，所以他一直没有敢称王，但是在他死后，罗马最终仍然变为了王国。从公元1世纪到公元2世纪期间，先后有克劳狄王朝、弗拉维王朝，安敦尼王朝等统治，这一历史时期大约有200年，国家安定，被称为"罗马和平时期"，社会生产得到恢复，工业与农业都有一定的进步。

罗马人本是一个农业民族，有着农业生产的传统，这与希腊人善于经商的习性有所不同。所以一旦有合适的时机，罗马的农业就取得了飞跃，首先是农业生产器具的革命，特别是意大利与西西里等农业基础较好的地区，带轮犁、割谷机和水磨等农业机械得到普遍使用，实行了轮作制度，成为罗马产粮最多的地区。经济类作物也在这一时期得到发展，罗马有许多杰出的农学家，他们对作物栽培的研究相当深入，总结了农业发展的经验。在西班牙与高卢等地开始种植橄榄、葡萄等，这些地区以前以农牧业为主，从来没有这些高经济价值的产品。

罗马帝国在公元3世纪出现了危机，这种危机的根本原因在于罗马的社会制度，奴隶制度已经完全不能适应时代的要求。农业产品不足以供应市场，奴隶制的农庄已经无法进行有效的生产。矿业与手工业也出现了衰退的现象，商业不振，城市破旧不堪。公元238年，一年之间竟然就换了4个皇帝，从公元153到公元268年间，出现所谓"30个皇帝"，只在235年到284年间，就有24个皇帝。国内起义不断，其中高卢的"巴高达运动"竟然持续了200余年。如果说罗马人过去最强大的敌人是迦太基，那么现在罗马人主要敌人则是所谓的蛮族，那些被称为蛮族的哥特人、法兰克人、阿曼尼人攻进帝国，他们主要从西部进攻，而东方更是巨大的威胁，波斯人的萨珊王朝再次强大起来，与罗马在西亚地区展开激烈争夺，并且曾经俘虏了罗马皇帝瓦勒里安。公元395年，罗马分裂为东西罗马两个大的帝国，西罗马帝国的首都仍是罗马城，而东罗马以伊斯坦布尔为首都。公元476年，西罗马最终灭亡，欧洲的古代文明结束，进入中世纪封建社会。

六、罗马时代的欧洲蛮族

什么是蛮族？

这其实是一种不正确的说法，"蛮族"这一称呼是罗马对于其他未被征服民族的称呼，是一种典型的自我中心主义的措辞，罗马人自视为文明人，将其他民族特别是那些未被他所征服、未成为他们的殖民地的民族称为蛮族。欧洲中部与东部的克尔特人、日耳曼人和斯拉夫人是欧洲古代民族，早在公元前数个世纪他们就生活在这一地区。但是对于罗马帝国而言，他们属于蛮族。这一方面是因为他们反抗罗马人的征服，坚持独立。另一方面则是因为他们的生产仍然处于畜牧与农业并行发展之中，他们的生活也保持了从部族而来的一些习俗。

日耳曼人是其中最为强大的民族，他们一直居住于从波罗的海到多瑙河之间的广阔地区。以后又分化为多个民族。世界上古代游牧民族中，大多数民族没有历史记载，除了中国北方的突厥、匈奴等主要民族在历史记事最为发达的中国古代典籍中有过记载之外，欧洲史学家对于这些西方古代民族的状况知之不多，哥特人分为东西两部，东哥特人（East Goths）生活于黑海以北的地区，主要是奥斯特哥特人（Ostrogoths）。西哥特人（West Goths）生活于多瑙河以北，主要是威西哥特人（Visigoths）。无论是东哥特人还是西哥特人，都是相当强大的部族集团，他们以后成为灭亡罗马帝国的主力军。

另外一个重要的蛮族是法兰克人（Franks），他们主要生活于莱茵河地区，历史较久，对罗马帝国构成较大威胁。撒克逊人（Saxons）在法兰克人以北地区居住，他们与盎格鲁人（Angles）关系十分密切，以后统称为盎格鲁撒克逊人，他们渡过了不列颠海峡，占据了英伦三岛。其余的欧洲重要蛮族还有苏维汇人、阿勒曼尼人、汪达尔人与伦巴底人等。其实他们的历史起源对于任何人都仍是未知之谜，在爱德华·吉本的名著《罗马帝国衰亡史》中曾经涉及法兰克人等欧洲古代蛮族的起源：

　　一直有人猜想这个著名的集中居住的好战民族的祖先是潘诺尼亚人，是高卢人，是北部地区的日耳曼人。最后，最为明智的批评家们，抛弃了出于想象的理想的征服者大移民的理论，渐渐承认了一种以其简单明了而使人更觉可信的设想，他们估计，大约在公元240年前后，下莱茵河和威悉河地区的原来的居民，以法兰克的名称组成了一个新联邦。现在的威斯特伐利亚地区、黑森的领地及不伦瑞克和吕讷堡公爵领地便是古代乔西人的地盘，他们凭着无法逾越的沼泽地，完全不把罗马的军力放在眼里；那里也是以阿尔米纽斯的名声自豪的切鲁西人的地盘，是以拥有坚定、无畏的步兵而十分强大的卡蒂人的地盘，也是另几个力量较弱的不甚出名的部落的所在地。热爱自由是这些日耳曼部落的最主要的特点；享受自由是他们的最大财富。①

文中所说到的猜测，如潘诺尼亚等地是古代匈奴人迁徙到欧洲后的居住地，完全与法兰克无关。关于他们的生活，记载最为详细的是塔西佗的《日耳曼尼亚志》，其中说到日耳曼人时这样描述：这些人血统极纯，一般不与外族通婚，他们金发碧眼，身材高大，十分勇敢。所居住的地区多为森林与沼泽，主要以种植谷物与饲养牛羊为生。他们生活朴素，住房简陋，生活环境十分安静，没有城市。他们所使用的主要是陶器，只有武器是铁器。他们的社会组织形式是落后的部族形态，"由多个家族或是关系密切的部族结合在一起组成军事力量"。他们相信宗教，社会政治由民主会议来决定，国王和军事首领全都由人民大会选举产生。所以人民大会是他们最重要的政治形式，这种大会主要是讨论重大事项，平时由部族首长决定日常事务，人民大会的决定也要由部族首长最后确定。开会时，所有与会

①　[英] 爱德华·吉本：《罗马帝国衰亡史》上册（D. M. 洛节编本），商务印书馆2002年版，第156－157页。

成员是平等的，但是年长德高者，有战功者的言论更受重视。可能在当时他们还没有文字，私有财产并不多，所以阶级分化不明显。

　　日耳曼人的奴隶制度曾经受到马克思恩格斯的注意，它不同于罗马帝国中严酷的奴隶制，而是一种近乎佃农与地主的关系。总之，应当看到，日耳曼人与罗马人的社会进步程度存在一定差距这是确实的，罗马帝国文明是当时世界上最发达的文明，无论是共和制度还是封建帝制，罗马经济文化的高度发展都是前所未有的。大型都市的出现，工商业与手工业的繁荣，隶农制度的实行，完备的生活设施，政府机构力量强大，法律健全，国家宗教基督教得到确立，文学艺术中出现了划时代的鸿篇巨制，这一切与蛮族的部族制度不可同日而语。日耳曼人的生活仍然处于不发达的农牧生产时期，宗教也相当原始，甚至没有建立起自己的城邦。所以，罗马帝国竟然被蛮族所灭亡，这一现象引起历史学家极大的好奇与不理解，在探讨罗马帝国衰亡原因时，历史学家们发表了各种见解，一直不能统一。

　　这个重大的历史事件发生在公元 4 世纪末到 5 世纪初期，欧洲北方蛮族开始大规模入侵罗马帝国，引起这一次大进攻的原因很多，首先是罗马帝国与蛮族关系长期发展的必然结果，罗马帝国虽然征服了欧洲的主要民族，但在几个世纪与蛮族的斗争中不能战而胜之，这些蛮族反而日益强大。而罗马大帝国已经处于急剧的衰落之中，内外交困的政治经济形势，使得罗马人对于广大帝国的统治难以为继，蛮族在各地发起进攻。当然，最根本的原因还是游牧民族与农业文明之间的差异，当游牧民族的军事力量发展到一定阶段，对于农业生产资料与财富的追求，必然导致其发动战争。我们特别关注的是这一重大历史事件形成的具体环境，原本生活于中亚地区与中国北方的胡人即西方史学家所说的匈奴部落的西征，可以说是引起蛮族南下的导火索。

4—5世纪的匈奴人西征是世界文明史上的一次重大事件，把这一历史事件称之为匈奴入侵的是18世纪法国来华耶稣会士冯秉正（Josephde Moyria de Maillac）与吉本等西方历史学家。中国学者洪钧、章太炎、梁启超、齐思和等人也都赞成这一说法。实际上，4—5世纪从亚洲西迁的游牧民族是所谓Hun民族，吉本《罗马帝国衰亡史》中把这些Hum人界定为匈奴，从此这种说法为史学家们所采用。其实当代西方学者中已经不少人对此提出疑问，这就先要对于匈奴及所谓西行进行简单介绍。

七、罗马帝国时期的匈族（匈奴）西迁

匈奴，最早在中国北方活动的游牧民族，自上古以来，从阿尔泰山到伏尔加河大草原，是古代游牧民族起伏奔波的大舞台，无数的部族在这里繁殖生息，在激烈的战争中，不断形成新的民族，又不断重新组合，形成越来越大的民族集团。根据有关史料记载，匈奴应当是在公元前3世纪前所形成的大民族之一。所活动的区域包括了中国新石器时代的一些重要遗址，也是青铜器最早使用的地区之一。所以有人推测匈奴起源极早，至少在3000年前就在这一地区活动，这是完全有可能的。但有记载的是《史记·匈奴列传》，其中说道："匈奴，其先祖夏后氏之苗裔也，曰淳维。……唐虞以上有山戎、猃允、荤粥，居于北蛮。随畜牧而转移。"①

关于匈奴的族名，其中最为值得注意的就是所谓"荤粥"，这一民族很可能就是以后的匈奴名称的来源。古代典籍中屡次提到荤粥，可以得知：这个民族与汉族关系密切，他们居住地离古代中国文明起源地黄河流域不会太远，他们基本上就在中

① 《二十五史》（1），浙江教育出版社1998年版，第255页。

国西北边界。《史记·五帝本纪》中说黄帝"北逐荤粥，合符釜山，而邑于涿鹿之阿"。① 可见其地甚至会深入中原。也可以看出，在众多古代民族中，这是一个比较强盛的民族，其力量足以与中原民族进行较量。

关于荤粥即匈奴，前人早已经有过类似说法，乐产《括地谱》中说过：

> 夏桀无道，汤放之鸣条，三年而死，其子獯鬻妻桀之众妾，避居北野，随畜移徙，中国谓之匈奴。

这种说法是中国历史上常见的，一是把异族说成是黄帝子孙，以证明同种同宗。而且把一个民族说成是一个人，也是世界古代史上常见现象，如"以色列"是一个民族，同时历史上有同名的一个人，《圣经》中说过，神赐雅各名为以色列。大约是以色列人的先祖中有人名曰以色列，遂以人名为族名。以此类推，獯鬻是族名，可能来自于人名，并非不可思议，这恰恰是古人思维的习惯。其二，獯鬻妻其父之众妾，这其实是一种值得重视的历史现象，父亡妻后母，这可以说是古代游牧民族所特有的一种风俗，其中含有一定的母系社会因素。在渔猎生产时代，牲畜的驯化与养殖最初可能是这样发生的，剩余的猎物如野牛野羊会被圈起来，以待下次食用。经过长期的驯养，这些牲畜失去野性，成为家畜。而这种养殖活动可能最初是由妇女所进行的，妇女的地位在这时会相当高，成为财产的主人。如果失去丈夫，女主人可能同有关亲属结婚，以保证家畜与财产的所有权，"随畜移徙"这是肯定的。

另有吕思勉先生也已经指出：

> 此族在古代，盖与汉族杂居大河流域，其名称：或曰

---

① 《二十五史》（1），浙江教育出版社 1998 年版，第 8 页。

猃狁，或曰獯鬻，或曰匈奴，皆一音之异译。①

匈奴的先祖可能在黄河流域的北方地区，以后逐渐向西北方向迁移。我们还可以进一步考察这一民族的来源。

根据以上文献记载，大致可推断在殷商时代就有匈奴在北方活动，而且是重要的势力，那么在甲骨文中应当有相应记载。本书作者认为：甲骨文中有一个古代民族长期与中原对峙，这就是亚凶（甲骨文中的凶字下应加十字——笔者注）。

甲骨文与金文中，亚凶是一个与殷人关系极密切的民族：

> 已末卜，凶子，亡疾。（《殷虚书契后编》，二卷，罗振玉编，下，29，4）
>
> 贞，使人于凶，（《龟甲兽骨文字》，二卷，林泰辅编，1，26，18）
>
> 戊寅口口于凶鹿，（《铁云藏龟》，刘鹗编 ，42，1）
>
> 丁卯……兽正……凶，集口百六十。（《殷虚书契后编》，罗振玉编，下，1，4）
>
> ……

《铁云藏龟》中的"凶鹿"就是"獯鬻"，在甲骨文，这两个字以象形表意的手段来书写，前者形似弓箭，后者象一个头戴鹿角装饰物的猎人，估计是最早看到的匈奴游牧与射猎者的形象。简略地说，亚凶，就是猃允，也就是严允，这是匈奴的一个重要氏族。匈奴是一个大的民族，其中分为不同的小部族。如同哥特人同称为哥特，但又可以划分为东哥特人与西哥特人一样。匈奴的部族统称为"匈"，也就是"荤粥"，即后来进入欧洲的Hun 人，Hun 与荤、匈都是一音之转，所以"匈（Hun）"也是同一大民族的称谓。从中国文献中的"凶鹿"等读音看，匈奴

---

① 吕思勉：《中国民族史》，东方出版中心 1987 年版，第 30 页。

人的称呼原是双音字，到欧洲后才简化为 Hun。同样，他们也曾分为南匈奴与北匈奴。从最早的匈奴部族来看，亚凶即严狁是其中最重要的一支，长期与中原民族进行斗争。卜辞中有大量征伐文字是关于他们的，其与土方等少数民族一起，被看做敌人。另外，他们是一个狩猎民族，所使用的主要是弓矢，这一特点在文字中也得到了表现，匈奴的"匈"字就是由弓箭形状的变化而来。

匈奴人的居住地离殷商有多远？我们也可以大约得知。

> 于王曰匈凶方矢（《殷虚书契后编》，罗振玉编，下，17，4）

从以上记录可以看出：

> 凶方与殷亦有和好之时，其国当长于为矢，故殷人求之也。凶方乃严狁之一族。《考工记》云："胡无弓车，胡之无弓车者，非无弓车也。夫人而能为弓车也。"胡即严狁之异称。[1]

《考工记》中所说的胡，即荤，也就是匈，亦即凶，胡人起初主要指匈奴，以后成了北方多个民族的统称。土方与亚凶居地位置，据郭沫若猜测应在北方，土方在山西北部，而亚凶在河套地区，距殷地有 10 日以上的路程，按每日 80 里的行程计，大约有千里路程，对于匈奴这样的游牧民族，这一距离并不算远。

如果进一步分析，匈奴的"奴"字也应当有它的来历，古代中国西域民族众多，但以民族而称其为奴者并不多见。所以可见亚凶即匈奴民族可能在某一时期曾经被殷商所征服，成为

---

[1] 《郭沫若全集》考古编 2，科学出版社 1982 年版，第 428－429 页。

殷商的臣仆，也就是奴隶。《尚书》微子篇云"今殷其沦丧，我罔为臣仆"，为臣仆就是成为奴隶。而奴役蛮族，或是以其为军队，历来是文明民族的重要殖民方式。希腊人的军队中就有雇佣军。罗马帝国就长期使用蛮族为军队服役，以至于最后军队蛮族化，这也是罗马帝国军队失败的重要原因之一。古代印度曾经大量使用突厥人为军队，甚至作战双方都是突厥人，就是明显的例子。由于匈奴曾经被汉所奴役，所以汉人一直称其为匈奴。我们这只是一种推测，由于历史久远，疏于文字记载，可能有于待于将来的历史发现了，或许有一日会有证据说明这一段重要的历史的。

另外值得注意的是，甲骨文中，亚凶族的凶字是一个象形字，关于这个字是什么，我的看法是，凶就是甲骨文弓箭的象形字。匈奴族从来以畜牧狩猎为生，战争中则骑马与使用弓箭，这是其不同于中原民族的特征，而对于农耕民族而言，以弓箭作为匈奴的代表是十分合理的。这个字写法其实比较多，有异体字，有的字中还有明显带有犄角的羊头，证明其与猎取野羊之类动物的关系。但大多则直接与弓箭形状相同。汉霍去病墓前的石雕名曰马踏匈奴，被踏在马前蹄下的胡人手持弓箭，这是从造型艺术角度来表现匈奴人。对于中原民族来说，匈奴这个民族是以弓箭为其标志的。语言文字是一种符号，尤其是甲骨文则是以象形与表意为手段的符号体系，为了表示匈奴这个民族，必然会以弓箭为符号构成，这是符合中国文字"六书"原则的。

亚凶就是匈奴，也就是以后从中国北部消失，而在欧洲出现的 Hun 族。他们仍然保持了自己的称号，并且成了欧洲对罗马人最具威胁力的游牧民族。

匈奴西徙欧洲是比较文明史上的重大事件，但由于时代久远，史料匮乏，遂成千古之谜。本书作者在近年的一些论著中屡次涉足这一领域，意在索微探幽，拾千古之坠绪。但也要看到学者们也有不同意见，《剑桥中国秦汉史》（公元前221－公元220年）的作者之一余英时先生就是其中有代表性的一位，他的看法主要有两点：第一，匈奴与匈人（Huns）"不能等同"，他征引的是西方学者的一些论著，如拉施克的《罗马与东方贸易新探》一文，收入《罗马帝国的兴衰，反映罗马历史与文化的新研究》（特姆波里尼和哈斯合编，柏林和纽约，1978，第2部，第612、697页注101等）。我们不知道他所说的"不能等同"的确切含义是什么。但我们认为匈奴民族西进欧洲是一个历史事实，并且由此引起已经处于风雨飘摇之中的罗马帝国最后崩溃。第二，匈奴中的一支北匈奴在公元91年逃往西方，那么，这个"西方"是何处呢？余英时先生认为是伊犁河流域：

> 受各方的侵扰，北方的单于难以维持他的地位，便逃往西方。特别是北匈奴遭受来自新兴的鲜卑联盟的威胁，后者在公元87年给予匈奴巨大的打击，杀死北方的单于，剥他尸体的皮。这次灾难性的失败使部分北匈奴南逃；包括20万人的58个部落——其中8000人能作战——来到边境的云中、五原、朔方（在鄂尔多斯）和北地（宁夏）四郡向汉朝投降。公元91年，北匈奴的残余向西远徙至伊犁河流域，他们对外蒙古和中亚的统治结束了。①

匈奴确实有西徙伊犁河流域的史实，但是匈奴据有伊犁河仅是其迁徙中的一个站点。北匈奴占领西域之后，最终不能立足，远走欧洲定居于东欧草原是最后结果。

我们略述其历史过程：匈奴在中国北方称雄近800年，从

---

① ［英］崔瑞德、鲁惟一编《剑桥中国秦汉史（公元前221－公元220年）》，中国社会科学出版社1992年版，第437页。

公元前3世纪，也就是战国后期至南北朝初，即公元5世纪初。自从匈奴这个名称出现起，它已经是个强大的民族，战国时的秦、赵、燕三国的长城就是为了防御匈奴的侵犯而修筑。秦朝建立后，大将蒙恬发兵30万人，北击胡人就是匈奴，"略取河南"，并且因河为寨，与匈奴分立。秦末汉初，冒顿即匈奴单于之位，他战胜东胡、月氏、楼烦等少数民族，并且一直进犯到了秦朝所建立的河南寨。匈奴并没有就此而止，而是北上与西向，征服浑庾、屈射、丁灵、鬲昆、薪犁等国。汉文帝时匈奴力量更为强大，西征西域26国。这样，匈奴建立起北到西伯利亚，东到大兴安岭，西到帕米尔高原和新疆伊犁河畔，南到河套地区的大帝国。这种兴盛局面到了汉武帝时代开始转衰。汉匈大战40多年，汉朝占据了河西地区与黄河南北，匈奴败走大沙漠以北。汉武帝对匈奴的征伐是比较文明史上划时代的转变，创造了农业文明民族战胜游牧民族强敌的历史。匈奴内部陷于纷争与战乱，多次发生几个单于并存的局面。

最为激烈的斗争是呼韩邪单于与哥哥郅支单于之间的争夺。公元前52年，呼韩邪单于在内部斗争中失败而降汉，并且南迁到汉朝的光禄塞，汉宣帝将王昭君嫁给他。在汉朝帮助下，呼韩邪单于统一匈奴民族。郅支单于对于汉朝庇护呼韩邪十分不满，杀了汉朝的使者，带领人马向西域进发，征服西域城邦小国后，与康居结盟。公元前36年，汉西域副校尉陈康在康居战胜郅支，匈奴残部开始了西迁。

再者，呼韩邪的匈奴国家后来分为南北匈奴，北匈奴在漠北势力强大，并且占有了西域。而南匈奴逐渐溶入汉民族之中。所谓西迁，主要是指公元89年汉将窦宪攻破北匈奴后，北匈奴中的一部分与郅支残部合在一起，继续西进。其开始时间一般认为是公元91年，至于其具体路线现在尚不能完全确定，大致可以说是沿着位于今哈萨克斯坦与乌兹别克斯坦交界处的咸海北岸向西到达伏尔加河流域，从公元 3 世纪到公元 4 世纪中叶，匈奴在这里得到迅速发展。其原因是这里处于罗马帝国的边远地区，它的势力不能控制这一地区。斯拉夫人与其他蛮族在这里各自独立，匈奴在与汉军的长期战争中已经成为一支有丰富战争经验的军队，所以进入欧洲后可谓所向无敌。

八、欧亚大陆上的文明冲突——匈奴入侵

4 世纪中叶的匈奴入侵给欧洲留下惨痛记忆。匈奴大部队突现欧洲，进行了一次史无前例的秋风扫落叶般军事征伐，其气势如同近一个世纪之后的蒙古人西征。特别是对于以世界征服者自居的罗马帝国，对于英勇而自傲的日耳曼人，对于散居在东欧草原上的斯拉夫各民族，无疑是最为不堪的回忆之一。

史诗是西方的历史记忆，德意志民族史诗《尼伯龙根之歌》中记载了哥特人与匈奴人之间的恩恩怨怨。这是一首长达 9000 多行的史诗，产生时代大约在公元 1200 年前后，史诗中所描述的历史生活是匈奴入侵所引起的欧洲民族迁移的往事。一般来说，民族迁徙产生史诗，史诗可以保存民族记忆，如同《旧约》记载以色列人的旧事一般，欧洲史诗是最好的史书。《尼伯龙根之歌》分为上下两部，上部是《齐格夫里特之死》，下部是《克里姆希尔特的复仇》，事件源于历史传说，故事动人。尼德兰的王子齐格夫里特杀死巨龙而得到了尼伯龙根族的宝物，他爱上了勃艮第国王巩特尔的妹妹克里姆希尔特，而这位国王也在齐格夫里特的帮助下娶了冰岛女王布伦希尔特为自己的王后，于是同意了齐格夫里特的求婚。但是，事后，布伦希尔特得知巩特尔是靠齐格夫里特的能力才与自己结婚，感到自己受了侮辱，于是让侍臣杀死齐格夫里特，而且沉宝于莱茵河。克里姆希尔特在丈夫死了十三年后，为了替夫复仇，嫁与匈奴王埃采尔，这位埃采尔其实就是匈奴王阿提拉（Attila）。

克里姆希尔特请巩特尔与哈根等人前来赴宴，借机将他们杀死，于是尼伯尼根之宝便无人知道其下落了。而东哥特王狄特里希当时也正客居匈奴人帐下，东哥特人的勇士名叫希尔德布兰特，看到克里姆希尔特的行径过于残忍，愤而诛杀克里姆希尔特。在这部史诗中匈奴人、东哥特人、西哥特人会聚一堂，反映出这些古代民族之间真实的历史联系。

匈奴西徙本身就是东西方文明交汇的历史场景史诗，所反映的历史背景就是日耳曼蛮族国家勃艮第于公元 457 年被匈奴所灭的历史大事件，其实诗中所出现的匈奴王阿提拉早在 453 年就在潘诺尼亚逝世。最令人感兴趣的是，这首史诗虽然成于中世纪，但是对于匈奴王的无宗教倾向却是符合历史真实的再现，诗中描写匈王宫廷中宗教信仰自由时说：

> 在他那儿还有一个难得看到的现象，
> 那儿并存基督教和异教的信仰。
> 尽管他们每一个人遵守着自己的习俗，
> 国王对他们却一样赏赐，使人人心满意足。①

从史诗中可以看出，无论是匈奴人，还是哥特人这些蛮族直到史诗形成的 13 世纪，对于基督教的信仰仍然并不像以后那么虔诚，这些人本身也是从异教徒皈依过来的，可能保留了其先祖居于大森林中时自然神崇拜的部分信仰。匈奴人肯定是持异教与基督教并存的态度，这与以后的蒙古人宽容地对待各种宗教是基本一致的。

匈奴人虽然在欧洲最富饶的潘诺尼亚等地定居多年，但这个游牧民族的生活习惯不会从根本上改变。公元 360 年前后，匈奴沿伏尔加河而下，来到下游，定居于这里。历史学家阿米

---

① 《尼伯龙根之歌》，钱春绮译，人民文学出版社 1959 年版，第 221 页。

阿纽斯的《罗马帝国后期史》中说，公元374年，匈奴人渡过伏尔加河，进攻阿兰人。阿兰人使用了中东人与欧洲人所习惯用的战车迎战。但是，罗马人的战车在对付一般的步兵时屡战屡胜，而对于灵活驰骋于战场上的匈奴骑兵竟然显得十分笨拙。而且，据有的学者分析，匈奴所使用的战马可能是以前从中亚带去的，就是今日的蒙古马，这种马虽然外形不够高大，但是善于长途奔走，耐饥渴疲劳，特别突出的是，匈奴骑兵一般备有两匹马，一匹骑乘，一匹休息，在大规模作战中轮流使用，这样极为有利于匈奴人长途奔袭。匈奴人与阿兰人之间战争的结局成为战争史上的一个范例。战车民族无法战胜善于远途突袭的骑兵，这可能也是以后罗马人、哥特人在战场上被匈奴所战胜的主要原因之一。战车，曾经是赫梯人和巴比伦人的法宝，自此淡出欧亚大陆的战场。历史上对付草原骑士的战争中，最初阶段，汉朝与匈奴多年交战，不能抵挡匈奴骑兵，最终是汉将霍去病等人深入研究了对方的战术，以其人之道还治其人之身，最终以优良的骑兵战胜了匈奴。印度人与突厥、阿拉伯人的战争中，失败的原因仍然是不能对付灵活机动的骑兵。这种战争以后在蒙古人的西征中同样出现，蒙古骑兵在亚洲与欧洲的战场上所向披靡，无人可挡。直到枪炮火器的出现，形势才发生了根本的扭转，骑兵无法与快枪利炮相对抗，最典型的战例就是1860年清军与英法联军的战斗，清军著名将领僧格林沁统领的十万精锐骑兵不敌使用现代枪炮的英法联军，显示了现代战争的特点。

公元375年，匈奴进攻里海附近的东哥特人，命令阿兰人为自己进攻的先锋，这与罗马人的以蛮制蛮的战略是完全一样的。东哥特王俄玛那里克因为战败而自杀，其余的东哥特人一年后也归于失败。匈奴随后对于西哥特人的进攻十分顺利，西哥特人不能抵挡，公元376年，西哥特人被迫渡过多瑙河，逃向色雷斯地区。匈奴人的凌厉攻势令罗马人与欧洲各蛮族闻风丧胆。公元 395 年，匈奴人突然转战近东地区，他们进入亚美尼亚、叙利亚和巴勒斯坦地区，挥师急进，如疾风暴雨般无人可挡，沿途攻陷所有城邦，俘虏臣民，直到波斯帝国。最终在波斯首都哥列斯封与波斯军队决战，然而不敌波斯军队，退回到伏尔加河流域，有将近一个半世纪，匈奴人没有大的举动。

　　但是这并不意味着匈奴人已经归化为一个定居的农业民族，真正震撼欧洲的是下一次行动。5 世纪中叶，著名的匈奴王阿提拉的部队攻入东罗马的巴尔干地区。公元 451 年，阿提拉发动对于高卢地区的进攻，并与东哥特人联合在一起，与西哥特人大战，双方都损失惨重。次年，阿提拉进攻意大利，以后在接受罗马的进贡与联姻的条件下，才收兵回到潘诺尼亚地区。但是战局出现了戏剧性的变化，也可能是这一变化拯救了面临匈奴铁蹄践踏下的西欧。公元 453 年，阿提拉在新婚之夜突然去世，这一消息令整个欧洲震动，以后有许多文学家写出了美丽勇敢的新娘为复仇杀死匈奴王的故事。阿提拉死后，匈奴失去了统帅，遂一蹶不振，迅速衰败。但是，匈奴人却定居于欧洲草原地区，并且没有完全销声匿迹，直到 6 世纪，匈奴人还曾与突厥人联合作战，不过已是强弩之末了。值得注意的是，虽然以后相当多的匈奴人被迫从潘诺尼亚地区离开，但这个地区却永远烙上了匈奴人的印痕，潘诺尼亚地区包括今天的匈牙利、奥地利北部和克洛地亚。这个地区虽然以后又经受过突厥人与蒙古人的侵略，但最早来到这里的游牧民族，并且长期定居于此的，可能仍然是匈奴而非其他人。有的学者说，匈牙利 Hungary 一词最早的词根来源可能就是 Hun，也并非不可能。匈奴西迁引发了欧洲政治军事的一系列变化，使哥特人南侵，以致引起了罗马帝国的大崩溃，这也是欧亚大陆文明史上最重要的事件之一。匈奴民族是一个游牧民族，虽然在伏尔加河流域长期生存，但其文明水平与罗马相比仍然是落后的，匈奴入侵对于意大利等地甚至高卢这样一些地方的社会生活显然会造成一定的战乱，这是无可怀疑的，另一方面，这种入侵对于欧洲民族国家的建立起了推动作用，也是历史事实。当然无可讳言，由于这一段历史年代久远，资料缺乏，涉及多种文明与多种语言的资料，所以研究起来十分困难。我们从比较文明角度对匈奴西徙的历史进行描述，目的也在于恢复历史的真相。

第八章　经典文明与封建大帝国

一、西方文明体系的确立

1. 欧洲封建民族国家的诞生

罗马帝国的灭亡标志着西方文化进入一个新的阶段，中世纪欧洲分裂成东西罗马。西罗马被历史学家们看成是西方文明的渊薮，同时，它也标志着西方文明进入了一个新的历史阶段，从封建制度到资本主义，西方从农业文明转向了工商业文明，最后进入工业文明。

从 5 世纪欧洲早期的封建民族国家建立（也可以称为古代民族国家），到 19 世纪资产阶级国家，欧洲的民族国家经历了1400 年的历程。可以分两个大的阶段，从 5 世纪到 16 世纪以封建民族国家建立为主，是第一阶段，这一阶段的封建民族国家主要是君主专制国家或是宗教与君主制度结合的国家。第二阶段从 16 世纪到 19 世纪，随着工业革命的发展，资产阶级民族国家成为主要国家形式，资产阶级民族国家多采取了君主立宪、联邦制或是共和国的形式，也有传统的君主制度国家或其他形式。

这只是从欧洲而言，就全球范围来说，民族国家形式演进非常复杂，与大型帝国统治、殖民主义统治等结合在一起，难以分离。在现代社会中，民族国家总体来说主要有三种来源，一是从古代大帝国的政治统治与宗教控制之下的分离，建立起近代民族国家。二是在西方殖民主义压迫下争取民族独立与解放，建立起独立自主的民族国家。三是仍然处于殖民统治之下或是其他封建势力控制之下的混合型国家，这些国家仍然处于争取民族独立过程之中。

5世纪初，欧洲的蛮族就已经建立起了古代民族国家的模式，我们上文所提到的日耳曼人的勃艮第王国、阿兰王国、苏维汇王国、哥特王国都是这种民族国家。这种民族国家一般是在部族的基础上建立的民族国家，已经有了国家的基本形态。公元476年，罗马大将奥多亚克发动兵变，废黜罗马皇帝罗慕洛·奥古斯都，宣布西罗马帝国灭亡。从此，欧洲开始封建时代，民族国家的建立是这一时代的主要标志。这个时期形成民族国家的主要原因是西罗马帝国的灭亡，各民族的独立意识开始觉醒，对于自己的民族文化有一个认证。在意大利，先是奥多亚克取代了罗马皇帝，建立了民族国家。但是好运不长，公元489年，狄奥多里克统帅的东哥特人进兵意大利，与奥多亚克争夺意大利，公元493年，狄奥多里克战胜奥多亚克，建立了东哥特王国。这一时期，在高卢建立了法兰克王国，意大利北方有伦巴底王国，不列颠也建立起了一批封建王国，形成了欧洲封建民族国家建立的高潮。

应当看到，这个时期其实是东西方文明分化的又一个重要历史时期。这已经不是以希腊罗马与波斯印度为代表所形成的西方与东方的两大阵营了，这是在欧洲内部的文明分化，是欧洲民族国家与拜占庭帝国之间的分化，特别是从蛮族国家发展来的民族国家，大多集中于欧洲西部，自从民族国家建立之后，经历跨越式发展，一跃成为世界最发达地区。这一时期是宗教与封建统治的欧洲中世纪，这是欧洲历史上最为黑暗的时代，也是封建主义发展的时代。与其相对应的是，东方封建文明大国中国也在7世纪前后进入大唐盛世，从秦汉以来，中国封建民族国家变得更加强大，至唐代达到顶峰。世界文明史的一个共同现象是，当文明民族处于封建国家高峰时代，外来民族的入侵都不会成功。从公元 632 年穆罕默德去世到 732 年普瓦提埃战役，这一个世纪是阿拉伯帝国扩张的时代。这一扩张的结果是建立了地跨欧、亚、非三大洲的倭马亚王朝。阿拉伯人势力真正遇阻的是大唐帝国与查理曼帝国，在这两个东西方高度发达的封建文明与军事强国面前，阿拉伯人止步于斯。也就是说，对于儒家文明与基督教文明，穆斯林势力没有真正进入。

这一局面的形成，对于以后世界文明体系的进化构成决定性影响，如果西欧与中国全部穆斯林化，世界文明的发展绝不会是今天的局面了，从印度的穆斯林化完全可以想象，国家内部甚至民族内部的宗教冲突必然会成为一个相当重要的历史现象。

5—16 世纪欧洲封建国家发展中，经历了相当艰苦的过程。首先是外来民族的大规模入侵，阿拉伯人不断西进，9 世纪起，北非的阿格里布王朝与法蒂玛王朝从海上进攻，这是 8 世纪阿拉伯人受阻之后的又一次大型征伐。据欧洲史书记载，9 世纪到 10 世纪，来自亚洲的马扎尔骑兵进攻西欧，最终在匈牙利定居下来。但无论如何，这种民族国家化的历史进程波澜壮阔，浩浩荡荡，不可逆转。

东部欧洲的斯拉夫人也在 7 世纪开始了民族国家的进程，更表明了这一进程对于欧洲和世界的重要性。

斯拉夫人也是欧洲最古老的部族，他们所创造的青铜时代的乌日茨文化大约在公元前 1300 年到公元前 400 年间，而且在这之前，斯拉夫人已经成为世界上最早的掌握金属冶炼技术的民族之一。铁器使用之后，斯拉夫人进入奴隶制国家，这种形态在东部斯拉夫保持时间非常长。有的学者认为，斯拉夫人没有经过奴隶制，是直接从氏族社会进入封建社会的，这种说法对于个别东部斯拉夫民族似乎适用，但对于大多数斯拉夫民族，奴隶制仍然是一个较长的历史阶段，而且以后在封建民族国家中仍然有农奴制的存在。在欧洲民族大迁徙之后，斯拉夫人分成三个大的民族，分别在不同时期开始了民族国家化的历程。我们评价斯拉夫文明时，应当说它不同于罗马文明，但是也与日耳曼蛮族有所不同，基本上是居于二者之间的民族，更为偏向于蛮族的成分，或是说他们是有别于日耳曼蛮族的另一种蛮族。相对来说，他们与罗马人之间的关系还是缓和一些，彼此存在商贸交易。

　　第一是南斯拉夫民族，以巴尔干半岛为中心，分布着塞尔维亚、克罗地亚、斯洛文尼亚、马其顿、黑山和保加利亚等民族，这是斯拉夫人中宗教信仰最为复杂，人种与部族构成也极其多样的地区。公元681年，南斯拉夫人建立了第一保加利亚王国，这是斯拉夫人所建立的第一个重要的民族国家，其民族主体是从黑海附近迁移到这里的保加利亚人与斯拉夫人。公元9世纪，鲍里斯大公宣布立基督教东正教派为国教，这个国家的封建制度已经发展得比较完善，出现了早期城市，农业发展迅速，成为斯拉夫人中最为发达的民族国家。但它的兴盛时间很短，11世纪初期就受到拜占庭帝国与来自东方的罗斯人的夹攻，1018年保加利亚第一王国被东罗马拜占庭帝国所征服，但是保加利亚人民争取独立的斗争持续不断，1187年成立了保加利亚第二王国，可惜的是，虽然战胜了拜占庭帝国，却又被另一个新生的帝国——奥斯曼土耳其帝国——所灭亡。南斯拉夫人的另一部分即塞尔维亚人，于1217年建立了塞尔维亚王国，在南欧地区逞强一时，以后也被奥斯曼帝国所灭亡。

　　塞尔维亚王国为历史留下了一部重要法典《斯提芬·杜尚法典》，这是一部代表欧洲民族国家进程的法典，它反映了封建社会土地与社会制度的变化，这部法典虽然不如罗马法典那么著名，但其意义却并不小，它可以说是民族国家建国经验的总结。

西部斯拉夫人主要是波兰人、捷克人和斯洛伐克人，在斯拉夫人中，西斯拉夫人受到罗马帝国与西欧文明影响最大。他们原本居住于奥得河与维斯瓦河流域，后来在匈奴入侵的压迫下向喀尔巴阡山移动，成为了捷克与斯洛伐克地区的主要民族。一般认为，西斯拉夫人是最早建立民族国家的，这就是指公元632年建立的萨摩公国。这个公国原本是由斯洛伐克、摩拉维亚和波希米亚等不同民族与部族所组成的，其主要目的是为了抵抗外来民族的侵略，因为多瑙河中游的阿瓦尔人与法兰克人都对于这一地区有威胁。但是萨摩公国存在时间不长，由于多民族之间没有共同的思想文化基础，随着萨摩大公的去世，其公国也随之消亡。公元830年，大摩拉维亚国成立，它才真正标志着西斯拉夫人进入了封建社会。但是历史再一次证明了，不同民族组合成民族国家需要一定的条件与机会，因地域接近或是政治军事利益所组成的国家最后往往仍然会分裂。西斯拉夫地区与南斯拉夫地区一样，是多民族多种文明交汇地区，所以组成民族国家的过程也相当艰难。大摩拉维亚国成立后，同样面临内部的民族分裂。另外就是，东欧特有的大公贵族领地相当多，彼此之间本身就不合作，再加之异族的入侵，终于在906年被匈牙利人所灭。从此，西斯拉夫人放弃了这种建立大的公国的企图，转而寻求较小的、比较单一的民族国家的建立。

公元9世纪建立的波兰公国其实只是一个民族联盟，还不具备民族国家的功能。公元10世纪后期，梅什科一世统一波兰全境，这就是现代波兰国家的前身，这一时期发生的重大事件是基督教信仰的确立，从此改变了波兰国家的文化性质，波兰与其他东欧国家相比，其与西方文化的历史联系更加紧密一些。几乎在波兰建国的同时，捷克人也建立自己的民族国家，996年，捷克公爵建立了普舍美斯王朝，这是第一个统一的捷克国家。历史证明，公元9世纪到10世纪建立的西斯拉夫民族国家与西方文明之间联系相当紧密，民族与宗教是这种联系的有力纽带，政治与意识形态因素是一种重要因素，但在一定历史条件下，文明因素仍然是会起到重要作用的。20世纪所发生的历史巨变就是一个远期证明，捷克与波兰曾经都是社会主义国家联盟中的一员，但民族与宗教因素使得它们一直具有自己的独立性。一旦前苏联政治局势发生变化，这些国家迅速与其脱离，走上更有西方经济社会与政治民主特色的道路。这种内在因素可能早在民族国家建立过程中就已经具有，只是在历史中随着形势时隐时现而已。

东部斯拉夫人的先祖从公元5世纪起来到东欧平原上，这里土地辽阔，北起伊尔门湖，南到基辅，西到德涅斯特河。他们部族众多，但是以罗斯人为主要民族。其生活制度相当原始，一直到7世纪之后，这些畜牧业与农业部族才开始农村公社的生活，以大家族为主体的农业公社是东斯拉夫人很有特色的生活方式。这里其实已经实行了私有制度，有了不同社会阶级与阶层的划分。公元9世纪，瓦里亚格人留里克开始建立第一个民族国家古代罗斯国。统治者虽然是瓦里亚格人，但主要臣民却是罗斯人。留里克王朝于公元882年征服基辅，以后迁都于基辅，从此古罗斯变成了基辅罗斯。公元981年，罗斯大公弗拉基米尔正式确立基督教东正教派为国教，这一决定对于整个东斯拉夫人影响深远。公元10世纪之后，罗斯人的王公贵族强取豪夺，利用各种手段建立自己的封建统治，出现了一批王公城堡与王公庄园，这是相对落后的罗斯民族特有的封建化模式。1054年，罗斯人的领袖雅罗斯拉夫大公逝世，原有的罗斯人联盟开始分裂，形成封建割据的局面，12个大小公侯各自为政。

13－14世纪，罗斯人经历了蒙古军队的入侵，蒙古人的统帅拔都在伏尔加河流域建立了钦察汗国（1242－1395/1502

年），被人称为"金帐汗国"，其所属的领土就包括了罗斯人相当大的部分的土地。莫斯拉王公借助蒙古人的势力来攫取政权，1328 年，依靠金钱贿赂，莫斯科王公伊凡一世被封为"弗拉基米尔与全罗斯大公"，成为蒙古人统治下的罗斯政权首领。在蒙古人统治时期，罗斯全境的政治与经济中心开始从基辅等地向莫斯科集中，莫斯科大公以后成为统治罗斯的主要力量。也就在这种情况下，莫斯科大公们开始反抗蒙古人的统治。14 世纪中期以后，蒙古帝国开始衰落，莫斯科大公们寻求独立。1380 年 9 月 8 日的顿河之战是一个决定性的战役。莫斯科大公底米特里率领军队击溃金帐汗国的大军，取得对蒙古军的胜利。从此，俄罗斯民族正式登上历史舞台，15 世纪以后，莫斯科公国伊凡三世及其子瓦西里三世建立了统一的俄罗斯封建国家。1547 年 1 月 16 日，由大主教马卡利倡议，伊凡四世加冕"沙皇"，这是俄国沙皇制度的开始，直到 20 世纪初期的二月革命与十月革命，才完全推翻了这一制度。

2. 资产阶级民族国家：是英国还是法国？

西方文明进入现代社会之后，政治领域中，最大的变化集中反映于民族独立与民族国家建立。资产阶级民族国家是近代资产阶级经过几个世纪努力所创造出的一种神话，这就是被视为"永恒理性与民主的理想王国"。虽然这种理想王国实际上并非美轮美奂，也并不像其创建者所标榜的那样具有民主与自由，但必须承认，作为人类文明史上国家形式的一个阶段，它是封建民族国家的发展与改革，在相当多的国家如法国等，还采取革命形式，直到今天，这种国家形式仍然在世界上占有重要地位，进入 21 世纪来，亚洲与非洲的相当多国家中，仍然将这一国家模式作为奋斗的目标。美国当代学者福山等人的理论其实不过是重复了这一国家理论的老调，特别是对于东方国家苛责不已，甚至连日本、韩国等的"西方化"也被他所看不起，认为仍然不是真正的民主，而是一种虚假的西方化，骨子里仍然是东方专制的性质，这是不可改变的。

从比较文明史的视域来看，西方的文艺复兴号称对于古代希腊文化的复兴，但实质上是以复古为名，行创新之实，创造了新的资产阶级文明。那么新创造的文明与古希腊文明之间有没有联系？笔者认为还是有的，欧洲现代文明从古代希腊所借鉴的城邦政治与民主精神，人文主义理想与科学精神都是不可否认的。而且，这种精神对于形成现代民族与国家都有直接作用，正像中国现代民族与国家的形成中也积淀了儒学与其他中华文明传统一样。欧洲的民族国家实践最典型的是英国，资本主义发展历程最完全的也是英国，英国的封建民族国家于公元9世纪就已经建立，威塞克斯王朝统治的苏格兰王国是不列颠的第一个民族国家，但苏格兰王国地域有限，它的边界只能达到不列颠岛的中南部，直到阿尔弗烈德王时代，英国才获得全国统一。11世纪中期建立的诺曼底王朝是英国封建制度的真正推动者，诺曼底统治者取代了盎格鲁－撒克逊贵族，成为英国封建政权的主人。威廉一世时期，王家田庄与林产竟然达到了全国的七分之一左右，其余土地则为贵族所有，原来的大批自耕农纷纷沦为农奴。他还树立了王权的绝对统治地位，使得各封建领主无法与王权进行竞争。12世纪是诺曼底王朝的盛期，亨利一世与亨利二世统治期间，英国疆域扩大，一度曾经占据了法国安茹等地，有大片国土。但诺曼底王朝与威塞克斯王朝之间真正的不同并不在于经济的强盛，而在于对封建制度的改革。诺曼底王朝期间所进行的法律制度改革，削弱领主权力，加大王朝权力。骑士制度的改革则有力地刺激了骑士阶层从事生产的积极性，这是英国封建王朝的一种特殊措施，事实证明是有重要历史作用的。

封建国家制度的变革与民族文化传统之间有密切关系，凡是一个新崛起的民族取得政权后，往往会对原有政权进行大的改变，以适应自己的要求，而这种改变又经常有革新性。英国诺曼底王朝取代威塞克斯王朝犹如中国李唐王朝取代秦汉，诺曼底来自法国，异族入主英国王政，改变原有民族的统治。中国唐代李氏王朝同样有异族血统，因此唐代政治也发生了一定的变革，这种变革的起因与其来源的异己文明之间是相统一的。陈寅恪先生曾经著有《隋唐制度渊源略论稿》与《唐代政治史述论稿》，其中主要就是论述这一道理：

> 朱子语类壹壹陆历代类参云：
>
> 唐源流出于夷狄，故闺门失礼之事不以为异。
>
> 朱子之语颇为简略，其意未能详知，然即此简略之语句亦含有种族及文化二问题，而此二问题实李唐一代史事关键之所在，治唐史者不可忽视者也。兹请先论唐代三百年统治阶级中心皇室之氏族问题，然后再推及其他统治阶级之种族及文化问题。①

朱子之说即已明确指出唐代统治者由于与夷狄的历史关系会影响其社会道德观念，而李氏之出身夷狄也早有史家持其论。陈寅恪氏增益其说，考证李氏家族及唐代政治、军事、经济与异族文化的关系。其实问题仍不止于此，世界文明史上，各封建王朝统治者经常为异族所取代，每一新统治者必然进行一定的革新，这是历史规律所定，几乎没有例外。所以诺曼底贵族所采取的改革措施也是十分必然的。在一定的历史时期采取兵役制度、土地制度与政府民主制度的改革，这在封建制度下是常

---

① 陈寅恪：《隋唐制度渊源略论稿》（外二种），河北教育出版社2002年版，第163页。

见的，但这种改革是极为有限的。我们已经指出：种族和民族的差异归根结底是文明的不同，处于不同层次和不同历史阶段的文明有不同的政治作为。只有资产阶级民族国家的建立才可能从根本上改变这一状况。所以诺曼底人带来的其实是文明的转化，唯有新文明才能推动社会进步。

　　近代的资产阶级民族国家的建立是西方文明史上的一个重要阶段，它与一般的历史事件不同，而是国家政府的体制性改革，对社会经济政治的影响超过任何其他因素。它是以单一民族或是多民族为主体形成的国家体制，可以采取君主立宪与联邦制等不同的制度，但其根本性质是不同于封建君主制度的专制统治。虽然名为"民族国家"，但是它的意义绝不仅仅只是一个所谓的"民族联盟"或是单一"民族共同体"，从本质上来说，民族国家体现的是一种以法治为本位，以国民为主权的现代精神。恩格斯关于国家定义与作用的论述中，相当重视近代民族国家的意义，在当时的历史条件下，它是有进步性的。如果从政治上来看，主权意识与法律本位的突现是其中最主要的成果，可惜的是，当代世界中，这种主权意识与法律本位正在遭到无情的蹂躏，世界的变化如此之大，当初为争取民族国家独立的美国现在却取代了昔日殖民宗主国的地位，对世界其他民族国家进行干涉，无视其国家主权，这种历史变化确实令人感到吃惊。

　　法国人孟德斯鸠在《论法的精神》一书中说道：

　　　　政体有三种类型：共和政体、君主政体、专制政体。即使是最没有学识的人们的见解也足以发现其性质。我假定三个定义，或者更确切地将它们称之为三个事实：共和体制就是全体人民或部分人民拥有最高权力的体制；君主体制意味着只有一个人统治国家，只不过遵循业已建立和确定的法律；至于专制政体非但毫无法律与规章，而且独

自一人按照自己的意志以及变化无常的情绪领导国家的
一切。①

从这里可以看出，西方国家理论是建立在人权理论基础上的，
而人权理论又是人性理论的发展，所以应当从古代希腊罗马的
人文主义、文艺复兴人性思想、启蒙主义人权思想来追溯西方
国家理论的起源，只有从这个根本的出发点才可能理解西方国
家理论。西方学者把近代国家理论称之为民主政治理论，这是
对于这种国家理论精神的概括。早在卢梭的《社会契约论》中
已经提出，民主共和国是最好的政体。如今建立"民主共和政
体的国家"已经成为西方化的标志，如果我们将黑格尔关于国
家理论与这一传统联系起来，就可以看出其内在的发展线索。
正因为如此，我们要将培根、狄德罗、爱尔维修、卢梭等人的
思想作为研究西方国家理论的主要观念，特别是他们所谓自由
平等博爱思想，才能看到国家理论的资产阶级革命性。

　　明确了西方国家理论的思想、观念与理论基础，下一步才
可能研究它的主要内容与产生过程。

　　国家理论在西方政治理论中有它的贡献，主要表现于政体
类型划分与政体观念，在这种国家理论产生之前，长期统治欧
洲的是基督教俗世君主专制理论，这种理论建立在政教合一的
基础上。共和政体与君主立宪原则本身是一种革命的观念，是
对于传统封建专制的一种根本性的反击。法国大革命之前 40
年，孟德斯鸠已经提出这一理论，但当时法国的政体状况并不
理想，他心目中的理想政体其实在英国，因为英国较早进行产
业革命，社会文化基础的变化已经为民族国家建立提供了可能
性。当然，我们并非否定法国大革命的巨大历史作用，法兰西

---

　　① ［法］孟德斯鸠：《论法的精神》上，孙立坚、孙丕强、樊瑞庆
译，陕西人民出版社 2001 年版，第 13 页。

共和体制的建立与美国联邦制的建立都为民族国家提供了实践的样板，1789 年法国大革命《人权宣言》、1791 年的法国宪法与 1787 年美国宪法中，处处可见孟德斯鸠理论的因素。民主与法制的政治体制是一种理想也是一种现实，这是无可否认的事实。

但是我们仍然要指出，从民族国家理论与其历史起源来说，革命只是解决民族国家问题的一种手段，资产阶级民族国家真正的原则是所谓"三权分立"原则的确立。立法司法与行政权力之间的关系确立，是一种法学理论构架，也是西方国家理论的基本原则。那么，我们必须承认，正是英国的大宪章与民主精神为这种国家理论作了最好的说明，孟德斯鸠原著中是这样说的：

> 每个国家都有三种权力：立法权、对有关国际法事务的执行权和对民法有关事务的执行权。
>
> 根据以上的第一种权力，国王或执政官制定临时的或长久的法律，并且修改或废止原来制定的法律。根据第二种权力，作出讲和或宣战的决定，派遣或接纳使节，维护公共安全，防御侵略。根据第三种权力，惩治犯罪或仲裁民事争端。我们称后者为司法权，而把第二种权力称为国家的行政权……
>
> 如果司法权和行政权集中在同一个人之手或同一机构之中，就不会有自由存在。因为人们会害怕这个国王或议会制定暴虐的法律并强制执行这些法律。
>
> 如果司法权不与立法权和行政权分立，自由同样也就不复存在了。如果司法权与立法权合并。公民的生命和自由则将任人宰割，因为法官就有压制别人的权力。
>
> 如果同一个人或者由显要人物、贵族和平民组成的同样的机构行使以上所说的三种权力，即立法权、司法权和

行政权，后果则不堪设想。①

自从罗马帝国解体之后，西方国家理论陷入混乱之中，要建立一个什么样的国家？谁都无法提供答案。

要建立理想的国家，必须寻找到理想的表达人民意愿的形式，国会是西方封建社会后期诞生的国家政治改革的最重要形式，英国是世界上最早成立国会的国家之一，1215 年 6 月 15 日通过的《大宪章》中规定，要建立一个代表全国人民意志的组织机构，这个机构的权力在国王之上。由 25 个贵族组成监督国王及大臣的委员会。国王及其他任何人都不能凌驾于法律之上，包括国王在内的国家领导人应当在约定的时间里召开会议，听取人民对于国家大事的意见。如果国王违反这一原则，国会有权领导国民采取一切手段包括暴力手段来强迫国王执行决议。国会的条例中规定，它代表对于国王的监督与裁决的权力，国民享有自由，国王不得妨害自由民的人身安全，不得非法拘留、没收财产、伤害、搜查与逮捕。政府及其他任何机构，在没有可靠证据的情况下，不能对自由民进行审讯。

当然，《大宪章》并不是完美无缺的，也并不是说有了《大宪章》之后就实际上解决了民主问题，但它确实是人类文明史上的一个重要文件，这是一个新时代的精神表达，它所体现的是一种法理性与民主性，可以说自从罗马十二铜表法之后，西方尚没有如此重要的文件。正是由于有了这一文件，才可能发生国家与民族的代表反对国王的独裁专制、通过合法的手段来监督与制裁专制君主的历史。

无可否认，任何封建专制君主及反动势力都不会自行退出历史舞台，只有采取革命的手段才可能争取真正的民主，近代

---

① ［法］孟德斯鸠：《论法的精神》上，孙立坚、孙丕强、樊瑞庆译，陕西人民出版社 2001 年版，第 184－185 页。

工商业阶层、城市市民以及资产阶级全部的理想都集中于反对封建专制与争取自由民主、建立由有产者统治的民主国家，这一理想国家的建构原理在这里得到了最集中的体现。可以说，这是一种现实性原则，它不像理想国与乌托邦那样令人感到虚幻，也不像法国巴黎公社与苏维埃政权那样令资产阶级不能接受。

1917 年俄国十月革命的口号是：一切权力归苏维埃。这种原则与所谓三权分立的原则是完全不同的。第一届苏维埃主席乌里扬诺夫·符拉基米尔·伊里奇·列宁于 1919 年在共产国际第一次代表大会上的报告中说，社会党人在理论上和政治上的另一错误，在于不懂得从古代民主萌芽时期起，在几千年过程中，民主形式必然随着统治阶级的更换而有所改变。民主以不同的形式、不同的程度出现于古代希腊各共和国、中世纪各城邦，以及选进的资本主义国家中。在世界上，政权首次由少数剥削者手中转到无数被剥削者手中，将是人类历史上最深刻的革命。列宁这里所说的就是无产阶级专政，列宁认为，无产阶级专政不但一般地说必然使民主的形式和机构发生变化，而且，准确地说，是一种使得受资本主义压迫的劳动阶级能在世界上空前广泛地实际享有民主权利的变化。1988 年，列宁所亲手创立的苏维埃社会主义联盟共和国集体，人类历史上不平凡的国家政权革命成果存在了 70 年之久。这一段历史的是非还有待于后人去总结评判。

另一种令西方民主政治所不能完全容忍的是所谓政教合一的国家，目前这种体制主要是在伊斯兰国家中存在。欧洲历史上宗教与王权之间有长期的争夺，基督教国家中也曾有过政教合一的经历，但是近代以来宗教与政权的分离已经成为资产阶级民族国家的主要原则之一。这并不是否定宗教，相反，西方文明是以基督教为精神导向的国家，在这样的国家里，不可能没有宗教。西方民族国家吸取了罗马帝国与封建民族国家的教训，主张政教分离。强调宗教应当局限于精神范围之中，不应当将宗教力量作为一种政治力量或是军事力量。

其实，这种政教分离的主张即使是正确的，也是很难完全做到的。当西方法庭上要求以圣经来宣誓时，就已经把宗教定位于法律之上了。如果把基督教作为国教，那么伊斯兰教也就有权利要求把古兰经写进宪法，把伊斯兰教定为国教。这样，如果宪法与伊斯兰教教义冲突时，什么是判定是非的标准就会成为问题。

经历几个世纪的发展，西方民族国家已经变得更为复杂，演化出多种多样的形态，甚至可以说每一个国家都有自己的特点。英国历史学家 F. C. 蒙塔古（1858－1953 年）对于政府有过一个形象的比喻：

> ……政府组织的类型就像动物的类型一样，是多种多样的，而且会不知不觉地从一种类型过渡到另一种类型。在每一类型的政治组织中，都有不同程度的统一性。但没有一种类型能有绝对的统一性，因为一个国家中的绝对的统一性会消灭个人意志的多样性。不过，在所有的类型中，又都可以找到程度不同的统一性，即使是在最松散的联盟中，也会在某些问题上产生或推进联合行动。[1]

虽然如此，我们可以概括地说，西方民族国家的性质并非无可捉摸，而且它的初衷与宗旨经历多年发展没有根本变化。国家政治民主的目标没有改变。最突出的标志就是民主选举制度的普遍化，已经成为西方文明在国家管理上的重要标志之一。也有的学者认为，国家权力之间的相互制约中，新闻舆论作为一

---

① ［英］F. C. 蒙塔古《〈政府片论〉编者导言》，见［英］边沁《政府片论》，沈叔平等译，商务印书馆 1997 年版，第 82－83 页。

种新的力量正在起作用，但事实上这还是一种次要的、有待观察的现象。此外，还有的学者提出，当代西方国家制度中，中央集权制度与联邦制度的并行、国家机关对于社会生活的干预进一步加强等也是现代西方国家的主要特点。这些方面的表现也确实在部分国家中存在，但是要作为一种有普遍性的国家制度特征进行归纳仍嫌为时尚早。

3. 西方民族国家历程回顾

对西方主要资产阶级民族国家历史的进行回顾，可以使我们更加深刻理解其国家制度的来源与依据。

从更深一层意义上来说，民主不是一种形式，而是一种政治精神，这是英国政府制度变化的主要意义。英国人起初并不了解自己创造的历史意义，反倒是邻人先看出这一点来。法国启蒙主义理论家是民主制度的设计师，他们所设计的政府是三种形式，即君主制、贵族制与共和制，这三种制度都是民主制度，其中最为他们所推崇的当然是民主制。英国人似乎更多的是一些实践家而不是理论家，正如边沁所指出，他们进行的君主立宪改革本身并没有立即得到哲学家与理论家们的赞同，英国的理论家们远远落后于本国的实践了。相反，是在孟德斯鸠等人的著作发表之后，英国人这才意识到，英国已经拥有了比起王权统治下的法国更为先进的国家制度。

然而历史的事实常常令人感到迷惑不解，历史从来不是直线前进更不可能是飞跃，任何一种进步都十分缓慢。在英国这样古老的国家里，一切变化也是相当迟缓的，15 – 17 世纪，英国都铎王朝与斯图亚特王朝时期，封建专制势力再次加强，詹姆士一世是一个爱好舞文弄墨的君主，他曾经亲自写过《皇帝的天赋能力》与《自由君主制度的真正法律》等文章，反对国会限制王权，主张王权至上，把王权说成是神授的，君主能力是上天赋予的。正如我们上文所指出，这已经是基督教的老调重弹了，没有任何人会真正为它所说服。但是事实是，直到 17 世纪，英国的国家政治才发生了根本性变化，从封建民族国家转向近代民族国家即资产阶国家。这一历史变化发生于 17 世纪初期的斯图亚特王朝。经过宗教改革，英国的清教徒所代表的是一种新兴阶层的力量，清教与英国王朝之间的斗争并不是政教之争，而是资本主义以宗教为武器与国王进行的斗争。这是英国特有的斗争方式，英国没有发生过法国大革命式的激烈斗争，英国革命给人的印象是温和的，英国哲学家柏克甚至在《法国大革命》一书中攻击法国大革命是毁灭人类的暴动，当法国革命者将路易十六及其美丽的王后送上断头台时，有的英国人还感伤不已。

事实上，英国人从来不像柏克所描述得那样悲天悯人，查理一世被处死早于路易十六一百多年，法国人不过是英国人的学生而已，柏克有什么理由骂法国人呢？

再说，英国国会的历史命运也不是一帆风顺，1629 年英国解散国会，这一切都表示，国家政治体制的改革已经成为不可回避的时代任务。1640 到 1653 年召开的长期国会充分显示了新兴力量的强大，国会与专制君主之间的斗争首先在资本主义最为发达的英国展开，最后终于引起了内战。其结果是 1649 年 1 月 27 日，查理一世被以"暴君、叛徒、杀人犯和人民的公敌"之罪被处以死刑，英国宣布废除王权，实行共和。以后虽然再次经历了反复，但任何王朝复辟的企图都只不过是一种回光返照，1688 年的"光荣革命"最终为英国王权制度画上了句号，民主共和制度在英国取得决定性胜利，这时距查理一世被处死不过 40 年。英国民主制对于世界影响如此之深刻，以至于孟德斯鸠把民主制度说成是"英国的制度"，由此可见世人对其评价之高与它的深远历史意义。

欧美主要国家的近代政体民主化进程可以说是各有特色，英国人被看成是温和的改革者，法国大革命则使法国革命者得到了激进的革命党的称号。

法国是启蒙主义的大本营，也是民主政治学说的起源地。启蒙主义杰出代表人物大多出于法国，其中对于法国革命影响最深的人物之一卢梭是一个日内瓦钟表匠的儿子，虽然他一生主要活动在法国，但他耻于成为法国封建王朝的顺民。法国启蒙主义思想家伏尔泰、狄德罗等人都反对封建等级制度，主张人权与平等自由。但是，正像西方学者已经注意到的那样，他们对于封建王朝专制的反对是软弱无力的。最有代表性的就是他们推崇中华帝国这样的东方专制国家，伏尔泰等人极端崇拜中国帝制，清代乾隆皇帝等人被他们说成是一代明君。虽然他们的目的是要抨击法国王权，但关于东方帝国专制的赞美也反映出他们思想的局限性，这一特点已经引起现代法国学者们的关注：

> 例如，在《中国人的近代史》第 1 卷第 196－210 页中即持这种观点。虽然中国皇帝以专制君主而施政，其权力在许多方面都比法国国王更大（因为中国君主可以自由地决定其继承问题并指定其儿子中最称职者为其继承人，甚至他可以选择其家族之外的其他成员），他可以变得滥用职权："但丝毫没有专制的特征。"……中国对于皇权有一种很高尚的想法，他们的政府完全是在这种美好基础上运行的，皇帝为其臣民之父，中国完全是个皇帝为其家长的大家庭。①

这纯粹是对于中国封建帝制的美好想象，近似于一种乌托邦式的虚幻观念。我们已经指出，十八世纪的欧洲对于中国的

---

① ［法］安田朴：《中国文化西传欧洲史》，耿昇译，商务印书馆2000 年版，第 722 页。

态度是先褒后抑，经历了一个大转向。这是出于双方面的原因，一方面是欧洲早期对于中国的了解主要途径是通过传教士与东方行商，道听途说，以后才逐渐全面理解中国。另一方面则在于，欧洲与中国双方都在经历巨变，不同时期有不同的观念，故所见差异甚巨。无论如何，这种对于中国帝制的赞美并且把它的专制说成是其优胜于法国王朝的原因，是极端荒谬的。

中世纪欧洲主要大国的命运虽然基本相同，但仍有各自文明发展的特色。法国王朝统治之长久，不但远远超过不列颠人，同时也胜过德国人。当德国人为普遍建立的城市公国而感到满意时，法国已经为王权统治埋下了伏线。

公元8世纪中期，查理大帝成为法兰克国家加洛林王朝的君主，经过多年征战，获得了"罗马人皇帝"的称号，这是法兰克封建王朝的开端。经过几个世纪的学习，原本是蛮族的法兰克人掌握了罗马人的农耕技术，形成了封建生产关系。查理大帝去世后，庞大的查理帝国四分五裂。公元840年，日耳曼路易与秃头查理起兵反抗继承了王位的罗退耳。公元843年缔结了凡尔登条约，从此，查理帝国分为三个大的部分：东法兰克王是路易，据有莱茵河右岸土地和巴伐利亚地区，这是条顿人的区域，相当于现在德国西部地区。西法兰克王是查理，这是罗曼斯语地区，就是现在法国大部分地区。而罗退耳依旧保持了皇帝称号，据有现在意大利等地。

从此，西欧三个主要国家之间的历史分界基本确定，成为现代民族国家的摇篮。秃头查理的西法兰克有个小岛，地处塞纳河与卢瓦尔河之间，是王室的领地，名为"法兰西岛"，这个小岛的名称以后成为法兰西民族国家之名。从12世纪开始，统治法国的卡佩王朝就建立了强有力的统治，13世纪时，英法两国王权统治形成了鲜明对比。亨利二世之后，英国王权就日渐衰落，无地王约翰是一个昏聩无能的君主。他在同法王腓力二世的战争中失败，而且还被教皇英诺森三世控制，被迫自称教皇的臣子。同时他在国内的统治则实行横征暴敛，目无法度。1215 年 6 月，英国贵族们利用王权危机，使约翰在《自由大宪章》上签字，承认法律高于王权，这是英国有重要影响的历史事件。但在十三世纪中后期，法王路易九世却建立了强大的王权统治，法国在路易九世统治期间，西北领地直到地中海边，国家政府职能大大加强，军事力量也十分强大，外交顺利，成为欧洲最强盛的王朝。英法百年战争之后，法国国王路易十一世再次统一全国。到 17 至 18 世纪的路易十四时期，法国仍然是欧洲大陆王权最巩固的国家。

但也就在这时，法国市民中多发生的暴动已经预示了暴风雨即将来临，1648 年到 1653 年，法国贵族与市民联手发动了投石党运动，市民暴动，成为法国民主力量反对专制的特有形式，巴黎，不但是法国的中心，也成为一个以市民暴动著称于世的大城市。

法国大革命是世界革命的一个象征，从 1789 年的法国大革命到 1917 年的俄国十月革命，世界经历了两种革命的时代。从资产阶级革命到无产阶级革命，武装斗争与其他形式的革命蔓延世界各国，成打的王冠滚落在地。世界各国民族解放与民主斗争此起彼伏，形成一个浩浩荡荡的文明进步浪潮。在这一历史浪潮中，各个民族的历史命运变化可谓天翻地覆，有的民族甚至从原始社会、奴隶制度社会一变而为现代国家。资产阶级民主国家制度成为了欧洲与美洲最普遍的国家制度，无论是采取君主立宪还是民主共和，它都代表着一个世界新纪元——人们称之为资本主义时代——的到来，民族封建国家被民族民主国家所取代，这种民族民主国家中除了一部分社会主义国家之外，发达国家中主要是资产阶级民主国家。

1789 年 7 月 14 日，法国巴黎的起义者攻克巴士底狱，欧洲最强大的法国王权宣告覆灭，同时也意味着统治人类世界长达数千年之久的封建专制制度已经面临覆灭，虽然封建制度本身还会以各种形式存在，但作为民族国家的主要形式，其命不永，已昭然于世。7 月 14 日成了法国国庆日，法兰西以一个革命民族著称于世。从 1789 年 7 月 14 日起到 1794 年 7 月 27 日，短短五年之中，法国革命一波未平，一波又起，各种政体与政党，各种政治势力把巴黎变成了政治变革的试验场。先后登台主政的有君主立宪的"斐扬派"（1789 年 7 月 14 日至 1792 年 8 月 10 日）、代表工商业主利益的"吉伦特派"（1792 年 8 月 10 日至 1793 年 6 月 2 日）、最后是小资产阶级民主派的"雅各宾派"（1793 年 6 月 2 日至 1794 年 7 月 27 日）。最后，法国大革命虽然已经过去，但其影响却持续了两个世纪之久。

如果从宏观看，学者们愿意承认英国革命在代议制度上的贡献，美国独立战争所创造出的宪法，而法国大革命所留给人们的只是革命原则。甚至于有人对这种革命原则还持一种怀疑态度，俄国作家屠格涅夫（Иван Сергеевич Тургенев）有一句名言"米罗岛的维纳斯远胜过法国大革命的原则"。

其实不然，法国大革命所创造的并不只是一种革命原则，它是民族国家形式进化中极为重要的一环，资产阶级民族国家建立的思想观念主要是由法国大革命所创造，这一创造经历了两个世纪之久，从启蒙主义者卢梭的《社会契约论》到法国大革命的《人权宣言》，这是西方近代国家思想最重要的柱石，无论怎样评价都不为过高。《人权宣言》中所说："人人生而自由平等，每个人都有获得自由、财产、安全和反抗压迫的权利，主权属于人民。"这是国家主权首次真正得到全面的表述，人民为国家之主体，民主为国家之政治原则，平等自由是社会道德之基石，无不从此而确立。取消封建等级特权、皇帝与贵族的特权，而代之以人权与法制。在法律面前人人平等的思想，这是至今为止人类社会的最有价值的法律本位思想。公民具有自己表达思想意见的权利，享有言论、著述与出版自由，这一思想已经成为世界各国宪法的基本观念。私有财产有神圣不可侵犯的权利，这是文明创造之源，自渔猎文明与农业文明开始之后，人类私有财产成为社会进步的推动力，这一事实最终以法律形式规定下来。难道能说这样的国家与政府建构体制没有贡献吗？历史实际上已经解决了前人所争论不休的问题，因为历史问题的产生其实就是它解决的开始，解决问题的条件已经在产生问题的同时产生了。

1792 年 9 月 2 日，法兰西第一共和国成立。国王路易十六因为与外国势力勾结，反对国民公会，于 1793 年 1 月 21 日被送上断头台，这虽然不一定是对付专制君主的最好办法，但按照法律行事是当时的一种指导思想。1793 年罗伯斯庇尔所提出的《粮食最高限价法案》在国民公会获得通过，这是国家管理史上的重要创造，政府以法律形式实行经济宏观管理，制约不法奸商与反对派危及社会的经济行为，这是民主政府最重要的原则之一。而创造者就是法国大革命本身。它对于以后俄国革命新经济政策提供了借鉴。这是政府机构与管理的重大创造。

对法国大革命的评论历来不一致，甚至针锋相对，这种状况早已经为世人所共知。但本书作者要强调的是，即使是对于法国大革命持不赞赏态度的，有一定历史主义观念的学者，仍然能看到法国大革命的双重意义，它的推翻旧专制与建设新体制的历史作用，如法国历史学家托克维尔（Alexis de Toc-queville）在《旧制度与大革命》一书中所说：

　　法国革命的目的不仅是要变革旧政府，而且要废除旧社会结构，因此，它必须同时攻击一切现存权力，摧毁一切公认的势力，除去各种传统，更新风俗习惯，并且可以说，从人们的头脑中荡涤所有一贯培育尊敬服从的思想。这就产生了法国革命如此独特的无政府主义特点。

但是搬开这些残渣碎片，你就会发现一个庞大的中央政权，它将从前分散在大量从属社会权力机构、等级、阶级、职业、家庭、个人，亦即散布于整个社会中的一切零散权力和影响，全部吸引过来，吞没在它的统一体中。自罗马帝国崩溃以来，世界上还没有过一个与此相似的政权。大革命创造了这一新权力，或者不如说，这一新权力是从大革命造成的废墟中自动产生的。的确，大革命建立的政府更为脆弱，但是比起它所推翻的任何政府却强大百倍。①

与大多数英法历史学家一样，托克维尔对于法国大革命仍然有一种恐惧感，虽然他精研大革命的所有资料，但这些资料毕竟是故纸。法国大革命活在他们心中的是英国作家狄更斯的《双城记》中所描绘的场面，一种民众起来暴动的恐怖场景，昔日受尽压迫的市民与工人以暴力来对抗贵族，血腥复仇的气氛笼罩着整个巴黎。在这些历史学家看来，有民主固然可贵，但有了民主未必就有自由，特别是个性自由，法国启蒙主义的理性王国当然不是法国大革命所创造的政府。这种顾虑以后果然得到了验证，不过已经是一个世纪之后了，一种新专政形式诞生之后，更多的地方令人回想起法国大革命。当然，这已经不是我们这里所要讨论的内容了。

无论如何，法国大革命已经越过了国家政府建构的思想，成为西方文明的宝贵财富。不仅对于法国与欧洲的封建专制制

---

① ［法］托克维尔：《旧制度与大革命》，冯棠译，商务印书馆1997年版，第48页。

度，而且对于世界的封建专制制度，法国大革命都是它们思想上的终结者，而且法国革命所创造的民主政府体制，也为后世提供了最丰富的经验。也就是在英国革命与法国大革命同一时期，远离欧亚大陆的美国人建立了一个新的国家——美利坚合众国———一种联邦制度的新国家。这个新大陆国家与其新制度，它所具有的民主色彩与法制精神仅从形式上看就是旧大陆诸国所远远不能比拟的。尽管联邦制度对于历史学家们来说现在仍然是一个谜。它比起一般的民主共和国来说显得更有生气，更有利于限制中央集权，却是一个获得共识的结论。

在分析了世界上民族国家的主要类型——西方民族国家——的基本特征之后，我们从它的历史进程，即从封建制度到资产阶级民主制度的进程中得到极大的鼓舞。这一进程起于英国君主立宪，以法兰西共和国画上句号，一种理性王国的模式为世界文明增添了异彩。但我们仍然要以法国大革命的先驱者卢梭的话作为这一理性王国神话的结束：

> 就民主制这个名词的严格意义而言，真正的民主制从来就不曾有过，而且永远也不会有。多数人统治而少数人被统治，那是违反自然的秩序的。我们不能想象人民无休无止地开大会来讨论公共事务；并且我们也很容易看出，人民若是因此而建立起来各种机构，就不会不引起行政形式的改变。①

我相信，这段话确实是这位民主斗士的肺腑之言，难能可贵的是，他早在 18 世纪就已经看到了这一点。虽然我们并不赞同他的看法，但他所提出的某些关于绝对民主化的见解亦可视为一种警示。

---

① ［法］卢梭：《社会契约论》，何兆武译，商务印书馆 1982 年版，第 88 页。

二 、东方文明的国家特征

1. 东西方文明的不同国家建立模式：犀牛式与鲸鱼式

东西方国家的类型与历史形态完全不同，它们代表了不同文明在国家建立中的差异与同一。简略地说，有以下重要方面是不可忽视的。

其一，民族形成是国家发展中的重要步骤，有了民族的自我认证，共同的民族会产生统一国家的观念。欧洲大约从中世纪后期起，产生了民族自我认证，这是欧洲文明发展的特殊性，而并不是世界文明的规律。因为欧洲从罗马时代起就有了大一统的宗教与国家。罗马是欧洲的国家与宗教认证，而不是民族认证。罗马征服的众多民族并没有全部对于罗马进行认证，罗马周边的蛮族也没有对于罗马进行文明与民族的认证。所以我们认为欧洲的民族认证是中世纪以后才产生的，欧洲的主要民族国家法兰西、德意志等都是中世纪之后才形成的，并在 16 世纪之后进入资产阶级民族国家进程。

在东方文明中，国家发展经历了与西方不同的形态，无论印度还是中国，恰恰是先有本民族与本文明的认证，才有大一统的国家认证。对于相当多的民族来说，民族认证与文明的认证二者是一体的。古代埃及人对于自己民族的认证就是对于尼罗河文明的认证，古王国时的法老政治已经表明埃及古代国家基本形成。中国华夏诸民族的自我认证也是对于黄河长江文明的认证，而且我们还明显可以看出，黄河文明与长江文明之间仍然是存在一定不同之处的，在相当长的历史时期，黄河中下游的民族还曾经把长江文明的一些民族视为蛮夷，排除于中华民族之外。这种情况经历时代不太长，随着黄河文明与长江文明的频繁交流，原来被视为蛮夷的民族融入了主流文明。历史上曾经发生过的黄帝与炎帝等争夺"天下"的斗争，就是同一文明之内争夺王权的斗争，这时的王权当然不是封建王权，而是古代部族与奴隶制国家的王权。

如《史记·五帝本纪》中所记载的黄帝与炎帝，黄帝战胜蚩尤之后，"而诸侯咸尊轩辕为天子，伐（代）神农氏，是为黄帝。天下有不顺者，黄帝从而征之乎者去之，披山通道，未尝宁居"。① 天下，就是国家，黄帝就是国君。一定程度上，中国的黄帝可能相当于埃及的法老，虽然有一定的法律约束，但他们都是专制君主。尤其值得注意的一点是，中国古代曾经实行过多种国家制度的尝试，如尧舜禹时代可能就产生过近似于中东古代国家制度的多头制度，有过二王并存的时代，或是集体领导的可能，他们所统治的部族联合体中许多事情是要经过集体研究，然后由首领最终决定的。

所以说，中国的民族认证更确切地说是一种对于文明共同体的认证，是众多的部族与民族对于相近与相同的文明的认证。这是不是一种东方文明所共有的规律？

也有人问：中国什么时期形成"中国"国家概念？

笔者认为，中国如果作为一个国家来说，一般来说有三种说法，第一种认为中国从黄帝时代开始，以中华民族为中心形成了古代国家概念，这种概念应当说是以中国文明为主的国家概念。第二种认为中国从夏代开始成为国家，夏代是中国第一个王朝，持此种说法者近年来日益增多，如张传玺认为：

> 我国的原始社会结束、也就是最早的国家出现的时间，约在距今4000多年以前。第一个出现的国家是夏朝（公元前21世纪—前16世纪）。从夏朝至清朝中英鸦片战争前夕（1840年）的4000余年间，就国家特征来说，历代王朝各

---

① 《二十五史》（1），浙江教育出版社1998年版，第8页。

有特点。但总的说来，夏、商、西周三代（公元前 21 世纪
—前 771 年），为中国古代国家制度的早期阶段；春秋、战
国（前 770—前 221 年），为中国古代国家的转型时期；秦
汉至明清（前 221—1840 年）中国古代国家的发展阶段。①

无论关于国家概念的分歧多大，有一点是肯定的，国家是权力
机构的代表形态，权力意味着公共道德法律的建立。

第三种，如果以西方所谓国家概念来说，只有封建国家才
可以说是真正的国家，连奴隶制都不算，这其实是所谓民族国
家概念。那么又可以主要分为两种观点，其一是认为中国从西
周时代开始进入封建社会，王国维等持此说。另一种说法则以
郭沫若等人为代表，认为中国是从春秋战国之际才开始形成封
建制度，那么这时才可能有民族国家。

笔者已经指出，如果从东西方文明不同的国家观念来看，
正如前贤所指出，东方国家出现早，这是东方文明的特点所致，
东方国家是以文明为认证的，是一种文明本位的国家，应当说
自黄帝时代这种文明已经具有特立性。它已经以地域而不是以
氏族进行居民划分，具有一定的行政机构，应当具有了古代国
家的特征。

其二，由此也就产生了东西方古代国家建立的不同方式，
东方古代帝国对于周边蛮族或更正确地说是一些少数民族采取
民族兼并与融合方式。周边民族被中原民族所吸附，成为一个
大的王国。率先进入文明社会的民族没有采取完全征服其他周
边民族的形式，更没有大范围地扩张建立起跨大陆的世界帝国。
而西方古代国家则主要是从城邦分立走向统一大帝国的征服，

---

① 张传玺：《中国古代国家的历史特征》，载国家教委高校社会科学
发展研究中心组织编写《中外历史问题八人谈》，中共中央党校出版社
1998 年版，第 336 – 337 页。

强盛起来的民族全力征服其他民族，而且不断扩大，进犯其他民族，建立起一种文明的大帝国。横跨欧亚大陆的亚历山大帝国刚刚灭亡，更为强大的罗马帝国征服与吞并众多民族，消灭异己文明，再次建立起西方文明统一的大帝国。笔者曾经有过一个不恰当的比喻，东方文明与周边民族的关系是所谓"犀牛式文明"的做法，犀牛与落在自己身上的小鸟如同一个大文明与小民族之间的关系，巨大的犀牛允许小鸟落在自己身上，与小鸟保持友好关系。这对于犀牛本身是有利的，小鸟可以啄食犀牛身上的寄生虫，小鸟本身也获得利益。笔者谨举一例，中华文明以华夏民族为中心，从古代就有匈奴、南越、乌孙、朝鲜、高丽、西域城邦与滇古国、夜郎古国等，长期与中央文明与大国政权共存。以后产生的许多民族则逐步融入汉族，如曾经十分强大的鲜卑民族，由于长期与汉民族相交流，相当大的一部分最后融入汉族。西方文明与周边民族关系是一种"鲸鱼式文明"的关系，中心文明的民族不断征服吞并小民族，如同鲸鱼张开巨口后，将小鱼小虾吞下肚去。这些小鱼小虾并没有被完全消化，很可能最后导致巨鲸消化不良，当然，更有那些蛮族如同大鲨鱼一样，是罗马帝国这只鲸鱼所不能吞下的。

罗马是从一个古代共和国演变为专制帝国的，所以当专制制度实行后，罗马内部的民族文化冲突就突然显现出来，这种内部冲突是最终导致罗马灭亡的原因之一，我们这样说无意去补充爱德华·吉本的罗马帝国的灭亡原因，虽然这正是他所忽视的一点，在他看来，罗马帝国是"通过它的成员的独特的完美的联合，牢固建立起来的。臣服的民族，不但放弃了独立的希望，甚至也不再有独立的愿望，都愿意接受罗马公民的称号"。[①] 因此

----

① ［英］爱德华·吉本：《罗马帝国衰亡史》下册，黄宜思、黄雨石译，商务印书馆1997年版，第143页。

在他看来，罗马世界主要是"被野蛮人的洪流所淹没的"。事实上，蛮族的军队甚至还没有出动，罗马西部的主要省份就已经纷纷倒戈相向，随后庞大的罗马帝国各地纷纷背叛罗马，帝国以惊人的速度灰飞烟灭。

其三，东方国家与西方民族国家是不同的历史概念，它们产生于不同的历史时期。东方首先形成国家，这种国家形成的时代大多是奴隶制时代，也可以称为民族国家，是以主要民族或多个主要民族为主体所形成的，其政治体制通常是君主制度，以帝国为多。而西方民族国家形成于封建时代，形成时代较晚。特别是一些蛮族国家，基本上是以一个民族为主体所形成的。这种格局对于当代世界仍然有巨大影响，欧洲国家经过民族大迁移之后，不同民族之间产生了混合，特别是中东欧、巴尔干半岛等地，但是以单一民族为中心的国家仍然居于多数。所以进入到近现代以来，有的国家虽然经历几个世纪的磨合，但不同民族之间由于人种、宗教、语言文字、风俗习惯、意识形态等分歧，仍然最终导致分裂的例子屡见不鲜。

其四，从文明持续程度与国家形态的演变上，东西方不同文明也呈现出迥然不同的规律。一般来说，东方的封建国家形态保持时间较长，中国封建制度长达二千多年，是世界上最稳定的封建帝制国家。对于它长期存在的原因说法不一，如中国自然地理环境的封闭，不易受到外来势力的影响；中国文化本身具有融汇吸收能力，"周虽旧邦，其命维新"，可以把外部作用力融合进自身等等。无论如何，这种长期稳定的封建帝国制度引起世界的极大关注，它说明东西方文明之间的差异会表现于各种不同形式。印度封建制度没有中国那么长，从文明体系看，它也经历了较多的形态转变，但是其历史上大部分时间里仍然以主体文明为优势，封建国家制度延续时间相对于欧洲国家仍然要长得多。

西方国家形态复杂多样，从古代国家到封建民族国家、资产阶级民族国家的每一个大历史阶段中，都有多种国家形态出现，形态转变周期短。欧洲历史上最长的封建时代就是中世纪，长约一千年左右，远比东方大封建帝国历史短促。16 世纪之后，欧洲各国政治变化更为迅速，到 19 世纪中后期，几百年内已经完成了从封建王朝向现代资本主义国家的转变，这种变化甚至扩展到了所谓欧洲外围国家，如俄国、奥斯曼与印度。伊曼纽尔·沃勒斯坦曾经从经济角度指出这种变化来：

> 大约 1750 年前后，所有这种贸易开始迅速发展，同时印度次大陆、奥斯曼帝国（或至少是鲁梅尼亚、安纳托利亚、叙利亚和埃及）、俄国（或至少是其欧洲部分）和西非（或至少是它的大部分沿海地区）被融入了资本主义世界经济体相互联系的生产过程（所谓的劳动分工）之中。到 1850 年，这一融入过程完成了（也许西非稍后一些）。①

这不但是经济全球化，更是西方资本主义民族国家模式的全球化。这也是西方国家为什么在 1840－1900 年间急于以武力敲开中国大门的原因。在此之前，英国已经在印度进行了长期的经营，英属印度殖民地的政府在这里推行不同于本土的殖民化政府，1885 年印度国大党成立之后，民族主义运动涌起，印度的民主化开始与民族独立结合起来。可以说，如果没有世界大战的爆发与俄国十月革命，殖民主义的民主政府与西方民族国家化的潮流肯定会对东方国家产生越来越大的影响。

区分了东西方国家观念之后，我们再进一步研究东方国家观念的演进历史，只有在它的历史中，才可能理解对于东方人，民族与国家代表什么意义。从非西方的意义上来说，美洲国家

---

① ［美］伊曼纽尔·沃勒斯坦：《现代世界体系》第三卷，庞卓恒主译兼总审校，高等教育出版社 2000 年版，第 189 页。

与东方帝国是相近的，美洲大陆上的阿兹特克与印加文明由于其特殊的地理环境，也可以被看成是东方的一个组成部分，但由于其文明历史资料目前尚十分缺乏，我们只能依据现有资料作有限度的说明。

2. 东方文明古国体制与文明认证

东方各文明古国在进入帝制之前，大多经历了古代王国的时代，这种时代在各种文明中的起止时间并不相同，但却是一个必然的发展阶段，经历了古代王国之后，各国才进入封建制度国家，而封建国家的特性早在其古代王国中就已经表现出来。

东方古代王国的最主要特点在于它是一种文明或是以一种文明为主体组合成的文明共同体的专制制度，一定程度上来说，它可以被看成是"文明国家"，大多数的古代国家没有发展成罗马那样的世界帝国，虽然在一定的历史时期，大的古代帝国之间可能会发生战争，形成征服，如公元前 670 年埃及王国被亚述人所征服，亚述王国曾经强盛一时，但实际上亚述人统治埃及只有短短的 8 年，公元前 662 年亚述帝国就趋于灭亡，整个亚述帝国前后不到一个世纪，以后就被历史尘封，了无痕迹，使得后世的亚述学家们费尽力气来研究历史遗留下来的蛛丝马迹。公元前 525 年，波斯人征服了埃及，但其统治时期也并不长久，波斯并没有建成一个稳固持久的世界大帝国。东方的主要文明类型中国与印度基本上没有进行过大型与长期的对外扩张，它们没有意识要征服世界，其古代国家主要是建立于文明之内。

这种古代文明国家的大多数最早都实行专制制度，虽然同为君主制度，但仍然有不同的类型与特色。大致可以划分为三种类型：第一是人神合一型，君主是天神在人间的代表，政府与宗教权力是合一的。其中还有一些具有神话性质，属于人类早期国家的典型形态，如埃及古代法老与中国黄帝等。第二是君权神授型，即以君主作为上天或神的人间代表，权力得自于天。但是君主已经握有世俗权力，有机构与法律。第三是君主专制与古代民主制度类型，君主虽然职掌国家大权，但在法律与军事方面仍有一定的民主权利。

古代文明大国中，最初的神权是从原始宗教中产生的，所以君主与最高的神在形象上达到同一，人神合一是一种相当普遍的现象。这种现象产生也有其深刻的根源，古代民族以原始宗教为起点，拜物教、万物有灵论、图腾崇拜、物力论、巫力崇拜等是原始宗教的不同形式，但是，在社会文明发展中，会产生神的人格化。我们在有关的章节中说到，神明的人格化是宗教发展史上的一个飞跃，从自然神向人格神的转化是低级宗教向高级宗教进步的重要台阶。这种进步形式多样，只有少数民族发展出了纯粹的一神教，并且形成了一神教的高级宗教。从这方面来说，古代犹太教是不可多得者，神或是上帝是精神的象征，而不是自然的"天"或是太阳，不是有物象的崇拜。这是多么崇高的差异，没有宗教信仰者很可能会不理解或是忽略这种差异，事实上，只有理解了这种差异，才可能理解高级宗教，才可能会对于在罗马初期受到迫害的基督徒们的苦难与耶稣受难之间的精神相通有体会。

更多的原始宗教发展出的却是天上的神与人间君主的认同，埃及人是这种认同最杰出的创造者，他们的创造物作为一种符号可能是不朽的，金字塔的主人们埃及法老就是这种创造的成果，直到今日为止，埃及法老仍然是这个世界上最为神秘的人群之一，因为他们既不是神，也不是人，他们不是伊斯兰教与佛教中那样的宗教领袖，这些宗教领袖即使掌握政权，但仍然是神力的使者。而法老是执政者，是得到神佑助的人世君主，这又使得法老不同于一般的帝王君主，所以他有一个奇怪的名字：法老。在中王国之前，也就是埃及封建化之前，法老并不是国王的同义语，而是至高无上的统治者，埃及文原文意为"大房子"，所以人神合一的埃及法老在封建化之后变为国王，这一变化是意味深长的。法老的坟墓金字塔是神在人间代表的归宿，所以埃及的金字塔与其他人间帝王的陵墓是不同的，中国的秦始皇陵、汉唐帝王陵墓等虽然也是气势宏大，但毕竟是人间帝王。而法老的金字塔则有一种建筑风格与历史文化的神秘气氛，这是宗教领袖所具有的，而不为人间帝王所习见。

公元前3000年到公元前2000年左右的埃及古王国是世界上最古老也是最伟大的古代王国，法老是至高无上的统治者，号称太阳神之子，他集宗教与政治权力于一身，这就使得法老成为君主制度的创始人。法老时代虽然是专制统治，但是已经有了古代法律。在政府建制方面也卓有成效，以诺姆（州）为主要行政单位，各个诺姆不但有行政机构，而且设有自己的地方军队，这种地方军队有一种亦民亦兵的性质，可以说古代部族中所有男人都是战士的遗传。同时，法老政权设有常备军，以保证国家与法老政权的安全。法老时代的埃及是奴隶社会，政府与诺姆有相当强大的统治力，所以兴修水利与修建金字塔等大型工程才能进行，这种大型工程在当时需要耗费巨大的人力与物力，不是一般的统治者所能组织动员起来的。所以说这种人神合一的古代王国制度在人类社会早期的存在是有其合理性的，人类意识得到启蒙之前，神灵的威力与人间帝王权势的结合是一种有效的统治方式。

第二种所谓君权神授式的帝王制度是相当普遍的，几乎所有古代王国君主都要声称自己是受命于天。因为对于一个国家来说，国家行政权力如果归一个人所有，这就会令人产生一种疑问，这种权力是谁赋予的。这个问题虽然可以说自从人类社会存在就会产生，但是在古代社会中不可能形成问题，特别是在蒙昧与野蛮时代，人类没有自我意识与主体自觉，更无人类权力的观念。只有在文明社会中，人类自我意识与主体观念产生，当人的主体受到支配与奴役时，就会产生社会权力归属的问题。在这种时刻，最容易产生的就是权力被归之于宗教，因为神一直是人类所崇拜的对象，从原始宗教到现代宗教，一直未变，神灵的权威远胜过人的权威，当人的统治未确立时，最有保证的是神的权威。于是国家首领与君主就借助于神权，自称权力得自于神，以确保权力的权威。

埃及法老制度于公元前 2000 年前后退出历史舞台，中王国时代的埃及其实已经开始了封建社会，在埃及这个宗教信仰极强的王国中，历代国王无不自称权力是神所授予。而且国王在这里扮演了一种"中间人"的角色，国王相当于西方基督教的神父一样，可以与神直接进行对话，这样国王就位于人与神之间。国王代表神的旨意，代替神进行人间的统治。而神为什么要把权力授予国王呢？其解释也是十分有趣的，按埃及国王的祭神词来说，这是因为"国王来到了您（这里指神灵）的身旁，他对您进行贡奉，换取您赐给他土地或是其他"。由此可见，尼罗河流域自古以来商品意识就相当发达，即使是祈求神赐，也没有忘记等价交换的原则。中国古代君王们的交换意识就薄弱得多了，殷商到西周乃至于秦汉，历代君主祈天敬神时，从不敢提交换，一付战战兢兢的样子：

> 皇天既付中国民，越厥疆土于先王。（《周易》）
> 文王陟降，在帝左右。（《大雅·文王》）

这些君主们虽然受命于天，但得到天命的前提是"为民"，因此君主只有时刻为了人民才能得到天命，否则就会有失去天命的危险。这可能就是以后儒家以民为重的思想渊源。

正是由于神明与国王的分离，神的地位才可能更加高尚，神是永恒的，而国王认为凡人总有生老病死，于是更产生了近东的所谓"君主替身制度"。在日食到来时，人们认为国王即将寿终正寝，于是将国王的一个替代物放在王位之上，以死者来取代国王，从而使得国王获得新生。这本是美索不达米亚人的宗教仪式，公元前 2000 年的赫梯国王们也学会了这种仪式，在赫梯文献中可以看到这种仪式的记载：

> 国王说，这就是我的神圣的、活着的替身，这雕像是我冥世的代表。如果诸位神灵，你们用罪恶来迫害我或是减少我的寿命中的天数、月数或是年数，那么这个活的替身就将来到我的位置，这表明它将会保我安康。

> 啊！天国诸神，如果太阳神与众神迫害我，那么，此雕像就会来到我的位置并保护我，化险为夷。
> 啊！冥界诸神！最后，天国诸神将使国王重新自由。①

这里所反映出的国王与诸神之间的复杂关系是令人注目的。国王对于诸神既敬畏又心怀不满，表现出一种无可奈何的心态。

古代东方文明中的第三种专制国家类型是一些君主专制国家。它们较少宗教色彩，以俗世王权为主要统治。这种国家其实为数不多，以地域来看，近东地区的国家中宗教信仰相对于远东地区要浓厚一些。以人种而论，雅利安人种的伊朗－印度的宗教对于政治的影响要大于中亚地区众多的民族，如伊朗人的祆教信仰对于国家统治的作用，要比中亚的塞种人、月氏人、乌孙人、突厥人等更为强大。虽然如此，在这些国家制度与权力的演变中，宗教的力量远不能与罗马教皇或以上两种类型的国家相比。古代波斯是东方最强大的王国之一，祆教与摩尼教

---

① 参见李政：《赫梯文明与外来文化》，江西人民出版社 1996 年版，第 57－58 页。译文参照 O. R. T 格尔尼（Gurney）：《赫梯宗教的某些方面》，此处有所改动。

先后成为伊朗居民的主要宗教，特别是祆教，它的首领琐罗亚斯德改造了原始宗教，创造了新宗教。这种发达的宗教是推动波斯文明的重要力量。虽然如此，祆教在波斯国家统治中的作用却并不见得非常大，甚至还受到其他宗教与国家政权的排斥，最终被禁止。甚至在祆教最为昌盛的萨珊时期，祆教的穆护也不过是充当了国王的一个大臣而已，国家权力仍然牢固地掌握在国王手中。国家制度中，宗教信仰的地位只是限于精神作用。这种情况在摩尼教时代仍然没有大的改变，摩尼教也未能对国家制度形成大的影响。直到伊斯兰教统治伊朗，才有了根本的改变。

古代东方国家不但是世界上最早的帝国也是世界上最早的国家，所以这种帝国的形态与国家形态对于世界都有重大意义。当代国家政治研究、民族历史研究、社会思想史研究如果空过这一页去，那是不可能的。20世纪中后期以来的以上领域研究虽然努力推陈出新，提出了若干新思想，但对于历史事实的研究却停滞不前，其主要原因就在于大多数学者只掌握了种种西方的新理论，但对于东方文明的历史资料与史实知之不多，甚至孤陋寡闻，对于中国二十五史、波斯古代文献、埃及古代文献不能知晓，只能暂付阙如，所以进步不大。

古代东方国家大多建立于青铜时代到铁器时代之间，其制度形态是多种多样的，它们各自所处的具体历史时代也是不同的，从后期氏族到奴隶社会，从后期奴隶社会到早期封建社会，全都具有，可以说是形态多样，不能一概而论。不过对于大多数国家来说，国家内部的阶级划分与私有财产占有制度早已经确立（关于土地所有制度由于国家不同，另有研究），对于外部的征战与防御机制也十分完备，作为完全意义上的文明国家是无可怀疑的，西方有些学者不承认这一点，认为只有中世纪之后的民族国家才可能称为国家的观点是不对的。20世纪中期以来关于国家的讨论中，个别学者再次从西方文明标准出发，否认这种国家的意义，把它看成是晚期氏族社会。这种观念目前有一定市场，但也不会长久，因为它不过是曾经有过的旧观点的再现，很难再有新的发展。

古代中华帝国从夏代开始，经历了夏商周三代的"封建制"，这个"封建制"不同于以后的封建帝国，而是建立以地域为主的统治，三代之封建是"封诸侯，建藩卫"，而秦代的封建制是郡县制。

东方古代国家发展中有一个重要现象是大家所忽视的，这就是东方文明的主体仍然可以说是单一文明模式，尽管文明交流也是存在的，但文明类型没有大的变化。地中海文明、近东文明等都是在多种文明相互交流之中发展的。克里特、麦锡尼、雅典、希伯来、古罗马等文明之间都经历了长期的摩擦与冲撞，文明类型屡经变革，城邦文明与蛮族之间互相提高。世界文明史上，后起的文明往往会超过古旧的文明，这无疑得益于文明改造。所以这种改造是十分重要的，而大多数真正东方的文明直到近代以来才得到这种与其他文明直接产生改型式的交换，这是十分重要的。

3. 关于东方国家的封建帝制问题

奥斯瓦尔德·斯宾格勒在《西方的没落》一书中关于国家与封建制度之间的关系有一种独特的理解，他认为：

> 高级形式的历史在每一文化中都自封建国家开始，这并不是即将来临的意义上的一种国家，而是有关一个等级的共同生活的一种安排。大地的最高贵的产物，大地的最高尚意义的人种，在这里把自己奠基在一种从低等的骑士直到同辈中的第一人，即同辈中的最高封建领主的等级秩序之上。这是与巨大的礼拜堂和金字塔的建筑同时开始的，

它们是上升为象征的石和血，一个代表意义，另一个代表存在。[1]

这种理解虽然基于西方近代民族国家的概念，但是对于东方国家同样适合，封建等级制度在世界范围里划分臣民等级，特别是当这种等级制度与宗教结合起来，形成了印度婆罗门等种族制度时，这种不平等制度就发展到了极端。尤其是其中也提到了金字塔，作为一种象征，它当然并不只是一种"存在"，无疑却有天命性的等级观念色彩，从奴隶社会到封建社会其中有一种延续性，在这里表现得极为充分。

事实上，东西方的不同国家进入到封建帝国之后，才真正显示出各自文明的特性，对于东方国家来说，我们可以说这是一种以国家为本位，以文明为全局，以民族为主体的建设原则。这种原则与西方的个性解放、自由平等观念、私有财产神圣不可侵犯原则是不同的，前者是古代原则，后者是近代原则，这是时间上的错位。前者是封建本位，后者是资本本位，这是性质差异。试想，从公元前就开始建立的东方封建制，是在文明初期产生的。而中世纪之后才真正产生的民族国家，总体来说是建立在人性解放与私有财产保护的原则之下的。把东方的封建国家与西方的民族国家相比，虽然同为"国家"，但其历史含义完全不同。如同将美国福特公司产的汽车与古代罗马人的马车相比，虽然它们同样是"车"，但却大不相同，二者不可同日而语。任何比较如果没有一种历史主义，没有对于两种原则的历史与现实的透视只能是牵强附会。

东方封建帝国基本上产生于一种封闭的历史环境之中，封闭性是其一统性的基础。由于在一个封建的统一体中，国家的

---

① ［德］奥斯瓦尔德·斯宾格勒：《西方的没落》下册，齐世荣等译，商务印书馆 2001 年版，第 591 页。

观念与世界的观念往往被认同，外部世界与民族被排除在视域之外。在这种历史环境中，东方封建帝国直接继承了古代国家。如果与西方相比，东方文明中没有经历罗马帝国时代，没有从外来先进文明得到冲击，相反，养成了对于外来文明特别是周边落后民族的轻视。

天下－国家观念在中国是根深蒂固的，殷商时期的奴隶制度是这种统治早期的典型形态。这种观念其实有两种因素，其一是国家与土地所有权是得之于天，是神授的。其二则是这种权力应当集中于君主，个人专制是最高权力，其集中表现之一就是土地归国家所有，也就是国君所有。诗曰："普天之下，莫非王土；率土之滨，莫非王臣。"可以说是说明了这一专制制度的主要状况。

王国维曾经把殷周之际的王朝变革看成是大的革命，这种说法虽然受到许多人的质疑，但是笔者认为，如果从国家发展来看，西周是诸侯分封的封建制度的开始，也是中国历史上封建国家的开始，应当是合理的。西周民族相对于殷商来说是一个半野蛮的民族，这个民族曾经长期被游牧民族所统治，即所谓"自窜于戎、狄之间"。直到公刘的时代才来到岐山，从事农耕，在相当长的历史时期里可能是半牧半耕，屈原《天问》中说到周初统治者时曾经说过："伯昌号衰，秉鞭作牧。"周文王曾经放牧是肯定的。克商之后，虽然周承殷制，礼仪不变，但改革是必然的，这就是著名的"体国经野"。从周开始，对内实行分封诸侯，对外实行异族贡赋制度，已经初具封建大帝国的规模了。

简单说，黄帝时代开始以家族为分封制度，这是部族社会阶段。"凡黄帝之子，二十五宗，其得姓者十四人，为十二姓。姬、酉、祁、己、滕、箴、任、荀、僖、吉、儇、依是也"。以家族为基础的制度到周以后开始改变，从以家族为分封的依据向以地域城邦为依据的国家制度转变，以西方国家理论观点，国家建立是以地域为划分标准的，那么夏殷两代已经建立了这种国家，在这两代中，居民以地域为划分，有完备的公共权力，是标准的古代帝国，实行奴隶制度。以后，殷周之际经历了革命，各封建国家发展。《国语·郑语》中的"史伯论兴衰"篇中明显可以看出这种变化的过程。

> 祝融亦能昭显天地之光明，以生柔嘉材者也，其后八姓于周，未有侯伯。佐制物于前代者，昆吾于为夏伯矣，大彭、豕韦为商伯矣。当周未有。①

原有的地域性大家族封地没继续分封，这就有可能不再成为诸侯国。周以后的封建土地分封更加明显，《诗经·崧高》篇中说：

> 王命申伯，式是南邦。因是谢人，以作尔庸。王命召伯，彻申伯土田。王命傅御，迁其私人。②

这种分封中，不但划定属地，而且把旧有的种姓与人民划归管理，连田地的划分都十分具体，是极正式的委任状。但是这种变化是缓慢的，因为国家土地制度的变化是有一个过程的，春秋战国时代到秦朝，才真正完成了这一转化，实现了封建化，秦汉时期形成封建大帝国。所以，如果仅以"天下"观念的存在，就否认中国的封建制度，那是不对的，中国的封建制度是统一帝国与封建诸侯的关系，虽然国家土地国有，但公侯有其私田的情况则是普遍的，而且王室也有私田。《诗经》中早就有关于私田的诗句，孟子论井田中说：

> 诗云："雨我公田，遂及我私。"惟助为有公田，由此

---

① 《国语·战国策》，岳麓书社1988年版，第148页。
② 《十三经注疏》上册，中华书局影印本1979年版，第566页。

观之，虽周亦有助也。[①]

井田制度是历史存在，田有公私之分，这是历史事实，谁也抹杀不了。

殷商制度应当已经是井田制度，田地划分为公田与私田，公田为王室与国家所有，私田为领主所有，农民为早期地主种私田。但是，这种制度在西周就被破坏了，由于王室与诸侯私吞公田，例如周宣王就曾经"不藉千亩"，不藉就是私自隐瞒公田，据为己有，引起土地制度的混乱，导致了土地制度改革。西周建立的封建制度到了春秋战国时代，随着铁器农具的普及，农业生产力大大提高，封建制度进一步加强。众所周知，在任何国家中，铁器的使用都会加速社会进步，西方历史学家称铁器为"民主金属"是不无道理的。此外，耕牛的使用也为农业生产进步提供了便利条件。如果从中国文明的具体过程来看，从夏殷两代奴隶制度的古代国家到西周之后的封建帝国，一直保持大一统的局面，当然其中也多次经历了诸侯割据的历史局面，但其主流是大一统的。这就是从"天下"到民族国家的建立，是完全合乎规律的。

社会形态向着封建社会发展，土地制度的改革必不可免。旧的井田制度被迫停止，从战国到两汉，中国封建制度终于大成，中国成为东方最大的封建帝国。唐宋时期之后，中国的封建制度已经发展到顶峰，农业为立国之本、工商业为辅的基本国策，科举选才，吏治与法治结合等也已基本定型。如果从世界史来看，直到明代，中国在世界发展中仍然是居于前列的。但在明清时期，西方进入资本主义之后，中国才逐渐落于欧洲之后。

---

① 《孟子·滕文公上》，《诸子集成·孟子正义》，中华书局1954年版，第201–202页。

　　需要说明的是，在漫长的封建社会中，中国的土地制度经历了极为复杂的变迁，秦国商鞅变法的重要内容就是土地制度的改革，商鞅推行的是众多改革方式中的一种，称之为辕田制。这种制度的核心是推动土地私有程度提高。如果从历史来看，公元前数百年前所推行的辕田制度与中国二十世纪后期所进行的农村土地承包制度是大致相同的。今昔对比，如何不令人感慨有加，两千年历史风云，中国农民从来没有真正拥有过私田，即使在个别历史时期中，曾经象征性地有过农民土地私有制，但也无法避免官府与豪强的掠夺，总体来看，土地国有制度在中国一直居于主导地位。这种强大的国家所有制度就是王权专制，是东方封建帝国最有特色之处。这些特点都是不能用西方理论为公式去衡量的，如果只从农民有无私田来衡量，那么历史问题直到今天也不可能得到解决。

　　尼罗河三角洲地区、印度半岛、中国与美洲大陆的自然地理环境完全不同，各有自己的特点。但是，它们又都有一个共同之处，就是它们全都与其他主要文明之间有自然的屏障或是距离遥远，由于高山大海的阻隔，交通不便，外来入侵势力不宜于进入与长久占据。特别是一些游牧民族虽然可能长期在这些大帝国周边生存，但也不能像在美索不达米亚平原上那样纵横驰骋。

　　美洲大陆从第四纪冰期的中期前后，开始了人类活动。一直到16世纪之前，主要是亚洲移民者在这里生存。这些移民们在这里两个最适于农耕的地区——中部美洲与安第斯山区——创造了农耕文明。但是由于文明差异，两个地区所创造的文明可以说是完全不同。安第斯山区秘鲁人创造了举世闻名的印加帝国，这是一个征服了各个小民族与部落的大帝国。从很多方面看，印加帝国是一个发展成熟的国家，特别是在某些方面与亚洲大帝国十分相像。笔者猜测在将来的研究中，人们或许会在某些方面发现它与亚洲文明的更多联系。无论这种预言是否会实现，无可怀疑的是，美洲印加帝国曾经是一种帝国制度，这也是一种在相对独立的环境中发展起来的帝国制度。

但是美洲的墨西哥人却创造了完全不同的文明——阿兹特克文明（La Civilization Azteca）。这种文明有十分辉煌的历史，有文字创造，有发达的城邦，有巨大的宗教建筑。但是直到16世纪西班牙人消灭这一文明之前，他们仍然没有建立起完善的国家统治。正如美国学者乔治·C. 瓦伦特所说：

> 在奇奇梅卡人时代，以及在阿兹特克人时代，政治单位是群体，它建立在同一个村庄或城市的基础上，靠耕种自己的土地为生。虽然一个集团的人口可以达到几千人，村庄可能变成一个城邦，公社土地可能不足以养活人口，但政治组织则没有什么真正的变化。任何首领都没有那种为秘鲁印加人的首领所成功推行的帝国概念。除了秘鲁是唯一的例外，美洲印第安人各群体的做法都是拓殖新的领土，从来不通过征服手段去吞并弱小公社。①

阿兹特克人基本上保持着部族生活特点，政治组织最高机构是部族会议，多至20个部族首领集会研究重要问题，而没有能建立起国家组织。我们不知这是其幸运还是不幸，只知道这些印第安人的文明发展到这一阶段就不再进展。而令人惊奇是，他们所处的自然环境与内外条件与印加帝国并没有根本的区别。文明之谜有时是如此不可思议地神秘，为它提供一个现成的解释并不困难，但要彻底解决它却极不容易。

---

① ［美］乔治·C. 瓦伦特：《阿兹特克文明》，朱伦、徐世澄译，商务印书馆1999年版，第220页。

三、东方封建帝国与文明转型

东方封建帝国的长期统治几乎毫无例外都经历过内外势力的反对，从而形成了新旧朝代的更替。中国古人把这种发展总结成为："天下大势，分久必合，合久必分"。古典小说《三国演义》开篇就这样评说历史："周末七国纷争，并入于秦；及秦灭之后，楚汉纷争，又并于入汉，汉朝高祖斩白蛇而起义，一统天下，后来光武中兴，传至献帝，遂分为三国。"另一部古典名著《水浒传》的开篇也有一首词，这样评论国家兴亡：

> 试看书林隐处，几多俊逸儒流。虚名薄利不关愁，裁冰及剪雪，谈笑看吴钩。评论前王并后帝，分真伪，占据中州，七雄扰扰乱春秋。兴亡如脆柳，身世类虚舟。……

封建大帝国兴盛与衰亡的原因非常复杂，但主要无非是内忧外患。内忧就是国内的反叛与起义，包括诸侯反叛与农民起义。外患就是异族入侵。通常的情况下，这两者是结合在一起的。中国早期王朝中，殷商被西周所灭，西周就是来自中国西北的军事力量，其民族文化与中原民族并不相同。而周代的灭亡则更与异族有关，按郭沫若的说法，周王朝就是被戎狄所灭。戎狄的入侵与国内封建诸侯割据、各自为政，导致了周王朝的终结。汉王朝被来自北方有异族血统的李氏家族统领的军队所推翻，在这一过程中北方少数民族起了重要作用。宋代之后，异族入侵同样是导致改朝换代的重要原因，元朝的蒙古统治者消灭了宋家王朝后，曾经在中国建立了蒙古人世界帝国的大本营，但同样被来自中国南方的农民起义军所推翻。以后的满清统治者从关外进入中原地区，也是借着李自成领导的农民起义推翻明朝的机会，夺取了统治地位。从世界文明进程来看，西方的世界性大帝国罗马帝国之后，欧洲各民族国家建立，原来的蛮

族不复存在，西方文明的一体化基本实现。而被汤因比称为
"西方文明的姊妹"的拜占庭与东正教文明，其实只是跟随在
西方文明之后的。欧洲各国从封建王权国家向资产阶级民族国
家发展，虽然欧洲不同地区文明程度有所不同，但是建立封建
大帝国特别是世界性封建大帝国的企图难以实现。在这种政治
环境中，西方文明突飞猛进，成为世界最发达的文明。

相比之下，东方文明道路却更为曲折，伊斯兰教扩张之后，
东方国家与非洲国家受到极大影响，出现了世界性宗教封建帝
国与各大封建帝国并存的局面。特别是伊斯兰－阿拉伯帝国、
蒙古世界帝国、奥斯曼帝国等，这些大帝国的历史贡献要相对
来看，它们对于东西方文明之间的交流是有过贡献的，这是无
可怀疑的。特别是伊斯兰－阿拉伯帝国的百年翻译运动等，对
于处于中世纪黑暗中的欧洲来说，阿拉伯人对于希腊经典的传
播功不可没。但是，如果从社会文明发展的总体趋势来说，这
些大帝国基本上是有一定游牧文明因素的封建统治，这种统治
对于东方各国民族独立与民主运动极为不利，这些大帝国的宗
教观念和封建主义思想统治与近代文明精神是相悖的。当然，
其他东方专制制度下的封建帝国也与近代民主观念、科学精神
是相对立的。除去几个少数国家外，大多数东方国家几乎都沦
为这些大帝国的附属国。这里我们没有用"殖民地"这一称
呼，因为这一称呼已经成为西方殖民主义运动的专有名词了。
自从波斯帝国灭亡之后，伊斯兰宗教成为东方最有影响的政治
力量，因为伊斯兰教主张政教合一，所以它既是宗教力量也是
政治力量，在国家政治中发挥重要作用。

伊斯兰教的势力早在 8 世纪初期就开始向东方扩张，它进
入中亚地区，以后又进入印度。14 世纪之后，阿拉伯帝国的扩
张为奥斯曼帝国所继续。土耳其是个居于亚洲与欧洲之间、东
方与西方之间的国家，它同时促使伊斯兰教向东南欧洲与亚洲

传播，使得南亚、东南亚全都受到伊斯兰教的控制，阿拉伯大帝国与奥斯曼帝国都是世界大帝国。这一帝国的出现对于民族国家建立有什么影响呢？

我们先看一下美国塞缪尔·亨廷顿的分析：

> 在阿拉伯人和穆斯林中，政治忠诚的结构一般与现代西方正好相反。对于后者来说，民族国家是政治忠诚的顶点，狭义的忠诚从属于它并被归于对民族国家的忠诚。超越了民族国家的群体——语言或宗教社会群体，或者文化，对忠诚和义务的要求则不那么强烈。沿着从范围狭窄到范围较大的实体的连续曲线，西方忠诚往往是在中间达到最高点，而忠诚强度的曲线则在某种程度上呈倒 U 字形。在伊斯兰世界中，忠诚的结构差不多恰恰相反，在伊斯兰的忠诚曲线中，中段是个空缺。恰如艾拉·拉皮德斯所说：有"两种基本的、原始的、持久的忠诚结构"，一方面是对家庭、部族和部落的忠诚；另一方面是对"在更大规模上的文化、宗教和帝国的统一体"的忠诚。①

我们并不同意亨廷顿关于伊斯兰教以家庭与部族为忠诚单位的说法，伊斯兰教作为一种发达的世界宗教与基督教一样既有宗教忠诚，又有民族与国家的忠诚。我们所要说的是另外一种意义，从伊斯兰帝国的历史看，统一大帝国对于民族国家的独立与发展，特别是对于这些国家进入现代文明社会来说，曾经形成一定的障碍。这种阻力正像西方基督教文明对于其他国家的殖民统治所造成的后果是一样的，虽然亨廷顿等西方学者一再强调，西方基督教不同于伊斯兰教，基督教主张政教分离，不会限制民族国家的发展。实际上并非如此，基督教作为一种文

---

① ［美］塞缪尔·亨廷顿：《文明的冲突与世界秩序的重建》，周琪等译，新华出版社 2002 年版，第 189 页。

明，它在殖民活动中所起的作用绝不止是宗教信仰，而不可避免地与政治介入结合在一起，一手拿圣经、一拿剑的基督徒形象是在世界殖民运动史中所树立起来的，不是别人强加于宗教世界的。

我们已经指出，除了世界大帝国的统治之外，东方民族封建帝国自身演变中，受到异族入侵而阻断了文明进程，使其发展停滞不前。东方大国中，只有日本因为地处海岛，才没有受到大陆上的游牧民族的进攻，公元1281年即至元十八年，元军侵入日本壹岐及太阳府，这就是著名的"弘安之役"，结果被日本守军打败。从而使得日本躲过一场大难，没有受到蒙古人的暴政统治。中国在蒙古人统治下，汉人与南人为最下等的社会阶层，不仅低于蒙古人，还低于色目人。公元1337年，元朝廷命省院至路府幕官之长并用蒙古人、色目人，禁止汉人南人学蒙古、色目文字。而这种蒙古文字是元朝才创造出来的，总共不过1000个字。

这不仅是一种民族歧视，而且是一种文化的歧视。世界上的种族歧视有两种，一种是所谓发达种族对于落后种族的歧视，例如罗马人对于欧洲的日耳曼人等蛮族的歧视，美洲大陆上欧洲人对于印第安人、白色人种对于黑色人种的歧视；另一种则相反，是相对落后的文明对于先进文明的歧视与排斥，如印度的莫卧尔人突厥人对于原有印度人的歧视，中国元、清两代对于汉族的歧视。这两种歧视都是不利于社会生产力发展与文明程度提高的。满清三百年统治期间，长期实行这种种族歧视政策，不但压迫汉族，连同中华其他各民族都受到压制，满族与蒙古族自古都是中华民族的重要组成，这种民族歧视大大伤害了民族感情，贻误国家发展。邹容名著《革命军》中有一段关于清代中国政治机构的论述，给世人以深刻记忆："满洲人之在中国，不过十八行省中之一最小部分耳，而其官于朝野者，则以一最小部分，故十八行省而有余。今试以京官满汉缺额观之，自大学士尚书侍郎满汉二缺平列外，如内阁衙门，则满学士六，汉学士四，满蒙侍读学士六，汉军汉侍读学士二，满侍读十二，汉侍读二，满蒙中书九十四，汉中书三十。又如六部衙门，则满郎中员主事缺额约四百名，吏部三十余，户部百余，礼部三十余，兵部四十，刑部七十余，工部八十余，其余各部堂主事，皆满人，无一汉人。而汉郎中员外主事缺额不过一百六十二名，每季晋绅录中，于职官总目下，只标出汉郎中员外主事若干人，……而府道实缺又多由六部司员外放，何怪满人之为道府者，布满中国也。若理藩院衙门，则自尚书侍郎迄主事司库，皆满人任之，无一汉人错其间。其余掌院学士宗人府都察院通政司大理寺大常寺太仆寺光禄寺鸿胪寺国子监鑾仪卫诸衙门缺额，未暇细数。要之皆满缺多于汉缺，无一得附平等之义者，是其出仕之途，以汉视满，不啻霄壤云泥之别焉。……向使嘉、道、咸、同以来，其手奏中兴之绩者，非出自汉人之手，则各省督抚府道之实缺，其不为满人攫也几希矣。又使非军兴以来，杂以保举军功捐纳，以争各部满司员之权利，则汉人几绝于仕途矣。至于科举清要之选，虽汉人居十之七八，然主事则多额外，翰林则益清贫，补缺于登天，开坊类乎超海，不过设法虚縻之，以戢其异心。又多设各省主考学政及州县教官等职，俾以无用之人，治无用之事而已。”

这是入关已经三百年的满清王朝，世界文明史上政治歧视之深重，有过于此者乎？

这并不是作者所说的“天演之公例”，只是民族压迫的一种普遍现象，东方国家印度在受到外来民族莫卧儿人统治时，其情况更令人触目惊心，从1526年莫卧儿人入主印度起，到1761年莫卧儿垮台，二百年间实行的曼萨卜达尔制度，政府主要成员都是外国人，有人从《阿克巴例则》中分析，70%的人员来自西北印度以外，只有30%的印度人，在这些印度人中，穆斯林与印度教徒各占一半左右。这种情况以后并没有大的改变，17世纪之后的印度仍然是外国人统治印度人。所以有的西方历史学家竟然说：印度已经习惯于让外国人统治，不同的只是外国人的变换！其实完全不是这样，只是印度人处于被统治和被殖民的地位，他们的才干被压制，无法得到表现。所以，并不是人种，重要的是人的思想观念的不同。

对于整个东方，16世纪之后，也就是近代以来，由游牧或是半农半牧的民族入侵所形成的封建大帝国建立，使古老的东方文明严重受损，其封建专制制度统治阻断了社会经济的现代化进程，科学技术落后，民主与法制进程缓慢，从而延缓了东方文明的发展。有一个数字很能说明问题：1750年即中国清代的乾隆十五年，当年世界制造业生产值中，中国占32.8%，印度占24.5%，西方仅占17.2%左右。经过"乾隆盛世"等统治，到1830年道光十年，西方已经达到31.1%，而中国下降到29.8%；以后的变化就更令人惊讶，到1900年，西方已经上升到77.4%，中国下降到6.2%。如此大的变化，除了文明的整体差异之外，其他原因很难说明。

而这一历史时期正是西方现代化与全球化的重要时代，世界文明史上，发展机遇千载难逢，往往失之毫厘，差之千里。

以上是我们对于农业文明时代东西方文明发展主流的分析，随着17世纪的到来，人类文明的新阶段——工业文明时代——翩然而至，在这一新的时代中，世界文明关系演变更加复杂，旧有的宗教与民族布局大为改变，东西方文明关系也揭开新的一页。

第九章　工业文明与现代社会
（17世纪至20世纪中期）

一、工业文明时代的降临

1. "工业文明"的名与实

在本书第三章二"比较文明的历史形态"中，我们划分了五种历史形态。关于第一种形态——世界古代文明与第二种形态世界经典文明，我们在以上两章中分别研究了其社会生产与制度的具体内容。第三种形态是17至18世纪的近代文明交流，第四种形态是19世纪到20世纪的现代科技文明，第五种形态是21世纪的多元文明。这后三种历史形态的社会实践形式就是工业文明，所以在本章中，我们按照工业化的进程来研究这一历史大潮的起伏演变，提示上述三种历史形态之间的联系。

从16世纪（如果按马克思的说法，则是从15世纪后30年）起，工业化大生产在欧洲启动，到20世纪中期第二次世界大战结束，大工业已经成为世界生产的主流，社会生活各方面无不受其影响产生深刻变化。这是一种从新石器时代以来从未有过的重要社会经济文化变革，关于它的命名也五花八门，说法不一。有称之为"工业革命"的、有称之为"工业社会"的，也有称为"工业化"的，不一而足。在这些称呼背后，更有各式各样的理解。所以，在研究这一历史时代时，正名是完全必要的。

中国古代公孙龙子曾经说过："其正者，正其所实也。正其所实，正其名也。"所谓"正名"的意义并不在命名本身，甚至也不是定义所能概括的，它的目的在于澄清历史事实，从中掌握这一历史时代的主要特征，无论是综合性的，还是某一方面的，都要能反映这一时代的主体意识与叙事风格。这样，我们就可以给这一历史时期总体特征与其中的历史事件的命名，这是我们讨论的前提。最常见的这一历史时期及其不同阶段主要有以下几种说法：

1. 革命论：如工业革命、产业革命等，以革命作为这一阶段的核心概念。

2. 社会论：如工业社会，也包括工业化等。与此相关的有"后工业化社会"概念。特别是德国法兰克福学派还采用了"技术社会"、"技术理性"等概念，这些概念中，有的我们将在有关科技文明的部分中讨论，但它与本章所研究的工业化社会有密切关系。

3. 文明论：如"工商业文明"、"工业文明"、"后工业文明"等等。

4. 现代化与全球化：把 16 世纪看成是早期现代化或是早期全球化，把以后的过程看成全球化与现代化的过程。并且与这一历史阶段相区别，产生了"后现代"等概念。为了不使讨论趋于琐碎，我们集中讨论中心概念，并不一一罗列所有相关概念。

"革命"这个词的本义是社会的决定性的激烈变革，在汉语中更有另一层意义，就是实行变革以改变天命，《中国古代的"汤武革命"，就是指殷周之际社会的大变革。法国历史上的 1789 年革命也是一种社会大变革，称之为革命都是无可非议的。但革命还带有一定时间内的剧烈变动的意义。国内外学者都已经指出，较早地提出"工业革命"（Industrial Revolution）一词的是英国历史学家亚瑟·扬（Arthur Young），工业革命也就是产业革命。但是真正使得工业革命变得普及起来的是另一位历史学家汤因比的著作《英国十八世纪产业革命》（1884，伦敦）一书，当然，这里我们也不能忽略法国人保尔·芒图（Paul Mantoux）的那本《十八世纪产业革命——英国近代大工业初期的概况》（LA Révolution Industrielle Au ⅩⅧ Stécle，1906，巴黎），这本书在学术界的影响并不比汤因比小。对于"工业革命"的内容，不能不提到法国经济学家布朗基（Adolphe Blanqui）的说法，他认为英国工业化产生的影响其实与法国革命相似，都是一种根本性的变革，不过一个是在经济领域，一个是在政治领域。从以上观点可以看出，这种说法是有缺陷的。经济中的变革与政治革命是不同的，欧洲工业化的过程长达几个世纪，而且是一个渐进的发展，用革命来表达确有不当之处。正像恩格斯在《1845 年英国工人阶级状况》一书中关于英国工业化的界定中指出的那样，这只是一种形象的说法。

关于"工业化"与"工业社会"的说法，可以说是比较切实地说明了近代社会中的重要变化。这一说法是从马克思到西方马克思主义者的主要观念，特别是法兰克福学派的马尔库塞、哈贝马斯等学者关于工业社会与后工业社会、技术理性与现代性批判等观念，都可以划入这一范围之中。马尔库塞的《当代工业社会的攻击性》与哈贝马斯的论著中，对于工业化社会中，社会制度与生产力之间的关系进行了深入的研究，认为资本主义特别是后期资本主义发展中的科学与技术的结合，改变了传统社会的机制，工业与科技不只是一种生产力，而且成为社会意识形态的一个组成部分，改变了人类理性，使得社会发展模式也产生变化。哈贝马斯还认为：

> 资本主义的生产方式，正如马克思和熊彼得都以自己的方式所建议的那样，可以被理解成为这样一种机制，这种机制能够保证目的理性活动的子系统不断发展，从而动

摇了（传统社会的）制度框架在生产力面前的传统的"优越性"。在世界史上，资本主义是第一个把自行调节的经济增长（机制）加以制度化的生产方式。也就是说，资本主义首先创立了工业化主义（Industrialismus），然后工业化主义才能够从资本主义的制度框架中摆脱出来，并且才能够以私人的形式被固定在不同于资本主义价值增值的机制上。①

这里，我们要注意到哈贝马斯所说到的四个不同层次：生产方式（工业化）——人类理性（主要指新理性即技术理性）——社会制度（资本主义）——文明形态（工业化主义）。我们再看丹尼尔·贝尔的那段名言：

工业社会，由于生产商品，它的主要任务是对付制作的世界。这个世界变得技术化，理性化了。机器主宰着一切，生活的节奏由机器调节。时间是有年月顺序的、机械式的，由钟表的刻度均匀地隔开。能源利用取代了人的体力，大大提高了生产率。以此为基础的标准产品大批量的生产便成为工业社会的标记。能源与机器的使用改变了工作的性质。技术被分解成简单的操作步骤。……这是一个协作的世界，人、材料、市场，为了生产和分配商品而紧密结合在一起。②

理性精神，是人类文明的主体核心，它的变化就是文明形态的深层变化。最早指出这一变化的仍然是马克思，他用了大家非常熟悉的"异化"，这是研究工业社会的关键词。另外一位指

---

① ［德］哈贝马斯：《作为"意识形态"的技术与科学》，李黎、郭官义译，学林出版社1999年版，第53页。

② ［美］丹尼尔·贝尔：《资本主义文化矛盾》，赵一凡等译，三联书店1988年版，第198页。

出工业化与理性关系的则是马克斯·韦伯，不过他的说法恰恰相反，韦伯从工业化中看到的是资产阶级的理性王国的胜利，是一种"以严格的核算为基础而理性化的"的经济生产。这正是立场不同，所见殊异，虽则如此，韦伯对于工业化社会的理解却正与马克思有相近之处，而与法兰克福学派相距就远得多了，虽然也有人的看法与此相反。

异化 alienation 这个词起源于英语，以后才译成德语。这个词的本义是指商品生产者通过市场把产品作为商品进行交换，这样，商品就不再是生产者自然构成，而是对于主体的客体的存在。马克思早就认为，工业是现代政治与经济研究的中心，而工业社会劳动的主要特点就是异化劳动。劳动者生产的财富越多，他的产品的力量和数量越大，他就越贫穷。劳动者创造的商品越多，也就越变成廉价的劳动力。人类社会中的私有财产其实正是来源于异化的劳动。那么，为什么只有工业化社会中的异化劳动才可能形成一种社会文明的颠覆？马克思也曾关注过这个问题，他曾有一个著名的例子：古罗马社会中就已经存在的阶级对立关系与资本主义社会中有什么不同？他说过："这种对立即使没有私有财产的进一步的运动，也能以最初的形式表现出来，如在古罗马、土耳其等等地方那样。"[①] 这一分析表明，马克思正是把奴隶制度下的劳动关系与工业化社会的劳动关系区分开来，用一种历史主义的观念来看待工业社会劳动。罗马社会中的劳动关系与资本主义是不同的，工业生产必然产生它这个时代的社会制度与精神领域的革命。马克思说："诚然，我们从国民经济学得到作为私有财产运动之结果的外化的劳动（外化的生命）这一概念。但是对这一概念的分析表

---

① 《马克思恩格斯全集》第42卷，人民出版社1979年版，第117页。

明，与其说私有财产表现为外化的劳动的根据和原因，还不如说它是外化的劳动的结果，正像神灵原先不是人类理性迷误的原因，而是人类理性迷误的结果一样。后来，这种关系就变成相互作用的关系。"①

有意思的是，意识形态中的"解释的循环"几乎成了历史中最常见的现象。马克思本人与法兰克福学者对于工业化社会中理性与自我的看法并不完全相符。马克思注重的是工业作为"人的本质力量的打开了的书本"，是现代社会的心理学。马克思寄希望于大工业社会最后进入共产主义，消灭异化劳动，达到人类精神与肉体的彻底解放。马克思是看到了人类理性包括科学技术与工业生产相结合的光明前景的，而法兰克福学派则对于技术理性所造成的人类感性压抑忧虑重重。马克思把工业社会看成人类社会发展中的一个特定阶段，这个社会的非理性化也不过是从罗马时代就已经存在的劳动关系的表现的形式，而对于哈贝马斯等人来说，这个社会已经是技术理性的时代。

无论我们是否赞同哈贝马斯把工业化的生产看成是一种"主义"，可以肯定的是，工业化不同于传统社会之处在于它是一种全面的文化转型，如同最初的农业社会所起的作用一样，它带来的是一种全面的变革，其中不可忽略的是精神变革的内容。当然，我们也必须声明，对于工业社会的理性因素，我们仍然要有一个更为客观的看法，不可盲目依从。理性，在当代工业社会或是后工业社会中依然存在，并没有产生"理性的毁灭"，也不会如马尔库塞所说成为社会的压抑力量。其中最重要的原因就正在于：工业文明大于工业生产本身的意义。如果从世界文明史来看，工业文明是农业文明的继续，它的意识形

①《马克思恩格斯全集》第 42 卷，人民出版社 1979 年版，第 100 页。

态包括宗教信仰、人文信仰，和技术与科学同人类文明的所有非物质遗产一样是可继承的，恰恰只是农业文明时代所有精神的延伸。我们的一切都来自农业文明，尽管工业文明创造了一个与自然界相对的商品世界，但是这个世界不可能脱离自然，我们所用以创造的一切仍然来于自然。可以说，工业文明是人类社会文明中的一个新阶段，它是一个历史阶段而不是没有"历史"的阶段，更不是世界末日。

这是我们使用"工业文明"这一名称的主要原因。

需要说明的是，笔者在本书中与其他一些论著中交替使用"工业社会"、"工商业文明"、"工业文明"、"后工业化社会"与"后工业文明"等概念。这是因为这些概念之间虽然有相当多的重合部分，但是其中的差异仍不能忽略，所以我们在不同场合分别使用不同概念。文明构成因素中，思维方式与理性、社会制度与生产都是社会的构成因素，在这一层次上是可以认同的。另一方面，在相应场合区分两者，从文明发展阶段与文明的内容方面，工业文明显然比起一般的"工业化社会生产"概念要更为广阔，具有更丰富的内涵。社会，这里更多是指社会经济，特别是社会生产方式。笔者在使用文明概念时，则是对于民族文化形态与思维方式、精神信仰的强调。在工业文明各阶段，信仰与思维的民族性比起工业化社会这个概念显得更清楚，更能全面表达文明的所指，社会经济并不能取代社会文明。比如，工业化会使美洲印第安人处于一个工业品与商品的社会环境中，但是工业化不可能全部改变印第人的文明传统。在这里，印第安人的文明就不是工业化所能包括于其中的。

所以，笔者主张以工业文明来说明工业化社会所引起的历史时代变化，并且用工业文明来概括这一时代的特色。但是，工业文明只是一个大的历史时代的总概括，从具体的历史时代来说，世界从农牧文明之后，经历了东方封建工商业文明与欧洲工商业文明的分裂阶段。从中世纪起，欧洲就已经逐步形成了以后现代化工业的前身，采邑制度实行以后，庄园经济与城市化同时并进，城市自治保障了商人的人身权利，促进了西欧工商业经济的发达，培育了欧洲的自由平等博爱的资产阶级精神。这就开始了人类历史上最大的一次文明转型，农牧文明被工业文明所取代，西欧 10－15 世纪的工商勃兴，就是这一文明转型的真正转折点。这一转折引发了以后的英国工业革命与法国大革命，世界进入了现代社会。

也就是说，当我们使用工业化与工业文明时，意义是不同的。工业社会是指社会经济发展，而工业文明则由全部社会文明构成。

2. 世界历史的形成与文明转型

工业文明还有一种历史时代的视域，工业文明也就是人们通常意义上所谓现代社会或更准确地说是现代文明。在世界文明史上，这是人类社会的第三次最重要的革命，第一次起于中石器时代的渔猎生产，人类发明了弓箭，围猎动物，保证了人类生存。第二次是新石器时代的农业革命，人类培育了农作物，驯养家畜，解决了人类衣食住行的基本需求，创造了人类文明的不同类型。工业革命的意义在于它使人类基本可以脱离自然的控制，当然这里并不是完全，因为从根本的意义上来说，人类是自然之子。我们居住在地球之上，我们不可能脱离宇宙，也就不可能脱离自然。工业社会所引起的变化使人类改变了"日出而作，日暮而息"的农耕生活状态，从根本上改变了人类的价值与道德观念，一个新的世界与行为方式形成，人们称之为现代文明。16 世纪是人类社会历史上的一个重要转折时期，在世界史上，它担当了从古代世界向近代世界转折的重任，这一转折的意义体现在社会生产与经济中，它被人们看成是工业文明时代的开始。当然，关于这一转折有多种多样的理解，也有的学者把它称为"欧洲世界经济体"。

为什么是 16 世纪？这个世纪发生了什么？第一种看法是，欧洲出现了一个"世界经济体"，这是备受推崇的西方学者费尔南·布罗代尔等人的看法，在古代希腊文明产生的地中海地区，产生了一个发达的经济共同体，这个经济体是以国家为主要观念，却恰恰是超越国家范围（这里主要指民族国家）的新生经济共同体。当代美国学者伊曼纽尔·沃勒斯坦说：

> 15 世纪末 16 世纪初，一个我们所说的欧洲世界经济体产生了。它不是一个帝国，尽管它像一个大帝国那样幅员辽阔，并带有其某些特征。它却是不同的，又是崭新的。这是世界上前所未有的一种社会体系，而且这正是现代世界体系与众不同的特点。它有异于帝国、城邦和民族国家。因为它不是一个政治实体，而是一个经济实体。①

沃勒斯坦称之为"资本主义农业与欧洲世界经济体"的诞生，并且认为这一团体产生世界性影响，开始了一个现代世界体系的时代。我们不知道这位美国学者是否从马克思《资本论》中获得灵感，以下的看法却与此有密切联系。

第二种看法是，15 世纪后 30 年到 16 世纪初，欧洲发生了世界性的产业革命，也就是工业革命，马克思《资本论》中说：

> 为资本主义生产方式创立基础的革命的前奏曲，是开演于十五世纪最后三十余年及十六世纪最初十数年间。封建家臣（如杰姆斯·斯杜亚 Sir James Steuart 所适当描写的，他们"到处无用地充满着房屋和城堡"）的解体，把

---

① ［美］伊曼纽尔·沃勒斯坦：《现代世界体系》第一卷，尤来寅等译，高等教育出版社1998年版，第12页。

> 大群解放了的无产者，投到劳动市场上来。王权——它自身也是资产阶级发展的一个产物——为要追求绝对的主权，虽曾强制地加速这种封建家臣团的分解，但绝不是这种分解的唯一原因。大封建领主对于王权和议会作最坚决的反抗时，因为曾经强暴地把农民（对于土地，他们和封建领主有同样的封建权利）从土地驱逐出来，掠夺去他们的公共土地，也许还由此造出了无从比较的更多数的无产者。这种剥夺在英国所受的直接刺激，就是佛兰德羊毛制造业的勃兴，及与此相伴的羊毛价格的昂贵。旧封建贵族，已经由大封建战争消灭了。新兴的贵族，已经是他们时代的儿子；在他们看来，货币是一切权力中的权力。所以，他们的格言是把耕地转化为牧羊场。①

很明显，马克思是从政治经济学角度观察当时的变革，这一变革的实质是资本主义生产方式的产生，农民土地被夺取，资本主义工业化生产特别是英国当时的纺织业急速发展，马克思重点强调了"货币经济"与"市场经济"这种新的经济形态的产生。一定程度上，马克思所说的资本主义生产方式与沃勒斯坦所说的资本主义经济共同体，是从不同角度来观察这同一历史时期巨大变化的，是对同一历史现象的不同观察与理解。

笔者认为，以上两种理解可以说是完全一致的，只是观察角度不同而已。沃勒斯坦也是一个马克思主义者，他的理论基础仍然是来自马克思主义。就社会经济分析的方法与观念而言，从 19 世纪到今天，无论赞同与否，马克思主义都是最有权威性的学说之一，研究资本主义的著作中，《资本论》仍是无与伦比的巨著。同时，笔者也主张形成新的观察角度，即从世界文

---

① 马克思：《资本论》第一卷，郭大力、王亚南译，人民出版社1953 年版，第 907 页。

明角度来看待这一历史时期的变革。从16世纪起，一种影响以后5个世纪的新文明开始成为世界文明的主要形态，这就是近代工业文明。工业生产在欧洲发达国家逐步取代农业生产的统治地位，成为国家经济的主要构成。这一文明经历了2个多世纪的发展，在18世纪形成了更为宏大的"产业革命"浪潮，终于遍及全世界。到了20世纪，世界绝大多数国家都已经处于工业社会的冲击之下。事实上，这种变化并不只是工业生产的进步，因为所谓工业，如果包括手工业、家庭工业等，其实也是人类最古老的生产活动，最早的石器加工就是以后工业的起源，弓箭渔网等劳动工具的制造就是现代重工业的前身，因为机械工业等现代工业的主要产品也就是生产工具。所以工业化并不是工业的出现，而另有意义。

从文明本位而言，16－20世纪的工业化造成了人类社会生产、社会制度与机构及精神活动方式的一种变化，它是从物质到精神的一种渐变，使人类社会经历了从渔猎社会、农牧社会到工业化社会的变革。这种变革的主要特征之一就是生产与社会制度的关联，如果说渔猎生产的社会以原始社会为主，以后的农牧业社会以奴隶和封建社会为主，那么工业化时代出现的资本主义社会与社会主义社会等社会形式，则是这个时代的产物。由于生产引起社会制度的变革，这是自农业牧业之后最重要的现象，前所未有，由于社会制度的变革而产生整个文明结构的转换，所以，这就是工业文明时代的文明模式与形态的转换。当然，这里并不存在完全的对位与对应关系，工业化时代的世界上，处于封建社会甚至原始社会阶段的民族都可能存在，只是不占主要地位了。

但是，正如笔者上文所强调，文明的转型虽然在16世纪实现，但它的起源却是在中世纪后期到文艺复兴的西欧工商业兴起，特别是10世纪到15世纪，经历了采邑制度、庄园经济与城市化，从西欧早期的威尼斯商人到以后的佛罗伦萨毛纺织业的突起，北欧汉萨商业联盟形成，直到欧洲民族国家建立。西欧从罗马人的农业经济变成了以工商业经济领先的世界上经济相对发达的地区。传统中的丝绸之路从东方向西欧运送大量手工业品与农产品，现在相反，西欧成为了技术发达的国家，工业产品销往世界各地。工商业经济形成使得商人成为国家有地位的阶层，世界上从没有其他国家中有商人担任政治要职的历史被改变。工商经济所产生的新的意识形态——资产阶级的自由平等观念有力地冲击着封建思想。这种经济与观念，为以后的英国工业革命与法国大革命提供了条件。16 世纪之后，大工业生产兴起，最终完成了世界文明发展的历史性转化。

称其为文明形态转换的另一个重要标志是"世界文明"的实现，所谓"世界文明"就是世界文明的整体性与体系性，是文明共同体之间作用机制的形成。

文明史上的不同阶段中，不同文明共同体之间的联系方式与密切程度也大相径庭。古代部族的交往早自渔猎生产时代就已经存在，就是以后一度中断的美洲文明与亚洲文明关系，其实在新石器之前可能就已经存在。欧洲与亚洲之间的交流在农业文明时代的基本发展趋势是从弱到强，中世纪之后交往更加频繁。但是工业化时代的文明交往与以前的文明交往有相同的方面也有不同之处。工业化生产本身就是世界化，工业生产所需要的劳动力与市场使得它必须以开拓海外市场为目标，这是形成文明关系的主要推动力。欧洲的工业化是从对世界异己文明的掠夺开始的，所以，海外冒险、殖民地开拓与奴隶贩运、世界市场争夺是工业化必不可少的、联结紧密的三部曲，欧美工业化国家无一例外，全都全身心地投入其中。从其行为来分析，当然是利润与利益的追求。但从另一方面来看，这就是工业文明的特色，工业文明从产生起就决定了它是一种世界文明，一种国际性的文明实现模式。它与农牧业文明的封建制度、本土主义与民族主义观念是绝然不同的。

　　这里我们不能不说到16世纪的海上大交通，16世纪成为世界历史书写之始，真正的原因仍然在于美洲的发现与非洲南部的殖民化，这种殖民主义扩张一直延伸到中国南海与印度洋。最有象征性的是中国广东省近在咫尺的两个小岛——香港与澳门——成为地理大发现的终结点。西方列强从两条航线来到南中国海，一条是通过南非的好望角，入印度洋到达东方，另一条是横渡大西洋，经过麦哲伦海峡，进入太平洋，然后再到亚洲。这样，西方与东方相聚首，会合于此。这是世界历史书写的科学根据，在此之前，东西方之间没有直接交往，不可能形成世界历史的观念。

　　这样的名言曾经被用来说明工业化的世界历史：世界史并不是过去一直存在的，作为世界史的历史是结果。工业文明之前，世界是自然存在的，没有能真正形成世界史，各个文明是独立存在的。这并不是说它们之间互相隔绝，希腊历史学家希罗多德与以后的托勒密都有世界的观念，但是他们并没有世界历史，对于希罗多德们来说，东方不过是所谓的“斯基泰人”的野蛮种族而已。司马迁也已经明白，世界并不只是中国。但是“大秦”与“犁轩”也只是神秘国土。就是莱布尼茨时代关于中国的理解，也只有少数亲自到过中国的传教士们有亲身经历。中国的伏羲、老子和孔子，对于伏尔泰等一代杰出思想家来说依然费解，何况对于一般欧洲人来说，则更是“忽闻海外有仙山，山在虚无缥渺间”。

　　罗马帝国、蒙古帝国、阿拉伯帝国等都自认为是世界大帝国，但这种“世界”只是理念中的世界，是政治与军事统治的世界，或是加上丝绸之路所形成的商业世界，世界不是一个整体，因为世界没有一种文明本位，一种文明一体化的支撑。人类不能从理性上认识世界文明的同一性，连人类自身的类特性都不能认识。工业化时代的世界不再是海外异国的寻觅，而是世界公民对于世界的理解，这种理解是与我们每个人的生存息息相关的。马克思说："大工业通过普遍的竞争迫使所有个人的全部精力处于高度紧张状态。……它首次开创了世界史，因为它使每个文明国家以及这些国家中的每一个人的需要的满足都依赖于整个世界，因为它消灭了各国以往自然形成的闭关自守的状态。"①世界，因工业文明时代的到来而联为一体，原有的各古老文明因此不复在孤立状态下存在，而是在工业化进程中发展出互动一体的文明关系。英国人类学家马林诺夫斯基早在上个世纪 30 年代就曾经描绘出一幅非洲在文明变革中的图画：

> 一个乘坐帝国航班的飞机向非洲内陆飞去的旅客在行途中几乎可以得到对这个大陆文化形态的鸟瞰。当你跟着作为世界最古文明之一的界石的尼罗河这条蓝色缎带向大陆的心脏前进时，你在尼罗河上游接触到黑非洲的最初一瞬时，看到了尚未受到欧洲丝毫影响的旧式圆形的村落，土人们穿着他们老式的衣服——或者光着身子——来往在以牛棚为中心的周围，每个聚集点明显的孤立状态，呈现出几乎与世隔绝的一片沼泽地带——这一切至少给人一种没有被惊动的非洲的表面印象，无疑地在这里我们还能找到非洲原有文化的一个广阔的根据地。
>
> 当飞机掠过尼罗人和班图人的边界，很明显地我们正进入一个变化中的非洲。在 Baganda 人中，一座座新造的，方形的，按欧洲式建筑的房屋，即使在天空里向下看，也

---

① 《马克思恩格斯选集》第 1 卷，人民出版社 1995 年版，第 114页。

能见到土人们的服饰和装饰品都带着曼彻斯特和伯明罕的味道。道路和教堂，汽车和卡车宣示了我们已进入了一个变动中的世界，两个不同的因素正在合在一起产生着一种新型的文化，分别属于欧洲和非洲，但并不是单纯地属于任何一方的复本。当飞机降落在 Kisumu 我们到达了一个产金的小镇。部分看来几乎像是欧洲式的，有些街道使我们想起印度。……

在 Nairobi，我们进入了一个非洲的土人和物资处于既是主人又是无音配角地位的世界。受着欧洲式的行政大楼、银行、教堂和商店的控制。白种居民生活在这个表面上非洲没有染指的世界里。但实际上是建立在非洲基础上的。当地流行的把非洲东部高原称为"白种人的地方"，是一个不切合实际的说法。东非洲的欧洲文化虽然是从欧洲输入的，但已经适应了非洲当地的物质条件，依赖于非洲的人文环境。

"不论坐飞机、火车或汽车，我们在这里一路上遇到了这个三分法——传统的非洲，输入的欧洲和两者结合在一起的文化。你进入土人的保留地，仍能听到非洲的音乐，看到非洲的舞蹈和仪式，遇见说非洲语言，穿着非洲服式，不懂得任何欧洲语言，完全按古老的部落生活的过日子的人们。

离得不远，在一个外来定居者的平房里或是小小的欧洲人聚居区里，你就能在短波收音机里听到英国的音乐和享受像 Alabama Baby 和 Coon 等那样的纯粹欧洲曲调，你能读到最近出版的 Tatler 或 Sketch 杂志，享受关于当地或国外的体育或英政党争论的议论。在这个世界里，非洲人只能影子般的出现，作为端送酒盘的侍者，从远处传来黑人农场上的歌唱。不然，欧洲人完全可以忘记当地还有非洲人的生活。不时流传一些劳动纠纷、官场轶事、教堂流言，引起在职者的关注，但并不引起对土人生活本身的兴趣。

即使仅从表面上看去，也能明白变动中的非洲文化不是一个完整一体的对象，而存在着三个方面。我们几乎可以用一支粉笔在非洲的地图上画出不同的区域来：占优势的欧洲人地区，真正的非洲人地区和正在变动的地区。①

古老的非洲文明已经被完全摧毁。从这个意义来说，工业化就是世界一体化的动因，世界的工业文明导致民族文明的变形是无可怀疑的，虽然这种变形还不能说是完全毁灭。

文明改变方式大致有三种：一种是文明毁灭，即一种文明被外来文明或本文明自身因素与环境因素所消灭，曾经显赫一时的亚述文明竟然踪迹全无，这就是一种文明的毁灭。另一种是改型，就是一种文明受到其他文明的影响而产生文明性质的改变，这种改变在世界文明中也存在，两种或以上文明相混合的方式最为多见。第三种是文明变形，一种原生的文明会因为外力或环境影响而被强迫转换形态，但这种转换是不彻底的，本文明自身的性质被改换而蒙上了明显的外来文明的特色，成为外来文明的亚种。我们称其为文明变形，殖民地国家中，一些原有文明的变形是令人痛苦的。

其实我们还可以画出整个世界的工业文明图景，在世界地图上把它展现出来。如果我们在 20 世纪 30 年代从空中鸟瞰世界，从伦敦过英吉利海峡飞过欧洲，从塞纳河到易北河，英、法、德、比利时、意大利等西欧、南欧甚至北欧地区已经基本

---

① Bronislow Malinowski, *The Dymamics of Culture Change: An Inquiry into Race Relations in Afraca*, Yale University Press, 1945, pp. 9 – 11. 此处参考了费孝通译文。

形成了一大片工业区，也是一个经济联合体的雏形。向东来到东欧，广阔的东欧大平原上，从波兰的华沙到俄罗斯的第聂伯河上，巨大的工厂烟囱甚至超过了德国克虏伯钢厂。国际列车在整个欧洲甚至直到远东通行，从彼得一世时代就树立了欧洲化目标的俄国，现在已经是欧洲不可或缺的一个构成部分。再向东飞过日本，东京、大阪、横滨一带也早已是一派西化风光，法国与德国文化取代了儒学与佛教，成为日本人推崇的对象。日本文明的转型最为剧烈，成为东西方文明交汇的一个典型。

如果飞临北美洲上空，你会看到欧洲式的教堂，学校星罗棋布于昔日印第安人的土地之上，而这片土地上的原始民几乎难以寻觅。大洋深处，孤岛一般的澳洲与新西兰，在20世纪也已经挤进了发达国家的行列，这些地方已经成为欧洲人的天下，原住民们如同非洲的当地人一样，"像影子一般存在"。这里处于文明交替地区，工业文明对于原有文明的替代是除旧布新式的。当然，这种变革处于长期反复之中，民族文明的复兴以后又反复出现。

亚洲历来处于文明发展的中间地带，最古老的文明在这里坚守，同时最发达的文明也首先在这里得到反映，除了日本之外，南亚的印度经过英国人的长期统治，虽然工业化的步伐并不算快，但加尔各答等一批大城市已经呈现欧洲都市的风格，英国人影响最大的孟加拉地区说英语的青年与欧洲流行歌曲的爱好者们随时在欣赏最新的英国流行音乐。此时的中国虽然处于战乱之中，但是民族工业与国际化程度也还不逊色。上海已经成为国际化大都市，浦东的摩天大楼群丝毫不亚于曼哈顿，2010年的世界博览会区域里万国旗帜飘扬，即使是巴黎、伦敦也难与其比肩而立。苏州、杭州的纺织工业从明清时代已经是世界纺织工业的重要组成部分，从唐代丝绸之路之后，中国丝绸再一次成为不同文明之间交往联系的纽带，不同处在于，正如马克思所指出，中国纺织工业只是世界市场的一个组成部分，不再是世界丝绸的主要供应地了。曾经饱受明清两代封建政府压迫的机器织工，现在用上了机器，纺织方法也是新法，产品通过上海行销欧美各国，巴拿马博览会曾给予中国丝绸名誉奖、金牌奖与银牌奖。21 世纪的前 10 年中，世界各国使用的纺织品中，"中国制造"超过任何一种商业贸易标记。

相对来说，东南亚国家处于比较落后的地步，不过，这里的商业化与工业化进程也已经启动。原本是儒家文明、伊斯兰教文明、印度佛教文明共同分布的亚洲，现在已经被现代工业文明基本控制，原有文明受到空前威胁。

在工业化的进程中，古老文明的命运面临危机，有的文明毁灭了，有的文明被迫变形，以求生存。

3. 资源劫掠与后殖民理论

工业文明时代是在一片欢呼与更多的抗议声中降临的，如同经历了生产痛苦的婴儿。谁是它的母亲？西方学者们如韦伯等人努力想把清教精神等说成是资本主义之母，可惜并没有什么有力的证据。唯一可以说的则是，基督教文明的欧洲大国是工业文明时代的主要受益者，欧洲主要工业强国成为工业化的主要推动者，所以有人把工业化与现代化看成是西方化。到 19 世纪末，最早实现工业化的英国其实本身的工业经济已经衰退，但是它的海外殖民地总面积竟然达到其本土面积的 92 倍，其本土人口只占殖民地人口的 1/8，英国人从殖民地所获得的巨大利润使得英国成为世界上最富有的国家之一，不列颠岛国终于从世界工厂变成了世界殖民地的大地主，这是当年欧洲蛮族们占据不列颠岛时做梦都没有想到的。在工业文明时代，法国也暴富起来，就像法国大作家巴尔扎克的小说《高老头》中的那个暴发户面条商一样，依靠高利贷成为巨富。继之而起的德、意、比利时等国也无不肠肥脑满，成了世界富国。

工业化强国的原始积累其实是从两个方向同时展开的，一个方向是从国内，这是对土地资源的野蛮掠夺，其中最著名的就是英国的圈地运动。另一方向从国外，是对于殖民地国家的侵略与压迫。从十五世纪起，以葡萄牙、西班牙与荷兰等小国为先锋，欧洲各国几乎全都参加了非洲奴隶贩运，古老美洲印第安文明的毁灭，华工在美洲的悲惨遭遇，这都是众所周知的。资本的每个毛孔都充满了血汗。而且整个工业文明的每一步都处于这种状况之中。工业文明的形成从比较文明学角度看，正是西方文明对于东方文明与其他文明的压迫中发展起来的。

最触目惊心的当然是欧洲与美国对于古老非洲与美洲的摧毁性掠夺，使得世界上最古老的文明中相当多的分支灰飞烟灭，荡然无存。而欧洲却获得了大量的黄金，开辟了海外市场，获得了丰富的劳动力与资源，西方工业文明是建立在东方农业文明的白骨堆上的，殖民主者的奴隶贩运就是工业文明的一个副产品，从理论上来说，工业文明发展并不等于殖民主义与帝国主义，但工业文明作为社会生产的性质，其与殖民主义与帝国主义形成、世界性战争之间有相当密切的关联。

中国从宋代就有志海国之书，宋人赵汝适《诸蕃志》中记载海外杂国，其中有一段颇有意义的记载，可以说是最早的黑奴贩卖历史之一。

> 昆仑层期国，在西南海上，连接大海岛，常有大鹏飞蔽日移晷。……西有海岛，多野人，身如黑漆，虬发，诱以食而擒之，转卖与大食国为奴，获价甚厚，托以管钥，谓其无亲属之恋也。[1]

---

[1] ［宋］赵汝适原著，杨博文校释与［意］艾儒略原著，谢方校释《诸蕃志校释·职方外纪校释》，中华书局2000年版，第127页。

赵汝适于宝庆元年（一二二五年）除福建路市舶提举兼权泉州市舶，所述之事应在此前后。比世界性的黑奴贩运大潮要早至少 200 多年。黑人的角色也不无变化，从大食国的"管钥"奴仆一变而为美国密西西比河畔种植园里的奴隶。大食人即阿拉伯人只是偶尔为之的事，在葡萄牙人与西班牙冒险家登陆非洲之后，成为了整个西方世界最重要的事业之一。

1441 年葡萄牙人在西非布朗角抓住了 10 个摩尔人，这些黑人最初被欧洲人看成是"海外怪物"，就如同宋人视其为"野人"一样。但是事情很快发生了大变化，哥伦布发现新大陆后，黑人成了欧洲人最值钱的商品——奴隶——也就是工业化最需要的劳动力。1501 年开始就有第一批黑奴被运到欧洲，到 1890 年布鲁塞尔国际会议上通过反对奴隶贸易总决议书，400 年间非洲黑奴交易使非洲损失人口 2.1 亿。正是黑奴贩运使欧洲与美国在获得巨额利润的同一时期，英国大工业迅猛发展，美国南方种植园经济一跃成为美洲与世界最发达的经济。昔日的野人与怪物，成为了工业文明世界的主要劳动力来源。

而古老的非洲文明在欧美工业化文明的冲击下大步倒退，面临崩溃，一些曾经创造古老文明的民族竟然再次进入非洲丛林之中，过起了渔猎生活。工业文明，这一从欧洲起源的巨大文明，成为了世界文明的新模式，残酷地排挤与摧毁旧有文明，把世界联结成为一个以其为中心的整体。而原有的文明，被迫处于世界的边缘。直到几百年后，20 世纪末期，西方理论家们才"良心发现"般地在所谓"后殖民主义"理论中反思了这一段历史，而且，还有反对者。其中如哈贝马斯等人对于工业化造成的文明毁灭避而不谈，而一些声名狼藉的学者如弗朗西斯·福山（Francis Fukuyama）竟然无耻地为文明灭绝政策辩护，他的《大分裂：人类本性与社会秩序的重建》、《历史的终结与最后的人》等书不过是拾了其老师亨廷顿的牙慧，吹捧资本主义社会为人类社会的终结，西方文明是最伟大的唯一人类文明，殖民主义的暴行不过是人类道德崩溃的表现，而这种现象的产生是人类生物学的必然性。因为人类物质社会的进步必然会产生这种现象。社会进步以消灭落后民族为代价，如果早生半个世纪，福山完全有资格成为希特勒的理论家，他的理论其实是在为希特勒灭绝犹太人与发动世界战争而辩护，只不过他把希特勒的"社会主义"换成了西方文明。他的理论水平可能不如那位德国宣传部长戈倍尔更具有隐蔽性，因为从形而上学思维方面，福山可能还比不上那个德国纳粹党徒。另外，他也不是希特勒所说的"雅利安人种"，这也是一种天然障碍。

不妨再看另一种观点，一个欧洲人，一位基督教的牧师，西班牙人巴托洛梅·德拉斯·卡萨斯神父在《西印度毁灭记》中揭露了欧洲殖民者在美洲大陆犯下的罪行，这是人类文明史上的一部奇书，也是最珍贵的历史资料，其历史意义不下于《旧约》，作者真诚的态度不亚于圣·奥古斯丁的《忏悔录》。作者写道：

> 从 1518 年 4 月 18 日开始入侵新西班牙至 1530 年，整整 12 年间，在墨西哥城及其附近约 450 里格的土地上有四、五个比西班牙更大，更富饶的王国，西班牙人用沾满鲜血的双手和凶狠的利剑不停地进行屠杀和破坏。……12 年来在上述方圆 450 里格的土地上，西班牙人用刀砍、矛刺、火烧等手段共杀戮了 400 万印第安男女老少。在他们被称做征服的时间里，凶残的暴徒的那种不仅被上帝所规诚，而且也被世俗的法律所谴责的野蛮入侵与土耳其人破坏基督教堂的行为毫无二致，甚至有过之而无不及。……他们的罪恶真是惨绝人寰，再大的智慧，再多的时间，再好的文笔也难以述尽。但是，作为抗议和诅咒，我仍要陈述某些地方所发生的暴行，虽然这样做并不足以道尽他们

全部罪行之万一！①

这不是一般的残暴杀戮，而是文明毁灭。这种屠杀如同清军攻克扬州后的屠城，是对于异己民族与文明的野蛮杀戮，只不过印第安人更是毫无抵抗而已。据说西班牙人的队长在杀人时高声唱：

> 尼禄在塔尔佩亚石丘上观望，
> 大火吞噬了罗马城，火海汪洋。
> 老人们苦苦呼救，孩子们呼爹唤娘，
> 而他却无动于衷，好像没有看见一样。

这个殖民主义者的残忍真是令人发指，远过于尼禄屠杀罗马人。倒是使人想起罗马城的另一次劫难，这就是霍诺留统治时期罗马城被哥特人所围困，当罗马人派了西班牙血统的元老巴西里乌斯向哥特人的统帅阿拉里克议和时，提出如果不能议和便要决一死战。这位蛮族首领的确切回答是："干草越密，割起来越方便"。

这位被罗马人看成是野蛮人的统帅，其实比起工业文明时代的欧洲殖民主义者来说要仁慈、宽宏百倍，他只是要罗马人交出城内无论是国家还是私人的金银，所有值钱的东西及财富，两个元老院的大臣问："国王，如果这些东西您全都要，您打算留给我们什么呢？"阿拉里克回答："你们的性命！"但是，西班牙基督徒们却高举屠刀，斩尽杀绝，不但贪婪抢占印第安人的财产土地，连他们的性命也不留下。直到他们的屠杀精疲力竭之后，才将大量奴隶运送回国，他们的目标是毁灭一种文明，这与当年哥特人只是要践踏异己文明并抢掠财富的目的是

---

① ［西］巴托洛梅·德拉斯·卡萨斯：《西印度毁灭述略》，孙家堃译，商务印书馆1997年版，第38页。

不同的。对于殖民者来说，这种非基督教的文明是不可以与这个时代并存的，诛灭这种文明，才可能统治这个大陆。在他们眼里，只有一种文明是普世文明：西方文明。

因此，当 20 世纪的亨廷顿与福山们谈论西方文明时，最好是先读一下卡萨斯神父的书。一切想要了解工业化社会的人，先读一下"新西班牙"史、黑奴贩运史与华工美洲苦难史，这就是世界文明史中字里行间所暗藏的血泪史，工业化短短 500 年间，各民族文明毁灭的总数超过农业社会几千年的数倍，这就是普世文明的史前史。

4. 工业文明与世界战争

"海湾战争是第一场文明之间的战争"，这是摩洛哥著名学者马哈迪·埃尔曼扎拉对于 20 世纪海湾战争的评价，而塞缪尔·亨廷顿则强调，海湾战争只能算是第二场文明之间的战争，第一场文明之间的战争是 1979－1989 年的苏联－阿富汗战争。由于这两场战争都是以一个国家直接入侵另一个国家为开端，然后转变并在很大程度上可以重新定义为文明的战争。"事实上，它们是走向以不同文明集团间的民族冲突和短路战争（Fault Line Wars）为主的时代的过渡战争（Tansition Wars）"。① 他这里所说的"短路战争"是指"不同宗教信仰之间展开的战争"。其实所谓"文明之间的战争"或是"短路"战争都不过是名目翻新而已，并没有什么新的实质性内容。

文明之间的战争早在 2000 多年前已经开始，这就是希腊人与波斯帝国之间的战争，用希罗多德的话来说，这是雅典人与

---

① Sammuel P. Huntington, *Clash of Civilizations and the Remaking of World Order*, Simon & Schuster, New York, 1996, P. 246. 亦可参考周琪等译 [美] 塞缪尔·亨廷顿《文明的冲突与世界秩序的重建》，新华出版社 2002 年中文译本。

异邦人的战争、西方人与东方人的战争。所谓异邦人，就是异于希腊民族的民族与文明，所以称之为文明之间的战争是无可争议的。以后有更为激烈的"不同宗教信仰之间"的战争，同时也是不同的文明之间的战争——十字军战争——更确切地说是一种扩大化了的文明之间的战争。另外还有阿拉伯人、奥斯曼帝国、蒙古帝国等多次与西方主要是基督教民族之间的战争，都可以说是文明之间的战争，宗教信仰是战争的因素之一是无可怀疑的。

我们则要从另一个角度来看世界文明史上一个不可回避的现象——工业文明时代的世界战争。战争，如同人类历史本身一样古老，从人类社会存在就有战争，从最早的部族战争、民族战争与不同国家之间的战争。战争首先是指不同社会群体、不同组织与力量之间的武装斗争形式，战争必须由两方以上的力量构成并且是以人体伤害为手段的行为方式。至于战争的目标与方式可以是多种多样的，具体如土地、金钱、权力与维护精神权益或名誉等，无不是战争的目标。区分战争的标准也很多，如国内战争与国际战争、正义战争与非正义战争、殖民战争、常规战争与核战争、宗教战争……如果从世界历史来看，世界大战与局部战争之间的区分还是明显的。

世界大战，是指世界范围里的不同文明中的主要国家都卷入的国家集团性战争，在这种战争中，双方或多方结成一定的联盟或签订协约，采取共同的互相协作的战争行动，包括攻击与防守行动。我们所提到过的历史上各种群体的战争虽然范围可能都很大，甚至是世界性的大帝国与民族征服战争，但是这种战争一般不称为世界大战。真正的世界大战争其实是一个特指，这就是发生于 20 世纪的第一次世界大战与第二次世界大战。为什么只有 20 世纪才有世界大战？笔者认为，世界大战是工业文明的产物，只有在工业文明时代才可能形成世界大战，事实上也只有在工业文明时代才确实发生了世界大战，根本原因仍然在于这一文明时代为世界大战准备了条件。

战争的原因主要不是工业文明时代不同文明之间的冲突，而是工业文明时代的社会生产，这种社会生产把地球资源变成了世界性的，以地域文明、民族与国家为划分的资源面临世界性利用的矛盾，形成资源的争夺。工业化时代的资源并不只是物质产品，它包括相当丰富的成分。资源有一个最简明的定义，一切有价值或可能创造价值的事物都是资源，主要为自然资源（包括地球与宇宙的一切自然构成，如土地、海洋、石油、矿产、水等，甚至地球与星球的空间都已经成为工业文明所必须争夺的资源），精神资源（人类所创造的一切资源，如科学技术、文化艺术、政治宗教等）与人类资源（作为资源创造者的人类即市场劳动力、科学技术与文化艺术人等各类人才）。这些资源自古就存在，只是在工业化社会中才成为真正的世界资源，比如空间资源的国家领空权，在人类没有飞机等飞行器之前，它基本上没有经济与军事价值。但是，在第二次世界大战中，空中力量成为战争的决定性因素，国家的领空就具有军事价值，成为宝贵资源。直到今天，如果两国之间关系破裂，互不通航甚至不允许通过领空都是极平常的，例如，印度与巴基斯坦之间曾经因为关系紧张，印度航班不允许通过巴的领空，这样印度到许多国家的航线被迫绕道飞行，直到近年来双方关系改善后，印度航班才获准通过巴基斯坦领空。其实从进入工业社会后，世界性的战争就已经在准备之中，欧洲从 16 世纪成为世界经济发展的中心，使欧洲本土的争夺与海外殖民地争夺同时展开，这是欧洲人的世界之争。在欧洲的争夺过程中，日本、美国、加拿大、澳大利亚等后起的工业化国家纷纷加入，形成世界性的战争集团，最终导致世界大战。世界大战，从形式上看是发达国家争霸世界的战争，实质上也是发达文明掠夺不发达文明的战争，是一种混合性的战争。资源争夺、民族宗教与文明差异、意识形态斗争，共同形成了世界大战。

世界大战虽然发生于 20 世纪，但是它的形成却是源远流长。从 16 世纪开始到 19 世纪末同盟国与协约国两大军事集团形成，这是一个现代工业大发展的时期，也是世界大战酝酿的时期。1648 年 10 月，《威斯特伐里亚和约》签订之后，神圣罗马帝国已经名存实亡，欧洲强国各自为政，互相之间战争不断。英国与荷兰之间为争夺海上霸权进行了三次大的战争，到 1764 年两国议和，英国已经成为新一代海上霸主。18 世纪中期的七年战争（1756－1763 年）使得全欧洲卷入了一场混战，英国与普鲁士联合，而法国、奥地利与俄国结为一体，海外殖民地瓜分与霸主地位的争夺，使战争风云远远超出了欧洲范围，美洲、非洲、亚洲的大批国家与民族都牵连其中。法国大革命后，维也纳社会体系只起了一种维持与缓和的作用，欧洲的内部矛盾与世界争霸都没有最后解决，因此，19 世纪末，同盟国与协约国两大军事集团形成，并不是偶然的，而是一种历史的必然，其推动力就是欧洲强国争霸与海外殖民地开拓。

两次世界大战期间，东西方文明关系、工业化强国与殖民地的矛盾交织在了一起。东方文明在这时突现出了两个东方的概念：一个是原奥斯曼帝国为主体的近东文明，一个是中国为主体的远东文明。到 20 世纪之前，非洲、美洲与澳洲已经基本被殖民化，只有欧亚大陆上的古老文明东方文明面临工业化的冲击，存在着毁灭旧文明、重新划分势力范围的机会。两次世界大战如果从东西方文明关系看，是欧美工业化强国与日本侵略"两个东方"即近东与远东国家的战争，而工业化强国之间的纷争只是分配不均引发的内讧。这才是文明冲突的实质，而不是什么儒家、穆斯林世界与基督教世界之间意识形态的对立。我们只要粗略分析一下两次大战期间的主要战争，一切就昭然若揭了。第一次世界大战之前，对于奥斯曼帝国及其统治的近东地区的战争是关键，这是奥斯曼大帝国崩溃之后，欧洲列强瓜分东方殖民地的大战。

俄罗斯与土耳其之间的战争，即俄土战争，从 17 世纪到 19 世纪，共有 9 次大战。其中 1853－1856 年的克里木战争中，英法联军与俄军激战，最后签订《巴黎和约》，土耳其被置于欧洲列强的监视之下。

1875－1876 年土塞（塞尔维亚）战争和俄土战争，俄国与土耳其签订《圣斯特法诺条约》，俄国取得了对于保加利亚的控制权。英国与奥匈对此不满，于是就又在柏林签订了《柏林条约》，重新瓜分保加利亚，兼及波斯尼亚与黑塞哥维那。

1908 年再次出现"波斯尼亚危机"，俄国与奥匈通过协商，俄国同意奥匈兼并波斯尼亚和黑塞哥维那。巴尔干半岛上长期以来因为民族、信仰等方面的不同而纠纷不断，而在这些民族的背后都有不同势力的支持，这些对立积蓄已久，冲突不断，为世界大战以后 20 世纪后期的波黑战争埋下伏笔，人称这一地区为"欧洲火药桶"，究其原因，仍然是不同文明之间的纷争。1914 年，奥匈帝国王储 F·斐迪南在萨拉热窝被刺，欧洲各敌对大国借机宣战，从而引发了第一次世界大战。

第二次世界大战同样与世界列强之间的争霸斗争有直接关系。

如果说第一次世界大战的主要战线是欧洲战线，那么第二次世界大战就有了东西两条主线，东方战线是日本对中国和其他亚洲国家的侵略战争，从 1910 年起，日本就吞并了朝鲜。1931 年 9 月 18 日又发动在中国东北的侵略战争，建立满洲国伪政权。1937 年继续扩大对华战争。1940 年 9 月 23 日，日本侵入印度支那。1941 年 12 月 7 日，日本偷袭珍珠港，次日，美国对日宣战，法国、英国、荷兰、加拿大、澳大利亚、新西兰、古巴等国都向日本宣战。而中国政府也对德国、意大利与日本宣战。12月11日，德国与意大利对美国宣战，太平洋战争开始，这才有了第二次世界大战的全面展开。如果说第一次世界大战与第二次世界大战有什么不同，这就是一个重要的区别：东方的世界化进程加快，东方与西方和世界的关系更加紧密，以致世界大战形成的关键移向了东方，虽然局部的战争早已在西方展开，但如果没有东方战线的形成，就不是真正意义上的世界大战。

时至今日，在多数西方人心目中，二次大战仍然是以西方战线为主的，如果不是日本人偷袭珍珠港等战争行为，美国与欧洲还不会立即对日本宣战，欧洲与美洲不会为了东方而轻易对日本作战的。虽然如此，西方战线上的胜利同样是得来不易，西方战线的主战场是德国法西斯对欧洲与苏联的战争，战争初期，1941年6月12日，英国与比利时、捷克斯洛伐克、希腊、卢森堡、荷兰、挪威、波兰、南斯拉夫等国与自由法国代表宣布了同盟宣言，以后美国也事实上加入了同盟国。这时，法西斯德国与第一次世界大战中诞生的新国家社会主义苏联的关系就引起世界的关注。法西斯如何对待这个不同于欧洲资本主义国家的大国，是与其交战还是利用苏联对付欧美，都存在可能性。斯大林甚至没有料到德国会突袭苏联，得到战争情报后还不相信。德军入侵苏联后，1941年8月14日，罗斯福与丘吉尔发表了《大西洋宪章》，以后苏联等15国先后宣布赞同宪章精神，这就意味着，一个反对法西斯主义的同盟已经有了共同的纲领，这是世界史上一次社会制度不同的国家合作反对法西斯的一个范例，两种对立的社会制度国家——社会主义与资本主义——联合起来携手反对法西斯主义。对于长期处在宣传之下视共产主义为洪水猛兽的西方自由世界民众来说，苏联第一次以反法西斯盟友的面目给世界留下新的印象。

当然，东方战线的中国共产党人也首次在反对日本军国主义的战争中亮相，美国记者埃德加·斯诺、史沫特莱、安娜·路易斯·斯特朗等人访问了中国大西北黄土高原上的古城延安，在这里的窑洞中会见共产党人的领袖毛泽东。斯诺的名著《西行漫记》与这些记者所发出的报道使世界了解到：马克思主义在东亚中国与在欧洲大陆的命运并不完全一样，中国人以自己最古老文明背景重新阐释了它。记者们报道，中国共产主义运动有了自己的杰出领袖，一位中国师范学校毕业的具有思想家与传统儒生气质的军事领袖，他叫毛泽东。这位领袖的理想原本是作一位大学哲学教授，他从不用枪，却在黄土地特有的建筑窑洞中指挥着中国共产党人的抗日战争。欧洲二战的领袖们当时并未完全在意这位以后在 20 世纪后半期令世界震惊的土生土长的农民领袖，也正是在第二次世界大战中，他从黄土高原走下，奇迹般消灭了世界上最庞大的美式装备军队，以后又在朝鲜战场上挫败了美军的进攻，这是美国在二战后首次遭遇的重大失败。毛泽东诗词中有一句是"惜秦皇汉武，略输文采，唐宗宋祖，稍逊风骚，一代天骄，成吉思汗，只识弯弓射大雕。俱往矣，数风流人物，还看今朝。"毛泽东在二战时期的名声远不能与罗斯福、丘吉尔、斯大林等相比，甚至在世界上的知名度也比不上他的对手蒋介石。直到 20 世纪 70 年代，美国总统尼克松才第一次见到了毛泽东。这段时间，经过中国的文化大革命，西方已经十分关注这位红色世界的领袖了。以后，随着欧美国家多位领导人物的来访，人们才更多地了解了这位二次大战中东方战线的领导者，一位报道毛泽东与美国总统会见消息的记者评论道：在这位参加过第二次世界大战的领袖面前，美国总统如同一个小学生。当然，这种说法对于世界最强大国家总统并无贬低之意，因为从人生经历与政治经验来说，毛泽东当时显然更为丰富，气宇轩昂，博学深思，这些中国文明所器重的儒家修养，使人产生这种印象，亦可谓不足为奇。

第二次世界大战与第一次世界大战不同，在共同的反法西斯战争中，世界不同意识形态与社会制度的国家共同签订了反对法西斯的同盟。法西斯主义，归根结底是反对人类文明与进步，它本身并不是工业化的产物，而是封建专制制度在新的历史条件下的变种。"法西斯"一词的本义就是罗马帝国权力制度的象征，是专制统治的暴力象征。1941 年 12 月 11 日，德、意、日签订了《联合作战协定》，形成一个反对法西斯的军事联盟。1942 年元旦，美、英、中、苏等 26 国在华盛顿签署了《联合国家宣言》，共同宣布对法西斯国家决战到底，绝不单独媾和，最后加入《联合国家宣言》的国家达到 47 国，世界性的反法西斯联盟最终形成。

第二次世界大战是人类社会反法西斯战争的胜利，也是人类文明的胜利，这一胜利有着浓厚的时代特色，工业文明时代帝国主义世界性的资源争夺会演变成多种可能，特别是引发宗教、法西斯主义、恐怖主义、极端民族主义的危机，这种危机最终形成世界文明的危机。在世界文明危机中，对于异己民族的压迫、战争、抢掠，会导致世界大战的发生。但从世界历史规律来看，是文明战胜野蛮，民主和平力量战胜法西斯、恐怖主义与极端民族主义。当我们回顾德国大排犹、南京大屠杀、列宁格勒大围困、伦敦空袭、广岛原子弹爆炸等历史事件时，不禁对于人类文明与反文明斗争的曲折进程，对法西斯主义和世界大帝国主义对于人类社会的危害深有感触。

工业文明与世界大战，都使得世界一体化进程加大，也产生一种需要，这就是世界性国家组织的建立，战后的国际性组织联合国的建立，就是这一进程的重要表现。

二、工业文明的主要阶段

我们认为，工业文明主要经历了不同的发展阶段，应当分别加以概括。经过这种概括，才可能认识这一历史时代的总体性。有的西方学者提出了三次工业革命的说法，即认为西方近现代经历了三次工业革命。这种说法也有一定道理，目前已经受到国内史学界一些学者的赞同，在他们所编写的教科书中采用了这种分期方法。我们认为，如果把工业文明作为一个整体，它与后工业文明之间有相当的差异，这种差异的代表性标志一方面是生产关系的变化或是技术生产方式的进步等，另一方面则更为重要地表现为世界文明精神特别是理性精神的变化，从这一层次来说，只有后工业文明或是当代科学文明才具有理性精神意义的转折性。因此，我们还是更精确一些，把工业文明发展分为三个主要阶段，它们是：（1）前期工业文明。从16世纪到18世纪的工业革命准备时期，从时间上来说大致是从1500年起到英国工业革命的1760年。这是工业文明的酝酿时期，是从农业文明向工业文明转折的时期，最为典型的是早期"圈地运动"等资本主义原始积累，已经在这一时期开始。（2）18世纪产业革命。以英国为代表的工业化进程，大约从1760年开始，到1825－1832年结束。这里的结束年代我们采用了德国历史学家约·库辛斯基的年代划分。他以1825年世界工业生产中的危机周期、1832年资产阶级对于农业贵族的"第一次重大胜利"为标志，也就是以英国工业大规模发展、机械化程度提高、工人作为一个阶级受到关注为标志。如果从生产上看，也有一个特征，即机械化从棉纺工业向工具工业发展，这一时期为后工业阶段作了准备。（3）19－20世纪工业文明。即19世纪60年代开始的、与欧美基本同步的后期工业文明。这一文明持续到20世纪60年代。如果说中期阶段是以蒸汽机动力为代表，那么，后期阶段是以电力为代表的，电力、电动机与内燃机，这是新的动力与能源，也是创造新阶段的动力。（4）后工业文明时代。工业化之后，随着20世纪核动力时代的到来，世界进入了科学技术文明时代，到20世纪末，世界进入全球化时代。这一时代刚刚开始，暂时不列入一个独立阶段。

这里我们与多数西方学者或国内关于工业文明的论述者有所不同，他们大多数是把产业革命分为三次，第一次是18世纪70年代在英国兴起，而第二次是19世纪在欧美兴起，第三次指20世纪到今天的工业革命。

1. 前期工业文明：西欧工商业经济

一种文明社会的到来其实都有自己的象征与标志，特别是在物质生活层面上，社会生产中最重要的产品往往就是这一种文明的代表物。美洲墨西哥的印第安文明以玉米为象征，他们的神话中就有玉米人的传说，玉米是国家农作物中的主要产品，直到现在，美洲玉米仍然是主要农产品之一。中国古代农业文明中的丝绸与茶叶就是一种象征，西方人通过丝绸与茶叶认识了古代东方中国，所以西方人将古代中国与欧洲通商的道路称为"丝绸之路"。

对于世界工业文明来说，前期工业文明的象征物无疑是产自英国的羊毛与羊毛织品。正是英国约克郡的羊毛织品，取代了希腊神话中的金羊毛，成为一种文明象征。敏锐的经济学家们注意到：英国议会上议院镀金的天花板下面，在国王的宝座前面，放着一个供英国议长用的羊毛坐垫，这个羊毛坐垫不仅代表着英国羊毛纺织业，而且是英国产业革命的象征，甚至也代表着西方工业文明与资产阶级革命的全部历史，它甚至可以追溯到中世纪后期，意大利人首先创造的毛纺工业的神话，佛罗伦萨因为精细毛纺业的兴起而成为西方最发达的工商业城市，欧洲各地的商人工厂主们来到这里，学习意大利人的精纺技术。英格兰素有畜牧业基础，盛产羊毛，后来居上，成为西方毛纺业与工业化的中心，从而使不列颠一跃而成为世界强国，英国崛起之秘密其实就在这个小小的羊毛垫子上，这是英国人所以厚待毛纺织品的主要原因。

16－18世纪是工业文明的准备阶段，在这一段时期中，从中世纪后期起，西欧经济经历了巨大变化，罗马原本是一个以农业为主的国家，与世界其他农业经济国家没有大的区别。但西欧国家民族众多，地中海沿岸商业发达，这是其他地区所不具有的特点。当时世界上主要的商业经济集中于东方，拜占庭与阿拉伯人的贩运型商业是主要商业类型。10世纪到15世纪，西欧采邑制度的实行，促进庄园经济与城市化同时发展。城市自治使欧洲商人获得了自由经商的权利，工商业在欧洲突飞猛进。这种工商业不同于丝绸之路的长途贩运式的商业，这是一种以制造业为主的新型工商业。意大利的佛罗伦萨兴起的毛纺织业以精细加工为主，成为大工业的先导。地中海商业区市集林立，北欧的汉萨商业联盟更是气魄宏大。从意大利到法国、英国、西班牙，再向北直到德国、芬兰、挪威甚至俄罗斯彼得堡，一条巨大的工商业发展链条开始形成，昔日的北欧海盗威京人也加入到工商业经济之中。这是欧洲文明转型的开始，这是从贩运式商业向现代工商业的制造与经营类型的转变，而工商业的发达，则使得欧洲从农业文明最终向工业文明转化。

正像伊曼纽尔指出的那样，16世纪是一个飞跃的世纪，如果没有16世纪的巨变，欧洲不可能成为世界经济中心。16世纪中最重要的是海外殖民地开拓，宗教改革，这些因素其实已经为英国工业兴起创造了条件。当然，启蒙主义思想、科学技术与英国统一政治这些因素的作用也是不可低估的，这些已经被人们所广泛讨论，并且获得基本肯定。

英国 14 世纪时就已经成为欧洲的出口大国，特别是谷物与羊毛等主要货物，这是农牧业文明的典型产品。16 世纪之后，随着手工业的发展，谷物已经不再成为主要出口物产，而羊毛也已经从出口转向了国内产业供应为主，这一转变，其实已经表现了英国生产性质的变化。英国毛纺织工业初期的主要特点是全国大范围分布，这是早期工业区别于以后发展之处。这种大范围分布是以家庭手工业与农村工业为主的一种生产方式所必然具有的，英国从中世纪起就有羊毛生产的传统，它的产品遍销法国、德国等欧洲国家。所以英国产业革命从毛纺织业开始是必然的。

为何工业革命最先在英国发生而不是在中国，或是在此前已经取得相当成就的尼德兰等地？如果从比较文明的角度来看，与英国毛纺业形成鲜明对比的就是中国的丝棉纺织业。中国明清时期，长江三角洲地区的丝绸工业迅速发展，1819 年南京木棉输出曾经在世界上占有重要地位，康熙年间，仅苏州城内就有布店 76 家，苏绣商店 108 家，丝绸商店不计其数。"织成不让丁娘子，只待苏淞抄布船"，这种手工业的发达，直接形成了上海这个国际经贸大都会。令人深思的是，中国的丝绸工业没有能像英国毛纺织业那样，成为工业革命，原因何在？这正是我们需要反思之处。而英国商人们最早投资中国生丝收购的外国资本，他们具有英国工业发展的经验，把中国的丝棉工业看成是当年英国的毛纺织业一样，认为中国丝棉工业与英国毛纺业一样，是会形成大的工业革命的。可惜，这一预测并未能实现，因为工业革命形成的条件相当复杂，甚至可以说并不只是工业因素。革命虽然发生于工业，但决定性因素并不完全在于工业生产本身。英国是一个后起的欧洲工业国家，在其之前，意大利的毛纺业早已经成为世界性的大工业。英国的工业革命并不是一个国家选择，它是欧洲近代以来的工商业文明的必然结果。英国长期以来的政治改革、宗教运动、哲学思想包括其社会经济的采邑制度、城市化等因素，也可以说是整个欧洲中世纪以后的文明发展，决定了工业文明最先在英国成功，如果不在英国则必然会在欧洲其他国家如法国或德国形成，并且从这里影响到世界。

而处于封建大一统帝国与落后的满清皇室统治下的中国，尽管有相当发达的工业，但没有一种文明历史环境，所以不可能实现现代工商业文明转型。满清王朝与英国大宪章制定后的英国是完全不同的，满清本是一个半农半牧的民族，完全没有先进文明的基础，也没有英国基督教的自由平等思想与其后的资产阶级自由平等博爱精神，没有采邑制度以后的庄园经济与城市化，没有农奴自由与商人自由经商的特许制度，因而没有可能在现代工商业方面取得成功，不会形成这种革命。反之，在封建帝国专制下，中国曾经发达的工商业最终要被本国腐败的封建统治所压制，从而被西方现代工商业所战胜，尽管无数志士仁人为此奋斗终生，却无法力挽狂澜。这是文明形态所决定的，并不是一种偶然现象。

英国毛纺业也是从农业发展而来的，主要劳动力最初是农民，生产形式是以家庭手工作坊为主。直到17世纪中期，纺织工业的生产方式仍然相当落后，纺纱工作主要由妇女担任。英国农民主要是自耕农（yeomanry），也就是所谓的小农。这些人人数众多，他们曾经占有农村广大的土地。在历史上，他们支持过克伦威尔，为英国革命立下过汗马功劳。同时，这些人多数信仰清教与新教，生活俭朴，生性勤劳，在社会上其实是有一定威望的。一直到17世纪末，这种自耕农仍然是农村主要劳动力。但是，马克思认为，到18世纪中期，这些自耕农就已经没有自己的土地，"小农制消灭了"。原因就是从光荣革命以后，政府开始以暴力来夺取农民的土地。其中，贵族地主阶层充当主力军，他们把原本是出租的土地收回，集中成为牧场，这就是早期的"圈地运动"。在这种"圈地运动"中，自耕农、帮工们流离失所，成为最早的工业劳动力。这一进程并不是一帆风顺的，中间历经反复。曾经发生过由于工业发展后，对于原材料的依靠加大，土地价值激增的情况，很多资本家重回农村，再营土地，但是，这已经不是原有的农村经济了。工业化进程浩浩荡荡，势不可挡。

这里我们要顺便指出，近年来西方经济学家们喜欢对英国工业化初期的重要概念"自耕农"作一些别出心裁的解释。比如美国经济学家坎贝尔（Mildred Campbell）对于自耕农的定义就令人啼笑皆非，他说："自耕农从本质上来说，应当看成是农村的中产阶级。他们的主要利益是土地与农业。……他们被认为是'中间民众'，位居于乡绅与农民之间……他们是为英国服务的。"① 这种说法是极不负责任的，自耕农地位并没有那么高，他们的土地被无偿夺去，遭受流浪之苦。培根等学者早就对自耕农的处境表示怜悯，他在《亨利七世传》中描述过1489 年英国自耕农与早期的圈地运动状况：在当时，圈地现象更加常见了，以前由多数人及其家族所有的不能施肥的耕地，都转化为容易为少数人监管的牧场了。以前为大部分小农（Yoeman）生活所依靠的限期租地、终身租地以及年换租地，都转化为领主的所有地。这就是英国自耕农的真实处境，自耕农绝不是什么中产阶级，而是可怜的被压迫与被损害的农民。经济学家谈到他们时，有时使用"中农"这个词，应当是比较相近的说法。在这场斗争中，工业资本家取得了最后的胜利，土地改换了主人。不仅是自耕农，就是农业贵族们也纷纷败下阵来。

---

① Mildred Campbell, *The English Yoeman Under Elizabeth and Early Stuarts*, New Haven, Yale University Press, 1942, P. 25.

这是整个封建社会的没落，人们在谈到这个时代时，不能不想到英国大诗人拜伦的名句：

> 啊，故土！
> 我要用我的诗，
> 控诉你的仇人，
> 是他们取代了这里的贵人们。

有史以来最重要也是最深刻的历史巨变就是农业社会为工业社会所取代，围绕着这一伟大主题，产生了人类最伟大的文学作品，甜蜜而宁静的田园生活美景被轰轰的机器声、被工业化的烟尘所破坏，这是一曲人类文明史上无可奈何的悲歌。

16世纪到18世纪中叶，即从手工业向工场手工业转变的历史时代，为以后的现代工业奠定了基础，这一时期及更早的原始积累、圈地运动、商品经济形成，都是工业文明史上的重要篇章。所以像伊曼纽尔等人那样把16世纪看成是飞跃的世界，应当是有一定道理的。但是也要指出，这一时期毕竟不是工业发展的决定性转折，特别是科学技术的应用仍然处于早期，未能真正扭转社会生产方向。

2. 18世纪产业革命

在18世纪之前，科学技术的发展已经对于世界文明产生过巨大作用，来自东方的古代科学甚至是资产阶级形成的主要因素之一，例如马克思就在1863年1月28日致恩格斯的信中说到，火药、罗盘和印刷术的发明是"资产阶级发展的必然条件"。他还提到，在从手工业到工场工业和大工业的发展中，技术特别是机器是尤其重要的，特别是时钟与磨机，是机器工业的"两种物质准备"。当然，真正使英国与整个欧洲进入工业文明时代的并不是一些单一的发明，而是一种整体上的科学的技术化与科学的思想化，这两者同样重要，同是必不可少的。

科学技术化就是科学技术在工业与农业生产中的应用，铁器与牲畜的使用产生了农业文明，而机械动力与电气，则为人类送来了工业文明。而科学的思想化则是科学思想对于宗教思想及其他社会思想的冲击，这种冲击的结果就是西方文明形态完整形成。西方文明是与达尔文的进化论、牛顿的力学理论等科学理论密不可分的。从本质上看，这种文明就是一种科学的、实证的、研究的文明。

18 世纪重大的科学技术进步是令人震撼的，而且技术直接用于生产，更是前所未有。众所周知，世界科学史上最早的发明创造相当多的是出于东方，如上文说到的罗盘、印刷术、火药等发明都是出于中国，但是这些发明在中国并没有直接投入生产之中，没有产生巨大的经济作用，火药这样的重要发明虽然有明显的军事利用价值，但一直被迫只用于烟花爆竹之中，不但没有运用于军事之中，连开山炸石这样重要的工程都没有利用火药，这就使我们不得不反思中国文明的一些本质缺陷，特别是清代以来对于民间科学发明与技术利用的压制与防范。

另外一个例子则与工业文明息息相关，这就是纺织机械的发明与进步。

世界上最早的纺织机可能是中国人所发明的，至少是中国人与埃及人各自独立发明的。据亚·沃尔夫（Abraham Wolf）考察，埃及人公元前 12 世纪就已经发明了织机，这种织机于公元 4 世纪传入欧洲，一直运用到 18 世纪初。德国与英国的技师也都曾经努力改造过这种织机，意大利文艺复兴的著名人物列奥纳多·达·芬奇就曾经绘制过织机图，但总体来说改进不大。中国人于公元前 9 世纪到 3 世纪发明了提花织机，中国古代丝绸的织造领先于世界，与当时织工们所使用的织机有关，这种织机远比欧洲织机发达得多。直到今日，我们还可以在江苏省苏州市的丝绸博物馆里看到中国织机，这种织机体积庞大，加工量大，是人类手工生产所能开动的最大织机之一。可惜的是，这种古代织机竟然被中国人使用了 2000 多年没有改变，中国人是织机的发明者，也是最后一代织机的使用者，直到清代以后，中国才开始进口西方的新式织机，学习西方新的纺织技术。这一历史现象，如同其他技术落后现象一样，使人产生对于文明特性的联想，所以正如我们所一再强调的，不是某一两种物质决定文明形态，而是文明形态决定社会各个层面的进步，包括物质生产的各个领域。

生产工具的改革是生产力进步的主要推动力，英国工业革命中纺织机的改进当然首当其冲，英国历史学家与科学史家们逐一记录了英国纺织机进步的每一进程，1764 年詹姆斯·哈格里沃斯发明了珍妮纺纱机，这是一种只需要一个人管理的高效纺织机。1768 年理查·阿克莱发明了水力纺纱机。1776 年赛米尔·克伦普顿发明了骡机，1787 年卡特莱特博士发明了动力织机，这种织机最后于 1801 年使用。工业革命所产生的巨大变化在这里表现得如此之充分，不到半个世纪期间，生产工具之进步超过了古代文明 2000 多年的成就。

英国工业要实现从手工业向大工业的根本性转变，机械与动力是根本因素。在这两者之中，重要性又是不完全相同的，机械是动力的实现，而发现新能源与新动力应当说是关键。西方科学的一个重要特点就是一直在努力寻找新的动力与能源形式，因为科学家们明白，重要动力的出现是革命性的发现，是其他技术进步所不能取代的。可以说动力是推动时代进步的决定性因素之一。畜力运用于农业相对于人力是重大进步，但仍然是动物性质的动力，而蒸汽机的蒸汽动力、电力、石油动力、核动力都是从自然资源转化的动力，具有机械运用的普遍性，由此产生了蒸汽机时代、电力时代、核时代，都是代表一个历史时代的动力革命。

世界古代科学发明中东方占有重要地位，特别是中国是一个具有科学发明天才的国家，中国古代四大发明传入欧洲后，对欧洲的工业化有最重要的推动作用。欧洲的科学发明中，古代风车与水磨是最重要的，正如恩格斯所指出，这是欧洲发明蒸汽机与钟表机械之前的主要发明。根据罗马农学家们的记载，早在罗马时代欧洲已经大量使用风力与水力，风车与水车及相关机械已经相当发达，1617 年浮斯图斯·维兰齐奥的《新式机器》（Machinae Novae）一书中已经收入了一些风车的细部结构、桥拱的拱架、吊桥以及疏浚设备等的图解。商人贾科木·斯特拉达·迪·鲁斯贝格 1617－1618 年出版了一部书，书名是《各种畜力和人工的风车、水车以及各种水泵和其他无需花多大劳力而提升水的发明的图解》（Dassins Artificiaux de toutes Sortes des Moulins à Vent à l'Eau，à Cheval，et à la Main，avec diverses Sortes de Pompes et aultres Inventions pour faire monter l'Eau au hault sans beaucoup de Peine et Despens，etc.）。这本书主要介绍了意大利十六世纪的技术上的成果，这是文艺复兴的技术成果的总结。我们上文已经说到，文艺复兴的巨匠们如达·芬奇等人其实对于机械十分关心，达·芬奇绘制的机械图精确而且实用。这让我们想起了中国明清以来的学者们对于"实学"的关心，其实早自张衡开始，中国文人中就有人关心科学，可惜的是随着儒学思想加强，这种传统中断了。以至于后世学人大多只知道在浩如烟海的典籍里寻生活，皓首穷经，对于国计民生、经济实业漠不关心，这也是中国传统文化与知识分子的一个大缺陷。

蒸汽机发明的历史更为久远，西方科学家早在亚历山大时代就开始有了蒸汽机的最早构想。公元 50 年前后的希罗编纂过几部关于力学的书籍，其中就有一部谈到利用蒸汽来产生动能的装置。以后与原始的蒸汽利用相关的机械发明不断，从 12 世纪到 18 世纪，利用蒸汽作为动力一直是西方科学家的理想。其中有的已经真实运用于生产实践之中，1663 年伍斯特侯爵就已经获得了一个专利，这个专利名称是"控水机"专利，主要用来抽干矿井中的积水，这是当时急需解决的生产问题。英国博物馆里至今还收藏着这种机器的图纸，这个机器中运用了蒸汽的压力来抽水。最重要的是 17 世纪英国工程师托马斯·萨弗里（约 1650－1716 年）所发明的蒸汽机，这种机器也是用于矿井坑道抽水，但是它的实际应用性非常强，1669 年获得专利并且在英国皇家学会进行了模型演示。这个机器有一个副锅炉，可以不间断地给工作锅炉供水。

我们可以清楚地看到，在瓦特蒸汽机之前近一个世纪，英国的科学家与工程师们一直在努力制造蒸汽机。直到 1768 年，瓦特试制成了可以大规模应用的蒸汽机。回顾历史，我们不能不对一种社会上普遍流传的灵感论表示怀疑，在中小学课堂上，教师们经常向学生们讲这样的一个故事：1763 年，格林诺克的詹姆斯·瓦特博士看到水壶中水沸腾时，水蒸气冲开壶盖，灵机一动，发明了蒸汽机。事实上，蒸汽机动力是欧洲科学家特别是英国科学家们数百年来的梦想，经过几代人甚至十几代人的努力，才实现了这一梦想。早在瓦特之前一个世纪，伍斯特侯爵与萨弗里等人就是蒸汽机的发明者，任何重要的科学发明都是长期生产与科学研究的结果，从来没有什么灵机一动的天才发明。

从更深层的历史观察来说，蒸汽机，这一世纪动力出现于英国，并非英国人比其他民族更有灵感，而是英国文明史发展的必然，从中世纪后期就发展的英国民主制度、英国工业化生产，社会生产的需要，远胜过十所大学的创造力，最终将重要的科学技术发明桂冠戴在了瓦特、牛顿等人的头上。英国人对于科学技术的投资得到了巨大的回报，其获利之大，只有美国人在百年之后同样的科学技术投入才可与之相比。科学技术引起实业发展，获得巨大成功，英国开世界风气之先。

蒸汽机一旦进入生产，如同神话里见风就长大的魔鬼，其力量无比巨大。1785年瓦特在诺定昂县建立了第一个蒸汽机纺织厂，随后在阿克莱与克伦普顿建立起了一批使用蒸汽机纺织厂，由于大量使用瓦特蒸汽机，生产效率大大提高，随着蒸汽机在全国工厂的广泛应用，英国工业进入高速发展时期。1770年英国的子棉输入不到600万镑，1800年增至5400万镑，1836年增至36000万镑。机械化程度的提高，使得棉纺生产的其他工序也随之进步，如漂染、印花等工序也有较大的技术改进。1833年英国生产了1026400万绞纱，总长度达到了50亿英里以上。当时的棉纺织厂达到1300家，纺织工人有237000人，纺锭900万个，蒸汽织机10万台以上，手工织机24万台。棉纺织业的急速发展引起了连锁效应，英国的采矿业与其他工业也走上了高速发展的轨道，这同样是由于蒸汽机与水力机械的应用才形成的。原本是沉重的体力劳动为主的发展缓慢的工业，由于机械化而效率猛增。

英国的主要矿业是煤业与铁业，英国与中国一样，是个煤炭储藏丰富的国家，到了19世纪中叶，英格兰与苏格兰的所有煤矿都在开采，据恩格斯统计，仅是诺森伯兰与德勃穆的煤矿每年就有500万吨以上的煤出口，矿工人数达到4—5万人。铁的生产在1740年不到17000吨，到了1834年就达到了700000吨。钢铁工业是基础工业，它带动了化工、建筑等工业的发展，1788年，英国约克郡出现了第一座铁桥，以后，伦敦在泰晤士河上修建了萨德克铁桥。英国成为了世界上第一个钢铁巨人。1830年，从利物浦到曼彻斯特开通了第一条大铁路，随后，几十年间，英国铁道连接起了所有大城市：伦敦、南安普顿、杜弗、科尔彻斯特、剑桥等地。交通运输历来是工业发展的大动脉，1818—1828 年仅仅十年时间，英国建成了欧洲最发达的公路网，英格兰和威尔士修建公路 1000 英里，路面宽达 60 英尺。几乎就在同时，苏格兰修建 900 公里公路，1000 多座桥梁。英国的荒山僻壤转瞬成为了交通便利的城镇，公路网四通八达。众所周知，英国小说家瓦尔特·司各特（Walter Scott）在历史小说中曾经描绘了苏格兰地区的历史场景，苏格兰本是一个相当偏远的地区，经济发展落后，人民生活相当贫困。但工业化进程改变了苏格兰的面貌，18 世纪前 30 年，这里成为工业化的中心地区，交通发达，经济繁荣，原本不务正业以盗猎为生的山民们，现在已经成为依赖于土地的农民与大工厂为生的产业工人了。

工业革命需要便利的交通，特别是大运输量而且低成本的水上运输，更是工业革命初期迫切需要的，英国本来是一个没有运河的国家，但是 18 世纪中英格兰开凿了运河 2000 英里，苏格兰开凿了凯利多尼亚运河，爱尔兰也开挖多条运河，一时之间，英国成为世界上运河最发达的国家之一，社会生产的需要胜过任何一种财富积累的速度，国家的富强从来不是依赖于某一两种物产的丰富或是财富的增长所以实现的。

城市化，也是工业化的一种必然社会趋势，它主要是因为劳动力转移所带来的一种社会状态，农业生产的机械化使得农村劳动力过剩，工业生产与所谓的第三产业则需要大量的劳动力，这就形成了农业劳动力向工业化的城市集中。而工业化大生产需要相对的集中，工业生产首先在经济、运输条件相对好的城市集中起来，形成大城市，于是工业化过程与城市化进程同步进行。变化涉及社会生活的所有方面，当年，人们关注的只是经济布局、工业动力等方面的变化，现在，我们可以更清楚地看到城市化进程是相当重要的因素。据米歇尔·博德统计，经过 18 世纪中期到 19 世纪中期的农村人口大转移，英国从以农村人口为主的国家变成了一个城市人口为主的国家。1851
年，英国总人口为1800万，其中农村人口占48%，而城市人口
已经占到总人口的52%，城市人口超过了农村人口。这在当时
是世界上唯一个城市人口超过农村人口的国家，法国、美国、
德国、俄国、意大利等国当时农村人口仍然多于城市人口。工
业文明一定程度上就是城市文明，城市，并不只意味着对立与
分化，贫民窟、交通拥挤、两极分化等同时产生，但从根本上
来说，仍然与城市有一定关联。1835年根据"城市自治机构条
例"，英国开始城市地方政府改革，城市市政机构通过选举，
这就是城市地方民主化。笔者相信，工业文明终于在城市化中
得到全部文明意义的呈现，这是古代城邦文明经过长期的农业
社会之后，在工业化中重新获得一种历史的新意义。城市工人
最终获得了选举权，如同雅典人的民主权利一样重要。

工业文明，其最重要的意义难道不正在于此吗？

以上难道仅仅是经济发展所带来的变化吗？当然不是，只
能说这是一种文明形态的改变，只有这种变化才可能是恩格斯
所形容的那样"和其他任何国家不一样的国家……和过去比起
来实际上完全是具有另外的习惯的另外的需要的另外一个民
族"。这种变化当然并不只是发生于英国一国，只是英国率先
进入一种新文明时代。以后欧美国家与日本，一起加入了这场
文明形态的转换。

整个欧洲大陆的工业化是从1800年前后全面展开的。法国
是在第一帝国到七月王朝（公元1804－1848年）期间完成了初
期的开发，主要是纺织工业、冶金工业、采煤业、交通运输等
方面的发展，与英国基本相似。但是有一个细节不容忽视，一
般的欧洲国家工业化都是起于棉纺织业，只有法国例外，法国
的丝织业当时相当发达，它对于初期工业化的作用是不可低估
的。另外，值得注意的是法国的公路建设当时却处于世界先进

行列，它的发达的筑路技术使得它保持了自己的地位。正如亚·沃尔夫所指出：

> 法国是近代最早建立了一个令人满意的公共道路网的国家。于贝尔·戈蒂埃的《论道路建筑》于 1693 年出版，这部著作说明了行车路的筑造方法：建筑和夯筑用密接大石块构成的路基，并加以夯槌。这种制式后来同特尔福德的名字联结在一起。1716 年，成立了桥梁道路工程师协会（Corps de Ingénieurs des Ponts et Chaussées）。在皮埃尔·特雷萨盖（1716 – 1796 年）领导下，法国公路在欧洲独占鳌头。他沿用一种经过修改的古罗马方法，在平地上铺设石头路基，然后用大石铺一层厚厚的石座，上面再铺小石块。后来（1764 年）他把基石竖放，并减小上面几层的厚度。[①]

先进的筑路技术使得法国公路发展相当快，1850 年法国国家公路已经达到 3500 公里，相对于领土并不大的法国来说，公路交通已经相当发达。法国公路中国际公路占有相当比例，如法国到瑞士瓦蒂与意大利皮艾蒙特的欣浦隆通道，从法国里昂到意大利都灵的瑟尼山通道等，都是连接工业中心的重要公路，对于工业经济有重要作用。但是从科学技术全面应用与工业发展速度来说，法国仍然显得缓慢得多，无法与英国并驾齐驱。第二帝国时期，法国工业进入另一个发展高潮。拿破仑三世关心工业化进程，圣西门等人的学说对于他的思想有一定影响，他主张以国家经济为主体，国家以预算与分配等手段干预经济发展，同时，他还主张自由贸易。因此，这一时期工业、农业、商业与金融都有较快发展。1861 – 1869 年，法国冶金工业总产量增长近 3 倍，生铁产量从 41 万吨增长到 135 万吨，钢产量从

---

① ［英］亚·沃尔夫：《十八世纪科学、技术和哲学史》下册，周昌忠、苗以顺、毛荣运译，商务印书馆 1997 年版，第 658 页。

1.4 万吨增长到了 11 万吨。煤炭产量从 455 万吨增加到了 1350
万吨。1869 年法国全国铁路网建成，路线总长 16465 公里。

如果说，英国人发明了蒸汽机，开启了工业革命新阶段，
那么，法国人发明了内燃机，则是推进了工业革命的新阶段，
其历史功劳不在于英国之下。法国的科学技术应用也成就突出，
专利成果与发明大量涌现。其中最为重要的当数内燃机的发明，
1860 到 1862 年，勒努阿和博·德·罗萨制成了内燃机，这是
新动力的出现，不仅为法国工业，也为世界工业作出了最杰出
的贡献。从 19 世纪后期起，世界进入以电力与内燃机为主要动
力的时代。法国人还有更多的新发明，如 1861 年索尔韦的新制
碱法，1867 年德里埃发明的制冷机，1869 年贝尔热成功进行的
水力发电等，都是具有世界意义的伟大发明，这些发明对于工
业生产都有巨大的推动作用。从 1850 年到 1870 年，20 年时间
里法国工业总产值翻了一番，从 60 亿法郎增加到了 120 亿法
郎，法国成为世界工业强国，位于英国之后，居于世界第二位。

工业化进程与意识形态革命从来是紧密相连的，英国工业
革命、法国大革命与德国宗教革命之间的内在历史联系，使得
德国继英法两国之后，成为欧洲工业化强国。德国早在 18 世纪
后期就已经有现代工业，但是进展相当慢，直到 19 世纪 20 年
代才迎来工业化高潮。德国现代化进程中，普鲁士道路是一个
引人注意的现象。它的意义在于树立了一个从落后封建农奴制
的社会进入到工业化社会的典型，普鲁士本是一个落后的以农
奴制度为主的邦国，1807 年政府宣布了《十月敕令》之后，农
村实行"地产自由"与"农民解放"的政策，封建农奴制度被
取消，新的资本主义生产关系在农村形成。经过不到半个世纪
的发展，普鲁士的农业与工业都已经成为德意志各地区最发达
者。其重工业占到全国一半以上，铁路线也达到一半以上，成
为德国的核心。到 1860 年，德国对外贸易已经与美国并列世界

第三位，次于英国与法国，作为一个政治与经济大国，德国（应当说是德意志联盟）终于坐上了欧洲第三把交椅。

　　产业大革命的风暴从大西洋岸边开始，向欧洲东部行进，遍及整个欧洲大陆，西欧、南欧、北欧，甚至东欧俄罗斯都不甘落后，从地中海到斯堪的纳维亚半岛，到处是工厂林立，大大小小的城镇迅速生成，大批农民进入城市，成为产业工人，最出人意料的是，刚从大英帝国殖民地脱身的美国，从非洲大陆贩运来大批黑奴，作为劳动力，依靠来自中国的劳工修筑了太平洋大铁路，美国所具有的丰富的资源与辽阔的国土，新生民族国家的民主制度等也是它的优势，它后来居上，一跃成为世界一流强国，并且预示着将来的世界大帝国的形成。我们还是以1850年前后，以这个有代表性的年代来看，美国的铁路线总长度达到了4万多英里，数倍于欧洲大陆各国铁路线的总和。也就是1850年，美国开凿运河总长4000英里，同样为世界之最。当时的美国经济发展的世界地位，与20世纪末期中国的经济发展的地位一样，是令世界震惊的，同时又是具有强大潜力的。

3. 19－20世纪大工业文明：走向科学技术时代

　　工业社会与以前的任何一种社会文明不同之处在于，工业革命的周期性非常短促，渔猎文明长达数十万年，农业文明也有万年的历史，但工业文明在几个世纪之间的变化之大几乎令人无法一一细数。我们只能对于工业文明进行最初步的分期，18世纪30年代，经济学家们估计，工业革命时代已经结束了，当时的社会经济对于工业是一个严峻的挑战，1825年的周期性危机产生，这就是所谓的经济危机时代，但是，即使是在如此严峻的历史条件下，1832年，工业资本家们仍然取得了对于农业贵族的决定性胜利。那么，文明发展的下一个阶段何在呢？

一般人都持悲观的看法。谁也没有料到，从 19 世纪 60 年代起，新的一轮工业化热潮再次席卷世界。有人称之为"第二次工业革命"，也有人称之为"电力时代"或是"钢铁时代"，有人惊呼，其来势之猛烈远超过人们之想象。

与前一次工业革命一样，人们从两个角度来评价工业进步，其一是从动力角度，其二是从生产材料角度来看待这一时代的，两者都有一定道理，都是传统、被普遍接受的看法。从动力角度看，电力取代了蒸汽机成为时代主要能源与动力，即从"蒸汽机时代"向电力时代进步，从生产材料与工业生产主要品种看，钢铁工业取代了棉纺等工业，从"棉花时代"向"钢铁时代"前进，生产力的进步是明显的。社会政治领域里，从自由资本主义国家向垄断资本主义国家转化，新的世界帝国开始形成。19 世纪末到 20 世纪初，科学技术与生产的结合更加紧密，科学作为一种生产力，其作用已经不再是一种工业能源或是生产门类所能代表的了，核能源、太阳能、海洋发电等新能源不断应用，已经不可能再像以前一样以一种动力或能源为一个时代的标志了。此外，再也没有一种生产门类能代表社会生产，传统产业与新产业共同存在，共同发展，已经成为普遍的现象。

如果作一个历史的回顾，一切就会更加清楚。

第二次工业化基本是一个大工业化阶段，其中可以分为两个时期，上半期是 19 世纪 60 年代到 20 世纪中期，其中以第一次世界大战结束与俄国十月革命期间为中心。下半期则是从第二次世界大战到 20 世纪末，这个阶段是科学与高等技术革命的时期，这一时期的特征可以表达为从可见的物质性技术向不可见的信息型技术的转化，物质性技术是一种"显形技术"，它是以大型工业机器为标志的，如电动机、内燃机等，它们的应用以动力与能源工业为主。与其相对的"隐形技术"则是以非物质形态为主要特征的技术，如信息、计算机、生命科学技术、激光、纳米等现代技术，它们是现代的重要应用性技术，但这些技术与随处可见的电动机内燃机有很大不同，它们的形态不是日常生活中随处可见的，也不受某一种产品的固定形态模式限制。当然，其中也包括这个家族的新能源——核能源动力——虽然它是物质性的，不像传统动力机器那样触手可及，而是具有极大的动能与不固定的形体。这是现代技术发展的一个趋势，也是人类利用自然力量的深度模式，人类社会的进步一个方面就表现于其对于自然力量利用的深度与广度。

工业化也被称为"钢铁时代"，这种称呼已经表明了钢铁的重要性。钢铁时代是指钢铁生产产量与其技术的提高，使得钢铁在人类社会生活各方面都有着广泛的应用。另一方面是指由于工业化的推动，世界钢铁需求量激增，钢铁成为工业的主要材料，由此使得世界钢铁产量飞速增长，现代钢铁生产技术体系开始形成。20世纪之前的30年中，世界钢铁产量增加了120倍，铁产量增加近17倍。人类使用铁最少有3000年的历史，公元前8世纪之后，铁就代替了青铜器，成为重要的生产工具与武器，但是只有到了20世纪，钢铁才真正成为社会生产与人类生活中须臾不可离开的要素，钢铁是比较贵的金属，现在则成为日常生活中不可缺少的物品。过去，世界高楼是砖瓦结构的，所以不够坚固，现在在美国芝加哥开始建筑世界上最高的钢铁骨架的摩天大楼，现代医学中，进入人类身体的最细的针管也是钢铁产品。有人曾经对现代化有过一个定义：现代化就是使每个人能够享用以前少数人能享用的物品。这个定义当然不够严谨，但也不失为一种从社会生活用品角度出发的现代化定义。铁就曾经是一种只有王公贵族才能使用的物质。公元20至前19世纪期间，亚述人在安纳托利亚高原奴役赫梯人为自己开采铁矿，当时铁是最贵重的金属，价格是黄金的8倍，号称"天堂的金属"，当时只供少数国王与贵戚使用。我们看到，钢铁生产产量与技术成为国家科学技术水平的一个重要指标，19 世纪中叶，世界钢铁生产又进入了一个新阶段，其标志在于现代钢铁技术的形成，贝塞麦法、托马斯法、西门子－马丁法等新炼钢法不断出现，冶炼生产全部过程基本实现机械化，产量高，钢材质量好，世界钢铁产量再创新高，到 1890 年前后，世界钢铁总产已经达到了 2758 吨，而 1860 年只有 742 吨，30 年间增长 3 倍还多。

材料与动力，是工业进步的永恒主题，与钢铁相比，电力无疑具有同样重要的意义，俄国革命领袖列宁关于共产主义曾经有过一个著名的定义：共产主义就是苏维埃政权加电气化。俄罗斯作家阿·托尔斯泰曾经在其长篇小说《苦难的历程》结尾处描绘刚刚成立的苏联的辉煌前景，就是以电气化时代作为未来蓝图的。几乎就在钢铁革命的同时，电力革命也在悄悄兴起，19 世纪中期，电磁科学研究取得决定性成果，启动了酝酿已久的电力革命，1834 年，德国雅可比制成第一台电动机。1879 年，美国爱迪生发明电灯。1844 年，美国开通第一条电报线路，从华盛顿到巴尔的摩。1847 年，英法之间的英吉利海峡铺设了第一条海底电缆。1866 年，德国维尔纳·西门子制成第一台自激式发电机。1885 年，美国与意大利科学家分别发明了交流感应电动机。1886 年，美国建立第一座交流发电站，次年法国巴黎北火车站电厂建立。1901 年，意大利马可尼在英国与加拿大之间建立了第一条国际无线电通讯线路。电力革命并不只是电力产业的进步，它与通讯、信息、交通、机械等各领域息息相关，共同刮起了革命风暴。

在工业动力方面，进入 20 世纪之后，电力工业已经基本取代了蒸汽机的统治地位，欧美等国家电力应用已经十分普及，美国 1902 年全国发电总量 60 亿度，1907 年德国工业电力总马力达到 190 万，电力已经成为世界发达国家主要动力。从 20 世纪初到 20 年代，经过第一次世界大战后的经济恢复，欧美主要国家已经基本实现了电气化。

　　20 世纪是科学技术进步最迅速的时代，也是世界政治格局变化最剧烈的时代，20 世纪中期，第二次世界大战结束，人类社会再次实现长期的和平，世界科学技术与经济出现了突飞猛进的局面，20 世纪 40 年代开始所谓"第三次技术革命"，与以往的工业或产业不同，它不是一两种新动力或能源的应用，这是一次综合性的科学技术全面飞跃。所以它所代表的不仅仅是科学发明应用于工农业生产之中的实践，更重要的是，它是科学革命也是产业革命，也就是在这场革命中，科学首次真正成为了时代发展的主要推动力。20 世纪 60 年代末，欧洲学生运动风起云涌，欧美国家的政治与意识形态都有较大的变化，进入所谓的后现代主义时代。这一时代是相对于 20 世纪初期的现代主义而言的。到 20 世纪 90 年代初，苏联解体，苏联所属的各共和国纷纷独立。1991 年 12 月 7－8 日，俄罗斯、乌克兰和白俄罗斯三国在布列斯特会晤，成立了独立国家联合体，1991 年 12 月 21 日，苏联的 11 个加盟共和国领导人在阿拉木图签署了"阿拉木图宣言"。同年的 12 月 25 日圣诞节之夜，俄国十月革命中升起的苏联国旗徐徐降下，次日，苏联最高苏维埃通过最后一项决议：宣布苏联终止存在。苏联解体标志着冷战时代的结束，而一个新的、全球化的时代开始。在这个时代中，各种不同文化之间的对话超越了意识形态的壁垒，民族文化在全球化语境中不是消融，而是更加突显，科学技术的力量已经深入到人类思想文化之中，文化对话更加自由，这就是所谓的"全球化"时代。

　　"第三次技术革命"主要是指核能源利用、电子计算机技术与空间技术研究与应用中的新创造，这一革命以后波及其他高科技领域。核能源的发现与其他任何能源不同，核能源是人类经过加工产生的第一种最强大能源。传统的能源主要是自然能源，煤炭、水力、风力甚至包括电能，它们之间虽然有大小强弱的不同，但是有一个共同之处。它们都是自然界中存在的、可以直接利用的物质，如果把这种物质转化为能源就可以利用。即使如电能这样的能源，虽然是通过发电才可能获得，但是自然界中是存在雷电、动物电等的。核辐射是一种自然能，但是核能源不是对显而易见的自然力的利用，它是人类从物理学、从实验室里研究出来的能源，以后再把它转化为动力。这一过程本身寓意深刻，它表达出人类对自然的利用进入了一个创造性的阶段，也表明科学技术发展进入一个更为自由的时期。

这种技术进步有一个重要的副产品，这就是核武器。

19 世纪与 20 世纪之交，古老的物理学开始了形态转变，从近代物理学向现代物理学转变，牛顿力学被相对论与量子力学所取代。1895 年德国物理学家伦琴发现了射线的存在，这就是著名的 X 射线，物理学家们开始关注隐形的放射性元素。1896 年，法国物理学家贝克勒尔发现了铀的放射性作用，1898 年，居里夫人等从事放射性元素的研究，取得重要进展，钍、镭、钋等多种放射性元素也被逐一发现。第二次世界大战期间，德国开始进行核武器的研制工作，但是没有等到研制成功，纳粹德国已经战败。柏林被联军攻占后，美国与苏联占有了德国原子弹研究的人员与资料。美国迅速研制成功了原子弹，1945 年 8 月 6 日和 9 日，美国空军分别在日本广岛与长崎投下两颗原子弹，从此，核武器出现于世界。世界各国无不意识到，这是一种具有毁灭性力量的武器，也是对于世界战争与政治演变有重要影响的因素。于是，只要有条件的国家无不努力研制核武器，到 20 世纪后期，世界发达国家中相当多数已经拥有核武器或是有了核研究能力。

其中最令西方世界震惊的是 1964 年 10 月，中国成功爆炸了第一颗原子弹，这是中国独立研制的核武器。从清代以来以贫穷落后的形象出现于世界的中国，从此真正改变了国际形象。这并不是以一个跻身于核俱乐部而引人注目的变化，其实质是从一个古老衰败的穷国向当代世界强国的转变。在中国核武器发展中，曾经在美国留学的归国留学生们与中国本土的科学家们一起努力，完成了这项工作。在这些留学生中间有一位钱学森教授，曾经是美国加州理工学院的力学和航空工程学家冯·卡门（Theodor von Kaman, 1881 - 1963）的得意门生，1941年，他们师生合作解决了圆形薄壳结构在轴向压力下失稳的问题，在国际学术界引起震动。冯·卡门于20世纪30年代曾经在中国清华大学讲学，担任清华大学航空系顾问。钱学森于50年代初返回中国，献身中国的尖端科学特别是以后的原子弹研制的事业，另一位在美国普度大学获得博士学位的中国科学家邓稼先也是中国核武器研制事业的中坚力量，1964年中国原子弹爆炸成功，冯·卡门已经于前一年逝世，他可能没有想到，在他曾经任教过的中国，由他的学生参与的这项工作进展是十分迅速的。更令世界震惊的是，曾经为世界贡献了四大发明的民族，在现代科学技术领域再次进入最发达民族的行列。早期来到中国的传教士们曾经预言，中国人具有科学发明的天赋，将来会对世界有大的贡献。这一预言现在已经被证明，将来会进一步得到实践。

核武器的出现能否改变人类的命运，它能否成为决定一切的力量，或是被战争狂人所利用来毁灭世界文明？

这一切至今仍然是人类所关注的问题，科学发展为时代提供了核武器，但是科学家并不是核力量的推崇者。新科学时代的创始人之一爱因斯坦就一直关心世界和平，据说他对于核武器给人类社会带来的危害极为担忧。1931年，国际联盟与在巴黎的国际知识分子合作协会提议，在有代表性的知识分子之间安排一些通信交流，主要论题是为国际联盟与知识分子生活的共同利益服务，并且定期印发一些他们之间的通信。国际知识分子协会选定了爱因斯坦，爱因斯坦则提出了精神分析学家弗洛伊德的名字。1932 年 7 月 30 日，爱因斯坦从波茨坦附近的卡普斯写信给弗洛伊德，认为世界文明必须面对国际现象的最重大问题，这个问题就是人类能不能战胜战争的威胁。信中这样说：

> 近十年来，为达到这一目标而做的一切努力的失败，尽管有明显的诚意，而我们不容置疑的强大的心理因素却促使这些努力趋于瘫痪。这些因素中有一些是不难发现的。……我特别记得在每一个国家中都十分活跃的、虽然较小但起决定作用的群体是由这样一些个体组成的，他们对社会所考虑的事物和各种限制漠不关心，而把战争、武器的制造和销售只视为发展其个人利益和扩大其个人权力的一次机会。①

这段话虽然写在原子弹发明之前，但已经充满了对于战争、武器给人类社会带来巨大威胁的预感。历史证明了爱因斯坦不是杞人忧天，核武器的发明给人类社会蒙上了一层阴影，数十万人顷刻之间死于非命，死里逃生者还被核辐射等后遗症所折磨，终生不愈。武器使人想起了但丁《神曲》里所描绘的地狱之火，"即使是烧化的玻璃，与这样的火焰相比，也如同凉水一般"。我们承认核武器的危险性是巨大的，这是我们要预防核危机的理由。

但是历史上没有任何一种自然力量或是物质力量能够毁灭人类文明，任何与人类社会进步为敌的欲望也最终失败。史前冰川时期的天寒地冻，有史以来从没有间断过的地震海啸等都

---

① 《爱因斯坦致弗洛伊德的信》，参见《弗洛伊德文集》第五卷，车文博主编，长春出版社 1998 年版，第 297 页。

曾经给人类带来巨大危害，但是人类还是顽强地生存下来，人类文明还是得以延续。人类社会中的战争苦难，无论是亚述人那样的残暴杀戮，罗马人的征服战争，蒙古人的铁骑掠夺，德、意、日法西斯主义的侵略与屠杀，都不能使人类文明停止。人类历史上，新型武器的发明屡见不鲜，人类的武器从杀死一只麋鹿都相当费力的削刮石器到一弹可以炸死数头大象的火炮，其间的进步可谓极大，再加上原子弹、氢弹、生化武器等。发生在美国纽约的"9·11"袭击告诉世人，没有任何强国能完全避免暴力袭击。但是，没有一种武器能杀死所有人，所以武器的使用者必须面对自己的最后审判，这种审判就是人类文明的正义性与进步性的表现。人类文明不会被一两种新式武器所毁灭，因为它只是人类文明的产物，是科学的产物，科学与文明不会为核力量所征服，而只能是核力量为文明所利用，文明的力量比核力量更为伟大，从根本上说，文明就是人类存在的意义。

电子计算机技术与空间科学、光电子信息技术、生物工程技术等新兴科学技术从20世纪60年代风起云涌。世界上第一台电子计算机于20世纪40年代出现于美国，从最早的电子管，晶体管到以后的集成电路与大规模集成电路，计算机技术不断更新换代，发展速度可谓一日千里。到20世纪90年代，在美国产生了信息高速公路，立即引发了各国新一轮发展。网络技术在世界普及，人们知道了一个新的名称：互联网或是因特网。全球的信息可以通过网络来传输与利用，遍布世界的光纤网络能够使得世界各个角落里的人们互通信息，其速度与效率远远超过了从古代到今天的邮政设施。从来没有一种技术令人感到世界是如此之小，"天涯若比邻"这句中国古诗得到了新的阐释。

飞机的发明使人类能够离开地面，但是人类还不能够离开地球，不能进入宇宙。1957 年 10 月，苏联的第一颗人造卫星成功发射，这是人类航天史上新的一页，1964 年，美国阿波罗1 号飞船登上月球。从此，人类真正实现了古代神话中的飞天梦想。其后，载人航天器的试验成功，航天飞机、航天空间站、空间探测器等的使用，使得人类掌握宇宙的理想正在变为现实。

在探索宇宙及外部世界的同时，人类探索自身与生物世界的秘密方面同样有了重大进步。1997 年 2 月 23 日，世界上第一只克隆绵羊多利在苏格兰诞生，克隆技术、人类基因工程成为生物工程中最引人注目的焦点。2000 年 8 月，英国宣布将批准以医疗为目的人体胚胎克隆试验。虽然政府这里强调，这种克隆技术只是一种"医疗目的"的，而不是"繁殖克隆"，但是，意大利、法国、美国不断有科学家宣称，克隆人的试验可能正在进行。由于克隆人的技术与设备都并不复杂，所以克隆人的出现是完全可能的。克隆技术基于干细胞的研究，所谓干细胞是未成熟的细胞，它还没有完全分化，具有可以再生各种细胞和人体的功能，这就是医学界所说的"万能细胞"。人体的干细胞分为两种，一种是全功能干细胞，可以用于直接克隆人体。另一种是多功能干细胞，它可以用于复制各种器官与修复各种组织。这样，至少是通过干细胞的分离与体外培养，在体外可以生成各种组织或器官，通过移植等手段进行治疗。

高科技时代即所谓第三次产业革命，按照美国社会学家托夫勒的说法，这种革命是人类文明的第三次浪潮，人类历史已经经过了两次浪潮，第一次是从渔猎文明进入农业文明，第二次浪潮是从农业文明进入工业文明，现在是第三次浪潮即后工业时代的浪潮。我们已经指出，人类社会有以下主要发展阶段：蒙昧时代、野蛮时代、农业文明社会、工业文明社会。如今处于工业文明社会的高级发展阶段，下一阶段将是人类社会的人文科技阶段。

　　在工业文明社会的高级发展阶段科技社会或称为后工业化社会阶段，工业发展的材料仍然是重要因素，这一时期中材料的主要发展趋势是人造材料取代天然材料，轻金属、新合金等成为主要材料，纳米技术的发展将会使材料与人类生活和自然互相创造、互相融合，生物材料越来越重要，生物材料会进入人体与电子计算机之中，人们从未想到的材料将会成为社会生产与生活的主要应用品。而动力方面的进步同样重要，传统动力将被节能与环保能源所取代，新能源包括核能、太阳能、海洋能等巨大能源将会大幅度提高人类的能力，这其中也包括人类的智力，人的智力与以电脑为代表的物的智力，将会联合起来创造人类社会的新前景。

　　高科技进步并不是社会发展的唯一因素，人类历史上从来没有一个时代会因为科学技术进步而使整个文明性质发生变化的。工业文明产生本身就与西方资产阶级有直接关系，这是一个无可否认的事实，如果否认这一事实就是否认马克思的《资本论》的原理。工业革命只有在其他社会革命的推动下才可能真正形成，如果没有启蒙主义思想，没有法国大革命与宗教改革，工业化同样是不可能的。人类未来社会中并不是没有问题，高科技同时意味着对于人类社会毁灭力量的增强，人类社会面临更大危险，核武器、激光武器、生物武器等都是难以控制的，一旦失控，后果不堪设想。而世界各种邪教与恐怖主义的存在，说明这种危险性相当严重，未可掉以轻心。

三、现代文明（Modern Civilizations）与现代性（Modernity）

1. 现代化社会与现代性

　　"现代"这个词出现在公元 5 世纪，它表示一种宗教意义的划分，因为在罗马帝国相当长的时期里存着基督教与异教之间的斗争，基督教流传的时代相对于异教时代自称为现代。这是一种古今时代之分。"现代"有两种对立的概念，一个相对于时间上的过去的"此在"，特别是对于刚结束的时代。另一个就是传统，现代是区别于传统的。大约从 19 世纪起，一种新的时代认证开始流行，这就是现代文明与现代化，与这两个观念相关的是所谓现代性。这些与"现代"相关的观念虽然各有所指，但是它们都可以从自己的语义上找到一致性，这种一致性就是"现代"对于过去与传统的批判性质。虽然如此，在时间上仍然有一个基本的划分标志或是称为一种认证，这种时代认证的历史背景之一是 19 世纪末到 20 世纪初期文学艺术中的"现代主义"思潮的形成。

什么是现代主义思潮？

丹尼·贝尔曾经在《资本主义的文化矛盾》一书中这样分析过现代西方文化的形势，他认为非理性主义思想泛滥与形式的混乱是主要特征，他说到，在 1895–1914 年间大放异彩的现代派革新给文化带来了两个异乎寻常的变化。第一是关于艺术形式的革命，……小说中出现了意识流。……第二是自我有新的表现。他认为：现代派对于现实的理解与传统不同，西方从十五世纪以来就形成了"理性宇宙"的秩序，这种观念与逻辑在 20 世纪被打破了，心理现实取代了物质世界的现实，时间与空间的秩序被打乱了。现代派是多种流派的总称，主要有表现主义、未来主义、象征主义、意象派、超现实主义等，代表性作家有卡夫卡、托马斯·曼、纪德、乔伊斯、艾略特、庞德、理尔克等人。一般认为 20 世纪初期是现代派文学艺术出现的时代，美国作家弗吉尼亚·伍尔芙明确指出，1910 年前后是现代派文学产生的时代。到 60 年代的存在主义文学，已经开始向所谓的"后现代"过渡。现代派艺术虽然早已经过去，但是它唤起了一种现代意识，这种现代意识不是一般的人类对于当前世界的感觉，它是一种对于现代社会与现代世界的性质、现代世界与传统世界之间的差异与同一关系的理解。在这个基础上，产生了所谓的现代性。我们要说明的是，现代主义或现代派并不是从正面来论述现代社会的，相反，他们主要是以揭露、批判社会现实为手段来再现这一社会变化的。历史总是惊人地相似，以后的后现代主义者也是以批判方式来对待后现代社会的。在现实社会中，与现代性概念相关的是现代化。现代化概念主要是从第二次世界大战之后兴起的，它的内容包括社会生活的现代化与人类自身的现代化。从社会现实来看，20 世纪中期，世界经济进入新一轮的发展，工业化进程从欧美发达国家向世界推进，亚洲非洲拉美的不发达国家也进入了工业化进程。特别是所谓后工业化生产最能体现现代化特征，科学技术的进步特别是核能、电子计算机与空间技术的高速发展使工业生产实现自动化与高效率，"第三次技术革命"使得社会大量劳动力向第三产业转移，能源与重工业的地位被轻工业所取代。这一进程大大地改变了社会生活方式与人类行为模式，恩格尔系数中，非物质性消费结构已经占优势，社会劳动强度普遍降低，电视、电话等传统意义上的高档消费已经成为百姓生活中的常见用具。人类心理状态也发生了重要变化，社会民主化进程与个人生活自由选择性同时在进步，"野老不知尧舜力"的生活状态已经一去不返。概括地说，这种模式的改变就是不同领域里的现代化。

　　在理论方面，是美国社会学家首先提出了"现代化理论"（Modernization theory），哈佛大学社会学教授帕松斯（T. Parsons）全面提出了现代化与现代性的学说，认为现代化本质上是理性化的进程，西方社会是现代化的主要实践，美国又最具有代表性，但是现代化是普世性的，美国的现代化将会向全球扩展，在未来的世纪中，现代化将成为世界不可阻挡的潮流，直到出现一个现代型的社会①。美国的现代化理论曾经产生过世界影响，尤其在 20 世纪 50－60 年代最为兴盛，而进入 70 年代之后，受到理论界的批评。特别是因为美国式的现代化社会模式在现实中暴露出许多问题，这是当初乐观的理论家们所始料未及的。但是，如果以为美国式的现代化理论就此寿终正寝了，也是一种不切合实际的想法。只能说，虽然存在着激烈的批评，但美国式的现代化已经成为西方的一种经典，被相当一部分人所尊奉。特别是对于美国理论家来说，已经根深蒂固，成为习见，难以改变了。美国亨廷顿关于现代化有一段说法：

> 现代化包括工业化、城市化，以及识字率、教育水平、富裕程度、社会动员程度的提高和更复杂的、更多样化的职业结构。它是始于 18 世纪的科学知识和工程知识惊人扩张的产物，这一扩张使得人类可能以前所未有的方式来控制和营造他们的环境。现代化是一个革命进程，唯一能与之相比的是从原始社会向文明社会的转变，即文明本身的出现，它发端于大约公元前 5000 年的底格里斯河和幼发拉底河流域、尼罗河流域和印度河流域。现代社会中人的态度、价值、知识和文化极大地不同于传统社会。作为第一个实现现代化的文明，西方首先获得了具有现代性的文化。上述论证提出，当其他社会获得类似的教育、工作、财富和阶级结构的模式时，这一现代西方文化将成为世界的普遍文化。②

---

① T. Parsons, *The System of Modern Sociaties*, New York, Prentice Hall, 1971, PP. 139－141.

② ［美］塞缪尔·亨廷顿：《文明的冲突与世界秩序的重建》，周琪等译，新华出版社 2002 年版，第 58－59 页。

我们可以看出，亨廷顿的理论其实就是帕松斯学说的再现，基本没有改变。这种理论是在一种社会进化的基础上提出的，是在工业化与科学技术进步的现实基础上提出的。从思想根源上看，是当年马克思和恩格斯所批评过的启蒙思想家的"资产阶级的理性王国"的再版，可以说是西方文化的一种传统观念在发酵，在把科学主义的物质决定论与人文主义的人定胜天精神结合起来之后，所形成的一种理论体系。这种理论体系已经形成了一个理想国度的系列：从希腊人的理想国、文艺复兴时代的乌托邦、启蒙主义者的理性统治的王国到现代国家。

美国学者杰姆逊（Frederich Jamson）2002 年在中国发表了一篇题为"现代性的神话"的演讲，其中是这样看待现代性与现代化关系的：

> 现代性概念无法逾越的一个方面就是现代化的概念，而现代化概念本身的出现要晚得多，是二次世界大战之后的产物。至少在"摩登时代"，现代性总是这样或那样地同技术发生关系，因此它也就和进步的概念联系在一起。第一次世界大战曾给予"进步"的意识形态以沉重打击，特别是在同技术相关的进步概念方面。更不用说自十九世纪后期以来，资产阶级思想家们自己对进步概念有过严肃的、自我批评式的怀疑。第二次世界大战之后出现的现代化理论使资产阶级的"进步"起死回生，获得了第二次生命。同时，在社会主义国家，现代性和现代则赋予一个新的、不同的含义，那就是赶超西方，特别是西方的工业。[①]

不难看出，亨廷顿的现代化定义还是比较明晰的，有时间划分，也有现代化主要内容与基本特征的描述，甚至还有现代化的历

---

① ［美］弗雷德里克·杰姆逊：《现代性的神话》，张旭东译，载《上海文学》2002 年 10 月号，第 76 页。

史比较与未来走向的分析，这种理解可以说是略备一说。但无可讳言，正是在基本观点上，我们与其是相对的。现代化，是一种社会形态与生活方式，它是没有民族性的，不以时间空间为定位的，它不是西方文化的专利，现代化属于人类社会，而不是某一个民族。

我们认为，从语义上来说，现代化就是以主体的历史定位所划定的社会主要发展态势，这种态势具有引领时代的普遍性标准，它是相对于旧有的社会生活状态而言的。现代化不是某一个历史时代或某一个民族文明所特有的。世界历史上，东西方民族都曾经在相对的历史阶段达到过历史的现代化，并且都曾经引导过现代化的潮流。比如农业文明最早民族之一埃及人，就曾经远比当时的希腊发达。埃及中王朝时代的兴盛使当时人产生的新生活阶段感，对于当时的社会来说就是一种现代化。尼罗河的纸草使人们可以有书写工具，发达的城市、完备的生活设施，实际上很可能当时的埃及人对于其他民族来说的进步性远超过今天美国对于北非国家民众的生活。这就形成了埃及文明作为一种具有历史现代化向当时尚处于相对落后状态的地中海文明的传播。从宏观来说，早在公元前10世纪之前，世界主要文明已经实现了现代化，这种现代化是有普适性的，是古代农牧业的现代化。这种现代化是相对于当时尚处于渔猎生产或是更落后生产形态的其他民族而言的，前者是进步的，后者是相对落后的，前者启蒙后者，如同今天西方文明将其科学技术向世界其他地区传播一样。

所以要肯定杰姆逊这样一个观念，他在谈到现代性时强调，我们必须把现代性历史化、阶段化。我们则强调，现代化是一个历史概念，不是一个笼统的概念，人类社会发展史上已经存在过现代化的史实。

从16世纪以后，工业文明崛起，到18世纪之后，欧美实现了工业文明语境下的现代化，因此我们当前所说的现代化是指工业文明的现代化。这一现代化有它的基本特征，它的主要思维方式是理性的、思想观念是启蒙的（当然，有人认为，较早提出文化现代性观念的马克斯·韦伯的"理性"其实是指一种技术理性。也有人不赞同启蒙主义者的启蒙观念）。18 世纪启蒙主义思想以理性取代宗教思想与封建思想，为新兴的城市居民与工商业者提供了现代化的思想武器。现代化在生产方式上是以工业化为主要标志的，商品生产已经成为社会的主流（也有人认为后现代社会是商品社会，与此说并不完全矛盾），商品经济取代封建经济，这是社会经济领域的主要标志。社会生活中的城市化、政治生活中的民主国家体制、社会法制化，科学革命与技术革命的推广，民众文化水平提高与主体意识突现等等，这些都是当前现代化的主要表现与内容。

现代化推动了世界的一体化，而不是一种模式化，一体化指世界各民族国家之间的联系更加紧密，世界市场的统一性加强了。但是民族文明在现代化中却进一步呈现不同形态，正如艾森施塔特等人所指出，日本的现代化与欧美的现代化毕竟有所不同，印度的民主政治也与西方国家并不一样，所以当代相当多的西方学者承认，现代化进程中会出现多元文明，这也是一个历史总体趋势。笔者曾经在《比较文化学》一书中指出这一发展趋势：

> 同时，就在世界经济一体化的过程中，民族文化的本土化，古老文化类型的复兴也深深地震撼了世界。有人对此感到不解，其实这是极为正常的。人类经济进步的同时，人类的精神需求更加强烈。人类需要精神，需要属于本民族的、属于个性的文化。……如果从民族来说，就是本土主义观念的兴起，它的形式更是多样，各主要宗教的多种流派兴盛发达，信徒日增。各种思想体系丛生，一些有古

老传统的理论与意识形态更是兴旺，儒学复兴在全世界都引起了关注。①

总之，现代化作为一个历史过程，就必然具有历史文化传统，既然具有历史文化传统，它就不可能是一个民族的产物。欧洲与美国，是西方现代化的发源地，这是历史事实。但是在现代化具有世界性时，它就具有了民族性，多元现代化已经呈现。

虽然对于现代化的理解可能存在分歧，但是社会生产与生活的现代化会形成现代文明，并且建立与之相关的现代性，已经是一种普遍的认识了。

2. 现代性歧解

首先提出现代化与现代性之间的不同的是马克斯·韦伯，所以，这既是现代化理论也是现代性理论发展的一个关键，当然，其中更为重要的是"现代性"这个概念，在此之前，人们更多的是关注现代化而不是现代性，虽然实际上现代性的概念也已经是源远流长了。

韦伯是从社会学角度来分析现代性与现代化的理论，他以宗教伦理作为自己分析的角度，而且，从方法上看，韦伯也是采用了比较主义的方法，这是韦伯能够超越黑格尔之处。我们在黑格尔《哲学史讲演录》等著作中看到的是最裸露的欧洲中心主义，而韦伯则相对隐蔽一些。韦伯在现代化方面一个最重要的观点是：社会现代化与人类文明的现代性两者之间并不是完全同一的，即同时存在社会生产的现代化与文化的现代性。现代化是社会生产与生活中的一种现象，而现代性则是与宗教伦理与理性有直接关系的。由于东方与西方有不同的宗教伦理

---

① 方汉文：《比较文化学》，广西师范大学出版社 2003 年版，第 79 页。

与理性原则，因此形成不同的社会形态。西方特别是英国的清教精神培养了科学，具有实际知识、"经验自然科学的和地理学的方向、现实主义思维的冷静的明确性以及作为教育的专业知识"，这是资本主义产生的基础。虽然英国与中国的宗教伦理都是"理性主义"的，但是两者却有根本的不同："儒教理性主义意味着理性地适应世界；清教理性主义则意味着理性地把握世界。"① 所以，中国与西方才走上了不同的发展道路，西方通过资本主义实现了现代化，而这种现代人的实现主要是建立了现代性，这种现代性的主体就是理性。中国则停留于原始思维的"卡里斯马"，儒学虽然从形式上看是理性主义的，其实是一种非理性的宗教，这样的宗教不会产生资本主义，更没有现代性。

最重要的是，韦伯是在说，资本主义发展与现代化，并不是以物质的大量丰富、技术的发展为唯一标准的，更重要的在于一种新的精神，即理性精神的兴起，这种精神是清教的精神，这种精神所代表的是现代性，所以现代性的真正代表是精神而不是物质，这样，也就把社会生产的现代化与人类精神的现代性区分开来了。我们再来看现代性观念，其实早在韦伯之前，现代性观念已经存在并引起关注，韦伯所作的只是明确了现代性与现代化之间的概念差异而已，并不是说在韦伯之前没有现代性观念的存在，这是我们首先要指出的。从现代性观念的历史演变过程来看，它在西方的发展大致经历了三个阶段：

第一阶段是工业文明初起与发展阶段，18世纪以来科学技术的发展，社会经济的转型等现实状况，形成了以启蒙主义为代表的思想家对于现代性的理解，其基本态度是肯定的，以对

---

① ［德］马克斯·韦伯：《儒教与道教》，王容芬译，商务印书馆1999年版，第299页。

于资产阶级"永恒正义与理性王国"的赞美为主旋律，这是与宗教和封建的传统社会相比较作出的肯定。其中如卢梭等人关于现代性的矛盾看法已经为现代性批判埋下伏笔。第二阶段是工业文明的兴盛阶段，也有人认为是后工业文明。从19世纪到20世纪中期，经过两次世界大战，殖民与海外扩张使得西方现代化模式向不发达国家推广，垄断经济的飞速发展，西方的城市化进程加快，社会经济与社会生活形态再次发生转变。现代化社会的弊病全面呈现，产生了以法兰克福学派为核心的对于工业化社会和所谓"技术理性"的批判，这是对现代性批判的理论基础。法兰克福学派是西方马克思主义流派，他们的理论受到马克思和黑格尔等学说的很大影响，但是由于历史时代的不同，马克思主要是对于资本主义社会本身的批判，而法兰克福学派诸子则面临后工业社会现实，他们吸收精神分析等各派理论，以对于现代性的研究为主。这一阶段的总体特征是观念对立激化，对于现代性有褒有贬。第三个阶段是后现代主义的现代性批判，这是全球化时代的现代性反思。也有如杰姆逊等人认为，是后现代主义激活了现代性的反思。从20世纪中后期起，世界一体化进程加快，新帝国的经济征服在世界范围里推广了西方模式的"现代化"，同时，文明相对论也再次席卷全球，亚洲与拉丁美洲国家的经济现代化产生的新模式引发了现代性的深度关注。关于现代性的讨论在西方理论界此起彼伏，一大批思想家学者如杰姆逊、福柯、拉康、哈贝马斯、利奥塔、福山、艾森斯塔克等人从不同学科、不同思想体系来讨论现代性。这一时期研究的主要特征是深入解释了现代性的历史作用及与宗教、哲学、社会心理等各方面的内在联系，现代性作为一个独立思想范畴受到最大程度的关注，其最主要的成果之一就是"反现代"思想与多元现代性观念的提出。从方法上来看，比较文明学方法的应用是一个重要进步，多元文明可以具有多元现代性，这是从理论上总结全球化时代中各民族实现多元现代化进程的结论。本书作者作为这种理论的倡导者之一，愿就此做进一步研究。

3. 启蒙主义的理性现代性

现代性较早直接呈现于启蒙主义思想之中，启蒙主义思想家意识到，西方传统文化在 18 世纪的发展中具有了"现代性"的性质。如果说文艺复兴运动使西方社会摆脱了宗教思想的束缚，以古代希腊人的人文主义向中世纪宗教统治宣战，已经具有了早期的资产阶级思想萌芽，那么也就必须看到，文艺复兴还没有能建立属于自己的思想体系，人文主义精神还只是一种号召。西方文明在摆脱基督教这样伟大宗教的"脱魅"之际，还没有产生一种新的精神能够取代它。正如同中国在新文化运动中从伟大的儒家思想"脱魅"之后，仍然需要一种新的精神信仰来取代它。这就是要有一种同时制约中国思想与社会发展的精神信仰，也就是韦伯所谓"宗教伦理"，有了这种伦理还不够，还要有其社会经济与科学技术。同时，这些条件并不是自天而降，它是一种历史形成过程，只有社会文明的多种条件具备之后，才可能产生现代性。而这些条件可以说是在 18 世纪启蒙主义思想家登上历史舞台之后才真正具备。

启蒙主义思想家是历史上最大的思想家群体之一，我们已经多次历数过他们光辉的姓氏，虽然对于启蒙主义思想家包括哪些人看法仍然不一，但我们认为，至少伏尔泰、狄德罗、孟德斯鸠、卢梭、休谟、亚当·斯密、康德等人都可以归入这一阵营，其中有的人物如康德也被人归于其他思想流派的代表，这其实无碍大局。这些人以其思想观念建立了现代性观念。这些观念各不相同，但是其中主要观念是明显的。这就是理性精神、科学方法与民主制度观念，人类社会是发展与进步的而不是循环与重复的观念，人类可以掌握世界、人为自然立法的观念，他们的精神主体是批判主体。从方法论上，启蒙主义以实证主义与形而上学结合、以批判与建树结合的方法，对于后世有重大贡献。康德说过，启蒙主义者所处的时代是一个批判的时代，一切事物都无法逃脱这种批判，宗教躲在神的背后也无法逃脱这种批判。所有的批判其实都不约而同地集中一点，对于旧传统的批判，这是最根本的、也是最基本的批判。

正是在批判中，启蒙主义者提出了自己的社会想象。启蒙主义思想家的思想观念被人称之为"启蒙规划"（Enlightenment project），这个规划的内容其实相当丰富，其中也有相当不成熟的地方，如卢梭等人的回归自然的主张，这一主张本身就是矛盾的，它肯定科学文明给人类社会带来的巨大进步，同时重视主体的内心自由，歌颂自然，抨击现代文明所造成的人与自然的分离。也许正是这种自我的发现与对于自我与社会文明之间关系的关注，真正是一种现代性的因素。关于卢梭的思想矛盾，直至今日研究卢梭的学者们仍然难以雄辩地说明。卢梭关于现代社会的真正贡献却在他的《社会契约论》一书，我们已经指出，这是西方民主制度与人权精神的代表性论著之一，人生而平等，国家是自由人民自由协议的结果，当自由被强力所剥夺时，人民有革命的权力。国家的主权在于人民，民主政体是最好的政体。美国《独立宣言》、法国大革命的《人权宣言》，都是以此为出发点的，这也就是资产阶级永恒正义与理性王国的原则。因为理性只在正义的原则下才可能得到，反之，只有理性的正义才是真正的正义。这就是西方现代政治的原则，是启蒙主义思想家所留下的一笔遗产，这也顺理成章地成为了西方现代性的核心。

如果从一种历史主义观念来看，社会进步并不只是一种学派或是主张在起作用。启蒙主义只是 18 世纪的重要思想，但并不是全部内容，与启蒙主义同时代的许多重要的思想家也都对现代性观念的阐明有重大作用。

18 世纪的主导精神是什么？亚·沃尔夫有一个简明的规定，他用了三种主义来说明它：现世主义、理性主义和自然主义，其实还应当加上"世界主义"，这些思想都是与 17 世纪不同的新精神，它们共同组成了新世纪的以人为中心的现代精神。这种精神引导了重要的科学技术普及过程，农业的打谷机与切草机发明出来，怀亚特与保罗的纺织机，阿克赖特的水力纺织机等各式新纺织机也陆续发明出来。18 世纪末期发明了火车、蒸汽机车与轮船，气球与降落伞。化学工业中生产出大量的硫酸与碱[①]。科学技术与社会生产的结合，是现代社会的一个特有现象。工业化的兴起必然引起对于农业文明的反思，18 世纪法国出现一批研究社会经济的学者，被称之为"重农主义者"，当然他们所研究的并不只是农业经济，而是全部社会经济，他们是世界经济学也是政治经济学的第一个学派。

从学科思想来说，"重农主义"可能给人一个错误的印象，似乎他们是封建经济的拥护者，如同中国的重农抑商论者一样。其实并非如此，虽然魁奈也认为，农业与矿业是"生产性行业"，而其他行业只是"有用的"。这种观念在今日看来实属可笑，但是这个学派的真正贡献却不容抹煞，这个学派进行的主要是国家与社会生产和人民生活关系的研究，他们反对国家过度干预经济发展，主张让经济活动更加自由。国家的主要工作应当是保障社会安全、财产和自由，而人民应当有人身自由、支配生产与财产的自由。重农主义的贡献是使社会科学关注现实社会的经济，同时，它还提倡一种自由主义的态度，两者对

---

① 参见［英］亚·沃尔夫《十八世纪科学、技术和哲学史》下册，商务印书馆 1997 年版，第 9 页。

于现代经济观的建立有间接促进作用。

在经济学领域中，为现代经济奠定理论基础的是声名远扬的亚当·斯密，他是真正的资本主义经济理论的祖师，也是经济学领域里对于现代性最早进行系统阐释者。他在巨著《国民财富的性质和原因的研究》（Inquiry into the Nature and Causes of the Wealth of Natons，1764）中宣布，人类行为的中心是自我的利益，在经济活动中，同样围绕着自我的利益。如果社会经济活动的原则以自身的利益为杠杆，这种活动就有了坚实的基础。这种观念虽然在当时已经并不新鲜，但是却包含了新兴的资产阶级道德观。

这本书在中国被译为《原富》，译者严复对于这一原理体会最为深刻，他比较中国封建士大夫的代表董仲舒所说的"正谊不谋利，明道不计功"，对孔孟的"君子不言利"的封建伦理进行了尖锐的批评："小人之见，不出乎利。然使其规长久真实之利，则不与君子同术焉固不可矣。人品之下，至于穿窬极矣。朝攫金而夕败露，取后此凡所可得应享之利而易之，此而为利，则何者为害耶？故天演之道，不以浅夫昏子之利为利矣。亦不以磽刻自敦，滥施妄与者之义为义，以其无所利也。庶几义利合，民乐从善，而治化之进不远欤！呜呼！此计学家最伟之功也。"①严复这一番比较研究不但很有见地，而且表达了他急于以现代资产阶级道德来改造中国封建道德的迫切心情。世人只知道韦伯比较了英国的清教徒精神与中国的儒学，论证了资产阶级的宗教伦理与封建宗教伦理的差异，而不知道严复的贡献并不小于韦伯，他对于英国资产阶级经济伦理与中国封建伦理的比较，更有惊世骇俗的见解。更为有意义的是，严复

---

① 严复："《原富》按语选"，参见南京大学历史系、国营红卫机械厂编《严复诗文选注》，江苏人民出版社1975年版，第220页。

的观点是一种处于"他人"位置的、代表了东方文化传统的看法，更有洞若观火的视域优势。严复有一个预言，中国人的现代化将要超越西方，因为中国有西方所不具有的特点。"夫中国虽于今为冥国，而终为外人所严惮，而恐为其子孙忧者，有二事焉，一曰土地广大，物产浩博也；一曰民庶而勤，作苦治生也。以是二者为之资，设他者有能者导其先路。以言通商，则转物材以为熟货。其本轻价廉，以夺欧人之市有余"。事情的变化正如他所言，1900 年《原富》初版，1902－1903 年分册出版并加按语。就在严复的按语发表 100 年之后，21 世纪初期，中国在国际贸易中的重要作用已经显现出来，标有"中国制造"（MADE IN CHINA）的各类产品遍布世界，欧美国家中不断以所谓"反倾销"手段来遏制中国产品的出口，正是严复所谓"欧人之忌"也。

更为重要的是，他指出了资本最大的秘密是利润的追求。在原始的劳动形态下，全部劳动产品属于劳动者，但是由于资本家与地主的产生，资本或是财产就在个别人手中积聚起来，资本家利用资本雇佣劳动者，从劳动者产品的出售或是劳动者对于材料增加的价值上取得利润。国家的土地成为私有财产之后，地主利用地租来不劳而获，农民劳动产生的附加价值，成为地主的利润。这本是最简单的原理，以前的经济学家也曾经指出，但是亚当·斯密把前人的论述加以系统化，构成了一个有机的体系。这个体系成为启蒙主义关于现代社会经济的大纲，我们从以后马克思对于资本主义道德的批判中，仍然可见亚当·斯密学说的影响，马克思所说资本的每一个毛孔中都充满了血汗，其观念的原型当然就是亚当·斯密学说。

总体来看，启蒙思想家们的学说光明一片，似乎是一篇不可多得的好文章了，但这种对于现代性的阐释只是一种早期工业化时代的看法，现代性观念本身存在的内在矛盾会在社会发展中进一步暴露，这就使得它必然招致猛烈的批判。

4. 社会学的"现代性"贡献

从 19 世纪到 20 世纪中期，欧洲与美国完全工业化之后，或是如沃勒斯坦等人所说的世界体系完全形成之后，现代性的意义与其内在矛盾暴露出来，引发了对于现代性的进一步研究与反思。政治经济方面，有马克思恩格斯对于资本主义社会的批判，这种批判前承黑格尔哲学的批判精神，后启法兰克福学派；有人类学与社会学等新学科的学者马克斯·韦伯、涂尔干等人对于现代性的研究，有心理学包括精神分析学，从弗洛伊德到弗洛姆等人的理论。如果从总体上划分这一阶段现代性研究的代表性观念，大致可以分成两类：一类是理性批评，其实也是一种理性自身的批判，其主要代表人物是黑格尔、马克思、萨特存在主义与法兰克福学派；第二种是非理性的批评，其代表人物是尼采、弗洛伊德等人。也有人在两者之外列出一些语言哲学家对于现代性的批评，称之为"语言理性"，以区别于启蒙主义的传统理性观念，这也是一家之说。

社会学与人类学对于现代性研究的贡献向来被哲学家们所忽视，哲学家们往往对于人类学家与社会学家关于原始民族与现代民族之间的比较、对于实证主义的研究方式表示一种轻视。同时，哲学家与思想家们的研究也受到一部分人类学家与社会学家的厚诟，认为哲学家们的形而上学思辨缺乏事实根据，空言无根，甚至不能成为学术。其实这是很不公正的，这种现象直到今日仍存在，以致杰姆逊这样的学者谈到社会学对于现代性的贡献时，还有一种难以消解的忌妒之情："在那些已经站稳了脚跟的学术专业里，后现代性变成了一个名声不好的概念，因为后现代性一些较为棘手的后果，比如对晚期资本主义的新一轮理论化的工作，女性主义，对价值相对主义和社会现实之

'构建性'等观念的接受，现在都已有目共睹。所以即使人们不信任历史阶段化的思维方式，也会觉得现代性概念显得很学术，很体面，因为现代性概念不可避免地会把它自身的谱系追溯到社会学的奠基人那里去。事实上，社会学研究领域本身就是和现代性概念一同出现、相伴为邻的。"① 杰姆逊这里只提了社会学，没有说到人类学，其实，人类学与社会学一样，不仅是对于现代性的讨论，而且对于整个西方科学产生了重要影响。哈贝马斯在其颇有影响的论文《现代性的自我理解——两个传统的回顾》中，首先说明了自己是从"哲学角度"来研究"现代性"概念的，所以我们当然不能苛求他对于人类学与社会学家的贡献作出公正评价，但正是在这篇论文中，他同样不得不把韦伯的社会学理论作为主要的参考系②。

社会学与人类学早自 18 世纪后期就已经在西方兴起，19 世纪初期，德国生理学家和比较解剖学家布鲁门巴赫（Johann Friedrich Blumenbach, 1752—1840）对于人类学的形成有重要贡献。人类学主要研究人类起源、人类形态与人种，这些研究有自然科学成分与方法，但同时都与人类的社会发展有密切关系，所以人类学研究范围必然包括了现代社会。从人类学的研究方法与观念来看，它虽然不是以形而上学方法为主的学科，但是对于现代性这样的重要问题却是十分关注的。社会学（法文 sociologie）这个名称是法国实证主义哲学家孔德于 1838 年正式提出的，孔德最早对于社会学理论体系进行了规划，理所当

---

① ［美］弗雷德里克·杰姆逊：《现代性的神话》，张旭东译，载《上海文学》2002 年 10 月号，第 75 页。

② 此文是 1996 年哈贝马斯在汉城韩国哲学研究会的讲演，原文收入 Jügen Habemas Die, Postnatonale Konstellation, politische Essays, Suhrkamp Verlag Frankrurt am Main , 1998, 中文版译名《后民族结构》，曹卫东译，上海人民出版社 2002 年版，第 177 至第 206 页。

然地被视为社会学的创始人。20 世纪初，美国华德对于社会学进行了学科划分，主要分为理论社会学与应用社会学。但在实际研究中，各国社会学家主要是依据自己的研究对象来划分社会学的次级学科与相应学派，如心理学派、功能学派、生理学派、生物学派等。1949 年由联合国教科文组织发起，在奥斯陆成立了国际社会学会。中国从 20 世纪初期引进社会学，1902年章太炎翻译了日本岸木能武太的《社会学》，次年，严复翻译了斯宾塞的《群学肄言》，对于社会学在中国的传播起了重要作用。由于社会学与人类学产生的历史时代相近，所研究的对象有密切联系，所以无论是在中国还是在西方，这两门学科经常被放在一起。有的人类学家与社会学家的身份区分也不太严格，特别是经过英国文化人类学家马林诺夫斯基等人的努力，人类学中的社会人类学、文化人类学等学科与各种社会学学科交叉研究、互相结合已经成为一种趋势。

20 世纪中期起，欧美的社会学家反思现代社会所存在的问题，这一反思是与哲学中的法兰克福学派等相呼应的。"新左派"社会学家米尔斯等人开展对美国社会的批判，以一种实证的方法，使得持续了近 200 年的虚幻的"美国梦"开始在现实面前破灭。这一批判可以说是社会学对于现代社会批判的实例，但主要是社会现实的调查研究层面的批判。1976 年胡格韦尔特《发展中社会的社会学》出版，以后多次重版，这一著作引导欧美的社会学研究转向了发展中国家，同时探讨了多种现代化的现实与可能性。他认为，传统的"进步"与"发展"观念并不是完美的，因为这种"发展"观念只是经济的一维观念。实际上，进步与发展应当体现为多种因素，即政治、文化、个人价值、甚至外交等方面。最重要的是，他提出，现代化并不是西方化，每个国家都可能实现现代化，但是各有自己的特点，现代化不是一个单一模式。发展中国家的现代化应当有自己的发展战略，创造出自己的现代化。

社会学家同样提出了现代化差异性原则与多元现代化的理论，这种理论强调由于文化不同所形成的认识差异，而这种差异恰是反对西方传统逻各斯中心一统模式的、具有个性化特征的思维方式。传统的理论是一般包括个别，世界性决定地方性，同一性决定差异性。新的思维则是个别可以代表一般，地方性也是一种世界性，笔者认为这就是所谓"新辩证"论，只是西方社会学者有不同的说法。社会学家里克曼等人还主张一种"个体合法化原则"，其基本原则仍然是个体的、特殊的、地方的因素不能完全被整体的、普遍的、世界的因素所取代。如他所说：

> 社会学为什么趋向于个体研究，基本上有两个原因。一是社会科学引起我们兴趣的独特现象要比自然科学的多得多。一旦作出或证实某个普遍法则，如果没有进一步考虑的话，化学家就把化学制品遗弃在工作台上；而社会学家却仍然对'中等城市'（Middletown）的经历或西方资本主义的起源保持着兴趣。二是社会学的规则并不是支配社会中个体之间相互关系的规则。例如，我们能够按照生物学的、心理学和经济学的规则来解释家庭生活的全部事实，……在特定社会里只有依照其独特的社会文化背景才能清楚。这些思考已经通过批判的检验、合理的证明和系统的使用，来使研究个体的方法合法化这一点变得十分重要。[①]

这是思想方法上的彻底"脱魅"，它要挣脱西方的"世界现体化体系"式思维，这种思维自 18 世纪启蒙主义者到当代沃勒斯坦等人都不同程度地存在着。

---

① ［英］H. P. 里克曼：《理性的探险——哲学在社会学中的应用》，姚休等译，商务印书馆 2006 年版，第 188 页。

5. 重要的理论推进："人类学现代性"

人类学经常被人看成是考古学、神话学与民族学的附庸，从起源来说，学者们容易把人类学看成是 18 世纪文明与野蛮民族之间的相遇所产生的新学科。从研究方法上，田野作业与民俗调查式的方法使这一学科蒙上了一层远离形而上学理论探讨的色彩，所以研究现代性的学者往往对于人类学并不寄予相当大的希望。这些看法有合乎历史事实之处，也有不尽合理的地方，我们在这里不一一分辨。但应当进行一种正名的工作，实际上，人类学是对于现代性与现代社会贡献极大的一门学科，至少，是人类学学科使得我们理解了原始民族的思维方式与生活习俗，有了这种理解才能有"野蛮－文明"、"传统－现代"的二元划分概念，没有这种概念，现代性概念也不会在当代引起重视。

此外，人类学天生具有一种其他学科所缺少的文明与文化视域，人类学研究对象中原始部族与民族的生活与文明进化有较多联系。由于古代社会的生活状况是无法恢复的，对于古代社会的研究方法之一就是采取对于保持原始生活的民族的历史复原，以今天的原始民族生活来推断古代社会。这种研究方法是一般的历史学或是社会学所不可能具有的，同时，这种方法还具有一种跨越时间与空间的意义，即强调世界不同文明阶段的民族之间有可比性。目前关于这种视域还没有明确的定义，我们姑且称之为"文明间性视域（Intercivilizations），这就与比较文明学产生了一种互补。从这个层次上说，人类学对于社会进步与现代性的确具有自己独特的视域。

但是，早期人类学的理论观念的缺陷也逐渐暴露无遗，19世纪人类学的指导思想就是创立了社会学的孔德的实证主义，从这里也可以看出两个学科之间的亲密关系。孔德在《实证哲学教程》中有一句颇中肯綮的话："不应当从人出发来给人类下定义，相反，应当从人类出发来给人下定义。"他从思维角度把社会发展分为三个阶段：神学阶段——形而上学阶段——实证阶段。在这种思想的左右下，人类学者的主要工作是对于落后民族与原始民族生活的调查，把他们的生活方式与思维方式与现代社会、现代人类进行对比，从中推导出社会进步的理念。我们今天可以清楚地看到，这种观念是一种所谓"单线进化论"，明显受到达尔文生物进化论、启蒙主义理性进步观念的控制，主要代表人物泰勒等人的观念虽然在西方学术界已经受到批判，但在中国与其他东方国家仍然被看成是新思想，甚至被广泛运用于古代社会的研究。泰勒的《原始文化》（1870）、摩尔根的《古代社会》（1877）、弗雷泽（James George Frazer）的《金枝》（The Golden Bough）等著作都是其中脍炙人口的名著。以后，出现了涂尔干、马林诺夫斯基等杰出学者，发展出功能主义等重要理论。但这一切都没彻底改变人类学的研究。其主要观念中始终存在"原始的（Primitive）与现代的（Modern）之间的对立。他们的现代性主要是以西方文化与工业化社会为代表的社会特性、思维方式与行为方式。这种现代性的思想观念仍然是启蒙主义的理性，其中心是欧洲，也就是我们所说的"欧洲中心主义"。

正如我们已经指出，当代西方人类学正进入一个反省的阶段，反省的主要对象就是19世纪人类学的现代性。一般认为这种反省由韦伯的理论所引起，韦伯把现代社会与现代进行区分，并且比较了不同宗教伦理对于现代化的关系，从而也就意味着承认不同宗教可能选择自己的现代性。

其实，笔者早已经指出，早在1785年康德与赫尔德的争论中，理性中心论与欧洲中心论已经成为重要话题。赫尔德不是一个真正的人类学家，也未能完全克服欧洲论，他与康德之间

的争论只是启蒙主义者内部的意见分歧。1785 年赫尔德发表了
《人类历史哲学观念》第二部，引起康德的严厉批判。赫尔德
虽然是从一种形而上学的角度来看待人类历史，但是他已经看
到西方理性并不是普世性的，与欧洲文化相对，南太平洋岛国
的土著也有自己的文化。同时他已经指出，不同文明与不同民
族具有选择自己生活方式的权利，欧洲的理性并不具有无上的
权威。但赫尔德并没有能批判欧洲中心，他看到进化论的人类
社会统一公式是不完美的，他自己主张的则是一种"生命自我
调节原则"，即人类种族有其"内部的原始天赋"，这一原始的
"种子或天赋"是有差异的。可惜的是，康德本人的"普遍理
性"观念限制了他的思想，颇具代表性地表现了启蒙主义理性
与进化论的局限性，人类在他看来仍是"理性与道德"的产
物，他仍然是用"现代 – 野蛮"的二分法来看待欧洲与其他种
族的。所以他批判赫尔德理论的摇摆不定："因为有待于哲学
家去选择，究竟是承认天然的不同性呢还是根据 tout comme
chez nous ［一切和我们一样］这条原则来评判一切呢；于是他
那全部建立在如此之摇摆不定的基础之上的体系，也就必定带
有一种支离破碎的假说的外貌了。"

关于康德自己对于理性与世界文明的看法，有一段引言我
们前文已经涉及，此处不得不再次引用，由于它实在是太重
要了：

> 著者先生的意思可能是：如果从没有被文明国家所访
> 问过的塔希提岛上的幸福的居民，注定了要在他们那宁静
> 的懒散之中生活上几千个世纪，我们就可以对如下的问题
> 做出令人满意的答复了：到底他们为什么居然存在？以及
> 这个岛屿如果被幸福的牛羊而不被处于单纯享乐之中的幸
> 福的人们所盘踞，难道就不会同样地好吗？因此那条原则
> 就并不如著者先生所设想的那么邪恶。——也可能说这种

话的，就是一个邪恶的人吧。①

这里有两个问题：第一点是康德所说的"那条原则"是什么？第二，康德自己的态度是什么。

关于第一点，从文本的上下文看，康德引用了赫尔德原著中第260页的一句话："这对于人类历史哲学的确是一条轻松的但又是邪恶的原则：即人类是一种需要有一个主人并把自己最终天职的幸运寄托在这位主人或主人联系体的身上的动物。"在接下来对于这段话的批判中，康德说："哲学家则是说：'人类的天职在整体上就是永不中止的进步，而它的完成则在于一项纯粹的但在各方面又是非常之有用的有关最终鹄的的观念，我们在这上面必须依照天意的观点来指导我们的努力。"②很明显，康德所说的原则就是启蒙主义的理性与进步的原则，这种原则认为人类社会进步是直线式的进步，民族国家是人类共同智慧的产物，而原始民族与种族的生活状态则是不合理的。

第二点也就昭然若揭了，康德所说的"邪恶原则"与"邪恶的人"都是一种讽刺的说法，他自认为是坚持理性进步原则的，批判赫尔德抹煞社会进步的意义、把现代文明与野蛮甚至蒙昧民族的生活对立起来的作法。但是无可否认，康德同样认为，人类天职－天意－理性－现代文明之间是基本同一的，而与之相对的则是蒙昧野蛮社会。康德只是反对赫尔德的西方中心论，主张启蒙主义的平等与自由观念。在回顾了这一段历史之后，我们会发现，康德所反对的观念在当代人类学中却成为了最新的思想潮流。

---

① ［德］康德：《历史理性批判文集》，何兆武译，商务印书馆1990年版，第56－第57页。

② ［德］康德：《历史理性批判文集》，何兆武译，商务印书馆1990年版，第58页。

功能主义人类学家马林诺夫斯基晚年的研究方法有一定变化，他在后期著作《文化动态论》中把西方文明在殖民地的"扩散"作为主要研究对象，关注所谓"文化冲击现象"。他曾经说过："西方文化的大型扩张，所以非洲的文化变迁与欧洲的不发达地区的农村就会转变成与英国、美国和法国等工业发达国家的相近似的过程，这一过程没有根本的不同。"①他承认殖民地文明不能等同于西方文明，但是，这种变化有一个内在尺度与原由，这就是双方的利益追求是一致的，根据他的结论，现代性是不分西方与非西方的。归根结底，马林诺夫斯基的观点仍然是一种功能主义，所谓功能，就是满足需要的能力，他后期所说的"利益认证"（identity of interests），虽然与其以前的理论有所不同，但毕竟也未能脱离满足利益与需求的理论大框架。

当代人类学家正在反思几乎同样的问题，普世的现代性是不是存在？现代性是否只为西方文明所专有？因此，近年来出现的"现代性的本土化"等观念是一种新的思想潮流，标志人类学在现代性研究中的新动向。

美国人类学家萨林斯指出，全球化使得西方文化向世界扩散，这是一个历史事实。但是，非西方民族并不是放弃自己的文明去无条件地皈依西方，对于他们来说，现代性只是一种方案，任何民族都可以采取它，未必非要按照西方的现代性模式行事。他举了一个例子来说自己的观点。生活在极地附近的原始民族爱斯基摩人以前是用狗拉雪橇、最原始的捕鱼工具来生活，但是，人类学家们也看到，在布里斯托港的托基克，尤皮克村的居民们，已经开始使用飞机来养驯鹿了。用人类学家们的话来说，这是"旧石器时代生产的现代模式"，我们也可以

---

① Bronislow Malinowski, *The Dynamics of Culture Changes*: *An Inquiry into Race Relations in Africa*, Yale University Press, 1945, P. 17.

称之为"爱斯基摩人的现代性"的表现。

资本主义并没有使得爱斯基摩人的文明脱胎换骨，现代文明一定程度上只是为其提供了生产工具，而原来的"落后民族文明"同样可以具有现代性，这是非西方的现代性。所以萨林斯发表了这样的看法：

> 不仅爱斯基摩文化如此，最近被观察到有类似事实的其他北方群落——如德尼（Dene）和詹姆斯港的可瑞文化（James Bay Cree）——也如此。问题并不简单地在于他们如何在资本主义状况中竟然生存下来，或者是人们如何对此有所抵抗。这里的事实性质与其说是抵抗的文化（the culture of resistance），而毋宁说是文化的抵抗（the resistance of culture）。以熟悉的逻辑把外国的东西包容进来，使其发生同化，这使外来的形式或力量发生背景的变迁，从而也改变了他们的价值——文化之间关系的本质决定了文化颠覆的本质。这种富有意义的行动所内在的固有的文化的抵抗，是历史区分中更具有包容能力的形式，它既不需要一种故意强调文化对立的政治学，也不局限于殖民地被压迫者的反抗。（所有这一切出现的理论道路，与本尼迪克特文化模式论对鲍亚士理论的修正，经由白特生文化接触的理解，到列维－斯特劳斯神话学的结构辩证论这期间发展出来的理论路线一脉相承。）而作为西方支配对象及世界依赖关系的社会历史产物，他们对资本主义的经验受到一种本土生活方式的惯习（habitus）的协调。最终，资本主义的力量以一种不同的文化世界的图式而释放出来。[1]

---

[1]　［美］马歇尔·萨林斯："什么是人类学的启蒙——20 世纪的一些教训"，载马戎、周星主编《21 世纪：文化自觉与跨文化对话》（一），北京大学出版社 2001 年版，第 111 页。

这就是萨林斯等一批当代人类学家关于现代性的新概念，他们认为，现代性并非西方文明所特有的属性，也不是一种基督教对于罗马异教徒所特有的时代特性，不是启蒙主义者的理性时代。现代性是一种文化图式，它可以被不同民族以不同方式来实行，这里的不同民族，既包括原有的殖民地，也包括其他非西方民族，他们都可以接受与利用新科学技术，从而形成了不同于西方的"本土的现代性"，这种本土的现代性在全球化时代，是真正可能实现的、世界的现代性。

6. 论"多元现代性"

爱森斯塔德特的"多元现代性"是一种有影响的理论，国际学术界对它表现出极高的兴趣。关于这种理论西方学者有相当多的评论，我们不能一一介绍，只能从这种理论的基本内容与主要观点来分析它的意义。

对于这位世人知之尚不太多的学者，我们稍加介绍。爱森斯塔德特出身于以色列家庭，1947－1948 年曾经在英国伦敦经济学院进行研究生课程学习。1948 年以色列建国后，他开始关注文明研究。他主要从事社会学研究。据他自己介绍，其思想受到马克思、韦伯、马丁·巴伯（Matin Buber）、英国社会学与社会人类学家的影响。在伦敦经济学院学习期间，比较文明研究引起他的兴趣，莫里斯·金斯伯格（Morris Ginsberg）、马绍尔（T. H. Marshall）、雷蒙德·弗斯（Raymond Firth）、伊万斯·普里特查德、（E. E. Evans Pritchard）等一批社会学与人类学家的研究成为他学习的内容之一。他评价自己的研究时，认为自己主要是社会学理论家，以文明比较特别是政治比较为主要研究手段。具体的研究内容可以分为两个大的方面，一个是社会历史与现实的比较研究，一个是文明比较。

关于"现代"与"现代性"，他是这样理解的，他曾经说道：

> 当我们说"现代"一词是什么意思？这个问题此刻远
> 比 40 年前要易于回答。我们且将当下争论不休的"现代"
> 与"后现代"问题搁置不议——这些问题看来紧紧地与现
> 代／传统的两极对立相关。在我看来，在区分现代与传统方
> 面，下面的准则是决定性的。如欲现代化一个社会，必须
> 有一定的技术水平。非常重要的是有一个开放的市场经济
> 以取代一个封建的或是传统的经济类型。在政治与意识形
> 态方面，平等共享是要强调的。我说的绝不是利己主义，
> 例如，如果我们关注日本或是印度，我们就会发现大量的
> 共享与平等方式。但这是植根于西方统治地位的个性自由
> 的不同方式的平等。最后，是基于对于公众负责基础上的
> 政体。这些，在我的观点来看，是现代性的最低准则。①

这就是说，现代化并不意味着有完全统一的现代性，全球化时
代，存在着不同类型的现代性。不同现代性产生的原因是由于
有不同的文明，在不同文明基础上产生的现代性自然是各具特
色，虽然它们都是现代性。同样是发达国家，美国的经济与日
本的经济就有冲突，而这种冲突其实与两国的现代性不同有关。
民主，是现代性的重要因素，但是不同文明中的民主其实并不
相同。爱森斯塔德特认为："例如，印度的民主，就是当代社
会研究中一个令人困惑的问题，如果从人数上来看，印度是当
今世界上最大的立宪制度国家，但是大多数理论却无法适应印

---

① S. N. Einsenstadt, *Comparative civilizations and multiple modernities*,
Koninklijke Brill NV, Leiden, The Netherland, 2003, P. 929. 本书中所有爱
森斯塔德特著作引文均为本书作者所译，关于爱森斯塔德特比较文明的观
点可以参见方汉文的"文明史观与多元现代化：爱森斯塔特的理论"，
《西北师大学报》，2007．6．

度的状况，可见这些理论是有毛病的。这是另一种民主，它非常强大，但是有别于欧洲与美国的民主类型。我们经常忘记欧洲与美国的民主也是不同的，日本则有另一种立宪民主。所有这些制度都是民主的，但是政治文化、游戏规则（或不如说作为权威基础的规章制度、义务等等）是完全不同的"①。所以，他认为，现代性是有差异的，如果承认这种差异，也就意味着承认多元现代性这个核心概念。与现代性相关的"发展研究"（Development Studies）概念，他也提出不同看法，"发展研究"出现于 1945—1950 年，是二次世界大战后的新一轮世界经济动向。他认为："发展不仅仅只是一种 passé（过时），是一种历史，它更是一种精神的'留恋'。它曾经被认为是基于某种未经证明的与某种同一类型的社会与政治制度相关的一揽子事物。我们现在知道，这不是真的。不仅有不同程度的发展，特别是经济发展，而且有不同类型。"爱森斯塔德特明显受到当代世界经济发展状态的启示，从欧洲工业科技发展的单一模式，转向多种类型发展模式，承认 60—70 年代亚洲四小龙经济发展与 20 世纪末期中国经济发展，已经创造了不同于欧洲经济的发展模式这一现实。爱氏特别重视"现实"，他认为文明本质上就是一种现实，如西方文明就是基督教的现实，而中国、印度与日本的文明就是东方文明的现实。

　　这种多元现代性是如何产生的，它有没有理论根据，这是爱森斯塔德特要解决的第二个问题。爱森斯塔德特的理论体系与当代其他理论家的建构相比有一个特点，就是他的历史主义观念，如果把这种观念与他的"文明现实"观念结合起来，就可以看出他不是一位传统意义上的社会学家或经济学家，而是

---

① S. N. Einsenstadt, *Comparative civilizations and multiple modernities*, Koninklijke Brill NV, Leiden, The Netherland, 2003, P. 929.

具有历史主义观念的文明学家，而社会学与经济学则是他的专业知识范围。20 世纪的社会学与人类学中，传统方法受到多种理论形态的挑战，其中最重要的就是结构主义、精神分析等新理论思潮，这些理论以共时分析为主，在社会学研究中形成多种方法，这对于孔德时代社会学的观念方法是一种巨大的冲击。而 20 世纪末期，正在共时研究最为兴盛的时期，历史主义观念又重新兴起，这一次是以比较文明学等观念与方法为代表的新思潮，与传统也是不同的，它不是一次复旧，而是另一形式的革新。那么，经历了从 18 世纪到 20 世纪历史学及整个社会科学的巨变，从启蒙主义批判到历史"宏大叙事"的批判，已经使得西方历史主义受到重创，20 世纪末，福山（Francis Fukuyama）与卢茨·尼塔默尔（Lutz Niethammer）等人的"历史终结论"，宣告世界历史已经不存在。当然，这里所说的"世界历史"其实不过是"西方文明"而已，他们是说再也没有一种宏大叙事来代表历史的"一贯性与意义"。但是这种观念并不是尼采"上帝死了"的重复，恰恰相反，是上帝永恒的资本主义文明大颂歌，是"道成肉身"。福山所欢呼的是西方文明的自由在人类社会中的实现，先进的社会为人类社会前进的终点①。同时，再次提出一种现代化背景中的世界文明史，再次肯定早已经被福柯、拉康等人所否定的历史连续性，这是否可能？

　　爱森斯塔德特本人并不是一个有独立历史思想体系的学者，他的历史观念受到存在主义学者雅斯贝尔斯（Karl Jaspers）等人的影响，特别是雅斯贝尔斯的历史哲学，可以说对于他的历史观有全面影响。众所周知，雅斯贝尔斯的"轴心时代文明"

---

　　① 可参见 Francis Fukuyama ，The End of History and the Last Man，The Free Press，1992.

是西方流传相当广的一种社会历史观,在《历史的起源与目标》(1949)一书中,雅斯贝尔斯认为,人类具有唯一的共同起源和共同目标,虽然人类划分为不同的民族并有不同的文化,但是,在人类历史发展的一个"轴心时期",人类开始最早与最有成效的历史,历史就是人类所能达到的一切。因此,从这个历史时期入手可以理解人类"深刻的共同因素,即人性唯一本源的表现。"①以此为标准,他将人类文明史分为四个阶段:1)史前时代(公元前5000年以前的时代),文明的基本要素出现,人类完成了进化;2)古代文明(公元前5000年到公元前2000年),世界三大古代文明形态创立,即苏美尔-巴比伦、埃及与爱琴海文明,印度河流域的雅利安文明与中国黄河流域的文明。这一时期是人类由非历史走向历史的过程,人成为了人。民族与国家形成,世界大帝国建立,语言文字、神话艺术发展,高大的建筑与艺术出现,改变了世界的面貌。但是古代文明仍然未能形成精神运动,没有出现精神革命。3)轴心期文明(公元前800年至公元前200年期间,特别是以公元前500年前后为主要阶段),人类精神同时在独立出现,中国、印度、波斯、巴勒斯坦与希腊文明奠定人类精神的基础。"直至今日,人类一直靠轴心期产生、思考和创造的一切而生存。"②4)科技文明时代(公元16世纪到20世纪),欧洲文明成为世界中心,现代科学技术是欧洲文明的主要特征;经过这四个时代之后,将进入新的更高级的轴心期,人类社会将取得更大成就。

正如我们分析,雅斯贝尔斯的轴心文明论是一种有创新性的文明史观,但它是以西方文明为视域的、它是一种历史循环

① 雅斯贝尔斯:《历史的起源与目标》,魏楚雄、俞新天译,华夏出版社1989年版,第7页。

② 雅斯贝尔斯:《历史的起源与目标》,华夏出版社1989年版,第14页。

理论，从它的渊源看，与斯宾格勒学说有大致相同的思路。

　　爱森斯塔德特基本上沿用了雅斯贝尔斯的轴心文明论，特别是在人类文明的历史分期意义上，但是他却对于这种理论进行了新的解释。他认为轴心时代（The Axial Age）的本质其实是一种超验视域（transcendental vision）的出现，由此产生了先验的神圣精神与世俗之间的一种张力，这种概念同时出现于古代以色列、古代希腊、早期基督教、波斯与中华帝国、印度文明及其佛教之中，而在轴心时代之后则出现于伊斯兰教之中。这就引起一种新的精神运动，在这些文明之间的关系中，导致了一种内部界限的区分，并且由此改变了历史的推动力量，将人类引入了一个世界史的时代。

　　有的学者如本杰明·斯克沃兹（Benjamin Schwartz）关于轴心时代的性质有过这样的看法，他认为：

　　　　如果在所有这些"轴心"运动中确实有些共同的根本冲动的话，那么它就可能被称之为超验性的趋向……我这里是指这个词的语源学意义——一种返观的与超越的——一种批判性的、反映出其超越性问题的实际新视域。……它把我们的注意力引向了通过超验性，当然，我们所强调的是人类意识生活中的重大变化。我们更要强调的是那些为数不多的先知、聪明人，那些对于他们所处时代只有很小影响的人的意识。[1]

这里强调的是文明启蒙式的观念，所说的先知与哲人精神对于时代并不是有直接重大影响的看法也是合乎历史事实的。早期基督教、佛教、琐罗亚斯德教、包括希腊苏格拉底与雅典学者的思想、中国春秋诸子的思想，都不是当时时代的统治思想。

---

　　[1]　B. I. Schwartaz, The age of transcendence in wisdom, *Doubt and uncertainty Daedalus*, （Spring 1975），P. 3–4.

否则也不会有苏格拉底被杀、耶稣被钉十字架的历史。他们是精神启蒙者，是解放者，所对抗的是神秘与蒙昧，当然这个蒙昧不是蒙昧时代的含义。开启自由精神之门是他们的历史责任，也是他们悲剧命运的原因，但也正是这种压迫激励起精神反抗，反而造成思想革命。另外，这里所说的"意识"与"无意识"相对，人类意识的超验性，就是将人类从直接的生活无意识中提升，正如阿拉伯人所说：在穆罕默德之前，阿拉伯人生活于愚昧之中。建立了伊斯兰教之后，阿拉伯成为世界性的民族。虽然如此，可能正是这些宗教或是信仰的精神觉醒产生了世俗秩序（mundane orders），这种秩序的建立与精神启蒙有一定的内在关联。

如果说，在轴心时代之前，先验世界与世俗世界之间的关系没有明显的高下尊卑之别，那么轴心时代就为两者作了区分。如果进一步分析，首先出现的是一种知识阶层，他们人数不多，但他们是发展出神圣观念的中坚力量。如希腊哲学家、中国的士、佛教与其他宗教的神职人员等，他们也因此成为统治阶层或是次要的统治者的一个组成部分。这些人成为社会的精英，取得国家范围内的社会地位与意识形态的肯定，但他们仍然要争取进一步对于通讯与符号系统的生产与控制，以获得相对于其他精英领域的独立。这就引起了新的竞争，非政治的与政治化的精英集团们为实现自己理想的社会而彼此竞争，将对方看成是潜在的低于自己的对手。

由于事实上不可能所有的精英集团都能实现自己的抱负，于是会形成所谓"在野"与"在朝"的差异。而同时，这些集团又是不同性质的，他们就会发展成为多元的次级文化，其形式为政治与教育的精英组织，他们各自仍然坚持自己不同的文化与社会秩序的概念。这种分化与多元化形态是从轴心时代开始形成的，以后的历史时代受其影响，呈现一种多元化的历史形态，于是，进入现代以后就有多元现代性与多样的现代化形态，这就为比较文明学的研究提供了社会学的模式。

爱森斯塔德特认为，从轴心时代之后的各个历史时代中，世界文明应当说总体上是一致的，但是，每一种具体文明的模式又是从不重复的，从来没有一种文明与其他文明是完全相同的。究其根本，他认为仍然在于宗教与世俗关系的不同形态，他指出：

第一，在不同源流的文化中，先验的与世俗性秩序间的紧迫关系及解决这种关系的方式中存在决定性的差异，在用世俗词语表达（如在中国儒家或是古典中国信仰系统，或是不同方式的希腊与罗马的词语）与宗教词语（如伟大一神论传统的印度教与佛教）存在一定的差异。

第二种差异是以后的一神教信仰之中，其中有一个处于世外的并指引世界的神的概念，在这些系统中，如同印度教和佛教之中，神的系统被认为是非人格化的几乎是隐喻性的词，并且有一种与俗世间的长存的紧张关系。

另外一种主要差异则存在于先验的张力解决的关注，用韦伯们的话来说就是拯救。这里的差异是在于纯粹此世与彼世之间并且结合二者的拯救的混合物。并非偶然地，这种"世俗"的拯救，如在中国，一定程度上来说在古代世界，几乎是现世的拯救概念。或是一种隐喻性的非自然神的张力概念，如同在印度教和佛教中那样，是趋于彼世的拯救。而伟大的一神教则是此世与彼世结合为一的拯救。①

如果要概括他的学说，从思想上来说，是雅斯贝尔斯与马克斯·韦伯的结合体，主要取用雅斯贝尔斯的轴心时代理性来划分历史阶段，用韦伯的宗教伦理学来说明社会经济发展原理。

---

① S. N. Einsenstadt , *Comparative civilizations and multiple moderni-ties*, Koninklijke Brill NV, Leiden , The Netherland, 2003 , P. 215.

但这两者之间的结合其实是相当困难的，雅斯贝尔斯的存在主义观念与韦伯学说之间有难以调和的理论源流差异，这种差异是内在的，是原理性的，用于历史之中，则是发生的，特别是在社会历史观中，很难简单结合为一。

虽然如此，爱森斯塔德仍然是有重要贡献的，这种贡献其实是观念性的转折，即肯定一种思想，这就是肯定了多元现代性的存在。多元现代性意味着在西方文化传统之外，可以实现现代性。现代性不是一种文明所固有的历史产物，西方文明有西方的现代性，这种现代性的历史起源甚至可以上溯到罗马时代与早期基督教。而其他文明实现一种世界历史意义的现代性，也可以早到轴心时代。现代性，它的意义在于世俗与神学的精神确立与其间的互相促进，这才是人类精神觉醒，这才是现代性。关于未来文明，他的看法集中于三点：首先，未来文明发展框架的基本特性是非确定性的，是自然的或是理性的，是进化性的或是革命性的，这些都提供了多种多样性文化的开端。其次，那些基本的、进展深远的文明模式在大的框架内，发挥影响社会生活的作用而导致各种文明结合体的兴起。最后一点则是，创造性的基于文明多元主义的非确定性可能会在某种文明模式中重现，并且产生悖论性的问题，这正是比较研究所需要纳入自己视域之中的①。

观点类似于爱森斯塔德特的学者尚有不少，我们不再一一介绍。要强调的是，多元现代化已经成为一种当代有影响的理论。我们认为，世界文明发展与现代性形成，必须有一种历史观念，现代性产生的历史中就已经具有一种传统与革新、自身与他者之间的区分。当西方基督教以自身区别于其他宗教时，

---

① S. N. Einsenstadt, *Comparative civilizations and multiple modernities*, Koninklijke Brill NV, Leiden , The Netherland, 2003, P. 56.

这就唤醒了现代性意识，基督教就是从东方进入希腊与罗马的一种新信仰，正是东西方文明的结合产生了现代性。1600 年之后，欧洲文明依赖殖民扩张进行了第二次现代性的意识唤醒，工业化生产在欧洲兴起，这种文明本身就是依托海上交通发现才得以形成，更为重要的是，欧洲借助于东方——这个他人的映象——才开始认识了自己。认识到东方是非现代的，西方文明所具有的是现代性。其实这只是再次说明，两种文化的大相遇才再次产生现代化。

轴心时代文明的形成与分化，确实有自己的现代性意义，这就是证明了文明实现的多元性，这种多元性实际上为社会的现代性提供历史借鉴，从本质上来说，这是一种历史主义观念，这种历史主义更是一种具有思维改换性质的观念。从这种思维出发理解当代社会，"东方文明现代性"就是一种实在。18 世纪之后，由于资本扩张形成的东方文明的转型与反转型，已经产生了东方现代性雏形，日本的改革型现代性、印度的殖民统治与多种作用的现代性、新加坡等国的结合东西方文明的现代性，都已经产生了新的现代性形式，我们称之为"东方文明现代性"。

目前，这种东方文明现代性正在发展之中，其形态的演化特征主要是民族特性在对外接纳的不同方式上的再现，保持民族文明并且创造新的文明，这就是东方现代性的前途。

A STUDY
OF COMPARATIVE CIVILIZATIONS

比较文明学

第三册

比较文明的社会形态论:民族、国家与权力

方汉文 著

中华书局

目 录

为了造就普天下的幸福，有必要建立一个一统的世界政体。

——Dante Alighieri *On World Government*（*De Monarchia*）

理论工作必须阐述帝国与文化的关系。

——爱德华·W·赛义德《文化与帝国主义》

深挖洞、广积粮、不称霸。

—— 毛泽东

第一章 "中国认证"及其他

一、国家理论研究的新阶段

从古代希腊起，国家理论就一直是学者们所关注的焦点之一。近代欧洲民族国家兴起后，关于国家理论的研究更是日趋深入。16世纪荷兰、17世纪英国与18世纪法国的多种启蒙主义思想、民主主义思潮从不同角度冲击着国家理论。19世纪现代自由主义的兴起，使得国家问题再次突显出来。在此之前，西方理论界的近代自由主义已经名不符实，严格限制国家权限，经济上的放任主义，使得近代自由主义成为了实际上的保守主义。于是，现代自由主义者们主张国家更大程度的干预，英国哲学家托马斯·希尔·格林在《论政治义务原则》一书中，强调国家有义务进行个人自由权益的法律制定，以培养"积极自由"的精神。这种理论不仅对于西方国家是理论支持，而且也成为西方国家努力发展的方向。特别在以民族国家为主体的政治体制中，这种理论引发的相关问题如民族主义等，是相当复杂的。但我们同时也要看到，国家理论的研究也成为迫切的历史课题。

事实上，直到20世纪，关于家庭与国家的起源与定性的理论，关于组成人类社会最基本的家庭、民族、国家与世界国家等方面的研究，却处于一种复杂的状态。所谓复杂，就是指研究的范围日益扩大，已经从原有家庭婚姻起源研究，扩展到新的不断扩大的"欧洲共同体"出现所引起的"欧洲统一国家"与"世界国家"等新方向的探讨。

　　另一个方面是，研究方法在不断革新，精神分析学方法、人类学方法与社会学方法等不同学科方法的增加，使得这些关系到人类社会与文明的重大问题前所未有地引人注目。同时，研究的成果却差强人意，真知灼见并不多见，相反，许多陈腐的旧说却陈渣泛起。传统理论的观念的中心地位被边缘化，其结论已经无人认真思考。恩格斯的《家庭、私有制和国家的起源》写于1884年，这篇文章的副标题是"就路易斯·亨·摩尔根的研究成果而作"，很明显，这是对于人类学发展的一个理论回应。一个多世纪以来，人类学比起摩尔根时代来说早已经普及，几乎每一个文科大学生都知道马林诺夫斯基、列维-斯特劳斯、涂尔干等人，但人类社会理论却已经淹没在对于原住民生活细节的津津有味的体味之中，人类学几乎已经失去了其最初的宗旨，成为一种怀旧的情感抒发，科学性也大打折扣。更为严重的是，美国人类学家与社会学家萨林斯等人还指出人类学理论中的殖民主义与欧洲中心主义倾向，所以近年来这一学科理论上不但没有取得新的大进步，相反处于一种令人不安的境地，琐碎的研究对象与拘谨刻板的研究方式，使这门曾经光彩熠熠的学科变得黯然失色。

　　斯是道之成，抑是道之毁？

　　20世纪末期，世界政治格局变化在理论上得到了反映，半个多世纪的共产主义与资本主义世界的对立以苏联的解体发生了力量对比上的转折。于是，理论界中的资本主义社会成为了"历史的终结"，西方学者们已经开始在安排"世界新秩序"。这一历史状况使某些人产生了一种幻觉——历史在重演——中世纪的"罗马帝国神话"再次出现，最奇怪的是，中世纪诗人但丁等人充满神学思想的、本是荒诞不经的预言，竟然成了几位自视甚高的西方学者的法宝。这种神话被用来歌颂资本主义的胜利，"历史终结论"再次成为世界帝国主义的颂神曲。这是上一个千禧年以来世界学术思想界中的最突出的现象之一。

世界理论界风云变幻莫测，一些理论界的常青树如哈贝马斯等人依旧引人注目。只是，今日的法兰克福学派已经同昔日迥然不同了，1968 年学生运动中，法兰克福学派学者们产生分化，有的人成为学生的精神领袖如马尔库塞，也有人却受到讥讽如阿多尔诺。如果马尔库塞地下有知，看到哈贝马斯等人今日的表现，他会惊叫着跳起来，高举复仇之剑，如同哈姆雷特那位死不瞑目的父亲一样，光临城堡，希望掀起一场复仇的暴风雨来。《庄子·至乐》中讲了这样的一种恐怖场景：

> 庄子之楚，见空骷髅，……夜半，骷髅见梦曰：子之谈者似辩士。①

"辩士"这个词如果用以形容当代另一位理论家——美国人福山——也是再合适不过的。如果说马尔库塞就是这个幽灵，那些当代的庄子们可能会听到这样一段反对的话：

> 乌托邦是一个历史概念。它指的是被认为不可能实现的社会变革方案。为什么不可能实现？在通常有关乌托邦的讨论中，当一个既定的社会状况的主客观因素妨碍了改革时，在所谓不成熟的社会条件下，要实现一个新的社会方案是不可能的，法国革命期间的共产主义方案，也许还有高度发展的资本主义国家中的社会主义，二者都是实际缺乏或者被认为是缺乏主客观因素而使成为不可能实现的例子。②

---

① 《庄子·至乐》，参见《新编诸子集成》第三册，中华书局 1961 年版，第 617－618 页。

② ［德］马尔库塞："乌托邦的终结（1967 年）"，参见上海社会科学院哲学研究所外国研究所研究室编《法兰克福学派论著选辑》上卷，商务印书馆 1998 年版，第 595 页。

虽然这是 20 世纪 60 年代的理论，但这种理论听起来像是一种"后现代"的不连续的旋律。其实，法兰克福学者们也的确就是福柯们的前驱。在当代永恒帝国的颂歌再次响起时，它们的声音仍然是西方人能听得进去的乐章，尽管这种乐章有时使他们感到惊悚与恐慌。

家庭、家族、民族国家、世界国家、世界帝国等相互关联的重要范畴，已经使得我们必须从文明角度来讨论它。但是，在讨论之前，我们必须对于目前相当流行的一些看法进行简单检讨，这些看法与我们所讨论的问题有关。

二、再论所谓的"梁启超问题"

在开始国家与民族理论研究之前，我们有必要先对一个关于中国国家认证的荒谬学说予以简要分析。西方学者普遍存在一种错误的看法：即中国学者梁启超等人承认中国没有国家的认证，由于这种看法在国际关于民族与国家的研究中相当盛行，我们有必要予以澄清。

这种说法是毫无根据的。梁启超在批评中国旧史学时说它有"四蔽"，具体是：

知有朝廷而不知有国家；知有个人而不知有群体；知有陈述而不知有今务；知有事实而不知有理想。①

梁启超其实是在批评中国旧的历史研究方法，而不是说中国人不知道有国家。因为他认为中国旧史学没有反映出中国人的国家观念，才进行了批判。事实上这正可以说明，在梁启超看来，中国人是有国家观念的，并且这种观念是十分强烈的，否则他不会将旧史学的这一缺陷再次提出。

---

① 参见梁启超的《新史学·中国之旧史》，载《梁启超选集》，李华兴、吴嘉勋编，上海人民出版社 1984 年版，第 278－280 页。

同时，我们也要指出，也正是梁氏的这一说法中的错误成分，成为了西方学者的借口，这种伺机混淆是非的做法是十分可笑的。中国史书中关于中国作为一个独立国家与民族的观念是极为强烈的，这种观念在同"四夷"等的对比中随处可见。这根本就无须再一一指出了，只需翻开二十五史，几乎无处不在。中国的史学家从司马迁开始直到清代史学家，无一不重视国家制度典章、民族构成、经济社会的研究，这种研究当然全都是以中国作为一个独立国家为基础的，所有的史学资料整理、观念生成与结论，无一不是以中国为独立国家作为出发点的。所以梁启超对"旧史学"无国家观念的批判本身就是无的放矢。

从历史上看，中华帝国作为文明古国，其民族与人民必然首先对这个古代国家进行认证，而古代中国是以中华民族为主体的，在这种认证中，必然有对于中华民族的认证，中华民族与中国国家，二者是结合为一的。因此，不能完全否认事实，不承认对于民族与国家的认证。我们谨举《诗经》中的几个例子，就可以将这种看法彻底推翻：

> 明明上天，照临下土。
> 我征徂西，至于艽野。（《诗经·小明》）

> 厥德不回，以受方国。（《诗经·大明》）

> 惠此中国，以为民逑。
> ……
> 惠此中国，国无有残。（《诗经·民劳》）
> 周虽旧邦，其命维新。
> 有周不显，帝命不时。（《诗经·文王》）

这些诗句中，既有对于本民族与本国家的肯定，也表达了捍卫民族与国家整体性的意志。由于中国是以汉族为主体的民族，汉族居于国家主要地位。而汉族本身又是由古代多种民族融合而成的,从先秦到明清,众多的民族文化融入了中国文明。这是中国文明与欧洲民族文化的重要不同。在欧洲多民族共处的历史环境中,各民族的自我认证是十分突出的。而在中国,汉族虽然区别于周边民族,但汉族作为主要民族,是国家主体,多种民族不断融合起来,即使在元清两代少数民族掌握政权的时代,汉民族所创造的中国思想文化的传统仍然是主流。因此这种民族认证往往与国家认证结合为一。这并不是没有民族认证,更不是没有国家认证。

关键并不在于梁启超本人的说法如何,而在于以这种说法为依据来否定中国人的国家观念,这是绝对行不通的。

三、关于"宗族社会说"

有一种"东方宗族社会"的说法极为普遍,最有说服力的证据是这样的:东方文明是家族中心,西方是个人中心,或是换一种说法,中国社会的构成是宗族社会,西方则是民族国家社会。有一批西方的历史学家、哲学家与人类学家持这种观点,也有一批分布在世界各地的中国学者认同这种看法。相当多的中国学者虽然并不赞同这种看法,但是并没有从理论上看到这种观念的错误所在与深远的危害,或是由于各种原因,对于这样一个重要的问题表现漠然。本书作者以为,此种评价涉及中国国家的性质与历史,涉及对于中国文明的评价,是绝对不能轻视的。

新加坡的李光耀表达过这样的看法,

> 东方文化可以分为好几种:中国、日本、韩国和越南。同样的,西方文化也有好几种:英国、法国、德国和美国。全球化并没有使东方或西方文化变成单一文化。所有的文化都崇尚廉耻、效忠、诚实、行善和其他美德。不过,东

西方文化之间是有差别的。中华文化强调的是和谐与秩序，以家庭为核心，社会重于个人。

欧洲文化重视个人自由和权利。欧洲人强调自由、平等和博爱，就如 1789 年爆发的法国大革命所体现的精神一样。①

更有代表性的是美国的华裔学者张光直先生关于中国国家与历史特点的看法，其主要观点是与李光耀相同的。李光耀先生的看法虽然强调中国人以家庭为核心，社会重于个人的特点，没有涉及东西方关于国家与民族的看法，但这种看法已经使人对中国人的宗族社会观念产生错觉，与现代国家理论中关于国家是非血缘性与地域性的特点相对立。而张光直先生则直接将中国的国家与社会建立在所谓的家族关系基础上，我们在相关章节已经评论过这种看法，这里就不再重复了。

其二，一种歪曲中国的国家性质，否认中国民族国家认证的说法越来越强，很有在中国人缺席无言的状态下进行宣判的趋势。这就是所谓的"中国认证"（Chinese Identity）。

从 20 世纪 50 年代开始，西方学术界就一直在讨论所谓"中国的国家认证危机"。首先是对于世界性的"华人现象"与中国国家之间的关系进行分析，认为华人的民族认证不等于对于中国国家的认证，这样可以给遍布世界的海外华人以不同的国家认证可能。另外则有形形色色的关于中国民族国家认证困难的说法，其中最为显著的借着梁启超与列文森等人的"中国古代无国家"之说所展开的否认中国民族国家统一性。

要解决以上问题，需要的是有体系的理论。尽管中外学者已经对此进行了深入的研究与有力的批驳，但是要从理论上真

---

① 李光耀："全球化过程中的东方文化——在中国科学家人文论坛第三次会议上的讲话"，《文汇报》，2004 年 5 月 7 日 C 版。

正对于这些学说进行销魂薄上的除名，需要有力的一笔。这一笔正是来自于比较文明学。比较文明学的意义所在并不仅仅由于它是一门学科，而主要在于它是一种理论体系。当然比较文明学本身是一种学科，这是无须证明的，但它更是一种体系化的理论，只有体系化的理论才可能解决这样重要的历史问题。什么是理论体系。所谓体系（system）就是系统，它与部分相区别，代表一个整体，整体是由不同功能、不同作用、不同位置与势能的成分所组成的。在理论体系中，一般是由本体论、认识论与方法论等部分所构成。除了理论体系构成外，理论体系还有形态上的特征，即由理论逻辑、理论史（包括实践）和理论观念等三大重要部分组成，才可以称之为理论的体系。只有这样的理论体系，才可能回答时代所提出的重大课题。只有这样的体系，才可能对人类文明的历史作出系统的解释，而并不只是一种肯定或否定的观点与表述。它才可能对于人类文明历史阶段、社会结构与社会团体的构成作出解释。只有理论体系才可能从根本上解答问题，如什么是家庭、家族、部族、宗族、民族与国家？理论体系可以对这些重要概念进行缜密的定义与分析，在这种分析的基础上，解决文明归属与特性等根本问题。然后，才可能指出中国文明与中国社会具有什么特点，如何认识它的位置与特性等。

老黑格尔早就说过：

> 知识只有作为科学或体系才是现实的，才可以被陈述出来；而且一个所谓哲学原理或原则，即使是真的，只要它仅仅是个原理或原则，它就已经是假的了；要反驳它也就很容易。①

---

① ［德］黑格尔：《精神现象学》上卷，贺麟、王玖兴译，商务印书馆1987年版，第14页。

这并不是老黑格尔的故弄玄虚，因为世界学术史的经验恰恰证明：有体系的理论总能战胜零碎的言说或观念。在东西方的学术交流中，古代中国六经与先秦诸子包括老庄孔墨学说，古代希腊哲学和十九世纪德国哲学，印度佛教经典都有系统的理论体系，所以影响深远。当代比较文明学理论在 21 世纪的中国与日本有较系统的研究，已经形成有体系的理论，只是当这种理论体系是来自东方的声音时，此曲不知能否为西方所理会，我们已经不得而知了。但，世界的前途，必须有民族与国家理论的解释，这也是我们不得不以理论体系的形式提出解答的原因。

第二章　文明与社会团体

一、"社会团体"范畴

宗族、家族、民族和国家在学术术语中通常被称为社会团体，那么，什么是社会团体，如何看待社会团体呢？

本书作者认为，要理解社会团体，必须先理解人类的社会性。在当代学术界，承认人类社会性是人类区别于其他动物的本质特性，已经是一种相当普遍的认识。这并不是说，其他人类特性并不重要，例如通常所说的理性、道德之类人类所具有的品德并不重要。我们已经说过，理性当然是人类的主要特性之一，道德也是人类最重要的品德等等，如康德强调的"头上的星空，心中的道德律"，这无疑是重要而必然的。但是，无论是理性还是道德，都是伴随着人类从动物向人进化的过程产生的，它们是人类社会的产物，而不是理性与道德产生了人类社会，这是一个重要的认识论原理，也是我们必须首先肯定的。例如只有在农业社会中，才可能产生较高级的封建社会道德体系，君臣父子，伦理纲常。而在原始社会中则不可能有这样的道德。同样，只有在发达的农业文明中，才可能有了理性思维的高度发展，直到今日依然存在的一些处于原始生活状态的民族中，尚未有发达的语言与理性思维方式的存在，就是一个明证。所以从更大的范围内，理性与道德等也属于人的社会性。

社会性是人类的基本属性，其实有不同的层次，首先应当从生物的最直接本性来说，人的社会性包括了直接的社会性行为，例如群居、配偶、养育等社会性质的行为。一定程度上，这种属性其他动物也具有，但是与人类的社会性有本质区别。因为人类与动物从自然来说，都是动物。这是比较的基础，同类相比，异类不比，山高与太阳高不能比，那种比较是无意义的。动物也可能有社会性因素，或是像某些哲学家所言，动物有它们的社会，蜂群有蜂王、公蜂与工蜂，这就是一个社会。在某些寓言或是民间故事里，因为工蜂劳作，而公蜂不工作，为工蜂抱不平。如果确实以这种观念来评价蜂君则是极为可笑的，因为这是用了人类社会的逻辑来批判"蜂的社会"。实际上，蜂群与人的社会是霄壤之别，蜂只是群居而已，如同狼群集体捕食一样，无论是蜂群还是狼群，都有群居性可能还会有分工等等。

但是，这种群居性与人类社会性之间是无法相比的。所以我们完全没必要替工蜂鸣不平，蜂不会用人类社会标准来衡量自己，工蜂们从来不会为自己鸣不平，它们也不会为自己骄傲。它们是没有理性的，也没有人类的理性与道德标准。这个道理，恰恰是庄子说过的，人与兽之间其实有不可通约性，当人类先验地认为自己知道动物时，已经在潜意识里用人类社会规律来衡量动物了。那个恒久的问题就是：

子非鱼，安知鱼乎？

这种诘问当然是合理的，它的合理在于我们无法想像异类的思想。但同时，这种推论又是不合理的，如果我们不能想象，那么我们则不可能理解任何事物。其实，这不过是康德式悖论的再现，我们早已经从辩证逻辑的层次解决了这一问题。人类是唯一真正社会性的动物，社会性是人类社会区别于动物的一个重要方面。同时，我们也要看到，其他动物也具有较低级的群居本能，自然界的生存规律要求动物群居来觅食、防御敌人和繁衍后代。动物的这种属性是一种本能，人类社会是一种理性，这是最根本的差异。正是由于承认这种差异的存在，那么，我们也就具有一种可能，即异与同的"具一性"，中国古代辩证逻辑认为，同与异不是绝对的对立，同与异之间可能俱于一个事物之中，即同与异的连接性与结合性。简单地说，就是万物之间的互相关联方式，这就是《易传》所说的：

　　　　万物暌而其事类也。

这就是易经中的辩证认识方式，正是从这种差异与同一性的思维方式中，我们发展出新的辩证认识方式，并且以这种认识方式来看待"社会性"。

　　"社会"这个词在汉语中是最有代表性的，它是由"社"与"会"所构成的。社，从木，《说文》曰："各树其土所宜木。"古代部族根据所在的土地性质，栽种合适的树木，这就是社。所以有松社、柏社、栗社等各社。这种风习与欧洲的树神崇拜是基本相同的，我们可以推测，它的起源可能就是农业社会中的树神崇拜，这种崇拜是一种信仰，也是农业文明生活的一种需要。一个部族或是家族定居于一定地区，在本土范围里种植树木，构成最早的居民组织。进入文明社会以后，从部族的社会发展为社会的组织，《周礼》曰："二十五家为社。"可见在周代，以二十五家为一种基层组织，是社会的构成。这可以说是较早的社会组织，近现代意义上的社会其实是从这里发展出来的。如果要对社会一词作出最简明的定义，这种说法可能比较适宜：在文明进化中，社会在不同时期有相对独立的所指，它的基本含义是指由于生产与生活活动所形成的人类组织与团体，这种组织与团体只有政治、经济与文化的共同性，并且有它不同层次的机构。正是由于社会的形成，人类开始从自然的动物向社会的动物进化，人类主要生活于各种不同的社会环境之下，世界上绝大多数民族是社会民族。虽然各种社会有不同的制度与构成，但是人类社会的基本构成是相近与类似的，这就是所谓的"万事睽而类同"的道理。因此，人类的社会团体构成其实就是人类社会性的更高级形态，这是在直接的动物的群居等属性之上的。

社会团体，就是人的分类与阶层，它是人类社会的一种实存形式，是社会性的一种表现形式，也是一种极为多样化的形式，这种多样化是指它形式的多样与性质的多样。总体来说，世界各民族都是以家庭与家族为早期的社会团体基本构成的，这是无可怀疑的。由于居住地域、宗教信仰、社会生产形态的不同，产生了早期的部族，并且从部族进化到了民族。中国的历史文献记载完善，古代典籍中，从最早的部族到国家产生的过程是清楚可见的。

二、家庭与世系制度

一般认为，从渔猎文明的后期，家庭就开始逐渐形成。这时的社会状态是以部族为主体的社会构成，虽然只是一种早期形态，但是由于婚姻制度的进化，人类越来越文明，杜绝了乱伦，建立起最早的道德与伦理观念。进入农业文明社会之后，完全的部族社会才真正实现。在渔猎生产中，土地不是社会的主要生产资料，所以并未受到应有的重视，而山林与河流则处于主要资料地位，因此被各个部族所占有。由于生产的发达，形成了最早的商品交换关系，这就是马林诺夫斯基所说的"库拉"。但是正如马林诺夫斯基所指出，无论是社会经济、宗教信仰还是其他因素，都无法取代社会组织的作用，其实也就是社会团体的作用。所有的社会团体都是建立在家庭的基础上的，所以家庭的出现应当是人类社会化最典型的特征，正是家庭的出现，保证人类社会防止乱伦，出现性禁忌。同时，也正是家庭的出现，使得部族社会本身保持稳定。

英国民族学家麦克伦南·约翰·弗格森提出，人类社会中，母系部族的存在可能早于父系部族，这种看法在人类学中比较容易得到肯定，美洲的原始民族中，鄂占布瓦人是父系，而相邻的同族的特拉华人与摩黑冈人，主要是母系。其他较发达的民族中，仍然可以看到母系部族的残余，希腊的吕底亚人是一个较发达的民族，但是他们仍然是母系社会，所以希罗多德认为，吕底亚人的种族特性是从母姓。澳洲原住民中，相当多的部族是母系制度，中国的摩梭湖地区至今仍然保持着母系部族的一些特点。这些都证明，至少母系部族的制度存在是无可怀疑的。

现代社会中的家族是以父亲为中心的，姓氏从父，家庭的财产关系以父亲为转移，这是一种普遍现象。这就有两种可能，一种可能是上古起，就有两种制度的存在，即母系部族与父系部族同时存在（这里我们不用"母系社会"与"父系社会"的传统说法，因为尚无证据可以证明，存在过单一制度的社会）。另一种可能性则是，曾经存在过以母系部族为主体的社会，以后发生了根本性的变化，从母系部族转变为父系。关于第一种可能性，没有进一步讨论的必要，因为直到今天仍然有母系部族的存在。关于第二种可能，即从母系向父系的转变为什么会发生，又是如何发生的，确有必要予以探讨。关于这一转变，摩尔根曾经这样说：

当牛羊开始作为家畜饲养从而成为生活资料和私有财

物以后，当耕作促使房宅和土地属于私有以后，必然会出现一种与当时流行的氏族成员继承制相对抗的运动，因为此时父亲的身分日益确定，而旧有的继承制度却排除财产所有者的子女的继承权，而将他的财产给予他的同氏族的亲属。父亲们和他的子女共同为争取新继承制而奋斗，这就为世系的转变提供了充分强烈的动力。随着财产的大量积蓄并具有永久性，随着私有财产比例的日益扩大，女性世系必然会解体，而男性世系相应地必然会取而代之。①

其实，摩尔根的说法早已经受到了相当广泛的质疑，是否私人财产的出现就必然导致母系制度的消亡？私有财产的出现会产生家庭与家族制度的变化，这是正确的，但是，这种变化并不一定就是母系制度的消亡，母系制度消亡与私有财产的出现两者之间并不存在必然联系。私有财产出现后，母亲仍然可以拥有财产并保持统治地位，这种财产当然也可以被子女继承，特别是被子女中的女性继承。母系制度可以在私有财产产生的社会状态下存在，已经得到十分普遍的证实。近年来，西方学者中曾经流行过个别民族是绝对父权制的说法，如有的学者认为日耳曼民族一直是父权制。但这种说法遭到越来越多的反对，因为没有任何直接证据可以证明这种说法的可靠性。

古代社会中存在过多种家庭形式，这是完全可能的，母系与父系制度的并存，是古代社会相当普遍的现象，并且一直保存到部族社会的后期。古代罗马人的伊特鲁利亚人中，母系制度与女性家长就是相当普遍的，家中的主要事务是由女性家长

---

① ［美］路易斯·亨利·摩尔根：《古代社会》下册，杨东莼、马雍、马巨译，商务印书馆1997年版，第343页。

来决定的。这种形式存在于农业生产部族中，中国摩梭民族地区的家庭中，男性通过走婚等形式，到女性配偶家中居住，从事农业生产劳动，并获得相应的报酬。但家庭经济的主要执掌者一直是女性，女性是家长。世界民族中，多数是男性家长与父系制度，这也是无可否认的。

家庭是最早进入社会科学视域的范畴，但也是研究得最少的范畴，特别是从文明进化的角度来关注家庭，已经成为一个重要的课题。家庭不仅仅只是一个历史概念，它还是一个现实概念，当代社会结构的剧烈变化中，家庭仍然是最基本的社会单位。与家庭相关的许多社会结构与团体如家族、部族等，都可能在现代社会中消失或是已经消亡，唯有家庭与国家一样，仍然是现代社会的支柱。人们曾经企图对于家庭进行过多种改革，如建立二人以上的大家庭，以突破专偶制家庭的固有模式，实现社会经济与个人感情生活的改革。俄国思想家车尔尼雪夫斯基（Николай Гаврилович Черныщевский）在 1863 年完成了小说《怎么办》，其中描写了两男一女三个社会革命者之间的感情关系，表达了对于传统婚姻家庭制度改革的思想。人类的"革命"有多种多样的形式，其中最重要的当然是社会革命，所谓"汤武革命"、法国大革命都是这样的革命。车尔尼雪夫斯基就是这样一个社会革命家，但他与其他革命家不同的是，他还把自己的目光深入到家庭内部特别是婚姻制度的革命。他在小说中探讨了爱情与家庭的关系，而且将冲突置于以革命者为背景的家庭之中，其意义在于说明，爱情的冲突并不只是阶级社会中男女社会地位不同的矛盾，而可能在男女平等的情况下发生。主要目的是探讨当夫妇双方的爱情不再存在时，如何实现家庭的变革。这可能是世界婚姻中永恒的问题，因为在现实社会中，并非所有的家庭都是建立在爱情基础之上的。而在理想社会中，家庭建立在爱情基础上时，爱情并非永远不变。一旦爱情变化，家庭是否能随之变化，并不是一个简单的问题。所以，人类应当建立什么样的家庭与爱情制度，将永远是一个有待讨论的问题。古往今来，不少人曾经进行过种种试验，例如法国哲学家与文学家萨特就曾经与女友波伏娃和养女共同生活，目的是建立一个三个人之间有平等关系的家庭，但最终仍然未能成功。类似的情况在人类社会生活中也屡有发生，尽管专偶制度是人类社会目前最为普遍的制度，以其为基础组成的家庭也是世界各国最主要的家庭制度，但我们仍然无法预言未来社会中它是否仍将是最主要的或是唯一的家庭形式。随着人类社会的变革，家庭制度的改革是必然的，未来社会家庭的组成与方式，将由未来社会的理想与现实所共同构筑，对此，我们最好是先不要下结论，而由历史为我们作出更为合理的解释。

三、婚姻与家庭

家庭产生的关键是配偶制度的形成，也就是夫妻与子女关系的建立，诗经《谷风》中有"父兮生我，母兮鞠我。拊我畜我，长我育我，顾我复我……"这是已经相当成熟的家庭制度的表现。在此之前，人类社会经历了漫长的婚姻发展与家族建立的过程。

古代人类中曾经存在过乱婚状态，这是完全可能的。在当时的情况下，婚姻只是一种生活的要求与传宗接代的必要，这种婚姻不能算作正式的婚姻，只是一种以性关系为目的生活联系，这就是所谓的"乱婚期"。这一时期中，婚姻并不是家庭的关键，而只是一种偶然的行为。男女双方的性行为并不具有约束力，是一种野合或是邂逅的性行为。有的学者提出，在蒙昧社会中，血缘家庭与普那路亚婚姻有可能是社会婚姻的主要形式，摩尔根等人持这一看法。他认为婚姻制度的历史过程是这样的：1. 血婚制，即若干兄弟与若干姊妹相互集体通婚，这是古代普遍流行的婚姻制度。2. 伙婚制，即若干兄弟是他们彼此的妻子的共同配偶，相对来说，若干姐妹也是他们彼此丈夫的共同配偶。以上两种制度是蒙昧社会中的制度。3. 偶婚制，就是男女双方一对一的婚姻制度，两人通过婚姻的形式结成配偶，但是，如果夫妻双方都有与他人同居的权利，这就保持了各自的自由，并不是专偶婚姻。4. 多妻或多夫制，一般是一夫多妻制度，也有人称为父权家庭婚姻，直到今天相当多的民族仍然在实行这种制度，有的国家允许一夫多妻制，如一个丈夫可以有四个妻子等。5. 专偶婚姻，一个丈夫只允许有一个妻子，夫妻双方都不能再与他人同居。这是文明社会的主要婚姻制度，也是最合理的婚姻制度。

但是，也有人认为，人类社会的历史上，并不曾存在过血缘婚姻制度与普那路亚式的婚姻。恩格斯曾经赞同过摩尔根等人的看法，即历史上曾经有过血缘婚姻与普那路亚婚姻。但是后来他研究了其他一些人类学家的著作，否定了这种看法。其后，一些马克思主义的理论家们也相继否认了血缘婚姻与普那路亚婚姻的存在。部分非马克思主义学者同样表达了反对意见，其中德国社会学家马克斯·韦伯也发表了自己看法，他的看法更为奇特，就是将性关系与婚姻关系对立起来，他认为：

> 即使在兄弟姊妹间的性关系被承认为一种制度的情况下，我们都不曾发现任何地方存在着家内部里毫无秩序章法可言的性的乱婚现象。至少，绝无依规范如此的事。相反地，一切资财皆共产的家内，正是共产主义式的性交自由被完全禁断之处。由于子女一同成长而减弱了性的刺激，故而培养出此种可能性与习性。不过，有意地以之为“规范”贯彻到底，显然是为了确保团结和家内和平免于渔色

斗争。倘若家成员经由"氏族外婚制"（Sippenexogamie）而分属于不同的氏族，那么氏族外婚制原则的家内性交是被许可的。然而相关的家成员就必须彼此回避，因为相对于氏族外婚制，家外婚制（Hausexogamie）毋宁是更古老的，并且相互并存。家共同体之间，以及经由家共同体分割出来而衍生的氏族共同体之间，借着交换女子的整体安排来实行家外婚制，这或许就是有规制的外婚制的起源。①

从某种程度来说，韦伯可以说是缺乏民族学与人类学的基本知识的，他的关于外婚制的说法就是一个证明。从历史上来说，外婚制的实行当然首先是族外婚，家外婚完全是一种对于古代社会无知的想象。这种想象中，婚姻制度从家庭开始，然后扩大到家族与部族的。其实完全并非如此，外婚制既是家外婚，也是族外婚，二者是兼而有之的。古代社会中家族都具有亲属关系，如果只实行家外婚，而不实行族外婚，则将是不彻底的外婚制。同时，笔者也不赞成轻易否定血缘婚与普那路亚婚的存在。古代社会中，部族与家庭之间的关系受到生产关系、亲属关系等多种限制，近亲结婚与血缘婚姻的存在是完全可能的，而且并不是远古社会的现象，最著名的就是埃及人的血缘姻亲，从王室到平民，同族同胞的婚姻十分盛行，埃及皇后克莉奥佩特拉就是与自己的兄弟结婚的。所以有历史学家将埃及亡国的原因归之为其独特的婚姻制度，认为这种婚姻导致人民的衰弱，最终败北。其他古代国家中也曾经存在过血缘亲，如古代波斯、埃兰人等都曾有过近亲结婚的记载。所以有的西方学者完全否定血缘姻亲的存在是没有根据的。至于普那路亚婚姻作为一种流行的家庭制度可能并不成立，但历史上的类似婚姻的确存在

---

① 《韦伯作品集》，Ⅳ，《经济行动与社会团体》，康乐、简惠美译，广西师范大学出版社2004年版，第266页。

过，可能也不只是在一个国家或民族中存在。一定程度上，它也就是一种群婚的发达形式而已。有的学者虽然否定普那路亚婚，却大力宣扬群婚制度的存在，这其实也是一种矛盾的观念。

古代的约婚制已经是人类社会婚姻制度的初期，婚姻开始只有社会生活的约束与性质，双方都要负担家庭的责任，只有契约性质，婚姻已经成为家庭建立的关键。泰勒《人类学》中曾经说过：

> 早期社会的婚姻是公民间的一种契约，例如，在尼加拉瓜的蒙昧狩猎部族中，想娶一位姑娘为妻的青年，要杀死一只鹿并把它连同一堆薪柴放到那位姑娘父母的屋门旁，这个象征性的动作表示他愿意打猎和完成男人的工作。如果礼物被接受，那么婚姻就缔结了，将没有进一步的仪式。在具有高级文化的民族中，有较多形式上的许诺和带有宴会和亲属会聚的仪式；后来，也像其他重要日常生活事情一样，还请来神甫，以期得到神的福佑，并使婚礼神圣化。①

约婚制度是一个比较宽泛的概念，它包括多种的婚姻形式与人类学家所说的"婚级"，从具体形式而言，我们上文所提到的"走婚"与在世界多民族中流行的"抢婚"都在其中。这些婚姻虽然形式不同，但是基本上都属于约婚范围。

四、外婚制、黩敬与种姓

人类婚姻史中有两个关键，第一步是外婚制的建立，无论是我们所观察到的原住民，还是我们所接触到的历史记载，大

---

① ［英］爱德华·B·泰勒：《人类学：人及其文化研究》，连树声译，广西师范大学出版社2004年版，第379页。

多数已经实行了外婚制。从乱婚到外婚制的确立，得以在道德上防止了乱伦现象的发生，如果从优生学角度来看，也保障了种族的健康繁衍，是人类文明的一大进步。第二步则是配偶制度的建立，配偶婚使得原有的外婚制度得到进一步发展，并且消除了群婚等野蛮时代的残余，使人类婚姻制度有根本的改观。这两种婚制，也是人类社会化的重要步骤，其结果是巩固发展了部族，部族的发展中，产生了胞族、宗族等多种形式。

外婚制度是一种禁忌，即部族内部不得通婚，婚姻关系必须建立在没有血缘关系或至少是非直接亲属关系的条件下。古代社会中，为什么会自觉地实行外婚制度？这一直是个不解之谜。摩尔根等人认为，外婚制度是由于人们已经认识到近亲结婚所产生的生物学结果，主动避免血缘婚姻。但这种说法一直受到怀疑，因为在部分地区尚存在的近亲结婚，说明至少这种认识并不普遍。另外，从古代社会关于生育与人种进化的知识水平来看，尚不足以看到近亲结婚所产生的恶果。即使在当今社会中，相当多的民族对此尚没有清醒认识，更何况古代社会。

其余还有多种看法，如麦克伦南所提出的野蛮人好战说，认为野蛮时代的部落是好战的，这样就容易杀死本部落的女孩，不得不向外部族去求亲。此外还有"经血恐惧说"（涂尔干等）、自然选择说（达尔文）等。

相当普遍的看法是，外婚制度的建立与图腾有相当联系，至于这种联系是如何产生的，它的意义是什么，至今尚没有统一的看法。精神分析学家弗洛伊德在《图腾与禁忌》中提出，图腾是由于杀父情结所引起的，而图腾的建立，客观上形成了外婚制。这种观点自提出后，为正统的人类学家与社会学家所厚诟，但是，对于图腾与外婚制相关联的原因，人类学家们却

然是女子重于男子。母系制度的残存此其证一。①

如何能把求婚者当成是抢劫者？当然不会是一种视觉错误，这种解释不能服众。唯一可能的是，乘马而来者，如同匪寇一般，抢走女儿去婚配。爻辞是这种历史现象的明证，所证明的不是母系制度的存在，而只是抢婚习俗的存在。

希罗多德《历史》记载，希腊人与其他民族之间、地中海地区多个民族之间的纠纷与战事，也是起于抢婚。抢婚现象是外婚制的一种演化，通过抢婚，可以获得不须聘礼的妻子，并且增加了本族与家庭中的劳动力，这是一个方面。另一方面，被抢来的女子与本族女子相比，由于其外来者的身份，地位相当低，不具有分配财产的可能，这也是抢婚现象普遍发生的另一个重要原因之一。

所以，综合起来看，外婚制度的普及，确实是文明进步结出的硕果，而不是人类自然就具有的现象。推动外婚制度的动力，仍然是社会的精神与物质的需要，也就是所谓的义利的共同要求。外婚对于种族繁衍、家庭与宗族的兴旺都是如此之重要，正是所谓：

> 故异德合姓，同德合义，义以导利，利以阜姓，姓利相更，成而不迁，乃能摄固，保其土房。②

义，就是指宗教与信仰的层次，所谓的黩敬即义的一个表现。利，就是社会的经济与生产，两者合起来，又影响到社会生活的中间层次——婚姻家庭——三个层次的互相作用，是文明的系统。从这里，完全可以证实我们的理论，文明的构成是三个主要层次的互相作用。

---

①　郭沫若：《中国古代社会研究》上，河北教育出版社 2000 年版，第 46 页。

②　《国语·战国策》，岳麓书社 1988 年版，第 98 页。

外婚制度最重要的贡献其实在另一方面，就是巩固了部族构成，这一过程有两种作用方式，一是使得本部族与外部族的关系划分更加清楚。本部族建立外婚制度之后，与之长期保持联姻关系的部族之间有了超过一般关系的联系，而与其他没有婚姻关系的部族则形成另一种关系，关系有疏有密，甚至会有敌有友。另一方面，外婚制对于本部族的分化也有促进作用，外婚形成的家庭对于部族与家族都有一定程度的独立性，血缘关系淡化，易于分成更多的部族。

有一个事实是应当反复强调的，即关于群婚制度的存在，"感天而生，知有母不知有父"。尧之二女嫁给了舜，舜与其弟象共妻二女，这都是中国人相当熟悉的古代群婚制度的事例。但是到了殷商时期，偶婚制度已经基本形成，从诗经与易经中可以看到，以夫妻为家庭主要构成相当普遍，其中包括专偶婚与配偶婚等多种形式。易经中的"夫妻反目"，"老夫得其女妻"之类的说法，足以证明夫妻形式的存在，当然，可能一夫多妻制是相当普遍的。偶婚制的存在，使得私有财产更为发达，这种制度的家庭中，财产关系明确，只有相对的平均性，也呈现出合理化的方向，这也就从社会经济层次有利于偶婚制度的延续。

从群婚制度过渡到配偶婚姻，本身就是社会文明进步的表现，配偶婚姻的普及，使得家庭与家族的生活都有了稳定的基础。政治组织与经济分配制度都是建立在这种社会稳定的组织之上的，同一亲属关系与婚姻关系家族是最主要的社会联系。家庭虽然是最基本的，但并不一定是最初的或是唯一的形态，大的家庭可能就是家族或是部族。大家庭的家长就是部族的酋长或首长。当有的部族进化到国家之后，原有的部族有的灭亡，有的变化为家族，社会文明也因此进入一个新的阶段。

无论从历史与现实看，人类社会都是建立在家庭这个最基本的单位之上的，而家庭的变化直接关系到社会，所以家庭形式的固定成为社会稳定发展的一种历史要求。家庭关系的中枢是婚姻，家庭的进化主要是婚姻制度的变化，只有建立合理的婚姻制度，使家庭作为社会的元单位而合理存在，社会才可能安定，这是一个简单的真理。

五、宗族制度与家族关系

英国人类学家埃文思·普里查德（E. E. Evans – Prichard）在《努尔人》中曾经对于宗族与部族或是氏族之间作了一个区分，他是这样认识的：

> 氏族是由一组宗族所构成的系统，宗族则是一个谱系的裂变分支。有人可能会把整个氏族说成是一个宗族，但我们更愿意把宗族说成是氏族的裂变分支，并以此来对二者予以界定。此外，也可以把宗族说成是一个其成员在谱系上互有联系的父系群体，而把氏族说成是这种群体的系统……
>
> 从这个意义上说，努尔人把亲族（cognaton）称为"玛"（mar），不管是通过男性亲属还是女性亲属推溯而得，任何一个与某人有着某种谱系联系的人都是这个人的"玛"。因此，一个人的"玛"就是他父亲的所有亲属以及他母亲的所有亲属，我们把这一亲族关系范畴称为宗亲（Kindred）。[①]

这里所谈虽然是一个尼罗河畔的氏族，但是他们的亲属体系构成显然具有相当的代表性，至少与中国的部族与家族关系，或是包括所谓的宗亲关系是近似的。

---

① ［英］埃文思·普里查德：《努尔人——对尼罗河畔一个人群的生活方式和政治制度的描述》，褚建芳、阎书昌、赵旭东译，华夏出版社2002年版，第221—223页。

在部族社会中，大家庭的形成是必然的，由于财产多少、社会地位高低、生产能力高下与体质强弱的不同，逐渐分化出来不同的大家庭。而一些较小较弱的家庭可能会被淘汰，其成员会沦为奴隶或其他。无论是父权制大家庭还是母权制大家庭，都会通过多代的遗传而累积成为大家族。古代的大家族往往是公社性的，他们拥有公共的土地，家长掌握财产与一切权力。但是，在有的家族中，可能会实行类似于议会形式，这就是以后的宗族族长会议的雏形，由家长与族长会议共同作出重大决定。这样的大家族通常是三代以上，这样人数就可能相当多，多的可达二百人以上。

由大家族可以繁衍出大的宗族，也就是谱系家族，也是由多个同姓的家庭所组成，一般是由父系制的家庭产生出来。这样的大家族也就是宗族，一般来说，所谓宗族就是多个具有血缘关系或有亲属关系的家庭所组成的大家族。宗族与家族关系，当然是经济活动为主的联系纽带，但是随着家族与宗族的扩大，这样的宗族会变成没有直接经济联系、而以政治与意识形态为主要联系纽带的团体。所谓政治与意识形态关系，最早产生于图腾或是宗教，大的宗族一般有共同的宗教与图腾，代表着共同的生活方式与思想观念。

据弗雷泽的研究，世界上多数地区与民族都有或有过图腾崇拜，它们是这样分布的：

澳大利亚是普遍存在图腾崇拜的地区，北美洲也是相当流行的地区，印第安人是主要民族之一。南美洲的瓜希罗人、阿拉瓦克人和森林中的人、秘鲁的阿博里根人等也有图腾崇拜。非洲的塞内加尔的巴卡莱人、南非的多马拉人与贝专纳人、西非的阿散蒂人、东非的加拉人、阿比尼西亚与马达加斯加的马尔加什人都是有图腾崇拜的民族。古代埃及人也可能存在过图腾崇拜。

　　亚洲各国的图腾崇拜也十分普遍，印度的多种民族、印度尼西亚人与菲律宾人、西伯利亚的雅库特人和阿尔泰人等也有图腾。中国地域广阔，民族众多，许多少数民族都有自己的图腾，这基本上可以肯定，如黎人的狗崇拜，越人避龙等等。古代汉族先民的青龙玄鸟等也可能是图腾，已经有过长久的讨论，不必再反复了。

　　从图腾崇拜发展出了种姓制度，大的部落与宗族各自独立。文明越进步，人类关于自然的知识越丰富，对于原本崇拜的动物与植物图腾的认识也就越深入，意识到自然与人之间的关系是一种规律性与决定性的关系，无论是因果的联系还是或然的联系，都不是神秘的、不可掌握的。图腾产生于维护部族存在的目的，是一种自然的自我保护手段。当人与社会和自然之间的关系进入到一定阶段之后，图腾就不再具有其凝聚力或是保护性，图腾就会消灭或是隐退了。图腾制度虽然隐退了，与图腾关系密切的种姓成了宗族的支持。宗族依靠种姓来维持自己的团体，大大小小的宗族成为社会的基础，在宗族的基础上，形成了民族与国家。

第三章 民族（nation）与 民族主义（nationalism）

一、民族与民族主义的理论

1. 瞩目民族与民族主义

自西方的统一大帝国——罗马帝国——崩溃以后，民族国家在欧洲不断滋生，民族与国家、民族独立与国家统一、新生民族国家与原归属国之间的关系，都使得民族与民族主义成为长期困扰着欧洲与世界的问题。

但是民族及与其相关的民族主义等重要理论真正具有普遍性并且吸引当代世界的关注，却又有其具体的历史背景。世界范围内，西方学者们津津乐道的是三个民族主义"大波"，分别起于18、19与20世纪。18世纪之后，民族独立与民族主义运动波澜壮阔，南美洲各民族反对原欧洲宗主国的殖民主义，形成了一个民族独立运动的高潮。19世纪，欧洲再次掀起了民族独立运动的新高潮，有的西方学者将其称为语言的民族主义，因为其中重要的表现就是民族语言与原占统治地位的古代语言之间的对立，以民族语言为本民族的第一语言或是唯一语言的思想遍及欧洲。到了20世纪初期，又出现了被某些西方学者称之为"官方民族主义"的新兴运动，一直持续到今日。但是请勿忽略，两次世界大战引发了更为剧烈的民族矛盾，新的民族主义运动高潮迭起，已经赋予"民族"、"民族主义"这些概念以更多更复杂的含义，全球范围内的民族复兴是最主要的标志，伊斯兰民族复兴、犹太复国主义与巴勒斯坦建国运动同时兴旺，东亚儒学复兴与东亚民族主义的互相联结，非洲与美洲的民族独立运动规模更是宏大。

全球化时代，民族运动与民族主义思潮的发展更为复杂，相关理论显得更加扑朔迷离，哈贝马斯等人以"后民族结构"等颇为离奇的说法，引起更多关于这个问题的反思。

民族与国家的形成是文明发展中的一个标志，民族与国家的形成都是相当多样的，并非像有些学者所认为的那样简单，是在某一个历史时期中世界各地同时形成的。按照一般的规律，部族就是民族的前身，是原始性质的民族。世界上相当多的民族就是古代部族延续，特别是一些较小的民族，基本上保持了原有的部族形态。但是，现代社会中的大民族，却是由多个有相互联系的部族共同构成的。古代社会中，生活在各大陆上的部族创造了多样的文化形态。部族有自己的语言、心理特征与生活方式，在社会发展的一定阶段，部族的多种特性得到综合与凝聚，居住在相同地区、具有共同语言、宗教与心理特征的群体，发展为民族。

2. 民族与民族主义范畴

对于民族概念，有形形色色的解释，我们当然不可能一一罗列，只能从中选择有代表性的见解作为参考。为了具备一个既是历史的，也是综合的概观，也为了体现发展的民族概念，我们选择斯大林与当代美国学者本尼迪克特·安德森（Benedict Anderson）的两个关于民族的定义，两者分别代表了不同历史时期与不同思想流派的看法，通过比较，会加深我们对于民族本质的认识。

斯大林关于民族的定义曾经在中国广泛流传，成为中国民族学研究奠基时代的基本概念之一。斯大林认为："民族是人

们在历史上形成的一个有共同语言、共同地域、共同经济生
活以及表现于共同文化上的共同心理素质的稳定的共同体。"
斯大林着重强调共同的经济生活，认为这是民族共同的生活
基础，也是民族形成的中心。而对于历史传承与文化方面则
有相当多的不合适的见解，例如关于犹太民族，他就有这样
的看法：

> 假定一些人虽有共同的"民族性格"，但是他们在经
> 济上彼此分散，生活在不同的地域上，操着不同的语言等
> 等，那么我们还是不能说他们组成为一个民族。例如散居
> 于俄国、加里细亚、美国、格鲁吉亚以及高加索山岳中的
> 犹太人，就是如此，在我们看来，这些犹太人并不组成为
> 一个民族。①

这个结论明显与当时苏联的犹太人政策有关，不过所说的犹太
人不能成为一个统一民族的结论显然过于武断。犹太人是世界
上最古老的民族之一，公元前 2000 纪亚伯拉罕率领希伯来人来
到了迦南地，从此在这里定居下来，事实上已经成为了一个独
立民族。摩西创立的犹太人宗教更是犹太民族成立的一个重要
标志。历史上犹太人虽然多次亡国，经历了 1800 年大离散，这
个民族四分五裂，其人民流落世界各地，但是其民族精神并未
泯灭，到了 20 世纪，这个具有 4000 多年文明、经历了 1800 多
年大离散的民族，终于在以色列国的旗帜下，成为一个独立的
民族国家。这是一个崭新的民族国家，也是一个古老的民族国
家。总之，犹太民族被承认是一个民族已经无可怀疑了。从这
里可以看出的是，忽视历史文化传统来定义民族，其结论必然
有许多不适之处。民族，固然是一些相关的群体，但它首先是

---

① ［俄］斯大林：《马克思主义与民族、殖民地问题》，张仲实译，
人民出版社 1953 年版，第 28 页。

一个历史文明的传统，有了民族就有其文明传统，而有了自己的文明传统，即使曾经遭受隔离，受到迫害而被迫离散，但一个民族是不会被轻易消灭的。马克思与恩格斯一贯主张从文化传统角度来看待一个民族，反对分裂与分化被压迫的民族，以波兰民族为例，我们可以清楚地看到恩格斯的历史主义观念。众所周知，波兰同样是一个饱经患难的民族，历史上多次被侵略与瓜分，被列强分而治之，因此，一些帝国主义者经常否定波兰作为统一民族国家的存在，有的人甚至发展到否认波兰民族的存在。同时，也有人打着复兴波兰民族的口号，其实并不了解波兰作为民族国家与独立民族的历史。恩格斯从民族国家的历史与民族史出发，对此进行了深入的分析：

> 在波兰，也同差不多所有其他欧洲国家一样，居住着不同民族的人。波兰的居民群众、它的基本核心，无疑的是操波兰语的波兰人。可是，自一三九〇年以后，波兰本土与立陶宛大公国合并，后者在一七九四年最后一次瓜分以前构成波兰共和国不可分割的一部分。在这个立陶宛大公国境内，居住着很多不同种族的人。波罗的海沿岸的北部省份，为立陶宛人自己所管辖，他们所操的语言不同于他们的斯拉夫邻人，这些立陶宛人很大一部分为德意志移民征服，而德意志移民反过来又困难地防御着立陶宛的大公们。其次，在今天波兰王国的东部和南部，住着白俄罗斯人，他们所操的语言，介乎波兰语和俄罗斯语之间，不过更接近于俄罗斯语；另外，在南部各省还居住着所谓的小俄罗斯人，他们所操的语言，大多数权威人士认为完全有别于大俄罗斯语（我们通常称之为俄罗斯语）。所以当人们谈到要求复兴波兰就意味着求助于"民族原则"的时候，那只是表明他们还不懂他们所说的究竟是什么，因为

复兴波兰，乃是复兴至少由四个不同民族组成的国家。[①]

并非如当代的民族理论家们所说，马克思主义否认民族研究的意义，或是说在这一理论上形成了漏洞，恩格斯对于波兰民族的分析就证明，他是相当重视欧洲民族与民族国家的实际的，他并没有把波兰国家等同于波兰民族，他熟知波兰国家各个主要民族的历史与现实状况，并且能够从历史来分析民族复兴，预见到民族"复兴"所必须面对的沉重历史。20世纪末东欧发生的变化证明了先哲们的看法，包括原与波兰历史关系密切的立陶宛、白俄罗斯、乌克兰等民族再次成为独立民族国家，欧洲大陆上众多的民族国家，分分合合，变化万千，实在令人眩目，甚至使一些历史学家失去了判断的能力。但我们从这种纷繁的历史现象中看到的，却正是民族与民族主义是一种不可忽视的历史现象，以前对于这个问题的忽略是完全错误的。但同时，我们也要看到，这种分合也印证了所谓"民族复兴"的确是一个复杂过程的预见，不能简单化地对待。

另一种关于民族的定义正在引起世界学术界更大的重视，其实这也是对于传统见解的一种挑战，1983年，美国学者本尼迪克特·安德森（Benedict Anderson）的《想象的共同体》出版后，引起更多对于民族与民族主义的思考。他是一位美国的东方学家与人类学家，从东南亚国家的现实开始思索民族问题，由于专业原因，他更多地接触了东方民族的历史事实，这样就使他可以具有新的视域，这种视域虽然并不是真正从东方文明出发的，但毕竟是与纯粹西方的看法有一定不同的。另外，安德森自己标榜是从"文化角度"来研究民族，这也是一种颇具

---

① ［德］恩格斯：《"民族原则"之运用于波兰》，转引自《世界近代史参考资料选集》第一辑，中山大学历史系世界史教研组编译，中山大学出版1960年版，第322页。

时代潮流性的新提法，但实际上并非如此，因为文化与文明，毕竟是人类思维总体性的一种标志，仅从这一点来说，所有从这一角度来思维者必须有前人思维的基础，说穿了就是形而上学与历史主义的共同建构能力，要熟知从希腊文明到中国文明的主要思想家的学说及其原因，否则侈谈文化，如不是有意欺人就是天真与无知。而这部著作的作者毕竟离这一目标相距太远，虽然受到一些初学者的赞叹，但这种赞叹本身也声音不大。而从其论著的主体来看，仍然主要是一种西方民族研究式的语言与民族心理研究的方式，尚未能真正体现出他所说的文化立场。虽然如此，我们亦未可苛求，毕竟有胜于无，况且，它的出现相当及时，正当全球性的民族纷争困扰已经成为理论与实践的中心课题之际，这种研究形成高潮已经势在必行，又何必计较是一部什么样的著作来拉开这一序幕的呢？本着不苛求的原则来看这部书，也就可以为我们以后的讨论作为一个开场白，这就是这部书的定义，虽然作者力求别出心裁，但是否能达到目的，又是另当别论的。历史上所有力求别出心裁者，往往并不如意。

本尼迪克特·安德森认为：

> 遵循着人类学的精神，我主张对民族作如下的界定：它是一种想象的政治共同体——并且，它是被想象为本质上有限的（limited），同时也享有主权的共同体。……民族被想象为有限的，因为即使是最大的民族，就算他们也许涵盖了十亿个活生生的人，他们的边界，纵然是可变的，也还是有限的。……民族被想象为拥有主权，因为这个概念诞生时，启蒙运动与大革命正在毁坏神谕的、阶层制的皇朝的合法性。……最后，民族被想象为一个共同体，因为尽管在每个民族内部可存在普遍的不平等与剥削，民族总是被设想为一种深刻的，平等的同志爱。最终，正是这

> 种友爱关系在过去两个世纪中，驱使数百万计的人们甘愿
> 为民族——这个有限的想象——去屠杀或从容赴死。①

这种定义本身就是相当含糊的，所谓"想象的本同体"，其实包含了两种意义，一种是这种共同体自身的想象，即民族是具有共同想象的集体。另一种含义则是外界对于这个共同体有的想象，即民族是被别人想象出来的共同体，其实未必如此。虽然作者在论述中在这两者之间滑动，但一直并没有把这个定义解释得很清楚。

虽然号称或是说被别人"想象"为具有文化视域，但是这本书中的文化意义却并不深厚。作者主要是对宗教信仰、王朝、时间观念、资本主义与印刷术、语言特别是民族国家的民族语言等方面进行研究。作者所关注的中心是语言，民族文化被认证为民族语言。无论从任何角度来看，这并不是什么新鲜的观念，因为早在斯大林的民族定义中，民族语言就是核心之一，在否定犹太民族统一性时，其依据之一就是没有统一的民族语言（当然，这是在完全忽略希伯来语存在的前提下）。

从文化角度来分析民族与民族主义并不是一句空话也不是一个标签，可以加于任何一种理论之上，无论这种理论是否真的具有这种性质。因为文化对于一个民族来说就意味着民族的最高同一性，特别以对于一个有文明传统的民族，那就并不仅仅是文化了，而应当说文明才是最重要的视域。毫无疑问，文明视域将是 21 世纪世界民族问题的中心视域，因为近 200 年来，世界民族研究最重要的变化就是向文明层次的推进。世界各民族是从部族社会发展来的，民族起源于部族，这是研究的起点。这就需要有一种历史主义的理解，种族与部族都不是民

---

① ［美］本尼迪克特·安德森：《想象的共同体》，吴叡人译，上海人民出版社 2003 年版，第 5－7 页。

族，它们只是民族的前身。所以，如果离开种族与部族来空论民族，就是离开了民族最重要的起点。

二、民族研究的现实性

1. 文明视域下的民族

民族这样的概念是一种历史概念，在不同的历史时期有不同的民族，所以把民族作为一个完全僵死的概念来看是完全错误的。例如，后世把希腊人称为一个民族，但事实上古代希腊却有多个民族，这就是说，后世关于希腊是一个民族的判断其实是基于一个国家概念之上的。这就是一种普遍性的错误，即把国家与民族相等同。对于希腊人来说，首先是城邦，然后才是希腊半岛上的民族。另一种普遍的错误是把种族说成是民族，如把黑人说成是一种民族，或是把非洲的班图尼格罗、欧洲的日耳曼人等种族说成是民族，也是不妥的。因为从精确的意义上来说，这都是用种族取代了民族概念，班图人分为不同的部族甚至民族。日耳曼人应当说是一个大的种族，如同斯拉夫人一样，是罗马帝国之外的大种族。当然，如果从历史上的意义来说，我们有时也称其为民族，但这是在古代民族的意义上，而且还包含有一定的种族的意义。

此外，东西方关于民族的看法也有相当的不同，东方的"民族"是一个最宽泛的概念，在汉语中，民族并不是一个传统的词，它是由"民"与"族"结合起来的，民与族在汉语中都有固定的所指，其意义不难说明，但是当它们组合成为民族时，其意义就发生了性质上的变化，与原有的"民"与"族"的意义不同了。"民"只是普遍意义上的黎民百姓，芸芸众生，是与"王"者相对的社会基层。从六经到先秦典籍，直到继承了中国传统的满清王朝，民的概念没有大的变化。中国社会的不同民族都被包括进这样一个阶层之中，这是统一大帝国的概念。族在社会政治中，主要指家族与宗族，在漫长而巩固的中国社会中，这个概念也是相对稳定的。

中国首先出现的是四方之民与"中国"之民的区别，四方之民主要指周边少数民族，"中国"则指以华夏与以后的汉族为中心的占经济政治统治地位的民族。同时，这时也已经出现了明确的民族划分，"非我族类，其心必异"之类的说法，证明虽然没有出现民族这个词，但是承认不同的民族有不同的心理与性格，有不同的语言与地域、生活方式，承认民族差异的存在，就已经有了最基本的民族概念。

在中国民族概念发展中，有一个最大的特点，就是把民族与国家等同起来，用统一的国家来取代民族，自然也就用大的民族来代表国家，这样，民族与国家两个概念竟然也都不再被区分，而只有"天下"、"国朝"、"中国"、"中土"、"中原"这样的概念，这类概念其实只是一些地域性的所指，本来是无法取代民族与国家的，但是，我们的看法与本尼迪克特·安德森先生恰恰相反，我们认为，历史从来没想象，它所具有的只是社会生活的现实，对于一个统一帝国来说，其他的民族国家只是异族，只有自己才是真正的国家，这样，民族与国家特别是民族国家这样的欧洲概念是无法在其他地区产生的。

依据民族的形成及其历史发展过程，我们可以把民族划分为四种主要形态：

1）原生独立民族形态；2）古代国家民族形态；3）近代欧洲国家民族形态；4）现代世界民族形态。

2. 原生独立民族形态

第一是原生独立民族，原生独立民族形态是指那些从部族社会发展而来，进入文明社会之后，虽然在形式上仍然保持了原有部族的组织方式或生活方式，但已经不再是原有部族而是独立的民族。这些民族遍布世界各地，在现代社会中，这些民族中相当多的数量已经不存在，即使存在的，也较少独立形成国家，他们一般已经是各个国家的构成，并与其他民族共同构成了国家。

原始民族大约在一万年前就已经初步形成，他们大多数集中于古代文明发祥地，主要是地球的中低纬地区。以后，各部族开始向不同纬度地区进发，从森林与草原地区向河流三角洲移动，在这些地区创立古代文明。由于文明进步，人类生产力提高，种族之间的分化加速，确立了外婚制度，从部族发展到民族。原生民族就是文明的产物，所以民族必须依赖于文明，这是一个最基本的原理，但是后人往往忘记，把国家制度与语言等具体元素看成是民族的主要因素，而对于文明传统反而经常忽略，这是一种本末倒置的做法。古代埃及人、苏美尔人、印度河流域的印度人与中国人产生了最早的古代文明民族。同时，在世界各地也有大量的部族开始向民族进化。新石器时代之后，农业文明扩展，世界文明民族数量大大增加。世界各地的原始民族也在不同程度上开始其文明进程，欧洲与西亚的印欧人是相当重要的古代文明民族之一，由于他们的活动在文字发明之前，所以记载已经不多。目前仍可以从印度的吠陀文明中关于雅利安人与当地部族之间的斗争史诗中，粗略地了解这个相当发达的民族。亚洲的东亚、东北亚与东南亚，都曾经存在过信仰萨满教的民族。萨满教信仰曾经影响过多个民族，萨满教的势力历史上一度作用于匈奴与突厥民族等，甚至日本古史《日本书纪》中记载的从北方进入日本的古代民族都可能都与这一信仰有关。中亚地区的塞族，太平洋与印度洋上的马来民族，地中海的腓尼斯民族，非洲的班图民族、古代贝都因人与阿拉伯民族等古代原生民族都十分活跃。

这时发生了民族之间的冲突与斗争，产生了民族的融合与分化，中东地区的苏美尔人是最古老的原生独立民族，以后，它们被阿卡德人所征服，于是产生了民族混融，并且形成了国家。底格里斯河流域的阿摩利人可能是早期的原生独立民族，以后他们与胡里利人联合起来，建立亚述王国。

非洲民族是原生独立民族形态中最有代表性的，非洲现有的700多个民族中，大多数都是人数不多的小民族。这些民族从原生的部族发展而来，19世纪初，欧洲殖民者来到非洲后，根据自己的殖民范围划定非洲国家边界，基本上没有考虑非洲民族的实际，所以划分后的国家其实并不是真正的民族国家，相当多数的民族被划分在不同的国家，造成了民族被人为分割的状况。西非的伊比比奥族被分在两个国家之中，阿肯族被分在三个国家之中，有的民族被分在更多的国家之中，富尔贝族甚至被分到了十五个国家。虽然如此，这些民族仍然保持了自己的民族传统，更显示出民族传统的生命力是强大的，显示出原生独立民族形态的稳定性。除了非洲之外，世界上相当多数的古代民族都仍然保持自己的原生独立形态，如美洲的印第安等民族，其实一直是保持独立的。欧洲地中海周边民族至少从中世纪起，就已经是原生独立民族形态，以后逐渐进入了近代欧洲国家民族形态。

但无可否认，相当多的国家中是没有原生民族形态的，如美洲与澳洲的一些移民国家，近代以来由多个民族移民所构成，在这些国家中，只有部分原住民是保持了自己传统的民族，其他民族虽然有人类种族的差异，但民族之间的相互融合已经使其形成了新的国家生活方式，与原来的移民之前的民族生活方式已经大不相同了。

3. 古代国家的形成及影响

古代国家民族是指中世纪之前就已经形成的国家中的民族

形态，对于欧洲或其他地区来说，这种民族形态早已经消失或是发生了大的变化，如罗马帝国曾经以罗马人自称，曾经对于世界发生过较大影响的腓尼基人、称霸世界的亚历山大大帝所带领的马其顿人、古代强大的游牧民族匈奴人、蒙古人、欧洲的日耳曼人、撒克逊人等。这些古代大民族在欧洲或是建立众多的民族国家，或是已经消失了。但是在亚洲与非洲各地，这些古代民族不但一直存在，而且保持了国家的形态，包括东欧的许多民族也是如此。

由此可见，并非什么"想象的共同体"是民族的本质，只有文明进化是民族产生之本，如果把这一结论推演开来，就可以看到，世界文明的推进恰与世界民族自立的进程是基本同步的。

我们已经指出，古代文明起源于东方，传入西方后获得飞速发展。7000 年前的东方化过程中，来自远东与近东的两种古代文明可能同时挺进，远东的中国文明以陶器与青铜器等为代表通过中亚与欧亚草原的路线向西传播，使得地中海沿岸文明古国受益。美索不达米亚与埃及的农业栽培技术从塞浦路斯、巴尔干等地区传入地中海，远东与近东的文明在地中海交汇，促成了地中海文明的兴起。地中海文明兴起就是多元文明相互参契的结果。

最早创立文明的民族往往是当时强大的民族，但未必是最古老的民族，后起的强悍民族战胜文明民族的例子屡见不鲜。除了埃及人、迦太基人之外，腓尼基人与罗马人也是当时相当发达的民族，特别是罗马人，在战胜迦太基等强国后，罗马帝国奠定了其统治地位。罗马人原本是所谓的"拉丁人"的胞族之一，公元前753 年，罗马人的族长罗慕洛斯建立了罗马城邦，开始了罗马民族的历程，这应当说是原生的独立民族。以后，罗马帝国统一各个民族，使得埃斯特鲁斯卡、威尼蒂、翁宾、

利古里亚、萨布尼特、翁布尼特等各民族联合起来，成为一个
共同的罗马民族。即使是一些古代的民族如威名远扬的高卢人、
克尔特人等，也逐渐罗马化，可以说，在欧洲大陆上，除了被
称为"蛮族"的日耳曼人与斯拉夫人，几乎成为一个统一的
国家。

但是，这个大帝国并不持久，罗马帝国终于被蛮族所灭亡。
统一民族大帝国随之分裂成众多小国，法兰克王国、东西哥特
王国等众多小王国纷纷建立。欧洲从此进入民族国家的历史。

与古代罗马大帝国同时的中华大帝国，却经历了另一种命
运，当罗马帝国走向分裂时，秦汉帝国却变得更加强大与统一。
古代国家民族形态中最典型的是中华民族，这是古代国家民族
形态中的一个例外，从古代一直延亘到当代。

中华民族的起源本是所谓的华夏诸部族，建立殷商等古代
国家后，周边少数民族融入，吴楚百越等古代部族已经完全融
入中华民族之中。秦汉以后，历代不断有少数民族融入，成为
一个人口兴盛的大汉族。这个大汉族已经完全不是原有的华夏
诸族了，而是由多民族汇合而成的大民族。同时也产生了广义
的中华民族，中华民族是指包括汉蒙回藏维等多个民族所共同
构成的大民族，这种大民族有共同的文明背景与历史源流，有
统一国家政权与共同的语言，有着相同的民族性格与心理，所
以是一个统一的民族。认为中国没有民族独立概念是不对的。

中华民族这种认同是如何产生？它是不是一种过于广泛的
认同呢？

笔者以为，中华民族的认同是由中国文明独特性质所造成
的历史，是无可否认的。世界历史上先后产生过多个大民族，
只不过相当多的民族认同失败了，失败的原因主要是其文明不
能持续、民族分裂。而中华民族能够认同，主要原因就是经过
秦汉统一建立中华民族的认同之后，中国一直保持了持续文明

之下的统一帝国政权，长达 2000 多年，是世界少有的。笔者称之为"统一民族的共同文明认同"，这是一种少有的世界历史现象。

这种统一无疑给中国的发展带来了许多的不利之处，甚至导致中国政治与经济发展的步伐缓慢，被西方讥之为"停滞的东方"，甚至被骂为"木乃伊"。但也要看到，在共有文明基础上的民族认同保持了各民族的融合，中国历史上少数民族政权相当多，北魏、元代、清代都是少数民族政权，无论是完全统一全中国或是部分统一，这些政权都是多民族的，而且都对于中国文明进行皈依。这是中国民族统一的主要特征，即它是一种文明认同的统一民族。这种认同是一种传统思想占上风的表现，是符合中国道德要求的。

西方历史上也曾有过相当多的以共同文明为基础的巨大统一民族，如法兰克人、撒克逊人、斯拉夫人等，也都曾经建立过巨大的帝国或是民族国家。但是这些民族却最终分裂，原因何在？笔者认为这就是文明、国家与民族三者之间的联系的秘密，其中最主要的取决于这个文明的宗旨与性质。这些古代文明虽然多样，但基本上仍属于以希腊罗马为源流的西方文明，在现实中，西方文明自身所坚持的一神教、理性至上、民族国家政治等观念与本民族内部的国家政权变化、宗教分化、民族分化的实际产生冲突是必然的。这样，对于共同文明的认同变得不重要，而对于政权与国家的认同成为了中心，特别突出的是对于政体变革的追求，西方民族国家建立过程中，宗教改革与制度改革成为其主要目标。制度与宗教的改革，是适合于不同民族与阶层的，这样就会引发不同民族与阶层的分裂。所以西方的古代国家民族几乎全部分化成为多个民族国家，民族也是越分越小，越分越多，其发展趋势与东方完全相反。东方是民族融合，多个民族向统一大民族融合，而西方则是大民族分化为多个小民族。以西方的斯拉夫人为例，公元前 3000 年前，斯拉夫人就已经在第聂伯河、顿河流域生活，公元前 1300 年前后创立自乌日茨文明，公元前 700 年进入了铁器时代。公元 7世纪，斯拉夫人分化为西、东、南三个大的分支，并且建立了国家。12 世纪之后，斯拉夫人全面接受了西方文化的影响，建立了越来越多的民族国家，但斯拉夫人与西方罗马文明之间又有不同，所以许多民族又不得不结合在一起，以应对内外的挑战，这样就形成斯拉夫民族国家相对增多、但内部民族又相当多，呈现犬牙交错的民族交合状态，这些国家内部的民族冲突一直不能平息。进入现代社会，这种情况一直没有大的改变，在 20 世纪的民族主义大潮中，捷克与斯洛伐克、南斯拉夫的塞族与波黑等民族冲突变得日益突出，最终导致分化。可以说直到 21 世纪，斯拉夫人内部的民族与国家之间的冲突仍然存在，并且会继续导致新的国家分化。

三、民族国家与民族主义

1. 历史联系

世界民族的历史上有一个重要的转折，即民族国家诞生。欧洲民族国家诞生之后，彻底改变了欧洲国家与民族两者的关系，也改变了欧洲的社会政治历史，甚至使整个西方对于民族有了新的看法，这可以说是一个相当重要的改变。

那么，民族国家为什么如此重要，它又为何会产生如此重要的影响？

中世纪后期，大约在 13 世纪之后，欧洲开始出现了民族国家，什么是民族国家？民族国家就是以单一民族为主体建立的近代国家制度，它以统一的民族语言、近代国家政治制度、相同的居住区域与经济制度为主要特征。民族国家是近代欧洲的产物，在 17 世纪之后才得到发展，随着原本分裂的德国与意大利等民族国家的建立，19 世纪，欧洲民族国家基本普及。

民族国家产生的原因应当说是相当复杂的，如果我们把民族国家的产生与民族主义结合起来看，就会发现，民族主义的"大波"绝不只是三次，而是从 13 世纪起的持续的波澜壮阔的运动，自从民族国家产生以来，民族运动从没有平息，民族主义思想愈演愈烈，从欧洲到亚洲，一直蔓延到世界各地。从大的历史阶段来划分，其实有三个主要阶段，不过与本尼迪克特·安德森所说的完全不同。从中世纪后期起到公元 1600 年的世界工业化之前，欧洲首先经历了文明的转型，从古罗马遗留下来的农业经济转向了工商业经济，这是民族国家产生的真正原因。中世纪后期，欧洲开始采邑制度，建立了庄园经济，这是欧洲特有的封建化过程。在这一过程中，西欧的城市化改变了传统的封建模式，政治上出现了城市自治，工商业迅速兴起。这种工商业不同于丝绸之路上的贩运型商业，而是一种新兴的前现代性工商业，以工业制造与市场经济为主导，产生了地中海商业中心与北欧汉萨商业联盟，涌现出佛罗伦萨毛纺织业为代表的早期"大工业"，正是这种工商业引发了以后的英国产业革命、法国大革命。最后，工业文明取代农业文明。民族国家主要是在中世纪后期工商业发展中产生的，它是在欧洲的庄园经济与城市自治的基础上产生的，对于一个民族来说，从封建割据转为统一社会。这时的社会制度是以王权为主，特别在欧洲主要国家英国、法国、西班牙，建立稳固的皇权统治。这个时期中，王权与统一是进步的象征，反之，分裂与独立恰恰是反文明的。1600 年之后，经历了英国资产阶级革命，法国大革命，西方文明中的平等、自由、博爱的号召深入人心，《人权宣言》的发表，使得民族主义运动转向一个新的方向，从殖民与压迫下解放出来，反对封建王权，建立平等自主的共和国。

从此时起直到 20 世纪，东欧各国纷纷独立，第一次世界大战后，奥地利、波兰、罗马尼亚、南斯拉夫、匈牙利、捷克斯洛伐克等国成为独立的民族国家。在此之前，美国早已经于 18 世纪获得独立解放。19 世纪拉美各主要国家独立，20 世纪初期到中期，亚洲、非洲各国独立解放运动如火如荼，民族运动中，原英国的殖民地印度、阿拉伯国家也都宣布独立。

欧洲民族国家运动启动了世界民族化进程，民族国家建立的初衷是反对世界大帝国的统治，维护民族经济政治的独立性。从后果来看，民族国家的形成客观上促进了欧洲经济政治的发达，对于建立民主政治制度、市场经济制度、独立民族文化传统，都产生了积极效果。从这一层次论，民族国家运动是西方工业化进程与现代化的重要构成，其积极作用是不可否认的。

但是从另一方面看，民族国家运动的历史意义并非全部应当肯定。民族国家化之后，欧洲王权与政府推行民族主义政策，对异己民族进行侵略。工业化之后，民族主义成为殖民主义的一个重要支持，西班牙、葡萄牙与英国的海外殖民都是以民族主义为思想动力的。欧洲的民族国家化却成为了美洲、非洲与亚洲国家民族被殖民的理由，西班牙人对于美洲民族的残酷迫害，英国对于印度民族、法国对于非洲民族的掠夺，阻碍了这些民族的独立，更影响了它们的民族国家建立。

民族国家运动是一个有着深刻历史原因的运动，它是西方文明发展中的必然产物，罗马帝国的建立曾经推动欧洲的整体性文明进步，但是随着帝国的没落，它已经成为阻碍欧洲进步的阻力。民族国家的建立对于欧洲封建经济与工业化都产生过推动作用，这是值得肯定的。但是，民族国家运动是欧洲文明的产物，它并不适用于全球所有的国家。东方国家与西方国家有不同的历史文明，统一国家的文明认证是东方民族的主要特性，只有统一的国家才可能制止分裂，凝聚各民族共同发展。

如果要把民族国家运动与民族主义推广到东方，都是错误的。20世纪90年代之后，欧洲与非洲国家中，由于受到民族国家运动与民族主义的影响，相当多的国家产生民族分裂，国家政治不稳定，就是相当严酷的现实。

民族运动的最后一次转折也是相当具有历史性的，21世纪初期，酝酿已久的欧洲共同体终于形成，这意味着从13世纪就开始的欧洲民族国家与民族主义运动现在开始向相反方向运动。老子曰"反者道之动"，新世纪中，民族国家向非民族的统一体转化，各国流通的货币统一为欧元，虽然语言尚没有统一，但是共同市场的组建意义深远。这是一个具有伟大意义的开端。当然，现在仅仅是个开端，具有数百年历史的民族国家政治经济，有数千年历史的民族划分，不同民族的性格、心理与文化，它们之间的统一仍然是未可预见的。所以，欧洲共同体，它的真实含义是什么，它的历史作用将是什么，现在都无法预见。可以看到的只是：经历了十几个世纪的激烈残酷战争的罗马帝国文明的故土上，一个欧洲的共同体的新体制正在形成，这是人类社会尚且没有过的经验。人类只有从统一大帝国发展出分裂的民族国家的经验，而不曾有过从众多民族国家统一为共同体的经验。欧洲从来是社会政治制度的试验场，历史现在再次把机会给予了它。正如历史经验所证明，国家体制的改革必然影响到民族，这其实表明，世界现代民族时代已经到来。

反思世界史，民族国家的建立并不只是民族主义思想的产物，它是工业文明（包括中世纪西欧的工商业文明）必然的产物，如果只从民族主义思想来分析它，无疑是不当的，不会看到民族国家所具有的历史性。民族主义是一种普遍性的思潮，但并不一定会形成民族国家，西欧的民族国家是一个历史概念，并不是一个现实概念。现代所产生的国家虽然也是民族独立的产物，但已经不是由欧洲工业化时代所催生的那个"民族国家"了。

2. 现代世界民族时代

世界现代民族时代的到来有相当多的标志，但是其中相当重要的是欧洲共同体建立及南欧与东欧国家的民族分化，可以说世界的两极化同时呈现。一极是在民族国家起源地的重归共同体趋向，一极是曾经建成的政治经济联盟的再次分化。重归共同体，当然不会是统一帝国的再现，同时，再次分化也不再是传统的民族国家运动的继续，而是一种再分化，这种再分化虽然仍然是以民族为基本单位，但在有的地区，已经出现复杂的多元化，语言、区域、种族等多种文明因素的影响正式显现出来。如果要说明世界现代民族运动的特征，只能说是以民族的文明因素为主要认证体系的运动，民族独立性更加突出。虽然地域、经济与政治利益仍是重要因素，但毕竟与以前的民族国家运动是大不相同了。

2004 年 12 月 9 日，南美 12 国宣布成立南美共同体，这是欧洲共同体之后的又一个世界经济共同体，从经济上看，是经济共同体的共同市场化，如果从国家与民族角度看，这是对于欧洲共同体的一种呼应。世界是否意味着从此进入后民族主义时代，确实是一个值得深思的问题。这也就使我们不得不重新审视欧共体，这个曾经被很多人看成是既非国家亦非经济政治联盟的"怪物"。

欧洲成为一个共同体的设想早就存在，欧洲有基本相同的文明传统，相近的政治制度与宗教信仰，早已经为这种共同体存在提供了可能性。历史上欧洲曾经存在的罗马大帝国等也对于欧洲人的心理产生一定的影响。20 世纪 60 年代，欧共体成立，当时的欧共体所起的作用是一种联合与平衡作用，主要是在美国与苏联两个超级大国之间保持一种独立的欧洲力量，这是由二次世界大战后欧洲政治的新格局所决定的。传统的西欧是世界强国的所在地，即使在第一次世界大战后，美国已经崛起，但欧洲仍然保持了其世界事务中的核心地位。但在二次大战后，美国在世界的地位进一步加强，新生的社会主义国家苏联成为另一个超级大国，世界的两极化将欧洲夹在中间，地位十分特殊。为了应对这种局面，成立一个统一欧洲组织的设想自然形成。欧洲共同体建立初期，只是一个没有实际利益关系的松散组织。直到 20 世纪末期，苏联解体与冷战结束，世界呈现出多元化格局，这种形势对于欧洲共同体的进一步发展极为有利，欧共体成员国加强了经济一体化与政治联盟关系，欧洲诸国原来就有密切的经济来往，所以经济一体化并不是严重问题，但是欧洲经济与美国的摩擦从来没间断，这就使得其内部产生不同立场。更为重要的是政治，美国成为唯一的超级大国后，与欧共体的关系并没有完全一致，与其成员国之间的联系也不一样。当欧共体作为一种重要的政治力量出现于世界政治舞台上时，在多极政治复杂关系中，欧共体与美国的政治摩擦就成为相当重要的现象。也正是在这种联合与斗争中，欧共体作为一种政治性实体的独立性反而显现出来。

维护与发展本民族的传统是世界现代民族的最主要特征，20 世纪以来，在世界一体化中，各民族独有的传统与文化却出现了日益繁荣的景象，几乎所有民族都把本民族的语言、宗教、文学艺术作为主要的依托，参与世界的竞争。这是由于全球化与西方化的影响，世界各民族传统文明都曾经受到极大冲击，美国与西方国家民族的发达文化遍布世界各地。英语成为世界上最重要的语言，地方语言与不发达民族的语言面临被淘汰的危险。所以维护民族语言成为政府与民众自觉的运动。亚洲、非洲与拉丁美洲的民族语言有自己的振兴计划，中国的汉语与方块字成为美国华人居住区的路标，与英文一同书写，显示出美籍华人维护其民族传统的决心。中国已经成为世界上学习英语人数最多的国家，但是汉语仍然是唯一的官方通用语言。在一些以欧洲移民为主的国家中，民族冲突同样存在，加拿大存在着两种语言的差异，说英语的地区与说法语的地区各有自己不同的传统，因此两者在政治经济中为维护自己权利而斗争，应当是一种明显的标志，说明现代民族在世界性的一体化潮流中是如何坚持自己传统的。

现代民族的另一个重要特征是多民族共存，这种共存与历史上的同化恰恰相反，不同于当年罗马帝国时代少数民族如高卢人被罗马化，而是民族之间的共同存在与相互协调的发展。一种方式是对于原住民的保护，世界各地不少民族受到保护，非洲、美洲与澳洲的少数民族都受到国际组织与政府的保护。在发达国家里，少数族裔的权益如何受到保护也成为社会关注的问题，美国黑人问题长期困扰国家，直到20世纪60年代之前，种族隔离政策一直是社会不平等的突出现象，经过全国百余城市的华盛顿大进军之后，政府才被迫改变了政策。20世纪90年代以后，种族歧视出现回潮，黑人被殴打的事件不断发生。南方各州的黑人教堂不断被焚毁，在美丽的历史名城新奥尔良等地，数百年历史的教堂被焚之一炬，宗教文化化为灰烬。在欧洲国家中，移民的地位同样受到挑战，有色人种移民不断受到暴力侵害，所以，现代民族必须面对新的民族关系现状，特别是在移民已经成为一种国际潮流的形势下，现代民族的多元共处，已经成为社会的必然要求。每当圣诞节来临时，世界许多不同民族都在庆祝这个西方节日，当圣诞老人出现在伦敦纽约街头，他同时也出现在北京、东京、汉城与加尔各答的商店之中。同样，当中国人的传统节日春节到来时，焰火与爆竹、舞龙舞狮的队伍在巴黎、悉尼、伦敦、洛杉矶等大城市同时出现。民族传统与文明的互相汇融，成为现代民族共存的深厚基础，不同肤色、不同语言、不同文明的民族共同欢庆人类社会的伟大进步，这真是现代民族社会所特有的奇景。

现代民族把追求民主进步，实现现代政治与经济制度作为自己内在素质提高的要求，这也是时代的一种特色。民族独立与解放的潮流从未衰减，第二次世界大战后，独立的国家已经达到 100 多个，远远超出了欧洲民族国家运动时期的总数，表明世界现代民族进步的速度之快是前所未有的，这些民族已经成为世界政治经济中最为重要的力量。但是，这些民族在国家发展方面并非一帆风顺，传统思想观念与现代社会的要求之间出现矛盾，在这种情形下，部分西方国家发动向这些国家的文明入侵，非洲与亚洲国家中，政治民主与多党执政已经成为一股新潮流，民主选举、党派竞选风行世界，而且正以锐不可当之势扩张。

西方的民主政治、市场经济、人权社会等观念经过了数百年磨砺，是适应西方社会的传统的。这些观念与西方的宗教、历史与习俗之间有血肉联系，是西方的菩提树。能否把它种植于东方国家中，其实是有疑问的。关键不在于要不要民主制度，而在于实行什么样的民主制度，只有实行了与本民族的文明传统相适应的民主制度，才可能国泰民安。所以，20 世纪 90 年代以后，亚洲与非洲相当多的国家实行民主制度，但结果却大不一样，有的国家与民族创造了与本民族传统相适应的民主制度，取得了成功。而有的国家却由于盲目搬用西方民主，民族冲突加剧，使国家陷入混乱。亚洲的新加坡、马来西亚等国属于较成功的例子，美洲国家中的巴西与墨西哥，非洲国家中的加蓬、津巴布韦等国家都注重对于民族传统的继承，使民主化与民族传统能够有一个融洽的结合。而另外一些国家如卢旺达、尼加拉瓜等国则是相反的例子。

现代民族与以上所说的原生民族、古代国家民族与民族国家之间的关系并不是完全断裂的，相反，现代世界上的民族没有一个是完全新产生的，也不可能是新产生的。这也就决定了现代民族必须承担起历史的重负，它必须要解决历史遗留的未解难题，它还要继续谱写民族苦难的历史，无论它是否愿意。以迁延数千年的犹太民族命运为例，就可以看出现代民族所处的历史语境并不是单一声部的。2004 年 11 月 10 日，美国匹兹堡大学国际问题研究所所长威廉·布卢斯坦教授在上海犹太研究中心就"西方反犹问题的根源"作了一次学术讲演，说实话这种演讲的题目对于中国人可能有些新鲜，但是对于西方来说已经是老生常谈了。无论如何，布卢斯坦教授的发言可以说颇能为当代犹太民族问题作出一个提纲式的解释。

历史上的反犹被认为有宗教、种族、经济与政治等四个方面的原因。宗教原因当然是首先出现的，犹太人被认为犹大的子孙，背负了出卖耶稣的罪名，并且不承认耶稣为基督。另外，经济原因也被认为是一种重要的反犹理由，犹太人从事金融信贷业较早，而且具有世界影响，早在莎士比亚的《威尼斯商人》中就有犹太商人夏洛克因为高利贷而被谴责，可以想象中世纪犹太商人的地位了。在基督教与伊斯兰信仰中，发放高利贷被认为是不道德的，所以犹太人被认为是为利忘义之徒。由于种种理由，反犹现象在欧洲各国不能断绝，时隐时现，有时还会出现高潮。布卢斯坦教授认为，要解决犹太人的历史问题，仍然要选择一种新的方式，如既可以使犹太人建立自己的家园，但又不导致阿以矛盾，既可以反对以色列的做法，又不反对犹太人的政策。在本书作者看来，这些选择尽管有一定实用性，但是离开以色列与巴勒斯坦之间的历史纠葛来谈论，仍然是坐而论道。只要认真读一下《圣经》就可以知道，文明史的问题是现实冲突的根源，真正的解脱在于文明间关系的根本和谐。

总之，世界现代民族可谓任重道远，他们的沉重负担与光明前途恰形成鲜明对比。

3. 关于"民族主义"

民族主义是使用频率相当高的一个词，也是我们不可回避的关键词。且不论应当如何看待民族主义，单从这个词的词义本身来看，它是褒义词还是贬义词，也都令人不能遽下结论。

在欧洲学术史上，自从民族国家运动形成之后，民族主义作为一种思想就引起了注意。早在意大利诗人但丁的时代，作为一个独立民族，应当坚持自己民族的语言与文化传统，已经是一种中心思想，这种思想以后被称为民族主义。19 世纪之后，民族学与人类学一类课程在欧洲与美国的高等院校中广泛开设，特别是东方学的突起，加深了欧洲对于东方的理解，由此深化了对于民族主义这个理论范畴的研究。伊斯兰复兴与中国文化复兴等运动，使得民族主义思想的研究地位更加重要。例如中国人相当熟悉的《中亚古国史》的作者，美国西北大学政治学教授麦高文（W. M. McGovern）早在 20 世纪初期就在学校里开设了"民族与民族主义"等课程。从历史来看，一些西方学者对于民族主义态度十分矛盾，因为民族主义思想其实起源于西方，特别是在民族国家建立过程起了重要作用，所以传统的学者们十分赞赏民族主义。特别是在一些日耳曼或是斯拉夫民族的理论家的著作中，民族主义往往被作为一种值得肯定的思想观念，在意大利与波兰等长期受到外国势力压迫的民族中，民族主义更是被赞扬，民族主义变成了民族精神的颂歌。但是，当时代发生转变，民族国家运动基本结束，欧洲发达国家需要消除历史分歧，甚至建立共同体时，当欧洲的殖民活动受到殖民地民族的抵抗时，他们就开始反对民族主义思想，因为民族主义思想会使殖民地人民恢复民族自信，反抗殖民主义。

关于民族主义，美国学者詹姆斯·汤森曾经发表过这样的看法：

民族主义既可服务于一个国家也可以服务于一个民族，或者是这两种共同体的混合体。但是民族主义是如何服务于它们的？学者们又一次产生了分歧，并且提供了民族主义究竟是什么的三种说法：

一种观点认为，民族主义为一种主义（doctrine）或一整套的理念。对于汉斯·康恩（Hans Kohn）而言，那是一种"政治信条"（political creed），使"绝大多数人将最高忠诚集中在现存的或渴望中的民族国家（nation - state）"，并且将民族国家视为一个理想而不可分割的组织。这一信条下列说法也许表达得更为精确，更加具有种族优越感："一种19世纪初在欧洲发明的主义，认为人天生被划归于不同的民族，……而唯一合法的形式就是民族自治。"对于其他学者而言，民族主义就是政治行动或运动。它是"一个具有自我意识的群体所坚持的建立一个自治政治共同体的意志"，或者是"一种思想运动，该运动的目的是于某一群体的自治与独立，该群体的一些成员企图像其他民族那样建立一个确切或者潜在的'民族'"。最终，一些学者将民族主义定义为：一种情绪、意识或思想状态，强调诸个体对于民族及其传统的意识及忠诚。

概而言之，我对该理论的批评将基于以下观点：民族是一个大的政治化的种族群体；民族主义包含支撑一个民族的信念、运动或者情感。①

其实以上三种基本观点与汤森先生自己关于民族与民族主义的定义都是相当可笑的。将民族定义为"一个大的政治化的种族

---

① 参见复旦大学历史学系、复旦大学中外现代化进程研究中心编《近代中国的国家形象与国家认同》，上海古籍出版社2003年版，第181至182页。

群体"当然不妥当，首先，并非所有的民族都有共同的政治观点，有的民族中存在相当多不同的政治观点，如果以政治观点来划分民族，那将会无限划分。事实上，无论是政治上或是经济上的任何差异都不会轻易使一个民族分裂，恰是民族的基本特性。另外，民族定义上再加以种族范畴，就已经形成了定义的悖论；民族与种族之间并不完全一致，同一种族会划分为不同民族，这已经是常识了。如同属于拉丁种族的人可以划分不同民族，蒙古人、突厥人的种族也都可以划分为不同的民族。种族混融是民族形成中最常见的现象，非洲的多数种族都是划分为无数个民族的，班图尼格罗人等大种族在各国形成了相当多的民族。即使以种族、民族并不太复杂的尼泊尔人为例，大约公元 10 世纪前后，从印度来的雅利安民族进入尼泊尔，与当地的尼瓦尔人、塔芒人、古隆人与马嘉人等混合起来。以后，尼瓦人与廓尔喀人等相继统治，种族互相结合，已经无法逐一区分其种族。如果说到尼泊尔民族，只能依据其历史上所形成的廓尔喀人（Gorkha）、松瓦尔人（（Surwar）来进行认证。所以我们认为，民族，从本质上来说，无异是一种历史文明的范畴，它是在部族的基础上由于宗教、政治、经济等各种文明因素作用所产生的变异，最关键的就是文明进程所形成的历史团体，有共同文明就可能形成同一民族，除此以外，以某一两种因素来作为判断民族的标准就会无法统一。

将民族主义再分为国家民族主义与种族民族主义，这种划分方式显然更没有什么依据。凭什么区分国家民族主义与种族民族主义？日本的民族主义是国家的还是种族的？沙俄的民族主义属于哪一种？根本没有一个具体的标准。另外，像本尼迪克特·安德森那样把民族主义划分为官方的民族主义、殖民地的民族主义等，也与上一种划分方法异趣同旨，没有根本的区别。因为其中所说的任何一种民族主义，都只不过是一种历史形态，它们之间有相当深刻的联系，如果脱离开具体的历史环境来评价其中任何一种，都不可能公正。

20 世纪末，民族主义思潮如脱缰野马，在世界秩序的绿茵地上野蛮地践踏。自从两次世界大战之后，战争的阴云从来没如此沉重地压迫着各国。苏联的解体如雪崩一样令人震撼，从1917 年俄国革命成功之后，经过多年的经营，苏联成为世界上领土面积最大的超级大国，民族众多，国力强大。但是一夜之间竟然分崩离析，十五个民族共和国纷纷独立。同时，长期未能安定的车臣共和国仍然是潜在的危险，车臣人早自沙俄时代就是俄罗斯人的心腹之患，曾经被视为世界上最难以征服的民族之一。南斯拉夫解体与科索沃战争令刚刚解体的苏联感受到一种深刻危机，捷克与斯洛伐克随之分裂，波罗的海三国经过一个多世纪与俄罗斯和东欧的亲密联系后，再次回归到了北部欧洲。乌克兰与格鲁吉亚等国与俄罗斯民族的关系也十分微妙，这些民族从古代起就与俄罗斯人有文明差异存在，这种冲突自然是源远流长了，另外还有中亚国家和民族与俄罗斯的关系也不断产生新问题。当然，世界上产生的并不只是一个苏联的悲剧，而是一种前所未有的民族主义高潮。民族主义思想冲破了政治与经济共同体的樊篱，如同当年民族国家在欧洲纷纷诞生一样，世界国家大分裂，民族独立取代了国家整体。人们在预测：如此下去，世界将会增加多少个新的民族国家？联合国官员们甚至为无限增多的国家数量感到忧虑：在不到一百年的时间里，世界国家总数从 60 个增加到了 200 多个，而且还在不停地增加。依此下去，会不会形成一个民族一个国家的局面？那么，世界国家的总数至少要在 5000 个以上甚至更多！更为严重的并不只是国家数量问题，而是世界秩序问题，如果任何一个民族都以本民族利益作为尺度，那么，世界将陷入无可解救的危机之中，战争与暴乱将成为世界的前景，哪里谈得上世界秩序的重建？亨廷顿等人侈谈世界秩序重建与东西方文明的冲突，但却没有想到，如果当前的民族自立继续发展，欧洲很可能出现多得难以计数的国家，如果连一个完整的西方文明都无法保持，哪里谈得上重建？

当代世界上几乎没有一个国家不处于民族分裂的威胁之下，即使是美国与欧共体国家也未能避免民族主义风暴。英国长期以来受到爱尔兰民族独立运动的困扰，使其几乎无法应对。近年来旧账未还，又添新债，沉寂了几个世纪的苏格兰突然烽烟再起。稍微熟悉英国历史的人都不会忘记，英国于 17－18 世纪建立民族国家，先是以资本主义政治与经济制度统一了英格兰、威尔士与爱尔兰，并且于 1707 年通过《合并法》兼并了苏格兰，但苏格兰一直对英国人的占领耿耿于怀，18 世纪苏格兰爱国诗人罗伯特·彭斯有一首题为《苏格兰人》的诗形象地表达了苏格兰人的反抗斗志：

> 跟华莱士流过血的苏格兰人，
> 跟布鲁斯作过战的苏格兰人，
> 起来！倒在血泊里也成——
> 要不就夺取胜利！
>
> ……
>
> 谁愿将苏格兰国王和法律保护，
> 拔出自由之剑来痛击、猛舞？
> 谁愿生做自由人，死做自由魂？——
>
> 让他来，跟我出击！

这种诗歌号召为国奋斗、宁死不屈，犹如荆轲刺秦前的歌咏，悲壮哀伤，欧洲民族国家兴亡之际，曾经涌现过大批这样的诗人。如匈牙利的裴多菲等人都是如此。18 世纪历史小说家华尔德·司各特描写苏格兰的撒克逊英雄的故事，其实是苏格兰民族的史诗，刻划出苏格兰人的历史心态。苏格兰虽然被并入英国已近三百年，但其民族自立的意愿一直未减，由于经济不振，更是感到压抑。20世纪70－80年代，苏格兰发现油田，经济勃兴，民众要求自治风起云涌，90年代公开提出要成立独立的苏格兰议会。更为严重的是，并非只有苏格兰与爱尔兰如此，英国其他各地如威尔士、韦塞克斯与康沃尔等地也有自治的主张，如果全部自治，那么英格兰人还有多少地域与资源？联合王国还能存在多久，其前景确实不容乐观。

其他西欧国家的民族主义也时有发作，1938年3月，德国希特勒突然威胁捷克，借口苏台德地区的日耳曼人的"德意志人党"要求"自治"，要求废除捷克与法国、捷克与苏联的互助条约，释放被关押的纳粹分子。经过软硬兼施多种手段的作用，英法政府大搞绥靖，9月5日，捷克斯洛伐克总统贝奈斯被迫宣布同意苏台德地区自治。1938年9月签订了"慕尼黑协定"，有400多万人口的苏台德地区被划给德国，大大增强了法西斯德国的实力。这一段历史本是德国法西斯导演的分裂捷克斯洛伐克的一幕丑剧，德国人根本没有料到，20世纪末期，苏台德人再次掀起一股回归热潮，苏台德要求回重返捷克的故土。而且提出这一要求的主要是当年苏台德区的德意志人，当年380万德意志人与80万捷克人一同被强行划归德国，如今这些人的后代要求反方向的回归。西班牙的巴斯克人、加泰隆人与加利西亚的民族自治更是由来已久，巴斯克人从历史上就在多种民族之间活动，法国大作家雨果的小说中称巴斯克人是欧洲的语言学家，他们生活在地域相连的欧洲各国之间，即使是普通农夫也能说法语、西班牙语、意大利语等多种语言，他们的民族自治意识极强。此外，意大利的南蒂洛尔人、比利时的瓦隆人、佛拉芒人，法国的布列塔尼人、科西嘉人等，在欧洲的核心地带，民族自治之风，已经不是"起于青萍之末"，而是"山雨欲来风满楼"了。

民族自治与民族分裂、种族主义与种族摩擦，恐怖主义与民族极端主义……这一切都要求对于民族主义作出解释。

我们认为：民族主义，就是有共同文明与文化传统的民族为维护、肯定与发展本民族所奉行的主张与所持有的观念。它在申张民族权利与义务时，必然对于本民族与其他民族、本民族与国家、世界的关系作出判断与实行措施。民族主义是一种有史以来就存在的思想观念，它在不同历史阶段有不同的表现。任何民族都有维护本民族存在的权力，同时，任何民族都无权危害其他民族的利益。所以，民族主义不能抽象地说是一种好或是坏的思想，它的性质必须取决于具体的历史环境与过程。我们的总体原则是反对民族分裂与支持民族独立与自由，决定的准则是文明，凡是有利于民族文明与国家发展的观念都应受到尊重，而反之则不应得到支持。

民族主义思潮大规模流传起因就是民族国家的建立，从14世纪到16世纪文艺复兴时代起，西方的民族主义思想已经略具形态。17世纪到18世纪，西方民族主义思想得到普及，但是，随着殖民主义的兴起，民族主义的原有思想受到批判。19世纪之后，民族主义在世界历史中分化为多种思潮，其中有民族极端主义、民族分裂主义、原教旨主义等观念的渗透，但是反殖民主义等仍然是相当重要的民族主义思想。

当代民族主义是一种不可回避的思想观念，我们反对民族分裂主义与民族极端主义，特别是一些受到帝国主义与恐怖主义支持的妄图分裂国家统一的行为。人类文明史证明，从民族发展到国家是一种必然进程，由多民族组成国家，已经超越了民族自我中心。即使是欧洲民族国家也同样证明，民族国家不再是单一的民族，英国不是诺曼底人或是撒克逊人、法国不是法兰克或是高卢人、美国不再是欧洲移民，国家是神圣的，也是现实的，它具有民族代表性，就是以高级利益取代了直接利益，人类的独立精神在这里得到了一种和合的汇融，而不是一种自我精神的伸张。我有祖国，就是我有了自我精神的寄托地，有了可以与先族与后来者、自我与他人共语、交流与共存的基石。

20 世纪的民族自立的潮流与不同性质的民族思想为我们留下了最丰富的合奏曲，令人亦喜亦悲。它给世界各国政府与民众最沉重也是最欢快的乐章。1914 年 6 月 28 日，塞尔维亚民族主义者在波斯尼亚首府萨拉热窝刺杀了奥匈帝国斐迪南大公，成为了第一次世界大战的导火索。2004 年，车臣共和国被称为"黑寡妇"的人体炸弹在莫斯科酿造了一起又一起的流血事件。也就在同一时期，人体炸弹不断在以色列的城市中爆炸。一个世纪的风云，民族主义经历了奥匈帝国等大帝国的垮台，形成了数十个新的独立国家。经历了二次世界大战，最后是苏联这个超级大国的解体，一次一次地形成新的民族国家独立的热潮。但是，21 世纪，引导世界民族发展的潮流已经转变，当少数民族主义者仍然在策划新的分裂时，他们没有看到，多民族国家其实是社会的主流。如果没有民族合作的意识，即使建立起单一民族的国家，也无可避免政治、经济的新分化。

第四章　文明与国家理论的实质

一、国家的文明特性

民族国家是一种什么样的社会形态，它在人类文明史上的意义到底如何？

西方理论界与部分中国理论家们近年来不断重复韦伯的一些看法，在《经济与历史》中，韦伯喜欢说："整个一部经济史无非是经济理性主义的历史。"在这个前提指导下，他以经济与政治活动为中心，建立了一种"社会团体"的理论。这种理论认为社会都有一种制度，这种制度维护一种权力，由于权力，就产生了支配。如韦伯所说："任何我们可以想象到的制度，都不能没有权力来发号施令，因此，就有支配。"他还依据人类社会的历史经验，总结了人类社会的三种理念类型的支配：第一种是卡理斯玛支配，虽然他的解释不同，其实就是原始宗教与原始思维等的支配；第二种是传统型支配，当然意味着所谓的封建制度、王权等类型的支配；第三种是法制型的支配，这种支配当然是指资本主义社会的权力支配。在这些权力支配下，人类社会是划分为不同的团体的，而在团体的行动中，经济行动是最为重要的。①

韦伯的理论看起来相当纷繁，其实比较简单，其中有些方

---

① 参见马克斯·韦伯的《经济与历史》，载《韦伯作品集》Ⅱ，钱永祥等译，广西师范大学出版社 2004 年版，第 13 - 289 页。同书中收入的《支配的类型》也可作为参考。

面甚至与马克思雷同，特别是他的权力支配观、社会团体观、经济活动中心论等，虽然与马克思的阶级划分、政治与意识形态、经济基础理论等方面有所不同，但相合之处是显而易见的。当然，这并不意味着韦伯抄袭了马克思，或者说他是一个马克思主义者，而是说有一种共同文明的内在思维规律在指导着他，使得他采取了这种思维方式。这是欧洲学术中一种特有的现象，相当多的学者，他们都是把现代西方社会学、经济学与哲学的形而上学结合起来。这种理论的真正肇始者是意大利的维柯，维柯的历史哲学开创以后，不断被西方学者们沿用，虽然形态有所改变，但大致模式是没有改变的，韦伯学说也是其中之一。

所谓的"社会团体"其实是一个极含混的概念，人类社会的不同种族中，社会团体极为多样，如果只是以一个简单的"社会团体"来说，极难说明它的性质，因为各种社会团体之间的差异实在太大，并不具有说明其学术意义的性质，所以这种范畴也就失去了学术意义。我们在学术研究中，必须以一定的范畴来规范研究对象，说明其性质。否则我们的范畴就只能是一个普通的名词，而不是一个学术术语。以社会团体来说，社会各种职业工农商学兵、三教九流无不是一个社会团体。再进一步来说，各个国家、各个民族、各个地区无不具有成千上万的社会团体、村社宗族、好友亲戚、三五友好，大到国家宗教团体以义相聚，小到走卒商贩谋利于市，哪一个不是社会团体？所以这样的范畴其实是不能起到学术规范作用的。

就学术范畴而言，部族－民族－国家（包括民族国家、古代国家与现代国家等概念），都是具有历史性的范畴，也是具有普遍意义的范畴，它们是适用于文明研究的。但同时在这一领域中的概念革新是必要的，不过这种概念革新必须有相应的前提，否则这种革新则成为信口雌黄，无法理喻的了。

比较文明学的研究证明，人类社会是由团体所构成的，最基础的是家庭与家族，这是由血缘关系组成的团体。由家庭所组成的原始公社、农村公社或是邻居公社是在无血缘关系的基础上所形成的一种团体，这是对于氏族关系的进步。部族就是在这种社会机制上所形成的。从部族到民族，产生了不同的形式。欧洲的民族产生较早，主要是由一个部族或多个部族所合成的民族，并且在民族的基础上成立了国家。如果从社会生产分析来说，主要是城邦制度与农牧业、工商业等原因，土地私有化程度较高。这对于亚洲来说是不可能的，亚洲古代社会的农村公社与专制国家中，土地私有化程度不高，家族与家庭可以有土地的使用权，但没有所有权。所以欧洲民族中的私有财产出现较早，促进了部族与民族的认证。而东方相反，最早的是对于国家的认证，在农业文明社会中，土地是最重要的生产资料，谁掌握了土地，农民就会依附于谁。土地归国家与王族所有，农民交纳地租，并且还有赋税，这使农民与农奴极早就有了对于土地所有者——国家与王权——的认同与归附，这一概念极为突出。《诗经》中说"昊天不平，我王不宁"、"惠此中国，以绥四方，……柔远能迩，以定我王。"

　　总之，虽然同称为"国家"，其实从历史上看，东西方的国家概念是完全不同的，西方历史上就十分重视民族，古代希腊是一个国家，但是希腊人重视区分雅典人、斯巴达人或其他地区与民族的人民。中世纪之后，西方人是以民族国家为国家唯一概念的。而对于东方来说，统一大帝国的认证其实是最早的，中国古代从殷商时期就产生的"中国"概念，一直是主要的国家概念。由于这种对于国家的不同理解与认证，形成了东西方不同的国家概念。而且由于文化概念的不同，对于国家性质与功能的理解也是不同的，东方大一统国家对于个人或家族形成了至高无上的权威性，而个人的自由必须屈从于国家利益。西方自从民族国家产生之后，无论是自由主义还是保守主义，国家都承认个人的自由，以服务于个人自由为国家的使命，当然，国家并非没有权威，但是这种权威树立的最终目的仍然在于保障自由。一定程度上来说，这是东西方国家最基本的差异之一。对此，我们作为理论范畴建构的前提，是不惮反复、多次论述的。

关于封建制度、奴隶制度与专制制度等概念，我们主要在马克思关于东方的理论中说明。这里再强调一遍，我们现在所使用的"封建"一词与马克思恩格斯的同一概念的内涵与外延并不相同。马克思所说的封建制度并不包括东方国家，"封建"是一个专有名词，指中世纪西欧分封制度，它是军事与军功分封和等级制度的制度。东方国家是专制统一国家，东方存在过近似于西方的等级封建制度与奴隶制度，但是，中国的封建诸侯与等级划分与西欧是不同的，正像中国殷商制度与罗马奴隶制度完全不同一样。所以在本书的论述中，一定要区分马克思关于不同文明中社会制度与阶层关系的划分。

二、东西方文明的国家论

1. 争论的关键

从蒙昧、野蛮到文明，从部族到现代民族，进而产生古代国家、民族国家或其他国家形态，这是国家发展的基本进程。在这一进程中，世界各地的部族其实产生了极大的分化，主要大陆上的部族先后进入到了世界民族行列，无论其文明程度仍然存在多大的不同。而进入文明社会，这是世界大多数民族形成与发展的必然过程。虽然这种理解已经受到学术界与公众的广泛承认，但实际上，什么是文明民族？什么是达到文明民族的标准？是不是世界所有民族都经历了与欧洲一样的民族国家的发展模式？如我们已经指出，这些问题正在引起各种学科的关注并且在讨论之中。

我们认为不但应当有一种多元文明的观念，而且，在国家与民族形成中，同样应当具有一种多元化的观念，如果没有这种观念，民族与国家问题是根本无法得出最终结论的。

并非所有民族都经历了我们所说的从最初的氏族到国家的全部发展过程，其中相当多的民族只是经历了部分行程。这并不是说这些民族没有完成文明进化，应当说，这些民族并不像欧洲人类学家所认为的那样属于原始民族。这些民族大多数与其他现代民族共同居住，如非洲与美洲、西太平洋群岛上引起人类学者极大兴趣的一些保持了传统社会形态的民族聚落，他们与众多民族生活于同一地区，只是生活习俗与社会形态不同的而已。

对于这些民族，人类学家们过去用过的一个词是"土著部落"，以后则使用了新的称谓"原住民"。我们认为，从他们的生活与社会形态来看，他们基本形成了社会团体，具有了社会特性，可以称之为民族，但是没有形成普通的民族国家。或是说，在民族国家之中，他们仍然是保持了自己相对独立性的民族，为了区别于其他已经国家化的民族，可以考虑采用"部族－民族"的说法。当然，部族民族是处于不断变动之中的，并不是一个完全固定的划分。

文明的发源地往往是部族民族最为集中的地区，似乎是上天为人类保留下历史遗址，以使人们不要忘记文明的历程。人类文明出于古老的非洲，同时，这里也是世界上至今部族民族最多的地区，如同自然界中的化石一样，我们可以从中看到历史。

非洲中部的布隆迪、喀麦隆、中非、加蓬、卢旺达和扎伊尔等7国的俾格曼人，他们共有十个部族民族，人口约为20万左右，是现存的非洲历史最古老的部族民族之一。他们并不与世隔绝，他们有基本相同的信仰，具有相类似的生活方式。但是，他们并没有形成民族国家或是现代国家，他们依然保持了部族民族的古代形式。世界其他地方也有相当多的民族与他们一样，所以说国家的形成并不具有完全的规律性，世界民族认证各有自己的方式，有自己的特点，不能绝对的概念化。有的民族经历了从部族到民族再到民族国家的道路，而有的国家则长期保持了部族的形态，从古至今没有改变。而且国家的形式是多种多样的，印度人的国家不同于德国人的国家，越南人的国家也不同于英国人的国家。这种差异是极明显的，美国是合众国，联邦制度，是一个新的国家，没有皇室与王族。而印度有众多的小邦国与王族，日本则至今保持了天皇制度，英国保留了女王，欧洲大小国家中，有的王室传承到今天，有的则早就没有王室了。所以不能用西方民族国家的历史形式来规定世界其他民族，这是一个极明显的道理。从这个意义上看，并非所有民族的分化都是有意义的。特别是一些民族，虽然曾经在历史上一度有过相当的影响，但是随着历史的发展，这些民族已灭亡或是蜕变，不再有独立的价值与意义，如果再鼓动其独立，则将是逆历史潮流而动的，例如历史上曾经存在过的腓尼基人、突厥人、亚述人、塞族人等，如果他们现在来要求建立自己的民族国家，就会产生极大的对立与冲突，他们的国土在哪里，他们的人民是哪些人，将会产生无穷的纷争。

所以我们并不赞成无限度的国家与民族的自我认证，那种认证只会导致分裂与动乱，对于世界的前进是无益的。

2. 东西方国家理论的根本不同

同时我们更要看到，国家的形成是决定性的进步，这里的国家从世界文明史来说，主要是指古代国家而不是近代的民族国家。我们特意指出这一点，目的就是恢复历史观的本来面目，在上文所提到的民族国家认证中，西方学者主要是以近代民族国家认证为准则的，这一准则不适于中国与东方的多数民族。古代罗马是西方古代国家的标准，但是，对于罗马来说，各民族在这里恰恰是被统治的，统一的帝国与民族国家产生之间是对立关系。当匈奴人与日耳曼人实际上战胜了罗马人，这一庞大的古代帝国解体，各帝国奴役的民族独立，才产生了民族国家。对于日耳曼等民族来说，民族国家意义重要，它们原本属于部族－民族，被罗马人称为"蛮族"，民族国家建立，使它们进入了文明民族，所以，民族国家的建立是其文明史上最重要的环节。

但是东方国家并不相同，文明早在中国的商周时代，在波斯、印度人的古代王国中已经存在。在这些国家中，人民已经有了最早的国家认证，在古代东方，国家建立是文明发展的关键，这个国家指的是古代王国。这是东西方文明国家观念之间最大的不同。我们简要归纳如下：

西方文明以民族国家建立为转折 西方文明发展的历史说明，西方最早的民族认证是一种城邦认证（state identity），如希腊人的自我民族认证，但这种认证是不彻底的，由于城邦毕竟不是真正的国家，雅典不能脱离希腊而存在。所以我们在这种认证中看到了一种城邦民主制度的成分，同时也看到一种对于大的民族国家的认同，只不过在古代地中海国家中，这种认证并不是太明显。希腊人一方面对于东方波斯来说是大希腊民族，进行了大希腊的认证，另一方面，在内部又有雅典人与斯巴达人等不同城邦差异的区分，这种城邦与地区的划分是相当有代表性的。最重要的是，当罗马帝国建立之后，统一的大帝国暂时使各城邦与民族合为一个共同体，使得国家观念其实衰退了。罗马帝国与埃及不同，罗马征服的各行省与殖民地基本上都是相对独立的民族与城邦，各有自己的民族传统。而埃及的各个省则是统一民族的不同区域，并不存在大的文化差异。中国与波斯等国家与埃及是相近的，中国是多民族合成的国家，但经过长期的民族融合，形成了以汉族为中心的中央政权的统治，秦汉隋唐等古代国家都易于产生国家认证。这种认证当然是对于统一大帝国的认证，这是一种文明的传统，与民族国家众多的欧洲完全不同。欧洲直到罗马帝国崩溃之后，民族国家建立才开始了真正的国家认证，使得部族民族成为文明的国家民族，形成了共同的心理、语言、制度，也就是所谓的民族国家认证（nation identity）。所以如果客观地说，并不是中国人没有国家认证，而是中国人有最早的国家认证，相反，欧洲人的国家认证产生较迟。

东方民族的认证主要是以古代国家建立为标准　古代国家建立后，长期的政治统一、语言与心理的共同民族素质（national essense）的形成，使得东方民族的认证是古代的大一统国家认证（country identity），而不是欧洲的民族国家认证。这是一种历史文明所造成的差异，在中国式的大一统国家中，多民族统一于一个制度之下，城邦乡村之间的区分并不显著，特别是没有城邦自治或是领主式的统治，几乎不存在城邦政治经济的独立，或是说独立程度相当小。国家土地的公有制度是形成一统国家的基础，国家的认证主要就是对统一国家的认证。这种认证的中心是对于君主——王或是皇帝——的承认，同时也包含了对于自身民族统一性的承认。《诗经》中已经有了"中国"与"蛮夷"的区分，中国这个概念是多个不同民族汇融成为一个国家的明证。中国的起源是黄帝部族与炎帝部族，黄帝即所谓华夏系，战胜炎帝后，炎帝部族归附，华夏系开始兴盛。林惠祥曾经描述过古代中国民族产生的大致历程：

> 中国诸民族之主干实为华夏系。其他诸系则渐次与华夏系混合而销灭其自身，或以一部分加入而同化于华夏系，

保留其未加入之一部分。例如三代以来见于记载之东夷南蛮西戎北狄早与华夏系混合扩大华夏系之内容，至于秦代，则东夷已全销灭，南蛮中之荆、吴全部同化，百越亦一部分同化，西戎北狄之在中国者亦全同化其在域外之部分，方得保存其原状。①

《墨子·非攻》曰"九夷之国莫不宾服"说，是可以信赖的。可以肯定的是，到了秦代，大一统的中国概念已经完全确立，各民族归附同化已经相当彻底。秦始皇灭六国，在其之前，已经灭巴蜀，废闽越王，北击匈奴取河南地，收岭南之南越为南海桂林，西击匈奴。所以秦始皇封禅泰山，东临沧海，遥望海外，脚下东亚这一片大地完全成为一个统一大国，他是一个统一的中国或是所谓的"天下"之主了。汉代承平时久，是强盛的东方大国，所以汉成为中国的民族名称，这个大民族已经不是所谓的华夏部族，应当是多民族混融而成的大民族。如果从民族国家观念看，这应当是独特的、具有东方特色的民族统一国家。中国的大一统专制国家，没有实行所谓的采邑制度，而是统一皇权之下的郡县制度，自汉之后，经南北朝至唐，中国大一统专制国家的社会机制已经形成，宋元明清，历经战乱，但国体与政体都没有根本改变，甚至不同民族的统治者来当皇帝，国家体制仍然不变。这就是中国文明的政治特色，是它的国家体制的延续性。但是欧洲却走了另一条道路，这是与中国完全不同的一条国家建立的道路。

---

① 林惠祥：《中国民族史》上册，商务印书馆1996年版，第23页。

第五章　西方社会经济与世界性扩张

一、社会意识与权力

由部族到民族，经历了权力的机构化与形式化的过程，即西方式的城邦和采邑，东方的郡县制等，最终发展到国家。无论是古代王国还是以后的民族国家，都经历了合法权力产生的过程，这一历史过程中，到底有什么变化？产生了什么，消除了什么，改变了什么？

从部族到民族再到国家，从社会精神上看，主要是一种社会性的呈现，社会性不是一般的集体性，所有的动物一定程度上都会有集体性，从猩猩到狮子，群居是其主要生活方式。人类从动物进化来，与生俱来就有了群居的特性。但是，社会性不是动物的特性，有的社会学家想证明，动物也有社会性，如蜂群共同劳动，有雄蜂、工蜂与蜂王等角色与分工，俨然是一个小社会。但是这些社会学家只是从一种形式主义的观念来看待动物与人，这是不可能看到内部结构的根本差异的。几乎在所有的动物群体中都有类似于社会的组织，在狼群、鹿群或是狮群中，一般都有雄性的带领者，有其配偶与子女。并且在一定的时期会进行重新组合，组合的原则往往是通过新的更强壮的动物取代年老的带领者。但是这种兽群组织与人类社会根本的不同在于人类社会是在理性原则指导下形成的，而蜂群与其他动物群体是自然法则的产物。人类的社会性使得人与人之间的关联性成为公众性的，个人只是这种理性自觉性的服从者，任何一个强壮的个体如果采用暴力方式强迫他人时，就会受到这个社会原则的制约。所有的人必须服从一定的社会原则，这种原则是为了维护人群更为长远的利益，所以它受到人们的拥护。从人类意识本身来看，是人类的自觉意识的产生，在人类社会发展中，首先产生类意识，这是必须承认的。由于社会性的产生，人类也开始有了社会意识。个体的人知道了自己是人，是区别于其他动物的类，同时也是区别于其他人的个体。这一类特性就是必须以道德、法律等社会性构成作为自己的行为规范，也就是社会意识的形成，自知为人，是人之初。这也就是精神分析学与西方哲学中所说的自我意识的产生，社会意识或是集体意识产生于自我意识，但没有社会意识也不会有真正的自我意识，个体无法在非社会的环境中产生自我意识。正如人类学家爱弥尔·涂尔干所作出的相当精辟的说明：

> 总之，我们必须指出，社会绝对不是无逻辑或是反逻辑的存在，也不是混乱的和虚幻的存在，尽管人们常常这样认为。恰恰相反，集体意识是精神生活的最高形式，因为它是各种意识的意识。既然集体意识超然于和凌驾于个体的各局部的偶然性之上，它就会从永恒和本质的方面来看待事物，并将此结晶化为可沟通的观念。与此同时，集体意识既站得高，又看得远，在任何时候，它都包容了所有已知的实在。正因为如此，唯有它才能为心灵提供可以适用于事物总体的模式，并使这些事物具有被理解的可能性。①

社会性最早的构成当然是产生于血缘关系与共同的生产与生活联系，其中最重要的就是家庭与家族，这是社会的基础，也是社会性产生的本源。但当代社会学与人类学研究同时发现，抵

---

① ［法］爱弥尔·涂尔干：《宗教生活的基本形式》，渠东、汲喆译，上海人民出版社1999年版，第581页。

御外族入侵产生了军事联盟，民众之中由于协同性产生的秘密联盟，可能也是社会性产生的原因。无论如何，在原始社会阶段，最早的社会意识已经产生。进入古代社会，由于生产发展所形成的私有制度，已经具有早期的权力特征。母系部族与父系部族在历史上都曾经存在过，它们已经具有了家庭的权力。也就是在同时，部族权力开始形成。代表社会的是权力。如果从构成来说，国家具有了前所未有的成分：政府、国民、制度、主权与权力。其中最为重要的是权力，可以说，国家就是权力的象征。

权力，就是对于个体与群体的管理、支配与影响力，这种管理、支配与影响作用表现为行为与意志的规范，无论个体是否有独立意志，他或她必须按照规定权力的规范来行事。所以权力并不仅是一种要求或是义务，它的性质带有强迫性。权力最初是没有制度化的，也是没有法律化的。但在文明社会中，权力实现了制度化与法律化，这是权力的重要发展。并非所有的权力单位都已经制度化，至今也有非制度化的、甚至是秘密的权力。无论什么样的权力，它都以支配行为为主要目的。权力与职责相关，在公共事务中，权力一般必须有职责作为其标志。如酋长、家族首领（族长）等。权力最普通的是政治、军事、宗教、经济、行政、教育、知识等方面的权力，也有从一定地位与工作关系所产生的权力，比如现代社会中，科学技术也会在一定范围里成为一种权力，它可以迫使社会公众或是个人屈从于这种影响。

权力其实是一个历史概念，人类历史上，有多种权力类型与其多样化的形态，如果进行类型的划分，可以有这样的一些类型。第一是部族权力形态，这种形态包括酋长制度、原始信仰与宗教等民族权力形态。这种形态并没有完全消失，可以说在当代的教廷中仍然存在部分因素。第二种是古代民主权力形态，这种制度在部族中已经存在，但是其成熟却相当晚，雅典民主政治与罗马共和国都是这种权力形态。古代东方国家可能是这种权力形态的起源地，包括中国、印度与美索不达米亚文明诸国中，都曾经实行过这种权力的统治，在一定历史条件下，这种权力形态让位于新的形态。第三种是专制权力形态，古代帝国中已经形成这种形态，一般认为，从奴隶社会起，这种权力形态就成为占统治地位的形态。大多数封建社会的国家仍然保持这种形态，皇帝与国王等君主成为唯一的统治者，古代的中华帝国、波斯帝国等众多帝国，都是这种形态的代表。以后历经多种变化，甚至可以与宗教权力等合作，演变为政教合一的机构。第四是所谓的君主立宪制度，这种制度是宪法或其他规章来约束帝王的个人专制，但是仍然在不同程度上保持了君主制度。这种权力制度形态多样，不一而足，有的国家君主仍然具有相当重要的权力，但是现代社会中，多数君主已经只是名誉上的统治者，国家权力主要是由政府来行使。第五是法制民主形态，主要是以立法形式与政治协商形式体现权力，政府是主要权力机构。国家与政府的领导人则是通过定期选举产生，一般通过党派斗争来达到权力的平衡原则，以保证权力不会永远被个别党派所把持。

二、绝对国家权力：欧洲—伊斯兰—中国

除了韦伯之外，安德森的绝对国家权力理论对中国理论界有一定影响。他认为：欧洲绝对主义国家从 16 世纪兴起，控制了欧洲的资本主义进程。相反，伊斯兰与中国的国家绝对主义则使它们保持了封建专制[①]。首先最引人注目的是，从考古与

[①] ［英］佩里·安德森：《绝对主义国家的谱系》，刘北成、龚晓庄译，上海人民出版社2001年版，第565－567页。

人类学等的研究中可以看到，权力的产生其实并不像我们以前所认为的那样产生于私有制度等，而是早在人类社会初期就已经具有了权力。不过，这种权力也不是像马克斯·韦伯在《支配的类型》中所说的，在不发达文明中，存在着"理念型支配：克里斯玛支配"。部族社会中，存在的是多种类型权力，主要是由于财富、年龄、仪式等多种原因所产生的权力，由于部族的不同，产生的权力是不同的。可以说部族权力是多元化的。把部族社会中的支配说成是一种宗教或是理念的支配，是没有根据的。应当说在韦伯的时代，人类学研究的成果已经证明了这一点，可惜的是他没有关于这方面的任何说明，这是令人费解的。

从韦伯到佩里·安德森一直希望能破解中国封建一统国家权力集中之谜，韦伯从历时的视域，安德森则在《绝对主义国家的系谱》中从历时的视域来讨论同一个问题。可惜两种视域都是以西方为中心的，所以不能看到事物的本质。从考古与人类学研究的结果来看，古代社会与原住民部族中，并不存在所谓理念型支配或是克里斯玛支配。古代社会与部族社会中，信仰与仪式的力量是十分重要的。但是信仰的力量并不是一种绝对权力，至少并不是在所有的民族中成为绝对权力。在大多数的民族中，它们就是一种意识形态，只不过是一种占了统治地位的、重要的意识形态而已。而意识形态与权力之间是不能等同的，虽然在一定的社会条件下，它们之间的联系是十分紧密的。马林诺夫斯基的《西太平洋的航海者》是一部优秀的人类学著作，作者十分关注部族中的权力分配。据他的观察，新几内亚地区的原住民们也就是当地的土著部族十分依赖于巫术，但是在部族的制度与权力中，酋长仍然起到关键作用。

图乌卢瓦是奥马拉卡纳的现任酋长，事实上，也是基里维纳的最后一个酋长。他死了以后将难以有人继承他。

他的权力已被政府官员的干涉和传教士的工作破坏了。特罗布里恩特酋长的权力主要来自他的财富，而财富则维系于多妻的制度。现在他被禁止再娶妻子（虽然旧的可以保留），而他的继承人也不准再保持他们自古以来的多妻风俗，酋长的权力已经失去了它的基础，因而在很大程度上已告瓦解。[①]

正如作者所分析，酋长的权力并不是来自于巫术，也不是所谓的克里玛斯或其他仪式，这种权力来自于经济与社会关系，在特罗布里恩酋长制度下，多妻以及多子是财富的主要来源，这并不是什么秘密，在古代社会甚至在近代社会中，由于众多的家庭劳动力而致富的情况相当普遍，据有大量财富进而掌握权力，是顺理成章的，这是早期权力产生的基本过程。

当然，部族社会中的权力是多种多样的，这是由于社会发展初期，权力处于多种因素的竞争与平衡过程中。在众多的权力竞争中，起决定作用的仍然是财富与社会关系，其他一些因素固然十分重要，但毕竟不能与这些决定性因素相抗衡。相当多的学者如同韦伯一样，相信巫术或仪式是权力的决定性因素，甚至有人断言，巫师就是部族权力的代表。我们认为这种说法是把巫术的信仰力量与政权力量混同的结果。区分这两种力量是相当重要的，信仰力量相当重要，正像人类学家们所指出，巫术在原始部族生活中具有决定性作用，它左右人们生活的各方面。但是，巫术不可能取代部族的全部权力，特别是其行政与军事权力。也就是精神力量是不可能取代社会权力的，这是我们的基本结论，也是我们与相当多的相信图腾主义或是巫术能够解释一切历史问题的观点的根本区别。我们不排除这种可

---

① ［英］马凌诺斯基：《西太平洋的航海者》，梁永佳、李绍明译，华夏出版社 2002 年版，第 403 页。

能性，即在少数部族中，可能存在巫术与行政军事共同行使权力的情况。但是在大多数情况下，原始宗教与巫术只是起到信仰作用，并不能决定部族社会生活中的重要事件，也不是行政与军事的支配性力量。

相反，只有在社会权力的要求下，精神信仰才可能作为权力的条件存在。也就是说，当权力集中化与权力制度化时，它会利用巫术为自己服务，在这种条件下，祭司可能被神圣化，酋长也可能以受命于神的方式得到权力。这一现象，我们在上文中已经揭示出来，中国古代历史上的君权神授理论，甲骨文中的王的贞人占卜以祈天，就正是说明了其中的原委。

从部族政治向高级的阶段发展，产生了类型的分化。由于这个时期是社会生产形式产生变化的时代，农业与渔猎和畜牧业的分化，农人与牧人成为不同的生产集体。农牧业与早期工业的分化，制陶、纺织、木工、铁工与商人等多种分工的出现，使得社会形态与社会权力机构都更为多样。这种社会分化虽然产生极早，但是延续时间相当长，从公元前 10 世纪起出现的城邦与城镇，已经初步划分为两种，一种是农村经济的原型，另一种是城邦经济。古代希腊是典型的城邦经济，以城邦为中心，工农商业的命脉集中于城邦中心。罗马经济中，商业也是当时世界上较发达的，罗马帝国之后，以采邑制度－庄园－城市的经济形态为主，成为资本主义起源地。中国古代则是以农庄经济为主体，以城镇为中心，城市规模较小，而农村人口与手工业广泛分布于农村中。无论如何，东西方社会都经历了从部族制度向国家制度的转化。国家制度形成后，帝王、贵族、奴隶主、大庄园主与大地主成为统治阶层。在奴隶制度向封建社会的发展中，东西方分化更加明显，中国的封建制度以郡县制度－乡镇－朝廷为主要统治模式，两种模式的不同，使得社会权力模式同时产生分化。农庄经济多数是家族耕种的小块农田，以土地依附为主要形式。这种模式要求集中的管理，这是以后封建权力模式的前身。相反，采邑城邦经济中，渔业、林业、农业、牧业与手工业之间的交换频繁，市场交换是主要的形式，这种经济有利于市场管理模式。所以，两种权力类型的分化是必然的。同时也要注意到，东方社会中的政治权力与宗教权力的类型也有所不同。第一种情况下，国家权力占绝对统治地位，君主是国家权力的代表。基本实行土地国有制度，农民与农奴的私有财产相当缺乏。第二是宗教权力占统治地位或是宗教与君主共同统治，农业生产中的私有财产基础同样相当薄弱。西方社会中，宗教与世俗王权共同统治的历史时期较长，但宗教最终退出社会权力竞争。西方社会权力的主要特征之一是贵族与大庄园主的自治权力占有重要地位，特别是在西欧国家中，他们一直都与王权进行激烈争夺，这种争夺虽然在东方国家中也存在，如中国的朝廷与藩镇或是地方豪强之间的争夺。但与西方完全不同，中国王权的统治地位是稳固的、绝对的，地方势力最终是会被镇压下去的。

与安德森的看法完全相反，我们认为，西方国家绝对主义与伊斯兰、中国是完全不同的，这是文明性质的差异，抽出一个纯粹的"绝对主义"进行比较，恰是脱离了文明体系这一基础。权力的产生与存在在人类社会发展中，主要是社会生活的现实因素。任何宗教与俗世的权力，如果离开社会文明形态，都不可能无限期地占有统治地位，中国封建社会纵然表现出一种超稳定的特性，但毕竟是要崩溃的，其他落后的社会形态命运也同样如此。文明规律决定一切，顺之者昌，逆之者亡，它是无可抗拒的。

当然也就无须强调，信仰所产生的权力在文明初期并不占有决定性地位，所谓的"理念型支配：克里斯玛支配"的说法，不但缺乏考古学与人类学的大量证据，也没有任何社会思想的证明。完全经不起推敲，如果说东方宗教是"克里斯玛"支配，那么，为什么基督教就不是"克里斯玛支配"？是与不是的标准在哪里？同样，关于"欧洲—伊斯兰—中国"的绝对国家权力的比较，如果不能从比较文明的理论高度，即从一神教与人文主义精神信仰的差异来研究，其结论终归是偏颇的。而超越自我中心的一神教视域，对于安德森这样的西方学者是相当困难的。

不存在有说服力的证据，这种讨论其实是就没有任何意义的。

三、西欧工商业文明的历史根源

1. 中世纪封建社会的主要特性

罗马帝国之后，西欧并未成为世界经济中心，相反，当时的西欧经济并不发达。直到9世纪，经过300年的大开垦运动，西欧农业大飞跃，也使得西方文明发展产生巨大转折，正是这种变化揭开了世界文明史新的一页，这是以古代希腊罗马文明为起点西方文明的一个临界点。或是说，欧洲的封建主义（feudalism）与中国的"封建"之间其实并不完全一致，对于欧洲来说，所谓封建有相对明确的历史时代，主要是指中世纪初期到中期的领主制度，它包括了最初的分封制度时代，也包括了其后采邑制度时代。它一方面当然是指土地所有制归封建领主所有，而另一方面，对于农奴或是佃农的保护是领主的职责，这种保护的结果则是佃农为其服务，农民虽然有人身自由，但是其居住与耕作的土地归属于领主，那么从法律上也就有依附关系。中国的"封建"却并不是一个精确的历史概念，《史记·三王世家》所说"高皇帝拨乱世，反诸正，昭至德，定海内，封建诸侯，爵位二等"，这里的"封建"明显只是分封诸王的意义，不能依此来认定封建社会的确立。其实高皇帝也未必真如司马迁所说得那么英明，贾谊的《上疏请封建子弟》中就已经说到，淮南平定之后，不能正确封侯已经影响到国家的发展。中国的封建制度，相当多的学者认为应当从井田制算起，并且有的人还把中国的井田制度与西欧的农庄制度相比较，认为性质是相同的。这种看法我们认为也是不妥的，至少作者对于西欧封建社会的形态是不清楚的。如果离开一种文明的历史环境，采用一种形式类比的方式，以此来作为规律性，显然是不合适的。

希腊文明只是西方文化的起源，希腊之前的迈锡尼与克尔特文明虽然在形态与特质上已经与东方有所不同，但这种差异并不明显。希腊文明形成后，其城邦制度、民主政治与工商业的发达，拉开它与中东和远东文明之间的距离，奠定了西方古代文明的基础，为以后西方文明的兴盛埋下了伏笔。当代学者们在研究东西方文明差异时，往往十分注意西方的工业文明产生所起的历史作用。西方因工业化而走在世界的前列，这是众所周知的事实。但是，为什么工业化产生于西欧而不是产生于其他地区？这个问题如果从文明角度看，却更为重要。我们认为，西方近现代的工业化，并不是偶然现象，它是西方文明发展的必然，可以从希腊罗马找到其起源的思想依据。即使是被看成黑暗时代的中世纪，也已经为以后的工业化兴起进行了准备。要寻根探源，就要从西欧社会独特的结构与特性来分析。

罗马帝国时代，基督教被立为国教，使得原本没有深厚理性宗教基础的西方文明增加了宗教的内涵。公元一世纪，基督教起源于巴勒斯坦，它曾经受到罗马的迫害，但最后还是被罗马所承认并且立为国教。基督教宗教思想中的博爱思想、柏拉图哲学、斯多亚哲学等，是东西方智慧的结晶，也是当时最进步的思想。特别是人类平等与精神自由的思想，这不但是罗马帝国所没有的，也不是希腊思想的主流，基督教的思想因此受到广大教徒的拥护，使得它成为世界最有影响的宗教之一。历史的结果往往与它的动力是相违背的，宗教的意义也是这样。以基督教为例，基督教原本是一个重农牧业、重视土地权益的宗教，而伊斯兰教相对来说重视贩运商业，中国儒学也是以农业为国家基础的思想体系。在中世纪，中国是丝绸等商品的输出地，而阿拉伯人是商品的贩运者，西欧国家则是商品的消费地。但是，世事变化令人难料，经过 16－18 世纪的西方工业化之后，西欧一变而为世界商品的出产地，昔日丝绸之路上，主要是东方商品运向西方。现在则相反，大量的欧洲工业品运向东方，阿拉伯与东方国家则成为商品的集中地与大市场了。从历史来看，罗马社会虽然也号称重视工商业，但实际上仍然是一个大的农业国家。罗马帝国覆灭后，西方经历了大动乱，拜占庭与伊斯兰国家趁机夺取了原本是西欧的巨大经济利益。应当承认，拜占庭帝国对于西方文明是起了一种继往开来的作用，但是它也改变了西方文明，所以应当说它更是一种东方文明的代表。真正的西欧文明主要是在罗马的废墟上建立起来的基督教文明，西方世界的中心从起源地地中海向欧洲大陆转移，古老的意大利终于不再居于中心地位，代之而起的是日耳曼人、法兰克、法兰西、英格兰、德意志等民族。与农业上的大开垦相适应，经济形态方面，则是封建的农庄与采邑制度建立起来了。

西方著名史学家、法国的马克·布洛赫（Marc Bloch）在其名著《封建社会》一书中曾经对于封建主义基本特征有一个描述：

> 依附农民；附有役务的佃领地（即采邑）而不是薪俸的广泛使用——薪俸是不可能实行的；专职武士等级的优越地位；将人与人联系起来的服从－保护关系（这种关系

在武士等级内部采用被称作附庸关系的特定形式）；必然导致混乱状态的权力分割；在所有这些关系中其他组织形式即家族和国家的存留（在封建社会第二阶段，国家将获得复兴的力量）——这些似乎就是欧洲封建主义的基本特征。像历史这个永远变化着的科学揭示的所有现象一样，具有这些特点的社会结构，必定带有一个时代和一种环境的印记。……果真如此，我们就有理由称处于这一阶段的这些社会为封建社会。①

无论从任何角度看，所谓的采邑制度都对于欧洲封建社会有重要的作用。什么是采邑制度？这种制度为什么会成为欧洲社会经济中一种重要形式，是必须予以关注的。

欧洲封建社会发展中，最初并不存在采邑制度，欧洲封建化首先实行的是封土制度，这是最早的贵族分封制度，这种制度的内容是王室制定分封依据，对于贵族按身份、地位与阶层等条件进行土地等生产资料的分配。封土制度是一种无条件的分封制度，它是根据贵族身份进行的，同时也是一种无偿的分配，所以这种封土制度显然有不合理的成分，以后不能适应社会经济原则。采邑制度的产生是无可避免的了。公元 8 世纪，法兰克国王查理实行了"查理·马特改革"，这是西欧采邑制的最早模式，改变了以往按贵族名分进行分封土地的政策，而是按服骑兵役进行土地分封。

这种采邑制度与传统的封土制度相比有什么不同呢？采邑制度打破了传统土地归大贵族与教会所有的局面，实行利益再分配，分配的原则是军功与社会服务功能。这是西欧封建社会中一个重要的改革，这种改革的实行十分具有西方文明的理性

① ［法］马克·布洛赫：《封建社会》下卷，李增洪、侯树栋、张绪山译，商务印书馆 2004 年版，第 704－第 705 页。

主义特征，它实际上破除了教会对土地的控制权。这种制度对于西方文明的影响是十分深远的，9世纪之后采邑制度几乎遍及整个欧洲。这与东方封建社会结构与原则有相当大的不同，中国印度等东方国家最早实行与西欧相近的封土制度，但是土地国家所有制长期延续，封建诸侯长期独霸大片土地。由于文明的差异，东方国家中没有类似于骑士阶层的中小地主或是破落贵族。中国的"士"不是靠军功来建功立业、取得土地的，而是靠科举入仕的手段来成为朝廷臣僚，取得俸禄的。俄罗斯等国家建立较晚，东欧主要是公社制度，解体较迟。以上这些原因使得西欧的采邑制度得以实行。美国学者斯塔夫里阿诺斯在谈到西欧中世纪后期技术进步的原因时，也曾经说过："中世纪西欧取得的技术进步，比整个古典希腊和罗马历史时期所取得的进步还要多。……中世纪西方的采邑制度也有助于技术的发展。在这一制度下，社会阶层的范围并非从'神圣的'到非人的奴隶，而是从具有一定权力与和义务的农奴到庄园主，庄园主为对生产过程有一些真实的了解，与农奴保持充分的接触。因此，体力劳动获得了一席地位，并受到尊重，这是古老的奴隶制文明所没有的。"① 笔者认为，他的说法基本上是正确的，这种看法也有不足之处。西欧农业技术的突飞猛进，原因之一是地广人稀的开荒垦殖，与东方国家大量的人口相比，欧洲人口一直不多。劳动力价值相对高，而物质条件优于东方。当然我们也主张，奴隶与奴隶主之间的对立主要不是体力劳动与非体力劳动之间的对立，而是另一层次上的对立。如果要从人类精神意义上的对立而言，可能还是要看黑格尔《精神现象学》中关于奴隶与主人之间关系的论述。奴隶社会制

---

① ［美］斯塔夫里阿诺斯：《全球通史：1500年以前的世界》，吴象婴、梁赤民译，上海社会科学院出版社1999年版，第458–459页。

度只是一种历史形态，这种形态体现出的是一种典型关系，这种关系主要是精神活动层次的，这一意义就在于，它是人类社会性的一类，并且具有相当长久的社会历史特性，不可能立即消失。

西欧采邑制度确立之后，主要是中小地主与骑士阶层直接受益，同时，公职与教职人员也都成为采邑的领主。客观上使原有的大片封土庄园化与城镇化，众多的独立经济体同时存在，互相竞争，彼此之间的关系要依靠法律与政府的管理，这对于欧洲社会经济进步具有一定推动作用。

2. 农耕技术大踏步前进

欧洲农业决定性的进步发生于中世纪，农业是社会经济的基础，欧洲农业原本相当落后，经过大垦殖与农业技术改革，粮食产量猛增，为经济繁荣创造了条件。

西欧的封建社会与小农经济的中国不同，也与俄罗斯的农村公社不同，西欧农业组织以大庄园为主，农庄建立起来以后，取代了早期的农村公社，标志着封建生产关系的形成。庄园制度的实行，应当说是提高了农民发展生产的积极性。什么是庄园？庄园就是以土地租税制建立的农业生产组织与社会单位，这一形式的特点是，土地所有者拥有土地所有权，土地租种者的身份必须依附于土地所有者。庄园的土地一般划分为领主地与农奴份地，领主地由农奴耕种，即服劳役的方式。这也说明，庄园生产是在传统的农业公社的基础上形成的，有一定的继承性。这里的农奴概念是要注意的，他是具有相对自由的农庄农民，而不是奴隶，但由于没有土地而归属于庄园主。在其他方面，他们又有与其他自耕农相近的身份。农奴有独立家庭，有自己的份地，有子女继承财产的权益，但这种继承要对庄园主纳税。农奴生活是相当贫困的，庄园实行的劳役制度也是一种残酷的封建制度。但从另一方面来说，庄园生产相对稳定，虽然农民的地位并未得到真正的改善，但至少可以受到领主的保护，不再像以前那种直接受到武士、贵族、教廷的欺压，这也是一种不可忽视的进步意义。西欧的农民与东方农民是不同的，东方农民中的自耕农成分并不多，土地所有权基本属于国家，即使是地主也只是具有土地的相对所有权，所以春秋时代的"初税亩"其实并不真是小农土地的私有，而只是奴隶主的土地所有权取得，关于这一特点，马克思分析东方社会时已经指出，我们在合适的地方再进行讨论。

农业的大变化遍及各个方面，包括了耕作制度、生产工具与生产劳动力等方面的进步。在生产措施方面进行了重大改革，传统的欧洲农业采用二圃制，这一时期改为三圃制（Three field System），三圃制对于农业相对落后的欧洲来说是一个进步，虽然这种耕作制度在农业发达的中国与中东来说早已经实行。中国是农业大国，根据《孟子》一书中的记载，应当在春秋时代已经有轮作制度，但对于工商业与畜牧业相对发达而农业发展滞后的欧洲仍然是一种新事物。欧洲的三圃制是把田地分为三类，轮流耕作，既可以合理利用地力，又可以提高产量。其基本过程是这样的，从第一年开始，三类田分类耕作。第一类是休耕地，休耕的目的是提高地力。第二类是秋耕地，以种植大小裸麦为主，这类田地在当年九月份下种，次年八月份收获，是主产作物区。第三类是春耕地，二月开种，到秋季收获，不经年，以成熟期较短的燕麦与豆类为主。从第二年起，原第一类田改为春种，即从二月播种到秋季收获。而原来的第二类田可以休耕，第三类田变为秋种经年收获。第三年时，第一类田变为休耕田，原第二类田变为秋种经年收，第三类田成为春种田。这样，经过三年轮作，所有的田都有休耕、秋种与春种的机会，各类田的肥力地力得到提高，而且轮作有利于克服饥荒等不利因素。①

欧洲农业有一个重要创造就是重犁的使用，这一工具改进，使得农业耕作方式也随之改变，欧洲土地大部分是森林与草原的荒地，没有中国与美国那样肥沃的黄土地，土地重滞，耕作困难，传统的农业使用轻犁，估计是受西亚农业技术的影响，这种轻犁不能深耕，所以产量不高，这就制约了欧洲农业的发展。重犁用 8 条牛来牵引，力大耕深，土壤得到极大的疏松，水分与肥力都得以保存，大大地提高了收成。由于需要的耕畜多，往往不是一两家农户所能承担的，于是，农户们就联合起来，组成了耕作联合组织，实行协作。这样，在欧洲中世纪农村中出现了大农业的雏形。到了农忙时节，同一庄园中，耕地、播种等大型活动都是集体性作业，这对于分散作业的农牧业来说是一个革命。由此来看，农业生产技术发展在欧洲起步晚，但发展速度快。相反，在世界农业的起源地美索不达米亚、埃及与中国，农业生产长期保持了一家一户的小农耕作模式，生产方式与工具的进步反而落后于后起的西欧。这种落后，相当严重地影响了农民的意识与社会的科技意识，农业耕作与工业技术、商业贸易脱离。

风车与水车在这一时期得到普及，风车与水车是最早的农业机械，欧洲的风车与水车应用相当早，技术成熟，大大节省了劳动力，提高了劳动效率。更为重要的是，这种简单机械其实是一切机械之母，为科学技术的发展打下了基础，在诸多条件齐备之后，中世纪农业大跃进在欧洲产生。

欧洲封建社会是以庄园经济为支柱的，这是欧洲社会经济结构的特点，研究西方文明，绝对不能忽略这一特点。庄园是

---

① 可以参考卡洛·M·奇波拉：《欧洲经济史》第一卷，商务印书馆 1988 年版，第 115 页。

农业的基地，大庄园主贵族是社会的重要力量，这些庄园主以传统的宗教与政治观念来对抗外界，对教廷与国王统治保持相对独立，这就对西欧的民主政治、限制王权与教权等封建势力等方面有推动作用，但是庄园的封闭性限制了它的历史作用的发挥，这种局限性变得越来越明显。

3. 工商业经济的萌发

（1）西欧经济制度的转型

中世纪后期，西欧的社会经济中心开始转移，从农村向城市，从农业向工商业，这是一个相当漫长的过程。以英国为例，1066 年 9 月，诺曼底公爵威廉战胜哈罗德，即位英王，是为诺曼征服时期开始，也是英国封建社会的开始。在这一时期，英国城市经济兴盛起来，11 世纪末期，英格兰已经有了 100 多座城市，居民近 8 万人，占到人口总数的 5% 左右。这个数字在今天看来是微乎其微，但是在以农业经济为主的中世纪，已经是相当惊人的了。城市居民与商人作为一种社会政治力量登上了历史舞台，他们立即发挥了重要作用，1215 年，英国贵族为反对国王滥用权力，制定了大宪章，当贵族们的游行队伍来到伦敦时，竟然发现伦敦市的大门是敞开的，这就说明市民们是支持贵族的，1215 年 6 月 15 日，约翰王被迫在大宪章上签字，这是一场令世界为之震惊的斗争，城市市民与小工商业主们在斗争中首次显示了自己的力量。

中世纪的西欧城市大约有两种情况，第一种是中世纪初期曾经受到严重破坏的各国大都市，如巴黎、伦敦等，这是所谓的政治首都，而不是经济中心，在这类城市中，主要居住着教士与大贵族。第二种城市与前一种形成鲜明对比，这是因为经济活动而兴起的新兴城市，当那些政治中心大都市失去活力时，在意大利、英国等地出现了一批新的经济中心，如意大利的那不勒斯、法国的奥尔良等地，这些城市是工商业者的活动地。这一传统对于西方文明有巨大影响，直到当代，有的西方国家保持了政治与经济中心各自独立的传统，如18世纪的俄罗斯以彼得堡为首都，以莫斯科为经济中心①；美国以华盛顿为首都，以纽约为经济中心；德国城市更是多元化，汉堡、柏林、法兰克福等城市各自都有其优势。

欧洲的商业化城市不但产生早，而且发育成熟，一定程度上，欧洲文明是城市型文明，亚洲与东方则以乡村型文明为特色。东方古代商业城市形成相对晚，中国宋代以后产生的商业性经济城市盛泽、南浔及至扬州等，虽然也一定程度地推动了中国商业经济的发展，但与欧洲相比作用就大不相同了。欧洲不但城市众多，并且产生了城市自治运动，这对于西方文明有不可估量的作用。

欧洲的城市居民是一个有传统的阶层，早在希腊城邦中就存在，罗马帝国时代城市居民人数大大增多，但是这个阶层成分复杂，除了工商业者之外，相当多的人来自流浪的农民、失去土地的破落贵族等。它的社会作用并不太重要，市民趣味不高往往受到贬低。但是在中世纪后期，市民阶层真正强大起来，成为重要的社会政治力量。市民政治的成就之一是推动了城市自治运动的开展，19世纪法国历史学家托克维尔在《旧制度与大革命》一书中就曾经将法国大革命与中世纪欧洲城市化联系起来，他认为："自治市制度早在13和14世纪就已经使德意志的主要城市成为一个个富庶开明的小共和国，到18世纪依然存在。"② 欧洲城市自治运动使城市从经济上的优势地位转化为政

---

① 俄罗斯的首都从15世纪下半叶到18世纪初期为莫斯科，1713年彼得一世迁都彼得堡。1918年十月革命后以莫斯科为首都。

② ［法］托克维尔：《旧制度与大革命》，冯棠译，商务印书馆1997年版，第56页。

治上的独立，城市成为国家政治经济的中心。

（2）远眺资本主义航船的桅杆：从威尼斯到尼德兰

中世纪早期，欧洲城市遭到严重破坏，地中海周围与西欧地区曾经繁华似锦的城市毁于战火，只有少数政治中心如罗马与巴黎等保留了下来。传统的欧洲城市是以教堂为中心的，当工商业发展受阻时，欧洲城市就只有高大阴森的教堂矗立于市中心，一片荒凉。10 世纪之后，农业进步的成效已经显现出来，城市也开始复苏。首先是地中海周围开始出现城市群体，逐渐向西欧各地蔓延，这次新城市的出现与工商业经济的发展密切相关，是西方资本主义萌发的产物。

最先发展起来的是意大利的两座城市——威尼斯与佛罗伦萨——它们最先创造了商业城市的形象，而且各有特色。威尼斯由于地处西欧与拜占庭、阿拉伯三大文明的交界处，威尼斯人思想受到东罗马的影响最大，城市化建设的早期，欧洲商业尚未形成自己的特色，意大利的威尼斯商业的勃兴，威尼斯商人利用自己特有的地理与文化，开展贩运型贸易，最早成为商业的中心。这里我们还要关注欧洲工商业早期发展中另一个重要因素——犹太商人的活动，犹太人亡国之后，主要分布于欧洲各国，由于没有土地，不得不居住于城市及其周边地区，这些地区聚集了大批外来人口，犹太人从事多种商业活动，其中包括以高利贷发放等。威尼斯地区商业经济发展早，犹太人集中于此，成为重要的商业活动力量。莎士比亚曾经有过一个剧本名为《威尼斯商人》，其中的人物之一夏洛克，他的身份就是在威尼斯发放高利贷的犹太商人，有趣的是，在这个人物身上，恰恰可以看出欧洲商业经济早期的基本特征。现代商业建立在法制与信用的基础上，犹太人经商活动中较早地注意到这两个方面。相反，欧洲贵族的传统观念则以门第与人情凌驾于商业信用之上。莎士比亚的剧本中对于犹太商人的无情寡义进行了揭露，但是如果从另一个角度看，恰恰突出了犹太商人重视合同契约的经商原则。当然，文学艺术作品不是注释社会经济史的最佳证据，这里仅是以此说明当时犹太商人经商原则给世人留下了深刻印象，无意于评判作品中的得失。

继威尼斯之后，意大利新兴工业城市佛罗伦萨兴起。中世纪后期，十三世纪末到十四世纪初，欧洲商业与工业结合，形成了工商业的全面兴盛，佛罗伦萨是这种新型工商业的典型代表。欧洲工业在初期阶段是以纺织业为主导的，西欧地区原本有较发达的畜牧业，大量出产羊毛，毛纺工业有一定基础，但是这些毛纺业加工方法简单，加工过程粗糙，产品质量不高。佛罗伦萨的工匠们开始了精加工的羊毛纺织，他们加工的产品经过精纺，质量优良，制成的服装式样美观大方，立即震动了欧洲市场。一时间，欧洲各国的商人们纷纷到佛罗伦萨来采购毛纺织品。

这种生产也使欧洲其他国家的毛纺业受到冲击，德国、英国、法国的工厂主们也来到意大利，向意大利工匠们学术精纺技术，纺织业的发展需要大量的纺织机械与其他机器，仅仅意大利是不可能全部供应这样巨大的市场需求的，于是，在广阔市场的刺激下，欧洲其他地区的城市化与商业经济也同步前进。

16 世纪时，工商业中心开始向西欧地区转移，特别是尼德兰成为一个发展迅速的地区，尼德兰一词的本义是"低地"，指的是欧洲西部一片地势比较低的土地，主要是荷兰、比利时、卢森堡和法国东北部，以荷兰为中心，当时它是西班牙国王的属地，大约有 17 个省，这个地区的兴起虽然并不完全依赖于地理优势，但它的交通便利是有目共睹的。尼德兰西边是大西洋，东北是欧洲腹地，整个欧洲的商品在这里汇集，有来自于地中海的橄榄油，英国的布与毛纺织品，意大利的呢料，东欧地区的木材与农产品等。16 世纪海上航线开通之后，这里又成为海外殖民地掠夺资源的集散地。在这片土地中集中了一批新兴的商业化城市，包括布鲁塞尔、布鲁日、根特、伊普尔等，其中最大的城市安特卫普不但是西欧当时最大的商业中心，也是最大的金融中心，来自各国的客商们云集于此，通过欧洲最先进与最便利的金融手段进行交易。可惜的是，尼德兰的商业经济后来遭到严重破坏，1576 年 9 月，布鲁塞尔爆发起义，尼德兰革命开始，到 1648 年西班牙正式承认荷兰独立，经过激烈的斗争，资产阶级取得了第一次革命胜利，荷兰成为经济强国。但是尼德兰地区的商业经济却蒙受巨大损失。

欧洲工商业经济的兴起，除了资产阶级革命的影响之外，海外殖民是促成其发展的重要原因，大西洋沿岸的国家首先涉足于海外殖民，获得的资源用于生产与流通，经济提升速度快，成为欧洲强国。到英国工业革命之前，欧洲可以划分为四个大的商业区，第一个是以佛罗伦萨为核心的加工纺织品与服装加工贸易区，辐射到法国、荷兰、比利时等国。第二个是北海与波罗的海贸易区，以木材加工与矿业为主要产业。第三个是所谓的汉萨同盟，德国商人力量强大起来，他们垄断中欧地区的全部商业经营，并且向四方扩散，以强大的经济力量与武装力量相结合。第四是以伦敦为中心的英国贸易区，英国成为世界上最大的纺织品生产地与大市场。由于农业基础较好，民主政治改革深入，所以工商业经济发展后来居上，英国最终成为西方资本主义经济的领头羊。

第六章 文明的转型与西方现代政治制度的确立

一、新工商时代中的民族国家进程

席卷欧洲的新型工商业文明发生于一个腐朽的旧式权力框架中，这是中世纪到文艺复兴以来的社会中最突出的冲突。新型工商业主们努力发展工业与商业贸易，强大的商业联盟建立起来，从地中海直到彼得堡联连一片，已经跨越了各个国家的疆域。各个城镇与庄园，整个欧洲已经被一个新兴的、强大的经济纽带联结在一起。一个新的阶层——工商业主阶层——成为社会的中坚力量，商人地位日益提高。他们富可敌国，甚至国王也要看他们的眼色行事。汉萨商业联盟多次发动战争与经济封锁，使一些国家无法应对。商人的力量达到了前所未有的地步，简直是炙手可热，英国国王曾经向佛罗伦萨的银行佩鲁齐借贷，以后因为财政困难竟然无法偿还，导致了当时欧洲最大的佩鲁齐银行不得不倒闭。虽然如此，当时的大商人们仍然不惜将巨额财产借贷给各国君主，以帮助国王们发动战争。大多数国家的经济命脉掌握在巨贾富商们的手中，生活于自治城市中的商人与国王有共同的敌人，这就是地方封建贵族与教会。

欧洲从中世纪后期起开始了一场权力更迭与分配的新阶段，罗马人把基督教定为国教，却无意中为宗教取得权力开辟了道路。采邑制度等封建制度的实行，客观上有助于贵族与庄园主势力的增强，所以中世纪君主们大多数处于强大的教皇权力与地方贵族的双重压迫之中，中世纪之后的宗教已经不再是前期基督教那种福音书传播者的角色，教皇操纵各国政治，俨然是欧洲的主人。而民族国家的历史进程又将各国国王推上了权力颠峰，通过城市自治运动，国王削平地方贵族势力，取得国家政治统一，这只是基本的成功。但是，世俗的君主政治与宗教政治之间的权力决战，已经无可避免。

从 1531 年起，英亨利八世公开与教皇对立，收缴了教会收入，国王自主任命主教。1534 年英国议会通过《至尊法》，明确"英国国会"的最高领导是国王，英国宣布与教皇断绝关系，解散修道院，没收教产，与教会斗争白热化。法国国王也不甘示弱，1516 年法国国王与教皇签订的《波伦亚条约》中写明，法国国王有任命教职高级职务与向教会征税的权力。1589年法国国王亨利四世宣布《南特赦令》，承认胡格诺教，并且宣布天主教是国教，平息了"胡格诺战争"所引发的宗教冲突。1721 年俄国沙皇彼得一世建立"俄罗斯帝国"，将教会变为国家机构的一个组成部分。普鲁士则开放宗教政策，吸引了新教徒胡格诺教徒入境。

"舞台小世界，世界大舞台"，用这句话来形容法国戏剧家莫里哀的剧作真是十分贴切。莫里哀的名作《伪君子》讲述了一个商人家庭在王权与宗教斗争中的喜剧故事，从中恰可以看出中世纪之后欧洲主要政治力量之间的较量，商人的法律保护、宗教信仰、财产分配等时代主题在这样一部小小的戏剧中如此全面展现，真令人感到文学作品的巨大力量。商人奥尔贡笃信宗教，被虚伪的教士达尔杜夫所欺骗，引狼入室，把达尔杜夫请到自己家中供养起来。却不料这个黑衣教士竟然企图霸占商人的妻子并侵吞其财产。直到最后商人才幡然悔悟，若非国王开恩赦免商人并将教士查办，商人几乎家破人亡。剧中真实再现了教士的贪婪与阴险，商人在社会中的地位与世俗王权和宗教之间的争夺等社会内容。

其实，任何伟大的戏剧家也无法与人类社会这个宏大叙事的作者相比，一定程度上，天工总是胜于人工，因为归根结底自然之道远胜过人工之道。如果说在莫里哀的戏剧中，商人最终被世俗王权从教士迫害下解救出来只是一种艺术想象，那么在社会现实中，商人同样需要得到王权的保护，王权需要商人的经济支持，从而有了商人与王权的结合。这种结合不仅在世俗王权对宗教的胜利中发挥了作用，而且引领了民族国家中王权自身的演变过程。所以从这个角度来说，一般史书中将西欧民族国家中的封建社会与东方封建社会等同，是相当不妥的。西欧民族国家中的封建社会是在新型工商业文明中发展起来的王权制度，这种王权在与教会与地方封建领主的争夺中，与新兴工商业主联合，推行有利于工商业与城市发展的新政策，开放国内工商业市场，使得新兴阶层成为社会中坚，对外实行殖民主义，开拓海外市场。所以，西欧的这种文明类型不同于东方传统意义上的封建主义。

从 15 世纪到 19 世纪，欧洲民族国家纷纷建立。这一历史过程，恰恰是欧洲从工商业文明进入到大工业化文明的时代，在这个时代背景下产生的民族国家，当然与一般的封建国家是完全不同的，文明类型对于民族国家的建立及以后的政治经济模式形成都有决定性作用。所以当韦伯与安德森等人将西方与伊斯兰世界和中国作横向比较时，容易产生简单比附的结果。这是我们要强调的要点之一。

工商业文明冲击着欧洲各封建王国与众多的城市与庄园，这种文明要求一个国际化的大市场，一个由众多的民族国家建立的世界秩序，而不是各个封建领主与自治城市的分裂与割据。当然，欧洲一体化趋势已经存在，但是从当时的历史条件来说，尚不足以形成一个整体的欧洲，更为适宜的是建立欧洲各民族国家，这个潮流是不可阻挡的。17 世纪的欧洲已经形成了一个大的商业贸易网，这个网是在中世纪后期的地中海商业区与汉萨商业联盟的基础上所产生的，最后在海外殖民中得到巩固。这个商业网使得欧洲国家产生两种大的趋势，一个是民族联合，一个是民族认证，这两者共同推动了国家形成。什么是民族联合？是以工商业主要产地与生产方式的民族大协作，同一地区与民族的经济活动使得这个民族联合为一体，大工业化生产与国际商业是巩固这一联合的力量。以荷兰为例，尼德兰地区的民族原本相当复杂，但是在民族国家化的过程中，共同的毛呢制造业、工艺品、造船业真正使荷兰人在商业中成为一个民族，各个宗族与家庭联合起来。同时，只有在民族联合中，才会有本民族政治、经济的一体性，也就具有本民族的民族认证。荷兰的产品在与英国的毛纺和棉纺织品、五金工业及法国的酒、服装、家具等工业品的交易中，成为了荷兰民族国家的象征与标志，它直接关系到荷兰人生存状态与地位，这种经济推动荷兰立国，以法律保障工商业权益。英国在英格兰、威尔士与爱尔兰已经建立了工商业生产体系与市场经济，必须要把苏格兰吞并才能有更大的市场与原料基地，1707 年通过《合并法》，正式兼并苏格兰，联合王国成为世界工业最发达的国家。1789 年法国大革命后，法国也走上工商业国家道路，这个政治上充满活力的国家的工商业得到发展后，迅速成为欧洲民族国家中的大国。

德国在民族化的道路上一直是步履蹒跚，在英法建立民族国家后，德国被封建割据势力所干扰，迟迟不能进入欧洲前列。但它无法阻挡大工业文明的步伐，要求建立一个统一德意志民族国家，一个代表全体日耳曼民族的政治经济统一体，一种民族自我认证的机制已经具备。最令人关注的是，德国民族国家建立过程其实比起英法来说，更具有工商业文明的特色，商业关税改革是工商业发展的核心，它是克服分裂与割据、发展统一工商业的重要步骤，同时更是德国民族国家建立的必由之路。1826年，北德意志6个邦建立了"关税同盟"，在此之前，普鲁士已经将国内60个税区统一关税税制。从1934年1月1日起，德国建立"德意志关税同盟"，盟主当然是普鲁士，这个同盟基本上统一德国，只有奥地利拒绝参加，这样就使得奥地利开始落后于德国其他地区。正是这一同盟的成立，使得德国容克贵族更加资产阶级化，各邦国的工业化程度也迅速提高。到1871年，德国成为德意志帝国，其工商业实力已经相当可观了。

早在民族国家建立之前，欧洲各国已经纷纷确立重商主义的经济发展原则，宣布新工商业政策，一改昔日维护教会与王权为主的国家法律。以工商业立国，更是欧洲民族国家成立过程中经济发展的明显特征之一。由此，它在对国家权力类型的划分中，也留下不可磨灭的印痕。

二、民族国家的权力与工商业文明

对于中国人来说，国家权力中的宗教势力与商业势力之泛滥从未真正成为社会历史演进的中心问题，这类现象虽然并非完全不重要，但是与朝廷和农民起义军或是地方叛乱势力、外来民族的入侵等方面相比，其重要性显得要小得多了。儒、释、道三教尽管在意识形态中互相争夺，但没有一种宗教或思想能够成为一种现实的宗教势力来左右国家中心权力。那些远涉海外为皇帝求取仙药的方士或是在宫中升火炼丹的修士们，虽然能够得到一两个君主的信任，但是他们从来没有掌握朝廷大权的机会，朝中的大臣权贵们从来不把他们放在眼里。但是欧洲显然不同，在民族国家王权之前，神权一直与王权进行争夺。因为中国没有教皇与教会势力，没有欧洲宗教与罗马教廷那样的背景，佛教与儒学都只是作为思想来影响国家而不可能作为独立的政治集团独揽大权，神权不可能在世俗中取代王权。即使上溯到上古，曾经流行中国北方的萨满宗教、殷周时代掌管卜事的贞人，长江流域的神巫等，都不过事王之臣，没有掌握政权与完全左右中央权力的可能。中国商业在最发达的时代，明清以来的各大商业集团如晋商、徽商等，虽然在其盛时也可能有一定的政治影响，例如也曾有过皇帝曾向大商人借贷的情况，但是，中国商人从来没能真正掌握中国的权力，不要说中央权力，即便是地方官吏中，由商人出身直接出任要职者也是凤毛麟角。一些所谓的"红顶商人"其实不过是在权力边缘厮混，都未曾长期执掌国家与地方重要权力，他们的出身与身份决定了他们在这个封建王朝中只处于配角地位。在中国，王权无论在任何时代都是绝对权力的代表，无论是奴隶社会也好，或是被认为封建社会的社会中也罢。

这就是东西方文明在国家权力中的根本差异，中国文明中，历代君主都号称奉天之命，但这种"天命"只是一种神秘的不可知力量，它任命王来管理国家，并没有任何原则或是要求，只是一种任命而已。这样的天命其实只是君主取得权力的一种借口。有意思的是，这是绝对的神权至上，但它在现实中却恰恰采取了无神论的立场，黄老之学与儒学都以王为绝对统治者，是不需要资格的，它的自然继承就是原则。

对于西方文明来说却完全不同，君权神授，宗教中的神当然是神秘的，但是在文明中，对神学与俗世的学说进行了阐释，神被认为是真理与最高权威，除了国王之外，它还可以通过宗教来直接与信徒联系。王权只有代表真理与正义，代表神圣时才是神圣的，于是就有法律、宗教等作为它的制约。所以，与中国的无神论采取了神秘主义化身相反，西方是一种非神秘性的理性原则采取了神的化身。

为什么西方的国家权力是这样？

还要从它的历史说起，公元前683年雅典的王政结束，开始实行执政官制度。人数9人，最初是十年一任，以后改为一年一任。元老院负责推选执政官同时也负责监督执政官。梭伦改革之后，实行了投票选举制度，是由四个部落投票选出候选人，然后在候选人中抽签决定中选者。但这种选举不是普遍选举，选举者的资格是由财产决定的。成立了大议会，大议会与元老院各有其政治职责。所以亚里士多德在《雅典政治制度》一书中说，是梭伦改革保证人民有了政治权利，主要是指人民有了投票的权利，同时也因此成为了法制制度的主人。到了伯里克利时代，雅典的民主政治发展为国家机构，使民主化更为彻底，下层公民也有权参加政治活动。公元前431年伯里克利在阵亡将士国葬礼上的著名演说中有一句名言：

> 我们的制度所以被称为民主政治，因为政权是在全体公民手中，而不是被少数人掌握。解决个人之间的争端时，每个人在法律面前都是平等的。

诚然，雅典人的民主制度并不是完美的，奴隶制度、贵族与平民身份的区分、帝国政策以及后来的暴君等等，都说明了这一点。但是，这种制度给西方国家制度建设留下了永远不可磨灭的影响，也为世界政治与国家建设作出独特贡献，这是无可讳言的。公民大会、投票选举、执政官与元老院的制度、法律观念、民众参政等等，都给人类历史留下最深刻印痕，在某些方面至今仍然难以超越。国家，用亚里士多德的话来说，它不是人民因为居住关系而聚合在一起的部落，而是追求美好生活与理想的政体。当我们回顾西方国家权力理论时，不能不回到古代希腊，它的遗产成为西方国家权力理论中不可缺少的因素，它使得这种理论的讨论的起点就不同于东方。马克思的"专制主义"（Despotism）主要用来指"东方专制主义"，也就是我们所说的"封建专制制度"，但是马克思实际上没有对于东方用

"封建制度"这一词，封建制度，对于西方来说主要是指中世纪封建制度也就是采邑制度，笔者经常把这个词译为"封建专权"。它与中国的大一统君主制度下的郡县制完全不同。前者具有权力自治性，而后者只是国家的行政区划，前者有相对自主权，后者则没有。即使是汉唐两代的藩镇制度，也与西欧封建完全不同，遑论其他中央集权强盛的时代了。

罗马帝国虽然没有希腊那样的民主政治制度，但罗马政治早期也同样是民主政治，实行元老院与执政官制度，这也是事实。罗马政治与希腊重要的不同之处在于，罗马尊奉基督教为国教，从此使宗教与西方政治开始纠缠在一起。以后，虽然政教分离成为长期的奋斗目标，但它的真正实现却十分困难。相反，中世纪的宗教统治使欧洲经历了历史上最黑暗的时代，这是经典作家们多次指出的事实。虽然从历史主义的观念来看，欧洲的政教关系仍然是与伊斯兰的政教合一有所不同的，也与印度宗教、日本的神道等宗教对于政治的影响不一样。这也说明，不同的文明现象，不能以一个尺度来衡量，特别要防止用西方文明观念来规定其他文明。

雅典为何能形成民主政治，罗马为何变为专制帝国或是以后的奴隶制度国家？

雅典民主制度形成的原因仍然在于雅典社会文明的特性，雅典是当时地中海最早、最发达的工商业城邦国家，是新的工商业文明初露曙光的地方。在梭伦改革中，雅典开始了向古代工商业社会的转化，汤因比评价梭伦改革，说这是一次从自给性生产的农业改变成商品生产的农业，与发展了的商业与手工业的过程，这一评价是相当有见地的。雅典与斯巴达是两个最明显的例子，地域相连，但社会类型发展完全不同，雅典是开放的工商业社会，而斯巴达则走上了封闭的农牧业经济的道路。到希波战争之前，雅典已经成为区域性的商品经济最发达的地区。这就是雅典民主政治的基石，工商业文明具有商品经济与公民意识，社会道德伦理与法律观念，都使得雅典成为民主政治为主的国家，所谓的希腊精神，其实就是建立于爱琴海岸的一种古代工商业文明结晶。历史发展也注定了这种高度发达的文明要被野蛮文明所战胜，罗马人战胜希腊后，并没有完全继承希腊人的创造，罗马帝国是一个以农业经济为主体的国家，虽然罗马共和制度曾经十分辉煌，它的社会经济与宗教原因也使得它必然放弃民主制度，走向奴隶专制。中世纪欧洲对于希腊精神的背离，在国家权力上的集中表现就是对于民主政治制度与法律制度的背离。在社会经济方面，则主要是对于工商业经济的压制，以确保农牧业经济的统治地位。当然，这种努力只是相对的，罗马也需要自己的工商业，以奢华生活著称于世的罗马人，大量消费来自于世界各地的商品，这也是历史事实。但这与希腊工商业是完全不同的，罗马是作一个帝国来享用各民族的贡赋的，这一点必须说明。也就是这种社会发展，最后导致欧洲中世纪封建社会的建立，这是一种历史的必然。

中世纪欧洲的国家权力与东方国家的权力形成鲜明的对比，中世纪欧洲是封建社会，国王的权力不但由于教会分权受到削弱，同时，由于农业经济与社会结构决定，权力分配最终取决于土地所有。中世纪欧洲的封建采邑制度，土地分散给大小领主，国家权力分散，国王没有集中权力。这种情况下，封建领主大权在握，国家权力名存实亡。这对于社会分化与文明进化可能提供有利形势，但是对于国家集权却是灭顶之灾。从 6 世纪到 16 世纪，东西方国家权力演变的方向是相反的。一方面是欧洲国家权力的分散，国王权力被教廷与封建领主瓜分，建立了一种非中央集权型的社会。即使在 15 世纪后期的封建君主国家中，国家权力也并不是所谓"绝对主义"的。另一方面则是中国、日本、印度在"封建社会"即农业经济社会中，大力加强国家与政府建设。颇具象征性的是，恰是在 1600 年，西方被视为世界资本主义体系形成之年，日本的德川家康在关原大战中获得胜利，建立了德川幕府，随之，开始了幕府专制。这也是日本历史上专制制度之高峰。此后二百年，日本闭关锁国，被西方人看成是典型的东方专制国家。也就是在此前不久的 1576 年，另一个东方国家印度同样走上了专制制度的道路，阿克巴统一北印度，莫卧儿帝国也建立了专制大国。1644 年，满清王朝建立，其后清代所谓康熙、乾隆"盛世"，国家权力达到顶峰，成为当时世界上最大中央集权政府。西方学者指出，中国城市从来没有真正实现过欧洲式的城市自治，这种说法是对的，中国没有采邑制度，当然不可能产生这种自治的基础。中国的商人从来不敢自命为社会中坚，无论是晋商还是徽商，能成为一个儒商或是捐得一官半职都是其奋斗的目标。究其原因，还是因为工商业生产在社会中不能成为主流，不可能形成与之相适应的新社会制度与国家权力。17 世纪是东西方文明历史地位产生根本性变化的时代，前后不到一个世纪期间，三个东方最有影响的大国的专制制度都达到了历史高峰。也就在这时，西方的民族主义国家纷纷摆脱中世纪封建制度，向工业文明迈进，工业与科学同时迅速发达，在新的君主制度之后，最终走向以共和国制度为主流的新国家体制。

17 世纪是一个世界政治的世纪，是一个国家权力分化的世纪。东西方文明以其截然相反的运动方向，对于国家权力作了最鲜明的各具特色的阐释。

民族国家建立后，欧洲工商业成为世界经济的主流，新的文明决定了新型国家的权力，欧洲民族国家的权力类型已经不再是历史上任何一个时代的国家权力，这是一种代表了多种政治势力即"现代民族性"的权力。这种说法可能不易理解，但它是一种最通俗的说法，欧洲的新兴工商业文明引起文明类型的转换，世界性的工业文明发展需要新的市场、原料与殖民地劳动力，原有的欧洲封建社会国际秩序与东西方关系都被推翻，世界殖民主义这种秩序的产物，与这种侵略相适应，各民族国家建成了以本民族综合力量为基础的经济政治集团。国家权力主要具有两个特点，一是其民族性，以维护本民族经济政治利益或是以对外扩张殖民为主要特色，或是相反，以维护民族利益、应对殖民主义为主要目标。西班牙、葡萄牙、意大利、英国、法国等国家成为不同时期的经济强国，其国家权力无论采取王权还是其他制度，都把本国经济社会发展与殖民地占领结合了起来。民族国家的另一特点就是以维护市场经济与国家利益为中心的政治制度，以国体与政体的多元化、多党参政、民主选举等具体内容为特征，成为世界新潮流。我们强调这两点，是说明国家权力与殖民主义是分不开的，这是欧洲民族国家不可回避的历史，直到今日，英联邦国家等印有殖民主义历史痕迹的国家与联盟仍然有强烈的历史色彩。作为重点的是第二个方面，即作为国家权力集中体现的政治制度，有其值得研究的内容。

三、国家权力及权力制约

工业文明从欧洲发起，向世界各地蔓延，其引发的巨变不仅表现于经济之中，更重要的是政治制度与国家政权方面，王权被共和国所取代，国家权力的所属及转换在这场大浪潮中表现得如此多姿多彩，虽然同样名为民族国家，但实际上欧洲几乎每一个国家都与其他国家的政治制度有所不同。所以在一般意义上来研究它的国家权力模式时，不要忘记各国仍然是有自己特点的。

国家权力主要受到来自三个大的方面的因素的冲击。第一是自由与人权观念对于国家权力的起源与归属的质疑。第二是宗教与党派对于国家权力构成与作用的限制。第三是社会层面包括经济、政治、法律对于国家权力范围的限制。

　　自由观念在当代是一个抽象范畴，要理解它的意义必须从其历史来看。它的起源是古代社会中奴隶获得人身独立的权益观念，当然我们并不陌生的是塔西佗等人笔下的日耳曼尼亚蛮族的"自由"，这种自由是指独立于罗马帝国的民族自由。进入中世纪，获得自由的特许状是欧洲历史上个人自由的一个特殊产物，特许状是由国王所颁发的，它是对于个人自由权益的一种恩赐。虽然它是相当落后的，身份独立是个人自由的第一步，是有其历史进步性的。自由人权的真正实现必须要有社会生活的保障，这种保障来自于社会制度与个人经济的独立，但这种条件在中世纪是不可能实现的，农民没有土地就不可能获得真正的自由。现代意义上的自由在欧洲真正出现是在十九世纪法国大革命之后，它标志着新的社会阶层以其独立的经济能力与社会生活身份获得了承认，这种承认是国家权力所不能任意夺取的，它取得了法律与社会道德的保障。1762 年法国卢梭的《社会契约论》出版，卢梭所阐述的社会契约与政权关系，是以个人自由为基础的国家权力建设的最重要设想，这种设想的精神在 1789 年法国大革命通过的宣言中得到体现，它所提出的人人生而平等的观点是对个人自由的一种有力阐释，使个人自由取得了合法地位。投票选举方式与自主选举权，这一原始社会中就开始的政治原则，其实是一切政治的公理。这种原则是国家权力产生的前提，并且这种原则也确立了国家权力为之服务的根本目标。言论与出版自由，自由集会权力等，形成对国家权力直接监督，这也是国家权力得以存在的基础。以其思想价值而论，这是工业文明几个世纪以来最伟大的创造，人类自由精神在法国大革命与德国哲学中先后以不同方式被塑造出来。我们可以看到，黑格尔哲学中有一种对于自由精神的欢歌，如同浪漫主义诗人拜伦与普希金的《自由颂》一样。这种自由与古代史诗或是诗歌中所歌咏的自由不同，这种自由有一个现实的目的，就是对于国家权力实行了最根本的限制，以保障不同身份人的平等与自由。所以是一种具体的有历史内容的自由，是一种社会的自由。

　　与个人自由和人权一样，宗教与党派对于国家权力的限制也是一种西方的历史传统。民族国家的普遍原则之一是政教分离，这样虽然结束了中世纪以来教廷与王权的激烈争权。这种政治进步在基督教国家中发展最为充分，它使得包括国家权力在内的世俗权力受到一种辖制，这一制约是在个人自由与公众的公平原则之外的，是神圣的名义。教权也是一种权力，是一种产生于信仰的权力，它本身就有片面性，一神教不可能是公正的。但是这种权力也有它的作用，它不同于世俗精神的神圣性就是它的法力之源，在西方人看来，"造物主的崇拜不可能被造之物的崇拜所替代"，而一旦发生这种情况，不仅仅是对神灵的亵渎，而且会成为文明发展的阻力。世俗的制度是短暂的，王朝更替，永无休止，而基督教是永恒的。所以世俗权力永远不可能取代王权。正因为如此，宗教成为一种有广泛影响的社会权力时，它就会对世俗权力产生制约。欧洲两个大的教会的历史可以说是完全相反的，西方基督教与东正教教会在对待世俗权力上是不同的，汤因比等西方学者认为东正教是用帝国政权取代了神权，这是一种以俗世权力取代神权的罪过，最后导致其失败，东正教社会远远落后于基督教社会。汤因比认为：

　　　　我们现在已考察了东罗马的"皇权即神权"体制阻碍东正教社会成长以及在使东正教社会生活千篇一律化当中所起的一般作用，下面我们还要考察这个无法抗拒的制度在直接引起东正教文明衰落这一事上所起的特殊作用……

　　我们已在东罗马帝国的偶像崇拜及其后果的问题上驻留了一定的时间，因为这个悲剧性的故事揭示的不只是对一种短暂制度的崇拜所受到的报应，它还表明偶像崇拜本身的反常和邪恶，把对整体的忠诚转移到对部分的效忠，把对造物主的崇拜变为对被造物的迷信。自 8 世纪以降的东正教社会中，本应为整个东正教保持的虔诚却被局限在一种制度，即东罗马帝国之上，也就局限于社会生活的一个方面，局限于崇拜者自己制造的偶像身上。①

汤因比的一番话使人想起一个宗教史上的画面，这就是摩西从山上走下，当看到以色列人在围绕着金毛牛狂欢时的愤怒，摩西感到对神的崇拜被拜物亵渎，这是以色列人的堕落。汤因比虽然只是在批评历史上的东正教，但事实上是对于整个东方文明的一种批判，东方文明中的神权与世俗权力的一体化，常常被西方人认为是东方文明发展受阻的主要原因之一。特别是"不信神的中国人"早已经令很多西方人憎恶，在他们看来，如果没有神的崇拜与教会的权力，世俗的皇帝与所谓的"天子"就是在取代神，这是一种颠覆，这样的文明是不可能得到精神上的发育与指导的，也必然会在世界文明竞争中失败。其实，笔者已经指出，这是一种偏见，是以西方的一元中心思维方式来看世界，中国人是辩证思维方式，看到的是神权与世俗权力之间的谐和，而西方看到的是唯一的真，是神的至上权威。所以产生了相当可笑的局面，不只是东方，即便是古代希腊人，也被基督徒们视为异教徒。不只是多元宗教的中国人，就连一神教的伊斯兰，也无法受到基督徒的理解。同一个世界中，由于信仰不同造成的互不理解，从原始社会直到 21 世纪从未消

---

　　① ［英］阿诺德·汤因比：《历史研究》，刘北成、郭小凌译，上海人民出版社 2000 年版，第 167－171 页。

失。不过，我们仍然坚信，对立的双方在这一方面只有通过对话才可能互相理解。

政教分离并非一劳永逸地解决了宗教与国家权力之间的争端，只能说是使这种斗争变得更加隐蔽与复杂了。信仰自由与政治自由从来都是对国家绝对权力的一种分解，它们之间有时并不构成对立关系，一个政治自由与信仰自由的国家远比一个专制国家要更为有凝聚力，这是一种由共同的信心与意志所形成的力量，而不是一种强迫的力量。更确切地说，信仰自由使社会得到更大统一而不是分裂，因为只有自由才可能真正实现统一。党派之间的竞争、民主选举制度与议会席位分配形成了一种重要的保证，使国家权力受到多方面因素的制约，而不会在剧烈的政治斗争中失控。但是民选制度与党派政治并不是绝对有效的手段，二次世界大战中法西斯主义留给我们最重要的教训之一就是，意大利与德国法西斯都是通过党派政治与民主选举获得多数，从而掌握政权，使两个国家成为法西斯主义国家的。这样，对于权力的民主监督反而为法西斯主义所利用，成为独裁专制的工具。

要不要用法律形式或是其他手段对于国家权力进行必要的限制，这是西方民族国家产生以来就遇到的问题。

四、逾越"国家绝对权力"

15 世纪后期，欧洲主要国家进入从封建制度向资本主义制度的转型时期，这一时期欧洲国家形态异常复杂，既有从政教合一的政权模式下挣脱出来的以王权为主体的国家，也有新型的资本主义民族国家的创建。无论各国经历如何不同，经过一系列国内国际战争，一批君主制度国家先后产生。英国亨利七世、法国路易十一、西班牙的斐迪南和伊莎贝拉、奥地利的马克西米利安等君主统一全国，建立中央集权制度。关于这一时期欧洲文明进程的评价其实是完全不同的，有的学者认为这是所谓"国家绝对权力"的时代，如西方马克思主义历史学家佩里·安德森（Perry Anderson）等人就认为，欧洲这种君主制度应当是一种绝对主义的国家权力时代。但是，用来支持其学说的理由却十分薄弱，因为当时的欧洲早已经走出封建时代，工商业文明已经成为主流，诸多的政治、经济因素限制任何一种绝对的专制政体。所以，即使是在安德森的《绝对主义国家的系谱》等著作中，也是把欧洲的绝对主义君主制度与亚洲的专制制度区分开来，认为两者之间是完全不同的①。

欧洲 15 世纪到 18 世纪的一批君主国家，从性质上来看，当然已经不是中世纪封建国家，但同时它们也不是新型的专制国家，资本主义经济与政治深刻地影响这种国家进程，它的性质主要应当是一种早期的民族国家。这些国家的经济基础已经与封建社会不同，虽然正如恩格斯所说，国家政治并不是马上反映出这种不同，它们是一些封建贵族与城市资产阶级之间力量平衡的产物。当两种力量达到势均力敌（Gleichgewicht halten），以致国家权力作为表面上的调停人而暂时得到了对于两个阶级的某种独立性。简单地说，西方的民族国家从来不是资产阶级所想象的"理想王国"，特别是法国大革命完全使得这种"理想王国"的美梦破灭了，由此产生了消极的浪漫主义，资产阶级思想家与艺术家们陷入到深深的失望、颓败与沉沦之中，不能自拔。理论界也弥漫着一片灰色，国家理论首次遇到有力的批判。到法国大革命之前，这些"绝对君主制"国家，还能使贵族、市民之间保持这种平衡。在有的国家和地区如俄罗斯，这种封建专权国家甚至延长到了 20 世纪，罗曼诺夫王朝仍然是

---

① 关于安德森《绝对主义国家的系谱》中所涉及的西方伊斯兰、中国的国家绝对主义问题，我们上文已经讨论，此处不赘述。

一种典型的封建专权国家形态。但也必须承认，即使在这时，国家已经与旧有的制度完全不同。无论是立宪还是政府改革，都已经是新文明的产物了。国家权力在这一时期中，正从君主集权的模式向新的资产阶级共和国及多元模式转换。

18 世纪法国大革命之后，这种转换已经基本完成。工业文明并没有给资产阶级带来理想王国，但是给世界带来了新的国家形态，特别是在美洲大陆上，美国建国之后，联邦制度与新的共和国模式、多样化的合众国模式，即使对于欧洲来说，也已经属于前所未有的、甚至可说是闻所未闻的国家权力模式。各州享有独立政治、法律权力无疑是新的更加民主化的建构原则，这一原则是总结了资产阶级民族国家权力至上的历史经验的。资产阶级民族国家建立以来，民族至上与国家至上形成一种思潮，国家权力达到前所未有的高度，这种权力的集中对于社会民主化程度已经构成一种威胁。特别是当法西斯主义或是民族主义思想占据统治地位时，国家可能成为反对民众、威胁世界和平的武器。这是 20 世纪两次世界大战带给人类社会的惨痛教训。

当代国家发展中，多元化的新模式正在兴起，包括欧洲一体化在内的各种探索都属于这种新的模式。这种新模式中隐含着一种趋势，就是对于国家绝对权力的超越，这一特点越来越明显。当然，在现阶段，对于国家权力的完全超越是不可能的，但是人民成为国家的主体，直接行使民主权利，毕竟是人类未来社会的目标，这一目标必然会实现。

五、解析西方现代政治制度与三权分立学说

什么样的政府是最好的政府或是说什么样的政府组织原则最好？

在我们讨论这样一重大问题之前，必须首先对于已有的思

考进行反思，这种反思是我们进一步思考的前提。这里，不能不提到古代罗马人塔西佗的名著《日耳曼尼亚志》中的一段名言：

> 在日耳曼人中，小事由酋帅们商议；大事则由全部落议决。①

切莫小看这句表面上很平常的话，这句话虽然只是描述了古代日耳曼蛮族的一种行动规则，但是却代表了这个民族的精神，正是这个当时并不起眼的民族，最终迫使罗马皇帝退位，使世界历史进入新纪元。但也正是这个民族，经常把最民主的精神与最传统的意识结合一起，长期保持着封建制度。如果从古历史来看，这种民族的精神中最富于古代民主因素，它与希腊民主政治、罗马共和国民主政治一起，孕育了现代西方民主精神。

孟德斯鸠对于古代日耳曼人的这种行为规则极为赞赏，因为其中有立法与执法的最原始形态，立法、司法与行政，三权分立的思想可以从此得到确立。对于三权分立，我们上文已经有所涉及，这里要提醒关注的是这样一种观点。孟德斯鸠认为：

> ……这三种权力本应形成静止或无行动状态。然而由于事物必然的运动迫使它们前进，因此它们只好协调一致地前进。②

正如我们已经指出的那样，孟德斯鸠当时是以英国制度为样本，归纳出这一原则的。英国是当时欧洲政治制度进步最迅速的国家，随着工业文明的推进，17 世纪时英国已经成为欧洲大陆政

---

① ［古罗马］塔西佗：《阿古利可拉传 日耳曼尼亚志》，马雍、付正元译，商务印书馆 1997 版，第 60 页。

② ［法］孟德斯鸠：《法的精神》上，孙立坚、孙丕强、樊瑞庆译，陕西人民出版社 2001 年版，第 184－193 页。

治改革的楷模，正如法国历史学家托克维尔所说：17 世纪的英国已经完全是一个现代国家，在它内部仅仅保留着中世纪的某些遗迹，犹如供奉品。托克维尔的意思是说，英国就是西方现代政治的代表，它的国家体制改革代表了西方国家发展的方向。

现代政治的各个方面在英国都表现得最为充分：例如社会人权意识的确立，人人生来平等，人权受到法律的保护。或是民主社会制度建立，民主普选成为国家机器与社会机构产生的主要方式。再如法治成为社会的行为准则，各种社会监督机制的建立，新闻与其他社会力量成为社会监督的有力组成。以上所有的方面都可以说与英国政治制度改革有直接或间接的联系。

但从另一方面来说，英国并不是从 17 世纪才成为现代国家的，托克维尔没有说到英国中世纪的历史。这一段历史其实是英国政治革命真正的开始，特别是大宪章与英国议会制度，也就是说，英国对于西方国家改革的作用可能还要早。

风起于青萍之末，正像任何历史变革都有其深刻的缘由与内在推动力一样，英国，这个与欧洲大陆隔着海峡的岛国，所发生的一切都与西方文明的历史演变密切相关。即便是对于西方政治民主有巨大影响的英国制度改革，其实仍然是围绕着王室、国会与教会三者之间的关系而发生、演化与定格的。

1066 年 9 月，威廉的军队渡过海峡，击败英国军队，处决哈罗德，威廉成为英国国王，英国进入封建社会。亨利二世继承王位后，为了加强王室的统治，必须削弱地方势力，他进行了改革。所采取的主要措施一是削兵权，摧毁了地方贵族的要塞，释放俘虏，加强中央集权；二是改革法律，反对地方贵族制定的地方法律。国家设立国王委员会，设国王法官一职，相当于今日的大法官，同时是上议院的议长，权力极大。国王委员会同时有立法权与司法权。

但是亨利二世的中央集权政策并不能长治久安，约翰王即位后，与封建贵族们之间的对立十分尖锐，贵族们联合起草了大宪章，限制国王滥用权力，主要目的是防止国王勒索贵族们财物。1215 年 6 月 15 日，在广大民众的压力下，约翰被迫签署了"大宪章"。大宪章的主要规定如下：第一，国王要尊重大臣的权利，而大臣也应当尊重其仆人的权利。第二，不得随意剥夺商人与农民的财产，不得随意征税。第三，只有法律才能证明某人有罪，尊重人权。第四要有经商的自由，国王不得否定城市特许令。

大宪章是英国现代政治的前驱，它最大的作用在于通过法律向封建制度宣战。这是世界史上为数不多的有创新意义的文件，无论是对于东方还是西方的文明历史演进，都具有重要的政治意义。

1265 年，孟福尔首次召开国会，每个郡派两名骑士，每城派两名市民，这就是英国的议会之始。1343 年，议会分为上下两院，上院由贵族与教士组成，下院由市民与骑士组成，这是世界上第一个议会。

17 世纪初期，斯图亚特王朝的专制时代，以君权神授的口号欺骗百姓，利用国教来维护和加强王权，但是清教徒与国教之间进行了激烈斗争。清教徒对于西方文明产生了重大影响，无论是在政治斗争中还是社会生活中，这就是所谓的"清教徒革命"（Puritans Revolution）。正因为如此，韦伯等思想家把清教徒的思想看成是西方资本主义伦理的代表，并非毫无道理。由于斗争激化，1629－1640 年之间英国历史上竟然出现了十一年间没有国会的荒唐事件。长期国会复会之后，国会与国王之间的斗争成为英国民主与专制之间的生死决斗。在国会的《大抗议书》中，竟然历数国王查理的劣迹，要求改换国会。1642 年，国战爆发，结果是清教徒与国会取得胜利，1649 年 1 月 30 日，英国国王查理一世被处以极刑。英国开始了共和国的历程。

经历了复杂的王权复辟与反复辟的斗争，1688 年的"光荣革命"之后，英国王室接受国会的《权力法案》，英国专制制度最终不复存在。

英国的现代制度改革虽然取得了决定性的胜利，但绝不是一蹴而就，而是经历了漫长曲折的道路。议会制度建立之后，19 世纪又建立了多党政治与轮流执政，到 1884 年才实现了男子普选制度，议会席位分配方面也逐步合理化，这种制度确立之后就基本稳定，直到今天没有大的变化。

英国议会制度的君主立宪制度对西方、对世界文明意味着什么？

六、英国议会制君主立宪制度

英国议会制的君主立宪制度，从根本上来说，体现了法治精神，是资本主义法治国家的代表，代表了人类社会中政治原则的一个重要改变：从教权与王权的统治变为法律至上，王权受到限制。从国家原则上来看，正像孟德斯鸠总结得那样，体现了三权分立思想：议会行使立法权，并且也如孟德斯鸠所指出，议会由上院与下院组成，分别代表不同社会阶层的利益。立法是关系到国家体制及发展方向的大事。而由总理为首长的内阁行使行政权，这就是所谓"大事酋帅商议，小事由部落决议"的原则。而司法则由法院与司法机构进行。

这里我们不能不提到备受西方学者赞誉的君主立宪制度，是根据英国宪法规定，英国国王是国家的世袭元首，国王有权任命内阁首相，政府大臣，高级法官及各属地的总督，这里的属地范围相当广大，包括昔日的殖民地即现在的英联邦国家。国王有权指挥军队，对外宣布战争状态。有权加封贵族与颁授荣誉，批准法律。国家的一切重要行为都要用国王的名义来宣布。所以英国习惯使用"皇家空军"、"国王的名义"等法律条文。但是实际上国王并不能决定国家大事。国家大事的决定权要由国会下院来决定，下院产生以首相为首的内阁。英国国王是世袭的，并于即位的各个细节都有详细规定。国王虽然没有实际权力，但具有检查、听取汇报的权力。

议会是英国的最高立法机构，这就意味着议会权力与法律是在王权之上的，司法权是独立的，议会由国王和上院（贵族院）及下院（众议院）组成，其中起决定性作用的是下院。议会的主要工作就是制定法律，并且以立法方式来通过财政预算，检查政府的政策和工作，向选民报告国内外有关情况。

议会下院也就是平民院、众议院。议员由选举产生，每5年进行一次大选，法定人数40人，每年平均开会时间为175天左右。下院主要职权是立法，但是议案必须经两院通过和国王批准后，才能成为法案。下院的另一项职责是监督政府，内阁受议会监督并对议会负责。下院有权对政府财政进行监督。政府有权决定提前大选。目前英国共有635个选区，每个选区负责推选一名议员，选举中得票最多者当选。大选中取得多数议席的政党为执政党，其领袖由国王任命为首相，首相任命内阁，内阁是一党内阁，也可以组成多党内阁。所谓反对党就是在下院中得票第二多的政党，这是法定的，反对党可以组织预备内阁。执政党提名并经反对党同意选出议长，议长可以是执政党或是反对党成员。议长是议会的发言人兼大会主席。

议会中的上院就是贵族院，由王室成员、世袭贵族与终身贵族担任，终身贵族就是非世袭的贵族。上院主要工作之一是研究通过下院的法案，但是其权力是十分有限的，因为法律规定，上院对于下院的法案只可以否定一次，如下院再次提交同一法案，上院有义务通过此法案。从首次提交法案到第二次提交，中间要间隔一年时间。英国的上院其实已经有些名存实亡的意味，目前下院共有1000多人，但经常参加会议的只有200

多人，其余多为高龄的议员，并不经常到会。

其实英国政府设置的不足也显而易见，枢密院就是一个例子。英国法律规定设有枢密院，从15世纪亨利六世开始设立，主要为国王提供咨询意见。以后演变为协助国王处理各种事务的组织，可以看成是国王的秘书班子，也可以看成是国王与国会之间的一种协调与配合的机构。在内阁出现之后，枢密院已经失去了功效，其实目前只有法律上的名义。

内阁是由首相、枢密官与各位内阁大臣所组成的政府领导机构，其人数没有严格规定。内阁就是国家的最高行政机关，它的使命就是行使行政权力。包括外交、军事等，制定并执行一切政策。政府的法案主要是由内阁所提出的，每个内阁大臣在形成决议之后不得违反，否则就要辞职。首相由多数领袖担任，必须经过国王任命。内阁首相同时兼任首席财政大臣，也是国家所有文官的首领即文官事务大臣。内阁由首相提名组成，主要包括外交、财政、国防、内政的大臣，大法官与枢密院院长、掌玺大臣、英格兰事务大臣和威尔士事务大臣等，人数根据情况具体确定。首相有权任免大臣或是改组政府，贵族的称号、爵位、荣誉称号等须由首相提名再请国王授予。英国首相的权力比较大，而国王其实并不亲自出面来主持朝政。这就是君主立宪制度的一个特点，与共和制度相比较各有不同，共和国中以总统来处理国事，国务卿只是协助总统，权力掌握在总统手中。只有国会才能一定程度上限制总统的权力。

英国政府主要是由内阁与各部门组成，内阁设有内阁办公厅与各种委员会，主管十余个部。内阁成员分为两大部分，即部门大臣与非部门大臣，有部门大臣设置的包括外交联邦事务部、财政部、教育和科学部、贸易工业部、能源部、环境事务部、农业渔业和粮食部、卫生与社会安全部、就业部、苏格兰事务部、威尔士事务部、北爱尔兰事务部、邮电部、文官部等各部。此外，还有枢密院院长、掌玺大臣、兰开斯特公爵郡大臣、主计大臣、不管大臣等相关设置。

值得关注的是政府官员，分为两种，一种是政务官员，一种是文职官员。所谓政务官员只包括大臣、国务大臣与政务次官就是部长的助理。这些人员是内阁的领导层，但他们也必然受到内阁改变的影响，他们可能会随着内阁人事变动作出相应的改变。而绝大多数的政府工作人员即文职官员，相当于我们所说的公务员。文官的选拔有严格的手续，经过公开考试才能录用。主要从事行政、科学与管理工作，当然也包括一些事务性工作。他们是政府最稳定的工作成员，不受政府变化的影响，更不会因为个别人的好恶受到牵连，工作效率较高，熟悉本职的专业工作，得以保持政府工作的连续性，这是相当重要的一个特点。

各级地方政府的组织原则与构成仿效中央政府，市区与乡镇都设有议会，市议会的会长称为市长，全都是经过选举产生。

英国是典型的法治国家，具有悠久的法治传统，从大宪章开始，英国的法制就走上了稳定与求实的发展道路。英国司法的原则是法律与政治分离，法官不参予政治或是自称为"中立"，政府不得干预司法。法官多是由牛津、剑桥等著名大学毕业的学生担任，法官一般很难免职，薪金很高，大多数是终身制。大法官的薪金相当高，基本与英国首相相同，由此可见英国政府对于法律的重视。但英国司法系统工作程序繁杂，审理期限长，也是其多年的传统，早在19世纪英国小说家狄更斯等人的小说中，就可以看到这种弊端，可以说至今仍没有大的改变。

司法工作主要是由法院承担的，法院分为两级，中央法院与地方法院。上院是司法的最高机构，设有司法部。但是一般的上院议员与司法无关，只是由国王任命的相关议员来行使司法权。法官不是选举的，而是经过任命的。权力最大的是大法官，他既是上院议长，也是内阁阁员，还是司法机关的负责人，可谓大权集于一身。

所谓的两党政治其实是多党政治，使多种政党可以平等参加政治活动。主要两大政党是保守党与工党，多年以来，两党轮流执政，是通过选举获得在议会中的多数席位来取得执政权力的。其他小政党其实并没有可能执政，只能参政而已。

在美国联邦制度出现之前，英国国家制度一直是西方政治制度的样板。作为一种君主立宪的民主制度，它通过议会、政府与王室三者之间的平衡，既继承了欧洲古老的政治传统，又体现了与时俱进的民主精神。它与法兰西共和国、德意志共和国等国家的政治体制一起，在保持各自特点的同时，共同构成了欧洲政治丰富多彩的政治体系。

现代社会政治制度变革中，与欧洲多数国家不同的另有两种国家政治体制，一是18世纪所形成的美国联邦制度，另一个是苏维埃社会主义制度。20世纪后期，苏维埃制度已经经历了变革，基本上不复存在。美国联邦制度虽然与英国政治制度有密切联系，但它毕竟是在反对殖民主义的历史中形成的，也代表了现代社会政治制度的一个方向，我们予以简略分析。

七、北美联邦制度

18世纪北美的两个国家美利坚合众国（The United States of America）与加拿大（Canada）创立了联邦制度，这是继欧洲政治制度改革之后另一个重要创造。联邦国家作为一种与欧洲文明有直接联系，但同时具有鲜明的美洲特色的政治制度，经过两个世纪的风雨，它的成与败，正是吸引世界的眼光之处。当然，确切地说，美国与加拿大虽然同属于联邦制，但两者之间仍然是有不同的，加拿大受到英国政治制度的影响与限制相对比较大，尊英国女王为国家元首，政权归于英国女王，并且设有总督一职，20 世纪中期之前，这一职位一直由英国王室亲属或是贵族担任，直到以后才改变。不过，加拿大国家仍然属于联邦制度，这是明确的，并且其目前形势也相当明确的朝着加强联邦制度方向发展。

美洲大陆原有的文明是印第安人创造的，环球航线开通之后被西班牙殖民者所毁灭，欧洲移民登陆之后，首先是按照欧洲的政治法律传统来组织社会的，这就是殖民时代的社会政治。1776 年 7 月 4 日，大陆会议通过了《独立宣言》，宣告美国独立。宣言充满了反对殖民主义的精神，它所依据的是法国启蒙主义者的天赋人权与社会契约学说。它的主导精神与英国的大宪章之间其实是有相当大的差异的，在这一宣言中，对英国政府的殖民主义进行了严正声讨，所主张的独立自由与民主精神，与英国政治传统并不一致。1783 年英美签订了《巴黎和约》，北美 13 州独立。

费城（位于美国宾夕法尼亚州）堪称是美国政治历史的博物馆，不仅《独立宣言》在这里诞生，1790 至 1800 年间还曾是美国的首都。1787 年在这里召开的制宪会议通过了联邦宪法，即《1787 年宪法》，首次把三权分立制度与联邦制度结合了起来。美国宪法规定宪法高于一切法律，各州平等，互相尊重。宣布联邦政府是中央政府，但是各州政治相对独立。从美洲的历史与现状出发，宪法主张分权而治，联邦政府不具有集权性，但是已经明确规定，联邦设国会，国会分参众两院，行使立法权。行政权力归总统，总统是国家元首兼政府首脑。最高司法机构是最高法院，宪法规定了三权分立与互相制衡的机制。从宪法产生以来，已经经历了数十次的修宪，主要是增加了反对歧视黑人与妇女等方面的内容。从美国政治总进程来看，美国政府克服了联邦制度行使初期的权力过于分散的局面，加强了国家权力。美国宪法其实是世界上第一部作为独立统一国家的成文宪法，它的历史意义在于明确提出以总统来取代王室，以人民可以掌握的力量来取代世袭的皇家权力，相对于传统民主形式的英国与欧洲其他国家政治制度来说，美国政府的构成及其所代表的原则，已经迈出了划时代的一步。

美利坚合众国，其构成有别于一般意义上的共和国，它更为强调国家的联邦性质，各州与联邦政府之间的独立与从属的复杂关系，不同于一般共和国如法国等国家与各地方行政之间的从属关系。

同时美国宪法明确规定三权分立原则，主张以宪法为国家大法。国会行使立法权力，国会由参众两院组成，基本上与英国是一样的；总统行使行政权力，这一点与英国不同，美国没有王室，总统的权力要大于一般的首相；司法权则由最高法院与国会法院行使，三种权力之间互相制约以取得公正，其最终目的仍然是欧洲启蒙主义者 200 年前的目标：避免独裁与专制。

美国的总统选举与历届总统都是全世界所关注的。总统由全国选举产生，任期为 4 年，连任不得超过两届。由于历史上曾经有过富兰克林·罗斯福四次当选总统的先例，虽然这种情况可能与第二次世界大战等特殊历史状况有关，但仍然在 1951 年通过的美国宪法修正案第 22 条中作了明文规定，美国总统连任不得超过两届，显示了美国民众限制政府首脑权力与个人长期任职的民主精神。美国总统必须是出生于美国的、并且在美国居住超过 14 年，年满 35 周岁的公民。美国总统选举是全国最隆重的大事，每 4 年举行一次，虽然参加选举的人数非常之多，但美国总统不是直接选举，它是由各州选举人所组成的选举团选举产生的，而各州的选举人则是由各州的选民投票产生。

历来备受关注的还有美国总统与国会之间的关系，原因在于两者之间的相互制约关系。美国的国会也是两院制，分为参议院与众议院，与英国不同，美国没有贵族，所以参议院并不是真正意义上代表贵族利益的，两院议员都由选民直接选举产生。参议员 100 名，任期 6 年，每两年改选 1/3；众议会议员 435 名，任期 2 年，任期完成之后，全部要进行改选。关于两院资格的规定最重要的是，政府任职人员在任职其间不具有被选举的资格。这一点与英国相近但又有所不同，比英国法律规定更加明确与严格。参议员年龄不得低于 30 岁并且要成为美国公民 9 年以上，众议员年龄不得低于 25 岁，并且要求成为美国公民 7 年以上，这些要求具有这个移民大国的色彩。两会的分工十分明确，每年 1 月 3 日开会。国会的权限相当广泛，包括征收赋税、偿还国家债务，货币铸造与度量衡标准的制定，招募与训练军队，具有对外宣布战争的权力，制定与修改宪法等。众议会由议长主持，其特有权力包括提交征税的法案，有权对总统及所有政府官员的各种犯罪进行弹劾，如果在总统大选时，没有一个人能得到绝对多数票，可以选出一位副总统。参议院也有其特权，它可以批准总统与外国缔结的一切条约，批准总统提名的高级官员，审定弹劾议案。美国政府包括 13 个院部，由总统领导，所以也称总统内阁，这种建制是与英国内阁不同的。它包括国务院、财政部、国防部、司法部、内政部、农业部、商业部、劳工部、卫生与人民服务部、房屋与城市发展部、交通部、能源部、教育部。另有总统办公厅、白宫办公人员、管理与预算局、经济顾问委员会、国家安全委员会等机构。机构十分完全，分工也较明确。但有时显得机构过于庞大，人员设置太多。

明白了国会的构成，我们再来看总统与国会之间关系的实质。美国宪法对于国会与总统的规定是相当明确的，但为防止万一，仍然作出多种规定。总统并不对国会负责，而是对全民负责。如总统不能履行职责，则由副总统来负责。宪法规定行政权力属于总统，他有权管理国家事务与联邦事务，选任所有部院署局等数百名高级联邦官员，这一任命要得到参院的同意。作为国家武装部队的总司令，总统可以召集国民警卫队，在战争期间，总统可以行使特殊权力，以保护国家安全。总统可以使用否决权来否决国会法案，但如果参众两院有 2/3 以上多数反对则无效。总统有权召集国会特别会议，向国会建议立法。总统有权任命联邦高级司法官员，可以提名包括联邦最高法官在内的各级法官，以征求参议院同意。总统有赦免大权，可以全部或部分行使这一权力。总统全面负责对外关系，包括任命大使及各级外交官员，具有同外国缔约的权力，但要经过参院2/3 多数的批准。

1620 年，欧洲移民乘坐的第一艘名为"五月花号"的船来到美洲海岸，登上美洲大陆之前，船上的移民们就相约在新大陆上要共同遵守法度。但实际上，这些移民都是来自英国，所以他们关于法律的理解也是英国的法律。美国司法的权力归于最高法院以及其他法院。全国划分多个区，每个区内都设立了联邦法院，目前共有最高法院、11 个上诉法院、91 个地方法院与 3 个具有特别裁判权的法院。最高法院是宪法规定的唯一法院，这个法院是国会无权取消的。最高法院由首席法官与 8 名法官组成，开庭时最少要有 6 名法官出席才有效，判决以投票结果决定，多数票为决议，最高法院的判决不能在其他法院上诉。美国的最高法院有一项重要的职能，就是监督立法。它可以用违宪的名义来宣布相关法令的无效，这也是美国法律引人注目的一条。

美国最基层的法院是联邦地方法院，它负责审判发生于某一法区内的案件，设有两个陪审团，大陪审团负责起诉，小陪审团进行判决。如果不服判决，可以上诉至上诉法院。上诉法院又称为巡回法院，美国在 11 个上诉区内均设有上诉法院，这个法院的主要工作是受理上诉裁判，或是复审地方法院判决。一般来说，上诉法院的判决就是最终判决，但有例外，就是当上诉法院认为有必要提交给最高法院审核时，可以不作出最终判决。此外，当必要时，国会可以根据有关法令建立特别法庭，以审判一些复杂的事项。事实证明，这一法令相当重要。

八、国家权力论

在现代国家权力中，如何防止这种权力绝对化，防止它成为一种专制与独裁，这是各国都在考虑的问题。从政治思想上，保守主义与自由主义之间的斗争的核心就在于此，在立法与制度方面的许多不同看法，也都集中于这一焦点。要防止国家权力绝对化，包括宪法在内的国家法律与制度，都不可能起到完全的制约作用。就是所谓的民主权力，也无法阻止政府的行动。

国家独裁与专制主义的典型表现是法西斯专政，第二次世界大战中的法西斯主义是以"国家社会主义"的面目来行使垄断权力的，通过所谓的"民主选举"程序，德国与意大利成为军国主义，法西斯立即利用国家权力迫使群众成为战争的牺牲品，这是对于现代国家权力的一种滥用，是对世界人民的犯罪。要防止法西斯罪恶的再次产生，无疑就要对国家权力限制进行深入研究。即使在和平时代，国家权力过于集中与滥用也会对社会造成严重危害。1947 年 6 月，美国国会通过了由参议员塔夫脱和众议员哈特莱提出的《塔夫脱－哈特莱法》，它否定了原来《劳资关系法》，大大限制了工会的权利。规定各工会必须向政府报告其组织和财政状况，不得随意举行罢工，工会领导必须声明自己不是共产党员，罢工危及国家安全时总统可以颁布禁令。国家权力完全右倾，法律制度成为了国家权力的附庸。20 世纪 50 年代以后，世界大战虽然没有爆发，但世界性的战争从来不断，其中大多数战争都是由主要西方国家以国家名义发动的，也有以国家名义卷入的，如美国的侵朝战争、越南战争、伊拉克战争等。东方唯一进入发达国家行列的国家日本，保留了天皇，其政府对于二次大战中的战争罪行拒不承认，并且提出修订宪法，加强日本军事力量，很有可能再次沦为军国主义。人类历史的悲剧给人印象深刻，但产生悲剧的原因却往往被人所忘却。当日本军队在中国发动 9．18 事变，在太平洋发动珍珠港袭击时，它完全没有料到，最后日本领土竟然成为人类历史上第一颗原子弹的目标。玩火者必自焚这个历史的法则再一次得到证明，原子弹的受害者是最有权力要求政府进行战争反思的，法西斯主义与军国主义在给其他国家造成灾难的同时，必然最后给本国人民带来毁灭性的打击。

所以，笔者认为，21 世纪的国家理论研究把政府权力与法律制度和民主权力的关系作为主要的研究内容，这是无可厚非的。但是，历史经验也表明，如果只依靠民族国家内部的法律与民主制度，有时是不可能制约这种权力僭越的。特别是西方的国家理论中，黑格尔的绝对国家主义仍然是一种有潜在影响的学说，他把国家看成是绝对精神的体现，是上帝的化身，国家对于个人而言，具有最高权力与最终目的，个人的最高义务就是做国家的成员，服从国家。这种思想其实是相当反动的，它的目的正在于削弱十八世纪启蒙主义的影响，反对民主与人权观念。早在 1918 年，英国霍布豪斯（L. T. Hobhouse）就曾经这样批评过黑格尔的国家绝对权力学说：

> 过去我们没有理会黑格尔对国家的颂扬，以为那只是一个形而上学的梦想家的狂言。这是个错误。他的整个想法是和欧洲历史上最不幸的发展紧密交织在一起的。现在时兴把德意志军国主义想象为俾斯麦时代以前盛行的一种美好感伤的理想主义引起的反作用的产物。这是非常错误的。这种政治上的反动，是从黑格尔开始的，他的学派自

始至终都拼命反对源于十八世纪法国、十六世纪荷兰和十七世纪英国的民主观念与人道主义思想。……但是，真正的黑格尔主义，已经作为一种时髦的偏重理论的哲学复兴了，把国家看作绝对的化身的学说已经在许多地区获得一种理论正宗的地位，这个绝对乃是能够同化男男女女充满生气的真实个性的一种超个性。……它使国家能超越道德的非难，说战争是国家存在时无法避免的，它蔑视人性，并且否定国际同盟或者联盟之类的组织。①

当代世界的形势是，这种黑格尔学说重新以民族主义的理论化身出现，任何世界主义思想都受到公开的排斥。民族主义学说最容易得到民族国家的赞扬，有的国家政府暗中支持民族主义，培植民族主义理论家，以此来引导国民。我们必须承认，民族主义与绝对国家主义在观念上应当是存在一定差异的，民族主义并不是一种以维护民族国家政府为现实目标的学说，它只是以民族生存与利益为出发点的学说，它是一种自发的朴素认识。而绝对国家主义则是一种具有相当危害性的反民主学说，是黑格尔为普鲁士国家辩护的一种实用主义理论，后者当然是极为可笑与反动的。但是，正是在现代社会中，两者结合在一起，为世界留下更大的隐患，这是不可不觉察的。美国的欧文·拉兹洛曾经对民族国家的前途表示过忧虑：

联合国的经验证明，在一个由民族国家主宰的世界上做决策是很难办的。然而，个人心理中没有什么会阻止他们把他们的效忠扩大到超过民族国家层次。没有人被他的或她的感情成分驱使去宣誓只效忠一面旗帜，想念它象征"我的国家，对也好，错也好"。人们可以忠于社会的几个

① ［英］L. T. 霍布豪斯：《形而上学的国家论》，汪淑钧译，商务印书馆1997年版，第17-18页。

> 部分，而不是不忠于其中任何部分。他们可以忠于他们的社区而不放弃对他们的省，国，或地域的忠诚。他们可以忠于他们的地域同时也感觉与一种文化，与整个人类一致。作为欧洲人的是英国人，德国人，法国人，西班牙人和意大利人以及欧洲人，作为美洲人的是新英格兰人，德州人，南方人和太平洋西北人以及美国人，所以世界上一切地方的人有多重认同并可以发展与之俱生的多重忠诚。①

欧文·拉兹洛所处的时代毕竟与黑格尔时代是大不相同了，单一民族国家的效忠已经不再是一种障眼之术，即使是对于欧洲来说，这种效忠的历史虽然短于其他古代国家，但仍然是一种强大的力量。但是，拉兹洛把民族国家与世界一统对立起来仍然是不对的，因为民族国家与古代国家一样，是人类社会政治的一种重要形式，代表了人类文明进化的水平，其历史进步作用是不容否认的。热爱自己的国家是一个公民的职责，热爱祖国就是热爱自己的民族与人民，也就是热爱世界人民与世界的一体。任何一个国家不能离开世界而独立存在，世界是一个整体，人类是一个大的团体。任何一个政府或皇帝都不能取代国家，更不可能取代世界。世界主义是人类进步思想的结晶，任何一个正直的人，具有进步思想的人，都会如但丁，如卢梭，如马克思等伟大人物一样，是一个世界公民。热爱祖国，就是热爱世界。

当代的世界要求一种超越民族国家的世界文明视域，谋求建立世界新秩序。这种秩序不是西方自我中心与后殖民主义的秩序，而是东西方文明核心观念结合所形成的精神，希腊人的

---

① ［美］欧文·拉兹洛：《布达佩斯俱乐部全球问题最新报告（第三个1000年）》，王宏昌、王裕棣译，社会科学文献出版社2004年版，第74页。

"真"与中国的"道"完全可以成为新秩序的精神源泉，西方的自由平等博爱民主原则与科学精神，中国的仁义理智信中庸原则与道德伦理等，都可以为世界新秩序的创建提供精神基础，这就是所谓的世界主义。国际组织不是万能的，也不是绝对公正的，但是，要保障世界民族与国家之间的平等，防止个别国家的权力绝对化对于世界所造成的影响，国际组织与联盟的作用是不可替代的。只有建立起强大公正的国际组织，才可能真正超越国家权力的限制，才可能防止分裂与冲突，建设一个和谐与完美的社会。

第七章　世界帝国论

一．古代帝国与世界帝国

1、古代帝国与世界帝国之分轸

　　帝国，在世界史上是一种常见的体制，一般指以皇帝或国王为统治者的专制国家，所以有的帝国也称为王国。虽然国王与皇帝之间仍然是有区别的，但是具体到帝国与王国，两者之间却很难作具体的区分。世界历史的各个朝代都有帝国的存在，各种民主或专制国家也都有帝国的存在。我们已经指出，除了一般意义上的帝国之外，还有世界帝国的存在，世界帝国建立起跨越民族与国家界限的庞大的统一国家，殖民其余国家与城市。古代波斯、亚历山大帝国、罗马与蒙古帝国等都是世界帝国，这些帝国都在某一阶段曾经超越东西方的分界，建立起跨越多种民族文化的国家。所以我们说，帝国其实是一个历史概念，它是世界史上生生灭灭、大大小小的专制政权的总称，这样它也就具有了一种普遍性的意义，成为一种国家类型。

　　我们上文已经说过，帝国应当分为两种，即帝制国家与世界帝国，帝制国家非常多，凡实行专制制度的王国都被历史学家称为帝国，有大有小。世界帝国指征服多民族国家所形成的帝国，如蒙古帝国、纳粹德国等。这两种国家要严格分开，否则就会概念不清，是非混淆。比如唐代中国只是一个大帝国，但不是一个疆域跨越欧亚非大陆的世界帝国，它并没有服征其他民族以形成大帝国。

同样是世界帝国，也分为两种。一种是古代世界帝国，这是农牧业文明社会中形成的帝国形式，如亚历山大帝国、罗马帝国等。这种大帝国是世界大帝国的历史形态，虽然从形式上看，这种大帝国已经并不存在，但是这种帝国的精神却是不会轻易消亡的。二是现代世界帝国，指工业时代建立的世界帝国，其中也不完全一致，一种是所谓的殖民宗主国与从属国的团体，如英联邦与法国的海外殖民地等，它们的从属国大部分已经独立，只是一种形式上的文化联系。另一种则是纳粹帝国这样的侵略国家。

世界古代帝国众多，难以一一统计。中国历史学家庞卓恒认为世界主要有十大古代帝国：

（1）波斯帝国。它兴起于伊朗高原，吸取了西亚、北非文明成果。其最大疆域东起印度河，西到小亚细亚和爱琴海，西南是两河流域与尼罗河流域。存在时间是公元前550年到公元前330年，存在220年后被亚历山大大帝灭亡。500年后重新产生新波斯帝国，地域为伊朗与两河流域，从公元226年到642年，存在400年后被阿拉伯人灭亡。

（2）亚历山大帝国即马其顿帝国。由亚历山大大帝建立，从公元前336年到公元前323年，地域东起印度河流域与中亚，西到巴尔干半岛，南到尼罗河第一瀑布，北到多瑙河。帝国存在短暂，由于亚历山大病死征途而崩溃。

（3）中华帝国。肇始于秦汉，疆域至清代已经达到1000平方公里，人口达到4亿。存在时间从公元前221年到1911年，约为2100年。

（4）罗马帝国。其于公元前30年实行帝制，公元2世纪时成为地跨欧亚非三大洲的帝国，东起西亚幼发拉底河，西到不列颠，北到多瑙河与莱茵河，南部包括了整个北非。从公元395年起分为东西两个帝国。西罗马帝国于公元476年被蛮族灭亡。

（5）东罗马帝国。即拜占庭帝国。从公元 395 年到公元 1453 年，最后被奥斯曼帝国所灭亡，存在时间约为 1050 年。

（6）查理曼大帝国。查理曼即查理大帝（Charlemange，公元 768－814 年在位），是中世纪法兰克国家加洛林王朝的第二代君主，他建立了包括西欧大部分地区的庞大帝国。查理死后，帝国三分，东法兰克王国即是以后的德国、西法兰克即是以后的法国，中法兰克是以后的意大利。

（7）阿拉伯帝国。存在于 7－13 世纪，大约 600 年。从穆罕默德去世后的首任哈里发阿布·伯克尔建立大帝国，疆域横跨欧亚非三大洲，包括阿拉伯半岛、西亚地区、北非西北非及西班牙。1258 年被西进的蒙古大军灭国，最后一位哈里发被杀。

（8）蒙古大帝国。成吉思汗从 1206 年开始对东西方的征伐，到 14 世纪前后，各大汗国相继灭亡。其真正具有统治力量与军事威慑力的时代主要在 13 世纪。

（9）沙俄帝国。1547 年伊凡四世加冕称沙皇并开始扩张，到 1917 年被推翻，存在不足 400 年。曾经占有东起鄂霍茨克海、西到黑海和波罗的海的广大地区。

（10）奥斯曼土耳其帝国。1300 年土耳其奥斯曼建立帝国，至 1922 年苏丹被废除，历时 700 余年，其间变化甚多。[①]

关于以上论述还有不少值得研究之处。

其一，有相当多的重要帝国没有提到，如巴比伦、赫梯帝国等，这些帝国产生年代较早，统治多民族区域，历史时代长，

---

① 参见庞卓恒"世界古代帝国和文化兴衰"，参见国家教高校社会科学发展研究中心组织编写的《中外历史问题八人谈》，中共中央党校出版社 1998 年版，第 265－268 页，本文略有删节。

是值得一叙的。而其他一些帝国如花剌子模、贵霜甚至莫卧儿帝国等，存在历史时代较短，区域相对小，不列入大帝国之列则是可以的。

其二，把世界帝国与一般帝国混在一起，如中华帝国、查理曼帝国甚至沙俄帝国，其主体都是以后的民族国家，虽然可能划分为不同的国家，但其文明传统基本相同或相近。如查理曼帝国分解后的德、法、英三国同属一个大的文明体系，民族历史联系紧密。这样的帝国不同于罗马或是蒙古帝国等横跨欧亚大陆的世界帝国。所以我们主张将这样的帝国归为古代帝国，以中华帝国为例，中华帝国就是古代帝国而不是世界帝国，它不是以征服其他民族为特色的，而是以中华文明为主要统治范围的。与此不同，我们可以把罗马或蒙古帝国称之为世界帝国。这是一个重要的区分。

为了说明帝国与世界帝国这一历史现象的演化过程与本质，我们依据不同历史阶段的发展，将其划分为奴隶封建的农业文明帝国、游牧与宗教帝国、工业化过程中的西方殖民国家与法西斯主义、当代文化帝国主义等不同形态。其中有的国家或是国家联盟等已经不是真正意义上的帝国了，但它们与世界帝国思想却有着千丝万缕的联系。所以在此一起论述，从中正可以看出历史的连续性。

2. 封闭帝国与扩张帝国：东西方的不同追求

8000 年到 10000 年前的全新世的到来，冰天雪地的世界消失了，全球的气候变暖，为地球上农业与畜牧业生产创造了条件。新石器时代的农业革命开始，南北半球的 20 – 40 度的纬度带中开始了古代农业文明与畜牧业文明。但是自然环境处在不断变化之中，中低纬度地区气候温润多雨，而高纬度地区则干旱，所以形成沙漠草原地区。最早的农业与畜牧文明是因地区不同而形成的，它们之间也是互相变换的。西亚、北非、中国、印度河谷，中南美洲等地区同时形成农牧业早期发源地，也成为农业文明帝国与游牧帝国的最早产生之地。

如果作一个最粗略的划分，欧洲与亚洲大陆上，从中亚的帕米尔高原到欧洲东部的草原，这是一个横贯大陆的草原带。气候干燥，以森林与草原为主，适合于畜牧业生产。在这里产生了世界上众多的草原民族，这些民族以畜牧为主，不断掠夺邻近的农业国家。在一定的历史条件下，它们会建成游牧民族的大帝国。

而在西亚、北非、南亚、东亚、西欧与中欧等地，由于较厚的黄土层与其他土层的形成，信风为大陆带来了大量的降雨，农业生产得以发展，这就形成了地球上的农业文明主要发源地，也是一个大的农业带。很明显，大草原与农业带彼此相连，互为依托。在同一个地区一般都有草原与农业区域的分布。蒙古草原与黄土高原相毗邻，中亚草原与黄土高原相衔接，所以游牧民族常到农业区域进行骚扰。美索不达米亚平原上更是牧区与农田紧紧相接，众多的游牧民族不断到平原上抢掠，农牧业虽然如此紧密相联，但是不同的文明却造就了不同的国家与民族。

在我们所历数的世界大帝国中，奴隶与封建制度的大帝国占有绝对多数。波斯帝国、东西罗马、巴比伦、印加等大帝国都是建立于农业文明中的帝国。如果将中国与印度这样以一种文明为主体建立起的帝国也计算进去，奴隶制与封建社会中的帝国在欧亚大陆上的历史最为久远，类型也最为多样。这样在国家类型史上，农业文明的帝国就成为了最具有影响力的、颇具类型特征的国家形态，这种国家形态对于以后的民族国家产生都有最直接的作用，所以研究农业文明帝国是最有意义的工作之一。

两河流域文明中，阿卡德人首次建立了国家政权，统一的萨尔贡王国的建立，这是由闪米特人所建立的，是从城邦国家向帝国的一次飞跃。公元前 2004 年前后，巴比伦人建立的巴比伦帝国，统治了美索不达米亚平原的南部。而在北部，亚述帝国建立，相对于巴比伦来说，亚述人的国家是以亚述城为中心的，仍然具有城邦国家的特点。在这以后，无论是北非的埃及还是西亚，都历经多个王朝更迭。王国不断涌现。但是其国家的规模与制度建设，比起波斯帝国来说，都是相形见绌，并且不具有较大的世界影响。东方帝国中，最为典型的是波斯帝国，这个古代的世界帝国与西方的希腊罗马并列，是代表东西方不同类型的农牧文明大帝国。

农牧文明帝国中，建立了世界上最早的也是最体系化的帝国制度，这种制度有三个重要贡献。第一是建立了多种民族与多种文明相统一的国家体制，为欧洲以后的宗教、文化的一体性奠定了基础。罗马人是帝国的统治者，其余多种民族处于罗马人统治下。第二是发达的古代共和国制度与君主制度，这是国家建设中的一个特点。第三是为以后民族国家的建立奠定了基础，欧洲的民族国家主要是在罗马灭亡之后建立的，欧洲各国早在罗马时代则已经初具雏形。

古代民族最初是其他民族之间发生斗争，进而占领其领土，奴役其人民，最后建成帝国。罗马建国之后，与其殖民地之间的关系一直是生死攸关的大事，这就是所谓"罗马与外省"。罗马帝国号称世界的主人，这个称号并非总是名副其实，特别是在它的初期，征服过程也经历了千难万险，直到公元前 187 年之后，罗马取得了帕尔修斯战争的胜利，成为世界帝国。罗马人最强大的敌人迦太基被彻底消灭，科林斯与努满西亚也受到毁灭性的打击。阿非利加的征服、阿塔劳斯的亚细亚王国赠馈以及一系列军事征服，成就巨大。同时占领了高卢、色雷斯、西里西亚、卡帕多西亚以及亚美尼亚、布列托斯等地，行省统治卓有成效。各种文明、各个民族共同服从于一个共和国家，这是历史上从没有过的情景。所以吉本竟然说：如果让一个人说，世界历史上人类最为幸福的时代是什么？那么，他肯定会说是从图密善去世到康茂德继位期间的罗马帝国。

当然，这个世界帝国并非如但丁所想象的那般完美无缺，它像是一个火山口一样随时可能爆发，各族人民的反抗情绪就是这个火山的熔岩。塔西陀《历史》中这样描绘帝国的政治：

> 有四个皇帝被杀，发生了三次内战，更多的对外战争，常常是国内与国外的战争同时进行。在东方成功了，在西方却遇到不幸。伊里利库姆受到骚扰，高卢诸行省动荡不安，不列颠被征服之后很快地又失掉了。撒尔玛塔伊人和苏埃比人起来反对我们。达奇人由于在对我们的战争中互有胜负而取得了荣誉。甚至帕尔提亚人由于一个冒称尼禄的人的诡计，也几乎拿起武器来反对我们。①

这还是建国之初的状况，到了罗马后期，更是内外交困、分崩离析。罗马帝国就是在内部各民族反叛与外部的蛮族入侵之中灭亡的。

罗马的共和制度对于奴隶社会来说是一个伟大的创举，共和精神是史无前例的。正是这种精神体现了一种民主的神圣，这种精神对于欧洲文明影响之深，远非其他文明所能比拟。直到法国大革命的共和国，英国贵族的民主革命中，当皇帝被送上断头台与绞刑架时，我们可以想见当年罗马人的行为风范。如果说对于法国人是一种暴动与革命，而对于英国与整个欧洲来说，这种审判仍然代表了民主、民意与民族利益。这种变革

---

① 塔西陀：《历史》，王以铸、崔妙因译，商务印书馆 1997 年版，第 2－3 页。

在东方各国中是不可能遇到的，日本天皇、印度各地大大小小的无以计数的王族，都没有能真正面对民主程序的公正审判。这就是东西方文明的差异，西方可能发生的，东方未必可能发生，西方已经发生的，东方却仍然无法想象其可能性。反之亦然，东方久远的皇族制度也是西方人权观念所难以理解的，将皇帝看成真龙天子，与上天和神置于同一地位，这是西方宗教传统所不能赞同的。所以从罗马文明与罗马史的研究来看，欧洲的传统是高度评价民主制度，是抨击专制的。马基雅弗里（Machiaveli，1469—1257）的《论李维》中最早指出这样一种观念，罗马贵族与平民之间的斗争是历史发展的动力，而这种斗争中形成了罗马的贵族制度、君主制度与民主制度三位一体，这种三位一体的制度是完美的。孟德斯鸠的《罗马帝国盛衰原因论》与吉本的《罗马帝国衰亡史》是同样具有学术声望的名著，其中关于民主制度的赞颂最为突出，片面强调了罗马的联盟与自由。我们很少引证这部名著，其中一个重要原因就是其中的西方中心主义观念与缺乏历史事实的论述。特别引人注目的是，在这本书中，孟氏还提出了所谓"东方帝国持久论"，他这里的"东方帝国"指的是君士坦丁堡，但是其影响却十分大，以后的"东方帝国"论即由此肇源，并且泛指中国、波斯与印度等文明，这种影响可能并非孟氏的初衷所在，但也未可轻言其著作中没有这种因素。

值得肯定的是，如果从今天的文明研究来看，这种研究已经突破了一般的西方历史学家繁琐考据、满足于编纂学的传统。已经具有了一种文明分析的宏观视域。但是也有不足之处，就是考古学与历史史料尚不充分，使分析流于空泛。20世纪西方的罗马史研究中，德国与英美的研究者们对于奴隶制度、民主制度与元首制、君主制度的研究等方面有了不少新的看法。但有的学者如前俄罗斯裔美国学者、经济史学家罗斯托夫采夫的

《罗马帝国社会经济史》（1926 年）等著作中也有一些极为可笑的看法，如他把罗马看成是一种市场经济的产物，这个大市场的主要力量是城市资产阶级。资产阶级的兴起就是帝国的兴盛。不幸的是，帝国的统治者们出于贪婪与腐化，加大了对于城市资产阶级的压迫，这样，就导致了帝国的灭亡。他的观点是，帝国之灭亡是由于资产阶级的大众化，他们就成了普通的市民、无产者与农民，这个文明也就消失了。他的结论是"一种文明如果大众化之后，这种文明就要完结"。他也是一个典型的西方中心主义者，他认为东方专制取代了西方共和民主制度，其原因并不是东方君主制具有优越之处，而是西方文明没落所产生的必然结果。这种看法比起斯宾格勒对于西方文明的看法还要悲观一些，也对"东方专制"表现出更大的恐惧。

罗马从共和而元首、君主制度，其中重要的原因并不像以上历史学家们所描绘的那样。文明变迁的因素自这个文明产生就已经存在，世界上没有不衰落的文明。文明发展的进程就是一阴一阳，新旧交替，这是宇宙间的大道。但与自然的进化不同，文明发展是有其推动力的，这就是人类对于个人的道行、社会的道义与世界的道理的追求。罗马的奴隶共和制度并不是完美的制度，奴隶与主人、平民与贵族、罗马民族与其他殖民地和各行省之间的对立就是其推动力。其中最为重要的就是罗马与其他民族特别是蛮族等之间的文明冲突，这种冲突使得罗马统治从共和制向元首制转化，专制是征服的产物，是世界帝国的结局。无论是恺撒还是其他人，都只是一个必然要产生的统治者，如果不是他们，历史会创造出其他的能征服东方或其他文明的统治者。如果要明白罗马帝制的确立，奥罗西乌斯《反对异教史》中的这样一段描写是最为传神的：在罗马建城第 725 年，在元首奥古斯都·恺撒（第 5 次）和塞克图斯·阿普莱乌斯（Sextus Appuletus）就任执政官期间，恺撒以东方征服者的身份从东方回来，1 月 6 日他举了 3 次凯旋式，然后进入罗马城。当时内战已经接近尾声；他宣布关闭亚努斯城门，并在这一天第一次接受奥古斯都的尊称，这尊称至今都无人敢亵渎，其他统治者也不敢擅自染指。奥古斯都这一称号的出现表明掌握世界的最高统治权是合法的。从这时开始，国家的最高权力就落到了一个人的肩上。希腊人把这种政府形式称之为君主制。

关于民族国家与罗马的关系，我们已经说过，罗马帝国的重要贡献之一就是促进了欧洲各民族的统一与联合，欧洲基本上处于一种文明之下，有公共的语言，交通方便，形成了大一统帝国模式。也正是罗马提高了蛮族的文明程度，使其民族国家的意识萌醒。蛮族的反抗引起连锁效应，各殖民地与行省纷纷起事。原有的各民族意识经过罗马文明的熏陶，已经不再是原有的蛮族意识，而是一种新的民族文明。罗马帝国，在这一历史教化过程中，起到了最重要的历史作用。这种教化的内容也是可知的，即在罗马人原有的埃特鲁亚文明基础上，经过与希腊文明的融合所形成的罗马文明，这种教化中所包括的制度典章、国家政体等，就是以后欧洲民族国家的基本模式，从这一意义上，罗马不啻是欧洲民族国家之母。

公元前 8 世纪末，伊朗社会的古代民主制度结束，开始向着国家政权建立过渡。最早的王国米底王是戴奥凯斯，这是由米底各部族所推选出来的国王，米底王国建都于哈马丹，米底王国与波斯人同为雅利安人。米底王国由 6 个部族所组成，可以推测，最早的王国政治可能就是类似于罗马元老院式的共和制，戴奥凯斯不过是一个执政官式的人物，到了其子孙才加强了统治。公元前 550 年，波斯人征服米底王国，建立波斯帝国，居鲁士建立的阿契美尼德王朝已经是典型的专制君主制度。居鲁士在征服巴比伦时发表的居鲁士文书中说道："我是居鲁士王，宇宙的王，伟大的王，强有力的王，巴比伦的王，苏美尔和阿卡德的王，世界四方的王，安山城的王、伟大的冈比西的儿子，安山城的王、伟大的王居鲁士的孙子。安山城的王、伟大的王铁伊斯甫的后裔，永久王国的种子——这个王国的政府是恩利尔神和那布神所喜爱的，他们期望把它统治得令他们称心悦意。"

居鲁士之后最杰出的波斯王是大流士，关于大流士的专制统治，从贝希斯敦铭文中可以看得十分清楚。铭文中说道："我——大流士，伟大的王，众王之王，波斯之王，诸省之王，维什塔斯帕之子，阿尔沙马之孙，阿黑明尼得。……下列诸省，波斯、依蓝、巴比伦、亚述、阿拉伯、埃及、沿海（诸省）、吕底亚、爱奥尼亚、米底、阿尔明尼亚、卡帕多细亚、帕提亚、德拉吉安那、阿列亚、花剌子模、巴克特里亚、索格底亚那、干达拉、斯基泰、沙塔吉提亚、阿拉霍吉亚、马卡，共二十三省，归属于我，按阿胡拉·马兹达的意旨，我成为他们的国王。"这二十三个省，可以说除了中国、印度之外，整个东方世界囊托无余。

波斯是典型的古代东方帝国，没有元老院与共和国体制，以君主专制制度为主。同时，波斯虽然有广大的殖民地，但这些地区大多数是独立的国家或民族，只是在某一历史时期或是名义上成为了波斯的殖民地，真正的波斯只是伊朗本土。波斯对于外省的统治是建立在武力征服基础上的，其管理是相当疏松的。所以波斯一直没有像罗马那样，建立起一个地域广泛的，具有共同的语言、制度、行政建制的大帝国。同时，由于宗教复杂，波斯没有形成一神教的绝对统治，直到7世纪之后，伊斯兰教征服了波斯，波斯才真正开始成为一神教国家。对于波斯来说，这是一个历史巨变，从一个由雅利安人建立的古代文明，一个世界帝国，变为最大的伊斯兰教国家之一。真到十七世纪之前，古代波斯仍然是西方人心目中的东方古代帝国的典型。

历史上很多现象如果从某一方面看，可能显得匪夷所思。西方在激烈抨击东方专制帝国的同时，又对西方人建立的世界大帝国大加赞颂，甚至对于专制制度也讴歌不绝。对于世界帝国的赞颂，其实大多是对于专制君主的谀美之词，这种赞颂并不是来自普通人，而是来自一些天才人物，来自有影响的哲学家与诗人们。在但丁的世界帝国论中，对于罗马帝国赞扬有加，中世纪的神成了帝国的守护神，独裁专治的君主成为世界最合理的统治者。如果不是但丁，而是罗马史学家苏埃托尼乌斯、中世纪史学家艾因哈德等人的著作，我们倒可以感到不奇怪。另外一位人物就是黑格尔，他的国家意志论看起来冠冕堂皇，其目的却十分隐晦。他是在为专制国家与君主唱赞美诗，这就使他不得不采取了极为曲折与艰涩的说法。

虽然有这样的赞颂之曲，但是世界大帝国的衰亡是不可避免的，种种帝国赞美论，反倒成为了历史中的一个小插曲。

3. 游牧帝国

(1) 游牧帝国与宗教帝国

游牧民族引起世界的关注大约起于公元前 8 世纪的塞族，从那以后，陆续有匈奴人、突厥人、哥特人、阿拉伯人、蒙古人等驰骋于世界大舞台上，如果加上 1922 年前后才正式灭亡的奥斯曼大帝国，前后 3000 年，可谓贯穿人类文明史各个阶段。游牧民族一直在建立各种世界帝国或是某一地区的统治。其中最为庞大的蒙古帝国可以说是世界帝国史上的奇迹，它的起与灭如龙卷风一样迅疾与猛烈，令世界为之深深震撼。这是游牧民族发展的一个里程碑，从那以后，原始的游牧民族虽然不再以铁骑征服世界，但是游牧民族的影响并未消失，他们以新的宗教与政治军事方式，继续活跃于世界大舞台之上。

游牧帝国与宗教帝国之间并没有必然的联系，这是两个不同的国家类型。阿拉伯帝国与蒙古帝国之间有相当大的差异，前者是一个以伊斯兰教为统一宗教的帝国，后者没有明确的宗教倾向，是一个典型的游牧民族征服者，但是两者又有相当多的关联。阿拉伯民族起源于沙漠中的贝都因部落，也曾是一个游牧民族，在信奉伊斯兰教之后，长时期保留了游牧民族的生活方式。阿拉伯帝国被蒙古人灭亡后，伊斯兰教并没有因此而湮灭。在以后的伊斯兰教传播中，中亚、东欧与非洲等地相当多的游牧民族接受了伊斯兰教，最重要的当然是奥斯曼帝国，这是伊斯兰教与突厥游牧民族固有宗教相妥协相融合的一个畸形儿。它既不同于阿拉伯人的伊斯兰帝国，又不同于蒙古人的游牧帝国，既是伊斯兰教，又不甚信奉，是一种典型的混合形态。与这个大帝国相似的有印度的莫卧儿王朝，他们都是半伊斯兰半突厥化或是其他民族化的政权。与历史上的阿拉伯帝国不同的是，他们已经不是绝对的政教合一的政权了。

在世界版图上，这些国家大多数建立在东方。整个东方世界长期以来受到这种帝国文化的影响。这就是东西方在世界文明史上定位时不得不考虑的一个重要因素。是不是这种游牧与宗教帝国的存在，使得东方文明迟迟不能完成工业化？这是我们思考历史时不得不面对的问题。

（2）古代游牧民族的制度与经济

游牧民族的国家制度是一个最复杂的课题，它的复杂性在于它的变化过程。游牧民族由于生产与生活的特点所决定，它的国家观念产生相当晚，这是与定居的农业民族不同的。国家，基本构成就是一定的区域与居民，而牧民是游动放牧的，他们逐水草而居，一处牧场只是在一年中的一定时期才可能使用。各种自然条件变化对于牧民的影响要远远超过农民，有的学者提出这样的看法，游牧民族对于农耕民族的侵扰时机相当多的程度取决于气候。从全球气候变化过程来看，距今 4000 年到 5000 年前后，地球处于最温暖的时期，世界各主要农业文明处于发达的最佳时代。那时的古代文明主要发源地如黄河流域、尼罗河流域、两河流域、印度河流域等都有充沛的降水，这些主要农耕地区风调雨顺，而游牧民族因水草丰茂而安居乐业。但是在 3000 年前，全球性的气候开始变冷，季风气候加强，农耕地区变成了沙漠，主要农业文明先后面临危机。从这时起，游牧民族面临草原气候干燥化、沙漠化的威胁，开始掠夺周边的农耕地区。这就是冰河时代的人类大迁徙之后的第二次大规模移动，前一次是由于冰川原因所产生的，第二次则是由于季风气候所造成的，从社会形态上是游牧民族向农耕文明的转移，我们可以称之为游牧大迁徙。

正是这次大的迁徙，使得众多农耕边缘地区的一些原本是农牧并举的民族转化成最早的与文明世界接触的游牧民族，利用他们熟悉中心文明的历史条件，向农业区入侵。欧亚大草原上的众多游牧民族中，塞人与斯基太人是最早引起世界历史学家注意的。希罗多德《历史》谈到塞西安人时曾经指出这样一种重要现象，塞西安人原是一个农业民族，但是后来成为一个以畜牧为生的民族。据笔者估计，这种变化发生的原因可能就是因为全球气候变化所引起的。这样，历史上重要的游牧民族之一——"塞人"——走上历史舞台。

塞人之名起于中国典籍《汉书·西域传》，余太山《塞种史研究》、王治来的《中亚史纲》、日本学者江上波夫的《骑马民族国家》及近年来出版的大量塞族历史研究的论著中都有所涉及，现在没有定论。笔者认为，所谓塞族也就是希罗多德《历史》中所说的"斯基泰人"（Scythae），或者是"贝希斯敦铭文"中所记载的萨迦（Saka）。但是，塞族只是一个大的种族的统称。这个庞大的游牧种族如同阿拉伯的贝都因人一样，划分为多种部族，因为语言与居处的差异，彼此不能同一，而产生了不同的名称。塞族从公元前8世纪到公元前2世纪前后在欧洲与亚洲的草原地带生活，他们全部是游牧民族，虽然有部分民族少量可能兼事农耕。如王治来《中亚史纲》中指出，根据波斯纳黑布鲁斯塔姆石刻记载，萨迦人可能定居于今吉尔吉斯斯坦与哈萨克斯坦的草原地区，即帕米尔高原、阿赖岭以北的地区的广大地区，并且从事农业生产。但是，这种记载只是反映了当时的游牧民族分布状况。游牧民族是不断游动的，它们的定居只是一个大致区域，不同于农业民族的定居。匈奴人、突厥人等都曾在中亚、欧洲东部有过长达数百年的定居生活，但它们的生活方式仍然是游牧性的。最接近西方的是塞西安人，这是希罗多德《历史》中所提到的部族，这些人的分布地区大约达到第聂伯河地区。最东方的是乌孙人，也就是《汉书·西域传》中所说到的乌孙国。乌孙人在匈奴人以西，是我国所接触到的西方人种，曾经被月氏人驱逐出故地，"后乌孙昆莫击破大月氏，大月氏徙，西臣大夏，而乌孙昆莫居之"。月氏人西迁之后，在阿姆河流域建立了贵霜帝国。北方的塞种人就是萨尔马提亚人，南方则是巴克特里亚人。其中巴克特里亚在希腊化时期成了希腊人的殖民地。其中萨尔马提亚人与斯基太人最为接近，可能同为古代的说波斯语的民族。

　　塞西安人在塞族人中相对发达，他们在公元前7世纪前后建立了塞西安帝国，位于南俄草原上。这个王国所实行的不过是世袭的部族制度，长期的世袭制度形成了一定的阶层，所以有学者认为，塞西安的王族是统治阶层。国家划分为四个大的部，每一个部由一个总督治理，总督不是由国家首领任命，而是由部族首长担任，这样，从国王到族长，形成了主要的权力中心。我们认为，塞西安王国的制度是一种处于过渡阶段的产物，即从部族向奴隶社会过渡的形态。这个社会中，多种民族杂处，战争中的异族与其他部族的俘虏成为奴隶，处于本族人的统治之下。政治上的特点是王权专制是无疑的，但是可能由于部族信仰的不同，王权与独裁与长老会议等多种制度，无论其中哪一种制度，其发育可能都并不成熟，对于后世没有留下重大影响。同时，宗教与法律和王权之间的关系也是复杂的。与波斯人联系使祆教传入，塞西安的君主专制受制于宗教，甚至有的学者认为，《阿维陀》经典对于世俗生活有极大影响。同时，也有人估计，由于受到希腊的影响，城邦政治与军事民主可能也会对于塞西安政治有相当重要的作用。总之，虽然是游牧民族，但塞西安帝国已经建立了相对较发达的国家制度，君主专制、国家政权完整、民众阶层划分严密，可以说是这个游牧国家的主要特点。

有的学术著作与教材中，把塞西安一类的帝国称为"民族国家"，这种说法从一般的意义上可以理解，但是作为历史学的术语，显然有不妥之处，民族国家是一个特定概念，特指欧洲中世纪之后兴起的以民族独立为标志的国家体制，它是区别是于古代国家与帝国的，因此不宜于把这种以民族或部族为主体的帝国与近代民族国家混同。

（3）半封建式的游牧帝国

在占领了农业封建帝国的城邦之后，游牧民族开始定居下来，其文明类型也步入新形态。但是，并不是所有的部族都开始走向正规的国家制度建设转型。

游牧民族由于长期以来文明程度的落后，其生活方式与生产方式决定了他们是一种部落式管理。当他们占领广大的地域后，主要的工作就是学习封建帝国的政治制度，建立正规国家。这种转化有两种方向。

1）制度化的游牧帝国

第一种是对于发达封建文明的较高程度的融入，从而彻底制度化，改变原有文明，建立封建国家体制。游牧民族以部族构成为主体，管理机构简单，奴隶制度是相当普遍的，牧主贵族与奴隶、牧民之间的等级划分严格，这是他们的特点。当这些民族强盛以后，占领区域扩大，人口与财富增加，部族和民族变得复杂起来。特别是当他们征服发达文明国家之后，学习掌握政治经济管理就成为相当重要的任务，这关系到能否巩固其统治地位。中国历史上最鲜明的对比就是蒙古人与满人，蒙古帝国占领中原之后，最初对于南宋的国家制度等持否定态度，仍然以游牧部落的管理方式来统治中原，在世界各地推行金帐汗国这样落后的管理制度，这是导致其灭亡的重要原因之一。而相对来说，满清虽然也没有完全放弃排斥异族的政策，但是重视学习汉族的政治经济与文化，学习历代的政治与吏治，清代帝王中不乏精通中国典章制度的杰出人物，所以满清的统治历时三百年，开拓疆土，治理城乡，曾经有过盛世。

除了元清两代之外，中国历史与世界历史一样，都是多民族杂居、多种文明长期互相糅合的。例如北魏就是一个很有特点的朝代，可惜的是它经常被历史学家们所忽略。北魏先祖是鲜卑人，宋文帝元嘉年间，拓跋氏部族扫平十六国，建立黄河流域的统一政权。这个政权具有原始国家的性质，据《魏书》记载，没有完整的法律，由酋长与部族族长共同处理讼事，但已经有世袭制度与私有财产。公元399年，魏道武帝即位，征战四方，掠夺大量的奴隶，从将军到士兵都获得奴婢，同时，他又学习汉人的政治与文化，形成了奴隶社会与封建社会相杂的体制。在并州建立规范的吏治，从刺史到太守、尚书郎以下，起用汉人士大夫阶层为官。这是少数民族统治的社会中相当少见的。并且设太学、设五经博士，完全仿效了汉朝的旧制。从中国历史来看，这是一个最早建立的异族政权，也是一个彻底汉化、学习先进文明政治制度的政权。同时，逐步完成了从游牧向定居农耕的转化，实行了封建制度，这个游牧民族建立的国家完全融入了中国文明。除了北魏之外，中国历史上的辽、金两代也是游牧民族学习先明文明，建立封建国家的典范。这些国家及民族与匈奴、突厥等坚持游牧习俗的做法是完全不同的。

这种国家制度当然会推动民族杂交融合，如果说生物学上有所谓的"杂交优势"，在人类社会中，虽然没有这样的规律，如民族融合必定会产生伟大的时代与杰出人才，但历史上却经常因为民族融合后，出现新的具有开放性的新朝代。欧洲文艺复兴与中国唐代都是如此。胡三省注《资治通鉴》曰："呜呼，自隋以后，名扬于时者，代之子孙十居六七矣，氏族之辨，果何异哉！"新旧唐书中的名人志士，先祖为北方少数民族者众多，特别是鲜卑民族，已经完全融入汉族之中。

中国历史上，辽金两代学习汉人百官制度是较为全面的，契丹人入主中原后，一时还不能完全通用汉制，所以当时实行"一国两制"，南北分治。《辽史》中说："辽国官治分北南院，北面治宫帐部族属国之政。南面治汉人州县租赋军马之事。因俗而治得其宜矣。"这可能是中国历史上最早的"一国两制"。北方草原牧民政事简略，北治俗简，而南治事繁。俗简者税赋轻，国家重利仍然是在汉地，国家经济须仰仗南地，而统治则在北方，这是中国历史上的一种重要现象。明清之后直到现代社会，这一现象仍然没有大的改变。即使如此，辽金两朝认真学习汉俗，仍是不可忽视的成就。这些成就，一定程度上超过了欧洲的突厥人所组建的塞尔柱帝国。

11世纪，在中亚与西亚地区流动的突厥人皈依了伊斯兰教，征服花剌子模与波斯，建立了一个从中亚到地中海的大帝国——塞尔柱大帝国。可是除了宗教狂热之外，突厥人并没有真正学到文明精神与治国之术。塞尔柱帝国也曾经出现过短暂的繁荣，11世纪后期，马里克·沙素丹统治期间，交通与水利事业得到修整，全国经济也得到发展。尼扎姆·阿勒·穆尔克还写了一部《治国术》，为国王歌功颂德。但这种治理没有制度基础，没有法律保障，根基是不牢的。1093年，马里克·沙素丹去世之后，全国大乱，帝国统治也就分崩离析。归根结底，还是没有能建立起一个真正有控制力的王朝。

关于封建游牧帝国的制度，也存在相当多的说法，特别要注意的是韦伯所设想出来的一种"俸禄封建制"，他把封建制度划分为多种形式，其中最主要的是所谓采邑封建制，除此之外，还有俸禄封建制度，这是由于"财政上的缘故"所建立的封建制度。关于这种封建制，他举例说明：

> 回教近东及蒙兀儿统治下的印度可说是最典型的，另一方面，秦始皇以前的古代中国封建制至少有部分是采邑型的结构，虽然也有俸禄。日本的封建制亦有采邑，不过在"大名"的例子，这些采邑多少是受到封君——幕府——的直接控制，至于"武士"及"侍"（Buke）的采邑则实际上可算是"家士"的俸禄（虽然这些采邑常被占有）那是按照其"年贡米"（kokudaka）的收获数额登记的。[①]

韦伯的社会学中，最大的优点是具有一种宏观的视域与细腻、深刻的分析，但其不足之处也显而易见，这就是资料过粗，有许多的观念产生于主观臆断，如把中国春秋战国的诸侯看成是采邑封建等，这是相当可笑的。另外，中国长吏数百石米早在《汉书》里就已经有记载，这里我们先不去分析，要指出的是，

---

① ［德］马克斯·韦伯：《经济与历史支配的类型》，载《韦伯作品集》II，广西师范大学出版社2004年版，第390－391页。

他对于"回教近东与蒙兀儿"等的归纳，是有一定道理的。他所说的"回教中东与蒙兀儿"指的是阿拉伯帝国与印度莫卧儿王朝，这种称呼显得略为陈旧，但是定位还算准确，我们也不必苛求了。但是对于他的理论观念却不得不加以评说，韦伯经济理论的一种严重错误，就是理论的实名化，即把某一种学科理论的观念与社会生产的某种形态完全等同起来，甚至用一种现象来取代一种范畴，这是极不负责任的，是韦伯思想方法与理论错误中一个最主要的特征。

在韦伯经济学中，他把封建经济中"俸禄制度"作为一种制度完全现实化了。什么是"俸禄"？能够存在所谓的"俸禄制度"吗？

当然是不可能的。因为俸禄毕竟是一种分配形式而不是一种支配形式，俸禄就是政府对于官员服务所付予的薪金，这个薪金的来源是政府财政特别是来自于税收。实行薪金制度是社会劳动的一种支付形式，如同农民实行土地赋税制与自产收入一样，如果说"俸禄制度"存在，那么，封建社会中当然重要的是农民赋税制度、工商财税等等，这些也都具有了制度意义，并且具有支配意义。这个结论当然是荒谬的。

另外，所谓"采邑制度"并不是决定一切的，采邑制度是封建政治的重要标志，但并不是唯一因素，采邑制度因民族国家与民族文明程度的不同有多种形态。西欧国家的采邑制度与奥斯曼帝国的采邑制度之间是大不相同的，西欧采邑制度基本上是城邦制的遗存，领主的地位是相对独立的，多数是世袭的。而奥斯曼帝国中，领主则是国家指派的，并不世袭。前者是一种农业采邑制度，而后者则是以牧主与骑士制度混合而成的制度，两者大相径庭，不可同日而语。故此，像韦伯这样以理论概念来取代社会历史现实，其实是历史主义的一种倒退，在当代学术中，这种倾向有愈演愈烈之势，这是值得我们警惕的。

2）非制度化的游牧帝国

第二种则完全相反，游牧民族建立起大帝国后，没有看到经济与政治转型的必要性。

《元史》曰："以弓马之利以取天下，古或未之有。"马背上得来天下，便以为可以在马背上治理天下，这是不可能的。帝国的统治者们坚持以掠夺人口财富为主业，虽然可能在城邦定居，但仍然保持一种固有的游牧民族政治制度，生产生活的基本形态处于奴隶制度阶段。对异己民族进行政治歧视，对于农民市民实行等级压迫，这是游牧大帝国的特有现象。这种类型的游牧帝国中，蒙古大帝国是最为突出的，它的中央统治元朝制度极为典型，由于坚持排斥异族，划分种族等级，在吏治上重用蒙古人、色目人等，这种政权的失败是必然的。蒙古帝国的几个汗国也是如出一辙。我们以金帐汗国与伊凡汗国为例来看这种帝国破灭的必然性。

金帐汗国建立于 1242 年，由成吉思汗的孙子拔都建立。1235 年拔都奉命征俄罗斯，1237 年灭里亚赞（即梁赞），俄罗斯史诗《拔都灭梁赞》记述了这一历史事件，其战争场面描写之凄惨与悲凉，完全可以与《伊利亚特》相媲美，也使得拔都成为俄罗斯民族记忆中永远难忘的人物。拔都的形象与攻陷巴格达的旭烈兀一样，是中东与欧洲人从未得见的亚洲人形象。相继扫平波兰与匈牙利之后，拔都在伏尔加河流域建立了钦察汗国，这个汗国是以拔都父亲所分封的钦察地区命名的，钦察地区原来是所谓的吉卜赛人的地区。由于汗国国君帐顶有金饰，所以称为金帐汗国。金帐汗国所处的历史局势十分特殊，一方面这里虽然并不如中国那样是有古老文明传统的发达农耕地区，但东欧大平原上农业与工商业十分繁荣，城邦经济十分活跃。

更加特殊的一个历史条件是，东欧以公国居多，社会制度是典型的欧洲城邦封建与农奴制度，其奴隶化程度要高于东方诸国。各个大公之间争权夺利，互不服从。从历史上来看，东西罗马帝国对于这一地区从来都是鞭长莫及，这里长期以来一直没有过真正的统一，大公们之间的纷争为蒙古统治提供了方便。这就是马克思说过的一段历史故事，俄罗斯的大公们在蒙古人的入侵之前团结起来，以抵御入侵。但这种团结并不牢固，一旦涉及各公国的利益，各种联盟就会崩溃，而蒙古人便利用这些公国之间的争夺，巩固了自己的利益。

另外从宗教来看，蒙古人也有得天独厚之处，这里的基督教基础薄弱，多数人仍然信仰萨满教，蒙古人与萨满教之间也有历史关联，这也有利于蒙古人统治。相对来说，另一个大汗国——伊凡汗国——的宗教信仰则相当不利，伊凡汗国的领土过去长期处于伊斯兰教统治之下，这对于宗教倾向不明显的蒙古人极为不利。

纵然如此，金帐汗国仍然是一个纯粹的游牧帝国，丝毫没有向一个宗教帝国或是封建帝国转化的意向，在这方面，它与辽金两代、与阿拉伯帝国甚至奥斯曼帝国相比，都经历了完全不同的历史命运。如果从形式上看，金帐汗国仍然在相当长的时期内保持其形式，但实际上这种统治是利用了俄罗斯大公们之间的尔虞我诈，汗国自身没有能进行制度与法律的建设。汗国没有能进化到有统治效力的帝国，当然更不如任何一个民族国家。这个汗国只是一个外强中干的大型游牧部落，它以酋长或是部落首领的方式来管理国家。部族，这种原始的形式是游牧民族国家管理的理想形式，他们从来没有建立过具有健全的法律制度、严密的管理机构的国家形式，这就从根本上决定了这个国家是不可能长治久安的。

以形式而言是民族与国家建设，从民族而言则是从游牧民族向封建民族的转化，所谓封建民族是相对于游牧民族的农耕民族而言的，封建民族长期以古代国家为统治，民族意识与民族心理与游牧民族之间是完全不同的。封建民族一般有完备的社会组织形式，以家族家庭为最小单位，以村庄、集镇、城邦、国家为主要社会结构。有发达的文字与语言体系，道德伦理与法律制度完备。这样的民族一般已经经历了从原始宗教向儒学等文明信仰与基督教等一神论宗教的过渡，建立或是接受了世界主要宗教与人文主义信仰。从国家形态而言，就是不但有了国家机器的存在，有了军队等，而且广大民众都建立了民族国家意识。民族国家的意识表现于对于王朝与民族统一体的认证，如对于中国的秦、汉、唐、宋、元、明清等王朝的认证。而王朝统治主要是建立在封建法制与道德伦理基础上的，所以有没有"王法"、有没有"王土"（即国家土地所有制度）是相当重要的国家认证观念。

游牧民族的特性恰好与此相反，畜牧生产的流动性与不固定性，对外战争的军事活动要求，使得部落长的领导具有超法律的强制性。这种要求虽然在某些时间里可能并不完全合理，但它对于整个部落的安全与利益目的有决定性作用。同时，它也不需要并且不可能设置过多的管理机构，在这种历史状况下，正规的国家制度当然不可能建立，相应的法律与道德伦理也不可能完善。游牧民族建立的帝国中，其宗教往往处于原始宗教阶段，这是一种矛盾，因为当一个征服者战胜了他人时，并不会轻易地接受他人的宗教。因为一个战胜者的自尊心不会使他接受失败者的宗教。相反，征服者的宗教却极容易被人接受，阿拉伯帝国就是一个突出的例子，所以被征服的国家与民族中，伊斯兰教理所当然地成为了国家宗教。相反，一些没有宗教或是原始宗教的游牧民族，从来没有把自己的宗教普及给其他被征服的民族。当历史机遇到来时，他们以强大的军事力量征服封建国家，建立起帝国时，却不可能完成民族文明的进化，无法建立起完整的国家机器与相应的法律、道德、宗教等，甚至于连文字系统都没有。这样的游牧大帝国其实并不是一个真正的帝国，而是一个由首领所统治的大部落。

3）游牧民族性格与帝国制度

世界历史舞台上，众多游牧民族来往纷纷，起灭无常，很少有能长期定居聚养、建国立家者。只有少数民族能够延续其文明，如果说选择一个代表来看它的民族性，突厥人是最有说服力的。突厥是从古代一直延续到现代的重要民族，在众多游牧民族中，大多数在历史长河中早已经被改造成农业民族，在这种变化中，民族性格也随之改变。但突厥民族虽然历经世变，仍然顽强保持了民族特性。从公元 6 世纪就开始的东西突厥汗国开始，到当代的奥斯曼帝国，突厥人建立了一个又一个王朝与帝国，但其游牧民族的性格却一直没有根本改变。西方有一句名言：性格决定命运。这句话是说一个人的性格对于他的生存方式与遭遇都会产生决定性作用，其实，这句话对于民族来说同样适用，一个民族的性格，往往也为这个民族历史命运的内部限定性提供条件。游牧民族的生活方式使其不得不从事征战，胜则取得暂时的统治地位，败则远遁异域，无论胜与负，往往并不能改变民族性格。

如上所述，经过与强大的秦汉帝国长期征战，匈奴最终于公元五世纪退出亚洲，走出了西域。代之而起的是多个新兴政权的争夺。北魏太武帝太延二年，使臣董琬与高明出使西域，给我们留下了当时西域主要统治势力的分布状况。当时的西域分为四大势力范围，联结中国与欧洲。第一是流沙－帕米尔地区，从敦煌到罗布泊的沙漠直到帕米尔高原，天山以北的主要地区。第二是波斯古地，从兴都库什山以西到地中海，这是古代波斯国的主要势力控制。第三区域是中亚腹地，塔什干以南到月氏以北，主要是吐火罗人与北印度地区。第四是黑海以南的地区，包括地中海，这是罗马地区。这就是著名的广义西域概念，这一地理概念中，其实已经把中国以外的欧亚大陆基本划入其中。北魏本身是一个少数民族国家，它的划分并不是以中国为中心的划分，应当说是事实求是的，直到今天，我们研究历史地理，对于西域与欧亚大陆主体的划分，都有参考价值。

起先是柔然与哒哒两大政权争夺不休，随后高车国又加入进来，与北魏相互呼应，欧亚高原上一时成为草原民族斗争的大战场。就在公元5世纪，一个原本名不见经传的草原部族悄然兴盛，完全改变了当时的格局，这就是突厥人。突厥人最早可能生活于叶尼塞河流域，这就是《周书·突厥传》所说："突厥之先，出于索国，在匈奴之北。"它与匈奴人有联系，可能曾经是匈奴的一个小部族，但是可以肯定的是，他是一个相对独立的部族。另外，突厥人与蒙古人从人种上来说是有一定差异的，中国人类学者林惠祥先生曾经发表过这样的看法："（甲）蒙古皇室等为室韦靼鞑之混合种。（乙）至于蒙古民族之全体，则为东胡、突厥、匈奴等广大的先住民族之混合种也。"① 这种说法对于研究古代突厥人的起源是相当重要的，但是，古代突厥人曾经游牧于阿尔泰山，以后又向西迁移，不断与欧洲人种通婚与杂居，所以形成了不同于蒙古人种的特征。与突厥人种族最接近是"九姓乌护"，突厥人的《必伽可汗碑》中曾经说过："九姓乌护，吾之同族也。"乌护人应当就是中国历史上记载的"铁勒"，突厥人应当与铁勒人是最为密切的，二者同属于大的匈奴部族。这就是说，他们可能保持了匈奴的生活习俗与民族性格。

突厥人历史上经历了无数迁移，其中最主要的有下列几次。先是从索国到高昌北山的南迁，也就是新疆的博格达山，这是

----

① 林惠祥：《中国民族史》下册，商务印书馆1993年版，第56页。

匈奴出走之后的重要迁移，向气候较为温暖、水草更为丰美的草原南迁。以后由于突厥被柔然人所役，成为其铁工，这是一次被强迫的迁移，来到了阿尔泰山，这是公元 5 世纪。公元 6 世纪中期，突厥历史上发生了最重要的事件，它开始与文明国家中国有了实质性的联系。公元 551 年，突厥土门娶西魏长乐公主为妻，民众欢欣鼓舞，谓与大国相联姻，摆脱蒙古草原上的柔然人统治的时代即将到来了。不久，土门击败柔然，成立突厥汗国。其后，突厥人"东走契丹，北并契骨"，向东迁移，并且向西方扩张。突厥人的迁移中，相当重要的一个方向是向西的移动，这对于突厥民族的西方化是有重要意义的。虽然在公元 7 世纪时，突厥人在河西地区遇到伊斯兰教的抗拒，但是直到 10 世纪之前，突厥人仍然在缓慢的西迁，直达里海到咸海地区。

10 世纪之后，阿拉伯帝国崩溃，西突厥人再次大迁移，突厥人从河西地区西进，直到伊朗最后到达了中东。还有一些突厥部族走得更远，到了巴尔干地区，最后，突厥民族作为伊斯兰化的土耳其人，最终实现了其帝国梦，建立了奥斯曼大帝国。奥斯曼帝国已经不是历史上的游牧帝国了，它是一个现代帝国。这里我们要指出的是，突厥人与其他游牧民族，古代起源于亚洲，长期在欧亚大陆游动，作为一个现代民族来说，它的归属只能以现代国家为标准。20 世纪后期的所谓"东突厥"人的恐怖主义活动，已经被历史证明是不可能得到各国人民支持的，更不可能得到广大突厥人及与其相关的民族的支持。

到奥斯曼帝国时代，突厥人可以说已经完全世界化，它虽然没有像蒙古人那样建立一个统一的大帝国，但它的部族横跨欧亚大陆，而且多次建立或大或小的政权，在其统治中，充分展示了它的统治才能与民族性格。

中国古代史书中曾经这样描写突厥的民族性格与其生活状况:

> 其俗被发左衽,穹庐毡帐,随逐水草迁徙,以畜牧射猎为事。食肉饮酪,身衣裘褐,贱老贵壮,寡廉耻无礼义,……大官有叶护,次特勒,次俟利发,次吐毛发,及余小官凡二十八等,皆世为之。……善骑射,性残忍,无文字。其征发兵马及诸税杂畜,刻木为数,并一金簇箭蜡封之,以为信契。候月将满,转为寇抄。其刑法反叛杀人及奸人妇盗马绊者皆死。淫者割势而腰斩之。[①]

突厥人官职设置简单,律法简而严,而刑罚却特别重,对于他们所占领的地方,皆课以重税,其管理方式相当粗暴。这种特点一直延续到当代,我们从奥斯曼帝国的历史就可以看到古代突厥人的影子。

突厥历史上最重要的变化之一就是伊斯兰化,突厥人的西迁曾经受阻于伊斯兰帝国,对于只有原始信仰的突厥人来说,这是与伊斯兰教的直接相逢。公元10世纪中叶,大批突厥人改信伊斯兰教,从此以后,突厥人所创立的国家中,以伊斯兰教政权为主,但是,突厥人的伊斯兰教国家又不同于阿拉伯人的国家,也就是说,突厥人的伊斯兰化对于这一民族虽然有重大影响,但并没有完全改变这个民族。奥斯曼帝国是突厥民族中的土耳其人(Turkish)所建立的大帝国,土耳其人就是中国史书上所记载的"铁勒"。这个帝国实行政教合一,但是行政机构与宗教机构又是分开的,行政机构管理主要是由军人进行,宗教机构则包括了宗教、教育与法律等不同部分,控制了国家重要部门。奥斯曼帝国把阿拉伯帝国与塞尔柱王朝的统治结合了起来,向封建制度前进了一步,实行了所谓的"采邑制"。

---

① 《二十五史·北史》3,浙江古籍出版社1998年版,第947页。

但是，奥斯曼的"采邑制度"与欧洲采邑制度完全不同，欧洲采邑以农业为主，形成了领主与农民、农奴之间的生产关系。而奥斯曼帝国的采邑则是牧业与骑士制度的结合，是以领主、骑士与牧民阶层为主的；奥斯曼领主不世袭，服从苏丹领导，小邑为"提马尔"，大邑称为"札马特"，两者以能否装备 5 名以上骑士为区分界限。欧洲采邑与大小公国一般是世袭制度，对于国家与教会来说具有相对独立性，这种制度保证了封建贵族的财产稳定性，是西方文明精神所依附的精神支柱。

从经济与司法方面，有两点重要差异是不可忽略的。

其一是宗教封地，欧洲教廷一直有自己的封地，而中国历代皇帝一般不多封土地给寺庙，奥斯曼帝国是政教合一的国家，清真寺被赐予相当多的土地，称之为"瓦克夫"，再加上教民捐赠的土地，所以清真寺不仅有极高的政治权力，而且有相当的经济基础。

其二，从中世纪开始，欧洲庄园主们就开始争取司法权，在自己的领地内实行这种权力。同时，从法律上规定所谓的"豁免权"；与这种权力相适应的，是种种不合理的特权，如在文学作品中广泛反映的领主"初夜权"等，当然这种特权是相对于农奴权利来说的。而中国大一统封建制度没有贵族特权，"王子犯法与庶民同罪"的观念相当普遍，虽然事实上并不可能真正实现，但从法律上已经限制了特权。奥斯曼帝国实行政教合一制度，伊斯兰教主掌法律，国家法律与宗教教义混合起来，使法律公正性与普遍性受到局限。这也是一条规律，当法律被宗教或是政党、皇室所控制时，其必然影响一个国家制度，使一个国家最终得不到正常发展。

如果把游牧帝国的制度与欧洲、中国的封建制度进行比较，我们可以得到这样的一个基本类型图：

类型 制度	欧洲封建制度	中国封建制度	奥斯曼帝国游牧 封建制度
土地制度	封建采邑制度	国家土地所有制 与地主所有制	国家土地分封 制度
身份关系	庄园主、领主和 农奴与自由民 制度	官僚、地主与农 民关系	领主与牧民、 骑士
政权权力	庄园主具有相对 的"豁免权" (immunitas)司法 权;自由民接受 公众法庭裁决	地主阶层不具有 豁免权;	伊斯兰教司法权 与国家法律权力 的结合
宗教地位	帝国制度与民族 国家制度为主体; 教会有封地。	帝国封建制度; 除少数寺庙外, 基本无宗教封地。	伊斯兰政教合一 制度; 清真寺具有相当 数量的封地与捐 地"瓦克夫"。
封建形态	国家封建制度与 采邑封建制度	国家封建制度	宗教与国家混合 封建制度

20世纪20年代,古老的奥斯曼帝国被新生政权所取代,结束了土耳其历史上的帝国统治。这一变化不只是一种政体的变化,而且是一种深刻的历史文明变迁。在亚洲土地上,除了以色列之外,土耳其是另一个相当欧洲化的民族(当然,它是一个跨越欧亚的国家),它的民族性格变化是特别引人注意的。

具有象征性意义的是这样一些事件,土耳其语原本属于阿尔泰语系突厥语族乌古斯语支,1928年起,土耳其语从用阿拉伯文字书写变为拉丁字母书写。在此前,1924年起哈里发制度不复存在,1926年改革伊斯兰历法为公历,这一系列变化意味深远。现在预言其得失虽然仍为时尚早，但有一点是必须强调的，土耳其至今仍然可以说是一个以农牧业为主的国家。除了土耳其人之外，库尔德人、亚述人等多民族仍然保持自己的生活习俗，这种习俗对于土耳其文明仍然具有极大的影响力，这是无可怀疑的事实。

二、帝国衰亡论

世界帝国的兴衰原因无论中外都很关心，也都有许多解释。其中最为普遍的是归之为帝国的腐败与政治措施的不当，即帝国自身的原因。中外历史上有两个最有代表性的例证。这就是中国汉代文人贾谊的《过秦论》与吉朋的《罗马帝国衰亡史》，关于吉朋的书我们已经多次引证，这里再看一下贾谊的《过秦论》。贾谊追述了秦代周而立，结束长期动乱的历史形势之后，进一步指出：

> 今秦南面而王天下，是上有天子也。既元元之民，冀得安其性命，莫不虚心而仰止。当此之时，守威定功，安危之本，在于此矣。秦王怀贪鄙之心，行自奋之智，不信功臣，不亲士民，废王道，立私权，禁文书而酷刑法。先诈力而后仁义。以暴虐为天下始。夫并兼者高诈力，安定者贵顺权，此言取与守不同术也。秦离战国而王天下，其道不易，其政不改，是其所以取之守之者异也。孤独而有之，故其亡可立而待。借使秦王计上世之事，并殷周之迹，以制御其政，其后虽有骄淫之主，而未有倾危之患也。[①]

虽然贾谊也历数秦二世种种败德，以为秦二世之过，但正如其

---

① 贾谊：《过秦论》，见〔清〕严可均校辑《全上古三代秦汉三国六朝文》1，中华书局 1958 年版，第 216 页。

所言，倾危之机早在秦始皇时代就已经存在，所以最关键的仍在于焚书坑儒等错误。秦始皇在中国历史上被人骂得很多，在历代人所开列的秦始皇的诸种罪行，贾氏构其始，罪名深文周纳，对于后世影响最大。归纳其中心观点，仍然是把秦始皇的暴政无道作为主要原因，亡秦的陈涉被说成是"雍牖绳枢之子，氓隶之人，而迁徙之徒。才能不及中人，非有仲尼墨翟之贤，陶朱猗顿之富。蹑足行伍之间，而崛起什伯之中。率罢散之卒，将数百之众。而转攻秦，斩木为兵，揭竿为旗，天下云集响应"。

扫灭六合统一天下的无比强大的秦帝国竟然亡于谪徒戍卒之手，而不是亡于六国。这只能说是秦的无道使其必然灭亡。

如果加以比较，贾氏关于秦帝国衰亡的历史原因分析，恰与吉朋所论罗马帝国的衰亡原因是殊途同归，吉朋认为，暴君统治是罗马帝国灭亡的主要原因，暴君重用近卫军，而近卫军则腐化成性，为非作歹，进而发展到拥立僭主，引发国家内乱。元老院与皇帝的权力斗争日益激烈，最后导致专制。蛮族迅速发展，在长期与罗马的斗争中，学习军事，最终打败罗马。蛮族最后战胜罗马，如同陈涉灭秦一样，并不是偶然事件，而是历史的必然。我们认为，中外智者关于帝国衰亡的观察都有其独到的历史眼光，重要的是这种视域，而不是真正证明衰亡的原因。这种原因可能未必能得到确切证实，但是历史家的如炬目光是有价值的，这种目光是看透了强大帝国的内部暗弱之处，才可能有这样的分析。

如果说以上的分析可以称之为内部因素论，那么，下面一种看法在笔者看来也有其独到之处。

斯大林关于帝国的两段论述在前苏联与中国的学术界是无人不知的，我们先引述如下。斯大林《马克思主义和语言学问题》一书中指出：

> 居鲁士和亚历山大大帝、恺撒和查理大帝等所建立的帝国，这些帝国不曾有自己的经济基础，而是暂时的不巩固的军事行政的联合。这些帝国不仅没有过而且也不可能有对于整个帝国统一的语言、对于帝国所有组成员都懂得的语言。这些帝国是一些各有各的生活方式、各有各的语言的部落和部族的集合体。①

另外一段论述如下：

> 居鲁士帝国和亚历山大帝国虽然是历史上形成的，是由不同的部落和种族组成的，但无疑地不能称为民族。这不是民族，而是偶然凑合起来的、内部缺少联系的集团的混合物，其分合是依某一征服者的胜败为转移的。②

以上两段论述其实代表了两种看法，一种是语言论，一种是民族论。这两种依据又是相联系的，不同的民族必然有不同的语言，所以语言不同归根结底是民族不同。这是我们首先要指出的，斯大林也是最终把语言差异归之于民族经济，所以纯语言差异形成帝国灭亡是不可能的，即使斯大林也不会这样看。同时，我们还要指出，这种看法的历史资料尚需推敲。因为直至今日，关于居鲁士帝国的资料基本上来自希罗多德与塞诺芬等历史学家的记载，这些记载极不全面，关于古代波斯的语言与宗教、民族等状况几乎乏善可陈。另外就是巴比伦编年史，其中关于居鲁士帝国的记载同样语焉不详。再从古代波斯语的发展来看，古代波斯是雅利安人种东移所形成，以古代雅利安语为母语形成古波斯语也是可以基本肯定的。居鲁士于公元前529 年前后征服巴比伦，遣散所有的巴比伦之囚，犹太人也因

---

① 斯大林：《马克思主义与语言学问题》，人民出版社 1953 年版，第 9 页。

② 《斯大林全集》第 2 卷，人民出版社 1953 年版，第 291 – 292 页。

此获释。《圣经》中全文记录了波斯王居鲁士的诏令。虽然无法想象这个诏令是用波斯文还是意第绪文字或是其他文字书写，但是这个诏令与阿维斯陀史诗、王家铭文等等不同语言的文献都可以传之千古，可以看出语言并不是当时最主要的问题。居鲁士被犹太人称之为上帝所选之救世主、巴比伦人也称颂其为神圣君主，希腊人与罗马人也对其赞美有加，这些都证明其统治是超越了一般的民族与语言界限的。

最重要的是以上看法是以欧洲的民族国家为标准来看待古代帝国衰亡史的，居鲁士、亚历山大、恺撒与查理大帝的帝国都是古代帝国，它们的存在都在欧洲民族国家形成之前，所以斯大林所说的这些国家是以部落与部族为主来组成的，这同样也说明，当时根本没有欧洲以后的民族，更不可能预见到将来的民族国家。罗马帝国灭亡之后，蛮族日耳曼才建立民族国家，查理帝国灭亡后，才有德、英、法民族国家的雏形。我们必须要求一种历史主义观念，这就是以历史的文明进程来看待历史，古代国家、世界帝国与民族国家都不可能同时涌现，它们恰是文明不同阶段的产物。必须有古代帝国的灭亡，才可能有民族国家的产生，而不能以民族国家来要求古代帝国。正像不可能用责备儿子为什么不早出生，出生于父亲之前，就可以取代父亲的作用一样。或是我们上文已经说过的例子，当我们造第三层楼房时，突然会说，早知道这一层光线这样好，我们就不造前边的二层了。

世界帝国灭亡历史原因复杂，从古代帝国的角度看，除了暴政、腐败等原因外，最关键的是任何一个帝国都无法处理民族文明的关系。这种民族文明包括帝国内部的文明差异与外部的文明冲突，具体表现为政治上的种族歧视，经济上对于异族的压迫，帝国政权固守落后文明，排斥进步文明。而一旦不同文明的矛盾内外交加，帝国就处于更加危险的地位，帝国衰亡指日可待，就如贾谊所说：

> 是以其所取之守之者异也。孤独而有之，故其亡可立而待。

秦之取之守之异于六国，秦必孤独，天下群起响应，秦之亡
"可立而待"。试观波斯帝国、罗马帝国、蒙古帝国等大帝国的
灭亡虽然历史环境各异，而原因则大同小异，文明差异与文明
对立的形势发展到一定程度，就形成内外交困的境地，帝国衰
亡指日可待了。

公元前530年前后，居鲁士本人亡于东征马萨革太部落，
大流士掌握政权，波斯帝国仍然十分强大，东起印度、西到地
中海，无不处于波斯帝国统治之下。小亚细亚的爱奥尼亚城邦
是希腊文明的核心城邦，数学家毕达哥拉斯是萨摩斯人、希罗
多德是哈利卡那索斯人，这些地方都是爱奥尼亚所属的城邦。
公元前500年前后，因为那克索斯岛政变，将波斯引入政治冲
突，造成爱奥尼亚起义，以后引发了雅典与波斯之间的希波战
争。东西方文明之间的历史对立由此揭开序幕，战争结果是两
败俱伤，波斯帝国实力大受损失，以后亚历山大就是以为雅典
复仇为名，进攻波斯，最终消灭古代波斯。

罗马帝国内部的文明冲突与外部冲突已经被西方历代史学
家们分析得十分透彻，来自罗马各省的不同民族与文明之间的
斗争本身已经十分激烈，罗马统治者采取了引进蛮族军官来镇
压不同种族与不同政治势力的斗争，反而引狼入室，使灿烂的
希腊罗马文明被蛮族所战胜。

蒙古大帝国中的民族歧视更是突出，文明越发达的民族越
受歧视，同一族之中，经济社会文明程度越高者越受排斥。以
中国元朝而论，人民分为4等，蒙古人、色目人、汉人北人与
汉人南人。中国自晋人南渡至宋代，江南地区经济发达，社会
文明程度进步快。在反抗元军的斗争中，南方各地进行了坚强
斗争，所以南人最为蒙古人所敌视，降为社会最低层，将南宋

人民称为南人。汉人分为南北，自金始，元人继之。《二十二史劄记》中指出，元代皇帝与大臣不学习汉字，因为蒙古本无文字，借用维吾尔文字。元世主入中原之后，请西僧八思巴造了蒙古字，但文字简陋，无法使用。所以各种文书竟然要先译成维吾尔文字后再进行阅读。世祖时，尚书留梦炎等奏，江淮行省无一人通文墨者，世祖大怒，令丞相完泽、不忽木等鞫问，不忽木以国语译而读之，完泽曰："吾意亦如此。"是不惟帝王不习汉文，即大臣中习汉文者亦少也。蒙古民族文明程度较低，到中原后拒绝先进的汉文明，连语言文字都不肯使用，其文明排斥以至于此。"国语"一词疑自此时而起，当代港台人士多以普通话称"国语"，而元代之"国语"为蒙古语，此国语不同于彼国语也。

此外，更令人惊奇的是其吏治。元朝文武百官，其为长者皆用蒙古人。《元史·百官志》曰：

> 世祖即位，……定内外之官，其总政务者曰中书省，秉兵权者曰枢密院，司黜陟者曰御史台，体统既立。其次，在内者则有寺有监，有卫有府。在外者则有行省，有行台，有宣慰司，有廉访司。其牧民者则曰路，曰府、曰州、曰县。官有常职，位有长员。其长则蒙古人为之，汉人南人贰焉。①

所以元一代以国姓为官，蒙古人为长历时既久，一代之制，竟然"未有汉人南人为正官者"。据赵翼考证，太祖太宗时，以契丹人耶律楚材为中书令，弘州中杨惟中继之，楚材之子铸为左丞相。至正十三年，始诏南人有才学者，依世祖旧制，中书省，枢密院、御史台并用之。原因还是因为江淮兵起，蒙古人统治受到威胁，才不得已用了几个汉员。据《元史·成宗本

---

① 《二十五史·元史》7，浙江古籍出版社1998年版，第684页。

纪》，各道廉访史必以蒙古人为使，或缺则以色目世臣子孙为之，其次始参以色目人及汉人。《元史·文宗本纪》记载，诏御史台，凡各道廉访司官，用蒙古二人，畏吾、河西、回回、汉人、南人各一人。其他各路达鲁花赤也是以蒙古人任之。至元二年，诏以蒙古人充任各路达鲁花赤，汉人充总管，回回人为同知，永为定制。有元一代，汉文化受到排斥，民族受到歧视的状况由此可见一斑。

总之，世界帝国多数是由众多民族组成，凡是能较好地融合多种文明的帝国，其存在的时间可能会长久一些。而排斥其他异己民族的帝国，其存在的时间较短。在世界帝国的历史上，凡由游牧民族扩张建立的世界帝国，对于其他比自己发达的民族文明排斥最为激烈。这种排斥相当明显的一个标志就是民族歧视，而吏治又是极重要的一环。蒙古帝国这个游牧民族建立的帝国最有代表性，它与中国传统的主流文明的对立也是旷古未有，大大不同于罗马帝国对于希腊文明的态度。罗马共和时代执政者就来自不同的部族，实行专制以后，蛮族大量进入罗马近卫军，来自不同民族与地区的人担任重要的政治职务，这使得罗马成为一个能维持较长时间统治的世界帝国。

除了个别的情况，如亚历山大的早逝使得其世界帝国崩溃之外，游牧民族建立的世界帝国一般相对早亡。蒙古人的吏治与中国历史上另一个游牧民族入关的清代重用满人完全如出一辙，关于清代吏治排汉用满的情况我们上文已经指出。究其原因还是政治歧视，这种歧视与游牧文明中的以部族为亲疏划分标准有关，农业文明中，农业灌溉的一体化，土地的集中分配，使得部族观念淡化，产生在家族基础上的国家认同。这种国家认同中可能含有对于异己的周边民族的敌对，但是国家认同毕竟不同于部族或是种族的认同。而游牧民族中，部族部落以追逐水草为目的，各部族之间以种族、血缘与亲戚关系为联系纽带，产生的是种族认同与同为游牧文明的一种契合。如蒙古帝国中，契丹人、色目人等的地位要高于汉人，这就是对于游牧文明的认同，而对于异己的、发达的农业文明的排斥。当这种认同反映到帝国的统治中，这个帝国离灭亡就为期不远了。

　　一般来说，愈是古朴的文明，愈不能接受异己民族与异己文明。这样就会形成恶性循环，保守的民族只能落后，越落后的民族越排外，从国家内部的文明对抗到外部世界的抗拒。与蒙古帝国最为相似的可能是伊斯兰帝国了，伊斯兰帝国的统治者是从阿拉伯游牧民族中产生的，他们的统治特点是政教合一，以伊斯兰教组织为国家行政，其组织原则基本上是非阿拉伯人不能担任宗教领袖。正如爱敏所说：

　　　　阿拉伯半岛是阿拉伯语的发源地，是伊斯兰教的故乡。阿拉伯人走到哪里就将阿拉伯语带到哪里；征服到什么地方，就将语言带到什么地方。真主的使者穆罕默德是阿拉伯人，《古兰经》是用阿拉伯文写的，最早号召各民族信奉伊斯兰教的也是阿拉伯人。①

在阿拉伯帝国中，以阿拉伯人特别是麦加古莱什部落的人为主要领导是一个传统。各级官员基本上是阿拉伯人，整个伍麦叶（即倭马亚）王朝期间，基本上是以阿拉伯血统与部族为统治者。阿拉伯帝国全部文书用阿拉伯文书写，书写人员都必须是阿拉伯人，由此可见控制之严密。即使如此，这种统治也不可能维持下去，到阿拔斯王朝的初期，具有悠久文明传统的波斯人与阿拉伯人在政治上展开争夺，哈里发内阁只任用少数的波斯人，而且不信任他们，其大臣被称为"世上最可怜的人"。英勇善战的突厥人则成为军事方面的中坚力量，左右了军队，

---

　　① ［埃及］艾哈迈德·爱敏：《阿拉伯－伊斯兰文化史》第二册，朱凯、史希同译，商务印书馆2001年版，第269页。

这都大大动摇了阿拉伯帝国的基础。

这一事件极为典型，阿拉伯帝国最后一位哈里发被蒙古军统帅旭烈兀围困于巴格达城中，城破之后，蒙古军屠城七日，神圣的巴格达城遭至历史上从未有过的浩劫。据《多桑蒙古史》载，旭烈兀进入到哈里发宫中对哈里发谟斯塔辛说："君为室主人，我为客，何以款我？"哈里发以其言诚，惟战栗不识其宝藏之锁钥，及破键出衣二千袭，金底那一万暨宝石无数献。旭烈兀曰："此为可见之宝货，不难觅取之，只可犒吾从者。应出示伏藏之物"。哈里发指示宫廷一外，命人掘之，见一池满藏金银，每锭各重百两。……黑衣大食朝五百年之积蓄，遂陈列于成吉思汗孙帐营之四围焉。这位哈里发是一位性格敦厚的人，长期的文明陶冶，伊斯兰教虔诚的信仰，在自知难免一死的情况下，"乃决就死，请先沐浴。旭烈兀遣五蒙古人偕往，谟斯塔辛拒之，谓不欲与此种地狱之恶魔为伍。以囊盛哈里发及其长子并宦者，在瓦迦夫村附近驱马践之，至死始止"。

一个世界帝国为另一个世界帝国所灭亡，被称为"黑衣大食"的就是阿拉伯帝国。蒙古帝国是游牧大帝国，阿拉伯人的祖先也是沙漠中的游牧民族，他们都是依靠武力征伐，最后建立了庞大的帝国。世界征服者的子孙死在了另一位征服者的马蹄之下，而灭亡了阿拉伯帝国的蒙古帝国自己也没能延续太久。

千秋功罪，谁人曾与评说？

三、东方封建帝国与"东方专制主义"

对于西方传统来说，帝国有两个基本含义：第一它是封建专制或是反对自由、民主与非市场经济的产物；第二它是东方民族所具有的政治制度及与其相适应的意识形态，他们很少把罗马或是亚历山大建立的帝国看成是真正的帝国。

这两种理解从古希腊历史学家希罗多德到当代美国政治学

家福山，历时二千余载，几乎毫无变化。

世界上最早的帝国之一——波斯帝国——多次与希腊人作战。希腊人认为波斯人是东方人，并且波斯是一个专制的帝国，与民主城邦雅典是水火不相容的。出于对敌国的仇视，帝国，对于雅典人来说就是战争与邪恶，希罗多德《历史》中关于波斯与希腊之间的关系有这样一个故事：

> 在波斯人征服了吕底亚人之后，伊奥尼亚和爱奥里斯的希腊人立刻派遣使节到撒尔迪斯的居鲁士那里去，请求他以与克洛伊索斯相同的条件接他们为自己的臣民。居鲁士倾听了他们建议并且给他们讲了一个寓言作为回答。他说，有一次一个吹笛的人在海边看到了鱼，于是他便对它们吹起笛子来，以为这样它们就会到岸上他的地方来。但是当他最后发现自己的希望落空的时候，他便撒下了一个网，而在合网之后打上一大批鱼来；他看到鱼在网里跳得很欢，就说："我向你们吹笛子的时候，你们既然不出来跳，现在也就最好不要再跳了"。居鲁士所以这样答复伊奥尼亚人和爱奥里斯人，是因为当他派使者到他们那里去敦促他们背叛克洛伊索斯的时候，他们拒绝了；但现在，当他已经大功告成的时候，他们却又来表示归顺之意。他在回答他们的时候是很生气的。①

其实，并不只是这种轻侮与傲慢是希腊人所不能容忍的，更重要的是，希腊人历来把波斯帝国看成是与自己格格不入的"他人"、"异族"。诛灭异类，这可能是世界大多数古代民族的共同特征。希罗多德并不确切知道中国，他的东方概念主要是波斯、埃及、印度等国家，这些国家基本上被说成是帝国制度。

---

① ［古希腊］希罗多德：《历史》上册，王以铸译，商务印书馆2001年版，第72页。

波斯帝国被希腊看成是残暴的专制统治下的国度，居鲁士、大流士等君主个人专制，这是东方与西方政治的主要区别。人民没有真正的宗教信仰，"他们不供养神像，不修建神庙，不设立祭坛"，他们把整个苍穹称为宙斯，向太阳、月亮、大地、风、火、水等崇拜。人民从不知道个性自由，只知道无条件地服从。希罗多德还有许多关于波斯人的令人难以置信的描述，如波斯人甚至没有市场，好酒贪杯、没有正常的婚姻道德与伦理等。这就是对于东方专制帝国的绝好描绘。

"东方专制主义"这个名词真正流行是在启蒙主义时代，启蒙主义在激烈反对欧洲专制制度时，选择了希罗多德的理论。对于这种理论从政治上阐释最彻底的是孟德斯鸠等人，而第一个使用这个名词者，据说是爱尔维修。但真正使得这种谬见风行一时，并且给历史留下痕迹的则是一个名不见经传的学者尼古拉－安东尼·布朗热（Nicolas － Antoine Boulanger），他的著作《东方专制主义起源研究》（Recherches sur l'origine du despotisme oriental）是 1762 年在伦敦出版的，据说是由著名的启蒙主义者赫尔巴赫出版的。布朗热认为，东方与西方的历史不同，东方长期存在专制制度，这种制度的产生受人类历史上的神权中心的影响，而神权统治是一种古代政体，这种政体是古代希伯来王国所奉行的，由于千年王国的不可能存在，神权统治为世俗帝王所取代，对于世俗统治者的超自然权威得到承认，使得政治进入崇拜。这种统治的性质使得种种暴行与非理性现象长期存在。当然，这部著作本身并没有什么大的影响，这毕竟是一部很简单的书，立论也并不高明，希伯来帝国的神权政治并不是东方所特有，欧洲国家的神权政治可能比东方更普遍。而且，中国历史上的神权政治就并不存在，至少在文明史上就不存在，4000 年前的夏朝就是以帝王为中心的统治，以后的封建王朝甚至排斥多种宗教，这难道能说明是神权中心的影响吗？

可见这种说法是多么的简单化，根本没有历史观念。

这种东方帝国的荒谬离奇描写早就被后世的历史学家们所批判，但是，这并不意味着西方理论家理解了东方，相反，在当代美国学者福山的《历史的终结及最后之人》一书中有这样的一章"令人憎恨的帝国、令人尊重的帝国"，福山把亚洲国家如日本等与伊斯兰原教旨主义看成是专制帝国精神的延续，称之为"新的亚洲专制主义"的出现。与这种新专制主义相对立的是西方自由主义。在福山笔下，伊朗1978年出现的伊斯兰革命就是原教旨主义的精神复辟，是"腐朽的、有悖于宗教根本精神的价值"，这当然是专制主义精神的最集中的表现。另外，经济上大有成就的具有儒家思想的亚洲国家，如新加坡与日本等，虽然一定程度上接受了西方的民主制度，特别是新加坡等国，根本上仍然是亚洲社会集团主义。日本的政治仍然是一种亚洲集团主义的产物，"在美国人或欧洲人眼中，日本的民主看上去仍然有点专制主义"，在亚洲大多数地区，尽管经济增长迅速，但政治生活的专制是危害深远的。在他看来，"新加坡以压制新闻自由与侵犯不同政见者人权而臭名昭著"，在这种集团主义压制下，个人意见不能发表，妇女地位低下，"消费者几乎没有权利"。这种集团主义最终会培养出民族沙文主义。他认为：

> 新的亚洲专制主义几乎不会采取我们已经很熟悉的严厉的专制主义警察国家。亚洲的专制也许是一个令人尊敬的社会制度，这种尊敬就是人民愿意服从更高的权威并遵守一套严格的社会规范。我们不敢肯定这样一种社会制度会不会向其他没有儒教文化背景的国家出口，更不能肯定伊斯兰原教旨主义是否已经扩散到世界上的非伊斯兰国家。这种社会制度所代表的令人尊敬的帝国也许会带来史无前例的繁荣，但它对绝大多数公民来说意味着长期的不成熟，

因此是一种不完全满足的精神。①

福山先生差矣！亚洲的儒学精神和文化与伊斯兰原教旨主义和帝国并没有直接关系，它们是不同的历史文化传统与宗教思潮，它们的存在自然有其历史的需要与合理性。西方并非对它们作出正确评判的合适主体，因为西方文化也是一种历史的产物，它与东方之间是同等主体关系，故此存在主体间性。主体间性一方面是说主体都是独立的、平等的，可能产生一定的联系。另一方面，则是说明主体之间仍然不是绝对的同一性，主体之间是有间隔的。当然这种间隔不同于法国存在主义作家萨特的戏剧《间隔》中那种"他人即地狱"式的势不两立与无法沟通。但是却强调不同文化之间由于文化逻辑与思维方式的不同，会产生文化隔膜，这种隔膜就有视域的偏离。希腊人用希腊宗教与雅典民主作为一个铁床，要把波斯帝国的政治放在这个铁床上，或是砍头，或是刖足，总是不满意。福山如今又搬出了这个铁床，由于时代变化，西方已经不再是那个势力不太大的希腊，西方文化在当代社会已经成为主流。因此，福山铁床的尺寸更加严格。其实像日本与新加坡这样的国家中，社会制度已经受到西方的巨大影响，相当多的人还以西化程度之深为荣，其西方式的法制观念、民主制度等都有相当的推广，在相当多的人看来已经"西方化"了。而儒家文化作为一种意识形态则不易于立即西方化则是一种事实，这是由社会发展规律所决定的。但福山对此仍然不满，恨不能立即令其成为标准的西方国家。

把原教旨主义与儒学并列本身就是不伦不类的做法，更为不妥的是，把伊朗的宗教革命看成是社会集团专制主义的产物。

---

① ［美］弗朗西斯·福山：《历史的终结及最后之人》，黄胜强、许铭原译，中国社会科学出版社2003年版，第276页。

伊朗在宗教革命前其实是伊斯兰国家中最为西方化的国家之一，如果从伊朗的文明史来看，它一直是与西方有密切联系的国家，古代波斯人与印度人一样，都是雅利安人种族，它们来自古代欧洲。福山并不知道，希腊化时代的波斯曾经与以色列一样，有过深度"西方化"（希腊化）的历史阶段。直到公元226年，波斯人的萨珊王朝兴起之后，灭亡了安息，波斯才回归了自己的传统文明①。伊斯兰化之后，伊朗文化一直与西方保持接触，近代以来伊朗引进西方文化，在伊斯兰国家中有特殊地位。20世纪70年代末期的伊斯兰革命正是这种西方化所引起的一种反应。

值得注意的是西方对于日本的看法，在亚洲诸国中，日本一直是西方人眼中的俄狄浦斯之谜。

在文化上，古代日本人长期受教于中国，但儒学与佛教都没有取代日本的武士道，天皇制度也与中国的封建制度有相当的不同。最突出的是，中国封建社会中不论门第的开科取士、选拔人才的制度其实是社会的基础，这种制度使得中国等级制度不易于长存。但是日本的封建等级制度使得出身下层的人才却一直无法跻身社会统治阶层。这种文化差异说明，民族性格与历史是重要的文明差异。近代的明治维新虽然被认为是一种西化的启蒙，但前因后果也不同于一般的社会变革，甚至有相当多的偶然性，这许多社会现象令西方人大惑不解。日本的民主制度与国家体制与西方相比，虽然形式上相似，但骨子里却完全不同，所以欧美人类学家感到日本人不是画虎不成反类其犬就是挂羊头卖狗肉。正像美国人类学家鲁思·本尼迪克特所描绘的那样，日本政府其实立足于民众的恭顺之上，当政府越

---

① 参见方汉文《比较文明史　新石器时代至公元5世纪》第六章"波斯与东西方"，东方出版中心2009年版，第118页。

过权力管理地方事务时，这种情况在美国会受到激烈的批评，而在日本则不会。这样的民主其实是徒有其表，骨子里还是封建专制。

从心底里，美国与欧洲对于日本这种形式化的民主政府仍然有一种深深的忧虑，这不是对于亚洲的忧虑，因为同在亚洲的韩国所谓"民主化政府"是颇受有些美国人欣赏的。而对于日本，他们一直有一种捉摸不透的感觉，这不是一般所谓"东方文化"的特性，而是日本的民族性格使然。所以，在对于亚洲未来的预测中，日本反而被相当多的西方人看成是亚洲最重要的不可预测的力量。造成这种预测的因素相当多，但是其中相当重要的是对于日本西化的深深怀疑。一个长期内乱、天皇制度形同虚设的封建国家，并没有像印度那样经过殖民时代，而是通过明治维新，自行进入了观念上的西方国家行列，这是西方国家所不理解的。所以在西方历史学家眼里，日本仍然是一个东方国家，而在美国的政治学家亨廷顿、福山等人的著作中，日本也不是一个彻底的西方国家，他们对于日本抱着不加掩饰的怀疑。

东方专制主义，其实是西方的想象。因为东方的社会制度包括奴隶制度与封建制度是十分多样的，至少有三种主要形式，我们上文已经进行了比较，兹再加以总结：

第一是中国大一统封建帝国，从秦汉制度建立到唐宋元明清各代持续久兴不衰，历时二千余年。以中央政府与王权统治为主，政治经济大权集中，虽然有历史王朝的更替，但基本制度不变。其文明发展形态是所谓"治与乱"的模式，即以王权强盛为治，以地方藩镇割据为乱。经济以国家控制与市场相结合，从历史进程来看，是市场经济越来越居于有利地位。统治思想不以宗教为主，更不实行政教合一，相反，王权掌握取舍主动权。主要历史进程中是以人文主义的儒学为统治思想的。

社会阶层划分清楚，官僚统治者地位崇高，士农工商各阶层地位不同。以科举制度为选拔国家统治人才的主要方式。封建家族与宗族在地方与下层有相当势力，但是并不能长期干扰国家政治。这是一个农业封建大国的特有模式。

第二是中东国家、伊朗、印度等国的宗教与王权并行或是政教一体的国家模式，这种模式不同于游牧帝国式的统治。这种模式的历史源流中，同时可以发现伊斯兰教与西方文明的因素，但在民族国家建立中，起到关键作用的，仍然是民族性格与心理，唯有明白这种多元因素，才能理解这种模式。政治与宗教的合一的观念是各个民族都曾经有过的，君权神授在多种原始文明中都曾经存在过。但是民族国家建立与一神教观念确立过程中，政权与宗教的关系经历了复杂的演变。西方多数国家也都曾经有过不同程度的宗教左右国家政权的经验，正是在这种历史斗争中，才有政教分离的缘由产生。相反，伊斯兰化过程对于政教合一政权建立起到了一种领导作用，西方的东征引发的抵抗，反而在客观上成了一种推动力。这种封建制度部分是中央集权的，部分是以地方自治为主的，古代波斯与印度各有不同的演变，各有自己的规律。相对来说，市场经济成分比较大。等级制度在这种封建制度中是一个重要特征，在印度等国家中，等级制度甚至与种族结合起来了，婆罗门从社会地位到人种都有自己的特点，伊斯兰国家中的阿拉伯人与其他各种族之间也有相当的区分，这些方面都表现出一种极端性。我们在论述游牧帝国时，部分涉及这些国家的政治经济特点。

第三种是日本等国所实行的过渡模式，这种封建制度以皇室为至尊，但皇室并不具有实际政治权力，或是至少在相当长的历史时期内，这种权力被地方势力所瓜分，形成了实际上的诸侯分据。虽然在国家统一的时代，仍然可能实行幕府政治，由军事长官掌握政治权力。日本的等级制度一般比较森严，日本的武士阶层高居各社会阶层之上，为将军与大名服务，是封建社会的柱石，武士内部又根据经济状况可以分为上层与中下层，部分上层武士还可以得到封地，成为庄园主。

日本的等级制度与门阀政治的存在，形成了世袭制度，日本社会与印度社会一样，下层人士没有机会出人头地，各阶层杰出人才都得不到提拔的机会，无法跻身上层，这种封建制度与第一种相比，其不足之处是明显的。有意思的是，日本的市场经济虽然受到动乱与战争的影响，但发展程度在有的历史时期却相当迅速，远超过大一统帝国的经济。所以，任何社会模式都不能以一种绝对观念来衡量，只能从它们的历史条件来衡量。

第八章　纳粹帝国与法西斯主义

一、文明的倒行：法西斯主义

世界文明发展中有一种进步与倒行的反复性，这种反复在历史上不断出现。18－19世纪，工业化与殖民主义使世界成为一个整体，这就是所谓一体化进程。世界一体化并不是有利无弊，其危害性随着工业化帝国的出现得以显现，进入20世纪后，前所未有的两次世界性的战争相继爆发，人类社会再一次蒙上了重翳与阴霾。第一次世界大战到第二次世界大战只相隔了几十年，纵观20世纪，世界大战与局部战争自始至终，几乎从未间断，但其中极为震撼的并不是一般的战争，而是法西斯主义。

这里存在两个大的有关联的方面，一是法西斯主义思想，这是一种思想观念与意识形态，是世界史上为数不多的曾经统治民族与国家，具有政治、军事与经济权力的、非宗教的思想体系。在20世纪法西斯主义思想泛滥之前，并未形成大的潮流。前此，世界史上主要是宗教与人文信仰为统治思想。二是法西斯帝国，这是一种政治军事与思想合一的帝国，主要在德国、意大利与日本三国得到实现，并且在第二次世界大战期间对于世界相当多的国家进行侵略。虽然时间短暂、国家为数不多，但它在历史上划下深刻印痕，造成痛楚，其危害至今不应忘记。时隔60年，深受其害的犹太民族与世界各国都无时不在反思，是什么原因产生了法西斯主义，是什么原因使世界遭此大难？可惜的是，这种历史反思尚未产生有价值的思想观念，对法西斯主义历史进行反思的思想家们寥若晨星，以致法西斯主义的辩护士们反而飞扬跋扈。第二次世界大战前后，美国精神分析学家赖希的著作中，为法西斯主义的社会心理的合理性进行辩护。虽然赖希当时就因宣传法西斯思想被判罪，并且早已经死去，但他的思想并没有完全消失，在美国的一些地方仍然有赖希思想的传播机构在公开活动。德国法西斯统治期间，一些学者采取了合作的态度，法西斯灭亡后，海德格尔等哲学家们竟然对于法西斯主义三缄其口，一些法西斯主义的理论家千方百计为之辩护。中国在世界反法西斯主义战线中独当一面，抵抗了法西斯主义东线——日本军国主义——的侵略，民族志士，征战八载，碧血如虹，壮行可比日月。但是，汉奸附逆之众，亦是民族之耻。尤其是 21 世纪之初，汉奸文人突然在中国文坛残渣泛起，一些曾经犯卖国罪的人所撰写的小册子，并不是因为其内容，而恰恰是因为出于汉奸之手，竟然被一些出版商当成了哗众取宠的手段。民众之素质不高，社会舆论界之麻痹，令人震醒。如果与犹太民族相比，其间之差距是十分明显的，犹太人受到德国法西斯之迫害，从二战之后到今天，凡犹太人所居住的地方，经常举行反对法西斯与反对战争的纪念活动。再从世界范围来看，新纳粹主义在欧洲与美洲或明或暗地存在，在一定的历史条件下，当年希特勒的"咖啡馆革命"并非没有重演的可能性。法西斯主义的根基一直没有被完全清除，这也是世界各民族要警惕的，一种反动思潮并不会轻易灭亡，正如历史上存在过的所有思潮一样，其缘起与灭亡，都受制于历史的主流，只有世界各民族共同起来，坚持长期不懈地反对，才可能最终消灭法西斯主义。

为此，对法西斯思想与法西斯主义帝国的批判，也必然成为我们论述的内容之一。法西斯主义是人类历史上最腐朽、最反动、最残酷、最为广大人民群众所痛恨的思想，曾经由于它得到了国家权力，对世界文明造成了最大的伤害，世界各国人民对其恨之入骨。但是，这样一种思想恰恰主要起源并且发展于发达的工业化国家之中，而且主要在具有民主传统的西方（日本的法西斯主义也受到西方相当大的影响），这就令相当多的人感到疑惑不解。

"法西斯"一词来自于拉丁文的 facces，它是罗马帝国的一种权力标志物，主要是官员外出巡行时使用，它的外形十分奇特，周围一丛棒中放着斧头，代表着权势与暴力。法西斯在罗马并没有明显的历史根源，专制与暴力是任何国家政治中都具有的，并非只在罗马存在，也并不是西方文化所特有。法西斯主义则是一种现代思潮，起之于现代欧洲，法西斯主义是西方文化进入现代以后所产生的一种社会思潮，是工业化时代民族国家利益被专制主义所利用而形成的专制、暴政与侵略，它与殖民主义有直接联系，这就形成了它的专制与军事化两大特征。而这种专制与侵略是以维护民族利益、社会大众利益为借口的，所以法西斯是一种不同于历史上任何帝王专制的、更有欺骗性的专制。意大利人首先使用 fascismo 一词来命名当代的法西斯主义，1932 年在意大利出版的《特莱卡尼大辞典》上，正式列入"法西斯主义"词条，这是由真梯莱编写，经过墨索里尼签字的，这个词条中已经暴露出法西斯主义的侵略性与野心。

"纳粹"一词则来自德文，它是国家社会主义德国工人党的简称，这个党的前身就是德国工人党，1920 年 4 月 1 日起改为纳粹党。"纳粹"这个词经常被与"法西斯"混用，但实际上它是一个专有名词，应当专指德国国家社会主义工人党，在其他国家里并没有真正的纳粹党，但可能有法西斯。由于纳粹党是世界法西斯主义政党中最典型、最有代表性的，所以人们经常用它来代表法西斯，"纳粹"一词也就成为法西斯的代名词。

法西斯主义作为一种世界性的反动思潮与政治运动，应当说来源极早，但是真正形成有组织的活动，是在第一次世界大战之后，20世纪20年代在欧洲各国初具规模，30年代形成一个高潮，到二次世界大战结束，法西斯主义在主要国家中被消灭。法西斯主义只在世界少数国家中得到了一定规模的发展，其发展形态则各不相同。多数西方学者认为，二十年代以意大利法西斯主义为典型的"反动社会体制"是法西斯主义的最初泛滥，而纳粹德国则是三十年代的法西斯主义国家代表，后者比前者更为集中，并且有更为强大的思想政治文化与军事力量。日本军国主义是东方的法西斯模式。从世界历史来看，法西斯主义并不只存在于以上三国，它还包括奥地利的陶尔斐斯专制、西班牙的佛朗哥社会体制及巴尔干地区与多瑙河流域的一些法西斯政权。不过，这些地区的政权中，相当多数是受到德国法西斯操纵的伪政权。

东西方的法西斯主义产生根源与形态有相当大的差异，概括来说，在欧洲法西斯主义主要策源地意大利与德国，它的主要特点是，法西斯主义是打着"社会主义"的招牌来欺骗群众的，而且最初都是从民间开始，最终进入政府的。而在日本则不一样，日本的法西斯主义有着明显的军国主义与民族主义特性，是更为赤裸裸的反动思潮。它迅速取得国家与政府的支持，走上不归之路。这是东西方的法西斯主义在不同文明背景下发展的特殊性，不过，在法西斯主义残暴的本性方面，它们没有根本的区别。意德法西斯毕竟是在长期文明熏陶的欧洲土壤上成长起来的，显得更有欺骗性，例如对待战俘难民的暂时供给要好一些，但这并不妨碍他们使用集中营与毒气室来对付手无寸铁的人民，二百万死于非命的犹太冤魂是世界有史以来最大规模的屠杀之一，希特勒临终之前，发布的最后指令之一是：

最重要的是，我命令政府和人民要竭尽全力拥护种族法律，无情地打击一切民族的毒害者国际犹太人。

而日本军国主义的残忍则同样是令人发指的，30 万人死于非命的南京大屠杀、731 细菌部队以活人为实验品的杀害，即使在世界法西斯史上也是惨绝人寰的。法西斯不同于历代暴君的征服，这是一种残酷的种族灭绝与政治迫害，即使是埃及与巴比伦对于犹太人、蒙古人对于欧洲与中国，都没有如此酷烈与残忍。如果要为其定罪，就是反人类、反社会与反文明的罪行，这是一切罪行之首。

无论西方的法西斯，还是东方的法西斯，都是人类之敌人，文明之祸害，我们也可以用易卜生戏剧的一个名称命名它——社会公敌——这对于法西斯主义是最合适不过了，由于它是与人类社会发展的根本方向背道而驰的，必须发动世界以灭绝之。我们也要看到，法西斯主义者并不相信他们的灭绝，希特勒与戈培尔在自杀之前还坚信，未来的某一天，法西斯主义还会在世界卷土重来。第二次世界大战中的意德日法西斯主义联盟虽然被消灭了，但法西斯思想并没有完全根除，这正是我们要分析其产生的根源与形成过程的根本原因。

二、意大利与德国的法西斯主义

1. 墨索里尼与意大利法西斯

意大利，地中海岸的神奇沃土，这里曾经是罗马帝国花团锦簇般的世界，罗马人，最早的世界公民。人类最早的能工巧匠伊特鲁里亚人制造出最精美的工艺品，证明这个天才的民族具有非凡的才能。罗马军团的铁甲则在世界各地令敌人闻风丧胆，展示了这个民族具有坚强的性格与军事力量。佛罗伦萨的伟大诗人但丁、名震欧洲诗坛的诗人彼得拉克、艺术家达·芬奇、米开朗基罗……一系列光辉的姓名，星汉灿烂，出于其中。

但是，也正是这个民族，在 20 世纪令世界多次震惊，其中最为惊心动魄的则是"法西斯主义"与墨索里尼。

墨索里尼（Benito Mussolini, 1883－1945），生于普雷达皮奥的一个铁匠家庭，也有一种说法是罗马涅，他的父亲是一位贫民社会主义者。墨索里尼曾经读过师范学校，毕业后当过一个时期的小学教员，从这个时期起，他就参加了社会主义运动。1902 年，墨索里尼到了瑞士，1908 年因为参加政治运动受到驱逐。第一次世界大战中，这位曾经是社会党的一个地区的领导人、《前进报》的编辑，政治立场开始转变，大力主战，成为协约国的积极拥护者，最终被社会党所开除。1914 年，墨索里尼自己创办了《意大利人民报》，鼓吹意大利参战。1919 年，他组织了"战斗团"，主要成员是一些右翼分子与反动的军人。也有人说，早在 1913 年，墨索里尼就组织了第一个法西斯主义团体。虽然关于这个团体的详细情况已经不得而知了，但这是一个早期的法西斯主义团体是无可怀疑的。法西斯主义不是一种宗教，它是一种政治学说，并且由政党来进行支持。但事实上，法西斯主义又具有一些宗教与行会的性质，这是它与其他政党的不同之处，它的首领与党魁具有绝对权威，党不过是他行使自己权力的工具。建立法西斯主义政党与武装力量，这是墨索里尼与希特勒共同的步骤，然后通过多种政治手段，组成政府，在全国实行法西斯主义统治，最后发动世界战争。

第一次世界大战之后，意大利作为一个战胜国，实际上获得了政治与经济上的一定利益。长期威胁意大利的奥匈帝国的解体，对于意大利的安全是极为有利的。但是，从另一方面看，意大利也受到一些损失，原材料供应方面比起战前明显不足，这影响了意大利经济。战后，国内矛盾加剧，财富与权力高度集中，大工商业主成为最大的受益者，国家贫困，工农生活困难，使得政治动荡，人心浮动。这对于法西斯主义是千载难逢的好时机，法西斯主义最容易利用的就是民族主义，在战争利益分配中，意大利资产阶级感到自己并没有得到应得的好处，对于政府的软弱感到不满，开始策动民族主义者们反对政府。当世界性的经济危机降临时，意大利法西斯主义终于开始行动了。法西斯的成员在意大利最初是由一些来自不同阶层的对于政府不满的人所构成，这些人表面上是民族主义者与爱国主义者，暗中与大资本家、政府要员相勾结，以极端激进与反对的姿态，反对民主主义与保守主义。他们主张以暴力形式夺取政权，对外则主张掠夺与争夺资源，建立帝国制度，无论从其政治主张与组织方式来看，都是一种典型的极右翼反动势力。从1919年到1921年，意大利法西斯主义从原来的1.5万人发展到31万人，在波河、艾米里亚和托斯卡那地区的农村中首先占了上风，曾经与社会主义者们进行过斗争的中小地主、土地出租者，小商人等中等阶层，是法西斯主义的主要支持者。在城市中，墨索里尼等人煽动大批中下层市民、流氓无产者组成了法西斯的工会。1921年，意大利的法西斯主义政党成立，这标志着法西斯主义从民间的、反政府的势力的身份转换，并正式进入政坛，在意大利，城乡结合的法西斯主义潮流形成。值得注意的是，仅在此前一年，德国法西斯主义也同时进入发展的高潮，1920年4月，德国工人党改名为国家社会主义德国工人党，即臭名昭著"纳粹"党，意大利与德国法西斯主义虽然是独立兴起的，但它们之间是互相呼应与暗中勾结的，它们同属欧洲法西斯主义逆流的产物。从此以后法西斯运动不但更加猖獗，而且受到政府与保守派的暗中支持，成为一股强大的势力，在国家政权的角逐中，实力大大增加，成为举足轻重的政治力量，为其日后掌握政权奠定了基础。

　　1922年是意大利法西斯主义关键的一年，政府已经完全无力控制国家的政治局势，而法西斯主义甚嚣尘上，迫使政府不得不请其入阁，以减轻它处于在野地位所形成的压力。但是，墨索里尼与希特勒一样，早已经看穿了政府的软弱无能，干脆拒绝与其他人合作组阁，要求由他本人来组阁，"进军罗马"，夺取国家最高政权。果然不出墨索里尼所料，由多种势力组成的软弱政府立即接受了他的要求，墨索里尼成为意大利总理，组织新内阁。法西斯主义不费一兵一卒，成功地夺取国家政权。1933 年，历史的一幕在德国重演，希特勒以同样的手段，靠威胁与施加压力，当上了德国总理。从此，意大利的国家命运发生了历史性的转折，意大利与德国虽然都不是欧洲民主国家的典型，但也不是最落后的民族国家，虽然与英法美等国相比较差，与其他欧洲国家相比，仍然在前列。在 20－30 年代，这两个国家在法西斯主义统治下，国家性质大变，从传统的欧洲式民主变为专制独裁，1930 年到 1931 年，意大利确定了国家干预国民经济发展的政策，1935 年之后，加强了对外贸易的国家干涉，从此，国家经济发展成为了政客们争权夺利的领域。与此形成鲜明对比的是，国民政治待遇与生活水平都在下降，在文艺复兴的发源地，其文化迫害却变得令人不能容忍。意大利著名学者克罗奇、沃尔佩等反对法西斯主义思想的学者们都受到排斥，进步的文学作品根本无法出版或上演，一些无聊的电影如《私人女秘书》等充斥影坛。墨索里尼先是取消了政治自由，以后取消了自由贸易，法西斯主义把意大利变成了比任何封建专制国家还要落后的国家。

从 20 年代到 40 年代，墨索里尼扮演温和的法西斯主义角色，取得英、法等国的同情，以牵制德国，意大利在世界大国之间进行外交平衡。但这并不是法西斯的真实意图，军国主义是法西斯的必然走向，所以意大利仍然进行了埃塞俄比亚战争，以后又卷入西班牙内战，最后，在希特勒的坚持下，意大利最终宣告参加第二次世界大战，并且与法国军队开战，成为世界法西斯联盟中的一员。只不过意大利军队毫无战斗力，屡攻不克，反而连连遭受重挫。当第二次世界大战快要结束时，墨索里尼已经基本无力组织任何活动，他最后企图逃亡到瑞士，化装为德国人，但在途中被游击队员抓获，与其女友一起被吊死。接到墨索里尼的死讯后不久，希特勒也在柏林自杀。

对于世人来说，法西斯主义这种极端反社会的力量，为什么会在欧洲以和平方式掌握政权一直也是令人费解的。

在取得政权之前，墨索里尼与希特勒都曾经企图以武力暴动的方式达到目的，都组织了法西斯主义的武装力量。希特勒发动过"啤酒馆政变"，但真正使它上台的并不是武装力量。在意大利的情况更具有戏剧性，邓南遮在墨索里尼之前曾经提倡过军国主义，但并没有成功，真正最有野心的军国主义者是法西斯，却并不是以军事力量来夺取政权的。笔者以为，导致法西斯在意、德掌权的直接原因固然是战后欧洲的局势，这是众所周知的原因，无须再加以论证。但更重要的有其他两个原因，一是西方文明中的社会政治传统与制度。二是意大利与德国的民族心理与民族性格，这二者都源于欧洲文明的历史，所以从文明角度来对德意法西斯主义进行历史反思是必要的。

2. 德国纳粹与法西斯帝国主义

罗马帝国被推翻的过程中，日耳曼蛮族使东西方世界第一次认识到了它的力量，这个来自北方的民族既有力量进行战斗，又不同于以杀戮为业的匈奴，在它对罗马文明的继承与改造中，显示出这个蛮族所具有的潜力与才能。公元 961 年，德国萨克森王朝的国王奥托进军罗马，平息叛乱，被罗马教廷扶立为神圣罗马皇帝。德国人成为了西方世界的统治者，以后经历了无数次起落，皇权逐渐衰落。直到 16 世纪，经过路德宗教改革之后，封建领主们以新教为武器，各自为政，德国分裂为数百小公国，陷入了分裂之中。在近代发展之中，德国封建诸侯割据，社会经济制度落后，一直未能走在英法等民族之前。但是在欧洲诸多民族中，德国民族的性格雏形已经显现出来，其人民生性严肃，笃信宗教，好学深思，种族相对单纯，重视健康与武力。从外形来看，多数人身材比较高大，金发碧眼，喜好运动。这样的民族由于宗教热忱高，而社会经济形态相对落后，种族意识强，在强烈的民族主义思潮与其他激进思潮影响下，可能会产生其他成熟的文明民族所难以预料的后果。这种状态并不始于希特勒法西斯主义，早在它之前的普鲁士帝国就已经显示出嗜血成性的军国主义特点，曾经一度扮演欧洲刽子手的角色。这种政治形势与环境，可以说已经为日后法西斯主义在德国的兴起埋下了伏笔。

20 世纪 20 年代，一个出生于奥地利的幻想成为艺术家的无业青年阿道夫·希特勒（Dolf Hitler，1889－1945），从一个只有七个成员的法西斯主义政党起家，进军政坛，并于 30 年代成为德国总理，把德国变为一个纳粹法西斯主义国家，对欧洲与世界进行武装侵略，发动了第二次世界大战。1945 年 8 月，法西斯主义德国战败，第二次世界大战结束，德国与日耳曼民族从法西斯主义控制下解脱出来。对于德国民族来说，如同一场噩梦。但这一历史并非毫无缘起，如果从神圣罗马皇帝的统治算起，德国可能是与世界帝国统治关系最密切的国家，也是经历了数千年世界帝国风云的唯一民族。希特勒曾经自称为"第三帝国"，就是把神圣罗马帝国、普鲁士帝国与德国法西斯帝国联系在一起来计算的。

历史事件总是反复出现，一次是悲剧，另一次则是喜剧，悲剧与喜剧交替上演，并且在悲剧中包含了喜剧因素，如同在喜剧中包含了悲剧的因素一样。希特勒取得政权的过程与墨索里尼完全一样，甚至更多一些可笑的成分。这场喜剧甚至称不上真正的像阿里斯托芬式的古典喜剧，充其量不过是希腊化时期的笑剧与滑稽戏，虽然充满了反讽与悖谬，其实质却令人反省。

第一次世界大战后的德国的前途最初被认为是一片光明，德国皇帝退位并且流亡国外，长期统治德国的霍亨佐伦皇朝的专制制度、军国主义体系完全崩溃，历史久远的封建割据局面也大为改观。并且成立了共和政府。从表面上看起来，德国走上民主共和道路已经势在必行。事实证明这完全是一种幻想，操纵历史的铁腕在此刻再一次显示出它的力量，这个民族的历史文明不会轻易改变轨迹。1918 年 11 月 9 日，共和政府仓促宣布成立，共和政府是由社会民主党与保守党人所组成的，保守党人在世界与德国政治的巨大变化面前已经成为了惊弓之鸟，他们顾虑重重，第一次世界大战中德国成了战败国，这样所签订的条约会对德国很不利，这种条约又会带给人民不满，甚至会追究条约签订的责任。在这种形势下，他们就把权力完全交给社会民主党，以推卸责任。但社会民主党的领导人政治素质很差，主要领导人埃伯特本是一个普通的马鞍匠，被历史推上了政治舞台，本人还有浓厚的保皇思想，根本无法担起执政的重任。政党无能，军人介入就成为必然。虽然德国战败，军队的势力却并没有减弱，军队领导者看准时机，与刚成立的软弱的共和政府一拍即合。军队成为政府的主要支柱，陆军元帅兴登堡将军实际主持大政方针。他们首先残酷镇压了共产党人，杀害了罗莎·罗森堡与卡尔·李卜克内西两个杰出的共产党领袖。但是，军队虽然能够为这个代表中上层资产阶级利益的政府清除敌人，却回天无力，无法维护正常的社会的安定，更无法治理国家。1919 年 5 月 7 日，协约国公布凡尔赛和约条件，阿尔萨斯－洛林归还给法国，其余的一些边界地区分别割让给丹麦、比利时、捷克、南斯拉夫、波兰等国；德国的殖民地由各国瓜分，并且要向美、英、法等战胜国交付巨额赔款。这个协约并不公正，只是另一种形式的帝国瓜分，所以它的签订使得德国政府中的各派政治力量、国内的各种势力之间的斗争更加激烈，民众群情沸腾，一片反对之声。德国陷入混乱之中，政府软弱无力，政治局面失控，法西斯分子利用了民族主义情绪的高涨，提出一个口号，"推翻共和国，撕毁凡尔赛和约"。其目的则在于煽动不满情绪，以便乱中夺权。

希特勒经过长期准备，1923 年 11 月 8 日在巴伐利亚发动了所谓的"啤酒馆政变"，上演了一出政治滑稽戏。在一个啤酒馆里，法西斯分子们宣布成立所谓新政府，并且组织了 3000 人的冲锋队与乌合之众向慕尼黑进发。可笑的是，刚一遇到警察就立即溃不成军。这次政变虽然失败了，希特勒却因为这次政变而一举成名。这一段离奇的经历成为他登上政坛的政治资本，不过，尽管希特勒费了大力气，但 20 年代德国的政治气候对于法西斯主义并不完全有利，曾经甚嚣尘上的法西斯主义逐渐被人遗忘，希特勒的啤酒馆政变只成为了一则笑料。直到 1929 年末，世界经济危机终于给了希特勒一个机会。10 月份美国华尔街股票市场崩盘，德国经济也陷入困境，战后德国经济曾经出现短期繁荣，这种繁荣主要是向美国借债与贸易所形成的，美国经济一旦出现危机，德国工业出口停顿，原料与粮食进口也随之止步，大小企业与银行纷纷破产，民众生活困难，对于政府的不满日益增加，国内政治再次动荡不安，这种形势成为法西斯主义趁乱窃取政权的良机。1930 年初，执政的社会民主党总理赫尔曼·缪勒被迫辞职，天主教中央党议会领袖海因里希·勃鲁宁执政，勃鲁宁是个没有经验的政治家，对于经济危机引起的政治动荡没有清醒认识，没有采取有效措施平息国内局势，反而致力于民主政治。希特勒趁机煽动民族主义情绪，使得纳粹在全国选举中获胜，同时，他拉拢军队，在军队中发展法西斯主义，取得大工商业、金融资本家的支持。也正是在这一时期，希特勒最忠实的党徒与伙伴也基本凑齐，如施特拉塞、罗姆、戈林、戈培尔、弗立克、希姆莱等人围绕在希特勒身旁。经过多年的苦心经营，在德国特殊的历史条件下，为法西斯夺权创造了条件（当然，也正像历史学家们所指出得那样，德国每一个政党与人群也都必须担负不可推卸的责任）。1933 年 1 月 30 日，德国总统兴登堡正式委任法西斯党首领希特勒担任政府总理，这一委任当然是迫于当时形势的。美国学者威廉·夏伊勒评说这一段历史时说：

> 霍亨佐伦帝国是靠普鲁士的军事胜利建立的，而德意志共和国赖以建立的基础却是经过一场大战在协约国手中遭到的军事失败。至于第三帝国，既不靠军事的胜负，也不靠国外的影响，它成立于和平的时期，是由德国人自己用和平的手段建立的，既产自他们的软弱，也产自他们的力量。这一点，在 1933 年 1 月 30 日中午，当兴登堡总统按照完全合乎宪法的方式把总理一职的重任委诸阿道夫·希特勒的时候，很多德国人，也许可以说大多数德国人，都是没有意识到的。[①]

这就是历史的重演，1922 年法西斯主义头目墨索里尼担任意大利总理，1933 年纳粹法西斯党魁希特勒就任德国总理，次年，希特勒就任国家元首兼总理。法西斯主义在欧洲大国德国掌权之后，整个欧洲阴云笼罩。国会纵火案、血腥清洗等事件举世震惊，排犹活动一浪高过一浪。1936 年柏林－罗马轴心建立，侵入了莱茵非军事区，并且在西班牙培养法西斯力量，镇压进步力量。1938 年，德国法西斯占领了奥地利和捷克的苏台德地

---

① ［美］威廉·夏伊勒：《第三帝国的兴亡》上，董乐山、郑开椿、李天爵译，世界知识出版社 1996 年版，第 274－275 页。

区，1939 年 3 月入侵捷克斯洛伐克。1939 年 9 月，德国法西斯进攻波兰，挑起第二次世界大战。1940 年，希特勒以惯用的"突然袭击"方式，对丹麦、挪威、荷兰、比利时、法国大举进犯并迅速占领。1941 年，法西斯德国撕毁刚刚签订的《苏德互不侵犯条约》，对苏联发动军事袭击。真是罪行累累。当人们回顾这一段历史时，在欧洲两个工业化国家，两个所谓追求民主政治的国家，最终却完全合法地委任法西斯主义头目担任政府总理，把国家权力拱手交给法西斯，从而使世界人民与本民族都蒙受巨大损失。这是值得全人类社会反思的历史事实，更是值得素以民主政治、维护人权为自己光荣传统的西方文明所反思的！如果民主社会的民主选举制、议会等制度连法西斯独裁都无法防止，让法西斯政党"合法地"取得政权，那么这种民主社会制度自身是否就已经成为历史的特洛伊木马，只是一种假象与工具，其目的是值得怀疑的。

3. 纳粹的日耳曼神话

法西斯主义的军事失败已经过去半个多世纪，明目张胆的法西斯主义政权在世界范围内的存在已经消亡了，时而还有逃亡或隐匿多年的法西斯分子被发现的消息，世界犹太人组织的反法西斯主义纪念活动也经常见诸报端，这一切都说明，法西斯主义这种反动思潮已经从政治与社会生活层面被揭露、遭唾弃。但是，相当多的地区还有新的法西斯主义或新纳粹分子在活动，一些国家的青年中仍然有种种迹象表明法西斯主义思想并没有完全像恐龙一样灭绝。更重要的是，半个多世纪来，对于法西斯主义这种现象产生的文明与历史根源一直缺少深入的研究，这是令人深为忧虑的。

西方学术界对此并非没有关注，学者们写了大量的论著，仅关于意大利法西斯主义的有影响的著作就有：P. 陶里亚蒂的

《法西斯主义的教训》（1970 年罗马联合出版社），R. 维瓦莱里的《法西斯主义起源的历史》（1991 年，波伦亚，穆里诺出版社），Z. 斯特内尔的《非左非右：法西斯思想体系的诞生》（1984 年，那不勒斯，阿克洛波里斯出版社）。关于希特勒与德国法西斯的著作就更多得无可计数。但令我们失望的是，大批的论著中能从思想意识方面认真研究法西斯主义产生的历史与根源者竟然寥若晨星，披览这些著作，相当多的是对于希特勒个人历史、法西斯政党的历史、德国侵略的历史的记录。其中甚至还有一些著作对于希特勒表示同情，暴露出作者对于纳粹的错误认识。一些人把法西斯主义与共产主义等同起来，都看成是专制的产物，总之，各种荒诞不经的看法同时存在。

　　一种社会思潮可以表现于两个主要的层面，一个是思想层面，这是社会思潮的理论模式，是它的观念、范畴与意识，它以给人思想观念的支持为主要功能。另一个层面是这种思潮的社会实践层面，这种层面并不是所有的思潮都具有的，只有少数思潮因历史机遇、社会历史环境等条件具备才可能具有，这种层面表现于社会经济、国家政治与军事等方面。这两个层面是互相联系的，但并不是完全平等的，很可能一种思潮的社会层面已经消失，但它的思想层面却会长期存在。因此，对于法西斯主义这种社会历史思潮，虽然从表面上看它的社会存在层面已经消失，但是它的思想观念层面却还要深入研究，一定程度上，这种批判的困难程度并不比从军事与政治上战胜它更容易。

　　什么是法西斯主义？

　　有各种各样的定义，有认为法西斯主义是垄断资产阶级实行的专制独裁与恐怖统治的思想与制度。有认为是反民主主义的思想，有认为是军国主义，有认为是反对犹太主义的民族主义，有认为是沙文主义等等。

以上看法从不同角度来看法西斯主义，都揭露了法西斯主义的不同方面，都是正确的。不过，笔者认为，如果要对法西斯主义作一个历史的定论，这些方面又需要有一定的综合。法西斯主义，从本质上来说是反对人类社会文明进步的极端主义，因为法西斯的疯狂行径没有任何一个固定的标准可以衡量，只有反对理性与文明的意识才能对这种行为作出符合逻辑的解释。

在对德国与意大利法西斯的分析中，首先从民族国家的历史环境来看待其产生。法西斯主义这种精神有如此反理性的性质，以致希特勒感到无法说明它，只能从瓦格纳音乐中的具有的神秘形象、冲动来理解它。希特勒说要理解法西斯主义先要理解瓦格纳，这并不说明希特勒是一个艺术欣赏家，只是说明他企图把一种具有毁灭欲望的冲动作为法西斯主义的思想。瓦格纳有什么地方引起希特勒如此之大的兴趣呢？答案是无法找到的，任何人无法在瓦格纳作品中找到法西斯主义的主题，如果真是这样的内容，那么瓦格纳也无法成为一个有影响的艺术家了。

德国音乐家与作家瓦格纳（Rihard Wagner，1813－1883）出生于莱比锡，父亲是警察局录事，早年丧父。1831年瓦格纳进入莱比锡大学学习音乐与哲学，毕业后从事音乐创作与演奏工作。瓦格纳早年思想激进，曾经参加过1848年革命，革命失败后，瓦格纳逃亡瑞士苏黎世，专心从事音乐创作，以《特里斯丹与绮瑟》（1865）、《纽伦堡的工匠歌手》（1868）、《尼伯龙根的指环》（1874）等作品闻名欧洲。瓦格纳晚年的思想转向神秘主义，并且受到叔本华哲学影响，表现出沙文主义观念。从艺术思想上来看，瓦格纳的作品具有浓重的批判性，但晚期作品中则以悲观主义为主要特征。同时，他的作品中还表现出强烈的民族主义倾向，特别是《纽伦堡的工匠歌手》等作品中，夹杂着一定的民族优越感。1871年普鲁士战胜法国，德意志实现统一，瓦格纳作品中的民族主义精神大受推崇。瓦格纳对于德国民族精神有相当影响，著名作家托马斯·曼、哲学家尼采等人都曾经赞扬过瓦格纳，不过，尼采对瓦格纳的态度却前后不一，他曾经是瓦格纳的崇拜者，但最后又严厉批判瓦格纳。

瓦格纳的《特里斯坦与绮瑟》等歌剧作品虽然受到希特勒所赞扬，但其中并没有法西斯主义的音乐语言。如果说要从中发现联系，只能说是对于德国民族历史与神话的一种陶醉。这种感觉中有着难以说清的野蛮时代的宗教神秘感、自我毁灭的病态快感。所以，问题并不在于瓦格纳，一个艺术家有权利在创作中表达自己的情感，但是，没有任何人有权利把这种冲动作为社会行为的实践准则。比如说，艺术作品中可以有战斗场面，亚历山大石棺上的浮雕表现了以亚历山大的军队与波斯人厮杀的场面，这种雕塑是优美的，它所表达的是历史事件，赞美英勇奋战的精神。但绝不允许以此作为自己杀人的依据，也不允许以此作为歧视东方民族或其他民族的依据。

法西斯主义的这种反社会观念体现于它的各个方面，在政治上它反对民主，主张极权制度；在民族关系上，它主张种族主义、大日耳曼主义并且排斥迫害犹太民族，歧视世界其他民族。在国际关系上它推行军国主义，对外扩张侵略。在组织原则上它是典型的机会主义与投机主义，时而左，时而右，玩弄权术，欺世盗名。这一切构成了一个极为复杂的、混乱的、肮脏的政治投机集团的形象。

法西斯主义虽然盗用了社会主义或是民族主义的思想，但其实与任何一种有价值的思想都是格格不入的，一种极端主义与机会主义思潮是不可能有真正的思想体系的。但是，法西斯主义又的确是有其思想武器的，如果没有这种思想武器，它也无法煽动起意大利与德国的拥护者。我们在分析法西斯主义的思想根源时，不得不提到一些德国思想家，这些思想家曾经被法西斯主义直接或间接地利用。德国浪漫主义哲学是人类思想宝库的瑰宝，这是无可怀疑的。但是其中也有糟粕，日耳曼民族主义就是其中最为腐朽的一部分。从费希特到黑格尔，这种日耳曼自我中心主义愈演愈烈，这种民族主义不同于其他民族主义，它是披着理论外衣的民族主义。世界原则，是这种理论的核心，这个概念以后在黑格尔那里变化为世界精神或是世界观念。在他们看来，世界的存在有一种最终极的精神目标，这个目标是有其现实的依据的，这个目标是由人类所实现的。费希特认为除日耳曼人之外的所有种族与民族，无论是拉丁民族还是犹太民族都是行将灭亡的腐朽民族，只有日耳曼人才是世界精神的体现者。其他民族都是个人性的，只有日耳曼人才是非个人的，具有领导人类进步的可能性。黑格尔有一个著名的世界史观，即世界精神是世界发展的中心，不同种族的人在世界精神的历程中只能占有一定位置。首先是黑人，其次是黄人，最后才由白人完成历史使命。世界历史是从东方起源，到地中海中兴，最后到日耳曼人才可能完成。这些说教成为希特勒的雅利安人种与日耳曼民族沙文主义的理论基础。黑格尔是民族主义的哲学家，瓦格纳是民族主义的音乐家，黑格尔用哲学不能说明的情感被瓦格纳用音乐来宣泄，瓦格纳不能用音乐所表达的观念，被黑格尔的哲学语言所阐释。日耳曼民族的自我中心与唯我独尊，以对于犹太人的仇恨得到鲜明的表达，这就形成一种哲学与音乐的畸形结合。

哲学与音乐，这是德意志民族引为自豪的天赋，同时也是意大利民族的擅长，可以说这两个民族都是具有才能、有天赋的民族，它们都为世界贡献了众多的哲学与音乐天才。但是我们也要看到，在维柯与克罗齐的哲学中，在费希特、黑格尔与尼采等人的哲学中，在意大利音乐中，在德国的音乐大师们所创作的音乐中，与他们的传统是有一定距离的，一些个人的病态心理与情绪在其中表现得尤其明显①。对于古代宗教与神秘主义的崇拜，对于神话中的残杀的颂扬，民族自我崇拜与排他性，轻视与敌视其他民族等等非理性精神时常暴露出来。其实，并不仅仅在瓦格纳的音乐中，就是在希特勒极为崇拜的尼采的美学中也处处宣扬这种非理性的、神秘主义的观念。西方理性与基督教的结合其实并不彻底，反而形成了西方文明中的一种内在冲突，从表面上看来是理性中心，实际上是理性与神秘主义的对立。这种文化因素在一定历史时期就会发酵，就会培养出病态的人格。音乐对于人类社会的影响从来不可忽视，孔子早就说过："诗三百，一言以蔽之，曰，思无邪"。对于音乐教育，他尤其重视，他闻郑声后曰"郑声淫"，对于诲淫诲盗的音乐从来都是弃绝的。这种音乐关系到一个民族的文明教化，关系到民族精神与心理的陶冶。法西斯主义虽然消灭了，但是培养法西斯主义的文化土壤却没有改变，如果没有对这种文化的批判，法西斯主义仍然可能重现。

　　虽然如此，与尼采相比，其他哲学家都没有得到希特勒最衷心的敬佩。尼采为何得此殊荣呢？显然并不是因为赞颂日耳曼人，尼采并没有过多地对于德国人的赞颂，相反，他倒是经常毫不客气地讽刺德国人，这是他与黑格尔等的不同之处。尼采与希特勒有一个显著的共同点，可以帮助我们解读其心灵的秘密，他们都是瓦格纳式音乐的欣赏者。在这种音乐与思想中，他们肯定找到了共同语言，一个哲学疯子与战争狂人之间的音

---

　　① 　意大利哲学家克罗齐既受到法西斯主义的排斥，但他的某些著作中又有一些观念，如历史循环论与意大利的真梯莱等人的法西斯文化有共同之处。对此，可参见［意］贾姆皮埃洛·卡罗齐《从灾难走向灭亡——法西斯主义史》，徐映译，四川人民出版社 2000 年版，第 82 页的相关论述。

乐共享，虽然听来令人悚然，但必须面对这一事实。他们从瓦格纳的神话剧中找到了一种共通之处，使他们感到迷狂与欣喜，从这个小小的通道中，正可以看出他们的相通之处。尼采在《悲剧的起源》中有一段论述：

> 所有我们的希望都集中于一个事实之上即，在我们之文明的狂热运动底下实隐潜着一股奇妙的古老的力量，它将只有在某一伟大的时刻的来到时自己很有力地提升起来，然后又再度沉潜回到未来的梦幻之中。而在此地下则有一个日耳曼的宗教大改革运动在成长，日耳曼之未来的诗歌之音乐第一次出现了。路德（Luther）的歌唱的赞美诗，如此地富于心灵性，勇敢、高尚而且亲切，……就他们看来，我们蒙日耳曼音乐之恩泽实非浅。就他们看来有朝一日，我们也将蒙日耳曼之神话的再生之大恩泽了。①

这是日耳曼主义的真正秘密——神话中的隐秘冲动与狄奥尼索斯式的疯狂——它表现于《尼伯龙根》一类的神话中。这种精神的本质是非理性与反理性的，它以残杀与神秘崇拜为主题，这一点在尼伯龙根神话中表现得淋漓尽致，亲人之间与仇敌之间的对立与杀戮，血腥的大屠杀，可以说是一种反对理性，反对文明的疯狂精神。这种精神因素从来没有在日耳曼民族精神中占据主流，日耳曼民族是一个伟大的天才民族，如同世界其他文明民族一样，反理性主义不可能成为主流。但是，我们同时也要看到，由于其特殊的文明发展历史，如同日本等少数的民族一样，反理性因素作为宗教信仰或社会习俗的构成，却是长期存在的。这种因素经常以各种形式表现自己，如社会生活中的自杀与他杀现象的较多存在，极端主义的政治与文学艺术

---

① ［德］尼采：《悲剧的诞生》，李长俊译，湖南人民出版社1986年版，第176页。

形式易于出现等等。在德国它发展到了最高级的形态，以哲学的形式再现这种精神。正是在这一精神汇聚点上，我们看到了希特勒与尼采真正的精神结合，这是一种疯狂精神的结合，一种恐怖精神的结合。在这种精神中，人性的因素已经被销蚀，人类社会存在的基本要求被生物的对立所取代，如果说，在黑格尔哲学中有所谓的"主人与奴隶"的哲学，那么尼采哲学中则是超人与人类的哲学，这种哲学的极端就把人类分为高级种族与低级种族，也就是人类与非人类的变相划分，这是最反动的、公开对抗人类平等精神的哲学。

从这种神话哲学出发，尼采必然有他更合乎希特勒心意之作，这就是尼采的超人哲学与权力意志论。这种哲学不过是尼伯龙根神话的哲学版，也是最令希特勒所激动之处。希特勒被称为"元首"，并且自认为就是尼采所说的"超人"，同时也就是地球的主人。同时，尼采的权力意志论可能更为合乎希特勒这个投机家的看法，取得权力是他的自传《我的奋斗》的中心，这是一个野心家的自传，其唯一目的在于鼓动个人的权力欲，将人生的意义归之为夺取权力与排挤他人。

这就是德国法西斯的文化根源，这是真正隐潜的精神暗流，绵延不绝，一旦遇到合适的时机，自然就会爆发出来。

4. 日耳曼主义与西方文明

是日耳曼民族主义思想成就了法西斯还是现代工业化的时代造就了法西斯产生的温床？

这是两种普遍流行的看法，其中最流行的观点是从日耳曼民族主义来分析德国法西斯，这种分析当然是一种历史主义观点。但是，如果这样，意大利与日本的法西斯主义产生根源就无法得到解释，这两个民族并不是日耳曼民族。如果换一个角度，从时代与工业化的背景来看问题，把法西斯主义看成是工业化时代的垄断资本由于经济、政治的需要产生的专制主义，当然有了更大的普遍性，这样就可以找到意大利与工业化后的日本这样的国家产生法西斯主义的理由。

但是，另一种疑问必然存在，为什么其他工业化国家并没有产生法西斯主义？我们认为，任何简单的答案都不可能解释这样复杂的历史现象，它的真正原因，恰恰是隐藏在现象背后的西方文明与整个社会生活的因素。

在非德国的西方历史学家的著作中，经常可以看到这样的一种观点，德国法西斯主义产生的原因之一在于，德国从路德的宗教改革之后就脱离了西方文明的轨道走入邪路，专制政体使德国长期封闭落后，使得德国没有产生像英国资产阶级革命、法国大革命那样的进步。所以法西斯主义最终在德国产生。

这种从历史文明观念分析德国法西斯主义产生的历史条件的观念是有一定道理的。德国社会历史的特殊性就在于它的长期封建统治与分裂所形成的落后经济与社会条件，容克地主式的粗野与狂暴，服从于专制制度的庸人态度……

但是，德国文明毕竟是西方文明的核心构成之一，甚至可以说是西方文明的代表之一，在一些德国学者看来，日耳曼－德意志甚至是西方精神的真正代表。德国文明的缺陷归根结底在于西方文明，而不是德国一个民族。西方文明，它的主要源流一般认为是，希腊城邦精神、基督教信仰、文艺复兴的科学技术等，如果从社会政治形态与历史进程分析，则可以归纳为地中海的工商业文明与农牧生产、罗马帝国的海外殖民、中世纪的封建领主采邑制度、资本主义社会制度与大工业化生产等进程。从种系文明的角度来看，西方文明又可以说是由盎格鲁·撒克逊、日耳曼、斯拉夫等不同种族的文化所构成的。无论从哪一个角度来看，日耳曼德国的文明都是其中最重要的构成之一，如果从西方文明的关键环节——中世纪神圣罗马帝国——的历史来说，德意志一直是统治民族，公元 962 年教皇约翰十二世在罗马圣彼得大教堂为奥托加冕时，帝国疆域几乎包括了整个西欧，包括如今的德国、奥地利、捷克斯洛伐克的西部、瑞士、法国东部、当时的低地国家、意大利的中部与北部。如果说这个帝国不属于西方，可能是无法解释的。再者，如果说马丁·路德的宗教改革使得德国人与西方文明传统分离，那么，英国的清教徒呢？其改革不是远胜过了路德吗？为什么不会使英国与西方文明传统分离呢？这样的一些说法都并不能把日耳曼与整个西方完全划分开来，日耳曼不但是西方的一个组成，甚至有时是其代表。曾经受到过法西斯主义青睐的斯宾格勒就把日耳曼人的"浮士德精神"看成是西方文明精神的代表。浮士德精神是什么，按斯宾格勒的话说是"自由意志"。从这里正可以看出，浮士德精神与黑格尔的自我意志、绝对理念是没有根本区别的，属于同一种文明的范畴。这些概念都可以在希腊哲学中找到原型，柏拉图的"理念"概念就是它们的起源。无论从哪一种意义来看，日耳曼都在西方文明的传统之中。如果从整个西方文明的思想体系来看，德国古典哲学与英国古典经济学、法国启蒙思想三者是互为一体的，是西方近代文明模式的重要构成因素，只不过采取了不同的形式。如同宗教一样，基督教的各个分支，天主教与新教、耶稣教甚至东正教等等，都属于一个大的宗教体系，其根本信仰与教规是相同的。正如马克思与恩格斯所说，德国的哲学就是法国大革命，法国人用枪进行的革命，在德国则是用笔完成的，两者具有同等重要的作用，是同一革命的不同形式。

　　德国的社会政治制度变革确实曾经落后于法、英等国，并且曾经有过普鲁士帝国的军事专制，所以希特勒自称"第三帝国"，如果从德国的历史看虽然有些牵强附会，但恰恰是说明了其反动的传统。然而，德国的社会政治制度在法西斯主义取得政权的时刻，却恰恰是最符合西方文明标准的时期，也就是说，这个第三帝国并不是建立于所谓的专制制度下，而是建立于西方的"民主"制度处于主导地位的时期！

德国历史上政治制度的不健全是客观存在的，最明显的一个例子就是"大空位"时期，这在世界史上可能是绝无仅有的。1257年霍亨斯陶芬王朝崩溃，由于教会与王权之间的激烈争夺，德国历史上竟然没有皇帝，史称王位的"大空位"。直到1273年，哈布斯堡家族的鲁道夫四世当选为皇帝，才结束了这一时期。从这段历史可以看出，德意志民族的国家制度史确有与众不同之处，与其他国家区别主要是教廷的权力与王权之间的争夺方式是不同的，以法国为例，法国王权在解除教廷权力方面是成功的，但德国却出现政治上的软弱与军事上的强硬并存的奇怪现象。一个民族的历史现象很可能会重演，从1919年到1929年，德国的政治几乎是处于与历史上"大空位"相似的情景，德皇的退位是如此轻易，仅仅从程序方面看也是十分简易，由陆军方面实行逼宫，德皇则宣布退位。以后政治权力实际上出现真空，执政的社会民主党软弱无力，无法控制政治局势。1925年3月26日，77岁的兴登堡被推选为德意志帝国的第二任总统，他所获得的1470万选票主要是来自右翼政党，其中巴伐利亚人民党等一些摇摆不定的政党竟然在选举中起了关键作用，其选举的目的与纲领之紊乱可想而知。1932年，这位已经因年迈而糊涂的老军人再次当选总统。也就是在这一年，法西斯主义在德国取得了决定性的胜利，1932年7月31日，德国举行的国会选举中，希特勒的纳粹党获得230席，成为国会第一大党，这种胜利是希特勒原来根本不敢想象的。对于德国政治来说，软弱的国会与其余八个党派的失败已经成为定局。希特勒所要作的只是夺取政权而已，从德国政治历史来看，这只是探囊取物，易如反掌。世界上最大的独裁者竟然是通过普遍的选举具有了权力，这难道不是西方政治文明的笑话？所以，法西斯主义并不只是单纯要从日耳曼民族与民族主义等方面来思考，更重要的是要从整个西方文明的精神来考虑。

5. 绥靖主义的历史根源

西方文明中还表现出一种利益中心主义，甚至为了一时的利益而无视长远的关系，这是西方文明一个相当突出的特点。西方文明是以基督教为共同信仰的，基督教可以说是西方文明的思想与精神的主要维系，但是基督教信仰本身就由于历史上流派的众多、教义的分歧而四分五裂，天主教与新教、东正教之间的不同早已经影响到不同国家的政治，可以说，没有一个完全统一的基督教可以作为西方文明的信仰链条，却又有相当广泛的信仰基础，这种基础中产生出某种统一性。基督教在西方的主流是强调政教分离的，但真正的分离却又往往不能实现。所以基督教的思想化与现实化又是一个不可忽视的事实，在现实中，西方的工商业社会与基督教的利益中心主义又产生了相当紧密的结合，逐渐地形成西方的一种利益至上的观念，这种观念会承认商人等新兴阶层的地位提高，对封建地主的没落冷眼相看。与东方儒家相比，儒家思想植根于封建社会的生产关系，政治与道德的评价上重义轻利，社会身份与地位相对固定，重传统阶层，轻新生阶层，维护既得利益者的权益，反对社会关系与利益的剧烈变革。对外关系上，西方一直把实用外交作为自己的主要目标，对外交往中追求利益与利润。所以中国对于周边国家虽然有名义上的贡赋关系的存在，但双方关系实质上是平等的，并且中国一定程度上还义务承担了保护任务。而西方对于邻国或是藩属国，则一向是一种攫取利益或是直接控制的关系，如德国对于奥地利、意大利和法国对于巴尔干地区的国家、俄国对于东欧与波罗的海国家。相反，对于其他与自己利益与目标没有直接关系的霸权，西方国家经常持一种妥协态度。为什么要妥协？其根本目的在于维护自身的既得利益，甚至可以牺牲其他国家利益，牺牲国际和平与正义，将弱小民族与国家拱手相让，求得暂时的自身保全，这种妥协最突出的表现就是西方对于法西斯主义的"绥靖政策"。

汉语中的"绥靖政策"或是"绥靖主义"中的"绥靖"一词早在先秦典籍中就已经使用，原义出于《三国志·陆逊传》中的"君其茂昭明德，修乃懿绩，敬服王命，绥靖四方"。绥靖主义指对于强权与侵略的屈从、忍让的态度，第一次世界大战后，英、美、法等国政府对于意大利、德国、日本法西斯主义一直采取绥靖政策，姑息养奸，法西斯主义恶性膨胀，发展为世界性的军国主义潮流，导致了第二次世界大战的爆发。希特勒建立世界帝国的战略分三步，第一步是建立中欧德意志帝国，以欧洲的日耳曼民族集中区为主，在德国本土之外，主要是占领奥地利、捷克斯洛伐克与波兰但泽等地。第二步是击败英国与法国，占领苏联，统一欧洲。第三步是进军美洲，实现全球霸权。但实际上这个计划并不是立即能实行的，希特勒本人从来都是试探性地看英法的态度，当看到对方软弱无力时，才变得强硬起来。日本则主要集中力量于亚洲，建立所谓大东亚共荣圈，对于欧洲与美国原本是没有野心的，后来也是由于欧洲与美国的一再退让，使得其野心不断膨胀，最后发动太平洋战争。

1933 年 10 月 14 日德国退出国际裁军会议，10 月 19 日退出国际联盟，加速军国主义与备战进程。1936 年春，法国批准了《法苏互助条约》，希特勒借口这一条约是针对德国的，宣布德国不再受凡尔赛和约中关于莱茵非军事区条款的约束，德军的一个"象征性小分队"大约 3 万人进入了莱茵非军事区。这里驻扎的 10 多个师的法国精锐部队却没有任何军事行动，只是法国政府发表了一份声明，表示谴责，英国则主张对于德国进行说服而不采用武力。希特勒原本只是一种试探性的行动，结果看到法、英两国如此软弱，大喜过望，立即增兵，进军莱茵非军事区。

1934年意大利开始在索马里与埃塞俄比亚边境地区制造事端，埃塞俄比亚政府向国际联盟理事会提出控诉时，英、法等国却置之不理。1935年10月30日意大利大举入侵埃塞俄比亚，墨索里尼派兵30万，使用毒气弹等非人道手段向埃军发起攻势，1936年5月5日，意大利占领埃塞俄比亚首都亚的斯亚贝巴。英、法等国再次表现出软弱无力的姿态，不敢对墨索里尼进行有力制裁，只有一些轻描淡写的行动。1935年10月国联宣布意大利为侵略者，并且对其进行经济与财政制裁，没有任何军事行动。就是所谓的制裁也是徒有其名，甚至连对意大利的石油进口都没有控制。所以墨索里尼对于国联的制裁毫无畏惧，无视、英法的不满，继续我行我素。1936年，德国与意大利支持佛朗哥的反动武装，派军进入西班牙帮助叛军作战，德军进入西班牙达5万人，意军则有25万人之多。德、意两国空运在西属摩洛哥的1万多佛朗哥叛军回到本土，使原本濒于灭亡的叛军得以重整旗鼓。与此形成鲜明对比的是，本来支持西班牙人民阵线政府的英、法等国，在德、意军队大举进入西班牙之时，立即改变立场，声明中立。1936年8月15日，英法两国签定《不干涉协定》，禁止把一切军用物资运入西班牙。从表面上看，这一协定对于德、意有制止性作用，实际上，德、意根本不遵守任何协定，反而限制了对于西班牙人民阵线政府的支持。1937年9月，西班牙政府代表团向国联提出，要求确认德国与意大利对西班牙进行了侵略，国联有义务进行制止。国联竟然拒绝此要求。1939年2月，西班牙共和国被迫据守马德里，在这个关键时刻，英、法居然承认佛朗哥政府，要求共和国政府投降，这是公开的出卖。次日叛军即攻入城内，西班牙共和国终于失败。

1938 年 3 月 12 日，德国军队进入奥地利，实行军事占领，希特勒强迫奥地利与其签订了《关于奥地利和德国重新统一法》，将奥地利变成德国的一个省，由奥地利纳粹头目英夸特出任省长。《凡尔赛和约》与《圣日耳曼和约》中都严格禁止德国与奥地利合并，这种违约行为并没有得到有效的制止，英、法再次表现出绥靖主义的立场，先是通过外交手段发出了一般的抗议照会，以后就干脆承认既成事实。德、奥合并大大增强了德国法西斯的实力，也成为德国最重要的备战行动，为其以后入侵捷克斯洛伐克创造了条件。

1938 年 9 月 30 日，英、法、德意四国在慕尼黑签署《慕尼黑协定》，这是英、法两国在没有捷克斯洛伐克在场的情况下，公开出卖捷克斯洛伐克利益的行为。协定中将苏台德地区划给德国，德军将分阶段占领德意志人占多数地区。其余地区先是由四国代表组成的国际组织管理，然后通过公民投票决定其归属，捷克政府释放政治犯，解决波兰和匈牙利的领土要求等。这些苛刻的条件等于是将捷克斯洛伐克拱手相让。此后不久，德国就全面占领了捷克斯洛伐克。这是希特勒首次在欧洲非德意志民族地区的大规模侵略，在这些行动中，英法两国的绥靖主义是助长希特勒野心的主要原因。我们可以设想，如果没这些早期的软弱与退让，德国绝不敢得寸进尺，发动世界大战。

1939 年，英、法、苏三国莫斯科谈判失败，8 月 23 日，苏联与德国签订了《苏德互不侵犯条约》，尽管苏联是在多种原因下签订这一条约的，如日本军事威胁，英、法的绥靖主义等，但这一条约的签定对于德国无疑是极为有利的。希特勒以此来离间苏联与英、法之间的关系，使得原本很可能形成的反法西斯统一战线成为了泡影。这一条约对于苏联自身有极大的限制性，虽然也为苏联争取了一定的备战时间。而德国却充分利用这一条约，集中力量打击英法，然后再图苏联，各个击破。

第二次世界大战爆发后，世界局势的变化极为复杂，犹如一场波澜起伏的戏剧，其中不乏令人惊叹之笔。德国入侵波兰后，英、法虽然对德宣战，但没有实质性军事行动，致使波兰单方面面对强敌。苏联则突然从波兰背后进攻，占领波兰的西乌克兰与西白俄罗斯地区，正是这一行动摇了波兰的最后抵抗。开战已经 8 个月，英、法与德国一直没有陆上交战，形成所谓"西线无战事"的奇怪现象。英、法政府大搞绥靖，心存侥幸，希望能够与德议和。苏联却忙于建立东方战线，借战争之机，在把波兰的乌克兰与白俄罗斯变成了自己的加盟共和国之后，1939 年 9 – 10 月，又吞并了爱沙尼亚、拉脱维亚、立陶宛等波罗的海三国，进军芬兰与罗马尼亚，建立起一条从波罗的海到黑海的防御战线，这就是所谓的东方战线。斯大林原本以为这样可以单独保障自己的安全，以后的事实证明，这只是一种不切实际的幻想。德军发动突然袭击后，仍然是长驱直入，原来的防线根本没起作用。苏联在建立东方战线过程中，对德国小心翼翼，对英、美与德国之间的战争不介入，却野蛮入侵周边弱小国家，这一段历史真是很值得回味的。20 世纪末，苏联解体之后，波罗的海国家立即向西欧国家靠拢，不再受半个多世纪以来的拘羁，也是一种必然的趋势了。

战争进程中，西方对于法西斯主义的绥靖政策虽然有所变化，但基本上没有大的改变。正是这种政策的影响，使得北欧迅速陷落，军事大国法国只抵抗了 40 天，只有英国予以德军重挫。

如果说西方反法西斯主义战争中，西方国家的绥靖政策已经酿成了他们自己的苦果，那么在东方的反法西斯主义战争中，西方国家所奉行的绥靖政策却造成了东方民族更大的苦难，也使得西方民主国家的政治、军事素质与文明特性得到彰显，给东方民族留下了深刻印象。日本是东方唯一的法西斯国家，它的侵略目标一开始是定位于东方各国的。主要是以中国、朝鲜等为侵略对象，然后占领南洋，建立经济、军事供给基地，再向太平洋与世界进发。30年代，日本发动侵华战争后，西方与苏联对于日本采取绥靖政策，英、法对于日本软弱无力，美国则奉行"不承认主义"，这是美国国民的一种特殊心理。美国本土被两大洋所包围，与欧亚大陆相隔甚远，新大陆虽然与英国有极密切的种族与人文联系，但美国人却宁愿保持中立立场，不愿轻易卷入纷争。美国从第一次世界大战起就成了发战争财的国家，直到第二次世界大战中，日本这样的资源匮乏国家主要是依靠进口美国工农业产品来维持社会经济与军事活动。当日本发动对于中国甚至对于美国的袭击时，其所使用的钢铁与能源中，难保不是产自美国。而面对日本的侵华战争，美国的主要目的不过是保住在华利益而已，并不愿意主动阻止日军的侵略。1937年12月，日本飞机炸毁美国军舰"帕奈"号与英国军舰"瓢虫"号，美国政府只是发表声明，表示对日本的远东战争不会任其发展，但实际上并没有具体措施，这就是使得日本更加嚣张。1940年起，日本占领了印度支那地区，加紧建立"大东亚共荣圈"，在这样的形势下，美国才意识到，如果不支持中国抗日，西方将会失去东方的一切既得利益。这时，美国一方面对日本进行经济制裁，一方面又与日本进行谈判，企图实行"远东慕尼黑阴谋"。正在美日进行谈判时，1941年4月13日，苏联又与日本订立了《日苏中立条约》，使日本更加有恃无恐。1941年12月7日，当美国仍然一心要与日本通过谈判来争取自己的利益时，日军却偷袭了美军珍珠港，美军太平洋舰队几乎全军覆灭，成为美国历史上惨痛的一页。

回顾第二次世界大战的历史，德、日、意法西斯主义的军事力量与行动，是一步步从小到大，从弱到强的，而西方盟国则从开始就是步步退让，时时被动，被逼得走投无路时才最终决定反击。这种退让与妥协丝毫不会减弱法西斯主义的侵略性，反而助长了其气焰。德国对于苏联、日本对于美国的宣战都是采取了突然袭击的方式，斯大林与美国总统罗斯福都没有能预见到对方发动突然袭击，所以损失惨重，十分被动。这一切都与西方长期以来的绥靖政策有直接关系。

如果从西方文明的深层来分析，西方虽然反对法西斯主义，但主要是反对其个人独裁与对外侵略，对于法西斯主义的历史危害认识并不深，甚至有时表现出一种基督教式的姑息和纵容，想牺牲弱小民族利益，达到与法西斯主义的共存。法西斯的专制从根本上来说，有与金融巨头和垄断资本家勾结的一面，这种独特的关系是与资本主义相通的，这是一种最深处的关联。而对于共产主义，西方是极力反对，其用力之大是反法西斯主义所不能比的。因为这种思想对于私有制度的危害，在西方文明观念来看，是世界上最为可怕的，甚至胜过法西斯主义。

三、东方神道的战刀：日本法西斯军国主义

1. "海上民族"与"倭寇"

在世界文明史上，日本是亚洲为数不多可以称为"海上民族"的民族之一，而与日本隔海相望的古代中国则把日本入侵者称为"倭寇"。"海上民族"与"倭寇"，两者分别从不同角度描绘了岛国日本的形象，我们将会看到，这两者之间其实也有内在的联系。日本民族同时也是西方人眼中之谜，这个民族性格如此反复多变，波谲云诡，从古代开始接受中国文化的影响，明治维新之后又全面西化，以一个土地面积有限的东方民

族，进入世界经济强国之列，它的历史进程曲折多变，引人注目。它的神道、武士道精神、天皇制度、佛教与多种宗教并存，都存在着一种内部的冲突与对立，如果说中国文明是一种"中庸"精神，那么日本则是一种"矛盾"精神，这种文明的现代进程中，曾经以军国主义和法西斯主义侵略中国与东南亚、北击俄罗斯、西进太平洋袭击美军珍珠港，震动世界。日本是亚洲的军事帝国，它的文明的进程与规律也早已引起了世界文明学者的关注。

是什么使得日本走上了法西斯主义与军国主义的道路？

新石器时代之前，人类就已经发明了在河流上运动的工具——船，进入新石器时代之后，世界各沿海民族纷纷开始航海。近年来从中国海的沉船打捞发现，7000年前，中国海已经出现了海洋船只。河姆渡遗址中发现了6只船桨与一只"夹炭黑陶舟"，这是一只独木舟的模型。这就证明，中国东南的越人可能是最早的航海者，《越绝书》中形象地描绘为"以舟为车，以楫为马，往若飘风，去则难从"。中国人在那时已经渡过了台湾海峡，开发海岛，使台湾成为中国的一个组成部分。因为台湾与琉球大约是在更新世才与中国大陆有了海峡，在此之前是连接为一体的。台湾的台南左镇发现的"左镇人"的头骨化石，经测定为1-3万年前，是旧石器时代晚期智人，是"北京人"的一支渡海前往。台湾的长滨文化中距今15000年前的旧石器时代遗址，是中国大陆南方的旧石器传播过去的。河姆渡人可能于7000年前东渡台湾，除了留下了自己的民族标记——段石奔之外，还带去了稻谷。中国人的独木舟还远航菲律宾等地，留下了大量物品。大约在相近的时代，苏美尔人的小船沿幼发拉底和底格里斯河驶入波斯湾。6000年前，地中海出现了早期的船只，西方航海史揭开序幕。有了航海，就出现了海上民族。海上民族是一个历史概念，它有两种意义，一种是指以海洋渔业为重要生产方式的民族，这些民族可能居于海岛或是沿海大陆，但海上捕捞是他们重要的生活来源。另一种则是指那些有海上劫掠行为的民族，这些民族或大或小，或只是一些原始部族，但掌握了一定的航海技术后，经常对于其他民族进行侵略。世界古代民族中，除了东方的中国人外，苏美尔人、含米特人、闪米特人与腓尼基人都是较早的航海民族。腓尼基人所操语言是属于闪米特语系的，公元前 2000 年前他们已经是强大的海上民族了。随着海上民族的出现，原本在陆地上发展起来的古代文明不同程度受到威胁，埃及人、苏美尔人等都曾经遭受到海上民族的袭击。

世界文明史上的一个重大事件就是，公元前 1050 年，一个强大的名叫腓力斯丁的海上民族，突然进攻以色列，以色列人经过抵抗后，仍然不能免除被征服的命运。神圣的中央神庙竟然毁于一旦，象征着这个灾难深重但善于创造宗教的民族的苦难史的开端。

一定程度上，海上民族就是海洋上的"游牧民族"，他们袭击定居的农业民族，抢夺财富。海洋民族也如同游牧民族一样，自生自灭或是在战争中被消灭。进入中古以后，海上民族仍然十分活跃，欧洲的威金人曾经在海上扮演了重要角色，相当多的海盗就是威金人。英国女王甚至对于海盗采取怀柔政策，册封海盗头子，从中获得财富。殖民主义兴起之后，海上民族的地位由新生的殖民者们所取代，殖民主义的船队远行美洲与非洲，将抢掠财富变为对人口与财富的同时掠夺。当然，并不是所有的海上民族都是野蛮民族，腓尼基人与日本人都是较早接受文明的民族，虽然他们也具有海上民族的一些特性，但毕竟不是一般意义的海上民族，这是我们观察日本与海上民族关系的一个重要视角。

日本诸岛本来与大陆相连，估计至少在更新世之前就与大陆断开，形成北海道、本州、四国与九州等大岛，这是日本的本土构成。日本从旧石器时代就有原始民族，今日的日本仍然有少数原始民族存在。新石器时代的绳纹文化代表了日本文明的早期创造，到公元前 3 世纪的弥生文化时代，日本文明发生了巨变，一批移民来到了日本。这些移民与原住民之间明显有种族的不同，原住民是阿伊努人，属于一种混血民族，先祖曾经居住在日本中部与北部地区，以后被排挤到北海道和千岛群岛。他们身材较矮，肤色呈褐色，头发是黑色并且卷曲，体毛相当多，是尼格罗－澳大利亚人种的混合种。

新移民的身材相对高大，脸形略长，其突出的特点是体毛相当少，这是亚洲大陆中国蒙古人种的主要特征之一。据日本学者与中国学者的研究，这些弥生移民可能来自于朝鲜与中国江南地区。他们带来了金属工具、先进的农业栽培技术等①。《资治通鉴》中说"今日日本又云吴太伯之后，盖吴亡，其支流入海为倭"。这种说法的源流可能是来自于《魏略》（鱼豢）所记载的倭人的来源："男子皆黥面文身，闻其旧语，自谓太伯之后。"吴越一带先民"断发文身"是《汉书》所记载的，这种习俗可能带到日本，成为日本先民的特征。其后，东亚的游牧民族也曾经进入日本，这种移民也为日本民族性格形成带来新的因素。也就是说，海上民族与游牧民族的历史基因同时在日本这个太平洋的岛国上存在，这就使其民族心理与性格变得更为丰富与复杂。无论其来源是多么久远，从世界文明规律来说，发达民族战胜并且同化落后民族是常见现象。如同雅利安人战胜印度原住民一样，日本弥生代移民战胜原住民，这就是日本文明的开端。

---

① 参见安志敏：《江南文化与古代的日本》，载《考古》杂志，1989年第 4 期。

日本天皇的来历也充满传奇性，最为常见的说法是来自中国吴地移民。早在16世纪，葡萄牙传教士 J. Rodrigues（1561－1643年）所著《日本教会的历史》一书中，就大胆地提出一个设想：日本的早期移民来自浙江，日本的天皇就是他们的后代。吴太伯第二个弟弟的子孙远渡日本，其第6代孙即神武天皇位，吴太伯弟自称姬氏，故中国人称日本为姬氏之国。其他日本学者也有也有类似的说法，如江户时代的学者藤原贞于著的《冲口发》中也说吴太伯之后娶日本原住民玉依姬为妻，他们的儿子就是神武天皇。

以上传说有不少明显的错误，如吴太伯并不是浙江人，而是最早来到古吴地即今江苏苏南苏州、无锡一带的西周人，这就是所谓太伯奔吴的历史。《吴越春秋》曰：

> 古公三子，长曰太伯，次曰仲雍，雍一名吴仲，少曰季历。季历娶妻大任氏，生子昌，昌有圣瑞。古公知昌圣，欲传国以及昌，曰："兴王业者，其在昌乎。"因更名季历。太伯仲雍望风知指，曰："历者，适也。"知古公欲以国及昌。古公病，二人托名采药于衡山，遂之荆蛮，断发文身，为夷狄之服，示不可用。①

太伯奔吴的故事在《史记》中也有所记载，基本可以肯定。其次，所谓姬氏是周姓，太伯应当都是姬姓，并不是日本的姬姓。这个姓成为日本皇族的姓，可能出于对于皇家姓氏的要求。无论如何，日本先民与皇室可能是外来民族，这并不是不可思议的。

世界民族史上有一种心理情结，即内陆国家往往要寻求出海口，如俄罗斯一直想在波罗的海寻找自己的出海口，这一梦

---

① ［东汉］赵晔：《吴越春秋》，载《野史精品》，岳麓书社1996年版，第8页。

想从 16 世纪到 18 世纪延续不断，伊凡三世自第一次立沃尼亚战争（1500－1503 年）起，就拉开争夺波罗的海出海口的斗争序幕，直到彼得一世才完成这一夙愿。然而，历史再一次戏弄人，冷战之后，波罗的海三国又急于脱离俄罗斯加入欧洲大家庭，虽然可能在某个沿海城市保留俄罗斯领地，但出海咽喉难道又要被扼？我们只有等待历史的答案。而海岛民族则急于发展为寻求大陆通道，与大陆相隔的日本统治者们一直想从朝鲜半岛寻找到一条大陆通道。公元 3 世纪中期，大和国家兴起，统一全国，并且占领了朝鲜半岛南部的任那地区，这是日本民族最早的海外占领，直到公元 562 年，新罗进入任那，驱逐了日本人，日朝历史上的首次占领才划上了句号。但是这一段历史给日本政客们留下了深刻的心理烙印，并且成为他们的梦幻，以期有朝一日能在东亚大陆至少是在朝鲜半岛坚实的土地上立住脚。

大和时代实行了"部民制度"，这是一种按产业分工来划分的部落集合体，各部民众以所从事的职业为划分标准，如织锦部、锻冶部等，在世界奴隶国家历史上，日本的部民制度是颇具特色的。6 世纪末，日本进行了大化改革，史称"大化改新"，实行了土地国有，推行"班田收授法"，废除贵族世袭制度，建立中央集权制度，编纂了各种主要法律。大化改新，使日本从一个农牧奴隶制国家进入封建国家。如果从文化源流来看，这是中国文化对于日本产生强大影响的时代，皇室与贵族模仿了大唐帝国的政治体制。这是日本历史上作为一个东方国家实行封建帝制的开始，可惜这种统一维持时间并不长，日本就进入了战国时代。16 世纪，丰臣秀吉统一日本后，于 1592 年再次发动侵朝战争。在攻陷汉城、平壤后，还计划远征中国与印度。但次年即被中朝联军所击败。1597 年，丰臣秀吉再度侵朝，在鸣梁海战役、露梁海战役中被中朝联军击败，丰臣秀吉失败身亡。日本进入德川幕府时代后，300 年诸侯统治，曾经闭关锁国，直到明治维新之后，再次以统一国家出现，也再次开始对外侵略。第一次世界大战中日本成了地道的帝国主义国家，第二次世界大战是日本对外侵略的最高潮，西方化后的日本以发达的工业与强大军事力量对亚洲国家进行大屠杀与占领，犯下了世界文明史上最为残暴的战争罪行。比起德国法西斯来说，日本的南京大屠杀、毒气与人体细菌试验，都是人类史上空前未有的。西方化，并没有改变日本的民族特性，反而从一定程度上使其畸形发育，达到前所未有的程度。

日本民族性格不但在政府行为中表现明显，民间习俗也十分突出。日本历史上的武士是一个重要阶层，由于日本社会变革，一部分武士们沦为浪人，在海外进行掠夺，成为明代最为严重的边寇。中国古代主要受到北方游牧民族的侵略，近代则发生变化，来自东南沿海的"海上民族"入侵成为重要威胁，所以明清两代都出现了"海禁"的奇怪现象，这是一个衰老的封建帝国软弱无力、无法应对海外入侵的一种表现。当然，这种表现也是整个中国文明固有的保守封闭特性的一个侧面。

日本从奴隶制开始就对朝鲜进行统治，封建时代又数次进攻朝鲜，工业化后，变本加厉地侵略亚洲国家。这一切都说明，日本是一个典型的具有侵略性的帝国，在一定的历史时期，它还是一个军国主义与法西斯主义统治的国家。

从自然因素上看，日本是一个岛国，土地面积只有 37.8 万平方公里，而且多山地，地震频发，资源贫乏。虽然如此，这并不构成日本对外侵略的原因，真正的原因并不排除其历史文明特性。历史上的海上民族的性格只是其中一个因素，长期以来人们研究日本时往往没有能从世界海上民族的总体性来看待日本，离开了日本的民族性格与心理，很难理解日本何以走上了区域性的世界帝国之路。

2. 法西斯主义思想与神道、武士道

民族性格与心理并不是一朝一夕所形成的，思想与信仰的长期教化是它形成的最主要因素，日本民族是一个多元化宗教的民族，从表面上看来，它的宗教形式是多样的。但同时，多种宗教在日本流传中又与这个民族的生活方式与价值观念产生了融合，它们像来自江河的水一样从不同方向汇集起来，向着一个共同的方向，汇聚成这个民族的心力。

神道教（Shinto）就是神之道，是日本所特有的宗教，曾经与佛教一起，长期是日本民族的主要精神信仰。这其实是世界宗教史上的一个奇迹，一种并不发达的宗教成为一个发达国家与民族的主要宗教。神道教从宗教性质来说是相当低级的、原始的宗教，这种宗教的来源很可能是来自于东亚大陆北方民族的萨满教，自然崇拜与神灵崇拜是这种宗教的主要宗旨。在神道教的历史发展中，由于受到中国儒学思想的影响，发展成为一定的宗教思想体系，但是，因为儒学本身是一种人文主义思想，它与宗教之间并不能完全契合，所以由此建立的神道教体系也是相当简陋的。另外，正如相当多的学者已经指出，日本的神曾经在不同历史时代被不同理论所体系化，但是每一种体系都是相当浮浅的镀金，时间一久，镀上的金就会剥落，露出神道粗陋的本质。所以从本质上看，与当代基督教与伊斯兰教等发达的一神教相比，与教义深奥、宗教思想极其丰富的佛教和儒学相比，神道教的理论与思想是不可同日而语的。

但是，神道教在日本有深厚的民族精神的土壤，所以它一直受到提倡，甚至被立为国教。公元7世纪，神道教经典《古事记》（Kojiki）出现，综合了神话中的创世纪，并且提出了君权神授的思想，对皇权进行美化，所以受到国家的重视。然而世事复杂多变，日本进入幕府时代后，神道也不得不改为对于整个封建制度的赞美，这样也就为它以后的国家化奠定了基础。

明治维新之后，神道的地位再一次提高，被定为"国家管理的宗教"，神道的半国教化，这是日本民族的又一大发明。

世界宗教中有不少是被定为国教的，如美国等西方国家将基督教定为国家宗教，阿拉伯国家与伊朗等国将伊斯兰教定为国教。日本神道教从明治维新之后定为国家管理宗教，其地位相当于国教，称之为"国家神道"。从形式上来说，有些近似于模仿西方以基督教为国教，但又有不同。一方面，日本政府仍然保持宗教自由，佛教与基督教等宗教仍然有其地位。神道是全民信仰，是不同于一般的宗教的。另一方面，从管理上来说，神道直接由政府管理，得到政府资助，不同于普通宗教依靠教徒的捐献。神道在全国设立十二万座神社，各个郡县府都有神官，神官的工作就是主持祭礼与宗教仪式。当然，如果从根本上来说，日本神道与任何宗教都有一个基本的区别，这就是人神关系，日本神道无论在何时，都是为天皇政权所服务的。这种精神在东方宗教与信仰中是相当普遍的，中国儒学就是其宗师之一。而基督教从不以世俗皇权为服从，欧洲历史上大多数时期教廷都是与王权处于互相争夺之中，宗教的神圣鲜明表现于不对皇权的妥协，而这种不妥协愈加表现出了宗教神圣。神权与王权的相互辖制，有利于政治与信仰的分离，这种分离对于政治的多元性与民主性有潜在的作用。所以西方长期以来反对政教合一，主张政教分离，这是西方文明极为重要的原则。

对于不熟悉日本文明者来说，武士道与神道之间很容易混淆，其实这两者是不同的概念。武士道就是武士之道，它不是一种宗教，也不是一种完全的信仰，更没有固定的规则与仪式。要理解武士道，先要廓清"武士"一词，武士一词是日本政治的关键词，如果要找到相对应的历史名词，中国的"国士"与"儒士"可能与其遥遥相对。儒士与武士都是封建制度下的"士"，都居于"士、农、工、商"之首，是封建制度的柱石。

所不同的是一文一武，各有其职，可以说反映出两种社会文化，一个崇文，一个尚武的差异，当然，崇文与尚武并非两个社会的本质差异，只是一种表面现象，是民族性格的表征，只能作为入门的向导。

什么是武士道？还是听听日本学者的看法，新渡户稻造认为：

> 武士道，如上所说，乃是要求武士遵守的，或指示其遵守的道德原则的规章。它并不是成文法典。充其量它只是一些口传的、或通过若干著名的武士或学者之笔留传下来的格言。毋宁说它大多是一部不说、不写的法典。是一部铭刻在内心深外的律法。唯其不言不文，通过实际行动，才能看到更加强有力的功效。它既不是某一个人的头脑（不论其如何多才多艺）创造出来的，更不是基于某一个人物的生平（不论其如何显赫有名）的产物，而是经过数十年，数百年的武士生活的有机发展。武士道在道德史上所占有的地位，恐怕和英国宪法在政治史上所占有的地位一样。然而，武士道没有能同大宪章（Magna Carta）或者人身保障法（Habeas Corpus Act）相比较的东西。17 世纪初，的确制定过武家诸法度，但是武家［诸］法令十三条，大都是关于婚姻、城堡、党徒等的规定，只不过稍稍涉及到训导的规则而已。因此，我们不能指出一个明确的时间和地点来说"这里就是源泉"。不过，由于它是在封建时代而臻于自觉的，所以在时间方面，可以认为它的起源是与封建制一样的。不过，封建制本身是由许多线条交织而成的，所以武士道也承袭了错综复杂的性质。①

---

① ［日］新渡户稻造：《武士道》，张俊彦译，商务印书馆 1993 年版，第 15 页。

像众多日本学者一样，新渡户稻造不善于以清晰的条理、明确的定义来说明武士道，但是我们也可以从他的论述中看出日本武士道的基本精神，新渡户稻造把"义"、"勇"、"仁"、"礼"、"诚"、"名誉"、"忠义"等品质作为武士道的主要品质，视武士道为日本大和民族之魂，认为这种精神就是日本民族精神的代表。特别值得注意的是，其中有大量的关于自杀与复仇行为的颂扬。这本书显然是一首日本封建武士道精神的颂歌，书中有一章就是"自杀及复仇的制度"。其中还有相当多的对于日本军国主义的赞颂之词，由于作者曾经留学美国，对于西方文化相当熟悉，他把日本武士道与西方的骑士道相提并论，而时时暗示，骑士道在西方早已经湮灭，而武士道在日本则永久不会消失，它根深蒂固地存在于日本人的心灵之中。更令人不能容忍的是，对于日本的侵略战争如甲午战争的吹捧，处处流露出一种法西斯主义的情愫。这样的包含有军国主义、法西斯主义观念的书，竟然受到一些中国人的吹捧，这是十分值得警惕的。

武士在日本社会中出现极早，公元 11 世纪，日本的社会经济处于渐变之中，天皇专制制度赖以存在的班田制瓦解，藤原氏等贵族外戚专权，国郡体制被"知行国制"所取代了，地方势力日益扩张，中央已经无法控制。这是世界史上常见的现象，如同中国秦汉之后的地方割据，欧洲中世纪之后的各小城邦独立一样，地方武装力量就应运而生。这些武装力量是由庄园主组织自己的家族成员与家丁所形成的，这就是最初的武士阶层。与欧洲和中国的不同之处在于，日本的武士处于中央统治虚弱的时代，从一开始就迅速集团化，形成独立的武装力量，并且加入政治斗争，成为重要的独立力量。11 世纪初的关西平氏与关东源氏两大武士集团纵横天下，从此日本开始了武士集团与天皇政权互相争夺的局面。从这时起，日本武士成为一个最重要的社会阶层，这个阶层不事农工，以政治、军事为业，相当于欧洲中世纪的骑士阶层。16世纪后期，丰田秀吉颁布"刀狩令"，命令所有武士必须离开农村，在城市里定居，并且不得转为农工商业者。这样做的目的在于控制在战国时代最为活跃的武士阶层。这样，武士阶层正式成为士农工商之首，成了封建国家的基石。当然，它自己也受到了政府的控制。德川幕府时期，对武士进行分封，"大名"拥有年收成万石以上的领地，以"藩"为其领国，全国只有200多家大名。大名以下是众多的中下层武士，他们依附于大名或是将军，大多数武士没有封地，而以俸禄为收入。1615年颁布的《武家诸法度》是关于武士阶层的一部重要法典，这部法典中规定武士的义务职责等，使得武士身份得以明确。也就在这一时期，武士道的概念得到了肯定，至此武士阶层的社会地位达到了顶峰。但是好景不长，盛极必衰，武士阶层的没落也随之而至。幕府专制的统一政治，使国家经济平稳发展，工商业的兴起成为必然。而新兴工商业者取代封建庄园主，成为社会新贵，导致了依附于封建庄园主、大名与将军的武士阶层因经济地位下降，产生分化。这种分化主要是两个大的方向，一部分武士成为"浪人"，处于社会中下层，坚持了原有的武士行为方式，但已经今不如昔，社会地位大大下降。另一部分武士则改变生存方式，多数选择自由职业为生，如教师、医生等。他们学习西方先进思想文化，以授课讲学方式宣传社会改革，在日本明治维新中，在日本的近代资产阶级启蒙运动中，这些人成为先行者。其中如大久保利通、西乡隆盛、伊藤博文、高杉晋作、木户孝允等人，都是倒幕维新的代表人物。这样，武士阶层的历史命运呈现出一种戏剧性的变化，从封建专制的卫士转变成了撞响其丧钟的敲钟人。

日本的武士阶层是典型的封建社会之"士"，处处令人想起欧洲中世纪的骑士与中国封建社会的儒士，他们都曾经是封建社会所豢养的卫道士，甚至被看成是封建社会的柱石。但是人们往往忽略了这样一个事实，这种阶层是一种真正的依附阶层，他们的身份决定了其极易转换政见与立场，从社会的支持者变为其反对者。所以，几乎历史上所有的革命，从古代罗马的斯巴达克起义到印度的民主革命，所有的领导者都是"士"的阶层，无论是奴隶角斗士与武士，都有其极为相近的一面。士与社会变革，是一个重要的历史母题，它的研究在世界史上是不可忽略的。

社会道德与伦理无疑具有时代性，每一个时代有自己的道德规范。但同时，道德又是具有继承性的，中国先秦儒家提倡的封建道德"仁、义、礼、智、信"并不会随着先秦儒学代表人物的辞世而消失，它对于其后的中国社会仍然适用。武士道，作为日本封建社会武士阶层的道德也并没完全随着武士阶层的解体而沦丧，它在日本社会中仍然有相当大的影响。武士道的命名是在德川幕府时代，它的前身是战国时代的武道，虽然精神主体是世俗的，但其中有一定的原始宗教的崇拜性。武士道的主要观念是"忠、义、勇"，这种精神是抽象中的具体，说它抽象，因为这种精神具有普适性，任何时代、任何团体都需要这种精神。而说它具体，则在于它的历史环境是日本的封建社会，武士作为大名将军等的家臣，有一种相似于黑格尔所说的"主人与奴隶"之间的关系，这种关系要求的品德就是盲目的服从与愚忠。日本的武士道并不是一种孤立的现象，欧洲的十字军东征中就有武士精神，黑格尔曾经这样评述过这种精神：

> 我们在前面已经注意到，西班牙因为同萨拉森人斗争，发展出来了特殊的武士精神；因为十字军诸役的结果，同样的精神播散到了欧罗巴全境。……因为基督教本身也包含着无限的抽象和自由的因素；所以"东方"的武士精神

在"西方"的心坎里得到了一种回响，这回响使他们逐渐获有一种为他们空前所没有的更加崇高的美德。教会的武士阶级，它的构成的基础，和僧侣的会派所由构成的基础恰相类似。它们的分子同样要照例立下弃绝一切的誓言，就是将一切世俗的东西完全放弃，但是他们同时以保卫膜拜圣地的行客自任；因为这个原故，他们的第一个职责便是武士道的勇敢；最后他们又相约哀惜贫穷，照顾病人。……这些结社和封建制度自私的原则根本不同，他们的分子都是为一种共同的目的，而用等于自杀的勇敢牺牲他们自己。①

黑格尔的错误在于把武士精神的来源看成是"东方"的，这当然是对于"野蛮民族"的蓄意贬低了。但武士的"自杀的勇敢"却不幸被黑格尔所言中。黑格尔身后不到 200 年，自杀式袭击就到处开花。从日本空军偷袭珍珠港到震惊世界的 9. 11事件，其余如以色列、俄罗斯等地的战争中，自杀式袭击屡见不鲜。舍弃肉体，像炸弹一样攻击对方，即所谓"人体炸弹"已经成为 21 世纪初期人类文明史上一种令人触目惊心的现象。而开其先河者的精神，就与"武士道"颇有联系。当然，上文中黑格尔所用的"武士道"一词其实并不是日本的武士道，而是欧洲十字军的骑士精神，黑格尔著作的中译本译者将其译为"武士道"，虽然只是一种巧合或是借用，但是其中无意中展示了自然的联系。

武士道，这种精神的历史反思令人心情沉重，但这种反思又是十分必要的。如果没有民族精神的反思与检讨，一个民族与国家永远不会进步。对于日本来说尤其重要，日本社会中的

① ［德］黑格尔：《历史哲学》，王造时译，上海书店出版社1999年版，第409页。

民族主义占有重要地位，战争与社会变革时代，在民族主义精神失去理性的羁绊时，武士道就成了一种国家意志的精神武器，驱使民众为军国主义献身，这时，武士道的宗教性因素明显呈现，狂热与偏执，自杀袭击、剖腹自杀等现象完全有悖于人类社会的基本道德。而当武士道与法西斯主义思想混合起来时，日本法西斯主义热忱并不亚于德意志与意大利，这一点在第二次世界大战中暴露无遗。

从明治开始到二次世界大战，神道在日本的国家统治与民族主义精神建设方面都起到了关键的作用。当然这种过程并非一帆风顺，德川时代以来，佛教一直是日本政治与信仰的中坚，所以当宣布神佛分离令（shin‐butsu hanzen rei）之后，出现了短期的反佛情绪，但随之形势发生变化，神道自身发生了分裂。国家神道教（State shinto）到了第二次世界大战后已经走了下坡路。神社神道与教派神道开始取代了它的位置，神道变得更为民间化，也脱离了政治，变得更像真正的宗教。同时，神道也与佛、儒相结合，出现了佛教神道，儒教神道等，一句话，神道被从国家管理宗教中解禁了，重新走向民间。

也正是在这一历史时期，特别是在二战之前，日本的法西斯主义以一种与神道结合的方式发展起来。

日本的法西斯主义与德国、意大利不同，希特勒与墨索里尼都以一种社会革命假面出现，这种社会革命并没有真正的革命性，只是哗众取宠，但是由于欧洲特殊的历史环境，竟然能得到一部分人的拥护。被认为是法西斯主义的精神分析学家赖希在《法西斯主义的群众心理学》（The Masss Psychology of Fascism）与《性格分析学》（Character Analysis）等论著中为法西斯主义的出现进行理论解释，并且提出了"红色法西斯主义"等概念，一定程度上起到了为法西斯主义辩护的作用。赖希的理论中所强调的重要观念是这样的：首先在于社会结构决定了社会心理与性格，他认为："社会，并不是一个固定心理结构的结果，而是相反，性格结构是一定社会的产物。"① 但同时他又认为，社会心理其实是整个社会的支持，所以社会心理是至关重要的。社会文明是对于群众心理的压迫，这就使人们产生心理压抑，求得性与神秘因素的满足，所以法西斯主义受到部分人的支持，而并不一定是统治者的意愿。

相反，日本的法西斯主义是一种国家民族主义与神道精神的结合。神道所维护的国家利益成了一种借口，被皇室与法西斯主义所利用。如果说，德、意法西斯主义是一种政治的法西斯主义，那么日本的法西斯主义则是一种神道宗教的法西斯主义。前者以虚假的政治宣传为迷惑人的武器，后者以宗教来统治信徒。在一定的历史条件下，狂热的宗教精神产生的作用更加强烈，它会舍弃包括生命在内的现世一切，不惜以自我牺牲作为代价来完成精神的目标。在这种精神作用下，日本以军国主义为发展目标，成为亚洲与世界和平力量的敌人。统观这一历史过程，神道发挥了重要的作用。正如英国宗教学者尼尼安·斯马特（Ninian Smart）所说：

> 简言之，国家神道教——同样，第二次世界大战以来的神社神道教——是一种残缺的宗教，因为它没有发展出一套教义。但它确实构成了一个民族主义的意识形态的情感核心，因为它把民族势力的扩张和捍卫视为所有日本人的神圣义务。它的民族精神与现代武士道不谋而合，这种武士道经过重新解释后甚至成了征募士兵的方法。那么多人在不断的战争中表现出来的忍痛寡欲与英勇献身就证明

---

① 有关赖希的思想与论述可以参阅方汉文著《现代西方文艺心理学》，陕西人民教育出版社 1999 年版，第 67 – 173 页的有关论述。

了对这类精神的把握。①

作者这里所说的“英勇献身”之类并非空言。太平洋战争爆发是以一个悲剧性的场面为标志的。1941 年 12 月 7 日凌晨 7 时 55 分，在美国夏威夷的珍珠港，无数架日本飞机突然对美军进行袭击，这种袭击就是所谓“自杀式袭击”，日本飞机的驾驶员与炸弹同归于尽，使得美军太平洋舰队基本全部被消灭（除了 3 艘正在执行任务的航空母舰与部分重巡洋舰之外）。这是日本法西斯主义最有代表性的事件之一，也是自明治维新以来神道精神指导下日本民族性格被扭曲的一次展示。

这次人类战争史上空前未有过的大型“自杀式袭击”，也可能是以后不会再出现的大型袭击，其惨烈程度可能胜过了 21 世纪发生于美国本土的 9·11 事件，在 9·11 事件中，袭击者以飞机对于纽约的世贸大楼进行自杀式袭击，再次举世震惊。自杀式袭击在 21 世纪的以色列与巴勒斯坦战争中不断出现，如果究其源头，日本军队的自杀式袭击可以说是最早出现的大规模行动之一。这种袭击所表现出的精神是令人深思的，从人类社会来说，维护与发展人类生存是文明存在的主要目的，而从个体来说，维护自然生命延续也是一种本能，它是自然的一种规律，从最低级的生物到最高级的人类，在这一规律面前是同等的。在超自然的精神追求中，自我毁灭也被基督教等宗教看成是一种罪恶。当然，我们并不能简单地指责任何历史现象发生的罪恶或不公，当为了维护民族与国家的利益时，为了所谓的民族意志，个体献出生命是完全可能的。但是，如果提倡这种牺牲精神，并将其作为民族国家对外扩张的手段，这种牺牲之后的思想观念当然是要反思的。文明与人道，这是永恒的价

① ［英］尼尼安·斯马特：《世界宗教》，高师宁等译，北京大学出版社 2004 年版，第 508 页。

值所系，反文明与反人道，则将被人类所抛弃。

前事不忘，后事之师。在反思日本侵略的历史原因时，离开这个民族的内部因素是不可能的，这些原因是如此紧密地结合了制度、宗教、心理等方面的因素，很难分离开来作一种单一因素的决定性分析。

3. "东亚册封说"与费正清"东亚朝贡体制论"

在当代众多讨论日本走上帝国主义道路原因的学说中，很多西方学者的分析由于缺乏对日本历史文化的深入研究，往往不能得其要领。而亚洲人特别是日本人的理论则由于具有切肤之痛，由于身处其中的亲身体验，具有不可忽视的价值。

在这个问题背后隐藏着一个更为复杂的问题，即亚洲国家中，为什么只有资源并不丰富、国土面积并不大、人种并不特殊的日本，在与亚洲各国相比并无得天独厚之处的日本，竟然成为一直威胁亚洲的军国主义与经济强国。

这并不需要一种形而上的终极原因的寻求，当然，更不可能有朝一日会有突然发现，会有解谜式的揭底，使日本的秘密大白于天下。最重要与最可行的反而是主要文明因素的探讨，尽管这种原理式的说明可能会被有些人斥之为简单化，但是它却是正视历史最必要的视域。历史不会对一切事件都提供确切答案，但它也不会使一切全无答案。历史决定论，对于人类社会的复杂形态研究可能是一种简化的理论，而对于具体的历史现象与事件，它则是准确与有效的。

日本历史学家依田憙家是一位有严谨科学态度与进步史观的学者，他关于日本帝国主义有深入的研究。在论及日本为什么成为帝国时，提出了所谓"册封体制"的看法。他写道：

> 在近代亚洲，为什么只有日本才形成了像欧洲那样的殖民帝国？关于这个问题，我认为有若干种因素。可以说，

这不是一个仅仅从"受欧美列强侵略亚洲的刺激"来考虑的问题，而是几种原因相互影响而形成的。

在考察日本对外扩张的时候，必须考虑到，19世纪中期以前，东亚地区普遍建立的册封体制与日本及其他东亚各国的关系。这是因为，日本之所以成为近代亚洲惟一的殖民帝国，就在于它处于册封体制之外。日本的对外侵略，是借助于鸦片战争以后册封体制的崩溃，并且促进了这一崩溃。①

什么是"册封体制"？作者解释说，册封体制就是"以中国为中心建立的国际关系，就是把中国皇帝看做是整个东亚的'天子'，而中国皇帝承认东亚国家君主的地位建立一种国际关系原则"。

我们认为，虽然这种"册封体制"在日本帝国主义历史研究中似乎是一种新学说，对于研究日本发展为帝国主义的历史原因会有一定的参考，但从世界的历史与文化理论来看，它并不是一种新学说，它的来源之一就是美国汉学家费正清等人早就提出的"远东朝贡制度"，费正清曾经指出：

> 经过一定的历史时期，在远东曾出现了一个国际关系的体系，近似于在欧洲出现的国际秩序。我们认为，"国际或是国家间的关系"对其来说并不是一种恰当的说法，毋宁称之为中国的世界秩序。②

费正清的目的很清楚，就是要把中国说成是一个世界帝国，至少是一个征服统治远东地区的帝国。朝贡体制中国古代早已有

---

①　[日] 依田憙家：《近代日本的历史问题》，雷慧英等译，上海远东出版社2003年版，第136页。

②　John King Fairbank：*The Chinese World Order*：*Traditional China's Foreign Relations*，Harvard University Press，1974，P. 2.

之，这是中国封建制度与世界其他古代封建国家都曾经存在过的一种国际间与民族间的关系，即中央帝国或是大国向周边小国或民族收取贡物，这种贡物的形态很多，时间也不是完全定时的，可以说是不同于赋税的一种物质关系，在这种联系之后，则是政者之间的政治关系。从国际关系来看，它是一种特殊联系，但要把它说成是一种世界秩序，则必须有一个历史界定。这种秩序的性质是什么，是异族统治还是平等来往，如果不解决这一问题，只指出世界秩序是不够的。事实上，它完全不是中国占领某国之后建立的殖民地关系。所以，说它是世界秩序，一定要与罗马帝国区分开来，罗马帝国在自己的从属地上收取赋税，与中国的朝贡之间是完全不同的。

所以如果从费正清"东亚朝贡说"出发来分析东亚历史，必定有不足之处。

"册封体制"是一个相当复杂的历史现象。从中国的内外关系而言，主要有三种关系。第一种是所谓的册封关系，即华夏民族对于中国其他民族的关系，这种关系盛行于一定历史时期，常见于所谓的早期封建或是说从奴隶社会到封建社会转折时代的制度，如《史记·楚世家》曰：

> 熊绎当成王之时，举文武勤劳之后嗣而封熊绎于楚蛮，封以子男之田。[①]

这里所说的册封是指诸侯封地，当然与上文所说的册封不是一个概念。第二种则是秦汉之后，中国封建大帝国建立之后，少数民族被征服或是政治依附产生的朝贡关系，这是一种常见的关系。但这种关系并不是真正领属意义上的，它往往只具有名义上的领导与被领导关系，并不像欧洲文明中的邦国或是采邑关系。所以它没有固定的税收或是朝贡，只是一种象征性的归

---

① 《二十五史》1，浙江古籍出版社1998年版，第140页。

附关系，而且这种关系经常破裂，极不稳固。这种关系的民族历代都有，为数众多。古代民族中的东夷、西狄、南蛮、北戎等都有，秦汉之后，匈奴、鲜卑、突厥、回纥、靺鞨、契丹、党项、乌蛮、白蛮等建立的国家，先后都对于中央政府有过朝贡。第三种是中国与周边国家的关系，这些国家与中国同在亚洲，但自古并没有成为统一国家，与以上民族不同，如中国与印度、朝鲜、印尼、日本等国家，主要是一种文化联系，在一定历史时期还具有政治、军事联盟的关系，没有真正的长期的朝贡关系，也就不是所谓君主国与从属国之间的关系。不能以所谓册封关系来概括。

　　清代乾隆《清会典》所列"四裔之国"主要有："在东则为朝鲜、日本、琉球，在南则为安南、暹罗、南掌、港口、柬埔寨、宋居劳、缅甸、整欠、景海、广南、葫芦国、柔佛齐亚、吕宁、莽均达老、文莱、马辰、苏禄、噶喇吧、旧港、曼加萨、英吉利、干丝腊、荷兰、法兰西、瑞国、连国，在西则为布鲁特、安集延、塔什罕、拔达克山、博洛尔、爱乌罕、意达里亚、博尔都噶尔亚，在北则为俄罗斯、左、右哈萨克、启齐玉苏、乌尔根齐、咸奉正朝，勤贡职"。有的历史学家根据句尾的"咸奉正朝、勤贡职"，遂断言，清政府对外关系中只有朝贡关系与通商关系。这实在是极可笑的，其可笑之处并不在于清典的说法乃是一种夸大其辞的官方文书，而在于历史事实与历史逻辑的判断已经说明了这是不可能的。《清通典》中的《边防典》就曾经把列国分为三类："朝献之列国、互市之群番、草心面内之部落。"至少清政府承认，除了朝献与通商之外，尚存在为数众多的国家，这些国家既不属于朝献也不属于通商国，只是一般的可能具有外交关系的国家。所以，另一位日本学者滨下武志有一个更为准确的判断：

　　　　朝贡体制虽然是以朝贡－回赐这种和中国之间形成的、

两国关系中以中国为中心的呈放射状构成的体制，但是，这种关系并不能完全取代所存在的各种关系，例如处在中国周边位置上的，自成体系的卫星朝贡关系的存在就不止一个，因此形成既有包容关系又有竞争关系的对立复杂的地域圈。[1]

笔者认为，中国的朝贡关系是一种东方历史现象，它应置于整个东方文明的历史语境中理解。中华帝国是东亚最发达帝国，周边国家因内政外交关系要求与其保持一种特殊的历史联系，这种联系具有从属性，即政治军事上的保护性与经济联系，但并不具备真正的侵略性，从民族国家的意义上来说，双方都是独立国家，具有主权与领土完整。这是最关键的，这也是中国文明传统的一个重要特点，对内专制，对外非侵略性。这再一次证明，中国不是罗马，中国不同于西方，它不受西方文明中国际关系的制约，它有自己的文明规律。

所以说日本并不是唯一处于所谓中国"册封体制"之外的国家，特别是当不存这种所谓的册封体制，以此来解释日本成为军国主义与侵略帝国的理由并不充足。

日本近代以来的侵略，其前提是帝国化，这是毋庸置疑的。通过明治维新，日本从文化类型上转向欧洲或是称之为西化，生产中的资本主义关系发展迅速，从农业国家变为工业国家，政治上从封建制度转变为君主立宪，西方历史学家韦尔斯对此惊叹不已，认为日本 30 年完成了欧洲多年才能完成的经济转型。第一次世界大战之中，日本已经进入了帝国主义时代，并且加入列强行列，虽然位居其末，但其野心毕露，是不可小视的。它的目标就是占领朝鲜与中国，实现亚洲霸权。如果用帝

---

① ［日］滨下武志：《近代中国的国际契机：朝贡贸易体制与近代亚洲经济圈》，朱荫贵译，中国社会科学出版社 1999 年版，第 38 页。

国主义理论来说明日本对外战争史，是无可挑剔的。

在此之外，笔者所强调的是，应当从日本文明的历史来看待它的侵略性，这就是日本古代移民中的东亚游牧民族文化与日本民族的海上民族文化，特别是后者的形成，产生于日本的自然环境、神道与武士道传统等因素，这些因素共同生成了日本民族的特殊心理与性格。所以早在3世纪的对朝鲜入侵中就已经表现出这一历史因素，整个中国时代，日本虽然努力学习中国文化，但日本政治却与中国大一统封建制度相反，长期的动乱与幕府统治，表明日本文明的特殊性。中国历史上，即使在少数民族掌握政权的各个朝代中，中央政府都没有落入军人政权的手中，没有特权阶层的专横，维持了国家基本安定。日本却没有能做到这一点，相当长的时期里，将军与武士飞扬跋扈，国内战乱不绝，儒家在中国是治国之道，日本的儒学，只不过成为一种信仰与道德伦理，只在个人的修养中得到体现。近代以来，日本吞并琉球，征朝鲜，进攻中国，其实并不是日本欧洲化的结果，而且事实上日本也并没有彻底西化，从明治维新以来，日本一直在西化的道路上前进，但日本很难完全西化，历史有明鉴，历史上日本曾经努力学习中国文明，有唐一代，日本有16批遣唐使返回日本，当时船员的生还机会只有一半左右，但日本先民为了学习中国文明，不顾艰险，远渡重洋，其热忱并不亚于明治维新之后的向西方学习的热潮。日本汉化历史长达1200多年，西化历史迄今只有100多年，所以，日本并不是彻底的西化，就像日本也没有完全儒学化一样。日本仍然是日本，是一种独特的文明，正如其他文明一样，它不会完全彻底地改变。

福泽谕吉的文明理论在日本影响很大，他的理论中错误相当多，特别是他关于日本社会进步的成就与希望都是西方化的结果的看法，其实是极其荒谬的。但福泽谕吉也看到日本与西方的一个重大区别，这就是日本是专制制度长期统治的国家，与欧洲文明传统不同。我们这里借用他的一个比喻，他认为日本足利时代天下大乱，如同罗马即将崩溃一样，日本的武士如同罗马帝国时代的蛮族一样，面临摆脱专制、争取自由的选择（他是把政治变化的重点放在武士阶层身上的，这是日本学者的一个常见思维方式）。然而日本武士却令他大为失望：

> 尤其是在足利末年，天下大乱，群雄割据，连年战争，当时日本武风之盛是空前未有的。有一败而亡国的，也有一战功成而建立基业的，既不论门第出身，也不论资历如何，功名富贵转瞬可得。日本这时的情况和罗马末期北狄侵入时期的情况相比，虽然文明程度有先进与落后之不同，但确实相像。在这种时势下，日本的武人应该自然产生独立自主的精神，像日耳曼野蛮民族所遗留下独立自由的精神那样，我国人民的风气应该发生一场变化。但事实并非如此。正如在本章的开头所述，权力的偏重，自有史以来，就无孔不入地渗透在一切人的关系中，即使经过震动也没有法改变它。①

他所举的例子并不典型，却也有说明作用。日本与西方存在巨大的文明差异，同样的历史机会，产生的则是完全不同的历史结局。当日本与西方面临相近的历史机遇时，日耳曼蛮族的武士以自由独立精神，成为欧洲民族国家建立与民族解放的推动力，相反，日本武士则只能是封建权力斗争的工具。当工业化时代这种历史条件形成时，欧洲可能会产生资本主义垄断阶段的产物，进入帝国主义，这是先贤的理论已经指出的。但在一定的历史条件下，这种帝国机制会受到民主制度与自由精神的反抗，德国与意大利都是明显的例子，特别是在战后，法西斯

---

① ［日］福泽谕吉：《文明论概略》，北京编译社译，商务印书馆 1959 年版，第 149—150 页。

精神受到严厉声讨与反思。而日本的专制制度与含有武士道因素的民族精神，则可能会导致军国主义，而国内的自由独立精神却相对难以形成，这就是日本战后对于战争罪行不能得到检讨的一个重要方面。

日本的工业化不同于欧洲的工业化，两者有不同的文明传统，明治维新三十年的变化如同其他改革一样，不可能切断接受中国文明影响的长达 1900 年的历史传统。所以工业化对于日本社会与对于欧洲社会是完全不同的。工业化对于一个专制制度加上武力政府的日本，对于一个从 3 世纪就进攻朝鲜的海上民族传统，从政治上来说，只能是雪上加霜，使日本向法西斯主义与军国主义迈进。两次大战期间日本成为军事帝国，这就是真正的历史答案。

综上所述，日本法西斯主义与其他法西斯主义产生一样，并不是偶然的，如果忽视历史文明的因素，只是从帝国经济原因入手，把日本侵略说成是日本超越亚洲国家，较早西化的结果，这样就很难找到日本民族的真正历史定位。这样还存在一种更大的危险，对于日本，对于世界都同样重要，这就是日本军国主义的复现。进入 21 世纪以来，日本不断地修改法律，加强军事力量，篡改历史，已经是一种不祥之兆。但无可怀疑的是，21 世纪的世界与东方已经今非昔比，日本人民与各国人民一样坚信，任何法西斯主义和军国主义的复辟都只能是少数人的梦幻。

第九章　文化帝国主义

一、帝国与帝国主义

与"帝国"一词相关的概念是"帝国主义"，两者极易混淆，其实这两者可谓相差甚远。

帝国主义是一个产生于经济政治学的新范畴，直到现代社会中，"帝国主义"这个概念才逐渐普及，在马克思主义政治经济学中，帝国主义的概念是很明确的，它指的是资本主义发展中的最后阶段，也就是垄断资本主义或是现代资本主义。按照列宁的政治经济学，十九世纪末到二十世纪初，资本主义实现了帝国主义，在经济上具有五个基本特征：第一，生产与经济中由于高度发达产生了垄断组织。第二，金融资本与金融寡头的形成，这就是银行资本与工业资本的结合所产生的后果。第三，资本输出成为重要方式。第四，瓜分世界的资本家垄断同盟形成。第五，最大的资本主义列强已经瓜分世界完毕。

从世界当代经济发展来看，关于帝国主义理论出现了复杂局面。一方面，有的论断已经完全实现，市场经济已经被世界贸易组织推行到世界的每一个角落。20世纪末到21世纪初，中国这样的国家已经加入世界贸易组织，俄罗斯等国也正在积极申请。世界性的金融输出已经以"投资"与"吸引外资"的名义风行世界，这方面中国一马当先，成为世界各大财团与世界五百强等企业的主要投资地之一，东欧与印度等国则不甘落后，极力吸引国际投资。另一方面，经济全球化使得世界性政治与经济概念有了范畴创造，甚至会有理论革新。这种范畴与理论的创新中，"帝国主义"也是旧瓶装新酒，被赋予新义。"文化帝国主义"就是当代帝国主义的一种理论，它并不只是一个新词，而是一种重要的理论创新。

在当代经济学或是哲学中，有一种相当奇怪的现象，这就是学科突然转折的现象，其具体表现于学科术语的大转换，这种现象使人对其学术价值与学术标准产生怀疑。笔者只需指出，传统经济学与哲学中的重要概念包括"帝国"、"帝国主义"或是"垄断"一类，突然在学科研究中消失（当然并非全部理论，只是主流理论）。如果说，传统经济学理论中，帝国主义是垄断的资本主义，那么，这种定义几乎完全改变。我们可以理解"全球化时代"的到来所引起的学术概念与范式的更新。当"经济帝国主义"已经化身为"经济全球化"这一变化中，有两层意义的差异：一是帝国主义性质已经不再显著，因为其最突出的特征似乎表现为"垄断"一词的突然消失，这个词已经被新起的经济学家们所遗忘。近年出版的经济学著作中几乎完全没有"垄断"一词，其实只要倒退 30 年，就是另一番景象。当时所有的经济学书中关于帝国主义的部分，"垄断"都是关键词，几乎每一页都少不了"垄断"。曾几何时，"垄断"就已经消失得无影无踪。就是一些当年曾经写下了不少"垄断"一词的老经济学家们似乎也在像躲避麻风病一样避开这个词。我们并非是某一种学说的遗老遗少，当然并不坚持要求经济学家或是哲学家们使用这一词。但从评价一个学科来说，如果完全没有学科传统与基础观念的学科，其新学说当然是值得怀疑的。其次，在经济学中，"帝国"与"帝国主义"这类概念也随之消失，代之而起的是一片"全球化"与"反全球化"的说法。如果说"垄断"一类经济学术语尚可以与时俱进，那么"帝国"难道会突然消失吗？

二、文化帝国主义

有幸的"东边日头西边雨，道是无晴却有晴（情）"。"帝国"这一类概念虽然被逐出了某些学科，却进入了比较文明研究的视野。笔者认为，文化帝国主义就是一个后殖民主义的重要理论范畴。

虽然后殖民主义理论家并非全部赞同这一说法，甚至相当多的人并没有使用这一概念，这个概念是笔者根据当代帝国主义研究的实践总结出来的。但是多数后殖民理论家或是其他学者都有关于这方面的重要论述。

笔者认为，文化帝国主义是全球化时代的一种重要概念。冷战结束后，世界政治局势进入新一轮演变过程。经济全球化成为主流，使得原有以民族国家经济为界限的经济发展模式屈从于更大范围里的经济发展，这其实就是马克思《共产党宣言》等著作中指出的世界市场的现实。现代化工业生产当然是要求突破民族国家限制的世界工厂与世界市场，但是事实上更为重要的是与此俱生的一种全球意识，这是人类意识史上最重要的提升。自我意识与民族意识在全球化时代必须与一种全球意识相协调，全球意识就是道，是宇宙之道与全球之道，是意识的归宿与渊源。

由于经济全球化产生的世界多民族的交往，必然会引发民族国家利益与文明之间的冲突与对立，冲突是交往过程中的现象，如同把各种矿石放入熔炉中所产生的渣滓，只有除去这些杂质才可能有真正的熔解与结合。民族国家与民族文明之间的冲突在契合中得到化解，主要是社会生产与文明之间的参同契异。值得提醒关注的是，哈贝马斯最后放弃"交往理论"并非全无道理，因为这种交往如果没有全球化语境与文明精神对话的话语，其实必沦为空，空并非无，亦非假，但空也不是真，空是不真亦是不假。在这种语境下，帝国与帝国主义已经成为了真理的对立物。在现实世界中，正像帝国并没有消失一样，帝国主义仍然没有走到它的尽头。不过，经济全球化已经使其军事与政治力量模式大变，文化与文明参契中，经济帝国主义已经化身为文化帝国主义，文化帝国主义是全球化时代帝国主义的实存，因为它极大地影响到人类的精神发展。

人类历史上的文化帝国主义并不是今日才存在，早在古代帝国中，文化的输出与影响已经是帝国的主要特性。帝国消失之后，文化却未必随着帝国逝去。

有一个事实最能发人深省，这就是文字。当今世界使用的文字中，西方国家普遍使用拼音文字，古典文学水平高的知识阶层还可以书写拉丁文，而拼音文字与拉丁文，这是罗马帝国的文化。"罗马人征服了希腊人，希腊文化却征服罗马占领者"。这句我们最爱重复的名言，早就被西方历史学家称为老生常谈。其实在罗马，所有的希腊文献都必须以罗马文字出现才可能传播，亚里士多德相当多的著作希腊文本一度失传，长期得不到流传，而直到罗马人占领雅典后，亚里士多德的文稿才被运到罗马，经过罗马学者的校证，于公元前 40 年前后出版，而亚里士多德的名篇《诗学》直到中世纪才同时出版了希腊文与拉丁文版。众所周知，中世纪文献如果不是拉丁文，其传播不可能达远。柏拉图的著作完整传世，拉丁文本传播最广。希腊罗马的学术能流传后世，当然拉丁文功不可没。

普鲁塔克《迦图传》中说过，罗马统治者迦图本人就是一个精通希腊文化的学者与作家，但是，他在罗马却并不提倡希腊文，当他来到雅典时，普鲁塔克这样叙述：

> 迦图在雅典逗留了很长一段时间，据说他向雅典人发表演讲的讲稿还流传于世。在这次演讲中，他称赞古代雅典人的美德，并且对自己能有幸看到这样美丽而又伟大的

城市感到高兴。其实这是不符合实际的捏造。因为他虽然
可能已经能直接与雅典人对话，但他在处理雅典事务时总
是通过翻译来完成的。他始终坚持罗马人的方法、嘲笑那
些整天称赞希腊事务的学者。例如，他挖苦波斯图米斯·
阿尔比努斯这位曾著有一部希腊史，并要求他的阅读者成
为对它发生兴趣的学者，他说：如果他是在安非克底尼克
（Amphictyonic）议会的强迫下来写这本书的，那么读者可
能会对他的著作感些兴趣。此外，迦图还说，雅典人对于
他说话的敏捷性和尖锐性非常吃惊。他讲的短短一句话，
翻译往往要用很长的句子把它表达出来。而且他认为，从
总体上讲，希腊的语言只来源于他们的嘴上，而罗马的语
言则发自他们的内心。①

迦图之后相当一段时间里，希腊文字及其学术都不能在罗马盛
行，其中的原因当然不是偶然的了。因为在历史上，真正统一
了欧洲的文字毕竟是拉丁文而不是希腊文。

东亚与东南亚国家中，汉字影响最大，朝鲜、越南、日本
等国的文字虽然现在已经不是汉字，但是几乎都与汉字有语言
文字体系联系。一定程度上可以说，正是因为中国的汉字存在，
使得拼音文字东方化受到阻碍。中华帝国是一个特殊的帝国，
它并不以军事占领为主要手段进行领域扩张，但是它的经济文
化影响却使它成为一个大型文化帝国。阿拉伯语言与文字在阿
拉伯、中亚、西亚与东南亚地区也是主要语言文字，这是阿拉
伯帝国的文化遗存。即使是一些现代帝国，也无不以语言文字
进行了扩张，说英语的印度人是最明显的例子。经过不列颠帝
国的长期统治，最大的文化遗产就是英语，印度最伟大的诗人

---

① 杨共乐选译：《罗马共和国时期》（下），商务印书馆 1998 年版，
第 73－74 页。

之一泰戈尔就是用英语写诗，使得英语世界能够读到当代印度诗。而且这种优势并没有结束，20世纪的电子计算机软件开发中，印度科学家走在世界前列，据说其中的原因之一就是印度人使用英语，而电子计算机业所使用的语言中，英语占统治地位。这一事实令不少主张以英语为第一或是第二语言的国家或地区中的人们艳羡不已，盼着有朝一日自己也能在某种机遇中领先。这并不是偶然的，因为英国人所留下的语言，其实已经是当今世界的强势文化，计算机专家们所得到的利益只不过是强势文化的蝇头微利，更大的利润是政治、经济的诸多方面。如今英国人早已离开东方，但是英语却是永远不可移动的遗产，这就是口头文化遗产。如果说经济巨人与军事巨人都不是永恒的，那么文化帝国就不同于斯，文化帝国是长久的。英联邦国家当然以英语为主，法语国家、德语国家，不全都是查理大帝与奥匈帝国的语言文化的殖民地吗？当我们浏览东欧国家或是南欧部分民族语言的书籍时，俄罗斯语言与基利尔字母就会出现于眼前，从彼得一世时代起，巨大的俄罗斯帝国就曾经在这些地区有过深刻的影响，虽然由于苏联的解体，这种影响似乎暂时不明显，但是俄罗斯语言文字就是其口头遗产，它是历史有声的证明。

三、文化帝国主义的命运

前人曾经说，庞大的帝国如同风一样刮过，却没有留下任何东西。这其实是一种肤浅的看法，任何事物都不会消失，帝国虽然已经灭亡，但帝国的遗产却随处可见，特别是文明遗产，这是无形的，但也是可怕的，它可能会在一个民族命运的重要关头发生重要影响，以致会改变局势，这就是文化帝国的历史与作用。文化帝国，是一种通过文明遗产来控制的帝国，是无形的统治权，它是精神的统治者。它以无形的权力来约束。这种统治也可能产生殖民作用。当然这种殖民就是奴化与从化，这是一种浃肌沦髓的腐蚀。它清除传统文明的余蘖，以新的文明栽植其中。

赛义德曾经有这样的看法：

> 如康拉德（Conrad, Joseph）很强烈地认识到的那样，维系帝国的存在取决于"建立帝国"这样一个要领。一切准备工作都是在文化中做的。反之，帝国主义又在文化中获得了一种协调一致，一套经验，还得到了统治者与被统治者。一位目光敏锐的研究现代帝国主义的学者说过：

> 现代帝国主义是重要性不同的各种要素的积累。这些要素可以追述到历史上的每个时代。也许它的终级道路，包括战争、能更多地反映在由于阶级的不同而扭曲了的社会紧张状态和人的头脑中的扭曲的观念中，而非更多地反映在物质欲念上。[①]

他这里所说的目光敏锐的学者就是 V. G. 基尔南，这段话引自纽约圣马丁出版社 1974 年出版的基尔南的著作《马克思主义与帝国主义》。赛义德本人认为，在写了《东方学》一书后，将理论研究的重点转向帝国主义与文化的关系是必要的。在同一本书中他写道：

> 第二，理论工作必须阐述帝国与文化的关系，已经有了少数里程碑式的工作——例如，基尔南和马丁·格林（Green, Martin）的著作——但是，对这个问题的关注并不强烈。然而，如我在前面说过的，情况在开始改变。美国、第三世界和欧洲的一批其他学科的著作，一群新出现

---

① ［美］爱德华·W·赛义德：《文化与帝国主义》，李琨译，生活·读书·新知三联书店 2003 年版，第 12 页。

的，时常是较年轻的学者和批评正在开始从事这一理论性
与历史性的事业。他们当中有许多人似乎正以不同的方式
汇集到帝国主义问题的话语和殖民实践的问题上面。在理
论上，帷幕仅仅是在试图清点关于帝国主义的文化。但是，
迄今已做的努力依然是很初步的。随着文化研究扩大到大
众传媒、流行文化、微观政治等等领域，对权力与霸权方
式的关注也在增加。①

帝国主义的文化研究正在引起东西方学者前所未有的兴趣，这
并不是个人兴趣，而是时代所赋予学者的一种职责，学术从来
是现实的，只是以不同的时空来掌握它，或是从其历史或是从
其现状，或是从其内部或是从外部，只不过是路径不同而已，
目标是一致的，这个目标就是究天人之际，察古今之变，就是
探索道的真谛。

赛义德本身就是帝国主义文化的一种标志，一位阿拉伯裔
的美国名牌大学教授，一位研究"帝国主义时代"新学科——
比较文学——的学者，在世界学术讲坛上阐释后殖民主义、反
对帝国主义文化的理论。这并不是虚假形象，而恰恰是帝国主
义文化的一种主要标志。这种文化是一种怀柔的文化，如同康
拉德小说中所表达的思想：一方面是以力量掠夺领土的思想。
另一方面，它通过在帝国主义的受害者和维护者之间建立一个
自发的、自我肯定的权威体系，来推行一种模糊或掩盖这种思
想的实践。

赛义德先生感叹：多么复杂、混乱的文本啊！

然而，我们感到不幸的是，这还是请君入瓮的把戏。

赛义德先生的思想不幸就成为了一种"自我肯定的权威体

① ［美］爱德华·W·赛义德：《文化与帝国主义》，李琨译，生活
·读书·新知三联书店2003年版，第81页。

系"，他所要说的，"特别是，不去不停地强调'我们'的文化和国家是天下第一（或者在这一方面，不是天下第一）。对于知识分子来说，放弃了这一点，还是有极具价值的工作可做的"。从《东方学》到《文化与帝国主义》，作者的立场似乎变化不小，这种变化是什么？最终认识到自己不幸落入一个文化帝国主义的圈套？或是承认了欧洲文明的优秀，毕竟民主政治、个人独立精神与自我意识、自由与法制社会、市场经济这些都已经举世拥护，不发达国家事事处处只能证明自己文化的低劣与无能。在两者之间，只有一种可能，我们未可断言其选择到底如何。但是就比较文明研究而言，笔者却要说明，只要比较存在，价值评判就不会离开。我们不必说自己的文化"天下第一"，不过我们有必要维护我们文化在本民族存在的合理性，虽然西方文化是一种先进发达的文化，却也不是完美无缺。不同文化文明之间的辩证互参，这总是合理的吧。

从《东方学》到《文化与帝国主义》，作者的观念发生了相当的变化，虽然作者仍然在努力揭示帝国主义文化对于东方的压迫，但是作者的底气明显不足了。对于西方学术泰斗如奥尔巴赫等人的服膺与惊羡之情在文章中比比皆是，这并不能怪赛义德，后殖民主义在学术界从来是不被视为正统的。从他本身的学术基础来说，赛义德对于西方与东方的传统学术都不是真正的专家，所以要进行对于帝国主义的文化批判，显然不能胜任。虽然我们十分佩服他敢于反叛学术传统的勇气，但是这并不能代表他能发展西方或东方的学术。从他的知识结构来看，主要集中于现代西方文学与比较文学研究方面，而对于从希腊到当代的西方、古代到今天的印度（他经常提到印度）、两河埃及到阿拉伯的古今文明与文学，却涉及不多。作者态度的转变是历史上的一种常见现象，唐代诗人韦庄少时尝作《秦妇吟》，传诵一时，人称韦庄为"秦妇吟秀才"，韦庄做官之后，初悔少作，然而一生却再未有名作。赛氏以《东方学》一书著称于世，以后作品多未能超越，到后期作品中越来越多的是与早期思想相抵牾的倾向。当然，我们不可以苛求作者，赛义德对于美国在中东等地的政治与文化政策的批判，表现出他是一位深刻了解当代中东政治的学者，是一位始终为中东地区的民族与国家的独立自由而呼吁的知识分子。

当代帝国是文化帝国，是一种文明势力，不再是只能征服世界的罗马帝国，也不是蒙古人的铁骑，所以要抵御这样的文化与帝国，其困难之大，远远超出任何一个历史时代。以往的历史是军事征服的历史，是对占领区的强制性文化教育。而文化帝国则不同于以往，虽然军事力量是后盾，经济力量仍然是最重要的基础，但是文化已经构成了一种权力。20 世纪 90 年代之后，这种权力的代表就是美国与欧洲，特别是美国，文化帝国的主体则是西方文化或更具体说是西方文明。帝国以文明方式要求野蛮民族与落后民族，主要是东方民族，实现西方文化的法治社会、民主政治与市场经济等理念，这是一种文化权力与侵略，它要削平所有非西方文明的民族，所以反对这种文化入侵者，被称之为"民族主义"。

对付这样的帝国，当然不是虚构的文学文本所能完成的，因为当代帝国已经将文明作为自己的武器，如果要反对这种帝国控制，真正的危险不是它的军事政治与经济力量，真正的危险是它的文明。这个文明是世界古代文明之一，经过长期的历史磨砺，它的民主与自由精神已经得到世界性的赞同。不幸的是，它被作为帝国的武器，它的力量当然是普通的思想体系或是民族精神所难以抵御的。真正要抵御它，没有一种具有经过数千年社会实践的文明体系不行，它必须要有真理，要有世间大道。"人们啊，我爱你们，但是，你们要警惕啊！"这是过去世纪中一位死于法西斯绞刑架下的知识分子的话，如今，时代毕竟不同了，罗马帝国的火刑台与法西斯的绞刑架都已经不在了。那么，要警惕的是什么？

第十章　帝国历史规律与文明差异

一、帝国历史规律与机制

世界帝国与一般帝国有所不同，世界帝国是一种霸权的帝国，它可能是独霸或是作为霸主、盟主来控制各国。霸权帝国指那些在世界史上超出民族国家界限甚至横跨几大洲所建立起来的庞大国家与民族集团，这些霸权帝国一般以某一帝国为主体，征服其他国家，组成一个政治经济的共同体。人类文明史上霸权帝国并不是太多，但是它的影响却十分巨大，它往往是整个一个历史时代的代表。目前对于霸权帝国的理论研究还不太多，特别是学术界还没有系统的霸权帝国理论，但是关于霸权帝国的存在及其理论问题已经引起广泛注意，有人使用了一些相关称呼，如草原帝国等。因此，我们提出世界帝国与霸权帝国的概念与研究是十分必要的。

古代大帝国的存在最初是地域性的，主要在一个区域活动，虽然一定时期也会超越大洲区域，但并没有建成具有实质性的霸权。埃及帝国、巴比伦帝国、孔雀帝国、波斯帝国、亚述帝国等古代帝国都曾经是十分强大的国家，但是这些国家一般还没有建立起跨越欧亚大陆的世界性霸权。真正具有霸权帝国的形态是亚历山大帝国，在罗马帝国形成之前，它的突然兴起与覆灭，恰似划过长空的一颗光芒耀眼而又转瞬即逝的流星，代表着希腊文明的民主传统即将为铁蹄所践踏。这个短暂的大帝国既为以后纷纷而起的世界大帝国提供了样板，也为它们的命运敲响了警钟，同时也为世界大帝国的历史规律提供了经验。

希波战争之后，东西方之间的交流反而陷于停顿，希腊开始迅速衰落。希腊人不得不借助于马其顿的力量进行对于东方的战争。马其顿这个原本是希腊人眼皮下的蕞尔小邦趁机跃上历史舞台。公元前337年，希腊人举行科林斯大会，决定以马其顿国王腓力为远征军司令，远征波斯。次年，腓力在宫廷政变中身亡，亚历山大继承王位。公元前334年，亚历山大开始远征波斯。公元前333年远征军在伊萨斯城战胜了大流士三世，进而攻占叙利亚、巴勒斯坦、腓尼基、埃及。以后一路东进，沿着古代的丝绸之路，进入中亚地区，最后到达印度，这是印度与希腊密切交往的开始。然而东方再次显示出强大的反抗力，在印度屡次遇挫后，亚历山大不得不从海陆两路退兵。公元前323年6月，亚历山大因病于巴比伦逝世，他十年征战所建立的庞大帝国随之崩溃。

亚历山大帝国是人类历史上建立起的第一个世界帝国，其规模与气势是世所罕见的，其功与过也成为千秋评论的焦点。我们无法一一详述世界史上的众多评论，如果从比较文明学观点来看，亚历山大帝国首先是农牧业文明的奴隶制度大帝国，这与其后的罗马帝国是一脉相承的。北至中亚地区，南到非洲沙漠，东方直达印度，西面则是巴尔干半岛。地域辽阔，横跨亚、非、欧三大洲，将世界主要文明埃及、希腊、印度、巴比伦等联为一体。除了中国文明之外，当时世界的主要文明几乎全部被联结在了一起。这是第一次世界主要文明全面接触的历史时期，这对于东西方文明交往无疑是非常重要的，亚历山大对于所占领的东方国家实行"东方政策"，对于中亚和波斯的风俗习惯十分尊重，利用当地降将，曾经获得一定成效，东方国家的贵族曾经对于亚历山大表示拥护。

但无可怀疑的是，亚历山大对于东方国家的侵略是后世西方远征东方迷梦的开始，这一远征的文化侵略意义并不弱于军事意义，东方国家成为西方的财富掠夺资源地与可能的殖民统治地的历史目标也由此开始形成，随之产生的罗马帝国的东征再次重现了亚历山大帝国的目标。

第二个世界大帝国的桂冠理应落在罗马帝国头上，这是历时最长，统治最稳固的当之无愧的世界大帝国，它对世界文明的影响力也不是其他世界帝国所能比拟的。因为罗马本身就主要文明的缔造者之一，希腊罗马文明作为西方文明之源，其特有的内涵并不只具有军事意义，现在越来越彰显的是其文明意义。

然而关于帝国的看法却历来见解纷纭，见仁见智，在任何一种文化中都没有一种统一的见解，相对立的看法普遍存在。绝大多数人可能把"反帝反封建"（此处的"帝"应指帝国主义）作为人类社会进步的奋斗目标。但也有人认为世界帝国是人类社会的最高理想，建立一个统一的帝国对于人类社会是可行的并且有积极意义的。曾经受到恩格斯高度赞赏的意大利诗人但丁就是一位支持统一帝国统治世界的人，他的名著《世界帝国论》（De Monarchia）就是集中表达其国家思想的，书名拉丁文原文意为"一个人的统治"。但丁的政治理想就是建立起一个世界性的大帝国。因为人类文明的根本目标是发展人类智力，使人类能在艺术与研究中有所创造，因此要实现世界和平，真正的世界和平只能在一个统一的世界性君主国家里才可能实现。这样的国家中才可能没有民族与国家的斗争，实现正义与和平，使人们都过上幸福的生活。而古罗马就是这样的世界帝国的典型，奥古斯都时代是人类社会上最伟大的时代。罗马民族是最高贵的民族，世界帝国应当由罗马人统治。而且这种权力不是来自教皇，是直接来自上帝。

最后，不妨以一个国家或王国为例，它的目的与城市相同，只是维护和平的责任更重。它必须有一个单一的政府实行统治和执政，否则国家的目的就难以达到，甚至国家本身也会解体。正如那个放之四海而皆准的真理所说："一个内部互相攻讦的王国必遭毁灭。"因此，如果这些情况确实符合有着统一目标的个人和特定地区，那么，我们前面的立论就必然是正确的。上述已经证明整个人类注定只有一个目的，因而人类就应该实行独一无二的统治和建立独一无二的政府。而且这种权力应称为君主或帝王。由此可见，为了给尘世带来幸福，一统的政体或帝国是必要的。①

但丁被某些历史学家宣传为民族解放的斗士，如果真正了解他的政治思想特别是他关于国家政府的见解，可能给这些人以当头棒喝，令其噤若寒蝉。

二、关于所谓的"帝国进步论"

其实我们可以看出，但丁关于罗马帝国应当成为世界统治者的说法是不妥的，他所罗列的种种罗马社会的优点归根结底就是一点：罗马文明是发达进步的文明，这种文明应当统治那些落后的地区，建立统一帝国是有利于世界进步的。

世界应当是由谁来统治？

这是世界帝国理论真正的核心，在他们看来，世界当然应当由最优秀、最文明、最发达的民族来统治。但是，谁是这种民族呢？犹太人？雅利安人？罗马人？欧洲人？美国人？中国人？日本人？日耳曼人？……

每一个民族都认为自己是最优秀的，每一种文明都认为自己的文明是最伟大的，是最有资格支配其他民族的。

---

① ［意］但丁：《论世界帝国》，朱虹译，商务印书馆 1985 年版，第8 页。

　　阿拉伯的阿拔斯王朝前期，阿拉伯人之间进行过一场大辩论，辩论的中心就是阿拉伯人是不是世界上最优秀的民族。相当多的人认为阿拉伯人是世界上最优秀的民族。原因有三点，第一，阿拉伯人一直是独立的，在阿拉伯人尚处于蒙昧时代时，他们与波斯、罗马这两个东西方大帝国为邻。两大帝国连年征战，却都要求助于阿拉伯人，不敢侵犯阿拉伯。最后阿拉伯人还征服了波斯人。第二，阿拉伯人有最高尚的道德品质，他们慷慨大方，最守信用（关于阿拉伯人的义气与守信，希罗多德的《历史》中也曾提到过），阿拉伯人善于辞令，尊敬先祖等。第三，伊斯兰教在阿拉伯人中诞生，并且以此救世，并且点燃圣战之火。《古兰经》中说过："众人啊，我确已从一男一女创造你们，我使你们成为许多民族和宗族，以便你们互相认识。在真主看来，你们中最尊贵者，是你们中最敬畏者。"①

　　古代蒙古人有一首歌颂民族英雄江格尔的史诗，诗中这样歌唱：

> 在东方的七个国家，
> 江格尔是人民的理想；
> 在西方的十二个国家，
> 江格尔是人民的希望。
> ……
> 虽然有崇山峻岭，
> 我们的坐骑没有不能攀登的顶峰。
> 不怕那咆哮的大海，波涛猛卷；
> 不怕那熊熊的大火，烈火燎原。

---

　　① 参见［埃及］艾哈迈德·爱敏：《阿拉伯－伊斯兰文化史》第二册，朱凯、史希同译，商务印书馆2001年版，第45－46页。

《多桑蒙古史》中是这样记录蒙古帝国起源的：

> 前此鞑靼民族之最窘苦者，莫逾蒙古。此辈昔在气候不良之下，鞑靼地域最高地域之中，度其游牧生活。仅部长独有铁镫，其贫可知。此种若干野蛮之游牧小部落之酋长，与否运相抗者，为时久矣。终致遂其野心。其始也，战胜其所奉之主君，已而降人聚其麾下，率以陆续征服其他诸鞑靼民族。终率这以进取中国及波斯之地，而以此种繁盛国家饱其食欲。其经略之地广大无限，奉之为主者，何啻民族百种？其在狂傲之中，竟欲完成世界之侵略，自以为天以国付之。①

"自以为天以国付之"是一切世界帝国统治者的共同感觉。无论是曾经建立过蒙古大帝国的古代蒙古民族，还是曾经有过伊斯兰帝国的阿拉伯人，或是罗马人，很多民族都曾经有过光荣的历史，但是没有一个民族是唯一优秀的民族。因为世界各民族是平等的，没有任何民族有权利凌驾于其他民族之上。历史上的沙文主义、民族至上主义等思潮里，既有民族自我中心的观念，又有对于自己文明的骄傲，希望将自己的文明凌驾于其他文明之上，只有自己这个民族可以统治世界，这种思想是注定要失败的。希特勒纳粹所谓日耳曼人是世界上最伟大之民族，金发碧眼的雅利安人是世界上的最高贵的血统，只有他们才有可能统治世界。纳粹疯狂排犹，屠杀犹太人，迫害犹太民族。而犹太人同样自视为上帝的特许者（the chosen people），负有伟大的使命。无论是东方古代的赫梯帝国、巴比伦帝国或是西方的罗马帝国、中东的奥匈帝国、伊斯兰阿拉伯帝国，所有的统治者无一不自认为是超人一等的尊贵民族，具有统治世界的

----

① 《多桑蒙古史》上册，冯承钧译，上海书店出版社2001年版，第148页。

使命。然而历史给予的答案却令这些人大失所望，这些民族中没有一个能成为世界统治者，所有的宝座都不稳固。这些民族中，有的以自己的民族性格作为成为帝国统治者的理由，有的以自己的宗教为理由，有的以自己的马队与军事力量为理由等等，最终等待他们的不只是悲剧性的命运，而且有着对于本民族极其深重的伤害。

三、历史经验与教训

以史为鉴，从中可以看到这样的经验。

在农牧业文明中，奴隶制的罗马帝国被日耳曼民族所灭亡，欧洲大一统奴隶制度帝国灭亡，开始了民族国家的历史。罗马共和制度虽然比起以后的帝国专制来说要具有相对进步性，但是，它也并不是真正的民主制度。罗马变成专制帝国之后，帝国内部的多种文明尖锐对立，这是亡国之真正的导火索，再加上统治者的残暴与罗马人的侈奢，都必然导致帝国的灭亡。所以并不是游牧的匈奴人或是日耳曼人消灭了罗马，而是一种没落的文明被新文明所取代。民族国家的历史是欧洲新的一页，是近代民族独立与较为民主制度建立的基础。

同是在这一文明阶段中，游牧的古代蒙古民族曾经以其骑兵优势征服世界多国，突厥民族曾长期使得亚洲与欧洲封建国家蒙受到巨大威胁。这是长期以来游牧民族对农耕民族侵扰最严重的时刻，在这一对峙中，由于文明形态本身的特点，游牧民族以马为生活与战争工具，出击迅速，行动灵活，形成了军事优势，这是其军事成功的最主要原因。历史学家分析成吉思汗征战成功的原因时指出：

> 部众常以游牧为活，在任何时，生活皆同士卒。负灶以行，只须地有牧场供其马畜之水草，即足自给。由其战争之习惯，行动之迅速，益以成吉思汗纪律之严肃，故优

　　于其他诸国军队。[①]

这种分析是基本符合事实的，但是，这种优势是受到历史时代限制的，并不说明古代蒙古民族有权力成为世界征服者，而且这种军事优势是相对的。1257年，蒙哥大汗亲率大军征伐南宋，在攻打合州（重庆合川）时，守将王坚凭钓鱼城死守，数月不能破城。来自北方的蒙古军队不耐炎热，以致瘟疫四起，胜利无望。蒙哥大汗竟然在攻城时受到重伤，不治而亡。这对于蒙军是一个重创，也粉碎了蒙古军队不可战胜的神话。蒙古骑兵在进攻日本、朝鲜、印尼等国时，在海战中更是连连受挫，草原骑兵不习海战，屡屡失利。这都说明，蒙古军队的优势其实也是它的劣势，只要进入中国南方这样河网纵横、湖泊星罗棋布的地区，骑兵的劣势就相当明显，所以蒙古人对于中国南宋的进攻并不顺利，除了在台州之外，还在中国的襄阳这样的小城遇到顽强抵抗，蒙古大军围城，但数年不能克城，这是世界军事史上绝无仅有的长期围城不克的奇迹，其围攻时间之长，远远超过第二次世界大战期间德军围困斯大林格勒。襄阳之战对于反元力量是一个极大鼓舞，不可一世的成吉思汗锐气大挫，曾经几度企图放弃攻城计划。

　　而更重要的是，一种相对落后的游牧文明，虽然能暂时取得战争的胜利，但是要维持这种大帝国的长治久安是不可能的。特别是在文明发达地区，封建农业文明大国中国的南宋王朝1279年被蒙古灭亡，但是仅仅在1368年朱元璋就建立了明朝，蒙古民族真正统治中原的时间不足百年，其间还起义不断，令蒙古人难以对付。文化相对落后的蒙古人也必然归顺于中原发达文明，学习和推行其政治、经济和文化，但是一种发达文明

---

　　① 《多桑蒙古史》上册，冯承钧译，上海书店出版社2001年版，第149页。

的模式不是轻易能掌握的。蒙古人的伊尔汗国是建立在原伊朗、阿富汗、外高加索、伊拉克和小亚细亚东部地区的汗国，于1261年受到忽必烈大汗的册封，但蒙古人的统治在这里遇到了伊斯兰宗教势力的反对，蒙古人的信仰基本上处于简单的崇拜阶段，所以与伊斯兰教不合。虽然合赞汗进行了一定的改革，并取得成效，但仍未能改变颓势，终于在不赛因汗（1316－1335年在位）时代灭亡。始末不足80年。另一个大汗国金帐汗国，就是拔都于1242年建立的钦察汗国，蒙古人势力其实一直没有能深入到俄罗斯的欧洲核心地区，这些地区是俄罗斯农业的中心。1380年，俄罗斯大公底米特里·伊凡诺维奇在顿河流域战胜金帐汗国，使得汗国名存实亡，其存在时间亦不过百余年。

在农业文明后期，游牧民族建立世界大帝国已经成为不可能。中国满清帝国时代的蒙古族兴兵就是一个明显的例子。1644年，满清以铁骑入关，建立清帝国。从表面上看来，这时的满清犹如当年灭亡南宋的蒙古军队，可以用铁骑兵直取亚欧各国，实现纵横欧亚大陆的目的，至少可以在中亚、中东、南亚等地区征服弱小的国家。但实际上，世界已经大变，经过文艺复兴，17－18世纪欧洲科学技术突飞猛进，使用近代武器的西方军队与殖民者们的足迹遍布世界。早在清兵铁骑入关之前的1573年，荷兰阿尔克马城的起义者们在反抗菲利浦二世军队的激战中，守城军民以大炮、步枪、手枪英勇击败了阿尔瓦装备精良的军队。这些守城军的主体竟然只是一些普通百姓。当时欧洲军队中的武器之先进就更可想而知了，这样的武器不仅会令清兵胆战心惊，就是成吉思汗再世，蒙古骑兵们在欧洲的重炮良枪面前也无法施展手段。鸦片战争中，清军最精良的骑兵部队屡次被远征中国的西方军队大败，曾经被认为是不可抵御的铁骑在远距离就被步枪击倒，根本无法接近西方军队。科学技术武装起来的欧洲军队不只有先进的武器，而且有现代化的装备与通讯，这是满清军队所根本无法与之抗衡的。且不说欧洲，就是当时的印度等亚洲国家殖民化之后，军队武器装备也远非满清所能比，所以满清的骑兵优势实际已经不存在，这一基本事实也使得满清统治者不会再有建立世界帝国的念头了。入关之后的满族从一个游牧民族转变为一个定居文明的统治者——世界上最古老的农业文明的统治者。清朝统治者们接受了现代科技，他们向西方购买火炮，用来对付喀什与蒙古的游牧民族。世界经济军事形势的变化，已经取消了当年游牧民族的军事优势。

有一个颇有意义的例子就是蒙古人与满人的对比，1696 年清军平定蒙古准噶尔叛军，那些准噶尔蒙军还想步成吉思汗的后尘，以骑射来征服天下，但在火炮面前迅速败退了。然则，骑马出身的清军却已经换了火炮，虽然这种火炮是相当落后的。而仍然在骑马的蒙古人，自然就难以战胜用火炮的清军。即使成吉思汗再世，也必然是无可奈何了。比较一下蒙古、满清两代游牧民族的历史命运，真是令人感慨万分。

这样一个事实是必须接受的：游牧民族而为大帝国之统治者的时代，一去不返了。这是文明的规律，是社会生产形式的限制，并非个人或是民族意愿所能决定的。匈奴王阿拉提与成吉思汗既是文明的宠儿，也不能不接受文明的选择。当文明形态发生转折时，没有什么英雄能与之竞争。

其实在工业文明社会中，建立任何一个世界大帝国已经成为一种梦幻，任何一种文明都不可能统治也不可能消灭其他民族或文明。世界文明发展的规律是，没有一种文明能取代其他文明，成为统治世界的核心。从这个意义上来说，历史是没有什么"终结者"的，最后的人，就是最初的人，他的命运不是结束一个时代，而是一个新时代的创造者。

西方国家近代以来成为世界强国，这并不意味着西方可以建立霸权，事实上这种梦想并非不存在。欧洲由于科学技术领先世界，工业发达，为其军事上提供了一定的优势。这就使得一些具有民族中心主义思想的欧洲民族取代了农牧业文明时代的游牧民族，把世界帝国作为自己的梦想。这种梦幻的起因是多重的，民族中心主义、帝国主义思想等是主要成分，当法西斯主义与军国主义者取得政权时，建立世界帝国的旧梦就会重新浮现，但是，其结果总是以失败为终结，如果说人类社会的历史终结与最后之人，这可能是真正的终结。

第十一章 中华帝国的"文明滞后"与宋明两次变革的夭折

一、中华帝国的历史之谜

曾经是世界上最发达的文明古国中国为什么在 17 世纪之后逐渐落后，20 世纪初期竟然几乎沦为殖民地，成为世界上最为贫弱的国家之一？千古盛衰，使人难以遽然作出回答，但并非无迹可寻，历史学家汪荣祖曾经有过这样的感慨：

> 兴废既然有故，则盛衰事出有因，殊非偶然。范缜曰："人生如树花同发，随风而堕，自有拂帘幌坠于茵席之上，自有关篱墙落于粪溷之中。"美国世族大家亨利·亚当斯（Henrry Adams）："历史如一团乱丝，可任意取舍。"（History is a tangled skein that one may take up at any point，and break when one has unravelled enogh.）。皆不知历史因果"互系"（zusammenhang），史事果若乱丝，非不可董理者也。英人卡尔有"层因"（hierarchy of causes）之说，所谓分别层次。定其首从。史者苟能因繁致简，衡量轻重，自成条理，岂不善乎？①

范缜与亚当斯的历史偶然论当然不能令人信服，如果真如其所说，人类任何努力则将毫无意义，这样的说法并不是新鲜，早

---

① ［美］汪荣祖：《史传通说——中西史学之比较》，中华书局 1989 年版，第 145－146 页。

在古代希腊与中国春秋时代就已经有怀疑主义者提出过了。重要的是，如何才能从纷繁的历史现象中看到它的因果联系。

几个世纪以来关于这个问题的讨论引起世界各国的兴趣，但至今没有一个确切的答案。如果在历史检讨中，在国家制度这一层次来讨论这一重要问题实属必要。中国的国家制度在世界上持续最长，吏治与典章之繁复亦举世无双，为我们的研究提供了最为充足的资料。我们已经从不同角度涉及这个问题，但是从文明整体来看待历史真相，仍然是必需的。我们还是先从英国作家与历史学家乔·韦尔斯的看法来探讨。

韦尔斯不同于那些殖民主义者，他首先从种族角度否定了中国黄种人不如白人的说法，认为人类种族是平等的。接着他从一个独特的角度说出了他关于中国文明发达虽早但是近代落后的原因，他认为中国的文字是阻碍中国文明进入到世界先进文明或是中国失去了世界领导地位的主要原因。关于他的"汉字落后论"，其实也并不是空谷足音，早在17－18世纪的东西方文明交流中，相当多的西方学者已经比较过中国的表意文字与西方拼音文字的差异，认为中国的文字是落后的，这种文字写作的经书，导致中国人皓首究经，思维僵化，落后于世界。所以"汉字落后论"并非韦尔斯的发明。但真正有意思的却是韦尔斯本人并不特别强调的一段话：

> 但是也许还有其他的原因使中国不能推进到人类的明确领导地位。中国过去有巨大的成就，早期的繁荣和普遍的满足必定使我们人类中的那个国家的人都把自然的自满和保旧思想都看成是正当的了。……所以中国平静地代代相传下去而没有像罗马帝国富人统治下的那种普遍的厌烦、奴役、侮辱和苦难而最终导致了它的崩溃。中国国内也有很多的贫困，很大的不满，但还没有那么众多的赤贫的人，民众也没有被压迫到普遍不满的地步。每次动乱以后，每

次灾害以后，人口又恢复了；创伤又医好了。中国制度一
千年来虽有时破裂和动摇，但似乎还能抵制衰退。朝代不
断更换，也有反叛、混乱阶段，饥荒瘟疫频仍；两次大的
外族入侵在天子的宝座上建立过异族王朝；但这一点也没
有震撼到使日常秩序革命化。帝王和朝代可兴可亡，士大
夫、科举、经书和传统习惯生活却依然如故。从唐朝起，
中国文明显然缓慢而稳定地传入了安南、柬埔寨、暹罗、
尼泊尔、朝鲜、蒙古等地，但在文件的记载上却只是版图
的进展而已。公元七世纪的中国人在一切方面都是文明化
了的民族，就像他们在一千年后一样。[①]

韦尔斯对于中国是十分友好的，但他关于中国社会文明停滞不
前的原因分析却不很得当。语言文字是人类文明的重要因素，
这是无可否认的。我们在有关章节已经研究了不同语言文字对
于文明进步的影响。但是如果把语言文字作为文明停滞的根本
原因却是不对的。他所说的中国没有罗马帝国那样的崩溃时，
并没有指出明确的原因，似乎中国文明是世代因袭而没有变化
的。这是一种停滞的东方的论调，也是一种陈腐的说法。

我们也已经指出，中国近代的落后与中国没有产生资本主
义，根本原因并不在于儒家思维与中国的封建制度。儒家思想
是一种人文主义思想，在中国古代社会中，儒释道合流形成了
以人文主义为主体、有神与无神相融合的思想体系。这种思想
体系使中国文明与社会的基调是多元文明开放的，从先秦到明
清，中国长期的封建社会中，可以说没有一个朝代是绝对一元
文明的。而且其中有的朝代中多民族与多元文明的程度都是惊

---

① ［英］乔·韦尔斯：《世界史纲——生物和人类的简明史》下卷，
吴文藻、谢冰心、费孝通等译，广西师范大学出版社 2001 年版，第 506 -
507 页。

人的，如汉代与唐代，这样最发达的朝代中，多民族出仕与多民族杂居多文明混合的程度是最高的。国家越强盛，文明越多元。中国文明落后的主要原因是封建朝廷残酷镇压一切思想改革，而这种腐朽的朝廷又无力抵抗游牧民族的入侵，近代的游牧民族掌握政权，元、清两代的民族压迫，落后的政治与吏治等，贻误了中国近代化进程。在这两代之间的明代，恰是中国与世界同步的机会，郑和下西洋、外国传教士的进入，近代工业萌芽与初期资本主义的产生，城市工商业与市民阶层的形成，这一切都已经在说明。中国的工商业化即将实现。据明史记载，万历二十四年，于天下通都大邑，增设税监，自此，矿税两监，遍及天下。明代矿业的勃兴，全国矿税加重。广东珠税，两淮盐税等，都是国家重要税收。中国近代工商业发达趋势已经显现，不幸的是，这种趋势因为清兵入关而延缓。清代三百年的统治大大推迟了工业化进程的实现。元代的蒙古人与清代的满人，都是中华民族。但是它们是中华民族中的游牧民族，中国文明的主体是发达的农业文明，周边的游牧民族则是相对落后的。游牧民族以军事力量对于中原民族的征服，使这些民族居于统治地位。元、清两代的统治中，对内最主要是集中于政治制度建设以巩固政权，工业与商业发展的步伐都是相当慢的，这种原因使得中国文明在近代落后于欧洲和世界。

二、千古文明盛衰论

那么，为什么只有中国受到入侵而推迟工业化？

中国文明并非完美无缺，以辩证理性与人文思想为基调的中国文明，与其他文明形态相比较，自然有它的优越之处。但同时不可否认，中国文明也具有它自身的不足与缺陷，由于辩证理性最易于蜕变为折衷主义与中庸之道，这也就是儒家学说相当突出的一个特征，这种特征使得儒家文明没有能力将个性精神培育完全，不可能将理想世界真正建立起来。没有理想世界就意味着没有真正的信仰，中国人的信仰是不坚定而模糊的，多数人只是信神而不知道唯一的神，不信神者则易于流向物欲与虚名，即所谓的"士"，也大多数崇拜虚名，容易丧失节操。这种民族性格的软弱，是中国文明极大的不足。最突出的表现是对"真"的追求远逊于对"善"的向往，没有真理意识。所以中国人法制观念不强，是非不清，情大于法，贪污腐败，违法乱纪受不到严惩，喜欢弄虚作假，视人民生命财产为儿戏，不习惯真正的市场交易法则。民主观念不强，易于屈服他人意志，缺乏反抗精神。这就是所谓的"民族劣根性"，其实是近代以来受到扭曲的一种民族性格。对于这种民族性格的反思是近代中国包括鲁迅等人在内的大批有志之士的重要立场，这种反思是完全必要的。另外，中国文明性质也决定了中国的对外政策，中国是一个自我维护而不具有侵略性的国家，从古代到现代，从来没有真正出于扩张目的对外侵略。长期以来作为一个文明大国，反而受到周边国家的侵扰，明代以前主要是西部与北部的内陆的游牧民族构成了中国的边患，明代以后，日本人的海上侵略与西方的海上入侵又成为重要力量，明代皇帝甚至下了"片板不得入海"的命令，断绝一切海上交往，以绝海患。这在世界史上也是少见的政治措施，从中可以看出中国文明与中国民族情智的特征，这是一种以和为贵，以容忍、宽容、求和为宗旨的行为原则，不可否认，儒家思想在民族教化方面起了一定的作用，这也是人所共知的事实。

但是要真正理解这种民族性格的产生，还要从文明层次来检讨。

中世纪的欧洲与中国处于相近的历史阶段，但从文艺复兴之后，双方的国家进程向着完全相反的方向运动。

欧洲面临的是罗马帝国的崩溃，这是一个高度发达文明的崩溃，它给欧洲蛮族进入发达的民族国家创造了条件。原本统一于罗马帝国的欧洲分化为众多的民族国家，民族独立与民族国家的建立成为主流。但令人深省的是，在这一历史中，众多民族国家恰恰是在高度发达的罗马文明基础上所形成的，日耳曼、法兰克、不列颠、意大利、西班牙甚至东罗马诸国，包括波兰、俄罗斯、匈牙利、保加利亚等，经过文艺复兴运动，这些国家的科学技术、思想道德、文学艺术等都在一个新的起点上蓬勃发展。西部欧洲能成为欧洲经济文化的中心，正是由于它本是西罗马帝国的首都与中心，文艺复兴首先从意大利开始，绝不是偶然的，这可以说正是罗马文明的遗产再一次发挥了作用。整个欧洲包括与欧洲关系密切的犹太人，无不受惠于罗马的高度发达的文明，14－16世纪，欧洲各民族国家从原来的蛮族等多种民族相继进入发达的民族国家行列，国家制度与机构健全，文明程度已经在世界各国领先。经过17—19世纪的工业化，欧洲各国成为世界最发达文明国家，这是顺理成章的。这一过程可以说成是，罗马帝国的文明教化了蛮族，这是一种西方农耕文明的教化，英文中的"文化"（culture）一词的原意就是农业耕作。罗马帝国灭亡了，它深入土地，化作肥土，培育了西方文明。

自从公元453年匈奴王阿提拉死后，匈奴在欧洲的影响就已经大大削弱，次年，匈奴帝国瓦解，大部分匈奴人退到了喀尔巴阡山以东。从此，匈奴人实际上已经退出了欧洲政治舞台。另外一次游牧民族蒙古人的入侵，虽然给欧洲造成了重创，但是并没有影响到欧洲的文明进程。蒙古骑兵没有真正进入到欧洲经济文化的心脏西欧，不可能改变整个欧洲。欧洲是多个民族国家，各自有其独立性，受到蒙古影响最大的是中东的伊斯兰教国家与俄罗斯，伊斯兰教国家与欧洲基督教国家也没有直接利害关系。所以匈奴人与蒙古人的两次大型入侵，两次游牧文明的西征，在欧洲历史上虽然留下了深刻的印痕，但这两次入侵又都因为没建立过长期稳定的统治，并未改变欧洲文明的原有进程。

同一时期中，中国文明恰好经历了相反的过程。中国与欧洲的自然环境完全不同，中国处于亚洲大陆东部，中亚、东北亚、东南亚及至南亚都是相当落后的游牧与渔猎文明民族。公元 5 世纪前后，当罗马帝国被民族国家所取代，罗马文明被民族国家所继承的时期，中国的秦汉大一统帝国也已经解体。但是南北朝时期的混乱政治中，来自北方的游牧民族纷纷进入中原，中国北方的统治者已经是少数民族，公元 496 年，北魏孝文帝才改拓跋氏为元氏，自己改名叫元宏，其他鲜卑诸姓一律改称汉姓。并且命令民间禁止穿戴胡服，禁讲鲜卑语，开始汉化的过程。唐宋两代中的繁盛其实是一个进入中后期的帝国封建文明，宋代工商业已经开始发达，市民社会的兴起与长安、杭州、扬州等大都市中已经形成市民文化，一切有如文艺复兴前的意大利。这一切社会变革却因蒙古军队入侵改变。蒙古人入侵给中国带来的后果与欧洲不同，蒙古大帝国的中心在中国，蒙古人从整体上还是接受了中国文明，所以他们也特别重视对于中国政权的建设。中国整个国家机构被彻底改组，经过长期统治，经济文化的发展有根本性的变化。这一段时期中，经济虽然曾经有过短期的繁荣，但文明进程相对滞后。以后经过明代的发展，中国经济再一次面临进入早期工业化的可能，但又被清朝政府的建立所耽误。

三、历史环境与文明机遇

中国文明经历了两次工商业高潮，又两次被元、清两代统治所打断，推迟了中国从封建帝国向新的社会形态的转化。这对于中国社会的总进程是有决定性影响的，这是无可回避的事实。但从另一方面来说，中国与世界古代最好战的突厥、匈奴等众多游牧民族进行了长期的斗争，最终使得匈奴人西迁，强大的秦汉政权没有像罗马帝国被蛮族入侵而解体，中国保持一个完整的主权国家与文明传统。中华民族中的少数民族蒙古人与满人进入中原，建立政权，融入中华民族。元明清三代中国空前统一，特别是清代，维护了一个统一的大国，这是中国历史的不幸中的大幸。

两次游牧民族政权以落后的经济形态与思想体系统治中国，使得中国长期处于封建帝制之下，思想保守，社会变革滞后。马克思在研究东方社会时，就俄国农村公社问题曾经有过一个著名的结论，由于亚细亚式生产方式的特殊性，即"历史环境"的特殊性，会使得东方国家不必经过资本主义的卡夫丁峡谷，而进入现代化社会。

这是一种历史主义的分析方法，同样，关于帝国盛衰，也应当从社会历史的环境来分析。中国是处于东亚一隅的发达农业文明国家，与印度有高原与崇山峻岭相隔，与更为发达的地中海文明更是远隔千山万水。东面与南面都是大海，北面是天寒地冻的西伯利亚，西面是沙漠高原，而周边的游牧民族在亚欧大草原上如原上之草，"野火烧不尽，春风吹又生"。据历史学家统计，每当草原遭受到自然灾害侵袭的时刻，游牧民族就会进入农业生产的中心地区进行掠夺，这是为了维持生存的严酷斗争。封建文明长期持续的中国没有发达的科学技术，传统的武器无法抵御草原骑兵。在战争中，农业民族往往败于游牧民族，无论是匈奴在中国与欧洲的战争、蒙古军队征服世界的历史，都说明这一事实。这一现象直到16世纪资本主义发展之后才发生根本转变，步枪与火炮的发明、军事科学技术的进步，最终使得工业民族在战争中完全掌握主动权。无论是欧洲、非洲还是美洲的战争，无不如此。典型的战例鸦片战争，在英国军队的炮火与枪林弹雨中，使用长矛与火统的清兵们尸横遍野，曾经被认为勇不可当的僧格林沁的骑兵们纷纷落马，甚至全军覆没。

当然，这里也要从中国文明本身来进行反思，中国文明从本质上来说是一种以辩证理性思维为特性的文明，它的信仰与政治、经济也都充满了辩证思维的特性，这种特性就是中庸之道。从思维到实践中，克服了理性思维的单一性，但是感性与理性之间的关联性却呈现出复杂状态，所以，一种混合性的理性实际取代了理性的主导地位。中国文明中的种种现象都是这种思维方式的表现，信仰中的宗教与人文混融，政治上的封建专制与无法制状态的同时呈现，大一统与地方自治的相对统一，辩证思维成为了融合思维，儒家的中庸取代了道的阴阳变化，封建社会长期处于凝固状态，这对于中国文明并不是一种好现象。这种凝固与僵化制度下，只有改朝换代才是进步的动力，而不是生产经济作为社会发展的主导。每一次改朝换代只能有初期的短暂强盛，随之而来的是长期的腐朽而残暴的统治。民族思维方式中的中庸与调和把每次朝代改换看成是新的周期，而看不到任何实质性的改革与进步。所以一个封建专制王朝取代另一个，一个更比一个腐败，一个更比一个黑暗，从秦始皇的焚书坑儒到清代的文字狱，对于文明进步的压制世所罕见。这种社会文明也是导致异族入侵的内因，所以中国历代统治者从秦代到中华民国，对内愈残酷，对外愈软弱，不可一世的君主们对于外来入侵往往束手无策，极易被征服或是屈辱求和，以牺牲民族国家的利益换取统治者的地位。

这是中国文明所特有的命运，这也是文明比较所得出的历史结论，中国文明所经历的复杂过程，是人类文明演变史的一种模式演示，这一模式的总体规律是，新文明兴起并取代了旧文明，农牧业文明被工业文明所战胜，工业文明被科技文明所淘汰。中国作为一个农业文明的古代国家，多次受到游牧民族的侵扰，不能充分发展工商业，使中国在近代化进程中不能顺利进入工业文明时代。如果从意识形态看，儒学不是一种宗教而是一种人文主义信仰，但这种经世之学的基础却是极为模糊的"中庸"，虽然发展出了《易经》——墨辩的辩证逻辑，却没有真正的辩证理性的思想体系建构，使它处于一种处世哲学或是社会伦理的层次。所以近代以来中国不能跻身于世界前列，20 世纪初则处于沦为殖民地的危险之中，如果没有马克思主义与中国共产党的领导，中国的命运实在堪忧。

在未来世纪中，中国能否在保持自己文明传统的状态下进入现代化，这是东方现代化的一个典型。我们认为，并非没有可能，也并非没理论根据。我们还是以马克思所说的东方文明的历史环境这一观点来分析它。马克思在《给查苏利奇的复信草稿——初稿》曾经指出：

> 俄国"农村公社"的历史环境是独一无二的，在欧洲，只有俄国"农村公社"不是像稀有的现象和罕见的怪事那样零星地保存下来，不是以不久前在西方还有的那种原始形式保存下来，而几乎是作为巨大帝国疆土上人民生活的统治形式保存下来的。……那么，它的历史环境，即资本主义生产和它的同时存在，给它提供了大规模地进行共同劳动的现成的物质条件。因此，它能够不通过资本主义制度的卡夫丁峡谷，而享用资本主义制度的一切肯定成果。它能够以应用机器的大规模的耕作来逐步代替小土地耕作，而俄国土地的天然地势又非常有利于机器的使用。因此，它能够成为现代社会所趋向的那种经济体系的直接出发点，不必自杀就能开始获得新的生命。可是开始的时候，恰恰相反，必须使它处于正常的状态。[①]

---

① 《马克思恩格斯全集》第 19 卷，人民出版社 1963 年版，第 437 页。

这就是马克思关于东方文明的著名理论观点，笔者认为它指出了东方现代化的独特道路，就是通过"巨大帝国疆土上人民生活的统治形式"与"大规模地进行共同劳动的现成的物质条件"，使得原有的东方帝国直接进入现代化。马克思指出这一历史环境的具体内容，即原有的生产及条件与资本主义生产共存，这样，东方国家就可以利用资本主义可以肯定的方面，实现自己的现代化。

马克思这一段话写于 100 多年前，晚年的马克思更加关注东方文明，他考察了东方国家与民族的社会发展状态，提出了东方民族可以不通过资本主义阶段，直接达到现代社会的出发点。这是何等大胆与英明的见解！时至今日，它仍然令一切庸俗社会理论家们感到不可思议！历史却已经证明这完全是至理名言，中国巨大的疆土与农业生产条件，在 20 世纪中期之后，在大工业化与现代农业生产中出现了飞跃。特别是 20 世纪末期，工业化在原有的集体生产条件下迅速形成，使中国的工业生产总产值在不到 20 年的时间里，达到了与世界工业化国家并驾齐驱的地步。中国古人以小康、大同划分社会进程，如果大同可以指现代化，那么这种可能性已经呼之欲出了。

要理解并且阐释东方文明与中国的历史命运，并不是所谓的"启蒙与救国的冲突"等说法，或是新儒学的兴起可以救世之类简单的说法所能解释得了的，近代以来，保存国粹、中体西用、全盘西化……各式理论走马灯般演示，可以说，太阳之下，再也没有人能开出更新的治世处方。世界上没有一种文明是绝对优秀的文明，也没有一种文明是完全低劣的文明。伟大文明的产生都是以人类最痛苦的经验为代价的，埃及金字塔、中国长城、罗马竞技场，哪一处不是无数人的白骨砌就？哪一种不是伴随文明与野蛮斗争的产物？在这种痛苦中生长出的文明的美轮美奂中，就已经有着它的腐朽与血污。正因为有着种种野蛮，才使得文明可以理解。中国文明以三教合一为主体，以儒家思想为引导，这种思想体系有其历史进步的一面，同时也存在相当腐朽与落后的一面。中国的发展当然可以直接借鉴西方经验，以自己独有的方式进入现代化。东方最大的、五千年文明传统，两千多年封建制度的国家，曾经是东方专制制度的代表，将以东方现代化方式实现自己。可以说，这一过程就是文明的自我扬弃与外来吸纳，未来世纪并不是所谓"东方的世纪"，也不是所谓"文明的终结"（即以西方文明为历史之终结），未来世纪是东西方文明辩证合一的世纪，曾经对于古代文明起了重要作用的中国文明与近代西方文明的结合是不可避免的，新文明的世纪就是辩证文明的世纪，是多元现代化时代。这种文明既不是西方的，也不是东方的，它是全球性的。

A STUDY
OF COMPARATIVE CIVILIZATIONS

比较文明学

第四册

宗教与精神信仰

方汉文　著

中华书局

目　录

东方在飓风面前低下了头
忍耐着、怀着深深的蔑视
她让隆隆的炮声滚过
而重新陷入沉思。

——［英］马修·阿诺尔德

直接支配人类行为的是物质上及精神上的利益，而不是理念。但是，由"理念"所创造出的"世界图像"，常如铁道上的转辙器，决定了轨道的方向，在轨道上，利益的动力推动着人类的方向。

——［德］马克斯·韦伯：《宗教与世界》

第一章 宗教与信仰的源流

一、人类精神：宗教信仰与人文信仰

人类从动物进化而来，在漫长的过程中，人类从体质外形和内心精神都与动物产生了根本的不同。从外形来看，人类体质与外表发生了巨大的变化，人可以直立行走，身体从多毛变为无毛，人之为人，不同于禽兽，从形象上得到了确证。正像中国古人对于人的精彩描述那样："两足、无毛。"在形象上，人与类人猿有了巨大的差异。从内心来看，也是更为重要的，是人类的精神进化，人具有了人类所特有的精神活动，如果与人类的外表变化比起来，人类精神的进化显得更为重要，因为人的精神，这是人类区别于一般动物的最本质之处。

什么是人类精神呢？人类精神是一种综合性的说法，笔者认为，它包括了人类的情感、人类的心理活动方式、人类的思维与思想能力等不同方面，它其实是一个多层次的构成，也就是以人类思维为中心的所有相关活动，都可以归于人类精神活动的范围。人类精神活动的各个层次都与动物有着本质的区别，人类的同情心、人类的美感、人类的摹仿能力等等，都与动物的同类感觉不同，这是无可怀疑的。但是人类与动物之间的差异，最集中的表现还是人类的思想意识中。因为，动物们可以有与人类相近的种种情感与心理反应，比如，动物也会有喜怒哀乐等表现，稍微高等的一些动物甚至有忧郁、压抑等心理，甚至会通过面部表情表现出来。大多数动物都有对于配偶、子女的关爱之情，一些高级的动物会有简单的思维活动，只是动物这种思维与人类思维有高低之别。但是，人类构建意识形态的能力，是动物所不具有的。一些高级动物会有依赖、亲热或是仇视等感觉与心理现象，但是没有一种动物有思想观念，它们没有神、上天等观念，没有明确的道义与是非观念，不能享受精神信仰的欢乐。可以说，人之所以成为人，是人类有了建立在高度发展心理与思维基础之上的思想观念与信仰。同时，只有人类精神发展到较高阶段，人才可能有信仰的发生。正如达尔文所说：

> 宗教的虔诚是高度复杂的一种感情，中间包含有爱，有对一个崇高而神秘的超级的东西的无条件的顺从，有一种强烈的托庇之感，有畏惧、有虔诚，有感激，有对未来的希望，可能还有其他的成分。除非一个人在理智与道德能力上已经进展到一个相当高的水平，他是不可能感受和表现这样一种复杂的情绪的。①

这个结论我们当然是赞同的，宗教是一种高级的心理活动，它具有思维、意识、情感等不同层次，这是一般动物所不可能具有的复杂心理活动。同时，我们也要指出，宗教信仰只是人类信仰中的一种，如果从其历史来看，宗教是人类精神信仰的一种历史形态。这种形态在人类历史发展到一定历史阶段才可能存在。具体地说，只有人类历史发展到宗教可能存在的条件具备之后，才可能产生宗教。在宗教产生之前或是与宗教产生同时，人类已经产生过多种信仰形式，这些形式中包括原始崇拜、人文信仰等多种形态。在宗教特别是高级的宗教形式如一神教等产生后，才会有当今世界最主要的宗教基督教与伊斯兰教，

---

① ［英］达尔文：《人类的由来》上册，潘光旦、胡寿文译，商务印书馆1997年版，第140—141页。

世界大多数民族逐渐接纳了一神教宗教信仰。但是，多神教、非宗教的形态如被基督教徒称为"偶像教"的佛教、具有多神教性质的中国的道教、具有自然崇拜性质的拜火教，日本的神道、印度教依然存在，而且也是世界信仰的主流之一。就以其中的印度教来说，虽然有的人并不重视它，但实际上其信仰人数大约有 6 亿多人，所以有人把它列为世界大宗教之一，不是没有依据的。

我们根据人类信仰的主要形态，将其划分为以下两大类型。

人文信仰：早期可能有过自然崇拜（自然神、原始一神教，如中国古代的天帝崇拜）、英雄崇拜（包括神化的祖先崇拜如黄帝、炎帝等）、巫神崇拜（如梅内西亚的人玛那 Mana，澳洲人的阿龙吉它 Arungquitha）等等。经过种种崇拜后，其中有的民族最后发展为对于人文精神的崇拜。如中国从汉代起确立了以孔子儒家思想为主导的人文精神信仰，现代世界史上，无神论也成为一种重要的力量，特别是马克思主义等思想观念，也在许多国家有相当的发展。总之，人文信仰就是以人及人的思想观念作为信仰，而不是以超人类的神秘力量如神作为信仰对象。

宗教信仰：从早期的自然崇拜、图腾崇拜发展到自然神信仰，如古代希腊人的自然神信仰、古埃及人的太阳神与多神崇拜、希伯来人的上帝一神教等，古代印度与中国的佛教、中国的道教等。以后发展为以一神教的宗教为主体，如基督教、伊斯兰教等等。所有的宗教信仰都是以神作为信仰对象，以超出人类的力量作为崇拜的信仰。

宗教的本质是以神为对象的信仰，它区别于其他信仰方式的主体就是其信仰的核心是神而不是凡人或生物，这是宗教不同于其他信仰的最主要特征。"神"这个概念其实也有两种，一种是唯一的神（God），它是超自然的力量，是无限存在物。

另一种则是"神圣"（the Sacred），这种理解常见于非一神教，它同样是超出于人类力量的，但同时又是人格化的存在。宗教的构成层次其实也是非常多的，我们大致可以从这几个方面来理解宗教：第一个层次是宗教的精神信仰层次，这是宗教最普遍也是最关键的形态。它的集中表现是宗教教义，也就是这种宗教的思想观念，如基督教的原罪观念、地狱－天堂二分法、末日大审判；佛教的轮回说，普度众生思想、积德行善等观念；拜火教的善恶二分法；伊斯兰教的主的济世思想、救助贫弱、圣战观念等。道教的行善积德、修成神仙思想等。中国儒学不是宗教，但其中心思想"道"与"天"等观念，也是十分重要的。其二是宗教仪式与圣所，仪式是宗教的一个特殊构成要素，仪式的中心是传教，这是宗教的基本活动，如佛教的法会和道场，基督教的弥撒、礼拜，伊斯兰教的礼拜等。举行宗教活动的圣所通常是寺庙、教堂等，宗教信仰中又有圣城等中心地。第三是宗教形象，关于这一点，有的宗教学者可能会不同意。因为有的宗教有偶像，有的没有或是不主张有。所以基督教徒们把有的宗教说成是"偶像崇拜"。其实，可以说所有的宗教全都有形象，佛教等宗教以佛像为形象代表，凡是佛教流传的地方就有佛像。基督教虽然不以神像为形象传播的手段，但是也有圣母像、耶稣被钉十字架的受难像、十字架教徽等，伊斯兰教的新月标志，也都属于宗教形象的范围。第四是有组织与教派，所有的宗教内部都划分为不同的教派，这是宗教流传中因为对于教义的不同理解，不同的宗教观念所产生的派别。关于这个问题一直有争论，而且这种争论已经存在了长达千年之久。无论是在中国国内，还是在西方，在这个问题上一直众说纷纭，莫衷一是。中国人对于儒学的看法我们暂且不谈，我们先来看西方学者是如何看待儒学的。

　　马可·波罗关于中国的记载中，除了景教、伊斯兰教之外，所提到的主要宗教是所谓"偶像教"即佛教。他没有把中国儒学作为宗教看待。西方虽然对于中国儒学早有了解，但是真正全面了解儒学及中国文化，还是在 17 – 18 世纪中国与西方的大交流中。在这以后，西方学者中有两种对立的观点。第一种观点认为中国儒学是一种哲学学说，而不是一种宗教。德国哲学家康德就持这种见解，他有一篇题为《中国》的谈话记录，其中说到中国的宗教时，他认为：

> 宗教在这里遭受冷遇。许多人不信上帝，即使那些信教的人也很少参加宗教仪式。这里，佛教教派为数最多。他们理解佛为神的化身，神灵附在居住于西藏布达拉官的那位受人顶礼膜拜的大喇嘛身上，当他死后，神灵又转世到了另外一个喇嘛。……从天主教传教士所描述的中国佛教的神祇来看，佛教实际上是一种由基督教变种而生的异教。……中国人崇拜孔子，他是中国的苏格拉底。[①]

这里我们要注意的是，第一，康德明确表示，中国孔学不是宗教，孔子不是耶稣与穆罕默德，而是希腊哲人苏格拉底式的人物，孔子是人不是神。毫无疑问这种理解是符合中国人信念的，孔子是中国的圣人，但圣人不是神明，只是"幽赞神明"而已。中国的孔学是以人为代表的人文信仰，而不是宗教。第二，康德的宗教观念中，对于佛教的理解是有偏颇的，这位哲人竟然把佛教看成是基督教的变种，这是一种典型的宗教自大狂。根据季羡林注《大唐西域记》卷六所记，关于佛的诞生与佛灭年代有所不同，但其中有代表性的说法是佛生于公元前 565 年、

---

① ［德］伊马努埃尔·康德：《中国》（口授记录），载［德］夏瑞春编《德国思想家论中国》，陈爱政等译，江苏人民出版社1997年版，第66页。

卒于公元前486年，至少比耶稣要早500年左右①。且不要说佛教的来源是印度教，印度教是一种更加古老的宗教。

康德之后，德国哲学家谢林也认同中国孔子的儒学不是宗教的看法，而且他的观点有过之而无不及，他甚至连孔子学说是哲学也否认了。谢林说："把孔子看作为一种哲学或一种宗教的创始者，恐怕是一种误解。实际上，孔夫子的著作论述的内容只是中华帝国的原初基础，除此之外别无他物"。认为儒学是一种学说而不是一种宗教，这种观念在现代西方仍然有影响，杰出的并且了解中国的学者往往能看到这一点。英国著名哲学家罗素（Bertrand Russell）就是其中的一位，他对于中国的理解远胜过其前辈学者。罗素认为：

> 我必须承认，我无法欣赏孔子的优点，他的书充满了繁琐的礼仪细节，他主要关切的是教导人们如何在不同的场合表现出正确的行为。然而，当人们把他与某些其他时代和其他民族传统的宗教导师相比时候，人们必须承认他有很大的优点，即使这些优点主要是消极的。他的体系，经过其追随者的发展，是一种纯伦理的体系，而没有宗教教条，没有导致强大的教士队伍，也没有导致宗教迫害，它确实成功地造就了一个彬彬有礼的民族。②

无可讳言，虽然罗素也把儒学看成是宗教，但是又有别于一般意义上的宗教，如佛教等，而强调它是"伦理体系"。也就是

---

①　关于释迦牟尼生卒年月，可以参见［唐］玄奘、辩机原著，季羡林等校注《大唐西域记校注》下，中华书局2000年版，第524–525页，第542页，第328页注解中的说明。

②　［英］罗素：《中西文明的对比》，载何兆武、柳卸林主编《中国印象——世界名人论中国文化》下册，广西师范大学出版社2001年版，第92页。

说，这些学者认为从本质上来说，儒学并不是一种宗教，它是一种人文信仰，这是从儒学并不具有宗教教义、宗教组织、宗教仪式等各方面与宗教比较而言，并不是一个简单的判断。

第二种是相反的见解，以黑格尔等人为代表，则是把孔学与天帝崇拜等混为一谈，而且把它们统统说成是宗教或是宗教哲学。

黑格尔在《哲学史讲演录》等书中对于中国宗教与哲学的说法荒谬不堪，这个不懂汉语和梵语、从未到过东方的哲学家却喜欢侈谈东方。对于世界上这个他所不了解也不可能理解的伟大文化，犹如面对《一千零一夜》中那个从铜胆瓶中放出的被关闭数个世纪的巨人，黑格尔的论述混乱而奇怪。他先是说"中国哲学是宗教哲学，不属于哲学史"。他关于宗教的定义是"宗教主要环节是对主的畏惧，更不能超出这点"①。但是孔子儒学一方面被他认为不同于西方宗教，即其中没有对于主的畏惧，另一方面又要说成是宗教。同样是关于孔子，他时而说孔子哲学是"抽象的"，时而说是孔子"具体的"，矛盾百出，令人不可理解。下面一段话就更是可笑，黑格尔把中国文化从易经到孔子的思想归之为一种"尺度的宗教"，并且认为：

> 这样，臣民的所有的祭祀活动完全归结为道德生活，因而中国的宗教可以称作道德的宗教（在这个意义上可以把中国算作无神论者）。——这些关于尺度的确定和关于义务的论述大部分来自孔子：他的著作大都是这些道德内容。……只要普遍完全是抽象的基础，人就没有确定的内在性：所以一切外在对人来说都有意义，与人有关。而且是实际的关系。在一般情况这便是国家宪法，即受到外在

---

① ［德］黑格尔：《哲学史讲演录》第一卷，贺麟、王太庆译，商务印书馆1983年版，第96页。

的统治。这种宗教与真正的道德、内在的理性没有联系，因为假如有了真正的道德和内在理性的话，人本身就会有价值、尊严，并可以不受制于外。①

黑格尔在关于中国与东方的所有论述中，从《历史哲学》到《哲学史讲演录》，一直显示出一种偏见、狭隘、猖狂甚至低能的倾向。他所有的指责无非是说，中国以"道"作为"尺度"的理性不是理性，并且中国的学说中没有"个人自由"。当然我们有权利反问：

西方文化以《圣经》为源头，这种宗教经典有何理性？"原罪"有什么理性根据？

西方以"逻各斯"为尺度，难道就不是一种"尺度"的理性？凭什么认定所谓的"个人自由"可以作为最高目标，又如何认为中国没有个性自由而西方独有？

黑格尔把自己看成是制定规则的人，他关于什么是宗教没有任何界定，因此他将中国文化说成是宗教无异是指鹿为马之论，且不说与其他人相比，即便与同时代的德国学者比起来，黑格尔的理论也显得出奇的肤浅与无知，比如雅斯贝尔斯曾经写过关于《老子》的文章，其中关于道的论述，尽管也有不令人满意之处，但是与黑格尔的武断已经有天壤之别了。

在黑格尔之后，在西方理论界关于中国儒学研究最有影响的人物当推马克斯·韦伯，我们已经多次提到他的名字与著作，但这并不说明人们已经识破了其学说的荒谬，直到今天他的学说仍然受到相当多的中国学者的膜拜。他的名著《儒教与道教》中，与黑格尔等人不承认儒学是宗教的立场相对，把儒学

---

① ［德］黑格尔：《中国的宗教或曰尺度的宗教》，载［德］夏瑞春编《德国思想家论中国》，陈爱政等译，江苏人民出版社1997年版，第103－108页。

看成是一种宗教，列入世界性的 6 种宗教之一，与印度教、基督教、佛教、伊斯兰教、犹太教并列。并且他把所谓的"儒教"与西方的清教相比较，得出了儒学经济思想不宜于资本主义发展同时也不利于现代社会的结论。在他看来，儒学并不是重义轻利，相反，而是过于重利，不过这种重利是一种脱离精神的、纯物质主义的利欲，是实用的理性。

最为可笑的，也最能说明韦伯理论的是这样一个比喻，韦伯把中国儒家的"君子"与清教的"修士"相比较。韦伯说：

> 由此，可见两种"理性主义"的根本区别：儒教理性主义意味着理性的适应世界；清教理性主义则意味着理性地把握世界。清教徒和儒家都"恬淡"，但是，清教徒的"恬淡"建立在一种强烈的激情的基础之上，正是这种儒家根本没有的激情鼓舞了西方的修士。在他们身上，西方禁欲的拒世态度与其另一面——把握世界的要求——不可分割地结合起来，因为这种要求是以一位超凡的神的名义向修士们提出来的，并进而以一种改变了的缓和的形式渗入了世俗界。没有什么比"天职"思想更同儒教的高尚理想相抵牾的了。"君子"是美学价值。因此也不是某位神之"器"。真正的基督徒，完全的禁欲主义者——不管是出世的还是入世的——则舍此别无他求，因为他的尊严正在于此，因为他正想成为一种理性地改造世界和把握世界的有用的工具。[①]

此真乃"德音大坏，空戏滑稽"也！

---

① ［德］马克斯·韦伯：《儒教与道教》，王容芬译，商务印书馆1995 年版，第 299 - 300 页。本书的中文译本另有康乐、简惠美译《韦伯作品集》V，《中国的宗教·宗教与世界》，广西师范大学出版社 2004 年版，332 - 333 页。此处以王容芬译文为主，有所改动。

　　这里把中国的"君子"与清教的"修士"相比，完全是不伦不类，风马牛不相及也。"君子"是儒学的人格样板，体现为人处世的理想。而"修士"是一种神职，是一种具体的职业。两者之间根本没有可比性，这种比较的可笑程度，就如同把西方的"绅士"（gentleman）与佛教的"和尚"相比较一样。如果说因为绅士没有像和尚一样修行并且禁欲，那么这种比较与要求，韦伯先生可能也会感到可笑。

　　这种比较正是马克思《德意志意识形态》中所说的那种"荒唐的比较"。马克思关于这种比较有过一个著名的例子，即"倍尔西阿尼的歌唱不能同青蛙的鸣叫相比"。这种荒唐比较在逻辑上也是错误的，这就是所谓异类不比的原则，在中国墨经逻辑中说得十分形象："木与夜孰长"，这就是要你比较一下，一根木头与夜晚的时间哪一个更长？

　　再者，马克斯·韦伯先生凭空虚设的做法在学术研究中也是不严谨的，从未到过中国并不谙中文的他何以得知：没有什么"天职"理想"更同儒教的高尚理想相抵牾了"。众所周知，孔子好易，儒学以六经为宗，易经开篇曰："天行健，君子自强不息。"孟子曰天降大任于斯人，都表现出儒学的一种观念，这就是君子以行天道自命的思想。马克斯·韦伯又根据什么率尔操觚，轻易地臧否他人呢。

　　基督教修士的形象也并不像他所说的那样神圣，相反，在西欧文化中，他们历来是人们嘲笑的对象。在古代罗马，基督教被定为国教之前，基督徒们曾经受过严酷的迫害，这一历史记忆其实为他们增加了几分苦难的光辉。但是自从中世纪以后，基督教在欧洲成为绝对统治地位的宗教，教皇作为耶稣基督在俗世的代表而获得至高无上的权力，教廷与世俗王权之间争权夺利，而基督教修士们也不再是昔日背着十字架，充满负罪感的苦修士形象。他们争名于朝，争利于市，一个个飞扬跋扈，对于教民们巧取豪夺，作恶多端，成为了世界宗教中受到最严厉鞭挞的神职人员，无论在宗教界和俗世，基督教修士声誉都很差，更谈不到所谓"天职"了。法国戏剧家莫里哀（Molière）有一部名作《达尔杜弗》（1664）就是以基督教修士为讽刺对象的。那个虚伪得连跳蚤都不肯掐死的达尔杜弗，却一心要图谋别人的妻子与家产。这个禁欲苦行的修士在与贵妇人艾耳密尔约会时有一段关于"上天"的话，当时欲火中烧的达尔杜弗受到艾耳密尔拒绝：

> 达尔杜弗：你既然可怜我的痴情，钟情于我，为什么又不肯给我一点实惠？
>
> 艾耳密尔：但是你口口声声说到上天，我要是同意了你的要求，岂不是有罪于上天了吗？
>
> 达尔杜弗：如果你只不过是因为上天和我的爱情作对，去掉这个障碍，对我来说一点也不费事，你完全没有必要因此而畏缩不前。
>
> 艾耳密尔：可是，人们总是用上天的裁判来吓唬我们！
>
> 达尔杜弗：夫人，我能帮您取消这些可笑的畏惧，我自有消除顾虑的方法。不错，上天禁止某些享受；（这是一个恶棍在说话——作者注）不过我能叫它让步的……

在修士眼里，上天与天职只不过是与人私通的"可笑的""障碍"，可以不费力地"去掉"。如果马克斯·韦伯连这些修士的"虔诚"都看不穿，那他本人的识别能力比起那个迂腐的商人奥尔贡来说，也是相差无几了。西方人对于教士虚伪行为的批判历来是毫不容情的，特别是在《十日谈》、《巨人传》等名著中，已经成为西方文学人人皆知的主题了，这是无可否认的事实。

16世纪以后，在中世纪就已经声名狼藉的西方基督教传教士又成为了殖民主义的先锋，他们登上海外殖民者的船，以

"征服者"的名义，在非洲、美洲、亚洲各国疯狂杀戮，所谓一手拿剑，一手拿福音书，为殖民主义刽子手们大唱赞美诗，这些征服者们的暴行骇人听闻。杰出的西班牙教士巴托洛梅·德拉斯·卡萨斯（Bartolomé de las Casas）在《西印度毁灭述略》（BREVISIMA RELACION DE LA DESTRUCION DE LAS INDIAS，1552）中，描述了基督教殖民主义者们的历史暴行。所谓"西印度"（Las Indias）是指哥伦布等人发现的美洲大陆，只是当时的欧洲人误以为这里就是传说中的东方国家印度，所以后人称之为西印度。15 世纪的西班牙与葡萄牙是西方殖民主义海上强国，在刚刚发现新大陆后的 1493 年，罗马教皇亚里杭德罗六世把"征服"新发现的美洲大陆等一切权力赐给卡斯蒂利亚（即西班牙）的国王与王后，并以诏书形式签发。从此，西班牙殖民主义者以教皇支持的向印第安人传教为名义，开始大规模屠杀印第安人，进行所谓征服。在这场惨无人道的历时 40 年的大屠杀中，整个美洲大陆在腥风血雨之中，大约有 1500 万印第安人被杀，世界为之震动。书中有一节名为《古巴岛的毁灭》，讲述古巴岛原住民被屠杀的经过，最能说明基督教在其中所起的作用。当一位名叫阿图埃伊的酋长被基督徒们绑在柱子上后：

　　……一位在场的方济各会传教士向他宣讲了上帝的存在和我们基督徒的信仰。传教士在刽子手所给的这一短暂的时间里所讲述的事情是阿图埃伊所从来没有听说过的。传教士问他是否相信刚才对他说的话，即他或步入天堂享受尊严和荣誉以及永恒的憩息，或堕入地狱去忍受那无涯的折磨和痛苦。头人想了想问道："基督徒是否也进天堂？"传教士答道："进，但只有好基督徒才能进。"于是这位头人断然表示，他宁愿下地狱也不进天堂，因为地狱没有基督徒，只有在那里他才能避开那些凶恶的暴徒。这

> 就是西印度的基督徒为上帝我们的信仰所赢得的"声誉"
> 和"尊严"。①

基督教士们竟然被人们如此仇视，不但不共戴天，甚至死后都不愿同处天堂，这真是历代宗教史上闻所未闻、匪夷所思的事情。所以有的基督教学者对于卡萨斯的书不相信，称之为"黑色神话"。基督教黑衣修士们当然是不愿这些"神话"为人们所相信。不过，从以上那位阿图埃伊酋长的话来说，倒像是一种用血写出来的"黑色幽默"。同时中国人也不会忘记，这些方济各会教士们是最早进入中国的神父，他们在中国的表现虽然与美洲有所不同，但目的是完全不变的，是为了征服一种"野蛮民族"，是来宣传基督教教义与欧洲文明的。至于所谓"清教徒"及其修士，不过是基督教的一个分支，与其他教派相比则大同小异，所以他们也成为英国作家萧伯纳、美国作家霍桑笔下的笑柄。

笔者以为，儒学被看成宗教，其实是一种历史的错误，这种错误观念的形成与中国和外来文化之间有密切关系，是在外来宗教的影响之下，才产生了将中国传统的儒学与外来宗教与中国的道教并列，将中国古代学术形态变成了"儒教"。这种变形如同把希腊古代哲学看成宗教一样，都是对于学术的错误理解。

儒学为什么被看成宗教？它什么时代开始被看成是宗教？

儒学形成于孔子之前，孔子的学说原本是先秦诸子学说中的一种。先秦诸子学说是中国学术发展的第二个重要阶段，在其之前，就有六经的存在，六经是中国学术发展的第一阶段。章学诚《校雠通义》指出："后世文字，必溯源于六艺。六艺

---

① ［西班牙］巴托洛梅·德拉斯·卡萨斯：《西印度毁灭述略》，孙家堃译，商务印书馆1997年版，第29页。

非孔氏之书，乃《周官》之旧典也"。周代的儒指的是以六艺教授学生者，以官学为主。孔子私授弟子，以六经为业，以后有了儒家之称。但这个时期，没有人把孔子学说看成是宗教。孔子只是春秋诸子中的一子，而不是宗教教主。所以，先秦诸子的学说可以看做是中国学术的第二阶段。笔者以前的著作中，曾经引证了吕思勉先生《先秦学术概论》一书中的观点，吕思勉先生曰："吾国之学术，大略可分为七期：先秦之世，诸子百家之学，一也。两汉之儒学，二也。魏、晋以后之玄学，三也。南北朝、隋、唐之佛学，四也。宋明之理学，五也。清代之汉学，六也。现今所谓新学，七也。"[1]这里要说明的是，吕思勉先生没有把六经与诸子区分开来，这是不对的，应当承认三代之前就可能存在的六经的思想源流，六艺及其高级学说六经，这是中国学术史的第一阶段。在这一阶段中，儒学只是中国学术中的一个流派，孔子只是其后才出现的，他以六艺和六经教授子弟，这就是庄子讽刺孔子时所说"丘治五经，自以为长久"。可见当时孔子的地位还很低，才开始他的事业，当时人并不重视其学说。

　　第二个阶段到汉代才形成，秦重法治，儒家不受重视。直到汉代元光元年，原本是怀才不遇作过《士不遇赋》的董仲舒，上《举贤良对策》，吹捧孔子，称其为"素王"，反对秦以来的法治，主张"德教"，把孔子抬上了教化主的地位，"是教化立而奸邪皆止者。其提防完也。"但还没有把孔子看成是释迦牟尼或耶稣式的救世主，只是看成一个思想家。儒学是一种学说与教化，但不是宗教。由于孔子"不语怪力乱神"，所以与宗教概念相去甚远。儒学被看成是宗教，主要是因为汉代以后，佛法东来，形成了儒学、道教与佛教三者之间的冲突，中

---

① 　吕思勉：《先秦学术概论》，东方出版中心1996年版，第3页。

国人宗教意识受到印度佛教的作用而觉醒，从而产生将儒学看成是中国的儒教的看法。经过南北朝、隋、唐数百年间儒释道之间的长期的斗争，终于形成所谓"三教合一"的说法。何承天答宗少文曰："何者？中国之人，禀性清和，含仁抱义，故周、孔明性习之教。外国之徒，受性刚强、贪欲忿戾，故释氏严五科之戒。"又顾欢之答袁粲驳夷夏论曰："经云，戎气强犷，而复略人颊车邪。又夷俗长跽，法与华异。翘左跂右，全是蹲踞。故周公禁之于前，仲尼诫之于后。"①

南北朝时的文人为了说明中国与印度文化的不同，儒学教化与佛经戒律的不同，其实在把儒学与佛教进行比较中，已经把儒学看成一种宗教，这就改变了儒学的性质。虽然也有相当多的学者保持清醒认识，但对于大多数人来说则已亡羊歧路，遂失其本，这是我们要引以为教训的。这种错误流毒千古，从而使孔学的教化与宗教混淆不清。特别是宋明理学之后，把儒学与佛学相混，直到当代仍然迷惑视听。但有识之士还是能够分辨是非的，特别是近代海上交通实现之后，海外传教士大批来华，中国人在汉唐时代接纳的是佛教，与一神教的基督教之间还有所不同。对于一神教观念理解不深，在西方宗教与殖民活动中，经过与基督教的比较，对于宗教观念本身及中国儒学的非宗教性就有了更深切的体会。冯友兰说道：

> 宗教也和人生有关系。每种大宗教的核心都有一种哲学。事实上，每种大宗教就是一种哲学加上一定的上层建筑，包括迷信、教条、仪式和组织。这就是我所说的宗教。
>
> 这样来规定宗教一词的含义，实际上与普通的用法并

---

① 顾欢：《答袁粲驳夷夏论》，载［清］严可均校辑《全上古三代秦汉三国六朝文》第三册，中华书局 1958 年版，第 2915 页。

无不同。若照这种含义来理解，就可以看出，不能认为儒家是宗教。人们习惯于说中国有三教：儒教、道教、佛教。我们已经看出，儒家不是宗教。至于道家，它是一个哲学的学派；而道教才是宗教，二者有其区别。[①]

"旧学商量加邃密"，古人的看法未必全都正确，原有的认识经过不同时代人的研究，会有更加缜密的看法。明确了儒学不是宗教的性质之后，我们再来看世界宗教与人类信仰的产生与发展。这里我们要说明的是，中国儒学虽然本质上不是宗教，但它也是一种人类信仰，与宗教有相当多的共同之处，在研究人类精神活动的过程中，我们一方面要注意区分两者的不同，不能混为一谈，另一方面，也要关注两者作为人类精神形态的相通之处。在有关的论述中，我们不一一加以区分，这是为了论述的方便。

二、信仰与宗教的产生

从世界宗教与信仰的历史来看，有三种主要历史形态：原始宗教——一神教——多元信仰，这三种历史形态并不是所有民族全都经历，有的民族一直信仰原始宗教，也有的民族从古代就信仰一神教。同时，它们也是绝对的发展规律，不是所有的原始宗教全都必然发展为高级宗教。它们只是从初级形态向高级形态发展的类型的普遍性分析，但是它们仍然有一定的代表性，虽然不是绝对的规律。

1. 原始宗教

宗教是如何起源的？

---

① 冯友兰：《冯友兰选集》上卷，北京大学出版社 2000 年版，第 224－225 页。

这一直是学术界所争执不休的问题，从古至今，各说法纷纭。有人认为，宗教起源是一个无法解释的历史难题，因为前人关于宗教起源的理论是如此之多而且没有头绪，以至人类学家摩尔根竟然说："宗教涉及想象和情感方面的东西太多，因此也就涉及相当多的不可确知的事物，使得一切原始宗教都显得很怪诞，并在某种程度上成为不可理解的问题。"①

虽然如此，却不可否认，时至今日这是一个多门学科关注的问题，人类学、神学、社会学、民族学、历史学、哲学等，东西方几乎所有重要思想家无不关注这个问题。早自霍布斯、洛克、卢梭、赫伯特、斯宾塞、迪尔凯特等人都有比较系统的宗教起源说，而且现代学术界还在不断提出新的说法。

总体来说，我们关于宗教起源思想强调这样的观念：其一，宗教起源是多元的而不是一元的，宗教形态也是多元的，这种形态的多元本身就是其起源多样性的一种证据。至今为止，在世界众多关于宗教起源的理论中，没有一种理论能够完全取代其他理论。其二，宗教起源与人类社会生产和生活的关联是确定的，离开人类社会，将宗教起源看成是单纯的精神现象、是人类奇思异想的产物这一说法越来越难以为大多数人所接受。其三，同时，宗教起源不是某种经济生产理论或是社会进化理论所能取代的，宗教的产生是人类社会发展到一定阶段精神需求与社会生活相结合与适应的产物。就是说，宗教起源理论必然从比较文明学的观念来观察，才会有新的理解。这种理解不是人类学家对于所谓"落后民族"或是原始民族的生活方式的观念所能替代的。只有理解东西方文化的差异，

---

① ［美］路易斯·亨利·摩尔根：《古代社会》上册，杨东莼、马雍、马巨译，商务印书馆1977年版，第5页。

才能理解宗教起源秘密。顾欢所说："又若观风流教，其道必异，佛非东华之道，道非西戎之法，鱼鸟异渊，永不相观。"①如果仅从宗教起源来理解，应当是毫无疑义的。承认这一事实，正是近2个世纪以来人类学、比较宗教学、文化学理论所取得的进展。

在这种理论观念的指引下，关于宗教起源的理论就不再是一团乱麻，其发展的时代性与思维方式的合理性是同一的，宗教从原始向高级阶段的进展轨迹也就明显了。

（1）图腾崇拜论

有人主张把图腾崇拜与祖先崇拜等放入自然崇拜的范围，我们认为图腾与祖先崇拜虽然不能算作发达的宗教，但也不再是自然崇拜，应当说是一种较高级的偶像崇拜，介于宗教与崇拜之间，从其性质来说，更为接近于宗教，所以应当归入宗教范围。

图腾（Totem）这个词的起源有多种说法，但是比较一致的认识是：它与许多人类学的术语一样，来自北美印第安人的语言。其中又可以分为两种略有不同的说法：一种说法认为是英国人郎（J. Long）1791年从北美印第安语介绍而来，原本写作 totam。另一种说法则认为，图腾一词来自印第安的阿尔冈昆语（Algonkian），它不是一个单词，而是这种语言的一个词组 ototeman，印第安语的原意为"他是我这一氏族的"。其词根是 ote，代表自我与氏族亲属之间关系，而且是与男女亲属之间的关系。这就表明了图腾起源的一个重要秘密。据摩尔根《古代社会》一书中分析，在以图腾为氏族划分之前，曾经存在过以性别作为氏族划分的原始形态。所以

---

① ［清］严可均校辑《全上古三代秦汉三国六朝文》第三册，中华书局1958年版，第2915页。

图腾一词作为男性与女性亲属之间的关系中介，很可能反映了更早的氏族形态。而第一个 o 只是一个前缀，为了防止两个 o 的连用，中间用一个 t 分开。Man 只是一种后缀，从构成形式来看，这是一种对于氏族身份的认证。总之，ote 是自我，它表达自己的氏族谱系的联系，所以图腾正是摩尔根所说的那种原始人用以划定同一氏族成员的图像。比如美洲摩基人就认为，自己是鹿的种族或是沙子的种族，因为自己的祖先是鹿或是沙子。

关于图腾的起源与特性，目前可以有多种说法，其中流行最广的是：（1）族外婚的社会功能；（2）氏族的姓氏标志；（3）早期宗教信仰等说法。

（2）图腾的社会功能说

族外婚（exogamy）是大多数氏族普遍遵循的一种社会规则，这种规则对于原始民族来说意味着一种禁忌（taboo），但是人类这种禁忌形成的时间与如何得以认识，一直是一个未解之谜。现代社会科学研究发现，这种禁止血缘婚的历史时代与图腾崇拜有某种时间上的联系。人类学家还指出，在实行图腾主义（totemoism）的氏族中，同一图腾的氏族的成员之间，不可能有性关系，也不允许通婚。这样可能防止同族结婚引起乱伦。从本质上来看，这种理论是一种社会功能理论。其实从氏族的历史而论，图腾氏族产生于性别氏族之后，是相对发达的氏族划分原则。所以图腾作为族外婚的禁忌作用可能是"群婚"（group marriage）制度的基础，同一图腾者被认为是同一血缘，血缘婚受到严格禁止。弗雷泽的《图腾崇拜与族外婚》以极丰富的资料说明了这一历史。

同姓不娶在中国表现为"礼"，春秋时期，鲁昭公娶于吴，但是他们是同姓，所以讳称"吴孟子"，故而在《论语·述而》中称其"不知礼"。王僚娶了蔡昭侯的大姊，蔡国也是姬姓，所以当代学者李学勤认为"同样是违反'同姓不婚'原则的"①。如果仅从防止血缘婚这一角度来看，中国礼的原理与图腾制度是相近的，所以我们并不能排斥二者可能曾经有过的联系。只不过图腾制度以一种原始功能来实现它，中国的"礼"已经发展成了一种完备的道德体系了。

当然，这也是当代学术界仍然在争论的一个焦点，即图腾制度是否为原始人自觉的社会功能行为？或是说，它只是一种原始的宗教行为，并不具有自觉防范的社会功能，因为原始人很难有这样完全的道德观念。但无可怀疑的是，大多数原始民族中，图腾都是一种流行极广的现象，它的存在遍布美洲印第安人、澳洲卡米拉罗依人、波利尼西亚人、各非洲氏族、夏威夷人等。现代的研究进一步证明，非洲人与古代欧洲与亚洲人的主要先祖中，闪族人与雅利安人也都有过图腾崇拜。所以有人认为，图腾崇拜可能是世界民族史上一种有规律性的现象。当然目前还不能完全断言，只是一种推测而已。

（3）图腾名号说

图腾是氏族对于自己命名的一种手段，它具有族号、族徽、先祖姓氏与氏族崇拜动物等多种形式，或是多种形式的合一。从德国到牛津的著名学者马克斯－缪勒（Max－Müller）就曾经坚持这一观点。斯宾塞（Herbert Spencer）也认为，命名是图腾的主要原因，具有一定特征的人群用一些动物或植物来命名，这在起初是一种认证的方法。皮克勒（Julius Pikler）认为图腾图案起源于原始的书写方式，可能是一些象形字。

中国的一些学者也持此种看法，只不过思考的方向恰好是反其道而行。中国人类学家李玄伯就曾提出，中国人的姓氏起

① 李学勤：《缀古集》，上海古籍出版社1998年版，第128页。

源于"图腾"。其根据是《国语·晋语》中的一段话:"黄帝以姬水成,炎帝以姜水成,成而异德,故黄帝为姬,炎帝为姜"。这里所说的"德"就是图腾,由于图腾不同,所以姓也不同①。人类学的图腾制度传入中国后,曾经有许多学者用它来解释中国古代文化,闻一多曾考证过夏商周三代的姓氏,也认为它们与图腾有关。如夏为姒姓,系涂山氏女在大洪水中,骑在巨龙背上漂流,食了薏苡果,因而受孕,生下启。巨龙就是大禹,也就是龙图腾。因为薏苡之"苡"与"姒"同音,所以夏以姒姓。商先祖据说是玄鸟,就是"玄鸟生商",一般认为商人以玄鸟为图腾。但是商人子姓。那么子姓何来?商的先妣是简狄,是帝喾的第三个女儿。因为食了玄鸟也就是燕子的卵,从而受孕生子,繁衍了商人。商人把燕子卵叫子,所以简狄之子就以"子姓"。周人的先祖是姬姓,也就是说与黄帝同姓。但是关于周人的姓氏还另有一种说法,这就是《史记·周本纪》中所记的后稷出生的故事。后稷是周人的先祖,我们上文已经说过,他可能是中国农耕生产的早期代表人物之一。《大雅·生民》曰:"厥初生民,时维姜原,生民如何?克禋克祀,以弗无子,履帝武敏歆,攸介攸止,载震载夙,载生载育,时维后稷"。这就是姬姓女子"履迹而孕"的状况,像神话里所说的那样,履巨人迹使处女怀孕,以后生下后稷,这个"稷"就是来自于"迹",同时"姬"也就是"迹"②。

虽然如此,自从 20 世纪 20 - 30 年代中国图腾观念所引发的热潮消退之后,中国文化中关于图腾研究趋向深入,曾经盛

---

① 参见斯维至:《姓名的故事》,三秦出版社 2001 年版,斯先生尚有《说德》(载于《人文杂志》,1982,2)等论文言及姓氏与图腾崇拜的关系。斯先生与余相交有年,亦曾以此说嘱于余。

② 闻一多:《神话与诗》,华东师范大学出版社 1997 年版,第 75 - 83 页。

行一时的图腾观念受到越来越多的质疑，这也是一种正常的现象。

（4）图腾与宗教

世界上大多数学者仍然从宗教信仰的角度来定义图腾，这也是一个事实，英国人类学家马林诺夫斯基就认为：

> 我们就能指出任何形式的宗教，都是适应个人及社区的一些深刻的——虽然是派生的——需要的。试举最奇怪的图腾主义为例。如果我们把图腾放入其较大的布局中，而看到其中的自然崇拜和对于动植物的祭祀。我们便容易觉得这一种的信仰是确认人与其周围环境之间有一种亲密的亲属关系的。并且，假使我们进一步观察图腾主义及自然崇拜的仪式方面，则我们可知它们大部分包含着关于动物繁殖和赎罪，以及植物茂盛的仪式。这种信仰在人和环境之间建立了一种联系。同时，造成了许多仪式，藉以对天然富饶的力量能有相当控制。这信仰是宗教的各种形式中最近于巫术的，虽然在宗教构造及仪式类型中，图腾和自然崇拜却与巫术不同。①

英国功能派人类学家把图腾看成是"宗教的各种形式"之一，这是明确无疑的。当代宗教学研究中的一个重要流派——精神分析宗教学家——也把图腾看成是宗教的起源之一。弗洛伊德也曾经说过：

> 澳洲土著人没宗教的和社会的机构体系，凡此种种均由"图腾崇拜"体系所取代。澳洲的部落又划分为更小的分支（division）或氏族（clans），每个都以其图腾（to-

---

① ［英］马林诺夫斯基：《文化论》，费孝通等译，中国民间文艺出版社1987年版，第77页。

tem）命名。什么是图腾？图腾通常是一种动物（或是可食无害的，或是危险可怕的）。偶尔也会是一种植物或一种自然现象（如雨或水），它与整个氏族有着某种奇特的关系。图腾首先是氏族的共同祖先，同时也是向他们发布神谕并提供帮助的监护神。虽说对外族而言图腾很危险，但是它能识别并宽容自己的子民，从另一个方面来说，族人都有一项神圣的义务：不宰杀不损毁图腾，不吃图腾的肉，也不用其他方式以此谋利。①

如果从崇拜的历史来说，图腾崇拜是上古崇拜中最早的一种，它是自然崇拜的主要形式，所崇拜对象几乎包括各种自然现象、动物植物、风雨雷电、河流山川甚至颜色、声音等，一切有形与无形的事物与现象都可以成为图腾对象。图腾对象中最主要的是动物，几乎世界上所有民族文化中都有动物崇拜的痕迹，这种痕迹最为显著的遗迹就是动物纪年法。世界主要古代文明古国如中国、印度、埃及、巴比伦与希腊，毫无例外全都有过动物纪年法，人类最重要的观念时间概念就与动物有这种密切的联系，由此可见动物崇拜在人类生活中的地位。其中中国的十二生肖至今盛行，如同一个活化石，记载着人类曾经存在过的关于动物崇拜的经历。

崇拜的最常见形式是自己认同于这种动物，把自己的部族作为这种动物的后代或是认为自己受到这种动物保护。奇怪的是，图腾动物有两种相反的命运，一种是崇拜某种图腾者禁食其肉并且保护这种动物；另一种则是因为崇拜而食其肉。这两种相反的情况在美洲印第安人中同时存在。由于杀死崇拜动物，所以出现了圣餐的情况，这种圣餐也有两种情况，一种是经常

---

① ［德］《弗洛伊德文集》第五卷，车文博主编，长春出版社1998年版，第7页。

杀死某种动物并且举行祭祀，这种方式是阿伊努人的类型。与阿伊努人类型相反，对于祭祀动物一般不杀不食，只有在个别神圣场合，才会杀死并祭祀，这一种类型称之为埃及人类型。据巴道夫等人研究，图腾崇拜可能是人类产生最早的崇拜形式，从时间上来说，图腾崇拜必然早于与灵魂有关的崇拜，因为在图腾崇拜时代，大多数原始民族可能尚未产生完整的灵魂观念，这是一个重要历史事实，法国人类学家列维－布留尔的《原始思维》一书是一本有严重缺陷的理论著作，我们上文已经指出，列维－斯特劳斯等人曾经批评过这本书，指出了书中的西方自我中心主义观念与研究方法上的伪科学特性。但是有一点却是不容忽略的，正是在这本书里，列维－布留尔批判了泰勒的灵魂说，指出原始人的灵魂观念产生于较晚的时期。笔者认为，这一见解是有价值的。列维－布留尔指出：

> 这样一来，我们在原始人那里就找不到严格符合单一灵魂的任何东西了，据泰勒的见解，单一灵魂是以生命的本原和幻象的双重形式出现的。毫无疑问，原始人处处都相信他们在梦中见到的那种东西的客观实在性，他们也处处相信死者的魂至少在某些时候会返回到这些死者生前住过的地方。但是，我们刚刚弄清了的东西，正好确凿地证明了在这一点上集体表象的起源并不归因于那种用单一"灵魂"的概念来解释这些幽灵的需要。相反的，我要说，最初（在这个词的可以允许使用的那种程度上），在原始人那里是没有灵魂观念的。代替它的是关于共存着和交织着但还没有融合成真正唯一个体的清晰意识的一个或若干"互渗"的通常都有极大情感性的表象。部族、图腾、氏族的成员感到自己与其社会集体的神秘统一、与作为其图腾的那个动物的神秘统一、与梦魂的神秘统一、与丛林灵

魂的神秘统一，等等。①

这里我们也要指出，列维－布留尔所说的渗透性思维，其实不存在。人类思维发展从前逻辑到逻辑思维是一个历史过程，原始人的思维只是一种简单的思维方式，笔者曾在有关论著中指出，这种思维方式与儿童思维方式相同，是一种物象思维。这种思维方式曾经在人类各民族早期普遍存在，并且时至今日仍然作为逻辑思维的补充而存在。古代人的图腾崇拜就是这种思维方式的表现。

图腾崇拜的对象以动物为主，世界范围里图腾动物的种类非常多，几乎所有的动物都可以成为图腾。从类型来看，主要可以分为两大类：一种是真实存在的动物，这种动物由于与人类生活关系密切，在生活中或是有利于人类或是令人类恐惧产生敬畏，有的被认为是人类的祖先，甚至可能是人类的食物，都有可能成为氏族的图腾。美洲印第安人是原始民族的活化石，他们的图腾也是举世皆知，根据摩尔根《古代社会》一书中关于美洲原始民族图腾的记载，我们将他们的一些图腾整理如下：

荷德诺骚尼诸部落中的维安多特人的主要图腾是：

1. 狼氏　2. 熊氏　3. 海狸氏　4. 龟氏
5. 鹿氏　6. 蛇氏　7. 豪猪氏　8. 鹰氏

密苏里部落里的蓬卡部的氏族图腾是：

1. 黄熊氏　2. 多民氏　3. 麋氏　4. 臭鼬氏
5. 野牛氏　6. 蛇氏　7. 巫氏　8. 冰氏

奥马哈氏部的氏族图腾是：

1. 鹿氏　2. 黑氏　3. 鸟氏　4. 龟氏　5. 野牛氏　6. 熊氏
7. 巫氏　8. 鸦声氏　9. 头氏　10. 赤氏　11. 雷氏　12.

---

① ［法］列维－布留尔：《原始思维》，丁由译，商务印书馆1985年版，第82－83页。

多季氏

澳洲土著部落的图腾称之为"可朋"（Kobong），它被画在盾牌上，以保佑战士在战斗中取得胜利。在印第安人的部落中，这些动物被刻成印记，与部落有关的一切契券和条约，都要加盖这种印记。欧洲中世纪的骑士们都有自己的纹章，这些纹章往往就是一些猛兽，它们同样也是一种保佑的力量，这可以说是古代图腾的延续。所以欧洲人们所用的族徽与印第安人是没有本质区别的。

另一类是现实中并不存在的动物，这些动物是人类想象出来的，经过审美或宗教的心理作用，成为一种象征。它在民族心理中受到尊崇，成为人们膜拜的对象。埃及的狮身人面兽无疑是古代神圣力量的代表之一。中国的龙、凤、麒麟等动物很早就成为崇拜的对象，从良渚玉器、商代青铜器可以看出，龙纹、凤纹都是主要的纹饰。良渚和红山文化的玉龙，造型优美而且祥瑞，处处表现一种崇拜物的特征。河南安阳殷代妇好墓出土的龙纹青铜器上，精美绝伦的龙形饰令人叹为观止。当然，动物的选择与民族性格有极大关系，龙，这种想象中的动物在西方就并不受欢迎，恶龙在西方民族史诗中经常是人类的敌人，勇士们要杀死恶龙，才能拯救自己的人民。中国人将龙作为自己图腾，已经将自然人化，龙成了自己精神崇拜与美的象征。而西方文明则把巨龙作为自然中的恶的形象，人类征服自然，战胜丑恶，集中体现于战胜这种象征。这是人类精神选择的重要性，一种文明在自然中发展，与自然的关系启发人类进行选择。形成选择，就是形成一种文明的精神图像。宗教是精神图像的阶梯，一神教通过否定自然崇拜获得精神升华，所以，反自然崇拜成为了西方精神的重要特性。这种崇拜也影响到西方的价值观，当人与自然关系处于对立状态时，东西方的选择就会突显出来了。当代社会中，东西方在自然保护中处于一种相当复杂的关系之中。传统是一个重要的导向，西方批评一些生态主义观点，其出发点其实并不简单是经济发展的利益，而具有精神的作用。

将图腾作为宗教起源之一，这是西方学术界最成熟的看法之一，法国社会学家涂尔干的名著《宗教生活的基本方式及澳大利亚图腾制度》（Les Formes Elémentaires dè la Vie religieuse, Le Système Totèmique en Australi, Alcan, Paris, 1912）中提出，原始民族会认为图腾其实就代表了一种现实，在现实生活中不能实现的愿望会寄托于其上，这就使得它具有了原始宗教的性质。而且，图腾可以说具备了宗教的基本要素（信仰、仪式和宇宙观），这就保证了图腾完全可以成为一种宗教信仰。而图腾能够成为宗教，最主要的还是由于氏族生活的需要，一个氏族为了维持其持久性和连续性，需要有一种共同的生活标志。而这种标志往往采用与本族生活关系亲近的动物或植物为对象，由此使得图腾起到了最初的宗教作用①。

（5）列维－斯特劳斯的结构主义图腾学说

最后，我们必须说明一下列维－斯特劳斯的图腾学说，这一学说引起广泛关注，特别是在中国学术界，有的学者对于其学说作了错误的理解和描述，以为列维－斯特劳斯的图腾学否定了传统的图腾观念。

其实这是不正确的。

列维－斯特劳斯其人我们并不陌生，我们上文中已经多次提到过他的有关思想，这位法国人类学家与传统的人类学家不同。正确地说，这是因为在人类学领域里，可以说有两大类人类学家形象，而不只是人类学的流派。一类是英美人类学家，

---

① 参见［法］爱弥尔·涂尔干：《宗教生活的基本形式》，渠东、汲喆译，上海人民出版社1999年版，第200－202页的有关论述。

这类人类学家以田野作业和原始氏族生活调查为主要特点，其研究方法以经验分析为主，理论分析并不突出。但这种朴实学科所提出的理论却影响极大，如英国功能主义理论至今仍然是人类学界最重要的理论之一，美国的摩尔根、英国的马林诺夫斯基都是这种人类学家的代表人物。另一类人类学家是法国、德国的人类学家，他们的研究与其说是人类学家的成果不如说更像人类学哲学家的著作，他们是一些从人类思想文化角度来阐释人类学的学者，列维－斯特劳斯就是这些德、法人类学家的代表人物。他多次批评英国学者的经验主义，认为他们只会用经验归纳的方法，只能从感性经验出发，使人类学变成了"社会的自然科学"，总而言之，嫌其没有形而上学的方法与能力。

列维－斯特劳斯称法国的人类学为"人种学"（ethnologie），1927 年巴黎大学建立了"人种学研究所"。其实他所说的"人种学"与通常的人类学概念是一样的，而他所说的"人类学"则是英美的人种学。法国人种学以原始社会言语化制度和风俗研究为主，而它的人类学以种族体格特征为主，其实就是所谓的"体质人类学"与"史前人类学"。两类人类学家尽管各有千秋，但对于列维－斯特劳斯的评价都各有不同，有人认为他是伟大的思想家与改革家，也有人认为他不过是 20 世纪 60 年代在欧洲名噪一时，却没有多少真正学术贡献的"结构主义"的分子之一。列维－斯特劳斯和图腾制度有关的主要著作其实只有两部：《图腾制度》（Le Totémisme aujourd hui, Paris, 1962）和《野性的思维》（La Pensēe sauvage, Paris, 1962），后者还只有其中的《图腾制度》一章涉及图腾，所以，从任何角度来看，列维－斯特劳斯都没有把图腾研究作为自己的研究重点，从有关著作的材料来看，相对于弗雷泽、摩尔根这样的人类学著名学者来说，列维－斯特劳斯的资料工作显然欠缺得多。列维－斯特劳斯所面对的其实是图腾制度理论上的对立：一种看法认为图腾制度是宗教的起源，如我们上文所介绍。另一种看法我们也涉及到，就是认为图腾制度只是原始氏族由于生活的需要所建立的一种功能性制度，并不具有崇拜性。那么，列维－斯特劳斯提出了一种什么看法呢？

其实很简单，他把社会现象、结构主义语言学原理与原始思维模式三者结合起来，认为图腾制度其实只是一种二元对立的思维方式的结果，这种思维方式在前文明社会中是普遍存在的。他批判了前人所有关于图腾的观念，但又综合了前人所有观念。即当一个氏族认为自己和某种动物有联系时，这并不是这个氏族的个人与某个动物的相似，而是这个氏族的社会系列与一个动物的物种之间建立了一种序列性的对应关系。产生这种序列关系的是一种所有原始民族必然会具有的思维结构，而不是一种偶然的行为，否则不会发生全球性的图腾制度。这一点是相当重要的，这样就把图腾制度的偶然产生提高到了人类思维必然行为的基础上，他认为：

> 所谓图腾制度只是依据由动物和植物命称所构成的特殊命名系统的一种特殊表达（在某种意义上，就像我们今天所说的那样），它具有的惟一独特的特征，就是通过其他方式所阐明的相关和对立……这种对立最为普遍的模式，以及最系统的运用也许可以在中国找到。在那里，阴阳两种原则的对立就是男女、昼夜、冬夏的对立……①

如何看待列维－斯特劳斯的观点？

笔者认为，这种观念对于图腾制度研究的大思路无疑有重要作用，可以说大大改变了传统人类学的思想方法。因为它提

---

① ［法］列维－斯特劳斯：《图腾制度》，渠东译，上海人民出版社2002年版，第114页。

供了一种从人类思维方式角度来研究原始思维的历史进程的方法，这是它的意义所在。但是，这也正是它的局限所在，因为这种方法除了其方法论的意义之外，对于人类学研究的实践来说尚未能形成实质性的贡献。这正是后现代主义思想的一个重要特点，它们是一种差异逻辑的产物，作为一种思想观念，它所提供给社会文化的恰恰是其成为社会思想的对立面，它们的价值就是对立本身，这种对立与差异会对社会思想产生激发作用，产生反冲。但是，从另一方面而言，这种差异观念本身并不构成一种思想体系，也不具有一种科学研究的方法论性质。

图腾制度从思维机制来说，当然是人类思维结构的映射，这是毋庸讳言的。因为人类任何行为都只能是人类特定思维结构的反映。重要的是，原始氏族与文明人类思维本身不是产生思维的本原，动物序列与人类思维之间不能形成二元系列，人的思维是创造性地反映现实的，而不是被动地映射具体现象的。这就是说，人类思维是历史形成的，而不是差异的符号系列。把人类思维看成是差异的思维符号系列，这就是列维－斯特劳斯与索绪尔的共同错误，列维－斯特劳斯的图腾制度理论，就是结构主义语言学的祖师索绪尔的语言是"一个自成系统的符号体系"这一结论的翻版。可以说图腾＝原始思维＝语言体系，这未免是结构主义的一个放之四海皆准的公式了。

当代西方学术经常出现这种模式：以极端的观念来表达合理的思想或是与其相反，用合理的言辞来阐释悖论式的观念。

所以在结构主义的惊人话语之后恰恰有相当陈腐的见解。

关于图腾有必要从人类文明的大背景来看，人类社会发展中，从渔猎采集向农业生产的进化是重要的一步，在农业生产成为社会生产主要方式之前，渔猎采集活动中，动物是主要生产对象。人与动物之间的关系最为密切，与动物的斗争及共存，产生了图腾崇拜的根本动机，这就是祈求保护与取得生活来源的双重要求。从文化观念来看，图腾的宗教作用是人类心理从简单情感向高级思维活动发展的一个说明。从对动物的恐惧，进而发展到以动物为食物，并且产生对动物的情感和想象，这就是图腾产生的原因。所以在所有的图腾崇拜中，以及其他与动物植物相关的图像中，人类的观念都是互相冲突的，既有动物有利于人类的一面，同时又往往有不利的一面，所谓爱恨并存，中外传说中也是如此。欧洲列那狐传中的狐狸与其他动物、中国古代小说《聊斋》中的狐仙等，都是有好有坏，有善有恶。由于人类社会的复杂性，有的动物形象甚至变得亦善亦恶，难以分辨了，如中国的民间传说与戏曲《白蛇传》中的蛇的形象就十分复杂，有人说好，有人说坏，只能根据情况作具体分析了。

2. 关于自然崇拜

自然崇拜是一种崇拜形式，它的原理是相信万物有灵，也就是世界上一切事物都有自己的灵魂。著名人类学家泰勒（Edward B. Tylor）等人的研究指出，原始人中有一种重要的思想就是万物有灵论（animism）。关于万物有灵论解释很多，泰勒经过对原始民族观察后发现，原始人的思考与我们有很大不同，对于原始人来说，最重要的是要发现这样一个道理，即有什么东西为个人所独具而不属于他人。思考的结果是发现："每个个体都只有两种东西只属于他自己，即生命与幻影。生命和幻影都与人的身体有直接关系。生命使得身体具有感觉、思想和活动；幻影则是身体的肖像或是化身。这两者都是可以与身体相分离，生命可以离开肉体，使肉体失去知觉或是死亡；

幻影则可以离开身体并在其他地方再现"。于是原始人把这两者等同起来，产生了幻影灵魂或是鬼魂的概念①。更重要的是，产生灵魂观念之后，由于原始人不能区分人类与自然，就把这种观念加之于万物之上，认为万物与人类一样都是有灵魂的。

灵，即精神，它是与肉体相对的区分性概念。其实有两种，一种是精灵，一种指灵魂。我们先说灵魂，灵魂对于原始人来说首先是人类生存与活动的神秘能力，但它不是抽象的，而是一种具体的存在。正像英国人类学家弗雷泽（J. G. Frazer）的《金枝》一书中所介绍的："原始人最初对有生物和无生物是不加区别的，他认为周围的一切都和他本人一样。他认为他自己的身体之中还有一个同他本人一般无二、只是小一些的生物在活动着。其他万物无不如此。这个动物体中的小动物，人体中的小人，就是灵魂。"②他还指出如北美的海达泽印第安人就认为，每一种物体都有自己的灵魂与精灵。而对于这种灵魂的崇拜就是万物有灵论。这样就形成了自然崇拜。从这种观念的基础上，发展出了自然神论。一切物体都是一种神，如山神、河神、树神等等。中国神话与习俗中也有类似的例子，如门神、灶神等等。

格罗塞《艺术的起源》中指出了文化史上一个重要的现象，在古代社会里，开始出现的大多是动物装饰，以后，动物性装饰逐渐被植物性的装饰所取代。这并不是人们对于动物或植物有所偏好，而是人类社会发生了变化。社会生产方式的变化影响了人类的审美与艺术，当然，也必然影响到人类的信仰。这一变化就是从渔猎生产向农业和游牧生产的过渡。人类社会

---

① 参见泰勒：《原始文化》，Art and Custom 出版社 1899 年英文版，第 429 页的有关论述，译文参考中文译本有所改动。

② ［英］詹·弗雷泽：《金枝精要——巫术与宗教之研究》，刘魁立编，徐育新、汪培基、张泽石译，上海文艺出版社 2001 年版，第 9 页。

生产中，饲养家畜可能略早于农业，这在世界各地尽管有所不同，但基本如此，狗与猪等家畜大约有 1 万年的历史，可能早于野生水稻的栽培。欧洲古代的雅利安人发现谷物晚于其饲养家畜，这一点已经得到比较语言学的证明。在雅利安语系的各种方言中，牲畜的名称是相同的，而农作物的名称则不相同，这证明先有牲畜的共名，后有分名。马克斯·缪勒和蒙森等学者考察了同一起源的梵语与希腊语，也发现它们之间有共同的牧畜名称，而对于农作物的名称就不同了。只有少数农作物名是相同的，如希腊文中的小麦 $\xi\varepsilon\alpha$，就与梵语中的 yavas 同源，只不过梵语中指大麦，而希腊拉丁文中指斯佩耳特小麦而已。人类宗教同样受到社会生产与生活方式的作用，从事原始渔猎生产的民族一般以动物的图腾崇拜为多见，这种崇拜较少转化成发达的宗教。直到农业社会后，对于植物（个别民族中也有动物，类似于中国的龙凤等）的崇拜发展起来，并且与祖先崇拜、土地崇拜、生殖崇拜结合为一，从而产生了比较完整的宗教。这样，早期的动物崇拜变成了历史记忆，如中国的十二生肖，欧洲神话中的毒龙、南亚的神牛等。

从比较文明学的角度来看，有些典型的现象是值得人们注意的。德国比较语言学家也是著名的《格林童话》一书的作者雅各布·格林曾经有过一个重要的发现，这就是日耳曼语中的"神殿"一词，其来源与树林有关，他得出一个结论，即欧洲的古代宗教可能与树木崇拜有关。弗雷泽证明，欧洲雅利安人的各氏族都崇拜树神。克尔特人督伊德祭司礼拜橡树之神。其"圣所"一词，同于拉丁语的 nemus，这个词在拉丁文中是小树林或是林中小空地的意思。所以古代欧洲流行树神崇拜，日耳曼人严惩胆敢剥去树皮的人，如果一旦发现，就会把这个违反规定的人的肚脐挖出来，钉在他所挖去的树皮处，然后，命令他绕着树跑，直到他的肠子完全缠绕在树干上为止。从这种严酷的刑罚中可以看出，树神崇拜可能是古代雅利安人的重要信仰。特别是在欧洲芬兰－乌戈尔人的一种敬神活动，也是在林中进行，我们上文已经指出，据对于雅利安人的古代语言考察证明，他们的先祖可能正是来自北部欧洲的芬兰－乌戈尔人。同时，我们也注意到西方学者屡次提到的一个地区，就是伏尔加河流域的人，这里也有树神崇拜风俗，而这里是欧洲从意大利森林到伏尔河的森林地带，曾经是欧洲上古文明的发源地之一。

当然，树神崇拜并不仅仅在这一地区，犹太人的风俗中，在其居住地必有圣树，人们必须经常指着树说："你是我的父亲。"中国人的传说中，山西洪洞的大槐树有着特殊的象征意义，据说这里是中国北方人的重要发源地，很多种姓氏族都认为自己的祖先是从这里来的。世界大多数民族都有自己推崇的树木花草，如日本人对于樱花、印度人对于菩提树、中东一些民族对于无花果树、罗马的罗穆路斯的神圣无花果树和俄罗斯人的白桦树等等。当今世界中，许多城市都有自己的市树与市花，这也提示我们，可以从人类现代意识中去发现远古的树木崇拜的遗存。

中国人的树木崇拜同样可能存在，只是由于时代久远已经难以发现。郭沫若在《释祖妣》一文中曾经指出这样的一种现象：即在中国古代典籍中，代表祖先的"祖"与祭祀的"社"其实都与树林有关，特别是与"桑林"有关，而且，由于社祭之地成了男女"奔淫"的场后，所谓"桑间濮上"才成为男欢女乐的隐语，而祭祀与祖先关系密切，"维桑与梓，必恭敬止"，"桑梓"等树木，具有了祖先、神社等的含意。郭沫若是这样说的：

　　……知燕之祖与齐之社稷，则可知宋之桑林。孙诒让云："左襄十年传云：宋公享晋侯于楚丘，请以桑林"。杜注云"桑林"、殷天子之乐名。《淮南子·修务训》云"汤旱以自祷于桑山之林。"高注云"桑山之林能为云雨，故祷之。"《吕氏春秋·慎大篇》云："武王胜殷，立成汤之后于宋以奉桑林"。高注云："桑山之林，汤所祷也，故所奉也。"庄子《养生主篇》云"合于桑林之舞"，释文引司马彪云"桑林汤乐名。"案杜预司马彪并以"桑林"为汤乐，……以此书及《淮南》书证之，桑林盖大林之名，汤祷旱于彼，故宋亦立其祀。左昭二十一年传云："宋城旧庸及桑林之门。当即望祀桑林之处。因汤以盛乐祷旱于桑林，后世沿袭，遂有'桑林'之乐矣。"余案孙说非也。"桑林"既当于燕之祖，齐之社，则亦为宋之社神无疑。林迺《尔雅》"林、烝、天、帝"之林，"桑林"者桑山之林，桑山之君，桑山之神也。唯神故能与云雨而成汤祷之，宋奉其祀。祀神必有乐舞，故有桑林之乐。桑林之舞，祀神之处或有华表，故有桑林之门。古之异说得此均可圆通，释以"大林"则四处龃龉矣。①

郭沫若的这段论证十分缜密，雄辩地说明了桑林是古代祭祀之地，解答了历史上的疑问。我们从这里可以看出，以桑林为祭祀地，正表明了对于先祖神圣的崇拜起源与树木有关。至于说到"桑林"的具体含义，郭沫若强调其本义是桑山之林，而否定桑林就是"大林"的说法。可以说是只知其一不知其二，其实桑山之林是一个特指，桑山之林是祭祀的一个固定地点，是社神之一。而祭祀之初，必然有更多的树林，就是所谓的"大林"，更早的祭祀应当发生于多地，桑林是其后的固定地，两者并不矛盾。

————————

① 郭沫若：《释祖妣》，《郭沫若全集》（考古编）1，科学出版社1982年版，第59－61页。

《孟子·梁惠王下》曰："所谓有故国者，非谓有乔木之谓也，有世臣之谓也"。故国，对于古人来说可能首先是指乔木，然后才是世臣。乔木是先祖的象征，所以可能更受尊崇，这也是孟子所反对的。不过，也幸赖于这种反对，才为我们留下了先秦时代中国人的崇拜证据。另外，从中国上古时代的诗歌里，我们可以有更多证据，公元前 6 世纪前后成书的《诗经》里，有大量的草木崇拜的遗留。如《周南·樛木》、《小雅·南山有台》、《唐·有杕之杜》、《唐·杕杜》等诗篇中，都是对于树木的颂赞，这种颂赞近似于神木崇拜，树木被人格化，其人格化是出于感性，而这种人格化的后面，有一种对于先祖故地的怀念，其实也是一种神化。

古代树木崇拜的影响在一定程度上可以升华为美学意象，也就是诗中的兴象，也可以变化成礼仪符号，更为永久地保存下来，《周南·桃夭》"桃之夭夭，灼灼其华"所表现的喜庆心情，以后变成了桃符，用来庆贺新喜。诗中的"昔我往矣，杨柳依依"，成为离别的意象等等，这是从树木崇拜中发展出来的。

怀念先祖的诗中，以唐风为著。这个唐风在十五国风里处于什么地位呢？唐风其实就是晋风，也就是山西古地的诗。它的先祖之歌是唱给古代先民尧的。帝尧的古号就是陶唐氏，也就是《帝王世纪》中所说的："尧始封于唐，今中山唐县是也，后徙晋阳，及为天子，都平阳。"到了周代以后才为周成王所灭，这个曾经有过发达文化的古国以后不复存在。但是，西方来的周人统治者并不是当地人的祖先，所以当地人仍然歌唐风，以怀念祖先。吴季札观乐对于十五国风都有评判，至唐风时，季札曰："思深哉！其有陶唐氏之遗民乎？不然，何忧之远也？非令德之后，谁能若是！"其中的原因季札已经说得很清楚了。陶唐氏所在的晋地，因为是先民所在，其宗族祭祀的社树就在这里。关于社，人类学家与历史学家各有所见，但它是祭祀祖宗的地方已经是基本可以肯定的了。《唐·杕杜》曰："有杕之杜，其叶湑湑。独行踽踽，岂无他人？不如我同父。嗟行之人，胡不比焉？"社祭最初的意义是祭祀植物，以后把树木神化，社祭就成了植物崇拜，属于自然崇拜的一种。与社祭关系密切的是土地祭祀，也就是对于稷的祭祀。社稷在中国是政权的意思，但是它的起源却是自然祭祀。《周礼·大宗伯》曰："以血祭祭社稷、五祀五岳。"这里的血祭形式就是用牲口的血来祭祀土地神。土地与植物，终于被神化，成为神化的偶像。

自然崇拜是宗教的初级形式，它主要在原始民族中流行。自然神论是自然崇拜的发展，自然神论在相当多的民族中一直存在，它有时可以与主要宗教并行。当然，要注意的是，这里所说的自然崇拜与宗教起源理论中的"宗教自然理论"（Natural Theory of Religion）含义完全不同。当代西方宗教学家拉里·阿尔德林克（Larry J. Alderink）等人所说的"宗教自然理论"指的是在宗教起源中，由于人类文化与生物的原因所形成的宗教，这种起源论强调的是人类的仪式行为、人类的恐惧心等对于神的观念产生所起的作用①。虽然两者也有一定的联系，但是所关注的中心不同，其实是不能完全认同的。

3. 鬼魂崇拜

这种崇拜的原理也是灵魂论，或是更精确一些说，是精灵论。精灵与灵魂还有一些区别。原始人对于人的睡觉与死亡之间的区别不能完全理解，当他们看到人死后不能复生，而且睡觉如同死亡，人醒后又一切如常。这种种现象使他们产生灵魂

---

① Larry L . Alderink, *Walter Burkert and a Natural Theory of Religion*, Relieion, Aczdemis Press, 2000. 30 , PP. 221 – 227.

附体与灵魂离体的想象。并且由此会产生人死后灵魂不灭，灵魂可以离开人类肉体存在的想法。于是，相当多的民族产生了鬼神崇拜，认为人的肉体死亡后，灵魂成为鬼魂。

鬼魂崇拜是一种流行很广的信仰，大多数民族信仰中都有人死后灵魂不灭的说法。而且这种观念并不会随着民族成熟宗教的产生而消亡，相反，它会长期存在，特别是在民间习俗中有极大的市场。东西方民族宗教不同，但是鬼魂显灵的说法在各民族中都有。莎士比亚《哈姆雷特》中，哈姆雷特父亲的鬼魂显灵的情节，中国《聊斋志异》中鬼怪狐妖的故事，都是明显的例子。

虽然如此，但是鬼魂崇拜并不是一种固定的宗教形式，只是作为一种原始观念，它可以被多种宗教所取用，古代宗教中大多数采用这种观念，如佛教、埃及人的多神与主神崇拜等等，都有人死后灵魂继续存在的观念。鬼魂崇拜发生极早，从考古发掘可以看出，鬼魂崇拜至少在新石器时代就已经存在，在相当多的民族的古代祭礼中，鬼魂祭祀与先祖祭祀是结合在一起的，这也是古代文化的一个特点。

4. 祖先崇拜

祖先崇拜的意思是指把祖先神圣化，这种神圣化的主要方式是将民族历史上曾经起过重要作用的人物神化。所以祖先崇拜的本质是对历史文化作用的肯定，是对于人类战胜自然或其他敌对团体的力量的肯定。这是由古代民族的思维方式所决定的，在原始社会中，人类思考方式是二元对立的，即原始辩证关系。其模式是人－超人；所关注的是人的力量与非人力量的对比。比如人可以猎兽，但是不能抵御大洪水，因此，对于治水英雄产生崇拜，中国的大禹就是这种超人力量的代表。这种超人的力量表现方式很多，超出众人的思想观念（如释迦牟尼的沉思)、重要器物的发明（如传说中发明了车的轩辕氏即黄帝）等，由于具有这些超出常人的力量和品格，从而受到崇拜。这种超人力量是当时人类思想所不能解释的，只能归之于神的力量代表，于是这些先祖就成为宗教的教主。

世界主要宗教起源中，全都含有祖先崇拜的成分。这是因为世界主要宗教中，一神教有重要地位。而一神教是一种发达的宗教，它不同于拜物教或是灵魂崇拜，一神教的创始人都是人类，是宗教发起民族的先祖。这里的先祖并不是说最早的人，而是最早的民族精神的代表人物，这种人物往往是从祖先崇拜中产生的。也就是说，祖先崇拜是促成宗教成熟的重要因素之一。耶稣是以色列人的先祖，释迦牟尼是古代印度或是巴基斯坦一个小王国的王子，由于其思想成为宗教创始人。但是有两点必须说明。其一，并非所有的具有作为或是有思想的人都能成为宗教创始人，只有那些以超出理性思维的方式来教化众人的反而可能成为宗教创始人。苏格拉底与孔子一类伟大哲人有超出常人的思想方式，但他们的思想观念仍然是理性思维，这正是他们不能成为宗教主的原因之一。相反，耶稣与穆罕默德等人的思想就其理性思维性质来说，并不高于同时代的思想家，他们只是以一种教义来教诲人，所以成为宗教的代表人物。这正是教主与思想家的不同。其二，一定的历史时代、文化特性、民族心理与性格等条件，也是祖先崇拜转化为宗教的原因。这就不必多说了。中国的老子与孔子一类思想家，如果在一些不发达的民族中，很可能被作为神来崇拜，但是中国文化中却不能如此。从历史时代来看，祖先崇拜发生相当早，但是持续时间长，可能在一个民族中经历了图腾崇拜、自然崇拜等不同阶段，但是祖先崇拜却是一直保留的习俗，这种习俗为以后较高级宗教的产生创造了条件。高级宗教产生的主要条件是人类社会向高级阶段的发展，在这种发展中，人类文化构成中的思维方式与心理的成熟，人类认识到自然崇拜等原始宗教的不足之处之后，才会走向真正的宗教。

以上我们只是对于众多的宗教起源理论中有影响的观念作出一个勾勒，目的是对宗教起源有基本的认识。虽然这种勾勒是粗线条的，但是已经可以把当代宗教研究中重要的观念反映出来。这种论述是对于观念的直接分析，而不是对于研究流派的介绍，因为这方面的介绍已经太多。我们的分析中，涉及泰勒、马雷特、涂尔干、弗雷泽、马林诺夫斯基、列维－布留尔、马克斯·缪勒、弗洛伊德、恩格斯等人的观点，至于神学家们和一般宗教学家的学说，我们不多涉及。最重要是，这些学说只是作为一种参考，我们从文明发展规律角度，特别是人类思维发展阶段方面，提出了自己的研究结论。

三、宗教与信仰的进化

1. 关于一神教进化观

直到今天为止，大多数西方学者有一种错觉，认为一神教是唯一高级的宗教，而其他宗教或信仰都是原始的或低级的，所以形成一种局面，关于宗教与信仰进化的研究中，大多数人集中注意力于一神教的产生和发展的历史，认为只有一神教才是宗教进化的最高境界。

有一种相当普遍的宗教发展公式，即宗教经历了从初级到高级的发展：

原始崇拜→多神教→一神教

这种观念产生很早，最主要的代表人物是大卫·休谟在《宗教的自然史》（1757）中所提出的，多神教或是偶像崇拜是宗教的最早形式，以后才逐渐发展出一神教。基督教这样的一神教是高级的宗教。以后这种观念长期被西方学者所发展，其中包括达尔文的理论，也被看成是宗教进化论的基础，达尔文在《人类的由来》一书中说过：

> 最初把人引导到对各种看不见的精灵力量发生信仰，从而产生了当时的物灵崇拜、后来的多神崇拜和最后的一神崇拜的那些高级的心理才能，在推理的能力发展迟缓或停滞不前的情况下，也会导致种种奇怪的迷信和风俗的产生。①

我们认为：宗教，与人类文明的其他形态一样，处于不断的进化之中，从低级向高级发展，是必然规律。但是，宗教本身又有其特殊性，宗教不同于科学。甚至可以说，宗教与科学是互补的。科学发展人类的理性认识与逻辑能力，而宗教则重于人类的情感寄托与感性经验。如果说科学与宗教比较，那么宗教可以说是对于人类精神终极的感性寄托，它是意识外化所产生的信仰。信仰是形而上之道，而科学则是精神的手段与方式，科学并不负有解决人类精神最终理想的任务，科学技术是形而下之器。当然，宗教只是自认为可以作为精神的最高代表，但它的形态又限制了宗教，它不是人类精神自身的认知，而是把人类精神转化成了神的意识。

黑格尔曾经对于宗教作过一个绝妙的说明，他认为，宗教与绝对知识是发展的最后两个形态，同时，宗教与绝对知识又是体现绝对精神的两个环节。在宗教中，"表象的内容是绝对精神"②。也就是说，宗教以表象来把握最高的精神。举个例子

---

① ［英］达尔文：《人类的由来》上册，潘光旦、胡寿文译，商务印书馆 1997 版，第 141 页。

② ［德］黑格尔：《精神现象学·译者导言》上卷，贺麟、王玖兴译，商务印书馆 1987 版，第 24 页。此处引文转自荷夫麦斯特版《精神现象学》，第 556 页。

来说，基督教的三位一体的神圣崇拜，并不比佛教的佛性崇拜高，两者没有本质的区别，只是宗教表象的不同。因此，宗教的进化中，并不是科学发展的认识否定模式，以新知否定旧知的方式。相反，宗教只是一种渐变的模式，它的形式虽然变化，其内在精神却是不变的。从这一点来说，当代一神教的崇拜与古代拜火教、太阳神崇拜从精神信仰的本身来看，并没有本质的不同，只是崇拜精神的再生与方式的进化。

当代西方学者其实十分矛盾，他们一方面承认多神教并不比一神教低俗，另一方面又认为一神教毕竟高于其他宗教，特别是基督教。英国学者埃文斯·普理查德的《原始宗教理论》一书中就认为："然而，应该指出的是，历史意义上的真正的一神教也许可以被看做是对多神教的否定。因而不可能早于多神教。在这一问题上，我想征引佩特左尼（Petazzoni）的一段话：'我们在非文明的民族中发现的并不是历史合法意义上的一神教，而是最高存在者的观念。将这一观念错误地等同一神教，误导性地将这一观念同化于一神教，只能带来误解。'"①这是极端的殖民主义与自我中心论，一神教有多种形态，所以崇拜一个最高的、唯一决定性的有人格性的神都是一神教。西方基督教徒出于自我中心观念，认为只有基督教或其他少数宗教是一神的，而东方民族或落后民族的宗教不是一神教。其实这是相当错误的。经济落后的民族未必宗教落后，同样，宗教发达的民族也不一定经济发达。世界大多数民族历史上都有过一神教的产生。

一神教很可能与古代民族的上天崇拜甚至太阳崇拜等有关，两者正有生成关系。我们来看这样的一个例子，对于一神教理

---

①　[英] E. E. 埃文斯－普理查德：《原始宗教理论》，孙尚扬译，商务印书馆 2001 年版，第 124 页。

论极有兴趣的弗洛伊德曾写过一篇《摩西一神教》，其中讨论的就是一神教为什么会产生。弗洛伊德仍然是用他在《图腾与禁忌》中所创造的那种"伟大的父亲"来理解一神教的产生。在那部著作中，他论述人类宗教的产生时说，"宗教现象是人类大家庭的原始历史中早已忘记的重要事件的复归"，这种重要事件就是人类早期从父系社会转化中曾经存在过的杀父情结。所谓由于部落中父亲独占财产和大多数的女性，儿子们最后联合起来杀死父亲，由此产生了"原罪"思想。在《摩西与一神教》中，弗洛伊德再次重述了这一设想。并且把它置于宗教史的背景上。弗洛伊德指出，一神教并不是基督教甚至也不是犹太人的创造，早在古埃及就产生过一神教。埃及第十八王朝时代，法老阿蒙菲斯四世即位后，立阿顿宗教为国家宗教，以太阳神为唯一的神。"这是人类历史上一神教宗教的第一次，或许是最清楚的一次出现。"[①]这是公元前1350年以前的事，因为第十八王朝于这一年灭亡。最迟到公元前1315年的哈莱姆将军统治时期，古代埃及宗教史上的埃克顿一神教就不再存在。弗洛伊德把这种一神教与古代犹太人摩西创立的一神教联系起来。摩西领导犹太人走出埃及，其具体年代其实不详，但弗洛伊德把这一时间定为埃克顿太阳神教灭亡一个世纪之后。假设摩西是埃及古代一神教的一个继承者，以耶和华的名义重新建立了一神，从而使犹太人成为一神教信仰者。无论是古代埃及阿蒙菲斯四世法老还是摩西，他们提倡一神教，原因仍然在于恢复古代社会被压抑的心理，这种心理是上古部落家长制（可能指的是父系社会——笔者注）父权的尊崇，这样，伟大父亲的形象在一神教的名义下再生了。弗洛伊德对此有一段绘声绘色的

① ［德］《弗洛伊德文集》第五卷，车文博主编，长春出版社1998年版，第366页。

描写：

> 被压抑的复归是缓慢发生的，而且肯定不是自动地发
> 生的，而是在充满人类文明史的生活条件所产生的一切变
> 化的影响下发生的。此地我对这些决定因素所做的考察，
> 只能是对这些复归的各个阶段作片断的说明。父亲再次成
> 为家庭的首脑，但他再也不像原始部落的父亲那样持有绝
> 对权力。……关于一个最高的神的观念似乎很早就开始了。
> 最初只是以一种模糊的方式，并未引起人们的日常兴趣。
> 随着民族和部落结合成为更大的单位，这些神也组织成了
> 家族，并且分出了等级。其有一个神常被提升超越于诸神
> 和人之上的最高统治者。此后，人们犹豫不决地采取了进
> 一步的措施，那就是只尊重一个神，最后人们做出决定，
> 把所有的权力只授予一个单一的神，而且不容忍除他之外
> 的其他诸神，只有这样，原始部落父亲的那种最高权威才
> 得以重建，对他的那些感情才得以重现。①

虽然弗洛伊德的解释看起来是难以理喻的，但是他所提出的问
题却是严肃的。一神教并不是最高的神圣规范，古代民族中，
一神教甚至可能是常见的现象。并不是像某些人所说，只有基
督教才是一神教，是唯一高级的宗教，而其他民族的宗教只是
原始崇拜、图腾崇拜等。另外，一神教也不是一尘不染的，它
可能从太阳崇拜、天神崇拜、祖先崇拜中发生。

　　中国的一神教同样产生久远，据笔者之见，中国的一神教
萌芽大约是在夏代。由于大洪水的发生，人类关于图腾崇拜的
神秘被打破，开始寻找新的信仰，从而产生一神宗教。正像
《圣经》的记载是从大洪水开始一样，以色列人的先祖也必然

---

① ［德］《弗洛伊德文集》第五卷，车文博主编，长春出版社1998
年版，第435－436页。

是从滔天洪水中逃出后，产生上帝的思想，几乎就在同一时代背景下，中国人产生了"天帝"思想。从大禹时代的大洪水起，中国人从龙山和仰韶文化的图腾崇拜和生殖崇拜中走出，开始理解和求助于更高意义上的存在——天帝。《皋陶谟》中说："天聪明自我民聪明，天明畏自我明威，达于上下"。其中的"九德"其实是地上帝王与天神的道德化身。其发展壮大则在商周时代，这是一个"天帝"大普及的时代。六经中记载最多的就是这时期的"天"与"帝"。《洪范》中就已经明确了"天"、"帝"的地位，"惟天阴骘下民"。"帝乃震怒，不畀《洪范》九畴"。至春秋发生大革命，诸侯纷争，百家争鸣，一神思想被诸子学说的自由主义所破，即孔子所说"礼崩乐坏"。天道远，人道迩，由此开始了人文信仰的新时代。中国春秋时代与希腊的雅典文明最为相似，两者都是人文学术发展到高峰的时代，这一点雅斯贝尔雅的"轴心时代"的说法已经指明了。但是，雅斯贝尔斯有一个错误，即没有看到中国与希腊的历史差异，这种差异表现在，中国春秋时代的人文主义是在夏商周之后，它是经历了具有一神教性质的宗教信仰的洗礼的，在一神教沦亡之后。这就赋予了春秋人文主义思想一种特殊性质，一种反神圣的性质，正是这种性质使得老庄、孔孟、墨子、韩非、公孙龙、关尹、环渊等都没有皈依神明，而投身人文学术。当然，春秋诸子与雅典诸子一样，都不是不信神，而是不作一个宗教信徒，他们甚至以神圣信仰来掩饰自己的创造。而希腊雅典文明则出现在多神信仰之后的一个新时代，这个时代一直没能真正确立一神信仰。这是两者极大的不同，希腊思想从来源上更没有一神思想的禁忌，它呈现出更为完全的发展形态。而中国春秋诸子反神圣的立场又或多或少受到天帝思想的辖制，其思想形态的开放性质也不同。东西方思想经历的不同，思想形态的发展也是不同的。

历史常常是从看似没规律的现象中发现规律，我们可以有这样的一种总结：人类宗教没有完全固定的模式，并非所有民族必须有一神教。希腊没有经历过一神教这一特定的历史时期，如我们上文所述，爱琴海地区的克尔特文明与麦锡尼文明本身也不是一神教，雅典文明与它们之间也有相当的差异。这种没有一神教的历史也是以后的罗马基督教立国的前提。由于没有而产生选择，当然这里说没有并非犹太教从没有进入希腊，而只是没有取得统治地位。而中国从此再没有回到一神教的老路上去，而是走上了非宗教信仰的道路。到汉代之后，以"天人合一"为指导思想，确立了儒家学说的中心地位。

大洪水在众多民族都发生过，并不是所有的大洪水都产生一神教，不过大洪水之后的人类有了创世纪的思想，对于宗教的发展是一个大促进，却是一个事实。美索不达米亚的史诗《埃努玛－埃里什》（Enuma Elish）是写于七块泥板上的，其中写到神是从大洪水中产生的，不过产生的不是一种神，而是多种神。诸神产生于大洪水和混沌之中，最早的大海之神是提阿玛特（Tiamat）和"地下甘泉"阿普苏（Apsu）两种水混合为一，它们产生诸神。第一对神是拉姆（Lahmu）和拉哈姆（La-hamu）；第二对神是安夏（Anshar）和基夏（Kishar）。以后才由诸神造了人。自然界的一切全都由神来控制，但这种控制不是一个唯一的神。可以说世界文明古老发源地两河流域并没有自发地形成一神教，所以希伯来人的一神教备受推崇，被认为是对于世界文明的重要贡献。而我们下面的研究却要证明，一神教并不是一种孤立的产物。

那么，一神教观念是如何形成的呢？

一神崇拜在古代民族中十分普遍，埃及人的太阳神、中国的天帝等，都是一神教的早期阶段。当然也有许多民族是多神崇拜，古代希腊人就是多神崇拜。这并不说明希腊文化和宗教比别人落后。也就是说在希伯来人之前，早期宗教中的一神教已经是非常普及了。希伯来神学家们重视一神教思想的提倡，最早是亚伯兰在吾珥开始一神思想，以后在迦南地他对于月神崇拜产生怀疑，经过沉思，他为以色列人选择了耶和华的一神崇拜。事实上有人认为，以色列人的一神教思想在形成过程中，起决定作用的恰恰是古代希腊人的哲学思想，这种思想本身是一神论，虽然它并没有在希腊本土得到推广。但正是信仰多神论的希腊人提出了一神论的哲学，也正是这种哲学使以色列人的一神教得到理论提升。

这里我们要注意，正当希腊人的一神论确立了以色列人的一神教的同时，中国人的理论使得中国人走出了宗教，走上了人文主义信仰与宗教多元化的道路。

再从宗教史上来看，一神教与多神教甚至无神论的混合更是宗教史上屡见不鲜的，否认这一事实不是无知就是无视事实。例如基督教的发展史上，与其他宗教的相互濡染是常见的现象。基督教东行进入中国和波斯，甚至还借重于中国儒学、佛教与波斯的摩尼教等，宣传自己的教义。1623－1625 年发现的《大秦景教流行中国碑》记载，公元 635 年基督教的一支景教传入中国，在其之前已经受到摩尼教的影响。朱谦之指出，景教与摩尼教甚至共同用了佛教的术语。《大秦景教流行中国碑》中，"知恩夷数佛，夷数即 Isa 即耶稣 Jesus"，将耶稣的名字都按照佛教的规矩改了，耶稣被称作"夷数佛"！这种不伦不类的称呼令人大开眼界。景教碑开头叙述基督教义时采用了道家语句，如"粤若常然真寂，先先而无元，窅然灵虚，后后而妙有，忽玄枢而造化，妙先圣以元尊"。最妙的是，碑言语中："宗周德丧，青驾西升。巨唐道光，景风东扇"，其中竟然借用了中国老子西行化胡的典故。正如朱谦之先生所指出："更分明影射周末老子乘青牛车西入流沙的故事，而景教东来，比于再兴老子之教。阳玛诺《碑颂正诠》云："青驾西升，谓老聃也，言周德丧而道人西去，唐道光而真教东矣'即因此故。清乾隆时耶稣会士宋君荣（Gaubil）以为此碑作者是道教徒，美人李提摩太（Timothy Richard）与佐伯好郎均认为景教碑书字之吕秀岩，即金丹教祖纯阳神师吕岩洞宾，其说虽不足信，然亦可见景教士在当时为扩张宗教势力，竟不惜以道教附会基督教义，运用了机会主义。"①

　　一神教没有能在世界上建立自己的绝对统治地位，多神教也不会立即就消失，正如一个民族不会消失一样。例如在日本这样的国家里，一般人都认为日本是一个单一民族的国家，其实并非如此，在日本的北海道有就一个少数民族——爱努族（ainu 也就是阿依努族）——他们就是一个有数千年历史的古老民族。这个民族就是多神信仰，"爱努人认为自然现象及动植物、人所制作的用具等一切都有灵魂，从神国带着使命来到人间，其灵魂对人有益。在这些神当中，有被称为自然神的火、水、风、雷等，有被称为动物神的熊、狐狸等，有被称为植物神的蘑菇、艾蒿等，也有被称为物体神的船、锅等"②。这种复杂性一直被世界许多宗教学家所漠视，一味宣传一神教的强大，忘记了信仰与文化的多元存在的现实。

　　以上的研究说明，无论东方还是西方，宗教进化的历史都是最薄弱的研究环节，时至今日，我们不但对于宗教的起源所知不多，对于宗教的历史发展与进化的研究也很少，至今为止，无论是马克思主义理论家还是西方理论家，都还没有提出一种全面的宗教进化理论。当然，这种不足其实并不是指世界主要宗教的一般历史，因为这种宗教史的研究无论是西方神学家或

---

①　朱谦之：《中国景教》，人民出版社 1993 年版，第 141 页。

②　韩秀琪等：《爱努族的昨天与今天——日本的少数民族问题探访》，载《光明日报》，2002. 12. 27，B4 版。

是东方的宗教史家的著作已经汗牛充栋，如基督教罗马史、中世纪宗教史、佛教史（包括印度佛教史、佛教在中国的发展史、佛教在西方的传播史等）、伊斯兰教史等，都不断有新作问世，这表明主要宗教传播的历史脉络已经基本清楚。但是，宗教的历史形态研究却仍在历史的迷雾之中，世界宗教如何从早期的原始形态向现代宗教发展，从各种崇拜向一神教的发展，宗教信仰如何从迷信向理性精神信仰转化，这种构成宗教形态核心的因素，一直没有得到揭示。或者说，世界宗教的历史规律没有得到说明。众所周知，宗教作为社会文化因素与社会发展进程有同一性，社会文明发展，宗教就会从原始形态向高级形态进化。从原始社会向农业社会、工业社会和科技社会的变化中，宗教形态随之发生变化是十分自然的。西方学者往往把这种宗教历史形态观念研究看成是马克思主义的专利，这是不对的，大多数宗教研究家们都不否认这一历史。但是，社会生产、经济生活毕竟只是宗教发展的外部因素，宗教有其自身发展的、独立于社会经济之外的因素。从游牧民族到阿巴斯王朝，伊斯兰教形态基本稳定，在经历了蒙古侵入、哈里发解体、奥斯曼帝国灭亡直到中东战争，社会发展形态发生了天翻地覆的变化，几个世纪之中，中东穆斯林从游牧部族一跃而成为世界石油王子。但是这种变化并没有改变伊斯兰宗教精神，沙特阿拉伯王室政权直到今天仍然保持"政教合一"、以《古兰经》为国家宪法，宗教法庭就是司法机构的传统，除了现代化的电子计算机、最新潮的日本德国汽车等物质之外，宗教形态与穆罕默德传教时代没有大的变化。

我们认为，从意识形态，特别是从信仰自身，从宗教精神内部来研究它的形态递进的规律，这是对于宗教内部的研究的主要方式。从宗教精神的发展来说，它无疑时刻受到社会现实的影响，这是无可争辩的，特别是社会生产和经济最深刻有力地推动宗教变化。但是，从宗教的历史形态来说，任何社会影响都是通过其内部构成起作用的，也就是说，在社会生产－思维机制－宗教形态三者之间，社会生产不是直接联系于宗教形态的，而是通过思维机制这种文化的传导体来起作用的。

笔者认为，有三种重要的文化因素促成了宗教形态的转化，这里可以借用马林诺夫斯基的名词"文化变迁中的共同要素"（the common factor in cultural change），这就是：

（1）崇拜对象的形而上学层次转化；

（2）崇拜性质从迷信向信仰的进步；

（3）宗教信仰的理性化（即西方宗教神学家所提到的神性逻各斯）。

这三种文化因素都是宗教的内部成分，是文化思维机制的构成。需要说明的是，它们不是完全地表现于任何一种宗教之中，它们不是一个公式，可以用于所有宗教。当然更不是表现于某一宗教的任何一个阶段，它们只是一种规律性的表现，是我们认识与把握宗教形态发展的一种手段。它们与社会生产、人类文化创造的总体是有机合一的，但又是有独立性的，这是我们要说明的基本观念。

2. 崇拜对象的形而上学转化：从自然到天神

在原始社会中，具体来说是旧石器时代早期，采集渔猎是主要的生产方式，生产对象主要是动物植物，人们猎取动物，采集植物。个人生活资料必须依靠群体，个人活动不足以维持生活，人类社会生活的主要形态是部落群体，这就产生了群体的图腾崇拜。就在这一时期中，由于女性在生活中具有重要的地位，特别是生产活动以采集为主时，妇女在采集活动中可能掌管食物分配。火发明之后，食物经加工成为熟食，女性掌握加工烹饪职责，地位更加重要。同时，由于人口生殖以女性为主，人类自身的生产对于原始人也是重要的生产。这样，会产生生殖崇拜。从生殖崇拜中，转而出现了女神。这就是女系社会中的宗教，世界重要的古代宗教之一萨满教就是以女性崇拜为基础的。总之，从动物崇拜为主的图腾崇拜到生殖崇拜，最后发展到女神崇拜。这是一个大的飞跃，崇拜对象首次出现了人。

大约一万年前的阴山岩画与遍布世界的各种岩画中，有相当多的内容是关于农业生产出现之前，早期的畜牧与动物驯养以及生殖崇拜的画面。这些画中已经有了女神形象，可以证明这一时期的宗教与其文化是同一的。也就是在这一时期，从东方的中国到西方，陶器生产开始普及，有了陶器，人类就可以烹饪煮食，这是铜器发明之前对于人类生活最重要的发明。人类食物加工与饮水有了大进步，这也有助于母系社会的发展。摩尔根有一种观点，认为陶器是人类文明的起点，这与大多数人的看法并不一致。我们在《陶泥文明》一书中也已经从陶泥骨刻文字角度说明了它的重要性①，中国陶器上所刻的文字符号（有的学者认为是符号而不是文字）、西亚泥板上所刻的楔形文字是人类最早的文字，陶泥文字应当是文明的曙光。这是摩尔根所没有明确说到的。而在宗教领域，女神的出现是人物神的最早形态之一，其意义以往只是从宗教的决定性变化而言。

以中国女神之首女娲为例，即可洞见其妙。

中国古代神女传说相当多，高唐神女、生九子的女歧等。但其中女娲身份特殊也最受尊崇，在《楚辞》、《淮南子》、《抱朴子》、《路史》等著作中，被说成是造人之祖与古神女帝，古人把造人的女性尊崇为神，并且把她人格化，其中已经含有女

---

① 参见方汉文《陶泥文明》，山东美术出版社2008年版中的有关论述。

性生殖崇拜与人神崇拜最初的特征。女娲有两个特性，其一是"肠化为神"，《山海经·大荒西经》中说："有神十人，名曰女娲之肠，化为神，处栗广之野，横道而处。"①肠化为神，可以说有明显的生殖崇拜特性。另外一个特点是人首蛇身，《列子》中说："女娲氏蛇身人面"。屈原《天问》中还对于女娲蛇体提出过疑问："女娲有体，孰制匠之？"王逸注曰："传言女娲人头蛇身，一日七十化，其体如此，谁所制匠而图之乎？"②屈原的疑问并非没有道理，既然是女神，为什么会是人首蛇身？

　　其中的缘由当然屈原的时代不可能解释，原因就在于，女娲是从女系氏族社会与生殖崇拜的时代，也是图腾崇拜中的动物崇拜向人神信仰转化时代的女神，女娲必然是古代蛇图腾崇拜氏族的女神，从图腾向人转化的神，女神女娲代表了这一转化过程，由于是蛇图腾，故言其蛇身。从女娲身上，可以看出宗教转化的一个重要时期，大约在渔猎社会的末期，逐步向农业社会转化。人格神开始出现，人格神就是以具体的人物作为崇拜，这是宗教的重要发展阶段，脱离了原始的动物崇拜，表现了人类自信心产生，人开始意识到，人类是世界上最伟大的动物，人能创造出动物所不能具有的事物。这一伟大进步反映于宗教中，就是人的神化，人格神的出现。闻一多曾经在讨论女娲伏羲与龙图腾的关系时指出：

　　　　先假定龙是自己的祖宗，自己便是"龙子"，是"龙子"便赋有"龙性"，等装扮成"龙形"，愈看愈像龙，愈想愈是龙，于是自己果然是龙了。这样一步步的推论下来，

---

　　①　[晋] 郭璞注《山海经·穆天子传》，岳麓书社 1992 年版，第 164 页。

　　②　[宋] 洪兴祖：《楚辞章句补注》，吉林人民出版社 1999 年版，第 102 页。

可称为"人的拟兽化",正是典型的图腾主义的心理。这是第一个阶段,从第一阶段到第二阶段,便是从图腾变为始祖。杜尔干(Durkheim)说"始祖之名仍然是一种图腾"(宗教生活的初级形式),是对的。上文所议论的人首蛇身神,正代表图腾开始蜕变为始祖的一种形态。[①]

考古学的证据也有,令人深受鼓舞的消息不断传来,女娲之体的制匠也可能会重新发现。1981年考古学专家对于江苏连云港锦屏山将军崖史前岩画鉴定,证明其为新石器时代的岩画,有学者提出岩画人物中有女娲画像。据闻一多统计,在他鉴定以前,已经确定的女娲画像只有7种,其中5种为石刻,在《伏羲考》一文中,他列出了如下石刻:

武梁祠石室画像第一石第二层第一图;

同上左右室第四石各图;

东汉石刻画像;

山东鱼台西塞里伏羲陵前石刻画像;

兰山古墓石柱刻像(以上两种均为马邦玉《汉碑录文》所述)。

另有2种为绢画类:

隋高昌故址阿斯塔那(Astana)墓室彩色绢画(斯坦因得);

吐鲁番古冢出土彩色绢画(黄文弼得)。

在数十年后的今天,将军崖岩画的女神像如果真是女娲,那么有可能是年代最早的画像。考察者认定画像为女娲的主要理由是:

> 将军崖岩画上的女娲画像正中有一根线条通向大地,

---

① 闻一多:《神话与诗》,华东师范大学出版社1997年版,第32－33页。

反映了她的用绳索造人，也映照了《山海经》上所说的女娲之肠。在将军崖岩画上，这个石器时代的岩刻女娲像上，造人的草绳和肠子替代了女娲的躯体，也寓指出原始先民对土地的信赖和关联。①

虽然现在仅从画面还不能认定这就是女娲画像，但画面与生殖崇拜和女神有关是可以肯定的。但从总体来说，原始社会的岩刻中出现的崇拜仍然有大量动物、植物崇拜的画面，而且还有太阳崇拜等。

进入农业社会之后，向人格神的转化中，呈现多元形态，但根本特点是从具体物象崇拜转向了形而上学的"神"，出现了梵天、天帝、上帝等唯一的最高神。当然，这种转化的形式由于世界民族的多样性而有不同。

第一是走向了天神、天帝与人格神的混杂。如埃及的太阳神、两河流域的天神、中国的天帝、古代希腊的泰坦神系、印度的梵天神系等。

大约从公元前10世纪之后，也就是世界的经典时代开始，文明的影响在宗教中明显表达出来，世界各国相继出现天神或是天帝观念。这是两种观念，天神观念是一元的上天神统治的出现。天帝观念是人格神的实行。古代巴比伦、赫梯文明相继放弃了自然神，开始天神信仰。中国从商周时代开始，天帝观念占了主导地位。有意思的是，中国古代宗教中，一开始就把天与帝区分得很清，人与神界限明显。

如对于"帝"的描述中，充分表现出世间圣王的特征。

文王陟降，在帝左右。（《大雅·文王》）

王来绍上帝，自服于土中。（《周书·召诰》）

其后又出现了五帝的说法，关于五帝说法不一，一说是

---

① 李洪甫：《太平洋岩画》，上海文化出版社1997年版，第119页。

"五帝，五行之神"（《孔子家语》）。《礼记·王制》则说"五帝，五德之帝"等，无论是"五德"还是"五行"，从这里看，明显受到了五行崇拜之类的影响，还没有充分的人格神化。另外的说法就大不同了，如"五帝，谓黄帝、颛顼、帝喾、帝尧、帝舜也"（《吕览·用众》）或是"五帝，黄帝、高阳、高辛、尧、舜"（《吕览·先己》）等，有多种说法。无论这里的五帝所指是谁，但都已经是人而不是神了。这是一个观念的大变化，显示出先民宗教信仰的大进步。他们终于认识到崇拜自然事物不如信仰人格神，人的精神是高于自然的。自然力量固然伟大，毕竟只是自然事物，不能与人类精神相比。

其次是"上天"，先是敬上天，有时又把上天与上帝混同起来，甚至与先王等结合为一，创造了多样化的上天神。这个上天神主持天道与天命，有权威性。值得深思的是，中国的上天与上帝，虽然本质上与希腊神话中的大神宙斯等是不同的，因为宙斯毕竟只是诸神领袖，并不是唯一的神。而上帝或上天则是唯一神。但是，有时这个上天也受到指责。

> 疾威上帝，其命多辟，天生蒸民，其命匪谌。（《大雅·荡》）
>
> 上帝板板，下民卒瘅。（《大雅·板》）
>
> 知我者谓我心忧，不知我者谓我何求？悠悠苍天，此何人哉？（《王风·黍离》
>
> 彼苍天者，歼我良人，如可赎兮，人百其身。（《秦风·黄鸟》）
>
> ……

这种类型的诗，在《诗经》中可以说满篇皆是。这些诗篇是如此华美而神圣，不但是优秀的抒情诗，而且也可以说是最优秀的神的颂诗。其中把上帝作为一个直抒内心情感的对象，也表达出对于其不公的哀怨，情感之丰富，可以说是世界文化中的精品，是宗教诗中的绝唱。如果我们将《圣经·雅歌》与之相比：

> 邪恶人们强迫孤儿为奴隶，
> 穷人被迫出卖儿女抵债。
> 他们出门时，衣衫褴褛；
> ……
> 城里到处有受伤者在呻吟，
> 有垂死的人在哭泣，
> 但上帝却不理睬他们的请求。
> ……
> 我以永恒的上帝发誓，
> 他待我是如此不公，
> 我向着全能者发誓，
> 他使我心中哀痛。
> 然而，只要我一息尚存，只要上帝还在我心中，
> 我的嘴唇不为谎言而动，
> 我的舌头不为说谎而转，
> 我绝不承认真理在你一边；
> 只有生命还在，我就要坚持。
> 　　　（《约伯记》）

希伯来人怨神，中国人怨天，异曲同工，何其相似。从两者的出发点来看，同样是哀而不怨，怨而不伤。这是对于神圣的哀怨，而不是对于凡俗的痛斥，所以即使在愤怒的极点，通常也没有爆发式的愤恨。但也有差异，希伯来人最终总要为神唱赞歌，而中国人则未必如此。

　　第二是向一神教的发展。古代以色列人等创造的一神教基督教是重要的一神教，以上帝为神圣代表，以耶稣为人格神化，三位一体，创造了有体系的宗教学说，以后被罗马人奉为国教。

第三是人文始祖信仰的出现，这一形态可能出现于稍后，如黄帝、炎帝、后稷等人就成为了人格神的代表。这种人格神以文化创造作为主要工作，不以宗教教化为主。这是一种独特的不同于宗教的信仰。但是，人类信仰进化是复杂的，所以也有人格神与天神合一的情况。这种情况在各民族中有所不同。中国的天帝与俗世帝王的合一中，是向着以帝王为中心而转化的。

宗教形态变化从宏观来看，主要是由于人类掌握自然能力的增长，生活基本条件改善，人口繁衍加快，人口增多，人类自身生产形态转变，使得生殖崇拜进一步衰落。在农耕活动中，男人成为主要劳动者，并在家庭中居于主要地位。这就引起了宗教的变化，从以女神为主转向以男神为主。有了男性神为主的神系的出现，如希腊的克洛诺斯（即萨图恩）神系。希腊神话中说，天父宙斯创造第三代人，就是青铜人类，使用青铜农具耕种田地，就意味着农业的发展。农业生产与天气密切相关，农业收成取决于天，一旦干旱或是水涝可能颗粒无收，人的生存与否取决于天时，于是天神成为宗教的主要对象，这也是必然的。

3. 从迷信到信仰

迷信这个概念是最难以说明的概念，因为自从 17 世纪之后，科学获得长足的发展，迷信在世界范围里的势力是在缩小。宗教与迷信之间的界限也逐渐开始扩大，人们对于迷信的本质认识逐渐清楚。然而，虽然大多数人厌恶迷信，但与迷信相关的现象却时时在我们身边发生。邪教就是迷信思想的组织形式，邪教与异端邪说在 20 世纪层出不穷，在美国、日本、法国等发达国家，邪教猖獗，危害治安，已经成为社会公害。所以，区分宗教与邪教、信仰与迷信就成为人类精神领域最重要的现实任务。

所谓信仰，如上所述，它可以包括宗教信仰与其他精神信仰，无论任何一种信仰，它都是一种精神的寄托，是一种皈依。信仰的基础是理性的，比如我们信仰一种学说，一种主义或是主张，是对于这种学说或主义的原理表达赞同，从而产生精神依附，最终的归宿是相信其要实现。而迷信则不同，迷信是一种盲目地崇拜，相信者本身对于所崇拜的对象并没有认识或只是虚幻的误解。特别是关于迷信产生作用的原理是不清楚的，神秘的。

从另一个方面来说，迷信与信仰之间也有一种历史分化的进程。如何理解这种历史进程也是一个重要问题。这里有两种不同性质的理解，一种是把迷信看成是信仰的前身，也就是一切信仰都是从迷信开始的。这就意味着迷信与信仰的最初阶段是无差异的。另一种理解就是，虽然从人类思维总体发展来看，迷信与信仰有一定联系，但迷信与信仰有本质差异，两者从开始有性质的不同，这种不同决定了其以后的发展。

在文化史上，宗教信仰与迷信之间的差异明显地表现于宗教思想与巫术之中。

巫术（witchcraft）这个词的含义很复杂，一般来说，应当把巫术与人类学中的"法术"（magic）或是"魔法"区别开来。巫术与幻术都是为了某种直接目的进行的精神控制活动。但是二者的起源与目的是有一定区别的。法术起于原始人的生活与生产中的摹仿行为，它相当于原始宗教仪式，但是它还没有神力的概念。比如原始人看到人的死去如同草木的凋零，产生对于树木等的崇拜，这还是属于法术的范围。而巫术则有意利用超自然的力量去控制事物。如巫师的驱邪怯病等行为，就是如此。巫术是一种典型的迷信行为，它不是一种信仰，它没有精神的寄托，也不需要虔诚与修持。

从思想方法来说，巫术不是建立在推理的基础上，而是非逻辑的联系。关于这种非逻辑的联系方式到底是什么？至今尚没有定论。主要有几种不同的看法。

其一是相似原理与接触原理，这是弗雷泽的看法，他认为两种原理都是联想方式。先说相似原理，就是从事物的相似性得出有其因必有其果的结论，这种原理产生的巫术是模拟巫术。南洋群岛的土著民族如果要某人死，就会先收集其身上每个部分的代表物，如指甲、头发、唾沫等，然后用蜂蜡作成这个人的蜡像，连着7个晚上把这个蜡像放在灯上慢慢烤化。烤时还要反复说"我烧的是某人的心肝"等。这种方法在古代中国也是流行的，《红楼梦》第25回"魇魔法姊弟逢五鬼，红楼梦通灵遇双真"里就有类似的描写。赵姨娘痛恨王熙凤、贾宝玉等人，就与马道婆商量，用魔法来暗害这两个人。这种魔法就是用两个剪好的纸人来代替活人，由巫婆作法，除去两人性命。书中是这样的描写的：

> 马道婆看看白花花的一堆银子，又有欠契，并不顾青红皂白，满口答应着，伸手先去抓了银子掖起来，然后收了欠契。又向裤腰里掏了半晌，掏出十个纸绞的青脸白发的鬼来，并两个纸人，递与赵姨娘。又悄悄地教他道："把他两个的年庚八字写在这两个纸人身上，一并五个鬼都掖在他们各人的床上就完了。我只在家里作法，自有效验。千万小心，不要害怕！"①

这种魔法果然迅速见效，宝玉中了魔法之后，离地跳起三四尺高，口内乱嚷乱叫，说起胡话。王熙凤手持一把明晃晃的钢刀砍进园来，见鸡杀鸡，见狗杀狗，见人就要杀人，两人全都生

---

① ［清］曹雪芹著，程伟元、高鹗辑补《红楼梦》，湖北人民出版社1994年版，第162页。

命垂危。

　　当然这种相似原理所产生的巫术也可以来做善事，在印度尼西亚的巴伯尔群岛，一个想生孩子的妇女，可以请有多子女的男人来为她向太阳神尤珀勒罗祈祷，用红布做一个布娃娃，然后用鸡来祭神。然后就问这个女人："孩子来了没有?"这个女人就会回答："是的，孩子已经来了。"这是模拟生孩子希望给自己带来子嗣。中国的一种风俗引起西方人类学家极大的惊异，就是在死人坟前烧纸钱、纸马、纸衣等等，目的是使死人享用与生人相同的物品。这种思想的根源仍然是一种类比，认为死人所生活的阴间与我们的世界是同一类的，人们的生活方式也是相同的，甚至所使用的东西也是近似的，只不过阴间是阳世的摹仿品而已。用纸钱来摹仿钱，用纸马来摹仿马，这种摹仿行为本身就是一种巫术行为。古代小说中关于战争描写中经常有一种所谓的妖术，即撒豆为兵，剪纸为马等。《水浒传》第五十四回"入云龙斗法破高廉，黑旋风探穴救柴进"中有一段描写，梁山泊好汉入云龙公孙胜破除官军统帅高廉的巫术。在两军对阵之中，高廉的神兵队里冲出豺、狼、虎、豹、怪兽、毒虫等。这时，公孙胜在马上早掣出那一把松文古定剑来，指着敌军，口中念念有词，喝声道："疾!"只见一道金光射去，那伙怪兽毒虫就都在黄沙中纷纷坠落于阵前。众军人看时，却都是白纸剪的虎豹走兽，黄沙尽皆荡散不起。

　　可见在中国古人心目中，巫术是可以将纸剪的虎豹走兽变成活物，并且上阵冲锋。这种巫术被写进文学作品中，从中可以看到当时人对于巫术的理解，而且可以看出这可能是相当普遍的看法。

　　这种思想甚至可以超越巫术，在人们生活中普遍存在，成为一种风俗，比如在有的地方结婚仪式上，新娘子过门来，先要扔出自己的鞋子，因为"鞋"与"邪"同音，扔鞋就是去邪。过年要放爆竹，是要驱散邪气。这种思想表现于语言中，就是所谓的避讳，因为语言字词的同音，产生不好的联想就是避讳。唐人避讳举不胜举，洪迈《容斋随笔》曰：

> 唐人避家讳甚严，固有出于礼律之外者。李贺应进士举，忌之者斥其父名晋肃，以晋字与进字同音，贺遂不敢试。……裴德融讳"皋"，高锴以礼部侍郎典贡举，德融入试，锴曰："伊讳'皋'，向某下就试，与及第，困一生事"。后除屯田员外郎，与同除郎官一人，同参右丞卢简求。到宅，卢先屈前一人入，前人启云："某与新除屯田员外同祗候。"卢使驱使官传语曰："员外是何人下及第？偶有事，不得奉见。"裴苍遽出门去。观此事，尤为乖刺。锴、简求皆当世名流，而所见如此。[①]

避讳之盛，历代士人无不恨之入骨，可是仍然无法根绝。而且这种思想不只是流行于民间，即使士大夫也在所难免，就是开科取士这样严肃的大事，也照样不能逃脱其影响。所以说这是一种社会思想，一种社会流行的思想就有它的心理和社会风俗的基础，其根深蒂固，难以改变。

另外是接触原理，这种思想方法所产生的魔术是所谓接触巫术。什么是接触巫术？按照弗雷泽的解释是：

> 交感巫术的另一大分支，我曾称之为接触巫术。它是在这样的概念上建立的：事物一旦互相接触过，它们之间将一直保留着某种联系，即使他们已相互远离。在这样一种交感联系中，无论针对其中一方做什么事，都必然会对另一方产生同样的后果。因而，就像顺势巫术一样，接触巫术的逻辑基础仍然是一种错误的联想；它的物质基础，

---

① 洪迈：《容斋随笔》，新疆人民出版社 1996 年版，第 167 页。

也和顺势巫术一样是某种类似现代物理学里的"以太"那样的中介物，以它来联系远距离的两个物体，并将一方的影响传输给另一方。①

简单地说就是由空间接触所产生的联系，世界各民族中全都存在，在古代世界中，人们不明白男女结合的道理，认为接触就可以生产。于是就有了各种错误的看法，如食用某种食物，践踏某种痕迹就可以生下孩子的想法。出生如此，死亡也是同样，世界大多数民族在举行丧礼时穿白色或是黑色服装，除了表达悲哀的感情之外，如果从其起源来看，还有另外一层原因，因为接触死人总不是一件好事，这种服装具有防护力，这样可以避免把死人的晦气带回家。这也是一种由空间邻接所形成的渗透与濡染，这是此种迷信的思想根源。

其二是把巫术思维看成是宗教思维不同形式的，甚至是对立的思维。巫术基于一种自我中心的，自以为可以影响其他事物的思维，是一种自认为可以操纵把握客观事物的手段。列维－斯特劳斯是这样认为的：

> 因为，如果巫术的系统完全建立在人能介入自然决定作用从而完成或改变其进程的信念上，那么他在其中做多做少就没什么关系：欺骗与巫术是连为一体的，而且严格地说，巫术师从不"欺骗"。他的理论与他的实践之间的区别只是程度上的，而不是本质上的。其次，有关巫术与宗教关系的争议纷纭的问题得到了澄清。因为在某种意义上虽然可以说，宗教即自然法则的人化，巫术即人类行为的自然化——即把某些人类行为看做是物理决定作用的一个组成部分——它们与进化中的选择或阶段无关。自然的

---

① ［英］詹·弗雷泽：《金枝精要——巫术与宗教之研究》，刘魁立编，上海文艺出版社2001年版，第31页。

> 拟人化（由其组成宗教）和人的拟自然化（我们用其说明
> 巫术）形成两个永远存在着只有比例上相互变化的组成
> 部分。①

这完全是一种共时的认识论，斯特劳斯的目的是把索绪尔的语言学共时理论运用到原始思维之中，这种原理的要害就是把人类思维形式的不同历史阶段看成是共时的不同模式，各种模式的本质是由语言决定的。我们认为，斯特劳斯理论并非完全没有贡献，他对于巫术与宗教从人与自然也就是主体与客体关系之间的分析，仅从理论视域而言，就是一个重要的贡献。这是作为结构主义理论家、哲学家斯特劳斯所独具的思辨分析。"宗教即自然法则的人化，巫术即人类行为的自然化"，这一归纳是极有个性的思考。巫术中的自然化特征极为明显，它把人类社会行为简化为巫术的话语、仪式、符咒，并且运用了其他"物理"手段，用这些物理形式，取代了人的思想行为。这样，就把一切愿望、祈求、仇恨、哀怨都"物化"了，这种物化其实就是一种欺骗，给受害者一种假象，似乎所有的困难都可以通过最直接、最简单的行为得以化解。

列维·斯特劳斯观念的基础决定了它只能是一种共时性理论，而人类思维是有历史的烙印的，原始社会或是古代社会的初期，巫术占据重要地位，这是历史事实。但是人类社会的进步最终摆脱这种思维方式，至少在大多数民族中，巫术已经是相当遥远的思维方式。虽然我们不能预言其是否会卷土重来，但是走出巫术本身就已经是一种进步，这是无可置疑的。从这种历史观念来看人类思维发展，我们当然不能赞同孔德的看法，即把巫术看成是古代人类的唯一合理的哲学，但是也不能完全

---

① ［法］列维－斯特劳斯：《野性的思维》，李幼蒸译，商务印书馆1987年版，第252页。

用斯特劳斯的这种共时性观念来看待蒙昧，进步就是超越蒙昧。蒙昧不是像他所说的那样是永存的，世界上没有永存的事物，蒙昧是可以被战胜的，当然这一过程不可能一蹴而就。

最后，一种关于巫术的理解是将其看成一种神秘力量，这种力量左右着原始人的思维。在列维－布留尔看来，原始思维是非逻辑的，以渗透律为其发生规律。这种思维受到神秘力量的支配，这种神秘力量主要有三类，一类是鬼魂，其次是可以使自然物、非生物具有灵性的神灵，第三就是巫术。在这种思维中，任何不幸事件，如人的死亡、灾难等都被看成是巫术的作用。

综观迷信与巫术，其要害是非理性与非人化。非理性就是反思维。思维，说到底是以客体对象与主体的联系为起点的，任何主观唯心论者其实最终无法不回归到客体作用，因为没有客体的主体就无法有意识，甚至连意象也不可能有。如果无意识，主体的消解是肯定的了。而主体的消解就走向非人化，所以，主体与人性化之间的隐秘历史联系，在这里就可以看得清楚了。明白这一层，我们当然就明白了列维－斯特劳斯所说的那种人的自然化，人的自然化，在巫术的层次上，是人的对象化的负熵，是对于人的本质的否定。希腊神话与中国神话里，人的兽化都是最可怕的形象，这种形象的主要方式就是巫术。

巫术与其所代表的迷信，毕竟不能阻挡人类精神进步。世界主要文明走出蒙昧的时代不同，走出蒙昧的决定性步骤就是信仰的确立。信仰是人类战胜巫术迷信的一曲凯歌，尽管它可以有种种不同的旋律与主题，它可以是雅典人的多神论，是中国的人文主义与多元宗教，也可以是希伯来人的宗教，是印度人的佛教，或是其他宗教。无论它是人文信仰还是宗教，它都超越了人类的迷信，超越巫术。在信仰里，人并不是直接得到理性的思维，而是道德和感情的信任，这种信任与迷信中人对于神秘力量的恐惧是完全不同的。在信仰中，人通过神看到的是理性与人类自身的伟大。但是在巫术中，人得到的只是对于神秘力量的莫名其妙地害怕。迷信是危害人类的，而信仰从人类不同历史阶段来说，并不直接危害人类利益。

四、宗教的理性化进程

1. 宗教与理性的关系

这里我们就要接触到最后一个层次，宗教与理性之间的关系也可以说是信仰与理性之间的关系。这个主题是如此的古老，因为大多数宗教自诞生之时起就与理性之间有相当程度的对立，特别是对于西方文化来说，一般认为，中世纪曾经以压制人文主义思想、科学思想而著称，人们也普遍认为中世纪是反理性的。而在近代以来，反理性主义思潮又此起彼伏，从尼采到弗洛伊德直到近年来欧美的"新世纪"（new age）运动，随着新的千年到来，一直十分兴盛。出现了一批被认为是反理性主义的思想家，而他们都具有世界性影响。因此，宗教与理性之间的关系被蒙上一层灰色的阴影。

但是，以笔者来看，宗教与理性之间并没有像人们所认为的那样有种种对立。只能说，从古代到现代，非理性的力量从没有停止过与理性的对抗，而宗教与理性之间一直处于形态复杂的联系之中。如果从宗教的历史来看，我们也反对认为宗教是非理性产物的看法，而认为宗教的产生是一定历史阶段社会生活的需要，也是人类精神发展的必然成果。特别是高级宗教的出现，不但不是非理性的产物，反而恰恰是人类从崇拜向理性转化的一个产物。以欧洲中世纪而言，这个时期是西方逻辑与理性发展的一个重要阶段，经院哲学中的逻辑学之发达，远胜于其他时期。正因为有了中世纪的宗教理性化，才可能有文艺复兴直到启蒙主义的理性觉醒。这种看法是笔者的一种观察，是根据马克思主义关于人类精神发展从低级向高级的这一历史规律所提出的。英国艺术史家沃尔特·佩特（Walter Pater）曾经提出过类似的看法，认为文艺复兴中的希腊精神与基督教精神之间并不是绝然对立的，文艺复兴其实正是从中世纪的黑暗之中走过来的，他说：

> 在许多问题上，15 世纪的文艺复兴之所以伟大，不在于它取得的成就，而在于它所设计的蓝图，许多它立志要做却完成得并不完美或有所错失的事业，在 18 世纪被称为"启蒙运动"的运动中，或者说在我们自己这一代完成了；真正在 15 世纪复活的仅仅是最重要的直觉，是求知欲，是开创思想，它与对古老宗教与基督教信仰进行调和的问题关系十分密切。一个研究这个问题的现代学者可能会发现，所有宗教均可视作自然的产物，至少在发生、成长和衰亡中，它们有着共同的原则，在其各自占上风的时期，它们也并不与人类思想的其他运动分离，它们在人类的心灵中自发生成，作为对各个阶段心灵感觉到却看不见的世界的解释；……因此，世界上所有宗教信仰的调和体存在的基础，便是人类心智自身的永不停息的行动和创造，所有宗教植根于此，并同样地协调一致，这如同在个人的经历中，将童年的奇思幻想与老年的深思熟虑交织，并使其和平共处。[①]

文艺复兴最伟大的诗人但丁的巨著《神曲》并不能称得上是希腊精神的颂歌，其中对于基督教理性精神的颂扬可能是最能感动人之处。另一位文艺复兴巨人拉菲尔最伟大的作品其实主要

---

① ［英］沃尔特·佩特：《文艺复兴》，张岩冰译，广西师范大学出版社 2000 年版，第 33－36 页。

是宗教画，特别是圣母像，这是神圣感情的绝妙传达。达·芬奇绘画理论中唯一提到的当代艺术家是圣多罗·波提切利，他以宗教画的改革而对当时画坛有举足轻重的影响，直到今日，西斯廷宗教画仍然是古典艺术的最高代表。米开朗基罗的杰作雕塑《摩西》是圣经题材的作品，这个雕塑放在罗马维科里的圣皮埃特罗教堂里，是教皇朱利叶斯二世陵墓的一部分。雕塑取材于圣经故事，摩西得到上帝的恩赐《十诫》法版，当他走下西乃山时，看到以色列人围着金牛犊狂欢，摩西不由深深震怒，这是神圣理性与俗世迷信之间的对立。在这里，对于宗教的崇敬恰恰是由理性精神所代表，这种精神令人有一种精神上的振奋与竦警。正像弗洛伊德所说："我经常沿着被人冷落的科尔索加富尔陡峭的石梯来到孤独伶仃的广场，被遗弃的教堂在那儿茕茕孑立，试图在此承受一下这位英雄愤懑的目光。有时，我谨慎小心地从阴森的教堂踽踽而出，仿佛就是他目光所对的暴民中的一员——这些暴民既不守信仰又没涵养，一旦得到迷惑人的偶像便载歌载舞，欢声雷动"[1]。如果弗洛伊德说的是其真实心理，那么他这里所流露出来的，恰是一种对于宗教神圣精神的畏惧之感。我们再"以其人之道还治其人之身"，对于这种心理进行精神分析，就会看到，弗洛伊德是一个科学家，他所畏惧的并不是宗教神秘主义，很可能是自己的精神分析学说的反理性性质，正是这种反理性与宗教理性之间会形成冲突，如同"不信神的暴民"与宗教理性之间的冲突一样，所以形成他心理的压抑。

事实上，人类最先信仰的就是神秘事物与自然现象，这是崇拜的本质，崇拜是盲目的、非理性的，它没有人类对于自身

---

[1] 《弗洛伊德文集》第四卷，车文博主编，长春出版社，1998 年版，第 512－513 页。

的反思，它以人和对抗性力量之间的关系为主线，人与事物冲突联系而发展为崇拜，这种崇拜从本质上来说是非理性的。它不是以人类对于事物的理解为依据的，而是对于不可抗拒力量的屈服，它充斥着神秘感和恐惧感。正因为它是非理性的，所以它的最后发展就是与人类的对立。为什么会产生这种对立呢？因为人的本质其实就是思维与理性，正像黑格尔所说：

> 人类诚然自始就在思想，因为只有思维才使人有以异于禽兽，但是经过不知若干千年，人类才进而认识到思维的纯粹性，并同时把纯思维理解为真正的客观对象。①

真正的纯思维就是理性，所有非理性的信仰，无论它在历史上有多么大的力量，其最后都无法抗拒理性。理性不会毁灭，非理性信仰却可能毁灭。

当然，迷信退出历史舞台是相当缓慢的，有时甚至会产生反复。历史上一些古老的迷信或是崇拜可能会在某一时刻或一段时间内复兴，例如萨满教就是一个例子。西方世界近来出现的所谓"新萨满主义"（new shamanism）主张人类回到一种古代的精神信仰，返回到古代东方的宗教萨满教。而且这些殖民主义的后裔当然不会满足于跟在东方之后，于是他们根据一些人类学家所想象的萨满教的特征，在创造一种新的西方萨满教。罗马尼亚裔的美国宗教学家艾里阿德（Mircea Eliade）的《萨满教：古代脱魂术》（Shamanism：Archaic Techniques of Ecstasy）等著作从学术上为世俗的反理性运动提供了思想，灵魂出窍、不死之术、瑜伽修炼，这些古代原始宗教的巫术，是否能成为当代西方人解脱精神重负的途径，这是新萨满教吸引信徒的手段。严格来说，新萨满教并不是一种有组织的宗教，可以说是

---

① ［德］黑格尔：《小逻辑》，贺麟译，商务印书馆1982年版，第191－192页。

一种思想运动。正像其发起者所说，这种运动不过是古代世界的萨满教的精神再现，但不再有萨满巫师，而是一种类似于精神分析式的个体自我精神工具。这种运动有三个主要方面：其一是精神治疗，以对工业社会人类精神障碍的治疗为主，同时"充分发挥人的心理能量"；第二是用西方文化来改造原有的萨满理论，使它具有了现代特性与西方文化的背景。第三是复活巫术思维以与理性形成互补，这其实经历了一个历史过程。以前尼采、柏格森、弗洛伊德等人反对理性主义的手段是以无意识、直觉为主要理论依据。这种反抗已经有相当的历史，但也渐觉陈旧。从荣格开始，西方反理性主义的方向略有改变，从无意识转向了"古代灵魂观念"。荣格说："生活中每一种意义巨大的经验，每一种含意深远的冲突，都会重新唤起这种意象所积累的珍贵宝藏"。所以德国学者弗莱·魏林（G. T. Frey - Wehrlin）就指出，荣格等人不过是用"个人主观经验"代替了"普遍客观的知识"，用"可能的偶然激情"取代了"纯粹知性"的事实；用"信仰"取代了"知识"[1]。真是具有概括性的总结，这种批评同样适用于新萨满主义及以后可能出现的多种信仰。

2. 世界理性化进程反思

西方理性主义自文艺复兴后几个世纪的发展，使人类社会以工业化生产与理性思想为本布局，无论是西方还是中东或东方诸国，其发展前景十分明确。理性把人类从蒙昧的统治之下解脱出来，但又因之获咎。其中最主要的是所谓"精神压抑"的出现，弗洛伊德指责理性意识压抑了非理性的无意识。在艾

---

① G. T. Frey - Wehrlin , Reflection on G. Jung's Synchronicity , *Journal of Analytical Psychology*, 1976. 1, p. 38.

里阿德看来，理性与宗教（这里主要指基督教）合谋共同压抑了人类的"灵性"也就是人的"精神"。其实这是不公平的，历史上理性与宗教有对立，同样有互相协调的一面。

宗教史上的理性化，归根结底是认识上的移位，从崇拜向人格神的转化。人格神宗教与自然崇拜不同，这是宗教史上一种根本的转化。人格神以对于人类的自信为中心，这就使得它从宗教原理上，自然表现出一种理性的观念。有的宗教如佛教还创造出了逻辑，即使没有独特逻辑的宗教，也表现出不同于原始崇拜的理性思维特点。这就是所谓宗教的理性化。对于这一点，西方宗教中已经有相当多的论述，但其意义却常被非宗教徒或是其他宗教信仰者弃若敝屦，以为不过是这一宗教自我标榜的手段。其实远非如此，理性化正是宗教的一个重要特征，是宗教得以立身，战胜其他邪教组织的主要原因。

各种主要宗教的理性化都是非常明显的，佛教义理精深，建构严密，可以说是最为"理论化"的宗教。中国大藏经可能是世界最大的人类经典系统，是人类最庞大的思想建构。伊斯兰教历来把《古兰经》看作指导穆斯林的思想明灯，重视理性与情感。但发展得最为饱满，最为成熟的理性成分，则非基督教莫属。

斯宾诺莎有一句名言："上帝是一切有限存在中的存在。"这句话本身就是西方宗教史的一个浓缩。其中所包含的智慧，就是把希伯来神学与希腊哲学结合为一。上帝，这种神的最高力量，如果没有一种哲学与神学理论上的阐释，没有找到一个依据，也就是说，神学需要人间思想的支持，原因很简单，世界毕竟是人的世界。在一个人的世界中，神圣有伟大的效力，这是无可怀疑的。但是如果只有神圣，而没有人自身的依据，神圣也会失去力量。对于人的世界来说，特别是对于西方而言，希腊人的"存在"就是一个最高命题，它代表西方思想的极限。"存在"只是一定程度上的"有"，其实它也辩证地包括了"虚无"，这种思索的高度在一定程度上相当于神学中的上帝的思想。如同中国哲学中的"道"一样，在中国思想中，道与存在，都会被神所利用。在中国，这种利用表现为："替天行道"，或是"天道有常"。中国人关于"道"的思想，转化为神学中的"天"。正像中国人把天与道结合起来一样，所以，当斯宾诺莎用"存在"来解释上帝时，就完成一件伟大的工作。黑格尔曾经把上帝称为"一切实在中之真实者，最高的实在。"这种对于上帝与存在的思想，其实与斯宾诺莎完全相同。这并不是黑格尔有意要与斯宾诺莎接近，而是西方思想逻辑与宗教逻辑发展的一个必然轨迹，上帝与存在必须相逢，如若不相逢，才是奇怪的。

这种思想在西方有非常深厚之传统，熟悉西方文化史的人，如果摆脱宗教的偏见，直视宗教与理性的历史就会承认这一事实。自从基督教诞生以来，它就与理性和宗教处于一种十分复杂的关系之中。

一方面，由于宗教与理性和科学的认识基础是不同的，这种对立在雅典时代，就以希腊哲人与宗教之间的思想冲突为表现。这里，我们不得不回到东西方文化交往中另一个重要历史时期——希腊化 Hellenism——首次出现的宗教与理性之间的交锋。这种历史关系在宗教经典中留下了痕迹，《使徒行传》中所说的"讲希利尼语的犹太人"，就是指《新约》中的通用语言 koine，令犹太人感到震惊的是早在那个时代起，他们的宗教已经被"希腊化了"。但是，这种希腊化也是一种双刃剑，当希腊人在用希腊文化同化近东各民族的同时（当然其中也包括犹太人），希腊人自身又被宗教化，又被东方化了。

3. 希腊人的宗教化

希腊人被宗教化？这可能吗？

　　然而不幸这是一个事实，如果按照汤因比的说法，公元前4世纪，雅典人已经从宗教中"脱壳"了，这里是说雅典的哲人们战胜了来自东方的宗教（汤因比所说的其实是那些原始宗教，因为在希腊，现代意义上的宗教还没有产生，或是说没有取得主导地位），取得了人类理性发展史上一次重大的胜利，这种胜利带给世界文化遗产之丰厚是有目共睹的：政治领域里的民主城邦制度、思想与社会领域中的理性与科学的联姻等，时至今日仍旧是最重要的成果。这些成就如果在宗教统治之下是无望取得的。但为时不久，到了希腊化时代，即从公元前3世纪的亚历山大东征结束（公元前322年）到奥古斯都即位（公元前30年），希腊理性与近东的犹太人宗教及多种宗教相遇，这一次，却是宗教战胜了希腊文化，并且在西方语言中因此产生了一个重要词汇："汇融"（syncretism），这种"汇融"不是逾越或是征服，也不是两者之间的对立冲突，而是来自于东方的宗教与希腊精神紧密地结合为一。

　　基督教这种一神教成为罗马国教之后，与西方文化中原有的理性思想认识分裂加大，所以它们之间的对立是无可避免的。另一方面，西方的理性与宗教同时发展，它们在推动人类文明进步方面又有同一性。在反对崇拜与多神教的历史进程中，二者又有思想上的协同作战，因此出现了错综复杂的关系。大的形态上，两者时而互相对立，时而互为补益。但也不是无规律可依，西方神学史上，有一个中心问题始终存在：信仰与理解。是信仰重要还是理解重要？我们以此作为分析理性与宗教冲突的主线，历史线索就清晰可辨了。从这个标准看，西方神学家可以分为两大类，第一类是主张信仰为先，先有信仰，才有理解。就是基督教的信仰比起理性来，信仰占有更重要的地位，即使是不理解神的伟大，仍然要信奉神。第二类的主张相反，是主张理解更为重要，只有理解才能信奉。其实就是要求对于神学有理性认识，在理性的基础上来信仰神。这两派虽然是对立的，但对于上帝的信仰是绝对的，不容怀疑的。第一种主张的代表人物相当多，早期有罗马神学家特图良（Tertullian，约 160 – 222 年）、中世纪有安瑟伦（Anselmu，1033 – 1109 年）等人。安瑟伦的名言是：信仰而后理解。他的理论基础是所谓上帝的"本体论证明"，也就是说上帝的存在是不需要事实来证明的，信仰是不需要理性来扶持的。

第二种主张的代表人物大多不仅在神学史上闻名遐迩，而且在思想史上也是重要人物。其中奥古斯丁（Aurelius Augustinus，354 – 430 年）与托马斯·阿奎那（Thomas Aquinas，1224 – 1274 年），他们两人在西方神学史上都是里程碑式的人物，在理性与宗教的关系理解中，他们之间存在一种内在的相通之处，虽然他们是从不同的角度来看待这一关系的。奥古斯丁首先是纠正了特图良的一种不适当的看法，特图良当年曾经有一句脍炙人口的名言："虽然它是荒谬的，但正因为如此，我才信仰它"。这种说法反映了基督教从异教成为罗马神圣宗教初期的一种幼稚心态，也可看出当时神学初创阶段的理论的不成体系，芜乱秽杂。奥古斯丁则主张，如果信仰它，就应当理解它。除非你相信它，你不能理解它。这种见解反驳了特图良的说法，其目的是在为理性辩护，也是为了使宗教不与理性对立起来。可贵之处在于，他开创了一个传统，这个传统就是基督教的理性化，结束了宗教与理性之间的对立。这可以说是一个转折，将基督教与科学观念、希腊哲学相对立的局面完全扭转过来。但是总体来说，奥古斯丁的历史局限性还是显而易见的，他为理性的辩护也显得立场折衷和言词晦涩。而托马斯就不同了，托马斯明确宣布，上帝是相信理性的，而且这种理性经过上帝传达到宇宙。托马斯说：

　　人的理性本身就是上帝创世纪的产物，而信仰与此相反，我们要由启示去认识上帝。前者是由上而下，后者是由下而上。但它们其实是相同的，通过信仰而得到理性，或者通过理性达到信仰，不过是同一方法的不同方式而已。①

笔者有一比，西方的托马斯相当于中国的董仲舒，两个人都是思想史上的巨人，其贡献都在于确立一种统治性思想的地位，这种地位之确立是通过为这种思想寻找到合适的认识论，从而完成了统治性思想的理论化与体系化。所以，自托马斯之后，基督教理性化的进程加速，主要表现为宗教思想与理性观念（以希腊哲学为代表，以亚里士多德形式逻辑为模式）、科学精神（文艺复兴与英国唯物论为代表）和法治政治（雅典城邦制为代表的民主政治与政教分立原则所形成的人治与神治的协调结果——法治）之间的长期磨合。而汉代之后，儒学思想占据主导地位，皇帝制度巩固，辩证理性成为中国文化的指导思想，从易经中引出的辩证逻辑体系没有发展出完整的形式逻辑与序列逻辑，于是，自然科学不能以理论体系与实验方法来得到全面发展，日渐衰落。人治社会必然导致伦理思想胜过法律，中国文化与社会的主要形态也具备了。这里也要说到，理性中心并不是最理想的社会发展模式，这已经为当代社会现实所证实，辩证理性有它的合理性，而且可能在未来世纪中发挥更为重要的作用，这也是事实。所以不能简单说东方西方孰优孰劣。

启人深思的是，历史结局往往与创造者的目标相离甚远，甚至是背道而驰。这可能就是黑格尔所说的"历史的诡计"。美国的后马克思主义者弗里德里克·杰姆逊曾经为这种历史的诡计作出一个简单的解释，这就是人类历史主体的多重性。历史不是自我意识所创造的，历史是自我与他人共存。从这一个

---

① Thomas Aquinas, *Summa Contra Gentiles*, London, 1975, Book, p. 39.

意义上来说，海德格尔所说的"与他人同在一个世界之中"（to be with others within a world），代表了一种新的思想，是西方文化中的新思想，这就是被人称为后现代主义的思想。曾任英国牛津大学教授的特里·伊格尔顿把后现代主义起源追溯到 20 世纪 60 年代，在那个时代，巴黎的激进派学生在街上写了这样一条标语：生活在他人的地方。这就是一种对于他人存在的感知，是直觉性的海德格尔哲学。历史其实从来就是如此，宗教与理性之间是互文的，互为他人的。托马斯为基督教找到了理性基础，这是把古希腊亚里士多德、柏拉图的理性主义加到一种宗教之上，这一创举为西方宗教治世起了稳定作用。如果我们反思一下，悖论就在于：一种宗教的统治地位，恰恰是借助于一种人文哲学的理性精神得以巩固的。另外一种性质相反，反方向运动的现象恰好在东方发生。董仲舒与托马斯的不同之处恰恰在于，他把先秦理性变成了宗教思想，并且加在孔子身上。这是为一种人文信仰加上了神学的模式，但是，并没有把儒学变成宗教。一种人文信仰在中国得到统治地位，在其开端，并不是依靠其理性根源，而恰恰是神性。具体而言，就是董仲舒所说的"天"。

4. 宗教理性化与逻辑形式

宗教理性化的形式特征是逻辑化。早在柏拉图哲学中，"理念"与逻辑学的"概念"之间就有一种同义关系，认识与信仰之间也有一种同质关系，在这种关系中，柏拉图可以说概念并不是产生于具体的认识对象，而是神的"真理性"。

神学思想传播需要思维形式的支持，逻辑就是思维形式的精华。所有神的创始人都有玄思冥想的经历，而这种玄思冥想如果没有思维形式的帮助也会与现实失去联系，从而没有为众人所接受的可能。从逻辑的历史来看，世界上主要的逻辑体系都依靠着宗教得到发展，或是说，世界各主要信仰各有自己的逻辑体系。无论这些宗教以何种观念为宗旨，理性都是必经之途。

希腊人的逻辑其实是多种多样的，按照西方逻辑史家的观念，毕达哥拉斯学派、斯多葛学派、麦加拉学派等其实都有自己的逻辑学说。但主导逻辑是亚里士多德逻辑，这是无可辩驳的，虽然逻辑并不是亚里士多德所发明的，早在他之前希腊逻辑已经有巨大的成就，但在苏格拉底、柏拉图、麦加拉学派的学者手中，逻辑只是一种认识工具，它的真正意义还没有被认识到，它还只是一种雕虫小技。亚里士多德是希腊逻辑集大成者，从亚里士多德开始，希腊才有了逻辑体系和真正的逻辑学。逻辑只是人类思维的科学，它不可能取代培根所说的"事物"。正像花的香味与色彩不可能取代花本身一样。逻辑是思想的体操，这种体操可以通过锻炼来增强人类体质，但是它不可能取代食物与水这样的物质来延续人的生存。如果有人因为体操不能取代食物与水而责备它，就是没有道理的了。逻辑不能代替事物，就像体操不能取代食物与水一样，既没有可能也没有必要。

即使是哲学史上经常被人贬低的中世纪经院哲学中，也有过相当发达的经院逻辑，这种贡献是不能抹煞的。而经院哲学也正是在亚里士多德逻辑学基础上形成的。亚里士多德逻辑学曾经也受到过神学家的非议，但最终在 13 世纪它成为了经院哲学逻辑体系的基石。这一体系极为鲜明地表现出理性精神与宗教的结合，更是表现了神学对于理性的容纳。甚至托马斯·阿奎那有了这样一句名言"一切教育从逻辑开始"，从这种主张里，我们不难想象出欧洲最早的一批大学中，神学中的逻辑是具有何等重要性的一门课程。12 世纪初，欧洲主要大学如巴黎大学、牛津大学、剑桥大学相继成立，这些院校等都是教会开办的，在这些院校中，除了神学之外，逻辑学与数学都是主要课程，这不但对逻辑学的普及有极大作用，而且对整个西方文化的思想发展有极大的规范作用。也就是在这个时期，经院逻辑学取得巨大成就，经院逻辑学是经院哲学的重要组成部分，经院哲学在中国等一些国家中曾经声誉不佳，其实在西方哲学史上是有不可替代地位的。经院哲学作为宗教哲学，其对于西方的作用甚至胜过佛经在中国哲学史上的地位，因为它在相当长的历史时期内是西方哲学的主体。经院哲学是以亚里士多德逻辑阐释神学为最初目标的，虽然有浓重的神学色彩，但它无可否认的仍然是一种逻辑体系。

　　时至今日，当我们反思亚里士多德逻辑学时，人们的目光经常被培根学说、笛卡尔学说、莱布尼兹学说、康德学说、现象学和"纯粹逻辑"、逻辑实证主义、数理逻辑等逻辑史上各种新思潮所吸引，而忽视了经院逻辑，这正是"见木不见林"的毛病。以上逻辑学说基本上是在经院逻辑学的基础上发展起来的，经院逻辑是最主要的逻辑发展阶段。经院逻辑解决了一系列重要问题，除了注释亚里士多德主要逻辑著作外，在词项、悖论、推论等多方面都有前进，以后又发展出符号逻辑，成为数理逻辑的前驱。在经院哲学的几百年发展中，也有一些名家，其中西班牙彼得（Peter of Spain，1277 年卒）的《逻辑学大纲》是一部尤其值得注意的著作，这部著作是承前启后的一部名作，代表着从亚里士多德的古典逻辑向近现代逻辑的前进。他提出这样的观点：一个含有变项的表达式，如果要变成一个语句，就要应用量词，这就是成为一个新命题。在数学定理的表述方面，如果没有对应的量词，那么变项的应用则是不可能的①。这个观点与现代逻辑学与语言学不谋而合，一个命题须

---

　　① 参见［西班牙］彼得的《逻辑学大纲》，美国圣母出版社 1945 年版的英文版。中文参考塔尔斯基《逻辑与演绎科学方法论导论》，商务印书馆 1980 年版，第 7 页。

经过量词限定才得以成立。这种于量词的深入探讨对于西方逻辑学向精密意识的发展有重要作用。除此之外，经院逻辑中的"推论"研究等也对于现代逻辑学有重要贡献，这都是不容忽视的。

　　无可讳言，经院逻辑在逻辑学中加入了神学的内容，使得逻辑学本身受到错误导向。这种导向使得文艺复兴时代的学者如著名诗人彼得拉克、薄伽丘等人都加入了对经院逻辑的批判。彼得拉克等人的口号是"回到毕达哥拉斯与柏拉图"。这是符合文艺复兴向希腊学术复归的主流的，也具有摆脱神学对学术影响的进步性作用。但同时也必须看到一种反方向的作用力，就是经院逻辑作为一种反方向的作用力，对于宗教思想中理性思维的加强功不可没。在宗教利用逻辑时，反而也被逻辑所用，经过这种作用，希伯来宗教思想有很大的改变。在这一过程中，犹太人斐洛有巨大贡献。希伯来的神本来是一种天然的神圣，它创造世界，赎救人类具有善行。同时主持末日审判，以正义和道德的化身出现。上帝作为真善美的代表，可以说善－道德一极在希伯来神学中已经初步形成。但是真，也就是真理，在希伯来神学中仍然是不够丰满的。不可否认的是，真理的认识只是解决真理的前提。用更通俗的话来说，真理是存在的，如何认识它只是一个途径问题。正像康德所说，要达到真理，先要检查认识真理的工具。逻辑就是这种工具，在西方文化中，这种工具不是希伯来人发明的，而是希腊哲人的发明。经院逻辑把这一工具进一步推向前进，形成了宗教神学中真理追求的形式。如果从大的历史阶段来看，可以说是有一个历史转型的过程。从希伯来人的神学向西方的神学的转换，如果要用词语来表达这一转换，前者是一种"信仰"，后者则是一种信仰的"认识"，当然，并不是对于世界的认识，而是对于神的认识。

5. 伊斯兰教与阿拉伯逻辑

伊斯兰教和阿拉伯人有所谓阿拉伯逻辑，这种逻辑虽然没有亚里士多德逻辑那样声名昭著，也没有那样的世界性影响，但它的确也是一种重要的思想发明，与阿拉伯哲学一样，是世界的珍宝。同时，它也是伊斯兰教的理性进化的内在动因，如果看不到这一点，就会对伊斯兰教理解不深。也可能正是由于宗教之间的差异与对立，特别是一神教之间的对立，而基督教与伊斯兰教都是一神教，导致了这两种宗教之间的冲突。这样就很难发现对方的合理之处，特别是对于这两种宗教来说，它们历史上不只有过长期的交往，从产生根源而言，它们之间还有共生的关系。

亚历山大东征开始，东西方文明汇聚于阿拉伯地区，产生阿拉伯哲学，所以从其实质而言，阿拉伯哲学并不完全是一种东方文化形态，这也是整个阿拉伯文明的基本特性。从表面形式来看，阿拉伯地处近东，位于欧洲与亚洲之间，在西方与东方的中间地带。阿拉伯哲学与整个阿拉伯文化一样，其性质介于东西方之间，同时也就具有了东西方共同特性的文化。与远东文明印度、中国相比，阿拉伯文明不是一种独立自生的，或是说从其初生阶段不是完全自发的。当然，这并不是说它没有最初的独立创造，只是说其发生过程中，相当重要的阶段与西方文明濡染有关。文明如同一棵大树，理性与逻辑是这棵大树躯干中从根系向枝叶输送营养的脉络，有了畅通的通道，整个文明的结构都是合理而端正的。相反，如果没有理性与逻辑，这个文明就难产生科学，文明进化就困难。而有了一种别具特色的逻辑体系，也就会有特殊形态的文明形态。

从另一个方面来说，正因为希腊逻辑经历了东方之行，所以其中自然就有了东方文化的因素。如果说雅典文化之前，东方文明曾经给地中海文明带来过东方化，从克里特人、麦锡尼人到赫梯人，当时整个西方世界被染上一层浓重的东方化色彩。而希腊化时代则是另一番景象，一种公元前后的"西方化"，这种西方化一直持续若干世纪，时日旷久，影响深远。从埃及、幼发拉底河与底格里斯河两河平原、印度犍陀罗地区，亚历山大的大军没有能到达中国。几乎可以说除了中国之外的所有东方地区，都不同程度地受到希腊文化影响。就连文化保守势力最为强大的犹太社团中，逻辑学也成为重要的学术领域。其中最有代表性的非西方逻辑体系还是阿拉伯逻辑。

西方逻辑何时开始传入阿拉伯？这已经难以考证了。但可以得知的是，至少在公元 6 世纪时，也就是在伊斯兰教之前，逻辑学可能就已经通过景教传入这一地区。景教在古代波斯有重要影响，景教学者们曾经把希腊经典译成叙利亚文，然后转译成帕拉维语，以后才传入阿拉伯。但这种转译不够精确，同时阿拉伯当时的社会环境也没有为这种文化提供适当的条件。所以最初并没有引起大的发展。直到阿拔斯王朝时代，阿拉伯民族自身强盛起来，在百年翻译运动中，逻辑学才作为最重要的哲学思想引入阿拉伯。从此之后，阿拉伯出现了一批著名逻辑学家，其中最为重要的是两位人物：巴格达的法拉比（Al-Farabi，公元870—950 年）和阿维·森那（即是伊本·西拿，Avicenna，公元980—1037 年）。

法拉比是阿拉伯逻辑的真正创始人，阿拉伯人素有学术"三大师"之称，第一位是亚里士多德，第二位就是法拉比，第三位是阿维森那。从这种排列也可以看出，法拉比是阿拉伯逻辑从希腊逻辑学向自己独立的民族逻辑建立的承上启下者。他是亚里士多德逻辑学著作的最大诠释家，也是最突出的编选家。几乎在逻辑学的所有领域，如逻辑学原理、三段论、假言推理与选言推理都有精深的钻研。如果从经院逻辑或是宗教逻辑角度来看待法拉比，那么不能不承认他的重要贡献：共相论。

共相，其实是希腊哲学中的一个古老范畴，我们所熟知的柏拉图《巴曼尼得斯篇》中，其实就是把"共相"作为中心范畴的。但是对于法拉比来说，共相的意义不只是在于逻辑学本身，而相当重要的作用与伊斯兰教有关。对于神来说，共相是极为重要的，神就是共相的代表，它是不同于具体事物的抽象。

法拉比则主张，共相就是抽象，就是理性。理性与观念先于个体的事物，所以共相是事物本体。

笔者认为，显然法拉比的共相就是希腊人的"存在"的逻辑学化身，这一化身是实存的，所以也是理性可以把握的。因为只有实存的东西才是可能理解与可以理解的。人作为自然的产物，也就是可以理解的事物自身的物，也就是神的产物，这样就为神的理性理解提供了基础。

如果说法拉比的神学逻辑尚属于筚路蓝缕，是一种早期的创造，那么阿维森那的神学逻辑就已经炉火纯青了。阿维森那有一个重要思想，就是提出逻辑以意念解释为其对象。其意义是显而易见的，我们上文已经指出，对于逻辑的责难中，就有培根这样的对于逻辑的非物质性的指斥，而阿维森那显然是比培根高明得多了，他说逻辑学不是事物本身，而是研究"事物本质的方法"，并且由此介入了神学。既然不是对于具体事物的研究，那么，共相就是对于非物质的神的体现。因为共相产生于神。这里的神到底是指上帝还是伊斯兰教真主，这位哲学家有时不能完全确定。但是，他主张的神学性质是无可怀疑的，我们仍然举"共相"为例来说明，因为共相对于神学逻辑是最鲜明的概念之一。他认为共相是"神秘的"。共相是在万物之前的，这是在上帝的理解中的。因为上帝所产生的必然是共相范畴，如上帝创世之初，在创造人类之前必然先有了"人类"的共相概念。而对于上帝来说，最重要的不是具体的个人，而只是"人"。

正因为阿维森那的逻辑学有这样的神学性，所以历史发生了一种奇特的现象。中世纪的经院哲学家们反而到阿拉伯逻辑学中来寻找理论根据，阿森维那逻辑成了经院神学的法宝，被用来证明上帝的理性，在神学理性化的进程中，阿拉伯逻辑学出人意料地成了欧洲中世纪神学的支柱，这是西方人前所未料的。在世界文化中，这种现象经常存在，笔者曾经把这种现象称之为"文化回流"。

逻辑存在于阿拉伯文化中，其文化模式形成与此丝丝入扣，古代游牧的阿拉伯人诗歌中的类比思维方式与类比推理契合为一。这是其他民族中所没有的，是其文化逻辑的一个重要方面。正如艾哈迈德·爱敏所说：

> 在亚里士多德的逻辑学中占有重要地位的类推法在阿拉伯学术中得到了很好的运用。如教法中的类比、语法和语言中的类比，哲学中的演绎法，都是对于类推原理的实际运用。此外，类推在对问题进行分类，对类似问题制定同一规则，对没有先例可循的案例作出裁决，都产生了很大的影响。这对学术膨胀，以及学科分类都起了一定的作用。[1]

这种文化逻辑与《古兰经》中大量的比喻、隐喻都是类比式的。它在整个文化中得到展现，是十分自然的。但也暴露出一种文化差异：类推对于西方逻辑来说并不是中心，而只是一个前提。其中心是三段论即推理。

从文化逻辑角度来看，世界文化逻辑有一个大的划分：

西方文化逻辑与印度佛经逻辑是以推理为中心的，亚里士

---

[1] ［埃及］艾哈迈德·爱敏：《阿拉伯－伊斯兰文化史》第二册，"近午时期"（一），朱凯、史希同译，商务印书馆1990年版，第258页。

多德的三段论与因明学的五段论大致相符。这种文化逻辑与形而上学发达有直接关系，希腊哲学与佛经理论的创造是这两个民族文化的精神模式的代表。

中国文化逻辑重视辩证观念，就是同异关系，其最高原则是"同与异俱于一"的同异辩证。中国文化中理性与感性的合一，既是其优点也是其缺点。其优势在于对理性中心的思维，不足之处则在于没有理性的绝对权威，造成真与假、是与非、法与情之间的不能分立。

阿拉伯文化逻辑重视类比，虽然阿维森那、安萨里（Al-Ghazali，1059—1111 年）等逻辑学家也对于推理中的三段论（包括假言与选言推理）、归纳、例证（即类比）、间接推理等形式有一定研究，但是对于民族文化精神发生了重要影响的却是类比思维。

一个民族原创的文化会传播到其他民族，然后在异域异质的文化中得到新的发展，以后重新回到其出发的民族。这时，这种文化创造已经不再是原出发时的模样了，它具有了新的质料与形式，当它回到原有文化时，就会把它在其他文化中所得到的成分展示出来，带来异类文明的因素。一定程度上，文化就是在这种交流中循环发展的。可惜的是，阿拉伯逻辑的发展在中世纪之后也进入低潮，特别是在阿威罗伊（Averroes，公元1126—公元 1198 年）等人之后，再没有涌现杰出的逻辑学家。这就使有的学者反思这一段历史，他们认为中世纪之后，阿拉伯神学发展中逻辑的衰落是一种必然，这与伊斯兰教从精神上与基督教彻底脱离，从神圣神学向俗世神学发展的总体趋势很有关系。阿拉伯神学家们以后在对于《古兰经》的解释中，形而上学方式走向低落，与基督教神学分道扬镳，发展成独立的神学体系了。

6. 佛教逻辑

印度佛教有自己的逻辑体系，其来源可以追溯到极早，从佛教创立开始，这种逻辑就在酝酿。如果从时间上来看，这种公元前 6 世纪的逻辑早于中国墨辩与希腊逻辑，是世界上最早的逻辑。从这个角度来说，佛教逻辑学是印度人发明的，这种说法应当是正确的。以前对此没有明确说法，佛经逻辑没有受到高度重视，所以发明逻辑的桂冠往往落在了希腊人头上，这也是一桩小小的历史公案，我们顺手拈出，目的在于维护学术史的公正。

逻辑对于印度的重要，仅从其历史划分就可以看出，西方学者普遍把印度学术划分为三个大的阶段：到基督纪元之前，全都属于前逻辑阶段；从纪元之初到公元 1000 年，也就是伊斯兰教统治印度阶段，这是逻辑阶段；而第三个阶段则是从公元 1000 年到公元 1700 年的超逻辑阶段，这个划分完全是以逻辑自身构成因素为中心划分的。前逻辑阶段是指这样一种精神，即认为对于世界的认知是超越了理性的，它是直觉的。这种观念来自吠陀书，它是吠陀精神的表现。这里要注意的是，即使在这一阶段，印度人也是超越了迷信的，是不同于巫术与仪式的，它已经是注重精神内容的宗教。而在第二阶段，就是在印度那丛生的、发达的宗教中，产生了逻辑。以后，印度人并没有把逻辑内化为一种精神，通过它来达到宗教理性化的目标，而是把只它作为了佛教义理发展的一种手段，以后随着佛教在印度的衰落，这种逻辑也逐渐式微，最后为亚里士多德逻辑所取代，古老的印度逻辑竟然逸出历史，默默无闻了。

印度逻辑的产生有特殊性也有普遍性。我们先说其普遍性的一端，这要从逻辑产生环境来进行说明，世界上所有逻辑体系或多或少都与辩术有关，希腊逻辑与雄辩术、墨经逻辑与春

秋诸子间的辩说有关，印度逻辑则起于佛教与"外道"之间的
辩论。关于古代印度辩论术的经典目前流传的已不多，比较普
及的是藏传佛教中的两部名著龙树的《论争辩理》（Vigraha –
vyāvartimi）与《广破论》（Vaidalya – sutraa and prakarana），以
后形成传统，正像亚里士多德、柏拉图等人精心研究雄辩术、
中国先秦诸子专心辩术一样，印度佛学家无不精通辩术，每个
人都撰写了大量雄辩术的著作。"岂是君子好辩，实不得已
也。"雄辩术的发达其实是理论斗争的需要，不是个人爱好与
行为所能决定的。所以历来指责他人者必须正视这一现实，孔
子杀少正卯的理由之一是"其言伪而辩"，这种指责显然是不
公正的，孔子《论语》中的言也是富于雄辩的。

辩论产生逻辑，实践产生理论。因为在辩论与对抗中，人
类思维创造高度集中，思维的原理更为突显，从而产生了逻辑
这一人类思维的学科。这个道理如同生产的需要会制造出工具
来一样。狩猎产生弓箭、农业耕作发展才有了农具，生产就会
创造工具。逻辑就是思维的工具，它产生于思维发展的实践需
要。但我们也要指出，逻辑从产生来说，也与宗教有关，特别
是对于印度来说，其辩证术的产生正是由于早期的宗教斗争，
是佛教与"外教"之间的辩论产生逻辑。这样，逻辑与宗教之
间有了一种循环促进的关系，宗教斗争需要逻辑支持其辩术，
而逻辑又对于宗教的理性化进程有推动。再从印度佛经的特殊
之处来看，其实最早的逻辑并不是产生于佛教，但是佛经是逻
辑的集大成者，可以说印度逻辑起于印度上古文化，而成于佛
教，这是佛教思维的一种特性，重视理性思维程式的摸索。

在研究印度逻辑产生的特殊历史条件方面，我们必须注意
到，它从产生起就与宗教有内在关联，并且由此产生它与西方
逻辑之间的差异，形成了与中国逻辑之间的不同。后两者毕竟
是俗世思维的产物，并不会随着宗教的兴衰而波动，这也是一

个重要的特点。

早期逻辑产生于印度教中，佛教从印度教中分化后，众多教派的纷争使逻辑成为最受重视的思维方式，在公元 1 世纪，印度教分为 6 个大的派别，它们都属于印度教的正统派，都以吠陀为经典，承认婆罗门的地位，彼此虽然有思想上的差异，但仍然是有联系的。这 6 大教派是：数论派、瑜伽派、正理派、胜论派、弥曼差派（亦称思维派）和后弥曼差派（亦即吠檀多派）。其中正理派与胜论派就是印度逻辑最重要的发展者，它们继承了早期宗教逻辑，这是历史的真相。这里我们必须指出，欧洲学者特别是德语国家学者对于佛教逻辑发展史的研究有重要贡献，但无可讳言的是，佛教东行中华与藏传佛教的历史使佛教经典得以保存。公元 10 世纪末到 11 世纪初，穆斯林伽色尼（Ghazni，在现阿富汗境内）人不断入侵印度，宗教冲突严重，佛教开始走向衰落，13 世纪，北印度陷落于穆斯林大军铁蹄之下，相当多的印度人成为伊斯兰教徒。佛教在自己的故乡已经名存实亡，直到大约 6 个世纪后，19 世纪才开始重建佛教。在此期间，印度佛教经典已经荡然无存。世界上汉译佛经是硕果仅存的佛教经典，故而前人言，佛教产于印度，而成于中国。诚如斯言矣。18 世纪西方的"东方学"兴起后，有的西方学者不相信汉典，前往印度去寻找佛教经典，其实正是"舍本逐末"，因为 19 世纪后印度佛教重兴，很多经典是从汉典与藏传佛经返回印度的，其可信程度当然不如汉典了。所以有些欧洲佛教逻辑学者如舍尔巴茨基（Fëdor Ippolitovich Stcherbatsky）的《佛教逻辑》、雅各比（H. Jacobi）《早期印度哲学史》、维迪雅布萨纳（Vidyabhusana）的《印度逻辑史》等著作中明显有资料不足的缺点，特别是关于陈那以前的经典极少，这就限制了他们的视阈，有的观点显得偏激，有的则平淡。

正理派首先发展了因明学，正理派的创始人是乔答摩，他的出生年月至今没有明确，乔答摩就是中国佛经中所说的足目，他是正理派经典《正理经》的整理者，这一经典汇集了正理派学者的主要观念，其中有一个重要内容就是反驳龙树的观念。而龙树的论著中也有批评乔答摩逻辑的内容。乔答摩学说是以立为主的，就是"创标真似"。"真似"就是推论，我们推测乔答摩很可能就是陈那之前"五支论"与推论的主要创造者。而龙树则是以驳论为主，主要观点是认为"16 句义"只是相待的，凡相待者仍不真。公元 5 世纪，正理派的富差耶那著《正理经疏》。注释的中心仍是"16 句义"。可惜的是，可能与其同时代的陈那对于他的观点进行了抨击。陈那的出发点我们不得而知，但从他的主要著作《集量论》中可以看出，他的贡献主要是逻辑辩证观念的确立，如果说龙树的观念只是一种早期的辩证观念，那么陈那的思想就是早期的辩证逻辑体系，二者是不同的。陈那被视为逻辑学的大师，他的价值主要就在于此，并不是说陈那本人学说全都是正确的。西方学者中有人把陈那说成是印度的康德与黑格尔，把陈那逻辑与黑格尔逻辑、康德学说进行比附，其中有许多值得商榷的地方。陈那的后学法称写了《七论》，这是全面注释陈那学说的著作。

虽然佛教在印度堪称是命中多蹇，但它的逻辑学总体发展中仍然有不少值得关注的人物与观点。其中最为突出的有如下一些思想家与论著：

无著的生存年代大约是公元 4 世纪，我们可以推测他是乔答摩之后较早把逻辑学与佛教教义结合起来的人。无著的主要著作有《瑜伽师地论》和《显扬圣教论》。在无著之后，世亲（公元 320—400 年）是不可忽视的重要逻辑学家，他的主要著作《如实论》、《论轨》和《论式》是三部重要的逻辑学著作。关于世亲的著作，西方学者有很多不切实的推测，如俄国的舍尔巴茨基说汉译经典中没有世亲的著作，这种说法是不实的。

世亲的《如实论》内容庞杂，其中的"堕负品"其实与《正理经》中的第Ⅱ·2相同，"道理难品"则与《正理经》Ⅴ·1相同。另外据吕澂先生考证，《论轨》就是藏经《解释道理论》，这一考证使得欧洲学者长期争论有可能得到解释①。另外则有安慧（公元475—555年）《阿毗达摩杂集论》等，都曾对因明学有过详细讨论。陈那是南印度香至国人，曾经师从世亲，以能言善辩而著称。中古佛学中，以在那烂陀寺讲经为最高荣誉，陈那就是获此殊荣的学者之一。陈那的主要著作有《因轮抉择论》、《因明正理门论》和《集量论》等，他的主要著作《集量论》六品二百四十七颂，并且有自己的注释，是一部古代因明学的巨著，陈那因此而成为新一代因明学的代表人物。陈那之后，则有商羯罗的《因明正理论》、护法的《唯识三十颂释》和《广百论释》、法称的《正理滴论》、《释量论》等名著。

佛经逻辑到底对于佛教乃至印度宗教的理性化有什么作用呢？

我们认为，佛教是一个有特色的宗教，如果把世界主要宗教从人与神的地位来观察，基督教与伊斯兰教都把神看成是绝对的权威与唯一的主，神高踞于天上，俯视人类。而儒学则把人与神同一，世间的帝王是世俗的神，人与神在同一个世上。唯有佛教的神与人之间地位不清，佛陀在世间也在天上，他有无数化身，菩萨等准神圣与俗世的善男信女们同处。各种各样的佛教流派都有一个目的，普度众生。只不过是手段不同而已。在一切宗教中，佛教思想最具世俗色彩，当然，这并不是说佛教最为普及。佛教从产生起就以对于人类自身的关切为直接目标，这是其宗教思想的突出特征，佛教的玄思集中于人自身的

---

① 参见吕澂发表于《现代佛学》54年第2期的论文，俄国佛经研究学者一直认为，《如实论》其实与《论轨》是同一部书的不同版本。

痛苦与经验，其目的就是解脱这一痛苦，佛教理论的中心就是四圣谛（Caturūryasatya）"苦、集、灭、道"，佛教的主旨是教育人们脱离苦海。佛陀本意就是"觉悟者"，脱离苦海，觉悟大法，是佛教理论之本。要是用一个字来归纳，佛教可用"苦"字。基督教教义的中心是"原罪"，如果用一个字来说，基督教的"罪"（sin）与佛教的"苦谛"（Duhkhasatya）可谓遥遥相对。明白了这两个字，就明白了两种宗教的精神，掌握两种宗教的精神，也就易于理解它们的历史。这是指大的历史阶段的分析，而不是史料的堆积。

正是由于佛教将印度人的精神集中于生活经验的思索，从形而上学的层次来理解人生意义与苦谛之间的关系，也就为解脱这种苦难提供了途径。这是印度文化史上的一次重要转折，是吠陀经典与《奥义书》中的神话思维向佛教的宗教思维的一种转化，从佛教逻辑产生后，印度宗教思想开始从非理性向理性方式转换。这一转换方式与西方基督教是不同的，西方是从中世纪起，经院哲学家把希腊逻辑纳入神学，强化了希伯来人的神学，这种强化采取了神圣理性的方式，也就是对于理性的崇拜，理性作为神圣的代表出现。而印度思想从吠陀经典的哲理诗中发展出来，这时已经战胜了早期仪式行为的原始宗教思想，克服了那种崇拜的盲目性。从《奥义书》中可以看出，宗教认识中的理性已经萌芽，但这是何等可怜的理性，它主张人类对于自我欲望的节制，把人类的认识能力归之为一种直觉经验。这种经验是神秘的，非理性而无逻辑的。人生的目的是在于与宇宙的最高存在之间达成一致或呼应，可是其途径不是理性的，而是直觉的。这样也就把世界存在的意义归之于自我的精神，直到佛教哲学中，人类生活痛苦才进入哲学，影响到思维。

一旦将人生经验引入哲学，如同打开了"潘多拉的匣子"，易放难收，人体经验迅速成为哲学的主体。在对于肉体经验及其衍生的人类经验意识的归纳中，产生逻辑体系。逻辑体系产生后，又使得宗教经验理性化，这是一种相互生成与相互克制的关系。佛家用现量比量来创造逻辑，就是用感性经验与推理原则结合起来，形成一种法则。法则用于宗教经验中，就有了"苦、集、灭、道"，这种逻辑化的神学思维公式，是多么的严整，具有内有的理性经验。无可怀疑，佛教可谓最具理性思维方式的宗教，其内因就是佛教逻辑。

以下我们再作两点简单的说明：

其一、从历史产生过程而言，佛教逻辑是自生的，因此在起源的角度，佛经逻辑不同于亚里士多德与墨辩，南开大学教授温公颐先生肯定中国学者沈剑英的研究成就时，言简意赅地指出了印度逻辑与西方逻辑之间的一种重要差异：佛教逻辑中的"宗"与三段论的"结论"其实是不同的。他认为：

> 比如以三段论解释三支因明时，认为"宗"和三段论的"结论"相当；但"宗"和"结论"不但在形式结构上的地位不同，而且意义上也有分别，这是由于因明的产生，基于古印度宗教派激烈的争诘。无疑，因明的论式贯穿于"立"与"破"的精神。"宗"是立敌双方所争的论题，具有"违他顺自"的特点，这就和三段论的"结论"不同了。作者认为"宗和结论，从它们的地位来看是相同的，因为它们都是由已知的判断推导出来的；但从它们的任务来看，却又并不完全一样，因为宗的任务在于引起辩论以开悟论敌及第三者，而逻辑的结论并不专在于此（见本书）。我认为这样解释，既说明了因明的逻辑共性，即逻辑科学的全人类性，同时又说明了因明的逻辑特性，这对

初学因明者是大有帮助的。[①]

但是正如我们已经指出，佛教逻辑从五支到三支，走上了一条与西方逻辑相同的道路。我们现在没有证据说明佛教逻辑与西方逻辑之间有过交流。从历史上来看可能性不太大。但我们仍然要怀疑，两种逻辑之间的同一性实在太突出，就是从人类思维的共同性来说也应无法解释这种同一。中国僧人玄奘在印度学法期间，受到戒日王的敬重，曾经请玄奘在首都曲女城的无遮大会进行辩论，这种无遮大会上的辩论参加者来自五天竺的沙门和婆罗门教的数万人的外道，均可自由与玄奘进行辩论。玄奘出示所著《会中论》、《制恶见论》于众，并且当场立"真唯识量"：

> 真故极成色，不离于眼识；（宗）
> 自许初二摄，眼所不摄故；（因）
> 犹如眼识。（喻）

据说大会18天，没有一个人敢与玄奘来进行辩论。我们谨就其逻辑方法来说，这个"真唯识量"可以说是大乘教的标准。但其模式完全可与柏拉图、亚里士多德逻辑相印证，是一种变形的三段论。再如新因明的"三支作法"就完全可以说是三段论的翻版了，或是反过来说，三段论就是三支作法的演变了。有一个流传相当广的三段论与三支作法之间的类比。我们不妨录以备考：

> 三支作法曰：
> 声音为无常。
> 因为是人工造作出来的。

---

① 温公颐：《因明学研究·序》，载沈剑英著《因明学研究》，东方出版中心1985年版，第2页。

凡人式造作的都是无常的，犹如瓶等。

三段论：
凡人工造作都是无常的，
声音是人工造作出来的，
所以声音是无常的。[1]

我们已经多次引用这一例子，原因就是它最形象直观地表示了三支作法与三段论之间的联系，这种联系是如此紧密，无法令人不对其起源同一性产生联想。无论如何，我们对于这一现象仍需存疑，相信在一定时期，历史会给我们新的发现。

其二，佛经逻辑不只是对于印度佛教理性化有过作用，由于佛教的传播，佛经逻辑还对于中国文化产生过作用。公元1世纪前后，佛教开始向世界多个方向传播，向中国、向西方、向东南亚各国，一次世界范围里的"印度化"或更为精确地说是"佛教化"的热潮在世界蔓延。传播与接受的情况复杂，有汉代中国这样拥有高度发达文明的国家，也有马来、泰国、越南湄公河流域、爪哇等地相对落后的文明，产生了不同程度、不同方式的影响。佛教逻辑只是丰富了中国原有的逻辑，因明学仍然是在宗教与学术的范围之中。而对于东南亚的一些文化相对落后的民族，佛教的引入对于其文化起了易弦更张的作用，相对提高了这些文化的理性化程度。有的国家如日本则是通过中国，间接地受到佛教影响，但同样地于其本土文化有相当重要的触动，使其在与异质文明的交流中提高自身。

中国逻辑独具一格，即所谓"辩证逻辑"，这种逻辑从易经等发源，经过墨经而体系化，以后其精神除中国之外，世界

---

① 转引自沈剑英：《因明学研究》，东方出版中心1996年版，第31页。

主要宗教逻辑特点就是"逻各斯"化。所谓"逻各斯"化的主要表现是以形式逻辑体系作为思维的主导并且形成一种逻各斯文化的特点。逻各斯的文化与辩证理性文化不同，逻各斯文化重视理性的中心作用，把这种作用与宗教信仰结合起来，形成了以存在、唯一、绝对真理为核心的价值导向。而辩证文化则从物质与现实出发，更为重视实践的利益，不把真理与价值联系起来。所以基督教文化与伊斯兰文化在唯一性与真理方面的追求是一致的，一旦认识不同时，对立与冲突是难免的。而中国文化对于真理的唯一性远不如对于权威崇敬，当理性与权利发生冲突时，向俗世的屈服是儒家思想的重要特性。这种局面的形成是一个文化系统在起作用，而不是某一两种因素在起作用。比如许多人比较中国与西方时，认为中国儒学不是宗教，中国人缺乏对于绝对神灵的真诚，所以文化中不能有对于真理的不懈追求。还有人认为，中国没有形式逻辑，所以中国文化没有发展出精密科学来等等。这些看法并不完全错误，其中个别原因也有道理。但是，从文化系统来看，正是由于信仰的差异、由于理性观念的不同、文化逻辑的不同，所以产生一系列分歧。中国文化有其弱点，这是无可讳言的。但是中国文化具有西方所无法取代的优势，这也是历史事实。将来的世界是东西方文化辩证发展的阶段，应当是一种客观的看法。

亚里士多德逻辑、佛教因明学和阿拉伯逻辑，它们都可以使一种文化有内在的序列性，使文化有科学的形态，使文化完全从蒙昧中升华，由此，它们是异常重要的。在有了逻辑之后，这种文化就对于其他非逻辑文化处于有利地位。但事实上，由于历史条件与民族文化自身规律的限制，世界文化史上，彻头彻尾地完成了宗教逻各斯化的其实只有基督教文化，印度佛经逻辑一直停留于古代形态，没有随着近代的到来而产生与时代合拍的形态。更重要的则是，由于宗教的变化，佛教逻辑未能对于印度文化发生重要作用。相反，佛教逻辑倒是在中国特别是藏传佛教中发展得相当充分。阿拉伯逻辑发育不够充分，在历史上缺少一个欧洲中世纪那种经院哲学兴盛的阶段，所以并没有真正深入阿拉伯文化的中心，伊斯兰教的理性化程度相对较为逊色。

五、科学与宗教理性的提升

1. 宗教与科学

宗教的理性化过程中，如果说逻辑这种思维工具是被主动选择的，宗教利用逻辑以使自身合乎人类理性本质的要求，从而使更为广大的、不同种族的人接纳出自某一种族的宗教。这一过程是互利的，宗教自身也依赖这种理性化得以提升，从原始宗教进入近代宗教，有了本质的提高。在宗教的历史中，有另外一种重要作用力同样对于宗教的理性化其实有重要作用，这就是科学。但科学与宗教关系与宗教利用逻辑的模式相反，这是一种排斥与对立的模式，这种模式是如此特殊，以致大多数人看不到宗教与科学之间还存在另一种关系，就是科学对于宗教的理性化也有一种相当重要的促进。

所谓科学是一个特指概念，主要是指自然科学，也就是指以掌握自然规律、以改造自然和利用自然为目的、以自然研究学科为依托的行为方式。这种行为是研究与实用并进的。而且科学与技术是不可分的，并不存在纯科学或是纯技术，科学是理论发明而技术是理论应用，从宏现来说，理论发明与技术应用是不可分的。

我们要区分人类科学与西方科学的概念。人类科学指不同文化中所有的以自然为研究对象的工作，如埃及古代科学（包括几何学、农学等）、中国古代科学（包括古代天文学、机械学、农学、医学、工学等）、印度古代科学、阿拉伯科学等，当然西方科学也是人类科学中一个重要的组成部分。那么为什么要特别区分出西方科学呢？这是由于对于西方来说，科学（Science）是一个特指概念，主要指近代科学，即以实验方法为主、以逻辑分析为理论工具的研究，具体而言是指从文艺复兴以来，培根等的实验方法成为研究的主要方式之后的西方自然研究。所以西方人往往不愿承认中国古代科学或其他东方古代科学的存在，更不愿提及这种科学对于西方的影响。实际上中国的造纸、火药、罗盘、印刷术、种痘术、几何学、天文学、地理学等长期在世界上处于领先地位，并且传入欧洲，引导了欧洲科学技术的发展。

　　一般认为，西方文化有三个重要组成，希腊思想、希伯来宗教与近代科学。从我们以上的分析可以看出，这三者其实是三位一体的。希腊人的逻辑为希伯来宗教也就是后来的罗马基督教带来了理性因素，逻辑所关注的是事物之间的因果关系。为了维护宗教教义，教会把布鲁诺处以火刑，把伽利略监禁起来。但我们也不可忽视，欧洲教会又时时对希腊哲学与近代科学施以小恩惠，希望能用科学与理性来为神学服务，正像恩格斯所指出，中世纪的学术成为了神学的婢女。这里也含有神学利用科学与理性的意思。从科学这一方面而言，科学家中相当多的人并没有直接反对神学。相反，相当多的科学家与学者把上帝作为理性和科学的统治者。

　　古希腊人托勒密（C. P. Tolemy，约 100－170 年）是古代世界最伟大的学者之一，他建立的地心学说中，认为太阳、行星与恒星都在绕地球运动。托勒密本人不是基督徒，他所处的时代雅典尚未被基督教所征服，虽然他本人如同荷马一样，在后世基督徒看来都是些"异教徒"。但是罗马教会仍利用了托勒密的学说，主张地球是宇宙的中心。这是因为，在《圣经·

约书亚》中说，上帝命令太阳离去，而不是命令大地。这样，就与托勒密学说牵强附会拉在一起。而上帝是一切造物主，上帝也是存在之主。这可以说第一次成功的联姻，上帝从此与宇宙创造的科学结合为一，《圣经》中的"创世纪"越洋渡海，来到爱琴海畔，为上帝创造宇宙找到了自然科学的证据。

文艺复兴时代的波兰天文学家哥白尼（Nicolas Copernicus，1473－1543年）精心研究了托勒密的学说后，提出太阳中心说。但是由于与教会所主张的地心说相违背，他把自己的主要著作《天体运行论》推迟"四个九年"不出版。最后，他给保罗三世教皇写了献词，作为自己书的序言。他诚惶诚恐地写道："但是为了使受过教育和未受教育的人都相信我决不回避任何人的批评，我愿意把我的著作奉献给陛下，……由于您的教廷的崇高以及您对一切文化还有天文学的热爱，您被推崇为至高无上的权威。因此您的威望和明断可以轻而易举地制止诽谤者的中伤，尽管正如俗语所说：暗箭难防。"而且，哥白尼也还在自己的学说中为上帝创世留下了位置，至少是从表面上，他仍然主张上帝创世说，而且力图把太阳中心学说与上帝创世相融合，或是不造成冲突。他说道：

> 我相信，这种看法比起把地球放在宇宙中心，因而必须设想有几乎无穷多层天球，以致使人头脑紊乱要好得多。我们应当领会造物主的智慧。造物主特别注意避免造出任何多余无用的东西，因此它往往赋予一个事物以多种功能。……最卓越的造物主的神圣作品无疑是非常伟大的。①

无论哥白尼怎样盛赞上帝创造宇宙的伟大，教会并没有因此而对哥白尼学说放松警惕，一直把它视为异端邪说，每当回首这

① ［波兰］尼古拉·哥白尼：《天体运行论》，叶式辉译，陕西人民出版社、武汉人民出版社2001年版，第33－35页。

一段往事，真是令人百感交集。更令人从中领悟到，西方文化中，这种观念具有多么牢固的基础。

近代科学经过几个世纪的努力，17 世纪后期，西方科学已经具有了全面解释世界物质构成及其运动形式的理论准备，牛顿《自然哲学的数学原理》（1687 年）就是对于我们生存于其中的世界的机械论的解释。自从人类把上帝作为世界产生的第一推动力以来，至此人类才第一次有了对于世界的科学解释。当然，从爱因斯坦以后的观念来看，牛顿的解释仍然是非辩证的，由于它是非辩证的，必然就是错误的。这种错误是科学自身的错误，这种错误的性质是正确的错误。相当于初等数学与高等数学的关系一样，相当于有理数与无理数的关系一样。当我们对于一个刚上小学一年级的学生时，必须说 1 - 2 这个算式是不对的。但是对于一个初中学生是就可以说 1 - 2 = - 1，这个算式是正确的。

令人深省的是，当牛顿力学已经对于物质运动作出科学的解释之后，他仍然要补充：上帝，永恒的上帝才是这个世界的第一推动力。

2. 宗教史点评

如果从宗教史来看，伊斯兰教等宗教并没有对于科学持严重排斥的态度，但也没有对于科学进行支持。而在人们的印象中，由于中世纪基督教对于一些所谓"异端邪说"的批判，人们往往把基督教与科学的态度看成是水火不相容的。其实历史并非完全如此，基督教曾经对一些科学家与部分学说进行批判，迫害过哥白尼、布鲁诺、伽利略等著名科学家，这也是历史事实。但基督教与科学之间的关系是一种复杂关系，它们之间有对立的一面，也有相互利用和支持的一面。在这种长期的历史联系中，科学影响了基督教，迫使它屈从于科学发现的巨大威力，不得不承认科学的成就。同时，基督教也利用科学思想和科学方法，一定程度改变了自己的观念和形象，促成了基督教的理性化的历史进程。

与中国等文明古国的科学技术相比，欧洲近代科学虽然产生较晚，但是它的起源却同样很早。古代希腊毕达哥拉斯学派的数学研究已经为西方近代科学的产生埋下了伏笔，因为近代科学是一种精密科学，其本质是用数学来表达的科学。同时，近代科学最重要的特征——实验方法——在中世纪也已出现。中世纪教会中的不少教士热衷于炼金术和星占术，有学者认为，炼金术就是后世化学科学的前身、而星占术则对于以后的天文学是有帮助的。基督教会所创办的欧洲大学模式，成为科学的摇篮，这可能是教会所始料未及的。最早的大学是以神学教育为主，但以后科学教育在大学中占有越来越重要的地位。法国巴黎大学是中世纪建立最早、规模最大的大学之一，曾经是法国神学的堡垒，但是对于法国科学的发展也有过极大贡献。法国作家拉伯雷（François Rabelais，1493—1553 年）的小说《巨人传》中曾经描写这所大学，具有文艺复兴精神的卡列图在巴黎大学学习，受到人文主义思想的老师的教诲，他写信教育自己的儿子庞大固埃，要求儿子学习科学：

> 对于自然事物的知识，我希望你要以极大的好奇去悉心钻研，去认识河海湖川里所有的鱼类；天上的飞禽；森林里、果园里的各种树木；地上生长的花草，藏在地底下的各种矿物，东方的、南方的各色宝石，不让任何东西在你的面前隐藏起来。

这种提倡科学的精神，如果说是确实是来自于具有牢固神学传统的巴黎大学，那么这种提倡科学的精神，在当时的世界各国中仍然是进步的。同时期的中国仍在封建儒学的统治之下，中国杰出的思想家王阳明正在提倡"格物致知"，希望能从格

"竹子"中来认识世界、致良知。1528 年（嘉靖七年）王阳明卒，拉伯雷卒于 1553 年，即中国的嘉靖三十二年。

3. 教会与科学思想

宗教神职人员是宗教的核心，信仰的阐释与推进维系于神职人员的工作成效。如果要考察基督教与科学的关系，神职人员是必不可少的重要因素。基督教在自己漫长的历史中，建立了多种多样的学术团体，这些学术团体与不同的教派相结合，对于科学研究和科学的推广发挥过相当大的影响。这些团体首先是从事基督教神学理论的研究，此外，科学研究是这些学术团体的重要工作。这也是世界宗教史上罕见的，世界其他宗教只有研究宗教理论的团体而少有研究科学的宗教团体，不能不承认这是基督教科学兴趣特有的表现，也不能不说表现了西方文化特有的一种精神。

罗马帝国灭亡之后，为了保存希腊罗马文明，教会组织起了重要作用。这些组织的本意是承续古代文明，以后却转向了学术与科学研究。其中最为重要的是意大利与西班牙教会。首先是公元 5 世纪就建立的意大利本笃修会，它在中部的卡西诺山罗马神庙旧址建立，这个修士会的创建人就是意大利教士本笃（Benoit，480—543 年），修士会遂以本笃命名。这些修士们一方面开荒种地，从事生产，过着自食其力的生活，另一方面则传抄古代典籍，研究学术。从此，修道院作为学术研究的团体而具有相对独立性，成为一种传统，这一传统以后发扬光大，渗透于整个宗教精神之中。公元 9 世纪，英国人创立了牛津学院，这个学院可以看做是以后举世闻名的牛津大学的前身。牛津学院在英伦三岛上是传播科学的大本营，它的主要领导人与教授都是从事科学研究的教士，本笃会与方济各会修士都参加了牛津学院的研究与教学工作。意大利人还创立了另一个著名

的修士组织方济各会，这是 13 世纪初期由意大利修士方济各
（Francous，1182—1226 年）所创立的。方济各会以科学研究为
主旨，先后参与了巴黎大学、牛津大学的创建。

　　西班牙人不甘落后，先后成立的两个教会组织奋起直追，
与意大利方济各会等不相上下，在欧洲科学研究中享有盛誉。
其一是多明我会，这个教会组织是 1215 年由西班牙人多明我
（Dominigue，1170—1221 年）建立的，主要活动是在法国，在
欧洲各地建立了学校，提倡学术研究与科学研究，著名僧侣托
马斯·阿奎那等人都是这个会的成员。其二是真正设立在西班
牙多助忒城的多助忒会，这个教会组织的前身是一个翻译馆，
大约于 12 世纪在西班牙的多助忒城成立，主要工作是翻译各国
的学术著作。由于这个会馆相对稳定，一大批学者聚集于此，
科学研究工作也就在此开始。学者们在这里出版了一批天文学、
动物学等方面的著作。

　　这些教会组织是欧洲近代科学研究的先驱，在欧洲主要科
学机构建立之前，除了大学之外，它们是主要的科学机构。这
种情况直到 17—18 世才有了根本改变，到了这一时期，欧洲主
要国家的科学院相继成立，教会组织的科学研究任务才告一段
落。也就在这个时期，由于海上交通开启，教会组织的中心转
向海外。大批海外传教士越洋渡海，来到东方，他们在传教的
同时，重要的任务之一就是传播西方科学。中国人所熟知的一
大批传教士就是从这些教会组织出身。他们对于北京大学、辅
仁大学、东吴大学等一批早期教会大学的建立都有贡献。1684
年，法国耶稣会士洪若翰、白晋、刘应、张诚等人被法国皇家
科学院任命为通讯院士，命名为"国王数学家"，派到中国传
教，同时传播西方科学。此外意大利、英、德等国也派出了有
科学素养和特长的教会神职人员到中国来，成为中西文化交流
史上一段不平凡的历史。

从 19 世纪后期起，基督教会特别是其最高决策层梵蒂冈教廷对于科学的态度开始发生重要变化，中世纪教会的火刑、教会审判、禁闭都没有能阻止科学的发展，反而引起教会自身的反省。而近代科学则经历了三次技术革命，成为人类社会中最重要的因素。18 世纪后期，蒸汽机出现，生产动力科学研究突飞猛进。19 世纪后期，电气、无线电技术革命成功，电磁学等相关科学迅速进展。20 世纪中期之后，原子半导体、电子计算机、生物技术、航空航天技术等飞速发展，除了传统的数学、物理学、化学等学科外，大量新学科、交叉学科出现，科学步入一个新阶段。当然，科学即使是作为一种生产力或是社会力量，它仍然不能满足人类精神需求，也不可能取代神学。因为科学只能解决世界是什么的问题，而不可能解决人类是什么及人与世界的关系问题。但是，科学解决了物质世界的现象分析问题，最大限度地提出了证明。这对于宗教有决定性的影响，并且使宗教自动地从科学中吸取养料，以提高自己的理性化程度。

1951 年，罗马教皇庇护十二世向罗马科学院院士们发表了一个演说，罗马科学院是教皇支持下成立的科学院。教皇演说的题目是"从现代自然科学来看上帝证明"，这是一种前所未有的态度，对于传统神学家来说，上帝存在的问题是无须证明的，所有怀疑上帝存在的思想都是不可宽恕的，所以今天发展到教皇本人来证明上帝的存在，本身就是一个有象征性的举动。教皇本人利用了现代科学的种种发明来说明上帝是存在的，而且科学正是证明上帝存在的最好方式。教皇认为：

> 在宇宙万物的变化背后，一定有个永恒不变者常在……真正的科学前进得越远，便发现上帝越多，上帝几乎

停立在科学所打开的一切大门之后。①

以后的发展更加引人注目，1980 年，罗马教皇约翰·保罗二世发表了一次演说，他认为真理其实有两种，一种是信仰的真理，一种是神学的真理，这两种真理并不矛盾，它们是统一的。因为前者是造物所表现出的真理，而后者是上帝的"道"，两者的起因是一致的。所以科学研究与神学研究势必殊途同归。信仰保障真理，信仰又可以无限地拓展人类理性的视野。这虽然只是一种姿态，或是说还有些言不由衷。重要的并不是教皇如何说，而是一种思想已经初露端倪——基督教会认识到，宗教与科学之间的对立时代已经结束。理性、科学不再是科学的对立面，而可能成为宗教的盟友。

20 世纪教皇们关于上帝与科学关系的见解，使人联想到一位中世纪神父的话，生活在千载之前的奥立金就曾经讨论过人能不能从物理角度来证明上帝的问题，他的看法是：

> 人是生活在肉体中的，他不可能识别其他隐藏的和神秘的事物，除非是他已经悟解了那些肉眼不可见识的事物。在我的想象中，那个用智慧创造了一切事物的造物主一定是这样创造了这个世界中各样可见的事物：他在它们之中放入了不可见的和只有上天能察的识见，使人类心灵能藉此达到与灵界的相通，并且寻找到上天事物的根基，最终，在上帝智慧的指引下，或许可以断言：那不可见的和可见之事吾辈均已理解。②

在柏拉图主义者中，奥立金算是对于物理学等自然科学有较公

---

① 参见庇护十二世的演说：《从现代自然科学来看上帝的证明》，《哲学译丛》，1963 年第 10 期。

② R. P. Lawson, *Origen*：*The Song of Songs ——Commentary and Homilies*, London , 1957 , III , 12：GCS, P. 209.

正态度的，他把理解自然事物的希望寄托于上帝身上。当代教皇虽然比他更为宽容，但仍然没有易弦更辙，同样是以上帝作为理解科学的指导。

基督教的理性化与科学化何日能真正实现？笔者未敢断言，因为科学与宗教的对象是不同的，科学是人类理解力与行为能力对于外在的物质世界规律的掌握，而宗教是对于人类精神与外在于人类的精神统治者之间的关系的理解。以科学来解释宗教与以宗教来解释科学，看起来仍需有一段路程，我们不能轻易否定二者之间互相援助的可能性，但仍需进一步的考察。

第二章　中国文明与儒学信仰

　　中国儒学，在世界自古至今的信仰与宗教中是一个奇迹。

　　世界主要的精神信仰一无例外都是宗教信仰，它们分布于世界主要文化区域，占据了精神发展的主流。在古老的欧洲大陆上，从西部和北部那高耸的歌特式建筑群向东，会看到斯拉夫人东正教金碧辉煌的教堂，如果越过了大西洋来到美洲大陆或是在太平洋上的澳洲大平原，你会感到仿佛是在欧洲重游，同样的欧洲风格的基督教教堂到处可见。那刺向云天的尖顶如同一支支利剑，仿佛展示着人类不屈不挠的奋斗精神。而在阿拉伯沙漠上的一座座现代化城市中，你可以看到伊斯兰教清真寺的金顶发出耀目的光芒，新月与星空的教徽下礼拜的人群如同潮水一般。虽然佛教已经今非昔比，但在泰国、日本等地偶尔可见的佛寺中散发出的善男信女的焚香味，似乎在提醒你，这个古老的精神信仰在这个世界上有着它的力量。从时间到空间，整个世界的精神信仰全都物化成宗教的象征物，处处存在，引导着人类的灵魂的运动与走向。

　　唯独在亚洲东部，从世界屋脊青藏高原走下，行进于中国大地，你可以看到世界各地随处可见的基督教堂、清真寺、佛寺，可以看到各个民族独特的标识，也可以看到政府的机关等。但与中国这样巨大的国家与人数相比，你很难发现中国人独特的精神信仰标志——人们所说的中国人的"儒学"——所存在的标识。偶尔你也许会发现一两处文庙或是孔庙，但你很快会发现，这里已经只是普通的"文物保护单位"，似乎同现实世界中人们的精神信仰毫无联系。没有寺庙、没有修持、没有祈祷、没有法会……

你会感到万分奇怪：一种没教堂与仪式的精神信仰？或是像一些基督教徒或其他信徒一样产生误会：这是一个没有信仰的国度？更有些人会激愤不已，认为是政府或其他部门压制了中国人的信仰。还有些来到中国并且自认为已经了解中国的西方人对于中国人的缺乏信仰大加讽刺，美国人明恩溥甚至说："我们已经认真地说过，有一样东西要比纯粹的无神论更坏，那就是漠不关心无神论的对与不对。在中国，多神论与无神论是骰子上的两个侧面，不少受过教育的中国人都或多或少地相信两者都对，根本没感到有什么矛盾。"对于多数西方人来说，没有宗教就等于没有信仰，因此，面对中国这样一个有高度文明的民族，这无论如何令人难以想象。

其实这全是误会。中国是世界上最早有精神信仰的文明古国，而且它的信仰与众不同，长达两千多年的时间里，这种信仰演化出了自己独特的形态——非宗教的人文信仰——没有寺院、没有膜拜、甚至连神都没有，一种以儒学思想为中心的纯粹精神信仰。这是世界上唯一的可能是人数在一个国家中最多的非宗教信仰，这种信仰统治中国已经如此之久，甚至有些人并不知道自己就是这种信仰的实行者，他们只知道按自己的生活规则来存在与生存，在他们的意识形态中有"三纲五常"、有天地君师亲的伦理道德原则，有一种行为与道德标准。同时有他们的共同的民族心理和民族性格特性，这种心理素质与性格就是受到儒学和儒释道相合的思想长期熏陶所形成的。

然而，为什么中国人长期以来选择了这样一种信仰？并且在佛教、摩尼教、景教、伊斯兰教等世界性宗教历史上数度大规模进入中国时，儒学一直牢固地占据中心地位？难道中国人没有像埃及、印度、希腊人那样改变宗教，进入一神教的天性？

这个历史疑团到了需要解开之时了。

一、早期儒学：中国古代宗教改革与天帝的出现

20 世纪考古学的发现为中国古代精神与思想历史的研究开拓了新的视域，首先是在北京周口店地区发现的最早的用于祭祀的红色矿石粉，证明很可能这时已经有原始宗教活动的存在。

在河南濮阳西坡遗址，发现了距今 6000 年前的龙虎的图形。图形全部用贝壳砌成，图形的布局很有意义，龙在东而虎在西，这一布局立即令中国人想起了先秦时代流传的青龙白虎的布局。也就是说，这是一种可能存在过的祭祀或是礼仪的图形，而且这一信仰是有历史连续性的，它是否就是以后的黄老学说的前身？

青海民和喇家史前遗址在黄河岸边，位于青海省民和县境内，1999 年起，在这里进行的发掘有了新的发现，古代祭祀活动在这里留下了独特的印记：

> 喇家遗址发现的壕沟，一般宽达 10 余米，深 5 - 6 米，是史前遗址里少见的宽大壕沟。喇家沟遗址的广场是最新的发现，目前工作还在继续。在广场上发现有大片人工踩踏的硬土面，还发现奠基人骨和埋有人骨的杀祭坑，并出土有玉器、卜骨等重要遗物，现已探知的广场范围超过 20 米。[①]

这是 4000 年前的遗址，像这样的广场人祭可以说明当时祭祀活动规模异常宏大。根据现场考察可以初步断定，这种祭祀活动的目的是防止自然灾害，如黄河洪水等对于人类所造成的危害。祭祀的对象很可能是河神或自然神，我们从后世所遗留的河神祭、天地祭中可以看出其早期形态，如"以期黄考"（《大雅·

---

① 参见《重大发现年年有，去年考古又不同——2001 年中国考古重大新发现扫描》，2001 年 1 月 29 日《光明日报》B3 版。

行苇》、"自求伊祜"（《鲁颂·泮水》）、"祈年孔夙"（《大雅·云汉》）等祈祝仪式中，所祭对象就是天地神灵、自然神与列祖列宗，是上古祭祀的一种遗留。

这个时期的宗教作为古代宗教，其具体组织与仪式是什么，其教义是什么，我们至今没有明确的答案。但可以说明的是，在中国南方与北方都存在过的巫神崇拜很可能与此有关。相比之下，南方民族巫咸崇拜程度要高于北方。孔子《论语》曰："南人有言，'人而无恒，不可作巫医'。善夫！"史册有记载的觋巫事迹多与楚地有关。但是，即使如此，我们在有关记录中看到的巫祝地位仍然是有限的。《楚语》中"观射父论绝地天通"历来是最常引用的，观射父说：

> 古者民神不杂，民之精爽不携贰者，而又能齐肃衷正，其智能上下比义，其圣能光远宣朗，其明能光照之，其聪能听彻之，如是则明神降之，在男曰觋，在女曰巫。是使制神之处位次主，……及少皞之衰也，九黎乱德，民神杂糅，不可方物，夫人作享，家为巫史，无有要质。[①]

中国的觋巫地位特点是"处位次主"，说明即使在这一时期，觋巫的地位并不能取代神明，而且不能高过部落氏族的主要人物。觋巫可能是宗教的专职人员而不兼任王臣。著名的巫咸对于不能为王臣曾经颇感遗憾就是一个例子。《史记·殷本纪》曰：

> 伊陟赞言于巫咸，巫咸治王家有成，作《咸艾》，作《太戊》。帝太戊赞伊陟于庙，言弗臣，伊陟让，作《原命》。[②]

---

① 《国语·楚语下》，载《国语·战国策》，岳麓书社1988年版，第160页。

② 《史记·殷本纪》，载《二十五史》1，浙江古籍出版社1998年版，第15页。

由于文明程度与文明发展态势的不同，北方较早结束了巫祝时代，而南方如楚地文化较长期地保持了这种古代巫祝文化的比较原始的宗教形式，不过如《楚语》所记，至少到约公元前2000年到前1600夏代，已经出现了"家为巫史"的局面，说明南方的原始巫祝文化也已经崩溃，觋巫们的政治地位已经大大下降。从史籍看，从此时起到春秋战国，南方宗教大致有两种变化，一是自然神祭祀现象的发生，这就是历史上所谓的"淫祀"，淫祀就是对于不应当祭祀的事物进行祭祀。民间盛行淫祀之风。另一种相反，是天帝祭祀成为主流。楚灵王"骄逸轻下，简贤务鬼，信巫祝之道，斋戒洁鲜，以祀上帝"。产生这一变化的原因就是宗教制度的变革。这是中国精神史、思想史与政治史上的一个大变革，对于这一转变不可不察。正是这一变革，直接影响到了以后从殷商向周人的崇文的政治社会变革，如果从人类精神史的意义来看，夏的宗教改革意义更为重要，这是中国宗教的正式开端。

二、"上帝"与王

这就是说，到了夏商周三代，中国宗教迈出了重要的第一步：从巫术或图腾等原始崇拜向正式宗教的转变。这个转变的标志就是"天帝"观念的出现。天帝是明确的神的观念，而且它不是多神之一，而是具有一神意义的"绝对者"，近似于西方的"上帝"（有意思的是，卜辞中也有"上帝"的说法，或者说，西方中的 God 被中国古代汉语中的近义的唯一神所表达），可以说是一种早期的一神教。

它的出现标志着中国宗教的巨大转化，已经从原始崇拜发展成了发达的宗教。这种宗教以天帝为主神，以先王为辅，可以说是一种上天与祖宗结合的宗教。这一点可以从"六经"等古代文献中得到直接的证明。我们已经从《诗经》、《易经》等经典中看到大量关于"天"的观念，"天难忱斯，不易维王"
（《大雅》）、"先王有服，恪谨天命"（《盘庚上》）等祈天拜祖
的话语。卜辞中同样有大量天帝与上天的记载，虽然卜辞记录
中名称杂多，如王、帝、祖等，其实是相互联系的，殷人从祖
宗祭祀发展到上帝观念，先祖就是上帝的来源。郭沫若曾经解
释说：

> 神话中之最高人物迄于夒，夒即帝喾，亦即帝舜，亦
> 即帝俊。帝俊在《山海经》中即天帝，卜辞之夒亦当如
> 是。旧说视帝喾帝舜为二，且均视为人王，乃周末学者之
> 误会。舜喾以前，伏羲神农可无论矣。[①]

前人对于中国古代帝王称号之间的差异认识不清楚，甚至有错
误的认识，其原因就是没有从宗教理论这一角度来看待这一差
异。中国上古帝王称号总的发展是所谓"由帝而王"，认为尧、
舜传贤而夏禹传子，是家天下的开始，贬帝号为王。所以在夏
禹以前为帝，在夏禹之后而为三王。但这个解释总不能令人满
意。因为《史记·殷本纪》中也说过："周武王为天子，其后
世贬帝号，号为王。"这显然是另一种说法了，但这种说法也
不周详，如文武王称二王也是相当普遍的。

因此，我们认为，帝王号之别只能从宗教的原因来解释，
帝王之别，显然是由于天帝观念的出现所致。帝就是天帝，也
就是先祖与天子的称谓，帝高于王，王是人而帝是神，所以这
个称号表达了一种精神信仰，是一种宗教观念，它突出表现了
中国天帝宗教的特色：先祖人格神与上天神明的结合为一。后
世之王与前世之王只能称王不能称帝。由此来看甲骨文中的称
谓就可以明确了。

---

① 郭沫若：《卜辞通纂》，载《郭沫若全集》考古编 2，科学出版社
1983 年版，第 362 页。

甲骨文中"帝"与"王"二字极为多见，如果加以分析，可以看出二者是有较大区分的。我们先看"帝"的用法：

……兄……上帝……出………（《殷虚书契后编》上，二八、二四）

帝佳癸其雨。（《殷虚书契前编》三、二一、三）

今二月帝不令雨。（《铁云藏龟》一二、三、一）

我其已，帝降若。（《殷虚书契前编》七、三八、一）

伐土方，帝受我又。（林辅泰编《龟甲兽骨二编》一、一一、一三）

丙子卜、贞帝弗若。（《铁云藏龟》六一、四）

庚戌卜，贞帝其降菫。（《殷虚书契前编》

……

兹再观"王"的用法，由于"王"在卜辞中极常见，我们只能举出用法以示：

丁卯卜（贞）王宾仲丁。（《殷虚书契前编》一、八、三）

（丁）已卜，旅贞王宾仲丁，不雨。（《殷虚书契前编》一、八、八）

丁未卜、贞王宾仲丁。（《殷虚书契前编》一、八、七）

庚申卜，贞王宾大庚祭，亡尤。（林辅泰编《龟甲兽骨二编》一、一二、七）

……

这些记载中，王是祭祀活动的参加者，是祭祀者而不是被祭或是神明，这是一个重大的区别。"王宾"一类说法，罗振玉提出"称所祭之祖为王宾"，所以是名词。郭沫若纠正说是动词用法，即王祭某先祖。笔者以为郭氏之说较为妥帖。很明显，帝是作为祭祀对象存在的，如郭沫若说："凡风雨祸福，年岁之丰啬，征战之成败，城邑之建筑，均为帝所主持。"一言以蔽之，帝是"上帝"或是先祖神灵，是宗教信仰的对象。而王则不同，王是主祭者，或是主卜人。

重要的是，区分帝与王的不同身份，我们可以看出，宗教观念的诞生，神灵的出现，殷人从一个觋巫的社会发展到一个有相对发达的宗教的、有政权的社会。

另外，在六经中更有全面的祭祀礼仪安排。西方当代宗教学者认为，宗教确立的重要标志就是宗教仪式的形成。如果从周礼等有关祭祀来看，这一时期的宗教仪式是完备的，已经完全具备一种发达宗教的形式。中国文化中"礼"这个观念，其实就是从古代宗教仪式产生的。但相当多的人在考察中国历史时，往往忘记了这一点。忘记这一点，也就容易忽略当时中国宗教已经比较成熟的历史事实。从商周祭祀与礼仪的有关记载可以看出，这是一种天神崇拜，有明确的主要神明，已经是一种相当发达的宗教，而不是原始崇拜。

再者，这一时期中卜人的出现也是一个明证。前人对于卜人的作用理解不够，殷商卜人是专司祭祀的神职人员，相当于西方宗教中的祭司。卜人与楚巫不同，这种卜人的职务是占卜，其工作是遵从王命进行占卜。占卜的目的是明确天意，所以占卜不是崇拜活动，目前相当多的论著中，错误地把卜人看成是所谓萨满教的巫师之类的人物，这是一个极大的错误。这种错误的发生是对于宗教发生原理知之不多，在西方宗教学与人类学知识普及之前，一般人容易把古代巫祝与王室卜人之间不加区分，产生误会混淆。而且这是一种相当普遍的错误认识，陈梦家先生有一篇很有影响的论文《商代的神话与巫术》中就指出这一点：古者宗教领袖即是政治领袖，而"祝者即舞者，舞即巫也"，"由巫而史，而为王者的行政官吏；王者自己虽为政治领袖，同时仍为群巫之长。卜辞中常有卜王贞之辞，即是王亲自卜问"。其中所说从巫而史是极为正确的，但也有不足之处，这里对于卜人与古代巫祝的关系说得不甚清楚，容易使人产生错误认识，把三代的宗教与社会政治制度与原始崇拜的巫祝认同。卜辞的卜人与楚国的觋巫之间是不同的，这是问题的关键。王者亲自问卜与巫祝之事是完全不同的两种制度，不宜混为一谈。

现代学术史上，由于西方人类学和比较宗教学一些错误观念的输入，很多人对于中国古代社会的巫祝文化十分感兴趣，卜辞卜人与古代巫祝相提并论就是产生于这种背景之下。笔者以为，从三代占卜的记载来看，卜人不是通天的神人，如果真像有人所说他是通天的，那就没有必要进行占卜了。卜人也不是后世的方士，方士与巫师一样都是自行作法的，而卜人只是一个占卜活动的执行者，相当于国家的宗教组织中的神职人员，职掌占卜事务。设立专职占卜人员，这是发达宗教与原始宗教之间的区别。正因为这种职务关系，卜人在卜辞中并不居于主导地位，王始终是中心。

以上，我们实际上已经对中国精神发展史上一个重要阶段的性质进行了说明，这一阶段的存在是以前的历史学家与哲学史家们所忽视了的。中国天帝宗教时代，这种宗教是祭天与敬祖合一的，它已经不是原始崇拜。说明这一点特别重要，近代以来，研究中国古代史的中外学者往往对这一时期有许多错误的看法，如将中国三代时代看成是"神话时代"，说成是"原始崇拜"、"太阳神崇拜"、"性崇拜"、"女神崇拜"、"自然神崇拜"，说法纷纭，但都未能看到三代文明的社会生产与精神生产相统一，中国已经从氏族社会进入较高级的社会类型，并且产生了宗教与精神信仰这一重要事实，认识不到这一点，错误评价中国的精神信仰发展史，是一种对于中国文化的严重亵渎。

如果按照西方文化的发展规律，中国应当同希腊一样，从天帝宗教向一种更为普遍的一神教转化，最终成为以一神教为信仰，与封建王朝统治相辅相成的社会发展格局。可惜的是，中国文化的内在性质决定了它并没有如此发展。王国维曾经认为，中国社会从殷商向周朝过渡是一个革命。笔者认为，如果从精神信仰角度来看，世俗王朝殷商向周的过渡远不如另一个重要的精神信仰上的转折，对于中国文明意义更为重大：从春秋到汉代，在这一历史时期中，中国古代信仰发生了根本性的转变，从宗教性的天帝信仰转向了以人文主义理想儒学为代表的信仰。

三、人文儒学

是什么导致了中国文化第二个转折：从天帝崇拜向儒学人文精神的转化？

问渠何得清如许，为有源头活水来。这一转折的源头在于"六经"。从中国经典向儒学的转化，与印度的吠陀经典、奥义书、希伯来人的圣经传世不同。中国古代经典六经的基本精神是一种人文精神，而不是一种神的经典。这不知是有幸还是不幸，但它是一种历史事实。孔子思想来自于六经，这是无可置疑的，庄子曰："丘治五经，自以为长久。"就说明孔子思想的一个显著特色：孔子与春秋诸子、黄老学说不同，孔子思想以六经为源流。

1. 《易经》的卦与辞

殷商的天帝宗教受到社会政治的影响，周取代殷，取得政权。周是一个从西北来的民族，历史上与异族之间有密切的关系，有不同于殷的文化传统。取得政权之后，提出了自己的意识形态，这就是以周礼为代表的礼制与易经为代表的哲学思想，据说是周民族的"文王演八卦"，"周公作易传"，使得一种易经文化在中原开始传播。所以易经实际上是东西方文化的一种交汇，这并不是说易经是外来的，而是多民族文化汇聚的西部与东部文化之间的交流。

我们在殷虚卜辞中没有发现易经符号，甚至没有阴阳爻的任何迹象，因此我们可以断定，对于殷商来说，易经是一种外来的符号系统，殷人占卜没有使用这种符号。同时，我也没有在同时代的印度文明、希腊文明、两河文明等发现有类似符号，目前只能说，易卦是古代中国北方民族的一个重大发明。只是在殷周社会变革之后，易经所代表的思想才得以兴起。但可以想象，易经符号毕竟是一种抽象观念，如果没有思想家进行观念阐发，也不会成为系统思想。而受到孔子重视，亲自为之作十翼，这是易经命运中的另一次机遇。孔子删定六经，老年的孔子喜好易经，经常阅读，以致"韦编三绝"。到了春秋时代，六经成为经典之首，为中国传统文化找到了哲学体系的依据。易经也成为不同于天帝宗教的一种新兴思想，成为儒学思想的组成部分。从性质来看，这是一种天人辩证思想，与原有的天帝统治思想有相当大的抵触。

《易经》是一种图形文化，用一种最简单的符号体系阴爻（－－）与阳爻（－）的组合来表达思想。

阴爻与阳爻，关于其起源有多种说法。郭沫若等人从男女两性角度来看，认为是两性观念的符号化。更多的人认为是古人从太阳与月亮所代表的阳与阴得到的符号；另一种解释是最早的数学计算方式，即莱布尼茨等人的二进制数学的源起。我们无法一一核定，但有一个中心是应当肯定的，这就是阴阳爻代表了一种阴阳辩证的观念。这是易经符号中最突出的特点，它是二元论不是一元论，是辩证论而不是决定论。具体而言：

其一，阴（--）阳（-）爻。它们作为两个象征，表达事物的两个极端，而易经就把这两极结合在一起，用以象征事物之间的对立与联系。从哲学范畴来看，也就是差异（difference）和同一（identity）之间的联系。可以说，易经不晚于古代雅典的诡辩派，早于德国 19 世纪浪漫主义哲学家黑格尔与 20 世纪后现代主义哲学家德里达（J. Derrida）2000 多年，已经提出了差异性与同一性之间的关系。同时，我们也可以说，中国墨经的辩证观念：同与异俱于一，也与易经有联系。从易传播的途径来说，周代之后，很可能先在文化发达的稷下之地传播。《左传》中曾经说过："周礼尽在鲁矣。"孔子主张中庸，中庸也就是两极。易经讲得其实就是所谓"极高明"与"道中庸"的两极关系。

其二，由阴阳爻组成卦：卦是爻的一个组合，用来组成一种图例式的象征。这在世界文明中是不多见的。卦一般可以理解为自然事物，这就是八卦：乾一 三（乾为天）；坤八（坤为地）；兑二（兑为泽）；艮三（艮为山）；离三（离为火）；坎六（坎为水）；震四（震为雷）；巽五（巽为风）。

与古希腊等古代文明曾经出现过的四元素等学说相比，八卦是经过排列与组合的原理，表达出事物之间的互相联系。这种联系是复杂的，所以就产生了六十四卦。从阴阳到八卦再到六十四卦，再到三百八十四爻，形象地表达了阴阳相生，一生二，二生三，三生万物的发展，这样，通过具体的符号图像，我们可以从中领悟出事物的发展规律。这个规律可以表达为：

阴阳相生，起承转合，泰极否生，否极泰来。

寓意事物总是遵从一个从兴起到发展到兴盛、转折再到衰落的发展规律，也就是辩证发展的观念。这是易经也是整个中国文化传统的一个中心观念。这种观念可以从世界一切现象来理解，包括生物的生长衰亡，社会民族的兴盛没落，日月运转，四时交替等。如果与黑格尔的"否定之否定"相比，两者是如此不同，中国易经是肯定的辩证法，而黑格尔是否定的辩证法。

其三、文本解释。除了卦的图像之外，易经有文字解释，每卦之后有象，象后即系辞与爻辞，再就是易传与十翼等文字解释；这些文字解释的作者据说是周公与孔子。其他关于易经的解释汗牛充栋，无可计数。最为重要的当然是易传与十翼，这是理解易经的基本，所以它们一般成为易经的文本构成。它们所表达的思想观念，已经成为易经的主要观念。

2. 中国的"圣经"

总括《易经》的意义，可以有如下看法。

首先，《易传》是一种图式象征体系：易经是世界上唯一的通过符号来表达的抽象思想体系，一般来说，思想体系都是通过语言文字来表达的，如《奥义书》、佛教经典、《旧约》或是《古兰经》，它们的内容都是以理论体系的阐发、民族历史、传教事迹、箴言、格言来表达的。只有易经以一种最直观的形象方式来表达，它是一本真正的无字天书。这种天书所使用的文字就是阴阳爻，如果排列八卦，很容易就可以看出阴阳变化，生化不息的一种动态图形，这是任何文字所不能取代的。易的"象"就是一种象征作用。

> "河出图，洛出书，圣人则之。"
> "天应以鸟兽文章，地应以河图洛书，则而象之"。
> "八卦成列，象在其中。"

作为符号与象征，它具有一种非能指中心的意义，因为它本身就不是语言，所以也就没有固定的能指与所指之间的对立。如乾卦可以有多种象征，天、阳、男人、君子、刚强、向上、开始等。其卦辞的象征是积极的"元、亨、利、贞"等。但是，它又是辩证的，一方面有"飞龙在天，利见大人"，另一方面则有"亢龙有悔"的象征，可以说包含了互为对抗的意义。

一定程度上，只有超越了语言的符号才能直指意义，这就是象征符号的功能。但是，这种象征十分晦涩，有诡辩的成分，这就是柏拉图批判雅典诡辩派的概念的那种不确定性。

其次，作为一种文化文本，易经以变化之道为其主旨，这是易经思想的一个突出特征。"易有圣人之道四焉，以言者尚其辞，以动者尚其变，以利器者尚其象，以卜巫者尚其占"。"易者，变易也"。变化发展的思想当然是易的精神，但是如何发展变化却有一个模式问题。《易经》是一种原始的系统思想模式，它通过阴阳爻、六十四卦组合表现出一种古代人的系统思想。系统思想，就意味着承认事物的相互关联，而未必单纯依靠事物之间的因果联系。一般的所谓系统论还不能说明它的特性，更为突出的是一种往复循环的观念，即变化是规律性的往复。由阴阳爻所构成的八卦是反复组合而成，所以从总体布局上已经有一种反复的观念。西方大多数学者已经关注到东方文化中，特别是中国文化中具有这种往复循环的观念，它的来源就在《易经》，以后的发展则主要在老子《道德经》或是道家学说中，特别是老子的"返本复初"观念。儒学在这方面对于其继承并不多。这种往复循环观念处处可见：

> 一阖一辟谓之变，往来不穷谓之通。[1]
> 否、泰反其类也。大壮则止，遁则退也。
> 革去故也，鼎取新也。[2]
> 日月运行，一寒一暑。

---

[1] 《周易正义》，见《十三经注疏》上册，中华书局影印本 1980 年版，第 82 页。

[2] 《周易正义》，见《十三经注疏》上册，中华书局影印本 1980 年版，第 96 页。

日往则月来，月往则日来。①

所谓"一阴一阳之谓道"就是表达这种往复循环思想，这是老子与易经相契合的地方。美国著名物理学家卡普拉（Fritjof Capra）在理解"道"时就是这样看的：

> 中国哲学家们把实在，他的终极元素他们称之为"道"，看作一个连续的流动和变化过程。按他们的看法，我们观察一切现象并参与其中的这个宇宙过程，实质上是动态的。"道"的基本特征是永不止息的运动的循环性，自然界中一切演化，包括物理世界以及心理的和社会领域的演化，都表现着循环的图例。中国人引进极性相反的阴和阳，给这一循环思想一个明确的结构，用两极规定变化的循环：阳极生阴，阴极生阳。②

这是一位系统论科学家的由衷之词，也只有这种现代科学的阐释下，我们可以更清楚地看到易经中所蕴藏的巨大思想能量。

当然，反复循环的思想与变化观并非中国所独有，西方也有类似的观念，如春夏秋冬四季循环的观念对于西方思想界影响就相当大，从古代神话中就有这种思想。但是西方把它变化成一种辩证的哲学观念，或是仍然保持了一种原始的生物变化观念，如我们已经指出，在斯宾格勒与汤因比的历史哲学中，就用了这种往复循环的观念表达人类文化发展。但是很明显，这种观念与中国人的阴阳变化是不同的，中国的符号化的观念所含有的深刻内容是其他观念所无法取代的。

---

① 《周易正义》，见《十三经注疏》上册，中华书局影印本 1980 年版，第 87 页。

② Fritjof Capre, *The Turning Point*: *science*, *society*, *and the rising culture*. Toronto Bantam Books, 1982. P. 35.

3. 历史哲学与史诗的文明差异

文明发展史有这样一个规律，最早对于一个民族的赐予往往并不是这个民族的性格，而较迟赋予的则往往更能代表这个民族的特点。

日耳曼人在其早期并未表现出任何特殊的天赋，当希腊人以其哲学与艺术的天才令世界震惊时，这些日耳曼蛮族们正生活于阴冷的易北河畔，远离世界中心罗马城，甚至可以说处在黑暗与蒙昧之中。直到 17 世纪之后，日耳曼人的才智才逐渐显露出来，到了 20 世纪，无论在科学、艺术、哲学、音乐方面，德意志已经是人才强盛之邦了。而古老的希腊，却已经无法再参与现代世界的争锋了。同样，中华民族并不是一个以理性思辨见长的民族，但是它的经典中的易经却是一部真正的思想经典，并且采用了符号语言与历史哲学箴言的方式。相比，犹太人经常被人认为是善于思辨的民族，弗洛伊德在其自传中就说过，可能犹太人的信仰使得他们变得更为善于思考。可是在古代社会中，犹太民族的经典却是史诗，是一种记叙性的文体。

历史的安排在某些方面，真的有些揶揄色彩。

易经是一种有强烈民族与历史色彩的经典，读易如同读中华民族的历史。这是笔者识见所同于前人又不同于前人之处。西方人经常说，读《圣经》如同读犹太民族的苦难史，这个多灾多难又顽强不屈的民族的血泪史一页页翻过。那么读《易经》则是读中华民族的忧患史，这是一部富于创造性的文化史，只不过，与《圣经》相比，《易经》更为隐晦艰涩，余味曲包，深文周纳。

关于易的起源就颇有悲剧意味，它产生于"当殷之末世，周之盛德"，其实只对于一半，当殷之末世是对的，而周当时并不顺利。文王被拘羑里，身陷囹圄，所演的八卦，当然是

"有忧患"也，犹如屈子见黜而赋《离骚》、司马宫刑而撰《史记》，左丘失明而传《春秋》，犹如耶稣受难而有《圣经》之作，英国诗人弥尔顿失明而撰《失乐园》。文天祥《过零丁洋》诗中所叹"身世浮沉雨打萍"，有感而赋，非是个人经历之坎坷，而是民族与天下之忧患也。"易之兴，其于中古乎？作易者，其有忧患乎？"易经中每一卦之"凶"与"吉"的测算，充满了担忧与疑虑。

这一时代是殷周交替时期，社会动乱，人民生活痛苦的状况跃然纸上。其中有战争灾难所造成的人民生计困难，社会动乱，盗匪横行，生灵涂炭。"先民以至日闭关，商旅不行，后不省方"。"有孚在道，以明何咎"。"否之匪人，不利君子"。百姓之苦主要是关系到日常生活平安，生老病死，婚丧娶嫁之事，所以在卦辞爻卦中不断出现。"屯如邅如，乘马班如，匪寇婚媾"。"匪寇婚媾，终无尤也"。

当时社会牢狱处罚十分普遍，如"噬嗑，亨，利用狱"，"虽不当位，利用狱也"。其刑法之严酷也是明显的，"屦校灭趾，无咎"。"噬肤灭鼻，无咎"。有些怪异的话语，提示我们可能有今天人们难以想象的刑罚存在，如"剥床以足，以灭下也"。"剥床以肤，凶。"此外，我们还可以从卦爻辞中看出法律、政治、风俗等各方面的反映，如"归妹"所反映出的社会从血缘亲向族外婚的转化过程。章太炎甚至以为可以从卦辞与卦象中看出王事更迭，虽然有些言过其实，也并非全无道理。故其有言：

> 章炳麟曰：《易》本"衰世之意"，时乱故得失彰，平世贤良，虽尝谕其梗概，非征知也。吾读坎、离二卦，"习坎"至险，"君子以常德行，习教事"，然后大人"继明照"焉。惟前世哀、平、恒、灵之末，严遵之友而有光武，郑玄之门而有昭烈，皆是物也。近观罗马陨祀，国人

> 复求上世文学数百岁，……自顾炎武、王夫之、全祖望、
> 戴望、孙诒让之伦，先后述，讫于余，然后得返旧物。
> 《易》之效，不为虚诬。然异族抚有万里，以为盖藏，享
> 庙濯，保胤祠，亦已久矣。①

昔者如庞石帚先生尝论章炳麟学术曰："其早年持论，志在光
复，或矫枉以救时，或权说以动众，若《诸子学略说》之属，
譬之刍狗，用在一陈，本非定论。吾向以为章氏炳麟评学术人
物识见超人，如所论经学自顾炎武至孙诒让诸家，虽有褒贬失
衡、重实证轻义理的偏颇，但有逾常人之见。唯其论学，创获
虽多而义理不逮，于考据尤为不通，不能持论，故不足为
训矣。"

四、儒学的人本主义

　　根据《夏商周断代工程 1996－2000 年阶段成果报告》的推
断，中国第一王朝夏王朝开始于公元前 2070 年，历时 470 年，
至公元前 1600 年进入殷商，武王克商为公元前 1046 年②。从武
王克商，也就是殷周交替，到孔丘（公元前 551 年－前 479 年）
诞生的公元前 551 年，大约是五百年。这就是以后中国伟大历
史学家司马迁所说："先人有言曰：自周公卒五百岁而有孔
子。"从此之后，五百年必有圣人出，就成了中国人的一种信
条。"天不生仲尼，万古长如夜"，虽然不乏过誉之嫌，但是，
也正说明了，孔子是作为一个启蒙思想家出现于中国历史上的，
引导中国文明真正走出蒙昧的不是宗教，这种启蒙思想的实质

---

　　① 　章太炎：《易论》，载傅杰编校《章太炎学术史论集》，中国社会
科学出版社 1997 年版，第 97 页。
　　② 　参见夏商周断代工程专家组《夏商周断代工程 1996－2000 年阶
段成果报告》（简本），世界图书出版公司 2000 年版中的有关论述。

是人文主义的信仰。

中国已经进入发达文明的殷周时代之际，古代希腊人也处于荷马史诗的年代。两种文明同时开始了一种大致相近的信仰与思想方面的转化。

这个时期的中国文明主流之一北方西周王朝，已经由周公等人建立起周礼，这是借鉴了殷人的人格神与祖先崇拜结合的宗教，同时又根据周文化的特性，周公旦制订了礼乐制度，取代了殷商祭祀，"德"、"天命"等观念的提出，也削弱了原有的"天帝"权威，保民以享天命的思想已经大不同于殷商思想。也就在同一时期，希腊文明经历了相近的变化，希腊人的天神与拟人神崇拜开始衰落。到了雅典时代，一批杰出的思想家已经开始批判拟人神宗教。雅典时代就是希腊历史学家希罗多德、修昔底德所说的这样一个时代，大约从公元前 455 年雅典与斯巴达签订三十年休战和约之日起，"以后四十年为雅典帝国时代"。

也就是说，公元前 8 世纪到前 5 世纪的中国春秋时代，公元前 5 世纪及稍后的雅典帝国时代，中国的孔子、孟子、墨子、韩非子等春秋诸子，雅典的塞诺芬尼、苏格拉底、柏拉图、亚里士多德等希腊哲学家群，分别在东西方开始了人文精神的建构，这是走出崇拜时代之后，世界文明史上的重要工作。历史真是妙不可言，中国汉代曾经有过对于儒学的神化，而却未能成功，希腊被罗马征服，最终以基督教为国教。这可以看做是世界主要文明发展史上，人文信仰方面的第一次成功与第一次失败。

孔子就是所谓的"孔夫子"（拉丁文 Confucius 公元前 551–前 479 年），或称"夫子"，他姓孔，名丘，字仲尼，是春秋时期鲁国陬邑人，其生活的年代主要是春秋时期（公元前 770 年–公元前 476 年）后期。他的先祖是宋国的贵族，据《孔子世家》等有关记载说，"孔丘圣人之后，灭于宋，其祖弗父何始有宋而祠，让厉公"。孔子的父亲是叔梁纥，是鲁国的将军，其母不是叔梁纥的发妻，孔子是父母野合于丘所生，据说这就是孔丘得名的来由。孔子青年时代生活于社会下层，"孔子贫且贱，及长尝为委吏，料量平。尝为司职吏，而畜蕃息"。以后曾"为鲁司寇"，"由是为司空"，但做官的时间不长，但取得了士大夫的地位。孔子一生中主要的活动是授徒讲学，是中国最早的私人授徒者之一，据说他有72个得意学生，即72圣贤，一生学生多达3000人，在当时显然是相当多了，所以认为孔子是教育家。中国的圣人是一个教师，不同于可能作过牧羊人的耶稣和王子出身的释迦牟尼，更不同于商人出身的穆罕默德。这对于中国文化特性的形成也是意味深长的，为人师表是君子立身处世的重要原则。孔子撰写了鲁国的历史《春秋》，这是孔子最得意的著作。中国文化中重视历史，不知是否能与孔子作春秋联系起来。孔子死后，门徒整理了他的言论集《论语》，这是研究孔子思想的主要资料。孔子另外一个重要活动是周游列国，大约从公元前498年起，他曾经带领学生到各国去游说，以图实现自己的政治抱负，却没有得到预想的结果，于是孔子在公元前484年回到鲁国，以授徒与著述为业，终其一生。

孔子学说的历史贡献就在于对人文精神的颂扬，孔子通过自己的实践与学说，为中国人树立了一个"儒家"的形象，这种形象的基本素质是"君子"或是"士"，即一个有道德的知识分子，即如《论语》中所言："女为君子儒，毋为小人儒。"这是一种人格形象，也是一种社会身份，这种形象在世界文化中也是独特的。它不同于西方中世纪的骑士，也不同于古代印度的婆罗门等，当然更与基督教的圣徒使徒们无缘。西方学者马克斯·韦伯用清教徒的教士来比中国的儒生，确实是不伦不类，证明他对于东西方社会的差异理解不足。孔子的理想人格是君子。他所描绘的君子的基本特征是具有高尚的道德，"君子怀德，小人怀土；君子怀刑，小人怀惠"（《论语·里仁》）；有远大理想与抱负，追求真理而不唯利是图，"君子喻于义，小人喻于利"（《论语·里仁》）、"君子上达，小人下达"（《论语·宪问》）。君子有仁、智等思想品德，"唯上智与下愚不移"（《论语·阳货》）。"君子而不仁者有矣夫，未有小人而仁者矣"（《论语·宪问》）。君子为人襟怀坦白，"君子坦荡荡，小人长戚戚"（《论语·述而》）。

从殷周的"天帝"到孔子所提倡的君子无疑是信仰的一大变动——从神转向人。后世对于儒者特别是孔子学说的崇拜，与世界宗教信仰是有冲突的，这是世界上第一个重要的人格形象树立，如果从比较文明角度看，这是一种人本主义思想与主体性研究的萌发。这是早于希腊哲人与欧洲文艺复兴时代人文主义者形象的，可以说早期人本主义思想先产生于中国，以后才在西方获得大成。让我们先来看一下西方历史上两次重要的人本主义思潮。

公元前 5 世纪雅典城邦的人本主义高潮涌起，正像文德尔班《哲学史教程》中所说：希腊哲学以智者学派的兴起为标志，"走上了人学的道路，或者说走上了主体性的道路：研究人们的内心活动，研究人的观念和意志力。"这是荷马以后希腊人精神与信仰方向的一个最重要转变：从神向人的一个转向，人本主义思潮在西方掀起高潮，人的赞歌响彻爱琴海岸，正如索福克勒斯在《安提戈涅》中所说：

> 世上令人惊奇的事物非常多，却没有什么能比人更令人惊异，人可以借着南方的大风横穿灰色的海洋，航行于连天的浪涛之中。就连那永恒的大地女神，人类也敢于去打扰她，人类用变异了的马（指骡子）去耕种土地，用犁

来翻动泥土。人用多孔的网捕捉那快乐的飞鸟、凶猛的野
兽和海里的游鱼……

可惜的是，希腊人的人类颂歌过于短暂，转瞬即沉寂于中世纪
基督教的祈祷声中。直到文艺复兴时代，才重新响起了人类精
神的伟大颂歌。如果我们比较一下公元前 5 世纪前后的希腊人
文主义与文艺复兴，人文主义思想如出一辙。莎士比亚《哈姆
雷特》中那段脍炙人口的诗句，的确是一种对于古希腊人本主
义精神的再现：

> What a piece of work is a man! How noble in reason! how
> Infinite in faculty! In form and moving how
> Express and admirable! In action how like a angel!
> In apprehension how like a god! the beauty of the
> World ! the paragon of animals !

> 人类是一件多么了不得的杰作！
> 多么高贵的理性！多么伟大的力量！
> 多么优美的仪表！多么文雅的举动！
> 在行为上多么像一个天使！在智慧上多么像一个天神！
> 宇宙的精华！万物的灵长！
> （参见朱生豪译文）

哈姆雷特所赞颂的人类形象，其实正与儒家对君子精神的赞扬
异曲同工，"天行健，君子自强不息"，这种儒家君子的形象与
法国文艺复兴思想家与作家拉伯雷笔下的"高康大"几乎完全
相同。但是，中世纪之后，西方文明发生了重要转折，从以地
中海为中心转向以大西洋为中心，从人文主义思想占统治地位
转向以基督教为主要宗教。所以现代西方人对于儒学有一定的
反感，因为孔子儒学是对于人的崇拜而不是对于神的崇拜，必

然引起宗教民族的反对。孔子思想传入欧洲后一直因此受到非议，如 18 世纪法国的弗雷烈（Nicolas Fréret）就愤愤不平地质问道："如果回教徒和无神论者同样也尊孔，那么大家是否可以由此而得出结论，认为一部分不信仰任何宗教的人，将这种崇拜视为由于政治原因而必须屈从的礼仪，其他人则违背自己的本意而习惯了这一切呢？是否可以得出结论，认为基督徒也应该模仿他们呢？"从中可以看出，儒学与西方思想之间的冲突，首先是一种人文精神与宗教精神之间的冲突，这是最不可调和之处。

五、关于儒学的思想根源

关于"儒"这个词的起源：胡适曾经在《说儒》中表达过如下一些看法：

其一、即儒的古义之一是指生活于周代的殷商遗民，这是因为从"儒服"可以看出"最初的儒都是殷人，都是殷的遗民，他们穿戴殷的古衣冠，习行殷的古礼。"特别是三年丧制等，可以作为佐证。其二、易是殷人的卜巫经典，儒是殷人宗教的传教士。其三、孔子是儒的中兴领袖，而不是儒教的创始者。"然则商之宗教，其祖先崇拜在鲁独立发展，而为儒学，其自然崇拜在齐独立发展，而为五行方士，各得一体，深衍有自"①。

关于"儒"的来源，在胡适之前有章太炎《原儒》，在胡适之后有郭沫若《驳'说儒'》。三家之说俱有博依，更确切地说是各有所据，其实也是各有贡献亦各有不足。章氏喜说儒而且不乏新见，他从经学入诸子，经史结合，对于儒学的历史功

---

① 胡适：《说儒》，载《胡适论学近著》第一集，山东人民出版社1998 年版，第 69 页。

过可谓如数家珍。可惜章氏通古过于知今，与胡适之、郭沫若
所据新学不同，胡、郭对于世界文明史、人类学、西方哲学皆
有一定素养，这是章氏所不及之处，而且章氏每有过激之论，
这是他自己也承认的，他曾在《与柳翼谋论学书》中说过自己
"深恶长素孔教之说，遂至激而诋孔"。章氏的贡献在于，首先
提出了"儒有三科"之说，关于儒字的来源，章氏提出"儒之
名盖出于需"，并且引用《说文》、《春官》等来证，这对于儒
的考证是有开拓之功的。而郭沫若主要反驳了胡适的观点，郭
沫若甲骨文金文的功夫也是胡适所不及的，所以引用殷虚卜辞
和金文，证实了胡适所说的"三年丧制"其实是一种臆测。更
重要的是，郭氏利用古代资料证明，儒的出现不是殷之遗民的
化身，而是由于社会发展，出现新的社会阶层。郭沫若说：

> 儒的职业化或行业化，同时也就是知识的普及化。从
> 前仅为少数贵族所占有的知识，现在却浸润到一般的民间
> 来了。这与其说是某一位伟大的天才之所为，毋宁说是历
> 史的趋势使之不得不然的结果，时势不用说也期待天才，
> 天才而一遇到时势，那自然会两相焕发的。孔子是不世出
> 的天才，我们可以承认，但他的功绩却仅在把从前由贵族
> 所占有知识普及到民间来了的这一点。……就拿思想来说
> 吧，儒家的关于天的思想，不外是《诗》、《书》中的传统
> 思想，而最有特色的修齐治平的那一套学说，其实也是周
> 代的贵族思想的传统。从旧文献上去找证据要多费一遍考
> 证工夫，难得纠缠，我现在从周代的金文里面引些证据出
> 来。厉王时代的《大克鼎》、《虢旅钟》、《番生簋》、《叔
> 向父簋》，便都是很好的证据。……故而这些铭辞，同时
> 也就是胡适的那种观念说的最倔强的反证，而且胡适所说
> 的由孔子所"建立"的"那刚毅弘大的新儒行"，其实也
> 已经被包含在这里面了。这些铭辞正表现着一种积极进取

的仁道，其操持是"夙夜敷求"，其目的是"柔远能迩"，并不那么退攮。而使我们感觉着孔子所说的"郁郁乎文哉，吾从周"的话，读到这些铭辞是可以得到新的领会的。①

郭沫若的论证不只是反驳了胡适的观念，更重要的是从一个新的角度验证了我们的分析。这种分析主要是申明，儒学的出现是一种精神信仰转变的产物，这种精神信仰的变革就是从殷商的神巫崇拜转向周代的人文信仰。儒学以孔子为创始人，但其思想来自于易经等经典，是周的新文化的产物。这种思想就是所谓的仁义礼智封建道德，经过孔子等人的提倡，这种精神最终战胜了旧的宗教，在春秋战国之后，儒学经历了一场厄运，秦并不信儒家学说，直到汉代之后，儒学才战胜了中国本土的黄老学说与道教、外来的佛教等多种宗教，完全取得了中国精神信仰的主体地位。这里顺便说到，近年来国内外学术界由于对郭沫若的道德行止有不同看法，引发了对其学术研究观点的贬损，如有的学者提出郭氏抄袭钱穆的《先秦诸子系年》等书。我认为这种看法是不对，郭氏的学术不会因其行为而失去价值，特别是他对甲骨文和金文的研究并由此而阐释了旧籍中所未载的历史现象，不从事甲骨文研究的胡适和钱穆未能做到。

当然，无须说明，儒学作为一种精神信仰不同于宗教的一个重要特点就是，儒学在发展中与释、道合流。虽然这并不是儒学自身的需求，更多的是由于社会历史的形势使之如此。但是我们也应当注意到，孔子的"中庸之道"思想的确对于这一形势的产生是有决定作用的，《论语·为政》中说："攻乎异端，斯害也已"，也可以看出孔子是能够兼收并蓄的。

---

① 郭沫若：《中国古代社会研究》上，河北教育出版社2000年版，第441-443页。

六、儒学的人文精神

儒学是一种人文主义信仰，它对于宗教的态度是必须首先明确的。孔子的宗教观早已经受到过广泛的关注，吸引众人目光的是，孔子作为圣人却对于天和神表示过极大的不恭，这也是颇为耐人寻味的。

从殷商以来的天帝仍是春秋时代的重要信仰，敬鬼神，信巫觋，崇拜天帝仍然是社会习俗。孔子的主张虽然不能说是无神论，却明显表现出一种非崇拜的态度：

> 季路问事鬼神，子曰："未能事人，焉能事鬼?"敢问死。曰："未知生，焉知死?"（《论语·先进》）
>
> 子不语怪力乱神。（《论语·述而》）
>
> 敬鬼神而远之，可谓知矣。（《论语·雍也》）

而且孔子对于所谓的"天"也不是太恭敬，时时有些抱怨之词，他曾经说过："天何言哉？四时行焉，百物生焉，天何言哉？"这里的天已经接近于自然，几乎是可有可无，无所作为的。天帝的概念已经转变为"天道自然"，已经不是殷商人所崇敬的天帝了。孔子也有"天生予"、"天厌之"之类的说法，但也并不是敬神敬天的态度。相反，可能倒是当时一种流行的观念，即《左传·昭公18年》子产所说"天道远，人道迩，非所及也"，可以说相当程度地淡化了崇拜情绪。具体来说，孔子所推崇的"礼"与"仁"，既不完全是神也不完全是祖宗，而是一种独立的思想观念。这是孔子世界观最重要的特点，我们不能不把它作为认识孔子思想和其历史地位的入门。最有意思的是，孔子虽然并不热衷于天帝，但是却对于天命十分崇拜。孔子说：

> 道之将行也与，命也。道之将废也与，命也。

孔子可能经常与学生谈论命运，"子罕言利，与命与仁"。甚至把知命作为君子的标准，他曾经说过"五十而知天命"、"不知命无以为君子"、"知命不忧"之类的话。

如果作一个共时性的比较，他的"命运"观，与古希腊人竟十分相像。希腊悲剧中有一个重要的主题，人与命运的冲突，这种命运对于希腊人来说是荷马时代的天神观念的一种进化，是希腊城邦制度的产物，表明了希腊人宗教观的新发展。希腊文中"命运"一词写作 μοιρα，它的原意就是时机，其深层意义是指神所赐给人的生存机会，后来泛指一切时机与机缘。这个词的典故出自希腊神话，据说有三位命运女神，即拉基西斯、克洛索和阿特罗波斯。她们三个人合作，在纺织机上织出人类生命。人生命之线就是"μοιρα"命运。"生命的纺锤"是西方的一个隐喻，就是从神话里来的。德国诗人海涅有一首诗《西里西亚的纺织工》描写纺织工人，其中说道："老德意志，我们在织你的尸布，／我们织进三重的诅咒。"就是对于封建德国命运的诅咒，这个隐喻可以说来自希腊神话。《奥德赛》中希腊人俄底修斯返回故乡时遭到种种苦难，是受到三种诅咒，即三种力量作用的结果，除了与他敌对的海神波塞冬之外，第二个重要力量就是"命运"的捉弄，第三个当然是世上的敌人包括求婚者了。以后的希腊三大悲剧家的创作中，命运概念就与荷马有一定的不同，苏联学者塞尔格叶夫曾经这样评论：

> 照埃斯库罗斯的看法，命运接近于神性，照索福克勒斯的看法，命运是存于人类之外的抽象概念，然而，照这第三位雅典伟大悲剧家欧里庇得斯的看法，命运就在人自己的身上。欧里庇得斯把命运与人底睥睨一切的激情看成

一个东西。欧里庇得斯是现实的心理的戏剧之创造者。①

归根结底，希腊人的命运经历了从神到人的一个回归过程，这个舞台上的精神回归过程其实正是现实中生活转变的映像。伯利克里斯时代的繁荣一去不复返，内战时期掌握政权的是激进民主派，民主政治成为愚弄人民的手段，社会变革不断引发社会动荡。怀疑主义哲学得到有利时机，他们对神权与道德的解释十分风行，对于瓦解传统观念是一剂有力的催化剂。他们用理性来解释宗教，如认为大神宙斯来自于"空气"，是人格化的神。这是西方传统中的宗教理性化的一个前兆，一个不为人所认识的前兆。

这里顺便说到"批孔"的一个相关话语，即孔子的"一意循旧说"，这是曾经在日本等国流行的说法，20 世纪 70 年代中国文化大革命中又出现了"批孔"运动，其理论根据是孔子"复辟倒退论"，即以"克己复礼"为复辟倒退的说法，以上说法堪称无独有偶。我们结合孔子"天命"说来分析。我们已经知道，"天命"或"命"是孔子学说的一个重要概念，所以历来有人主张孔子学说是宿命论，这话虽然有些偏颇然而并非全无道理。孔子所主张的是"不知命无以为君子，"这就把天命作为君子行为的一个准则，一般认为这是孔子思想的局限性。因为在这一点上，墨子就针锋相对，《非命》中明确说："则夫岂可谓有命哉？"不只在这一点上，墨子处处表现出一种殷商遗老的腐朽观念，在宗教上，他是上天至尊思想最坚决的主张者，《法仪》中说："天之行广而无私，其施厚而不息，其明久而不衰。"他崇尚"天志"，下明鬼神，认为鬼神的威力是无穷的。这就是墨子所说"勇力强武，坚甲利后，鬼神之罚必胜

---

① ［苏］塞尔格叶夫：《古希腊史》，缪灵珠译，高等教育出版社 1955 年版，第 325 页。

之"（《明鬼下》）。可以说墨翟的学说与儒家学说是格格不入的，孔墨之间有争论从古到今，很难作出一个简单的是非判断。但是如果像有些人那样把孔子学说说成是"倒退复辟"的学说，确实是不合乎实际的。因为孔子所说的"周郁郁乎文哉，吾从周！"显然是一种明确的政治态度，这是对于殷周革命的一种肯定。而相比较之下，墨子却是一种复归殷商宗教观念的姿态，他的尊天、尚同、兼爱、贵俭、敬鬼的主张，看不出能比儒学有更大的意义。墨学有其重大贡献，其于名理逻辑都是举世无双的，这是应当肯定的。这与墨学的政治主张是应当分开对待的。

七、易墨逻辑与中庸之道：儒学的文明逻辑

孔子儒学的主要认识与实践方式是"中庸"，这是笔者对于孔子之道的总结。孔子本人曾经说过"吾道一以贯之"。但这个"一"是什么？孔子没解释，曾子认为是"忠恕"，有人认为是"仁"，有人认为是"礼"。笔者认为，"忠恕"、"礼"与"仁"等都是孔子的一种重要观念，这是无可置疑的。但是它们毕竟不是孔子的"道"，只是孔子的伦理学原则之一。孔子的道是"中庸之道"，即所谓"极高明而道中庸"。可见孔子仍然是有哲学的，有自己的认识论的，只不过这种认识论与西方的认识论有所不同，中国哲学中的认识论是伦理学与哲学相结合的，西方的认识论是形而上学的。中庸是孔子认识与行为的中心，是一种原则，所有的认识与行为都是出自这一原则。而对于亚里士多德来说，"中庸"根本称不上是一种认识论，只是一种伦理学，所以在亚里士多德的《伦理学》一书中，就是以中庸问题为重要研究对象的，只不过正如西方文化与中国传统思想之间往往呈现出一种完全的相反一样，亚里士多德的伦理学也与孔子相反，亚里士多德主张反对中庸。

什么是中庸之道？

事物的存在和变化中，无论天与人、人与人、人的自身，都是处于差异与同一的互相作用过程，这一过程被中国人用阴与阳来代表，这就是易经的阴爻与阳爻符号以及这一对符号所构成的卦象。从易经的原理来看，这就是易经的变化生生不息，是一种循环往复与差异同一的思想。差异是指不同卦象，同一是指永远不变的阴阳爻。卦象中所透出的是古老的生存与死亡的法则，是事物辩证发展的规律，这就是中庸的来源。

与易经一脉相承的墨经逻辑也是中庸观念的基础。

反对者说：孔墨相异，如何能相结合？

这是只知其一不知其二，小年不知大年。孔墨相悖，但是二者都受到文化逻辑的左右，它们有其同的思想逻辑基础，这就是《易经》中的阴阳辩证思想。如同希腊人的亚里士多德与柏拉图尽管意见相左，但仍然有共同的希腊形式逻辑为思维工具。

墨经逻辑虽然是由墨子所创立，但它是整个中国文明的产物，是中国人的理性模式的代表。墨经逻辑产生于公元前 5 世纪，主要是墨子（公元前 468—前 376 年）的著作中完成了这一逻辑体系，其余有邓析、尹文、申不害、惠施、公孙龙、恒团、荀子、韩非等人的著作，也涉及逻辑问题，对于中国古典逻辑有较大贡献。它的代表著作是墨子的《经上》、《经下》、《经说上》、《经说下》、《大取》、《小取》等。

关于理性精神自身的模式和工具的研究，却是墨子的独特贡献，这就是逻辑学的建构。如果没有这种逻辑建构，就不会有中国理性思维的总结与提高，不会有文化进步。墨经与西方逻辑有所不同，有的学者指出：

> 如果一定要比较亚里士多德同墨子思想之异同的话，似乎亚里士德是科学—工具精神，而墨子则是工具—科学

精神。我们正是通过"工具精神"和"科学精神"来理解墨子及其逻辑学体系在中西比较文化学方面的地位和价值的。①

中国的逻辑可以说不是一种真正的形式逻辑，这并不是说它是无用的，相反，它与形式逻辑同样是反映人类思维规律的。它是一种早期的辩证逻辑，是一种朴素的认识方式。这种认识对于中国文明的形成有重要作用。一种是东方的逻辑，以辩证关系为主体的逻辑。另一种是西方的逻辑，以认识方式为主体的逻辑。而且这不仅是两种逻辑体系的不同，也是与其相关的两大文明体系的不同。儒家以"礼"为中心的治国方略，从根本上来说，就是一种文明的工具性表现。工具是有实践性的，但是它是一种工具科学，科学以理论为特性。所以对于中国文化特性判断上，有的学者就认为中国文化是"实践理性"，这个说法的错误在于用了康德的观念来说中国理性，笔者已经多次指出，中国文明与西方没有本质的区别，都是理性指导的文明。但是，中国人的思维方式与西方有所不同，这种思维方式并不是所谓"实践理性"，而是一种辩证性理性。这种思维的逻辑就是易经、墨经的逻辑，整个中国文明以此为基础。不过，由于儒家的入世与墨家有所不同，墨家的逻辑工具精神恰恰是儒家所缺乏的。于是，这也就引发了中国文化中一种重要的现象的发生——"墨学终古"。

墨学的历史命运不只是一种学说的兴衰，而是中国文化发展史的一种象征，我们可以从中看到中国文化与西方文化不同的运动轨迹，千古之谜可以从中得到索解。墨学其实在汉代之前还是居于主流地位的，虽然它已经由于其学说与孔学有较大

---

① 庄春波：《墨学与思维方式的发展》，中国书店1997年版，第22页。

差异而受到攻击。第一个起而攻击墨学的就是孟子，他把墨子与杨朱并称，认为两人的学说都是危害天下的异端邪说。虽然已经开了非墨的先河，但事实上，直到汉代，从韩非、庄子等人对于墨学的评价可以看出，墨学仍然是最重要的学说之一。庄子称赞墨子学说"真天下之好也……才士也夫"，相反，庄子对于孔子却不时有几句贬词。而韩非以儒墨并为天下之显学，可见当时墨学地位之显赫，非后世所比。这种情况一直持续到汉代，汉代董仲舒的"独尊儒术"主张有一个重要的理论基础，这就是"五行学说"。由于五行观念的兴起，具有理性认识特性的墨学不得不退居后台，由于社会思想观念的变化，墨学与儒学渐不相适应，形成了墨学"尘埋终古"的局面。墨学的湮没其实是中国文化转型的一个标志，先秦诸子是中国理性精神的杰出代表，是他们首倡科学认知，反对原始宗教，主张古代民主，创造了世界公认的一种文化的经典形态，这是中国文化中最光辉灿烂的一章。

中国的先秦诸子其时代与古希腊雅典文明大约同时，而且二者有基本相同的性质，作为东西方古代文明形态的创造者，他们都是不朽的。同时，中国的先秦文化又有希腊雅典文化所缺少的素质，这是由中国文化特性所造成的。正是先秦诸子发展了中国"六经"中所具有的反对原始宗教、提倡百家争鸣的科学研究精神，孔子、庄子、墨子等重要思想家基本都是无神论者，他们的所谓"天"、"道"、"天道"、"气"等重要概念，都与西方的宗教是不同的。从性质上来看，墨学是一种中国的古代理性精神代表，它不同于其他学说，它的逻辑创造、它在自然科学上的贡献如它对于物理力学的论述（《经上》："力，形之所以奋也。"《经说上》"力，重之谓下，举重奋也"等）；它在数学上的贡献（如关于几何学的"《经说上》次，无厚而后可"）；它的"法仪"思想，它的反礼乐厚民生，都充分显示出一种古代科学主义的精神，它与古希腊哲学一样具有理性特性。所以，墨学的沉沦，其实是中国人的一种选择，中国人没有完全把这种科学主义理性作为自己的文明的主要构成，从而走上了与古希腊、古代印度完全不同的一条道路，这的确是一个值得深思的历史现象。这就使得中国文化不同于西方的理性，先天避免了理性中心的偏颇。

笔者曾经把墨经逻辑的中心观念总结为"同与异俱于一"，这也是取自《墨经》中的相关论述。

从万物的同一性与差异性来提炼逻辑结构，这是中国古代庄子、墨子到郭象等人的传统，其逻辑方法恰与20世纪后期到本世纪初的一批后现代主义者相同，他们同样提出"差异逻辑"的说法，可惜由于没有相应的文明基础，所以这种逻辑模式的建构一直没有成功。其实这种逻辑必须要离开西方形式才可能建立。中国的易经中的阴阳辩证与墨经中的"同与异"的辩证，成功建构了这一逻辑。这是中国文明之瑰宝。

儒学的中庸就是易墨逻辑的应用，不过这种应用并不是完全成功的。中庸就是统一，是差异与同一的结合，就是一种辩证观念。这就是程颐所说："不偏之谓中，不易之谓庸。中者，天下之正道。庸者，天下之定理。"易者不易也，易经所表述的道理恰恰是不易。所以，孔子的中庸之道是《易经》思想的延续，是一种古代的思想辩证法。孔子说："中庸之为德也，其至矣乎，民鲜久矣。"（《雍也》）这种中庸有一个形象的说法，就是所谓"允执其中"，反对极端，从一种调和的立场出发来解决问题，他解释道："吾有知乎哉，无知也。有鄙夫问于我，空空如也，我叩其两端而竭焉。"（《子罕》）这是一种无原则的原则，不偏不倚的行事，即所谓"无可无不可"。这种认识方式对于中国文化的影响可谓巨大，而且是利弊互参。

这种"中庸"最容易产生一种诡辩论与折衷主义，对抗科学思维。一方面它的辩证性使得中国文化不具有唯一中心与自我中心论的特性，这表现为思想上儒释道合流，历来可以融化各种思想。董仲舒用传统的五行观念来解释儒学、宋明理学家把佛学等引进儒学，最后使得儒学成为一种混杂了多种成分的思想体系，这是一种开放的思想体系。另一方面，这种中庸之道也必然使中国思想有一种封闭性与排外性，古代外来思想夷蛮狄戎、拜火教、景教、犹太教、西方近代与现代思想等很难被中国所接纳。在中国社会生活中，一方面重视道德、主张天人合一，人与自然和谐，重视个人修养，讲究服从、遵从秩序。另一方面则是没有是非标准，破坏自然环境，不讲公共道德，不讲法制，社会容易滋生腐败，进步缓慢，没有商业道德与公众道德，以假充真，以次充好……一幕幕历史悲喜剧在中国历史上重复上演，令世人深感匪夷所思，世界科学发源地之一的中国，竟然一度成为世界上最迷信的国家之一，一支义和团部队高呼"刀枪不入"向西方人的枪林弹雨走去。世界上发明最早的文字符号体系汉字竟然一直沿用 3000 年没有大的改进，这并不是说要向拼音化迈进，而是要进行文字改革。先进的电子计算机成为算命的工具，贪污腐败易于成风，邪教传播竟然使从事高等教育的国民成为受害者。中国传统文化的优秀传统与劣根性并存，几千年来使得中国哲人与世界震惊不已，百思不得其解。为什么会有这种种现象的产生，应当说是一种复杂结构与系统的演进，但从中国文化体系的认识论角度，有这种来自儒学"中庸"的折衷主义观念，却可能是构成这种系统的一个重要依据。

中庸之道，本质上只是一种折衷主义，是一种有形式辩证特征的认识论，并不是真正的辩证理论观念。所以不可能解决根本问题。折衷的认识论对于事物的认识是从感性印象出发，以抽象概念来归纳解决感性认识，这种认识就必然会停留于认识的表面层次，不能得到深化，不能看到事物变化发展的内部依据。因为世界上的事物存在差异而又有同一性，而折衷主义者往往把二者混同起来，从中得出一种似是而非的结论。这种结论是没有达到形而上学层次的，只是对于表面现象的描述。所以佛学家们尤其看不起儒学的认识论，把它排除在真正认识论的范围之外，佛学家们认为，儒学的认识论其实只能达到第六识，连唯心都谈不上，达不到第八识，也就是"阿赖耶"。《大乘阿毗达摩经》中提出了十殊胜语，其中的第一句就是"所知依"，所知就是法，遍指一切法。而所知依当然就是一切法的依据，这个依据就是"阿赖耶识"，它是"藏识"，也就是一切法种子的总体，既然是一切法种子的总识，一切法都是从这里发源的。我们可以把它看做是当代学术中所说的认识论。如果从认识论层次来看，中庸之道的确不能说是达到阿赖耶层次的。我们也有理由推测，这种重视形象相似与同一的认识方式，对于科学理性的深入发展也是一种反向推动力，造成中国文化中不求甚解的学风流行，缺乏形而上学层次的思想，甚至从思想方法上影响到分析与综合方法、实验方法等在中国的产生。当然，宋明理学之后，儒学形而上学有很大进步，有人认为可以说达到了阿赖耶，但也要注意另一个方面，即使是宋儒喜谈名理与魏晋名士们有些相像，同样是与受到佛学的影响有关，不能完全归之于儒学自身。

　　中庸之道在认识上混同了真理与谬误，真与假，是与非，对中国人的认识论贻害无穷，古代希腊哲人把求真与求知作为最高的奋斗目标，知识是真理，真理也就是知识，这种文化传统培育了敢于追求真理的人生态度，所以有以后的科学知识体系的建立。这种态度是儒学中所缺乏的，儒学的中庸之道使中国人的思想一直停留于将真与假混融在一起，以应付世事为人生目标。任何一种文明如果缺乏对于真理的追求与奋斗，最终是要受到惩罚的。

中庸的认识主要表现于一种在观念上的调和，这就是礼与仁、德与法、名与理的调和，这种调和在一定社会条件下，主要是在其产生的封建社会环境中是合理的而且曾经有过一定进步作用的。这种调和与中庸恰恰造成了它的历史保守性，这种保守性妨碍了它的重建与进化。但是，中庸观念并非一无可取，它有可能在新世纪文明建树中，作为一种泛逻辑化的观念，对于世界文明关系起到作用。

八、礼与仁

人类语言与意识有同一性，有意识才有语言，先有简单意识，也就先见于文字，如自然物象草木日月的意识印象，以后才会有表达较复杂的意识如情感思想等的文字创造出来。所以，仁义、善恶、孝悌等文字后出。在儒学的字汇中，最早出现的可能就是"礼"，殷虚卜辞中早已有礼器之类的字出现。至于"德"字，我已经在有关章节中分析过，也在其他论著中多次说过，同样是一种出现相当早的文字。

孔子主张礼治，"礼"对于中国来说是一种特有的思想观念，是从宗教礼仪发展来的社会制度与道德规范，它是一种社会约束手段，在古代社会中包含了道德与法律等方面的内容。与礼相反，"仁"是一种社会伦理，要求以善良与和解的方式来处理社会关系。这两者本是有一定冲突的观念，在儒学中恰恰以一种中庸的方式结合起来了。实际上不难看出，这正是孔子中庸之道最鲜明的体现，以"仁"作为与"礼"相对的一端，与礼治达到平衡。最突出的证据就是，孔子经常将"礼"与"仁"相联系而论，如见于下例：

> 克己复礼为仁，一日克己复礼，天下归仁焉。（《论语·颜渊》）

人而不仁如礼何，人而不仁如乐何。(《论语·八佾》)

可见是以礼为一种统治的制度，而以仁作为一种安抚手段，这样可以达到中庸的效果。从礼的起源来说，殷商祭礼必然是其前身，以后进化成一种名分等级制度，产生了天子、诸侯、大夫、士等不同的礼，此即所谓"名位不同，礼亦异数"。礼成为古代社会制度的主体是一个历史进程，孔子说："夏礼吾能言之，杞不足征也。殷礼吾能言之，宋不足征也。文献不足故也。足则吾能征之矣。"然而，晚周之世，出现礼崩乐坏的局面，诸侯纷争，异常激烈，孔子就以礼治的维护者出现，大骂非礼之徒，如《左传·定公十年》所说"晋人遂杀涉陀，成何奔燕"。孔子引《诗经》句"人而无礼，胡不遄死？"① 孔子竟然到了用《诗经》来骂人的地步，可见其愤怒程度了。

对于社会盛行的"弃礼"，儒家的应对就是提倡"仁"，仁是孔子礼治的手段而不是目标，是为礼治服务的。所以它是一种伦理，以适应礼法的要求。可惜的是孔子对于仁的解释不一，这几乎成了历代研究孔子的难题。如樊迟问仁，他就回答"爱人"(《论语·颜渊》)；樊迟再次"问仁"，孔子却又说："居处恭，执事敬，与人忠，虽之夷狄，不可弃也。"(《论语·子路》) 仲弓问仁时，孔子又说："出门如见大宾，使民如承大祭，己所不欲，勿施于人。"(《论语·颜渊》) 当子张问仁于孔子时，孔子曰："能行五者于天下为仁矣。恭、宽、信、敏、惠；恭显不侮，宽则得众，信则人任焉，敏则有功，惠则足以使人。"(《论语·阳货》 孔子有时又说："仁者其言也讱。"(《论语·颜渊》) 或是说："仁者先难而后获，可谓仁矣。"(《论语·雍也》) 他还曾经说过："刚毅木讷近仁"(《论语·子路》)……

———————

① 《十三经注疏》下册，中华书局影印本1980年版，第2148页。

虽然孔子关于仁的说法前后不统一，我们还是可以从中看出其主要观点。总的来说，仁是"克己复礼"的大政治目标下的社会伦理，也是个人道德品质，还是行为处世原则。可以表现为忠恕、孝悌、忠义、爱人等。仁的构成并没有过多精神层次的强调，而主要是伦理方面的要求。

西方学者对于礼这个概念具有如此重要的意义与如此强大的影响，其实是并不理解的，他们对于礼也作了许多批判，但是其中有参考意义的看法并不多。如果从某种角度来看，韦伯的理性解释倒是胜过了一些欧美中国学家们的繁琐考证，因为这种考证对于中国学术来说不是太少而是太多，清代的考据学家们所做的大量工作直到今天仍然是难以逾越的。但是，即使如韦伯这样的学者，也很难看到礼这个概念的真实含义，拘泥于其表层意义的理解，产生错误的认识。韦伯认为：

> 受过传统习俗教育的人，会合宜且虔诚地参加古老的仪式典礼。他会根据他的身份习尚与"礼节"（Schicklich-keit）——儒教的根本概念——表现优雅而庄重地控制着自己所有的举止、身形姿态与动作。……
>
> 跟古代回教的封建武士所有的热情与狂放比较起来，我们在中国发现的是警觉性的自制、内省与谨慎的特色。尤其是，我们会发觉到，所有热情的形式，包括欣喜在内，都受到压抑，因为热情会扰乱了心灵的平静与和谐。而后者则是一切善的根源。不过，此种摆脱不像佛教那样扩展到所有的欲望，而只是针对所有不合理的欲望。之所以这么做，并不像佛教那样是为了脱离此世得到救赎，而是为了能融入此世。当然儒教伦理中并没有救赎的观念，儒教徒当然没有被"拯救"的欲望：不管是从灵魂的轮回，还

是从彼世的惩罚当中被拯救。这两个观念都是儒教所不知的。①

首先应当纠正的是韦伯把儒学的"礼"与佛教和基督教等的"拯救"等概念相提并论，我们已经指出，人文主义的中国儒学是不能与宗教相比较的，因为双方的出发点完全不同，犹如所谓"风马牛不相及"也。韦伯能把希腊人文主义的"存在"等观念与"拯救"相比吗？

其次，韦伯的解释未免有些望文生义的味道，因为中国的"礼"毕竟是一种从现实所指到形而上学概念的，这是一种古代辩证思维所特有的概念，一方面它有现实的礼仪与礼节的含义，另一方面，它所具有的是形而上学的超越，是一种文明本体主义的范畴。

另外一种看法是把礼看成是没落的、倒退的"宗法制"的概念，并且进行批判。持此说者甚众，我们不能一一列举，兹谨以李泽厚先生的看法为代表，略加讨论。李泽厚先生认为：

> 而以孔子为代表的儒家，也正是由原始礼仪巫术活动的组织者领导者（所谓巫、君、史）演化而来的"礼仪"的专职监督保存者。……孔子在这个动荡的变革时代，明确地站在保守、落后的一方。除了上述在政治上他主张维护"礼"的统治秩序、反对"政""刑"外，在经济上，他主张维持原有的社会经济结构，以免破坏原有的氏族制度和统治体系（"不患寡而患不均，不患贫而患不安"）。②

从中国的新文化运动起，一直存在这样一种占主导地位的看法，

① ［德］马克斯·韦伯：《韦伯作品集》Ⅴ，《中国的宗教·宗教与世界》，康乐、简惠美译，广西师范大学出版社2004年版，第225页。

② 李泽厚：《中国古代思想史论》，天津社会科学院出版社2003年版，第4—6页。

孔子维护周礼，反对社会进步，是一个复辟派。这种看法到20世纪70年代的批孔运动达到高潮。李泽厚的看法基本上与这种见解是一样的，这其实是对于孔子学说的片面理解所形成的一种偏颇的见解。看待一个历史人物与其思想，应当从文明发展的总体进程来看，这种总体包括了历史主义的历史环境与文明进程的规律。孔子并不是所谓的"复辟倒退"，也不是康有为所说的"托古改制"，这些都不是孔子的主观意愿与历史作为，孔子所处的时代是世界的文明轴心时代，中国文明从以宗教信仰为导向的殷商向以人文信仰为主的春秋时代转化，孔子学说起了关键的作用。周礼如同世界上任何一种礼仪规范一样，都与先祖祭祀有关，但重要的是，周礼恰恰不是宗教说教，周礼是中国古代民族从宗教礼仪中提炼出的人文制度。周礼中恰恰是一种人文精神的勃发，孔子推崇周礼，所看重的就是这种不信巫神的精神。孔子一生反对信仰鬼神，怎么能成为巫术的崇拜者？这样的信口雌黄，恐怕连稍有历史常识的中学生都会掩口大笑的。

礼主要是指周礼，这是一种完整的制度与思想体系，被国家政权肯定而形式化，成为国家信仰与行为规范，主要内容一是尊长敬老，《周礼》中所说的尊长、"难人孝悌"等对于文明进步是相当重要的，乱伦与谋逆是氏族社会中最重要的危害，所以，礼必须以家庭与社会所共有的孝悌观念为中心。二是重视等级区分，中国历史上没有真正形成世袭贵族制度，但是有社会阶层的划分，规定社会秩序是必要的。其三是确立统治思想，对于国家与民族的建立是十分重要的，所以礼以后成为封建社会的中心制度。孔子倡导礼仪，目的在于维护社会安定与文明，使中华民族道德与法律传统能够继承下去，这是孔子的贡献。

何为倒退复辟？

　　孔子从未倡导过回归到宗教与巫术的时代，他重视现世社会政治制度的建设，他说的"从周"就是反对回归祖先崇拜与动乱，主要建立统一的礼法制度，"道之以政，齐之以刑，民免而无耻；道之以政，齐之以礼，有耻且格"。这种重视社会道德法律的态度，反对没有礼法观念的混乱，应当说在当时是有进步作用的。春秋战国是思想解放的时代，但同时是一个没有统一国家、诸侯纷争，各自为政的时代，在这个时代中，孔子提倡建立统一的思想观念体系，对于中华文明传统的维护与古代民族国家的统一是有贡献的。

　　笔者以为，礼有如下基本含义：

　　1）礼是文明与这种文明所代表的传统。礼是人类社会从野蛮向文明进化中所具有的社会制度、道德体系与生活方式的总称，区别于野蛮、蒙昧等非礼的社会。从茹毛饮血、乱伦群婚到建立文明社会，其中关键是建立了一种道德与社会性，这是人类社会区分于兽群的转折。社会性中相当重要的是婚姻与家庭的建立，防止了乱伦，有了正常社会的基础。所以，《礼记·昏义》中说"礼本于昏"。昏，就是婚姻，也就是说，礼最初的起源与最根本的意义是人类的婚姻，是人类摒弃乱伦，形成婚姻与家庭，即所谓："昏礼者，将合二姓之好，上以事宗庙，而下以继后世也，故君子重之。"这种观念是完全合乎于恩格斯的名著《家庭、私有制和国家的起源》中的理论，同时，精神分析学家弗洛伊德也从他的角度看到了这一点，他认为原始社会中的图腾具有禁忌的作用，这种作用的目的是防止乱伦，由此产生了社会文明的基础。弗洛伊德说：

　　　　原始社会中的最初道德戒律和限制已被我们解释成对一种行为做出的反应，而正是这种行为使那些做出这一行为的人获得了"罪"的概念。①

礼的概念最初是崇拜仪式，这种仪式中已经包含了文明的意义，如同世界其他宗教一样，如梵、味等概念，最初也都产生于感性范畴，重要的是这种范畴理性化后，成为了宗教与信仰的核心范畴，这是一个伟大的升华，通过这种升华，划分了文明与蒙昧之间的界限。人类有了信仰，从根本上改变了人类存在状态，人类克服乱伦、互相残杀与食用，进而会从非社会过渡到社会。那么，这种社会的本性，儒家认为就是起于礼，这是应当肯定的。

2）礼是礼乐制度，在农业文明的中国社会中，是奴隶到封建社会制度的象征，这是一种超固态的制度体系，一种人类社会制度的典范，一旦这种制度被破坏，就是出现了孔子所说的"礼崩乐坏"，或是"礼失"的情况，拥护者们就要努力维护它，重建它，克己复礼。

3）礼是非宗教性的仪式，这是一种人文主义的崇拜，它被用于最广泛的场合，如君臣之礼的朝拜，家族活动与祭祀的礼仪等等。这样，儒家规定了婚丧婆嫁等世俗生活方面的礼节与仪式。这种仪式是非宗教性的，已经超越了宗教的祭祀。有的人对此不理解，如墨子就曾批评儒家"执无鬼而学祭祀，犹无客而学客礼也"。这就是不理解礼的仪式意义，因为仪式已经从有对象的祭祀发展为无具体对象的礼仪，这就使得它获得了更为普遍的社会意义，为更多的人所接受，也有了更丰富的含义。

4）礼是社会行为规范，主要是用于伦理与道德，从个人行为到社会伦理，全都包括其中，如父子夫妻之间的道德约束，

---

① 《弗洛伊德文集》第五卷，车文博主编，长春出版社 1998 年版，第 149 页。

孝敬父母、夫妻忠诚，朋友忠义，所谓夫妻有情，朋友有义，都是建立在礼的基础上。同时，这也就使得礼成为了法律的一种补充，有的情况下它的作用甚至在法律之上，礼与法相比，显得更为崇高，礼法是制约社会的重要规范。

所以，礼与仁这一对范畴的产生并不是空虚的，在春秋时代的社会变动中产生的这一对范畴，成为儒家有代表性的观念，它们的作用机制是互补性的，各有其范围与效力。它长期在中国文化中有重要影响，毕竟还是它们迎合了中国社会发展的实际，一个长期独立发展的文明，一个农业经济为主的大国，人口众多，资源有限，如果没有相对稳定的社会制度与伦理来维持，是相当危险的，也是不可能的。同时，这也是选择了人文主义的中国文明在没有一种一神教占统治地位的社会发展中所走的一条独特道路。

九、德与 nomos

中国古代文化的主要文献如"六经"等，其中竟然没有一部重要法典，这不能不令人感到意外。无论东西方文化，是否有一部完善的法典都是一项重要的衡量条件，一部古罗马法曾经风行天下，更早则有犹太法典，摩西五经是犹太文化的核心，而且是神定的法律。而公元 3000 年前的苏美尔人的法典已经十分完善，以后的《乌尔纳木法典》则可以看做是苏美尔人对于世界文化的重要贡献，此外如巴比伦人的《汉谟拉比法典》等也是举世皆知的重要法典。没有世界性影响的法典固然并不说明中国古代法律不发达，不过也可以看出，中国文化中对于法律作用的认识是有自己独到之处的，这就是重视德治与法治的互补，这一观念在儒学中表现得最为突出。

孔子推崇德治与德的教化，这里的德是一个与法或是"刑"相对的概念，最为得到孔子的青睐，孔子经常谈论以德服人的治世方针。

> 君子之德风，小人之德草，草上之风必偃。（《论语·
> 颜渊》）
>
> 道之以德，齐之以礼，有耻且格。（《论语·为政》）
>
> 为政以德，譬如北辰，居其所，而众星共之。（《论语
> ·为政》）

儒家崇德，以教化为主，这是一种笼统的主张。在政治斗争中，反对过分重视权力争夺，认为道德与正义更能得到大多数人的拥护，这就是所谓"在德不在鼎"的说法。另外，对于自己也是以有德之士来自勉，《论语》中所说："予曰：天生德于予，桓魋其如予何？"这是孔子不无得意的说法，从中可以看出他的自负与自信。再者，孔子的德最终还是对于世人的道德要求，《论语》中说："或曰：'以德报怨，何如？子曰：'何以报德？——以直报怨，以德报德。"这就令人想起老子的名言"报怨以德"，孔子不是老子，他并不宣扬无原则的屈服，他不肯随波逐流，曾经说过"乡原，德之贼也"，所谓"乡原"是指一些媚于世俗的伪君子，没有原则，以承悦他人为目的，这是孔子所蔑视的。

代表法律的刑罚对于孔子来说，虽然没有德那样重要，但也不是弃之不用。他主张有限度的、配合德治所实施的刑罚。刑罚主要用于人民，是一种社会管理手段，如《论语·为政》中就说："道之以政，齐以之刑，民免而无耻。道之以德、齐之以礼，有耻且格。"这是以德治来作为法治的补充手段，以达到法治所不能达到的目的。达到这种目的不是出于正义目的，而是出于实用性，即如孔子所说："礼乐不兴，则刑罚不中，刑罚不中，则民无所措手足。"（《论语·子路》）孔子的法治思想与法家不同，孔子重视教化作用而不是惩罚，提倡德治，想通过礼乐教化来提高人的道德品质，达到社会安定的目标，这

都是儒学与众不同之处。说到儒家的刑罚与法治，不能不提到法家。20世纪70年代中国的批孔运动中，有一股关于"儒法斗争"的热潮，大力宣扬法家。其实，对于儒家与法家的历史功过不能作绝对的判断，儒法之间也没有一种当时所宣传的绝对对立的斗争。法家的主要人物如李悝、吴起、商鞅等人都是子夏的学生，子夏是儒家的一个门派。法家得势时间短，只是在秦国有过短暂辉煌，汉代以后逐渐没有影响。法家并不见得就是改革派，儒家也未必全是保守派。但是有一点是必须承认的，这就是儒家关于德治与法治的观念，对于后世中国文化留下了未可消珥的痕迹。中国法律制度、法律思想在整个封建时代不能得到大的发展，法治难以得到推进，产生所谓人情大于法、人治胜过法治、权力超越法律等现象，都与儒家思想有一定联系。

儒家的法律观念与希腊人可以形成一种对照，这也是我们观察中西文化差异的一个窗口。希腊人的法律、法哲学、法学思想都十分发达，希腊哲学中为数不多的重要概念之一 nomos 就是指法则、准则，也就是法律精神的表现。它的要点是强调，法律是正义的，法律体现了公正和互相的尊敬精神，这也就是所谓在法律面前人人平等（近似于我们所说的王子犯法与庶民同罪，但所强调的重心不同），我们可以说这正是西方人所经常说的"希腊精神"的一种表现。而且，希腊人还对法律公正的实质进行思考，认为表面公正的法律其实总是在维护一定的利益，这也是相当重要的思考。公元前431年冬伯里克利在阵亡将士国葬典礼上的著名演讲中说道："我们的政权被称为民主政治，因为政权是在全体公民手中，而不是被少数人掌握。解决私人争执的时候，每个人在法律上都是平等的。"

希腊人重视法律的正义性，但是并不讳言这种正义性其实是维护一定的集团利益，法律本身的公正并不妨碍它的这一性质。儒家的"德"在某些方面也是一种正义或公正，儒家推崇德，并且希望能用德来取代法或是刑罚，这种观念与西方是相差甚远的，两者所见不同，很难完全得到共识。

十、科学与生产观

中西文化研究中有一种现象很有趣：希腊哲学被看成是一切科学与学术的来源，重要的科学分支如数学、天文学、地理学等全都来自哲学。亚里士多德本人就写过植物学的专著，充分证明了西方文化中重视科学的传统，所以近代科学产生于西方可以说是历史文化的积淀作用。中国古代科学发展的道路却不同，以英国科学史家李约瑟的看法，中国古代科学主要与道家有直接而密切的关系，而与中国学术的主体儒学关系却并不密切①。所以有人把中国近代科学停滞的原因说成是儒学统治的结果。这种说法是否正确，我们暂且不加以讨论，关于儒学特别是孔子与科学思想的关系，却是我们必须关注的。因为科学对于人类社会生活的作用越来越大，反思儒学与科学的关系已经不可避免。

科学的根源产生于求知与教育，欧洲文艺复兴时期是近代科学产生的时代，追求知识与发展教育是当时人文主义知识分子的一致呼声。我们不妨举一个颇具象征意义的例子，拉伯雷《巨人传》中的巨人历尽辛苦，找到代表真理的"神壶"时，所得到的启示是："请你们畅饮吧，请你们深入知识之源，……去研究人类和宇宙，钻研物质世界与精神世界的规律……请诸位畅饮知识，畅饮真理，畅饮爱情吧。"正是这种精神鼓舞着科学家投身研究，从而引发了世界科学的大发展。精确地

---

① 可参见［英］李约瑟：《中国古代科学思想史》，陈立夫等译，江西人民出版社2000年版，"序言"中的有关论述。

说，知识不等于科学，但知识是科学的质料，求知是研究科学的动力。因此求知态度是科学研究的前提应当是可以肯定的。儒学对于求知的认识是相当深入的，孔子说："知之为知之，不知为不知，是知也。"（《论语·为政》）这是一种认真严肃的求知态度。而且孔子并不反对观察与研究自然，以丰富自己的知识。在规劝弟子们学诗时，以为从《诗经》中可以"多识于鸟兽草木之名"（《论语·阳货》）。这些都可以看作孔子的态度，他主张学习，"学而时习之，不亦乐乎！"主张学而思，思而学，不断前进，这都是应当肯定的。

但是，引人注目的是，孔子学说中几乎没有关于世界存在本原的任何探讨，甚至关于"道"这样的观念，孔子也很少从它的原理上来进行研究。这不能不说孔子学说中缺少一种对于自然与世界的"惊异"的感觉，而对于亚里士多德或是其他希腊哲学家来说，"惊异"正是认识世界与自然的起点与动力。没有这种精神就没有追求真理的精神，孔子所说的礼、仁等只是一种伦理观，而不是一种完整的世界观，一种完整的世界观应当包括自然观，这是无可怀疑的。而孔子毕生所注意的只是个人自身和人与人之间的关系，相对忽略了人与自然这个人类存在至关重要的问题，显然这是一种有重大缺陷的学说。人与自然的关系是永恒的，没有这样一种关系的研究，人类存在的意义很难得到真正的理解。我们不能不承认，儒家在这方面的缺憾是相当严重的。

如果进一步分析不难发现，孔子学说中确有与科学相背道而驰的成分，特别是从事社会生产与自然现象研究这两个重要方面，孔子学说显然重视是不够的。"子不语，怪、力、乱、神"，显然表现出孔子不盲目崇拜神鬼，不迷信。但其中的"力"代表什么？一直是有争论的，有人认为"力"代表暴力，如果这样，孔子不愿语及暴力是正常的，合乎孔子礼乐与仁的思想。也有人认为"力"是自然力，特别是一些自然现象如地震、海啸等。那么，孔子对于这些现象漠不关心，则与其自然观是一致的，这是孔子学说中的一个重要缺陷。相反，在这一方面，墨子就不同了，墨经中科学成分相当多，特别是物理学与力学，已经引起了当代西方科学家们的极大兴趣。

孔子不但自己不事农工，而且对于农业生产表示过不关心，这也是见诸记载的历史事实。有一个人所皆知的例子，这就是孔子与弟子樊迟的一段对话：

> 樊迟请学稼，子曰："吾不如老农。"请学为圃，曰："吾不如老圃。"（《论语·子路》）

孔子因为樊迟学稼而对他深为不满，责怪樊迟不关心"礼、义、信"等，而关心种庄稼的事，已经不是君子所为了，这里明显表示了孔子的思想倾向性。这种观念对于后世影响是显而易见的，中国儒学传统中，重义轻利，君子不器，视工艺技术为雕虫小技。由于轻视科学技术与工业，使得中国在近代世界中明显落伍。回顾历史，儒家在思想观念上难辞其咎。

最后要提到的是关于儒家与商业之间的关系。传统的看法是，儒家重农抑商，限制了中国工商业发展，这是封建社会的传统。近年来，有学者对于这一观点提出反对意见，如杜维明先生就认为：

> 据我了解，人们有一个错误的印象：儒家重农轻商，其实，重农轻商是法家。儒家重农而不轻商，不仅不轻商，还认为士农工商是组成社会的四个因素，商是通有无，但是商不通有无而且完全垄断，变成一个非常大而且对整个社会发展没有任何责任感的集团，这当然可以进行某种批

判。……①

希腊文明重视工商业，在希罗多德《历史》中就曾经对于东方的市场交易十分关注，指出东方的古代集市与交易原则与西方不同，个别地区存在着十分奇怪的交易方式，交易双方各自把交换的货物放在一定的地方，然后人离开，等到交易过后再取回所交易的物品。市场交易的原则是西方文明的重要组成部分，这与希腊的工业与牧业发达有关。中国古代文明是典型的农业文明，国家制度是封建制度，市场经济相对西方可能落后，但是，古代中国已经有完善的市场经济是无可怀疑的，而且商人的地位也未必低下，秦代吕不韦就是大商人，汉唐以后，富商巨贾的政治地位也是举足轻重的，从唐诗吟咏中可以看出，他们是城市生活的主人。无可否认的是，大一统的封建国家中，封建士族的地位仍然是高于工商业者的，汉高祖时，商人不得穿着"锦绣绮谷缔纻罽"，也是一种历史事实，未可为之粉饰。特别是中国文明中的重视科举与仕进，都是源于儒家思想的。

十一、新儒家学说

如何评价儒学的历史意义与作用已经成一个重要的历史与现实课题，特别是从现实角度出发有两个重点，一是新儒学学说的持续不断或是说儒学学说的不断更新，所以我们所面对的不只是传统儒学，而且有所谓新儒学。其二是世界对于儒学思想的重新认识，在全球化时势下，一些重要的理论家早已把儒学的复兴作为新世纪新纪元的希望，另一些意见相左的学者对于儒学发表了相反的看法。这些都要求我们对于儒学有不同于传统经学家们的见解，当然，正因为如此我们也就实际上不得

---

① 杜维明：《文明的冲突与对话》，朱汉民、肖永明编选，湖南大学出版社2001年版，第69页。

不具备一种世界的、超越民族文化界限的视域。因此，我们得到一种跨时代与跨文化的观察视域，是耶，非耶，且看以下简短的结论。

从儒学的历史看，儒学的确立是在春秋时代，孔子之后，汉唐儒学思想在中国取得统治地位。也有人认为，其实从汉代之后就有所谓"新儒学"的产生，如冯友兰就认为，新儒学其实是三条思想路线的合一：

> 新儒家的主要来源可以追溯到三条思想路线。第一，当然是儒家本身。第二，是佛家，包括以禅宗为中介的道家，因为在佛家各宗之中，禅宗在新儒家形成时期是最有影响的。在新儒家看来，禅与佛是同义语；前一章已经讲过，在某种意义上，可以说新儒家是禅宗合乎逻辑的发展。最后，第三是道教，道教有一个重要成分是阴阳家的宇宙发生论。新儒家的宇宙发生论主要是与这条思想路线联系着。……因此，新儒家的开端虽然可以上溯到韩愈、李翱，可是它的思想系统直到十一世纪才明确地形成。这已经是宋代（960－1297）最繁荣的年代了。[①]

冯友兰所说的"新儒家"其实就是道学家与理学家，他认为这是"新造的西洋名词"。其实冯友兰虽然研究中国哲学，但由于曾留学美国，受到西方哲学影响深，基本上用西方方法来研究中国哲学或是作中西比较的研究。

但是对于另一些学者来说，"新儒家"则不是指宋明理学或是道学家，这是一种现代哲学思潮的特指，它又可以细分为特指与泛指两个方面。

"新儒家"的特指是当代中国与世界的一种哲学思潮。20

---

① 冯友兰：《中国哲学简史》，载《冯友兰选集》上卷，北京大学出版社2000年版，第323页。

世纪新文化运动中，中国受到多种西方现代思潮影响，对孔子学说进行批判，1919 年的五四运动中，提出了"打倒孔家店"的口号，1971 年前后，中国文化大革命时期开展了批判孔子与儒家思想的运动，这两次大的思想运动中，一批学者对于孔子和儒家学说持不同见解，或是没有公开表示自己的看法，如在北京的学者梁漱溟、海外学者牟宗三、徐复观等人，他们也被称为"新儒家"。也有把当前在欧美等国大学任教的一些学者称之为新儒家的，如在美国哈佛大学执教的杜维明等人，由于研究新儒家学说，他们自己也被人归入了"新儒家"。

新儒学的理论历程中，至今缺乏一些重要的、有深刻理论价值的巨著，这是一个明显的事实，从冯友兰的哲学到当代新儒学家的理论著作尚没有能得到国内外理论与实践的全方位承认，这里并不是指意识形态的承认，而是指学术与理论价值的评定。一种理论与学说，如果只是停留于单纯的理论形态，就还不是一种完全的理论，它还缺乏一种相应的理论的深化与反思，马克思早年曾经对于一个概念十分感兴趣，这就是"理论的实践"，它区别于实践，也区别于理论，这是一种理论自身的实践，如果新儒学等理论能够实现这种"理论的实践"，那它的意义将会得到更大的发展。相反，对于新儒学的批评却相当强劲，其中较有代表性的是美国加州大学伯克利分校的列文森的名著《儒教中国及其现代命运》。列文森认为，中国儒学虽然源远流长，并且统治中国长达二千余年，但是在西方思想体系的冲击下，在中国已经消亡了。这一变化是实在的，它表现于中国的哲学思想、政治制度与社会心理等不同层面。

列文森有一个著名的、颇有比较效果的例子，即"利玛窦与国粹派"，这是中国西化前后两种现象的强烈对比：在中国西化前，利玛窦初入中国，下功夫学习儒学，把基督教教义儒学化，因为中国传统强大，只有把基督教教义以儒学的言辞来阐释才可能得到中国人的理解。但是西学大量传入彻底改变了中国传统，这就形成了一种与以前截然相反的局面，即使最顽固坚持中国传统的国粹派，也只有用西方的民主科学理论来阐释儒家学说。新文化运动后的知识分子，已经只能用儒学的片言只语，远离了孔孟之道矣。列文森的说法虽然有以偏概全的毛病，但是并非全无道理。自从明清之后的新学兴起之后，中国知识分子思维方式改变，理解孔孟原著者已经不多，更少有人能深入研究佛经，所以全面掌握儒学思想的人可谓凤毛麟角，这也是无可讳言的。

中国有没有全部西化？当代中国儒学有没有思想继承性？

美国学者杜维明的回答是肯定的，并且认为中国当代儒学是所谓儒学第三期，这种说法具有一定代表性，我们可以录之备考：

> 所谓第三期，是以先秦两汉儒学为第一期，以宋元明清儒学为第二期的提法。这种分期并没有历史的必然性，也未必是最妥善的方法。……
>
> 不必讳言，儒学第二期的发展是中国 19 世纪中叶以来因为受西方的撞击和挑战而被迫走上一条曲折坎坷的现代化道路的重要"背景理由"。然而，要进行比较深刻的历史反思，我们就不能只注视 19 世纪后期才出现的困境就得出宋明儒学在中华民族文化中所起的作用以及所有的功能都属消极的结论。概括地说，儒家传统成为东亚文明的体现是经过了 13 世纪的中国，15 世纪的日本几个漫长而艰苦的阶段。[①]

作者进一步对于第三期儒学进行说明：

---

① 杜维明：《文明的冲突与对话》，朱汉民、肖永明编选，湖南大学出版社 2001 年版，第 148－151 页。

……如果儒学第二期的发展，是针对印度文化，或者说佛教文化的挑战，所作的创建性的回应，即消化了印度文化，提出一套中国特有的思考模式；那么儒学有无第三期发展的可能，也就取决于它能否对西方文化的挑战有一个创建性的回应。

具体地说，对于西方文化的挑战及其回应，除了哲学的重建外，可以从三个层次来理解。

第一、超越的层次。就是以基督教为代表的宗教传统，在美国，从事基督教神学研究的人大概要比中国所有从事文化研究的人多10倍，这是一支很庞大的队伍。儒家对于基督教所提出的问题，对于超越的理解，对于他们身心性命之学，是否可以有创建性的回应。

第二、社会政治经济的层次。这一层次内容很丰富，其中比较重要是马克思主义，这在当今世界上，也是显学之一。儒学是否能够和马克思主义进行深入的对话，并在其中找到结合点？这也是一个很重要的问题？

第三个层次，就是指深度的心理学。比如弗洛伊德的学说，特别是其中对人性的阴暗面的涉及。存在主义等等思想和这种深度的心理学也有着紧密的联系。儒家对人性的阴暗面的理解比较肤浅，完全从"修身、齐家、治国、平天下"这样一个通道来掌握人性，能够完全打通吗？……

儒学第二期的发展，是从北宋开始，一直到19世纪中期。在此之前，佛教进入中国文化也已有八百余年了。现在文化发展的节奏也许比较快，但儒学第三期的发展，大概至少也得一百年后才能看出某些比较明显的迹象。从现在起到21世纪，东亚的知识分子能否形成一个群体批判的自我意识，他们之间的交流能否形成一种共识，这是问题的关键。西方学者提出：儒学在以后的发展中，对世界的贡献将是语法还是词汇？我想这主要决定于儒学是否能够开创一套自己的认识论，是否能开创一套与现代社会相适应的自觉的伦理，以及是否能够成为东方知识分子的"终极关切"。①

我们认为，作者对于未来社会儒学的作用估计有一定道理，但是也有不足之处。主要在于，儒学不足以亡中国，亦不足于救中国，中国自元明清以来，儒学的历史作用与历史上曾经起到过的重要作用是不同的。甚至可以说，从古代起，中国是一种以儒学为中心的文明传统，但不是唯儒家学说论。儒学只有依靠中国大文明才可能生存，正像佛教、道教、伊斯兰教、基督教在中国的地位一样，所有宗教与非宗教又共同形成了中国大文明，把中国大文明等同于儒学是错误的。

但是本书作者赞同的却恰恰是杜维明先生所提出的未来社会中国文明（他用了儒学概念）的发展战略，即中国文明的真正出路在于是否能为世界贡献自己的一套理论与实践体系，有自己的认识论、本体论、结构论与实践论。这正是所有真正关心中国文明前途的学者的历史使命，我们也正在为此目的贡献自己的力量，我们从 20 世纪末开始提出新辩证论学说，从文明认识论角度，为中国新传统与世界文明建立世界观，这种世界观以中国易经、墨经的辩证逻辑为中心，以感性与理性、社会与自然、自我与他人之间的辩证联系为主要对象，参考西方传统与现代后现代理论，包括亚里士多德逻辑、印度逻辑、差异逻辑等，建立一种天人辩证的理论（注意，不是天人合一），已经对于东方文明的未来提供了理论体系。士以天下为己任，

---

① 杜维明：《文明的冲突与对话》，朱汉民、肖永明编选，湖南大学出版社 2001 年版，第 59－61 页。

何敢让焉。诚如太史公自序所言，小子何敢让焉。

而泛指的"新儒家"则包纳极广，时间与范围都十分宽泛。一些学西方学者把新加坡、中国的台湾和香港地区的特殊历史环境下所形成的社会风习、政府的经济政策与一些领导人的言论，称之为新儒家。特别指 20 世纪 60 年代以来以领导经济发展迅速而著称的新加坡领导人李光耀等人。要指出的是，这种称呼运用不太广，其实是一种混用，近年来已逐渐少见了。

虽然众说纷纭，但有一点是明确的，儒家学说作为一种传统在当代文化中可谓火尽薪传，甚至在当代思想危机中，大有星火燎原之势。这种形势说明，这种精神信仰创造了一种奇迹———一种世界文化中的精神信仰奇迹——非宗教信仰罕见的胜利。

十二、易墨逻辑是指导儒学复兴的文明逻辑

人类从 17 到 19 世纪创造了一种文化神话，这种神话的主题是西方文化的颂歌，它讴歌西方文化。认为它具有现代性、进步性、科学性与普世性，这是文艺复兴以来西方文化在新世界中的再生，当然无可否认的是西方文化本身具有这种结构与潜能。经过海上大交通、现代科学重大发明和世界工业化，西方文化终于得以登上精神领域的奥林匹亚之峰，在这里俯视众生。欧洲、美洲的文化血缘关系使得世界经济最发达地区保持了一致性，近东与印度、非洲与日本的西方化已经呈现不可逆转的局面。可以说在世界范围里，希腊与基督教结合的精神信仰与宗教互补模式取得了大成功。然而，就在此时，一种危机其实已经不期而至。人文主义、理性主义与宗教观念，三者之间积蓄已久的冲突所产生的内部躁动与压抑，在这种文化发展到顶峰时，终于爆发出来。与 20 世纪同时到来的是西方文化的危机，并不是指经济危机，而是精神的危机。德国斯宾格勒所

揭示的西方文化衰落的种种事实引起巨大的震动，爱因斯坦、马克思与恩格斯、弗洛伊德等人都指出了这一历史发展的大趋势。与此形成对照的是，从20世纪后期起，原本是殖民地或是半殖民地的东亚与东南亚的部分国家经济发展迅速，东亚与东南亚地区历史上曾经受过多种外来文化的影响，印度佛教、伊斯兰教、基督教等都曾在这里汇聚。当人们研究20世纪世界经济发展时，竟然有一个发现，这一地区经济发展最迅速的国家与地区如韩国、新加坡、中国的台湾和香港地区几乎一无例外地信仰儒家学说。

于是人们把20世纪世界经济发展的奇迹之一——"亚洲四小龙"成功的经验归之于儒学信仰，这就意味着，在西方文化之外，东方的儒学文化首次创造了科学技术与社会生产大规模的现代化模式。存在的就是合理的。儒家文化再一次令西方震惊：上一次是17世纪末东西方交流中，一个持续近4000年古代文明已经令人惊讶。这一次更是令人不可思议，日本人经过一个多世纪的西方化过程才取得的成果，信仰儒学的这些国家竟然以跨越式发展的模式令世人信服：现代化不是西方化，儒学思想与现代化竟然是可以共容的，甚至，儒学思想本身可能就是一种快速发展的思想动力。

儒学是否能够实现自身的复兴，这种复兴是否能够引起整个东方的复兴，东方文明是否能成为未来世界的主流文明之一，这一系列问题互相关联。

儒学在西方的命运往往有戏剧性的转折，17世纪曾经受到欧洲学者的高度赞扬，认为中国文明是世界的典范，号召欧洲学习中国的道德伦理与统治经验。但稍后同一种儒学就又被大加挞伐，传教士们认为是儒学耽误了中国2000年。

往事不可追，来者或可鉴。儒学的沉浮、它的复兴、它所受到的褒贬，都使我们相信，作为一种伟大的思想，它的历史命运并不完全是由它的宗旨、它的教义所决定，更重要的是取决于这一思想的实践程度与方式。但是有一个重要的历史发展规律我们也必须指出，儒学2000年来一直没有理论体系与理性化，这是儒学与其他一些宗教的主要缺陷，但这是一个致命缺陷。

犹太教－基督教发展经历了一个不断理性化与理论化的进程，经历了弥赛亚主义、中世纪教父哲学与经院哲学、宗教改革等一系列重要的内部革新，才得以成为一种近代信仰形态，与当代世界相结合。伊斯兰教也不断地进行复兴与革命，逐步扩大其影响。

相形之下，中国儒学的命运实堪忧虑。中国儒学本于六经，出于孔子，经历了汉儒的阐释。但是"汉儒短于名理"，没有理论上的重要发展。而宋儒与理学家们依托佛学，把儒学变成一种心学，大大失去了儒学的本相。清儒长于考据，但于理论无所发明。清代之后，中国儒学发展有两条路线：一是所谓的西方新学，这些学者大多留学西方或是在国内对于欧美思想有所体会，或破或立，都以西方理论为主导。从清末维新派康有为、梁启超到严复、冯友兰、胡适等人，由于对于西方文化理论理解有限，不能结合中国儒学精神，所以一直没有大的作为。另一条路线是依托佛学理学等，想进行"新儒学"的革命。从章太炎、梁漱溟、牟宗三直到海外一批学者，经过近一个世纪的实践，证明也收效甚微。无论是程朱理学，还是心学或是实学都只是中国学术，它们如果不与世界学术相结合，则永远不会成为世界的学科，民族的就是世界的，其实是民族的只有与世界相结合才可能是世界的。如果民族文明只是囿于本民族思维与心理的界限，则不可能成为世界的。

我们认为，儒学的革命是必须的，这是儒学自身的要求，这种要求是2000年经验与实践的必然。儒学的革命是把中国六经特别是易经、孔子思想中的辩证理性在当代社会实践中理论

化，成为一种新辩证理性，这就是儒学的现代化。儒学现代化
的方式是与世界文化之间的对话，特别是与西方文化之间的对
话。对话就是一种互相逾越与互补的过程，彼此从对方吸取自
身所缺乏的因素。儒学与西方科学人文主义思想、黑格尔辩证
法等优秀成分的结合，产生出的能对天人、人人与人类自我三
大关系的新辩证精神，将会成为儒家的新精神支柱。笔者在
《比较文化学》等著作中，论述了中国文化与儒家学说在新时
期发展的主要方式与新辩证论的理论模式①，其目的也在于此。
中国儒学要能够存在发展，必须改变自己，成为世界思想文化
的组成部分，为世界文明发展所用，任何自我中心、强势文化
的想法都是不合实际的，况且，儒学在 21 世纪仍然不是强势学
说，它的发展必然是如此的，这是儒学在未来世界的命运的转
折点。

　　周虽旧邦，其命维新。

---

① 参见方汉文著《比较文化学》，广西师范大学出版社 2003 年版，
第四章、第八章的有关论述。

第三章　西方文明与基督教

一、古代犹太教

基督教（Christianity）是一种以信仰耶稣为基督的宗教，为什么要称为"基督"呢？这是因为 Christ 的本义是救世主，这是个拉丁文的词，在汉语中音译为"基利斯都"简称"基督"，从其词源来看，这个词在希伯来语中是弥赛亚 Mashiah，就是受膏者或是救世主的意思。古代犹太教中，受膏是一种礼节，在这种仪式中，将羊油涂在即位君主的额上，以表示神圣的救世之意。基督教建立之后，基督专指耶稣，并且与耶稣连用，不再用其他义。基督教创立于公元 1 世纪中期，当时出生于伯利恒的耶稣（Jesus），其名就是"主是拯救者"的意思，创立了一个小教派，他们宣称救世主就是耶稣，这个小的教派本属于犹太教，以后独立，成为基督教。因此，要了解基督教的历史，必须先了解犹太文明与犹太宗教。

众所周知，西亚与小亚细亚地区是古代文明的起源地之一，早在公元前 2000 年前后，迦南地已经进入农业文明社会。据公元前 1900 年前后的埃及泥板文书记载，这一时期有一个游牧民族来到迦南地，当时这里是埃及的殖民地，埃及法老接到当地人民的上书，要求派兵镇压迦南地的盗匪。其中提到一个新的民族"哈卑路人"（Habiru），意为"渡河来的人"，这就是以后由于音转所形成的"希伯来人"，可能是指他们是从幼发拉底河下游过河而来的。这个民族的首领叫亚伯兰（即以后的亚伯拉罕），对于这个游牧民族来说，迦南地这块土地是一块肥沃的土地，也是他们定居的最理想之地，以后当摩西领他们重返这一地区之时，《出埃及记》第3章说："我要把你们从苦难中领出，往迦南人、赫人、亚摩利人、比利洗人、希末人、耶布斯人的地去，就是流奶与蜜之地（Land flowing with milk and honey）。"这个游牧民族即希伯来人就是以后的犹太人。

其实早在渡河之前，犹太人已经创立了自己的宗教，但这种宗教可能是一种原始的宗教，这个亚伯拉罕的父亲他拉曾经信仰这种宗教，直到亚伯拉罕才转为信仰犹太教。亚伯拉罕奉耶和华之命，从迦勒底的吾珥途经哈兰等地来到了迦南地。到此之后，亚伯拉罕开始宣扬一种宗教，这种宗教就是日后的犹太教，这种宗教是一种一神教，信奉唯一的神耶和华，在示剑、伯特利、希伯仑等地设坛祭祀耶和华。亚伯拉罕活到100岁时才生了儿子以撒，以撒的后代是孪生以扫和雅各。雅各的晚年，迦南地遇到大灾荒，雅各带领众多的子孙迁移到了埃及，定居于尼罗河畔的歌珊地区，他们在这里生活了大约400多年，犹太人在歌珊，成为人口众多的大部族。公元前16世纪喜克索斯人统治结束，埃及新王朝法老把与喜克索斯人一起来的以色列人全都打成奴隶，在埃及沦为奴隶是这个民族灾难之始。埃及法老开始对他们进行迫害，耶和华通过燃烧的荆棘丛首次向犹太人首领摩西启示其名字，命令摩西带领犹太人走出埃及。大约是在公元前13世纪中期，摩西率众离开埃及，渡过红海，到达了西奈高地。摩西独自登上了西奈山，领受了耶和华上帝的十诫（Decalogue），其中明确规定了犹太教的基本教义，这标志着犹太教的正式诞生。当摩西走下山时，竟然发现一批犹太人竟然在膜拜金牛犊，他怒不可遏，几乎要当众摔碎手中所持的写着神圣教义的戒板。摩西立即对犹太教进行整顿，很可能在这一时期杀掉了大批不信犹太教的人，这一段历程就是"出埃及记"。

　　摩西是犹太教的真正创立人，他本人虽然未能进入迦南地，但是他的继承人约书亚占领了迦南，并且将所占有的土地分封给以色列人的 12 个支系，以后的 200 年里，史称士师秉政时代，犹太人的势力在迦南扩展开来，建立了犹太人的王国，国王先后有扫罗、大卫、所罗门，到此时为止，犹太人的上帝仍然没有一个固定的居住地，只是以会幕与约柜来作为上帝的象征。大卫定都耶路撒冷之后，把约柜迁入这个圣城，并且开始筹建耶和华圣殿，直到所罗门时代才正式建成了圣殿。从此之后，圣殿成了犹太教的信仰中心。不幸的是，所罗门王去世后，犹太王国分裂引起了宗教的分立，北国以色列在撒玛利亚等地另外建立了圣所，同时，各种异教思想的入侵也使得犹太教出现危机。这时一批先知包括著名的阿摩司、何西阿、以赛亚、弥迦、耶利米等发动了先知运动，对于犹太教思想与理论的深入发展起了关键作用。先知运动中，强调上帝喜爱善良而不喜爱祭祀，使犹太教的教义更加高尚。巴比伦帝国于公元前 586 年攻入耶路撒冷，灭亡了当时仅存的南方犹大王国（在此之前，公元前 721 年，北方的以色列王国已经为亚述人所亡），大批的犹太人被劫掠到巴比伦，这就是著名的"巴比伦之囚"（Babylonian Exile），从此之后，犹太民族散失世界各地。在公元前 538 年，波斯王居鲁士战胜新巴比伦人，解放了被囚的犹太人，所以犹太人对居鲁士十分感激，这与希腊罗马人的态度是完全不同的。犹太人重返耶路撒冷后，再修圣殿。直到公元前 331 年，亚历山大王灭亡波斯后，犹太人其实在希腊人的统治下生活，这一时期中犹太人再次大流亡。公元前 142 年，经过血与火的斗争，犹太人建立起自己的国家马卡比王国。可惜的是，在公元前 64 年，再次被罗马人所亡，圣殿第二次被毁，犹太人被迫流落世界各地。

　　犹太民族经历了无数苦难，与他们同时代的诸多民族多数已经湮灭于历史的尘埃之中，比如古代中东的喜克索斯人、阿卡德人、阿摩利人、赫梯人、比利洗人、希未人、耶布斯人等，但是犹太人虽然国家灭亡，但是民族一直没灭亡，其重要原因之一即在于其宗教。关键在于这个民族是否得"道"，得道者昌，失道者亡，这是一个规律。这个"道"就是民族的精神信仰。有了自己的精神信仰，就会有志士仁人为之奋斗，民族精神就不会消亡，国家民族就会兴旺发达。所以正确地说，是多难或可得道，得道可以兴邦。我们研究这个民族就会发现，宗教可以说是犹太人唯一重要的创造，这个民族在历史上并没有重要的物质创造与发明，特别是在近代科学发展之前。犹太人向迦南人学习农业耕作，较早地发展了纺织业与皮革制造等。而且表现出经商贸易的天赋，犹太人的高利息放贷使他们闻名于世。但是，对世界文化，犹太人真正的贡献是他们的宗教。也正因为如此，犹太人一直相信自己是上帝的选民，他们曾经希望上帝保佑自己兴旺发达。经历了巴比伦的囚禁之后，他们也曾经信心大受挫折，因为异教徒竟然战胜了唯一主的臣民，异教的神战胜了主。从此实际上以色列人的宗教已经成了一种"精神胜利法"，因为一个连国土都没有的民族如何是上帝的宠儿？

到了罗马时代特别是公元前后，这个古老宗教在异族统治下，长期遭受压迫，自我救助的意识终于发展到了极点，产生了弥赛亚主义，宗教革新到来了，在这种改革中产生了新的宗教，这就是基督教。

关于犹太文明有几个容易混淆的概念：希伯来人、以色列人与犹太人。

希伯来人一词在希伯来语中是 Iberi，意为过河来的人或是穿过者，指的是从幼发拉底河对岸迁移到巴勒斯坦的人，也就是以色列人。以色列（Isral）原文意为"与天神角力者"。据说，以色列是亚伯拉罕的儿子以撒的次子，原名雅各，在来到迦南地的途中，曾经在渡口与神人角力获得胜利，被神人赐以"与神与人角力者"的光荣称号。以后这一名称成为以色列民族之名。在《新约》，保罗就自称为希伯来人，可见希伯来人与以色列人是同义的。希伯来人、以色列人都属于犹太人，只是希伯来人没有成为国家的名称，以色列人与犹太人都曾经是国家的名称。

二、基督教的创立

公元前 4 世纪时，亚历山大王灭亡波斯之后，大批犹太人被流放到亚历山大城，这样就使得犹太人分成两大部分，一部分在巴勒斯坦，另一部分在希腊化地区。从此，犹太人开始在西方文明的中心地带活动，犹太思想家开始传播犹太教。虽然犹太人与罗马结盟，但是却不断受到罗马人迫害。

公元前 63 年，罗马人攻打耶路撒冷，并且把犹太地区变成叙利亚行省所辖，叙利亚总督克拉苏曾经大量屠杀犹太人。最为残酷的是公元 66 年到 70 年，爆发了第一次犹太战争，耶路撒冷被攻陷，圣殿被毁，大约有 60 万以上的犹太人被屠杀，据犹太史学家约瑟法斯估计，人数可能还要多，甚至多达 119．7 万犹太人被杀，可谓是一次惨绝人寰的大屠杀。从此之后的两个世纪之中，犹太人陷入深深的悲痛之中。但也正是在这一时期，弥赛亚与救世主的声音再一次响起，犹太人的信仰再一次显示了巨大威力，整个民族开始期待救世主的到来，并且相信救世主即将到来，世界末日的审判与理想的千年王国也会到来。

在这时，犹太教分为 4 个大的教派，政治态度各不相同，其中最大的撒都该派由祭司与贵族所组成，主张服从罗马的统治，代表了犹太人上层的观点。在众多的小派别中，一个叫做拿撒勒派的小派相信救世主就是耶稣。耶稣不同于孔子，不是一位独创性的思想家。耶稣也不同于琐罗亚斯德教的查拉图什特拉，后者是公元前7世纪伊朗的一位天才传教家，他认为自己所信奉的主神阿胡拉马兹达是唯一的神，并且经过他的大力传教，整个伊朗与西亚都受到琐罗亚斯德教的影响。耶稣不是一位创造者，更不是一种宗教的缔造者，在他之前犹太教已经存在了近2000年，是什么原因从古老的犹太教中产生出耶稣基督或是基督耶稣，产生基督教？

笔者认为，耶稣与基督教的产生同样取决于犹太教内部的要求与它的历史命运，与其说是耶稣创造了基督教，不如说是基督教选择了耶稣。从犹太教到基督教是一次关系到犹太人与西方文明的大转折，这是犹太人的西方化，并且以自己的文化支持了整个西方文明的关键。对于这一历史，一般人有一种错误认识，以为是罗马人支持了基督教。其实并非如此，是基督教产生在先，罗马以基督教立国在后。是基督教使罗马不得不如此。基督教产生耶稣，从古代宗教脱离，向新宗教转化。这就是从《旧约》到《新约》的过渡。

公元元年，耶稣（Jesus）出生于伯利恒的，这是耶路撒冷城南边9公里左右的小城，他的父亲名叫约瑟，是一个木匠，母亲玛利亚感圣灵而生耶稣，据说其童年就显示出非凡的智慧，他30岁开始传教。这就是犹太人期盼已久的弥赛亚，就是基督，所以称基督耶稣或耶稣基督。但是，耶稣一开始并没有自称基督。这样的一段记载是耐人寻味的。耶稣带领他的门徒在北方的凯撒里亚腓力比等地游历时，彼得对耶稣说：“你就是弥赛亚！”耶稣立即对他们说，不要将这话告诉任何人。从当时的历史环境来分析，如果说明这一点是非常不利的，因为在耶稣出生之前，对于耶赛亚的盼望已经成为犹太民族热切的盼望，犹太经学家们中间已经形成了一种党派：弥赛亚派。这个党派的名称就是“奋锐党”（Zealots），他们激烈地反对罗马人，公元前1世纪，他们活动频繁，坚信弥赛亚即将出现。耶稣的门徒西门据说就是这个党的成员，其实是彼得来宣布耶稣是弥赛亚，耶稣自己并没有宣称自己就是弥赛亚。

耶稣接受约翰施洗，在旷野禁食40天，战胜了魔鬼的诱惑，他让人们相信自己就是上帝的儿子，是为救赎世人的"原罪"而降临人世间的。耶稣传教的主要思想是博爱，包括爱上帝和舍己爱人，其中最为重要的是尽心、尽意与尽性地爱上帝。如果从《圣经》所记载的耶稣言行来看，耶稣并不是犹太人所期盼的那个复国与复兴犹太民族的弥赛亚，而是一个为更多人进行更普遍的教化者。也就是说，耶稣并不是一个普通的宗教领袖，更不是摩西式的首领。一定程度上，耶稣与摩西的区别，就是基督教与犹太教的不同，犹太教是犹太人的宗教，而基督教是世界性的宗教。在《加拉太书》第三章中第26－28节关于这个差异最清楚的表述：

> 所以，你们因信基督耶稣，都是神的儿子。你们是受洗归入基督教的，都是拥戴基督了。无论犹太人、希利尼人、自主的、为奴的、或男或女。因为你们在基督里都成为一了。

这是一种世界主义的宗教，代表了超越民族、超越国界的精神。笔者认为，无数学者都在研究新约与旧约之间的不同，如果简要地归之于一句话来说，这两者之间本质上就是民族宗教与世界宗教的差异。对于摩西来说，只有犹太人才是神的特选者，而对于耶稣来说，所有的人都可以是神的信徒。基督教思想已经不同于犹太教了，新的神学思想已经形成，它已经成为基督教的教旨。

如果说宗教改革，那么耶稣可以说是最大的宗教改革家，是他将犹太教变为基督教，建立了基督教的新教义。这种改革引起巨大的反响，最激烈的反耶稣者并不罗马人，而是犹太教的当权派，犹太教的主要派别撒都该派与法利赛派都与耶稣对立起来，他们千方百计地迫害耶稣。终于在逾越节的前夕，耶稣的门徒之一加略人犹大出卖了自己的老师，耶稣被犹太祭司的差役所拘捕，交给罗马的犹太巡捕彼拉多，犹太教主们迫使彼拉多将耶稣钉死在十字架上。根据《圣经》记载，耶稣被害后第 3 天复活，并且向世人显灵，第 40 天时耶稣升入天国，第 50 天时，耶稣派了圣灵降临。众门徒领受了圣灵，并且开始传教。

其实从这个时刻起，基督教的自我更新已经完成，已经没有一种力量能够阻止这种宗教的传播，它的理论完成决定了他必然会走向新生。门徒们偷出耶稣的尸体，宣告耶稣已经复活了，切不要小看这个复活，它也是重要的思想。原罪、赎罪和救世，以一句话来代表："耶稣复活了"。"复活"（Resurrection）这个思想是一个中心，复活就是新生与再生，这并不只是个体生命之火的延续，而是一种宗教精神不死的标志。

但是罗马人并非马上意识到这种宗教的思想意义，这种宗教来自于民间与社会下层，它的思想观念对于罗马人是如此不可理解，特别重要的一点是，它产生于一种犹太人的宗教，犹太人本身就是欧洲上层社会的敌人。于是历代的罗马皇帝开始对基督教施加种种压力，一直对它进行残酷的压迫，大批的基督徒冤屈而死，家破人亡，但是他们前赴后继，坚定地信仰基督教。罗马社会渐渐地被它所撼动，民众纷纷加入基督教，罗马皇帝君士坦丁本人镇压基督教，但是他的妻子与女儿都是基督徒。最终，君士坦丁于公元 313 年颁布了"米兰敕令"，正式承认基督教存在的合法性。323 年，君士坦丁在尼西亚召集了第一次宗教大集结，来自各地的 318 名基督教主们参加会议。这是基督教史上的一次重要会议，在这次会议上制定了基督教的正统教义，确立了三位一体的宗教观念，影响极大的阿里乌斯派被斥为异端，从此之后，基督教势力进入政治，以后教义与思想观念不断变化。公元 392 年，罗马皇帝提奥多西一世颁布了法令，定基督教为国教，从此之后，基督教成为欧洲的主要宗教，并且向亚洲与非洲等地扩散。当代世界基督教成为最大宗教，信徒的总数大约有 17 亿人左右，其中天主教徒大约有 9 亿多人，新教徒大约有 6 亿多，东正教徒 2 亿，还有其他小教派。基督教分布于世界各国，至少在 150 多个国家与地区有基督教组织。《圣经》是世界上被译成语言最多的书，大约有古今语言 1000 余种。基督教的各种节日庆典成为世界上普遍庆祝的节日，如圣诞节、万圣节、感恩节等都超出了宗教界限，每当这些节日到来时，就有多种宗教或是无宗教信仰的人们共同庆祝，超越了东西方文化和国家、民族的界限。

三、一神教的创举

一个宗教的构成因素中，最重要的有两种成分，一个是这种宗教所信仰的神灵是什么，这是决定性的成分。初级的宗教以自然物体为信仰对象，如动物与植物等，因为在人类社会初期，人类在自然界中处于弱势地位。相当多的动物比人要强大得多，或是人类对于自然力不够理解，对于自然现象产生迷信，就会选择自然物体或是现象作为宗教的对象。高级的一些宗教以天神或是上天为宗教信仰的对象，如古代希腊人的宗教与波斯人的宗教，或是埃及人的太阳神信仰，都属于这种信仰。这些宗教对象又都有神化的特征，古代宗教的神来自于自然的物象或是神话人物，他们或神或人，或男或女，都有强烈的自然特性的夸张，如希腊的泰坦诸神、印度的湿婆神等，他们一般都有法力神奇、力大无比、生殖力强盛等特异功能。

另一方面，一个宗教的教义也是至关重要的，一般宗教的教义比较简单，以神圣力量的歌颂为主，或是诅咒敌对的民族。较高级宗教的教义往往有哲学成分，如佛教教义中就有印度古代哲学的成分，或者可以说两者是不可区分的。

但是基督教与其他宗教不同，它从犹太教中继承了一神教的思想，犹太教是世界一神教的主要创造者，为世界宗教进化作出了巨大贡献，这是无可置疑的。但是，这并不是说犹太教是世界上唯一的一神教，我们已经指出，正如弗洛伊德等人所相信的那样，至少在犹太人之间的埃及出现的太阳神教就是一种一神教。而对于犹太教来说，一神教创造的过程并不顺利，我们可以从《圣经·旧约》中明显看出古代犹太人的多神崇拜，其中把神同时称为"埃罗欣"（Elohim），也译作"厄罗音"，西方学者指出，这个词其实是个复数词，犹太一神教确立之后，犹太人对于这个词作了新的训诂，说它是一个只有复数形式的词，但它是特指的。这种解释当然是一种强词夺理，而且还有些弄巧成拙，证明犹太人的神曾经也是多数的。可能是在摩西时代之后才成了真正的一神教，其次我们从《圣经》中的记载可以看出，古代犹太人不只是多神教，还有过自然崇拜的历史，例如亚伯拉罕的"圣树"，很可能就是古代树神崇拜，从弗雷泽《金枝》中可以看出，这种崇拜在世界各地都很普遍，亚伯拉罕的父亲是幼发拉底河下游城市乌尔的一个神父，当地人信多神教，很可能就有树神崇拜。关于摩西的记载中说，摩西从西奈山上走下时，看到以色列人正在祭祀金毛牛，可见动物崇拜也是存在的。

那么，犹太人为什么将耶和华作为唯一的主，这个神是从哪里来的呢？为什么在耶和华之后，又出现了耶稣呢？

笔者认为，这是一个历史隐喻的产生，从《旧约》中可以看出，耶和华的产生有深远的历史原因。早在亚伯拉罕时代就已经开始认为它是众神之神，亚伯拉罕曾经说过，在众神之上有更有力的神就是耶和华，是在耶和华指引下，犹太人从两河地区来到迦南。以后在摩西时代再次强调了一神教的意义，在

"出埃及记"第20章和"申命记"第10章中所说的"摩西十诫"，据记载神谕是：

> 我是耶和华，你们的神，曾经领导你们从沦为奴隶的埃及走出。除了我以外，你们不得再有其他的神。不得私自雕刻偶像，也不得作什么形像以仿制天上地下、地中和水中的万物，不得跪拜和侍奉它们。因为你们的神耶和华是反对邪路的。凡恨神者我们必征讨其父子直至于三代四代。爱我遵守神的诫训者，我必向其发慈悲，直到千秋万代。不能直呼耶和华的名，否则不能认为其是无罪者。应当纪念安息日作为圣日。6天劳作作你一切工作，但第7天是耶和华你们的神所赐的安息日。……当孝敬父母，使你的生活在你们的神耶和华所赐的土地上长久。不可杀人。不可奸淫。不可偷盗。不可作伪证陷害他人。不可贪恋别人的房屋、妻子、奴仆、牛马等一切所有。

历史证明，就是犹太人的苦难造成了耶和华信仰，经过历史的磨难，犹太人坚定了自己的信仰，只有耶和华才可能救他们脱离苦海，只有坚定的意志与信仰，这个民族才可能生存下去，相信神其实就是相信他们自己的经历，相信民族的生命力。这种生命力经过思想的积淀与升华，成为绝对精神，这就是道。而道又须人格化，只有人格化的道才可能为人民所信仰与崇拜，这样，一神教在犹太民族诞生。在罗马时代，基督教再次经历苦难，但这时的犹太教已经相当成熟，它在苦难中不仅没有失落，而如浴火的凤凰，取得了新生。耶稣创造了新的一神教模式，这就是主、上帝与耶稣及三位一体的神灵，这是一种复杂的神灵构成，同时，基督教也具有了理论化的教义。

16世纪基督教又经历了一次更大的变革——宗教改革，这时的基督教已经是欧洲最大的宗教，并且统治教坛与国家政治一千多年，但是泰极否来，物极必反，此时的基督教已经腐败不堪，它到了必须自我更新的时代，如果没有宗教改革，那么基督教可能就已经不存在的，它可能如其他兴盛一时的宗教如拜火教一样走向灭亡。拜火教在伊朗曾经盛极一时，也曾经被封为国教，统治全社会，但是却突然被推翻，无法再复兴。经过宗教改革，实行了政教分离，基督教才真正摆脱了覆灭的危险。

基督教向海外发展主要是从海上大交通之后，环球海上航线开通，欧洲列强向亚洲非洲进行殖民扩张，在海外扩张中，基督教是殖民主义的精神武器，殖民者与基督教士们互相利用，共同走向世界。

四、宗教改革运动：西方文化的"道成肉身"

中世纪是西方政教合一的历史时期，教廷与王权共同统治长达千年，构成了西方文化中不可忽视的一段历史，也形成了西方整个文化的特点。单一宗教形成中心，并且延续如此长的历史时期，世界史上也并不多见，只有基督教与伊斯兰教能这样。如果从纵向看西方文化，前此的希腊文明的黄金时期十分短促，希腊精神只能说是西方文化精神的肇始，从影响面来说，它对于俗世的作用当然不如基督教。在此之后的文艺复兴至今只有400年，文艺复兴的口号虽然是希腊精神的复归，但实际上主要是面对现实的改革。所以在宗教这一范围里，文艺复兴的影响最终还是体现于宗教改革上。从任何角度看，到16世纪宗教改革之前，中世纪基督教都是西方文化的中坚。而且，中世纪之后，基督教在西方大多数国家的国教地位并未受影响，基督教的精神统治一直延续到今日。至今还没有一种信仰能完全取代它。所以研究基督教史，从中世纪到宗教改革是极为重要的一环，这一段进程鲜明体现了它的实质，从中可以理解它为什么能长期统治西方精神领域的原因。

中世纪基督教发展涉及三个重要方面，这些方面都不是孤立发展的，而是与社会政治经济密切相关的。其一是教会权利与王权的关联，其中包括了教会制度、神权与王权之间的权力划分原则等。其二是宗教思想与世俗思想之间的关系，其中包括了神学与哲学、基督教文化与希腊文化、东方文化之间的关系等。其三是宗教传播与军队，其中涉及传教活动的各个方面，更重要的则是十字军征战等。

1. 基督教经典的完成

早在基督教成为国教之前，基督教会组织已经进行了活动，教会是耶稣所创立的，教会的宗教活动也是基督教的信仰内容之一，公元 1 世纪出现于巴勒斯坦和小亚细亚的早期教会就是最早的教会组织。耶稣被钉十字架后的 10 年左右，耶路撒冷出现新的教会，《根据使徒行传》的记载，这些教会其实是犹太教会异类，虽然他们也遵守犹太教规，参加圣殿崇拜，但是他们坚信耶稣复活，耶稣就是基督，这一信仰对于犹太教是不能容忍的。这一时期，基督教会的领导人是圣徒彼得和耶稣的弟弟雅各，以后，他们被迫离开耶路撒冷，前往各地传教。基督教会的真正创始人是圣保罗，保罗是一个曾经参加过对基督教迫害的犹太教徒，他皈依基督教后，成为基督教走向世界的推动者。当然，保罗并不是一个一般的传教者，他是一个宗教思想家，他的传教活动获得成功的主要原因在于他所提倡的原则，这就是"因信称义"，"靠经典而得救"的思想。他取缔割礼，反对繁琐仪式，这些新思想使得基督教迅速传播。不过，可能在保罗到罗马之前，罗马教会（Rome Church）已经进行了卓有成效的活动。也正是在这些虔诚的基督徒的努力下，经过长期的发展，基督教会的组织方式在公元 2 - 3 世纪大体形成，并且成为了世界上最复杂的教会制度之一。它的主要内容是：三级教职制度，即以主教为首，以长老和执事为辅，以后又发展出主教集权制度。基督教仪式也确定了下来，而且，圣经的《新约》大约在公元 4 世纪完成，这样圣经正典全部完成了。

2. 基督教教义阐发

所有宗教最核心的就是其教义，基督教当然也不例外，教义最能显示一个宗教的内涵与宗旨。我们可以从其教义发展来看它的内在思想进程。当然，由于世界主要宗教的思想一无例外都是哲学思想，所以它们对于当时的哲学也都必然有重要影响，而且往往会成为当时社会的中心思想，也就是所谓占统治地位的意识形态。基督教义复杂而深刻，我们已经看出，它虽然是宗教，但总的发展路线却呈现出理性化倾向，对于其中的来由，我们已经进行了分析。在中世纪这一历史时期中，从宗教观念看，这种思想发展过程本身的发展又有着阶段性，可以分为两个大阶段。第一阶段是所谓教父哲学，西罗马帝国末期，基督教的第一位重要神学家奥古斯丁出现，他的主要功绩是首次建立了神学体系，这种神学体系集犹太教与基督教理论之大成，从希腊罗马文化中撷取了相关成分。这种神学体系是在与异教如摩尼教、阿里乌派、多纳图派和贝拉基主义等之间的斗争中得到确立的，当时的相当一部分神学家如奥古斯丁本人都与这些宗教或是教派有密切的关系。当然，基督教教义与希腊哲学的关系更是渊远流长，我们早已经知道了。另外如神学家犹西比乌、安布罗斯、热罗姆、安瑟伦、埃里金纳等人，他们分别从宗教史、文献考据、宗教哲学等方面为教父神学作出贡献。这一时期最主要的成就是"三位一体"神学思想的确立。

"三位一体"是基督教神学的一大发明，它在世界神学中极为少见。所谓"三位一体"也就是常说的"三一论"（Doctrine of Trinity），这个词并不是来自《圣经》，而是来自后世教会的解释。《尼西亚信经》中提出了三一论，教会在历次会议上都承认这一教条，因此得以成立。"三位"是指"圣父"、"圣子"和"圣灵"，它们是三个神位，彼此不能完全等同。因为"圣灵"是一种精神，一种神灵，它是非精神与非物质的。而"圣父"与"圣子"虽然也是神灵，但如果与耶稣父子有关，就可能有肉身的关联。而且它们自身也有一定的区分。"一体"则是指一种合为一体的关系。这其实是一个很费解的命题，因为三者之间的关系如何能够一体，是难以想象的。圣父与圣子的关系是父子关系，这是无疑的，但是这种父子关系又不是普通的父子，而是神圣关系。所以教会认为，圣子是圣父所出，但是圣子并不是圣父所生，这样就不同于普通的肉体或是世俗关系。圣父与圣子相爱，并且共有其圣灵。但是，这种联系的实质是什么？是灵还是肉？因为只能居于其一，如果是肉体关系，如何又能转化为与圣灵的通灵关系，这一系列疑问无法得到解释。教会的权威理论家们对此也无可奈何，他们只能说，这种关系是不能用理性来解释的，这是上帝的"启示"，无可论证。

其实也并不是完全如此，"三位一体"理论还是能从它的文化起源与宗教原理得到解释。

关键在于基督教的正典道义之一：道成肉身（Incarnation），基督教产生于犹太教，但是犹太教与基督教有一个重要的原理差异。犹太教信奉唯一的神耶和华或称雅赫维，这个神是唯一的真神，这个真神是非人格化的。而基督教大不相同，基督教是人格化了的一神教，是弥赛亚主义的产物，它把犹太教的雅赫维变成了历史可能实有其人的耶稣，而且连同其母亲玛利亚、其父亲都加以神圣化，这就是道成肉身的基础。按照基督教的解释，基督是"圣子"，是三位一体的真神中的一位，他是人也是神。公元451年卡尔西顿会议曾经宣布过这样的一种说法：耶稣基督之位常存着神与人的二性。这样，神学理论的内在矛盾就可能显现出来。神学理论家就要能解释清楚，为什么原犹太教的真神会变成了人之子耶稣。而要从神学理论上说明这一点是很困难的。我们可以看一下，基督教的三位一体与道成肉身的教义固然是独特的，但是其思想并不新鲜，而且是世界上所有宗教都会遇到的：如何把人变成神或是相反，如何使神人格化？

其实为了实现这一目的，印度的佛学早就提出一种解决方案：悟觉成佛。也就是释迦牟尼从一个人变成佛的过程。如果从一种比较神学观念来看，佛就相当于真神，释迦牟尼相当于耶稣。从人变成神的方法不是苦修，释氏成佛之前曾经苦修，但是没有结果。成佛的途径是悟觉得道——释氏坐在菩提树下悟觉成佛——这是佛教道成肉身的方式。据巴利文佛经《通神录》中说，这种悟觉的过程十分壮丽，佛竟然高升到了半空之中，口中念诵："生死之途断绝，激情趋于平静；烦恼已经除尽，如干涸的河水。生死之途断绝，痛苦不再存在。"于是，天神们为他撒下万朵鲜花，一切世界光明灿烂，十方震动。这是一种美轮美奂之景，一种十全十美之象。

值得注意的是，基督教也注意到道成肉身的过程阐释，即如《圣经·马太福音》所记载，耶稣受洗于约翰，曾经禁食40天，受到魔鬼的试探等。其过程与佛的悟道大体相似，现在还没有确实资料说明二者之间的联系，但这种相似性是值得研究的。虽然有这种佛教式的觉悟成道，或是基督教式的受洗成神，但对于"道成肉身"的教义与三位一体的理论，仍然是长期存在争论的。依我的看法，这是一个千古难题，人性已经被人的存在所证明，神性却无法从人性得到证明。如果神性能从人性得到证明，那么它就不可能是神性。既然人无法证明神性，人又如何从人性发展到神性？从人类宗教实践的历史与现状来看，这个悖论从宗教产生之日就已经存在，孔子毕竟是很明智的，他的神鬼不可知论，就已经指明了人类认识的局限，这个道理如果用德国哲学家康德的话来说，人为自然立法。这种立法只是人的尺度。中世纪神学之前，西方其实是用想象来设定神的存在，这种想象其实是没有理性意义的。中世纪神学家有了大的进步，例如中世纪实在论哲学家安瑟伦，安瑟伦是一个天才的理论家，他从抽象理性为神的辩护说明了这一点，安瑟伦提出的"上帝的本体论证明"，把希腊哲学原理用于神学中，即柏拉图所说共相的真实存在。上帝就是这个一，这个一切的一，上帝既然是最伟大与最完善的存在物，所以上帝就是真实的存在。

虽则如此，要说是这种推理就能解释神的存在，特别是神与人格的统一，仍然是不可过于乐观的。

中世纪中期，从教父神学转向了经院哲学，基督教神学的理性探索达到了高峰。中世纪是一个黑暗时代，特别是宗教统治与政治制度方面，是一个野蛮时代。但是，从神学理性发展来说，中世纪的中后期却恰是它的巅峰，因为这是一个神学空前绝后的发达阶段，神学理论在这一时期得到了最丰富的社会实践，在这一历史环境中，产生托马斯·阿奎那这样的神学家也是必然的。如果把安瑟伦看成是中世纪的柏拉图，那么阿奎那就是中世纪的亚里士多德，他具有亚里士多德那种规划体系、阐释原理的能力，具有那种开创影响一个时代风习的影响力。

阿奎那有一个重要观点：上帝是纯粹的精神，也就是纯粹的现实性，所以也是绝对的完美。由于强调绝对性，看起来似乎是一种片面的理论。其实是一种有辩证意义的看法，也就避免了不必要的一些争论。它的意义体现于以下的论述，即关于一般即共相的说法。他的新解释是，其有三种存在方式，第一是作为一般个别物的理念原型，这就是上帝的理性。我们可以

说，这种思想对于西方哲学的影响大于任何人，有人说黑格尔
得益于赫尔德，我们赞同这一看法，从历史哲学角度看，这是
完全有根据的。但我们也认为，黑格尔也有可能得益于阿奎那，
绝对理念的存在很可能与阿奎那学说是有关系的。第二是一般
存在于物体世界之中，一般是本质，而其必须为个体事物所固
有。第三，一般也存在于人的理性，一般就是一种概念，是通
过个别事物的抽象形式所形成的概念。如果用阿奎那的理论来
联系神学，那么三位一体的关系就可以理解为，圣灵是一般的
理念原型，它本身就是上帝的理性。而道成肉身则是一般的存
在，存在于物体世界之中。宗教战争在世界文明史上十分常见，
不同宗教教义与其利益之间的冲突经常会导致战争。但是，像
基督教的十字军（Crusade）征伐这样大规模的宗教战争却是少
见的。

公元 11 世纪后期，长期在丝绸之路沿线和东罗马活动的突
厥人向西亚移动。突厥人是一个相当古老的民族，关于他们的
历史由于受到文献的影响，历来人们知之不多。中国文献是最
早记录突厥历史的，中国学者耿世民曾经指出过，汉语中"突
厥"一词的来历是这样的："据学者们的最新研究，汉文'突
厥'二字应为古代突厥语 Türkit – Türük（意为"强有力的"）
一词后加粟特语复数附加成分 – t，即 Türküt 的音写。阿拉伯文
为 Turk，希腊文为 Turkoi，梵文为 Turuska，粟特文为 Twrk，藏
文为 Drugu。"[1] 他们早在公元 6 – 8 世纪之间，就在中国北方建
立过突厥汗国，以后就逐渐西移，离中国远去，文献没有记载
了。而于公元 11 世纪在西亚的出现，应当说是再现，其具体情
况仍然是一个谜。但无论如何，塞尔柱突厥人在 11 世纪末占领

---

[1] 耿世民："突厥汗国"，见《耿世民新疆文史论集》，中央民族大
学出版社 2001 年版，第 239 页。

了耶路撒冷，基督教圣城陷落。

　　突厥人的信仰十分复杂，除了他们原有的原始宗教外，以后陆续接受过佛教与伊斯兰教，对于排斥异端的基督教来说，显然是不能容忍的。1095 年教皇乌尔班二世在法国召开了克勒芒宗教会议，参加者是来自各地的修道院长与主教们，教皇在会上发表了长篇演说，提出组织十字军，收复失去的圣城耶路撒冷，向东方进军。一时间整个欧洲为之沸腾。欧洲封建制度与工商业发展中，相当多的封建家族在激烈的竞争中失去财产与土地，十字军东征对于这些破落贵族和封建领主的子弟来说正是一次发财的大好时机。也不可否认，基督教会长期的排斥异端的宣教、西方文化中固有的异域征服与冒险的传统、宗教忠诚、商人们借机发财的欲望，甚至一些破产农民子弟希望以战争军功作为发财立身的本钱等，所有这些因素集合起来，终于形成了十字军东征的高潮。从 1095 年到 1291 年，十字军有 9 次大的征伐。第一次是 1906 年春季出发的农民十字军，由于参加者都是仓促组织起来没有军事经验的农民，出师不久就几乎全军覆没。当年秋天，所谓的骑士十字军再次出动，1099 年 7 月，十字军攻占了耶路撒冷，建立了耶路撒冷王国，这一王国是宗主国，所属国有爱德沙（Edessa）伯国、特里波里（Tripoli）伯国与安条克（Antioch）公国。在宗教与政治上，制定了《耶路撒冷条约》，这是西欧的封建制度与宗教合一统治的东方版，对于东方文化是完全陌生的。以后，十字军东征的浪潮不可遏止，战争狂热席卷欧洲。最可笑的是，最后竟然完全改变初衷，战争发展到原发起国拜占庭。拜占庭原本是十字军的积极支持者，它的目的是通过十字军东征以保障自己的安全，得到西欧的支持。可是十字军在东方取得胜利之后，由于意大利商人们的策划，第四次东征军竟然转向攻打拜占庭，攻占了君士坦丁堡，成立了所谓的"拉丁帝国"。不过，从此之后，十字军东征也走向了低潮，1291 年，十字军在东方的最后据点阿克城（Acre）失守，标志着十字军的最后失败。

东征的骑士们掠夺了东方的财富，法国的圣殿骑士团成为举国皆知的首富，战争的不义之财终于给他们带来了意想不到的灾难。13 世纪末，法王腓力四世与教皇矛盾加剧，圣殿骑士团就成为引火索。法王为了抑制教会势力，占有教会的财产，对于圣殿骑士团大加迫害。1302 年，腓力四世用武力胁迫，把罗马教廷迁向法国阿维农，此即所谓"阿维农之囚"。在战争中发财暴富的圣殿骑士团团长及主要成员，在教廷失去权利之后，竟然被腓力四世处以火刑，于是，十字军骑士们抢掠来的巨大财富，最终落入王室。英国牛津大学神学教授约翰·威克里夫（John Wicliffe，1330 – 1384 年）以后在论述教会改革的重要性时，公开宣称教会的大量财富是不正当的，应当由国王没收。所有这些，都无可避免地把宗教改革提到了议事日程中。但是，应当说宗教改革除了这些直接因素外，还有着更重要的思想内容。

3. 清扫奥革阿斯的牛圈

恩格斯曾经对宗教改革运动有一个比喻，将路德发动的宗教改革比喻为希腊神话里的英雄赫拉克勒斯清除奥革阿斯的牛圈，这个牛圈中有三千头牛数千年来积下的牛粪，恶臭逼人，污秽不堪。

这个比喻贴切地表达了宗教改革运动的情形，这个运动是由于长期以来罗马教廷的腐败，由于宗教组织的分裂等原因而发动的。但另一方面，我们也要看到，宗教改革的发生也有其内在的动力。1377 年教皇格里高利十一世从阿维农迁回罗马，一年以后教皇病故。从此教会就开始不再统一，罗马教廷的新教皇是意大利人乌尔班六世，而法国红衣主教则在阿维农另立教廷，两个教廷同时存在，教会历史上经历了"大分裂"时期。在这种形势下，酝酿已久的改革运动终于从英国、捷克发端，最后在宗教基础最深厚的德国爆发出来。维登堡大学神学教授、负责教会的牧师马丁·路德（Martin Luther，公元1483—1546年）1517年10月31日在德国维登堡大教堂门前贴出一份声明，题目是《九十五条论纲》，内容是反对德国教会销售赎罪券的。"赎罪券"是教会史上的一件丑闻，这是罗马教皇为聚敛财富，宣扬世人是有罪的，这种罪恶与上帝的神圣之间是对立的，因此，世人只有通过赎罪才能得到神的宽恕，得到宽恕才能有神的保佑，而赎罪的行为是按照上帝规定的程序来进行的，只有教会才可能为人民赎罪，于是教会开始向广大教民出售赎罪券。赎罪（atonement）是基督教的基本教义之一，即认为人生来是有罪的，宣称耶稣基督就是为了众人赎罪而被钉在十字架上的，所以是最大的赎罪。

罗马教廷的赎罪券其实是诈取教徒钱财的一种手段，也是对教义的一种亵渎，所以马丁·路德的论纲一出现就引起极大反响，民众纷纷起而呼应，出售赎罪券成了臭名昭著的秽行。以后的几年中，路德陆续发表了《致德意志基督教贵族公开信》、《教会被掳于巴比伦》、《论基督徒的自由》等一篇篇言辞激烈的论著，在这些论著中，路德全面阐释了自己的宗教改革主张。他认为，政教必须分离，教廷的职责只在于精神信仰，它不应当干预俗世政治。任何人包括教皇都不具有对于圣经的绝对解释权，建立信仰的关键是直接阅读圣经，人人可以与上帝直接交流，而不必通过教士。每个人都必须信仰上帝，宗教的目的在于改变人的灵魂，通过信仰基督教可以获救而升入天堂，这是上帝的功劳而不是教会的功劳。教会的那些繁琐礼仪完全没有必要，赎罪要依靠真诚的信仰而不是金钱。1520年，路德被教会宣布为异端，并被开除教籍。幸亏萨克森公侯庇护路德，才使他免于被教会迫害。无论如何他不可能再在教会里任职，于是他埋头翻译圣经，1546 年逝世后被安葬于维登堡教堂内，路德的思想产生巨大影响，路德被视为德国与欧洲最伟大的思想家之一，直到今日，仍有相当多的人相信路德的学说，基督教新教中路德派是最重要的派别之一。宗教改革运动是对西方封建社会中的教会制度的一次勇猛进攻，它彻底动摇了教会的根基。另一方面，它也对与教会联系紧密的封建王权予以重创。宗教改革运动从此在欧洲迅速蔓延，牧师托马斯·闵采尔（1490－1525 年）领导了德国农民起义，农民们反抗封建教会与领主们的压迫，没收了教会的财产，建立了新政权，德国教会在改革后也分成了两大派，路德派取得独立，有自己的教区。

笔者认为，路德的两个重要观念对于基督教教义是有重要作用的。第一个是关于基督教精神之源的理解，他说：

> ……我不但没有被这些危险所吓倒，而是高兴地目睹，今天基督福音仍然与古代的一样，引起纷争与动乱。这是上帝福音的特点，是早已经预定的。耶稣基督曾经说过：我来并不是让人间享太平，而是动刀兵（I came not to send peace onto the earth, but a sword）①。

这是一种重要的思想观念，即认为基督教主张"纷争动力"（cause of disturbance and disagreement），从这里可以看出基督教与犹太教、《新约》与《旧约》之间的历史关系，宗教改革的发生不是偶然的，因为正像路德所说，《圣经》本身就含有了一种反抗世俗的精神，这种精神用老子的话来说，就是"反者道之动"。一种推动事物发展的"恶"的精神，这是黑格尔哲

---

① Martin Luther, Before the Diet of Worms. 这里所引用的是《圣经·马太福音》第十章第三十四节。

学中曾经说过的，但还不如路德说得更清楚。这里也可以看出中国文化与西方文化的一个巨大差异，孔子儒学把"修齐治平"作为人生哲学的核心，提倡仁义礼治，反对动乱与叛逆。遑论其他，就连屈原这样的愤世嫉俗的出世精神，就已经引起极大的反对，被排除在正人君子之外。当然，其他如佛教也没有这种精神，佛教的救世是修行与积德行善，达到人人成佛的理想，所以这种精神容易得到中国人的理解，佛教得以在中国广泛传播，基督教在中国屡次遇到挫折，不能说与其教义完全没有关系。正是这种宗教改革精神，其实在西方文化中特别是在文艺复兴之后发挥了关键作用，鼓舞工商业者与社会各阶层奋发向上，一种竞争与斗争，一种向内向外的发展精神得以确立。也正是在这一历史时期，西方文化真正实现了飞跃，超越了世界各主要文明。基督教的传播与西方文明的传播并驾齐驱，难道我们不应当把路德精神看成是一种来自西方文化深处、来自《圣经》本身的精神吗？

　　另外一个观念同样重要，这个观念被以各种学说理论所阐释，几乎已经面目全非，这就是人人可与上帝直接相通，人可通神，不必经过教会或是教士。路德说道："如果找不出《圣经》的道理或无可辩驳的理由，不能像我刚才所引用的《圣经》的话来令我满意，不能用福音书或是《圣经》改变我的判断，那么，我不能够，也不愿收回我说过的任何一句话，因为基督徒是不能说出违心之言的。"可见，他仍然是一个上帝的忠诚子民，是遵守圣经教喻的圣徒，他所反对的只是借神圣的名义来鱼肉百姓的教会。他是教会的逆子，而是上帝的忠仆。他主张的是人与上帝之间的直接沟通，无须通过教会。这种思想在《圣经》中其实早已经存在，据笔者看来，从根本上说，这是一种西方个人自由精神的张扬，代表了西方民主精神，也是一种希腊人文精神的再现。基督教在中世纪被阐释时，恰恰阉割了这种精神。如今这种当时不易为人所接受的精神，在任何一个基督教堂礼拜中，已经成为牧师们布道的最基本根据。当我们回想起路德时，印象最深的就是他的创造精神。当然，路德的理论只能产生于特定的历史环境之中，只能是欧洲基督教的产物，它不可能是中国思想或是印度思想家的思想。

路德应当说是德国精神之父，在其之前，德国是一个分裂的封建国家，日耳曼人生活于较落后的地区，与欧洲发达民族之间的差距很大，经过宗教改革，大规模的农民起义震撼德国大地，可惜的是国家一直未能统一，但是无可否认，此时的德意志人已经觉醒，新宗教的影响大约在一个多世纪之后终于明显起来，德意志民族精神有了新的变化。

与路德的宗教改革相同，法国人加尔文（John Caivin，公元 1509 年—1564 年）的宗教改革也创立了新教。加尔文出生于法国努瓦营，父亲是一位教会律师，中产阶级家庭出身对他的思想形成影响很大，他的宗教理论其实是为资产阶级特别是那些中产阶层所服务的。加尔文先是 1523 年在法国马歇学院和蒙太古学院学习神学、哲学和古代文字，并且曾经在奥尔良大学学习法律。1531 年他回到巴黎，开始信仰新教。但是当时巴黎的环境并不理想，于是 1534 年离开巴黎，来到了瑞士的巴塞尔，这里是新教的中心，以后，又迁居日内瓦。在这里他与自己的好朋友、日内瓦宗教改革领袖法雷尔一起，领导了宗教改革运动。

如果比较一下加尔文与路德，可以看到加尔文以更加曲折的方式来进行自己的改革，他不是路德式的演说家，也没有路德那样的文采，但是他的文章思想缜密，言辞深刻，别有一种风格。加尔文最重要的著作是《基督教要义》（The Institutes of the Christian Religion），他认为，教会既不可能救世也不可能赎罪，因为上帝早已经决定了一切。人能否得救是由上帝所决定的而不是由教会决定的，加尔文在相当大程度上继承了路德学说，但是也在某些方面有所不同，对于路德来说，因信取义是最终目的，而加尔文却认为不但要因信取义，更为重要的是坚持圣洁的生活。赎救是预定的，这是他的最重要观点。从这本书中可以看出，加尔文的主张与激进的改革者是相差很远的，所以在1538年，他与市民改革派之间的冲突是肯定的了。这种冲突导致了加尔文的出走，直到1541年，他才再次回到日内瓦，建立了代表自己思想的归正教会。这是一个由富有的市民和教士们所组成的组织，他们主张建立政教合一的共和国政权，要求废除主教制度，成立长老教会。生活上要求节俭、反对浪费与奢侈。加尔文还有另外一个使他受到资产阶级最大支持的观念，即提倡关注工商业者的利益，我们已经说过，基督教其实原本是一种产生于农牧业社会中的宗教，耶稣及其信徒经常以牧羊人的形象出现，在这种宗教的原有教义中，经商并不是最高尚的职业。但是经过宗教改革后，这种教义有了根本性的改变，特别是在新教理论中，工商业主的劳动价值得到积极肯定，包括他们努力工作、勤俭节约的生活作风，也作为宗教精神得到颂扬。

回顾欧洲宗教改革风云，应当肯定它对于基督教所产生的深远历史作用。

基督教教会从此分为两大类，新教教会实行新的宗教仪式，在新教会的推动下，拉丁语已经不再是唯一的宗教语言，多种民族语言进入教会，使基督教更加贴近普通人。昔日繁琐的宗教仪式现在大大精简，基督教在中世纪有许多仪式，如朝圣就是相当普遍的一种仪式，朝圣者从遥远的地方到所谓的圣地进香，举行各种仪式，由于路途充满艰辛，很多人病死途中。基督教不只是朝圣的创造者，也是各种圣像的创造者，如圣母玛利亚雕像就曾经十分普及，这种偶像的崇拜在受到宗教学者们的激烈抨击后才消失。中世纪之后，基督教徒们经常称异教徒为偶像崇拜，其实不知道基督教历史上也曾经存在过偶像崇拜的现象。

宗教改革对于基督教教义也有大的冲击，宗教理论更加理性化，但是这种理性化并不是指用西方哲学来阐释宗教，宗教改革家们也无意于将宗教思想变成可以说明的哲理，他们一无例外地强调神启，这是完全可以肯定的。但是他们更重视将上帝的恩惠看成是理解的，全面地描绘上帝，使其仁慈变得可以理解。《圣经》不再是教会的教科书，它走进每一户人家，古代史诗与神话的内容曾经被天主教会所讳言或是神化，目的是使普通人不理解它而崇拜它，但是现在每个人可以通过阅读圣经，再现神话与历史的种种丰富多彩的场景，从更为具体的角度来理解历史。

历史上重要的政治、宗教运动从来都有矫枉过正的经验，宗教改革当然也不例外，罗马教廷与各国教会与新教之间进行了你死我活的斗争，党同伐异，非我族类必诛灭之，是宗教斗争的规律。在新教占优势的国家中，天主教徒们甚至被剥夺了公民权，天主教用同样残酷的手段对付新教徒，在法国等国家中，新教最终放逐。最典型的是 16 世纪后期，西班牙与英国争夺海上霸权，这是新老殖民者之间的殊死斗争，英国以新教为国教，西班牙以天主教为主要教派，英国女王伊丽莎白成了英国新教的代表，西班牙国王则成为天主教的代表，基督教不同教派之间的斗争成了国家、政府、政治军事之间的较量，1588 年，英国海军战胜了西班牙无敌舰队，英国新教也取得了重大胜利。

总之，宗教改革对于基督教命运产生了复杂的影响，有喜亦有忧，一言难尽，如果要明白其中的得失，那么只有用几个世纪的历史才可以说明，其中包括近代以来所有重大的历史事件，无论是海上大交通、美洲发现与美国建国、黑奴贩运、欧洲工业化进程等等，无一不与宗教改革有千丝万缕的联系。

第四章　阿拉伯文明与伊斯兰教

一、"蒙昧时代"的信仰

伊斯兰教发源于欧洲与亚洲之间的阿拉伯半岛，也就是欧洲称之为中东与近东的地区，这里是古代东方与西方交界之处。早在希腊人希罗多德的《历史》中就记载了阿拉伯民族，认为"阿拉伯人是比世界上任何其他民族都尊重信谊的，……在阿拉伯有一条叫做柯律司的大河，它是流入所谓红海的"①。

阿拉伯半岛一般分为八个部分：即位于红海东岸的汉志地区；汉志南边是也门；在也门的东面，南临印度洋的是哈达拉毛地区；在哈达拉毛以东，则是麦赫拉地区；半岛最东侧是阿曼，这里三面临海，北方是波斯湾，东面和南面则是印度洋；波斯湾西部是哈萨地区；内几德地区位于叙利亚沙漠之南，是半岛的中部。爱哈哥府在哈萨、阿曼、哈达拉毛和麦赫拉几个地区之间。可以看出，阿拉伯半岛地方不算太大，但是地形复杂，地区划分是比较多的。

在希罗多德的时代，阿拉伯人还处于伊斯兰之前的时代，也就是所谓"蒙昧时代"。当时的阿拉伯民族文化是相对落后的，在它四周都是相对发达的文明：古代希腊文明、两河流域文明、埃及文明。由于地处东西方之间，而且是战略要地，波斯人进攻希腊人和与埃及人的征战中，都要途经阿拉伯地区。

---

① ［古希腊］希罗多德：《历史》上册，王以铸译，商务印书馆2001年版，第195－196页。

从经济上看，丝绸之路途经阿拉伯地区，阿拉伯人又以善于经商而著称，古代世界中，阿拉伯商人与西方的威尼斯商人几乎齐名，而且由于他们在丝绸之路中的特殊地位，可能更为突出。所以阿拉伯虽然经济不发达，在伊斯兰教兴起之前，文明也相当落后，但阿拉伯还是引起了世人的注意。阿拉伯商业主要是一种长途贩运型的商业，这是传统商业的主要模式，特别是在世界范围里的东西方交易。直到16世纪之前，东西方的商业贸易中，东方是农业产品与工艺产品的主要出产地，西方则是主要消费市场，丝绸之路贸易是最为典型的古代商业模式。16世纪之后，西方工业文明的发展改变了世界商业模式，西方变成工业产品的主要输出地，东方则成为资源供应地与市场，东西方的地位彻底改变，商业模式也随之变化，工业品贸易成为主要模式，从传统的长途贩运变为工商业城市贸易，集市贸易也转化为规模性的大市场，欧洲各地出现了全欧性的多个大市场。这是前所未有的变化，为西方文明的市场经济原则奠定了基础。

阿拉伯民族主要生存地是阿拉伯半岛，这里是伊斯兰教的发源地，也是阿拉伯文化的发源地。"阿拉伯"一词的原意就是沙漠地带，阿拉伯人则是指那些在这一地区过着游牧生活的牧民，主要是贝都因人。在伊斯兰教产生之前，阿拉伯文化处于"蒙昧时代"。这个时期当地居民的信仰是多种多样的，在不同历史时期大致可以分为两种。

其一是原始宗教，比如泉水崇拜、精灵崇拜、动物崇拜等，这对于世界各民族都是大同小异，没有特殊之处。但是，其中的星月崇拜却不同一般，最具有阿拉伯民族特色。星月崇拜就是把月亮作为崇拜的对象。我们知道，古代民族中日月崇拜都相当多，但相对来说，太阳神多于月神，埃及人的太阳神信仰就是这种崇拜的标本。贝都因人崇拜月神，可能与沙漠地区干旱、炎热的气候有关。每年从五月开始，白天就变得酷热难当，在干燥的气候中，人类活动困难。时至今日，阿拉伯地区五月的气温可以达到摄氏 40 多度，外出的人很少，偶尔有骑着骆驼的人经过，使人想象到当代游牧人的风采。只有到了夜幕降临之后，凉风送爽，阿拉伯人的居住地灯火齐明，充满了生机，才有了沙漠中生命存在的一幅图景。黑暗中的光明，星月之光与灯火之明，是《古兰经》中所歌颂的。从《古兰经》中，我们还可以看出古代阿拉伯人自然崇拜的痕迹，《古兰经》第71章中说道：

> 努哈说："我的主啊！他们确已违抗我，他顺从那因财产和子嗣而更加亏折的人们，那等人曾经定了一个重大的计谋，他们说：'你们绝不要放弃你们的众神明，你们绝不要放弃旺德、素瓦尔、叶巫斯、叶欧格、奈斯尔。'他们确已使许多人迷误，求你使不义的人更加迷误。"①

这里是记叙派遣努哈传教的经过，所提到的旺德、素瓦尔、叶巫斯、叶欧格、奈斯尔等神都是自然崇拜的神灵，其中旺德就是月神。除了月神外，相当重要的是金星，它被称为"阿斯台尔"，是掌管农业和土地的神灵。当时未经伊斯兰教化的部族笃信这些宗教，以后这些神灵的影响也并不会马上消失，伊斯兰教有了星月象征，就像基督教有了十字的象征一样，是阿拉伯民族的精神信仰的一个符号，无论在教堂建筑还是生活中，无处不在。对于穆斯林来说，它就是神圣。

而定居的阿拉伯人以农业生产为主要生活方式，则有了太阳崇拜习俗。这种太阳崇拜是古代各民族常见的，特别是一些农业民族，因为庄稼生长要靠太阳和雨水，所以尊崇太阳神，也是正常的。除了这些崇拜之外，阿拉伯人四处经商，长途贩运是阿拉伯商人的主要经营方式，在现代工商业兴起之前，阿

---

① 《古兰经》，马坚译，中国社会科学出版社 1981 年版，第 451 页。

拉伯商人及其经商模式在世界上有较大影响。阿拉伯商人广泛
接触各国人民，也把各种宗教带入了阿拉伯地区。这些宗教在
当时来说，相对于阿拉伯人的信仰发达，教义深刻，能为人们
所信服，所以传播面积更广。

　　在阿拉伯古代崇拜中，尤其引人注目的是一种神石崇拜，
阿拉伯人的多种信仰都几乎与石头有关，无论是克尔白的黑色
神石，或是那一片黑石地，这片地位于麦加与麦地那之间。这
种黑石是死亡的象征，有人分析这种信仰就是古巴比伦死神崇
拜，也可以成为一说。但实际上石头崇拜可能是西亚地区相当
普遍的，即使在基督教《圣经》中，石头也是一种重要象征，
《哈巴谷书》中就有"石头呼叫"（stones will cry out）的说法。
当然，朝圣的习俗也是在伊斯兰教之前就出现的，著名的诗人
祖海尔（Zuhayr bn Abī Suimā，约 520 – 609 年）的名作《悬
诗》就曾写过：

　　　　我以人们朝觐、绕行的克尔白起誓
　　　　——建造它的部族是朱尔胡姆和古莱氏；
　　　　我发誓：勿论处于什么样的境地，

　　　　你们两人都确实是仁人君子。
　　　　……①

克尔白（Kaaba）就是古代的神庙，呈方形，其中有偶像与神
石，也称之为玄石。位置放于庙的中部，周围镶有银边。所有
的人都来这里朝圣，朝圣者用手来抚摸这块圣石。这种习俗产
生于伊斯兰教创立之前，穆罕默德创立伊斯兰教之后，承袭了
这种宗教礼仪。阿拉伯人的石头崇拜十分突出，对于一些罕见

---

　　① 《阿拉伯古代诗选》，仲跻昆译，人民文学出版社 2001 年版，第
61 页。

的石头，如火山石、陨石等，阿拉伯人认为它们是自天而降，就更加重视，是所谓"天石"，更加崇拜。这种崇拜可能就是克尔白朝圣习俗的来源。其具体起始年代与意义已经难以考据了。但有学者认为，这种宗教习俗可能与基督教等外来宗教有关。中国史学家周谷城的《世界通史》中曾经引用了刘智于《天方典礼择要解》卷八的一段话：

> 朝觐者新诣天阙，以返其所自始也。天阙即朝堂，又曰天房，天房名克而白。盖造物设之，以作万方朝向者也。朝觐者必抚石。阙庭之南，有巨石一片，其色玄，自天降也，故名玄石，又曰天石。凡朝阙人至阙庭，先必抚石，以示信道之坚重如石。游克尔白三七匝，每匝过玄石必抚之。抚之之法，两手平覆于石，反举而以口亲之。[①]

古代阿拉伯宗教中，发展出了种种偶像崇拜，如月神的偶像、星宿偶像、其中最为著名的是三女神崇拜，三位女神就是月神拉特、金星神维纳斯也就是欧萨、命运女神麦特那（或称默那），这三个女神崇拜风行各民族，是阿拉伯人所崇敬的神。穆罕默德得到安拉的神谕，下定决心，反对一切偶像。《古兰经》第53章中说：

> 你们告诉我吧！拉特和欧萨，以及排行第三，也是最次的默那，怎么是真主的女儿呢？难道男孩归你们，女孩却归真主吗？然而，这是不公平的分配。这些偶像只是你们和你们的祖先所定的名称，真主并未加以证实，他们只是凭猜想和私欲。[②]

---

① 转引自周谷城著《世界通史》上，河北教育出版社2000年版，第348页。

② 《古兰经》，马坚译，中国社会科学出版社1981年版，第409页。

女神崇拜与偶像崇拜是原始民族中常见的崇拜，进入文明社会之后，这种崇拜被新的一神教所否定，也是自然现象。

其二，从公元前后，世界各种主要宗教不断传入阿拉伯，公元70年前后，犹太人从巴勒斯坦地区进入阿拉伯，将犹太教带入阿拉伯。以后基督教也传播到这一地区。而这两种本是同根所生的宗教，在阿拉伯地区竟然不断产生摩擦，最后酿成战争。基督教的不同教派也在这里发展，在伊斯兰教产生之前，这一地区的宗教形势十分复杂。总体来说是南方宗教发达，特别是外来宗教，往往是先在西部和南方登陆，以后影响到全半岛。同时，在历史上，南方也是宗教斗争较为激烈的地区。

阿拉伯半岛是一个相对封闭的地区，经济不发达，因此古代的宗教迫害中，阿拉伯半岛成了一个躲避纷争的地方。古代波斯地区的拜火教徒、犹太教徒、基督教徒、景教徒等，都曾经来到过这一地区，并且在这里争取发展。在半岛的经济与宗教发展史上，有一个特殊的历史现象，较早发达的是南方地区，但是从公元3世纪之后，南方开始衰落，经济与宗教中心向北转移，南方民族向北方迁移，使得北方发达起来。

在伊斯兰教之前，阿拉伯地区宗教所取得的成就中，有三项是值得特别关注的：

第一是安拉神名的提出。大约在穆罕默德前2个世纪，就已经有安拉神信仰，主要集中在麦加地区，在列哈赛法铭文中就已经用"安拉"来代表上帝了。最早可能有众神之神的意思。以后在伊斯兰教中继承了安拉神的称呼，但是尊为唯一神。

第二是正教观念的提出与朝圣礼仪。这是所谓的哈尼夫正教学说，哈尼夫就是阿拉伯语中的"正统的"意思，这种学说可能与基督教等宗教的传入有关，由于这种影响，在阿拉伯人中间产生了早期一神教的思想。易卜拉欣的正教与朝圣，可以看做是穆罕默德之前阿拉伯人自发产生的一神教要求，为伊斯

兰教的产生奠定了基础。伊斯兰教的产生不是偶然的，它有近
2 个世纪的精神准备。产生这一变化的原因之一，自然是多种
一神教的传入，到公元七世纪前后，多神教在文明世界上已经
没有多少势力了。

第三是阿拉伯人的灵魂不死与转生。这是一种有特色的思
想，它的来源目前尚不清楚。我们已经说过，印度人较早就有
这种观念，但在阿拉伯人中这种观念自何而来，还没有明确。

二、穆罕默德与一神教

虽然伊斯兰教在当代世界上与犹太教和基督教有相当多的
冲突，而且这种冲突很多个世纪以来从没有间断过。但是，我
们不能不承认，伊斯兰教从性质上来说其实与犹太教和基督教
是属于同一宗教系列的，而且与它们有共同的起源。这就产生
这样一种可能，正是这种同源宗教的教义所强调的圣战与排斥
异端精神，有可能对于它们之间的关系产生影响。这种冲突几
乎随处可见，即使在《古兰经》中，也可以看出与作为同宗异
教的犹太教、基督教之间的分歧，这是无可隐讳的。

伊斯兰教与犹太教、基督教全都出于闪米特人的先知信仰，
这种信仰一般采用祈祷的方式，表达自己的信仰虔诚。可以看
出，这种信仰方式与其他一些古代信仰是有区别的，如与亚洲
的萨满教、埃及的太阳神等都不尽相同。如果说有一点重要区
别的话，那就是先知与巫师之间还是有相当大的差异。先知崇
拜是闪族信仰的重要特点，已经越来越清楚了。

由此发展出来的宗教，一般有宗教教义、宗教经典、组织
与仪式等主要构成，也有宗教义务、宗教语言、宗教建筑等内
容，由此形成相当完全的宗教体系。其中，从先知到神圣，是
这种宗教发展的一般规律。我们从穆罕默德和宗教经典来开始
对伊斯兰教进行研究。由于阿拉伯人纪年方式与其他民族不同，

所以穆罕默德的出生时代无法精确确定，根据常见的阿拉伯史书记载，其生于象年 3 月，这是一种生肖纪年法，但不是普通的生肖纪年，而是一种记事的纪年法。据说是由于该年埃塞俄比亚人从也门进攻麦加，大约是公元 570 年 3 月，进攻者是骑着大象来的，所以这一年被称为象年。此年是穆罕默德出生之年。

穆罕默德的父亲阿卜杜是一个商人，属于阿拉伯人的古莱氏族。母亲阿米娜出身于一个败落的大家族，其父到叙利亚经商时病故，而这期间其遗腹子穆罕默德出生于麦加。如果从穆罕默德的家庭来看，对于以后的伊斯兰教有两个直接影响，一是使麦加可能成为圣城，在此之前，麦加已经取得了在多种崇拜中的地位。世界穆斯林一生中如可能都应当前往麦加朝觐一次。二是伊斯兰教的领导力量必须是阿拉伯人，穆罕默德出身于古莱人，所以以后古莱人长期担任主要的宗教领袖。

穆罕默德少年时代曾经为人牧羊，据说曾经接触过基督教的牧师，对于他的宗教意识特别是一神教意识可能有一定作用。成人后，这个家境贫寒的青年为一位富孀经营商业，后来与这位富孀结婚，从此有了生活保障，得以从事宗教事业。

公元 610 年，伊斯兰历 9 月（斋月）27 日或是 28 日的夜间，是伊斯兰教史上意义重大的一夜，穆罕默德宣布此夜奉真主使命，这就是《古兰经》上所说的"格德尔之夜"（尊贵的夜晚）。在此之前，他已经开始了自己的宗教思考，他经常在麦加附近的一个小山洞里思考，这个小山洞就是希拉山洞。真主的使命是什么？安拉对于穆罕默德的使命是："把人类引导于真主之道。"

从这时起，穆罕默德开始为期三年的秘密传教，从自己身边的人开始，对他们说明的主要是信仰方向，就是一神教与道成肉身的主张。要求他们抛弃偶像，以真主为唯一的神，承认穆罕默德是真主的使者。这一道理与传教方式都与基督教的发起十分相似。三年之后，穆罕默德开始公开传教，传教的内容从宗教原则变为社会生活认识。其中多次涉及贫富不均等最受世人关注的现实问题，因此有人把穆斯林的教义理解为反对富人夸耀自己的财富。我们认为，反对夸耀财富只是其目的之一，最主要的目标是反对当时阿拉伯社会不公、贫富分化严重，引起社会秩序失调的状况。另外，穆罕默德的宗教主张中，有部分内容是符合社会中下阶层利益的，这是一般宗教在起事阶段最常见的教义，新宗教开始大多在下层百姓中传播，其对象以社会下层为主，因此主要是反映他们的利益要求。其次是一般宗教都有的劝善惩恶说教，这最能得到社会大多数成员的拥护。这一宗教在开初能取得信任的另外一个重要原因是，这是一个由阿拉伯人自己创立的一神教宗教，其理性化程度相对于自然神崇拜是高的，有一定说教效果，也反映了其民族利益，这种阿拉伯人自创的宗教是与其他外来的发达宗教不同的。在传教之初，这种传教引起了古莱部落权贵与富人们的不满，对于穆斯林进行迫害，手段十分残忍。于是，穆罕默德带领自己的信徒离开麦加，到埃塞俄比亚。经过长期的排斥之后，公元619年，麦加的古莱氏贵族被迫宣布，废除《麦加约书》这个迫害穆斯林的宣言。从这一年之后，穆罕默德传教方式有所改变，他把重点放在麦加以后的各部族首领，这些首领大多没接受过正规宗教的教化，穆罕默德循循善诱，并且会利用不同部族之间的矛盾，扩大伊斯兰教的影响。次年，伊斯兰教在叶斯里伯得到较大发展，穆罕默德为扩大宗教，与叶斯里伯地区的穆斯林订立《阿格白盟约》，宣誓将与一切"悖逆的红人（指白人）与黑人（指埃塞俄比亚人）战斗到底"。

　　公元622年7月16日，穆罕默德离开麦加，迁都到麦地那，这个地名意谓"先知城"，就是原来的叶斯里伯，由于先知来到此地，所以就改了名，并且从此成为圣城。

这样，伊斯兰教就定了三个圣地：麦加－麦地那－耶路撒冷。将耶路撒冷定为圣地，如果从文明关系来看，应当是这样一种解释。伊斯兰文明与犹太教、基督教之间有着历史渊源，这种渊源有共同的闪语民族的历史，也有先知信仰等宗教观念的千丝万缕的联系。这种联系是历史所形成的，无法回避的，穆罕默德在创立伊斯兰教过程中，受到犹太教与基督教的极大启发，为了这种历史与宗教理论关系，把耶路撒冷定为圣城之一，这也表现出穆罕默德是一位有远见卓识的宗教领袖。但是，事情发展往往有它的内在目的与步骤，不是人们所能预定的。穆斯林在礼拜时有一定的方向，即所谓的宣礼朝向。以前在麦加朝拜方向是向天的，因为安拉是无所不在的。但是迁到麦地那后，决定以圣地耶路撒冷为朝向。麦地那的原居民中有相当多的犹太人，他们保持自己的犹太教信仰。后来穆斯林与犹太人发生冲突，穆斯林驱逐了犹太人，同时决定把宣礼朝向改为向麦加的克尔白。这一朝向改变是伊斯兰史上的一段插曲，从迁居麦地那到朝向改变只有 17 个月，也就是说，在伊斯兰教历史上有 17 个月时间是朝向耶路撒冷朝拜的。但是它仍然在历史上留下了印痕，这就是《古兰经》中那一段名言："一般愚人将说'你们为什么要背弃原来所对的方向呢？'你说，东方与西方都是安拉的，他把意欲的人引上正道。"当我们重读这一段圣训时，对于这一转向的思考会更加深入，将会体会到一种东方的宗教在发展中的选择并不是偶然的，它与这种宗教的民族心理、性格之间，与历史条件之间，都有相当重要的依存关系。

伊斯兰宗教中心迁到麦地那这一事件在伊斯兰史上称为"希志来"（al－hijrah），并且从此开始了伊斯兰新历法——希志来历——这无疑标志着伊斯兰史上新的一页。从此，穆斯林在各地建立清真寺，宣传教义，制定宪章，组织政府与军队，发动圣战，进入繁荣时期。

在研究伊斯兰教信仰的历史时，我们特别要注意到，伊斯兰教从诞生起就用武装斗争来保卫自己的宗教，在初期是巩固圣地麦地那的斗争，主要的敌人是麦加的古莱人。麦地那位于交通要道，是麦加与叙利亚之间商业的必经之途，所以也是双方必争之地。穆斯林在 10 年的时间里，经过公元 624 年的巴德尔战役、公元 627 年的"堑壕战役"等，穆斯林屡败古莱氏贵族，取得了对于这一地区的控制权，壮大了自己的实力。同时，公元 627 年，穆斯林和曾经支持过他们的古莱达族犹太人发生冲突，最终消灭了这一部族，杀死男子 600 人，妇女成为奴隶。到公元 629 年，基本肃清了麦地那附近的犹太人势力。最后，穆斯林占领麦加城，清除了麦加克尔白的所有偶像，克尔白成为伊斯兰教圣地。从此，所有非穆斯林不得进入麦加，也不能进行朝圣。公元 630 年，阿拉伯半岛全部归顺伊斯兰教，这是阿拉伯半岛有史以来的全面统一。

公元 632 年 6 月 8 日，也就是伊斯兰历 11 年 3 月 13 日，穆罕默德于麦地那逝世。从此，麦地那也成为另一个圣城，穆斯林朝觐者们在拜谒了麦加之后，也要来到这里祭祀与参拜穆圣的墓地。

三、伊斯兰宗教理论

1.《古兰经》

《古兰经》在阿拉伯语里称为"瓦哈伊"，是主的上天启示的意思，这是指经文是安拉的话语，这种话语是经过迦百列传给先知穆罕默德的，这种传授不是言语，而是一种无言的传授。从这里可以看出，《古兰经》的来源认识与《圣经》的近似之处，都是上帝或最高神的话语，是天启。而且还有"天使"传经的说法，这都是与《圣经》相似的。不同之处是默示给先知的。关于天启，我们还必须提到"奉使命"的思想，这是穆罕默德在麦加的格德尔之夜奉安拉之使命。这种思想与耶稣、释迦牟尼的成神经过是基本相同的。耶稣受洗、释迦牟尼在菩提树下悟觉，都强调通过一种方式、一种思考与神相通。这种相通具有授予权力的含义，一般就是授予解释神的话语、行使神的命令的权力。这就把受命者与众人相分离，使他获得一种神圣。这一过程与神的旨意和行使等，全都成为宗教经典的内容。

《古兰经》主要组成是伊斯兰教的历史、先知穆罕默德的行传、以色列、《旧约》与《新约》和《古兰经》本身。其主要的内容则可以分为三大部分，其一是宗教原理包括认识、创世、信仰意义等；其二是宗教信仰与制度，包括宗教的礼仪、规定、教徒的行为方式与道德准则等；其三是社会生活，像所有经典一样，社会生活是宗教信仰的出发点也是它的最终实现，因为宗教都是面向社会的，所以它对社会现象要有评论、界定与批评，如财富、家庭、男女、学问、战争、饮食、衣饰起居等方面。

在信仰方面，《古兰经》认为安拉是唯一的神，是真正的主，所有的人都应当信奉安拉。伊斯兰教是唯一正教，但是，又认为信仰是自由的，并不强迫信奉伊斯兰教。极为反对以武力胁迫信教。同时，重视信仰与社会义务性，这是伊斯兰教的一个重要观念，即不以物配主、孝敬父母、救济贫民。在宗教中，伊斯兰教尤其重视社会与家庭道德建设，如禁止奸淫，杀人偿命、提倡学习知识等。但是也有相当多的地方反映出阿拉伯当地风俗与观念，如婚姻、财富、借贷立约、禁忌等等。

2. 宗教理念

一种宗教信仰所表达的理念具有自己的特色，从每一种宗教的理念我们都可以看出这种宗教的文明环境，它产生的历史与目的。再从更深层来说，我们可以看出这种宗教的哲学，它的世界观、人生观与人性观，它关于人权、民主、社会的理解。

逊尼派人数占到穆斯林人数的90%，是最大的教派，他们主张其实是一种相当传统的理念，即安拉的本体与德性是区分的，本体第一，德性第二，本体与德性是永存的，而且是无始的。这样就使得安拉的神圣性保持独立，安拉的存在是不同于万事万物的，它具有真实德性，但这种德性不与人同形同性。因为宇宙间一切事物都是安拉所创造的，但这种创造物只是具有实体性和偶然性，而不具有安拉的德性。而什叶派则信仰伊玛目，伊玛目在阿拉伯语中就是"领袖"、"师表"、"表率"等含义，一般来说就是宗教领袖。伊玛目的起源是指领着众人祈祷的人。在伊斯兰教初创时期，穆罕默德就是伊玛目，以后的伊玛目曾经是政教一体的领袖的代称，但毕竟由于行政与宗教各有其事务，最终还是分开了。什叶派对于逊尼派把哈里发与伊玛目合一、世俗与宗教完全合一的做法并不欣赏，他们坚持伊玛目是安拉所赋予的神职，先知穆罕默德离世后，伊玛目是其继承者，先是阿里，以后是通过遗传产生的，是圣女法蒂玛的后裔，他们甚至把伊玛目作为信条，产生十二伊玛目派、伊斯玛仪派等。

伊玛目信仰为什么受到这样的坚持？

这个问题对于伊斯兰教是个引人注目的现象，但是对于世界宗教发展史来说，只是一种规律性的作用的发生，这种现象在各种宗教中都曾经发生或是必将发生，丝毫没有值得奇怪之处。

宗教学家涂尔干（Emile Durkheim, 1858－1917）曾经揭示过宗教史上一种引人深思的现象，在有的宗教如佛教中，佛陀的神性是在佛教组织之外的，而有的宗教中，如基督教中，耶稣却是神的主体，使这种宗教须臾不可离开。他是这样说的：

　　最后，无论人们怎样去构想佛陀的神性，事实上，这个概念也完全是处在佛教的基本组成部分之外的。佛教主要是由救度观念构成的，其前提条件仅仅是知晓善的教义并付诸实践。的确，如果佛陀未曾揭示这种观念的话，人们便无法了解它；但是这种观念一经揭示，佛陀的任务也就完成了。从此以后，佛陀就不再是宗教生活中的必要因素。即使揭明四圣谛的佛陀在人们的记忆中消失了，人们仍然有可能实践四圣谛。基督教则截然相反，如果没有基督永存的观念，如果没有持之以恒的膜拜实践，基督教是无法想象的。因为正是通过永生的基督，通过每天的祭献，基督徒共同体才能不断与精神生活的至高源泉相互沟通。①

其实这里涂尔干完全错了。他是一位古代宗教特别是原始宗教的专家，但是对于宗教发展原理却不得其要，这里，他主要的错误在于把古代宗教与中古宗教混为一谈。佛教是古代宗教，但是基督教是形成于罗马时期的中古类型的宗教，两者最大的不同是，基督教是一种人格神化的宗教，基督教产生的根源在于此。这就是弥赛亚主义，这是中古社会的对于宗教的一种要求。中古社会中，原始宗教的神已经不能完全满足理性化以后社会的要求，人类所需要的是人的理性所可以崇拜的对象。这一对象必须具有人格性，当然也必须要有神性。这就是古代的犹太教被基督教所取代的原因，与耶和华相比，人们更为需要耶稣基督这种人格神，当然，这里的耶稣是代表了耶和华的，是救世主弥赛亚与天国的人世代表。迪安·彼得逊（R. Dean. Peterson）在《基督教简史》（The Concise History of Christianity）中说：

――――――――

　　① ［法］爱弥尔·涂尔干：《宗教生活的基本形式》，渠东、汲喆译，上海人民出版社 1999 年版，第 38 页。

虽然关于弥赛亚与天国的看法有所不同，但是耶稣时代的犹太世界却充满了上帝之协助将临近他们并使之到达天国的激情，无数的父母们把自己的儿子取名叫约书亚（希腊文中的耶稣），期望他们的孩子就是那个上帝选中的带领人民的奉使者，到处充溢着这种盼望弥赛亚降临的气氛。①

只有理解这种时代性，才能体会到，为什么"现代性"这一概念其实起源于罗马的基督教诞生之际，对基督徒而言，基督教就是现代宗教的产生。

同样，在伊斯兰教中，人们也需要穆罕默德这样的先知，这种先知不同于以前的先知，他是奉神使的先知，是安拉的唯一代表，是神化的人。所以，他的神圣性必须要体现出来。这是涂尔干所没有能够充分理解的，不理解这种近代宗教的转化，就无法正确理解宗教的本质。

从这一角度来说，无论是逊尼派还是什叶派，都是重视安拉的使者穆罕默德的神的代表性，从宗教史来看，伊斯兰教的"伊玛目"相当于基督教的"弥赛亚"，无论耶稣还是穆罕默德，都是应近代社会宗教的理性化的需要所感召而生的人格神，他们不同于古代宗教中的最高的神或唯一的神，而是作为人间神的使者，从而推动近代宗教与人类社会相接近。这在伊斯兰教原理中也是相当重要的。

伊斯兰教的宗教理念中，也有我们所熟悉的"末日审判"，这就是说承认有世界末日。《古兰经》第101章中说：

在那日，众人将似分散的飞蛾，山岳将似疏松的采绒。至于善功的分量较重者，将在满意的生活中。至于善功的

---

① R. Dean. Peterson, *The Concise History of Christianity*, Wadsworth, Thomson Learning, 1999, P. 20.

分量较轻者，他的归宿是深坑。你怎能知道深坑里有什么？
有烈火。①

这种"大难"将临的理念与西方基督教是一样的。这种看法就
是认为终将有一天世界会毁灭，其中也有所有的人都将重生的
说法，这也与基督教是大同小异。我们可以看《圣经》中的末
世论，如《新约》的使徒行传第二章 17 就说道：

> 神说，在末后的日子，我要将我的灵浇灌凡有血气的。
> 你们的儿女要说预言。你们的少年人要见异象，老年人做
> 异梦。在那些日子里，我要将我的灵浇灌我的仆人和使女。
> 他们就要说预言。在天上我显出奇事，在地上我要为出神
> 迹。有血、有火、有烟雾。日头变为黑暗、月亮要变为血、
> 这都在主大而明显的日子未到之前。到那时，凡求告主名
> 的就必得救。

但是，我们也要看到，毕竟伊斯兰教有自己独特的思想。基督
教的世界末日理论虽然消极，但是其中有一种救世的生命之歌，
那就是基督耶稣的复活，复活的思想对于现实是有鼓舞力量的。
而伊斯兰教产生的历史条件与古犹太教和基督教不同，它没有
经受过从古埃及直到罗马长期的压迫与迫害，没有耶稣基督被
钉十字架的历史，所以它的教义中就没有相应的内容，而这种
内容正是基督教不同于犹太教的地方，是经受过苦难的基督教
徒们救世的信心之源。弥赛亚精神、救世主精神是数千年受到
迫害的犹太民族深重苦难和呼声，所以这种信念是十分深刻的，
不能被别的精神所取代的。

　　阿拉伯民族没有犹太民族这样的历史，民族心理与性格都
有所不同，所以不可能产生这种弥赛亚精神，这是两种民族、

---

① 《古兰经》，马坚译，中国社会科学出版社 1981 年版，第 481 页。

两种文化的巨大差异，这种差异反映在了他们宗教之中，形成了各有特色的宗教理念。伊斯兰教对于恶的惩治所形成的火狱与天园，在某些方面与基督教的末世论、地狱与天堂的学说是相对应的。伊斯兰教认为，作恶者后世将入火牢或是地狱，或是称为"烈火"、"火焰"、"赛仪尔"、"杰希姆"等，都是惩罚恶人的地方，作恶的人身后将被穿上火衣、遭受火鞭的抽打等。而行善者所上的天园，是和平之宅，"极乐之宅"，人类的归宿。人们在那里可以过着永远青春年少、长生不老的日子。总括伊斯兰教的报应与末世思想，具有更多的现实性。阿拉伯是一个刚刚脱离或是仍然部分保持着游牧生活方式的民族，阿拉伯半岛没有发展农业的优越条件，但是却有地理位置的天然条件，商业与海上贸易是阿拉伯人从事较多的职业。《古兰经》中就有鼓励从事远洋经商与贸易的话语，这种生活环境中发展起来的文明，关注社会生产与经济活动，是非清楚，善恶观念明显，在他们的宗教信仰中，文明特征也表现得很突出，令人一眼就能看出，这是阿拉伯人的宗教。在这种信仰中，相当重要的就是惩恶扬善的思想主题。

我们再来看一下其善行观念，这也是伊斯兰教最重要的观念之一。在伊斯兰教中，并不强调原罪观念，这是与基督教完全不同的。原罪观念把人的心理作为重要的方面，特别注重人的赎罪。而伊斯兰教注重现世与现实的行为，注重乐善好施，这一点与佛教相似。要求富人救济穷人，这是一种现世精神的体现，是乐观的、活跃的。而相对来说，基督教善的观念则显得沉重而忧郁。虽然这种观念是深刻的，随处可以看到一种犹太人甚至希腊人的悲剧性观念，但是这种观念毕竟与阿拉伯半岛上居民的生活是有一定差别的。

在伊斯兰教中我们看到了最为优美的行善施舍，这是自然的、明朗的善。它是人类善的一种近代宗教形态的完美代表，我们说它完美，正是由于它的单纯、清明、直接可行与易于为人所理解。它把行善的内容直接与施舍、赠与等行为联系起来。从这一点来说，与中国儒学和佛学、与基督教等的"善"是不同的，后二者的善都已经不再是济贫而主要是一种济世的思想，加入了更复杂的社会意识形态与道德内容。而伊斯兰教善的形态，只有在阿拉伯民族，这个半岛上的游牧民发展起来的民族中，才有如此明晰的形态。

3. 伊斯兰教与财富观念

所有的宗教都在俗世中存在，人类社会生活处处与财富有千丝万缕的联系，所以没有哪一种宗教没有财富观。伊斯兰教产生于阿拉伯人中，阿拉伯人有经商习惯，所以伊斯兰教的积聚财富与伦理教化观念发展充分。宗教中的经济与财富往往以经济伦理的形式出现，在研究伊斯兰教的经济伦理学之前，我们首先要看一下基督教的经济伦理学。基督教的经济伦理学经历了不同的发展阶段，在宗教改革之前，基督教思想中虽然也有一些反对经商和经济利益的说法，但是，希腊与罗马文化的观念是注重私有财产制度化这一思想的，当时只是对于社会利益如何分配中表现出的一些分歧。其实也就是宗教与王权封建贵族和社会其他阶层之间的分配关系的冲突。宗教改革之后，商人与城市市民阶层的利益得到更大的保证，这就是新教的思想特征。但伊斯兰教不同，伊斯兰教的经济伦理思想在所有宗教中是最为复杂的。

一方面，这种宗教中有大量关于商业活动的记述，这是远超过《圣经》、《论语》或是佛经的。可能由于穆罕默德本人曾经有过经商的经历，而且与当时大多数阿拉伯商人一样，是长途贩运式的商业活动。所以《古兰经》对于商业活动十分重视，对于商人的地位也是赞赏的。《古兰经》中说：

谁为主道而迁移，谁在大地上发现许多出路，和丰富的财源。谁从家中出走，欲迁至真主和使者那里，而中途死亡，真主必报酬谁。①

《古兰经》中有大量关于商业借贷、商业经营等方面的论述，所以有人认为："当你阅读《古兰经》时，有时会觉得它不是一本圣书，而是商业手册。"②这种理解当然是不够准确的，但是伊斯兰教重视商业活动的精神是无可怀疑的。

另一方面，伊斯兰教更为推崇济世的道德，有时还有一种平均主义的思想。这种思想与商业经济的道德观念显然存在着一定程度的冲突。特别是其中关于救济穷困的思想是明显的，如《古兰经》第九十二章中所说："至于赈济贫民，敬真主。""他虔诚地施舍他的财产"。《古兰经》中说道：

> 信道的人们啊，你们当分舍自己所获得的美品，和我为你们从地下出产的物品；不要择取那除非闭着眼睛，连你们自己也不愿接受的劣质物品，用以施舍。……不分昼夜，不拘隐显地施舍财物的人们，将在他们的主那里享受报酬，他们将来没有恐惧，也不忧愁。③

类似的赈济、施舍、救济等思想，在《古兰经》中是一种基调，行善的行为是神圣之光的显现，穆罕默德将它作为一种宣传教义的中心，是体现神圣与正义之伟大的特有方式。

商业中心观念与平均主义之间有一种不协调，虽然在神圣

---

① 《古兰经》，马坚译，中国社会科学出版社1981年版，第68－69页。

② ［苏］马·叶列米耶夫：《伊斯兰教是多结构社会的意识形态》，《世界宗教资料》1986年第4期。

③ 《古兰经》，马坚译，中国社会科学出版社1981年版，第32－33页。

的光芒照耀下，已经几乎难以觉察。但一种世界性的宗教，其教义指导着2亿多人的精神与行为，会在历史上产生难以估量的影响，会决定一个国家、民族的社会发展方向，决定着亿万人的生活水平与道路。简单说，就是会决定这个民族在近代以来，特别是资本主义兴起之后，如何看待世界从封建经济向工业化社会演进，这个民族坚持怎样的一种宗教经济伦理。

伊斯兰民族历史发展中有它的特点，这一历史进程对于宗教的影响我们不能估计不足，它在长期历史中所形成的民族道德观一定程度下会直接进入其宗教。作为一种宗教来说，精神世界的追求是它的天性，末世说，来生说，救世思想都是最重要的，当这些信仰进入一个刚从游牧民族转型为一个商业民族，或是说一个游牧与商业经济并存的社会中时，它的救世性当然最容易与施舍行善相结合，救赎的意义表现为施舍、济贫，这是宗教伦理的现世化，是最鲜明的伦理观。这里的善是最纯洁的善。从伊斯兰的施舍中，发展出"天课"，天课就是伊斯兰教的国家税制的宗教学解释，具有鲜明的政教合一、宗教与社会合一的特点。但我们绝不可忽略，阿拉伯商人与航海家追求商业利润的兴趣从没有被宗教伦理所束缚，承认私有财产合理性与私有制度，这是伊斯兰作为近代宗教的立教之本，但在这一原则之外，一切财产最终归于安拉，个人私有只是一种暂时现象，这又是一个充满伊斯兰特色的教义。在这种教义指导下，阿拉伯文化出现了一种奇怪的现象：商业发达，特别是海外贸易与境外贸易发达，但是本土的社会发展中，却没有出现一种近代性的、自发的资本主义精神，这也是一种必须正视的历史事实。

公元10世纪的阿拔斯王朝是伊斯兰史上的一个重要时代，这个时代中，穆斯林商人们重新在国内外活跃起来。开辟了东达中国、西到西班牙、东北到俄罗斯与东欧国家，北到拜占庭，南到也门等地的世界性商业线路，这种繁荣景象一直持续到13世纪。中国古代阿拉伯使臣与商人众多，特别是公元7－8世纪前后，公元651年伍麦叶等王朝即大食国使臣首次到达长安，到公元798年，一个半世纪中使臣遣唐达40余次。阿拔斯王朝被称为"黑衣大食"，更是频繁派使臣来华，仅公元753年就有四批使臣抵达长安。仅长安就有数千阿拉伯商人居住，即使在当今全球化时代的世界大都市中，外国商人这样集中的情况也是不多见的。

十字军东征之后，东西方的商业活动开始了一个新局面，阿拉伯人可以说仍然保持了商业上的优势。15世纪中期，土耳其奥斯曼帝国确立了统治地位，一直到18世纪，这个庞大帝国才真正衰落。众所周知，这一历史时期，正是西方发生天翻地覆变化的时代，资本主义长足进展，整个西方世界走向现代化。在这一时期中，伊斯兰的经济思想也有巨大的变化，如先后出现过克瓦夫、瓦哈比运动、圣战思想等，都有独特的经济观念，但是，伊斯兰经济思想的发展不能适应当代社会发展的大潮，仍然停留于一种近代的模式。一位中国学者曾经这样总结穆斯林经济思想：

> 从总体来看，近代伊斯兰复兴运动的经济主张主要集中在财产和消费方面。这一方面反映出当时穆斯林下层社会仍然处于传统的落后经济状态中，无法提出具有现代色彩的经济主张来。另一方面，也体现出了他们的主张同经典穆斯林经济主张的渊源关系。另外，伊斯兰教初期"乌玛"的军事、政治、宗教、经济一体化的公社模式成为伊斯兰运动中纷纷仿效的楷模。这种从经济角度看属于独特的集体经济的公社，往往只是一种战时状态的临时性组织，很难长期实行。乌玛的核心是集体生产、生活——穆斯林皆兄弟的情谊——相对平均、平等的社会关系与物质分配。

> 这种集体公社经济的思想反映了下层贫民朴素单纯的人际
> 关系与相对均平的思想意识。[①]

对于这一结论，我们是赞成的，只是仍要指出两点：第一点，平均思想渊源有自，是从伊斯兰教经典中产生出来的，不是贫民们自发的思想感情，它出自神圣的源泉而不是俗世，它是教义中所内在的思想不同观念。第二点则更为重要，一种经济思想或是伦理，它不完全取决于所产生社会的经济发展水平，就是马克思主义也没有这样的认识。上层建筑不只有适应性，它还有一种维护和创造的作用。以基督教宗教伦理为例，宗教改革的发源地不是在英国或法国这样经济水平相对发达的国家，相反，它产生于封建势力浓厚的德国，就是一个明显的例子。认识到这一点，再回顾伊斯兰现代社会中经济伦理，就会有更深一层的体悟了。

宗教经济伦理的作用最终还是体现于社会生产中，当然也包括社会的精神生产，在现代社会中，社会的现代化是一种存在，无法回避。这个现实存在的意义是体现于占人口大多数的普通百姓的生活之中的，现代化除了政治经济意义之外，它主要是一种生活方式。任何一种主张都不得不面对这一现实，无论它是否合理，无论你如何认识它，把它看成是西方化或是可以有儒家的、伊斯兰民族自己的现代化，这种现实是你必须面对的。在伊斯兰当代社会中，传统的宗教经济伦理正面临选择，巴格达大学的伊斯兰史教授阿卜杜·阿齐兹·杜利说：

> 阿拉伯人因首先作为一种文化，然后作为帝国主义大国
> 的西方的接触，在阐明阿拉伯民族的历史根源、在巩固这些
> 根源、在确立其真正含义方面，是非常重要的。阿拉伯人欢

[①] 刘天明：《伊斯兰经济思想》，宁夏人民出版社2001年版，第138页。

迎自由的含意，试图仿效西方去改善自己的生活和经济。但
他们并不准备抛弃自己的遗产或否认自己的特征。①

阿拉伯国家从百年翻译运动以来，一直是东方世界与西方
文明接触的前沿，比起日本、中国这样的东方国家来说，阿拉
伯应当说有与西方接触的丰富经验与体会。文中所说的对于西
方的看法其实并不复杂，应当说是最简单的看法，是任何民族
中都有的。类似于中国张之洞的"中学为体，西学为用"、日
本福泽谕吉《文明论概略》一类著作中所提出的"以西洋文明
为目标"等主张。这一类观念属于一种定性式的决定论，把一
类文明作为一种概念来看。但在今日，用这种观念来看待现代
化与东西方联系，却可能已经落后了。西方的道德与技术是不
能分的，只取西方科学而抛弃西方道德的思想也是不可能的。
西方的理性、科学、精神信仰是一个完整的体系，可谓血肉难
分。如果只取其中一部分，就如同莎士比亚《威尼斯商人》剧
中那个犹太人只要安东尼的一镑肉，而不出一点血一样，是完
全不可能的。而且更为重要的是，如果把别人的肉拿来，也不
能补在自己身上。自己也是一个个体，也是一个体系，只有通
过把外在的养料消化以后，才能为自己所吸收。西方的科学要
进入伊斯兰或是任何一个东方民族，都必须与这个民族的信仰、
精神产生一种逾越作用，才可能为其所用。这就是系统的与辩
证的观念，用这种观念来看，伊斯兰的经济伦理只有产生一种
与西方科学的融合与逾越，才可能有自己的新经济伦理，这种
伦理是出于伊斯兰教本身的，而不是外在于这种宗教的，不是
"伊斯兰教＋西方科学"的模式，这种伦理才可能对于科学与
社会的发展有真正的支撑作用。

---

① ［美］凯马尔·H·卡尔帕特编《当代中东的政治和社会思想》，
陈和丰等译，中国社会科学出版社 1992 年，第 67 页。

当然，任何一种宗教伦理观念产生于其身的沃土之中，如果伊斯兰教经济伦理与其教义之间产生距离那是不可能得到发展的，所以我们所要作的不是想象某一种宗教的经济伦理走向，而是实事求是地研究它的实质，它所产生的历史环境，这是我们对一切宗教伦理的根本态度。

第五章　东方文明与佛教

佛教是世界四大宗教之一，它与耆那教、锡克教等一同组成了印度宗教的主体。虽然佛教在它的起源地印度早已经过了最兴盛的时代，只是当今印度多种宗教中的一种，但是在世界各地的佛教徒仍然人数众多，它是一种思想深刻，有悠久历史，并且有重要现实影响的世界性宗教。

一、沙门教派的产生

古代印度文明起源于印度西北部的印度河流域，从喜马拉雅山脚下的鲁帕尔丘陵地向南展开，南到纳尔马达河与塔普蒂河交汇地带，西部延伸到俾路支海岸，东方直到恒河附近，地域辽阔，物产丰富。印度河流域考古挖掘证明，这里的居民信仰相当复杂，其中最重要的当然是湿婆神崇拜，作为最有印度特色的宗教，它一直流传不已。同时早期的自然崇拜也在这里十分普遍，如兽神崇拜，这种崇拜明显是从图腾演变来的，这种精神对于印度文化影响是深远的。另外还有火神崇拜、母性崇拜的遗迹，这一阶段基本上属于原始宗教。公元前 1500 年前后，来自欧亚大陆深处的雅利安人进入印度，他们可能征服了印度河流域的民族，建立了以吠陀经典为代表的文明，这些经典本身就是一种宗教经典，这就是印度的婆罗门教经典。婆罗门教是印度特有的一种宗教，充分显示了一种文化特色：由于多民族混合而产生的阶层观念的反映。婆罗门教是一种为种姓制度服务的宗教，崇拜多神，以祭祀天神为主要宗教活动。在佛教出现之前，婆罗门教是印度的主要宗教。值得注意的是，进入列国时代之后印度宗教发生实质性的转变，出现了"沙门"思潮，佛教就是沙门思潮影响的产物。这种思潮从何而来，它对印度宗教产生了怎样的影响，我们在下文中再进行分析。

在宗教史上，这种宗教的变革与创新往往发生于不同宗教的融合中，特别是新与旧、外来与本土宗教之间的嬗变中，为新宗教产生或是古老宗教的再生创造条件。可以说正是来自于异邦的宗教与印度河流域传统宗教的结合中，形成了沙门佛教，这是古代宗教中的重要进步。印度宗教是一个开放的世界，多种宗教结合使其丰富多彩。佛教是世界性宗教，由佛祖释迦牟尼创造，不同于印度河流域的印度本土宗教也不同于来自于异邦的，包括雅利安人的宗教，它的产生是印度宗教史上的大飞跃，从理论上来说，就是我们所说的人格神宗教的产生。

1. 何为"沙门"？

沙门（samana）也就是梵文中的 sramana，在梵文中是出家人或是苦行者的含义，所以可以说沙门是一种宗教思想。与沙门思想有关的宗教相当多，它们都属于一个大的教派，一个不同于传统婆罗门的教派，如佛教就是其中之一，佛陀就被称为"沙门乔答摩"。概括起来说，沙门教派是与吠陀教派相对立的，吠陀教以祭祀作为宗教思想的基础，它是以古代崇拜内容为主的宗教。而沙门教派的各种小的教派，无论是沙门婆罗门或是其他，都主张一种修持与体悟，一种思考精神，也有人认为是一种自立宗派的思想，无论如何，这都是一种重要的宗教革新。

作为理解这一教派的前提，其产生的时代背景——列国时代——是印度历史上一个非常重要的历史时期。公元前 6 世纪起，印度进入列国时代，主要有 16 个大国。直到公元前 4 世纪进入孔雀王朝。有人把它比作中国的春秋战国，当然，我们也可以把它看成是相当于希腊人的雅典时代，相当于众多的城邦国家的时代。这一时期恒河下游经济发达，出现大量城市，工商业兴旺，新旧思想的冲突中，形成百家争鸣、各种异端学说崛起的局面，对于婆罗门教进行斗争的"外道"达到96种。哲学中的顺世论（即梵语中的路伽耶陀）与宗教中的耆那教等，都曾经风行一时。但其中最重要的就是沙门教派的流行。时代背景分析说明，沙门诸教派是思想解放的产物，是从传统神学观念中解放出来后，一种哲学与宗教结合的产物。

沙门这种思想的来源应当受到关注，一般认为是印度本土的思想。如有的学者认为：

> 沙门思潮根植于印度本土文化，可以追溯到印度河流域文明。据考古文物判断，印度河流域文明存在着母神崇拜、生殖崇拜和兽主崇拜。兽主结跏趺坐。这是后来的瑜伽行者或苦行者的常见坐式。……沙门这一名称最早见于婆罗教的《泰提利耶森林书》和《广林奥义书》。"沙门"一词源于动词词根 Sram，意谓辛苦、劳累。因此，很可能是婆罗门首先采用这个名称指称这些苦行者。①

笔者认为，印度沙门教派不可能来源于印度河流域的母神崇拜一类原始宗教，仅从坐式等因素也不可能解释沙门的复杂思想。相反，从思想内容看，沙门精神是一种对当时流行的吠陀宗教即婆罗门教的争鸣，也就是说沙门教派应当是印度上古宗教在新时代的一种复归式的创新。哈拉巴文化中的沙门精神可能并不是本身所形成的，这种精神很可能就来自亚洲古代的萨满教，我们已经说过，萨满教曾经在亚洲广泛流传，这种宗教必然会进入印度，印度河流域从史前时代就是多种民族多种人种聚集

---

① 郭良鋆：《佛陀和原始佛教思想》，中国社会科学出版社1997年版，第113－115页。

地区，来自欧洲、亚洲、澳洲甚至非洲的人种全都进入过印度。古代印度被人称为民族"熔炉"，虽然比不上今日获得这一称号的美国，但在当时也是罕见的。印度文化史学家 A. L. 巴沙姆（Basham）指出：

> 原始澳语人、古地中海人和高加索人（即印欧人），是印度居民中最有代表性的 3 个人种，但绝不是仅有的人种。几乎所有的中亚细亚种族都曾进入印度。突厥人在同属突厥族的穆斯林进入之前很久，就已经在今巴基斯坦的大部分地区建立起统治家族。早自史前很久起，各种种族的蒙古人就相继穿越喜马拉雅山和东北部的山口进入印度。穆斯林统治阶级运进了大量非洲籍奴隶，他们在此很长一段时期内一直与普通居民相结合。波斯和阿拉伯的商人从基督纪元之前起，就在西部沿海一带定居下来，有些人还娶印度妇女为妻，其后代已经无法与其他居民区分开来。①

最早进入印度流域的还是亚洲人，我们已经考察了古代印度的对外交通，可以知道中国至少有两条以上的线路可以到达印度。法国著名汉学家伯希和也指出：

> 至于印度，如果我相信中部吐蕃于公元之初尚不为人所熟悉，从而应将指出一条从恒河中游经逻些（拉萨）而通向中国中原的道路的功劳，归之于托勒密（Ptolémée），那也就大错而特错了。我们只要将此路稍向东移，经由阿萨姆（Assam）和上部缅甸，以使这位亚历山大舆地学家的资料与汉文文献中的资料相吻合。这条路也可能在更早

---

① A. L. 巴沙姆主编《印度文化史》，闵光沛等译，商务印书馆1997年版，第 10 页。

的数世纪时就有人往来行走了。①

特别是南线，穿过喜马拉雅山口之后，在喜马拉雅山南麓就是土肥水美的印度河流域——古代哈拉巴文化的诞生地。这都是史前道路，主要是民间交往与商贸关系。无可怀疑的是，早在玄奘取经之前，而且早在佛教产生之前，亚洲人特别是中国人的足迹已经踏上了印度国土，这就为中国传统的萨满教进入印度提供了历史根据。

2. 萨满教（shamanism）与佛教的历史关联

萨满教是一种流传极广的古代信仰，由于时代久远，其分布的具体区域说法有异，但是无可怀疑的是亚洲东部、美洲与北极地区都是萨满教流传的地区，直到今日，这些地区仍然有萨满教的习俗，中国的内蒙古、华北、东北的少数民族可能是萨满教的主要源地。古代蒙古的鞑靼人就是信仰这一宗教，《多桑蒙古史》中说：

> 鞑靼民族之信仰与迷信，与亚洲北部之其他游牧民族或蛮野民族大都相类，皆承认有一主宰，与天合名之曰腾格里（Tangri）。崇拜日月山河五行之属。出帐南向，对日跪拜。奠酒于地，以酹天体五行。以木或毡制偶像，其名曰 Ongon，悬于帐壁，对之礼拜，食时先以食献，肉或乳抹其口。此外迷信甚多。以为死亡即由此世渡彼世，其生活与此世同。以为灾祸乃因恶鬼之为厉，或以供品，或求珊蛮（cames）穰之。珊蛮者，其幼稚宗教之教师也。兼幻人、解梦人、卜人、星者、医师于一身，此辈自以各有其亲狎之神灵，告彼以过去、现在、未来之秘密。击鼓诵

① ［法］伯希和等著《伯希和西域探险记》，耿昇等译，云南人民出版社 2001 年版，第 109 页。

咒，逐渐激昂，以至迷惘，及神灵之附身也，则舞跃瞑眩，妄言吉凶，人生大事皆询此辈巫师，信之甚切。①

这是信史中为数不多的关于萨满教的记述，其中值得注意的有以下几处：

其一、珊蛮（sames）就是萨满（shaman），也就是佛教术语中的沙门（samana）。《大唐西域记校注》卷第二注释曰：

> 沙门：吐火罗文 sāmam 音译，梵文作śramana，巴利文作 samana，一译作桑门，出家人的通称。《翻译名义集》卷一："沙门，或云桑门……此言功劳，言修道有多劳也。什师云：佛法及外道，凡出家者皆名沙门。肇云：出家之都名也。"《魏书》卷一一四《释老志》："诸服其道者，则剃落须发，释累辞家，结师资，通律度，相与和居，治心修静，行乞以自给，谓之沙门，或曰桑门，亦声相近，总谓之僧，皆胡言也"。②

其中关于对音的一些疑问要说明。三个词相比，珊蛮 sames 与沙门 samana 都没有 h，两词相比，珊蛮 sames 中又少 n，这是什么原因呢？

关于这种对音关系，冯承钧曾经解释过，他认为多桑的书同《元史》一样，有译名不一贯的毛病："因为他所本的回教撰述，文字不著韵母，而声母音点有时脱落，容易相混，……最使我感到困难的，就是对于 c、k、g、kh、gh 等声母毫无分别，例如他译写的 gan，对音可作干（gan），又可作 gän，且可作罕（ghan，khan）。……蒙古语尾之 – n，增删无常。若阿勒

---

① 《多桑蒙古史》上册，冯承钧译，上海书店出版社 2001 年版，第 31－32 页。

② ［唐］玄奘、辩机原著，季羡林等校注《大唐西域记校注》上，中华书局 2000 年版，第 180 页。

赤（Alêči）亦作按陈（Alčin）；河西转为合失（Qaši）；月忽难（Yohunan）又作月合乃（Yohuna‑i），这个月合乃在《元史》卷一三四作月乃合，诸本《元史》皆然，可是此人的神道碑实作月合乃，这个名称大概也是从突厥语转贩而来的，在蒙古语中则变作术忽难（Juqunan）。"[1]

这样我们就明白了，萨满 shamand 在蒙古语中变为 sames，原因在于蒙古语中失去了声母 h，而且删去了最后的 n，这是对音可以证明的。另外，我们的重要推论也可以从此得到证明，就是古代印度语中的沙门 samana，很可能就是在上古时代从欧亚大草原上的鞑靼及其后裔们带去的，这些游牧民族早在史前时期就已经活路于欧亚草原上，他们是蒙古人等游牧民族的祖先，也是最早进入印度河流域的居民们之一，在雅利安人之前就已经带去了萨满教。这样，沙门的读音是从蒙古语的萨满而来，在音转中是按蒙古语音来对音的，传入印度之后，仍然保持了这一读音，甚至以后的"僧"一词，也是这一个词的音转。

蒙古的萨满的来源在神话中也有记载，布里亚特蒙古传说中说道，善神为保护人类，派了一只鹰下界来保护人民，"娶一布里亚特女子为妻，后生一子，即最初之萨满"。这种传说还有别的说法，都是把萨满看成是神灵所生或是神灵附体所生，他们是神灵的化身。但我们要注意，这种神灵化身的萨满与宗教中的人格神还是不完全相同的，萨满显得更为古老，且更具有神话性。

其二，另一个证据就是，萨满教是偶像崇拜的宗教，沙门思想则也从印度哈拉巴文化中继承了偶像崇拜，在佛教中，偶

---

① 冯承钧《多桑蒙古史·序》，见《多桑蒙古史》上册，冯承钧译，上海书店出版社 2001 年版，第 1－2 页。

像崇拜是它的一个显著特点。我们从这里可以推测，这也是萨满教的遗传。蒙古萨满教的偶像叫做 ongon，也就是所谓的翁鲧，翁鲧即是石人，开始是以死去萨满的像来作的，以后逐渐成为神的偶像。我国古代史籍中所说的翁仲，也就是这种石人或是铜人，《淮南子·氾论》中说秦之时铸金人，指的就是这种偶像，不过它在中原由于没有宗教基础，所以不能推广。柳宗元《衡阳与梦得分路赠别诗》中说："伏波故道风烟在，翁仲遗墟草树平"。可见当时北方少数民族翁仲是多么普遍了。佛教入中国以后，金身佛像遍及中华，就连萨满教的故乡内蒙古一带，也被佛教所教化，从此不再有石人，代之以金灿灿的佛像。

有谁知道，佛教偶像的前身，可能正是草原上的翁鲧呢？我们也已经看到，在突厥人的帐篷中，这些翁鲧也就是所谓的"ongon"，当初正是偶像崇拜的对象，是草原民族最早的神灵。

其三，我们已经说过，佛教中的轮回思想是它的一个显著特点，至于它的来源却一直不清楚，各国学者也众说纷纭，多数可能是佛教的发明。现在看来，更有可能的是，萨满教是轮回思想的始作俑者。萨满教认为游牧民族过着艰苦生活，在战争与掠夺中，生命不保，古代游牧民族中有的"以杀戮为业"，这就会因杀人有罪恶感，从中生出来世报答的思想，是合理的推测。而产生轮回说的神学基础就是灵魂不死与死后的灵魂附体，这都是萨满教的基本教义。

其四，萨满教的仪式中，主要是两种，一种是祭祀，一种是巫师的做法，击鼓诵咒，也传入沙门教派中的佛门。据秋浦主编的《萨满研究》中所介绍："蒙古族的敖包所祭的神，就是天神、土地神、雨神、风神、羊神、牛神、马神等，每年按季节定期供祭，由萨满司祭，祈求人们安宁和生产丰收"。[①]

在哈拉巴文化中的作法，成为以后佛教的水陆道场，和尚作法事的来源。巫师就是最早的神职人员，相当于后世的僧人。萨满认为人生病是因为幽灵和魔术"飞翔在空中，出其不意地捕捉人，使人得了疾病"。萨满以跳神、请保护神、招魂等手段来为人治病。这与佛教法事的原理也是相通的。

涉及佛教沿革时，不能不联系到一桩公案，这就是佛教入华时期，我们在这里要讨论它的原因就是它与沙门一词有直接关系。

一般来说，一种宗教传入异域，必然有这种宗教名称与相关的宗教术语的翻译，例如基督教传入中国后，有"也里可温"的称名、拜火教传入后有"火祆"的称名、佛陀与"浮图"等。从这些译名的出现就可以推测宗教传入的年代。

3. 佛教入华时代考释

关于佛教传入中国的时代，其实是一个至今未得其解的大问题，由于历史上争论繁多，我们不得不化繁为简，兹根据汤用彤先生《汉魏两晋南北朝佛教史》第一章，先把其中流行较广的几种学说简单介绍：

（1）伯益述《山海经》而知有佛。这是刘宋宗少文《明佛论》中所提出的。《山海经》中述朝鲜、天毒同在"东海之内，北海之隅"。这里的天毒就是印度，连印度的方位都不清楚，而且《山海经》毕竟是神话，只可参考，不能确证。

（2）《周书述异》等记载周昭王、周穆王时就有佛法出现的征兆。这种法说因为《周书述异》是众所周知的伪书，也不

---

① 秋浦主编：《萨满教研究》，上海人民出版社 1983 年版，第 15 页。

能成立。

（3）《列子》中有太宰嚭问孔子"孰为圣人?"一段对话，所以《弘明集》说孔子已知有佛。此说不确的原因在于，列子是伪书之一，后世如刘宋宗炳《答何承天书》、牟子《理惑论》都没有援引列子此说，也可以说明这种说法不确。

（4）《拾遗记》谓燕昭王时有沐胥国道术之人来朝，故言燕昭王时即已有佛说。王子年《拾遗记》原作已佚，梁肖绮搜检残遗成为此书，其中记载不实的地方很多，这种说法也不足为据。

（5）《弘明集》宗炳《明佛论》说，佛图澄言临淄城中有阿育王寺遗址。其他还有吴孙皓于建业得阿育王金像。这种说法也不能证明佛法已传中国，如我们所已证明，偶像崇拜历史已久，并不是佛教所发明。魏晋塔也是中国式建筑，不是佛塔。

（6）唐代法琳上书驳傅奕，引释道安、朱士行等《经录》，言秦始皇时有外国沙门释利防等一十八贤者，赍持佛经来化始皇。梁启超曾经对于这种说法表示肯定，但没有可靠证据，所以也不能成立。

（7）《高僧传》中载汉武帝穿昆明池底得黑灰，曾经问到东方朔，东主朔说"可问胡人"，后法兰既至，答之曰"世界终尽，劫火洞烧，此灰是也"。有人据此说东方朔已识佛法。这种说法过于含糊，不能说明佛法已至中华。而且《高僧传》本身就是释子之书，不足为凭。

（8）《魏书·释老志》言汉武帝时佛法始通中国。唐代的《广弘明集》引《释老志》言，张骞通西域闻浮屠之教。汤用彤谓之无聊僧人作伪，其说不谬。

（9）《世说·文学篇注》有一段关于休屠王金人的记载，对于我们的研究很有启发意义：

　　　　《汉武故事》曰："昆邪王杀休屠王，以其众来降，得其金人之神，置之甘泉宫。金人皆长丈余，其祭不用牛羊，唯烧香礼拜。上（汉武帝）使依其国俗事之"。此神全类于佛。岂当汉武之时，其经未行于中土，而但神明之事邪？

《汉武故事》当然不是信史，而《魏书·释老志》中亦有霍去病讨匈奴，昆邪王杀休屠王，"获其金人"的说法。从我们以上关于金人之论可以得知，此处所谓金人有两种可能，一是来自北方游牧民族，可能是游牧民族祭天的神像，正像我们以前的判断，应当属于古代萨满教的祭礼。另外一种可能就是早期佛教的佛像。以前的佛学家们考证，这一时期的印度佛教徒还没有大佛像。中国学者大部分依据这一说法认定秦汉时期不可能出现佛像。但是新的研究成果证明这种说法并不可靠，英国学者约翰·马歇尔（John. Marshall）指出：

> 我们已见过在石头上雕成的佛教雕刻的最早的样品，其年代为孔雀王朝阿育王（公元前274—公元前232年）统治时代。这些雕刻品是希腊或波斯化的希腊雕刻家在当地匠人帮助下的手工制品。……这些雕刻的目的是为了颂扬佛祖。这些雕刻详细记述了佛祖的生活故事、前世事迹，有些（但很少）是记述佛教僧团历史的。①

这一地区恰恰是从印度向西域进发的大道，以后英国探险家斯坦因就是经过白沙瓦进入中国的。早在秦汉时代，从贵霜到大夏，印度佛教进入西域与中原。所以，这里出现的也有可能是早期佛像。同时史书中关于祭金人的记载甚多，我们就不一一论及了。

（10）《世说·文学篇注》曰："刘子政《列仙传》曰，历

---

① ［英］约翰·马歇尔：《犍陀罗佛教艺术》，许建英译，新疆美术摄影出版社1999年版，第7页。

观百家之中以相检验，得仙者百四十六人。其七十四人，已在佛经。故撰得七十、可以多闻博识者遐观焉。如此即汉成哀之间，已有经矣。"这种说法早已经受到怀疑，《颜氏家训·书证篇》已经指出《列仙传》经人篡改，所以是不可信的①。

虽然长期以来佛教入华时间有多种说法，但是比较流行的看法是，佛经传入中国的确切标志是鱼豢《魏略·西戎传》等所载，大月氏王使伊存授《浮屠经》为始，时间大约在汉哀帝元寿元年（即纪元前 2 年）②。另外一种更为普及的看法是，以汉代洛阳的中国第一座佛寺白马寺为佛教入华的标志，北魏杨衒之所著《洛阳伽蓝记》中记载了白马寺的创建经过，"伽蓝"是梵文 saṁ ghārāma 音译的略称，意为佛寺或是僧院，文中写道：

> 白马寺，汉明帝所立也。（佛教入中国之始。）寺在西阳门外三里御道南。帝梦金神，长丈六，项背日月光明。胡神号曰佛，遣使向西域求之，乃得经像焉。时以白马负经而来，因以为名。③

东汉明帝时摄摩腾竺法兰初自西域白马驮经来洛阳，舍鸿胪寺，永平十一年（公元 68 年）创建白马寺。所以，世界大多数历史书中都记载着，公元 68 年佛教传入中国。

这里顺便说到史载迦叶摩腾和竺法兰于永平十年在白马寺译出《四十二章经》和《十地断结经》，应当说是二僧于鸿胪

---

① 参见汤用彤：《汉魏两晋南北朝佛教史》，北京大学出版社 1997 年版，第 1－12 页的有关论述。

② 参见汤用彤：《汉魏两晋南北朝佛教史》，北京大学出版社 1997 年版，第 1－12 页的有关论述。

③ 杨衒之：《洛阳伽蓝记》，参见《野史精品》，岳麓书社 1996 年版，第 877 页。

寺时所译。无论如何，佛教具体的传入时间一直不能确定。所以周谷城不得不说道："佛教之东传，究竟何时开始，很不易确定。一则西方僧侣在中国开始传教布法之时，中国的当局，或未留意，因而没有记载传下。二则中国的当局注意了，已有记载可以示人了，然而事实上或又不是佛教才传入的那一年。我们所知道的，只是一个大约的时代"①。其中确有无可奈何之处。

　　笔者认为，有一段重要的史料一直为人所忽视，这就是《史记·封禅书》中关于"羡门"的记载。但其中可能正蕴藏了解开佛教入华时代的新解释：

　　　　于是始皇遂东游海上行礼祠名山大川及八神，求仙人羡门之属……而宋母忌正伯侨充尚羡门子高。最后皆燕人。②

《史记》中另一处提到羡门的地方是《史记·秦始皇纪》三二年写道："始皇之碣石，使燕人卢生求羡门高誓"。秦始皇所祭的八神是天地崇拜的神灵，自春秋时代就有，当然是祭祀的内容了。而求"羡门"也不是他的创造，楚宋玉《高唐赋》中就描绘了羡门礼祭的情形：

　　　　有方之士、羡门高溪。上成郁林，公乐聚谷。……醮诸神，礼太一。……王将欲往见，必先斋戒，差时择日。③

李善已经不能完全确知"羡门"的含义，只好断定为方士，这是最简单的办法。他还指出，这里的羡门高溪可能就是羡门高誓。另外就是《汉书·郊祀志》曰：

――――――

① 周谷城：《世界通史》下，河北教育出版社2000年版，第548页。
② 《二十五史·史记》1，浙江古籍出版社1998年版，第111页。
③ 宋玉《高唐赋》上册，参见《文选》，岳麓书社1995年版，第689页。

> 充尚、羡门高最后，皆燕人，为方令道，形辞销化玉。
> 充尚、羡门高，二人。

这个"羡门"其实就是"沙门"，也就是佛教起初译为的"桑门"。因为这个宗教在当时并不是来自海上，而是先从西域向北方的燕地流行，所以燕人及以后的北魏人民先奉行其教，羡门子高（亦即高誓、高溪）就是其中最为著名的一个。这就是说，当时中原地区已经有了佛教徒的活动，可以说佛教已经传入中国。

秦始皇二十八年东巡，封禅泰山，时间是公元前 219 年，归后三年又再次临碣石，以考方士。如果推测成立，那么就把佛教进入中国的时间向前推进了两个多世纪，比伊存授《浮屠经》早 217 年，比白马寺建立要早 285 年左右。

这个时期统治印度的是大力弘扬佛教的阿育王，在此之前，刚刚经历了亚历山大王的东征，公元前 323 年亚历山大王逝世，2 年之后，旃陀罗笈多建立孔雀王朝。阿育王时代（约公元前 273－前 232 年）到公元 2 世纪的贵霜王朝期间，印度佛教开始了向外扩张，阿育王派出佛教使团，向希腊和中亚地区渗透，佛法弘扬手段多样。其一是卒塔婆（stupa）和坟冢敦的建造；其二是舍利的分赠与供奉，阿育王开挖舍利塔，将舍利子分赠各主要城市与各国；其三是有佛教雕刻的石柱与经文。这些都具有强烈的佛教色彩。从此，佛塔成为佛教的象征物，遍及各地。《弘明集》中宗炳《明佛论》说，佛图澄言临淄城中有阿育王寺遗址。其他还有吴孙皓于建业得育王金像。这些说法没有可靠史料，但确实是佛教早期传播手段的写照。

羡门是沙门的最早称呼，也在汉语中较早出现。因为语言翻译所形成，以前也曾译成桑门等，甚至语音相差甚远的词。陈垣在谈到佛教词语的翻译时就曾经以沙门的翻译为例，他曾说过：

不独佛一名词如此，沙门之初译为桑门，鱼豢历举桑门之异译，曰疏问、疏闻（一本作疏间，当有误衍）、晨门亦不及沙门。是鱼豢所见之浮屠经，尚未有沙门之译也。今《四十二章经》数言沙门，亦岂初译所应尔。[1]

由于印度佛经传播上的特殊性，即经过中亚古代语言的中介，翻译初期，不是由梵文和巴利文直译，而是由吐火罗语等转译的。如《宋高僧传》所说："初由梵客华僧，听言揣意，方圆共凿，金石难和。"这使得语音变化复杂，以致汉语与梵语相去甚远，这一历史原因，前人早已经指出，我们这里就不重复了。所以羡门是沙门的初译是完全合理的。

那么，重要的问题是，羡门会不会是"萨满"或是"珊蛮"的音译呢，初看起来完全有这种可能。但有以下原因可以排除这种可能。

其一，羡门之称的来源是海外，它的出现与秦始皇及至燕齐海外方士与求仙有直接关系。这里要注意的是，齐地素有求仙的传统，这是众所周知的，齐宣时起，驺子之徒就"终始五德之运"，所以秦始皇采用之，这是史书有记载的。而燕人何以有此风俗？《汉书·郊祀志》中说：

> 而燕齐海上之方士传其术不能通，然则怪迂阿谀苟合之徒自此兴不可胜数也。自威宣燕昭使人入海求蓬莱方丈瀛洲三神山者，其传在勃海中。[2]

以我们看来，齐燕二地的海外求仙是有所为而发，齐地是驺衍等人的遗风所致，实是中国的一种神仙说，一种早期宗教信仰，

---

① 《陈垣集》，黄夏年主编，中国社会科学出版社1995年版，第74页。

② 《汉书·郊祀志》，参见《二十五史·汉书》1，浙江古籍出版社1998年版，第366页。

所以有求仙之举，可能是受到海外宗教的激发，而燕与齐以渤海为邻，可能同样受到类似羡门教的影响，但又没有经典翻译，不甚了解。此即"传其术不能通"。所以派使向海外寻求。这就是羡门之称在秦汉时突然出现的根本原因，"羡门高誓"有可能就是沙门高僧或是释氏之徒的音讹，亦未可知也。总之是因为佛教沙门传播所致，引起了齐燕人的入海求仙，其中燕地可能有了沙门僧人的活动，故此较早得名。

其次，从宗教史上来看也不相宜，宗教传播的原理是，发达的宗教战胜原始的宗教。萨满教是一种相当原始的宗教，它比起中原文化来说是相对落后的。它近似于楚人的巫祝文化，从齐燕到秦，都不会改求楚巫，而只有可能楚人信仰向高级的宗教转化，如楚王英信佛等。具体而言，"珊蛮"在羡门之先，珊蛮相当于巫觋之类，这是明确的，不可能再改用其他。关于这一点，李约瑟就曾经指出：

> 关于 shaman 一字的起源及其中文的音译说法不一，无疑地，沙门是梵文 Sramana 的音译，在佛教兴起以前，指一般修行的人，以后专指佛教的和尚。Mionav&Shirogorokov（1）认为这个字很早就由印度进入塔里木流域，以后普遍流行于亚洲北部的部落，成为当地药师的名称。不过笔者并不太相信这种说法，我们采取洛阜 Laufen（5）的说法，认为 Shanman 是很古老的通古斯 Tungusic 字，到了 18 世纪才误与沙门混作一谈。我们敢说中国人从来没有二者混为一谈的，也没有人用沙门（又称释门，从释迦牟尼 Sakyamuni 的中文音译演变而来）表示道家的术士、法师或驱邪的巫师。自古以来泛指各宗各派的道家的通称自然是道士。①

---

① ［英］李约瑟：《中国古代科学思想史》，陈立夫等译，江西人民出版社 1999 年版，第 153 页。

李约瑟的看法中很重要的一点是，看到了中国人从不把沙门与道士、法师混同，这样就可以明白，为什么秦汉时羡门与其他方士区分开来，其根本原因在于中国人早就知道佛教与其他原始宗教之间有很大差异，所以海外求仙以羡门为主要对象，推崇羡门高等人。但李约瑟关于18世纪将通古斯古代语词与沙门混为一谈，这种看法并不能说明沙门的来源，如果从历史渊源来看，应当出自亚洲北方、斯堪的纳维亚边界的乌拉尔阿尔泰民族 Ural Altaic（包括拉布兰人 Lapps 与爱斯基摩人），当然还可能有印第安人，印度安人的巫医亦称为 shamans，其宗教就是萨满教 shamanism。

这样我们就可以看到，沙门其实经历了一次历史大旅行，最初是从亚洲北方的民族与乌拉尔阿尔泰民族所信仰的萨满教，在史前时代进入印度，在印度成为沙门思想，对于吠陀宗教进行了改革，这一改革的结果是佛教的产生。佛教沿用了萨满名称，变化为沙门。从阿育王时代开始，佛教开始向东西方传播，进入了亚洲中部与中国，至少于秦代就已经影响中国北方的齐国与燕国旧地，"羡门"之类的教徒的传教引起了海外求仙的高潮，这时虽然早已经不同于巫师道士的宗教，但对于初期进入中国传教的佛教徒来说，很可能采用道教之类的伪装，这是历史已经证明了的，此处无须再说了。

无论如何，沙门的历史研究使我们关于佛教入华的时间可以有一个新的参考，以公元前219年秦始皇东巡时的羡门礼祀为标志，其时间大约提早200余年。其实范文澜先生早就指出："秦时，天竺阿育王大弘佛法，派遣僧徒四出传教。西汉时西域某些国家已经信奉佛教。汉武帝通西域后，中外交通顺利，不能设想没有一个僧徒东来，可是佛教传入，到西汉末才见记载。"① 这种怀疑是完全合理的，而我们的研究正可以回答这一疑问。

二、释迦牟尼与佛教的创立

佛，亦称为佛陀，本义为"智者"，意思是具有极高思维能力的人。这是一种智力崇拜的原型，与犹太教和伊斯兰教十分相近，犹太教以先知为崇拜对象。两者都是一种对于精神能力的尊崇，所不同的是犹太先知身上具有一种更为超凡脱俗的神性。

佛教产生的历史时代是印度历史上的列国时代，传统的以吠陀经典为依据的婆罗门教受到多种新生宗教的严重挑战，宗教的分裂其实是社会生活中政治动乱的一种反映。婆罗门教的原则是重视种姓制度，印度社会划分为四个大的阶层：婆罗门（祭司）、刹帝利（国王、武士）、吠舍（农民和手工业者）、首陀罗（奴隶和没有技术的劳动者），阶层划分严格，贵贱分明。但到了列国时代，社会矛盾激化，产生了变革的要求。当时文化发达的北部印度出现十六国分治，宗教思想更是分化严重，婆罗门以后的宗教被称为"外道"，号称有"96 种外道"。这种社会与思想形势与中国从周向春秋时代过渡时期一样，礼崩乐坏，百家争鸣。但是，这样的一个时代也是一个产生伟大思想家与信仰的时代。释迦牟尼创造佛教与孔子创造儒学一样，是在当时多种宗教思想的竞争中，经过历史的考验，最终为本民族的文化所选择，成为了统治思想，并且走向了世界。

佛教的创造者名叫悉达多·乔达摩（Siddhartha Gautama，

---

① 范文澜：《中国通史简编》修订本第二编，人民出版社 1964 年版，第 240 页。

约公元前 565－前 486 年），释迦牟尼出生于四月初八，这也就是以后泼水节等佛教传统节日的由来。他以后被人尊称为"释迦牟尼"，意为"释迦族之圣人"，从此，以这个名称著称于世。他出生于古印度北部的迦毗罗城（Kapila－nagara），这个地方大约是在尼泊尔与印度交界的地方，其最兴盛的时代就是佛陀时代，很早就已经衰落。玄奘到达该城时，已是"空荒久远，人里稀旷"，城则仅余一伽蓝，僧徒 30 余人。可见佛陀故地衰败已久。同时由于年代久远，现在城邦的确切所在已不可考。印度与西方学者时有新的挖掘发现，说明城的遗址所在，但直到现在，是否在印度境内还不能最后确定。佛陀的父亲是城邦君主饭净王（Suddhodana），意思为"净饭"。母亲摩耶夫人（Māyā），名字中含有"术"与"不可思议"的力量原意。与基督教等相比，圣母玛利亚与耶稣的父亲都是普通百姓。不幸的是，释迦牟尼的母亲在其出生七日就逝世了。佛陀自幼接受刹帝利教育，成人以后，娶了耶榆陀罗（Yaśodharā）公主，他们的儿子叫做罗侯罗（Rahula）。

宗教领袖在创立宗教之前，都有过一段对于世俗生活背弃的经历，并且继之进行了反思与觉悟，这条规律在释迦牟尼身上同样得到体现。当他 29 岁时，对于社会的痛苦产生深切感受，这可能就是佛教四谛的思想起源之一。同时，他对于一切变化无常也深深感悟，在这种思考的压迫之下，他终于放弃了王位的继承，在一个夜间离开王宫与家庭，到野外去进行修行。但是，正像伊斯兰教的创始人穆罕默德的经历一样，苦修并不能使人得到真谛，释迦牟尼也是如此。在 6 年苦修无果之后，释迦牟尼终于放弃苦修。后来在尼连禅河里沐浴之后，他接受了一位牧羊女所奉献的奶粥，在一棵菩提树下终于悟透真谛，此日即是十二月初八，也有人说中国的腊八节其实也与此日有关。这一过程被称之为"阿耨多罗三藐三菩提"，这一天是悟道之日，从此，释迦牟尼被称之为"佛陀"。也就是从此日起，他开始了宣传佛法的活动。

释迦牟尼的传法活动大约有45年，他的宗教活动有一个最显著的特色，就是有教无类，学佛者不受身份限制，而且没有严格的仪式和教规，从王公贵族、富商到乞丐、奴隶甚至于妓女，可以出家也可以在家修佛。这种宗教有明显的反对种姓制度的特色，所以受到了印度下层人民的极大欢迎。虽然没有种姓划分，但在佛教徒内部却又不是完全平等，佛教徒分为七个等级：第一为比丘，是成年的出家男僧人；第二是比丘尼，是成年的出家女僧；第三是优婆塞，也称为居士，就是不出家修佛男人；第四是优婆夷，即女居士；第五是沙弥，也就是小和尚；第六是沙弥尼，就是小女尼；第七是式叉摩那，是学法的女人。所有这些人称之为"七众"。从这里或许可以看出，在一个种姓森严的国家里，宗教也不可避免地具有了等级的划分，没有完全脱俗的宗教，没有独立于一种文化之外的宗教，这一原理可能再次得到印证。同时，佛教的早期支持者主要是刹帝利和富商，并不是下层人民，从这里也可以看出，佛教并不是全民宗教。

佛教是世界上最大的偶像崇拜的宗教，佛教徒所到之处无不建庙塑像，形形色色的雕像、塑像、画像几乎遍布世界。中世纪马可·波罗来到亚洲，最为惊诧的是随处可见的偶像崇拜，这对于来自基督教世界的人是印象极深的，所以《马可波罗行纪》中有大量关于偶像的记载。但事实上，释迦牟尼本人是反对偶像崇拜的，他在世之时佛教没有偶像，这是一种相当值得注意的现象。有人认为，佛教偶像流行，究其根本原因并不在印度人，而在于希腊人。因为公元一世纪前后，大月氏人向西和向南移动，建立贵霜王国，控制了印度北方。自从亚历山大王东征之后，在这一带就一直有希腊人的后代在活动，希腊人擅长雕塑艺术，在接受佛教之后，发展了佛教的雕像，从而促使佛教偶像大大兴盛起来，以致流向东方，影响面极广。这种说法不一定确切，古代希腊人固然善于雕塑，这是无可怀疑的，但是并不一定必然形成偶像流传，偶像流传的根本原因还要从宗教教义与相关的条律中去寻找。古代希腊人接触过世界多种宗教，希腊人的后代在亚洲、非洲和欧洲各地都有，接触多种宗教，并不见得必然形成偶像崇拜。犍陀罗艺术被认为是古代偶像制作的根源，这种看法不能作为一种全面的解释。因为这一问题的讨论一直没有足够的实证资料，所以我们对于以上说法只是聊备一说而已。

释迦牟尼80岁时，接纳了最后一位弟子须跋陀罗之后，在拘尸那迦罗城外的一个婆罗树林中涅槃。在佛教术语中，涅槃一词最初就是专用于释迦牟尼的，它虽然指的是肉体的死亡，却认为从精神上来说，是脱离烦恼，达到一种非生非死的境地，一种永远安乐的状态，所以也称之为常乐。这种境界也正是佛教的最高境界。以后，涅槃一词也被用来表示一般僧人的死亡，其原意已不太受人关注了。

三、佛教的经典

释迦牟尼与其他信仰的创立者一样，是一位宣教者与实践者，但未必是理论家和著作家，许多重要的经典都是信徒或是门生搜集他们的言论而成书的。《圣经·新约》是耶稣门徒记录他的言行的，耶稣被迫害而死，当然不会留下本人的著述。孔子一生本着"述而不作"的原则，《论语》是弟子记录其言论而成。《古兰经》是后人追记穆罕默德的言论，并不是穆罕默德本人所写的。释迦牟尼也不例外，生前没有任何著作，他死后，由其弟子们举行了第一次"结集"，回忆他生前的说教，编写出一批经典。以后又经过多次整理，最后成为《阿含经》。

这是多部佛经的一个总集，它的内容重在对佛教基本原理的阐释，几乎包括了佛教所有主要教条与经义，如四谛、八正道、十二因缘、五蕴、善恶因果、生死轮回等，无不包罗其中。这一经典的形成，开了佛经写作的先河，从此之后，世界的佛教徒们不断写经、抄经、注经，经过几千年的努力，形成了浩如烟海的佛经典籍，在世界文化中成为奇观。

佛教经典不同于基督教经典和伊斯兰教经典，有一个突出的特点，无论基督教还是伊斯兰教，因为都是一神教，所以只有一部真正的经典，基督教的《圣经》与伊斯兰教的《古兰经》其实是本教的唯一经典，所有其他后人的宗教论著，都是要阐释、注解、弘扬或是研究这唯一的经典，这种唯一经典可以称之为本经，它是权威经典，与后世经典大不相同。而佛教的《阿含经》虽然是最早的关于释迦牟尼言行的记载，但它不是唯一经典，佛教性质不同于基督教与伊斯兰教，佛教虽然崇拜释迦牟尼，但是佛教并不是真正的一神教，它的早期经典也并没有形成权威经典的地位，相反，佛教是不断创造经典的宗教，这是佛教的一个特点，无论认为它是一种古代宗教形态所导致的这一状态也好，还是认为佛教本身的教义形成这一特点也好，总而言之，佛经大量形成，佛经与佛像的无处不在，是佛教的一大特色。但这并不降低佛经在佛教中的重要性，相反，大量佛经的存在，有利于佛教的广泛传播，也有利于佛教思想的深化。

世界上佛经的数量无法精确计算，却又不是无法估算，因为佛教经典最多是汉语佛经与藏语等少数几种语言佛经，我们还是可以大致有数，但这样的数量也是惊人的。当然，最重要的不是经典数量，如果仅从数量来比较，佛经可能还是不如《圣经》，据说《圣经》是世界上印刷最多的书，但是《圣经》只是一种，而佛教经典文本的种类之繁多是难以统计的。笔者曾经在一本书中粗略估算过汉语佛经的翻译，录之如下：

> 所以笔者认为汉译佛教从启始到结束，至少有 1500 年左右的历史。据胡适估算，存世有三千多部，一万五千多卷。这一估算显然不合实际，笔者认为这是依据五代和北宋后的木刻印刷大藏经来算的，这种大藏经如《开宝藏》、《赵城藏》、《万历藏》、《大正藏》中最多也就三千多部，一万多卷。近年来中国开始编《中华大藏经》，汉藏文陆续开编，仅汉文部分就要收入典籍近六千部，二万三千卷，分装为二百二十册。①

这种估算其实是挂一漏万，除了汉文佛典之外，国内的蒙古文、西藏文、满文等的古今经卷汗牛充栋，实在难以计数。

佛教经典是佛教历史的产物，佛教历史大约分为三个阶段：原始佛学、部派佛学与大乘佛学。原始佛学的经典以巴利文为主，其余则主要以汉语与藏语等为主，所以佛经应当是由多语种的研究来进行。

虽然佛经繁多，但是总的分类十分明确。佛教分三大部分，即所谓"三藏"：经藏、律藏和论藏；这三部分是在佛教历史上不同阶段所形成的，共同构成了佛经的主体。第一是律藏（Vinayapitaka），即是"毗奈耶藏"或是"毗尼藏"，又可以具体划分为大乘律与小乘律。"律"本来是指佛教的纪律，以后则用来指所有关于佛教的仪式、衣食住行等方面的规定。宗教团体总有自己的约法规章，律藏就是所有约法规章的经典。第二是经藏（Suttapittaka），也称为"素恒览藏"或是"佛多罗藏"，这是释迦牟尼的教喻与传教活动史，是佛经的核心内容，大乘小乘经典全都在其中。其中也包括一部分对于释迦牟尼神

---

①　方汉文：《比较文学高等原理》，南方出版社 2002 年版，第 365 页。

化的经典，称之为佛本生经。第三是论藏（Abhidhammapita-ka），即"阿毗达摩藏"、"阿毗昙藏"，这是所有佛学的论说经总成，是佛教的议论与理论文本。如著名的四论（《中论》、《十二门论》、《百论》、《大智度论》）等。

释迦牟尼在世及他去世后的一百年期间，是所谓的原始佛教时代，这个时期的佛学思想虽然只是奠基时期，但是基本的佛学原理已经提出。释迦牟尼的初次传教称之为初转法轮，法轮是印度传说中的一个宝物，即所谓轮宝，谁若能统治全印度，便有轮宝出现。其功力无边，所向无敌。转轮王就是社会的政治统治者，而法轮王就是思想的统治者，释迦牟尼传教成为转法轮之始，成为思想的统治者。这一比喻令人想起了中国人对于孔子的赞喻，中国孔子被称为素王，以区别于帝王，就是思想统治的意思。归根结底，这是信仰相对独立于世俗政权的，争取具有自己的价值判断的表征。

四、原始佛教观念

原始佛教的思想观念有它的源流，这种源流来自于两个方面，一个方面是婆罗门教，一个方面来自于哈拉巴印度文化，也就是上古的印度河流域文化中的宗教思想。这两种信仰在某些方面是对立的，但它们却奇特地融合于佛教之中。我们对于它的主要观念的梳理中，可以看出这样一种以普度众生为目标的宗教是如何得到芸芸众生们的真心拥戴，它的真谛与原则。

四谛（Caturaryasatya）说是佛教的开篇之义，也是它的原则之一，在佛教理论中永远有重要地位。四谛就是四圣谛，谛（梵文为 satya），即是真理的意思。四谛为苦、集、灭、道。从理论概念的层次来看，四谛是关于人类生活现象的总结，但是其层次并不高，反而显得不够神圣，没有深刻的哲理与思索。与《圣经》等宗教从创世开始来研究相比，佛教观念本来应当是理论色彩浓厚的，但是实际上它的理论却显得十分质朴，甚至过于贴近现实，这是为什么呢：释迦牟尼曾经解释过这一现象，摩罗迦子（Malunkyaputta）曾经问他，为什么不论述"世界是不是永恒"等重要问题时，他回答，佛教修行与世界是否永恒这类问题无关，"我对于世界是否永恒这些问题不予以说明，因为它们无用，无助于通慧，无助于正觉，无助于涅槃。……我对哪些问题予以说明？我说明这是苦，这是苦的生起，这是苦的灭寂，这是灭苦之道。为什么予以说明？因为它们有用，是根本的梵行，有助于太弃，有助于离欲，有助于灭寂，有助于平静，有助于通慧，有助于正觉。有助于涅槃"[①]。人生是一次苦难的历程，不唯身苦，而且心苦，所以有苦谛；但是，何以产生苦难？其中必有原因，称之为集谛；而要消除人生苦难，求得涅槃，则有所谓灭谛；要达到神圣境界，必须要有正道指引，这就是道谛。所谓四谛说无非是人生求解脱的过程的指导原则。从这里我们可以清楚地看到四谛说的意义了，甚至可以从中看到整个佛教理论的宗旨了。佛教理论与基督教理论有文化背景上的不同，基督教理论不但来自犹太教，而且在形成过程中受到希腊哲学等的影响，重视人类存在的意义、人与自然的关系等重要理论问题的探讨。佛教受沙门这种苦修思想的影响，其来源中，婆罗门教的吠陀经典、古代印度的哈拉巴原始宗教中关于世界本原、存在意义等方面涉及都不深，没有系统的理论，所以沙门理论虽然重视玄理的探讨，但这种探讨与西方的形而上学是不同的，它集中于人生现实等感性知识的思索，虽然这种思索已经十分精密，形而上学的方法层次也充足，但是它的目标却限制了它在形而上学方向的发展，使得它

---

①　参见巴利文佛经《中尼迦耶》第63 的《摩罗迦小经》，汉译佛经《中阿含经》第 221《箭喻经》与《佛说箭喻经》。

不得不向道德、心理与社会伦理方面进展，这可能也是佛学与中国儒学在宋明时代结合起来的一个重要内在根据。

苦谛（dukhham ariyasaccam）有 8 种主要表现，全都与人生经验直接相关，《圣谛经》中说：

> 诸贤，云何苦圣谛？谓生苦、老苦、病苦、死苦、怨憎会苦、爱别离苦、所求不得苦、略五盛阴苦。①

人生的经历与经验全都被包括在其中了，从生活经验到心理情感，都是苦谛的具体表现。这些表现得到一种理性的但又是经验式的概括，即所谓"五盛阴苦"，在巴利文经典释中有译作"五取蕴"，这五取蕴包括：色取蕴、受取蕴、想取蕴、行取蕴和识取蕴。这些取蕴是苦感受的方式，是主体对于苦的接纳与反应，如果从佛教的主观认知方式来看，就是一种意识的实现。所以我们仍要对于它们有一个具体的规定，以便理解它的实质。以下术语所用的巴利文或梵文，取自多部佛经，不一一注明了。

其一，"色"（rūpa）是事物的存在反映，而不是事物本体，意识在存在之先，这是我们理解佛教一切概念的前提。事物源于四大即地界、水界、火界和风界。这里不光是指自然界的因素，这与古代希腊哲学与中国诸子学说中都是不同的，佛教的四大包括人身体的自然因素。如地界中的内地界包括了人身体的毛、发、牙、爪、皮肉、骨骼直到内脏等。内水界则有人的血汗、胆汁等各种水分；内火指人自身的发热，内风指人自身的动、风等，包括胃内风、腹内风，入息风等。可以说，这是一种物质与精神结合的产物，从这一点来说，倒是与中国中医理论中的"寒热""上火"等说法是相通的。其二，"受"（vedanā）是指人的感官能力的感受，包括眼、耳、鼻、身和

---

① 《圣谛经》，引自骆继光主编《佛教十三经》上，河北人民出版社 1996 年版，第 111 页。

意，随着主体反映，受必然分为三种：乐受、苦受和不苦不乐受。值得注意的是，这里并不是指我们通常所说的五官，其中的身与意就不属于五官，特别是意，就是心，佛教也把它作为一种感受能力，这种分类标准也是不寻常的。其三，"想"（saññā）也与感受能力有关，它指的是眼、鼻、耳、舌、身和意在与色、声、香、味、触和法相接之后所产生的意识，它不同于"受"之处在于，"受"是一种经验感受，而"想"则近于一种意识与认知，想可以形成理性的认识。其四，"行"（sankhāra）不是指行动，而是指意志，是人行动的意志，所以它的本质不是行为方式而是心理的业力。形成行的业是三业，即身、口、意。而业的存在又是由于"无明"所致，无明就是无知。而无明的产生，归根结底是由于人生无常。虽然人生无常，人类却总是要求常生，人生无我，而人类总是要求有我，于是这就是无明无知，无明无知就要产生苦。第五，识（viññāña）就是感觉，指通过眼、耳、鼻、舌、身和意的感知。这种感觉与"受"所代表的感受是相联系的，佛经中的所谓"受者想之，想者识之"就是阐明其内在关联的。

"集谛"（dukkhasamudayam ariyasaccam）的本意是集中与生成，也就是苦的集成。它表达了两个重要方面，一个方面是爱欲。佛经中说："云何爱集苦集圣谛？谓众生实有爱内六处（眼处、耳鼻舌身意处），于中若有爱、有腻、有染、有著者，是名为集。"① 可见爱是人生的根本，也是产生痛苦的根源，修持一定要解脱这种爱，才有自由。另一方面就是缘起，佛在论述人生无常无我的原理时，得出了三法印，即诸行无常（这里的行，指的是有为法），诸法无我，涅槃寂静。这三者全都出

---

① 《圣谛经》，引自骆继光主编《佛教十三经》上，河北人民出版社1996年版，第114页。

于缘起支，十二缘起就是无明、行、识、名色、六入、触、受、爱、取、有、生、老死。集也就是来与去，来就是苦的产生，去就是还灭与涅槃。一切佛法，归之于缘起，这是释迦牟尼对于佛学的一个总结。

"灭谛"（dukkhanirodham ariyasaccam），就是解脱，在佛教中是通过否定行业的方式来获得这种解脱，同时，我们已经看到，行业也是意识与爱欲为主（当然不排斥行动），那么灭谛之否定仍然是对于意识而言的。《圣谛经》中说："云何爱灭苦灭圣谛？谓众生实有爱内六处（眼处、耳鼻舌身意处），彼若解脱，不染不著、断舍吐尽，无欲灭止没者，是名苦灭"。由爱生苦，有苦必集，有集必灭，然后可以得正道。可以说从集谛到灭谛正是一个大转折，集谛是生有，所谓"此有故彼有，此生故彼生"，而灭谛则是"此生故彼生，此灭故彼灭"。为什么要有这种灭呢？从根本上来说，自爱欲生就已经有了爱欲灭的必然，有生必有死，有缘起必有消灭，这是根本的道理，而佛教修持是主动地推进这一过程，达到人生的解脱境界。巴利文佛经《中尼迦耶》（1，270）中说："身念坚定，心思无量，能如实理解心解脱、慧解脱，能完全灭除恶法、不善法，因此摆脱亲疏，感受乐、苦或不苦不乐，不喜爱受，不欢迎受，不执著受，对受不产生喜欢。缘喜欢灭故取灭，缘取灭故有来，缘有灭故生灭，缘生来故老、死、忧愁、哀伤、痛苦、烦恼和不安灭，由此灭尽一切苦蕴。"

佛教说法固然严密，但不可能全无漏洞，以灭谛来说，既然缘起已是有，而缘灭也是一种意欲的有，一种关于"无"的"有"，那么灭就不是一种彻底的灭，因为灭本身的意识就已经是一种有了，怎么能以有的意识来灭有的意识呢？所以虽然佛说十二缘起是为中法，但并不是真正的中法。虽则如此，我们也要承认，这不但是佛教学说不能解决的问题，也是其他宗教难以解决的。

"道谛"（dukkhanirodhagāminǐpatipadā ariyasaccam）是佛教修持的正道，是它所肯定的义理。具体包括有 8 正道，即正见、正思、正语、正业、正命、正勤、正念和正定。这些正道可以理解为得道之后的心理与行为模式，是佛教所推崇的规范，是道谛的具体化。第一正见就是要有正确的世界观，即认同佛经所说的苦集灭道的原则，从而获得解脱，得到聪明智慧。"云何正见？谓圣弟子念苦是苦时，集是集，灭是灭；念道是道时，或观本所作，或学念诸行，或见诸行灾患，或见涅槃止息，或无著念；观善心解脱时，于中择遍择决，择择法视遍视，观察明达，是名正见"。第二为正思或是称为正志，即要有正确的思维与意向，佛经中常用这样一种说法来总结正思："无欲思，无恚思，无害思。"这三者就是要求人能离欲，欲产生于眼耳鼻舌身对于色声香味触的接受，产生情欲，如果见识到这些欲望能产生苦与烦恼，而能离欲，得到喜乐；要求人不怒不气，没有害人心，不抱恶意，对于世界充满慈悲和无恚之心。第三是正语，即言说要能正确，佛经中有所谓"禁制妄语、禁制两舌、禁制恶口、禁制绮语"。要达到正解，先是要能正见，有了善观心解脱后，自然就会"于中口四妙行，诸余口恶行，远离除断，不行不作，不合不会"，这就是正语的妙诀了。第四是正业，就是要有正确的行为方式，具体的规定为：禁止杀生、禁止偷盗、禁止邪淫。我们已经指出，佛经的"业"概念具有唯心特性，它不仅指行为，而且包括意念，所以在佛经中业包括了身业、口业和意业。这样就互相结合起来，正业就与正见、正语合为一体，正见中的意业与正语中的口业也结合于正业之中。第五是正命，这里是指正当的生活方式，包括营生与生存。从营生方面而言，不能操持不正当职业，即佛经所说的"摒弃邪命而以正命营生"。有的经典中还对于在社会上谋生的居士

有所规定，如不能买卖武器、贩卖人口等。生存状态则要求
"非无理求，不以多欲无餍足，不为处术咒说邪命活"。第六正
方便，也就是正精进。要求努力奋进，锲而不舍，坚持正义。
这是佛教一种很有特色的精神，有些地方可以与伊斯兰教的圣
战精神相比，但佛教精神所强调的是敬业精进。在社会生活中，
正精进也可以理解为勇猛精进，是一种积极的精神。第七是正
念，要求具有一种正确的念忆与复忆，在佛教中，观念与意识
区分较大，正念是关于观念的，特别重视忆念。但它的根本仍
然是强调解脱，不执于一念。"观善心解脱时，于中若心须念
背，不向念念遍念忆，复忆心正，不忘心之所应，是名正念"。
第八正定，是能够正确地入定。入定是佛教的心理入禅，是一
种境界。"于中若心位禅住顺住，不乱不散，摄止止定，是名
正定"。

八正道也就是佛经中所说的戒、定、慧。戒包括正语、正
业和正命；定包括正勤、正念和正定；慧包括正见与正思。这
样，四谛与八正道，与戒、定、慧互相包容，连为一体，共同
组成了佛教最基本的教义。这是释迦牟尼讲经时所不断强调的
主要思想，只不过说法有所不同，其意义是一致的。

虽则如此，但是由于佛教的中心观念是缘起与解脱，是一
种否定性的理解，不是一种对于天堂与极乐世界颂赞的理想化
描绘，只是提出了8种正道的原则，远不如它对于人生痛苦与
爱欲的理解那般深刻。其实也可以说，在一切信仰中，凡是否
定的方面都必然深刻而动人，佛教的人生苦海与基督教的末日
审判、原罪等说教都有一种反对世俗的态度，这种态度使得宗
教救世的必要性得到突出。社会生活中的罪恶、不平、绝望原
本是社会大众最深切的感受，现在终于借助于宗教得到宣泄，
并且也因宗教有了希望。宗教不只是救世的，也是现世罪恶的
揭露者。这种揭露不可能没有麻醉与安慰，如果没有安慰，也

就没有希望，没有希望也就不会有反抗。所以不是所有的宗教都是不反抗的。相反，历史上有相当多的宗教成为了反抗者的旗帜，英国的清教与中国汉代的五斗米教、中国太平天国的拜上帝会，所宣传的教义都是具有反抗精神的。由于历史科学的局限，我们只有在 19 到 20 世纪才可能对于世界文明进行总览，这种总览带给我们的是一种认识上的飞跃，是从局部认识论向系统认识论的飞跃。因此，我们可以自豪地说，我们是能超越前人的。我们从世界文明的总体来认识，这是前人所不具备的历史条件，所以我们更能洞察宗教作为一种文化现象的历史特征。

五、印度的宗教改革：大乘佛学

一般来说，一种宗教的理论与它的宗教组织发展上有一种对应关系，即宗教的兴盛时期也是理论发展最为丰富的时期。而宗教的衰落时代，也相应引起理论的式微。佛教的历史上，这一特征表现得最为充分。我们论及文明发展规律时已经指出，没有孤立不变的文明，任何一种文明都与其他文明之间有一种辩证发展关系。在这种联系中，文明经历着兴盛－衰败－再生或灭亡的历史过程。如果从佛教的历史来看，它是人类精神文明早熟的一个代表，用哲人常用的比较，即所谓"早熟的儿童"。东方文明的早熟性在它身上表现得最为明显，虽然它的成分中含有雅利安文明的成分。佛经的逻辑是一种早熟的逻辑，它的理性思维模式建构虽然粗糙，但是已经具备了逻辑的完整形态。但这种形态中又有一种不必要的蔓延，五支论明就有这种特性。它的神话中的无意识与性意识，受到黑格尔等人的攻击，认为是一种淫邪的艺术，这种看法当然是相当可笑的。印度神话最具有欧洲原始神话的特征，但同时具有亚洲化以后的东方特性。佛教教义同样呈现这样一种早熟性，在它的早期发展得是那样的充分、完美、新鲜，充满了活力。但是，在部派佛学与大乘、小乘佛学中，演变成一种东方的经院理论，而且出现一种变异的状态。这是令人深思的。

释迦牟尼逝世一百年以后，佛教产生大分裂，从此进入部派佛学阶段，从公元前 370 年到公元 150 年大乘佛学出现，是佛学发展的第二个阶段。一般可以把大乘佛学从法起到衰落看成佛教发展史上的一个历史阶段，也有再进行划分的。而把大乘之后看作第三个阶段。我们采用这种历史划分，但关于部派佛学，我们认为，从佛教历史来看，部派佛学大约五百年，虽然是一个不短的历史时期，但是从佛学理论来看，却只是一个过渡阶段，显示了佛学从初创到成熟的发展过程。部派佛学主要就是小乘佛学，而佛教的完全定型与产生世界性影响是在大乘佛教之后，它显示出远超出一般宗教的完整理论体系与精神内容，不但能胜过印度国内的众多宗教派别，而且远播世界。佛教的传播是一种最自然的传播，它不同于基督教与伊斯兰教的宗教传播，佛教没有十字军，也没有圣战的军队，它主要是一种和平方式的传播，是精神力量的感召，这在世界宗教史上是相当少见的，唯有中国儒学是与它相同的。所以我们把部派佛学与大乘佛学作为佛学发展史上的最主要阶段，一起来研究。

部派佛学发生于释迦牟尼逝世后一百年，原本是统一的佛教开始分裂，先是分裂为上座与大众两部，两部的理论分歧在于，上座部提出：释迦牟尼本人的说法与对于其学说的解释要区分开来，故称之为"分别说部"。相反，大众部则认为，佛教学说一统，不宜于随意区分。故称之为"一说部"。以后由于对更多的方面发生分歧，争论就更复杂。从以上两大部派中，又发展成为号称 18 部的部派，其实是更多的学说。到公元六世纪时，大致可以划分为四个大的学说体系：其一是上座部，包括有北方的化地和法藏等学说，南方的大寺派等；其二是正量

部，其中以所谓犊子学说为主；其三是大众部；其四是说一切
有部。从这些部派学说以后发展出大乘与小乘学说。部派佛学
的产生是佛教进化中必不可少的一步，从宗教经济角度看，佛
教日益发展，社会经济问题突出，于是不断有新问题产生，佛
教徒可以不可以接受施舍、佛庙经济的管理等都产生分歧，形
成不同意见。从社会实践看，这是宗教适应社会发展的必然结
果，佛教创始人的形象一直是人而不是神，而宗教信仰内部与
社会大众都要求一种神的宗教，舍此则不能得到信徒的崇拜。
社会愈发达，社会现实中人类不可解释的现象就愈多，人类对
于神的需要就更为迫切。当然，其中相当重要的一个因素就是，
佛教理论有一种自身完善的需要，佛教没有采取宗教改革的形
式，佛教是一种温和的宗教，释迦牟尼本人就相当软弱，他反
对种姓制度，却不敢公开进行斗争。他一生的主要活动都在憍
萨罗，当毗琉璃王对于释迦族进攻时，他也曾经劝告过，但仍
然不能救国。这都是他的宗教教义的价值取向不明确。更为重
要的当然是宗教理论体系，他主张轮回说，那么就是有灵魂的
存在，但是他同时又否认自我主体，这样就会产生疑问：是什
么在进行轮回？轮回的意义是什么？无论如何，宗教的内外要
求，都在召唤一种改革。这就是从部派佛学开始的分化。

　　大乘的发展也与当时的社会历史有直接关系，特别是孔雀
王朝时代的政治支持，公元前 3 世纪，阿育王当政时代，国家
统一，国力强盛，是印度历史上少有的兴盛时期。阿育王大力
扶持佛教，并且派遣佛教使团到国外传教，从而开始了佛教向
国外的大规模传播。另外一个重要原因是异域文化交流中，佛
教受到不同民族的欢迎，反转过来又影响了印度佛教自身的发
展。公元一世纪时，中国西域的月支人迁移到中亚后建立贵霜
王国，贵霜王迦腻色迦也是个虔诚的佛教徒，他再次大力弘扬
佛法。由于他的势力扩展到印度北部地区，在他的统治下，原

来就有希腊文化根源的犍陀罗以后成了贵霜王国的中心地区，在这里与中国的西域、法国的普罗旺斯等地一样，绽开了人类文化交流史上最绚丽的花朵。

大乘（梵文 Mahayana）佛教的原义是一个比喻，是说这种教义是释迦牟尼对于具有大悟性的人所讲述的真谛，这种真谛法力无边，如同巨大的车船一样，可以普度众生，脱离苦海。因为自诩为大乘，所以就将原有的佛教称之为"小乘"（Hinayana）。也有人认为，大乘教派主要与部派佛教中的大众系有关，所以形成大乘教派。无论如何，大乘教派得到了确立。这样，小乘实际上包括了当时除大乘之外的各部派佛教。虽然小乘教派并不承认大乘教派的说法，但大乘作为一种教派的名称却流行起来，这是无可讳言的事实。大乘教派的产生应当说是甚早，据季羡林先生考证：

> 从笈多时代起，印度教开始同化正在变化中的佛教，大乘萌芽于公元前三世纪阿育王时代。到了公元后二、三世纪，所谓空宗的学说才开始建立。又过了约二百年，到了四、五世纪，所谓有宗的理论才形成。①

虽然大乘教派发展迅速，但是由于印度划分为多个小国，教派林立，各自独立，公元七世纪时，玄奘到印度后，考察了各国教派的情况，据《大唐西域记》记录，当时小乘佛教的分布仍然是多于大乘。几十年后，义净再次考察各国佛教，在他的《南海寄归内法传》中所得到的结论与玄奘大致相同，由此可见，各国信仰变动不大，总体保持了稳定。

从大乘的内部发展来说，一般认为它与部派佛学中的大众系是有关系的。大乘发展分为不同阶段，早期从公元一世纪起，

---

① ［唐］玄奘、辩机原著，季羡林等校注《大唐西域记校注》上，中华书局 2000 年版，第 67 页。

以《般若经》、《金刚经》等为起始，继之以《宝积经》、《华严经》、《法华经》、《维摩经》等佛学经典大量涌现，马鸣、龙树、提婆等一代宗师或开坛讲经或撰写经典，成为大乘早期的代表人物。公元三世纪后，大约在笈多王朝的初期，开始出现《大般涅经》、《大乘阿毗达摩经》、《解深密经》等，以无著、世亲等人为代表，大乘内部也出现了派别，以《瑜伽师地论》为立论根据的是瑜伽行派，另一派是中观派。中国法师玄奘在中国就已经久闻瑜伽学说，苦于没有机会能得到真传，所以到印度后立即提出要学习瑜伽行派的经典。从 7 世纪起，大乘佛教进入发展的最后一个阶段，由于义理深奥，不易为修持众生所接受。相反，密宗在这时兴起，大乘逐渐为密宗所取代。这个时期的主要代表人物有法称、月官等人，主要流派还是中观与瑜伽。到 13 世纪初，穆斯林毁灭超戒寺，标志着佛教在印度的灭亡。大乘佛教从公元 50 年起到 1203 年超戒寺被毁，历时约 1150 年左右，与小乘一起被看做是佛教的主要流派。

　　大乘教派的信仰核心是菩萨乘，这有两重含义，其一是释迦牟尼成佛之前，先成为菩萨。其二，因此修习佛教者，如不能成佛，也可以成为菩萨。这就为从人到神的转化提供了一个中间阶段，从而大大加强了佛教徒的修习信心。应当看到，这是大乘教派的一个重大发明。因为从佛教来说，它的教义中原来就有一个重要原理，就是信徒通过修习可以成为阿罗汉，从人变为自由自在的阿罗汉，其永远不必投胎转世，也不必再受轮回之苦了。这是一般宗教所没有的思想，这种宗教思想被西方人看成是非常庸俗的，因为它把神圣与世俗之间的界限变得过于现实。而大乘佛教则进一步把这一思想变为修成佛与菩萨，更是令西方宗教人士感到不可思议。但是在另一种文化背景下却大受欢迎，印度和中国的佛教徒们对于这种观念感到由衷的高兴，现世生活的痛苦使他们对于来世、对于成佛要求迫切。

当成佛的困难太大时，转向修成菩萨就成为更现实的目标，目标越近，越易于实现，就越具有诱惑力，修持的诚意就越大。大乘思想在这方面有它的优势，对于它的流行无疑有一定影响。

人为什么能成佛？大乘学说也有自己的贡献，在龙树、提婆等人之后出现了《大般涅槃经》，其中解释了人能成佛的根本原因。人能成佛是因为人本身就有佛性，也就是众生皆有佛性，众生只是不同的生类，生类是不同的，但是佛性是相同的。如果人没有佛性，也就不可能成佛。以前的佛学关于人类成佛的道理一直解释不清，到大乘经典才用最简单的方式阐释了这个问题。《大般涅槃经》中说：

> 如来正法深旷如海不可测量，又复大海在诸众生身体极大，长万余六千逾阇那，或复身长八千逾，或复身长一寸斗乃至极微。如来法海亦复如是，其中或有得阿罗汉，具足三明及以六通有大威德福天人者，其中亦有得阿那含者、斯陀含者、须陀洹者，亦复有得四果向者，乃至亦有凡夫之人未得法利者，是故汝勿于法海中生碍心。①

大乘认为，佛法人人可修，修行可得法利，只是修行有先后深浅的不同。有的可成阿罗汉，有的可能成为阿那含、斯陀含、须陀洹等不同，这是依个人修行而定了。大乘"佛性"（Buddha – gotra）的"性"称之为"乔多罗"，这个词含有姓与种族的意义，反映了各个种姓是平等的，都可以成为佛界的组成。以后的经典中，佛性还溶入了法性即"胜义空"的内容，这样的佛性就包括了了解空性的智慧（空性慧），佛性的范围越来越广，修行成佛几乎成了人人可以做到的事情。以前有的大乘经典中还认为，世欲深重的一些人，特别是一些反对大乘的人

---

① 《大般涅槃经》，转引自骆继光主编《佛教十三经》上，河北人民出版社1996年版，第153页。

是不能成佛的，这类人称之为"一阐提"。以后的大乘经典中，佛的大门进一步敞开，所有的人都可以成佛，"一阐提"也可以成佛了。其他一些大乘经典如《瑜伽师地论》、《楞伽经》、《摄论》以及在窥基的《法华经》中，全都讲"佛性不空"，即主张佛性是有的。这样区别于一般的空宗理论，万物皆空，而佛性不空，众生皆有佛性，这是大乘佛性说的精华所在。

　　大乘还简化了成佛的过程，这对于大众也是有吸引力的。小乘主张人经累世修行可以成佛，但时间太长久，多数人不能经受这种考验。社会上大多数人是"可与乐成，而不可与虑始"，即使是虔诚的教徒也是如此。而大乘主张只要皈依佛法就可以成佛。这种主张当然是为了其扩大宗教势力的目的，但是客观上受到了大众的欢迎，所以大乘实际上是大众化的佛教，也是它的一种特点。当然，还有其他一些因素对于大乘学说的普及也有一定影响，如有人认为，大乘教派的大造佛像，使得佛的影响似乎无所不在，也是一种普及佛教的手段，对于大乘教派的兴盛也是一个重要原因。事实上，金身佛像确实增加了佛的威严，当我们走进大雄宝殿时，巨大威严的佛像仿佛在直视着你，不可能不产生心理压力，一种神圣的心理会油然而生。但是应当承认，大乘佛教的兴起是佛教史上的一次重要改革，虽然它比不上基督教的路德所发动的改革那样声势浩大，但对于佛教发展的历史却有重要意义，这是不可否认的。

六、佛教的衰落与传播

　　世界宗教史上有这样的一种状况，当一种宗教在本土已经衰落时，可能会在域外获得意外的繁荣。当景教在西方已经衰落时，它已经进入了中国，在遥远的东方获得了成功。从公元635年唐贞观九年到公元845年唐武宗会昌五年，190年间，景教从波斯传入中国，并且盛极一时。这种情形近似于佛教的传播，当佛教在印度本土已经衰落时，却在异域获得了新生，成为世界性的大宗教。而且，世界上两个重要的宗教创造民族，犹太人与印度人，他们所创造的宗教在成为世界性大宗教时，在其本土已经不是占统治地位的宗教了。

公元 8－9 世纪，原来的婆罗门教经历了革新，理论上出现了生机，改称新婆罗门教，也就是印度教，并且成为了国教。而同时，佛教的地位日渐衰落，佛教是以深奥的理论立身的宗教，大乘把佛教理论发展到了顶峰，众多的经典令常人无法逐一接受。这里，密宗则乘虚而入。密教是结合了佛教与印度教的一种新宗教，它起初接受佛教教义，以后又与印度教合流。所以佛教称其为"左道"。密教又称为"金刚乘"，这显然是要同大乘与小乘并列，其中也有许多与大小乘相同的成分，如瑜伽等。但是它的瑜伽与大乘的瑜伽区别就很大了，它的瑜伽的动力是性欲，主张性力。密教的教义来自于法身佛大日如来，其传教方式与大众传播不同，它实行秘密传教。密教的主要经典包括《金刚顶经》、《大日经》等。我们可以说，密教是佛教最后阶段的产物，从宗教思想看，它的蜕变是明显的，从佛教的人生意义理论探寻向适应社会的方向的转化，是它的主要特征。这种世俗化倾向本身就是佛教走向没落的一个表征。

佛教从 13 世纪在印度没落之后，直到 19 世纪末才又开始重新在本土复活，但已经失去了昔日的影响力，当今佛教徒在印度人口中只占不到百分之一。与印度教、穆斯林等大宗教已经无法抗衡了。但是从古代到今天，佛教在世界宗教中的影响却仍然相当大，这不能不归功于佛教的历史传播。我们已经指出，佛教的传播是人类文明交流史上的一个奇迹，历史上像这样大规模的宗教和平传播方式极为罕见。基督徒是一手持剑，一手拿《圣经》，在对于落后民族的殖民、对于蛮荒之地的开发中完成了宗教传播。穆斯林的历史上，圣战与征服也是与传教并行的。唯独佛教，它的传播中没有战火硝烟，身披法衣的僧人们走出印度半岛，口诵经文，没有军队，没有征战。

佛教传播的路线是非常复杂的，首先是向西方的传播，这是一直没有得到重视的方面，其实是最早开始的传播。亚历山大东征之后，印度与西方的交往中，佛教一直扮演重要角色。罗马帝国的亚历山大城曾经是世界学术的中心，是多种宗教汇聚之地。公元一世纪时，由于罗马帝国统一所带来的一体化，在这里形成了宗教交流的高潮。来自希腊、罗马的基督教与犹太教徒、来自中亚的大夏人、波斯人与来自印度的佛教徒聚合于此。《弥兰陀问经》中曾经记载了佛教商人远行到亚历山大城的经过。V·A·史密斯在那本名著《牛津印度史》中断言，在亚历山大城中，初生的基督教与成熟的佛教在这里相会。很可能佛教对于基督教与诺替斯教都产生重要影响，如念珠、禁欲等一些仪式与规定至今流传。公元 642 年亚历山大城不再是学术中心，但是阿拉伯人却继承了文明，当欧洲陷入黑暗之中时，巴格达城于公元 762 年建立，从这时起到公元 1258 年蒙古人攻陷此城，这里一直是佛教传播的重要基地。

但无可讳言的是，佛教在西方包括欧洲与中东地区，虽然有相当的传播，但是一直没有居于文化主流地位。其中的原因无法得到明确的解释，远不如其在中国和东南亚的传播那样成功。佛教在西方与中东，与基督教和伊斯兰教并存，从另一个方面显示了这种宗教教义的独到之处，能够与主流宗教相配合，以保持自己的存在。这可能是佛教西线传播给人类文明最大的启示之一。

佛教的南北两线传播是世界宗教史上最成功的宗教传播，特别是一种宗教在发源地之外获得成功，除了基督教在罗马之外，再没有类似的例子。但是，人们往往忽略了一个最重要的事实，佛教南传与北传是完全不同的两种宗教传播方式，其结果也是完全不同的。

佛教南传是先入斯里兰卡，再传入泰国、柬埔寨、老挝、马来西亚、印度尼西亚与中国云南的傣族、崩龙、布朗等少数民族地区，南传佛教以小乘为主，特别是上座部佛学影响最大。文字用巴利文或是其他文字传译，它的经典《解脱道论》、《清净道论》等与上座部学说也有相当大的差异，但是自成体系。

北传佛教分为两支，一支是藏传佛教，它的传播路线是通过尼泊尔的喜马拉雅山口进入中国西藏，然后向中国内地和蒙古、西伯利亚流传。这一支佛教就是所谓的喇嘛教，亦称为黄教等，密教经典具有重要地位。另一支是经由印度西北部的犍陀罗地区，再经过中国西域来到中原地区。以后，中国中原地区的佛教徒不满足于间接接受佛教，开始西行求法，从印度直接取回佛经，改变从吐火罗语翻译佛经为从梵语等直译。汉传佛教成为世界最大的佛教流传支系，汉译经典远行日本、朝鲜等国，形成了独立于印度佛教之外的汉传佛教中心。

北传佛教通常称为东传，我们把佛教传播的三条路线进行对比就可以看出其传播的意义。即西传、南传与东传，研究佛教传播的意义对于世界宗教史与世界文明史都是至关重要的。佛教从公元1世纪向世界大传播，必然要与世界文明产生接触。在西方接触了发达文明——希腊罗马文明，这一条路线的结果是佛教没有取得大的影响，原因很清楚，西方文明在当时已经是相当发达的文明形态，宗教也已经相当成熟，佛教作为外来宗教没有能得到发展。南传取得成功的原因也不难解释，当时的东南亚各国文明程度不能与印度相比，所以接受佛教是必然的。佛教东传遇到中国文明，当时的中国文明并不比印度落后，在整个文明形态比较中，特别是科学技术、思想学术、经济制度等方面，中国都可能比印度更发达一些。但是，中国并没有绝对排斥佛教，虽然也经历了艰苦的斗争，但佛教仍然能在中国流传并且在中国取得了新发展，这不能不令人反思。以前有相当多的学者认为这是中国人需要宗教所造成的，或有其他多种说法。陈垣还特别有一篇《佛教能传布中国之几点原因》的文章，其中说道：

> 佛教入中国一千八百余年，今日虽极衰落，然昔曾深入社会中心，佛教何以能得此，佛家说是佛法广大，有人说是帝王提倡，据我观察，有三种原因：
>
> 一、能利用文字；
>
> 二、能利用美术；
>
> 三、能利用园林。
>
> 而帝王提倡不在内，因帝王有提倡的，也有毁佛的。[1]

从陈垣先生分析中，我们可以看出近代中国学者研究方法的成就与得失，其成就表现于史料的翔实，有充分的事实依据，不轻易作结论。其不足之处则在于缺乏理论与宏观分析的观念，对于重大问题只能从具体的及至一些琐碎的细节来思考，因此不免于见木不见林，以致对于佛教在中国传播这样重要的历史问题研究不能从理论上得到解决。笔者认为，只有从世界文明比较研究角度，才能对于这一问题有清楚的看法。佛教西传、东传与南传三种结果，证明了不发达文明与发达文明、发达文明之间关系的复杂作用过程。特别是发达文明之间的交流，必然映出这种文明本身的特征，中国文明的开放性在这里得到最鲜明的展示。

另外一点是无须重复的了，东传佛教以后发展成一种独立的佛教，这种佛教的世界影响与自身建设都是在印度佛教之外发展的，形成这一时期佛教主体的是魏晋与唐宋的佛学，这是

---

① 陈垣：《佛教能传布中国的几点原因》，参见《陈垣集》，黄夏年主编，中国社会科学出版社1995年版，第65页。

对于世界文明的新贡献。中国佛学一旦独立发展后，其义理发达，思想精密自成体系。因此，从唐代以后，不再有僧人前往印度取经，个中道理固然复杂，但是因为中国佛教自身已经足够发达，无须再往印度取经，是一个重要方面。另一方面，形成历史对照的是，当佛教在中国兴盛，并且通过中国传入日本与东南亚等地时，佛教的起源地印度的佛教本身却走向了没落。

七、未来宗教与世界文明

宗教是人类文明的媒介，在人类文明起源与发展中，宗教都曾起了无与伦比的重要作用，如果再从人类宗教与信仰的整体来看，这种作用就更为巨大。宗教是点燃人类精神之火的火炬，这种作用已经受到有识之士的共同承认。阿拉伯人说，如果没有《古兰经》，阿拉伯人仍然会处于黑暗之中。《圣经》则是将上帝之光看成是创世之初。宗教是人类最早的精神需求的外化，是人类精神发展的早期阶段，这是无可怀疑的事实。

泰初有道，宗教就是道的最早表现，它哺育人类精神的滋长，塑造其文明形态。但是，宗教只是精神形态中最初的，先在的形态，宗教是纯精神的，它与人类之间的关系是一种自发的崇拜，人类不可能没有宗教，而宗教的作用又是有限的。宗教不可能使人获得所谓的"自由"，也就是说，人类不可能通过宗教"得道"，因为宗教的秘密正在于不使人类得到所有的精神，宗教必须使自己处于人类统治者的地位，宗教是主人，信仰是手段，信徒只能跟随其后。这样，宗教就把人类掌握于其中，不给予人类精神自由。其实一定程度上，正是这种宗教的禁忌，使人类感到最大的安全。

俗世里的凡夫俗子们为什么信宗教？在所有的宗教理论中，我们仍然持这样一种与众不同的观念，最终是因为他们需要一种依靠，这种依靠具有精神的意义，同时具有文明进步性，所以在苦难之中的人都可以凭借宗教来战胜困难，并且得到精神上的超越与提高。宗教就是人类的依附者。这也就是伏尔泰的那句名言："如果没有上帝，人们也会造出一个上帝来。"不是上帝造了人类，而是人类造了上帝，因为不是上帝需要人类，而是人类更需要上帝。这种依靠感觉是人类先天就具有的，儿童出生就依靠母亲，长大后在生活上依靠自然与社会。一旦有一天，当他们感到自己所依靠的人群与自然力是那样的无力时，他们必然会选择更为强有力的精神支柱，这种支柱在他们看来是绝对有力的，无往不胜的，也是文明的，美好的。这种精神神圣而不妖魅，这是产生神话与宗教的根本原因。所以，我们认为如果从最根本的动因来看，宗教产生于人类的文明需求。

然而，世界文明史上，宗教曾经与人类的理性与科学之间形成对立，这也是事实。

宗教一旦形成，由于它是一种社会力量，它并不是一种知识或是科学这种技术因素，宗教要复杂得多，它的本体是人类身体与社会，人类身体的欲求包括肉与灵是宗教的基础，肉体的同一性是民族，这种自然同一性使得宗教自然呈现为民族的。所以，耶稣的形象是古代犹太人的样子，佛教的菩萨都是一副印度人的模样，佛教入中国后，唐宋以后的佛像则演变成了中国人的长相。宗教是精神的，也是世俗的，宗教具有民族特色，宗教具有个性，这样，宗教就与理性、科学相揖别。理性，是以逻辑为工具的思维，它是在逻辑体系包括形式逻辑与辩证逻辑的基础上建立的。而科学则是以理性为起点的，科学以理性为思维方式，这样，宗教不可能不与科学、理性产生不同程度的对立。宗教毕竟是从感性与悟性而生的，它有时恰与理性是反证的，它以否定与超越理性为特色，因为自然与社会的现实并不可能只通过理性来掌握，理性只属于人类，社会则是人与自然，有自然则有感性，这是由认识的规律所决定的。

吾有大患，为吾有身。有身必有执，故佛学力主苦集灭道，则是破我执所执。

但是，当悟性与理性之间的关系达到辩证阶段时，它们就会产生一种统一，这时的悟性恰成为理性的前身。宗教在这时，就会与理性、科学达到高级的统一。这种统一，也是建立于人身与意识的统一，为吾有身，则吾有意，吾有意，则吾有识。

在未来世界，我们寄希望的，最根本的是身与意、理性与悟性甚至非理性、科学与宗教之间的融合。这种融合不是一种空谈，在未来社会中完全可能达到，这就是辩证理性的实现。

这种融合，首先是宗教与非宗教信仰之间的辩证实现。

宗教的敌人在于所执，也就是自己的主张，这恰恰是宗教在初级与中级阶段的生命，初期主要是多神教与自然崇拜，这时的所执是空泛的、不自然的，是依附于物体与多神的。当人类认识到树木、大地、太阳等自然低于人类自身时，产生一神教。宗教进入了中年，成熟的一神教是人类自身的崇拜，人格神无所不在，天上的神与地上的君主互相辉映，神具有了自信与力量。多神只是一种感性，一神是感性的理性化；多神教是部族的神，一神教是民族与国家的神，多神是局部地区的、自守的、自立的神。一神是区域的，互相争夺的神，从地中海到大西洋、太平洋，基督教高耸入云的教堂成为精神的象征。从阿拉伯海到印度洋，穆斯林清真寺的金色圆顶在夕阳下闪着光辉。东亚大地上，中国遍布各地的 2400 多座文庙，象征着一个非宗教信仰的伟大传统。但是，全球化在要求，从地中海到阿拉伯海到南中国海之间的精神与物质的大交流，任何一种宗教必须与其他宗教之间进行对话，这就必然有一种全球的宗教与非宗教的交往。

一神教是排它的，只承认一位唯一的神，唯一的主。那么，这种交往是否可能呢？

历史已经为它安排实现交往的可能性与现实性，世界各地的不同宗教并存与合流的情况都十分普遍，以东南亚为例，东南亚是世界主要宗教纷纷进入的地区，东南亚十国中几乎世界主要的宗教与非宗教信仰全部在这里进入。这里有唯一的以信仰基督教为主的国家菲律宾，有深受中国儒学影响的新加坡，有以伊斯兰教信仰为主的马来西亚、文莱与印度尼西亚，有佛教盛行的缅甸、泰国、柬埔寨与老挝等。这里历史与现实中都有多种宗教的合一与融合，特别是在柬埔寨等国家中，多种宗教的交流与合一是相当普遍的。中国的儒释道三教合一更是一种典型，西方学者们最为惊叹的是，在欧洲与世界其他地区，犹太人坚持自己的信仰，形成自己的社区与会社，不肯轻易融入当地社会。但是，进入中国开封的犹太人，现在已经完全融入中国社会，不再有犹太人的社团存在了。未来社会中，各种宗教与非宗教信仰完全可能进行交往，这种交往并不意味着任何一种宗教的消亡，而只是不同宗教的并存与互相理解，这种现象在世界各地其实已经实现。在美国这样多种宗教多种民族的国家中，同一街区中就有伊斯兰教徒、犹太教徒、信仰孔子学说的亚洲人、天主教与基督教徒们共同生活，他们之间的友好共存其实已经是一种证明，即不同宗教之间是完全可以共处的。宗教是一种精神生活，它的终极关怀其实是世俗的，如果在现实中我们能和谐共处，在天国中为什么不能互相理解呢？孔子承认，西方有圣人，耶稣本人也对于东方的圣人十分尊重，从伟大宗教的精神来说，它是信仰真理的，真理是不排它的。

如果只限于一种宗教的目光，很可能永远不会超越，如果具有世界宗教的目光，则会有新的见解。当代宗教研究中有两本最有影响的同名著作《世界宗教》，两书的作者其实有十分相近的看法。第一位作者休斯顿·史密斯说："每个人的关注从自身转向家庭时，他可以扬弃自私自利的心理；当其关注的中心从家庭转向社会时，便超越了裙带关系。当他从社会转向国家时，便超越了狭隘的地方主义。当转向全人类时，便与民族沙文主义相对立了。"这段话被不少国家政要所引用，更为广大学者所赞同。另一位作者是我们所熟悉的英国尼尼安·斯马特，他说过：

> 最后，我们可以问道：即使在宗教方面没有一种统一，那么是否可能在某种更高的层次上，有某种世界性的世界观呢？我要说，正如我们现在正在发展的这样一个全球化社会，需要一些指导各种宗教和各种意识形态彼此对待的准则。我们的讨论始终在暗示，有时则是明确地指出，我们的整个社会应该是多元化的。这一点说明，我们不应该压制任何宗教的表现，除非是为了良善的理由。只要有可能，不同的习俗就应该并存共处。应该允许灵性有不同的表达方式。①

我长期以来所坚持的一种观念，即人类文明是可以辩证发展的，某一种或多种文明在某一历史阶段占统治地位是完全正常的。公元之初，人类文明经轴心时代后，进入古典时代，古代西方罗马与东方汉唐同时并行，是文明双翼齐飞的样板，这是世界文明真正的高峰。为什么会产生这种现象，是人类建立了古代的理性的世界观。21 世纪，东西方文明并行，中国非宗教或多种宗教融合模式与西方一神教中心模式可能同时在世界引领，这是一种何等广阔与壮美的人间景象！这一发展的推动力，也是新的世界观。古代人在文明隔绝状态下已经看到，理性世界

---

① ［英］尼尼安·斯马特：《世界宗教》，高师宁等译，北京大学出版社 2004 年版，第 630 页。

观是关键，宗教与信仰完全可以不同，世界观却可以达到一致，对于当代社会来说，就建立辩证理性观念的世界观。这种世界观的逻辑是辩证逻辑，辩证逻辑所表达的是同一性与差异性的合一，否定绝对自我中心，这种新世界观的实现，就是新文明的出现，混融东西方的新文明，这是世界新文明高潮的到来，难道有什么值得怀疑的吗？

A STUDY
OF COMPARATIVE CIVILIZATIONS

比较文明学

第五册

东方文明与西方文明

方汉文　著

中华书局

目　录

东方物所始生，西方物之成熟。

———司马迁《史记·六国表》

世界历史从"东方"到"西方"，因为欧洲绝对地是历史的终点，亚洲是起点。

———黑格尔：《历史哲学》

第一章　东西方比较研究的实质

一、古今东西：时间与空间的跨越

在本册书中，我们将集中讨论东方文明与西方文明之间的关系，或是说，是考察东西方文明形态的各自来源与走向，它们的分界与联系，它们各自的内容与形式，它们之间联系的方式与性质等等。这是一个如此之复杂、如此之久远的问题，使任何真正想进入这一领域者都必须首先摒弃任何一种简单的归纳方法或是二元对立的观念。这些看法已经统治了我们无数年之久，他们的议论涉及东西方文明的各个方面，无所不有。其中有相当多的具有真知灼见的见解，我们以李大钊的东西方文明比较为例：

> 人类祖先的分布移动，乃以成二大系统，一为南道文明，一为北道文明。中国本部、日本、印度支那、马来半岛诸国、俾露麻、印度、阿富尼斯坦、俾尔齐斯坦、波斯、土耳其、埃及等，是南道文明之要路；蒙古、满洲、西伯利亚、俄罗斯、德意志、荷兰、比利时、丹麦、士坎近拿威亚、英吉利、法兰西、瑞西、西班牙、葡萄牙、意大利、奥士大利亚、巴尔干半岛等，为北道文明之要路。南道文明者，东洋文明也，北道文明者，西洋文明也。①

---

① 李大钊：《东西文明根本之异点》，载《李大钊文集》上册，人民出版社1984年版，第557页。

类似的比较相当多，这些见解不能说不深刻，不能说不令人感动，直到今日，这些话语仍然不乏精彩。

早在1000多年前，古代的印度被中国人看成是"西方"，开始进行第一次大规模的东西方文化比较，中国魏晋时期的谢灵运进行的"华夷之辩"中说："华人易于见理，难于受教。……夷人易于受教，难于见理"。早就开启了中西思维方式与宗教观念比较的先例，这种见解在今天看来仍然具有重要的参考价值，其中涉及了中国文明人文主义与印度的宗教思想之间的差异，在世界古代文明中，较多的民族选择了宗教，只有古代希腊人与中国人创建了以人文主义与理性为主要思想的文明类型。谢灵运的看法可谓执坚披锐，一语中的，从本质层面揭示了文明的差异。

如其后唐玄奘等人在远赴天竺取回佛教经典，并且翻译佛经中所进行的"中土与西土"的文化关系的思辨。晋法《西域志》，智猛《游行外国传》，竺法维《佛国记》等更有大量的中西差异与同一性的论述。

如过去一两个世纪中学者们所作的《中西关系论略》、《四大政七国新学备要》、《自西徂东》之类的历史现象的描述，关系到中国古代科学技术与西方科学、中国的国政民生与西方的政治军事经济等诸方面的比较。

或如从明末以来留心西方学术的中国儒生们与西方的传教士们写下的大量论著，详陈中西文化差异，其中有的虽然并不是对于东方与西方文明之间的直接比较，但也大有值得今人反复玩味之语，清人龚自珍《送钦差大臣侯官林公序》中说："食妖宜绝矣，宜并杜绝呢、羽毛之至，杜之则蚕桑利重。蚕桑、木棉之利重，则中国实。又凡钟表、玻璃、燕窝之属，悦上都之少年，而夺其所重者，皆至不急之物也，皆宜杜之。此一旁义。宜勒限使夷人徙澳门，不许留一夷。留夷馆一所，为互市之栖止。"这里所说的妖食当然不是指西餐或是麦当劳，而是吸食鸦片。即使像龚自珍这样有见识的中国学者，开出对付西方的方略也不过如此，但是这些方法真能够杜绝西方文明进入中国吗？这里要杜绝的不是"呢、羽毛"，而是现代西方工业革命赖以启动的纺织品与轻工业产品，所要保护的不只是"蚕桑木棉"，而是中国古代的农业文明。

从辛亥革命到新文化运动，中国再次出现研究西方学术与思想的高潮，或是留学以寻求富国强兵之术的有志之士，形成了当时世界上最大的"留学潮"，令世人为之瞠目。这次大潮来势之猛烈远胜过当代东土僧人西天取经，中国人追求文明发达的强烈愿望令西方人感到不可思议，中国的有识之士已经认识到，西方文明对于世界的冲击已经不可避免，没有什么差异能大于文明之间的差异，中国古老的文明如何应对这种世界大潮，已经成为中国人最大的问题。世界两大发达文明之间的比较的确令人大开眼界，东西方文化比较的论著大量出版，严复、辜鸿铭、李大钊、胡适之、鲁迅、梁漱溟、冯友兰等人都思考过这些问题，他们的一些看法在整个 20 世纪吸引中国人的思想，直到今天，他们的许多见解仍然是那样精彩，仍然值得我们咀嚼与回味。

特别要注意的是西方同样在进行比较，古代希腊人就进行过这种比较，从希波战争之后希罗多德的《历史》到 17 - 18 世纪启蒙主义者及其后历代学者们的大量论著，西方哲人对东方文明进行观察与思考，同样的深刻，同样的真切。莱布尼兹、伏尔泰、狄德罗、康德、黑格尔、马克思、恩格斯、李约瑟、马克斯·韦伯、汤因比等关于东西文化比较的研究并未淹没在浩如烟海的出版物之中，虽然他们的研究可能在欧洲引起的反响可能比在中国要大得多，但总体而言，欧洲对于东西方文明比较的思考比亚洲要少得多，近代以来在世界文明中领先的欧洲人对于他人的比较当然要少于亚洲或非洲对于欧洲的比较。

可是，所有以上的比较研究，都不可能预见到一个新时代的到来。任何一个伟大学者都不可能超越时空的限制，新时代给予人类的机会是以往任何一个时代都不可能具有的。

一个前人所不可能见到的世界呈现于我们面前——全球化时代——它的到来使我们处于全球经济一体化的进程之中。时空距离的空前接近，文明冲突与合作如此之频繁，地球大家庭成员之间的前所未有的亲近，前人所不可能见到的事理也必然能为我们所知。新的时代必有新的学术，新的学术必有新的成就。这个时代为文明奥秘的探索提供了前所未有的条件，天幸我辈，如无此时代与此学术，我们是无法获得这样的认识的。当然我们既要感谢前人又要不负于前人。我们要感谢前人之处在于，如果没有前人的积累，我们不可能有如此深入的研究。同样，我们不负前人之处即在于要超越前人，如果不超越前人，就有愧于前人寄托于我辈的希望。

东西方文明都是文明的体系，文明体系的比较不是单一文明因素的比较，不是文明现象的对比，它应当是人类社会全体最具有代表性的文明类型的比较研究，这种研究的条件要求之高是前人所未能预见到的，它是来自于不同文明的完全不同的理性原则、社会实践与存在方式的比较，我们区分的三个基本层次就是一种文明比较的体系性、系统性和全局性的研究。

康德有一句名言：我们的一切知识全都来自于感性。这当然也适用于文化研究。我们关于东方与西方的社会文化意识，其产生的根源也在于人类认识最基本的感性与知觉。从自然的、物理的和感性的目标开始我们的文化研究最为合适。其实这也是世界文化研究最基本的规律，孔德曾经强调人类文化的理智其实坚实地建立在历史经验之中。而德国文化学者卡西列也曾经指出："历史现象属于一个特殊的领域：人的领域。在人类世界之外，我们不能在这个词的特殊意义上说历史。当然，还存在着一种自然的历史。不过对这种历史的讨论不包含新的逻辑问题：除了一般生物学的方法之外不需要新方法。即使我们在着手讨论人的世界时，我们也不能说有一种突然的转变。我们发现一种既是逻辑意义上的，又是物理意义上的连续性。达尔文的理论像是对斯宾诺莎下列说法的证实，即人的世界不能被当做'一个国中之国'。如果不预先假定人类现象遵循着与我们在无机物质和有机生命的一般进程中所发现的同样的一般规律，就没关于人的科学。一种对具体的历史知识的分析完全证实了这个观点。历史学家不能省掉对人类生活的物理条件作详细的调查研究。从孟德斯鸠的 Espirt des lois（《论法的精神》）以来，历史研究的这个方面的重要性就不能再被忽略和否定了。"①

在东西方文化的研究中，我们同样应当从自然的历史来开始。东方与西方这两个概念本身其实只是一种方向，是人类对于世界最基本的感性认识。而东西方文化的概念是从东西方的空间方向这个最基本的理解中衍生出来的，因此在认识东西方文化意识时，我们应当从人类最初的方向观念也就是人类的空间观念开始。而事实上，空间与时间又是紧密联系的，以爱因斯坦为代表的现代物理学家们给我们重要的启示就是，一切事物都存在于空间与时间之中，而且空间与时间是不可分的。所以，我们认识人类文化，不得不先从文化中感性的知识，从基本的存在形式 —— 空间与时间 —— 开始进行。

---

① 卡西列：《符号·神话·文化》，此处转引自何兆武主编《历史理论与史学理论》，商务印书馆 1999 年版，第 590 页。

二、历史交流是互相认识的方式

人类起源是多元的，在地球不同地区的考古发现已经说明了人类始祖出现于世界没有交通条件的不同地区，各个文明有自己独立的发展模式。文明产生的历史时代也不同，从以石器为工具的时代进化到铁器时代、电气时代与原子能时代，不断有新的文明形成。所以说人类文明的发生是多元的，以前有世界古代三大文明、古代五大文明、世界七大文明等不同说法。实际上随着现代考古学的进步，人们不断地发现新的文明发生地。东西方文明作为世界文明的代表类型，不能包括所有文明，也不可能穷尽所有文明的特性。

不同文明之间是互相影响的，这种交往的历史已经古老到我们所无法得知的地步。我们无法知道，人类什么时代进入美洲，更无法得知人类什么时代走出非洲。世界文明之间的交往方式无比多样，几乎无法一一叙述。

世界古代文明是基本独立的文明形态，它们之间的交往却有久远的历史。从公元前约 4000 年的埃及就与欧洲、西亚有了联系，到公元前 5 世纪的波斯－希腊战争，东西方文明之间的联系开始紧密。从 1500 年前后环球航线开通到 1918 年第一次世界大战结束，世界文明之间的直接交往已经十分密切，也有人视为"全球化"的初级阶段。从 1918 年到今天，世界文明之间的交往已经进入一体化的时代。为了对文明交往的线索有清楚的勾勒，我们采取最简便的方式，把世界古代文明之间的历史交往归结为以下 7 种：

1. 北非古代埃及文明与欧洲克里特、麦锡尼文明之间的交流；
2. 西亚两河文明、巴比伦文明与埃及文明之间的交流；
3. 西亚闪米特民族希伯来人与埃及、巴比伦、赫梯与阿拉伯古代民族之间的交往；

    4. 南亚古印度河文明与西亚、中亚和中国之间的文化交流；

    5. 南亚的古代印度文明与来自欧洲的如雅利安人之间的关系；

    6. 东亚的古代中国与东亚、南亚及环太平洋地区的交流；

    7. 东亚的古代中国与美洲、非洲之间的文明交流；

以上只是 7 条主要古代文明交往的线索，这些文明之间交往的历史已经被考古与比较文化研究所证明。这些交往中，各文明之间互相了解，促进了他们的共同发展。古代北非与欧洲之间、西亚与埃及欧洲之间的交流，使得农业与畜牧业文明遍布世界。西亚人培养出的羊、牛、马等牲畜，培育的农作物传入欧洲，使欧洲人学会了骑马与用牛。中国的农业传播入南亚、东亚与环太平洋地区，原本是畜牧业与渔猎业为主的日本、东南亚等地开始种植稻米。16 世纪之后，西方近代工业科学技术向世界传播，纺织、机械、电力、钢铁、交通、医学、多种能源利用方式迅速风靡全球，彻底改变了世界各传统文明的生产与生活方式，也使传统文明的思想观念受到巨大冲击，直到 21 世纪，这种深刻的历史变革仍处于高潮。具有 6000 年以上文明史的两河流域中心地带与波斯湾成为石油生产的中心，东方文明古国中国与印度成为世界电子科技与高科技工业的生产研究中心之一。

    如果具体从生产、生活与科技方面看，特别突出的是如下一些交流路线：

    1. 陶器时代中，中国、中亚与爱琴海地区的交往。

    2. 玉器文化所反映的东北亚与西亚、东亚之间的交往。

    3. 丝绸之路所代表的东西商贸与文化交往。

    4. 中世纪十字军东征所引起的文化关系的变化。

5. 中世纪蒙古西征的文化关系。

6. 海上大交通后的东西方文化交往。

以上交往都是东西方文化研究中的重要课题，无论其已经有历史记载或是需要进一步研究。从理论上来说，东方与西方只是相对存在，没有一个东方也就没有一个西方。比如说，地球的西方具体是哪里呢？伦敦？巴黎、法兰克福、纽约？在它们之西仍有西方。从欧洲向西航行就会到了美洲，再向西就会过白令海峡，来到西伯利亚与横贯欧亚的草原地带，或是来到环太平洋文化的中国大陆，进入了所谓东方。哪里是西方哪里是东方呢？只有我们确定一个假想的中点，才有对于这个中点的东方与西方。实际上我们永远找不到这个既不在东方也不在西方的中点，因为任何一个点总是有东方也就有了西方，或是应当说，东方就是西方，西方也就是东方，它们本身就是一体。即使我们是在针尖上，是在细小到无法再分的微粒中，有东方也就有西方，没有东方也就没有西方。这真是令人难以理喻的现象，然而它却是现实。在这一点上，真正能给予我们启示只有相对论，它是从根本上说明这一原理的科学。

是不是要有一种基本的划分呢？

如果从地理空间的划分，一般来说，西方学者指出，东西方的划分是以安纳托利亚高原为界，也就是现今土耳其的国土。这是一片位于东西方之间的地域，安纳托利亚高原以西为西方，高原以东为东方。所以这种划分反而给土耳其带来了意想不到的后果，直到今天，土耳其应当属于东方国家还是西方国家还是有一定争论的。这个国家地处最西的位置也是相当西方化的伊斯兰教国家。

但同时更要注意，无论东方还是西方，都不是一种简单化的空间概念，而是建立在文化比较关系上的所指。比如俄罗斯属于东方还是西方？日本属于东方还是西方，这样一些疑问随时都会产生，因此我们应当从文化观念上来研究东西方关系。

那么，我们的古人是如何认识东方与西方呢？也就是说，东方与西方的感觉如何发展为一种文化观念呢？

三、金字塔与太阳神：单一方向

原始时代的人类应该已经感到空间认识的重要性，太阳、月亮从东方升起向西方落下，从而影响万物与人类的生存与活动。特别是太阳的运动，直接影响到人类猎取动物以及后来的种植活动的安排。中国古代最早的诗歌之一就是这样描述人类一天的活动与太阳的关系的。"日出而作，日入而息。凿井而饮，耕田而食。帝力于我何有哉？"在这里太阳就是空间与时间的全部代表，日，既是天空，又是时间，人们把看不到摸不着的时间物象化了，用太阳来象征它。太阳如此之重要，所以几乎所有的古代民族都有太阳崇拜的历史，而太阳神曾经是相当多数民族崇拜的对象。由于太阳在人类生活中有举足轻重的作用，它也就对于人类时空观的形成发生了重要影响。以太阳升起的位置为空间方向感的第一选择，这就产生了东方的空间概念；而以太阳落下的空间，也就是相对方向，作为西方的空间概念，并且从东西方二维观念发展到东西南北的四方向空间概念，这可能是最早的空间感产生之源。

最明显的例子是古代埃及金字塔的建造，埃及人崇拜太阳神，认为太阳神是创造万物并且主宰世间一切的神。所以对于帝王的坟墓的形状就选用了金字塔形，金字塔最早的起源是太阳神祭祀的土堆。金字塔的空间方向设置是人类智慧的有力证明，所有的金字塔都重视空间方向，早期的埃及坟墓叫做"玛斯塔巴"，尸体被用芦苇做成的草席包起来后面向西放置，这是因为埃及人相信灵魂不灭，可以有来世的生活，西方就是另一王国的方向。已经有4500年历史的世界上最大的金字塔胡夫金字塔东面，就是胡夫的祭礼神庙，这是由于埃及人相信，国王生前是世间的太阳神荷拉斯，死后就成了太阳神拉神，与太阳从西方落下、复生时从东方升起一样，这也是国王重生的象征。金字塔底面是四边形，四条边全都正对着东西南北四个方向。这一点与中国相似，古代丧服最为重视的就是方向，对于方向已经执着于了无以服加的地步，如《仪礼·士丧礼》所说：

> 主人西阶东南面，命赴者拜送。有宾则拜之，入坐于床东，众主人在其后西面，妇人侠床东面。①

类似的记载比比皆是，处处显示出空间的巨大影响力。这种方向观念当然也见于欧洲，甚至宫廷、官场、家庭等无一不必需有座位的排定。英国亚瑟王为了表示自己的平等观念，发明了圆桌骑士制度，正是为了避免因为座位朝向不同而产生地位不同的观念，正反映出欧洲人也是十分重视位置观念的。这种观念充满了生活的各个方面，汉语中的"官位"一词也是一个空间观念，说明官职的高低与地位。上至皇帝的金銮殿，下到九品小官的衙门，一律向南而开。方向观念如此强烈，可以看出传统的力量是无所不在的，虽然有时已经不具有现实意义了。

庞大的金字塔是人类用不变的空间来对付人生易逝时间的象征，阿拉伯人的谚语"一切都怕时间，而时间怕金字塔"，说明了这一时空相对的历史真理，埃及人其实是在实现人类远古以来的理想，人类的生理局限使得他不得不死亡，人生时间上的这种限制是人类所面对的最大痛苦，即使是贵为帝王，也不得不承认这一现实。于是追求空间永恒，希望用空间来战胜时间，成了最现实的手段。巨大的、永存的陵墓与神庙就是空

---

① 《仪礼注疏》，见《十三经注疏》上册，中华书局影印本 1979 年版，第 1129 页。

间的象征，有趣的是，就是在修建帝王陵墓中，也充分显示了不同民族的文化特色。埃及人动用巨大的人力物力，修建了巨大的金字塔，胡夫金字塔由 230 万块经过加工的石块垒成，在没有机械的古代要修建这样的陵墓其艰苦程度是可想而知的。指向天空中的金字塔与方尖碑似乎在表明一种战胜自然时空的观念。而中国人则巧妙地发明了依山为陵的方法，位于关中平原的秦始皇陵、武则天陵及大量的汉唐以来皇帝陵墓，利用自然中原有的山峦或丘陵来修建陵墓，表达出人与自然之间的和谐与统一。所以当非洲金字塔被烈日与旱风所侵蚀时，处于亚洲关中大平原上的汉唐帝王陵墓却是芳草萋萋，它们本身就是自然的山岭，与大自然合为一体，避免了风吹日晒。而且，可能是由于信仰的不同，中国与埃及的文明无论有多么大不同，在某种程度上，它们有共同的理想，就是以空间的存在来取得时间效应。

胡夫金字塔旁边还有五个船坑，这就是著名的太阳舟。太阳坑是埃及文化的一种特殊现象，突出表达了埃及人对于太阳神与东西两个方向的重视。由于埃及人生活在尼罗河流域，河谷两边都是大沙漠，只有南北方向的河谷地带可以通航。而东升西落的太阳使他们产生无尽的遐想。认为天空就是海洋，太阳就在海中航行。这一航程是往复不止的，白天从东方向西方，夜间从西方向东方，要穿越冥世间。于是人间的太阳神埃及的国王们也就为自己造出太阳舟，以实现从东方向西方的航行，行使自己的职责。

与金字塔相同的是埃及方尖碑，这是具有古代埃及特色的建筑。下部为四方体，上部是尖形，造型雄伟，挺拔，显示一种人类生活积极向上的精神，同时有一种庄严的色调。方尖碑与金字塔一样，都是对于太阳神的祭祀。埃及人从公元前 20 世纪就开始建造方尖碑，这是第 12 王朝塞努斯雷特一世时代用玫瑰色花岗石建造的，以后历代王朝与神庙纷纷建造，遍布埃及。由于它所具有的精神与象征，也成为西方世界文化认同的建筑代表，美国甚至于把图特摩斯三世所建造的方尖碑于 1878 年运到纽约，成为自己的形象代表。巴黎方尖碑重达 227 吨，是大型方尖碑的代表。意大利罗马的圣约翰广场上，有一座高达 32 米的方尖碑，是来自赫利奥波利斯城的太阳神庙，是图特摩斯二世所造。伦敦的方尖碑名叫克利奥巴特拉，令人想起古代罗马与埃及之间的许多往事，从中也可以看到东西方文化史上的重要联系。总之，古代的埃及虽然不是西方民族，但是它所创造的太阳文化对于西方影响是极大的。

从日出日落的自然现象出发，人类具有了东西方两个方向与相关联的南北方向的概念，并且把这种概念与生活现象更为紧密地结合在一起。自然与社会生产丰富了人类的方向感，而人类的方向观念也加深了人类思维的进化，赋予方向更多的内容。在早期的发展中，从东西两维向四方四维的发展进程还是要稍加关注的。

三、"四方风"：四维方向的观念形成

在自然现象中，除了日月星辰的运动之外，风霜雨雪也与人类生产生活直接相关，特别是风向，是自然现象中方向最明显的。季风影响到作物的生长、海上航行等。诗经中有"终风且暴"的诗句，也有"凯风"，注解说"南风谓之凯风"。《史记》中记载了据说是舜作的《南风歌》，对于南风大加赞颂，原因就是南风能够给人民带来温暖与便利。中国地处东亚，北方地区气候干燥、寒冷，冬季从西伯利亚与蒙古高原上吹来的北风长驱直下，使中国大陆一片严寒，万木萧索，不利于农作物生长。只有当海洋上的暖湿气流被青藏高原所阻挡时，才会给中国大陆带来丰沛的雨水与温暖的日子，万物欣欣向荣，庄

稼丰收。中国人是农业民族，北风不利于农业，而南风有利于庄稼生长，这就是中国人赞美南风的原因。一般来说，东风与春季有关，南风温润，所以是被肯定的，而北风由于与冬季有关，因为风向关系，连同季节也受到赞美或贬低。同时，由于地理位置的不同，不同的风对不同地区有不同的作用，或有利或不利，各民族根据环境不同而加以取舍，西风对于中国人一般不是很好的。但对英国人可能不同，雪莱《西风颂》是赞美西风的。英国处于大西洋地区，大西洋上的风使得整个欧洲气候温润，所以受到赞美是十分自然的。更加值得注意的是，列维－布留尔曾经指出，很多古代民族中有一种"四方风祭祀"的现象，他是这样说的：

> 例如，多尔赛告诉我们，从前堪萨部族（Kansa）有一个风俗，就是把被杀死的敌人的心挖出来扔到火里，以此来向四方的风献祭。雅塔（Yata）男人们即那些住在部族的圆圈村落左边的氏族的成员们必须举起左手来，顺次向东、南、西、北各方的风弯一下左手。仪式的程序是由存在于这些氏族与它们所占有的空间位置之间的神秘联系来确定的。①

这种现象在布留尔看来，属于一种原始思维方式的表现，其特征是以由于位置接近的空间联系代表事物之间的因果关系，是一种思维的渗透律，是没有理性根据的。我们已经指出了布留尔等人以理性与形式逻辑来衡量一切事物是有不足之处的，对此我们暂不作过多的解释，要说明的是，中国古代先民在形成逻辑之前，如同西方或其他民族一样，也存在过四方风的仪式。

首先指出这一事实的是胡厚宣先生，先秦典籍中屡见四方

---

① ［法］列维－布留尔：《原始思维》，丁由译，商务印书馆1985年版，第210页。

风与相关的四个方向论述，《山海经》中有：

> 东方曰折，来风曰俊，处东极以出入风。（《大荒东经》）
>
> 南方曰因乎，夸风曰乎民。处南极以出入风。（《大荒南经》）
>
> 有人名曰石夷，来风曰韦，处西北隅以司日月长短。（《大荒西经》）
>
> 北方曰鹪，来之风曰狻，是处东极隅以止日月，使无相间出没，司其短长。（《大荒东经》）①

《尚书·尧典》中有：

> 分命羲仲，宅嵎夷，曰旸暘谷。寅宾出日，平秩东作，日中星鸟，以殷仲春。厥民析，鸟兽孳尾。
>
> 申命羲叔，宅南交。平秩南讹，敬致日永星火，以正仲夏。厥民因，鸟兽希革。
>
> 分命和仲宅西，曰昧谷。寅饯纳日，平秩西成。宵中星虚，以殷仲秋。厥民夷鸟兽毛先。
>
> 申命和叔，宅朔方，曰幽都。平在朔易，日短星昴，以正仲冬。②

前人对于典籍中四方风名的来历起于何时，没有明确的结论。有人认为起源较早，如胡厚宣《甲骨文四方风名考证》一文中指出，早在殷商时代就有了四方风名：

> 庐江刘晦之（体智）善斋所藏甲骨文字有一片曰：
>
> 东方曰析，凤（风）曰劦。

---

① ［晋］郭璞注《山海经·穆天子传》，岳麓书社 1992 年版，第 151–172 页。

② 《十三经注疏》上册，中华书局影印本 1980 年版，第 119 页。

南方曰夹，凤曰岂。

西方曰彔，凤曰彝。

□（北）□（方）□（曰）□，凤曰殳。

牛骨大字，直行下行。郭氏撰《殷契粹编》未收，当以为伪。但其字体遒整，应属于武丁时期，又文理通达，亦与杜撰拼凑之伪品不同。故余独疑其不伪。万一即伪，亦当系高明匠人，抄袭成文而刻者。其后果在中央研究院第十三次发掘殷墟所得武丁时龟甲文中，发现有下之一片：

贞帝（禘）于东方曰析，凤曰劦。

□（贞）□（帝）□（于）□（南）□（方）□（曰）□（夹）□（凤）□（曰）□（岂）。

贞帝于西方曰彝，凤□（曰）□（彔）。

□□□（卜）内，□（贞）帝□（于）北□（方）□（曰）□□（凤）□（曰）□（殳）。

……故《尧典》曰宅某方曰某者，袭甲骨文《山海经》之某方曰某也。厥民某者，袭甲骨文《山海经》之四方名也。鸟兽某某由甲骨文之凤曰某讹变者也。在甲骨文仅为四方名某风名某，《山海经》文略同。惟已将四方之名神人化。至《尧典》则演为尧命羲和四子，掌四时星历教民耕作之事，开《夏小正》与《月令》之先声矣。[①]

胡厚宣此文贯通了武丁时的甲骨文直到《脸》等文献，实在是一个重大发现。显然，中国殷商时期已经有了四方风的概念形成，这与世界古代民族四方概念形成的历程基本相同，是以风

① 胡厚宣：《甲骨学商史论丛初集》（上），台湾大通书局有限公司1972年版，第369-374页。

向为主要标志的。在这一过程中，明显可以看出，太阳对于方向形成的作用是最重要的，即使在四方风的识别中，屡屡提到的是"日"，"阳谷"等，而且一般情形下，是以"东方"为四方之首。与日、东方相关的是温暖的、有利的、光明的。而相反的如西方、北方等往往有寒冷、黑暗、不利等因素，明显不如前者。东方日升，南方阳光充足，这都会对于古人产生好的联想，而相反，日落之地的西方，阴冷的北方，当然是不吉之兆。有意思的是印第安人土地（O－ma－ne）祭祀与中国的四方风祭祀十分相像，都是以自己的土地为中心，向四个方向的祭祀，这有可能是从牧业向农业转化过程中产生的古老祭祀。陈梦家《殷墟卜辞综述》中，曾经把殷商时代的祭祀分为三种大的类型：

第一类是对于天神的祭祀：上帝、日、东母、西母、云、风雨，雪；

第二类是地示：社、四方，四巫，山川；

第三类是人鬼：先王，先公，先妣，诸子，诸母，旧臣。①

很明显，印第安人的土地仪式与中国的四方风，可能都是地示，也就是社祭，要祭四方。至于为什么印第安人与中国人全都有此祭祀，很可能证明其文化上的历史联系，这有待于进一步的考据。

四方风代表了一种方向象征，就是将方向与一定的地域、民族、地理环境或其他精神因素相关联起来，形成一种思维模式的雏形，这种思维模式以后在中国文化中发展得十分成熟。其起源就在于以方向与具体的部位与抽象的精神因素相关联。这种关联性思维在中国占据了主导地位，影响到中国学术与科

---

① 参见陈梦家《殷墟卜辞综述》，中华书局1992年版，第561页的有关论述。

学，对此，李约瑟在《中国古代科学技术史》等著作中进行了详细研究。阴阳五行学说也与这种思维方式有关，因为阴阳起源于太阳与月亮，可能从四方风的方向加上中心，形成东西南北中的方位，与金木水火土相联系，最终才有阴阳五行学说。所以四方风对于方向识别的意义的重要，不只是方向识别，而是一种空间联系，方向、方位的空间感与时间感，与辩证理性的思考有机结合了。时空的合一，再与人类思维的契合，这就从根本上奠定了一个基础，这个基础就是人与自然的合一。换句话说，人与自然的合一，产生于空间及时间与人类思维的同一性。时空是自然与一切事物存在的属性，也就是最高意义上的自然，当时空特性与人类思维结合为一之后，这种特性得到延伸，变成了一种文化观念——"天人合一"，所以我们说，中国文化中最为著名的"天人合一"的思想，其实从本质上来说是一种思维方式与逻辑体系，不同于西方的纯粹理性，原因就在于此。

四、"五方之民"

1. 中国与四方

人类对于方向、方位的识别中，一般是从近到远，从对于自己距离最近的地方开始，逐步向远方发展。首先与土地、海洋等地理位置相合，如欧洲人把阿拉伯地区称之为中东，把中国、日本等称之为远东。中国人把西方称之为泰西、西域、西土、西海等。这种称呼中既有方向又有位置，虽然所指是一个区域，但方向感仍然是明确的。其次，方向还可能与居于这一地区的部族相合，甚至有时把这个方向有关的事物与之相联系，如东吴，西楚、南越等概念。这样就把方向变成了含有文化意义的概念，把空间变成了多元的范畴。

　　中国文明中首先出现的一个特有标志是"中国"概念，即居于中心位置的国家与民族。早在《诗经·民劳》中即已经有：

　　　　民亦劳止，汔可小康。
　　　　惠此中国，以绥四方。
　　　　无纵诡随，以谨无良。
　　　　式遏寇虐，憯不畏明。
　　　　柔远能迩，以定我王。

诗中以一个中国之民的身份，歌咏四方与中国的关系，当时的华夏殷周等民族都并不大，但他们已经有了一种文明中心的自我认证。四方与中国相区分，柔远能迩，王国可以安定，已经建立了中国与四方的统治与治理的关系。

　　四方风的记载虽然出现于甲骨文中，但是其发生可能在殷商之前，甚至可能在公元前 2000 年之前，在中国的夏代之前。从古代典籍中的有关记载来看，夏代已经有了中原文化与它的周边部族与疆域的认识。《尚书·禹贡》说道："四海会同，六府孔修"；"咸则三壤，成赋中邦"；"五百里甸服：百里赋纳总。二百里纳铚。三百里纳秸服。四百里粟，五百里米。五百里侯服：百里采，二百里男邦。三百里诸侯。五百里绥服：三百里揆文教。二百里奋武卫。五百里要服：三百里夷，二百里蔡。五百里荒服，三百里蛮。二百里流，东渐于海，西被于流沙。朔南暨声教。讫于四海"[1]。《史记·夏本纪》曰："令天子之国以外五百里甸服，百里赋纳总，二百里纳铚，三百里纳秸服，四百里粟，五百里米。甸服外五百里侯服：百里采，二百里任国，三百里诸侯。侯服外五百里绥服：三百里揆文教，二百里奋武卫。绥服外五百里要服：三百里夷，二百里蔡。要服

---

　　① 《十三经注疏》上册，中华书局影印本 1980 年版，第 153 页。

外五百里荒服：三百里蛮，二百里流。东渐于海，西被于流沙，朔南暨声教讫于四海"①。《国语·周语》祭公谋父曰："夫先王之制，邦内甸服，邦外侯服，侯、卫宾服，蛮、夷要服，戎狄荒服。甸服者祭，侯服者祀，宾服者享，要服者贡，荒服者王。日祭、月祀、时享、岁贡、终王。"② 周边是指不出五服的邦国，也可能就是周围的一些氏族。荒服者最远，是谓蕃国，《周礼》说"九州之外谓之蕃国，世一见，各以其所宝贵为挚"。就是没有朝贡的了，只是服从天子而已。"要服"贡物，六岁一朝，这都是属于较远的部族了。诸典所记载基本相同，除了识读上的个别不同之处外，应当是没有分歧的。夏人自认为声教已达于四海，至于四海之外，夏人没有多想。限于先民对于世界地理的认识，他们无法想象海外诸国，直到郑和的舰队开到非洲之前，数千年来，对于海外国家没有完全而真实的认识。

亚洲大陆与欧洲大陆的广阔草原地带生活着众多的民族，其中相当多数的是游牧民族，从远古时期起，他们就在中国的北方、西北与东北方活动。而在南方，又有多种农耕渔猎的部族存在。中国人与他们交往中，形成的"五方之民"概念代表了方位观念的发展。中国人的方位观念中与周边民族的关系是最为密切的。从四个方向来看四大民族或是种族，加上自认为是处于中央的华夏，就成了早期的观察视域。这就是所谓"五方之民"，《礼记·王制》曰："中国戎夷，五方之民。皆有性也，不可推移。东方曰夷，被发文身，有不火食者矣。南方曰蛮，雕题交趾，有不火食者矣。西方曰戎，被发衣皮，有不粒食者矣。北方曰狄，衣羽毛穴居，有不粒食者矣。中国夷蛮戎

① 《二十五史》1，浙江古籍出版社1998年版，第13页。
② 《国语·战国策》，岳麓书社1988年版，第1页。

狄，皆有安居。"① 东、南方民"有不火食者"，说明火的使用
尚不够普及，熟食习惯没有形成，而不是日本餐馆里食生鱼片。
但列维·斯特劳斯在《生食与熟食》（Le Cru et le cuit）里将
生熟食之间的关系纳入结构主义学说，说得过于玄奥，也是令
人不得其妙，笔者是不敢苟同的。无论如何，火的使用是人类
进化中的一个重要成果，熟食对于类自身的强大与文明程度的
提高都是有意义的。"有不粒食者"则说明西、北方的异族是
不食米粟的，那么就意味着不尚农耕，可能属于游牧民族与渔
猎民族。关于四夷的记载史书多见，如《史记·五帝本纪》中
说："流共工于幽陵以变北狄，放驩兜于崇山以变南蛮，迁三
苗于三危以变西戎，殛鲧于羽山以变东夷。"②《周礼·夏官司
马》曰："职方氏掌天下之图以掌天下之地，辨其邦国、都鄙、
四夷、八蛮、七闽，九貉、五戎、六狄之人民。"③ 随着时代更
替，民族忽分忽合，有生有灭，演进不可一一而数。但共同之
处都是中华民族，共同创造了中国文化。如果从夏商周三代大
致疆域来看，五方中以华夏为中，这也就是汉代以后所说的汉
族，这一民族的历史与地位比较明确。除此之外，其余四方的
主要部族正可以分为四个主要民族文化区域：东方区域、西方
区域、南方区域与北方区域。这也是我国民族划分的一个特色，
我国古代民族类型划分主要是以区域为标准的，关于这一点吕
思勉《中国民族史》一书中指出："我国古代，称四方之民族
曰夷、蛮、戎、狄，原以其方位而言，非以其种族言。"④所说
甚是，我们就从方位的意义来看一下生活在中国四方的部族与
其文化。

---

① 《十三经注疏》上册，中华书局影印本 1980 年版，第 1338 页。
② 《二十五史》1，浙江古籍出版社 1998 年版，第 9 - 10 页。
③ 《十三经注疏》上册，中华书局影印本 1980 年版，第 861 页。
④ 吕思勉：《中国民族史》，东方出版社中心 1987 版，第 172 页。

2. 东临沧海

中国东部地势平坦，千里沃野，土地膏腴，长江、黄河从这里入海，这一地区河网纵横，灌溉便利，是理想的农业耕作地。中国最早的渔猎与农业文明都是从这里开始，这里也是中华文明的发祥地之一。隔海与日本岛相望，浩瀚的太平洋上红日升起，传说中的扶桑之国就在远方。东有扶桑，西有昆仑，都在中国文化中留下了深刻印痕。

中国东部有两个古代文化体系，时代都在 5000 年以前，这两个文化体系是中国古代文化中最重要的两个体系在东部的交汇。一个是黄河下游的大汶口文化，这一文化的最初阶段是北辛文化，其后是大汶口文化，再后是山东龙山文化，然后是岳石文化，它大致属于中国黄河文化的流别。另一个是长江文化的流别，这就是长江下游的河姆渡文化、马家浜文化、崧泽文化、良渚文化等。两个大的文化体系在这里共同发展，必然会产生交流，这种交流又促进了它们各自走向繁荣，并且最终汇入了中华文化的大系。

东部民族历史变迁剧烈，古代人称之为东夷，金文中有不少关于"征东夷"的记载，可见当时中原与东部民族的战争是相当频繁的。众多民族都在这一区域活动过，古代方国就是一个部落或是氏族，所谓"大禹之时诸侯万国，……及汤之时，诸侯三千"。就是描述当时部族林立的状况。有记载的部族方国就为数不少，甲骨文中提到的王氏、亚又、左中氏、渔氏等，基本上都是东夷之民。夏商周三代先后有白夷、方夷、阳夷、亦夷、于夷、黄夷、淮夷、来夷、蓝夷、尸方、儿方、林方、人方、班方等，夷国中有郯、莒、根牟、牟、舒庸、舒鸠、莒等，这些古国分布于以后的齐鲁之地与吴越地区，成为东夷的主体。关于中国文明的起源，一般认为是从中国的西部（主要是黄河流域）肇始，然后向东部发展，即所谓"自西徂东"说①。我近年来在《陶泥文明》等专书中考察了 5000 年前龙山文化遗址的陶文，证明殷商的先祖即东夷的帝俊即帝喾，是帝喾迁移到商，开辟了殷商文明②。这是一种"自东徂西"的新说，现在有不少学者在进行讨论。

必须说明的是，一般把东夷只看成是山东与苏北的北方文化，这是不妥的，东吴文化其实是较早与西周文化接触的，它同时与东夷、越文化也有接触，笔者认为在论述东夷文化时，应当注意把东吴文化作为其中一个部分。而以后，吴越分流，百越文化成为南方区域，东吴则成了中国的东南方民族。

中国周边民族中，东方与南方较早与华夏民族融合在一起，而西方与北方的民族特别是一些游牧民族，与中原的农业文化相距甚远，较晚才与华夏民族结合。所以有"西域"而没有"东域"问题，直到倭寇骚扰之前，东部沿海比较平静。秦始皇东巡，魏武东临碣石，都踌躇满志，比起汉唐历代君主对于西域之患的忧心忡忡来说，是大不一样的。这是由于东夷是最早融入中华民族大家庭的民族，无论是齐鲁还是东吴，不但在春秋时代就已经归化，而且还出现了秦伯、孔子、季札等一批代表了正统观念的人物，东夷也就成了中华民族的中坚。一般人往往把东夷，特别是东吴文化向中原的归依说成是泰伯的功劳，西周时周文王的伯父泰伯为禅让王位，从文化相对发达的西周来到东吴，当时的吴人被发文身，尚处于蛮族时代。据说是泰伯向当地人传播了发达的文化，使吴一跃成为文明民族。后人一直在赞美泰伯的丰功伟绩，就连孔子《论语》中也说

---

①　参见吕思勉《中国民族史》，东方出版中心 1987 年版，第 10 页。其余如章太炎等人亦有此说。

②　参见方汉文著《陶泥文明》第三章第三节 3 "太昊之国与帝俊迁徙"，山东美术出版社 2008 年版，第 60–65 页。

"泰伯可谓至德也已矣，三以天下让"。事实上，东夷的归化可以说是经历了一个较长的历史时期的必然结果，新石器时代的龙山文化是东夷的代表性文化类型，它与中原的仰韶文化基本一致，全都是黑陶文化。而且也是农业文明，具有使用青铜器等特征。而且近年来在太湖周围的良渚文化中，同样发现了大量的黑陶器具。而且东吴人的冶铁技术发展可能远超过中原，著名的干将莫邪等就是早期冶铁业的代表人物。

无论如何，中国先民对于四方的探索有一个特点，就是以海为止，这可以显示其文化的一个特性，对于海外，中国人的兴趣与希腊人相比是不同的，中国以"四海"为界，立足于陆地。而希腊人更注重向海外的探索，前者被人视为农业型的大陆文化，后者被看成是商业型的海洋文化，这些观念并非没有道理。但是应当看到，其实中国人向海外探索的历史我们迄今为止仍然知之不多，从中国的地理条件来看，不是一个内陆国家，为什么古代帝王把自己的统治权限制到"四海"？笔者认为，最重要的原因还在于中国文明的观念本身。中国文明归根结底是无神论的多元文明，建立一神教的世界帝国不是这种文明形态的内在要求。这种文明形态产生于农业耕作的自给自足式经济，海外贸易等经济要求不能左右其政治军事的主导方向。

公元前219年，东西方两大帝国罗马与秦王朝都处于盛世，这一年，迦太基统帅汉尼拔的大军攻占了罗马帝国的盟邦萨干坦，罗马帝国向迦太基宣战，这就是历史上的第二次布匿战争。欧洲大陆上的罗马帝国兴兵海外，向非洲开拓疆域，建立世界上最早的殖民地。也就在这一年，秦始皇东巡来到东方海边，秦始皇二十八年，这位皇帝东临碣石，以观沧海，封禅泰山，作琅琊台辞，标志着中国东方探索的终点。从此这个河北临海的岛就以秦皇命名。在同一历史时期，东西方文明的巨大差异显示得何等清楚。一方是雄心勃勃，以海外殖民作为自己的任务，建立世界帝国。另一方则是固守本土，以中华大地为界限，不向异域兴兵。同时，秦还在自己的北方边境建起万里长城，以防御北方游牧民族入侵。公元110年，汉武帝元年封禅泰山，再次东巡到碣石，向东方海岸参拜。在雄才大略的汉武帝之后，另一位同样南征北战的开国元勋，魏武帝北征乌丸之行也到了碣石，遥望东海，横槊赋诗曰：

> 东临碣石，以观沧海。秋风萧瑟，洪波涌起。日月之行，若出其中，星汉灿烂，若出其里。

如果再翻动历史的画面，就要来到这样的一页。秦皇汉武、魏武帝之后两千年，中华人民共和国的开国元首毛泽东同样来到碣石古地，他挥笔写道：

> 魏武挥鞭，东临碣石有遗篇。萧瑟秋风今又是，换了人间。

上自秦皇汉武，下到中华人民共和国的领袖，在经邦治国的方略上是完全不同的，但是海内海外的区分，以海内为天下与人间，重视中国本身建设的思想是基本相同的。东方之梦是中国这个巨龙腾飞的动力，日升之地必有圣人出焉，古老的东方智慧出自于此，那是因为它有着自身的思想与法则。东临观海，并不是不关心海外，相反，远眺海外，显示出一种对于世界的关切，对于遥远的异域的敏感。

3. 西行求法

古代中国的西部是草原地带、大片的沙漠，气候干旱，人烟稀少。绵延不绝的天山山脉，高入云天的昆仑山，出没不定的游牧部落都使得农耕为业的中国人感到陌生。但是，他们却知道，在遥远的地方，穿过中亚草原地区，可以进入另一个不同的国度。在古老的欧洲，那里是古代中国人所知的另一个文明——大秦的所在地。还有另一个重要文明在这里同中国交汇，这就是对于中国来说也是西方的大国印度，这个神奇的国度对于中国人充满精神的吸引力。所以西方对于中国古代人既是一片荒漠，又是寻找文明异邦的希望之途。开始的时候，中国人甚至想象在自己的西方也存在一个大海，这样就完全实现了"四海"的期望。但可能最后发现只是青海湖之类的大泊，虽然如此，仍然命名为"西海"，以保持四海的完整性。而对于西方的神往与想象，使得西方观念以昆仑与西王母神话为开始。这种描绘中，带有沙漠（流沙）与昆仑山的环境特色，又有一定的奇幻色彩。直到丝绸之路开通之后，这种西方的神秘才逐渐消失。但昆仑山的象征性地位却保留下来了，成为具有多重意义的符号，受到中国人的膜拜。因为对于昆仑山以西的印度知之不多，所以将印度也归之于昆仑的方向之中了。

《山海经·海内西经》曰："流沙出钟山，西行又南行昆仑之虚，西南入海，黑水之山。……海内昆仑之虚在西北，帝下之都。昆仑之虚方八百里，高万仞。上有木禾，长五寻，大五围。"在这样一个地方，传说居住着一位叫作西王母的女神，《山海经·大荒西经》中曰："（西有）王母之山。"自从秦始皇焚书坑儒之后，中国古代典籍佚散极多，晋咸宁五年（一说是晋太康二年），汲郡人不准盗掘战国魏襄王墓，挖出了一批古代的竹简。这些竹简中包括一部奇书《穆天子传》，记载了周穆王游行四海，见帝台西王母之事。穆王本是一个平常的帝王，《史记·周本纪》关于穆王的记载很简略，但是这部《穆天子传》却使他名扬青史，而且颇具一种浪漫的色彩。《穆天子传》曰：

乙丑，天子觞西王母于瑶池之上，西王母为天子谣曰："白云在天，山陵自出。道里悠远，山川间之。将子无死，尚能复来"。天子答之曰："予归东土，和治诸夏。万民平均，吾顾见汝。比及三年，将复而野"。西王母又为天子吟曰："徂彼西土，爰居其野。虎豹为群，于鹊与处。嘉命不迁。我惟帝女。彼何世民，又将去子。吹笙鼓簧，中心翔翔。世民之子，唯天之望"。天子遂驱升于奄山，乃纪名迹于奄山之石，而树之槐，眉曰"西王母之山"。①

前人怀疑《穆天子传》是后人伪作，反对者多从版本上来考据，寻求是书为前人所作。我认为可以从另一方面来考虑，书中所记载的西王母与穆公的诗句可以作为时代的证明，所有的诗句都是四言，古朴风雅，与《诗经》中的风雅颂完全一致。甚至，我们还可以看出其中不无化解《诗经》诗句之嫌。如"徂彼西土，爰居其野"一首，与《诗经·东山》"我徂东山，慆慆不归。我来自东，零雨其蒙。我东曰归，我心西悲……"从中可以看出，它们的句式与用语都有相近之处，是十分值得注意的。但也可以看出，这可能是古人依据自己的想象所构思，其中西王母的诗句没有异族特点，反而同于中国人的诗风，不能不说是一个不足之处。所有异族的诗歌，无论长短，其风格是不同于中原的。如《敕勒川》中所吟唱的西北风情，"敕勒川，阴山下，天似穹庐，笼盖四野。天苍苍，野茫茫，风吹草低见牛羊"。这才是保持了草原民族诗歌的诗风，元好问说它"穹庐一曲本天然"，应当说是一语道破天机。《匈奴歌》"亡我祁连山，使我六畜不蕃息；失我焉支山，使我妇女无颜色"。这种来自西部的诗，完全不同于西王母的诗。这里的焉支山可能就是奄山。不仅是语言的不同，而且是诗的立意、构成及观念与其大相径庭。这样我们可以断定，至少西王母的诗可能是经过文人删改过的，已经与中部西部的生活相去甚远了。

---

① ［晋］郭璞注《山海经·穆天子传》，岳麓书社 1992 年版，第 223 页。

关于西王母，笔者认为，其原型应当是一个游牧民族的女王，这个游牧民族虽然在历史上并不出名，但这个民族击败了赫赫有名的波斯帝国，所以历来史学家不敢轻视之。据希腊历史学家希罗多德说，公元前530年前后，波斯帝国的创立者居鲁士率领20万大军东征中亚民族马萨革太，马萨革太女王托米丽斯起兵拒敌，大败居鲁士。由于居鲁士无端入侵，而且嗜血成性，所以女王命令砍下他的首级，浸入满是波斯士兵鲜血的皮囊之中，让他痛饮鲜血。托米丽斯的英名传遍于整个世界，有的中国学者提出，传说中的西王母，很可能就是这位托米丽斯。

这一曲遗响，令人想起了罗马诗人维吉尔（Pablius Vergilius Maro）的史诗《埃涅阿斯纪》，罗马人的先祖、特洛亚英雄埃涅阿斯被海上风浪吹到了迦太基，迦太基女王狄多热情招待，女王挽留埃涅阿斯在迦太基共同生活，而埃涅阿斯为了罗马大业，拒绝女王而离去。这一情节如同《穆天子传》中周天子说自己要归东土，"和治诸夏。万民平均，吾顾见汝。比及三年，将复而野"。穆天子辞别西王母与埃涅阿斯告别狄多一样，是为了事业，为了国家大计，舍弃个人恩爱。马克思说历史总是两次出现，一次是悲剧，一次是喜剧。从文化角度来说，历史的两次出现，一次在东方，一次在西方。不过先出现的是东方的喜剧，西王母欢送穆天子并且纪迹山石，而狄多竟然在埃涅阿斯走后自尽而死。尝鼎一脔，由此可见中西民族心理之不同。世界历史的比较给人的教训是如此之多，尽管只是一些细节，却显示出中西之不同。迦太基之于罗马，如同西域之于中国，罗马人经过多年征战，最终战胜迦太基，公元前190年，叙利亚人交出了逃亡的汉尼拔。汉代屡征匈奴不克，继而采用和亲政策，以怀柔远方。但边患一直未除，直到公元四世纪后，匈奴西进欧洲，公元426年，拜占庭将匈奴人驱逐到多瑙河畔，从此中国西部才再没有匈奴的干扰。历史学家对于匈奴突然消失之谜感到疑惑，其实是不清楚这一史实所致。

西方区域被称为西戎，以后又发展为氐羌等民族，匈奴等其实不是真正的西戎，因为他们居于中国的北方，但由于与西北较近，时有向西流动的部族。其远祖从 6000 年前就已经有了文明创造之光，显示了他们的智慧与艺术才能。虽然以后的较长历史时期，游牧与农业交杂，使得他们的文化不如东方与南方发达。但他们在彩陶时代所创造的成就表现出这里的人们的才能与思想。他们较早地接受了外来宗教，印度佛教、景教、拜火教等都在这里有过自己的繁荣，这也不是偶然的现象。在西北的古都西安东郊有一个叫半坡的村庄，就是中国西部仰韶文化起源的地方，这里出土的双鱼纹陶器，色彩艳丽，而且已经以几何画法来传达艺术情感，其中的美学原理与欧洲现代派艺术形成了一种超越古今时空的互相辉映，艺术超越时空与民族文化界限的真理，表现得最为直观。王国维等人一直有一种说法，认为商周文化中，殷商的文明程度高于西周，其实如果从其源流来看，这一结论很值得怀疑。孔子说：周郁郁乎文哉，吾从周。这并非是徒托空言，司马迁说："或曰'东方物所始生，西方物之成熟'。夫所事者必于东南，收功实者常在西北。故禹兴于西羌，汤起于亳，周之王以丰、镐伐殷，秦之帝用雍州兴，汉之兴自蜀、汉。"如果说东夷是以黑陶文化为代表，那么，西戎则创造了彩陶，时至今日，青海马厂彩陶仍然在源源不断地出土，笔者有幸在各博物馆瞻仰先民造物的风采时，仍然感到震惊不已。如夏鼐所说：

> 半坡文化年代是约公元前 5000 至前 4500 年。彩陶的美术图案，反映了当时的审美观念。彩陶在中原地区后来到了龙山文化时期便衰退了。但是在黄河上游的甘肃青海地区，反而更为发展了。那里马家窑文化和半山马厂文化，

都有图案华丽的彩陶。年代则前者为约公元前 3000 年，后者 2500 – 2000 年。[①]

西戎区域里从夏商周三代起至秦，先后有析支、渠搜、昆仑、昆夷、氐羌等多民族相错杂居，《史记·匈奴列传》曰："故自陇以西有緜诸、绲戎、翟原之戎，岐、梁山、泾、漆、之北有义渠、大荔、乌氏、朐衍之戎。而晋北有林胡、楼烦之戎、燕北有东胡、山戎。各分散居谿谷，自有君长，往往而聚者百有余戎，然莫能相一。"[②] 戎虽然部族众多，但是对于中原的侵扰却远不如应当归于北方区域的匈奴来得多，而且关于戎的记载以春秋时代为多，而其后就逐渐减少。西方的部族以后以匈奴、丁令为主，丁令也就是突厥人与回纥人。汉代之后，匈奴西行，南北朝、隋、唐时期，西突厥人与回纥人成了西域主要民族，长期与汉族交往。直到唐文宗时，他们才衰落下来。北方的金人与满人开始进入历史舞台。

中国人一直有西向的情结，远方的大秦与印度是吸引着中国人的目标。从形式看来，这是对于异己文明交往的渴望。但是实质上来说，这是一个民族冲破自我中心，与世界文明同步发展的决心。这在世界文化史上并不多见，大多数文明对外交往的动机是征服与侵略，希腊与波斯之间，罗马与中东、非洲、奥斯曼帝国、蒙古人建立的大帝国直到拿破仑与希特勒，一直在书写着血与火的征服史。而引起世界关注的，则是在世界史上空前绝后的、在中国与欧洲、非洲、中东之间的两条"丝绸之路"——海上丝绸之路与西域丝绸之路。由于历史的局限，中国人与西方交往的愿望直到公元前 2 世纪才真正有了实现的

---

① 夏鼐：《考古学论文集》下，河北教育出版社 2002 年版，第 678 页。

② 《二十五史》1，浙江古籍出版社 1998 年版，第 255 页。

机会。历史的契机是这样来临的，汉武帝要遏制匈奴，就要与月氏古国联络，以谋求共同夹击匈奴，派遣了张骞通西域。同时，自从佛教传入中国以后，中国的佛教徒一直有着向印度求取真经的志向。于是，在汉唐两代，中国人的西行愿望终于付诸现实。这种愿望突出地表现于两种：丝绸之路与西向求法。前者是一种文化交往的物质动因所促成的，而后者则是精神需求的表现。在世界史上，贸易的需要与宗教进香、朝觐历来都是文化交往最重要的媒介，东西方交往的历史同样如此。令人感到意味深长的是，丝绸之路的南线，即从长安向西，沿着渭水，经天水、陇西、临洮、榆中等地，是张骞通西域的路线，也正是唐代玄奘与晋代高僧法显西行所走的道路。公元前115年（汉武帝元鼎二年）张骞通西域成功，从那时起到19世纪，东西方交往史上最伟大的丝绸之路持续2000年，从中国长安到罗马，穿越西域五十国，沿塔克拉玛干大沙漠、昆仑山、罗布泊、经过波斯人、突厥人等的领地，古代东西方两个最大的文明的首都被直线联结。中国腹地的黄土高原与地中海开始了沟通，这真是一种饶有兴味的象征，被人认为是大陆性封闭保守文化的中国竟然如此之早就与海洋性开放文化的西方有了频繁的交往。其实只要读过新旧《唐书》的人就会明白，唐代长安、广州等早已经是当时世界上最开放的国际大都市，长安各坊中有各国侨民数万人。"长安的外来居民主要是北方人和西方人，即突厥人、回鹘人、吐火罗人和粟特人等，而聚集在广州城里的外来居民则主要是林邑人、爪哇人和僧伽罗。但是在长安和广州两地都有许多大食人、波斯人和天竺人"①。有异族血统的李氏皇族生活习俗开放程度并不逊于恺撒与安东尼，古

---

① ［美］谢弗：《唐代的外来文明》，吴玉贵译，中国社会科学出版社1995年版，第34－35页。

城长安的市民们与罗马人一样，是世界上享有高度自由的民众，是被高度文明所陶冶的人类。最有意思的是，罗马皇帝曾经穿过中国丝绸衣服来大出风头，这可以说是两种文明沟通的直接成果之一了。

另一方向即宗教精神的追求同样感人，从汉代开始，中国人一直想到佛国印度去取真经。第一个到达印度的中国高僧法显与其后的玄奘克服的艰难险阻是其他朝圣者所难以想象的，因为在基督教与伊斯兰教的传播中，大多数是通过直接途径的。而佛教传入中国是通过西域与海上等不同路途传入的，中国与印度没有直接交通，这就激发了中国僧众前往印度求取真经的欲望。印度对于欧洲来说也是一个东方国家，但是印度在中国之西，印度是中国的"西方"。佛教文化是第一个传入中国的发达文明的宗教，佛教的思维方式、宗教原理与传达方式，带给历史上一直独立发展的中国文化一个全新的世界。从晋末宋初到唐代，中国兴起了一个"西行求法"的长达数百年之久的运动，无以计数的佛教徒向西域进发，不畏艰险西行求法，其中客死他乡，途中遇险者不在少数。直到法显历时15年，于公元413年归京，才第一次完成了从天竺的取法重任。北京大学教授汤用彤先生据法显《佛国记》等书所言，描述了法显取经行程，法显一行渡沙河、度流沙、经于阗、入葱岭、翻越大雪山，到北天竺。然后周游中天竺诸国，求得《弥沙塞律》、《长阿含》、《杂阿含》、《杂藏》等佛经，都是东土所无者。最后从海路返回中国。其道途艰险，常人难以想象。15个世纪之后，因为盗卖中国文物而声名狼藉的英国探险家奥雷尔·斯坦因来到了当时法显与玄奘所经过的路径，只不过是从相反的方向，他是从印度向中国西域穿行，想起法显关于乌苌国的记述："又有毒龙。若失其意，则吐毒风，雨雪，飞沙砾石……彼土人即名为雪山也。度岭已，到北天竺，始入其境，有一小国名陀历（T'o－leih 或 T'o－li）。"这个被称为陀历的地方就是印度河岸的达丽尔。时间在这里似乎已经失效，从帕米尔高原到印度河谷的古道上，古国的居民们直到现代仍然保持着原始的生活方式。斯坦因重复了法显、玄奘等人的路线后指出：

> 我个人沿着那条古代贸易路——自喀什噶尔过塔格都木巴什帕米尔（Tāghdumbāsh Pāmir）至萨尔哈德，再经巴罗吉尔和德尔果德山口到达亚辛河源头——全程旅行之后，我可以保证的是，正如当地旅行条件所表明的那样，此次旅行共包括 24 个或 25 个普通段落或站，而其旅行条件自古代以来却无任何物质上的变化。除了这些，尚需在德尔果德和曼奇亚尔（Makiāl）之间增加 5 站里程。如此，我们才能走完法显所述路线之全部。①

后人依据玄奘事所撰《西游记》描绘的路途曲折，其实不是一个人的经历，而是无数中国西行求法者的普遍行程。这种追求的执着与强烈，并不比任何笃信宗教的民族弱。第一次西行求法之后近 1500 年，中国又出现了一个西行求法的高潮，这一次是向近代发达的欧美国家西行，这是另一个西方。1850 年，著名的传教士马礼逊的中国学生，被人称作第一个留美学生的容闳考取耶鲁大学，从那时起，中国留美学生远渡重洋，负笈欧美，蔚成大波。到二十世纪末，留美学生已达数十万人。在美国获得诺贝尔奖的科学家名单中，屡次出现华人的名字。更重要的是，东方文明古国中国的近现代社会文化其实深受欧美国家包括俄国在内的西方的影响，这是第二次西行求法的必然结果。

中国历史上的两次大规模西行求法，都为东西方交流写下

---

① ［英］奥雷尔·斯坦因：《重返和田绿洲》，刘文锁译，广西师范大学出版社 2000 年版，第 11 页。

了新篇章。中国人的西向之梦，是这个古老民族力量与性格的一种突出表征。这个民族永远不会长期封闭于世界之外，这是一个开放好学的民族，孔子说：吾尝未见好学如好色。这句话可能有点调侃的意味，也可能对于有的人确实如此，但中华民族是一个有着伟大精神追求的民族，"天行健，君子自强不息"，这句中国古代经典的开篇之句，是这个民族精神的真实写照。西行，成为追求知识与真理的旅程，20世纪中期，二次大战期间，一位来自美国的记者埃德加·斯诺，到延安等地一行后，颇有深意地把自己的一部书命名为《西行漫记》，似乎是向中国西部的探索，如果联想到这个东方的西部与西行的关系，其中可有深意存焉，吾未得而知也。

　　然而，中国人虽然两千年西行求法，但所求者毕竟只是"法"而不是道。第一次是求佛法，佛教对于中国人来说，无论其再伟大，仍然只是佛法。无论是佛教还是欧美新学，科学方法，对于中国人来说都只是法而不是道。法者器也，道者体也，以治一事一物为法，而万物万事自然为道。法总是有限的，为用的。而道却是无尽的，为体的。西行求法，目的在于用西方之法以济东方之道，这是中国传统学者的看法。所以尽管唐代西行求法集大成者玄奘创获甚丰，求法运动轰轰烈烈。唐太宗对于玄奘也称得上是礼遇有加。但太宗仍然说："朕所好者唯尧、舜、周、孔之道，以为如鸟有翼，如鱼有水，失之则死，不可暂无耳"。公元646年也就是玄奘向太宗呈上《大唐西域记》之时，太宗手诏数萧禹罪："至於佛教，非意所遵。虽有国之常经，固弊俗之虚术。何则？求其道者，未验福于将来；修其教者，翻受辜于既往"①。可见在内心深处仍然是遵尚孔孟之道。中国学术史上历来是重民族创造的，唐代学术以佛学为

---

　　① 《二十五史》4，浙江古籍出版社1998年版，第159页。

代表，虽然也堪称一代辉煌，但是终究被传统学术的传人所轻视，甚至理论家们也都不为所容。明清之后的二次西行求法更可谓成就显著，甚至对于中国的政治隆替，风俗流被，国计民生都有重要作用，但是，新学在中国传统学者心目中地位仍然很低。新学的重要人物严复不得不慨叹，深悔当年学"旁行之书"。什么是旁行书，因为西方文字书写从左到右，而中国文字从上到下书写，所以旁行书代表了西方的学术文化。闻一多留美归来因无国学建树而为人非议，遂立志研究中国古典文学。清末的严复等人的知识结构与西方传教士东来有关，他们自幼受到西方语言文化的熏陶，长成后长期留学欧美，并不只是学习语言文字或是某一门学科，他们所处的时代正是西方学术根基形成之时，他们亲身经历了西方学术思维的转换，对于西方学术的来历是十分清楚的。而且他们国学根底深厚，比起胡适、吴宓等人及清华留美预备学校与西南联大所培养起来的一批"学贯中西"的"博雅之士"来说，严复对于西方哲学、法学、经济学都表现出一种有系统研究的科学态度，也显示出视域宽广、目标宏伟、理论素养更加坚实的特征。所谓"思大虑深，取精用宏"者是也，这是一般于经史文学中寻章摘句的书斋学者博雅之士所难以企及的。即使严复这样的学者仍然因精通西学而受到非议，在中国传统学者心目中，真正的国学只有六经与先秦诸子之学，汉学新儒学尚差强人意。至于受到佛学影响的唐代学术、宋明理学、清代考据之学与新学都是等而下之。这种对于西方外来学术的歧视令人不禁为之慨叹，学术如此，在学术之后，就是文化的整体，所以说，东方学者确实应当警惕自我民族中心主义。孔子曰礼失求诸野，学在四夷，他是一个开放的思想家，也是一般儒生所不能理解的，这种开放精神也绝不是所谓"师夷之长"之类的议论所能代表的。

　　古今中外的有识之士都会自觉超越本民族文化的局限性，

向世界文化放开视域。德国的歌德、莱布尼茨、法国的伏尔泰等一代启蒙主义者都是如此。马克思与弗洛伊德都是犹太人，他们却对于犹太文化中的自我中心论多次予以驳斥、嘲讽。清末的学者孙诒让等人都是一代国学大师，孙诒让《墨子闲诂》等书被俞樾赞为"盖自有墨子以来，未有此书也。"可以说推崇备至，但孙氏晚年却对于西方学术十分推崇。龚自珍、魏源都对于西方先进的思想文化予以肯定，魏源评价龚自珍时说他"于经通《公羊春秋》，于史长西北舆地。其书以六书小学为入门，以周秦诸子、吉金乐石为崖郭，以朝掌国故、世情民隐为质干"。可谓国学巨子，然则"晚尤好西方之书，自谓深造微云"。如此开放的态度，是值得我们学习的。

4. 南国之光

中国的南方是南中国海，古代南方文明的母亲河珠江从这里入海。南中国海上，密布的岛屿与良港，亚热带与热带的气候，物产品种异常多样，海陆交通都十分便利，这是造物主对于中国的厚爱。世界大国中，北近西伯利亚冻土带，南至热带（中国海南岛三亚市、西沙群岛等地属于热带气候），跨越南北纬度如此之大，同时有寒、温、热带，气候类型俱全的国家并不多。北方的大国往往没有南方的海洋，而有南方的海洋的国家又往往缺乏北方的沃土，中国不存在这种缺憾。中国的北方大国俄罗斯土地辽阔，但古代罗斯因为没有出海口而焦虑，彼得一世南征北战，目的就是为俄国寻找一个出海口，寻找一个通向世界的海路。当它最终战胜强大的北方民族时，终于为俄国得到了一个出海口，使得俄国成为一个海洋国家，彼得也因此获得了民族英雄的荣誉。但中国不需要通过战争去获得出海口，中国自古就有东方与南方的大海，而且海岸线长，这都是得天独厚之处。南中国海周边地区的马来人等，文化远比中国落后，中国人没有对他们进行过殖民，虽然这对于汉唐时期强盛的中国来说，是易若反掌之事。

海国论：中国虽然早就拥有通向太平洋的海路，中国人也发明了世界上最早的航海罗盘。甚至有人提出，中国人是太平洋上最早的航海民族。但是，古代中国却没有把海洋看成是通向世界的通道，也没有把它看成是向外部世界扩张的出海口，海洋，对于中国来说，是天之尽头，国土的边界，在中国南海的海南岛的南端，三亚市的海滩巨石上，刻着"天涯海角"四个字。这其实意味着，海就是边界，中国的疆域概念到海为止，甚至连天地也都到此为止了。中国人的民族精神在这里表现得极为充分，在对这种民族性格的透视中，我们不能不看到传统文化所起的教化作用，这是一个人文精神的世界，儒家的中庸观念，"和为贵"的主张，对于民族性格形成是重要的。儒释道合一的宽容精神是主流。一方面是严谨的守护本土的内敛精神，没有向外的攻击性与侵略性。另一方面也表现出一种保守性质，正因为中华民族高度发达的文明，所以把周围民族看成是蛮族，采取怀柔主张，把有限的进取精神磨灭去，代之以被动的守护。这也是特殊的历史现象，应当引起世人的注意。世界史的一般规律是，大国、强国与发达国家向四周国家扩张，而小国、弱国往往被侵略或被吞并。埃及人对于以色列人、巴比伦人对于以色列人，罗马人对于非洲与欧洲广大的地区都是如此。世界民族性格形成中，文化都是最直接的因素。信奉太阳神的埃及人，基督教的罗马人、伊斯兰教的阿拉伯人都对于异族采取征伐，这种征战中，经济的目的与宗教的目的是同时存在的，经济上的掠夺与宗教的排除异教是结合在一起的。但在中国并非如此，中国陆地的西方、北方的游牧民族从古代起就侵犯中国边境。东海又有倭寇长期为害，最后发展到二十世纪的侵华战争。虽然中国汉唐与清代的盛世也曾有深入敌后的大胜利，但也只是为了保卫自己的疆域而已。而对于海外，中国人更没野心，在中国人的观念中，只有海内才是华族的天下，海外则是遥远的异域。"四海之内皆兄弟也"，"海内存知已，天涯若比邻"，国人永远有着强烈的"海外"、"海内"划分情结。海内是本土、故乡，而海外则是异域、是他乡，这是中国人根深蒂固的情思。

中国人没有海外探索，也没有海外扩张。这就是我们对于中国海外视域的基本观念。

炎黄与火崇拜：在中国大陆上，以南北而论，中原文化居北，吴越与楚文化都偏南。而中国文化观念中，中原文化是主体，这就容易产生一种"重北轻南"的现象，于是对于中国的南方概念有多种解释。一种是文化传统上的南方，即把秦岭长江以南的地区统称为南方。这就把古代的三苗、楚、吴越都作为南方，把江南地区、两湖两广云贵高原甚至西藏都看成是南方。另一种是地理上的南方，这是指五岭以南地区、珠江流域主要是广东福建两省等沿海地区，这里先民垦殖极早，但是文明开发较晚。所以从南方两种文化比较，广东、福建及相近的广西、湖南的一些地区，处处可见古老习俗的历史记忆，如交阯等的生子献祭的习俗就是其中之一，《墨子·鲁问》写道："楚之南，有啖人之国者桥，其国之长子生，则解而食之，谓之宜弟，美则以遗其君，君喜则赏其父。"这种食子的习俗正是古老习俗的证明，古代民族对于神的尊崇超过其他，《圣经》中也记载有亲子献祭传说，"创世纪"第二十二章中，上帝对亚伯拉罕说"你必须奉献出你的儿子做燔祭"，亚伯拉罕带领自己的儿子以撒到摩利亚山上准备杀子献祭，而上帝派天使制止了亚伯拉罕，因为明白其爱上帝胜过爱自己的独生子，从此赐福于亚伯拉罕。这种习俗已经成为民族记忆而长留人间，记载着人类思想的历程。中国的地理意义上南方是大南方，而广闽地区是小南方。应用比较普遍的是大南方地区概念，两者之间有文化高低的不同。这是我们说到中国南方所应当注意区分的。

近年来的考古发现证明了古代文献的记载是有根据的，与中原的仰韶文化几乎同时，长江下游的河姆渡文化时间大约在5000－7000 年前。大量出土的石器、骨器与稻谷、家畜骨骼等证明，这是一个发育完整的新石器时代文化遗址。在今日江苏南部与浙江省的越地，是中国大南方文化有连续性发现的地区。马家浜文化、松泽文化、良渚文化一直发展到典型的吴越文化类型，它的文化特性是明显的。完全可以把这一地区的文化看成是与中原地区的仰韶文化－夏商周平等的体系。无论中国还是外国的考古与历史研究者们往往有一种偏见，认为中国南方文明起源晚于北方，是北方文化传播到南方，这也是一种文化传播论。

我们已经指出这种见解是不对的。古史研究中，"炎黄二帝"传说一定程度上反映了这种观念，现代考古学与比较文化的研究已经可以证实这种观念有不实之处。

世界古代民族起源中，几乎都有氏族英雄起源说，罗马人将自己认同于特洛亚城的英雄埃涅阿斯，认为是他创造了罗马。《圣经》中虽然把人类的祖先说成是亚当夏娃，他们生育了该隐、亚伯与塞特，从此繁衍了人类。但是以色列人的民族英雄应当说是摩西，是他带领人民走出埃及、确定信仰，使以色列人成为自立的民族。中国的民族英雄应当说是炎黄二帝，他们被认为是中华民族的创世英雄，这种英雄是对于一个民族性格形成、精神发展起了决定性影响的人物。炎黄已经是部族时代，原始禁忌已经被合理的通婚制度所取代了。

其次，更为重要的是，炎黄必定是不同的部族，可能就是以后的不同民族。这是解开千古炎黄之谜的一个关键。炎黄时代从考古角度大约是处于仰韶文化和龙山文化时代。在姬姓与姜姓的战争中，姬姓取胜，姜姓失败，于是姜姓不可能居于统治地位，既不占统治地位，就成为边缘之民。《史记》所载："轩辕乃修德振兵，……以与炎帝战于阪泉之野。三战，然后得其志。蚩尤作乱，不用帝命。于是黄帝乃征帅诸侯，与蚩尤战于涿鹿之野，逐擒杀蚩尤。而诸侯咸尊轩辕为天子，代神农氏。"

关于这一段记录历来见解纷乱，有认为炎帝就是神农氏，《通志·三皇纪》："炎帝神农氏起于烈山，亦曰连山氏。"《汉书·律历志》曰："炎帝，易曰：疱牺氏没，神农氏作，……以火承木，故为炎帝。"① 著名历史学家吕思勉还发表了这样的看法："今案《五帝德篇》，只有与炎帝战于阪泉之文，更无与蚩尤战于涿鹿之事。然则《五帝本纪》之蚩、炎帝，究为一人，抑为二人？殊未易定。"②还有一些书中竟然从对炎帝的怀疑扩展到对于整个中国南方文化的怀疑，中国南方少数民族苗族有崇拜盘古的习俗。《述异记》曰："吾国古帝，踪迹多在北方，独盘古则祠在桂林，墓在南海。"古事渺茫，后人难以定论，本是应有之义。但疑古之风亦不可长，如唐代史学理论家刘知己所言"妄生穿凿，轻究本原"，总是不能令人满意的。西方典籍如公元前五世纪古希腊历史学家希罗多德的《历史》，年代早于司马迁《史记》数百年，西方人犹信之如初，为什么我们轻易怀疑《史记》这样伟大的历史著作呢？

在本书作者认为，其实《史记》所记与《汉书》、《五帝德篇》等本身并不矛盾，只是后学孤陋，不能知古而已。黄帝与炎帝其实是古代的不同民族，他们来自不同的部族，这就是所谓"异姓异德，异德异类"。古代民族以同姓为一族，同一部

---

① 《二十五史》1，浙江古籍出版社1998年版，第351页。
② 吕思勉：《中国民族史》，东方出版中心1987版，第176页。

族又有自己不同的崇拜、信仰与道德。可以断定炎黄二帝所处的时代就是部族时代，当然也无须说明，部族就是古代的民族，他们信仰不同。炎帝以火德成，就是说炎帝属于火崇拜的部族，此火崇拜即所谓的火祆教的先期崇拜。黄帝的部族则不是拜火徒。世界古代史上，火的崇拜是极为普遍的现象，其中最为突出的是波斯人的拜火教。从公元前 6 世纪起，波斯人灭巴比伦、征服埃及，成为横跨亚、非两大洲的大帝国。波斯帝国的国教就是琐罗亚斯德（Zoroaster）教或称拜火教，其实应当看到，拜火教与拜火习俗是两个概念，波斯民族早在拜火教之前就有火的崇拜，与中国南方少数民族是相同的。琐罗亚斯德创立的拜火教把这种崇拜发展成一种世界性宗教。这种宗教崇拜火与光明，主和善恶二原说，其教义是人的意志是自由的，但是后世却必将因其行为受到奖惩。以后的摩尼教就与这种宗教有一定联系，中国南方与西域都曾经有过拜火教或摩尼教的存在，据陈垣考证，魏书波斯国以神龟中通魏。梁书滑国以天监十五年通梁。大约在公元 516 年到 519 年火祆教传入中国。在此之前曾有多种称呼，如天神、火神、胡天神等。祆教之名起于西域的康居国，以后成为汉语中拜火教的正式称呼。关于这一点，陈垣与法国的东方学家布尔努瓦（Luce Boulnois）的看法是大致相同的。摩尼教在唐代传入中国，从开元二十年，到延载元年，是其盛期，以后立即被禁止。陈垣慨叹："开元二十年，去延载元年，才三十八年，此三十八年间，其教之流行，已有明令禁止之价值，其盛可想"[1]。当然，火崇拜的源头还可以从文献中看到，宋人姚宽《西溪丛语》卷上云，"据杜预左传注云，睢受汴，东经陈留、梁谯、彭城入泗，此水有祆神（杜注原作妖），皆社祠之（杜注原作东夷皆社祠之），盖杀人而用祭

---

①　《陈垣学术论文集》第一集，中华书局 1980 年版，第 335 页。

也，引即火祆之神，其来已久"。这里说的就是《左传》僖公十九年注所说，宋公使邾文公用曾子于次睢之社，欲以属东夷。可见这是东夷杀人之社了，这种社祭不同祀典，早已经被儒家所排除，但是在民间长期流传。完全可以想象出，睢人社祭杀人时，是火神崇拜，燃起熊熊大火来，举行庄重而残酷的祭祖仪式。这种崇拜，很可能就是从炎帝时代遗留下来的信仰，到了春秋时代依然盛行。有可能直到汉代之后，随着黄帝与儒家思想的统治进一步加强，才被完全排除。

炎帝可能就是中国早期以火崇拜为宗教的民族之祖。这样不但解决了长期以来困扰人们的炎黄二帝的故事，而且对于南北文化历史渊源有一更全面的理解。

中国南方少数民族的发展恰恰可以说明这一历史，三苗是最为古老的民族，他们是炎帝之后。《史记集解》引贾逵说："缙云氏，姜姓也，炎帝之苗裔也。"韦昭说："炎帝之后，诸侯共工也"。共工为炎帝之后，也就是三苗之祖，所以屡受黄帝族裔的迫害。《吕刑》所说"黄帝遏绝苗民"，郑玄注曰："苗民，谓九黎之君也。九黎之君，于少昊氏衰，而弃善道，上蚩尤重刑。必变九黎言苗民者，有苗九黎之后，颛顼代少昊，诛九黎，分流其子孙，为居于西裔者三苗。至高辛之衰，又复九黎之恶。尧兴，又诛之。尧末，又在朝。舜时，又窜之"。后王深恶此族三生就说明了其中的秘密，黄帝对炎帝征伐就是遏绝炎帝的子民苗人。《墨子·非攻》曰："昔者三苗大乱，天命殛之。日妖宵出，雨血三朝。龙生于庙，犬哭乎市。夏冰。地坼及泉，五谷变化，民乃大震。高阳乃命玄宫，禹亲把天之瑞令，以征有苗"①。这里所说的一些特征，如日妖宵出、玄宫

---

① 孙诒让：《墨子间诂》，载《诸子集成》第四册，中华书局1954年版，第92页。

等，都与火、光明崇拜有关，可见黄帝与炎帝的斗争是多么的持久。历史说明，这一斗争是北方民族与南方民族的斗争，炎帝失败后南下，成为南方民族的祖先。

火崇拜、袄教与摩尼教三者与中国文化之间的关系其实是不同性质的，是民族崇拜与外来宗教信仰的不同反映，但作为一种文化观念，它们之间又有着关联。火与光明崇拜，从文化观念来说，虽然很可能早就在中国存在，但它们与曾经有过的太阳神崇拜、月神崇拜等自然崇拜一样，很早就被中国文化中的辩证理性所战胜了，人文主义观念在中国成为主流，神灵崇拜与自然崇拜全都没有能抵挡住中国从黄帝到老孔庄韩、孟子、荀子、墨子、董仲舒、周陆程朱等人所代表的人文主义思想。所以当我们在陕西黄陵县的黄帝陵前看到一个巨大的匾额"人文始祖"时，就会真正明白，历史不会辜负它的创造者，他们的创造是永存的。

相反，西方文化中，光明崇拜、太阳神崇拜的痕迹却很难抹去，首先表现于西方文化整体上对埃及文化的认同态度，把埃及文化作为西方文化的源流。安东尼·易斯勒（Antony Es-ler）的《西方世界：叙事史》一书的第一章名为"金字塔的阴影"（Shadows of the Pyramids），把埃及文明看成是西方之前的世界主体，他认为埃及－希腊从文化精神上看是相通的，古埃及的太阳神与古希腊的阿波罗都是受人尊敬的神灵①。埃及人是太阳神崇拜的先祖，他们的金字塔和方尖碑就是太阳神庙的变形，这一象征至今可以在华盛顿找到其最新的版本，当我们从国会山上远眺，方尖碑在远处高耸，令人一时会产生这样的幻觉，时光似乎倒流过去，只有这些石块才留住了历史，白宫

---

① Anthony Esler: *The Western World: A narrative history*, Prentice Hall, Inc. Sunon & Schuster, New Jersey, 1994, P. 3.

的主人们与尼罗河畔的非洲人们所保持的是同一种精神，一种
向太阳、向光明的崇拜。

最有象征性的是，在希腊罗得斯有一座巨型青铜太阳神像。
罗得斯是希腊化时期的文化中心，这里产生过史诗诗人阿波罗
尼乌斯、创作了《拉奥孔》雕塑的艺术家与哲学家帕拉提乌斯
等人。"神像建于公元前304年到公元前292年之间，毁于公元
前227/226年的地震，最后在公元653年被阿拉伯人拆毁。"①

这个雕像是一个直立神像，右臂高举，头戴桂冠，左手持
矛。其形象完全相同于美国的自由女神像，美国的自由女神像
是由法国人所造，现在放置于纽约的爱丽丝岛上，象征着美国
自由开放的精神。如果见到过雅典的罗得斯岛的太阳神像的人，
再来到纽约的自由女神像前时，一定会有似曾相识的感觉，无
疑会感觉到一种西方文化传统的延续性，这种内在的精神一致
是文化因素，它把一种文化心理形象化了，为文化认证提供了
感性的目标。

这也就使我们顿然醒悟，为什么黑格尔会对于古代波斯人
表现出异乎寻常的兴趣，黑格尔《历史哲学》、《美学》等有关
章节中，对于光明崇拜都表现出一种文化认证（identity）的异
乎寻常的热情。这位条顿人的后裔对于西亚的太阳崇拜表现出
一种真诚的激情。

如果从西方再回到中国，中国南北文化发展线索也就清楚
了，从中国文化的总体观念来评述，它基本上是以两大河长江、
黄河为主干的南北多元文化。北方为仰韶－龙山－黄帝－颛顼、
帝喾、尧、舜、禹、契、稷（夏商周）的体系；南方为马家
浜、松泽、良渚、炎帝、三苗等的统一体系。当然并不只是三

---

① ［美］保罗·麦克金德里克：《会说话的希腊石头》，晏绍祥译，
浙江人民出版社2000年版，第360页。

苗，其余如中国东北部与东北亚相接的、西部与中亚相接的西方民族，南方的百越、更南方的粤族，海南的黎族等，都是中国南方的重要少数民族。在中国历史上，北方王朝比较多，居统治地位，所以形成的观念是北方文化发达，南方相对落后。实际上汉代之后，由于北方连年征战，而南方相对平静，先后多次发生"南渡"现象。从晋人南渡到南宋小王朝的偏安一隅，南方的地位日益重要起来。南渡的文化人想念北方，沦为异族遗民者也对于北方寄予无限希望。"早岁哪知世事艰，中原北望气如山。"昔日危弱的吴楚之地，只被视为中原的附庸。如今成为社稷京畿所在，成为国家的中心。至此，南北方的观念也随之发生转变，特别是明清时期，南方经济繁荣，文化发达已经是北方所难以企及的。南方文化已经朝向工商业经济转化，所以宋明之际必然发生文化中心的转移，从黄河文化中心向长江文化中心转移。南宋以后，江南的汴京、建业等取代了长安、开封等北方古都，成为新的经济文化中心。以比较文明的角度看，这种转移势在必行，几乎就在同一时期，西方文化也发生了中心转移，即从地中海文明中心向大西洋文明中心的转移。无论是西方的文明中心转移，还是中国宋明时代的文化中心转移，都是工商业文明兴盛对于农业文明形成冲击的结果，归根结底是一种文明类型转化的要求。由于中国北方的异族民风强悍，长期与中原敌对，而南方的开发则进展相对顺利，所以海外交通也发展起来。遗憾的是，东西方文明转型的结果完全不同，西方顺利完成了文明类型转化，英国工业革命与法国大革命之后，进入现代化。而中国则未能完成文明类型转化，最后受到西方殖民主义侵略，沦为半殖民地半封建的社会。

南海航行：中国从汉代开始就有南海的海上交通，也就是说，从这时起，中国就开始向南方海上探索。从有关海外商业贸易的正式记载来说并不算早。从推理来说，在此之前必然有长期的探险海航，我们也要在适当章节讨论中国人的早期航海。而早在公元前 2498 年至公元前 2345 年，古代埃及第五王朝的船队已经远航到东非索马里海岸了。几乎也就是同一时期，西方的罗马帝国开始了一次重要的海上航行——罗马与印度的海上贸易——也就是这一海上航行成为以后西方海上冒险家的梦想。罗马船队从红海出发到印度，时代大约是公元前 2 世纪。公元 2 世纪，罗马船队已经来到南中国海，有了中国与罗马之间的贸易。以后由于黄金流失，罗马人逐渐退出了东方市场。其后在南方中国海上充当主要角色的是阿拉伯商人，唐宋时期的波斯人、大食人经由海路到达中国。同时，朝鲜人与日本人也进入了北方海域。可是，如果比较一下中国与西方的海上航行，就可以发现两者简直是最鲜明的对比。罗马之后，东西方的海上航行由于各种原因而中断，最后的记载说明，至少到公元 226 年前后还有大秦商人与使臣到中国来。海上交通虽然中断，但西方的海外冒险却从未中断，而且发现东方特别是印度，开辟西方与东方的海上航行路线，这是西方航海家的最高梦想，经过长期努力，16 世纪终于有了海上交通的成功。而汉代的南海航行至少越过了马六甲海峡，对此虽然说法不一，但可以肯定的是中国人较早进入了印度洋。有学者指出：

> 中国船将其航线向南展至南中国海之南，当在公元以前。然其西出马六甲海以入印度洋，则为时较后。裴司莱（Beazlen）主张中国船访问波斯湾头，事在三世纪间；（Dawn to the Modern Geography, I, p. 490）李约瑟（J. Needham）谓在三世纪以后，方有远航之中国船出现。（Science and Civilisation in China, I, p. 180）此当为一种保守之假定。总之，中国船之扬帆於印度洋，显与罗马船

自其红海根据地终止东来有关。①

中国的海外航行以元代郑和下西洋为最高成就，这是海上环球航线开通之间世界航海史上的壮举。但是，自郑和之后，中国船队就不再出现于世界海洋上，中国悄然从海上撤退。有人视之为千古之谜，当时具有世界上最大船队，最大载客载货量的船只，最先进航海科学技术与设备的中国，为什么消失在印度洋、太平洋海面上？其中的原因一言难尽，但真正有说服力的理由仍然是中国文化内部的要求，历史现象只是一种图像，它是文化精神的表征。中国文化中重海内、轻海外；重安内，轻攘外；重守成，轻新创；重农耕，轻商贸等政治经济观念，最终作为一种整体性的作用力，牵制着中国海洋探索的发展，这是中国文化不可隐讳的缺点。

5. 北望河山

中国处于亚洲大陆的东部，它的北方是从中亚到东亚的大草原、沙漠、高山，是游牧民族最为适宜的居住地。这里自古就有着中国相当活跃的对外交通，由于周边的游牧民族历史变迁复杂，也就汇聚着世界各种文化。中国北方主要可以分为四个大的区域：西北方与西域相连的帕米尔高原；北方的蒙古高原。这两者与中国西藏高原一起，被法国汉学家伯希和称为"亚洲高原"。亚洲高原是世界汉学研究家们关注的中心地区，这是众所周知的事实，这种关注对于多数学者来说是学术的兴趣，但是并不排除少数有野心的冒险家，甚至一些居心叵测之徒，想从这个多种文化聚居之地发现一些证据，证明黄种人的文明是从西方来的，中国文明并不是独立发展的。当然，这种

---

① ［元］汪大渊：《岛夷志略校释》，苏继顷校释，中华书局1981年版，第2页。

卑鄙的目的在中国北方的文化宝库中很快就被排除了。除此之外，中国北方的腹地是一块巨大的黄土高原，这是中国北方文化的核心，世界上类似这样的地理与气候环境并不多见。中国北方还有一个地方虽然西方考古学家与探险家们关注还不太多，但是中国史学家们的关注则更为普遍——中国东北与东亚地区之间的联系，现代学者多称之为东北亚地区，近年来这里的文化发现说明，这同样是一个有世界意义的多种文化聚居地。

中国的高原起于青海与西藏这一相连的高原，喀喇昆仑山与喜马拉雅山并肩而立，高度都在8000米之上，如果我们的世界是个巨人，那么青藏高原就是它高高昂起的头颅，这里长年化解的雪水是中国最长的两条河流长江、黄河之源，也是滋润中国大地的主要水流。西藏的北部与西部与中国新疆相接，全都是海拔5000米以上的高原。西北是昆仑山、天山山系，这里也耸立着很高的雪山群。天山雪水流成河流，河畔是新疆特有的美丽如画的草原。而帕米尔高原上则因为气候干旱，所以大部分河流都渗入地下，新疆大戈壁千里荒无人烟，长达5千多里的塔里木河，最终流入了罗布泊。罗布泊本是一个沼泽湖泊地带，可惜的是，现在已经成为干涸的沙地。中国中原的正北方就是华北地区，其北就是蒙古高原，数百平方公里的土地上自古是中国北方民族的争战之地。中华古国赵、燕、魏等都曾经统治过这里的土地，这里是古代中国文化的产生地之一。再向东，就是中国的东北地区，中国的东北是平原与山地、河流与森林、草原与沃野、平原与大海相结合的地区，林产丰富，矿产资源多，土地肥沃。外接西伯利亚、与朝鲜隔江相望，与日本隔海相对，北温带的气候适宜于人类生存，由于民族众多，河海相连，历来是世界关注的一个重要经济区。

总体来说，中国北方是一个大的马蹄形高地所对的方向，如果从形状来看，容易使人想起古罗马的椭圆形角斗场，而且，世界历史也确实在这里展现了一幕幕惊心动魄的场景。世界最古老的文明从这里发源，中国古代文明一直在这里持续存在，古城北京就是北方文明的中心之一，离此不远的就是周口店，中国猿人曾在这里生活，北京城一直到现在仍是中国经济文化的中心，是亚洲重要的文化中心之一，从石器时代到现代文明，其间的历史跨度不可谓不大。这里与西北高原上的另一个古都唐代长安一样，在城市不远处，就有着蓝田猿人、半坡人的遗址。可以说一块土地上就集中着从猿到人、从古到今的历史累积，从表土到里层，深深渗透着人类文明创造的精神，这是其他文明中所罕见的。即便是古城开罗、曾被称为"世界的首都"的罗马、古希腊人的雅典城，也从未有过这样深厚的历史积淀。

　　蒙古高原上，成吉思汗与帖木儿的骑士们从这里出发直达欧洲心脏。世界历史上建立霸权的行动从未停止过，从亚历山大到希特勒一直如此，但世界帝国的建立者们中，大多数征服者没有能到达过长城，没有能征服世界最古老的文明中国，没有征服东方也就意味着没有真正意义上的世界帝国。公元前36年，也就是罗马"后三头"屋大维、安东尼和雷必达结成后联盟之后不久，一支6000人的罗马军队罗马第一军团在中国甘肃省附近被中国人所战胜，全军投降后，被收编于甘肃省永昌县境内一个地区，这个地区被中国汉朝官吏命名为骊靬。这一名字何来？据伯希和1925年考证，这一名称来自埃及亚历山大城，中国人把此城名译成骊干或是犁建、犁轩，这也就可能暴露出一段尚未为世人所知的历史。从历史来看，这是人们所知的西方古代征服者所达到东方最远的地方之一。从中国北方出发的成吉思汗却越过长城，建立了从亚洲中心到欧洲的大帝国——元帝国。这是中国首次被真正列入世界帝国的版图，在哥伦布的时代到来之前，丝绸之路长期被阻断，东西方被分裂开来。从 13 世纪起，中国元朝的兴盛才改变了这一局面。元朝的统治者是蒙古人，蒙古人是中国北方民族室韦人的后代，也是中国北方文化的构成之一。元代是东西方交通最为畅通的时代。从古代起就在东西方之间充当联系人的波斯人、突厥人等，在蒙古汗国的交通中得到抑制，不能从中作梗。《马可波罗行纪》中记载，忽必烈汗在马可波罗受命返回欧洲时，曾经赐以金牌，"其上有文曰，使臣三人所过之地，必须供应所需之物，如马匹及供保护的人役之类"。据历史学家冯承钧考证，参照《颇节书》注，当时亚洲全境已经全部为成吉思汗诸孙统治，以忽必烈汗为共主，道路畅通①。可见当时东西方交通的发达是前所未有的。阿拉伯著名学者伊本·白图泰在元顺帝至正六年（1346 年）曾到中国的泉州、广州、杭州等地。这里我们特别要提到，中国有一个不为世人所熟悉的杰出冒险家，这就是《岛夷志略》的作者汪大渊，他于 1328－1332 年和 1334－1339 年两次海上航行，首达阿拉伯海、红海、波斯湾和亚丁湾，到过摩洛哥和坦桑尼亚，这是在郑和之前、哥伦布之前的最伟大探险家。他的成功，当然是与元代发达的海上交通离不开的。

西方学者对于成吉思汗批评很多，主要是攻其以落后的游牧文化破坏发达的欧洲文明，这种批评不能说是错的。但是，有一位颇有史识的中国历史学家范文澜却发表过一种见解，他认为成吉思汗对于东西方文化交流是有贡献的。以笔者之见，这并不是用东方主义来反对西方理论，而是一种实事求是的说法。

北方文明起源古老，而且发展阶段齐全，从旧石器时代到现代，每一阶段划分鲜明，主要特征突出而且有特色，如中国

① 参见冯承钧译《马可波罗行纪》，上海书店出版社 1999 年版，第 15 页的正文及注。

发育充分的陶器文化、墓葬文化、青铜文化、农业灌溉与井田制、封建政体等，是中国文明持续性最标准的一个样板。17 世纪之后，一些企图否定中国文明独立存在的欧洲学者在细心研究了中国北方文明的历史后，不得不承认这是一个与欧洲文明同样古老甚至在某些方面还超过欧洲的文明类型。北方文明中，关于西北的上古文明我们上文已经有所涉及，在华北地区与东北地区，中国古代文明是结合为一的，从西域到东北，众多游牧民族东征西战，流动不止。再加上来自印度、欧洲等地的宗教文化集团的影响，中国北方的文化是一个大的文化变迁体系。汉唐以后，各国人士如使臣、宗教人员、商贾、探险家与学者等进出于中国境内外，定居于长安、燕京等大都市。唐王朝建立过程中，李氏王族本身就不是中原人，并且借助于回纥等异族的军事力量来开创王业。建国后大量任用出身异族的重臣名将，使得有唐一代成为中国开放的高峰。其后的宋元明清历代，各种民族与宗教大量输入，蒙古族与满族相继统治中原，这些民族自身也完全被中华文明所征服。这一历史过程在世界史上是有象征意义的，众所周知，罗马人征服希腊后，文化落后的罗马人被希腊文化所征服，但是罗马人仍然创造了自己的文化，罗马文化是希腊文化的发展，但是罗马并不能等同于希腊，这就是史称希腊罗马文化的原因。而中国文化则不同，包括蒙古、满清等在内的异族对于中国文化是以接受为主的，也可以说是被中国文化所同化，这是最根本的区别。

　　当人类文化从采撷文明向农业文明进化，从历史上的旧石器时代后期的细石器时代向新石器时代转化之际，也就是公元前 2 万年前以后的古人类活动中，考古学中的"新石器革命"（neolithic revolution）在中国北方可以得到最为实际的说明。中国考古学家夏鼐曾经提出一个重要观点，"新石器革命"其实是人类文明社会的开始，因为从这个时期起，人类自己生产粮食，改变了以前依靠自然界供给的局面，可以说是人类文明的真正起点，我们认为这一结论是相当有说服力的。

火的使用是文明时代的一个重要因素，从原有的洞穴内熟食用火，发展到刀耕火种、放牧牛羊等，火从生活走向生产，人类又前进了一大步。黄河两岸是中华民族最早的繁衍地，在雄奇的壶口瀑布旁边，1980年以来在山西吉县柿子滩发现了古代人类活动遗迹，以高楼河沟口附近的中心遗迹区为主，在15公里以内发现25处旧石器和动物化石。首次发现野外篝火遗迹，篝火为椭圆形，直径70厘米。这是中国旧石器时代遗址首次发现野外用火。从2万年前到1万年前的三个层面古人类活动遗迹，具有2万年历史的蚌质穿孔装饰品，大量的石制品与动物化石，这说明中国华北古代人类活动是相当普遍的。柿子滩人类与周口店人类之间很可能是同一族系，这一文化族群与以后的龙山文化相联系，可以说明北方文化的主流是鲜明的。从旧石器时代到新石器时代以至其后，有相当清楚的发展关系。这一文化有可能向周边地区传播，形成遍布北方的文化群体。

可以说再向后一段时期，大约在1万年前，北方地区已经有了农业。当代考古学在新郑裴里岗、河北武安磁山等遗址，已经出土了一定数量的谷物与其他农业产品和工具。

从山西过黄河，向内蒙古大草原北进，进入河北北部、辽宁西部与吉林西部三省与内蒙古相交的地区，这里有着更为丰富的古代文化源流，从目前的研究结果来看，这一地区很可能就是中国的主要民族与室韦—蒙古、鲜卑、乌恒、挹娄等民族的共同发祥地。这一文化群的影响范围相当大，东北方向可以到俄罗斯远东与黑龙江，南到大连一带，西边则与西域相接。这里的中心是红山文化，红山文化以辽河流域为中心，辽河不是像尼罗河或是黄河长江那样的大河，没有广阔的冲积平原，也没有丰富的水系水网。因此辽河流域基本上没有形成大型的农耕型文化。但是，辽河流域水草丰茂，是天然的畜牧业发展地，中国北方的游牧民族到此流连，于是有红山文化产生。红山文化是以农耕为主、狩猎与畜牧并重的复合型文化。从西拉木伦河到渤海湾的广袤原野，这里全都是红山文化的地区。这一文化与中原的仰韶文化、龙山文化、大汶口文化、长江下游和良渚文化一样，是新石器时代中国最重要的文明之源。所不同的是，这里的狩猎与畜牧业明显发达于其他文化，它们同样是中国文化的组成部分。

在世界重要的古代文明中，中国上古文明的特点之一就是由多种文化成分构成。以农耕为特征的是中原仰韶、龙山文化，以农耕、渔业为主的是长江良渚文化，以农牧业为主的是西部马家窑文化等，以农耕与狩猎、畜牧三者结合的是红山文明。相比之下，世界其他文明类型的构成成分相对单一，希腊人以农业与商业为主，埃及则是典型的农业文明，两河流域也是以农业与畜牧为主体的。只有中国发展了多种类型的生产方式。这也使得以后的中国文化发展一直有多种文化辩证结合的特性。这里笔者也要说明，这一情况正在引起学术界的关注，虽然还只是开始，有的学者比较了中国文明与两河文明之间的不同：

> 经过深入研究，我们便会发现，中国的两河文明与西亚的两河文明有许多具体不同。就地理角度看，西亚的幼发拉底河与底格里斯河彼此相距不远，上游稍稍远隔，中游已开始接近，最近处恐不足百里，其下游更近，今天已合流为一。由于地理、气候基本相同，使得那里的文化体现出了共同性。早在公元前2320年，那里已出现了统一的文明古国（阿卡德－苏美尔），形成了"两条河流，一个王权"的局面。总之，西亚两河文明的最大特征是"文化一体化"。
>
> 而中国的黄河与长江要比西亚的幼发拉底河与底格里

斯河长得多。两河相距近者数百里，远者越千里；两河的地貌、气候、人文环境均大异其趣。因此，黄河与长江所孕育的文明必然会具有鲜明的不同特征。[1]

这里作者只涉及长江黄河文明之间的差异，其实在世界主要古代文明中，中国文明出现在最大的国家，其面积人口都远非其他古代文明所能比拟，而且地理气候复杂，民族众多，这就必然形成中国文明多元合一的特性。这种特性在文化中的重要表现就是生产类型多样，这是世界其他文明都无法与之相比的，不只是两河文明，就是希腊、埃及等古代文明也无法望其项背。

中国北方文化虽然有畜牧业比重较大的历史背景，但仍然是高度发达的文化类型。让我们从北京向北，翻过燕山山脉，到内蒙古科尔沁沙地的边缘，这里是内蒙古敖汉旗，一个蒙古族与汉族共同居住的地区，红山文化距今时间大约为 6000－5000 年[2]，其"兴隆洼聚落遗址"有 8000 年历史，是人类进入文明时代早期的证明，被有的学者称为"华夏第一村"。由于兴隆洼近 10 年仍在发掘中，我们应以一种科学的态度来看待这一工作。所以在本书中仍以红山文化总体来观察中国文化。在同时代的早期文化中，它突出的特点在于：

其一，这里的积石冢造型独特，气势不凡，其建筑面积、高度与范围在同期遗址比较中，都是惊人的。特别是石冢周围安放的陶筒，寓意深远，是中华文化的独有创造之一。20 世纪 70 年代末期在辽宁喀喇沁左旗蒙古族自治县东山咀村发现的大型石砌祭坛和其后在不远的牛河梁村发现的大型女神庙，周围

---

① 江林昌：《夏商周文明新探》，浙江人民出版社 2001 年版，第 66 页。

② 参见张星德《红山文化分期初探》，载《考古》杂志 1991 年第 8 期。

有多座积石冢。一般用高 30 厘米，长 40 厘米，宽 20 厘米，经过打制的大石块砌成。每冢占地面积都在 300 – 400 平方米。冢高为 1 米以上，建造这样的一座积石冢需要 300 – 400 立方米的石块。在圆形的积石冢周围整齐排列着筒形彩陶器。这种彩陶器没有底，高约 50 厘米，直径约为 30 厘米。一座积石冢周围安放多达上百个陶筒①。

世界文化中祭坛是最为壮观也最耐人寻味的，6000 年前的红山积石冢属于大型祭坛，从所处时代来说，其规模只有埃及金字塔与良渚文化中的"土筑金字塔"可以与之相比。从时间而论，红山积石冢时间最早，形成于 6000 年前或更早，在这一时代大多数古代遗址还只刚刚开始建筑早期房屋，大型祭坛尚未列入议事日程。埃及金字塔的建造时期为距今 4100 – 4600 年前，最大金字塔主法老胡夫在位时间为公元前 2590 – 前 2568 年，时间明显晚于红山。良渚文化中的大型墓葬中，瑶山、汇观山、草鞋山等大型墓葬时间为 5300 年至 4000 年前，时间也晚于红山。其次红山的彩陶筒也是十分重要的现象，这种陶筒无疑有一种象征意义，埃及墓葬中有一种现象引起世界关注，就是大墓中有开孔陶器，表示主人灵魂可以从陶孔中逸出。这也是埃及生死轮回思想的最早表现之一。红山彩陶很可能是当时一种宗教的反映，这种宗教的具体教义已难以证明，但这种中国北方宗教或是信仰的主旨还是表达明显的，象征着人与自然的和谐精神。安息于草原上的人以天为覆盖，"天似穹庐，笼盖四野"，陶器将主人簇拥着，如同草原上的花朵伴着主人的祭坛。这与埃及金字塔的精神形成鲜明的对比，这种积石冢具有一种人与自然合一的色彩，在广阔的草原上，只有路过的

---

① 参见报导《辽宁五千年前积石冢进一步显露出惊人面貌》，载 1986 年 9 月 1 日《光明日报》。

行人才能凭吊它，从中体悟历史的沧桑与自然的永恒。而金字塔则是太阳神的直指上天的精神，法老的权威在其死后如同其咒语一样令人可畏。

其二，这种祭坛与神女庙一般产生于高度文明的时代，散居流动的部族很难有这种共同的创造，而固定的祭祀地与宗教都是相对发达的国家的产物。出土器物如陶器等也是罕见的，玉器精美，只有良渚玉器可与之相比。因此这里很可能是一个古代国家的遗址，如果这一推测被证明，那么世界古代国家历史将被大大提前。兴隆洼文化更有典型性，兴隆洼一期的房址均成排分布，外围环绕椭圆形壕沟，通过对室内土木碳标本进行碳14年代测定，为距今8000年左右。中国考古学家苏秉琦在《中国文明起源新探》中曾提出这样的看法，认为七八千年前的兴隆洼文化遗址反映的社会发展已达到了氏族向国家进化的转折点，文明起源超过万年，社会分化早于中原。在北方文化中，它与河南郑州西山、登封王城岗等遗址所发现的城址，一起成为中国最古老的城址。

众所周知，比较文化学中，城邦建立也是一个重要的文明标志。希腊城邦大约是公元前8世纪开始建立的。从公元前8世纪至前6世纪，出现雅典、斯巴达等著名城邦。如果按照中国夏商周断代工程研究的成果来看，西方城邦从年代上是晚于东方的。根据夏商周断代工程年代学研究结果，夏代起始年代为公元前2070年，禹都阳城与河南西部登封王城岗遗址有关，禹县瓦店遗址与启享钧有关。商都建立以偃师商城与郑州商城为最早，也都在公元前1600年后不久，明显早于雅典。

总之，苏先生等考古学家的这一结论不能说是没有根据，为了一种科学的审慎态度，关于这一点我们暂付阙如，假以时日，让比较文化研究给我们更为深刻的理论视域，也就是说，不再只以城邦、铁器、文字等作为文明起源的标志，而从人类精神文明、从理性自身的进化角度再来审视文明起源。

其三，首次出土了人物塑像，证明这里的先民是中国人种而不是其他人种，这是一种独立的文明，而不是传播所致的文明。

这里古代风俗可能是女性崇拜，特别是一个女神崇拜的中心，其社会性质可能是母系社会时代，其人种是中华北方人种是无疑的。在牛梁河遗址出土的女神头像首次让我们见识了古代中国人种的相貌，这是一个端庄大方、气质高贵的北方女神。艺术史家如此描绘这一女神像：

> 1983 年初冬，辽宁省的考古工作者在凌源、建平两县交界处的牛河梁北山顶，发现一外距今约五千年的红山文化遗迹。并在其中发掘出许多人体泥塑残件，其中包括手、肩、女性乳房、鼻、耳等。其中一件彩色人头像尤为珍贵，比真人略大，眼睛中嵌以碧玉片为睛，眼角上挑，似为蒙古人特征，略微上翘的嘴角，露出一丝笑意。据分析，可能是部落供奉用的女神。它的出现为中国雕塑史增添了一朵奇葩。①

我这里要补充的是，女神像的艺术价值是不可忽视的，但是其文化价值更弥足珍贵。中国文化特性决定了我们的艺术以写意为主，人物画像讲究传神，所以流传下来的人物画像往往不能够突出人物真实相貌特征。在近年考古发现之前，现代学者经常争论我国古人是什么样子，身高如何等。近年来秦始皇兵马俑的出土才部分解决了这一难题，但是兵马俑的时代仍嫌晚近，至于早期的中国人种仍有人存疑，红山女神像是我国年代最为久远的人像雕塑，早于 1964 年甘肃礼县出土的高寺头仰韶文化

---

① 潘绍棠编著《世界雕塑全集·总论》上，河南美术出版社 1996 年版，第 10 页。

人像和 1973 年甘肃泰县出土的仰韶文化人头形陶器。同时，在世界文化史上也是屈指可数的。如果从年代看，其早于埃及公元前 2650 - 前 2290 年间的孟卡尔国王和王后双人像，埃及双人像举世闻名，不只因为它是世界艺术珍品，而且因其是埃及历史文化的形象代表，流传极广，在西方无人不知。其余埃及古王国时代的雕像如哈夫拉王雕像"拉阿荷太普及妻子诺弗尔特公主像"等也相对晚于红山神女。红山女神与埃及雕像共同之处都是与真人大小相近，风格写实，不追求形式化与神圣化，这在古代雕塑中也是难能可贵的，特别是对于文化史、考古学、人种学研究意义重大。其他一些远古文明雕塑就不能尽如人意了，以印度雕塑为例，其间的差异就显而易见，现存新德里博物馆的印度的青铜雕塑俑裸体少女，是 6000 年前的作品，但是只有 10.5 厘米高。形象变化比较大。现存巴基斯坦国家博物馆的另一尊祭司或是神像，大约年代是 5500 年前，新德里博物馆的一尊男性人物头像，为 5000 年前的作品，显然都是形式化处理的雕塑作品，从文化与考古的角度看，其价值就要打折扣了。

中国楚文化中早就有过高唐神女的传说，作为母系社会的历史遗留引起学者们极大的兴趣。现在我们又直接看到了北方的女神形象，其实史书中早就有北方母系社会的记载，可惜至此之前一直无实物出土。女神形象与生殖崇拜、母系氏族社会有极为密切的关系，是研究人类社会发展史的重要资料，其意义当然不可低估。

前人一直在描绘中国文化从黄河中上游向下游发展的路线，现在可以对中国北方文化自身的发展有一个简图，特别是红山文化中的兴隆洼等文化遗址，是一种连续文明的线索。兴隆洼文化的研究者们认为：

　　　　早在八千年前，这里就有了人类原始村落。这里产生的赵家沟文化表明：早在七千年前就由刀耕火种过渡到耜耕原始农业阶段；这里发现的草帽山积石冢、兴隆洼陶塑女神等诸多红山文化遗迹表明：早在五六千年前就进入了早期的城邦式的原始国家；这里产生的小河沿文化表明：早在四五千年前就出现了与中原地区乃至长江流域有密切联系的同时期原始文化；这里发现的大甸子、城子山等夏家店下层文化遗址表明：早在三四千年前就有了与中原地区同等发达的等级社会制度与青铜器时代文明；这里发现的周家地山湾子等诸多夏家店上层文化遗址表明：早在二三千年前的先民们就已掌握了成熟的青铜采矿和冶炼铸造技术；横亘在敖汉中部的两道燕国长城表明：在春秋战国时期这里曾是燕国版图，春秋战国之后，这里一直是北方骑马民族的驻牧之地。秦汉之后，这里开始有准确的史籍记载。正如有些专家们所说：了解中国文化不能不了解中国北方文化，了解中国北方文化，不能不了解敖汉古文化。①

以上分析基本是对的，一方面燕赵古国是中国北方文化的主要所在地之一，从远古到近现代一直是中华文明的主流之一。但尤其要注意北方与中原之间不是相对立的关系，长江流域良渚文明与中原之间的历史交流早已经引起历史学家的注意，应当说中国文明是多种独立起源的，同时又有一定关联的。另一方面，北方汉族文化与东西胡等游牧民族同属于中华文明，是一个大文化而不是异己文明。

　　关于古幽燕之地，我们必须说明，上文作者虽然已经注意到其农业的滥觞，但是不应忽略燕国的林业生产。古代燕国被

---

　　① 《走进8000年前的村落——敖汉"华夏第一村"》，2000年3月10日《光明日报》B4版。

称为"天府"，应当是相当富饶的地方，其中重要原因之一就是林业发达。北方民族称为"林胡"，当然是指这里有生活在原始森林里的民族。他们的生活与生产方式是林业生产，就是古人所说"枣粟之利"。这是燕国区别于其他国家的重要生活方式，也说明中国古代北方内蒙古一带曾经有过原始森林。以后因为水土流失，过度采伐，垦殖无度，近代以来土地沙化，才成了今日的沙漠化地区。

古代幽燕是一个畜牧业、林业与农业共同发展的地区。燕国为战国七雄，当然是中华文明主流。《战国策》苏秦北说燕文侯曰："燕东有朝鲜、辽东，北有林胡、楼烦，西有云中、九原，南有呼沱、易水，地方二千余里，带甲数十万，车有七百乘，骑六千匹，粟支十年。南有碣石、雁门之饶，北有枣粟之利，民虽不由田作，枣粟之实，足实于民矣。此所谓天府也。"① 已经说明，其北部民族"不由田作"，也就是说他们不是农耕文化，而是以林业为生。这也可能正是使中原农耕者视其为蛮夷的原因之一。《战国策》记燕使荆轲刺秦时写道：至陛下，秦武阳色变振恐，群臣怪之。荆轲顾笑武阳，前为谢曰："北蛮夷之鄙人，未尝见天子，故振慑。愿大王少假借之，使毕使于前"。这里所说"北蛮夷"是自谦之词，燕国当然不可能是异族，而是中华文明的重要组成，是所谓的"中原文化"的大国之一了。只是荆轲等人的自谦之词，燕人的文化与关中地区的三秦文化同样发达，丝毫无逊色之处。这里顺便说道，中原文化其实是一个不准确的用法，中原北望，关山千重，都是故国河山。中国的北方，历经患难，有众多的骑马的、农耕的、狩猎的民族，都在这里生活过，最后大多融入了中华文明之中。

---

① 《国语·战国策》，岳麓书社1988年版，第282页。

　　总括以上关于古代四方观念，以中原为中心，加上四方，共同构成了中国的五方之民的理想。中国的东西南北中，这种观念就这样长期形成并流传。从这里我们可以看出古代民族对于方向认识的重要性，从空间的方向这种最基本的感性认识开始，人类认识逐渐把空间与时间联系起来，形成一种时空结合的观念。在这种观念中，血缘氏族与国家组织、历史与现实、社会生产与意识形态结合了起来，形成了文化的综合观念，从而跨进了辩证理性认识范围。辩证理性，它是反思的，其特性在于，在认识过程中它把感性基础一直保存下来，当我们说到东方时，也就是东方文化，这是一种建立在方向感之上的、极大丰富了的范畴，它在历史中丰富了自己。

　　我们从古人的方向观念与文化观念之间的联系，可以看出人类文化观念建立的过程，我们的目的只在于，揭示人类认识的历程，人类意识中最重要的空间时间感，在文明发展中是由具体的感性发展出来的，而且二者是结合为一的，共同形成了人类的社会意识。

第二章 两个东方："中东"与"远东"

对于西方来说，存在着两个"东方"，一个是所谓的"近东"，一个是"远东"。这两个东方的概念早已经存在。人们谈及东方，总是具体有所指，并且加以区分。近年来美国学者赛义德在《东方学》中旧话重提并且加以发挥，认为要区分两个东方，一个是以阿拉伯和巴勒斯坦为主体的近东，一个是以印度、中国为主的远东，西方与两个东方之间的历史关系其实有不同形态与价值。并且认为："当东方不是作为亚洲一词简单的同义语，或不只是从总体上指称遥远、新异的地方时，它在严格的意义上指的是伊斯兰的东方。"①

本书作者不知道赛义德先生为什么认为东方是亚洲一词"简单的同义语"以及为什么要把印度等国家排除出"东方"的范围，当然，笔者同时也认为，没有必要为中国、日本或印度去争取"东方"的正统地位。但我们认为赛义德关于"东方"一词的结论未免率尔操觚，缺乏一个学者所应有的审慎态度。从历史上看，欧洲人以自己为原点，提出的"东方"是一个随着地理发现、随着对于文化的选择与评价，也随着西方殖民主义扩张等文化观念不断嬗变的范畴。从早期的埃及、波斯、两河流域、以色列人与印度作为"东方"，到其后将阿拉伯、奥斯曼帝国、蒙古成吉思汗帝甚至将俄罗斯的部分地区都作为"东方"，16世纪环球海上航线开通后，甚至将南美国家、中

---

① ［美］赛义德：《东方学》，王宇根译，生活·读书·新知三联书店1999年版，第96页。

国、日本、朝鲜、越南等东亚、东南亚国家作为"东方",也就是所谓"无边的东方",历时两千多年,东方概念不断拓展变化。这是一个历史的事实,研究东方学的学者为何连这一简单事实都不能正确表述,这是应当引起我们关注的。

因此,我们有必要以历史主义视域来展示西方人认识东方的过程,而且同时也要展示东方人认识西方的过程,这样才是公正的。不仅因为澄清西方人的"东方学"范畴是一个历史范畴是必要的,更重要的则在于,东西方关系目前仍然是世界所关注的中心问题之一,历史总是现实的,因为历史所存在的时间本身就是延续的,没有过去就没有现在。现实总要成为历史的,同样是因为现实本身不可能永远是现在时,当现实存在时,一切发生之事已经成为了历史。这是对于历史与现实的辩证关系的理解,从这一意义上,"一切历史都是当代史"这一结论并不过分,只不过西方历史学家把问题简单化了,一切历史只有为当代所用时才成为当代史,历史本身却不会只限于当代,它有着远比当代史要更为宏大的历史叙事。

笔者以为,西方与东方都是一个泛指的历史概念,西方可以包括整个欧洲,也可能只指西欧,或是包括北欧,有时还包括美国与日本。从它的使用中几乎可以看出整个世界史的变迁。如果要把这个概念现实化,必须结合文明发展史的全部过程,而不能只依据部分现象。从这个意义上,东西方两个概念是世界文明类型与传统的划分。

西方文明从地域上指欧洲(包括东部欧洲与俄罗斯、土耳其等跨越欧亚两洲的国家)、美洲、澳洲等地区;东方则指亚洲(包括日本,西亚的中东国家等)、非洲等地区。美洲国家中,中美与南美曾经是欧洲国家的殖民地,现在也被称为东方,其实从文化传统来看,与远东或是近东国家没有直接关系。非洲国家情况复杂,但由于北非地区的埃及与古代迦太基即突尼斯被地中海国家称为是东方民族，特别是穆斯林化以后，埃及又成为伊斯兰世界的主要成员，所以被看做是东方国家也是渊源有自。中非与南非虽然存在多种文明，特别是南非，受西方文明的影响极大，但就非洲整体而言，其文化地位与南美洲一样，不是传统意义上的东方，只是在现代的"无边的东方"的思潮中，也被看成是东方而已。

至于东方文明的主体，根据文明体系的差异，可以划分为两大部分：一部分是以穆斯林信仰为主的西亚北非国家，也就是我们常说的西亚地区，不妨称中东文明，它也包括阿拉伯半岛。另一部分则是以东亚、南亚和东南亚国家为主的远东文明，这一地区以儒家文化为主体，还有以印度为中心的南亚文明，古代印度文明传统久远，以后的伊斯兰文化在这一地区仍有一定影响。这种划分中，以色列与日本是两个特殊地区，以色列虽然坚持犹太文化传统，但以色列复国之前，其居民散居世界各地，应当说具有多种文化背景。日本文化中原有的中国文明影响与日本文化创造都有特色，从历史来说都是东方。日本明治之后西方化的潮流长盛不衰，也应看作一个特例。无论如何，东方，可以划分为两大东方文明传统，这是毋庸讳言的。

以"中东"与"近东"来划分东方的做法当然是不妥的，这种从欧洲视域来看东方，处处显露出一种后殖民的观念，这是当代东方学者们所不愿使用的。

一、"赫伦人"与近东（Hellene and near east）

"近东"是西方的一个常见的范畴，但是，关于近东地区包括哪些国家，近东指什么地方，大多数西方学者是人言人异，更为微妙的是近东与西方之间的关系。目前，关于近东与西方之间的关系有两种相对立的观点，一种认为近东是西方的源流，如我们上文提到，一些介绍西方文明的书中，把埃及、两河流域、巴比伦和以色列都看成是西方文明的滥觞，以确凿的事实证明了近东文化在爱琴海地区的影响。时代可以上溯到新石器时代与青铜时代。

另外一种见解则截然相反，拒不承认西方文明特别是古代希腊——赫伦（Hellene）与近东之间的关系，坚持认为西方文化是正宗的古希腊人也就是赫伦人的创造。

只不过，无论是肯定还是反对，这些学者所使用的"近东"范畴都与赛义德不同，他们所谓的近东是指埃及、巴比伦、两河流域的闪族，有时甚至包括了古代波斯。而不是赛义德所说的伊斯兰与阿拉伯。近东与西方的中间地区是小亚细亚与塞浦路斯，这是近东与西方之间的转运站。

笔者认为，关于近东的不同认识恰恰是我们所指出的一个重要规律，人类对于不同方向文化的认识是一个历史过程，在不同阶段会有不同的概念范围。对于古代希腊人来说，可能没有明确的"东方"概念，当然更不可能有近东与远东之分。希腊与波斯战争之后，东方概念开始明确，以古代波斯为主要东方。到了中世纪之后，东方概念进一步发展，开始把东欧、阿拉伯、印度看成东方，并且开始有了近东与远东之分。近东开始以伊斯兰教和阿拉伯民族为主，而远东则指的是印度、中国等，其他一些地区如东欧与北非、西亚地区的国家地位则介于二者之间。近现代以来，中东概念日渐突出，而近东概念则日渐淡化，这与伊斯兰教的广泛传播有极大关系，近东或中东主要指阿拉伯国家。土耳其、埃及等国家因与伊斯兰教的不同联系而不断分化，有的倾向于归附欧洲，有的则认同于阿拉伯。而从这个时期起，"东方"概念的中心开始转向指中国、印度、日本、俄罗斯远东与东南亚国家。

我们上文中已经对于东方作了新划分，并且建议以后不要使用近东概念，重要的不是划分近东或东方所指是谁，或是主观地评价谁能代表东方，谁的历史贡献大，重要的是通过东西方历史概念的演变过程，探讨人类文化意识发展的过程，并且对世界文化的历史规律有新的理解，这也是我们与赛义德等部分学者的主要不同之处。

二、石器时代的全球化："东方化"（the globalization in the Stone Age：orientalizing）

1. 古代希腊与东方

经济全球化正在以不可阻挡之势向人类社会走来，并且成为新千年的时代标志。

如果要问到什么是"全球化"？

法国学者雅克·阿达有一个颇具代表性的结论："论述全球化，就是回顾资本主义这种经济体制对世界空间的主宰……资本主义的渗透得到了国际货币基金组织和世界银行等国际金融机构的系统支持[①]。"这种对于全球化的理解十分狭隘，但是显然得到了西方学术界的认可。这种全球化概念对世界经济与文化交流作了错误的理解，这里我们没必要多说，同时，把全球化的时代定位于20世纪末期。我们有必要指出，历史上存在着另一个全球化，那次全球化不是从西方向东方的"经济控制"，方向相反，是从东方向西方的经济全球化。时间是在8000年前到3000年前，人类新石器时代后期到青铜时代。我们称之为"石器时代的全球化"或是"古代世界的东方化"（the orientalizing in the archaic world）。而且这并不是我们的一家之见，当代许多西方学者也出版了类似的著作，如美国学者

----

① 参见 [法] 雅克·阿达：《经济全球化》，何竞等译，中央编译出版社2000年版，第3页。

沃尔特·勃克特（Walter Burkert）的《东方化革命》（1992）
等著作中，也表达了类似的意见，虽然他们的著作还比较粗略，
但是其开创之功是不可埋没的。

通常意义上，古代希腊的史前文化并没有引起文化学者们
的注意，它似乎没有资格与古埃及、中国、古印度等古代文明
并立。但现代考古学发现证明，古代希腊文明作为爱琴海文明
的重要代表，其实有着相当久远的历史。当人们提到古代希腊
时，常常被其后光辉灿烂的雅典文明所吸引，忽略了古希腊前
期文明的历史，而且忽略了这一文明的产生是多种文明相互作
用的结果，尤其是东方与西方文明交互作用的结果。也正是在
20世纪以来的世界性的比较文化与比较文明的研究中，特别是
经过地下挖掘发现，荷马之前的古代爱琴海地区文明，特别是
克里特文明、麦锡尼文明恰恰是世界上古东西方文明交汇的产
物，它们自身也达到了极高的文明程度，是世界文明的瑰宝。

古希腊文明起源于爱琴海，希腊半岛伸入地中海，形成了
一个小的海湾，也近似于一个内海。希腊半岛气候宜人，有多
块小平原，而且海岸线曲折，岛屿密布，即使古代城邦各自分
立，也能够保持近距离的海上交往，在航海技术不发达的古代，
近距离海上航行是主要交通方式，所以这一地区是不同民族间
交往的理想地区，这也是它形成多民族文化的自然因素。从爱
琴海向东，经过小亚细亚的特洛亚半岛，可以与黑海相通。从
大的环境来看，这一地区处在亚、非、欧三大洲交界之地，是
多种文明汇聚之所。

在古希腊雅典文化之前，爱琴海地区已经有多种古代文化，
从新石器晚期到青铜时代早期，希腊地区就成为多民族的聚集
地。主要从两个方向向这里汇集，首先来到希腊半岛的是亚细
亚民族，皮拉斯吉人、勒勒古人、卡里亚人等。从人种来说，
他们是地中海人种类型与其他亚洲种族，其中地中海人种的民

族至今还有相当多的人在北非、西亚生活。另一个方向是来自北方，这是印欧语系的民族，也就是"赫伦人"，从公元前3000年代后期，来到希腊的中南部，与当地人混合，成为希腊人的主体，以后在希腊半岛上创造了麦锡尼文明的，就是他们之中的阿开亚人。除此之外，还有爱奥尼亚人、多利亚人、伊奥利亚人、马其顿人等。这些民族在以后的希腊文化创造中，各自作出独特的贡献。如果从文化角度分析，20世纪以来，对于爱琴海地区进行了多种形式的大规模的考古开掘，这一开掘的结果证明，在古代爱琴海地区，在多里安人入侵这一地区之前，在新石器时代晚期到青铜时代早期，东方文化在这里占有重要地位。

我们或许可以说，这里的文化是一种东方文化，一种产生于古代希腊本土的麦锡尼与克里特岛地区的"东方文化"。这里的民族可能是东方人种，其生产的陶器、金银器皿、宫殿建筑、工艺品等，都是东方文化的产物。我们不妨称之为"爱琴海的东方文化"。西方学者也大多数同意一观点，在克里特文化与麦锡尼文化的遗址挖掘中发现，这一地区文化发生过大规模的"东方化"（orientalizing）过程。

2. 东西方陶泥文字的联系

文字是一个民族文化的主要代表形态，而在这一地区考古的最终成果之一就是发现了古代文字。如果我们简单叙述古代希腊文明史，大致可以排出这样一个发展线索：

克里特文明（公元前30世纪至公元前15世纪）——麦锡尼文明（公元前1500年至公元前1200年）——荷马时代（公元前1200年起）。

在荷马时代之前的各个阶段中，东方化始终是一个最重要的主题。新石器时代后期开始的米诺斯文明是一个典型，这一文明在克里特岛上，至少于公元前3000年就已存在；克里特岛是爱琴海岛屿群中最大的岛，总面积大约有8600多平方公里，它地扼爱琴海向地中海的出口，是亚非欧三大洲的交往要道。《奥德赛》中描绘这一岛时说它"美丽富饶，在它的九十座城镇中，最大的就是米诺斯"。克里特岛的文明以米诺斯命名，被称为米诺文明。1900年，著名考古学家阿瑟·伊文思在克里特岛米诺索斯宫发现了古代文字，我们称之为"米诺文字"。这是一种陶器文字。米诺斯第一宫修建的时间大约是公元前2000年，毁于公元前14世纪，这就意味着，米诺文字是公元前14世纪之前的文字。荷马时代大约是公元前12世纪–公元前8世纪，《荷马史诗》经过口头流传，证明当时希腊还没有文字。那么克里特岛文字可能是古代希腊文的前身。这就为古代希腊文字找到了使用腓尼基字母之前的重要古代文字的证明，证明古代希腊人可能独立创造过文字，以后才改用腓尼基字母。这对于西方文明的重大意义是不言而喻的。

这一发现，首先为世界文明提供了这样一种启示：世界重要文字系统，古代以泥板与陶文形式形成是一种普遍现象，在中国与西方同时存在，这在古代文字发展史上应当是一种发现。世界主要的文字系统分类极其繁复，如果从书写方式来进行划分，纸的发明与运用之前，在古代文字中主要的书写方式就有：

1）陶泥文字：所谓陶泥是泥板与陶器文字的合称，上古时期的人类在发明文字时，由于没有纸或其他书写工具的发明，最早以刻符的形式写于岩石或木头上。这种书写不方便并且无法集中，于是以后发展出在陶器上与泥板上刻写，这就出现了世界范围的陶泥文字。5500年前的两河流域苏美尔文字——丁字头文，时代更早的中国古代陶文如6000年前的长江流域良渚文化刻符、8000年前的贾湖陶文、6000年前黄河流域的陕西西安半坡陶文、临潼姜寨遗址陶文、4000多年前青海马厂的陶文，都是这一类文字。米诺文字现在也可能并入这一类文字之中。陶泥文字一般是世界上最早的文字体系。

2）纸草纸文字：埃及的纸草是世界上最早的纸，早在公元前 3500 年前，埃及人就开始在纸草纸上书写文字，其主要文字是圣书字。这种文字直到公元 5 世纪的人民体才宣告结束。

3）甲骨文字：主要见于中国殷商时期的文字，距今已经 3000 多年，是中国现在所使用的汉字的早期形态。

4）金石文字：亦称为钟鼎文、金文等，从青铜时代起，中国与世界各古代民族都开始在青铜器上铭刻文字，中国从殷周时代起大量使用这种文字。

5）竹帛文字：在竹简上刻写的文字，在布帛上所书写的文字，在世界很多民族中都有，其中以中国文字最多，其流行时代稍后于甲骨文与金文。以上三种文字是汉字不同时期或是同一时期所使用的不同书写工具与方式，字体上有一定不同。

6）其他书写材料文字：其他还有多种书写材料与工具，如曾经流行的羊皮文书等。

米诺文字从书写形态来说是最早期的泥陶文字之一，仅伊文思就在克里特发掘到 3000 块刻文泥板，1939 年布列根在希腊本土派罗斯又发现 600 块泥板，估计时间是公元 14 世纪到公元 12 世纪，上面的文字是基本统一的文字体系。这是在地中海地区发现最早的文字体系之一，并且在大希腊地区流行，本土与克里特岛的发掘证明了这一点，这是无可非议的。值得注意的是，就在多里安人入侵之后的几个世纪里，希腊语言没有文字。这就说明这种东方化的泥板文字可能被禁止使用相当长的历史时期，直到希腊人借用了腓尼基文字。东方泥板文字为什么被禁止，是社会历史原因还是文字体系的原因，暂时不得而知，有待于进一步的发现。

其次，我们再从这种文字体系的构造原则来分析其性质。

　　这种文字共有三类，是不同时期的文字。1）米诺象形文字；2）线形文字 A；3）线形文字 B；这三种文字都是一种独立的语言体系。这就意味着，它们的文字书写方式尽管有不同，但语言可能是相同的。这在世界文化中也是一种常见的现象，后起的文化借用已有的文字符号来表达自己的语言。如日本、朝鲜借用汉字发展了日本语与朝鲜语的文字，但是日本语与朝鲜语并不同于汉语。中国少数民族中的壮族文字、布依族文字、瑶族文字、苗族文字、侗族文字、哈尼族文字、仡佬族文字、白族文字等也是借用汉文字加以改造形成的，这些民族也有自己的语言。古代民族中，汉字被契丹人、女真人和西夏人所参考借用，也是同一道理。这就是"同文不同语"。其他古代文字同样如此，如丁头文字被苏美尔人、巴比伦人、亚述人等不同民族分别使用，他们各自有自己的语言。所以文字借用应当说是古代文字发展的一种规律，特别是一些后起的文明，一般会借用已有民族的文字，用来表达自己的语言，并且可能在这种语言的基础上再改革文字，如同上述民族的作法一样。

　　第一种文字米诺象形文字比较明确，这种文字产生年代最早，在米诺斯王宫建立早期。这种文字是典型的借用文字，其中常见埃及文象形文字说明，最早的米诺文字是借用了古代埃及文字的。这一事实很容易得到说明，古代埃及文明、两河流域、巴比伦是这一地区最早的文明，它们都与克里特人有密切的商业关系。克里特人是天才的工艺品制造者和商人，其陶器、金银器等，远达比利牛斯地区、巴尔干半岛、尼罗河畔，到处可以看到克里特岛的工艺制品。在古埃及墓葬中有这样的壁画，上面画着克里特的使者到达埃及受到热烈欢迎的场面。在埃及发现的大批文物中，都有与特里克文化有关的内容。同时在特里克岛的雕像上，也可以看到埃及文字的说明。无须说明，克里特岛是一个地处东西方交界的地区，它的文化早就受到东方的埃及、巴比伦与两河流域文明的影响。其中，埃及文字成为米诺文字最早的借用符号，应当是十分自然的。或是说，克里特人在创造自己的语言符号时，先是借用了埃及象形文字的一些符号，这是完全正常的。

关键是其后的两种文字，这两种文字是线形文字，也就是刻符，显然不是埃及文字，那么，这种线形文字是从哪里来的呢？

西方学者迈克尔·文特里斯（Michael Ventris）释读了这种文字，认为其中的线形文 B 是早期希腊文字。世界文化史中一个众所周知的事实是，古希腊文字是西方的骄傲，西方文字的主要类型是在古希腊文字的基础上形成的。这也是西方文明以古希腊文明为主要源流的一个重要证明。也有一个众所周知的事实，现代希腊文的前身是古代希腊文字在借用了腓尼基字母的基础上形成的。承认这一事实并不会降低古代希腊文字的价值，只是说明拼音文字使用是一种历史过程。以上事实都不对于古代希腊文字的价值与意义发生任何影响。问题在于，如果真如文特里斯等人所说，克里特岛的米诺文字就是古代希腊文字，那么，这种文字是如何来的就必须予以说明。因为一种文字不会突然产生，它必然有一定的史前时期发展，或是有其他文字的借用。从米诺文明第一种文字来看，显然借用了埃及象形文字。但线形文字 A 与 B 又都突然摆脱了象形文字，那么，它们来自何方？

笔者认为，古代米诺文字可能是一种从东方传播来的文字，这是古代泥陶文字之间的一种传播。全面地观察世界文字发展史，我们必须承认这样一种观念，文字的起源不能简单认识。世界文字发展史大致是如下路线：

象形文字→刻符文字或线形文字→意音文字（非字母文字）→拼音文字（字母文字）

人类最早出现的是象形文字，由于其表意明显，书写不规范，所以一般是各个民族自己独立发明与使用，没有必要从其他民族借用象形文字。关于这一点，我们特别要指出，近200多年来，西方学者中一批人认为中国文字来源于埃及象形文字。从17世纪德国耶稣会士祈尔歇（Athanasius Kircher）的《中国图说》（1667年，阿姆斯特丹）直到20世纪日本学者板津七三郎的《埃汉文字同源考》等著作，一直传说不断。中国学者李学勤在《比较考古学随笔》中批判了这一说法①。我们完全赞同李先生关于中国文字与埃及文字有各自独立起源的说法。但同时我们也要指出，中国陶文与埃及象形文字之间的可比性并不大。因为中国陶文不是象形文字，它与楔形文字、埃及后来的圣书体文等一样，是刻符文字。刻符文字不是依据象形的原理，与象形文字是不同时代的不同体系。两者之间的比较实际上是不同体系文字之间的比较，没有共进与历时的意义。必须肯定的是，李先生的比较研究澄清了在这一问题上的一种混乱观点。这对于西方一些学者连语言学的起码常识都不具备就臆测中国文字起源的做法是一个极有说服力的批评。

这样我们也就对于文字起源有了新的理解，如今相当流行的一种观念是：文字起源于图画。这种说法从宏观来说是对的。象形文字是文字的最早形态之一，埃及象形文字就是一个例证。但是，一些起源更早的文字系统如中国陶文与西亚泥板文字却不是象形文字，它们是一种刻写符号。虽然有的符号也有象形特性，但是从本质上来说与图画是不同的。所以我们不妨认为，文字起源于符号，特别是刻写符号。这种观念近年来在国际上也正在引起学者们的注意，有的学者已经发表类似的看法。中

---

① 参见李学勤著《比较考古学随笔》，广西师范大学出版社1997年版第129－135页的有关论述。

国古代就有"刻木"成文的说法。可以说这是一种很有见地的新理论。从中国上古陶文等符号的研究中，可以证明这种观点是有道理的。

象形文字的缺点是图像表意只能是一图一义。所以这种文字费时而不易传达。刻符文字与线形文字没有根本的区别，只是线形文字形复杂，表达内容更为丰富。大约从新石器时代晚期起，刻符与线形文字开始流行。这是人类文字史上的大进步，其意义比起从线形文字转化为拼音或是意音文字的转变还要巨大。从刻符文字中分化出拼音文字与意音文字，成为世界文字的主要形式。

刻符是人类思维的符号，是一种直接表达形式，所以具有一定的相通性，这也就决定了这种文字可能在不同民族之间互相流通。刻符与线形文字的流通可能会超越民族语言的界限，欧洲、亚洲、美洲、非洲之间可能会产生文字符号的互相借用。公元前3000年到公元前2000年期间，正是古代刻符文字与线形文字流传的时期，我们发现在中国古代刻符文字、西亚的楔形文字和克里特的米诺泥板文字之间有极大的同一性。这里我们所说的主要是米诺线形文字 A 与线形文字 B。为了便于进行比较，我们先对西亚楔形泥板文字与中国陶文进行简单说明。

西亚泥板文字字形是楔形，又像丁字，所以欧洲人称为"楔形文字"（cuneiform），而阿拉伯人称之为"丁形字"（mismari）。这种文字是两河流域的苏美尔人所创造的，大约5500年到6000年前在西亚地区形成正式的文字体系，被公认为是世界上最古老的表意文字。这种文字是刻在泥板上的，泥板晒干后便于保存，目前有5万多块泥板存世，其总数已经超过甲骨文的骨板。这是人类从象形文字以后所形成的最早文字体系之一。它具有基本固定的文字符号。它的符号可以分为两种：一种是单独型符号，这种符号是从象形与指事发展来的。另一种是联合型符号,这种符号相当于汉字六书中的会意与形声作用。两种符号结合起来,可以形成完整的表意文字体系。这种文字在多种语言中应用,如古代苏美尔、阿卡德、巴比伦人的语言,诶兰语、喀西特语、赫梯语、米坦尼语、胡里语、乌拉尔图语、波斯语、卡帕多西亚语等。可以说它是一种古代的世界文字。至少在腓尼基字母使用之前,它是被使用得最广泛的文字。由于楔形文字形态多样,从苏美尔到阿卡德和亚述,都有不同的文字符号,但它们之间有直接的承继关系,所以我们以苏美尔文字为代表,结合其他进行总体比较研究。

世界对于中国陶文知之甚少,原因是它的发现虽然很早,但对于它的研究才刚刚开始。目前相当多的中国学者仍然认为它不是一种文字体系。据笔者所知,目前已经发现的中国陶文已经多达数十种,其年代从4000年前到8000年前不等。据有的学者研究,陶文大致可以分为52个字形,目前合集的虽然只有300字,但这一研究成果正在不断扩展,可以说明这是中国甲骨文字之前的最重要文字体系之一。如果从时间上来看,它要早于苏美尔文字,可以说是世界上最早的文字。对于这种文字体系的性质,我们现在还难以确定,它的符号是表意性质的,还是表音的。如果是前者,它自然与苏美尔文字等一样,是早期的表意文字。如果是后者,那就会全面改写人类文字的历史。那就会把人类拼音文字的历史大大提前,也就为中国文字发现了另一种源流。这并非没有可能,因为中国文化是多元起源的。而且陶文发现地从北方的半坡、姜寨到长江流域的良渚文化,完全可能有不同来源。当然,从国际古文字演变的历史来看,也完全有第三种可能,就是它同时具有表意与表音的功能。

如果我们把三种刻符中国陶文、苏美尔楔形文字与米诺文字放在一起,我们就会有一个令人震惊的发现:它们可能是同一种文字体系。我们先从基本字形上来看它们作为一种文字体系的主要特征。

中国陶文	苏美尔泥板文字	米诺文字
①	②	③

在中国陶文与苏美尔文字的比较中应当注意，中国陶文与标准的楔形文字从形态上来说差异比较大，这是无疑的。但是苏美尔文字形态非常多，彼此之间互不相同，中国陶文与其中非楔形的文字大多数相近，也是应当引起注意的。

如果从文字形态来看，与中国陶文最为相近的其实是闪族的语言，其中就有腓尼基文字。对此，已经有不少学者进行了

① 本文所引用的陶文系中国杨家湾遗址陶文，见方汉文著《陶泥文明》，山东美术出版社 2008 年版，第 141 页。笔者对图像作了部分调整。

② 引自方汉文著《陶泥文明》，山东美术出版社 2008 年版，第 126 页。

③ 转引自［俄］B. A. 伊斯特林《文字的产生和发展》，左少兴译，北京大学出版社 1987 年版，第 261 页。

研究，因为中国古代西北民族在中亚地区与华北地区都与突厥民族有过长期接触，而突厥民族的文字则属于闪族语系，因此相互濡染的可能性极大。笔者认为，更重要的在于闪族文字、腓尼基文字与爱琴海地区是直接相关的，这就为中国陶文与爱琴海地区文字包括米诺文字的联系提供了可能性。这并不是主观猜测，因为陶器文化的传播是产生联系的历史背景，陶文是陶器文化的代表性符号，是陶器文化中的意识形态，它的传播是完全可能的。

3. 文字符号分析

这三种文字中存在着相同的文字符号，有些相同的符号又可以分为两大类，第一类是典型符号，这种典型符号有两种主要用途，一是古代民族用来标识最常见的、与生活密切相关的事物，如牲畜、农具、计算工具等。另一种是数字，由于数字也是人类生活的基本工具之一，所以任何民族的符号系统中，首先发展起来的就是数字与计数法。第二类是基本的文字表达符号，这是指构成语言的拼音字母与非拼音的符号。这是文字中的主体部分，我们的分析研究也是以这类符号为主要依据的[①]。

典型符号的相同最引人注目，其中明显相同的有以下几种：
① ✝

中国（半坡）陶文：✝，苏美尔（乌鲁克 Uruk 等）文字：✝，米诺线形文字 B：✝，形态完全相同，只是由于刻写工具与习惯不同，稍有差异，如米诺线形文字十字的横线较短一些，这种刻写方式与中国甲骨文中的"十"则又完全相似，其余没

---

① 此处引用苏美尔文字主要是根据《不列颠博物馆：巴比伦与亚述古代文物指南》第二版的图文，伦敦，1908 年，其他非本书的材料来源各自说明。

有区别。

这一符号以后在世界各民族中大量流行，在史前文化中是最重要的象征符号之一，直到被基督教定为其宗教的象征之前，它一直被各种文明所使用。其起源地已经不能清楚了。十字符这种远古符号，以后经过犹太人的宗教创造，成为了一种精神象征，再经过西方文化的肯定，成为西方文明的精神象征，这真是一个长期的过程。与此不同的是，中国古代也曾经流传过象十字形这样的原始符号，如著名的"万"符号，从8000年前到6000年前就流行在中国西北的青海一带，但这是种符号却没能在中国文化中占据自己的地位，甚至以后被淘汰不用。中国文化主体选择了更具有思想内容的阴阳符号，《易经》中的阴阳爻，道教的阴阳符号，都不是一种原始符号，而是文明后期的选择。这一区别是重要的，它说明中国文化有一种肯定精神，这种肯定恰恰是对于远古的精神的扬弃，是对于文明进步的追求。

②⊕

这个符号在青海一带出土的陶文中有见，阴山岩画中相当多，关于它在陶文中的意义。目前有三种意见，第一种意见认为是穹庐的象征化，或认为是宇宙的象征。盖山林曾经指出：

> 对于它有种种不同的解释，或认为它是宇宙的象征。……早期毡帐画面，只有其象征符号作⊕形。[1]

如果从古代草原民族诗歌中"天如穹庐，笼罩四野"这一类比喻来看，天垂四野，如同圆形的帐房。因此用这个符号来象征宇宙不是没有道理。但是，古人思维简单，在没有文字的阶段更是如此，宇宙概念发生很迟。古人不会进行抽象思索，而是

---

[1] 盖山林：《从阴山岩画看内蒙草原古代游牧人的文明》，载《中亚学刊》第一期，第36页。

从具体的物象如日月星辰来认识宇宙，这是人类思维发生的规律。

第二种意见是饶宗颐先生的看法，他认为这是羊的符号。他的这一看法是受到西亚苏美尔文字的启发，他写道：

> 我认为岩画上的⊕形，如果看作羊的标记，比较讲得通，字形完全吻合，亦有来历，⊕本来即是西亚代表羊的符号。①

这当然也是一种比较文化学的研究，西亚符号中⊕作为一种代表符号基本上已经确定，当然也可能在阴山岩画上找到同样的符号。

但笔者认为，如果从阴山岩画（图 1219）的画面上看，这种推测也有不足之处，画上一只羊的前面就有一个⊕符号，如果代表羊就没有这种可能。而从阴山岩画中可以明显看到太阳崇拜的画面。图示 1111 中⊕旁边有两个"万"字形图案，正如饶宗颐先生所指出，"万"字形图案有可能是古代的"万舞"。"万"字形是世界古代普遍流行的符号，这是众所周知的事实，我们在此不多讲。值得注意的是，"万"的意义来源却一直是一个难解之谜。中国陶文中出现的"万"字符号为这一历史之谜提供了答案，在 6000 年前的马厂陶器中出现的"万"字符号与众不同之处在于，它是以类似于人的四条臂膀所组成的，显然是舞蹈形象，这可能就是所谓的"万舞"的原型。

但是从岩画来看，羊与"万"字并用于祭祀太阳神的场面，所以其更重要的意义在说明，"万"字符号与⊕符号是相通的。从其他岩画与陶文图案中经常可以看到在圆圈○中的"万"形，完全可以确定它是太阳的象征。以后的图案简化，

---

① 饶宗颐：《符号·初文与字母——汉字树》，上海书店出版社 2000年版，第 113 页。

逐渐变成⊕形与⊙形。

而在图 1107 中，就看得更清楚了，这一图上的⊕形与 7 个人物，其中一个位置在日神⊕之下，可能是祭司之类的角色，其余作各种形状，似为丧葬或祭祖之类的仪式。人物中大致区分了男性与女性的一些特征。至于不少学者所提到的图 1219，一只羊与⊕，则可以看作是以羊为祭礼的祭神仪式，而不是用来代表羊，否则无法解释。

所以笔者认为⊕可能是太阳的象征符号。有可能是最早的太阳神崇拜所留下的历史遗迹。这种符号的最初形状是⊕，这个图形以后进化为⊙。在甲骨文中已经不多见⊕，而有大量的"日"与"月"对举的文字，这是文字进化的一个说明。这一进化在中国陶文中，西亚文字中，还有米诺文字中全都有明显的痕迹，足以说明是有代表性的。这个符号是古代太阳崇拜的典型代表，笔者早就指出，太阳崇拜可能是古代世界统一的信仰，从中国到埃及、西亚、爱琴海，这是一个统一的世界。美国学者保罗·麦克金德里克曾经提出过这样一个假设：古代希腊人、克里特人、赫梯人等之间产生过文化交流，整个近东在公元前 13 世纪是一个"统一世界"。我们是赞成这个结论的，但是更要指出，其实并不仅仅是在西亚与地中海，在更早的时代中，中国陶文也完全可能与西亚和地中海文字之间有关系，东西方之间的文明联系比我们所预想的要早得多。

其实我们已经可以说明，在更早的时代，从公元前 20 世纪可能就已经有远东到西方的文化交流。这一大文化交流中，不同民族都以太阳为崇拜对象。无论是农业还是游牧，太阳的温暖、太阳的光照都是最重要的，因此成为古代人崇拜的对象是最正常的。根据文特里斯与柴德威克的《迈锡尼希腊语文献》中所列的米诺文字、线形文字 B 对照表中可以知道，这个⊕的发音是 κα，是相当重要的字母。如果我们再把目光转向埃及，就会有一个重要的发现。在埃及复合圣书体文字中，组字原则已经形成，这就是一种意音文字。与中国汉字原则相同。它表示读音的方法是一个定符与一个音符相组合，共同构成一个字条。这种方法与中国汉字中的“六书”中的“形声”是一样的。在埃及圣书体中，作定符来表达意义，以区别“同音异义”的字。日字是一个定符⊙，它与一个音符共同组成“太阳”ra，这里我们可以看到，埃及圣书体中的“日”与克里特岛米诺文字中的⊕发音是相同的①。

符号		意音
	克里特岛米诺文字 ka	
⊙	埃及圣书体文字 ra	日
⊙	中国陶文中的文字 ri	日

通过这一发现，我们可以知道，上古时代可能存在的交通中，产生了同一符号在同一意义上的通用。在读音中虽然有一定的变化，但是仍然是可以相通的，埃及文的 ra，米诺文字的 ka 与中国陶文中的 ri 主要是辅音的浊化所造成的一些差异，没有本质的不同。我们可以推测，它们不仅是同一种文字符号体系，而且有可能是同一种语言或是有共同的语源。

　　顺便说到，这个 ⊕——⊙ 的符号，也有可能就是大神“拉”的名称，古代东方包括埃及等国的宗教崇拜中，“拉”神是极为重要的大神，其名称可能就是“ra”。这个神在埃及与阿蒙神一样是重要的太阳崇拜神灵。

　　③ ⊟ 等

　　米诺文字中的⊟是一种特殊符号，尚不知其明确意义与用法的符号。这一符号与中国甲骨文中的“贞”⊟的写法竟然完

---

　　① 关于埃及文字的解读，参考西方学者 Budge 所写的《埃及文字初步》，伦敦 Trubner 出版社 1923 年版的有关解释。

全相同。我们可以推测它可能代表占卜行为或是卜人。对此目前只能存疑，有待于更多的发现。

④ ＜＞

这一对符号在世界多种民族的古代文字中都有，中国陶文、西亚陶文与米诺文字中也都有。不过相对来说，前两种文字中的形状更为古朴一些，而米诺文字经过文字规范化，形状有所改变。有文字学家推测是从耕牛角用横木助力拉犁的象形字演化而来，聊备一说。但总体来说，没有根本的变化，是一种常见的符号。有可能这一对符号只被采用其中一个并且加以变化，如从 ＜ 变化为 K 等。

4. 文字体系与比较研究

综上所述，三种文字之间有大量相同相似的符号，这已是无可怀疑的事实了。这一事实为东西方比较文明学与比较文化学的研究提供了坚实的基础，使得这一研究不再是空泛的比较，具有了历史的证据。

而且，西方学者对于米诺文字、西亚文字与埃及文字的研究已经取得了巨大的成就。1822 年法国学者商博良破解古代埃及文，1953 年英国学者迈克尔·文特里斯解释了米诺斯线形文字 B，为上古时代东方与西方的文化研究提供了重要保障。

可惜的是，中国古代陶文与西亚文字至今尚未完全得到解释。这里我们首先要提到的是一批中国学者对于这方面研究的突出贡献，饶宗颐先生在这方面做了大量的工作，他的《符号·初文与字母——汉字树》（2000 年）是一本重要的比较文字学著作，具有开拓性意义。在这部著作中，饶先生提出了自己关于文字系统发展的主要观点，他认为文字起源于"刻画标记"。文字学界有一种流行的见解，认为文字起源于图画。西方学者中早就有文字起源于刻画标记的观点，饶先生是较早把这一观点结合中国文字史运用于研究的。在比较实践方面，饶先生把中国陶文与埃及文字、西亚陶文（苏美尔古线形文字）、闪族字母分别作了比较。他认为"中亚与华夏同在彩陶文化孕育之下，贾人之往来，商品之稗贩，不免文化时有交流"①。笔者对于其中一些观点深为赞同，盼以后能有进一步的发现得到确证。此外，对于陶文的释读方面，饶宗颐曾经对收藏于美国哈佛大学沙可乐博物馆的一件良渚文化的陶壶刻文进行释读，这个陶壶上的符号刻于其圈足的内壁，横成一直行。他认为刻符是 9 个字：

　　　　子孓人土宅厥肱……育。②

他同时认为这与文献所记载的奇肱是相关的，虽然这一说法目前尚属于推测，但是其意义却是十分重要的。因为它是大胆把陶文与文献典籍联系起来的一种想法。文字研究史上，发现一种文字，甚至能够识读一种文字体系，虽然也是重要发现，但是，人们更为重视的是发现这一文字书写或是书写的历史事实。中国甲骨文发现的重大意义首先在于它对于中国古代历史文化的记载，这也是学术界高度评价王国维、郭沫若等人贡献的根本原因。

　　李学勤先生的《比较考古学随笔》虽然名为随笔，却反映

---

① 饶宗颐：《符号·初文与字母—汉字树》，上海书店出版社 2000年版，第 132 页。

② 饶宗颐：《哈佛大学所藏良渚黑陶上的符号试释》，载《浙江学刊》1990 年第 6 期。收入《国际百越文化研究》，中国社会科学出版社 1994 年版。

了作者严谨求实的科学态度。对于比较文字学有实质性贡献，他也是对中国古代陶文的解读比较多的一个学者，其主要思路还是依据中国商周文字规律，以甲骨文为参照来解释陶文，有时也参照与所释陶文同时代同一地点出土的其他文物来解释，这是一个突出特点，说明释者对于考古学、历史学的规律理解甚深。再次，释读中也用《说文解字》等工具书，但主要还是以文字自身释读的方式。

其一，江苏吴县澄湖出土的一件良渚文化的黑陶罐上刻有四个符号，从左向右书写，李学勤先生释为"巫戌五俞"，并且作了缜密的论证，我们试将其主要论证归结如下：

①巫：字形是两个梭形作十字交叉，同于商周时写作十字形的巫。引《说文》相关字例为。

工，巧饰也。象人有规矩也，与"巫"同意。

巨，规巨（矩）也，从"工"，象手持之形。

巫，祝也。能事无形，以舞降神者也。象人两袖舞形，与"工"同意。但是李学勤认为：商周文字"巫"并不象人两袖形，引证了周法高《金文诂林》0593中所引用高鸿缙的说法："横直从工。"也就是两个"工"字垂直交叉。认为"工"与"巨"通，"巨"就是古代的度量工具"矩"。矩则与古人数的观念相通，而当时的巫职司数术，所以"巫"就采用了这样的字形。

笔者以为，理解古代文化精神的方式不同，解释古代文字的观念会有很大差异。如果从商周文字来比较陶文，易受后世观念影响。因为陶文年代在商周之前，所以只有可能是商周文字受到陶文影响。将此字释为巫是对的，但是其意义于舞也是古代陶文给予后世的启示。陶文可能与商周不是同一文化系统，东夷、楚及至通向中亚的西域文化与中原文化有一个重要的不同点就是巫祝成分更重。如果从刻符来看，马厂陶文中的"万"字形正是两个"工"字相交叉，"万"字的初形是舞者的象形，上文已经证明。所以《说文》中所说的"巫，祝也。能事无形，以舞降神者也。象人两袖舞形，与'工'同意"的说法是有历史根据的。陶文刻符正可以证明来自于"两袖舞形"，这种字体来自远古，以后被商周文字所用。商人事巫远胜于周，周人从西部来，与殷人信仰又有不同。所以从周以后，巫祝的重要性开始下降，巫字的理解也就产生新的变化了。

②戌：戌字形象同于良渚文化中的玉钺。这里是取了张明华、王惠菊《太湖地区新石器时代的陶文》中的说法①。这也是一个象形符号，与玉钺实物相比很容易看到相同之处。

③五："五"字基本同于甲骨文字，只是刻划不太规整。

④俞：对于这个字，文字学家唐兰先生曾经释为"俞"字②，李学勤先生认为应当读作"偶"。五偶就是五对。

结论是："这样，陶罐的四个符号可试读为'巫钺五偶'，即神巫所用的五对钺。不妨推测，所说的钺就是现在我们在发掘时见到的那种玉钺或石钺。浙江余杭反山良渚文化墓葬 M14 出土石钺 16 件，M20 出土 20 件，所以这里说五对是不足为奇的"③。

其二，浙江余杭南湖 1987 年出土的黑陶罐，编号是 873 - 658，也是良渚文物，上边有八个符号。陶文释读是：

---

① 参见张明华、王惠菊《太湖地区新石器时代的陶文》，载于《考古》，1990 年第 10 期，图 2. 11，12。

② 参见唐兰：《关于江西吴城文化遗址与文字的初步探索》，载于《文物》，1975 年第 7 期。

③ 李学勤：《良渚文化的多字陶文——吴文化历史背景的一项探索》，载吴县政协文史资料委员会编《吴地文化一万年》，中华书局 1994 年版，第 8 - 9 页。

朱𢆷戋石，网虎石封。

其释读的根据是：第一个符号从形状上判断与甲骨文中的"朱"字类似。因为上端作枝叶形，下端作根形，有膨大部分，中间用三横笔标识。第二个符号上端作枝形，下端仅有膨大部分而没有根形，中间向右有一长方形，形如旗，与甲骨文"𢆷"字接近，只不过在甲骨文中这个字没有右边的"其"部。第三个符号象两个戈形兵器相对，左方的形制完全，与良渚文化的钺相似。右方的较为简略，前端朝下，这个符号的结构像甲骨文中的"戋"字。第四、七两个符号形状相同，都是上曲下直的弓月形，这个符号与中国博物馆所藏的琮底部符号相近，应当释为石。联系到商代妇好墓所出石磬上的铭文"妊竹入石"中的"石"字，形状大抵相同。第四至第五符号之间的直竖锯齿状线，被认为是分隔符号。第五符号是方格网形，与甲骨文的"网"字相似。第六个符号是兽形，状同于甲骨文的"虎"字，只是甲骨文中的"虎"字单耳两足，而这个符号是四足而已。其四足朝天，表示被网获。第八个符号，上端为枝形，下端有膨大部，曾见于弗利尔美术馆所收藏的良渚文化和大汶口文化的陶器，释为"封"字。这样，可以成为语句：

"朱𢆷"是红色的旗子，在此可能为族名或人名。"戋"读作"践"，意思是行、往。"石"是地名。"封"，训为境。所以"朱𢆷戋石，网虎石封"的意义是：朱𢆷去到石地，在石的境界网捕老虎。用网捕方法捉虎，见于甲骨文，如《殷墟文字缀合》387。[1]

----

① 李学勤：《良渚文化的多字陶文——吴文化历史背景的一项探索》，载吴县政协文史资料委员会编《吴地文化一万年》，中华书局1994年版，第12—13页。

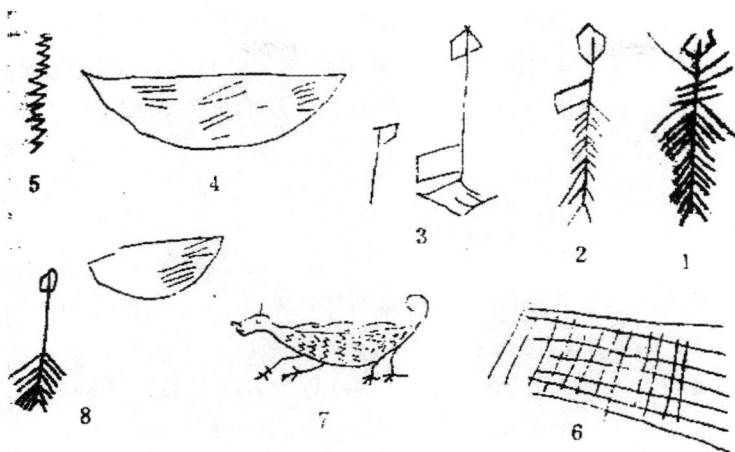

　　李学勤解释陶文，具备古文字学、历史学的丰富知识，考据详尽，思虑周密。并且能益之以西方学术，运用比较方法，所以成就突出。如同梁启超在《清代学术概论》中说到章太炎进所言："炳麟本一条理缜密之人，……既亡命日本，涉猎西籍，以新知附益旧学，日益闳肆"①。章太炎的治学途径，对于当代中国学者仍然不失为重要参考。

　　关于中国古代陶文的解释及其比较研究，笔者近年来陆续发表了一些论著，其目的在于从比较文明与比较文化学的视域来看待历史。文字比较是文明比较的基础，中国学术从来重视实证研究，理论如果没有实证的基础往往被人视为空洞。"从小学入经学，其经学可信；从经学入史学，其史学可信"。其实从汉代以来，中国学者都是出经入史而以小学为工具的。但治小学的目的仍在于经史研究。笔者不敢有违，也循此而行，从陶文的研究进而到对于中国古代文化甚至于世界的新石器陶器时期的文化研究。笔者曾经对于余杭黑陶刻符发表过不同的

————————

①　梁启超：《清代学术概论》，东方出版社1996年版，第86页。

看法。对于所释的八个字，笔者认为，如果从象形文字，也就是与商周甲骨文不同的文字系统（商周文字是表意文字系统）出发来看，这二组刻符从罐口向下看，从右向左可以分别释为两组：

（第一组为）男　女　孩　釜　丝，
（第二组为）网　犬　玉　箭。

这其实是两组相联系的文字而非图形，表达了完整意义的语句而非文字画。上组是五个文字，一个男人，一个女人，这两个形象之间的区别十分明显，女性形体较小，而且有不同的饰品，男性体格较大，刻符也不同。中间一位是一个大人与儿童，大人与女性刻符相同，只是坐状，表示是老人在照看儿童。这个字可能有普遍性，与中国古代文字中的"孩"有相近之处，表明各民族的思维与表达是相近的。第四为古代的家居生活最基本的用具釜。最后一图是"丝"，表达出吴人很可能当时已经有了丝织活动。这一组总体上是家居生活场景。下组是四幅图，依次为：一张网、一只犬、一块石刀、一枝箭，表达了狩猎与捕鱼活动，可以说是吴地渔猎生活的典型①。良渚文化中，文字处于早期阶段，可能与古代埃及圣书体是相同的，文字符号有两种，一种是象形文字，一种是表意文字。当然，我们也不排除良渚刻符中可能有拼音文字，只是从这一组刻符来看，是表意文字与象形文字的结合。另外，笔者有意不与商周文字做过多的联系，因为很可能良渚文化的语言系统与殷商不同，在春秋之前，所谓"泰伯奔吴"之前，良渚文化中的吴文化完全

①　参见笔者为吴恩培《勾吴文化的现代阐释》一书所写的"吴文化起源与文化对话（代序）"，吴恩培《吴文化的现代阐释》，东南大学出版社 2002 年版。原文略有改动。关于这一组文字的解释，笔者在有关吴文化研究的其他文章中也曾谈到，这里不再详细列举了。

使用不同于中原地区的语言，如同东夷一样。据《汉书》记载吴越风俗与中原不同，断发文身，语言相异，也是必然的，即使是到了唐宋以后甚至时至今日，吴语仍然以其"吴侬软语"而与中原相异，这一语言体系经历了数千年仍未能完全改变。所以很可能历史事实是这样的，良渚文化曾经有过自己的文字，后来随着中原文化的影响，这种文字消亡了。吴语改用了商周的文字符号。这样的事情在世界文化史上屡见不鲜，我们上文所说的苏美尔文、腓尼基文字、闪族文字流传中，都有众多的民族改用了新的符号。古今中外的道理是一样的，文字改变后，语言可能并不改变。吴语仍然保持其特点，直到今日。

综上所述，笔者认为：

其一，中国陶文是一个完整的语言文字体系这是基本可以肯定的，大量陶符在不同地点发现，文字符号形状与用法基本相同。同时，也应当承认，不同的陶文其实属于不同的历史时期。我们可以根据国际上通行的做法，参考恰德威克（J. Chadwick）文特里斯（W. Ventris）的研究方法[①]。将陶文分为两个大的类型：中国陶器线形文字 A（the Chinese Linear A）与中国陶器线形文字 B（the Chinese Linear B）。分类方法是根据研究对象的差异而定，并非有意摹仿西方人的文字分类。中国线形文字 A 以象形与表意共用为主要类型，中国线形文字 B 以表音与表意共用为主要特征。

中国陶文的线形文字 A 的构形是以象形与表意两种原理为主，这种符号出现较早，从良渚陶文与黄河流域出土陶文来看，大约在 6000 年前到 8000 年。中国陶文的象形文字与古埃及象形文字不同的是，中国线形文字大多数是以表意为主。很少有

[①]　M，Ventris，J. Chadwick，"Evidence for Greek Dialect in the Mycenaean Archives，" JHS 73（1953）84 - 103，Documents in Mycenaean Greek（Cambridge，1956）。

像埃及或其他民族象形文字的真实图像式文字，这可能是中国
文化的一种特性，即对于符号与再现（rexpression）采取写意
方式，这种观念以后影响到中国文化的全部成分，如绘画中重
视写意，追求神似而不是形似。当然也正是这种特性使得中国
文字一直以表意为主，没有走上拼音化的道路。陶文线形文字
书写顺序多样，从左到右与从上到下都有。由于表意性强，文
字类型并不多。书写象形简化，表意为主。字体工整，字体单
位清楚。我们上文所分析的浙江余杭南湖黑陶罐刻符可以说是
这种文字的代表。我们把它与古埃及的圣书体（hieroglyphika）
相比较，可以看出是大致相同的文字类型。下图是埃及古圣书
体表意字母（碑铭体定符）①：

定符"人"　男人(s 人)　人们(rhw 人)　男奴(hm 人)　干部(i-smht 人)　平民(rds 笾人)

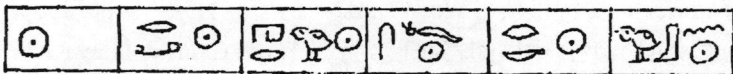

定符"日"　太阳（m 日)　大（hrw 日)　昨天（sf 日)　时间（rk 日)　明亮（wbn 日)

定符"月"　月亮（inh 月)　月亮（inh 月)　角豆（wsh 月)

定符"舟"　船只（dpt 舟)　船队（haw 舟)　航行（na 舟)　下航（hd 舟)

---

① 转引自周有光《比较文字学初探》，语文出版社 1998 年版，第
105 页。

中国陶文线形文字 A 的代表类型是大汶口文化的陶文，可以参见如下：

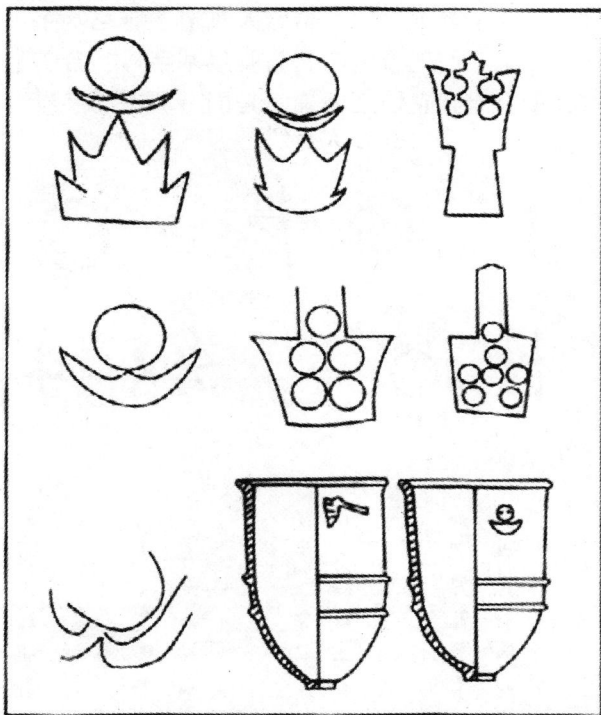

而中国陶文线形文字 B 是完全符号化的文字，以表意与表音为主。它已经完全符号化，基本上没有象形文字。我们这里把这种文字与克里的米诺文字、西亚楔形文字（苏美尔－阿德－巴比伦－赫梯）、古希腊文、拉丁文放在一起，可以清楚看到文字发展的历史。

笔者认为，从陶文与其他文字的比较可以看出，中国陶文极有可能是一种表意与拼音混合的文字。这也就是说，中国古代可能存在过拼音文字，这也是世界上最早的拼音文字，比起西方拼音文字也就是字母文字的先祖——腓尼基字母——要早

1000 多年。希腊字母是从腓尼基字母发展来的，据说是由卡德摩斯（Kadmos）带到了希腊的。腓尼基字母简单、明了，易于书写，很快取代了其他文字，希腊人改造了腓尼基字母，创立希腊字母。如果我们把中国陶文与腓尼基字母、希腊字母三者放在一起，就会看到它们之间确实是同一类型的字母。以下是中国柳湾陶文：

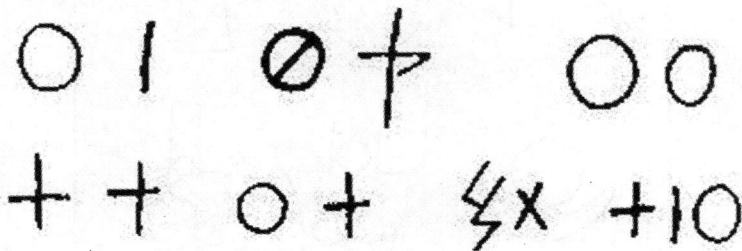

O I O ⊕ O O

十 十 O 十 ⅄X +IO

以下为米诺字母：

a	e	i	o	u
da	de	di	do	du
ja	je	—	jo	—
ka	ke	ki	ko	ku
ma	me	mi	mo	mu
na	ne	ni	no	nu
pa	pe	pi	po	pu
qa	qe	qi	qo	—
ra	re	ri	ro	ru
sa	se	si	so	su
ta	te	ti	ta	lu
wa	we	wi	wo	—
za	ze		zo	

下图中，左侧为腓尼基字母，右侧为希腊字母：

	'aleph	A
	beth	B
	gimel	Γ
	daleth	Δ
	he	E
	waw	
	zayin	Z
	kheth	H
	teth	Θ
	yodh	I
	kaph	K
	lamedh	Λ
	mem	M
	nun	N
	samekh	Ξ
	'ayin	O
	pe	Π
	sadhe	
	qoph	
	resh	P
	sin	Σ
	taw	T
		Υ
		Φ
		X
		Ψ
		Ω

其二，陶文与甲骨文、金文之间有两种可能性。一种可能是同语关系，即两种文字是同一语系符号。另一种可能是不同

语言，陶文可能是历史上所存在的不为我们所知的语言体系。俞伟超先生曾经提出，陶文可能是东夷文字，与商周甲骨文字是不同系统的文字。我们认为，陶文出土地分布在中国南北，类型多样，有可能是多种语言。总的来说有两种可能，一种是与其他民族语言相联系，如与中亚地区民族语言、东北亚民族语言相联系等。另一种则是中国本民族的其他古代语言，这种语言可能存在到殷商周秦，直到秦始皇的"书同文"之后，才逐渐不再通行。

其三，陶文解释可用多种手段，多种观念，可视其为象形文字、表音文字与表音文字的不同而定。我们所进行的中国陶文类型划分只是一种尝试，这是首次对于陶文分类，目的在于抛砖引玉。

5. 陶泥文明带

总有一天，我们会看到这一历史真相的揭示：从新石器时代后期开始，大约到公元前 14 世纪。正像许多有识之士已经注意到的那样，在地球的北温带地区，特别是最适合人类生存的北纬 30 度线附近，形成了一条从东向西的文化带。这是人类文明的传播，令人感到奇异的是，正像太阳从东方升起，它的光芒从东方向西方照射一样，这一文明从亚洲的太平洋中国海海岸，向西穿过西亚、北非、地中海、爱琴海到美洲。这是人类古代文明发生与繁荣的地域。在这一广阔地带，人类文明以陶文泥板文字符号为文字，展开了启蒙活动。从东方向西方，起之于东，成之于西，文明程度不断进步，越来直高。文字从表意、表音到意音结合、最终发展到拼音文字。这一古代世界的基调是东方化的，具有农业文明的高度发达工艺品，中国陶器、青铜器、西亚和农产品与艺术品，爱琴海、小亚细亚地区精巧的工艺品，雕塑、陶器等，互相交流。艺术风格是典型的东方化，风格细腻、优雅、具有东方的美。1927－1938 年，德国考古学家在希腊克拉美伊科斯地区进行挖掘，这一地区是古代雅典的陶瓷生产地，在这里出土了保持有麦锡尼风格的陶器。风格是几何花纹，德国人称之为原始几何陶，装饰简明，以波浪线形、半圆形等为主。与中国新石器时代的半坡陶器、马家窑陶器完全相同。可以断言，直到地中海地区受到来自欧洲北方民族的入侵之后，这种古代世界的"东方化"（orientalizing）才被迫中断。

这一过去的伟大时代，有的学者因为它与陶器的使用直接相关，建议称之为"陶器文化时代"。在丝绸之路开通之前，人类东西方文明之间出现了这样的大道。其中有一种深刻的象征意义，道，其意义在于人从文化创造中认识到自己存在的意义。人类存在的意义就是创造出文明与文化，把自己从非人变为人。只有文明的人才能与人为仁，与自然和谐相处。文明创造使人类得道，文明也把不同种族的人联为一体，消除不同民族文化之间的对立与冲突。6000 年前，人类已经开始进行这一实践，当人所刻写的符号在不同民族中认同时，人得到了最高层次的文化认证。这是超越了"小我"的个人，走向了"他人"，"仁者人也"，当文明火炬在太平洋、中国海、黄河、长江、尼罗河畔、美索不达米亚平原、爱琴海岛屿上燃起时，有谁会计较它是来自东方还是来自西方？

世界古代史是以千年为单位的，东西方文化的交流兴盛期是在公元前 2000 年，这是一个伟大的时代，虽然已经逝去，但其光辉永存。公元前 13 世纪是世界古代文明的一个转折时期，与赫梯人的长期征战，特别是公元前 1298 年的卡叠什战役之后，古代埃及开始走向衰败。同时，米诺斯文明、麦锡尼文明经历了大地震、"海上民族"入侵，公元前 1200 年，爱琴海文明的高峰时代——号称"多金的麦锡尼"——最终在多利亚人手中消亡，而只有雅典幸免于难。从此，东西方的文化交往陷入停顿，进入荷马时代。

从公元前1125年爱琴海古代文化消亡到公元前479年的希腊与波斯的米卡尔海战，东西方文化中断了长达646年。在这一漫长的历史时期中，世界文化发生了巨大的变化。一方面，是希腊进入了荷马时代，经过荷马时代之后，希腊文化才摆脱了东方的影响，进入了自立阶段。陶器时代与青铜时代或是铜石并用的时代，对于希腊文化来说仍然是外在的象征，这两个时代是属于东方的。如我们上文所指出，无论是米诺斯还是麦锡尼文化，都只是前希腊文明，这种文明具有东方化的特征，所以在西方人心目中，它们都不是真正的西方文明之源。只有到了雅典时代，才有了城邦文明、国家文明的真正概念，这就是史诗时代特征。

但是对于中国来说就不同了，中国是陶器与青铜器的故乡，在甘肃宁定半山遗址出土的人头饰器盖，其时间可能在10000年以下到4000年间，目前收藏于瑞典的东方博物馆。公元前2000年到公元前500年的青铜文化更是中国古代文化的代表类型，这两种文化从这里走向世界。顺便也要指出，一些考古学家至今仍然不承认陶器时代是人类文明时代，其实这是西方文明史的一种观念。西方考古学家哥登·恰尔德（V. Gordon Child）的名著《青铜时代》（The Bronze Age）中，曾经将青铜时代列为世界众多民族所经历的有代表性的时代，他认为："这种金属（这里指青铜——笔者注）——其实更为常见的是红铜而不是红铜与锡的合金——开始经常被用于主要的切割具与兵器，取代了以前的石器、骨器和木头时代的工艺阶段。"①

---

① V. Gordon Childe, "The Bronze Age", *Past and Present*, 12, (1957), P. 1.

正像他所指出,这一时代的意义并不只在于其工具性,而在于与其相应的科学技术、贸易与专业人员等相关领域,所以是一个时代划分的标准。中国学者郭沫若曾经以"青铜时代"来命名中国古代社会的一定研究发展阶段,华裔美国学者张光直也以"青铜时代"来指公元前 2000 年到公元前 500 年这一阶段。笔者认为以上划分都是有道理的,但是,我们也必须正视这一现实:在青铜时代之先,中国的陶器时代已经是文明时代了。这样看来,张光直先生关于中国陶器时代与陶文的评价却显得有些武断,他认为:"就我们目前所知,二里头文化还没有文字。二里头许多陶片上有陶文,其中若干是可以认出来的,但它们大概是辨别用的符号而不是当时事件的记录。"① 他关于文字判断的标准显然过于简单化。事实上,文字的产生不是以是否为当时事件记录为标准。文字的基本标准是,具有固定的符号,可以表达完整清楚的意义,有一定的语序与法则,就可以看成是文字。中国古代陶文已经具备了这些条件,当然是文字了。既然有文字,那么这个时代也就是文明时代,所以,陶器的使用,也是一个时代的独立标志,这是早于青铜时代的一个历史时期,也就是从 8000 年前到 3000 年前,其中有一段是陶器与铜器并用的时代,因为社会生活中,最常见的是多种生产工具与生活工具的互相并存,比如,青铜时代后期有一个青铜器与铁器并用的时期,同样,铜石并存,陶铜并存,都是一定历史时期的特色。

而铁器时代对于希腊相对来说更为重要,这是一个史诗的时代。荷马史诗孕育了整个的西方文化。正像西方哲学史家所说,希腊的一切思想包括哲学、文学艺术其实都是来自荷马史诗。同时,正是由于西方文化的自主意识确立,它与东方的相

---

① 张光直:《中国青铜时代》,三联书店 1999 年版,第 9 页。

对意识也就萌生，这一时期的历史同时留给了希腊人一种观念：东方与西方之分。特别是希腊与波斯之间的战争，更是加深了希腊人对于异族的印象。在希波战争之前，西方人并没有明确的东西方之分，但是希波战争留给希腊人的并不只是征战，而是外来民族及其文化的冲击。一个东方的民族，与希腊城邦制度、元老制度、奴隶与公民制度完全不同的东方专制国家，一个他人的形象出现在希腊人面前。这一次不同于公元前 2000 年前的"东方化"了，希腊人抵抗了入侵，同时也开始对于"东方"这个历史怪物的长久斗争。

三、古希腊 – 腓尼基 – 东方印度

古代世界的东方化时期过后，西方进入荷马史诗的时代，雅典一开始并不是希腊的核心，整个希腊半岛中有多个小国。荷马史诗《奥德赛》中曾经这样描写希腊的阿萨卡：

> 我的家乡在阳光灿烂的伊萨卡，有一座大山，
> 奈里托斯山高高挺立，林木茂密，
> 周边是众多的海岛，密集相连，
> 这是杜利基、萨墨岛与林木丛郁的扎昆索斯，
> 我的岛离岸最近，就是群岛最西边，
> 面向黑色海岸，其他岛屿向着太阳升起的东方。
> 故乡虽然岩石嶙峋，但是养育人民的好地方。

其实不仅希腊英雄俄底修斯的家乡如此，整个古代希腊文化都是在爱琴海到地中海的一些小岛与半岛上发展起来的。这就是古代西方的文明之源，是地中海蓝色的波浪孕育了西方文明。

从世界地图上来看，古代希腊与罗马都是深深进入地中海的岛国，希腊所偏向的一侧是地域更为有限的爱琴海。而希腊史前文化的主要发源地之一——克里特岛——只是一个地域有

限的小岛，是地地道道的弹丸之地，物产与气候都比较单一，由于古代航海技术不发达，所以这一文明可能主要与古埃及文明有一定联系。从荷马史诗中可以得知，希腊地区的生产中，谷物他们主要物产之一，但农业生产并不突出，牛羊、葡萄酒是主要的交换物资，也就是说农林与畜牧仍然是重要的生产方式。此外就是葡萄与橄榄，这些作物的生产价值与商品价值都是有限的。古代希腊地区山地多，平原少，土地贫瘠，不是一个物产丰富、地域辽阔的地方。正是因为这一点，位于小亚细亚的特洛亚城的财富就引起希腊人的极大羡慕，终于发生了荷马史诗中所吟唱的特洛亚战争，财富掠夺，这是特洛亚战争无可争议的原因之一。与其他古代文明相比，它的地理条件甚至不如尼罗河腹地的埃及，也不如两河流域与巴比伦，当然与物产丰富、土地辽阔的中国与印度相差更远了。

地中海地区的交通条件并不理想，在向西的方向，它与广阔的大西洋几乎完全隔开，如果不通过狭窄的直布罗陀海峡，地中海地区无法与大西洋沟通。在向东的方向，在苏伊士运河开凿之前，地中海相当于是一个内海，没有与太平洋相通。在陆上它的限制就更大，西部有阿尔卑斯山阻挡，东边是黑海、沙漠，古代游牧民族居住在这里，希腊人无法向东进一步扩展。在这种地形中，希腊人只有努力向海上开拓与向小亚细亚地区、北非地区扩展，并努力开展海上贸易。

从荷马史诗中可以得知，古代腓尼基人当时是地中海贸易的主要力量。我们经常说希腊文化是海洋文化，实际上希腊人在海洋航行上是在腓尼基人之后的。《奥德赛》中的希腊英雄俄底修斯就曾经搭乘腓尼基人的海船。据荷马描写，这种船是黑色的，运送各种货物。《奥德赛》第十五章写道：

> 岛上来了一些腓尼基人，著名的水手，
> 贪财的恶棍，乌黑的船上载着无数各种各样的货物。

腓尼基人在蓝色的地中海文明中扮演了什么样的角色？

在地中海东北沿岸的平原上，黎巴嫩山的西边，巴勒斯坦的北部，小亚细亚的南部，这里被西亚民族认为是一块肥美的土地。至少从新石器时代起，这里就开始有人类居住生活，根据现代考古挖掘证明，这里存在的文化遗迹并不是原始文明。也就是说，在文化史上"新石器革命"中，有可能在这里就开始了农业耕作。但是从物产来说，这里与地中海其他地区没有大的区别，主要物产是经济作物，以橄榄、葡萄和椰枣等为主。最早在这里居住的民族是胡里特人，大约从公元前 3000 年左右开始，迦南人入侵这一地区，迦南人是闪族语系，他们征服并同化了当地民族，创造了以闪族文化为主体的腓尼基文化。

"腓尼基"在希腊文里是"紫色王国"之意，因为在这里的海洋中出产一种海贝，可以提取出紫色的染料。关于腓尼基人与紫色颜料之间还有这样的传说，据说这种颜料的发明纯属偶然，有一次腓尼基人的圣人麦尔凯特带着狗在海边散步，突然发现他的狗咀边变成紫色，原来狗咬了海边的贝壳，被染成紫色。于是他就用这种贝壳液体中的紫色染了一件衣服送给自己的情人，从此紫色开始在腓尼基中广泛使用。紫色，对于地中海古代民族来说是一种非常重要的、受到尊崇的色彩。马罗人极为推崇这种色彩，据说是因为这种颜色接近于血液的颜色，与太阳和火光也相近，所以有利于生命繁衍，可以驱逐邪恶，取得胜利等。特别是一些炼金术士们宣称，拉丁文中的"紫色"purpuris 就是炼金之"火"，这种火是神圣的。这就使得紫色成为尊贵的颜色，从宗教高等祭司到皇族身着紫色衣袍，如波斯最伟大的君主大流士、马其顿王亚历山大出现于公众场合时，全都身穿紫衣。古罗马尚紫，高级法官身着紫色法袍，以示尊严。罗马以残暴出名的皇帝尼禄甚至宣布，任何敢于擅自使用皇家紫色服饰者，一律处死。这种规定，对于中国人来说是易于理解的，清代皇室以黄色为皇家专用，所以民间禁用黄色，如有犯禁也会招致大祸。一般来说，古代民族都有对于某种色彩的崇拜与推崇。如中国古代就有"殷人尚白"之说，殷王朝对于白色十分推崇。而地中海周边民族对于紫色的推崇可能长期持续，特别是这种习俗起于伊斯列人，所以《圣经》中就处处有关于紫色崇高的描写。如圣人走出诺亚方舟来到福乐地时，就被一道"紫红布和亚麻布幕"所阻挡。《创世纪》中上帝还说到洪水之约：

> 上帝说，我与你们并及你们这里的各样活物所立的永久约定是有标志的。我把虹放在云彩中，这就可作我与土地立约的标志了。我使云彩盖地的时候，必有虹现在云彩中。我就会记起我与你们和各样有血肉的活物所立的约定，水就再不泛滥毁坏一切有血肉的物了。①

虹的色彩正是紫色居多，这可能正是"有血有肉"的色彩受到尊崇的真正原因。此外，《圣经》中在描写何罗开始传教时也不无偶然地提到了紫色，从马其顿的那不勒斯来到腓利比，保罗在欧洲的第一批信徒之一就有一个叫利迪亚的"卖紫色颜料"的女小贩。正是由于紫色的这种重要性，所以普林尼的《自然史》中多次说到紫色的重要性，并且认为腓尼基人、西顿人、推罗人因制造紫色染料而发了大财。其中的西顿、推罗也是腓尼基人的大城邦，是地中海的商业名城。

腓尼基在当时是地中海最发达的商业民族，至少到公元前2000年前，腓尼基人已经建成了他们众多的城邦，这些城邦是相对独立的，有的历史学家认为腓尼基人建立了独立的国家，

---

① 参见《圣经·创世纪》第九章，译文是笔者根据新修订标准版圣经 NRSV（New Revised Standard Version）译出，并且参考了国内有关译本。

这是没有证据的。腓尼基人是世界杰出的航海民族，他们有当时最发达的航海技术与设备，这就使得他们成为地中海、黑海一带商业交通的主要力量。同时，腓尼基人也是一个天才的民族，他们发明了拼音字母，就是腓尼基字母。腓尼基字母全部是辅音，22个字母。这一发现对于世界文化的影响是无与伦比的。世界古代文明三个大独立发源地：东亚太平洋文明区、西亚北非文明发源地、美洲文明发源地，从目前的研究成果来看，只有西亚文明较早地使用了拼音文字。古代希腊语、拉丁语与欧洲东部的斯拉夫语先后采用了腓尼基拼音，并且予以发展变化。印欧语系与阿拉伯语，全都是在此基础上形成。我们上文已经说过，语言文字与民族的思维方式有明显关系，民族思维方式影响语言基本类型的形成，而语言在表达不同民族意识时，也对于民族思维的总体模式有其作用力。

当然从荷马史诗中我们可以看到，古代希腊人与我们想象的是非常不同的，许多中国学者非常喜欢赞扬古代希腊人的重商思想，认为这种思想反映了希腊人作为海洋民族向外开放的性格，不像中国古代抑商重农的思想。其实，古代希腊人并不像我们所想象的那样绝对地推崇商业与商人，相反，他们如同一切古代民族一样，对于农业文明是十分重视的，而对于海上通商的腓尼基人则表示轻视，《奥德赛》中多次咒骂他们为"贪财的恶棍"等等，而希腊联军的将士在掠夺了特洛亚的财富后，目的就是尽快结束海上冒险与征战，回到希腊故土，管理好自己的葡萄园，重新从事自己的农耕生活。与希腊人相比，可能腓尼基人是更杰出的航海家，这也是历史事实。

古代地中海地区贸易的主要产品数量不少，迄今已经在地中海地区发现了1000多艘沉船，这些船主要运输葡萄酒、橄榄油、鱼制调料与坚果等类物质。20世纪50年代在格兰德·孔卢埃发现的沉船中，从意大利装载了约400罐的葡萄酒，装酒用的酒罐是罗德斯和附近的克尼杜斯所制造的。在一条公元前4世纪的沉船上，发现其所运载的货物是双耳细颈陶罐、磨石和杏仁。从这些发现可以看出，这一地区主要贸易产品集中于附近产地，几乎没有来自东方的物产。荷马史诗中也没有关于东方与地中海地区贸易的相关记载，可以肯定的是，没有关于东方的特有产品丝绸之类的任何记载，而这正是地中海地区所缺少的物质。也就是说，在对于中国的交往中，还没有证据表明腓尼基人起了重要作用。中国与西方的丝绸之路首先是从陆上开通，但中国人从没有直达地中海，而是波斯人、安息人与以后的阿拉伯人从中起了中转作用。

对于雅典来说，埃及的影响是无比巨大的，这是无人不知的事实。这在希罗多德的《历史》一书中说得极为清楚，但是，埃及对于希腊甚至罗马来说并不是真正的东方。它们有同一文明源头，真正意义上的东方应当说是印度与中国，也就是远东国家。在对于东方的发现中，是腓尼基起了中间桥梁的历史作用，但是目前的发现证明，腓尼基人主要是在希腊与近东地区的交易中起了作用。

在古代希腊，是谁先知道远东民族存在的？

据西方著名东方学家德经在《金石和古文字科学院论丛》（1770年号第539页）的一篇论文中提出，是古希腊历史学家希罗多德的著作中，首次提到了远东的民族。由于希罗多德著作年代久远，其中对于古代东方民族的记载是不准确的，所以德经本人又作了一定的补充，说有人认为希罗多德可能已经知道了中国的存在。

但根据目前资料来看，西方关于远东国家特别是印度与中国两个大国的认识却是经历了一个过程的。

古代希腊一直有关于东方存在"黄金之国"与"赛里丝国"的说法，这种说法是出自古希腊最伟大的历史学家希罗多德的。希罗多德生活于公元前 5 世纪，出生于公元前 484 年，卒于公元前 430 至 420 年间，在他出生的 6 年之前，发生了马拉松战役，希腊人大胜远道来袭的波斯人。希罗多德的《历史》是西方最早的历史著作之一，也是世界历史学中最负盛名的作品。但是对于中国人来说，如果读到这部名著，就会发现这部书与中国古代史书《史记》、《汉书》等不同，它不是以本民族历史纪事为主，而是以希腊与其他民族的联系为主，这是一种放眼于世界的历史，是一种古代世界史的模式。其中相当重要的主题之一就是对于"东方"的研究，这个研究中，包括希腊人的敌手——古代波斯——也有其他东方国家。但总体来说，希罗多德关于近东地区的描写是最为详尽的，首先这是因为近东的两河流域与埃及其实是古代希腊文化的直接源流，其次是在此之前发生的波斯与希腊之间的战争使得希腊人关注东方大国波斯，所以对于中近东民族包括阿拉伯人都有大量记载。

另外，如我们上文已经指出，在古代东方化时代，印度与爱琴海地区有一定的交通。曾经有过贸易关系，所以关于远东国家特别是印度的知识也比较多。印度文明源远流长，但是印度文化不重历史，其民族性格中表现出善于想象、重视信仰与精神世界漫游的特点，这一点可能与雅利安民族特性有关，所以其宗教发达，史诗、神话众多，但是历史记载缺乏，没有"修史"的传统，恰与相邻的中国相反，中国文化观念中，"六经皆史"是其重要观点。一种文化如果不重视修史，则是一种极大的缺憾，因为不了解一个民族的过去，也就难以知道它的今天与将来。所以马克思曾经说："印度社会根本没历史，至少是没有为人所知的历史"①。所以古代印度与整个南亚、包括

---

① 《马克思恩格斯选集》第一卷，人民出版社 1995 年版，第 767 页。

部分中亚国家的历史还要依赖于中国历代前往印度取经的高僧法显、玄奘等人所写的书。

但是，由于印度特殊的地理环境，它很早就成为世界最开放的地区之一。自从史前的雅利安人进入印度之后，印度与西方的交往基本没有断绝。首先到达印度的是希腊人斯基拉斯（Skylax），他曾于公元前547年来到印度河，较早向西方传达了印度的生活，可惜他没有著作传世。以后有克特西亚斯（Ctesias）寓言中也反映了印度人的生活，他到达印度的时间大约是公元前510年。希罗多德本人没有到过印度，他谈到的内容主要是通过波斯人的资料与传闻来研究印度的。希罗多德写道：

> 印度人的大量黄金，就是这样得来的；他们送给大流士的砂金便是这大量黄金中的一部分。印度以东的全部地区是一片砂砾地带；在我们多少确实知道的所有亚细亚民族当中，住在日出的方向，住在最东面的民族就是印度人，因为印度再向东便是一片沙漠而荒漠无人了。印度人有许多民族，他们所说的语言都不一样。他们中间有一部分是游牧民族，一部分不是，有一部住在河边的沼泽地带以生鱼为食，这鱼是他们乘着一种藤子做的船捕捉来的。①

希罗多德关于印度的记载是第二手资料，所以其中不可靠的成分相当多。他谈到的内容主要是以印度河流域为主，特别是印度河上游的五河地区。因此他所说的河，应当是指印度河而不是恒河，也就是说，希罗多德的东方印度是上古时期即吠陀时代之前的印度，即雅利安人进入印度之前的印度，据西方史学家之见，恒河为西方所知是亚历山大王东征时。根据希罗多德的描写，我们也就知道了古代希腊人所说的"黄金之国"实际

---

① ［古希腊］希罗多德：《历史》上册，王以铸译，商务印书馆2001年版，239页。

是指印度而不是中国。而在印度人的史诗中，也有关于东南亚的“金洲”的记载，同时，也有其他一些关于“黄金国”、“金洲”的说法，大多数没有作者亲历，用来指想象中的中国，也是可能的。

西方真正认识印度是亚历山大东征，这是从古代印度开始与地中海贸易之前，西方人真正接触了传说中的东方古国印度。在此之前主要是通过波斯等民族的传闻了解印度，甚至关于恒河的记载都有错误。自从亚历山大之后，古希腊历史学家阿里安（Arrian，大约公元96—180年）的《亚历山大远征记》，普鲁塔克《希腊罗马名人传》，麦加塞因斯（Megasthenes）的《印度记》（Indika）都成为了西方研究印度历史的名著。可惜的是，麦加塞因斯的这部名著已经散佚，只能从其他一些书中辑佚来补充了。关于印度的历史记载中，中东与阿拉伯学者的研究占有重要地位，花剌子模的贝鲁尼（Abu‑r‑Raihan Mohammed ibn Achmed al‑Beruni，约为公元973—1050年）是伊斯兰的伟大学者，他所著的《印度》（Al‑beruni's India）就是其中最有价值的著作，尽管如此，印度历史的主要发展线索还是存在不少令人无法解释之处。

总括西方对于印度的了解，与对中国的了解完全不同。印度古代宗教、哲学、史诗、神话等都令西方感到震惊，承认这是一种伟大的东方文明。可能由于印欧语系的同源性，印度文化容易被西方理解，印度对于西方不是神秘的，也不是完全异类的文明。这与中国是不同的，直到16世纪海上大交通，西方对于中国一直有种神秘感，所谓“神秘的东方”如果从文明来说，主要是指中国而不是指中东或印度。人类对于已知的东西不再感到神秘，中东、印度与欧洲之间的交往早已使得西方理解它，虽然诗人们对于中东和印度的风情有种种刻划，能引起文人骚客的东方情结，但从文化的总体理解来说，只有中国文明对于西方是完全陌生的，中国的无神论思想、儒家学说、长达数千年的中央集权政治、农业文明等都曾经对于西方充满异种文化的吸引力。

四、寻觅东方文明："赛里斯国"

古代西方较早接触了中东与印度，并不意味着他们对于中国一无所闻，相反，从古代希腊开始，一股寻找古代中国——赛里丝国——的研究从未停止，而且越来越深入，从古代希腊罗马到近代欧洲，人们普遍相信，人类发达文明除了在西方的欧洲存在外，还在另外一个远东的文明古国中国产生。中国的文明与印度一样是东方文明的代表，甚至还超过印度，中国文明是当时最伟大的完全不同于西方的文明，是一种异类文明。这种吸引力表现为：

一是西方人所喜爱的丰富物产如丝绸、铁器、瓷器等西方所缺少的物产，这是最初引起西方对于中国感兴趣的原因之一。以后随着对于中国认识的加深，物品的互补性不再是重要的，而是文化之间的全面互动成为主要动力。

二是其举世皆知的四大发明火药、指南针、造纸、印刷术，以及中国农业种植、陶器制造、冶铜冶铁、种茶等技术，在几乎没有见过中国人的情况下，早经过安息人、阿拉伯人远传欧洲，这些高度发达的技术对于欧洲科学的发展和文明进步起了重要作用。这就不能不引起世界对于中国的关注。

三是中国是古代最早的农业文明国家，当希腊人还在用羊毛等物产与其他民族交换时，中国已经与埃及人一样成为农耕民族了。发达的农业生产技术是高度文明的标志。

四是中国文明的重要特征——非宗教型道德文化与古代科学——令西方人震惊。人类从蒙昧进入文明，除了城邦建立、铁器使作，文字发明等必要条件之外，法律与道德的确立是不可缺少的标准，中国从上古就以道德与法律结合，不以神的权威来令人信仰，而是以敬祖、儒家学说等来治理国家，这是一种不同于西方的人类启蒙。东方道德在西方传说中被神圣化，中国被说成是无杀无奸的理想世界，这是令西方圣贤如歌德、伏尔泰等都羡慕不已的。

所以，并不像美国学者赛义德所说，真正的东方只是近东。对于从古希腊到近代西方学者来说，近东对于他们是太熟悉了，从十字军东征开始，他们就与中东国家进行战争，他们很了解中东。同时，中东文化受到西方影响很大，从宗教到科学、哲学、法律、经济，总之，从经邦治国方略到国民生计，总体上都受到西方相当大的影响，当然中东民族仍然保持了自己的民族文化特征。但西方人心目中所敬仰，并且带有一种神秘感的东方就是中国。我们从以下的论述可以看到，西方人一直在寻找东方，这个心目中的东方就是中国。这并不是中国自己要成为他们的目的，中国是一个长期处于封建统治下的保守国家，直到近代对于西方的开放还是由于西方的入侵所致。中国被西方所"发现"，并不是中国自愿走向西方，这也是历史的真相。

一般认为，最早记录中国人的是古希腊公元前4世纪的克泰夏斯（Ctesias），在他的笔下，"赛里斯人和北印度人身材高大，甚至可以发现一些身高达13肘（大约相当于6米左右），他们的寿命长达200多岁"①。这里所说的赛里丝人就是中国人，希腊罗马人对于他们的印象中最突出的特点是：他们生产一种西方闻所未闻的纺织品。同时，也有许多历史学家注意到这样的现象，这种东方赛里斯民族"不放牧牛羊"，这就是说，这是一个可能与当时许多游牧民族或是以畜牧业与商业为主要

———————

① 据米勒（Müller）版本，1884年巴黎迪多（Didot）书店版本。参见［法］戈岱司编《希腊拉丁作家远东文献辑录》，耿昇译，中华书局1987年版，第1页。

生产的民族不同的农业文明的国家。

引起希腊罗马人最大兴趣的是这种神秘的"赛里斯织品"（Serica）。希腊人的书中已经出现了关于东方纺织品的描写，希罗多德写道：

> 印度位于世界上最东部的地方，印度的一切生物，不拘是四条腿的还是在天空中飞翔的生物，都比其他地方的生物要大得多……那里还有一种长在野生的树上的毛（指棉花而言——译者），这种毛比羊身上的毛还要美丽，质量还要好。印度人穿的衣服便是从这种树上得来的。①

最值得注意的是这里所说的"树上的毛"，关于这种"毛"是什么，有两种解释，一种认为这种毛就是棉花，如果这种推测成立的话，这就是说至少到公元前 5 世纪，古代希腊人还不知道有棉花的存在，否则无法解释他们的惊异原因。另外一种推测是丝绸，这也就是以后所传说的"赛里斯人的树上的羊毛"。这完全有可能，因为没有人亲眼目睹中国丝的生产与制造过程，把桑蚕与蚕丝说成是"野生树上的毛"，是以讹传讹的结果。类似的描写在希罗多德《历史》中常见，如他说印度"有一种蚂蚁比狗小比狐狸大"之类比比皆是，所以其后的历史学家修昔底德曾经嘲笑过希罗多德。无论如何，希罗多德没有见过中国丝绸也是一个肯定的事实；而且不知道有中国的存在，只知道有印度人，这是无疑的。但是，关于丝绸的描写已经预示着关于中国的存在所引起的震惊。

再一次提到赛里丝人与树上的羊毛的，已经是古罗马的著名诗人维吉尔了，他在《田园诗》中写道：

---

① ［古希腊］希罗多德：《历史》上册，王以铸译，商务印书馆 2001 年版，242 页。

> 叫我怎么说呢？是赛里斯人从他们那里的树叶上采集
> 下了非常纤细的羊毛。

并非偶然的是，罗马的另一位著名诗人与理论家贺拉斯在自己的《希腊抒情诗集》中提到了"赛里斯国的坐垫"，这可能是罗马人揣测希腊人所具有的奢侈品——传说中的赛里斯织品同类的东西。除了"赛里斯织品"之外，希腊罗马人还对于神秘的赛里斯人有多种多样的猜测，如"赛里斯的利箭"、"赛里斯人战车"等等。在普罗佩赛（Properce，公元前50－公元15年）的《哀歌》中，这种赛里斯织品的性质就渐趋明显了，他说"赛里斯织物（Serica）和绚丽的罗绮怎能抚慰他们（不幸的情人）的忧伤？"此处把赛里斯织品与罗绮并立，说明这可能就是希腊人传说中的丝绸。不过大多数人可能对于丝绸的生产还是一无所知，最常见的是把它与棉花混为一谈，这就表明，他们一直不能确切地知道丝的生产工艺。一种重要日常生活产品能持有如此长久的专利秘密可能是前所未有的，斯特拉波（Strabon，公元前58－公元21年）在《地理书》中描述东方地区时说道：

> 也是出于同一原因（气候的酷热），在某些树枝上生
> 长出了羊毛。尼亚格（Nèarque）说，人们可以利用这种羊
> 毛制成漂亮而纤细的织物，马其顿人用来制造坐垫和马鞍。
> 这种织物很像是足丝脱掉的皮织成的赛里斯布一样。[①]

我们无从得知马其顿人制造坐垫与马鞍所用的材料，但是从中可以看到的是，斯特拉波对于赛里斯织品的知识已比维吉尔多了一些，知道这种织品不是"树上的羊毛"，而可能与一种动

---

① 法国巴黎米勒版本，1853年巴黎迪多书店的斯特拉波《地理书》，参见［法］戈岱司编《希腊拉丁作家远东文献辑录》，耿昇译，中华书局1987年版，第5－6页。

物有关。可惜的是他把这种织品看成是"脱掉的皮",这虽然是一种天才的猜测,因为它接近了动物如蝉、蛇都是脱皮的,但又离事实相差太远,不过,即使最天才的人也很难想象出世上竟有纺织品是由"蚕"这样的动物产生出来的。

可以说,直到公元 77 年前后,西方还不明白丝绸的生产方法。这一年写成的老普林尼(Pline L' Ancien,公元 23—79 年)的《自然史》一书中还是说道:"人们在那里所遇到的第一批人是赛里斯人,这一民族因他们森林里所产的羊毛而名震遐迩。他们向树木喷水而冲刷下树叶上的白色绒毛,然后再由他们的妻室来完成纺线和织布这两道工序。由于在遥远地区有人完成了如此复杂的劳动,罗马的贵妇人们才能穿上透明的衣衫而出现于大庭广众之中。"虽然罗马人对于丝绸的生产莫名其妙,但是丝绸成为罗马的最名贵与时髦的衣料已经是无可怀疑的历史事实。甚至埃及女王克莉奥佩特拉也与丝绸有了联系,罗马诗人卢坎(Lucain,公元 39—65 年)在《法尔萨鲁姆》(Pharsale)中绘声绘色地写道:"克里奥帕特拉(Cléopâtre)的白腻酥胸透过西顿的罗襦而闪亮,这种罗襦是用赛里斯人的机杼织成,并且尼罗河畔的织针编出粗大透亮的网眼。"这种夸张作为一种艺术手法其实并不显得离奇,相形之下,西流士·伊塔里库斯(Sillus Iatlicus,公元 25—101 年)在《惩罚战争》中的描绘,其想象之怪异,就令人难以理解了,他说:"赛里斯人居住在东方,眼看着意大利(火山)的灰烬漂白了他们长满羊毛的树林。天哪! 这真是蔚为奇观!"可能发生的事实远与其想象大相径庭,罗马人的战车一直没有机会开进中国的土地,就是亚历山大王的远征也只是到达印度,而未能进入东方的中国。

在这一时期之前和之后所发生的两件事情与此息息相关:第一,公元前 115 年,汉使张骞从西域回到长安,随同他一起来到长安的有乌孙使者，从此，中国通过西域开通了与西方的贸易商道。由于中国出口的商品中有大批的丝绸，这是世界上其他国家所没有的珍品，两千年后，普鲁士李希托芬（Ferdinand von Richthofen，1883—1905）在其《中国亲历旅行记》（1877—1912）一书中，称中国与西方的商贸通道为"丝绸之路"（silk road），从此，这一名称流行于世。到丝绸之路开通之时，中国丝绸的生产历史大约有3000年，在良渚文化的浙江吴兴县钱山漾出土的丝织品，其时间大约距今5000年。《礼记·礼运》中所说："后圣有作，治其丝麻，以为布帛"，应当是历史事实了。当时的希腊人正在猜测这种"树上的羊毛"是如何生产的，可见东西方交通的意义是多么巨大。至少从物质交流上，它会极大推动社会生产的发展。第二，公元166年，罗马皇帝安东尼（Marcus Aurelius Antoninus）生前所派遣的使者来到中国，这是罗马使者首次直接到达中国。盛传多年的"大秦"的正式使臣终于来到汉庭，《后汉书》中极其简略地记载了这一重要的历史事件：

　　大秦国王遣使奉献。时国王安敦献象牙、犀角、玳瑁等。①

这一年是汉恒帝延熹九年，史书中所说得"国王安敦"就是罗马皇帝安东尼。当他们到达中国时，那位派遣他们的罗马皇帝已经于公元161年去世。这批使者从罗马出发的日期不详，如果他们确实是安东尼所派遣，那么他们至少历经6年行程才到达中国。

　　值得注意的是他们所献物品。丝绸之路开通之后，中国与西域双方的物品交流中，互相之间的需求应当是十分明显了。西方对于中国主要是丝绸之类的需求，而中国也有对于大秦的产品要求。

---

　　① 《二十五史》1，浙江古籍出版社1998年版，第654页。

　　有学者认为大秦使臣可能经南中国海路到来。他们所奉诸物并不具有西方物产的特色,倒像是从南海所贩运物品。汉唐两代,中国的象牙虽然并不缺乏,直到中唐时代岭南道还有象的活动,但中国这样的大国对于象牙一类物品使用量极大。据史书记载,大量的象牙来自岭南、云南南诏国、安南、印度群岛与锡兰狮子国等地,象牙是重要的进口货是无疑的。犀牛角也是从南方进贡的重要物品,中国在宋代之前以使用亚洲犀角为主,明清两代起,士大夫们认为非洲犀角更佳,遂开始改用非洲犀角。无论亚洲犀还是非洲犀,以及玳瑁,主要是从海路广州一带进口或是从安南陆州进贡。所以我们从大秦使者所奉之物可以判断,他们是从海路来华。他们所献物品可能是从安南的日南所购得,因为象牙、玳瑁与犀角等都是南海和安南的特产。大秦使臣长期漂流海上,多年辗转,所带物品流失,不得不重购新的物品奉献以求恩宠,便利经商,这是十分正常的。

　　大秦也就是罗马物品进入中国的主要有哪些?这个问题前人看法有所不同,很多人都知道,《魏略》中曾经有过一段关于所谓"大秦物产"的清单,其中罗列了:

　　　　大秦多金、银、铜、铁、铅、锡、神龟、白马、朱髦、骇鸡犀、玳瑁、玄熊、赤离、辟毒鼠、大贝、车渠玛瑙、南金、翠爵、羽翮、象牙、符采玉、明月珠、夜光珠、真白珠、琥珀、珊瑚、赤、白、黑、绿、黄、青、绀、缥、红、紫十种流离、缪琳、琅干、水精、玫瑰、雄黄、雌黄、碧五色玉、黄、白、黑、绿、红、绛、绀、金黄、缥、留黄十种氍毹,五色氍毹,五色,九色首下氍毹,金缕绣、杂色绫、金涂布、绯布、发陆布、绯持渠布、火浣布、阿罗得布、巴则布、度代布、温宿布、五色桃布、绛地金织帐、五色斗帐、一微木、二苏合、狄提、迷迷、兜纳、白附子、薰陆、郁金、芸胶、薰草木十二种香。

正像有的学者所指出："从罗马运入的各类商品可以代表西域各国和中国的贸易"①。但我们更要强调，实际上这里所列的大多数物产是产自西域、南海，可能还有来自中东地区和阿拉伯的特产，有的从译名来说就是地道的西域特产，真正来自大秦的反而不多。那么，来自大秦的是些什么物品呢？

西方学者夏德（Hirt）的《大秦国全录》（China and the Roman Orient）说：

> 从大秦的物产中可以得出答复：琉璃、氍毹、刺绣品和其他织物，以及除少数药材、香木以外，还有商人在叙利亚可以携出的或在沿途购得到的宝石。②

以上物品可以说真正是罗马主要产品。很明显，如果直接从罗马到达中国，这些物品必然是罗马使臣的主要奉献。所以我们可以肯定，法国人布尔努瓦所说，罗马使臣从越南的"日南"来华的可能性是相当大的。

其余还有一些关于早期罗马人入华的记载，如《后汉书·南蛮西南夷列传》中说：

> 永宁元年，掸国王雍由调复遣使者诣阙朝贺，献乐及幻人能变化吐火，自支解，易牛马头，又善跳丸，数乃至千，自言我海西人也。海西即大秦也，掸国西南通大秦。③

永宁元年，也就是公元120年，这位自称来自大秦的"幻人"，也就是魔术师或术士甚至有可能是教士，成为有史记载第一位来到中国大陆的罗马人，时间比罗马使臣们要早40多年。

---

① 参见沈福伟《中西文化交流史》，上海人民出版社1985年版，第53页。

② Hirt：China and the Roman Orient，1885，朱杰勤中文译本《大秦国全录》，商务印书馆1964年版，第95页。

③ 《二十五史》1，浙江古籍出版社1998年版，第937页。

五、关注中国道德文明: 儒学与"孔教"

第一个得知丝绸生产之谜的西方人是谁?

据笔者之见, 应当是生活于公元 2 世纪的包撒尼阿斯 (Pausanias) 首先得知了丝绸并不是直接产于树上, 而是由蚕生产的。关于他的生卒年已经无法得知, 唯一知道的是他大约生于马克·奥勒留 (Mac – Aurel) 执政时代, 他在《希腊志》中指出:

> 至于赛里斯人用作制作衣装的那些丝线, 它并不是从树皮中提取的, 而是另有其他来源。在他们国内生存着一种小动物。希腊人称之为"赛儿"(Sêr), 而赛里斯人则以另外的名字相称。这种微小动物比最大的金甲虫还要大两倍。在其它特点方面, 则与树上织网的蜘蛛相似, 完全如同蜘蛛一样也有八只足。赛里斯人制造了冬夏咸宜的小笼来饲养这些动物。这些动物作出一种缠绕在它们的足上的细丝。在第四年之前, 赛里斯人一直用黍作饲料来喂养, 但到了第五年——因为他们知道这些笨虫活不了多久了, 改用绿芦苇来饲养。对于这种动物来说, 这是它们各种饲料中的最好的。它们贪婪地吃着这种芦苇, 一直到胀破了肚子。大部分丝线就在尸体内部找到。①

这是西方古代关于中国蚕丝生产最详细也是最真实的记录, 这里首次指明丝的生产是动物而不是树上的羊毛, 并且大致说明了丝的生产过程, 虽然其中有许多可笑的错误。从中可以判

---

① [古罗马] 包撒尼雅斯:《希腊志》, 施皮罗 (Spiro) 版本, 1903 年莱比锡托内书店出版, 参见 [法] 戈岱司编《希腊拉丁作家远东文献辑录》, 耿昇译, 中华书局 1987 年版, 第 54 页。

断，作者虽然不可能亲眼目睹了丝的生产，但必然是听过亲眼
目睹者的转述。如果考虑到这种描写是在公元 2 世纪，就会明
白这可能是丝绸之路开通后，西方人对于中国了解增加的明证。
遗憾的是，包撒尼阿斯的发现并没有引起其他人的关注，在他
之后，相当多的人仍然坚持认为，赛里斯人是"从树上洗下羊
毛来"。只有少数人半信半疑地说到"赛里斯人的蜘蛛"。毕竟
对于罗马来说，东方是过于遥远。

　　无论如何，希腊罗马对于中国的寻求并不只是对于丝绸
的需求，主要还是一种精神的动力，这是人类一个伟大文明
对另一个伟大文明的寻求，是一个高度发达的文明对于另一
个高度发达文明之间交流的愿望，可以说这是一种人类精神
的需求。古希腊人和罗马人都认为，周边民族的文明程度与
希腊文明相差不止一个等级，亚细亚、欧洲北部、波斯、阿
托里亚与阿拉伯半岛、远到东欧中亚，大多数都只是半开化
或是初等文明的国家，这些国家的文明全都受希腊影响。所
以他们有与更高文明民族、特别是没有受到希腊精神影响的
独立文明对话的精神要求。传说中的发达民族赛里斯人就是
主要的对话目标，而迟迟不能穿越大海到达这个传闻已久的
东方古国，更使得希腊人不断增长对于它的憧憬。公元一世
纪的梅拉（Pomponins Mela）说"赛里斯人是一个充满正义的
民族"。老普林尼在《自然史》中把斯基泰人称之为"吃人
生番"，而且认为"赛里斯人本来是文质彬彬的"。塞人、斯
基泰人等都是野蛮民族，他们"放牧牛羊"，而赛里斯人是文
明民族，是从事农桑生产的民族。在他们笔下，赛里斯人是
世界上最伟大的纺织品制造者，国土辽阔，盛产金、铁等矿
物，是所谓的"金洲"。同时赛里斯人是制造各种物品的能工
巧匠，是具有高度发达的物质与精神文明的民族，索林（So-
lin，公元 2 世纪中叶）指出："赛里斯人是经过蒙昧地区之后

所遇到的第一个民族……赛里斯人高度文明开化,互相之间非常亲睦和气……"

最突出的是对于赛里斯法律与道德的称颂,东方民族的道德观念在西方引起由衷的惊叹,《荷马史诗》中充满了触目惊心的仇杀、战争、通奸等描述,令西方人的社会道德观念十分矛盾,神圣的信仰与现实的残酷对比强烈。在传说中的赛里斯国土上,社会道德观念完美高尚,这对于西方的政治、法律来说简直是一个奇迹。可以说"东方道德崇拜"是一个西方的历史情结,从希腊人到 18 世纪启蒙主义者一直是取之不尽的主题,歌德所赞颂的中国人的"道德",恰恰重复了当年西赛尔的看法。这种看法在西方其实很有来头,早在巴尔德萨纳的叙利亚学生伪托他的文字中就存在,以后又被西赛尔(Cesaire,?——公元 368 年)所转述,西赛尔是这样说的:

> 在我们之中或其他民族中的每一个地区,一概都存在有国王的法律,无论是成文法还是不成文法。在有些民族中具有成文法,另一些民族中的习惯则具有法律的效力。在为对于那些没有法律的民族来说,便以祖传的习俗取而代之。在这一类型的民族中,首先应该指出居住在大地边缘地带的赛里斯人。他们的法律是先祖的习惯,习惯法严禁他们卖淫,盗窃、通奸、崇拜偶像和求神等活动。因此,在他们之中既没有偶像也没有妓女,既没有通奸者也没有抢劫者,即没有杀人犯也没有盗贼。同样,阿瑞斯战神———一颗闪闪发光的星辰——也没有违背他们任何人的自由仲裁法,也从未强迫任何人去用铁器击毙自己的邻居或用石块袭击之;那些集聚在阿瑞斯身旁的刺激性欲者们也从来没有说服他们之中的任何人对邻居的妻妾发生爱慕之心。尽管阿瑞斯整天处于天中央,但在赛里斯人中,先

祖之法要比天体的威力更强大。①

这是一段涉及中国道德法律的名言，在西方流传极广，直到中世纪还被教士乔治（即哈马尔托尔 Hamartole）等人反复引用。这种赞颂在西方文化中是并不多见的，古希腊长期为社会风习淫秽、娈童娼妓盛行而烦恼，令统治者与哲学家们束手无策。罗马人建国后，战争与征服，种族民族间的残杀，民间犯罪都令统治者们感到压力。一部罗马法号称放之四海而皆准，其实连罗马城都出不了，因此中国人即传说中的赛里斯人的道德精神令他们羡慕不已。同时，对于其他民族文化的批判与对于中国的赞美形成鲜明对比，古代埃及人、印度人、两河流域民族、犹太人的风俗、道德与法律等等处处受到鞭挞。

希罗多德《历史》中说，埃及金字塔、巴比伦的巨大陵墓是"商人、手工业者和娼妓共同建起来的"。波斯人的落后与残暴、亚述人的残酷、巴比伦人卖女为娼、印度人贫穷落后与奇异风俗……这些都是《历史》一书中处处可见的描写，作者认为"希腊人从远古的时候起，便以较大的智慧和远非愚蠢简单而有别于异邦人"②。西方史书中关于埃及、亚细亚、北非、欧洲等古代民族奸淫、残杀、血亲结婚等记载极多。

可以说，在西方人所称赞的具有道德与智慧的民族只有中国人。这种意识在西方文化中根深蒂固，如果再读到 1827 年 1 月 31 日，德国诗人歌德读了一部中国传奇之后所说的一段话，

① ［古罗马］西赛尔：《对话》，米涅版本，载《希腊教会圣师著作全集》，1858 年巴黎，第 38 卷［即纳吉安兹（Nazyanze）的圣—格里戈里（St——Grêgoire）版本第 4 卷］，第 847 - 1190 页。参见参见［法］戈岱司编《希腊拉丁作家远东文献辑录》，耿昇译，中华书局 1987 年版，第 67 页。

② ［古希腊］希罗多德：《历史》上册，王以铸译，商务印书馆 2001 年版，第 28 页。

就会理解西方人的智慧及其观点产生的根据了：

> 并不像人们所猜想的那样奇怪。中国人在思想、行为和情感方面几乎和我们一样，使我们很快就感到他们是我们的同类人，只是在他们那一切都比我们这里更明朗，更纯洁，也更合乎道德。……又说有一个德才兼备的年轻人三十岁就荣幸地和皇帝谈话，又说有一对钟情的男女在长期相识中很贞洁自持，有一次他俩不得不同在一间房里过夜，就谈了一夜的话，谁也不惹谁。还有许多典故都涉及道德和礼仪。正是这种在一切方面保持严格的节制，使得中国维持到几千年之久，而且还会长存下去。①

歌德是一个具有世界主义眼光的人，他喜欢比较世界各民族，对于法、德、英、西班牙、意大利等欧洲主要民族的文化都有过评述，但是他最为推崇的还是中国。当然，他对于古代东方其他民族也有过赞美，但是从道德自律方面来说，其评价最高者仍是中国。事实上，包括歌德在内的西方人当时对于中国的道德特别是儒家道德的主要观念、历史作用其实知之不多，但是从世界文明比较角度，就凭直觉与历史事实的判断，作出了他们自己的肯定性评价。置身于西方文化之外的人包括中国人，可能至今体会不到作出这种判断所需的智慧与勇气。西方文化本身就是一个辩证结合，一方面它是宗教文化，另一方面它又是科学文化，可以说它在道德价值上是以宗教为基础的。因此，当莱布尼茨、歌德或是更早的罗马教士们在肯定中国文化的道德伦理价值时，也就是承认一种无神文化可能在道德上高于宗

---

① ［德］《歌德谈话录》，爱克曼辑录，朱光潜译，人民文学出版社1978年版，第112页。书中所提到的中国传奇，可能是法国汉学家阿伯尔·雷米萨特（Abel Rémusat）依据中国《风月好逑传》所译的《两姊妹》。

教，这对于大多数西方人是不可理喻的。

然而，历史还是把这个课题提到了比较文化的议事日程上来，于是，当代的一些学者就力图把中国儒学神学化，把儒学说成是"儒教"，把孔子说成是"教主"。而且近年来这种说法十分流行，这就是所谓的儒学"宗教化"倾向。

笔者认为这样并不可取，历史上早就有过类似的做法。西方汉学家就是其中的推波助澜者，著名汉学家沙畹（Chavannes）、理雅各（Lagge）、庄士敦（Johnston）等人都有过这种看法。因为这些人看到中国每一个城市都有孔教，并且经常有祭孔的仪式，就产生了儒学就是中国的宗教的想法。其实这是一种很简单化的认识，真正西方有学问的学者如莱布尼兹等人从来就不赞同这种看法，这种看法甚至比起一些有学识的罗马教士来还要笨拙。只要读过 18 世纪一大批欧洲传教士关于中国无神论道德讨论的人，都会知道这种努力是多么的可笑。历史似乎是在嘲弄这些努力，法国神父弗雷烈（Nicolas · Fréret）在 1735 年为耶稣会士神父们有关孔夫子著作的译本所作的注释中就曾指出：

> 在孔夫子去世后，大家对他表现出了如同对待神一般的崇拜。前朝的缔造者太祖皇帝，被迫明令禁止在太学中为孔子竖像，因为他声称不应该对孔子实行与对待其他供像相同的礼拜。柏应理神父试图为对孔夫子的崇拜行为进行辩护，但他做得太拙劣了。因为，事实上绝不是在灵牌前行跪拜礼，也不是可以使人把这种行为视为大家对他表示崇拜证据的礼仪，而是对他进行祈愿，耶稣会士正是在这一点上始终为自己进行辩护。①

---

① ［法］维吉尔·毕诺：《中国对法国哲学思想形成的影响》，耿昇译，商务印书馆 2000 年版，第 618 页。

"神化孔子"自古有之，然而总体来说并不成功。根本原因在于这种作法是违背中国文化精神的，当然也是违背孔子学说精神的。

中国文化传统以儒学为主体，中国民众与士人信仰孔子与朝廷尊孔是历史事实，但这种尊崇不是一种宗教精神。这是一种理性精神，理与教是两个根本不同性质的观念。近代西方人不理解中国的两个字，一个是"理"，一个是"道"，总是从宗教角度去分析它们，一直得不到解释。中国文化从六经中就是理性精神，这种理性所追求的目标就是"道"，理是性，道是体。理就是道，道就是理，所以中国人讲"道理"。从先秦儒学、黄老道家到宋明理学，时代不同，学说各异，但文化精神却一以贯之，这就是中国文化的辩证理性精神。中国儒学是这种理性的代表。理性精神与宗教精神是水火不相容的，尊孔就是理性启蒙，以道德仁义为行为准则，它主要是一种学习行为，是精神指导。并不是入教受洗礼。中国历史上佛教、道教、景教、拜火教、伊斯兰教、白莲教等各种宗教都曾流行，但是，它们都不能取代儒学，甚至一些儒学家也能言佛言道，其关键就在于儒学不是一种神学信仰。孔子不是耶稣、释迦牟尼与穆罕默德那样维护一种宗教主张、激烈反对其他宗教的教主。其主要区别在于：其一，孔子没有救世主意识，这是他与所有宗教领袖根本不同之处。他只是一位人文主义思想家与教育家。从来没有任何一种宗教能像儒学那样可以与其他学说共同平等地存在，不但对于宗教，甚至孔子对于老子等人的学说都有所吸收。其二，儒学是人文信仰而不是宗教，学术以知识真理为道德信仰的基础，而宗教以种族信仰为认同的依据，这二者也是完全不同的。其三，儒学是理性的，也是批判性的，孔子"不语怪力乱神"。孔子是理性启蒙的精神领袖，一定程度上可以说他是自觉地反对宗教的，他反对神，自然不会自立为神，不会宣扬神教。而所有的宗教都是非理性的，非批判性的，没有一种宗教会像孔子学说那样甚至不会同意世人的宗教式膜拜。其四，中国历史上曾经有过长期的宗教时代，但中国人最后选择了非宗教的儒学。我们已经指出这一历史过程。正像英国科学家李约瑟曾经写道，一位叫作施莱奥克（Shryock）的西方学者看了中国文庙中的拜孔仪式后说："若孔子看到这样的对他致敬，奉若神明，他不但将大感惊异，且将震骇。"① 如果这位西方学者真有此言，那么笔者认为，他对孔子的理解可以说远胜过当代许多中国人。

从人类历史上发现一种非宗教的道德观念，确立人类自身的道德观念可以自律其身，中国传承了 2000 年的儒学便被证明这是一种道德伦理体系——一种非宗教的伦理——西方传教士们已经发现，而中国一些所谓的"新儒学家"竟然没有理会到这种道德伦理的非宗教意义，意欲神化这种道德，这实在是违背了孔子的学说。这是世界文明史上的重要原理性发现，这一发现也就意味着，儒学并不是绝对完美的，凡是人造的都不是完美的，只有神化的世界才是完美无缺的。但这也说明，完美的存在只是神的世界，而不是人的世界。中国文化精神早就否定了那种天国的完美在人类世界存在的可能性，这恰恰是一种积极的态度。"天行健，君子自强不息"，这种精神并不是神创造一切，而是人的主体精神与自然之道的互动。事物的辩证发展就是阴阳互动与转化，这是中国文化精神的核心，而不是黑格尔辩证法的专利。人类可以用自身的精神与活动来实现客观的道，而不是神的创造，这是西方近现代文化的重要代表人物康德、黑格尔等人都不敢相信的事实。然而竟然在中国被证明

---

① ［英］李约瑟：《中国古代科学思想史》，陈立夫等译，江西人民出版社 1999 年版，第 37 页。

是可能的，有无法辩驳的 5000 年的文明史为证，这具有何等重要的意义！这种意义有可能在未来的一两个世纪中才能被世界所真正理解和承认。

时至今日，我们对于世界文明进行比较，儒家封建道德的历史评价已经有了相当的基础，我们完全可以清楚看到它对于中国文明有推动作用但也有阻碍的一面，但无论如何，从世界文明角度看，它曾经引起西方的关注，受到从古到今的一批西方杰出人士的高度赞扬，这是一个历史事实。而古代世界的东西方两个发达文明之间的交往会产生人类社会的新进步，这是无可讳言的。

六、"支那"之名

长期困扰世界学术界的另一个难题是：古代西方对于中国的称名——"支那"China——是从何而来？它与西方接触中国的历史有什么关系，这不是本书研究的重点，我们只是在此顺便进行分析。

笔者认为，以往研究这一问题的出发点主要是从西方与中国交往的历史过程来考虑，由于没有考虑到虽然同是欧洲国家，但由于语言文化不同，所以对中国有不同的称名。也就是说，在中西称名的历史演变中，要同时考虑历史接触与语言系统等不同因素产生的影响。欧洲重要语系中，斯拉夫语系与印欧语系对于中国的称名是完全不同的。俄国人称中国为 Китай，意为"契丹"（Khitan），这是由于俄国人把中国人与契丹民族混在一起。中国人与契丹人同属于黄色人种。契丹人较早与罗斯人发生交往，据《多桑蒙古史》记载，契丹是 10 世纪之初兴起于中国辽东之北的民族，先居鞑靼地方，然后占据了中国北方土地。公元 1125 年，被女真人所灭。虽然契丹人存在的时间并不太长，但这一段时间恰好是古代罗斯人建立自己的公国的时代，而中国与黑海地区和斯拉夫人的交往从古代起就受到北方游牧民族的阻碍，罗斯人最早接触的是契丹人，也就把中国人看成是契丹民族。在这种历史接触中，是斯拉夫语言使得中国名称固定为"契丹"的读音，而没以有采取"支那"的读音。

称中国为 China 的古代民族则是印度人与欧洲人，所以"支那"（China）包括"印度支那"一类称呼实际上来自两个方向，一个是欧洲，一个是印度，学者们根据历史接触来研究，往往不能确定其来源方向之间的关系。但是，这两个语系在 19 世纪之后被欧洲的比较语言学家发现是属于同一语系，这就为中国之名的历史索解提供了关键的条件。

目前关于中国"支那"读音的称名中，有以下主要的看法。

其一，中国秦朝说。认为中国称名 China 来自"秦"的发音，这是一种流行广，拥护者多的说法，法国学者鲍狄埃（M. Pauthier）等人提出此种见解，他认为支那的称名起于梵语，而梵语中的支那是因为中国古代秦朝而得名，公元前221年到前206年的秦帝国对古代世界各国有很大影响，所以称中国为"秦"（sin, chin），而 China 后的 a 是葡萄牙人加上的。这种说法以后得到了法国汉学家伯希和的支持，伯希和认为：

> 一方是西方世界用 Sìnoe 来指中国，用"塞里斯"（Seres）来（此处可能少了一个"指"字——本书作者注）丝，（ser，这是用以指"丝"的一个中文词的古老形式），用 Tobgatch（桃花石）来指拓跋氏；另一方面是中国用"拂菻"来指罗马，用"犁轩"亚历山大城（Alexandrie），用"安都"来指安条克（Antioche），用"泜复"来指比凯〔Bambykê，也就是幼发拉底河上的赫埃罗波利斯

（Hiéropolis）]，用"骓潜"来指花剌子模（Klwârism）。①

"支那"之名起于秦，已经成为相当有影响的一种学说。中国著名的中外交通史专家们也都支持这种看法，

对于这种观点也有不赞同者，如德国学者赫曼·雅各比（Herman Jacobi）的反驳就十分有力，他指出这样的历史事实，早在公元前三百年前，也就是印度旃陀罗笈多王朝时的历史学家考铁利亚（Kautiliya）曾经写过一本《政事论》，其中就使用了"支那"一词，记载了支那的丝绸贩运到印度的历史。而秦朝始建于公元前 247 年，也就是在此之前，印度已经使用了"支那"来称呼中国②。

第二种看法是"支那"为越南"日南"音译，日南（Jih-nan）是越南的一个郡，在汉唐时期是通向中国的海上交通重镇，多数来中国的船只都在此处停泊。我们上文所提到的大秦首批遣汉使就是在此登陆的。德国学者李希霍芬（Von Richthofen）提出这种说法，并且得到了西方汉学界不少学者的赞同。法国学者拉克伯尔（Lacouperie）对这种说法提出反驳，认为这种说法有不少漏洞。其一，汉时的日南郡并不像李希霍芬所说是在越南东京，而是在南部。其二，汉代日南的读音不是 jih-nan，其读音是 nit-nam，在广东读音中是 yat-năm，这

---

① ［法］伯希和等：《伯希和西域探险记》，耿昇译，云南人民出版社 2001 年版，第 426 页。伯希和的《支那名称之起源》，发表于《通报》1912 年，第 727—742 页。

② 考铁里亚，即考塔里亚，亦称考提利亚、憍底利耶、旃陀罗笈多·毛里亚的宰相。曾著《政事论》一书，此书现在被考证为公元前 2—3 世纪所著。雅各比的论点发表于其论文《从考提利亚论著中所见的文化及语言学资料》，载《普鲁士科学院学术报告集刊》，第 44 期，1911 年。可参见［唐］玄奘、辩机原著，季羡林等校注《大唐西域记校注》上，中华书局 2000 年版，第 438 页。

就与日南的读音完全不同，所以不可能是日南。

其余还有其他一些看法，我们不一一详述。

笔者认为，中国古代称名"支那"就是古希腊人所说的"赛里斯"，由于中国与希腊之间没有直接商贸关系，经过梵语、叙利亚语、东伊朗语等古代语言的转译，形成了中国称名的不同读音。这一名称起源于中国的"丝"，语词的意义就是"丝国"，兹简单说明如下：

1. 从时代来说，中国丝绸远在公元前 6 世纪之前就传到印度，随后到中东与希腊罗马。随之出现产地中国称名，这是世界贸易史上的必然过程。这在秦建国之前，而且与越南日南无关。日南只是罗马人来华所经的港口，必然在此之前已经知道中国，才有罗马皇帝遣使来华之举。而且，日南这样的小地方不可能成为中国丝绸这样举世闻名产品的产地代表，这可以说是历史常识了。简单说，就是西方先知"支那"而不会因日南而知中国，更不会把日南附会为中国。

2. 最直接的证据是印度经典与文学中的中国梵文称名 Cina，梵文经典《摩诃婆罗多》（Mahābhārata）中已经提到了 Cina[①]。《摩诃婆罗多》的成书年代为公元前 4 世纪。上文所提到的考铁利亚《政事论》（Arthaśāstra）的成书年代在公元前 3 世纪，都远在秦国或秦朝之前。而且，这一称名不会是从西方传入印度的，因为《摩诃婆罗多》中同时提到，与中国人相关的另一古代民族是基拉塔斯（Kiratas），这一民族应当是最早与印度产生交往的喜马拉雅山另一侧的民族。所以有的学者认为："通过把基拉塔斯人和中国人联系在一起的情况来判断，古代印度人最早是直接通过东方路线来接触中国的。他们把中国人

---

① Mahābhārata, Sabhaparvan , 9, 26 , ed . by P. Edgerton . Poona, 1943 – 1944.

看成与基拉塔斯人一样的东方人。"① 估计这个民族是古代居住在中国西藏或是云南的少数民族，他们最早与印度产生交往。

3. 希腊文献中早已出现"赛里斯"（Seres），意为"中国人"。据公元前4世纪的希腊人亨利克泰夏斯（Ctesias）等的记载，这种称名就是起于"丝（ser）"②。也有可能如公元二世纪的罗马人包撒尼雅斯（Pausanias）在《希腊志》中所说，就是"他们国内生存的一种小动物，希腊人称之为'赛儿'（Sêr）"。我们可以肯定，希腊文中是以 Seres 来称中国的，其起于蚕与丝的本意。

与此相异的是，关于红海、波斯湾、印度半岛的有关文献中，出现了 Thinai，《厄立特利亚海航行记》（Periplus of the Erythraean Sea）中又写道：

> 经过这一地区之后，就已经到达了最北部地区，大海流到一个可能属于赛里斯国的地区，这一地区有一座很大的内陆城市叫做泰尼（Thinai）。那里的棉花、丝线和被称为 Serikon（意为丝国的）纺织品被商队陆行经大夏运至婆卢羯车（Barygaza），或通过恒河而运至利穆利。③

这本书中出现了"支那国"（Thinae），这是较早出现的与希腊

---

① Asthana, Shashi, *History and Archaeology of India' s Contact with other Countries – From Earliest Times to* 300 B. C. , P. 154. Delhi B. R. Publishing Corporation, 1978.

② 参见前文所引的米勒（Müller）版本，1884 年巴黎迪多（Didot）书店版本，转引自参见参见［法］戈岱司编《希腊拉丁作家远东文献辑录》，耿昇译，中华书局 1987 年版，第 1 页。亦可参见亨利·玉尔的《古代中国见闻录》（Henry Yule, Cathay and the Way Thither）第一卷第 14 页。

③ 《厄特里亚海航行记》，本书作者佚名，据说是埃及之希腊人，大约成书于公元一世纪末，记述红海、波斯湾与印度半岛的航行。参见法布里西尤斯（Fabricius）版本，1883 年莱比锡出版。

人的"赛里斯"Seres 稍有差异的中国称名。我们要注意到,这一名称是与丝绸运往印度的记录有关的。其余希腊罗马人的中国称名中,基本以 Seres 为本,并且衍生出各种称名,如见于多种著作中的中国丝绸 serikon,公元二世纪的罗马人阿克伦(Acron)在《颂歌》中所说的"赛里斯人织物(Sericum)",见于公元二世纪的托勒密(Ptolémée)《地理志》中 Sinai。

4. 我们比较一下几种古代文字中的关于中国的称名,就可以看出其中的联系。最早的也是最重要的东方古代文字当推梵文。

梵文中"支那"(Cina)(考铁利亚《政事论》说明中国丝绸贩运到印度);"支那"在梵语中也是 Chinas(参见《玛奴法典》"Laws of Manu")。这样我们可以断定,梵语中的 Cina 与 Chinas,是一个词,而不是两个词,都是起于丝绸的中国称名。汉语中的"支那"其实是对于梵文的音译,《大唐西域记》卷五所说"摩呵至那",《宋史》卷490《天竺国传》中所载"近闻支那国内有大明王",系来自梵文,Mahachinasthana 是从古梵文中所变化出来的。

东方文字中,闪族语系是另一个最重要的古代语系,腓尼基语就是闪族语系,它以后影响到古代希腊的语言。在希伯来文中,《圣经·旧约》的《以赛亚篇》(Book of Isaiah)中也提到了中国:

> 看哪,这些从远方来,这些从北方,从西方来,这些来自赛那姆(Sininm)。①

这里的 Sininm 就是中国,明显即"支那",其读音与希腊文中

---

① 《旧约》的"以赛亚篇"49.12 中,指中国的词有两种写法,除本文所列出的 Sininm 之外,还有一种拼法为 Syehe,可参见英文新修订版标准《圣经》(New Revised Standard Version)。

的"赛里斯"的第一个音节是相同的，而与梵文中的第二个音
节是相同的。我们可以说，闪语是介于梵语与希腊拉丁文之间
的一种中国称名，其第一个音节"赛"同于希腊文，而第二个
音节"那"则同于梵文，这说明它可能是从梵文向希腊文的
过渡。

其他中东与中亚的古代语言恰与希伯来文、印度文相呼应，
如中国出土的《大秦景教流行中国碑》中，用叙利亚文写下了
中国的名称：支那斯坦 Zhinastan，这一称名基本同于希腊文拉
丁文中的读音。

粟特文（Sogdia）是中东的一种重要文字，英国斯坦因所
整理的粟特文书中，据法国葛底奥特（M. Robert Gauthiot）的
研究，中国记为 Cynstn。

5. 这样我们可以有一个总结，中国丝绸古代通向希腊最早
是通过西域、印度和中东最后才到达雅典与罗马，因此，中国
的称名也随同这些古代民族的语言而传播。所以最早的中文称
名可能来自梵文与希伯来文，这两种文字中都以"丝"的发音
来称呼中国，即梵文中的 Cina 与希伯来文的 Sininm，这两种重
要语言的称名翻译到希腊文与拉丁文，形成了"赛里斯"Seres
之名。这种称名的形成除了语言的音译外，相当重要的是丝绸
贸易本身所形成的影响，名与实相得益彰，这就是"支那"一
词指中国的来源。这一过程的音转关系与对音关系如下：

古希腊文	梵文	希伯来文	叙利亚文
Seres	Cina	Sininm	Zhinastan

梵文中的 c 是不可能成为 ch 的，而与希腊文中的 s 是同一读
音，所以希腊文中的读音与梵文中相同，印欧语系中的音基本
是"丝"的读音。而叙利亚文这样文字，自古以来由于地处中
国、波斯和欧洲的中介地位，很可能受到波斯文的影响。古代
波斯人用伊朗语，伊朗语中没有送气浊辅音，发生 s – zh 的音

转，这就是"秦"zhin 或是 chin 的读音的来源，后人附会为秦国的名。

这样，支那一词的来源就基本清楚了。顺便说到，《圣经·旧约》的《以赛亚书》属于后先知书，是公元前 8 世纪 - 前 5 世纪的先知们所发表的时事政论，从年代来看早于中国秦朝的建立，甚至早于秦国。这也是西方中国古代称名支那不可能为秦的音译的重要证据，前人多忽略了这一点，笔者认为尤其重要，有必要特别指出①。

① 本书中中国名称的来源是一个复杂问题，特别是由于近年来国际国内某些别有用心的人利用"支那人"等称呼来贬低中国人民，对此，笔者表示极大的愤怒，这些人的阴谋一定会受到历史的揭露。

第三章　东方看西方

一、印度文明与西方

　　印度的名称在梵语中是 Sindhu，这个词的意义是指"河流"，其实就是专指印度河，印度文化是先从印度河流域发展起来的，以后用来指全境，成为国家的称名。现代人所用的印度 India 一词，据有关考证是由于不同语言间互相转译所形成的。由于公元前 6 世纪，波斯人从西北方向入侵印度，波斯人使用伊朗语，经过波斯语转译成希腊语时，就从 Hindu 变为了 Indu。"希腊人因波斯人而知有印度，但希腊语中无 h 音，故他们称印度河为 Indus，印度人为 Indoi 了。"

　　印度与中国是世界东方文明的代表，虽然一个在南亚，一个在东亚，但这两个国家对于欧洲来说都是远东国家，它们的文明与近东埃及、两河流域不同。埃及与两河流域是中近东文明，而印度、中国则是远东文明。中近东文明的埃及、两河流域、古代波斯、巴比伦、赫梯等，从上古时代起，就与希腊文明有频繁的交往，彼此间的交流与接触非常多。而远东文明由于地理条件限制，与地中海文明交往相对晚。当然，远东文明中，印度与中国又有极大不同，印度虽然地处远东，但是从公元前 1500 年起，就有雅利安人种进入印度，雅利安人种是印欧语系种族。而且，据有的学者研究，在进入印度之前，雅利安人的文化形态已经有了自己的特点。这样，印度文化的构成从古代起就与中国有本质的差异。同时，印度相对于中国来说，较早就与地中海文明有了接触，以后又受到伊斯兰教和西方的影响，在远东地区是形成西方和异己文明融合的混合性文明，所以，印度虽然是远东国家，但其与西方文化的内在关系与历史接触都远超过中国、日本和朝鲜。一定程度上，印度文明的古代文化类型特性最为突出与鲜明，这是雅利安人与印度多种族人民共同创造的文明类型。以后随着穆斯林的入侵、蒙古人入侵以及西方多民族的入侵，印度文明成为一种混合型的文明，它是远东、近东与西方文明混融在一起的文明类型。从这一意义上来说，它又并不是西方人心目中的、如同中国一样带有神秘意味的"东方"，特别是从英国人进入印度之后，西方文化对于印度有相当重要影响，使它更具有文化混融的意义。近代西方学者们的研究证明，印度的古代语言梵语与古代欧洲语言如希腊文等属于同一语系，这就是印欧语系。这样，语言、人类迁徙与历史上的联系，使印度与西方之间形成了与远东其他民族并不相同的关系。

印度位于世界上最高的喜马拉雅山之南，地球上最近的地壳运动形成了喜马拉雅山脉的耸起，这一运动极大地改变了地球的状态，正是由于它的出现，形成亚洲、欧洲大陆地块的漂移，出现了更多的海洋岛屿，印度次大陆就是其产物，印度是这一地理大变动的最大受益者。印度半岛一侧是浩瀚的印度洋，另一侧是阿拉伯海，地形得天独厚。青藏高原为它挡回了印度洋的海风，这块被称为世界屋脊的高原，是地球上离太阳最近的地方，也是日照最长的地方。当春阳发生的时期，这里的热气吸引了海风。印度洋的海风向高原吹来，这里是热带与亚热带气候，草木繁茂，万物生长旺盛。由于气候温暖，人的发育也相对早。从 6 月开始到 9 月，季风带来了雨水，使得喜马拉雅山以南地区变得湿润而温暖。但是，这种气候并不是风调雨顺，而是降雨严重不均，春季干旱少雨，但雨季又洪水成灾，南亚洪水从古代到今天的泛滥几乎没有大的改变。气候变化无常，忽而洪波泛滥，忽而干燥无雨。如同印度文明中的历史现象一样令西方人感到不易理解，一方面，禁欲的宗教在这里盛行，苦行与修持、信仰天国的幸福是普遍的观念。另一方面，纵欲的享乐同样流行，甚至在史诗中的神祇们也是纵欲无度的，这引起了黑格尔等西方哲学家的极大困惑，黑格尔在《美学》一书中把印度神话史诗与古希腊神话史诗相比，认为印度神话史诗中有过多的纵欲淫秽的描写。其实这种指责是因为不理解印度民族性格，这个民族的纵欲与禁欲是并行不悖的，印度的神与西方基督教这种一神教的神不同，在某种程度上与古代希腊神话中的神是相近的，神具有人性，神的纵欲恰来自于对于人性的发挥。同时，在神话中，这又是一个理性早熟并且高度发展了想象力的民族，与马克思所说的希腊人又是完全不同的。如果说古代希腊人是正常的儿童，那么印度人就是早熟的儿童。在人类的童年时代，他们就成熟发展，并且为人类作出重要的贡献。在以后长久的岁月里，他们吸收了多种文化，成为一个多种多样文化的样板。世界古代文明中，印度文明与犹太文明是两种极端的例子。这两种文明都经历过多种入侵、战争与磨难。印度文明可以看成是人种变化最复杂、宗教最多样、不同文明类型混合程度最大的。而犹太文明可以说是一直保持以色列人的信仰与种族的单一性，两相比较，最为鲜明地说明了人类文明变异的复杂性。我们很难说谁是谁非，因为文明发展史的每一种模式都有其合理性，不能遽下结论。

印度有两条重要河流，这就是印度河与恒河。世界主要文明几乎都发源于大河的冲积平原上，埃及的尼罗河、中国的黄河长江、西亚的两河流域都是如此，这是因为冲积平原上适于农业耕作与灌溉，而农耕与灌溉不仅使人类定居，也有较丰富的物质财富，为文明产生创造了条件。印度河与恒河是印度文明之母，石器时代印度北方就有了索安文化，南方则有了马德拉斯文化。最早的印度河文明在公元前 2400 年到前 1700 年形成，揭开了印度文明的序幕。可惜的是，这一文明早已经湮灭。公元前 1500 年，北方的雅利安人入侵恒河流域，开始了印度文明的兴盛时代，这两条河流分别位于昆仑山脉与喜马拉雅山脉的南侧，水源充足，物产丰富。唐玄奘曾经这样描写印度国土：

> 北乃山阜隐轸，丘陵舄卤；东则川野沃润，畴垄膏腴；南方草木荣茂，西方土地硗确。①

这一段描写基本上勾勒出了印度地理环境的主要特征。喜马拉雅山南坡下，由于印度河与恒河流域相接形成的大平原，土地肥美，这是印度自古以来最富饶最发达的地区。现代印度人口中，将近一半居住在恒河流域与沿海地区。向南是德干高原，高原的东南及东部沿海地区以泰米尔人为主。

印度是世界上民族文化最为多样、种族最多的国家之一。印度百万以上人口的民族就有 24 个，占到全国人口的绝大多数。全国有 300 多个民族，说 845 种以上的语言与方言。印度人种与语言分类不完全合一，首先是印欧语系的民族，从人种来说属于古代雅利安人和所谓的印度帕米尔人类型。他们居住在印度的北部与中部。其次是达罗毗荼人种，他们的语言属于达罗毗荼语系，这是澳大利亚人种与欧罗巴人的混合类型，他们居住在南方的较多。在东北部的北部还有相当多的蒙古人种南亚类型。

我们曾说过，美国是当代移民的大国，印度是古代移民的大国，印度就如同是古代的美国。不同的是众多民族进入印度的目的与方式却与当代的美国不同。印度的原住民是原始澳大利亚土著，现在居住在安达曼群岛的安达曼人（Andamanese）

---

① ［唐］玄奘、辩机原著，季羡林等校注《大唐西域记校注》上，中华书局 2000 年版，第 164 页。

就是这一人种的遗存之一，有些海上旅行家的见闻录中记录过他们的食人风俗，当然这些记录的真实性是值得怀疑的。这一人种身材矮小，皮肤黑、头发卷曲而且呈黑红色。脸颊宽大而鼻子小，这些人的生产停留于原始的采集与渔猎生活方式，大多数人不穿衣服，喜欢剃发文身。可惜的是这一人种已经只有1000多人了。但是，无须担心，原始澳大利亚人的血统其实已经混入了无数印度人之中。在种姓等级制度森严的印度，相当多的低等级姓氏都具有他们的特征。有的种族如贡德人等，还基本保留了原始澳大利亚人的一些特性。

印度移民的历史可能比我们现在所知要早得多，现藏新德里博物馆的一尊裸体少女俑大约是公元前4000年前的，这个铜俑只有10.5厘米高，但是造型优美，面庞与身体轮廓都很鲜明，身材颀长，高鼻巨目，不同于原始澳大利亚人种。另外一尊同藏于该馆的石灰岩的男性头部雕像，年代大约是公元前3000年，也是高鼻深目，像是欧洲人种[1]。

我们推测，很可能早在雅利安人大批进入之前，印度就有了欧洲人种的活动，这将为印度的民族性格提供新的理解。

由于印度特殊的地理条件，旧石器时代北方从叶尼赛河到印度河谷的古人类不可能大批翻越高达8000米的昆仑山与更高的喜马拉雅山，他们可能首先在印度定居下来，并且在南亚次大陆发展起农业文明。这并不说明这里没有古人类的交通，相反，完全可能有古人类在寻求更温暖、更湿润地区生活的目标指引下，从中国西北与西南经过青藏高原雪山间山口与西部高原的山口，进入印度半岛。如今半岛上的蒙古人种、藏汉语系的居民们都可能是当年来到印度的中国古代民族。

---

[1]　参见潘绍棠编著：《世界雕塑全集·东方部分》上册，河南美术出版社版1989年版，第195页。

二、印度在东西方交往的中枢作用

法国汉学家伯希和是一个以治学态度严谨著称的东方学学者，但他却有一个为当时人所不理解的大胆见解。他认为："思想和物质的传播走过了一条什么道路呢？过去，人们还只是通过新疆而观察丝绸之路。当通过印度时，此路便经过大夏或通过喀喇昆仑山（Karakorum）。今天，我们在西部天山之北的伊犁河谷，发现了许多大约为公元前 400 年左右的博士普鲁斯（Bosphore）的钱币。我们可以思忖，天山之北的草原之路，无论是经过戈壁的南缘还是北缘，前往希腊，都不会将它们考虑在内。至于印度，如果我相信中部吐蕃于公元之初尚不为人所熟悉，从而应将指出一条从恒河中游经逻些（拉萨）而通向中国中原的道路的功劳，归于托勒密（Ptolémée），那也就大错而特错了。我们只要将此路稍向东移，经过阿萨姆（Assam）和上部缅甸，以使这位亚历山大舆地学家的资料与汉文文献中的资料相吻合。这条路也可能在更早的数世纪时就有人往来行走了。"[①] 其实这种猜测一点也不过分，人类文化的奇迹最常发生于自然奇迹所存的地方，世界上最高的大雪山，严酷的高原条件从没有挡住人类文化之间的交往。中国的帕米尔高原、青藏高原与阿尔泰山到印度半岛，一直延伸到印度洋和阿拉伯海，这一地区从石器时代、陶器文明、青铜时代到 16 世纪交通大发现之前，一直在欧亚非三大洲进行着人类文化的频繁交流。亚历山大的远征、海上与陆上的丝绸之路、中国与阿拉伯航海家的远航、历代高僧的西行求法与佛教从中亚、南亚等地向中国的传播、成吉思汗西征与蒙古和教廷之间的联系、马可·波罗

---

① ［法］伯希和等：《伯希和西域探险记》，耿昇译，云南人民出版社 2001 年版，第 109 页。

的远行等都是这一大交流中为世人所熟知的篇章。但更为宏大的历史交流却已经被历史的尘埃所掩埋，这就是从远古就开始的东西方互融。

在以上章节中，我们展示了古代西方的"东方化"的历史场景，揭示了古代地中海与中东、远东之间的文化交流关系。这种关系从本质上来说，是文化进步与发展的动力，是差异与同一的辩证结合所形成的层替与创新。从本书作者所倡导的比较文明研究的新辩证论来说，这就是文明的动力源。但这种互动作用的表现恰是双方的，是从东方到西方同时从西方向东方双向的作用。地中海文化与中东甚至远东文化有过频繁的交往，东方文化精神曾经强烈地影响了地中海民族，证明了世界文化交往的重要性。那么不应当忘记，几乎就在同时，同样发生了西方向东方的文化作用，我们可以称为古代东方的"西方文化之流"的这一交往曾经被一些别有用心的学者用来宣扬欧洲中心论与东方文化西来说，这是极为荒谬的说法，因为东方古代文明已经证明了它的历史意义与存在，我们应当从文化互动的角度来观察分析这一历史潮流，并不受到这种荒谬见解的影响。我们会发现，在东方土地上汇流的古雅利安文化与印度河文化，使宗教崇拜、逻各斯、理性中心等重要观念终于踏上了东方土地，并且与东方精神相结合，产生了新的变种。它既不是西方文明的翻版，不再是纯东方的，而是一种混血类型的文明，这就是印度文明。它令人惊叹，也令人不无遗憾。

公元前 2200 年到公元前 1700 年前后，一种发达的文明出现于印度河流域，史称"印度河文明"。据考古发掘的文物判断，这种文明大约存在了近一千年，确切时间尚不能确定，不过这已经足以说明这是一种独立的重要文明。这是相当成熟的农业文明模式，印度河、加加尔河、拉维河、萨特累季河流过万里平畴，一座座城邦星罗棋布，摩亨佐－达罗、卡利班根、哈拉巴、洛塔尔和鲁帕尔等都是颇具规模的城邦。这一地区文明呈带状分布于印度北方，从西部海岸一直延伸到东部。这里所种植的作物品种也相当多样，有大小麦、豆类、西瓜等，最重要的还有棉花，印度河流域与埃及是世界最早种植棉花的地区。这就使得食物与衣服的来源有了保证，这是文明发展的基本条件。从发掘出的印章中可以看到，印度河已经有大量的布匹外运。

虽然印度河文明的时间不太久，但是古代社会发展的主要阶段在这里是俱全的，可以看出历史发展的阶段性。青铜器已经在这里得到广泛使用，从生产工具到武器都由青铜制成。同时，彩陶的生产工艺也达到相当高的水平，我们上文所提到的青铜女像就是在摩亨佐－达罗出土的。红土陶与黑色纹饰是印度陶器的主要风格，陶器产生后，陶文铭刻也随之发达，这就为我们留下了印度河文明的古代文字。这是一种古代陶文，其年代可能稍晚于中国陶文但时代相近。根据在卡利班陶文来判断，这种陶文的主要特点与中国古代陶文也有相似之处，即象形文字与表意文字同用，它的书写方式是从右向左。虽然这种文字至今还没有能够解读，但是具有独立的文字书写体系无疑是一个事实，这也是构成文明的关键。公元前1500年前后，雅利安人进入印度次大陆，从吠陀经典等来看，相当多的学者推断，是雅利安人战胜了印度河流域的居民，用新的文明取代了古代印度河文明。如果比较两种文明，可以说雅利安人的文明程度相对低一些。他们以武力征服印度河居民，与文明相对落后的罗马人战胜希腊人，蒙古人征服中国的历史大致相同。与历史上不同民族之间的战争相比，这种征服有一种重要的不同，就是征服者对于被征服者的文化不是废弃，而是继承，罗马人继承了希腊人的创造，表现于文化的各个方面，最突出一点是，甚至连神话中主要神祇都完全相同，只不过新取了罗马的神名。

蒙古人征服中国与其他国家之后，定都大都，忽必烈进行了重大改革，建太庙，立国号，设官制，全面承袭汉文化。西方的印度学家们喜欢宣扬这样一种观点：雅利安人并没有继承印度河文明的传统，雅利安人创造的文明是欧洲人种的。其实这是很难令人信服的。雅利安人所继承的其实并不只是印度河文明，它在进入印度之前就已经在欧洲与亚洲的不少地区与多种民族有过接触，伊朗等民族也属于雅利安种，古代伊朗的称名意义就是"雅利安"。现在的问题并不是进入印度的雅利安人是否接受了印度文化，而是雅利安文化从开始就不可能与印度河文明完全分开，而且在与印度河居民即所谓的"达萨"人或是"达休"人之间的斗争中，他们也与土著混合在一起。

印度河文明很早就有了对外的交流，从我们以上关于东西方交通的研究中已经可以看出，古代交通中，具体的路线是多种多样变化不定的，同一条大的路线会有多条分支。就是丝绸之路这样的著名古道，其实也是多条线路，因为古代道路往往不是大道，有的甚至是常人难以行走的山间小路。这些路线往往随着自然地理的变化而变动。我们在研究印度河文明的对外交通途径时也应当作如是观，古代印度河文明的对外交通可能分为三条：第一条是海路，这里从阿拉伯海与印度洋都有其进出的港口，这也是以后阿拉伯人与印度之间贸易的重要路途。第二条是中国西域到中亚、欧洲的丝绸之路，在这条路线中，印度是中国与大秦之间交往的中转站。从长安到新疆、过中亚到阿富汗、巴基斯坦、克什米尔到印度河，然后再向西。第三条是世人所不熟悉的一条道路，这条道路却最早开通，甚至在西域丝绸之路之前就已经存在。众所周知，《史记·大宛列传》中记载张骞所言："臣在大夏时，见邛竹杖、蜀布。问曰：'安得此？'大夏国人曰：'吾贾人往市之身毒。身毒在大夏东南可数千里。其俗土著，大与大夏同，而卑湿暑热，云其人民乘象以战。其国临大水焉。'以骞度之，大夏去汉万二千里，居汉西南。今身毒国又居大夏东南数千里，有蜀物，此其去蜀不远矣。"① 这个"身毒国"就是印度，所临的"大水"就是印度洋。传说中"其俗与大夏同"，大夏是离中国最近的古代欧洲人种国家。我认为：大夏就是公元前250年希腊人总督狄奥多德（Diodotus）所建立的巴克特里亚王国（Greek Bactria Kingdom），位于锡尔河到印度之间②。也就是说，中国人认为，印度人与希腊人的风俗是基本相同的，这种认识应当是符合实际的，因为大夏在德米特里（Demetrius）统治时一分为二，一个是其弟欧克拉提德斯（Eucratides）为王的希腊－大夏国，另一个是德米特里为王的印度－大夏国。中国人产生的印象是与大夏等欧洲民族大同小异，这是必然的。产于中国的蜀布、邛杖通过这条高原与雪山之路运入印度，这就是"西南丝绸之路"。这条道路是从中国四川、云南经由缅甸进入印度阿萨姆地区（即迦摩缕波国 Kamarupa）到达印度本土，然后再向西亚和欧洲延伸。从以上几条路线可以看出，印度在东西方交往中居于中枢地位，从东亚经印度到中亚和西亚地区达地中海，从东南亚经印度到西亚或是到阿拉伯地区，最后到地中海，都与印度有关。

三、世界文明中的古印度

在这种交往中，印度也得到了最大程度的丰富与发展。在雅利安人进入印度之前，石器时代的印度河与中国、东南亚的文化形态是相同的，这种相同的原因十分明显，因为印度毕竟

---

① 《二十五史》1，浙江古籍出版社1998年版，第282页。

② 参见方汉文：《比较文明史·新石器时代至公元5世纪》，东方出版中心2009年版，第247页。

处于亚洲南部，尽管有种种阻隔，但是上古文化交流使得它成为亚洲与东方型文化类型。公元前 2500 年前，石器时代的印度北方开始出现了索安文化，而南方则是马都拉斯文化。这一时期正是东方文明的早期，埃及人在此前 1000 年已经建立了王国，并且有了文字。与印度河文明相毗邻的是埃兰文明，也就是古代伊朗的居民。中国长江良渚陶文、黄河仰韶陶文此时也已经趋于成熟，这就是黄帝、炎帝时代。如果没有一个大型的文化迁移，很可能印度文明会成为与中国相近的东方形态。在公元前 2000 年至前 1000 年间，世界主要的古代文明是东方中国、印度、古伊朗、埃及、两河流域与地中海地区的史前希腊，可以说，除了古代希腊人种能够确定是地中海种族之外，大多数人种都是亚洲人种。其中两河流域人种并不太确定，也可以说是多民族聚集，至少有阿卡德人、苏美尔人、巴比伦人、亚述人等多种民族在这里生存。但古代印度人种与古代伊朗人种中有相当一部分是欧洲雅利安人种是确定的。发源于伊朗西南的胡泽斯坦的埃兰（Elam）位于两河流域与印度、中国之间的地带，其人种是雅利安人种。

以地理位置而言，埃兰中心地带是苏萨平原，这一地区就是美索不达米亚大平原东部的延伸。地势较两河地区为高，多山区，森林密布，是古代伊朗最富裕的地区之一。波斯王大流士统一全国后，曾经建设过一条举世闻名的驿道。这一条驿道的起点是小亚细亚的以弗所，然后向东，经过了萨地斯、卡帕多西亚、古代亚述的主要领土、巴比伦古国，最后到达了苏萨。长度达到 2000 多公里。正如我们上文所指出，古代道路并不是直线交通，而是交通网。苏萨古道与另一条古道相交叉，其线路从巴比伦 – 哈马丹 – 帕提亚 – 巴克特里亚 – 撒马尔罕 – 塔什干 – 莎车 – 敦煌 – 长安，这就是古代丝绸之路的前身。两条东西方文明交往的大动脉，为世界民族的精神与物质交流提供了基础。如果再加上从长安经四川到缅甸再到印度的古驿道，可以说构成了一个四通八达的交通网。在这种发达的交通中，中国、波斯、印度、希腊等东西方文明之间互相濡染。在公元前3千纪的文化交往中，首先是石器与陶泥文化类型的传播，这种传播以后与青铜文化相结合。

从文化类型上看，石器文化最早表现出东方特征，特别是新石器时代的制造方式，已经有了东方风格。这种风格从中国到波斯、印度是一致的，而与欧洲有一定差异。最为突出的是他们的印章文化，显然有一种与中国刻石类似的风格，有可能是中国与两河流域、印度河流域相交流后混生的一种类型，这种印章中，比较明显的就是泥陶文字与图案。我们上文已经说明，从中国古代陶文到西亚陶文直到爱琴海文明的古陶文之间，很可能存在流传关系，也就是前人所说的"彩陶之路"。埃兰、印度文明的古代陶泥文化，也是这一东方文化的组成部分，它们与中国古代彩陶之间存在一致性，同时也有明显借鉴欧洲艺术风格的地方。从中国向西，经中亚－埃兰－印度这一地区，再到地中海，恰恰是三个台阶，中国彩陶是发源地，风格最为古朴，进入埃兰与印度地区就变得精细华美；再到爱琴海地区，更加优雅细腻，甚至呈现出一种古代的罗珂珂风格。这当然是由于不同的民族信仰与审美观念所形成的。

我们比较一下几种主要的亚洲泥陶文化，就能明显看到其间的联系。

1）中国仰韶文化的彩陶图案：如河姆渡文化的猪纹黑陶钵与仰韶文化的鱼纹葫芦瓶；

2）埃兰彩陶；

3）印度河流域彩陶。

可以看出，中国古代彩陶图案相对简单，但是构图有民族特色，而埃兰的苏萨彩陶与印度彩陶的图案与造型都更成熟，显然时代相对晚一些。这一地区的彩陶最突出的特征是同时具备了东西方风格，这是它汇融东西方陶泥文化的一个明证。有些考古学者只看到埃兰陶器的精美，看到它与两河流域陶器之间的联系，作出种种猜测，甚至有人猜测中国仰韶时代的彩陶可能是从埃兰传来。我们认为，这种研究的观念是不对的，彩陶文化与其他文化一样，在其发源地由于造物初始，略显粗糙，而在以后的发展中，则会变得精密。"前修未密，后起转精"，这是文化发展的一般规律，同样是文化更替的原则。早期源于中国的陶器明显古拙朴素，特别是河姆渡陶器、良渚陶器与仰韶陶器等，与西亚、南亚同时代的陶器相比，显得更为古朴。所以更有可能是中国彩陶经过中亚向西方运送，中国是陶器的故乡，古代彩陶向阿富汗、古代波斯、古代印度运送，在这里与西亚文化相接，然后再转向古代希腊。彩陶之路的中转地是中亚到波斯、印度一带，东西方文化交汇于此，使得古印度与古代波斯即埃兰陶器文化吸收了东西方之长，发展成一种兼具两者特色的陶器文化。克里特人是工艺天才，其制造的器物之精美令世人赞叹不已，这一技艺可能使埃兰人与印度河流域的先民受益甚大，他们在中国陶器的基础上，成功制造出了这样的陶器。

当然，并不只是彩陶，公元前3000年到公元前1500年左右的中亚、西亚与南亚，在雅利安人东进到这里之前，几乎所有主要文化类型，包括属于高等文明的印度与古波斯文化全部都具有一种特征，这就是介于古代中国与西方之间的、同时吸收东西方特色的文明特性。我们可以从遗址发掘中看到，这一地区的古代农业灌溉方式、房屋建筑风格、青铜器、铭文文字、宗教信仰、城邦、居民生活方式，无一不表现出一种对于东西方兼收并蓄的态势。

四、雅利安扩张与印度文化转型

然而，在接下来的时代，历史却为印度人安排了另一种文明轨迹，公元前 1500 年前后，雅利安人进入印度与伊朗，使得原有文明发生了一种转型。从此，伊朗与印度走上了一种新的道路。这是一种不同于中国文明以非宗教精神、辩证思维方式为主体的文明类型，是一种与欧洲相近的宗教文明、理性思维的类型。以后的发展中，它所创造的佛教、印度教、佛学逻辑体系、它的吠陀经典、神话史诗，在东方的地理环境中大放异彩，与古代希腊遥相呼应，同时又在类型上与西方划分开来，它实际上代表了一种东西方混合性的文化类型。

印度紧邻亚洲高原，亚洲高原是世界文明的分界岭，围绕亚洲高原分布着世界的几种主要文明——地中海、印度与中国——都与它直接相联。古代社会的民族大迁徙中，进入欧亚大陆的各个部族与民族，可能都要登上亚洲高原，这里可以俯视各地，从而决定自己何去何从。

雅利安，这个影响巨大的民族从何而来？已经难以考查，甚至已经成为千古之谜。雅利安（arya）这个词的本义是"高贵人种"，它在古代欧亚两洲的影响极大，多种文化都与它有关，例如"伊朗"这个国家的名称寓意即为"雅利安人的国家"。雅利安人是众多欧洲民族国家的先祖。关于其迁移过程也有多种说法：一种说法认为，其远祖来自北欧，可能与芬兰等北欧民族有关。后世的语言学家们从雅利安人的语言中发现了古代芬兰语的词根。另一种说法则认为其来自"中欧东部阔叶林带或是多瑙河流域，或是黑海里海北部的大草原"，这一说法暗示着雅利安人可能是居住于东欧与俄罗斯草原上的民族。但无可置疑的一点是，雅利安人可能在中亚有过长期的居留，这是在他们进入印度之前，也就是在公元前 15 世纪之前。

公元前4000年至前3000年间，原居于欧亚交界处的雅利安民族开始了大分裂，并且向多个方向 迁移。这种分裂在古代民族中是十分常见的现象，古代大民族发展到一定程度就会自动分群并向各地迁移。不过从具体的历史来说，仍然是有其产生变化的原因。无论其历史原因是什么，这次史无前例的民族大迁移是世界文化史上的奇迹，雅利安人像洪水一样向欧洲与亚洲泛滥，到处是征伐与战斗，形成了古代世界的"雅利安潮"。

关于其他方向的迁移我们暂且不谈，关于伊朗人与印度人，目前有两种意见，一种看法是认为他们首先进入印度，其大部在印度定居后，再向西入伊朗。另一种看法则认为，他们是同时进入伊朗印度的，甚至可能先到达伊朗，然后才进入印度。笔者认为，我们目前判断雅利安人迁移路线与过程的资料尚不多，有待于后世的发现才能进一步证实他们当年的境遇，比较明确的是，雅利安人的语言大致上对应于印度—伊朗语族，属于印欧语系。从传播的大致方向看，从亚洲高原下来，先经过巴基斯坦北部也就是以后的犍陀罗地区，包括白沙瓦谷地、斯瓦特（Swāt）、波奈（Burner）、巴爵尔（Bajaur）等地，这里历来是西方民族进入亚洲的必经之路，然后进入印度河西部和伊朗地区，所以他们在伊朗地区应当有一个停留时期。也就是在这个时期，雅利安人才是一个完全的印欧语系种族。以后，当他们进入印度之后，伊朗人与印度人分开，雅利安种也就成为了历史。这也就排除了一种可能性，雅利安人先是进入了印度，以后又从印度出来，征服伊朗人。所以我们认为，雅利安人可能在中亚地区有过长期的生殖繁衍，包括中国的新疆等地，其实是雅利安人的故乡。伊朗人以后用"雅利安人故乡"来称呼的其实应当就是这一地区。人类都是不会忘记自己故乡的，当雅利安人在欧亚两大洲安置之后，他们其实又多次来到这一地区，亚历山大东征印度，与希腊人、波斯人、印度人之间的交往，印度佛教与希腊宗教、波斯宗教全都在中亚地区交汇在一起。可以说中亚地区是雅利安人的精神故乡之一。

有一个事实是极为有说服力的，就是雅利安人的宗教祭祀。古代民族分化过程中，往往保持了其原有的宗教与祭祀，作为自己精神的火炬，虽然他们分布到不同地区，但是其宗教中相同的成分却会长期保留。通过这种共同宗教的追溯，我们可以得知古代民族的来源。对于伊朗人与印度人之间的关系，西方学者往往通过共同的印欧语言来源去研究，很少有人能看到其间共同的宗教来源。我们认为其实这是他们古代先祖的重要特征，由于本书主旨的限制，我们只能将这个重要线索作为佐证，详细的论述可以参见笔者的其他相关论著。

古代雅利安人有两种重要祭祀方式，一个是拜火，一个是苏摩祭（the cult of Soma），这两者在印度、古代伊朗都有长期流传。如《梨俱吠陀》第一卷第一首"阿耆尼（火），就是拜火之俗的颂歌：

> 我歌颂阿耆尼（火），司祭者，
> 在祭祀中，是天神，是祭司，
> 颂赞者，最高的赐予财宝者。[1]

这种对于神的祭祀中，把火神看成是"一切财富赐予者"的观念是突出而鲜明的，这是雅利安人的宗教观念，也是西方宗教传统的一种普遍观念。从这种宗教观念里，以后就会发展对于个人私有财富的保护，因为这种财富是神所赐予的。所以说，对于西方人来说，"私有财产神圣"这种观念可以说是来源已久的，但是要追溯它的起源，则一直要到从亚洲高原上走下的

---

① 金克木选译《印度古诗选》，湖南人民出版社1984年版，第3页。

半农半牧的雅利安人。同样，在公元前 7 世纪，古代波斯的拜
火教发展到高峰，琐罗亚斯德教成为伊朗米底王国的国教，在
对于火的崇拜中，琐罗亚德斯也是宣布：

> 我们赞美阿胡拉马兹达
> 他创造了牲畜和正义
> 水和植物
> 光明和土地
> 以及一切美好之物
>
> 阿胡拉马兹达创造的万物
> 唯牲畜最重要
> 我们所祈求给牲畜和平的牧场
> 和饲料
> 赞美阿胡拉马兹达
> 给牲畜以饲料
> 这就是最高的善

西方伦理法律中，以私有财产为最高原则，在这里表现得淋漓
尽致。

　　从公元前 1500 年后，印度河流域文明的历史轨迹发生改
变，一种雅利安类型的新文明开始形成。这种文明在印度的发
展代表了它的古代形态，它与古代波斯文明、赫梯文明都属于
同一类型的文明，有相当大的同一性。但是，它们也有各自的
特性，我们这里先对印度文明的特性进行分析。

　　在雅利安人进入印度后 200 到 300 年，雅利安人最早的经
典《梨俱吠陀》开始形成，大约到公元前 1000 年，这部宗教
诗集完成。这是一个世界范围内的经典完成的时期，几乎在同
一时期或是稍后，公元前 10 – 公元前 8 世纪，古代希腊人荷马
完成了史诗《伊利亚特》与《奥德赛》，也就是著名的"荷马

史诗"。公元前 6 世纪前后，中国古代文化经典六经也最终删定，至此，东西方古代文化重要经典基本上全部形成。文化经典的形成代表着文化类型的基本固定，这一时期世界文化的主要经典与文化类型对于后世有重大影响。它的基本分布是这样的，从上古发展开始到文化经典形成的时代，可以看出各大主要文化发展的基本脉络。

印度文明与其他古代文明类型比较

文明类型	中国文明	印度文明	地中海与大西洋文明	古代北非、西亚文明
语言文字	汉语与汉字	印欧语系拼音及多种文字	印欧语系拼音文字	埃及象形文字到阿拉伯语言文字
种族	中国蒙古人种	雅利安等多种族	古代雅利安人与地中海、大西洋等种族	北非、西亚等多种族（古代西亚人种来源至今尚不完全清楚）
宗教与信仰	红山文化、仰韶文化的原始宗教—多种宗教—儒家文化等人文主义	原始宗教—印度教与佛教—多元化宗教	多元崇拜—古代希腊人文主义—基督教一神教	埃及文化—太阳神崇拜；美索不达米亚的原始宗教；希伯来一神教与后世的伊斯兰文化
文化经典	人文主义经典：六经（诗、书、易、乐、礼、春秋）	神话史诗与宗教经典：印度吠陀《梨俱吠陀》、史诗《罗摩衍那》等	神话史诗：古希腊《荷马史诗》与基督教经典《圣经》	伊斯兰教经典《古兰经》

文明类型	农业文明为主体	农牧业文明为主体	古代农牧业文明－近代工商文明	农牧业文明为主体
中心观念与理论	道—德—礼	印度的梵、我	希腊的逻各斯（logos）、存在（being）与弥赛亚	神的体验
代表人物	孔子—圣人	释迦牟尼—神与人	耶稣—三位一体的神灵一神教	安拉是唯一的主穆罕默德是神的使者一神教

　　世界古代主要文明类型的代表人物，极其鲜明地表现本文明的意义。中国的孔子是人而不是神；古代印度文化的代表人物佛陀——释迦牟尼——其实既是神也是人，现代有两种倾向，一种是想把释迦牟尼加以神化，另一种则相反，把他说成是类似于孔子的圣人。这两种倾向都很难成功。而基督教的代表者耶稣与伊斯兰教的穆罕默德，则是完全的神灵代表。这些形象不正是几类文明最具体的说明么？中国是人的文化，人文精神的文化；印度是非神亦非普通人文精神的文化；而希伯来人的文化是神灵的文化，这种文化后来与西方文化相结合。

　　从吠陀经典到史诗再到佛经，从文本意义上，鲜明地标志着印度文化转型的成功，标志着从早期印度河文明向一种新型文明的成功过渡，这种新文明是一种既有雅利安人文化特征，又有南亚大陆本土性的新型话语。至今为止，在更早的印度河流域文化研究中，由于对印度河流域古代文字的解读尚未成功，我们对于其文化创造的详细内容还不完全知晓，但从口头流传方面，没有发现重要的古代文献与大型史诗等。所以我们认为吠陀经典的形成改变了原有的印度文化形态，开始了一种新的雅利安型文化时代。

这种文化存在已经 3000 余年了，直到 19 世纪，经过欧洲比较语言学家的努力，人们才发现印度古代梵语与欧洲语言是同一语系，从而关注印度文化与欧洲文明之间的联系。又过了一个世纪，20 世纪学者们再次强调，印度与古代希腊之间有直接的文明联系。西方学者瓦尔特·勃克特（Wlter Burket）在比较了希腊语语法与印度语法之后认为："希腊人的印欧背景，这就是使得印度写作中出现的相同规则的原因所在。"（The Indo - European background of Greeks is the reason why very similar formulas appear in Indian writings. ）① 当然，相似的并不仅是语言，而是整个文化类型的相似，造成相似的真正原因还是雅利安人的文化遗传。

吠陀是一种话语，也是一种文体，还是一种经典。印度的梵语，其本义就是文雅语言，相当于中国的雅言。这是文字出现后，世界各国都具有的文化现象，就是文字书写的语言与口语的分离。梵语的早期阶段就是吠陀语，以后发展出规范的梵语。吠陀，是古代文献集，内容涉及宗教、祭祀、风俗、社会思想、哲学等，时代较早的是《梨俱吠陀》与《阿达婆吠陀》，以后又有《夜柔吠陀》、《森林书》与部分《奥义书》等加入。吠陀与西方的史诗和中国的六经完全不同，它是介于其间的经典。一方面，吠陀与西方经典相似，它有史诗的内容，这些内容包括了古代雅利安人与其他民族之间斗争的历史记载，从中可以看出雅利安文化的传播过程。但是它又与荷马史诗不同，它不是完整的史诗。另一方面，它与中国六经相似，中国"六经皆史"，是对于古代社会状况的真实记载。六经中有《诗

---

① Wendy Doniger, Logos and Mythos : A Response to Walter Burkert, *Michigan Quarterly Review*, Spring 1999, 38 Volume Nunmber 2, p. 194.

经》，诗经的抒情诗是具有中国特色的古代诗歌，不同于西方的叙事史诗类型。而吠陀经典中也有相当多的抒情诗。但吠陀又不同于中国六经这种朴实的人文经典，它是印度神话与宗教历史的综合，雅利安种族想像丰富，表现夸诞，有高远的玄思也有神秘性质。这种民族性格与中华民族质朴务实、重视理性认识、服从道德与理性规则的心理绝不相同。

公元前 6 – 前 4 世纪，吠陀逐渐被史诗所替代，这就是印度的两大史诗《摩诃婆罗多》和《罗摩衍那》，前者是一种具有历史性质的"往事书"，这一时期，印度有大量的往事书经典，其中最为著名的是 18 部往事书、18 部小往事书等，《摩诃婆罗多》是它们的代表作。而《罗摩衍那》则是纯史诗的代表作。两部史诗在世界上流传甚广，与印度佛教经典一起，在中亚、东南亚等地都有巨大影响。

吠陀经典、两大史诗成为印度古代文化经典，这是雅利安人所创造的文明对于印度所产生的影响，虽然以后印度历史变化多端，但是文化类型的主流中，雅利安文化的成分总是潜在地发挥作用。无论是在佛经中，在印度教中，还是在莫卧儿王朝统治下，一直到英国人统治下的印度，雅利安文化类型的本质都没有根本改变。

其后，通过史诗等，印度人的理性精神最后在佛教中达到顶峰，而这种理性创造的模式与希腊人也是相近的。如果说，希腊人是在雅典的哲学与科学中，充分显示了自己的纯粹理性的创造力，他们创造了亚里士多德逻辑，这种逻辑一直延续到黑格尔的《逻辑学》与《小逻辑》中，作为西方理性的根基，那么，中国人是在人文主义文化中，在道德伦理中发展了辩证理性。这种理性渗透于中国文化的各个层面，当然，集中体现于中国的儒释道三教合一，其实是多种宗教的合一。在中国曾经先后存在过的景教、摩尼教等与直到今日还十分兴盛的伊斯兰教、基督教、犹太教等，全都在这样一个泱泱大国宽松的政治与宗教环境中，得以存活下来。这在世界各国的历史上都是罕见的，世界各国的排犹、排除异己宗教的斗争从未间断过。而印度，则是在二者之间，印度人不同于雅典人也不同于中国人。印度人不同于西方之处在于，印度没有发展成为一个以单一宗教信仰为主体的国家，没有任何一种宗教能够在印度取得基督教在西方、伊斯兰教在阿拉伯半岛那样的地位，印度一直是以多种宗教为主的国家。但是，印度人也不同于中国人，中国历史上虽然有许多朝代皇帝信奉佛教、道教等，但中国并未成为单一宗教国家，而且中国的宗教斗争与冲突一直不是国家政治生活的中心。印度虽然容忍多种宗教，但是宗教冲突在印度是历史上内忧外患的根源之一。

在文化理论与观念的探索中，印度文化也表现出与西方和中国均不相同的路径。

希腊文化以哲学作为自己最早的代表形态，尽管希腊神话与史诗也十分辉煌，被看成是希腊文明的土壤与武器库，但是希腊哲学仍然是最能代表希腊精神的学科。希腊哲学家所提出的重要概念"存在"、"逻各斯"、"理念"等，是人类对于自身存在意义追寻的最高范畴，其高度概括性，精神关注的纯粹性都是其他民族所没有的。这里也要说明，希腊人也曾经把形而上学与神学相结合，如亚里士多德就说过，形而上学就是神学，但是这种结合并没有成为希腊哲学的主体，从本质上来看，希腊哲学与中国道德伦理学一样，是以人文精神为主体的。中华民族以辩证理性的核心概念"道"、"德"、"礼"作为自己的最高的精神追求规范，这些概念融合了精神纯粹性与人类社会实践要求，是理性与感性形态的完美结合。希伯来人则把理性与精神追求融入对于神的信仰，这是理性与感性相结合的另一种方式，某种程度上，希伯来人对于外在于人类的"神"的膜拜，与希腊人纯精神的"存在"意义的向往是相同的，它们是人类精神追求的不同形态而已。

但印度人却表达出异常的多样性与丰富性，他们的精神追求可以说介于东西方之间，混杂了对于理性与感性、人类精神与神性等的追求，甚至可以说是将互相对立冲突的观念结合为一。出世与入世、精神纯洁与自然的欲求的自然合一，是印度宗教与哲学所表现出的特点。印度宗教的宗旨本身就最具有说服力，这种宗教的目的与其他宗教一样，都是认识最高真理。但是这种认识在印度教中表现为真理与现实、神与俗世之间的同一。如果对于印度教的教义进行分析，就会发现，玄思与直觉是如此直接地联系在一起了，这种联系中明显缺乏一种中介，这也正是印度神学哲学的特点。"直观现实"（brahmanubhave）、洞察真理（brahmadarsana）、直通最高的神（brahmasamspar-sa），直接对于现实的理解（brahmasakshatkasa）等概念，都强调直觉与思维直接相通。

印度教的主旨是强调一种宗教体验，并能由此超越一般的修持与思索，达到超验的理解。这种精神经常被西方神学家们大加赞扬，认为这是一切宗教体验的真谛。其实并非如此，印度的宗教体验，归根结底与西方神秘主义认识论是不同的，而且也与中国的佛教禅宗也有相当大的差异。印度教宗教体验的多样性，源于介乎神性与哲学之间的思索，这种思考尽管精深，但是，却由于与感性的混合，以至纯粹的理念与道一类观念很难得到阐扬，反而一些混融性概念如"味"等，极度膨胀。印度的"味"一类范畴在品位中，类似于中国的"气"等，是充满了感性维度、极易为俗世文化所接纳的体验。当然，作为宗教理论本身并不需要高度精神化的范畴，基督教也没有产生这种范畴。但是，希腊哲学中所存在的这种范畴作为宗教的对立物存在，本身就对于宗教理论提升有推动作用。正像中国儒学对于道、佛学有作用一样，所谓儒释道互补，就是说明它们之间虽然有互相对立的一面，同时也有互相补益的一面。遗憾的是，西方文化中与中国文化中的世俗理性对于宗教理论的辩证作用，恰恰在印度宗教中并不突出。印度是一个宗教世界，宗教理性过于强大使得印度宗教中心观念一直不能超越宗教本身，就无法与世俗观念产生互应，可以说，这是印度文化中的一个重要维度。

除了接受伊斯兰教之外，印度人没有像罗马人那样把外来的基督教作为自己的国教，而是致力于发展自己的宗教，印度教在发展中，不断产生新的教派如佛教、耆那教等，这些宗教与印度教之间的关系与基督教内部教派的分裂还有所不同，这种不同甚至表现于教义之上。印度宗教所形成的轮回说，宗教世俗化中的等级制度划分，虽然在形式上与人种有关，但是从实质上来说，也都一定程度上是与宗教本身有直接关系的。

经过吠陀经典到史诗、往世书和印度古典文化阶段，印度文化类型的特色已经基本形成。尽管在此期间及其后，印度经历了多种多样的历史事件，王朝更迭，世事沧桑，各种各样的外来民族包括海上的、骑马的、欧洲的、亚洲的、非洲的各色人种来到这块土地上，殖民征战连绵不绝。即使在这样的历史环境下，印度文化类型也经历了多次变幻，但是其文化精神的核心却仍有相对的稳定性，并且像海绵一样吸收其他民族的精神与物质创造，以丰富自己。

印度历史虽然曲折多变，但仍然可以有文化史历史时期的基本划分。第一期是古代印度河流域与雅利安人入侵，直到印度文化类型形成时期。公元前 3000 年印度文化滥觞，公元前 1500 年起雅利安人开始进入印度，经历了 1000 年，雅利安人统治了印度大部，到达了孟加拉、锡兰。第二期从公元前 4 世纪到公元 6 世纪，也就是阿育王和笈多时代，阿育王时代印度成为统一大帝国，以前邦国制的印度被统一帝制所取代，奠定了印度国家制度与政治的基础。笈多时代是一个文化思想深入发展的时代，是印度文化深入人心的时代。《政事论》一书的重新发现，为我们再现了当时印度文化的状况。印度教的大发展，佛教的兴盛，印度数学与科学独立产生并发展。如果与当时的印度文化相比较，可以说有相当的连续性。第三期是公元7世纪起到18世纪，又是一个千年，在这一时期中，伊斯兰教进入印度，佛教逐渐衰落。莫卧儿帝国使得印度成为伊斯兰教与多种宗教的国家之一，这一变化在历史上意义重大，直到今日，伊斯兰与印度教文化的并存显示着这一重大历史转折的影响。第四个时期是18世纪英国人的进入，这是现代印度的开始，也是殖民地国家的开始。东方最伟大的文明古国从此沦为殖民地，这是西方殖民文化近代以来最大的成就之一。古代印度就与希腊有着密切的文化联系，希腊人虽然讲求自由与民主，但却有着世界上最早的殖民地。在印度与希腊文明交汇中，最有代表性的地区就是所谓犍陀罗地区，印度河西岸的犍陀罗地区包括白沙瓦谷地等土肥水美的地域，这是东西方文化相汇聚的地带，多种民族多种文化在这里冲突、交融与并存。公元前4世纪，亚历山大王就曾从这里进入印度，使得印度首次为西方国家所征服。

2000多年之后，来自西方的英国人再一次来到印度，印度再次为西方所征服。与亚历山大王的征服不同的是，这次征服彻底改变了印度国家及其文明，作为英属殖民地，印度发生的变化如同历史上被伊斯兰教所征服同样深刻而持久，甚至有过之而无不及。1906年，名声不佳的英国探险家、文物商人奥雷尔·斯坦因经过白沙瓦地区时，回想起自己走在当年亚历山大王的旧路上，仍然是感慨系之。大约是为了历史上包括自己的族人在内的两次大征服的历史遗迹而惊叹不已。虽然两次征服不可同日而语，第一次是当时尚不够发达的西方国家对于文明发达的印度的入侵，第二次则是一个当时领先于世界的西方国家对于落后的东方古国的殖民。但是每一次征服中，具有强劲生命力的印度文明都与外来文明相融汇，绽放出东西文明相结合的奇葩，为世界文明交往提供了经验与借鉴。

第四章　征服与移民：美洲殖民模式

一、海上远航与新大陆

15 世纪后期到 16 世纪后期，被西方称为"大发现时期"，也有人加上"地理"两字，环球航线的开通使东西方直接会面。这个时代也是西方文明大扩展时代的到来，人类历史上，西方文明首次向东方全面拓展，世界主要文明之间的联系初步建立，世界文明体系开始形成。所谓"大发现"主要是指对美洲的发现，在美洲大陆发现以前，欧亚大陆的居民们历来自认为是人类社会的中心，以其悠久的历史与文明而自视甚高，把其他陆地称之为"岛屿"。其实对于地球来说，并没有绝对的大陆与岛屿之分，无论是大陆还是岛屿都是相对海洋而言的陆地，只有面积大小与大陆架结构的差异，没有本质的不同。非洲因与欧亚大陆相接而为这个世界所理解，成为这个世界的一个组成部分。

无论如何，这些探险都不可能完全改变美洲，也不可能建立起美洲与欧亚大陆之间的长期交流。真正的美洲与澳洲的开发，仍然发生在 16 世纪的环球航线开通，实现了海上大交通之后。这种世界性的海洋开发是殖民主义者寻找东方过程所产生的，与非洲一样，是西方人的东方探险历史上的一个部分。当然，在西方某些人看来，这是先进的西方文明开发世界，是征服野蛮民族的一段历史。因为以前踏上这块土地的入侵者不可能顺利地成为占领者，只有当西方文明高度发达之后，才具有了海上征服的意志与条件，这是我们必须说明的。本书作者认为，海上大交通与世界体系的形成，并不是一个偶然事件，不是西方民族的勇气或是其国民性高于东方，而是工业文明对于西方的一种便利，是它为西方文明的扩张提供了环境。从根本上来说，是工业文明造成了西方文明，而不是西方文明创造了工业文明。同时，工业文明也必然把世界联为一个整体，导致较早形成这一文明的欧洲人去"发现"东方。

从中世纪起，在大洋的近海就有一些海上民族，他们曾经袭击欧洲与非洲各国，造成极大危害，其中最为出名的是一些被称为"威金人"的海盗，他们横行海上，拦截各国渔船与商船，欧洲各国对这些海盗都束手无策，海盗力量最强盛的时代还成立了海盗国家，有自己的国王与军队，同欧洲多个国家交战，声名显赫。直到中世纪后期，这些海盗们归顺各国政府，逐渐消失。中世纪时代，阿拉伯人开始与中国通商，历史学家张广达先生曾经指出：

> 商业的发达导致阿拉伯人在海外势力的增长。八世纪以后，阿拉伯人取代犹太人、波斯人、印度人而取得了海上的优势，并且到十五世纪末葡萄牙人东来时期为止，控制了这一优势。①

唐代的中国与大食都是世界大帝国，大食人经阿拉伯海与印度洋进入南中国海领域，古代中国发达的科学技术特别是航海科技大大促进了阿拉伯人的航海术。中国最迟在 10 世纪之前就已经在海上航行中使用罗盘，当时称为针盘，北宋末年的《萍洲可谈》等典籍中已经记载了南海地区针盘的运用。中国人的另外一个重要发明是牵星术，这种技术也就是以一种以上的星象为指导的航海技术，阿拉伯海员们学习应用了这种技术，直到

---

① 张广达：《西域史地丛稿初编》，上海古籍出版社 1995 年版，第426 页。

欧洲人的航海图出现之前，在茫茫大海上航行，海员们都是靠牵星板来战胜风暴，识别航线。距今 600 年前，中国伟大的航海家郑和在进行当时世界上航程最远的航行之后，中国的大船队消失于大洋之上，世界海上远航的创造者中国人悄然退出海洋世界，这是一个意味深长的转变。海上航行对于当时的世界不仅是交通，而且是海外交往与海外扩张、海外殖民的主要途径，海外殖民是开辟海外市场与资源地的重要手段，因此，它如同一块试金石，识别世界不同民族文明的特性。

中世纪中后期，大西洋文明取代了地中海文明，早期工业化在西欧国家中逐渐展开，工业化急需海外市场、资源与劳动力。整个欧洲充满了一种掠夺与冒险的气氛，但是天不从人愿，欧亚大陆上的局势对于西方并不有利，15 世纪中叶，东罗马帝国被伊斯兰教徒所灭亡，苏丹穆罕默德二世占领君士坦丁堡之后，将其改名为伊斯坦布尔，并且迁都于此。1517 年奥斯曼帝国占领开罗，以后不久又攻克维也纳，建立了跨越欧、亚、非三大洲的奥斯曼大帝国，彻底断绝了欧洲与东方的陆路交通。急于扩张的欧洲只好转向海上发展。大西洋岸边伊比利亚半岛上的两个小国——西班牙与葡萄牙在欧洲的工商经济发展中步履维艰，这两个国家中浓重的封建思想、王权统治与社会构成都使它们无法与英法等大民族竞争，于是这两个国家的王室将发财的欲望转向海外冒险，15 世纪中期到 16 世纪，在两国政府的支持下，组织大型船队，开辟了两条直达亚洲的航线：其一是印度洋航线，即绕非洲南端好望角，进入印度洋；其二是太平洋航线，即横渡大西洋，经过麦哲伦航线，进入太平洋，到达南中国海。这样，东方的两个大国——中国与印度——在与欧洲长期隔绝之后，再次从海上被"发现"。与此同时，更有一个意想不到的发现，就在东方探险的过程中，发现了美洲，被称为"新大陆"。这个时代因此被称为"大发现"或是"大航海时代"。

欧洲人最初的目标是通过海上冒险寻找东方的黄金之国，也就是传说中的印度与中国，当时的欧洲工商业经济雏形具备，货币与金融的作用突显出来，寻找贵重金属的观念非常流行，中世纪的《马可波罗游记》中描绘了东方国家，其中对于东方盛产黄金与香料的描写极大地刺激了冒险家的欲望。但实际上，美洲的发现与对于南部非洲的深入，使得欧洲资本主义实现了海外扩张的梦想，通过殖民美洲与非洲，获得了美洲的资源与非洲黑奴劳动力，使得西方资本主义迅速发展，欧洲各国纷纷加入到这场掠夺中来，欧洲一跃成为世界经济最发达的地区。

二、古老的"新大陆"

1. 世界第二大洲

美洲位于西半球，是世界第二大洲，美洲的总面积约为4200万平方公里，略大于非洲，占全球陆地总面积的28%。美洲人口大约有8亿左右，占全球总人口的13%左右。西方人把美洲称为"新大陆"，是由于在15世纪地理大发现之前，欧亚非大陆上的居民们从来不知道有美洲的存在。1492年10月2日，当意大利热那亚水手哥伦布到达中美洲巴哈马群岛时，他并不知道这是一个欧洲人从未听说过的大陆，而以为来到了传说中的东方亚洲大陆。德国地理学家马丁·瓦尔德泽米勒（Martin Waldseemüller，约1480－1518年）写过一本书名为《宇宙学导论》，其中肯定了美洲是不同于欧亚非大陆的大陆，并且命名为"亚美利加洲"，他当时命名的根据是一位名叫亚美利加的航海家发现了美洲。

所谓"新大陆"应当是指新形成的大陆，但实际上美洲大陆的存在与欧亚大陆一样古老，只不过以前两个大陆是通过通道相连的，直到大约2万多年前尚且有亚洲人进入美洲，以后由于气候变化，冰上通道断绝，欧亚大陆上的人们才不知道有美洲的存在。所以美洲并不是新大陆，而且有自己的古代文明，更没有理由被称为新大陆。所谓新大陆的提法最初是欧洲人提出的，以证明自己发现了美洲。

美洲主要由两块大陆南美洲与北美洲组成，以巴拿马运河为分界。一般把墨西哥以南到哥伦比亚以北的中美洲独立开来，再加上西印度群岛，这样，美洲分为4个大的部分：（1）北美洲主要包括加拿大、美国、格陵兰与百慕大4个国家与地区；（2）中美洲，包括墨西哥、伯利兹、危地马拉、萨尔瓦多、洪都拉斯、尼加拉瓜、哥斯达黎加和巴拿马，共8个国家地区；（3）西印度群岛包括24个国家与地区，巴哈马、特克斯和凯科斯群岛、古巴、开曼群岛、牙买加、海地、多米尼加、波多黎各、美属维尔京群岛、英属维尔京群岛、安圭拉、圣基茨与尼维斯、安提瓜和巴布达、蒙特塞拉特、瓜德罗普、多米尼克、圣卢西、巴巴多斯、圣文森特与格林纳丁斯、格林纳达、特立尼达和多巴哥、荷属安的列斯、阿鲁马；（4）南美洲包括14个国家地区，哥伦比亚、委内瑞拉、圭亚那、苏里南、法属圭亚那、巴西、厄瓜多尔、秘鲁、玻利维亚、智利、巴拉圭、乌拉圭、阿根廷、马尔维纳斯群岛。习惯上把北美以外的地区称为拉丁美洲，拉丁美洲的46个国家与地区，在社会经济上有相当多的共同点，同属于当代世界的发展中国家。

美洲的自然地理形态独特，它东临大西洋，西边是浩瀚的太平洋，北部是北冰洋，南方远眺墨西哥湾与加勒比海，可以说周边都是大海，安全比较有保障。特别是北美地区，以美国为例，除了二次大战中太平洋的美军基地珍珠港遭到日本军队的袭击外，美国本土没有受到过大的军事攻击，也没有外国军队登陆美国。直到21世纪初期才开始有了恐怖组织对于美国纽约等地的 9. 11 袭击，使历来不会想到袭击在美国本土发生的情形大为改变。总体来说，从自然条件来说，美洲是一块得天独厚的土地，东西海岸各有两条南北走向的大山。东部是阿巴拉契亚山脉，西边是科迪勒拉山脉，中间是北美大平原，千里沃野，宜于耕种，特别是大面积的农牧业生产。据 1990 年的有关资料统计，拉丁美洲的耕地面积 14，932 公顷，世界总耕地面积 137，331 公顷，拉美地区约占 10. 9%；而拉美地区的农业劳动力为 4124. 5 万，只占世界农业劳动总人口的 3. 74% 左右①。由此可见，其发展农业的条件是十分优越的。当然无可讳言，土地平坦有利亦有弊，以美国的自然条件与我国相比，美国的土地多平原，肥沃平坦，而我国的土地多山，美国的山川风物不如中国美丽多姿，物产不如中国多样，但相对来说，美国土地平坦，有耕作上的优势。2005 年太平洋上的台风又给人们上了新的一课，墨西哥湾附近的新奥尔良等地受台风袭击后，海水淹没了城市，造成巨大灾难。有的美国地理学家分析，由于北美海岸地势较低，易被海水淹没，一旦被淹，居民无地逃避。反而不如山地较多的中国，有抗击海啸与台风等自然灾害的优势条件。

美洲的气候适中并且具有多样性，适于多种作物生长。从北美到南美，气候条件包括了寒带、温带、亚热带与热带。亚热带与热带有丰富的经济作物，温带产粮食与牲畜，其中咖啡、可可、香蕉、甘蔗、棉花等的产量都在世界上居于重要地位。矿产与物产资源都比较丰富。南半球三大陆中，南美的干旱地区最少，所以 19 世纪大批的欧洲移民来到美洲后，为这里优越的条件深感惊喜，比起人口多、土地少、气候阴冷的欧洲来说，

---

① 参见何百根、梁文宇主编《拉丁美洲农业地理》，商务印书馆 2003 年版，第 2 页。

这里自然条件无异于天堂了。

2. 美洲原住民与新移民

美洲的原住民主要有四个大的民族：北极地区的爱斯基摩人（Eskimos）、阿留申群岛上的阿留申人（Aleuts）、夏威夷的原住民夏威夷人（Hawaiiance）、遍布美洲全境的印第安人（Indians）。15世纪之后，西班牙殖民者的到来才打破了这种宁静的生活，以后欧洲列强纷纷进入美洲，把这里视为一片没有主人的土地，一片野蛮人的土地，一片不属于任何国家与个人，没有主权的土地。其实，在这片土地上生活了数万年的原住民的利益从来没有一个人提及。

美洲的原住民在现有美洲的人口组成中已经不是主要成分了，美洲的这些原住民，是二万多年前的移民，正如西方历史学家们所指出，这些早期移民全都是亚洲人，至今没有发现欧洲人种的早期移民。这与非洲还不同，非洲虽然黑色人种占多数，但从古代起就有各种族的人民居住。

经过几个世纪的殖民与大批移民，美洲人的种族成为世界上最复杂的地区之一。欧洲移民与印第安人、从非洲大陆贩运来的黑人、来自亚洲的各民族人民，在美洲大陆上共同生活，互相通婚，他们的后代再次通婚，产生了多种多样的混血种族。除了北美地区主要是以欧洲人、黑人与其他移民为主以外，在拉丁美洲，历史本身已经证明了种族歧视政策是多么的低能，这里异族通婚十分普遍，各民族互相融合，创造了新的混血种族，在萨尔瓦多，就有多种称呼来区分不同血统的混血人种，常见的有以下几种：

（1）拉迪诺（Ladino），专指西班牙男人与印第安女人的后代；

（2）卡斯蒂索（Castizo），指西班牙男人与拉迪诺女人的后代；

　　（3）埃斯帕尼奥洛（Espanolo），卡斯蒂索男人与西班牙女人的后代；

　　（4）穆拉托（Mulato），黑人男人与西班牙女人的后代；

　　（5）莫里斯科（Morisco），西班牙男人与穆拉托女人的后代；

　　（6）阿尔比诺（Albino），莫里斯科男人与西班牙女人的后代。

据说详细的划分可达 15 种左右，不过现在通用的已经不多，主要是用"拉迪诺"来代表一般的混血人种。在巴拿马，则有一种"梅斯蒂索人"，是印第安人与欧洲人的混血种族。另外，对于黑人与异种通婚的后代有一个专有名词"穆拉托"。这是拉美国家的一个特点。

　　北美洲的两个大国美国、加拿大的民族情况与拉丁美洲稍有不同，这里的居民可以分为两大类，原住民与移民。移民几乎来自世界各地，最早来到这里的是欧洲移民，以后殖民主义者们贩运大批非洲黑人来到这里，构成主要人种与民族，随之而来的是世界各国的移民大批进入。20 世纪后期，经过 4 个世纪的移民，美洲已经成为世界上民族最多样化的地区。

3. 进入世界文明体系的美洲

　　西班牙殖民者在征服美洲过程中，把中美洲墨西哥称之为"新西班牙"（NEUVA ESPAÑA）。这是美洲发现史上一个令人深思的现象，所有发现者都愿意以自己本土的地名来命名新发现的陆地，法国人在美洲的殖民地命名了"新奥尔良"，这个地区以后落入美国人的手中，只有"奥尔良"这个名称能使人想起，这里曾经是法国人的殖民地，在这个城市中，有一条街名"波旁街"，就是以法国波旁王朝来命名的。美国各地，英国式的名称随处可见，诸如"新英格兰地区"、"约克"、"剑桥"之类的称呼，都使人想到殖民者的本土。

以后，由于美洲殖民定居下来，受到其语言影响，就有了"拉丁美洲"的称呼，因为这一语系属于拉丁语系，拉丁语是欧洲古代语言，是欧洲文明的象征。

到达美洲之后，由于当时欧洲人对于日本、中国与印度等东方国家的概念很模糊，他就把当地原住民叫做"印度人"，这就是以后"印第安人"名称的来源。这样就使美洲有了一个新的称呼：西印度。印度本是古代东方文明的代表之一，哥伦布们海上冒险的目的就是要"发现东方"，结果把美洲误当成印度，但仅仅从这个误读之中，我们就可以看出，西方把所有非西方文明统统看成是"东方"，无论是美洲还是非洲。

无论是"西印度"还是"新西班牙"，或是"拉丁美洲"，都是殖民主义色彩最浓厚的称呼，也意味着这里的殖民主义的开始，西方文明在美洲的影响极大。美洲这一片富饶的土地，成为了西方工业文明扩张的目标，也是殖民者与冒险家的乐土，他们在本土之外的新家园，因此，移植原有文明，传播殖民文化，一直是其最主要的目的。

现代西方经济学家们把世界体系的形成时间确定于1600年，以欧洲工业化时代降临为起点。如果从世界文明体系看，其形成的条件应当说早在征服非洲南部与美洲时已经形成，非洲为西方工业化提供了劳动力，美洲为工业化提供了土地与原料，非洲的黑人被贩运到美洲开垦种植园，美洲种植园的棉花供应了欧洲的纺织工业，欧洲工业文明才可能真正形成。这样，西方工业才可能超过东方，变世界消费市场为生产基地，反向东方输出工业品。也是在武力征服与商品经济的双重作用之下，东方被迫向西方敞开了市场，这就是所谓世界文明体系形成的过程。

世界历史上东西方关系的巨变，非洲与美洲的殖民起到了关键的作用。世界文明体系形成中，非洲劳动力供应，美洲的资源，欧洲的工业生产与技术，东方国家的国际市场，所有这一切，将世界文明联系成为一个整体。

三、北美洲殖民模式的形成

1. 新大陆与文明变革

除了早期的殖民主义冒险家们之外，最早来到美洲大陆进行拓荒垦殖的是一些英国的清教徒，这些在欧洲大陆上处境不佳的农夫与手工业者们想到海外谋生，1620 年，哥伦布发现美洲大陆一个世纪多之后，一艘名为"五月花号"的移民船来到美洲，船上有 102 名清教徒，这是经过了西班牙殖民主义野蛮侵略之后，为了开拓新大陆来到美国的早期移民群体之一。从此之后，一批批的移民船停泊于美洲海岸，美国开始接受来自欧洲与世界各国的移民。

北美洲在西半球的北部，处于太平洋与大西洋之间，它西边是太平洋，东边是大西洋，北边是北冰洋，南边是墨西湾与加勒比海，基本上是独立的大陆。包括美国与加拿大两个以英国与欧洲移民后裔与新移民组成的国家，也包括格陵兰岛。

"美利坚合众国"（The United States of America）简称为美国，美国本土的土地面积约为 9372614 平方公里，北美洲地理环境特点是两侧高，中间低。在陆地的东西两侧是南北走向的山脉，东部是阿巴拉契亚山脉，西部是科迪勒拉山系的北段。中间是北美大平原，沃野千里，一马平川。美国的领土还包括了北美洲西北的阿拉斯加和太平洋上的夏威夷群岛。北接加拿大，南临墨西哥湾，西临太平洋，东滨大西洋。海岸线长22680 公里。大部分地区属于大陆性气候，南部属于亚热带，

中北部平原温差比较大。北方城市芝加哥气温1月份平均为
-3℃，7月份平均为4℃，南方的墨西哥湾沿岸1月平均为
11℃，7月份平均28℃。人口2.8亿（1993年），大多数是城
市人口，人口分布东部多于西部，沿海多于内地。美国人口自
然增长率较高，第二次世界大战后，美国人口进入增长高峰，
最高时达到8%左右。

从15世纪末期开始，美国、西班牙、荷兰、英国与法国等
西方国家就开始在这里进行殖民，18世纪之后，英国确立了在
美国国土上的统治权，建立了13个殖民地，成为以后美国各州
的基础。殖民者们大批屠杀印第安人，贩运非洲黑人进入美国，
使美国人口发生巨大变化，白人占人口绝大多数。英国对于殖
民地的压迫引发了反抗，1775年波士顿地区人民举行起义，反
对英国殖民统治。1776年7月4日，原来英国各殖民地的代表
齐聚费城，召开了第二次大陆会议，在这次会上通过《独立宣
言》，成立美利坚合众国。经过8年的战争，美国独立，其后进
行了4年南北战争，废除了蓄奴制度。值得注意的是，美国建
国之后，土地面积不断扩大，大量兼并各国殖民地与其他国家
的土地，成为世界领土面积最大的国家之一，仅次于俄罗斯、
加拿大和中国，位列第四。

我们已经指出，早在美国立国之前，来自于欧洲的移民已
经多达200万人，同时有来自非洲的黑人70万人。建国之后，
美国移民人数持续加大。在当代美国人口中，由各种肤色的移
民组成的民族集团占人口大多数，其中白人占总人口的84.
1%，黑人占到12.4%，人数为3000多万，华人大约有100多
万，印第安人等美洲原住民人数已经极少。美国是世界上人口
状况最复杂的国家，它是一个移民国家，几乎世界各国都有移
民都进入美国，号称"民族大熔炉"。据统计，美国居民大约
有100多个民族，其实可能远不止这个数字，20世纪末期，美

国的人类学家在纽约中心曼哈顿到弗拉盛的地铁 7 号线沿线进行调查，这一地区是新移民集中区，竟然统计出近 200 个民族的移民，所以有人称美国是"小联合国"。虽然美国仍然有相当严重的种族歧视与人权的不平等，但美国社会仍然为世界各人种与民族的公平竞争提供了宽容的社会环境，少数族裔在美国的政治、经济、文化各领域里人才辈出，表现出色。以犹太人为例，美国大约有 600 万犹太人，犹太人曾经在欧洲受到过严酷迫害，大批犹太移民来到美国后，分布在美国的各大主要城市。美国富豪中间，大约有 1/5 以上是犹太人。有人曾经作过一个统计，美国诺贝尔奖获得者中，犹太人血缘者达到一半左右。犹太人还是美国政界不可忽视的中坚力量。特别值得一提的是，来自东方的亚洲人后裔也成为美国这块新大陆的主人之一，19 世纪初，由于高速发展的美国经济迫切需要大量劳动力，在黑奴贩运遭到禁止的情况下，大量华工进入美国。在横穿美国全境的太平洋大铁路的建筑中，条件极为艰苦，来自中国广东等地的华工成为建筑工程的主力，为美国的经济繁荣立下汗马功劳。无数的史料证明，黄种人华工虽然不像非洲黑人那样是被抓捕以后进入美国的，也没有在奴隶市场上像牲口一样被转卖，但是华工在美洲大陆所遭受的苦难与黑奴不相上下，大批的华工被枪杀或受到凌辱，华人用自己的血汗建起了横贯美洲大陆的铁路，有人感叹地说：每一根枕木下都有一个华工的灵魂，美洲开发史上，也有华工们的血泪篇章。由于华人吃苦耐劳，聪明勤奋，在美国社会的生存斗争中逐渐处于有利地位。经过 1 个多世纪的奋斗，华人从经营社会服务性中小企业如中餐馆、洗衣店、汽车旅馆等，逐渐进入社会主流。中国儒学重视教育的传统在华人中得到保持，华人子女大量进入名牌院校读书，毕业以后从事科学技术及相关职业者居多，所以其社会地位不断提高，已经有多名华裔获得诺贝尔奖，充分显示了其优秀的民族素质。20 世纪末期，又有一批新移民进入美国，他们与昔日的华工完全不同，新移民们中相当多的人是到美国接受大学本科以上的高等级教育的，毕业后成为美国科学研究与经济金融等多领域的重要力量。

美国人有多种多样的宗教信仰，从文明传统来说，美国受到欧洲影响最大，基督教是美国第一大宗教，其中天主教人数为 5000 万人左右，新教徒人数为 7000 多万，东正教各派人数大约有 400 多万。美国实行宗教自由，所以信仰多元化趋势明显，美国目前大约有犹太教徒 600 多万，穆斯林人数也相当多。由于宗教状况变化相当大，难以确切统计，也有的统计结果为：美国基督教新教徒为居民的 57%，天主教徒为 28%，犹太教徒为 2%，其他宗教为 4%，另有 9% 的人没有宗教或是有其他信仰，总之，美国宗教中基督教人数多，而且新教徒势力最大，是可以肯定的。

英语是当代世界最重要的语言之一，美国并没有自己的语言文字，作为一个英国移民众多，并且曾经是英国殖民地的国家，英语就是美国的国家语言。美国的英语发音与语法上都与英国有一定的不同，被称之为美式英语，美式英语语调平缓，并不太重语法，常省略介词，有时把名词当做动词来用，所以句式相对简明。当代世界中，美式英语风靡全球，大有超过传统的英式英语的趋势，如同英国的英语也有方言一样，美国的英语方言有 7 种，以中西部语言为标准语音。

2. 建立在美洲殖民地上的西方文明——美国与加拿大

两个世纪前的殖民主义征服为西方打开了美洲的大门，大批欧洲移民定居于美洲大陆，他们来自欧洲工业经济发展迅速的英国，经过一个世纪的殖民与垦荒，英国人建立了 13 个北美殖民地，即美国最早的 13 个州，这种文化烙印极深，甚至在美国国旗上都可以表现出来。美国国旗是星条旗，上边有 13 条红白相间的条纹，象征着美国最初的 13 个州。国旗的左上角有 50 颗蓝底白色的五角星，表示美国共有 50 个州。美国国徽上也有一个盾牌，上面也有 13 颗星，表示同样的意义。殖民者们从非洲大陆贩运来黑奴，作为廉价的劳动力，在白人经营的种植园里劳动，在各地开矿采金，建立工厂，发展工业生产。18 世纪时，英国进入工业化时代，由于早期移民中多数来自于英国等欧洲国家，美国作为英国的海外殖民地，成了英国的主要资源供应地与加工工场，这对于美国工业发展极为重要，因为它使得美国建立了工业系统的基础。

经过激烈斗争，1776 年 7 月 4 日，大陆会议通过《独立宣言》，美国从英国的殖民地成为了一个独立国家。1787 年制定了联邦宪法，随后成立了联邦政府，美国的政治制度不同于英国的君主立宪式的议会制度，它同样是建立在三权分立原则之上，但是联邦政治并不具有中央集权性质，各州有独立的立法权，在行政与司法，以及经济发展规划方面，各州都有相对独立的权力。美国的联邦制度虽然仍然是欧洲资本主义政治制度的范围，但具有自己的特点，对于世界政治制度的改革有自己的贡献，这是无可怀疑的。

美国独立后，南北的政治与经济之间产生裂痕，北方是民主力量集中的地区，南方则是殖民主义的大本营，北方工业化程度相当高，成为典型的资本主义社会。但南方的种植园里，以黑奴为主要劳动力，蓄奴制度仍然在盛行，这种制度上的不平衡必然引发战争。1861 年 2 月南方的种植园主们发动反对政府的叛乱，美国总统林肯发布命令征集军队，保卫联邦政府。南北战争爆发。经过 4 年内战，北方军队获胜，美国真正实行了统一。从此，美国的资本主义迅速发展，到 1894 年，美国已经成为世界上工业总产值最高的国家。在第一次与第二次世界大战中，虽然美国都参加了战争，但是美洲远离战场，美国在战争期间向世界各地供应军火，大发战争财。二次世界大战后，美国成为世界第一经济大国。但同时，美国其实已经达到了其经济与政治发展的顶峰。

从 20 世纪 50 年代开始，美国在国际事务中处于霸主的地位，它的经济发展虽然经历了多次波折，但其发达的科学技术与工业生产，一直使得其实力居于世界第一的地位。美国是世界上最大的工业国，生产品种齐全，工业部门分布合理，产量大、资源丰富。工业总产值在 20 世纪末期已经达到 2 万亿左右。传统的工业中，汽车、建材、化工、木材加工、食品、橡胶、纺织等部门一直在世界上保持优势。但近年来，美国加大对于高科技产业的投入，降低了能源消耗大的钢铁工业等重工业的产量。曾经是世界钢产量第一位的美国，现在的钢产量却只保持在世界第 3－4 位，美国是世界石油消耗量最大的国家，但并不开采本国的大油田，保护资源，以进口石油为主，是世界上进口石油最多的国家。美国的高科技工业是世界最发达的，其计算机、电子、生物工程、化学工业等生产都是世界第一。同时，美国也是一个农业大国，其主要农产品如小麦、棉花、玉米、大豆等都是西方国家中最多的。交通运输发展，铁路总长达 40 多万公里，占世界铁路总长的 35% 左右。公路总长度 640 万里，无论铁路还是公路，都是世界第一。同时，美国也有世界上最大的航空运输线路，约等于世界的一半。

第二次世界大战后，美国成为世界头号经济大国，在国际政治舞台上的作用举足轻重，无人能出其右。但实际上却往往未能尽如人意，1950 年，美国发动朝鲜战争，60 年代之后又发动越南战争，两次亚洲战场的失利使得美国战无不胜的神话完全破产。特别是在朝鲜战场上与中国人民志愿军的交锋，这是美国在第二次世界大战后首次进行大规模战争，现代化装备的美军在朝鲜战场上负于中国军队，对于美国与西方都是一个深刻的教训。相比之下，对于美国民众而言，越南战争的残酷留下更深的印象，时至今日，在美国的电影或其他文学作品中，越南战争对于多数人仍然是一场噩梦。海湾战争之后，美国深陷于中东地区的政治冲突，而且 21 世纪初期就发生的 9·11 事件给美国留下了惨痛的记忆，2004 年的伊拉克战争虽然使美国在中东地区的作用更为重要，但其负担也加大，这一段历史应如何评价，尚有待时日。

北美洲的另一个大国加拿大（Canada）同样具有西方文明的传统，由于它的主要移民是来自于欧洲，并且是英联邦的成员国，这一历史传统决定了它的文明性质。

加拿大的国旗由红白两种颜色组成，红白二色为加拿大的国色，引人注目的是一叶红色枫叶位于国旗中央，这是加拿大人民独特的象征物。两边的红色表示太平洋与大西洋，中间的白色则代表了加拿大辽阔的国土。加拿大与美国接壤，在北美洲的北部，陆地面积 992 万平方公里，位居世界第二，仅次于俄罗斯。它东边是大西洋，西边是太平洋，南部与美国交界，北方是北冰洋，东北与格陵兰岛相望，西北与美国的阿拉斯加相对。加拿大的地形特点是西高东低。西部是科迪勒拉山脉，这里有落基山脉与山间高原，最高的洛根峰海拔达 6000 多米。向东延伸的是一片大平原，与南方的美国平原连接成为北美大平原。加拿大土地上密布着星罗棋布的湖泊，是世界上湖泊面积最大的国家。位于美国与加拿大之间的五大湖是世界上最大的淡水湖群，总面积达到 24 万多平方公里。加拿大矿产资源丰富，是世界第三大产矿国，位于美国与俄罗斯之后。它的稀有矿物产量相当高，一些重要的矿物如钴、铬、钼、铂等的储量居世界前列。它的森林覆盖面积为 440 万平方公里，占到土地总面积的 44%，仅次于俄罗斯与巴西，位列世界第三。由于濒临两大洋，加拿大海岸线曲折绵长，特别是东部的大西洋海岸有多个大的海湾。海岸边密布着大小海岛，仅1万平方公里以上的海岛就有18个。

气候寒冷，冬季长，夏季短，雨水稀少，这是加拿大气候的特点，全国大部分地区冬季积雪，东部地区积雪甚至达到1米以上。加拿大气候比较寒冷，大部分国土处于高纬地区，一半的国土在北纬60度以上。加拿大的原住民是印第安人与爱斯基摩人，如今已经人数不多了。从17世纪开始，欧洲移民开始进入加拿大，虽然一直有大量移民进入，但是总人数并不多，至今仍然只有3000万人。而且人口高度集中，集中于城市，特别是集中于与美国邻近的南方地区。东部的蒙特利尔与多伦多地区，集中了全国人口的30%以上，另一个人口集中的地点是温哥华。除了这些大城市之外，全国大部分地区，特别是辽阔的北方，人烟稀少。

西方文明中，有两种语言及其所代表的传统一直在进行着激烈的竞争，这就是英语与法语。这种竞争最集中地表现于加拿大，17世纪开始加拿大成为殖民地，1604年，法国一个名叫尚普兰的人在这里设立了皇家港，以后又建立了魁北克城，从此法国人在加拿大站住脚。基本上与此同时，英国人开始在这里与荷兰人展开争夺殖民地的斗争，正像在非洲等地一样，经济大国英国最终战胜荷兰人，取得主动权。从17世纪后期开始，英法两国又开始了长期的斗争，直到英法战争后，法国失败，加拿大正式成为英国殖民地。虽然屡经变迁，但讲法语的居民一直顽强地保持在魁北克省的统治地位。值得注意的是，20世纪80年代以后，魁北克人再次提出所谓"主权与联系"的主张，实际上仍然在争取该省的相对独立，虽然这个省面积只有153万平方公里，人口不过600多万，但仍有相当大的文化影响。全国人基本上使用两种语言，使用英语的占总人口的

60%，使用法语的占25%以上，只有极少数人使用其他民族语言，这些人主要是一些新移民。加拿大移民来自英法的较多，英国移民人数是最多的，而且来自于英国各地。其余一些来自于荷兰、意大利、德国与美国，也有来自于东欧国家的。近年来从亚洲与南美各国的移民大量进入，使这个以白色人种为主的国家成分有所改变。但是由于它靠近美国，迁居美国比较容易，所以加拿大移民虽然迁入的数量相当多，迁出的数量也不少，特别是进入美国。

由于多数移民来自于欧洲，所以基督教也是加拿大的主要宗教，大约有85%的人口为基督徒，天主教人数与新教徒大致相当，天主教人数略占优势。与美国移民的宗教信仰状况稍有别，因为美国新教徒稍多于天主教徒。来自各国的移民们有自己信仰的倾向，英国人多数信仰英国国教，德国人中信仰路德教派的人数相对多一些。其余如犹太教、东正教等多种教派在这里也相当活跃。

直到19世纪40年代，美国与英国还在争夺加拿大西部的领土，加拿大人决心捍卫自己的独立，联合起北美的英属殖民地，建立加拿大国家。1864年，原来的多个英属殖民地包括上加拿大与下加拿大联合省、新不伦瑞克、爱德华太子岛等共同通过《魁北克决议案》，建立了北美洲不列颠领地联邦，这就是加拿大国家的前身，三年后，英国议会通过了《不列颠北美法案》，明确了加拿大自治领的建立，这就是加拿大的第一部宪法。加拿大实行联邦制度，英国国王兼任加拿大国王，总督为英国国王在加拿大的代表。加拿大自治领的建立为以后加拿大的立国作了准备。1926年，英国宣布自治领具有外交上的同等权力，加拿大才取得了外交权力。加拿大政府宪法规定，中央与各省依据宪法各有一定权限。政府实行三权分立，基本上仿效英美等国的机制，加拿大的政府实行内阁制，由众议院中多数席位的政党组阁，总理则由这一政党的领袖来担任。加拿大也实行议会制度，分参众两院，但是它设有枢密院，全称为"加拿大女王枢密院"，委员由总督任命，终身任职。加拿大共有 10 个省与 2 个地区，联邦与省各自保持独立权力，各省可以自行制定宪法，并且享有行政与司法的权力。

加拿大经济的腾飞是在 20 世纪 50 年代之后，它长期保持经济的高速度增长，远超过英美其他发达国家。1976 年，加拿大被接受参加西方 7 国首脑会议，标志着其西方经济大国的地位得到国际承认。

四、美洲原住民的古代文明类型

美洲虽然被看成是新大陆，但它有独立发展起来的古代文明。这就是美洲三大文明，它们分别是墨西哥与危地马拉的玛雅文明、阿兹特克文明和南美的印加文明。这三个文明是不同时代的独立文明，都已经达到发达文明的水平，应当承认其自立于世界文明之林的资格。其中玛雅文明已经在 1000 年前灭亡，但其影响仍然存在，是美洲不可磨灭的历史。

自从哥伦布发现美洲之后，美洲的文明发生了剧烈变异。首先是北美原有的印第安文化完全被取代，在北美洲这块土地上，新生的美国与加拿大文明是西方传统在美洲的新生，成为有代表性的西方现代文明类型。古代文明的萌生地拉丁美洲也脱胎换骨，完成了文明类型的转换，虽然不是北美那种西方文明，但也与传统文明有根本的不同。这都是比较文明学最好的范例，在这里，任何世界史或是文化史家们都只在关注历史事实，我们可以从中看到、听到世界文明体系形成的历史脚步。在研究美洲文明时，我们必须先介绍美洲原有的三个主要文明的概况，然后，我们将通过最初的西班牙殖民者的征服史，来探讨美洲三个古代文明灭亡的过程，这是世界文明史上极为特殊的一页，它反映了旧文明与新文明之间的冲突，从中也可以看出资本主义与西方殖民主义历史上最残酷、最黑暗的历程。

1. 墨西哥高原上的文明起源

在研究世界文明体系起源时，我们已经看到，公元前1500年是一个重要时期。在这个时期，雅利安人进入印度半岛，征服了印度河谷的古代印度文明。公元前1570年，埃及法老阿摩西斯将喜克索斯人驱逐出了埃及，埃及进入新王国时代。也就在这一时期，中国的商王朝开国君主汤就位，即位17年后灭夏，建立商朝。可以说，东方文明进入了一个早期的经典时代。公元前1200年前后的奥尔梅克文化，推动了古代美洲的玛雅文明，也可能看成是美洲文明的一种革命性发展。

其实早自公元前3000年起，中美洲的墨西哥、危地马拉、萨尔瓦多、洪都拉斯与伯利兹等5个国家的印第安民族开始创造古代文明——玛雅文明。大量的陶器在美洲出现，标志着美洲文明进入早期发展，危地马拉等地形成玉米经济，这是美洲最早的农业经济之一。玛雅人对于玉米有特殊的情感，产生过多种关于玉米的传说，翻开当代美洲文学史，处处可以看到关于玉米的作品，可见这种传统是多么深厚。

正如我们上文所说，这种农业文明发展进程中，曾经受到奥尔梅克文化的影响，这种文化大约发生于公元前1200年左右，这种文化的中心在墨西哥高原，这种文明比玛雅文化更为高级，受到这种高原文化的影响，玛雅文明城邦生活制度、宗教信仰加强。2005年3月20日，美国宇航局在现场直播了墨西哥奇琴伊察玛雅文化遗址在春分时出现的"羽蛇下凡"的美妙景象，当时的场景真是令人激动不已。"奇琴伊察"在玛雅人的语言中意为"玛雅人的井口"。遗址大致呈长方形。这是一个著名的美洲的金字塔，位于距墨西哥的坎昆200公里处。塔基边长 55 米，塔高 30 米，分 4 个面，每个面分为 9 层，91 个台阶，共为 364 个台阶，加上顶部神庙，总数是 365 阶，与阳历 365 天数目相同，这就是玛雅人的历法：

> 正面台阶的角缘饰有两个巨大的羽蛇头。每年春分时刻，金字塔出现"羽蛇奇观"。阳光将金字塔西北角的阶梯菱投射到北坡西墙上，波浪状的投影与蛇头石雕恰好连为一体，随着日落角度的变化，宛如一条有生命的巨蟒从塔顶向大地游动爬行。这一奇观并非巧合，而是玛雅人精心设计的结果，是他们精确的天文知识与巧妙的建筑艺术完美结合的奇迹。一些人甚至称这可能是"外星人的杰作。"①

公元 10 世纪前后，在奇琴——伊特萨和乌希尔城邦，每年春分时节，墨西哥人都要举行"羽蛇下凡"的观察仪式，以纪念古代人类的科学发现。玛雅人不仅是杰出的天文学家，而且是具有发达文明的民族。这种文明中有一种令人惊奇的现象——玛雅金字塔，在危地马拉的热带雨林中发现了玛雅金字塔比埃及金字塔要小得多，金字塔现象是亚洲文明中常见的，在中国北方草原上自古就有小型堆垒建筑，估计与玛雅金字塔相同，也是神灵崇拜的产物。

公元 5 世纪前后，玛雅文明进入兴盛时期，影响到尤卡坦半岛。从公元 9 世纪起，正在兴盛期的玛雅文明开始衰落，不过玛雅文明从没有断绝过，应当说直到西班牙殖民者来到美洲之后，才灭绝了这一文明。

玛雅文明是美洲的农业文明，其生产方式简单，以刀耕火种为主，并且曾经在山地上营造梯田。主要农作物与经济作物

---

① 何淇："美宇航局直播'羽蛇下凡'奇景"，《文汇报》，2005 年 3 月 23 日第 8 版。

是玉米、薯类、可可、西红柿、南瓜、豆类、辣椒、烟草、棉花等。由于有较发达的农业基础，所以玛雅人的贸易也相当发达，他们的商业活动范围甚至可以达到巴拿马地区与墨西哥北部。经营的商品种类繁多，包括陶器、土布、蜂蜜、烟草、染料、燧石、树脂等。这些颇具特色的产品使玛雅人名声远扬，特别是他们生产的可可豆等产品，为玛雅人带来大宗财富。

美洲古代文明中有一个特点，就是主要文明全部是农业文明，没有发达的畜牧业文明，也就是说美洲没有产生出游牧民族。为什么会产生这种状况？西方历史学家的看法是，美洲没有培养出宜于饲养的动物。虽然美洲有狗等可饲养动物，但是却没有大量饲养马，没有大量的饲养马就不可能有大规模的畜牧业，没有战马就不可能有游牧民族的骑士。这一特殊历史为美洲文明带来了福音，强悍的游牧民族对于农业文明的劫掠在美洲历史上并没有发生，像欧亚大陆上的草原骑士们纵横大地的战争是惊心动魄的。

但这也同时是个缺陷，美洲的大多数文明没有大型的战争，难以抵御强大敌人的袭击，印第安原住民虽然十分勇敢，但是缺乏大批训练有素的部队。当与西班牙入侵者们战斗时，他们总是处于劣势。据西班牙殖民者记述，西班牙殖民军队与印第安人作战时，由于美洲没有马，西班牙人则海运了骑兵来参战，当骑兵出现时，英勇的印第安武士们感到十分惊讶，他们不知道这是什么，以为人与马是结合为一体的怪物，战斗队伍变得纷乱起来，首领难以指挥，最终导致了印第安人的失败。

此外，应当说明，我们对于玛雅人宗教信仰的理解仍然十分少，这种神灵的秘密是什么仍然不得其解。有的西方学者认为，玛雅文明崇拜的自然神是一种植物生长的神力，这是一种基于美洲农业发展的推测。这种推测现在仍然不能成为定论。唯一可以肯定的是，这是一种超自然力的崇拜，它不同于一般的自然物象的崇拜，这是玛雅人的发明，以后的宗教史研究会证明，在古代文明中，这种崇拜的产生是一种文明进步的重要标志。

2. 美洲的城邦文明

美洲另一个重要文明产生于墨西哥谷地，这里气候宜人，土地适于耕作，公元 900 年前后，托尔特克人首先在墨西哥谷地发展农业，他们虽然属于部族社会，但是已经有了较发达的文化。12 世纪中，这些部族中的一支建立了阿兹特克王国，标志着美洲一种独立文明的产生。经过两个世纪的经营，这个王国强大起来，他们迁移到今日的墨西哥城附近，

14 世纪初期，阿兹特克人在以后墨西哥城建立了自己的王国，这个王国在 15 世纪进入强盛时期，据美洲历史记载，阿兹特克王国最兴盛的时代人口曾经达到过 600 万，这在美洲已经是相当大的国家了。不幸的是，正是在这个国家最兴盛的时期，西方殖民者来到这里，1521 年，阿兹特克首都特诺奇蒂特兰城被西班牙人攻克，1524 年最后一位君主库奥特莫克被害，阿兹特克王国灭亡。

有的历史书中称阿兹特克是美洲的"帝国"，如果着眼于阿兹特克国家的强大与疆域广阔而言，应当说是有一定道理，但实际上，阿兹特克文明并不真正具有帝国性质，除了统治方式之外，并不具有通常所谓"帝国"的任何特征，正如美国历史学家乔治·C. 瓦伦特所说：

> 在奇奇梅卡人时代，以及在阿兹特克人时代，政治单位是群体，它建立在同一村庄或城市的基础上，靠耕种自己的土地为生。虽然一个集团的人口可以达到几千人，村庄可能变成一个城邦，公社土地可能不足以养活人口，但政治组织则没有什么真正的变化。任何首领都没有那种为

秘鲁印加人的首领所成功推行的帝国概念。除了秘鲁是唯一的例外，美洲印第安人的各群体的做法都是拓殖新的领土，从来不通过征服手段去吞并弱小公社。①

阿兹特克王国虽然有势力扩充，但并不重征伐，这是美洲国家的特征之一。阿兹特克文明中相当重要的阶段是伊特斯科亚特尔王朝，1428年，伊特斯科亚特尔登基，他被认为是阿兹特克文明的真正缔造者。他确立了宗教信仰，如同罗马人确认基督教一般，并且建筑了大型的庙宇，建立了国家政府的各级机构，使国家初具雏形。到孟蒂祖玛一世时，阿兹特克已经成为土地广袤的国家，东部直达普埃布拉与维拉克鲁斯，南部疆界到达了莫雷洛斯与格雷罗各部落，以后它的领土不断扩充，成为当时的大国。

这种文明具有相当发达的科学创造力，在美洲大陆上，他们独立发明了金属冶炼技术，虽然没有进入铁器时代，基本也没有真正意义上的青铜器时代，但他们已经有了紫铜，可以说与青铜器时代只有一步之遥了。同时，制陶工业已经相当发达。这种文明具有城邦文明特色，城市建筑规模宏大，庙宇建筑也精美绝伦，还有优美的壁画，证明这是一个艺术天赋很高的民族。最重要的是他们的象形文字，已经有800多种符号，有3万多个词汇。令人惊奇的是他们的数学才能，他们早已经开始有了0数字，可能比欧亚大陆上要早，欧亚大陆上0数字是印度人发明的，传入欧洲已经相当晚了。

阿兹特克人笃信宗教，他们的宗教仍然是多神教，其中太阳神地位最为重要。他们的所有行为都要听从神的意旨，相信征兆，在与西班牙征服者的斗争中，为数不足400人的西班牙

---

① ［美］乔治·C. 瓦伦特：《阿兹特克文明》，朱伦、徐世醇译，商务印书馆1999年版，第220页。

人与强大的阿兹特克国家对垒，本可以轻松地将来犯的西班牙人消灭，但国王与百姓中的相当一部分人竟然相信一些不祥的预兆，士气低落，这也成为抵抗失败的一个原因。

他们创造了相当发达的历法，他们创造了一种独特的日历石，巨大日历石至今仍然是世界上少有的巨型日历。但这种日历石的作用并不只是一种日历，而是把历法与宗教联系起来，历法受到神的观念指导。通过日历石，阿兹特克人表达了自己的宇宙观，并且渗入了自己的神话。日历石中心是太阳神托纳蒂乌的脸，表示当代，脸周边有 4 个方形，表示以前的时代。以 20 天为一进制，20 日各有名称，环绕成为一个圆形，表达了天空与宇宙。其刻制方法有些方面令人想起埃及石刻，也有些方面与中国古代铜器相似，而与亚洲的石刻并不相似。阿兹特克人创造了自己的计数法，这是 20 进制的计数法，这也可能是其日历中 20 日的来历。从阿兹特克人的雕刻、石像及神话来看，有天堂与地狱，有明显的竖向布局，表达出一种高低尊卑的等级制度。

无可讳言，这个文明有其明显的历史缺陷，它的一些陋习是使它衰落的因素，例如，阿兹特克人盛行人祭，大型的人祭竟然达到数百人，这是世界历史上少有的。同时，部落之间的联系也呈现出一种简单的利益关系，各个部落经常把相邻部落作为对立面，为了灭亡邻邦，不惜与敌人结为临时的盟友，以获取直接利益。当西班牙人与阿兹特克人作战时，一些周边部落并不支持阿兹特克人，使得西班牙人可以利用他们之间的矛盾，各个击破。这虽然并不是根本原因，无疑也成为这个王国最后灭亡的原因之一。

3. 安地斯山地文明

南美洲的西北部，美洲大陆的西岸，面对太平洋，有一座高耸入云的大山——安第斯山，安第斯山平均海拔4300米，世界最大的河流亚马逊河就发源于此，安第斯山脉有许多高达6000多米的高山。这里就是著名的安第斯文明的发源地——秘鲁。秘鲁的国土很有特色，地形狭长，沿着海岸线延伸开来，境内山峦起伏，只有沿着海岸线才有狭长的砂土带，没有大河也没有冲积平原，流淌着几条细小的河流。安第斯山终年积雪，但并不融化，只有在山东坡上有大的河流。从自然环境来说，这里是典型的山地高原，并不适宜于农业的发展，但恰恰是在这个高原山区，印第安人发展出了自己最发达的文明——印加文明。这种文明从地理位置来说，应当是一种山地文明，这里最低的地方也是海拔1000到2000多米的谷地。地形复杂，不利耕作，与北美大平原形成鲜明对比。即使与相邻的墨西哥两种文明——玛雅文明与阿兹特克文明——相比较，这里的自然条件也很差。墨西哥高原与谷地都有肥沃广阔的土地，墨西哥高原是世界上少有的大高原，完全有条件发展农业，但秘鲁完全不具备这样的条件，所以秘鲁的农业必须以在山坡耕作为主，开发梯田，发展种植业与初级的畜牧业。世界上古代文明中，只有两个创造了改造自然的梯田，一个是中国文明，一个是印加文明。

印加人在这里定居下来，他们修筑的梯田沿着山坡层层排列，山上放牧着印第安人自己驯养的骆马与羊驼，在白云深处，可以看到美丽的印加人的山村与城镇。当西班牙入侵者来到这里时，无异于看到仙境一般。

"印加"一词的本义是"国王"或是"领主"，以后成为这种文明的名称，也有人解释为太阳神后裔的意思，或是西班牙人对于印加人的称呼。如果考虑到有的历史学家认为，可能在西班牙人进入美洲之前，印加人已经自称为印加，我们不妨将其理解为从部落文明向国家文明进化的标志，印加人在诸部落中首先确立王朝，是当时的一个先进部族，因此以此为名。以后，这一王朝征服其他部落，成为一种文明。

安第斯山孕育了古老的印第安文明，从目前的文化遗迹分析来看，这一地区存在过连续的文明，但并不固定于一个地区，而是相对小范围里流动的文化。

公元前16世纪到公元6世纪，这里有查文文化等古代文化存在。这些文化遗址中发现了动物崇拜的石刻，这里与奥尔梅克文化一样，崇拜美洲虎，可以考虑彼此之间可能存在一定的关联。同一历史时期的帕拉卡斯文化遗迹中，古墓里的木乃伊身着棉织品，并且有精美的刺绣，这说明当时的棉纺织业与手工艺已经发展到了较高的水平。稍后，公元前3-5世纪的帕斯卡文化中，陶器与陶绘已经十分精美。

公元6世纪到10世纪兴起的蒂瓦纳库文化表明，安第斯山进入了宗教兴盛的时代。印加可能在这一时期发展了太阳神崇拜，在玻利维亚的蒂瓦纳库镇，有一个巨大的石雕太阳门，这个石雕由一块巨石刻成，浑然一体，呈现一个巨大的门形，高达3米，宽近4米。每年9月21日，东方太阳升起的第一缕阳光从门的中央射入。这是一个与阿兹特克人的日历石有异曲同工之妙的石雕，其中既有宗教的因素，又有天文学与古代科学的观念，这种混合也是美洲文化的一个特点。

大约从12世纪起，印加王国进入发达时期，从1438年第九位印加王帕查库蒂开始，印加王国成为一个大的帝国。国王确立了太阳神崇拜，政教合一，独掌大权。印加人征服了卡哈马克、利马、奇穆、纳斯卡等地。到第11代国王瓦伊纳·卡帕克时期，印加王朝成为大帝国。以安第斯山的秘鲁为中心，北方边界到厄瓜多尔，南方到了智利的马乌莱河，西边直到大海。阿根廷与玻利维亚的相当一部分都属于印加帝国，人口多达200多万。正当印加帝国最盛的时代，一支西班牙殖民者的军队来到印加，次年，西班牙殖民者佛朗西斯科·皮萨罗率领的只有170人的军队，占领了库斯科，处死国王。1553年，已经传承13代国王的美洲最后一个文明古国印加帝国灭亡。灭亡这一数百万人口大国（据德拉维加说，印加王国人口最多时达到了1200万）、面积100多平方公里的大国的竟然是一支不足200人的西班牙殖民军队。

印加文明是美洲文明中唯一的青铜器文明，印加人已经掌握了多种金属的冶炼技术，可以用的金属有金、银、铜、锡等，但是，对于发展国民经济极为重要的冶铁技术却没有掌握。所以他们的工匠以铜与银的工具来取代铁制工具。秘鲁历史学家印卡·加西拉索·德拉维加说：

> 现在西班牙人做木匠活用的所有工具中，当时的秘鲁人只会作斧子和锛子，而且还都是铜的。木匠活计用的锯、钻、刷子和其他工具，他们一概不会制作。因此，他们的木匠活无非把木头砍断，好歹弄平能盖房子就行了，至于箱子和房门则一概不会制作。即使斧子、锛子和很少的几种小锄头，也是由银匠而不是由铁匠制作，因为能制作的所有工具都是铜和黄铜的。①

由于没有铁，不可能制作深耕的犁铧，这样就无法深耕土地，不能提高农作物产量。他们只会用木制的犁来耕地，这样就阻碍了印加帝国农业的发展，不可能形成精耕细作的高级农业。

但是相对来说，印加的农业仍是比较发达的，印加人培育和种植了40多种农作物，玉米、薯类都有相当大的产量，基本满足了人民的需要。他们具有世界一流的梯田技术，造田加工技术极为精细。先用石料垒起三道墙，然后向墙里填土，填到

---

① ［秘鲁］印卡·加西拉索·德拉维加：《印卡王室述评》，白凤森、杨衍永译，商务印书馆1995年版，第162－163页。

与墙一样高为止。再向上一层层地垒上去，直到山顶，这样把一座山全部变为梯田。印加人有严格的田亩制度，全部田地分为三分，一分给太阳神，一分给国王，一分给百姓耕作。他们已经学会了轮耕与休作，这样对于提高田力是有效的。印加是一个典型的农业国，重视精耕细作，以农为本，国王重视任何有关农业的活动。相对来说，印加人的畜牧业并不太发达，虽然培育出一些牲畜，但不足以发展成大型的畜牧业，这可以说是美洲文明的共性。

印加人的城市建筑水平并不亚于阿兹特克人，库斯科城是古代世界城市建筑的完全典范，这座山城位于高原上，但是供水却十分充足，这在当时是一般城市所难以企及的。城市建筑以石头为原料，但房屋结实，宫殿豪华，庙宇则高大壮观。欧洲中世纪的古堡建筑举世闻名，但是如果看到印加人的古代城堡，如萨克萨瓦曼古堡、马比比丘古堡等，这些建筑在山巅的古堡，堪称巧夺天工，丝毫不比欧洲中世纪古堡逊色，也称得上是世界建筑史上的奇迹。

印加文明一个令世人不解之处，就是一直没有发现文字。因为它的宗教，天文学、数学知识都达到了相当高的水平，但是却一直停留于结绳记事，这些因素可能会造成文明发展滞后。

五、征服型殖民模式的反思

美洲殖民是西方近代大殖民的主要历史，也是西方文明经过了希腊罗马的辉煌之后，以近代殖民活动为契机而复兴的关键一步。这一殖民模式有自己的特色，完全不同于非洲殖民模式，美洲殖民活动的特点是殖民者定居美洲大陆，屠杀印第安人，然后大量从欧洲移民，强占美洲土地，奴役有色人种，建立自己的国家，我们称之为"征服移民型殖民主义"。而同一历史时代中，西方殖民者在非洲则是另一种模式，他们瓜分非

洲后，捕捉黑人，将其作为奴隶贩运到美洲与欧洲，是这一种
"奴隶贩运型殖民"，前者是资本主义土地资源与物质资源的掠
夺，后者主要是劳动力的强占。当然，两者的区分并不是绝对
的，非洲殖民活动中同样有殖民庄园建立等活动方式，但两者
的不同仍是明显的。

我们首先要对美洲征服的过程进行回顾，美洲征服的中心
是对印第安原住民文明的毁灭，这一过程主要表现于对墨西哥
与秘鲁的征服。

首先征服的是墨西哥，西班牙殖民者来到美洲之后，到处
寻找黄金之国，他们的目的是抢掠财富。经过艰苦的搜寻，直
到1517年他们才发现墨西哥，但初期的殖民者们人数不多，所
以无法战胜印第安部落。

1519年3月25日，商人埃尔南多·科尔特斯带领一支500
人的小队伍，在塔马斯科与印第安武士激战，虽然西班牙人有
大炮火枪，但印第安战士毫无惧色，拼命进攻。正当此时，西
班牙骑兵从背后偷袭，印第安人没有见过马与骑兵，以为是人
马一体的怪物，纷纷败退。此役西班牙人杀死印第安人800余
人，这是西班牙人的第一个大胜仗，自此，西班牙人掌握了印
第安人的习性，一方面装出一副伪善的样子，要求同印第安人
和谈，声称自己是来帮助印第安人去除野蛮陋习、信仰伟大宗
教的，他们为一些印第安人洗礼，安抚他们；另一方面则用印
第安人从未见过的火炮与马来恐吓他们，说成是具有神力的怪
物，继续屠杀只有长矛弓箭的印第安人。

西班牙人看到印第安人虽然英勇，但是容易轻信，心地单
纯，决定用诡计来战胜他们。西班牙人到达墨西哥城后，国王
蒙特苏马相信了他们的谎言，让他们进入城中。但西班牙人出
尔反尔，突然反目，逮捕国王，只用了两年的时间，数百万人
口的大国竟然被区区数百人的部队所征服。

如果说征服墨西哥的殖民英雄是科尔特斯，那么征服秘鲁的英雄则是弗朗西斯科·皮萨罗，他出身低微，大约出生于1471年前后，早年是一个牧猪人，以后投身于当时极为兴盛的海外冒险，以博取名利，但他命运不济，已经人到中年，才不过是一个区区的上尉，既无名也无利。1524年11月中旬，皮萨罗获得一个机会，组织一支小殖民军队远征巴拿马以南地区，这在当时是极危险的地区，但是野心勃勃的皮萨罗决心借此机会改变自己的地位，因为当时科尔特斯等人已经因在拓展海外殖民地中建立功勋，成为西班牙的英雄而名噪一时，令皮萨罗羡慕不已，因此他绝不会放过这样一个机会。随同皮萨罗前行的人数不多，大约在一百人左右，他们向南方逆风行驶，通过圣迈克尔海峡，绕过皮纳斯港，沿着海岸线南行，寻找合适的登陆地点。经过几次探索性行动，殖民者们登陆后遭到印第安人的迎头痛击，只能狼狈地返回巴拿马，第一次大型行动以失败告终。

但是皮萨罗并不死心，卷土重来，1926年3月10日，皮萨罗与另一个冒险家阿尔马格罗、提供冒险资金的埃尔南多·德卢克在巴拿马签订了一个协议书，宣誓共同征服秘鲁帝国，平分所获得的一切财物与利益。这实在是一个荒谬绝顶的协定，因为当时他们连这个"秘鲁帝国"在哪里、它是否真的存在都不确切知道。西方人把西班牙人的冒险称为"美洲十字军"，形容这些冒险家的行径是"燃烧的十字架"，认为这些冒险的初衷与宗教是有密切关系的。但也无可否认，这种冒险的实际是杀戮与黄金掠夺。然后，他们带领160多人，分乘两艘船，直航圣胡安河口。然后与以前一样，沿海岸搜索，目标是秘鲁帝国。他们在基多也就是今日的厄瓜多尔登陆，然后绕过了塔库麦兹角、帕萨多角与圣赫勒拿角，进入瓜亚基尔湾，远眺安第斯山，当他们到达通贝斯时，见到了美洲特产——骆马——

即欧洲人所说的"秘鲁羊"，这是供给印第人毛纺物的动物。
当一位秘鲁首领问皮萨罗为什么来到这里时，皮萨罗对当地人
说，他是世界最伟大与最有权威君主的封臣，他来此是为了确
认君主对于这个地区的"合法的统治权"。同时他还说，他来
此的另一个目的是为了将当地臣民从不信上帝的蒙昧状态中拯
救出来，因为印第安人信的神是邪教，世界上只有基督是唯一
真正的神。这样，冒险家皮萨罗发现了秘鲁。1529 年 7 月 26
日，西班牙皇后制定了一个约定书，授予皮萨罗发现并征服自
圣地亚哥向南延伸 200 里格的秘鲁省的权利，并且终身享有总
督兼总司令和先遣官、警察总监等职位。这就表明，西班牙政
府正式授权这些冒险家征服秘鲁。1531 年 1 月，皮萨罗再次出
发征服秘鲁，在通贝斯登陆后，继续向内地进军。1532 年，西
班牙军队翻过安第斯山，来到印加王国。西班牙军队目睹这个
国家十分强大，不敢轻举妄动，先将军队驻扎在要害地区，正
像征服墨西哥一样，西班牙人再次使用阴谋诡计来对付秘鲁人，
他们的诡计最终得逞，秘鲁被征服了。

非洲与美洲都经历了残酷的大屠杀与征服战争，非洲黑色
人种与美洲印第安人种是这段历史的受害者。美洲，这个新大
陆的征服史短促而惨烈，为历史留下了相当大的想象空间。无
论曾经是征服者的葡萄牙与西班牙，还是处于被征服地位上的
墨西哥与秘鲁，都可以反思这一历史，历史所展示给我们的，
并不是单纯的新旧文明冲突，也不完全是以强凌弱，而是世界
文明体系建立中的一种现实。中国读者可能感兴趣的问题之一
是，墨西哥人是如何看待这段历史的。1989 年，当史学名
著——西班牙人贝尔纳尔·迪亚斯·德尔·卡斯蒂略的《征服
新西班牙信史》——的中文版出版时，墨西哥驻华大使豪尔
赫·爱德华多·纳瓦雷特在中译本序言中有这样的一段话：

　　迪亚斯·德尔·卡斯蒂略把读者带进一个英勇、残酷

的世界。无论是他的惊异或是反感，全都和盘托出。从他个人的观点出发，对他不能认可的事情或是觉得美妙的事物，或谴责，或赞美。总之，展现了五百年前两种文化剧烈相撞的情景——今日墨西哥就是从那种相撞中产生。①

作为现代墨西哥人，这种关于历史的评论无疑具有相当的客观性，这可能是新大陆文明变迁之后特有的一种观念，美洲，无论是印第安征服，还是拉丁美洲的国内战争，美国的南北战争，在美洲历史评论与民众中都有一种重史实轻判断的特征。受到推崇的是历史事件中的人类精神，是英勇与斗争。南北战争是蓄奴与废奴的斗争，但是对美国民众来说，南方军的英雄却可能成为时代英雄的表率，美国作家米切尔（Magaret Michell）在小说《飘》中，对于旧日奴隶主的南方没落的怀念反而得到了美国民众极大的同情，这里绝不只是一种艺术魅力，而表达出一种美洲民族所特有的价值评判与文明观念。哥伦比亚作家加西亚·马尔克斯（Gabriel Garcia Marquez）在名著《百年孤独》中描写了一个叫马孔多的小城，这个小城其实是拉丁美洲的缩影，作者反思 100 多年来拉丁美洲封闭孤独的历史，其中有民族神话与历史文明的反思，更扩大一些，可以说是拉丁美洲历史的反思与遐想。从这部小说中可以看到，作者所尖锐批评的是一种封闭自守，一种由此而产生的反文明与反进步的传统。但是，作者表达的是对于美洲文明的深切热爱，是盼望这一文明进步与发展的情感。从这里也可以看出，经过多民族的长期通婚，多种文化结合所形成的美洲文明，对于文明的替代与融合有自己的观念。这种观念对于中国这样具有 5000 年历史而以后经过半殖民时代的民族心理可能是难以完全认同的，这是我

---

①　［西］贝尔纳尔·迪亚斯·德尔·卡斯蒂略：《征服新西班牙信史》上册，江禾、林光译，商务印书馆 1997 年版，第 1 页。

们在评价这一段历史时所必须明白的。

美洲的发现与征服，是世界文明史上西方文明与印第安文明的相遇，两种文明相碰撞的结果是可想而知的。文明程度的高低决定双方力量的强弱，也决定了胜负，这是一个历史事实。一位西方历史学家曾经形容道：手握钢枪的殖民者与手持石器时代武器的美洲人进行战斗，这是一场屠杀而不是战斗。西方殖民者以一种历史进步论来为自己辩护，以为自己是先进文明对于落后文明的征服，是有利于美洲人民的。以西方的"个性自由国家"对落后的专制帝国，有大量人祭制度，随意杀戮奴隶等的半开化文明，所以西方人认为自己的征服是有理由的。但是从另一个方面而言，任何文明都是建立在道义基础上的，没有道义的文明不是文明，如果西方文明的这种征服本身已经违背了历史道义，侵犯了印第安人的权利，这种征服不啻是一种罪恶。

从另一层意义上看，对于文明社会来说，主权高于一切，不能以自己的需要来取消别人的主权或是以凌驾于主权之上的原则来侵犯主权。美洲印第安人的文明是独立文明，它们有自己存在的权利，文明的毁灭是殖民者的历史罪恶，这是任何人都无法为之辩护的。

正义、信仰与进步是殖民者的借口。但是，这一借口也遭到西方人自身的质疑。

正义的目的是不可能通过邪恶的手段来实现的，手段与目的是一致的。正像一位西方学者所言：正义不能出于邪恶。非洲、美洲乃至整个东方的"征服"都是欧洲国家以战争为手段进行的，以正义的名义进行邪恶手段的征服，这也就是以恶作为历史的推动力，这正是一种帝国主义的逻辑。当年，黑格尔曾经为恶或所谓推动历史的恶来辩护，其依据正是这样一种文化逻辑，对于世人来说，这只是一种强盗逻辑而已。

第五章 奴隶贩运：非洲殖民模式

一、殖民主义："无边的东方"

西方学者一般认为，公元 1600 年前后，西方工业化文明趋向成熟，大工业的出现需要世界性的大市场、生产资料和劳动力的供应地。在这一历史要求下，西方的工业化与西方的文明扩张结合为一，这就是所谓的"世界体系"的形成。其具体行动表现为美洲的大规模移民、非洲黑奴抢劫与贩运、亚洲等地的殖民化与半殖民活动。在西方创造的世界体系中，所要纳入的主要对象就是东方，"东方"，这个概念在此时变得无所不包，其中既包括了传统意义上的东方亚洲，也包括了非洲，甚至连美洲的部分地区也成为"东方"，这个地球上除了西欧与北欧外的所有地区几乎全部成为了东方，所有的东方又都是不文明的，或是说，所有的东方文明都只是一种过时的古代文明或是没有什么价值的文明，只有西方文明是真正的文明。东方文明将要被西方文明所取代，这可以说是西方人最终的东方文明观念。虽然以后也可能有多种多样的"发现东方"或是颠覆西方文明的理性中心的观念产生，也有零星的反对西方中心主义的学说，但西方人所制定的世界历史总旋律已经定型，没有大的变化。

有的学者把这种"东方"概念称之为"无边的东方"，认为是近代西方殖民主义者对于东方的看法。同时，在东西方关系方面，世界文明研究家把近代西方殖民主义说成是一种"西方的复兴"（韦尔斯语）或是"西方的全面反攻"，其主张基于下面这样一种立场。即公元 10 世纪之前，欧洲不断遭受到外来势力的侵袭，包括日耳曼人、匈奴人，马扎尔人、北欧海盗维金人与中东的穆斯林等，但 14 世纪之后形势向相反的方向变化。十字军在意大利、西班牙和荷兰等地战胜了穆斯林，还吞并了拜占庭帝国。15 世纪，德意志人占领了曾经由斯拉夫人与波罗的海民族占领的欧洲腹地。这是"欧洲人"其实主要是指地中海与大西洋文明的一次大扩张。

我们已经指出：东西方历史上，西方的扩张其实并不是一次，而是多次的，至少有三次大的扩张，这三次扩张的方式有所不同，但目的却基本相同，都是对于东方财富的掠夺。所以西方复兴的说法不如说是西方的扩张，因为一种文明的发展与否并不在于是否需要对异己文明的征服，而在于本文明的经济政治社会的发展。西方文明并不会因为不扩张而衰落。同样，扩张，并不是复兴。西方历史上三次大扩张，分别是，第一次亚历山大王的东征与罗马大帝国时代；第二次是中世纪的十字军东征，这次东征虽然是以宗教名义进行的，但性质仍然是一种东方掠夺；第三次是 17 世纪之后的世界性的殖民主义化，这次扩张与以前是不同的，这是一种殖民化，是改变国家与民族性质的殖民化运动。

17 世纪之前，经历了蒙古帝国暴风骤雨般统治的欧亚大陆重新开始分配，受到重创的阿拉伯帝国从 15 世纪开始再次扩张。奥斯曼帝国的版图已经包括了布达佩斯与阿斯旺，从巴格达到古代波斯国，直到阿拉伯半岛的南部，其势力范围达到了小亚细亚，欧洲的东南部，埃及与北部非洲，甚至地中海、黑海、红海等西方文明的传统范围，也都处于一个大帝国的统治之下。阿拉伯人甚至曾经出现了海上贸易的繁荣，但这种繁荣并不持久。阿拉伯人与奥斯曼帝国都以陆地为主要经营地，放弃了海洋。

　　1442 年，葡萄牙人开始从西非贩运黑奴到欧洲，这是殖民主义时代最具有特征的行动之一。陆地的游牧民族进攻农业民族的时代结束了，维京人的海盗时代结束了，西方工商业文明的时代到来了。欧洲人的大炮与来福枪击败了突厥人与满人的骑兵，各国争先购进德国人制造的火炮。先进的纺织机战胜了土布织机，火车轮船取代了马车竹筏，西方人制造的多桅帆船与大汽轮出现于海洋之上，世界战争往往决胜于海洋，海洋成了世界战场。世界正在形成一个体系，这个体系是按照西方的标准来布置的。世界正在形成新的秩序，这个新的秩序是由地中海文明来制定规则的。

　　东方概念的泛化造成了一种"无边的东方"现象，古老的非洲的重新发现，新发现的美洲、大洋洲等都是东方探索过程中的产物，这些地区被看成是更加低于东方国家的蛮荒地区，非洲人被当成奴隶贩运，原有的印第安民族等被认为是土著，野蛮人，是没有文明的。印加文明等古代文明长期得不到承认，在相当多的欧洲人看来，这只是一种原始文化，尚不能称之为文明，不但不可与现代文明同日而语，而且无法与古代文明同日而语。传教士与殖民者的工作就是教化与殖民，是消灭这种原始文化，这些文化虽然不同，但都是大的"东方"的组成部分。

二、尼格罗人种起源地

　　非洲的全称是阿非利加洲，来自于拉丁文"阳光灼热之地"。非洲是人类的故乡，学术界有一种非常普遍的看法，认为世界人类起源于非洲。这种看法的根据在于，在非洲发现了最为全面与系统的人类形成化石，排列成为人类形成的历史链条：古猿——森林古猿——拉玛古猿——南方古猿——能人——直立人——智人——现代人。非洲大地就是人类进化历

史的博物馆，从猿到人的每一步都清清楚楚；每一个阶段全部
排列在这里。关于世界人类的起源，我们已有专章论述，这里
不再赘述，但要强调的一点是，非洲至少是世界主要人种
之——尼格罗人种的起源地。

　　非洲地处东半球的西南部，北部是地中海的南岸，东北部
以苏伊士运河和红海与亚洲相交，西边是大西洋，东濒印度洋，
非洲的面积为 3020 万平方公里（另一种说法是 3029 万平方公
里），有人认为它是次于亚洲的世界第二大洲，其实它小于美
洲总面积，美洲总面积为 4200 多万平方公里，非洲应当说是世
界第三大洲，它的面积约占世界陆地总面积的五分之一。大约
在非洲大陆三分之一的北方，横亘着世界最大沙漠撒哈拉大沙
漠。撒哈拉沙漠把非洲分为两大部分，北方是北部非洲，主要
有埃及文明，是世界古代文明之一。沙漠之南，由于居民主要
是非洲黑色人种，所以称为黑非洲。截止 20 世纪 90 年代，非
洲人口大约有 18 亿。非洲并不是人种复杂的地区，但是民族众
多，国家也多。黑色人种占总人口约三分之二，主要是苏丹尼
格罗人与班图尼格罗人，其余的主要人种欧罗巴人与混血人，
其次是埃塞俄比亚人、蒙古人、俾格米人和科伊桑人。非洲也
是世界上最早文明的起源地，这是由非洲的地理条件所决定的，
其他各大洲无法与其相比。非洲是最早走出冰川时代的地区，
恰恰是今日的撒哈拉沙漠成为了人类文明的起源地之一。在撒
哈拉沙漠深处，当代考古学家发现了大量的岩画，这是一幅美
妙的农牧业生产的图卷，画面中已经出现了今天非洲人所居住
的圆形草屋，农夫们在开垦种植土地，牧人们放牧牲畜，从阿
尔及利亚西部到利比亚、埃及、苏丹的沙漠都有这些岩画，说
明这一地区在冰川退去后，森林茂密，雨水充足，非洲人在这
里开始了农牧业生产，这一生产要早于北非的埃及与西亚地区
至少 2000 年以上。直到大约 10000 年前，冰川向欧洲北部退

去，烈日下的撒哈拉地区土地严重风化，大沙漠才会出现。

习惯上把非洲地理分为 5 个大的部分即北部非洲、西部非洲、东部非洲、南部非洲与中部非洲：北非 7 个国家地区，包括埃及、苏丹、利比亚、突尼斯、西撒哈拉、阿尔及利亚与摩洛哥王国，此外，也应当把亚速尔群岛与马德拉群岛划入北非，北非民族多信仰伊斯兰教，与西亚国家合称伊斯兰世界。北非有三个国家突尼斯、阿尔及利亚与摩洛哥，因历史上与欧洲有密切联系，被人称为"马格里布国家"即"非洲的西方"之意。西非 19 个国家地区，包括毛里塔尼亚、佛得角、塞内加尔、冈比亚、几内亚比绍、几内亚、塞拉利昂、利比里亚、马里、布基纳法索、科特迪瓦、加纳、多哥、贝宁、尼日尔、尼日利亚、喀麦隆、赤道几内亚、圣多美和普林西比。西非国家多数人口为操苏丹语的黑人，另外有少量的阿拉伯人。中非 5 国，包括乍得、中非共和国、加蓬、刚果与民主刚果，中非民族多为操班图语的黑人。东非 10 国包括埃塞俄比亚、厄里特里亚、吉布提、索马里、肯尼亚、乌干达、卢旺达、布隆迪、坦桑尼亚与塞舌尔；南部非洲有 15 个国家地区，包括安哥拉、赞比亚、津巴布韦、马拉维、莫桑比克、博茨瓦纳、纳米比亚、南非共和国、斯威士兰、莱索托、马达加斯加、毛里求斯、科摩罗、留尼汪与圣赫勒拿。南部非洲人口中，操班图语的黑人占 85%，欧洲白人占 5%，马来—波利尼西亚语系的占 9% 左右。

非洲的气候是非洲历史文明形成的一个重要条件，非洲地处赤道两边，大部分地区太阳直射，气候炎热，平均气温在摄氏 20 度以上。非洲大陆虽然以干旱少雨著称，但是在赤道两侧的降雨带又是世界上降雨量最高的地区，年降雨量高达 1500 毫米以上。当雨季到来时，大雨倾盆，冲刷着原本干燥的大地，洪水狂暴泻下。这里的土壤是热带土壤，风化严重，土地肥力不易保持，当受到雨水冲刷时，往往流失。这样，非洲农业一直没有过渡到深耕，在欧亚大陆已经普遍采用了重犁深耕的农业时代，非洲一直处于锄耕阶段。而且为了保护易于流失肥力的土地，非洲不得不采用休耕。非洲的休耕不同于欧洲与古代中国采用的轮耕制度，而是彻底的休耕，这样极大地限制了农业发展。农业不发达，粮食供给不充足，使非洲长期不能解决基本生活问题。非洲大陆上河流众多，水流量很大，水力资源丰富，这是非洲得天独厚的条件。但是由于黑非洲地势东高西低，高原相当多，河流不能形成大的冲积平原，这就没有发展农业的条件。东非高原上的尼罗河在下游才可能形成大的平原。而从这里发源的刚果河，从贾富塔贾隆高原上发源的尼日利亚河、塞内加尔河等，则流淌在崎岖不平的断裂地层上，沿途多瀑布，飞流直下，宜于水力发电，而不宜于灌溉。与亚洲的两河流域、中国的长江黄河相比，发展农业有一定困难。而在其余的时间，有的地区如东非等地，干旱成灾。非洲的农业条件与世界其他地区相比是较为艰苦的，这对非洲特别是撒哈拉沙漠以南地区的农业发展造成阻碍。非洲气候炎热，疾病容易流行，对于居民身体造成一定危害，影响居民长期定居与集中居住，这是文明发展中的一些不利条件。从非洲总体而言，北非埃及是世界古代文明也是世界农业的起源地，而非洲其他地区则没有大规模的农业文明，也有少数农耕地区，但区域不大，或是曾经有过辉煌的文明，但在西方近代以来的殖民主义压迫之下，已经衰落。

南部非洲占有非洲土地的三分之二，是非洲大陆的腹地，这也是某些欧洲人所说的"黑暗大陆的心脏"。这种说法含有明显的民族主义观念与民族歧视色彩，是应当受到批评的。这里的居民主要是黑色人种，撒哈拉沙漠以南到赤道以北地区、西非几内亚沿岸与埃塞俄比亚高原上的居民是苏丹尼格罗人种，他们身体高大，头发呈卷曲状，肤色黑。他们分为多个民族，如约鲁巴人、富尔贝人、阿散蒂人与曼丁戈人等。班图尼格罗人是非洲最大的种族之一，他们历史上曾经居住于西非，后来向全非洲迁移，推动了非洲文明的前进。中非地区生活着俾格米人，他们身材矮小，曾经长期生活在非洲雨林的深处，现在他们遍布于中非地区的 8 个国家之中。在北非地区与大沙漠中，则有阿拉伯人与柏柏尔人，他们是外来的欧洲与西亚种族，也已经占到了非洲总人口的近五分之一。非洲民族众多，大约有500 多个民族，有 5000 多种语言，可以说是世界语种最多的地区，非洲民族的文明相当复杂多样。

三、撒哈拉沙漠南北的古代文明

1. 北方的古代文明

非洲作为西方的殖民地是历史最为久远的，早自希腊罗马时代，北非就是西方的殖民地。但是，北非与南部非洲之间隔着撒哈拉大沙漠，这个大沙漠把非洲分成了两个大部分，大沙漠从自然地理上来说对于非洲生态是不利的，干燥少雨的天气使得非洲成为世界最贫穷的地区。不过大沙漠也保护了非洲，沙漠以南的地区直到 20 世纪，对于外界来说仍然是一个人迹罕至的地区。非洲的沙漠与森林保存下来世界上最古老的并且是最缺少变化的文明，最古老的种族部落。这里是人类学家的乐园，是人类历史的样板，所以，非洲是世界的一个奇迹，这里虽然经历了中世纪的伊斯兰化，有了苏丹大帝国这样的国家的存在。但毕竟仍然是人类文明进化的一个角落，整个大陆仍然是相对落后的。非洲大陆经历了多种文明的冲击，但非洲的众多原始民族仍然保持着祖祖辈辈的渔猎生活，相当多的原始民族依然存在。直到今天，非洲，这个离太阳最近的地方仍然有鲜为外界所知之处。

在欧洲人进入非洲之前，古老的非洲有没有文明？或是像黑格尔所说，非洲完全是一个"野蛮的"大陆？这个问题是研究非洲的关键与前提。

以地理位置而论，非洲其实有相当有利的地位，它地处大西洋与印度洋之间，是全球海上航行的交通要道。但是非洲的地理优势中也有局限性，非洲的大陆架比较小，一般不超过30公里，近海渔业资源少，海岸线平直，不像欧洲与亚洲那样有众多的近海岛屿，没有深水良港，这都限制了非洲人在海上发展。另外一个非常重要的地理局限性是非洲没有内海，不可能像地中海那样形成发达的交通运输与商业。所以非洲虽然面临大洋，但是如果没有航海条件是不可能远航的。所以形成一种特殊的现象，使得非洲长期处于相当闭塞的环境，北部被撒哈拉大沙漠所封锁，其余各方则被大洋所隔离。撒哈拉以南的非洲长期处于这样一个环境之中，其文明发展受到限制是完全可能的。非洲的文明对于所谓的"海洋文明开放"与"陆地文明保守"的理论似乎是一个直接的讽刺，证明自然环境不是文明类型的决定性条件。

非洲的农业与畜牧业起源相当早，大约从公元前8世纪到前4世纪，除了北非埃及地区之外，西非地区农牧文明也较发达，这里居住着古代班图人，班图人历史上曾经发生过令非洲大陆震惊的大迁移，经过这次大迁移，非洲文明开始在整个大陆上扩散开来。几内亚、加纳等国地处西非平原，种植了薯类，并且将野生稻培养成水稻，这是对世界文明的巨大贡献。东非与埃塞俄比亚高原上，气候高温少雨，并不利于农业发展。但这里交通相对发达，古代非洲居民仍然在这里培育出麦类与高粱类植物，早已经与农业发达的西亚等地形成交流。无论如何，非洲是有自己贡献的。北非的文明是世界文明史上辉煌的一页，人类最早的文明之一埃及文明产生于非洲，它是世界文明的起源。它不但影响了整个非洲，同时也对希腊罗马文明产生过巨大的历史影响。公元前12世纪，腓尼基人来到北非沿海地区，已经建立起了殖民地。公元前9世纪时，腓尼基人、罗马人进入突尼斯等地，以后又进入阿尔及利亚等地，直到公元7世纪伊斯兰教进入。非洲这块土地一直有多种古代文明活动。非洲同时还有众多的独创的文明，只是殖民者们为了自己的利益，对于非洲的历史文明不予承认，以证明奴役黑非洲人、掠夺非洲资源的行为是一种文化启蒙，是对黑暗大陆的解放。历史事实证明，这种说法是完全荒谬的，非洲的古代文明与伊斯兰化后仍然保持基本独立的文明，只是在殖民者入侵之后才被消灭或是趋于衰落的。

非洲从古代起就已经有了黑色人种独创的文明，在广阔的非洲大陆上，从不同方向开始了文明传播，有的是从北非的埃及向非洲大陆各地的传播，有的则是独立创立的，并且与西亚与阿拉伯文明之间发生了密切的文明交往。这些文明如灿烂的群星一样，分布于非洲各地。但是也要指出，非洲古代文明与埃及、中国文明不同，不是集中的大型文明，而是分布于非洲大地之上的星罗棋布的文明点。我们只能对于其中重要的文明点进行简略描述，这是令人十分遗憾的。

（1）马格里布与库施王国

北非国家与西亚国家中阿拉伯文明与伊斯兰教有巨大影响，北非的突尼斯、摩洛哥与阿尔及利亚被称为"马格里布"，是阿拉伯语中的"阿拉伯的西方"之意，这一地区是古代柏柏尔人的居住地，柏柏尔人在公元前3300年已经十分强大，他们曾经入侵埃及，造成一片恐慌，被记入了埃及石刻之中。古代腓尼基人从公元前1100年前后向这里大量移民，这些外来民族定居于此，公元前814年建立迦太基国，迦太基是非洲也是世界强国，雄踞地中海以西，与古罗马进行了长期的对抗。但是迦太基人也遇到柏柏尔人的顽强的抵抗，所以也不可能全部占领马格里布地区。柏柏尔人建立了毛里塔尼亚与努米底亚。迦太基人与罗马人之间进行了三次布匿战争，公元前 2 世纪迦太基为罗马所灭，罗马人将非洲的这块土地作为罗马的殖民地称为"阿非利加"，非洲的名称由此得来。马格里布地区农业生产发达，物产丰富，早在罗马后期就已经受到异族的侵略，汪达尔人与拜占庭都曾经入侵这一地区。公元 640 年，阿拉伯人进入埃及，公元 670 年占领突尼斯，从此，马格里布地区被阿拉伯人所控制。经过几个世纪的经营，大约于 11 世纪后期，这里已经全部伊斯兰化。公元 16 世纪后，奥斯曼帝国控制了这一地区，但是摩洛哥并没有被奥斯曼所征服，是为数不多的独立国家。

公元前 5000 多年前，在东北非地区建立了一种努比亚文明，它的历史发展形态齐全，包括了新石器时代到陶器、铜器时代进化的全过程，是一个由黑色人种建立的独立文明。主要生产是畜牧业，有了较发达的种植业，农作物品种相当齐全。公元前 2000 年他们建立了库施国家，虽然目前尚没有证据证明这个国家最初形态是什么，但可以肯定的是，这是一个十分强大的国家。库施人与埃及人进行过长期的战争，最突出的是公元前 8—7 世纪时，也就是埃及第二十五王朝时，库施人战胜埃及人，统治了全埃及，这就是埃塞俄比亚王朝时代，这是埃及历史上第一个完全由黑人统治的王朝。古代埃及人也是黑色人种，他们自称是"肤色如烧焦的木头的尼格罗"，但是北非地区的埃及人比库施等地的居民肤色要稍浅一些，所以埃及仍然称其为黑人王朝。这个王朝最强盛时军事力量极为强大，西亚的亚述人曾经建立过强大的亚述帝国，他们在战争中的手段十分残酷，以屠杀无辜与俘虏而出名，埃塞俄比亚人并不畏惧这个军事强国，曾经大败亚述军队。《圣经》中也曾经记载下了这个王朝的国王特哈加的名字，这种文明也因此闻名遐迩。库施人早在公元前1世纪前后就已经掌握了冶铁技术，由于冶铁业发达，素有"古代非洲的伯明翰"之称。

公元350年，库施人的王国被阿克姆国家所取代。阿克姆也是一种古老的文明，它最初是黑人所建立的农业国家，大约距今4000年前就已经建立，阿克姆人早已经开始种植大麦、小麦与谷类。后来阿拉伯半岛的一个民族萨巴人渡过红海来到这里，他们以具有阿拉伯特色的农业改造了原有的黑人文明，逐渐发展出一个混合型的文明。到了公元3世纪到4世纪时，阿克姆文明已经成为当时世界最大的帝国之一，以今日的埃塞俄比亚为中心，农业与商业均相当发达，这里出产香料、金砂与象牙等，并且使用金银铜的货币，与波斯、中国、罗马等并列为当时的世界四大强国。

（2）东非斯瓦希里文明

东非地区可以看成是撒哈拉沙漠以北，也可以看成是沙漠以南的地区，东非是非洲较早与外界产生交流的地区之一，这里的斯瓦希里文明也是一种持续文明，肯尼亚地区早在公元前几个世纪已经有了古代文明，班图人大迁移后来到这里定居，发展农业、种植业。他们与东非海岸众多民族融合，创造了斯瓦希里语与文字。伊斯兰教兴起之后，阿拉伯人对这里的影响逐渐加强，15世纪之后，外来的伊斯兰教移民与本地人共同建立了举世闻名的东非城邦群，大小城邦达37个，其中著名的有摩加迪沙、布拉瓦、格迪、基尔瓦等。这些城邦建立在亚非两大洲的交通要道上，控制了亚非之间的商业贸易。这里是古代丝绸之路的外围地区，东西方货物在这里交换，非洲本地产品也参加交易，商业兴旺，与世界经济发达地区有大量的贸易。中国的郑和曾经来到东非，以后的中国旅行家汪大渊、费信等人也曾来到过东非，阿拉伯旅行家伊本·白图泰盛赞这里是最繁华的地区之一。近代西方殖民运动中，这里由于交通便利，成为贩运黑奴的主要港口，这里原本密布的城邦，经过劫掠后一片荒凉，人烟稀少，实在令人惨不忍睹。

2. 撒哈拉沙漠以南的古代文明

（1）西非文明与马里大帝国

西非也是非洲古代文明的摇篮，古代班图人在公元前开始从这里向东非、中非与南非等地迁移，这次大迁移使得西非的文明向全非洲传播。西非曾经是多个古代文明兴盛的地区，这里曾经诞生过诺克文化、萨奥文化、伊格博－乌库文化、伊费－贝宁文化，这些遗址的挖掘说明，非洲不但是重要的人类起源地，也是文明起源地。以后在西非产生了文明古国加纳，在赤道以北，撒哈拉沙漠与非洲大陆内部交通的要道上，古代文明也持续不断地产生。毛里塔尼亚和马里一带，柏柏尔人建立了加纳古王国，柏柏尔人是非洲大陆上为数不多的白色人种，从公元前开始就有白色人种在非洲这一带出现，公元 3 世纪他们建立国家。直到 8 世纪，苏丹人入侵古加纳，开始了黑色人种的统治。如同古代库施文明一样，它证明了非洲的原住民们无论是黑色人种或是其他人种，都具有创造独立文明的能力。古加纳的宗教是伊斯兰教，商业与农业都很兴旺，加纳王国在最兴盛的 11 世纪，疆域辽阔，东到廷巴克图，东南到尼日尔河，南面和西南方向一直延伸到了塞内加尔河上，北面同柏柏尔人的土地相接，这个国家已经成为众所周知的黄金之国，直到 13 世纪，才被马里大帝国所灭。

马里本是尼日尔河上游的一个小王国，13 世纪到 14 世纪它开始强盛起来，在不到一个世纪的时间里，马里灭亡了周围的众多小国，成为非洲一个疆域辽阔的大帝国。这个帝国不仅是当时非洲也是世界上最富庶的国家之一，它灭亡了加纳等国家，成为盛产黄金的大帝国，欧洲殖民者早已经得知马里是最富有的国度，千方百计要占领马里。

尼日尔河中游的桑海帝国是西非的另一个古代王国，从7世纪起建立，15世纪起开始强盛，以后灭亡了马里帝国，成为西非大国。桑海帝国不仅国力强大，而且重视教育，全国普遍开设经院，讲授古兰经、逻辑学、天文学、历史学等，可以说汇聚了东西方的学术。16世纪，这个西非历史上最强大的国家被摩洛哥所灭。西非古国中，尚有加涅姆－博尔努王国等。

（2）中非与南非的古代文明

中非地区是非洲的腹地，水量充沛，波涛汹涌的刚果河在这里蜿蜒流淌，刚果河流域从班图人到来后，也曾经培育出多种古代文明。其中有14世纪到17世纪的刚果王国，它建立于14世纪后期，是一个农业国，种植非洲主要的农作物玉米、高粱和木薯等，由于开国元勋是一个铁匠尼米·卢克尼，所以国家素有打铁、木工、制陶、编织等手工业的传统。15世纪末，葡萄牙人来到后，终于被灭亡。17世纪初刚果河流域还有库巴王国，到19世纪时被比利时殖民者所灭。20世纪还存在的一个王国是隆达王国，这是17世纪建立的王国，曾经是一个地域广大的帝国，后来逐渐分崩离析，只有刚果（金）、安哥拉与赞比亚等国尚且在其统治之下。

南非地区最古老的文明是津巴布韦文明，南下的班图人在南部非洲各地，主要是津巴布韦、马拉维、莫桑比克、南非等地建立多个国家，津巴布韦从公元4世纪立国，到16世纪灭亡。19世纪，非洲的祖鲁人在殖民者的压力下，揭竿而起，建立祖鲁王国，与殖民者进行了长时间的斗争。

总之，非洲是有自己独立文明的大陆，从古代文明到近现代文明都有自己的形式，都有自己的工农业创造，形成了自己的社会经济形态，市场交易方式等，有自己的国家制度与语言文字。特别突出的是非洲的冶铁业发展早，在古代世界中是首屈一指的，非洲文化形态之完整与发达，并不亚于同时期的亚欧文明。将非洲称为"野蛮大陆"是毫无根据的，非洲有没有文明，不能由西方学者说了算，而是由世界文明史的总体进程所决定的，古代非洲文明曾经领先于世界，作为世界文明起源地，非洲至今没有获得应有的承认，这是不应当发生的局面。

四、非洲殖民模式：奴役劫掠

西方殖民运动史上，在世界范围里有三种主要模式，第一种是半殖民地或是半宗主国模式，这种形式在亚洲与欧洲国家中多见，亚洲的中国从 20 世纪初期到中期曾经是半殖民地模式的典型，印度则是半宗主国的模式，印度虽然表面上也有国家主权，但作为英联邦国家成员，无论政治经济上都曾经受到英国的辖制。第二种殖民模式是移民国家模式，以美洲国家最为典型，美国、加拿大都曾经是欧洲国家的殖民地，主要是英国的殖民地。拉丁美洲的大部分国家也曾经是殖民地，这些国家的原住民印第安人等民族被屠杀与驱逐，欧洲各国大量移民美洲，形成了新的国家。第三种是奴役与劫掠型的殖民模式，这种模式在非洲最为典型，殖民者将这里的黑色人种居民大量强行贩运到美洲与欧洲，对非洲的矿产、森林、农产品等大量掠夺，运往欧洲，以推动欧洲的工业化进程。

在世界殖民运动史上，近代非洲殖民是极为残酷的一页。早在近代欧洲殖民者登上非洲大陆之前，犹太教、基督教与伊斯兰教都传入非洲，其中伊斯兰教的影响最大。首先进入非洲的是基督教，公元 4 世纪，阿克苏姆文明皈依基督教，在此之前，阿克苏姆人信奉多神教，具有祖先崇拜的习俗。公元 320 年，埃扎纳国王下令改信基督教，从此埃塞俄比亚地区成为基督教文明传播最广泛的地区，这里也是非洲大陆上唯一完全的基督教国家。总体来说，基督教长期在非洲传播速度并不快，区域也不太广。

公元7世纪之后，伊斯兰教传入了非洲。它首先进入了北非与东非地区，然后迅速向非洲全境蔓延。伊斯兰教与基督教一样，都是通过两种形式进入的，一种方式是军事入侵，一种方式是移民与传教。军事入侵是对于东北非地区，公元641年阿拉伯军队从埃及进入苏丹，战胜了努比亚文明，在东北非建立了首批伊斯兰国家。移民进入非洲的方式我们上文已经提到，东非城邦群的诞生与伊斯兰移民关系密切，7世纪后期，阿拉伯人来到东非，在东非建立多个城邦。移民们大建清真寺，宣传伊斯兰教义，经过1000年的经营，东非地区普遍伊斯兰化，索马里、莫桑比克等国全部伊斯兰化。这一历史似乎启发了穆斯林，证明和平方式的移民胜过军事征服。

从10世纪开始，北非伊斯兰教进入非洲文明发达的西非，到13世纪之后，廷巴克图已经成为西非伊斯兰教中心，伊斯兰教已经控制了强大的马里王国与桑海王国。到19世纪，西非地区经过传教与军事征服等多种手段，也已经基本伊斯兰化。伊斯兰教对于非洲的影响已经胜过基督。以推动文明进步而言，伊斯兰教对于非洲是有贡献的，阿拉伯商人促进了非洲商业的兴盛。索马里半岛在伊斯兰教的推动下，成为当时世界商业发达的地区之一，东非沿海的象牙与黄金大批运出，东方的丝绸与瓷器运到这里。如果没有欧洲人的入侵，这里并不是不可能进入现代文明的。从13世纪到15世纪，大批阿拉伯商人向东方航海，也吸引了中国的商人远行至此。非洲在和平的环境下与东方进行交流，伊斯兰教带给非洲的是文明与进步，特别是商业贸易的发展与国家制度的建立。阿拉伯与非洲文明结合在一起，并且吸收了其他文明的成分，形成了斯瓦希里文明。斯瓦希里文明是非洲文明的一个高峰，有自己的语言文字，是东非地区的主要文明。

西方对于非洲的殖民与奴役经历了不同的历史阶段，从最初的海外冒险寻求黄金，到后来的贩运奴隶，以满足国内劳动力需要，最后又转为后殖民式的利用，在非洲实行文化帝国主义政策。这些不同步骤的驱动力只有一个——资本主义世界体系——它的形成与推动。

首先是对于非洲特别是南部非洲的再发现，葡萄牙的冒险家们非洲探险的主要目的是寻求黄金，苏丹与东南非沿海都以盛产黄金而著名，当时的欧洲冒险家们大力宣传"非洲海岸盛产黄金"，所以很多人是为了黄金而到非洲冒险的。但是从西方人航海的目的来说，主要还是对东方世界的资源与市场的开拓，绝不仅仅是为了黄金。这种探险的性质决定了殖民主义者采取的方式与行为。葡萄牙人从非洲西海岸开始的探险经历了一个世纪，从 15 世纪初期他们就开始向南方运动，最初他们只是沿海岸线进行探险与掠夺，大约于 1432 年前后发现了亚速群岛，30 年后，葡萄牙人来到了加纳，这里以盛产黄金著称，如果说殖民者的目的在此已经达到，那是不对的，殖民者的贪欲是没有止境的。其实在来到加纳之前，葡萄牙人的船队已经到达佛得角，他们立即占领了这个军事要地。以后，他们来到刚果与安哥拉等地，进行奴隶贸易，还有象牙和黄金交易。

环球航线的形成绕过非洲，葡萄牙冒险家巴托罗缪·迪亚士（Bartolomeu Dias）1486 年在海上遭遇风暴，他所带领的三桅轻便帆船被向南吹去，最后到达了非洲最南端，这里就是以后的好望角，"好望"意味着传说中的东方已经有了希望，但是这一历程仍然并不顺利，直到 1497 年，东方的航线有了决定性的进展，这一年，瓦斯科·达·伽马（Vasco da Gamm）率领的船队从里斯本出发，经过好望角，来到了马林迪港。然后从这里驶向印度洋，1498 年 5 月底来到印度。葡萄牙人完成了欧洲到远东的大航海，以后，他们又来到了南中国海，1513 年，奥维士首先到达澳门，他问中国人这里叫什么名字，当地人以为他问身后的妈祖庙叫什么，就回答"妈考"，就是广东话"妈祖"的意思，这就是澳门在西文中名称的来源。随后大批葡萄牙人来到珠江三角洲，清政府最后允许他们居于澳门。澳门成为中国、日本与欧洲之间的交通要冲，它垄断了东西方贸易。20 世纪最后一年，澳门才回归中国，中间经历了近五百年的葡萄牙殖民地时光，直到今日，在南中国海的这个小岛上，到处耸立着葡萄牙风格的建筑，街上的行人中随时可见葡籍血统的居民与旅游者，形成了中国的这一经济特区的独有风光，逝去几个世纪的烙印深深地印在这块土地之上。在澳门市中心区有座白色的欧式建筑，这就是当年的澳门葡萄总督府，"总督"一词来源久远，这是古代罗马帝国在殖民地设立的最高行政长官的称呼，西方殖民者在海外的殖民地一直沿用这名称，在非洲与中国没有区别。

　　寻找黄金之国是伊比利亚半岛上的殖民者的口号，他们并不知道黄金之国何在，只知道在世界的东方。在征服非洲的过程中，他们在加纳与马里帝国确实找到了盛产黄金的土地，但是殖民者们的野心并未就此满足，随着英法德等欧洲大国加入，殖民者的目标发生了根本性的改变，从黄金之国的寻求变为黑奴贩运，走上了最为残酷的屠杀、追捕、贩运奴隶的道路，这是世界史上从未有过的大型人口贩运与屠杀。

　　这一转折就是非洲殖民的第二步，欧洲工业化进程使非洲殖民走上了黑奴大贩运的道路。非洲也是"东方"的一个组成部分。对非洲的占领不同于对美洲，非洲黑人相对于印第安人来说，人口众多，具有一定的抵抗力；所以殖民者在非洲占领中，主要方式并不是美洲征服式的大规模屠杀，早期非洲占领中曾经有过类似的大型战争，但是这种战争以后逐渐稀少。另外，非洲并不是完全与世隔绝的，非洲大陆离欧亚大陆的距离比美洲大陆要近得多。非洲与亚欧的发达文明相比虽然落后，但非洲的部落与美洲部落的文明程度与生活方式毕竟还是不同的，两者对于外界的适应能力等都不一样。

黑奴贩运不仅是殖民者的罪行，也是世界文明史上的耻辱，这种罪行在非洲进行了400年，虽然已经过去多年，但其历史记忆之沉痛令非洲人永难忘记。在人们的记忆中，有两种最为残忍的遗址，一种是法西斯主义罪行遗址，这种遗址在世界各地相当多，如德国的奥斯维辛集中营的焚尸炉、毒气室，日本法西斯在中国东北的细菌战部队人体试验室与南京大屠杀白骨累累的万人坑。这些遗址也是法西斯暴徒们的耻辱柱，永远铭刻着他们的罪恶。还有另一种遗址不应当被人们所忘记，这就是非洲黑人贩运地，在东非坦桑尼亚巴加莫约的奴隶堡，保存下了当年欧洲人俘虏黑人贩运到欧洲前的临时拘禁地，数以万计的黑人在这里被烧红的烙铁在胸前打上烙印，然后用铁链锁在水泥桩上，经受风吹雨淋，烈日暴晒，还不时遭到毒打。直到现在，我们还可以看到当年抓捕黑奴时留下的铁锈斑斑的铁链。当我们在世界各地游历时，美洲的海地与东非的巴加莫约令人感慨万千，海地这个原本是印第安人的国家里现在已经看不到印第安人了，只有从非洲运来的黑奴的后裔们在这里生活。而在非洲的这个黑奴贩运的出发点，我们也已经不见了当年贩运黑奴的殖民者们的身影，只有大海的波涛起伏，如同在向人们诉说着往事。

第三是西方以民主化与现代化方式的后文明化阶段。经过400年的野蛮殖民时代之后，从18世纪到20世纪50年代，是西方新殖民时代。

到20世纪之前，非洲作为欧洲宗主国的殖民地，其文明受到两种待遇，一种是所谓的文明同化，这是葡萄牙与法国所推行的政策，就是用法国文明与葡萄牙文明来同化非洲人，他们认为非洲是没有文明的。1761年，葡萄牙颁布法令，莫桑比克人只要信仰基督教，就可以享有西方文明的一切权力，有选举权、公民权等。其实这只是一种欺骗，绝大多数莫桑比克人从来没得到过公民权。而英国、德国、比利时与荷兰人则更是直接否定了教化黑人的主张，他们眼中的非洲不但没有文明，连让非洲人接受文明的意义也是不大的。400年间，有多少人遭到贩卖，今天已经无法准确估计，据联合国专家会议估计，非洲约有2.1亿黑人被运出非洲！其实远远不止这个数字，据笔者估算，大约有4亿黑人被贩运，这是世界上最大规模的贩运奴隶活动，也是一次文明摧毁活动，很多国家的居民被贩运得几乎绝迹，城邦毁灭，村庄断绝了炊烟，一片凄凉悲惨的景象。被摧残的不只是村庄与城邦，更重要的是黑人文明的传统与精神被压制，黑人从此成为西方人心目中的奴隶形象，这是对于黑人精神上最大的伤害，留下难以弥合的伤口。

从19世纪起，非洲陷入被世界列强瓜分的更大苦难之中，这就是新殖民主义时代的到来，从表面上看，新殖民者废除奴隶贩卖贸易，还有一个"4C政策"，即商业贸易Commerce，基督教化Christanity，文明化Civilization与殖民化Colonization。1844年，法国与比利时两国在中非刚果河流域争夺殖民权利，其他欧洲列强在非洲也因为利益争夺乱作一团，最后在柏林召开会议。德国的非洲殖民活动起步晚，一直没有得到大的利益，如今趁机加入瓜分非洲的队伍。美国当然也不甘落后，美国自身原本也是殖民地，直到18世纪才独立，现在它就加入列强来殖民非洲。英、法、德、比、美、西、葡、荷等新老殖民宗主国在柏林会议上制定了瓜分非洲的计划，开始了一个世纪的大瓜分与血腥镇压时代，又是一次黑非洲的厄运降临了。世界第三大洲非洲的土地被全部瓜分，成为了完全殖民地。只要看一下 19 世纪的非洲地图就可以发现，整个非洲土地上飘扬着欧洲国家的旗帜。其他一些国家如西班牙占领了西撒哈拉地区，荷兰人曾经长期占领南非，以后竟然被英国人夺去了南非的殖民权，列强之间因为分赃不均，屡屡刀兵相见。整个欧洲的土地尚且比不上非洲，多数欧洲殖民者的本土都是小国，例如老牌殖民主义国家葡萄牙本土不足 10 万平方公里，非洲殖民地的面积竟然是其本土的 20 多倍。自此之后，非洲文明成为了殖民地文明，这就意味着它必须接受宗主国的领导与改变，没有自主权力，这也就再现了历史上普遍的"殖民文明状态"。第一次世界大战之后，整个非洲只剩下三个独立国家：埃及、利比里亚与埃塞俄比亚。

20 世纪中，非洲的民族解放、国家独立与反对殖民主义的运动波澜壮阔，非洲文明已经转型为一种新的文明，既不同于旧有文明，也不同于殖民地时期的文明。到 20 世纪 90 年代，非洲国家基本上全部独立。

坚持与恢复自己固有文化是非洲各民族人民的共同心愿，摆脱了殖民主义的压制，这是非洲文明的新生。在非洲大陆上，西方式的民主政治、基督教宗教、现代科学技术等因素已经成为非洲社会生活中非常重要的因素，而原有的宗教与文化也并没有消失，多数非洲人仍然信仰原有的宗教，新旧生活方式在非洲的对立是明显的。

从总体上来看，非洲仍然是世界上经济落后的地区之一，联合国公布的世界最不发达国家大约有 43 个，其中非洲就有 27 个，大多数非洲国家人民过着极为贫困的生活，粮食与日常生活供给都有很大困难。

从社会政治上来看，非洲国家政治动乱频繁，经常发生政变，在这些政变中，又经常有对于民众的残酷大屠杀，大批无辜平民死于这种屠杀之中。如果从历史起因分析，应当说非洲大屠杀的根源起于殖民征服时代，欧洲殖民者曾经在非洲袭击村庄，杀死无辜的居民。这样，必然导致非洲大量的难民现象，大批难民突破国家边界，要求避难。这种现象也与长期的非洲殖民有关系，正是在近代殖民活动中，大批的非洲人脱离故土，被贩运到他乡，成为奴隶。非洲人所承受的灾难可能是世界上最为残酷与深重的。笔者认为，非洲还有一种更为严重的民族心理创伤，这就是种族歧视，无论是被贩到美洲的奴隶，还是非洲大陆上的居民，由于长期的殖民，长期受到白色人种的种族歧视，直到今天，在拉美与美国，仍然存在严重的种族歧视。非洲人与其他非白色人种被称为"有色人种"，受到一些人的歧视。这种歧视现象对于社会安全有极大威胁，往往会造成动乱与流血。

第六章 "发现东方"与"世界体系"的形成

一、东方与东方专制论

1. 东西方早期的接触

世界文明体系形成之前，八大文明体系之间交往不多，地中海文明与两河、埃及之间从古代就有一定联系，但是地中海－大西洋文明的民族对东亚与南亚国家没有直接陆地交通，只有丝绸之路等商贸联系。所以西方对远东一直存在着好奇心，在希腊历史学家希罗多德等人对于远东充满猜测的描述之后，公元前一世纪的希腊人斯特拉波再次提到了赛里斯人，他认为巴克托里亚也就是中国人所说的大夏的地域是与赛里斯相接的。亨利·玉尔的《古代中国闻见录》中曾经说过：

> …诸王（指巴克托里亚）拓其疆宇至赛里斯及佛利尼国（Phryni）而止。[①]

根据中国古代史的有关记载，我们可以认定，我们常说的大夏国曾经是东西方之间的中间地带，也是中国人与希腊人最早接触的地区。根据美国西北大学教授麦高文（William Mongbonery McGovern）的看法，大夏即是巴克特里亚。他认为：

---

① 张星烺编注、朱杰勤校订：《中西交通史料汇编》一，中华书局2003年版，第121页。

　　综上所述，可得结论如下：大夏当即就是巴克特里亚。何以中国人称巴克特里亚为大夏，其理由不能确知，也许即因中国古神话中遥远方为大夏之故。①

巴克特里亚即是巴克托里亚，这里曾经是希腊人的属地，据我推测，有可能是希腊人最东方的殖民地。这一地区与中国中原地区相隔较远，曾经被一个农耕民族 Tochari 人所征服。被匈奴人战败的月氏人西迁到了伊犁河流域之后，其后又不知因何缘故，再次西迁到巴克特里亚，占领了该地区。到中国的东汉时期，罗马史书中多次提到有中国使者前往朝拜，但是中国史书上没有类似的记载。所以笔者估计是一些与中国有关系的行商到达了罗马，这时在希腊与中国之间已经建立了一定的交流关系。托勒密《地理书》是西方地理学巨著，其中关于东方的记载中说道：

　　大地上，人类可居之地，极东为无名地（Unknown Land）与大亚细亚（Asia Major）最东之泰尼国（Sinae）及赛里斯国（Serice）为邻。极南亦为无名地，包绕印度海之北，即里比亚（Libya）以南依梯俄皮亚洲（Ethiopia）之一部，名曰阿笈新巴（Agisymba）者也。②

罗马人熟悉地中海东岸的小亚细亚，这是毫无疑问的，于是将小亚细亚以外的地方称为大亚细亚，即我们已经对西方人称呼中国的"支那"名称的起源进行了考证，其结论很明确，古代中国的"支那"名起于梵文的 sina，也就是中国"丝"音译，我们的这种说法反驳了伯希和的旧说，即关于"支那"是

---

　　① ［美］W. M. 麦高文：《中亚古国史》，章巽译，商务印书馆，2004 年版，第 301 页。
　　② 张星烺编注、朱杰勤校订：《中西交通史料汇编》一，中华书局 2003 年版，第 131 页。

"秦"的音译的说法。这里我们可以看到，罗马时期最伟大的科学家托勒密对于东方中国的看法似乎与我们的说法有相近的地方，他用"泰尼国"来称呼中国，音与"支那"相近，他还把赛里斯国与"泰尼国"联系起来，表明希腊人已经开始在考虑所谓的赛里斯人与"泰尼国"的关系，托勒密关于中国记载的贡献在于，这是西方著名文献中较早关于中国的记载。

早期东西方历史交往的研究目前还很薄弱，由于缺乏文献考证，有相当多的重要现象无法解释，比如罗马时期东方军团在中亚地区进行的战争中，是否曾经到达过中国。还有亚历山大东征时，为什么征服印度，而没有关于中国的记载等等。西方人对于中国闻名已久，如果东征必然会寻找中国的。

统观东西方交往的历史，中国与欧洲之间陆地交通相当困难，除了地理上的原因之外，主要是曾经有多种古代文明处于东西方之间。从公元前8世纪到公元7世纪前后，中国西域、西亚与欧洲东部的众多游牧民族与农业民族居于东西方之间，民族众多，彼此经常有战争，各自独立不能相通。阿拉伯大帝建立之后，垄断了东西方的交通要道，再次使丝绸之路的交通受阻，只有蒙古帝国时代，东西方统一于一个大帝国之中，双方的交通才有一定的恢复。好景不长，奥斯曼帝国时代，东西方交通再次不畅通，使得双方的了解变得更加困难。真正的大交通直到地理大发现时代，海上的直接交通才使双方直接接触。

中国人与希腊人一样，最初以自己为世界的中心，以后逐渐向"万国世界"的认识转化。根据中西交通史学家张星烺等人的看法，史书所载"黄帝登昆仑"，已经到达了西域各国，而当时的西域可能活动着多种民族，其中可能有些是白色人种。以后的安息、大夏、康居、月氏、大秦、乌孙等民族，也与中国－蒙古人种不同。但是在西亚与东欧大草原上，最主要的力量是匈奴、突厥等游牧民族，他们是草原上最强大的民族，经常攻击中国与其他民族。所以在近 2000 年间，中亚地区如同一个文化交流的大舞台，不同文明体系的民族纷纷登台，演出自己可歌可泣的悲壮颂歌。从西域民族总体发展趋势来看，东部与南部都面对着强大的农业文明国家中国，北方则是天寒地冻的俄罗斯西伯利亚地区，唯一的出路是西迁，进入欧洲与西亚或是南亚。

中国从汉代起，将地中海文明称为大秦，《史记·大宛列传》与《后汉书》中关于大秦与其他罗马别名的记载，说明中国人当时已经知道，在世界的西方有一个与中国文明程度相近的发达国家，土地肥沃，物产富饶，有完整的国家制度，"置三十六将，皆议国事"。令中国人感到惊喜的是，这一国家不同于西域小国或是游牧民族，而是一种发达的大国文明。于是，大汉帝国与罗马帝国都在努力寻找通达对方的通路，但是这毕竟太困难了，古代民族交通工具不发达，而且由于利益之争，安息等国家阻断了这种联系，使得两大文明不能全面接触。虽然如此，中国与西方都作了最大努力，前汉时已经向西方大量派使，并且有了多种关于大秦人来汉的记载，虽然这只是一些零散的幻人等，但大秦这个帝国的想象已经取代了汉武帝时关于西方只知道"月氏"等国家的历史。最重要的一次相通机会是和帝永元九年即公元 97 年，都护班超派遣甘英出使大秦，这是当时最伟大的西行计划，可惜的是未能实现，据《后汉书·西域传》记载：

> 和帝永元九年，都护班超遣甘英使大秦，抵条支。临大海欲度，而安息西界船人谓英曰："海水广大，往来者逢善风，三月乃得度。若遇迟风，亦有二岁者，故入海人皆赍三岁粮。海中善使人思土恋慕。数有死亡者"。……英闻之乃止。……安息西界极矣。自此南乘海，乃通大秦。

其土多海西珍奇异物焉。①

甘英由于不具备海上航行的能力与条件，不可能完成海上航行，其实当时无论是中国人、安息人还是大秦人，都不可能进行远洋航行，没有远洋航行所需要的大船与航海技术。同时也不可忽视，此次不能成行的原因中，安息人的劝阻是关键。安息人是阻止中国与大秦交通的主要民族之一，安息地处中西交通要道。中国的货物主要是通过安息商人中转，所以他们垄断中西货物交易以从中谋取暴利，安息人不仅劝阻甘英渡海，同时也设法阻止了罗马人东来。中国人对此是看得十分清楚的，《后汉书·西域传》中说过："其王常欲通使于汉，而安息欲以汉缯采与之交市，故遮阂不得自达。"这里指的就是大秦，无论中国还是大秦，都没有能冲破安息人所设置的障碍，为历史留下了无穷的遗憾。

关于这个安息国是些什么人也是一个历史疑问。

笔者认为，所谓的安息人就是波斯人的一支帕提亚人，这个民族虽然并不太为世人所知，但他们确曾经在地中海以东地区长期占领东西方交通之要道。我们注意到，希罗多德《历史》等书中经常提到这一民族，美国人麦高文认为安息人就是Arsasids人，以后入侵波斯建立了帕西安王国。这个民族原本是西南土耳其斯坦的游牧民族，原名是Parnae，就是所谓的帕耐人。他认为可能这些帕耐人早就与原本属于波斯的帕西安人融合为一②。安息人就是波斯人应当是无可怀疑的，世界中亚史的研究中，汉语资料历来被认为最可靠，关于《史记·大宛列传》中记载的西方四国包括安息、条支、黎轩与奄蔡，中西交

---

① 《二十五史》1，浙江古籍出版社1998年版，第945页。

② ［美］W. M. 麦高文：《中亚古国史》，章巽译，商务印书馆2004年版，第277页。

通史专家冯承钧曾经指出：

> 中国史书列专传而详言西方者，始自汉武帝时司马迁所写之《史记·大宛列传》。《大宛列传》中最西之国，为安息、条支、黎轩、奄蔡四国。安息即波斯，今伊朗。奄蔡在里海东北角。条支之地位，以今代地理形势观之，必为阿剌伯半岛，《唐书》称大食。大食与条支皆为 Tajik 之译音，波斯人称阿剌伯以是名。……黎轩即黎靬，又称大秦。[1]

我们还注意到，大秦为东西方交通作了更大的努力，公元161年，罗马皇帝马尔库斯·奥留斯·安东尼曾经派出使者远行东方，寻找传说中的东方黄金之国。经过多年征战，公元162－165年间，罗马征服了帕提亚人，帕提亚人是罗马人的劲敌之一，曾经多次大败罗马军队，他们最强盛时曾经占领美索不达米亚地区，如同古代波斯人曾经大战希腊人一样，帕提亚人的灭亡，解除了古代罗马的重要威胁，也打开了东西方的通途，公元166年罗马使团到达中国，这一年是汉延熹九年，这是罗马大帝国到达中国的第一个使团，实现了中国与西方的正式外交。

在中世纪时期，西域一直是多种文明交汇的地区，来自于西方的景教与印度佛教、波斯拜火教、伊斯兰教等都在这一地区传播，东西方始终没有完全断绝交通。

2. 神秘的东方与东方专制主义

东方古代文明多为农业文明，与希腊文明类型不同，双方的政治制度、思想观念、道德与价值评价等方面有一定的差异。在开拓殖民地的过程中，在希波战争中，在与东方国家民族的

---

[1] 张星烺编注、朱杰勤校订：《中西交通史料汇编》一，中华书局2003年版，第113页。

长期交流中，希腊罗马形成了对东方的看法，这一看法影响了后世的西方文明。

古典时代西方对于东方的看法主要有这样一些：

承认东方国家印度与中国都是古代文明国家，物产丰富，具有通商的价值。中国与东方的伟大物质发明令西方惊叹，科学技术也相当先进，特别是农业、包括丝绸在内的纺织业等。古代地中海诸国是世界上最大的消费者，东方国家特别是中国、印度是主要的农副产品与手工业品的生产地，大量东方物质向西方运送，这样东方成为西方人眼中的财富集中的国家。东方民族的特性也引起了西方的注意，勤劳朴实，以务农为主，同时也有不善于经营商业等特点。所以启蒙主义经济学家在阐释重农主义时，就把中国作为重农主义的代表大加赞扬。

东方国家制度与西方的差异已经引起世界的注意，特别是东方的专制制度，引起希腊人极大的关注，他们认为东方民族特别是亚洲民族长期处于君主专制统治下，政治黑暗，没有个人自由，使全社会与民族受到危害，这样的民族不是真正的文明民族。希腊人把世界民族划分为三类，第一类是文明民族即希腊民族，第二类是欧洲蛮族，也就是除了希腊之外的欧洲民族，包括罗马人都曾经被视为蛮族。第三类才是亚洲民族，所有的亚洲民族统统被归之于亚洲蛮族，其文明程度低于希腊，也低于欧洲蛮族。野蛮民族的特点之一就是奴隶性，易于服从专制统治。亚里士多德在《政治学》一书中认为：

> ……野蛮民族比希腊民族更富于奴性，亚洲蛮族又比欧洲蛮族更富于奴性，所以他们常常忍受专制统治而不起来叛乱。[1]

---

① ［古希腊］：亚里士多德：《政治学》，吴寿彭译，商务印书馆1965年版，第159页。

东方国家以农业文明为主，特别是中国是世界农业文明的起源地，也是世界农业最发达的地区。这种文明所形成的以土地国有、农民耕作并缴纳赋税的社会生产方式，决定了君主专制对于全国土地的统一管理。避免了土地的私有化与大规模的土地兼并。

由于地中海与西亚紧密相连，所以西方对于中东文明是比较了解的。对于印度的了解逊于对中东的理解，对中国的理解最少。地域的阻隔与文明的差异，使西方对于中国了解相当困难，中国甚至印度对于西方一直是神秘的。这种神秘一方面是指双方文明之间的差异所引起的不理解，另一方面，西方对于印度与中国的宗教和思想也表示难以理解，甚至有的人认为东方是神秘主义，虽然富饶，但是不可理解。拉丁文中用以形容东方与中国的一个词是 Curious，其词义复杂，含有神奇的、难以理解的意义。用西方的理性与逻各斯阐释中国，必然感觉中国是费解的、神秘的。虽然文明之间的差异是重要的原因，但归根结底，其思维的中心仍然在于自我，所以本质上仍是一种西方中心主义。正因为如此，即使是海上航线开通之后，原本在陆地上长期阻挠双方交通的游牧民族与帝国再也无法控制双方贸易，西方对东方仍然处于一种不理解的状态，它始终有一种文明优越感。

二、中世纪到 17 世纪的东方观

1. 中世纪东西方文明关系的历史转换

罗马帝国崩溃后，世界局势大变，东西方关系也随之产生深刻变化。早就有历史学家指出，古代罗马与中国的汉朝极为相似，两者都是文明昌盛、国力强大的国家，他们所代表的西方与东方的文明都是发达的文明，两者之间是平等的。汉代的中国是世界上最大的农业国家，而罗马虽然商业发达，但仍然是一个以农耕为主的国家。以后，罗马帝国与汉王朝的灭亡，都曾因为大一统帝国的崩溃引起了一定的混乱。西方在罗马帝国崩溃后进入封建社会，在它的演变过程中，出现了民族国家独立、文明形态多元化。汉代之后，君主专制下的中国则仍然保持东方大帝国的地位。继汉朝战胜匈奴之后，强大的唐朝战胜了突厥等强悍的游牧民族，又一次在世界史上创造了奇迹。但是，古老的君主专制与农业文明，虽然使得东方保持了相对的稳定，而经济与政治进步的步伐过于缓慢，其在世界上的地位逐渐落后。

中世纪到文艺复兴这一历史时期中，西方改变了对于原有的东方的认识，西方人眼中的东方原本是专制而强大的波斯与富饶文明的中国、印度，现在成为了落后愚昧的东方，成了野蛮的东方。与东方的交流开始变成对于东方的掠夺，以传播宗教的名义进行文明征服。文明差异变成了文明的等级高低不同，西方成为高级的文明，其他文明则被认为是低级的。"罗马之外全部是蛮族"的思想成为统治性观念，并且在以后的世纪中越来越强，直到现代社会的到来。

中世纪西欧封建制度形成，原有的农村公社制度与国家专制制度被新的采邑制度所取代，这是一种封建制度，庄园经济成为社会的主体。与此同时，西欧的城市化也随之产生，这是与庄园经济相辅相成的，农奴人身自由与城市自治，市民取得特许与人身权益，到14世纪之后，西欧工商业经济已经基本形成。新的国家政治制度已经初现雏形，这种经济与政治制度与传统的希腊罗马文明之间在文艺复兴时代对接，新兴的人文主义与科学技术使西方文明更加丰富，完善了文明体系。经过产业革命，欧洲文明在世界工业化的过程中起了重要作用。正是由于这一历史原因，西方文明与其他文明之间的关系才出现了不对等。

东西方的交通在中世纪到文艺复兴几经反复，从兴旺发达的商贸交往到几乎烟尘断绝，形势变化万千。陆路交通上，受到阿拉伯帝国兴起的影响，经常处于消息隔绝的状态。只有在蒙古帝国打通欧亚大交通的时代，才建立起短暂的联系，但是好景不长，随着蒙古大帝国的崩溃，东西方交通再次基本断绝。东西交通史上的阻断者再次出现，从西亚到中亚这一咽喉地带再次被奥斯曼帝国所垄断，大量征收过路税，使得商人们望而却步。漫漫丝绸古道，驼铃声稀，商贾冷落，虽然不能像有的学者所轻率断言丝绸之路已经断绝，但它已经远非当年的兴盛景象可能是事实。

西方世界从封建时代向资本主义早期的进步、工商业文明类型的转型，使得西方依赖于农产品与手工业产品的历史发生逆转，东方现在只是西方的资源供给地，西方反倒成为了最大的工业产品生产地。为了夺取东方的财富与资源，为了扩大对东方的贸易，侵略与殖民势在必行，东方沦为西方的殖民地与大市场，这就是中世纪之后东西方关系的主要态势。

近代东西方关系主要阶段也可以分为三个大的阶段：第一是14世纪之前的军事征伐为主的阶段，十字军东征与蒙古军西征，在东西方的战争中，商贸交易也随之进行。第二阶段是14到16世纪，中世纪后期到海上航线开通，以传教士的传教活动为主，意大利的方济各会与以后的耶稣会等传教士们开始踏上远东这块神秘的土地。第三个阶段是自海上航线开通之后到17世纪初，东西方的贸易出现丝绸之路开通后的新高潮，殖民主义成为主要活动。以上三个阶段中，虽然我们分别强调军事、宗教与贸易的重要性不同，但在不同时期中，商业贸易始终是最基本的交往活动。

2. 欧洲近代东方观的萌生

中世纪东西方交往中有一些重要的历史事件与现象，从这些事件与现象中，可以看到世界主要文明之间的联系在这一历史时期是相当复杂的。一方面古老的东方文明仍然在继续对西方发生影响，另一方面，欧洲人对于东方产生了不同看法，有了新的东方观念。

中国的四大发明在这一时期西传欧洲，成为影响世界文明发展趋势的大事件。中国人发明的指南针、火药、印刷术与造纸术是人类历史上最重要的发明，这些发明是人类社会中继农业生产中犁的发明、畜牧业生产中使用牛马与骑马等重要创造之后的具有推动全社会生产前进的发明。它们传入欧洲之后，推动欧洲航海、军事、经济与科学取得飞跃。近代西方科学的前驱、英国思想家培根在《新工具》一书中，认为这些发明是推进人类社会发展的最重要发明，这是一个公正的评价。可惜的是，培根竟然不清楚这些发明是谁作出的。明代进入中国的意大利传教士利玛窦是中西关系史上最著名的人物之一，直到他进入中国后，还不承认西方的印刷术是从中国传入的①。

但也有相当多数来到中国的传教士们承认，中国的这些发明使世界受惠。这些发明通过阿拉伯等民族进入欧洲，欧洲与接受历史上其他发明一样接受了这些重要发明。

中世纪文明交往中的一段小插曲人们经常提到，但对于它的意义却理解不深。意大利商人马可·波罗于13世纪进入中国，由于蒙古人的征伐，东西方交通处于战争状态下，相互隔绝的时间并不短。所以当《马可波罗游记》在欧洲出版时，竟

---

① ［意大利］利玛窦：《中国传教史》，台湾启光出版社1986年版，第17－18页。

然被视为奇书，由于书中记述了一个当时不为多数欧洲人所知的中国文明，绝大多数人认为世界上竟然存在着比欧洲还发达的东方文明是不可想象的，所以从对这本书的评价中，我们可以看到的是当时东西方文明关系的真相，看到当时欧洲人对于中国文明的了解相当少。

　　向东方传教是从基督教诞生之后就开始的事业，无论是天主教还是耶稣教，无一不把东方看做是最需要传教士的地方。西方向东方派出传教士至今已经有 1000 多年历史，其中派员最多的是 17 世纪之后。中世纪来东方的传教士人数不多，特别引人注意的是，历来的传教活动中，人数最少的反而是东正教，在东方信徒最少的也恰是东正教。东正教徒在西方受到排斥，主要分布于希腊、东欧与俄罗斯，但是他们对于东方传教却又最没有兴趣，相反，天主教与新教在东方各国的影响要远远大于东正教。这当然与东正教本身的特点有关，东正教在基督教各派中，是政教合一观念最为严重的，传教士们往往把传教活动与本国政治结合起来，导致与东方国家的政治关系紧张，所以传教活动反而不如远自地中海来到东方的传教士们活跃。中世纪的中国传教士中，最有影响的是景教传教士，其传教活动颇具传奇性，成为东西方关系史上的一段很具有研究价值的旧事。传教士的活动是双向的，一方面是传播基督教，另一方面则是通过传教士们的活动把东方国家的状况向本国反映，这对于西方了解东方打开了一条途径。绝大多数西方人包括政府都是通过传教士来了解东方的，所以西方的东方学经典中，传教士的书信、日记、著作与杂记等都成为最重要的文件。传教士们一旦回到西方，其书信与传记等出版后，由于书中的异域风情描绘使西方人很感兴趣，所以大受欢迎，一时洛阳纸贵。绝大多数欧洲人对于东方是陌生的，传教士们的东方观念基本上统治了西方。这就产生了一种极为不利的情况，传教士们毕竟是从宗教活动角度来看待东方事物，在政治经济思想方面都有许多偏见，这种偏见通过传教士们的眼睛，传入了西方世界，左右了西方人的看法。

3. 早期传教士与鄂多立克

海上交通航线开通之前，来到东方的传教士中能称职者其实屈指可数，其中有几个人倒是由于各种原因在历史上留下了一些名声。海上航线开通之前，意大利人在东方探索中居于重要地位，因为意大利是欧洲工商业文明发展的前锋，而意大利工商业能够发展，重要原因之一就是与东方的贸易，来自东方的香料、丝绸、染料等产品是意大利贸易的主要货物。同时，意大利在欧洲宗教中的重要地位，也是它首先派出大批传教士的主要原因之一。当然，意大利当时的贸易主要是与亚历山大城等东方城市之间的交易，而与远东的交往中，第一位是意大利传教士柏朗嘉宾（Jean de Plan Garpin），史称"第一位东方传教士"。他于 1245 年出发来华，受教皇英诺森四世派遣，主要任务是说服蒙古人信仰基督教，与欧洲十字军联合夹攻穆斯林军队。众所周知，蒙古人与欧洲教皇之间的交往曾经引起举世关注，这是一种战争性关系。唐代之后，欧洲人对东方的目光已经不再只盯着中国了，而是转向异军突起的游牧民族。信奉实用主义的基督教徒要对抗伊斯兰大帝国，从战略上拉拢蒙古人是至关重要的。当年匈奴进入欧洲，致使罗马帝国灭亡的历史给欧洲深刻教训，所以发展蒙古人信教成为教皇的重要原则。可是这位传教士似乎是位饱学之士，他最感兴趣的不是蒙古人的政治动向，反倒是中国文明。第二位是方济各会的约翰·孟加维诺（Jean de Monte Corvino），他于 1289 年前后来华，在当时的元大都传教，后来由于功业不俗，受到教皇的奖赏，可见他是当时来华传教士中相当杰出的人物。第三位是方济各会士鄂多力克（Odoric de Pordenone），他与孟加维诺是同一时代的人，也是步了孟加维诺的后尘来到中国。鄂多力克善于观察，好学深思，但不擅长著述，他的名著《鄂多力克游记》据说是别人根据他的口述记载下来的。这本游记与马可·波罗的游记相比，虽然不如后者那样广为人知，但是很受历史学家们欣赏，其中提供的历史资料更为史学家们相信。

鄂多立克大约于 1322 到 1328 年在中国传教，1331 年回到意大利后去世。他东行的路线是从中东到波斯湾入海，到印度西海岸的塔纳登陆，经斯里兰卡到了南洋，游历了南洋诸岛之后，经越南到广州。在中国境内，他先到了海上丝绸之路的重镇泉州，然后北上到达杭州与南京，经扬州到元大都，在这里居住了大约两年，然后曾经到过中国的山西与西藏，后经过中亚地区与波斯，回到意大利。这一路线完全是根据他的书中记载来确定的。如果认真考察，其中当然有相当多的可疑之处。如从西藏再到中亚的路途当时没有开通，西方人到西藏的可能性不大等等，这些当然可以存疑，有待来日的验证。

鄂立克游记中对于东方国家从波斯到印度、中国都有记载，是全面的东方游记，与同时期及其后的阿拉伯人的游记相比，记述内容广泛，角度独特，有其独到之处。他认为东方国家宗教是多样的，撒刺逊人即阿拉伯人的宗教、偶像教等在这里可以并存。其中特别对于元朝的多种宗教有详细的记载。这种记录对于西方国家的启示作用我们上文已提到。书中对于异教记载中有相当多的偏见，也有一些奇风异俗并非是捕风捉影。如他描写的斯里兰卡岛上波郎布城中偶像教徒的神牛崇拜与寡妇殉葬习俗：

> 该邦所有的人都把牛当神崇拜［并且不吃它的肉］；因为他们说，牛确实是一种神圣的动物。他们让它给自己劳动六年，在第七年，他们免除它的一切劳动，把它转移

到某个公众场所，宣称它从此后是一只供神的动物。……
但该国土的偶像教徒有个（我必须谈的）恶习，有人死
时，他们就把他烧了。若他留下个寡妻，他们就把她跟他
一起活活烧死，说她应该到另一个世界去陪伴她的丈夫。①

这些记载当然并不能证明是真实的，但也可能并非完全是毫无
根据的。古代印度等地的一些神牛崇拜与社会风俗隐约在这里
得反映。当然这是一种被歪曲的反映，我们不应当完全相信其
中的失实之处。

关于中国的记载中有相当多的值得注意之处，一是出现关
于景教在中国传播的记载，这是一条重要史实。第35节说到扬
州城中有"聂斯脱里派的教堂"，以后的历史记录与考古发现
证明了这一记录是可靠的。来到汗八思城后，描述这里的庄严
宏伟的宫殿与王宫礼仪也很精确，关于国家的行政划分只作了
最简略的记载：

这个帝国被其君主划分为三个部分，每部分叫做一个
省（Singo）。这十二个部分中，蛮子那部分构成一个省，
下属两千大城。并且，确实地，他的那个帝国是那样大，
如有人想逐个访问这些省，那他要足足花上六个月的时间；
而这尚不把为数五千的岛屿算在内。它们不包括在十二个
省中。[再者，有四名大臣管治这位大君王的帝国。]②

作者关于中国社会行政管理机构的观察显然十分粗略，记载也
不够详细。从作者的身份与经历来看，对于国家政治不熟悉可
能是主要原因，也无可指摘。

---

① 《海屯行纪 鄂多立克东游录 沙哈鲁遣使中国记》，何高济译，中
华书局2002年版，第56－57页。

② 《海屯行纪 鄂多立克东游录 沙哈鲁遣使中国记》，何高济译，中
华书局2002年版，第84页。

书中关于东方各国与中国的社会风俗观察，使我们可以感到这是一种西方人的观察角度，是以西方传教士的眼光来看中国。所以这些观察可能在西方得到热烈的反响，事实上也确实如此，这本游记在西方流行相当广，有很大的社会影响，作者的眼光影响了一代又一代的西方人，成为西方人看待东方的重要依据。而作者在观察中，仍然有停留于趣闻逸事与奇风异俗记录的缺陷，这种写法与正统的历史学家们是不同的。在第45节的西藏游历过程中，作者看到了天葬，详细记录了天葬的过程，但同时也有极荒唐的描写，如儿子在天葬父亲之后，竟然会割下父亲的头来煮食，把头盖制成一个酒杯，并且为了纪念父亲，家中人经常用这只酒杯来饮酒。第46节中蛮子国游记中说道："而对女人说，最美是留小脚；因为这个缘故，做母亲的在女儿一生下来就给她紧紧缠脚，以致脚再也不长。"这种说法也不合常理，如果一生下来就缠脚，那么后果是不堪设想的。从这里可以看到，作者可能根本没有真实地见过缠足，而只是道听途说。

在鄂多立克之前，《海屯行纪》（原名《行纪》）是中世纪最早的东方游记之一，作者是小亚美尼亚国王海屯，他于1254—1255年间来到中亚地区与中国北方，先是进见拔都及其子，然后再拜见蒙古王。如果此行果真如作者所言，那么他们的行程穿越中亚与中国，是中世纪极为重要的东方行纪。这本书受到地理学家们的极大重视，书中的路线及所记载的地名对于研究变化多端的中亚古代地理极为重要。但是相比之下，这本书中对于东方世界的了解实属不多，其中有相当多的怪诞神奇的描写，如描写沿途所见的蛮族时说，在契丹那边有个国家，其中女的是人形，天赋理智，而男人却是狗形，缺乏理智，大而有毛等等。这种记载与其说是历史不如说是神话，相当于中国古代的《山海经》之类，不过这种游记却写于13世纪，反映出当时的西方对于遥远的东方是多么的缺乏认识。其中的记载至今已经不可考，如在准噶尔沙漠中，作者遇到了野人，他们是哑的，"还有黄黑色的野马，黑白色的骡子，大过马驴，还有双峰野驼。"①关于野人，也有一些历史学者有过零散的记录，但流行不广。

4. 东方探险的完成：中国的发现

海上大交通主要分为两个大阶段，三条航线。第一阶段是葡萄牙与西班牙从 15－16 世纪的海上探险，分为大西洋与印度洋两条航线。一条是绕过非洲南端到印度洋的航线，由于这条线路经由非洲，这就使得殖民主义者进入非洲成为必然。另一条航线则是穿过大西洋，经麦哲伦海峡，来到太平洋，发现新大陆美洲，殖民主义从此进入美洲。两条路线分别以葡萄牙与西班牙为主。第二阶段是 17 世纪欧洲列强对北极、大洋洲等地的探险。前后经历 200 多年，世界主要国家与地区都被一一发现，殖民活动遍及全球，世界文明体系得以形成。

值得注意的是，前两条航线最终汇聚于南中国海，1509年，中葡两国商人在马六甲海峡初次会面，1513 年葡萄牙人先来到了宁波海岸，然后转向珠江三角洲定居。1565 年前后，定居于菲律宾的西班牙人来到中国福建海岸，并且开始定居。其后不久，英国等列强也进入南中国海，这就使中国为世界文明体系的形成划上了句号，南中国海也成为环球航线开通的最后联结点。

西班牙、葡萄牙等国的传教士与商人们首先大批来到远东，见到了传闻已久的东方丝绸之国。这种情况打破了以往只有少

---

① 《海屯行纪 鄂多立克东游录 沙哈鲁遣使中国记》，何高济译，中华书局 2002 年版，第 16 页。

数冒险家才敢于踏上中国与日本土地的局面，到远东去成为欧洲的时尚，各国纷纷组织传教士们进入东方。这一时期欧洲宗教的一个重要变化是耶稣会的成立，耶稣会是天主教的传教组织组织，文艺复兴之后在欧洲成立，它的成立是基督教近代化的标志之一。耶稣会教士中有不少立志于科学研究的学者，来到中国的教士不但传播宗教，而且带来了欧洲的科学与学术。由于耶稣会教士素质较高，能够将西方科学技术介绍给中国知识界，并且采取所谓"合儒"的方针，改变了西班牙、葡萄牙等早期传教士不能深入中国社会的局面，使东西方文明之间的交往有了大的进展。耶稣会大批教士远行东亚，进行深入考察，这些传教士在华期间便将中国社会状况以书信形式向国内报告，他们回国后几乎人人著书立说，使东亚社会的真实状况被欧洲所知。

利玛窦是16世纪对东西文化交流贡献最大的传教士之一，也是最早为中国人所熟知的西方传教士。利玛窦本人是一位虔诚的教士，也是杰出的学者，1583年来华。他在中国期间认真学习中国语言文化，成为了传教士中第一位真正的中国通。在此之前，西方传教士学习中国文化者固然相当多，但是深通中国艰涩文字及与西方相异的思维方式与传统的人不多。同时，多数传教士来中国传教时并不了解中国现实，也不懂中国的儒释道思想，直接将西方基督教教义向中国人灌输，结果无不遭到惨败。利玛窦接受了他们的教训，明白了这样一个道理：要想教化中国人，必须先学好中国的语言文字，熟悉中国的文化，在中国的士大夫中扎下根，才可能使基督教深入中国人心中。经过多年的刻苦学习并且与中国士大夫们建立了深厚的友谊，从广东肇庆到南昌、南京、北京等地，他广泛结交了中国各界人士，从朝廷大臣到布衣庶民，三教九流，几乎都有来住。明代的中国名士几乎都与他相过从，李贽、袁宏道、袁中道、徐光启、焦竑、章潢、李日华、李之藻等人更是经常与他讨论学术问题，他不仅成为中国通，简直可以说是一个外籍的中国士大夫，他精通儒学，并且提出了"合儒补儒"的方针，与中国主流意识形态的儒士们关系密切，从而融入中国主流社会。利玛窦勤于著述，主要工作是把西方科学技术介绍给中国人与传播宗教。他在中国出版的《乾坤体义》、《几何原本》、《测量法义》、《同文算指》等书，多数是以各种形式与中国学者合作的，使他声名大振，成为来华传教士中的翘楚。同时，他的《中国传教史》一书在欧洲引起巨大反响，其中关于中国社会与科学的详细而真实的描绘，使欧洲人看到了一定程度上是相当真实的中国，塑造了近代以来的东方观念。

利玛窦认为，中国与西方的一个重要不同之处在于，西方多以基督教为国教，中国虽然没有基督教，却有孔子的学说，这种学说世代左右中国，包括皇帝的作为也要受到儒学的制约。他明确指出，孔子不是神，即儒学不是神学，但同时他又认为儒学是宗教，因为其作用与基督教等宗教是相同的。这对于西方震动极大，世界主要文明中，除了中国之外尚没有以一种非神学的思想体系来治理国家的。中国不但做到了这一点，而且成功延续数千年，不能不说是一种历史奇迹。至于这种思想体系是对还是错，是对人类社会进步有利还是不利，那是另外的问题了。指明中国的统治思想与社会的关系，对于欧洲是一个震撼，引发欧洲思想家对于自身文化的一种反思，这种反思的推动力来自于中国。如果从西方的历史来看，任何西方文明的反思主要只是内部的反思，直到20世纪后期才有了对于理性中心的批判，与16世纪西方首次对于基督教本身的反思相比，甚至连现代主义与后现代主义这样离经叛道的批判都成了小巫见大巫，因为由中国引发的批判是真正的神学批判，其激烈程度更是远超过德国的路德等人。这是一种世界性的文明批判，其意义可能有待于以后才能更深刻地为西方人所认识。

西方有一位从来没有到过中国的学者，他写的中国历史成了西方影响最大的中国史，这就是西班牙的门多萨（J. G. de Mendoza）的名著《中华帝国志》，它被当时人称为"中国的大百科全书"，是全面描写中国历史文化的传世之作。门多萨本是一名普通的奥古斯丁教会的传教士，他传教的地区并不在中国，而是在墨西哥。1580年，教会曾经命令门多萨到中国来，但是因计划改变没有成行。这可能形成了他的中国情结。他受命编写一部关于中国的最全面的论著，获得材料的方法则广泛利用所有到过中国的传教士的记录与书信等。1585年这部书以西班牙文出版。这本书是当时所有关于中国文献的集成。这本书的内容丰富，涉及中国的语言文字，社会体制、科学技术与文明传统等各个方面。作者掌握了关于中国的全面资料，虽然不是第一手资料，其中难免有不实之处，但是由于作者知识丰富，思考缜密，这本书对于中国的介绍大体上是成功的。正因为如此，作者的许多观念也影响了当时西方世界，成为西方人看中国的一种重要参考。

16世纪后期只是欧洲传教士来华的开始，17－18世纪才有大批的传教士进入中国，相比之下，16世纪欧洲人对于东方与中国的认识仍是相当浅薄的，这是中世纪长期隔离之后双方接触的开始。同时，欧洲自身正在工业文明发展之中，葡萄牙与西班牙等国虽然由于交通发达等原因，建立了海上交通的优越地位。但是，这两个幅员并不辽阔的利比里亚国家在欧洲的历史地位毕竟不能与英法德等大国相比，暂时领先是可能的，长久居于先进则要依靠强大的国力支持。工业革命之后，英法等国的大工业生产领导世界文明潮流，取代葡萄牙与西班牙的地位，同时也成为海外扩张的主力。到了17世纪之后，随着对于中国更深入的了解，东方研究也出现了新的形势。欧洲大陆具有相当高的思想文化水平的英法德等大国加入东方研究，彻底改变了东方研究的浅层次观察局面，深入理解另一种文明的时代已经到来。

三、18 世纪之后欧洲对中国与东方的看法

经过两个多世纪对于中国、印度、日本、朝鲜等国的探索，一批传教士、商人、学者与旅行家写出了大量的游记、论文、传记与各类著作，介绍与研究中国。从 17 世纪中期开始，在欧洲形成了第一次"中国潮"，一直延续到 18 世纪。这一时期的欧洲处于工业化时代中的政治革命前夜，欧洲式的政教合一政治、封建君主的分裂，使得欧洲人对于大一统的强大中华帝国充满羡慕之情。学者们对于东方文明虽然也有批评，但相当多的人是持赞赏态度的，他们研究中国社会的思想、制度、科学技术与文学艺术时赞美之词不绝。但是从 18 世纪中期开始，欧洲工业化进入成熟阶段。早期海上强国葡萄牙、西班牙的地位被英、法等工业化强国所取代，英、法在世界各地扩大殖民地。从 1840 年到 1900 年，西方工业化国家内部新旧交替继续进行，德国、日本、俄国等新兴工业强国参加到世界帝国争霸的行列，东方再一次成为西方强国的牺牲品，这也是中世纪之后西方的又一次十字军东征。只不过由于时代的变化，这一次东征的方式、目的与手段已经与上一次大不相同了。

这时，西方对于中国的态度也转变为严厉，古代希腊人对于波斯人式的批评再次在 20 世纪重现，所谓"东方专制主义"、"神秘的东方"、"木乃伊式的帝国"等有意轻视与敌视东方的说法盛行起来。这就是近三个世纪西方世界的东方观的主要模式，与之相适应的东方学，从莱布尼茨等人的东方观到美国费正清等人的东方帝国理论，表现出大致相同的起伏曲线。更重要的是，就在这一时期，从鸦片战争到八国联军侵华，对

于东方的殖民与"征服"也在进行。这种"征服"虽然由于历史环境的变化，与非洲黑奴贩卖和美洲印第安人的屠杀不相同，中国毕竟不是新大陆或是古老的非洲，但这并不意味着中国是与西方同等的文明，对于此时的西方来说，中国只是一个比非洲与美洲稍发达的殖民地国家，他们之间只有程度的不同，没有本质的差异。

这样的文明观是不是一个巨大的历史错误呢？

1. 18 世纪欧洲启蒙主义的东方观

欧洲的东方观念发展，除了不同时代因素影响之外，欧洲民族文明程度的差异也是一个决定因素。利比里亚半岛上的葡萄牙与西班牙虽然是最早发达的国家，但是国家相对较小，其历史文明比起法国、英国、意大利等大国来说相对较弱，如果要充分理解中国这样一个东方文明古国，尚缺少思想与文化的巨人。英、法、德意等国家本身就具有相当丰富的文明传统，他们对于伟大的中国思想文化会产生深刻的理解，甚至会有共鸣。正如德国思想家莱布尼茨所说，地球两极的伟大文明会产生相互的吸引力。

研究中国文化的各种书刊如雨后春笋，欧洲各大城市为传教士们从中国的来信所深深激动，到处都在激烈地讨论着中国文化的得失成败，18 世纪欧洲出现了五种重要的中国研究的专刊，它们的出现标志着中国学研究在欧洲的成立，西方人称之为汉学。值得注意的是，中国虽然受到西方文明的巨大影响，但是系统研究西方的学术刊物并不多见。这些研究中国的专刊中有几种最为突出，如巴黎耶稣会雷里主编的《耶稣会士通信集》（1702—1776 年），由杜赫德主编的《中华帝国全志》（1735 年）和《中国杂纂》（1776—1841 年）。法国以其雄厚的思想力量成为汉学研究的桥头堡，吸引着素有东方学术传统的德国、学术大国英国的加入，一时间，有关中国的学术争论此起彼伏，连续不断，引起了西方学术界的极大兴趣，这种形势加深了对于中国文明的性质、中国宗教道德与西方之间的差异等方面的理解。

真正对于中国文明进行了深刻理解的并不是亲自来到中国的传教士，也不是那些在中国居住了数十年的"中国通"，这些人依然表现出对于中国文明的隔膜。相反，倒是一些从未来过中国的理论家，他们以其伟大的思想家的品质，深刻的见识，对于远隔重洋的文明表示了理解，这就是欧洲启蒙主义思想家。这倒是应了黑格尔常说的一个道理：熟知非真知。真知者未必熟知。

当欧洲已经成为工业化社会时，中国仍然是农业大国；当欧洲已经以君主立宪制度而自豪时，中国仍是专制帝国。这就使得两种文明的比较集中于农业文明与工业文明、专制制度与民主制度之间的差异上。这样，东西方的政治经济对比，成为欧洲学者特别是杰出的启蒙主义思想家与当时的一切杰出学者最关心的问题。法国经济学家佛朗斯瓦·魁奈（François Quesnay）在这方面的见解代表了当时相当重要的意见，他以中国为榜样来批评欧洲的政治经济，魁奈的巨著《中国的专制制度》发表于 1767 年的《市民日志》，这部著作的俄译本发表时，译者特意作了一段说明："这部著作当然不能看作是历史作品。中国只是魁奈用以叙述自己思想的一个方便的手段，其内容与中国的实际情况是完全没有联系的。"在苏联的马克思主义经济学家们看来，魁奈是不了解中国的，是以一种想象中的中国来讨论经济问题的。18 世纪的中国的专制制度是不可取的。

笔者认为，这种观点是完全错误的，研究东西方文明关系的历史，必须纠正这一长期误导一批中国马克思主义理论研究家的错误。

1694年魁奈生于法国巴黎附近的一个村庄，原本是法国宫廷的侍医，业余研究经济学。他与启蒙主义思想家狄德罗、达兰贝尔、爱尔维修及孔狄亚克等人交往甚密，并且与经济学家拉波侯爵、杜邦·德·奈穆尔等人组成了重农学派（Physiocracy），"重农"这个词的本义在法文中是顺应自然以取得最高利益，某种程度上与中国古代的"自然之道"有相近之处。这也就是亚当·斯密所说的农业制度论，而重商主义被称为商业制度论。笔者认为以上所说魁奈并不了解中国的说法是错误的，魁奈的《中国的专制制度》发表于欧洲的中国热潮兴起近百年，欧洲对于中国的研究已经达到相当高的水平，魁奈与启蒙主义者狄德罗、伏尔泰等人十分关注中国研究，魁奈在书中多次指出，自己的研究是根据"历史学家与旅行家的叙述"，而这些旅行家们"大多数是亲闻目见的，并且由于他们的意见都一致，所以是完全可以相信的"。相反，倒是认为魁奈不了解中国的人举不出任何例证来说明自己的看法。

魁奈认为，中国政府与制度是建立在科学基础上，而科学基础又是符合自然原则的，这两者是统一的。

> 你们已经研究了广大的中华帝国建立在科学和自然规则上的政治制度和道德制度，这种制度也就是科学和自然规律的发展结果。①

为什么魁奈会主张建立一种专制制度呢？

他认为社会的基本规律是对人类最有利的自然规律，这种规律既是实际的，也是社会道德的。在建立社会秩序中，不应当把政权交给暴君，这样的君主并不是专制的实行者，相反是

---

① 《魁奈经济著作选集》，吴斐丹、张草纫选译，商务印书馆1997年版，第305－306页。

专制的掠夺者。政权也不应交给贵族，否则会引起权力的冲突。同时，最高权力也不应当是民主的，因为百姓的"愚昧和偏见"会产生无穷的欲望与狂暴的行为，会使国家变得"动荡不安与遭遇可怕的灾难"。政权应当是统一的，"因此，它应当集中在一个统治者的手里"。

此外，维持一个国家存在的基础在于农业而不是其他，这是魁奈与重商理论的一个根本区别。魁奈认为，从人类社会的发展史看，"除了同一切社会组织为敌的盗匪集团以外，所有其余的社会团体都是靠农业联合起来的，如果没有农业，它们只能组成不完善的民族。只有从事农业的民族，才能够组成稳固和持久的国家"。他反对向个人征收税，认为征税会在不提高劳动生产的情况下提高劳动价格，造成劳动、产量与人口的递减。

18世纪欧洲，经过宗教改革的剧烈震荡，科学技术突飞猛进，工业化进展迅速，而且社会政治制度的改革已经势在必行，这种改革所要求的思想启蒙与理性观念正在与传统封建意识之间进行交锋。远东中国的发现成为西方创造理想王国的参照，从古代传闻中的黄金之国到今日的封建大帝国，中国对于西方有什么价值，是欧洲中国热潮所考虑的核心问题。由此必然形成两种对立的观念：一种是把中国看成是理想王国，它的帝国制度、封建道德、文学艺术引起欧洲的赞美，这种赞美中有理想化的成分，也有理性的想象，甚至混杂了对于旧日传统的怀念。另一种相对的看法则是以西方标准来衡量中国，从西方的历史与现实出发，以异己文明的苛刻态度来批评中国。18世纪对中国的评价，无论是褒是贬，都旗帜鲜明，这也是欧洲历史上对中国态度分歧最大的一个时期，这种认识方式，恰是西方理性主义的一个范例。有趣的是，理性主义认识的对象，恰是以儒学的中庸与辩证理性为特征的中国，两种不同认识方式的文明相会，历史的错位与理解呈现多种色彩，实在是出于必然了。

2. 19 世纪东方观念的逆转

进入 19 世纪之后，东方多数国家已经不同程度上沦为西方的殖民地，世界文明体系中西方的领导作用已经形成，西方对于本文明的批判与怀疑逐渐被赞美所取代，而同时，对于东方文明的赞赏也转化为一种批判。

其实早在 18 世纪的启蒙主义者中，就已经存在对于中国与东方文明的批判，正像我们已经指出，孟德斯鸠等人在《论法的精神》（即《法意》）等著作中，认为中国并不是一个完全持续的文明，其朝代的改换十分频繁。中国人不信宗教，儒学不是真正的宗教。亚洲与中国人口众多，易于产生动乱。中国是一个专制国家，法律与道德不分，但是中国的政府尚不太腐败。孟德斯鸠的东方批判是一个总结性的看法，对于后世的东方研究影响极大，特别是民众中流传较广。与孟氏的看法相近，18世纪后期，原先曾有过的中国文明崇拜已经开始低落，不仅公开批评中国的专制，就连曾经赞美过中国丝绸、陶瓷、园林、精美器具的人也开始诋毁中国，以为这些都不足道。

18 世纪末期，英国与中国外交史上的一个事件轰动欧洲，甚至使欧洲重新调整了对华视角，开始以新的角度来审视中国文明。

1793 年 9 月 14 日凌晨 4 时，在欧洲人来到南中国海 200 多年之后，英国政府的首任大使马嘎尔尼来华觐见乾隆皇帝，这是东西方文明的代表首次正式会晤。这次庄重的会见却被一些意想不到的细节所纠缠，在会见之前，外交礼仪问题突现出来。清廷要求英国大使按照中国礼仪行跪拜礼，而马尔嘎尼不同意，因为英国人认为下跪是一种有辱尊严的行为，更何况是对一国大使。双方经过多次谈判之后，最终达成一种妥协性的协议，马尔嘎尼行单腿下跪的礼节。这个礼节充满象征性意义，从英国人看来它是英式的单腿吻手礼的形式，而从中国大臣看来是向中国皇帝的跪拜。当时由于英国的实力已经位居西方之首，中国才如此优待，如果是葡萄牙等小国尚且不能享有这种待遇。而在英国人看来，中国只是一个衰老的帝国，还这样要面子，实属狂妄。觐见十分不愉快，双方都认为对方粗鲁无礼，彼此都印象不佳。马尔嘎尼甚至在觐见后就已经形成了侵略中国的设想，他在10月25日的日记中写道，清政府并不了解英国，"他们不知道英国的两艘战舰就能战胜大清帝国的全部海军，只需要半个夏天，他们就能完全摧毁中国沿海的所有船队……"他观察了沿途的中国驻军，认为这些军队完全没有战备意识，身穿笨重的长袍与棉靴子，显得不灵活与柔弱无力。这位大使完全不像是外交使节，更像一个军事侦探，借外交机会来观察对方的军事实力。

马尔嘎尼使华本是世界外交史上的一段小插曲，但却引起了异乎寻常的关注，围绕此事引发了无数议论，见仁见智，说法不一。笔者认为，这件事虽小，但它是东西方关系史上的一个典型事件，关于觐见礼仪的冲突，其实是东西方两大文明观念的冲突，并不只是外交与国家实力的斗争。在西方看来，中华帝国已届垂暮之年，英国与中国之间的关系不过是当年葡萄牙人与印加王国关系的重演。所以中国的陈腐礼仪是十分可笑的，是中国不自量力的表现。英国派使来华只是出于亚洲战略与外交的考虑，特别是与俄罗斯等争夺远东，并不是无力征服中国。而对于中国来说，英国等西夷并没有什么区别，来到中国通商就要遵从天朝的规矩，服从中国的礼仪。西方文明的实力政策、实用主义观念与中华帝国传统的蛮夷戎狄来朝天子的观念之间的冲突，鲜明地展示了东西方文明冲突的主要特征。

这种冲突一直持续到 20 世纪,直到清皇朝灭亡之后,才真正断绝。

19 世纪欧洲目睹了东西方交往过程中的每一步骤,其后的大规模入侵,使中国沦为半殖民地国家,印度成为殖民地国家,欧洲对东方文明的评价也发生了逆转。

英国经济学家理查德·琼斯(Richard Jones)研究了亚洲的亚细亚社会生产形态,指出亚洲国家实行土地国有制度,政府垄断土地,这是形成专制制度的根本原因。生产收入由国家进行分配,这样是以首都为中心的经济分配制度。城市发展受到政府开支的支配,因此不可能发展出欧洲的商业型城市。这样导致经济落后、社会发展迟缓。其中俄罗斯与东方国家的不同之处在于,俄罗斯出现了贵族大地主,这种贵族制度限制了专制制度。此外,还有一批经济学家如詹姆斯·穆勒等人,也批判了东方的专制制度与亚细亚式生产方式。同时,黑格尔等人从哲学与文化上批判东方,认为东方不是世界历史民族,人民没有自由意识,屈服于奴役,所以在整个东方包括波斯、印度、中国、土耳其等,都是专制国家。

这是 20 世纪之前西方学者们关于中国政治经济的基本看法,直到马克思与恩格斯系统地研究了东方社会之后,西方关于中国与东方的认识才真正进入了新的历史阶段。

3. 20 世纪的新东方主义与后殖民主义

20 世纪中,古老的东方文明完全进入现代化社会阶段。不过即使在这一阶段之中,东方仍然保持了自己的特色。东方文明并没有因为世界范围里的现代化而自行消解,也并未完全西方化。特别是西方文明的全球性扩张中,东方文明的历史命运更加引人注目,东方民族中因为历史环境的不同,不同程度地进入现代阶段,也就有了不同的结果,对于东方文明现状与未来的研究已经成为当代文明研究的中心课题之一。

世界文明体系形成后，多元文明格局取代了传统的东西方的二分。非洲国家经历了民族独立运动后，开始有选择地吸收现代文明成分。美洲文明产生分化，北美成为西方文明的中心，欧洲移民在加拿大与美洲发展了具有新大陆特点的西方文明。拉丁美洲则选择了独立发展模式，其特点是混合了美洲传统、欧洲殖民和移民的文明。亚欧大陆仍然是文明分化最为剧烈的地区。中东的伊斯兰文明现代化，南亚印度的西方化，东亚与东南亚的日本与韩国、新加坡等国的现代化进程十分迅速，其经济成就令欧洲感到惊奇。东方文明大国中国从 20 世纪的后20 年开始，急速进入现代化进程。

那么，作为一种文明，东方文明在未来社会中是否还会继续存在，如果存在，应当如何看待其意义。

东方文明仍将存在，这是无可置疑的。中东的伊斯兰文明仍然是世界文明体系中相当强大的一个系统，如同新加坡、中国、韩国与日本仍然保持了远东文明的传统一样，尽管由于现代化程度的不同，彼此之间有相当大的差异，但是文明的传统的一致性是明显的。

东方文明的意义由此也分为两个大视域，一个是历史的视域，一个是现实的视域。

历史的视域中，西方以东方传统来看东方，费正清的东方理论、法国英国等欧洲汉学家的东方学研究深入到西方人的认识之中，直到美国当代学者亨廷顿与福山等人的著作中，不但仍然把中国等看成是专制国家，而且对于日本韩国的"民主"、"市场经济"等持怀疑态度。这种看法已经进入西方人的骨髓，很难改变。

与此相反，现实视域中，后殖民主义学者们关注东西方文明差异，他们反对单一的历史视域，坚持不同文明间、同时也是一种文明的"主体间性"立场。以"他人"的目光来看待异己文明，有的学者提出以中国为中心来看待西方等观念。赛义德、雷蒙德·威廉斯、福柯等人为此提供了理论与方法，欧美大学中的东方学家们正在展开新一轮的汉学研究。

笔者认为，两种视域的形成是合理的，学术进步必然导致这种结果，但同时它们又是必然要被取代的。新的东西方文明关系，应当是一种辩证的视域，即承认东西方的差异性与同一性的合理，并且以此来研究东西方文明的历史与现实，西方中心与东方中心都不可能在东西方文明关系研究中取得最终的发言权。有东方才可能有西方，正像有西方才可能有东方一样。

第七章　马克思的东方文明理论
与"东方现代化"

一、东方文明理论的形成

1. 马克思东方文明理论的现在时

当代西方学术研究中，马克思的东方文明理论正在引起新的关注。这种关注的重要表现之一是，几乎所有涉及文化与文明研究的重要理论著作都要以它作为一种主要观念，作为一种新的文明理论与精神分析学文明理论、结构主义人类学、斯宾格勒与汤因比学说等相并列，它们共同被看成是 20 世纪文明研究新方法与观念的代表，与传统的历史编纂方法或是其他理论相区别。而且，当斯宾格勒等人的比较文明与比较文化理论已经在现代学术界受到广泛的批判时，马克思的观念更有振聋发聩的作用。同时，也有一种现象值得我们关注，这就是马克思主义的东方文明理论也成为西方当代一些学者手中的招牌，用以博取学术界与大众的青睐。美国学者福山等人把马克思与黑格尔的世界历史观念完全等同起来，称之为"世界普遍史理论"。另外再加上马克斯·韦伯、人类学家涂尔干的学说，搞成一个大杂烩，以一种实用主义的手法，任意取舍，用来为自己的"历史终结论"作为佐证。同时马克思的东方文明理论也面临着一种危险，即被西方学者们作为一种历史学说加以庸俗化，割断它与当代社会的全球化与现代化的联系。种种相互对立、完全冲突的概念在马克思东方文明学说中浮沉，我们仅举一个最常见的例子。在涉及当代社会的全球化与现代化时，一般只引用马克思和恩格斯《共产党宣言》中的一些论述，认为他们是全球化理论的开拓者。这当然是无可怀疑的，但是，绝对不能忘记，马克思早在一个世纪之前就提出了亚细亚社会经济形态，指出这一社会形态可能跨越"卡夫丁峡谷"，在东方社会中实现现代化，这一伟大预见在马克思逝世之后，经过百年历史风云，已经基本实现。亚洲的部分国家如中国、新加坡、韩国等，从殖民地和半殖民地半封建国家，没有经过完全的资本主义过程，正在进入现代化过程。因此，我们认为，马克思的东方文明理论中，一方面有东方文明作为世界历史观的组成部分的观念，即亚细亚社会发展特殊性的观念，另一方面则有东方文明作为世界现代化的一个组成部分的特殊规律，即东方文明现代化可能性的探讨。

这是本书研究马克思理论的主要视域。

其实，马克思当年有一个发人深省的论断：他的理论并不包括其他古老的社会形态，《资本论》只是西方特别是欧洲的方式，并不能包括古老的东方国家。这个观念首先是他在1877年11月《给〈祖国纪事〉编辑部的信》中提出的，他这里主要指的是自己关于资本主义的理论体系，也就是以《资本论》为代表所表达的理论并不适用于东方国家。1881年3月，在写给俄国革命者查苏利奇的信中，马克思再一次强调，他所谓关于资本主义产生的历史规律"明确地限于西欧各国"，其中特别提到了马克思关于资本主义社会最重要的著作《资本论》，"由此可见，在《资本论》中所作的分析，既不包括赞成俄国农村公社有生命力的论据，也不包括反对农村公社有生命力的论据……"[1]

---

① 《马克思恩格斯全集》第19卷，人民出版社1960年版，第268－269页。

马克思为什么要如此强调这一观念？

马克思的用意在于强调两点：其一，关于古代文明的理论并不属于马克思资本主义社会理论的内容，从社会科学学科划分与研究对象的特殊性而言，古代文明与现代文明之间有完全不同的研究观念与方法。这也就是为什么马克思晚年要研究古代社会特别是东方社会历史文明的主要原因。从学科而言，马克思主义理论并不包括古代文明研究，这是一种完全尊重科学的思想，马克思本人不是古代文明特别是东方文明研究的专家，作为一个严谨的学者，从不轻率在自己没有研究的领域里发表见解，马克思正是如此，即使是从尊重马克思本人意见出发，这也是基本可以肯定的。其二，马克思关于西欧资本主义社会发展规律的理论并不能完全适用于东方文明，特别是古代东方国家。因为东方不是西方或欧洲，这是地理上的差异，同时也有一种时间上的差异，这种时间的差异与自然地理的差异归根结底是文明差异。

资本主义只是人类社会文明的一个历史形态，是欧洲部分国家在16世纪工业化开始之后的历史。而亚洲、非洲与拉丁美洲这些国家古代社会与西欧完全不同，就是俄国也与西欧不同。同样，它们的工业化过程也与西欧不同，20世纪亚洲的工业化已经完全证明了马克思的预见，亚洲可能在实现古代文明传统与工业化社会的对接之中找到新的途径，亚洲工业化的主要形态如东亚模式、中国模式、印度模式等都是有力的说明。其实关于这一点，马克思早就提出过一种重要观点即"非资本主义生产"，马克思在《马·柯瓦列夫斯基〈公社土地占有制〉一书的摘要》等著作中多次指出这一点。以其中的一段为例，柯瓦列夫斯基关于阿尔及利亚被土耳其占领时期的土地制度变化中，曾经以欧洲模式来理解北非国家，他写道："土耳其人除拥有常备的地方民军外，还建立了军事移民区以防叛乱。"① 但马克思对这一看法作出了否定的批注："柯瓦列夫斯基把这种军事移民区命名为'封建的'理由不足，他认为在某种情况下会从那里发展出类似印度的札吉的东西。"② 我们在研究游牧帝国时已经指出，土耳其建立的帝国是突厥民族西移后的历史产物，作为游牧民族仍然保持了其特有的文明传统，在北非的帝国统治中，并没有形成真正的封建制度，也不可能形成。这就是要从东西方不同国家、不同民族来研究社会生产形态。土耳其人的统治不是罗马人征服，也不是印度莫卧尔帝国的统治，这正是北非文明的历史遭遇。马克思所指出的这一特点，与我们从比较文明角度的见解可谓完全相同。这是马克思关注东方文明的特殊规律的一种表现，马克思从来不用欧洲文明的规律来约束东方。

这个杰出的论断不仅仅是对于那些连马克思著作都没有读完就急于批判马克思的人应当认真领会的，对于那些要把马克思资本主义理论盲目应于古老东方文明的人也同样应当重视。两者看起来截然相反，其实他们正是殊途同归。后者的错误在于违反了历史主义，将马克思关于不同历史时期的论断滥用。前者的错误更是可笑，绝大多数批评马克思东方理论的人，其实并没读过马克思关于东方社会的主要著作与笔记，特别是马克思晚年的笔记，这些学者更是知之不多，笔者看到他们侈谈马克思的东方观时竟然对于基本资料一无所知，真是不胜惊讶。

从赛义德到福山，从众多的全球化理论的研究者到人类学家，西方学者中盛传一个神话，马克思是全球化理论的肇始者，

---

① 《马克思恩格斯全集》第 45 卷，人民出版社版 1985 年版，第 312 页。

② 《马克思恩格斯全集》第 45 卷，人民出版社版 1985 年版，第 312 页。

所以马克思的理论是西方工业化的理论，并不适于东方社会与古代文明。这里，似乎是与马克思本人的看法达到了某种统一，我们是否可以按这个尺度来评价马克思理论呢？

美国学者爱德华·赛义德虽然在当代西方理论界颇有影响，他经常在自己的著作中引用当代各种学科学者的论著，特别是哲学历史学的著作，这一点尤其像福山。两人另外一点相似之处也在这里，即他们都不是博学之士，却喜欢炫耀博古通今，其实这两个人的知识与见解真正有价值的只集中于他们本专业——赛义德的文学理论与福山的政治学——对于历史理论与历史哲学，他们的评论经常显示出福斯塔夫式的夸夸其谈。对于这两位连希罗多德、塔西陀、亚里士多德、柏拉图、司马迁、老子、孔子、庄子、斯宾诺莎等人的书都不熟悉的人，如何能听他们谈论历史与哲学呢？赛义德熟悉康拉德无疑胜于他熟悉康德，看到赛义德与福山的康德、黑格尔的议论，真是味同嚼蜡。这方面他们的确要向同时代的哈贝马斯学习一下，哈贝马斯很少谈论哲学之外的理论，这正是他的聪明之处。正因为如此，哈贝马斯也较少批评马克思，因为他知道，同这样一位知识巨人相比，陋见不如无知更能令人原谅。赛义德曾经说道：

> 马克思仍然能有一些同情心，仍然能认同于——即使只有一点点——可怜的亚洲，这说明在那些定型化的标签取得控制权、在他转向歌德那里吸取东方智慧之前一定有什么事情发生了。就好像个体（就我们的话题而言，是马克思）可以在亚洲身上发现总体性的某种预备形式——发现这一形式并且屈服于它在其情感、情绪和感觉上所施加的压力——只有当他在不得不使用的词汇中遇到一种更可怕的压制力时才会将这种总体形式放弃。这一压制力所起的作用是阻断并且驱除同情心，与此相伴随的是一种言简意赅的盖棺论定：他们并不觉得痛苦——由于他们是东方

人，因此处理他们的方式必须与我们一直在使用的方式不一样。①

这又是一段令人啼笑皆非的文字。马克思何时曾"转向歌德那里吸取东方智慧"？如果仅就东方而言，马克思不但没有必要转向歌德吸取东方智慧，而且他完全有资格充当歌德的老师。只要读过马克思青年时代发表于《莱茵报》的大量政论与1873－1883年间的古代社会笔记的人，都会知道马克思研究东方社会长达40年，熟悉当时欧洲所有的关于东方的历史文献，他本人所撰写的大量关于印度、埃及、中国、俄罗斯等国的论著证明，他对于东方的知识之渊博与见解之深刻，不仅是写过《东西方胡床集》等诗的歌德所不能及，也是当时欧洲一般的东方学家们无法望其项背的。如果将马克思称为"东方学家"可能未必合适，但有一点是可以肯定的，马克思所具有的世界历史与历史哲学视域及经济学知识，是一般的欧洲的东方学者所不具备的，这是马克思研究东方文明的过人之处。

马克思何曾受到西方的东方学的影响而且屈服于这种压制力？马克思不仅对于当时的东方学者的批判淋漓尽致，而且对于俄国、美国的古代社会理论也作了认真的研究。这位普罗米修斯式的殉道者，这位斯巴达克式的斗士，当然不会屈从于所谓的"东方学家"的谬见，这完全是赛义德自己的臆断，有如马克思所指责过的那架"发疯的钢琴"，自己弹奏出幻想乐章来。

其实，对于马克思东方文明理论，最主要的敌人其实并不是来自于西方学者，而是来自于苏联与当代中国的某些学者们。20世纪中期与后期，先后两次在苏联与中国发起了关于马克思

---

① ［美］爱德华·W·赛义德：《东方学》，王宇根译，生活·读书·新知三联书店1999年版，第200－201页。

东方文明理论的讨论，一些学者提出的观点与马克思原有学说相差极远。对此，我们在以下的章节中将进一步论述。

历史上，当苏格拉底被雅典人所诋毁时，苏格拉底发表了著名的辩护词。马克思已经不可能像苏格拉底那样来为自己进行辩护了，争论发生在马克思身后，时空与生命存在的自然规律使得马克思没有能得到这种机会。但这并不意味着他必须蒙受一个"不能脱离西方立场"的罪名，这可能是饱经历史波澜的马克思主义所遭受到的最离奇歪曲。苏格拉底曾经嘲笑过那些"东郭先生"式的吹笛手，他是这样的说的：

> "让我们考虑一下"，他说，"一个本不善于吹笛的人，但他却想表现出是一个善于吹笛的人，他必须怎么办。他岂不是必须在这个艺术的外表方面模仿那些善于吹笛的人吗？首先，由于吹笛的人都穿着华美的衣服，而且无论到什么地方都有一大群人跟着他们，他就必须也这样做；由于善于吹笛的人都有许多人为他们喝彩，他就必须也找许多人来为他喝彩；然而他总不可以试行演奏，否则的话，他会立刻显出是一个非常可笑的人，不仅是个恶劣的吹笛者，而且还是个狂妄的吹牛家……"①

马克思的批判者中有这样的一些吹笛者，但是，他们是一群地地道道的假吹笛人，他们并不会真正的演奏，只会模仿吹笛手。这样的音乐当然不会受到人们的承认。这样的吹笛人可能会欺人一时，但不会长久。世人不会变为欧洲中世纪的那个著名吹笛人的故事中的角色，当笛声响起时，鼠群伴随着音乐，自行走入水中去。请问，当代诸君的笛声可有这样的魔力么？

------

① ［古希腊］色诺芬：《回忆苏格拉底》，吴永泉译，商务印书馆1986年版，第38－39页。

2. 西方的文明研究高潮与马克思的抉择

15 世纪之后，世界范围内的海上大交通取代了传统的陆地直接交往，海上探险的成功开辟了东西方交流的航线，这些航线的兴起，使得古代东西方交通的主线丝绸之路日渐衰落，由于战争、民族隔阂、经济封锁等原因，近代以来的丝绸之路实际上早已经没有往日的风光，车马寥落，湮没于岁月的风尘之中了。海上航线虽然也有海盗与风暴等风险，但是对于有长期海上航行传统与经验的欧洲民族而言，成本低、获利丰富等大的优势，使得海上航线必然成为东西方的主要交通方式。航线的开通引发持续不断的东方热潮，对于东方财富掠夺、古老文明的好奇与惊异、对于异己国度与陌生的民族风情的向往，使东方文明研究成为学术的重要内容。从对于东方文明的研究进而发展到对全人类文明包括西方文明自身的审视与反思，必然成为新的学术推动力。

我们的文明是什么？我们与他们的文明有什么区别？理想的世界文明形态是什么？……

这些问题必然成为社会科学研究的中心，文明研究必然成为学术界的重大课题。

学科性研究在文明研究中起了中流砥柱的作用，民族学、人类学、社会学、语言学、比较历史学、比较宗教学等学科几乎无不把文明研究作为重要内容。巴斯蒂安、摩尔根、泰勒、马林诺夫斯基、弗雷泽、缪勒、马克斯·韦伯、列维·斯特劳斯、斯宾格勒、汤因比……这些学者的声誉与影响远远超出他们所从事的学科，成为举世皆知的大学者，相当重要的原因就在于他们对于文明研究的贡献。其中也有一个有趣的现象，西方学者的价值往往体现于他在东方的影响中，越是在东方受到重视的学者，其在西方的地位就会变得越高。相反，只在西方有影响，而没有东方声誉的学者，历史则往往会销蚀他的声誉。

　　另外，在文明理论与东方文明研究中，影响最大的其实并不只限于东方学的研究者，相当多的传教士、民俗学与人类学家们虽然相当精通东方，甚至献身于东方研究，但是他们的研究只在东方学这一研究领域中具有影响。在这个领域之外，他们的研究并没有引起大的关注，他们没有能形成对于整个学术界的普遍性影响。相反，一些其他研究领域里的学者，却以其独特的研究方法论与思想观念体系，使东方文明研究与比较文明研究这个新学术领域的开拓有了长足的推进。其中，德国历史哲学、精神分析学派与马克思主义是震动整个学术界的最具有方法论与体系性的革新，他们的影响远远超出某一学科的范围，成为各个学科在进入文明研究时最基本的工具与训练。

　　1784 年，康德在《柏林月刊》发表论文《从一个世界主义者的观点来看普遍历史的观念》，其中提出了这样的一个命题：

　　　　把普遍的世界历史按照一场以人类物种的完美的公民结合状态为其宗旨的大自然计划来加以处理的这一哲学尝试，必须看作是可能的，并且还是这一大自然的目标所需要的。[1]

这是一个先验主义者对于世界历史的独特理解，历史的目的是先定的，历史的发展是一个呈现的过程，虽然这种唯心论的历史观是不正确的，但是在当时它仍然具有相当的进步性，特别是他所具有的启蒙理性的思想高度。这一观念中的历史自然主义与历史规律性的完美表述，使得人类对于历史过程的理解有新的经验。当然，这并不意味着没有反对者，相反，正是赫尔德等人的不同看法才使历史哲学引起了世界的注意。关于赫尔德等人的学说，我们在有关章节已经进行了论述，这里就不再

---

　　① ［德］康德：《历史理性批判文集》，何兆武译，商务印书馆1997年版，第18页。

重复了。

1822 年，时年 52 岁的黑格尔开始系统讲授《历史哲学》，直到 1837 年，黑格尔逝世之后 7 年， 《历史哲学讲演录》（Volesungen uber die Philoshophie der Weltgeschichte）经过他的学生甘斯整理出版，这部名著各国译本很多，它的出现使得世界历史学学科的观念上发生重要转变，其中最重要的一个转向就是从以历史编年史与纪事为主的过程研究转向更为开阔的文明与社会发展规律研究。恩格斯在《社会主义从空想到科学的发展》一文中评价："黑格尔把历史观从形而上学中解放出来，使它成为辩证的，可是他的历史观本质上是唯心主义的。"[①] 尽管如此，马克思历史唯物论与历史主义学说从黑格尔历史哲学中汲取有益的成分是无可怀疑的。黑格尔历史哲学中，把世界民族划分为历史民族与非历史民族的思想，把世界史的发展看成是自由意志发展的历史等观念，对于青年的马克思与恩格斯都具有相当的吸引力。但我认为，其中最为重要的是黑格尔对于东方民族与东方社会的关注，带给马克思与恩格斯强烈印象，扩大了他们的视野。黑格尔学说的一个重要特点就是世界历史体系论，黑格尔把世界历史看成是世界民族交替实现的过程，世界历史的总体发展趋势是从东方向西方的时空递进，亚洲是起点，而欧洲是终点，是世界历史的实现。第一个世界民族是波斯人，而中国与印度则还不能被看成是真正的世界历史民族，因为他们不具有"自由理想"。其实，古代波斯人就是可能与欧洲有历史渊源的雅利安人，但不知黑格尔为什么仍然把印度人排除在历史民族之外，可能是感到印度历史中有他所不能容忍的多种异族的混合。

① 《马克思恩格斯全集》第 19 卷，人民出版社 1982 年版，第 226 页。

与黑格尔轰动一时的历史哲学相比，精神分析学的文明理论虽然可能并不引人注目，但同样是欧洲文明研究热潮中的中坚力量，它独创的研究方法与新颖的视野都是一般历史科学所不熟悉的。弗洛伊德的《图腾与禁忌》、《一个幻觉的未来》、《文明及其缺憾》、《摩西与一神教》等著作发表于 20 世纪前 30-40 年代，荣格的《论分析心理学与诗的关系》、《原型与集体无意识》（The Archetypes and the Collective Unconscious）等重要论著也几乎同时推出，精神分析学中最主要的理论即无意识心理与原型的传统学说，在 20 世纪文明研究中起了推陈出新的作用。

如果不熟悉黑格尔《历史哲学》、马克思东方文明理论与弗洛伊德和荣格关于人类历史文明的著作，其实是不具备进入文明研究这个学科的，当然，如果不能进入文明研究，那就更谈不上比较文明学的研究了。就是连马克思与恩格斯本人，也是在黑格尔《历史哲学》的引导下开始对文明研究感兴趣的。恩格斯曾经在威廉·格雷培的信中说："……何况他（黑格尔的）的历史哲学本来就写出了我的心里话。"① 青年时代的马克思与恩格斯都受到历史哲学的影响，虽然他们当时都没有撰写历史哲学方面的著作，但是他们十分重视黑格尔的学说与历史哲学思想，则是明显的。在我们回顾文明研究的历史时，或是要开出这个学科的必读书时，那么以上几种著作都是必不可少的。

正是在这种学术思潮的影响下，马克思的后期研究中，毅然将文明研究作为自己的重要课题，这是马克思研究工作的一个重要转化，是从《资本论》的作者马克思向东方社会笔记的

---

① 《马克思恩格斯全集》第 41 卷，人民出版社 1982 年版，第 540 页。

作者马克思的转化，从此，一个文明学家的马克思与政治经济学家、哲学家的马克思合为一体。这标志着，马克思的思想发展到一个新的阶段，一个文明研究的新阶段，马克思理论有了新的更广阔的时空领域与观念。而恩格斯则以自己《家庭、私有制和国家的起源》等论著响应马克思，共同发展丰富马克思主义，这是马克思主义发展史上不可或缺的重要一笔，遗憾的是，关于马克思的文明理论当代世界仍然研究得太少，人们只知道政治经济学家的马克思，而不知道文明理论家的马克思。马克思博大的体系没有得到全面的研究，"弱水三千，取其一瓢"，实在是不足取的。

3. 马克思东方文明研究的主要阶段

马克思东方文明研究可以划分为两个大的历史阶段，第一历史阶段是 19 世纪 40 年代到 1851 年之前，这时马克思初步形成自己的世界历史观，对于东方文明的看法也处于初始阶段，这一阶段的主要特征是明显受到黑格尔历史哲学的影响，甚至早期论文中大量引用黑格尔书中的资料。因为这一时期马克思本人尚没有大量直接利用东方学家的相关资料。第二个阶段是从 1851 年到 1883 年，马克思流亡英国，集中于政治经济学研究，广泛涉猎世界文明史，接触大量东方学资料。可以分为两个时期，从 1851 年到 1879 年，是马克思文明理论全面建立的时代，1879 年到 1882 年是马克思创造东方文明新观念的时期。马克思以东方文明笔记为主，大量据有当时最新的、最有价值的东方与世界古代文明研究的资料，马克思虽然没有到过东方，不可能掌握第一手资料，但是他随时掌握最新资料与研究进展，以独特的理论视域与研究能力，利用这些资料对于东方文明研究作出贡献，这是其他学者所不具备的。1879－1882 年马克思写了五篇读书笔记，以俄国学者马·柯瓦列夫斯基等人的著作为依据，全面探讨了古代民族社会的历史，这是马克思最后的、也是最集中的东方文明研究著作，为人类留下了弥足珍贵的遗产。

从 1842 年开始，年轻的马克思为《莱茵报》撰稿，从这一时期他就开始讨论东方文明，这是马克思首次全面接触东方文明，他在为该报撰写的大量政论中，主要有以下方面与东方民族有关或是间接涉及东方文明，其中比较重要的有：《第 179 号〈科伦日报〉社论》中关于印度婆罗门教徒与吠陀经典；《第六届莱茵省议会的辩论（第一篇论文）》中提到的印度人的母牛与猿猴崇拜，在同一篇论文中，还提到了中国人、埃及人、利比亚人、斯基台（泰）人等；《法的历史学派的宣言》中提到了非西方民族印第安人与"北美土著"，同一篇论文中还提到了暹罗人与拉吉普特人；《第六届莱茵省议会的辩论（第三篇论文）》中提到了"古巴野人"。其后，在《黑格尔法哲学批判》中，马克思首次系统提出了自己的世界历史分期，即世界历史分为四个时期，古代国家、中世纪社会亦即封建社会、现代社会与未来社会。马克思在这里抛弃了黑格尔的世界历史时代划分标准，提出自己简要的社会历史分期法，这一分期法以后在《德意志意识形态》中得以完整形成。从中可以看出，马克思与其他后黑格尔主义者或是青年黑格尔派是不同的，马克思是真正全面批判黑格尔的人，并不是黑格尔学说的继承人，而后者则是继承黑格尔的基础上批判黑格尔，两者之间泾渭分明。《德意志意识形态》一书中，马克思的观念明显经历了一个飞跃，这就是对于黑格尔的绝对观念的批判，从而为世界历史观念找到一个新的起点。对于黑格尔来说，世界历史是绝对观念的辩证发展过程，是观念的外化，反之，现实也就是观念的体现，这样形成了一个精神与物质之间的循环。如果从比较的角度来看，黑格尔的绝对精神虽然在某些方面具有中国古代老子等人所主张的"道"的客观性与实体性，但其实更与程朱理学家们相近，老庄的道化万物仍然是一种泛论，即所谓"大道泛兮，其可左右；万物恃之而生而不辞，功成不名，有衣养万物而不为主"，或是所谓"夫昭昭生于冥冥，有伦生于无形，精神生于道。形本生于精，而万物以形相生"。这种道论只能与希腊人的逻各斯相比，世上的认知总是从粗到精，而且具有否定与辩证性，后起者否定先生者。从空间来看，东方的历史总是在西方重演，无论东方与西方，对于道或绝对精神的颠覆是必不可免的，道与绝对精神恰恰会成为"心学"与"自我意识"的靶子，射穿了这个靶子，才可能达到哲学的顶峰。在东西方的思想演化中，宋明理学家特别是心学家们就是以对客观的"道"的颠覆为主旨的，二程所说的"理"，其实已经不再是绝对的道，"天即是理"，这里已经把物质的天作为理的根源，天理是根本，"天理云者，这一个道理，更有甚穷已？不为尧存，不为桀亡。人得之者，故大行不加，穷居不损。这上头来更怎生说得存亡加减"。天理，固然是父子君臣的封建关系，也是世界之产生的本原。所谓万物皆有理，"天下物皆可以理照，有物皆有则，一物须有一理"。而天就是人心，"只心便是天"。如此颠倒一番，最终结果只能是人心即天理。青年黑格尔派的麦克斯·施蒂纳恰是另一位西方的心学家。他把世界历史看成了是自我意识的历史，他的自我意识并不完全是黑格尔的自我意识，而只是一个自我而已。他最终以自我代替了绝对精神，就像二程用人心代替了道一样。马克思早已经对于黑格尔的绝对精神有了不同看法，虽然他已经肯定黑格尔是"尊重经验世界"的，对于施蒂纳等人阐发粗陋的"自我"更是蔑视有加，在哲学家马克思看来，这个"青年黑格尔派"不仅是初出茅庐，而且是尚未能进入学术的殿堂。施蒂纳模仿黑格尔，也提出一个世界历史发展观念，他认为人类社会应当以意识对于世界的态度划分为三个时期：第一个时期中，意识对于世界是现实主义式的态度，这是古代社会，也是人类的童年时代；第二个时期中，意识对于世界的态度是唯心主义的，这是中世纪人类的青年时代。近代则为成人时代，在这个时代中，人类的意识对于世界是利己主义的。童年时代人类代表是黑人，这种是古代人类，是历史的童年，人依赖于事物。青年时代是蒙古人，包括中国人等东方人，这些人是历史的开端（这里抄袭了黑格尔的说法，即中国只是历史的开始，而不是世界民族）。只有欧洲人或是西方人才是近代的真正主人。最令人感到可笑的是，他认为美国人与中国人是世界上最会恶作剧的骗子，中国人是宗法骗子，美国人是文明骗子。他对于东方文明极为轻视，认为东方停滞不前，崇拜偶像，极为落后。东方人与西方人之间的关系，就像是乡下人与城里人之间的关系一样。当然，这种观念并不只是青年黑格尔派所独有，相当多的欧洲或西方人都有这样的世界文明发展观念，最为可悲的是，我们中国读者相当熟悉的一个人物——路德维希·费尔巴哈——竟然也有同样的观点，仅从这一点就可以看出，西方对于东方文明的理解是如何狭隘与陈腐了，极受马克思推崇的费尔巴哈尚且如此，其他人就更可想而知了。

马克思与恩格斯激烈批判了青年黑格尔派的世界文明史及其东方文明理论，马克思嘲笑施蒂纳是"利己主义者变成了黑格尔的"笨拙的'抄袭者'"。对于这个喜欢标榜"自我"的哲学家，马克思称其为"利己主义者"真是妙语中的。虽然他并不是杨朱那种"拔一毛而利天下者不为也"式的公开的利己主义，但是他的学说之危害并不亚于杨朱，自我为中心的哲学观念是一种形而上学，它的精神影响远大于道德意义上的自私自利，"学术杀尽天下人"，黑格尔还只是把"自由精神"作为绝对观念实现的程度标志，这样，还可以有民族国家作为世界历史的形式，既然有民族国家，就是世界民族与文明的价值比较。而施蒂纳的学说则成了赤裸裸的自我展现，世界历史难道能用一个"自我"来衡量吗？所以马克思说："他连好好地读读黑格尔的《历史哲学》的功夫也没有！"①

由于 1848 至 1849 年欧洲形势的变化，马克思于 1849 年 8 月移居英国，随后，他的家庭于 1849 年 9 月来到英国伦敦，从此，马克思定居伦敦。1851 年开始，接受美国《纽约每日论坛报》的出版人查理·安德逊·德纳的邀请为该报撰稿。在这个时期，马克思从经济学入手研究东方文明。主要著作有两大类，一类是以政治经济学理论来考察东方与西方文明间的差异，从文本内容与主题来说，并不是以东方国家为研究对象，但是却涉及相当多的人类古代社会、东西方文明方面的重要内容。这类著作中最重要的有《经济学手稿（1857—1858 年）》、《资本论》等。第二类是部分东方国家政治经济的研究，主要是印度与中国两个大国。这方面的研究虽然没有专著，但是却有一批影响甚大的学术论文，如马克思发表于《纽约先驱论坛报》的一批论文：

1. 《荷兰情况——丹麦——不列颠国债条款变更——印度——土耳其和俄国》（1853 年 6 月 9 日）；

2. 《中国革命和欧洲革命》（1853 年 6 月 14 日）；

3. 《俄国的欺骗——格莱斯顿的失败——查理·武德的东印度改革》（1853 年 6 月 22 日）；

4. 《不列颠在印度的统治》（1853 年 6 月 25 日）；

5. 《英国的繁荣——罢工——土耳其问题——印度》（1853 年 7 月 1 日）；

---

① 《马克思恩格斯全集》第 3 卷，人民出版社 1960 年版，第 183 页。

6.《东印度公司，它的历史与结果》（1853 年 7 月 11 日）；

7.《土耳其战争问题——＜纽约论坛报＞在下院——印度的管理》（1853 年 7 月 20 日）；

8.《俄土纠纷——不列颠内阁的诡计和诡辩——涅谢尔罗迭最近的照会——东印度问题》（1853 年 7 月 25 日）；

9.《战争问题——议会动态——印度》（1853 年 8 月 5 日）；

10.《不列颠在印度统治的未来结果》（1853 年 8 月 8 日）；

11.《俄国的对华贸易》（1857 年 4 月 7 日）；

12.《英人在华的残暴行动》（1857 年 4 月 10 日）；

13.《鸦片贸易史》（1858 年 9 月 20 日）；

14.《中国和美国的条约》（1858 年 10 月 15 日）；

15.《新的对华战争》（1859 年 9 月 27 日等）；

16.《对华贸易》（1859 年 12 月 3 日）。

以上还没有计入恩格斯关于东方国家的论文，同时还有一两篇不能最终确定的论文，但足以说明马克思对于东方文明的研究已经相当深入。以上论文主要是关于印度与中国的，其中印度占 9 篇、中国占 7 篇，可以看出，马克思关注的中心是这两个东方文明古国，也是东方最大的两个国家。

这一时期马克思研究东方文明之方法与观念都有相当大的变化。从资料来看，马克思以前并没有直接资料，他利用较多的是黑格尔等德国哲学家关于东方的资料，这些资料不但早已过时，而且严重失实，其中有相当多的是对于东方文明的主观臆断。来到伦敦后，马克思利用了大不列颠图书馆的大量藏书，其中包括传教士、冒险家与东方学家的笔记、游记和论著，经济学家关于世界经济学的报告与论著、政府文件、西方报刊关于东方国家的报道等极为多样的资料，从而对于东方文明有了真正深刻的理解。马克思有一个习惯，对所读的资料作出详细的摘录，仅 1853 年前所作的笔记就有 20 多本，尚不包括其后著名的东方笔记，而且每一本都密密麻麻，厚度可观，令前往拜访者惊叹不已。我们仅依据其中部分笔记就可以看到如下一些关于东方的重要著作：首先是英国议会蓝皮书及议会委员会报告，这种官方文件汗牛充栋，尘封多年。另外还有东印度改革促进协会出版的一系列文本，如《印度财政》、《关于印度的札记》、《政府对于印度的管理》。这些文件也从来是问津者不多，但马克思一一阅读并作了笔记。其次是一些经济学家关于东方的研究，乔·坎贝尔的《现代印度：民政管理制度概述》、奥地利东方学家约·哈麦尔的《奥斯曼帝国史》。英国学者约·狄金逊的《印度的管理》、其他尚有阿·培顿《亚洲民主政体的原则》、托·斯·莱弗尔斯《爪哇史》、阿·赫·布伦《论古代民族的政治与贸易》和《人类文化通史东方卷》、休默和詹·威尔逊的《英属印度古今历史概述》、马·威尔克斯《印度南部的历史概要·迈索尔历史概要》、威·希·普莱斯科特《墨西哥征服史》和《秘鲁征服史》、赫·梅里威尔《关于殖民和殖民地的演说》、爱·吉·威克菲尔德《略论殖民艺术》、托·霍吉斯金《论美国殖民协会的贡献》、托·勃克斯顿《非洲的奴隶贸易》及《非洲的奴隶贸易及其解决办法》、威·豪伊特《殖民和基督教》……除了以上政治历史文化论著外，他还仔细研究了与东方有关的文学作品，游记笔记等不同文类的著作，如弗朗索瓦·贝尔尼埃的《大莫卧尔、印度斯坦、克什米尔王国等国游记》、阿·德·萨尔蒂柯夫的《关于印度的通信》、威·琼斯的《亚细亚诗歌释文》、查·福斯特的《阿拉伯的历史地理学》、雅·菲·法耳梅赖耶尔的《东方片断》等。

自 1879 年起到 1893 年逝世，马克思集中研究了关于俄国等相对于西欧来说也是东方社会的手稿、书信、笔记等，由于时间较为充裕，马克思已经可以集中思考东方文明，这是马克思生命的最后一段时间，他把它献给了东方文明，一位资本主义的批判者，其最后的岁月则致力于阐发东方文明理论，其启示之深是不言而喻的。

其实，马克思在 1872 年起再次开始《资本论》写作的同时，就已经进入对东方文明理论的总结时期，这一时期中是以资本主义在欧洲之外的传播为主的，以俄国与美国的社会经济为主要对象，集中于土地制度与农业生产关系。也就是在这一时期，马克思创造性地提出了亚细亚生产方式等重要理论。

综观马克思东方文明研究的过程，不但与黑格尔等哲学家的形而上学式思辨的方法与风格完全不同，而且与西方的"东方学家"们的考证、实证与理论阐释也都相异，马克思的研究是以社会经济为线索的渐进式研究，其总体性结论极少，价值判断也并不多，而相当多的则是历史事实分析，我们认为，这种研究为东方文明的科学化打下了基础。

4. 马克思研究东方文明的方法

从第一阶段到第二阶段，正是马克思撰写《资本论》的时期，也是马克思全面建立自己的政治经济学理论体系的时期。马克思的思维方式与研究方法与以前相比都有巨大变化，根本上摆脱了黑格尔思想的影响，但是吸取了黑格尔辩证法的内容，形成了马克思的辩证思维方式，这种思维方式体现于他的研究方法，使得他的研究最终能独树一帜。这种思维与方法当然不仅表现于《资本论》中，也充分地、淋漓尽致地表现在东方文明研究中，甚至在后者中表现得更为彻底鲜明。在《资本论》第一卷第二版的跋中，马克思曾经区分过研究方法与叙述方法的根本不同，研究方法是"充分地占有材料，分析它的各种发展形式，探寻这些形式的内在联系"。而叙述方法法则只是按照逻辑和时间来顺序说明事物的过程，这样，"材料的生命，

是观念地反映出来的。"① 马克思的论著是以研究的方法来写作
的，正像他本人所说，《资本论》是一个艺术的整体，但与众
不同的是，更不同于黑格尔的是，马克思的著作是一个运动的
整体而不是一个固定的结构。这是马克思研究方法给后世的最
重要的启示，这一方法影响了后世的众多杰出学者，弗里德里
克·杰姆逊关于《马克思主义与形式》一书中关于马克思的写
作方法与研究方法有过精辟的总结，这种总结可谓深入其中三
昧，那些浅尝辄止的学者或是食古不化的腐儒们是无法领会的。
马克思的方法是"内容通过内在逻辑产生范畴，然后用这些范
畴把自己组织成一个正式结构的方法的典范"。这是一种思维
方式的改换，杰姆逊称之为辩证思维方式，这是一种思维方式
也是一种理论体系，因为一种思维方式在实践过程中形成理论
体系，而理论体系则必须有一种思维方式作为其逻辑结构，这
种逻辑结构的时间性与形式构成了理论体系。这种辩证思维起
之于黑格尔，大成于马克思，以后的阿多尔诺关于时间关系的
辩证演化过程，本雅明、法兰克福学派的马尔库塞以及布洛赫
关于辩证思维的观念（即辩证思维本质上是诠释性的同时又是
复原性的思维），卢卡契关于艺术建构和社会生活的象征性关
系，萨特关于现实作为阶级对抗的伪装的论述等，都受益于马
克思的辩证思维。当然，后现代主义者们最为推崇的名篇《路
易·波拿巴的雾月十八日》是辩证思维的典范，这篇写于1851
－1852年间的文章，鲜明地展示了马克思新思维方式的特点，
只可以用中国古代一个词"活泼泼地"来形容，它不是那种匕
首与投枪般的锐利，而是一种巨炮般火力强大，是一种大智慧，
这种智慧在古代吠陀经典和中国六经与诸子的思维中是常见的，

---

① 《马克思恩格斯全集》第23卷，人民出版社1960年版，第25
页。

同时也在西方现代哲学中保留下来了。杰姆逊对此有较深入的体会，他有一段形象的描绘：

> 这种思维当然是思维的平方，是正常思维过程的强化，从而使一种更新了的光线照亮这些过程强化的客体（对象），仿佛在它的直接困惑中，心灵试图凭借意志力，凭借命令，抓住自己的鞋襻，使自身高扬起来。面对着不进行深沉思考的心灵的这些运作程序（无论心灵是在与哲学的或艺术的、政治的或科学的问题和客体进行搏斗），辩证思维并不是试图完成和完善这些程序的应用，以便拓展它自己的注意力，将这些程序也包罗于自己的意识之中；换言之，与其说它的目的在于解决所说的这种特殊困境，不如说在于将这些问题在更高层面上转换成它们自己的解决方法，并使问题自身的事实和存在变成新研究的出发点。这的确是辩证过程中最敏感的时刻。在这一时刻里，思维的整个复合体藉一种内部杠杆作用被高擎起一层，而心灵现在也由于经过一种变速，发现自身愿意把原来是问题的东西当成答案，以将自身纳入问题的这样一种方式置身于它原先的努力之外，不仅把这一困境理解为客体的一种抵抗，而且也理解为一种策略方式布署和配置来反对它的主体一极的结果——简而言之，就是理解为确定的主-客体关系的功能。①

他将此种思维简称为"由正常的客体取向的心灵活动到这种辩证自我意识的转移"。其实这种说法并不十分妥帖，正确地说应当是从正常的客体取向的心灵活动向主体间性的转移，因这里已经完全超出了自我意识，成为了自我意识与他人意识之间

---

① ［美］弗雷德里克·詹姆逊：《语言的牢笼·马克思主义与形式》，钱佼汝、李自修译，百花文艺出版社1997年版，第260页。

的联系。实际上，马克思是德国古典哲学真正的终结者与新哲学的开启者，众所周知，马克思与恩格斯曾经将费尔巴哈称为德国哲学的"终结"，但一个多世纪的时间证明，费尔巴哈并不是真正的终结者，因为正像恩格斯所指出，"终结"的本义并不是完结，而是一种开创新局面的标志，他曾经说过："德国的工人运动是德国古典哲学的继承者"。以此标准来衡量，真正德国哲学的终结者，非马克思莫属。最能代表这种终结活动过程的是哲学中心范畴的转换，马克思的实践范畴取代了从康德到黑格尔的自我意识与自由意识。"江山代有才人出，各领风骚五百年"。哲学核心范畴的转换也是如此，一个时代有一个时代的核心范畴，在马克思之前，黑格尔所创造的自我意识与自由意识等唯心范畴影响极大，后世哲学家一直未能超越这一类范畴，直到马克思的辩证思维出现，自我意识与自由意识等概念才被取代。马克思早已经指出，自己不是从概念开始来研究哲学，而是从实际开始，从社会生活的实践特别是社会生产的实践开始，这与黑格尔是完全不同的。当这种新观念用于世界史观与东方文明研究时，照亮了这一领域，使西方的所谓"东方学"或是"汉学"——这个散发着腐臭的牛圈——获得一次史无前例的清理。

　　黑格尔世界史观的核心是辩证法概念的自我发现，这个过程表现于世界历史。而马克思的世界史观是世界民族的生活现实与历史过程，这是根本的不同，恩格斯曾有一段著名的论述，对于黑格尔与马克思之间的不同进行了具体的分析：

　　　　在黑格尔那里，辩证法是概念的自我发展。绝对概念不仅是从来就存在的（不知在哪里?），而且是整个现存世界的真正的活的灵魂。它通过在《逻辑学》中详细探讨过的并且完全包含在它自身中的一切预备阶段而向自身发展；然后它使自己"外化"，转化为自然界，它在自然界中并没有意识到它自己，而是采取自然必然性的形式，经过新的发展，最后在人身上重新达到自我意识；这个自我意识，在历史中又从粗糙的形式中挣脱出来，直到绝对概念在黑格尔哲学中又完全地达到自身为止。因此，在自然界中和历史中所显露出来的辩证的发展，即经过一切迂回曲折和暂时退步而由低级到高级的前进运动的因果联系，在黑格尔那里，只是概念的自己运动的翻版，而这种概念的自己运动是从来就有的（不知道在什么地方），但无论如何是不依任何能思维的人脑为转移的。我们重新唯物地把我们头脑中的概念看做现实事物的反映，而不是把现实事物看做绝对概念的某一阶段的反映。这样，概念的辩证法本身就变成只是现实世界的辩证运动的自觉的反映，从而黑格尔的辩证法就被倒转过来了，或者宁可说，不是用头立地而是重新用脚立地了。[①]

黑格尔的世界史观念是他的一个创造，也是他对于世界学术的一个重要贡献，在他之前，从来没有人具有这样一种世界体系论，这种世界体系论是对于世界文明的产生与发展规律的总结，其中对于各民族的历史与过程的描绘，更多的则是历史反思。这一体系在今日看来虽然已经陈旧，处处充满欧洲中心主义、日耳曼中心主义观念的色彩，但其深刻的观察、奇妙的断想，仍然充满吸引力，犹如一把埋藏千年的宝剑，虽然已经锈迹斑斑，但仍然寒气逼人。

黑格尔世界史观的中心是自由意识，他认为世界的本质是精神，是精神以自然的形式外化而存在，所以精神是本质的、绝对的。精神是不依靠外物的，它是自身存在的，这种情况下，

---

① 《马克思恩格斯选集》第四卷，人民出版社 1995 年版，第 242—243 页。

精神就是"自由的"。精神的体现是人，是人作为人的自由。但并不是所有的人都是自由的，也不是所有人都知道自由的。东方民族是没有自由的，只有东方专制的君主是自由的，人民大众则是不自由的。所以东方民族只有一个人的自由。希腊人则高于东方，希腊罗马是少数人的自由，因为他们有奴隶制，他们少数人自由，而不是人人自由。只有日耳曼民族在基督教的影响下，具有了自由意识，即"人类之为人类是自由的"。但是，黑格尔这里又遇到难题，因为基督教国家并没有完全取消奴隶制度，如何解释这种玄虚的"自由"呢？黑格尔只好又说，自由现在并没有真正外化，它只存在于意识、思想和精神之中，并没有进入"生命现实"。在这里他已经难以自圆其说了，只好把自由意识囿于"宗教"这个范围里。

这真是一幅可笑的图景，身陷不自由的泥沼中的人类，只有一个宗教的自由精神在他的头脑中。黑格尔在《历史哲学》中认为：

> 这是我们的科学上根本重要的一点，而且必须从本质上把它牢牢把握在思想中。这种区别既然在基督教的自我意识（就是"自由"）的原则上吸引了注意；它又在"自由"的一般原则上，同样表现为一种主要的区别。世界历史无非是"自由"意识的进展，这一种进展是我们必须在它的必然性中加以认识的。①

正是在这种"自由意识"的名义下，东方文明被认为不具有真正的自由意识，所以是低于西方文明的，它只是世界历史的一个开端，并不具有真正的世界历史意义。世界历史从东方开始，到希腊形成，最后由欧洲的日耳曼人完成。黑格尔在《法哲学

---

① ［德］黑格尔：《历史哲学》，王造时译，上海书店出版社1999年版，第19页。

原理》中，把世界历史划分为四个王国，第一个是东方王国，包括中国、印度和波斯，第二个是希腊王国，第三个是罗马王国，第四个是日耳曼王国。对于东方王国，黑格尔认为是落后的，他是这样描述东方王国的：

> 这第一个王国是从家长制的自然整体中产生的、内部还没有分裂的、实体性的世界观，依照这种世界观，尘世政府就是神权政治，统治者也就是高级僧侣或上帝；国家制度和立法同时是宗教，而宗教和道德戒律，或更确切些说，习俗，也同时是国家法律和自然法。个别人格在这庄严的整体中毫无权利，默默无闻。外部自然界或者是直接的神物，或是神的饰物，而现实的历史则是诗篇。朝着风俗习惯、政府国家等不同方面发展起来的差别，不成为法律，而成为在简单习俗中笨重的、繁琐的、迷信的礼仪，成为个人权利的和任性统治的偶然事件，至于等级划分则成为自然凝固起来的世袭种姓。①

黑格尔把世界历史分为若干阶段，这些阶段与民族是互相关联的，不同阶段由不同的民族精神所代表，这样，世界历史就是不同民族精神互相替代的历史。

黑格尔的东方观完全没有任何真知灼见，他的学术思想来源于两个人，一方面从世界史观念上来自于赫尔德，这已经不是秘密。另一方面，他的主要观点基本上是蹈袭了当年孟德斯鸠关于中国文化的陈词滥调，关于孟氏的陈腐观点，我们已经有了清醒的认识，不必再重复了。需要注意是，黑格尔说的是"东方文明"而不只是中国，所以有的地方东拉西扯把印度与波斯的一些东西也放了进来，这就成了一个无所不包的大杂烩，

---

① ［德］黑格尔：《法哲学原理》，范扬、张启泰译，商务印书馆1961 年版，第 357 页。

对于东方任何一个国家与民族都不合适。例如，无神论世界观当然就不适应于宗教信仰大国印度，世俗政权与神权的合一不仅在印度没有，在中国历史上也不存在。黑格尔本人甚至对于印度婆罗门种姓制度与宗教制度都分不清楚，他所引用资料中荒谬可笑的地方随处可见。

总之，黑格尔的世界史观与东方观有三个基本缺陷：第一点从认识论而言，是以自我意识与自由意识为主的认识方式，是以意识发展来取代社会文明的唯心论，是以头来立地的鲜明例子，没有能建立科学的世界体系世界观。第二，黑格尔的观点的研究方法是非科学的，他本人对于东方文明的知识竟然来自一些过时的欧洲学者二手资料，值得注意的是，在黑格尔时代，一些来过东方各国的传教士、已经为研究东方文明提供了丰富的资料，特别是风靡整个欧洲的"中国热"与"东方潮"等，使得欧洲稍有知识的人都相当熟悉东方。黑格尔是一个有科学精神的学者，他研究自然哲学时，对于物理学、数学与化学都有过比较深入的研究。可惜的是，在研究世界历史与东方文明时，竟然毫无科学方法，没有任何可靠的资料，凭借自己的主观臆断随意发表议论。第三，以欧洲与西方文化为中心的视域限制其见识，黑格尔的观点更为突出地贯穿了一种民族主义的情绪，特别是大日耳曼主义的强烈情愫。对于这样的世界历史观念，只能受到民族主义者与种族主义者们衷心的赞同，最拥护的可能是美国农奴解放前的庄园主们，他们认为只有白人是高等种族，其他有色种族特别是黑人是低级的，他们自己拥有农庄，黑人只配作奴隶。第二次世界大战中，希勒特把这种大日耳曼主义在各地推行，使它变成一种彻底的法西斯主义说教，已经被世界人民所唾弃。黑格尔所谓世界历史由不同民族精神所表达的观念，现在已经被新的民族中心主义者所篡改，美国的福山等人已经认为，世界历史已经"终结"，这个终结是由西方资本主义、由基督教徒所完成的。如果追究历史根源，黑格尔的确是福山理论的始作俑者。

马克思阐释自己的世界历史观时说过：

> 历史不外是各个世代的依次交替。每一代都利用以前各代遗留下来的材料、资金和生产力；由于这个缘故，每一代一方面在完全改变了的条件下继续从事继承的活动，另一方面又通过完全改变了的活动来变更旧的环境。……
>
> 由此可见，历史向世界历史的转变，不是"自我意识"、宇宙精神或者某个形而上学的怪影的某种纯粹的抽象行动，而是完全物质的、可以通过经验证明的行动，每一个过着实际生活的、需要吃、喝、穿的个人都可以证明这种行动。①

这与黑格尔的历史观是背道而驰的，黑格尔的精神发展史在这里荡然无存，马克思认为，历史是物质生产的、社会生产的、个人生存活动的历史；那么，精神的作用是不是完全取消了呢？并非如此，马克思指出，在社会中人人都在进行思维，这是无可怀疑的。但是社会上占统治地位的思想是统治阶级的思想，"一个阶级是社会上占统治地位的物质力量，同时也是社会上占统治地位的精神力量"。物质生产与精神生产都需要有生产资料，占有物质生产资料的地位是决定性的。占统治地位的思想不过是占统治地位的物质关系在观念上的表现，个人的思维并不具有决定作用，只有当个人作为统治阶级的成员为一个阶级服务时，他的思想才具有代表性。当然，统治阶级的思想并不是铁板一块，而可能为争夺政权而产生分权与共享。例如欧洲历史上长期的王权与教廷的分权，中国历史上某一历史时期的儒释道思想共享等。

---

① 《马克思恩格斯选集》第一卷，人民出版社1995年版，第88-89页。

在马克思看来，世界历史是工业化的产物，是大工业发展的结果，它使民族国家之间的交往变成世界性的大市场，从而也使得古老的东方文明与西方产生不可分割的联系，非工业化国家由于"世界贸易而被卷入普遍竞争的斗争中"。我们已经指出，当代西方学者中有一种看法，马克思关于世界历史的观点是全球化思想的前驱。我们认为，这种看法有符合事实的一面，如西方学者经常引用的《共产党宣言》中关于世界经济与世界市场的那段名言，确实是指出了经济全球化理论的重要的历史发展动力与原因。但也要看到，马克思的世界历史观与全球化思想之间仍然有相当大的距离，马克思的世界历史观是一种世界体系观，是把世界文明、民族国家、社会物质生产与精神生产关系置于一个大的体系之中进行的考察，它的意义不同于经济全球化。在研究方法上，马克思是从西方资本主义开始自己的研究的，他清醒地认识到，适合欧洲国家的资本主义规律并不一定就适合于东方国家，他多次强调这一点。马克思已经研究了东方文明的特有规律与它进入世界历史体系过程的特殊性，这是马克思对于资本主义的最重要贡献之一。同时，东方文明发展特殊性也应当说是马克思世界历史观不同于经济全球化的最中心观念，这样，马克思东方文明观念可以成为文明本土化与多元化的理论根据。

二、东方文明理论的认知

1. 东方文明与殖民主义

马克思为什么关注东方，其中确实有一段历史因缘，但并不是像赛义德所猜想的"一定有什么事情发生了"，并不是什么偶然事件使马克思这位终生居住在欧洲中心地区的学者把目光投向遥远的东方。马克思曾经对保尔·拉法格说"我是一个

世界公民"，这可能是康德之后最重要的世界公民观念的提倡
者，当然他不可能预见，在 21 世纪初期，世界公民已经成为一
种世界性的观念，但其意义与马克思当年的理解相当不同了。
虽然马克思平生从未走出欧洲一步，在德、法、英等西欧国家
的大都市中毕生从事科学研究与政治活动。但是，从精神上来
说，他是一位世界主义者，他从来不只属于欧洲，遥远的东方
与他的思想密切相连，马克思关于中国、印度等国的政治经济
的大量文章是最鲜明有力的证明，但同时，马克思关注东方又
只是一定历史环境的作用，马克思与东方文明的联系，是马克
思作为具有鲜明的学术个性的主体精神活动与其所生活的历史
环境的联系。

关于东方文明，马克思从早期到后期的观念有所不同，总
括起来大致有以下看法：

1）东方文明是一种典型的古代文明，它在经济发展与社会
形态等各方面与以欧洲为中心的西方文明不相同，在世界历史
观中，东方文明在近代以来是落后的，主要是指社会生产力低
下，马克思曾经使用过"停滞"等词形容印度与中国的社会生
产与经济发展。在文明总体特性上，马克思曾经使用过"野
蛮"、"半文明"与"腐朽"等词来解说封建中国与东方，甚至
还曾经沿用过启蒙主义者的"涂了香料的木乃伊"比喻封建专
制下中国的封闭与腐朽，值得注意的是，马克思并没有否定东
方伟大文明的历史贡献，只是指出近代"东方文明"与"文明
世界"有一定距离。

2）东方文明有自己的社会历史特性，它以亚细亚社会历史
阶段为特有的社会类型，亚细亚生产类型与其后的古代社会有
所不同，东方国家长期保持这种生产，这样就与西方历史有不
同的规律，这种差异当然是由于社会生产力与生产关系的不同
而产生的。

3）马克思曾经沿用"东方专制制度"等概念，恩格斯在《反杜林论》等著作中，把东方专制制度定位为"数千年来最残暴的国家形式——东方君主统治"，马克思与恩格斯详细研究过东方国家的社会结构、土地所有制度、贡赋制度、等级制度等具体方面，指出他们与西方文明完全不同的鲜明特色。

4）在大工业化与世界贸易的冲击下，东方工业不发达国家正在被迫进入世界性的竞争之中，原有的文明在殖民主义与资本主义等的作用下，发生了巨大变化。马克思还预见到东方的现代化与文明进步是必然的，并且期望看到文明的、民主的未来中国、印度等。

马克思东方文明理论的主体是在全球性的殖民主义体系中，对于东方文明的历史特性与命运的一种思考，是对于西方殖民主义的一种历史反思。《资本论》是马克思的政治经济学，是从社会政治角度来分析经济与生产，东方理论是马克思的文明经济学，是从文明角度研究经济。文明经济学的产生是资本主义世界化，也就是它的帝国主义发展阶段，是工业化国家的殖民化过程的产物。

殖民（colony）这个词的本义是外来民族的居住者与侨民，以后发展为在本土之外的土地上进行统治的人们。殖民的历史相当久远，早期的海外殖民者是腓尼基人，早在公元前2000年，这个海上民族就已经从事经商活动，他们就在小亚细亚、塞浦路斯、爱琴海与黑海南岸的经商活动中，逐渐建立了居住地，大约在公元前2000年末期，西顿人的活动集中于地中海东部，而推罗人的活动则主要在地中海西部与北非，以上两个城邦是腓尼基人中最强大的。大约于公元前9世纪，推罗人最后沿马耳他、西西里和撒丁尼亚前进，越过直布罗陀海峡，在西班牙建立了卡迭尔城，公元前814年在北非建立迦太基。迦太基就是最早的殖民地之一，罗马人称其为"布匿"，并且在公元前 3 世纪爆发了著名的布匿战争。迦太基强大之后，自己也成为殖民者，在地中海西岸与西西里等地建立殖民地。希腊人也建立过殖民地，叙拉古等地就是希腊人的重要殖民地。罗马帝国是最大的殖民帝国，它的各个行省其实都是殖民地。新大陆发现后，非洲与美洲成为世界上最大的殖民地区，葡萄牙、西班牙、英、法、德等发达国家从 16 到 19 世纪进行了大规模的殖民侵略，第一次世界大战后，亚洲各国也被殖民化与半殖民化，世界被殖民主义者所瓜分，古代殖民以宗教宣传与财富掠夺为目的，近现代的殖民活动以工业化生产原料与劳动力基地、世界市场开拓为目的。无论古代与近现代殖民，均以战争为主要手段。殖民主义，从本质上说就是民族奴役，是对于异己民族国家进行政治与经济权力的奴役行为。世界性的殖民活动成为资本主义向帝国主义过渡的主要特征，为争夺殖民地爆发的地区性与集团性战争则成为了世界战争的动因。二次世界大战后，反殖民主义运动在世界范围里兴起，各民族国家争取独立解放成为世界潮流，殖民主义才开始衰落，代之而起的是后殖民主义。

马克思东方文明理论的中心就是反殖民观念，反对西方对于东方国家的侵略与掠夺，因为在马克思看来，无论任何一种文明，都没有权利对于其他文明进行非法的扩张，文明之间虽然有差异（马克思早期十分关注文明差异），但发达国家没有权利以此为借口进行侵略。英国对印度实行殖民统治，改变了印度文明，有人认为是英国把落后的印度带入了具有先进政治与政党制度的新型社会，马克思也并不反对英国带给印度的进步，但他同时又说："然而，不列颠人在印度的全部统治是肮脏的，直到今天还是如此"①。文明是进步的，但是殖民主义却

---

① 《马克思恩格斯全集》第 28 卷，人民出版社 1973 年版，第 271 页。

是肮脏的与罪恶的，所以资产阶级所标榜的"历史进步"其实是一种罪恶，马克思说："难道资产阶级做过更多事情吗？难道它不使个人和整个民族遭受流血与污秽、穷困与屈辱就达到过什么进步吗？"①

2. 文明的"悲剧"

西方帝国主义对于东方殖民地的掠夺，即世界殖民主义体系的建立，从14世纪后期开始，到20世纪初期完成。可以说是一种文明对于其他文明之间的压迫与利用，具体到一定的历史语境，就是广义的西方文明对于广义的东方文明的替代、改造与奴役。这一意义以前的学科理论中没有很深入的阐明，自从人类学等学科兴起后，这一关系有了新的认识。从15世纪开始的世界性的新殖民主义，非洲黑人奴隶贩运、黄金掠夺、印度与中东的香料掠夺、拉丁美洲与非洲的种族灭绝、西属美洲殖民地、葡属殖民地，亚洲包括奥斯曼帝国、伊朗、阿富汗、南亚次大陆、东南亚的菲律宾、印度尼西亚、暹罗、缅甸、越南、东亚的中国、朝鲜等殖民地，这是世界有史以来最大的一次文明形态整合，无数古老文明在血与火中被消灭，无数曾经对于世界有重大贡献的文明被迫改变形态，成为西方文明或是半西方文明，除西方文明之外的所有文明都面临着三种选择：全盘西化即殖民主义、半西方化即半殖民主义与坚持固有主体文明。事实上，如果除了中东与亚洲、非洲的部分阿拉伯国家以及亚洲的儒家文明国家外，古代文明中较少存在第三种形态。殖民化，其在文明中的表现是一种西方化运动，这是一种新殖民主义的重要现象。我们已经指出，历史上曾经有过史前与古

---

① 《马克思恩格斯全集》第9卷，人民出版社1960年版，第250页。

代的东方化，那么，近代与现代的西方化则是世界文明史的重要现象，特别是东方的西方化，个别地理上的东方国家如日本等国，已经步入西方经济大国的行列。东西方的划分，已经不再是单纯的地域意义的划分上，而变成文明形态的区分。殖民主义是肮脏的，也是血腥的、残暴的与掠夺性的，对于东方国家的殖民过程中，它暴露出极为野蛮的一面，西方资产阶级的"自由、平等、博爱"的虚伪面具被完全抛弃，这种文明的阴暗面赤裸裸地暴露出来。这并不是文明的冲突，而是西方殖民主义的暴行，但它与西方文明之间的联系又是一种历史的关联，是从腓尼基人、希腊罗马、神圣十字军到法兰克、日耳曼种族主义都具有的一种特性。这种特性在东方殖民化过程中表现得最为突出，马克思形象地刻划了这一进程："当我们把自己的目光从资产阶级文明的故乡转向殖民地的时候，资产阶级文明的极端伪善和它的野蛮本性就赤裸裸地呈现在我们面前，因为它在故乡还装出一副很有体面的样子，而一到殖民地它就丝毫不加掩饰了。"① 这种殖民使印度"个人和整个民族遭受流血与污秽、穷困与屈辱……"，他满怀情感地说："从纯粹的人的感情上来说，亲眼看到这无数勤劳的宗法制的和平的社会组织崩溃、瓦解、被投入苦海，亲眼看到它们的成员既丧失自己的古老形式的文明又丧失祖传的谋生手段，是会感到悲伤的。"②18世纪以来，由于英国等西方国家对于中国采取了极为卑鄙的手段，大量输入鸦片来毒害中国百姓，削弱中国国家与个人，使中国政府完全依赖西方的鸦片贸易，国贫民弱，这是一种"毒品殖民"。当这种殖民受到抵制时，西方国家联合起来集体入

---

① 《马克思恩格斯全集》第 9 卷，人民出版社 1960 年版，第 251 页。

② 《马克思恩格斯全集》第 9 卷，人民出版社 1960 年版，第 148 页。

侵中国，开创了多国武装直接干涉并均分利益的东方殖民模式。马克思逝世后近半个世纪，才发生了八国联军的对华战争，但是马克思早已经预见到了战争的可能性，并对可耻的鸦片贸易予以谴责。他在《鸦片贸易史》中指出："陈腐世界的代表是激于道义原则，而最现代社会的代表却是为了获得贱买贵卖的特权——这的确是一种悲剧，甚至诗人的幻想也永远不敢创造出这种离奇的悲剧题材。"①

马克思所谓"悲剧"是有特定含义的，马克思与恩格斯经常使用"悲剧"这个词，在不同语境下有不同意义。据笔者分析，主要是在两种意义上使用"悲剧"这个词。第一是在悲剧艺术理论角度，如 1859 年与拉萨尔关于剧本《弗朗茨·封·西金根》的通信，恩格斯提出他最著名的悲剧定义，"在我看来，这就构成了历史必然的要求与这个要求实际上不可能实现之间的悲剧的冲突。"② 这个定义提出于 1859 年，正是马恩关注印度与中国殖民化的同一时期。悲剧中的封建贵族骑士形象完全可以与"陈腐世界代表的道义原则"相提并论，这是一种对于走向衰落的但具有道义的代表的悲哀。

另一方面，马思斯与恩格斯经常说到社会现实意义上的悲剧，这种悲剧与艺术悲剧有相当紧密的联系，但也有不同之处，它常用来指走向灭亡的旧制度，特别是封建制度。马克思在《黑格尔法哲学批判导言》中曾经把德国旧制度的命运看成是悲剧性的，他指出：

　　　　反对德国政治现实的斗争就是反对现代各个民族的过

---

① 《马克思恩格斯全集》第 12 卷，人民出版社 1960 年版，第 587 页。

② 《马克思恩格斯论艺术》一，人民文学出版社 1960 年版，第 41 页。

去的斗争，而这个斗争的余波仍然继续威胁着这些民族。对于这些民族来讲，看到在他们那里经历过自己悲剧的 ancien régime（法文：旧的革命前封建的制度——编者注）现在如何通过德国的鬼魂在扮演自己的喜剧，是很有教益的。当旧制度是自古以来就存在着的世界权力，而自由反倒是个别人忽然想到的思想，——换句话说，当旧制度自身相信而且也应当相信自己是合理的时候，旧制度的历史就是悲剧性的。当 ancien régime 作为现存的世界制度同刚刚产生的世界进行斗争的时候。这个 ancien régime 所犯的就不是个人的谬误，而是世界历史的谬误。因而它的灭亡就是悲剧性的。①

众所周知，在《路易·波拿巴的雾月十八日》一文中，马克思再次使用悲剧来指封建制度，并用闹剧来讽刺它的复辟。

从这个意义上，马克思是把东方封建专制看成是腐朽的、野蛮的或是半文明的，他认为中国与印度"是世界上最古老国家的腐朽的半文明制度。"②在《中国革命和欧洲革命》中，他甚至引用了西方一个流行的关于中国社会的比喻："英国的大炮破坏了皇帝的威权，迫使天朝帝国与地上的世界接触。与外界完全隔绝曾是保存旧中国的首要条件，而当这种隔绝状态通过英国而为暴力所打破的时候，接踵而来的必然是解体的过程，正如小心保存在密闭棺材里的木乃伊一接触新鲜空气便必然要解体一样。"③相比起来，由于印度较早成为英国的殖民地，马

---

① 马克思：《黑格尔法哲学批判导言》，《马克思恩格斯论艺术》一，人民文学出版社 1960 年版，第 76 页。

② 《马克思恩格斯全集》第 12 卷，人民出版社 1960 年版，第 228 页。

③ 《马克思恩格斯选集》第一卷，人民出版社 1995 年版，第 692 页。

克思长期在英国生活，对于印度的殖民化过程与印度社会的资料接触得更多，他在《不列颠在印度的统治》一文中详细列举了印度社会的几个主要特点：首先由于印度社会以农村公社为主，所以成为东方专制的基础。"它们使人的头脑局限在极小的范围内，成为迷信的驯服工具，成为传统规则的奴隶，表现不出任何伟大的作为和历史首创精神"。另外，由于不开化所具有的利己性，只关心自己的"小得可怜的土地，静静地看着一个个帝国的崩溃、各种难以形容的残暴行动和大城市居民的被屠杀，就像观看自然现象那样无动于衷；至于他们自己，只要哪个侵略者肯于垂顾他们一下，他们就会成为这个侵略者的驯顺的猎获物"。再次则是野蛮的生活状态，"这种有损尊严的、停滞不前的、单调苟安的生活方式、这种消极被动的生存，在另一方面反而产生了野性的、盲目的、放纵的破坏力量，甚至使杀害生命在印度斯坦成为一种宗教仪式"。最后，马克思还指出农村公社的种姓制度与奴隶制度的结合，他认为："这些小小的公社身上带着种姓划分和奴隶制度的污痕；它们使人屈服于环境，而不是把人提升为环境的主宰；它们把自动发展的社会状态变成了一成不变的自然命运，因而造成了对自然的野蛮的崇拜。"①

也正是在这个意义上，马克思认为打破这种旧制度虽然是一种悲剧，但仍然是有进步性的。印度与中国的长期的奴隶与封建制度、落后的生产力与经济发展、专制制度都是东方文明的重要内容，这是无可怀疑的。破除旧制度，改进东方文明，使之与世界进步文明共同前进，这是世界历史的要求。马克思称之为"人类的使命"，英国对于亚洲的侵略其实是不自觉地

---

① 参见《马克思恩格斯选集》第一卷，人民出版社 1995 年版，第765－766 页的有关内容。

充当"历史的工具"。如果仅从这些内容理解，可以说是明显具有黑格尔历史哲学的观念，但是，殖民主义本身并不具有进步性，虽然它摧毁了旧制度，但它本身又在创造新的残暴行为。因此，马克思既主张对于东方文明中的"陈腐世界"进行革新，同时反对殖民侵略。从这里我们可以看出马克思的个性与真诚，马克思自己称之为"感情"与历史之间的矛盾。我们认为，这也正是马克思世界历史观的历史唯物主义与辩证法的特性，这种观念是黑格尔所永远不会具有的。

马克思是殖民主义东方化的真正发现者，他从政治经济学与东方社会的研究中，把殖民化与东西方文明关系联系起来，提出关于古代东方社会与西方社会的差异，在反对殖民主义中，从理论上建立了东方文明比较的实践原则，其实这就是马克思东方文明理论的最重要贡献，也是超越黑格尔世界历史观最重要的地方。

我们也必须承认，马克思思想是欧洲文明的产物，也是形成于工业文明社会中的伟大思想观念体系之一。工业文明展开的历史过程，它需要对于原有的社会结构进行大规模的改造，以利于工业化社会的建立。这种改造的过程是从民族国家范围内开始，然后向世界范围里扩张，从资源的利用转向资源的扩张。欧洲民族最先实现工业化，同时，工业化国家开始殖民主义扩张。工业化初期的原始资本积累是以牺牲农业人口的生存方式为代价的，工业化进程中，主体异化与劳动异化，生存环境恶化始终是其主题之一。工业文明世界化的进程中，殖民主义与后殖民主义、从产业帝国到文化帝国，殖民与精神殖民一直是一首悲哀的乐曲。马克思指出工业化的过程与殖民主义的一致性，并且认为这种过程就是使东方国家西方化，但这种西方化同时也是一种文明化：

> 资产阶级使农村屈服于城市的统治。它创立了巨大的

城市,使城市人口比农村人口大大增加起来。因而使很大一部分居民脱离了农村生活的愚昧状态。正像它使农村从属于城市一样,它使未开化与半开化的国家从属于文明的国家,使农民的民族从属于资产阶级的民族,使东方从属于西方。①

从中可以看出,"文明化"与"西方化"在当时马克思的观念中是一致的,对于东方文明的特性,高度发达的东方文明的意义,马克思虽然也多次提到,但比起以后的理解来说还是不尽相同的。更为明显的是马克思在《不列颠在印度的统治》中再次涉及对于东方文明的评价。他说过:"气候和土地条件,特别是从撒哈拉经过阿拉伯、波斯、印度和鞑靼区直至最高的亚洲高原的一片广大的沙漠地带,使利用水渠和水利工程的人工灌溉设施成了东方农业的基础……节省用水和共同用水是基本的要求,这种要求,在西方,例如在弗兰德斯和意大利,曾使私人企业结合成自愿的联合;但是在东方,由于文明程度太低,幅员太大,不能产生自愿的联合,需要中央集权的政府进行干预。"②

那么,马克思是不是西方中心主义者?马克思是不是主张以西方文明取代东方文明?

我们认为,任何人没有资格来责备马克思,历史主义是研究马克思东方文明理论的正确途径,只有从马克思的时代与环境来看马克思才是合情合理的,任何民族与种族归属都不会影响到伟大人物的思想贡献。马克思是德国犹太人,也是西方人,

---

① 《马克思恩格斯选集》第一卷,人民出版社 1995 年版,第 276 – 277 页。

② 《马克思恩格斯选集》第一卷,人民出版社 1995 年版,第 762 页。

但他并不是西方中心主义者。任何伟大人物都有自己的民族与种族，这是无可否认的，耶稣是以色列人，释迦牟尼是古代印度人，穆罕默德是阿拉伯人，孔子是中国人，但是他们都不是民族主义者，他们的思想都超越了自己民族利益的界畔，为全人类所接受。他们无论是白人或是其他肤色的人种、出生于什么地方，都不重要，重要的是他们的思想体系推动了世界人类的进步，这也是他们为世界所尊重的原因。

以上关于马克思东方文明理论的分析更证明，马克思当然不是西方中心主义者，他对于整个西方世界包括欧洲主要国家英国、德国、法国、俄国以及美国等国家政府的批判是极为深刻的，对于西方文明的各个历史阶段都进行过最有力的鞭挞，特别是《资本论》中对于资本主义社会的批判，包含了对于西方文明发展轨迹的否定。相反，他也对东方文明寄予希望，他设想："如果我们欧洲的反动分子不久的将来会逃奔亚洲，最后到达万里长城，到达最反动最保守的堡垒的大门，那么他们说不定会就看到这样的字样：中华共和国：自由，平等，博爱。"①马克思写这段话的时间是 1850 年，刚好 100 年后，中华人民共和国的建立实现了他的愿望。关于印度，马克思也曾说过："无论如何我们都可以满怀信心地期待，在比较遥远的未来，这个巨大而诱人的国家将得以重建。"②当然，无可讳言，马克思关于中国社会与民众，特别是关于太平天国运动的有些看法受到时代的局限，如在《中国记事》中批评太平天国"除了改朝换代之外，他们没有给自己提出任何任务。他们没有任何口号，他们给予民众的惊惶比给予老统治者的惊惶还要厉害。

---

① 《马克思恩格斯全集》第 7 卷，人民出版社 1959 年版，第 265 页。

② 《马克思恩格斯选集》第一卷，人民出版社 1995 年版，第 772 页。

他们的全部使命，好像仅仅是用丑恶万状的破坏来与停滞腐朽对立，这种破坏没有一点建设工作苗头。"①甚至把太平军说成是"中国人的幻想所描绘的那个魔鬼的化身"，并且认为"但是，只有在中国才能有这类魔鬼，这类魔鬼是停滞的社会生活的产物"②。子曰："日辰不全，而有空虚。黄金有疵，白玉有瑕，事有所即，亦有所余"。无论马克思对于东方国家事物如何评价，其情感的热爱是不能否定的，有的后现代主义者在反对殖民主义者时连马克思也一起反对，甚至把马克思说成是西方中心主义者，这种观念是绝对错误的。我们也必须承认，马克思生活的 19 世纪只是全球化的前期，东西方文明之间仍然处于大规模的互相磨合之中，如何看待文明交往产生的冲突，如何看待未来社会、未来世界的文明关系，不仅在当时是无法回答的问题，即使在今日，真正的结论尚需待以时日，何况任何关于未来世界文明冲突、文明融合、文明辩证发展的理论，更要经由世界历史来检验。正是出于对东方专制制度与落后文明的痛恨，马克思才真诚希望古代的东方文明早进入现代化，并且指出了东方文明所特有的现代化之路。

我们有什么权力来苛求马克思呢？

3. 马克思的世界历史观

马克思与恩格斯对于东方文明的一系列重要问题提出了自己的看法，这些看法完全不同于当时流行的观点，对于推动相关研究具有重要意义。其中有些观点表现出当时社会认识总体水平的限制，有些仍然会受到其他学派的影响，有些观点在他

① 《马克思恩格斯全集》第 15 卷，人民出版社 1963 年版，第 545 页。

② 《马克思恩格斯全集》第 15 卷，人民出版社 1963 年版，第 548 页。

们本人来说也是一种探索或是揣度，抑或是一种科学的推测。虽然这些观点并没有成为公认的经典，甚至多数观点并没有受到广泛的注意，但是这些观点的价值却不会因此而丧失，它们表明了马克思在这个领域里的严肃思考，推进了这方面的研究。

世界历史观，并不是指世界历史的编纂或写作，而是形成一种以世界为一个整体的历史观念，即把世界作为一个体系，将不同文明与民族作为世界历史有机联系的组成部分，从世界的本体论与认识论意义来研究它。世界历史观并不是世界史，虽然它是以世界史、世界文明史、人类学、社会学等为基础的，但是它本身则是学说与观念，是本体论与认识论在世界史领域里的应用。绝对不能把世界史观看成是各国历史的编纂或外国史，这是对于世界史观念最常见的误解。这种错误在当代中国与西方史学界都相当普遍，虽然已经逐渐衰落。归根结底，世界历史观要解决的问题是世界历史发展的普遍经验性、关联性与规律性，世界历史发展的意义与方式。由于这种观念是一种对于人类社会历史发展认识的高级形态，所以它不可能在人类社会发展的初期形成，它本身的形成就经历了一个长期的过程。它必须在各民族的历史编纂、历史理论的基础上，并且具有对于世界历史的精神观念的反思才可能形成，后者是决定性的。而这种反思又必须是理性思维发展到一定的水平才可能进行，所以有的西方学者经常以为只有自己才可能有世界历史观，而东方国家特别是印度等，由于连基本的历史观都没有形成，缺乏历史记载，根本谈不上世界历史观，这种倾向是绝对错误的。

世界历史观早在神话中就可见其端倪，古代希腊人是一个具有哲学天才的民族，希腊神话中有人类五大时代的传说，神所创造的人类经历了黄金时代、白银时代、青铜时代、英雄时代、黑铁时代即第五代。神话尽管是幼稚的，但它是一种元语言（metalanguage），也是一种思维模式，它直接影响后世的观点形成，希腊人的这种人类时代划分其实就是西方世界历史观的开端。

赫尔德是黑格尔世界史观的引导者，赫尔德认为人类历史分为四个阶段：幼年、童年、成年与老年，这些阶段是从低级向高级的发展。时间与空间是统一的，经由了野蛮、远东古代文明、近东古代文明再到古希腊罗马文明的过程。如果把黑格尔的世界历史分期与赫尔德比较，可谓如出一辙。黑格尔把世界历史分为四个王国：东方王国（中国、印度和波斯）、希腊王国、罗马王国、日耳曼王国。

马克思的世界历史观经历了不同的发展阶段，不同阶段中有不同的标准。在早期的著作中，他对世界历史分期是以理性为标准的，即把世界历史分为两个大的时期：第一个时期是知性时代，在这个时代中，人类尚处于不自由的时代。第二个时期是理性时代，这是人类的自由时代。这是马克思在《莱茵报》时期的世界历史观，表达了马克思这样一种愿望，以人类社会生活实际与历史主义原则来划分世界史阶段，所谓不自由时期，就是指人类与自然的关系中人类处于自然的支配之下，人类是不自由的，人与动物一样，处于"不平等法"原则下。马克思这里强调的其实是人类的平等是人类的特性，对于资本主义社会中的不平等关系是否定的。封建制度是这种社会的典型，因为人类在封建社会中是不自由的。这可以看作是马克思早期的世界历史观。这种观念中，仍然是以理性为中心的，即以自由意识的发展为线索的，这与马克思后期的世界历史分期完全不同。

马克思真正具有代表性的历史分期是他的社会发展史论，在这种理论中，马克思依据社会经济形态或是说依据经济的社会形态来划分世界史的不同阶段，为人类社会提供了一个新的模式。马克思认为：

　　大体说来，亚细亚的、古代的、封建的和现代资产阶
级的生产方式可以看作是社会经济形态演进的几个时代。①

以上四种方式与未来共产主义的生产方式，也就是我们通常所
说的五种所有制形式，成为了马克思的社会历史分期理论中最
为普及的学说，这已经成为一种共识。

　　马克思这里用的是"社会经济形态"这个词，那么，这种
"社会经济形态"是否等于对世界历史的分期呢？

　　相当多的人主张这只是马克思关于社会历史发展的一般性
规律，并不适用于世界历史理论。与多数学者看法相反，笔者
的回答却是肯定的。相当多数的学者认为，马克思这里只是从
社会经济角度来研究人类社会，这种划分法并不具有普遍性，
因为社会经济形态并不能包括人类社会的全部，而世界历史观
则是对于社会总体的分期，经济与生产的理论是不可能包括人
类社会全部内容的。笔者以为，这种看法是有一定道理的，但
对于马克思是不适用的，因为马克思已经声明，自己的研究与
黑格尔是不同的，黑格尔是以绝对理念作为世界历史的尺度的，
而马克思是以人类社会行为作为世界历史尺度的，人类社会行
为中，最重要的也是最基本的就是人类的社会生产，即社会的
经济形态。这是马克思与以前所有世界历史观的重要不同。马
克思在研究社会经济形态时，并不是以生产论生产，而有两个
基本观念：

　　一是经济基础决定上层建筑，这样从经济到人类精神，是
一种全面的系统理论。这是因为，社会生产与社会分工是人类
社会最重要的活动，并且由于这种活动，形成了人类社会的精
神活动特性，因此，社会生产与分工也就不只具有物质意义。
马克思还曾经有过一种在今天看来可能令人相当费解的思想，

---

　　① 《马克思恩格斯全集》第 13 卷，人民出版社 1962 年版，第 9 页。

即世界民族在世界性的社会分工中居于不同地位。东方民族由于是"未开化和半开化"的，所以必然以农业与手工业为主要分工，这种分工的最后结果是被资本主义生产方式所征服。这种社会分工的变化就是文明的前进。

尤其值得注意的是，马克思还指明了东方社会中的特权阶层，也是社会分工的产物。这是对于东方社会特权阶层的最精确的分析，东方特权阶层一直是西方人眼中的怪物，如印度的种族划分，它不同于欧洲贵族与平民之间的对立，而是另一种形态，长期为西方人所不理解。马克思早就尝试着从社会分工与经济活动角度来研究它，最终得出了自己的结论。

二是以工业化生产体系来看待世界，认为世界历史是从大工业开始的，这是工业化时代的世界历史观。

在马克思看来，世界性的最根本的意义并不是海外探险，也不是东西方文明之间由于交通发现所引起的接触，而是大工业化与世界市场的形成。马克思曾经使用过一个词——"交往"，这个词原义包括生产关系等方面的因素。这个词以后被哈贝马斯等人所使用，马克思以后并不经常使用它。马克思使用较多的仍是生产，世界历史真正的形成是大工业生产所形成的世界市场，马克思称之为"历史完全转变为世界历史"。这就是说，黑格尔所说的世界历史并不是真正的世界历史，马克思认为，成为世界历史的关键是世界性的生产关系的建立，而不是精神观念。只有大工业与机器生产为代表的工业化，才把全世界联系在一起，各民族的壁垒无不会被打破，不是被内部的力量所打破，就是被外来的侵略所打破，世界历史时代不会允许闭关锁国的古老帝国存在。

有一个关键词就是"世界贸易"，东方大国中国直到21世纪才加入世界贸易组织，也是到了20世纪末，中国人才开始普遍谈论"加入世贸"的话题。另一个大国俄罗斯时至今仍在为加入世贸组织而努力，要求世界各国承认其完全市场经济地位。但是马克思写于1845—1846年的《德意志意识形态》中就已经指出：

> 大工业使竞争普遍化了（竞争是实际的贸易自由；保护关税在竞争中只是治标的办法，是贸易自由范围内的防卫手段），大工业创造了交通工具和现代的世界市场，……它首次开创了世界历史，因为它使每个文明国家以及这些国家中的每一个人的需要的满足都依赖于整个世界，因为它消灭了以往自然形成的各国的闭关自守的状态。……同样，大工业发达的国家也影响着或多或少非工业的国家，因为非工业国家由于世界交往而被卷入普遍竞争的斗争中。[1]

时至今日，斯人斯言，犹如面对的是21世纪的围绕全球化与加入世界贸易组织等一系列最新话题的应答，真令人不胜感慨。世界历史有了新的标准，全球化也是起于同一时期，这就是工业化时代的到来，我们划分世界历史的时代、区分世界文明史的不同阶段可以说正与马克思的观点不谋而合。所不同的是，当年非工业化国家只是被动地"卷入普遍竞争的斗争中"，在当今时代，非工业化国家正在进入普遍竞争，争相加入世界贸易组织。当初曾经力拒外来资本进入本国市场的国家，如今正在努力争取外来资本投资。这种变化，犹如沧海桑田的变更，虽然令人感慨，实际上是任何人无法阻止的。无论是殖民或是其他手段都无法改变这一历史趋势，这就是工业化带来的世界大市场与世界贸易。它们的出现，正如马克思所说，揭开了世界史的新一页，真正的世界历史观应当以此为开端。这种巨大

---

[1] 《马克思恩格斯选集》第一卷，人民出版社1995年版，第114－115页。

的世界历史舞台上，开始上演新的剧目。黑格尔等人的世界史观与马克思相比，如同儿童玩具与真正的高楼大厦之间的差别，苍白的"宇宙精神"、"自我意识"等与波澜壮阔的大工业化相比，谁是世界历史的真谛，不是相当明显的吗？

马克思世界史观的最后一个关键词当然是"共产主义"，马克思是共产主义理论的真正创始人，但马克思自己其实极少谈论共产主义，因为对于没有实现的事物，他宁愿保持科学观察的态度。在世界史观中，马克思如同在《资本论》等书中所表现的一样，是把共产主义作为一种社会制度来研究，这种制度的本质是个性的最大自由与世界的统一。实现这一社会者是无产阶级。马克思说过：

> 这种状况是以世界市场的存在为前提的，因此，无产阶级只有在世界历史意义上才能存在，就像共产主义——它的事业——只有作为"世界历史性的"存在才有可能实现一样。①

什么是共产主义？马克思认为，共产主义是"交往形式本身的生产"，它不是"爱的呓语"，也不是世界各民族的亲吻，而首先是一种经济变革，马克思说："因此，建立共产主义实质上具有经济的性质，这就是为这种联合创造各种物质条件，把现存的条件变成联合的条件。"② 只有在共产主义社会中，才可能实现真正的世界市场，也就具有了真正的世界历史。

4. "世界普遍史理论"与多元视域的世界史观

福山等人把资本主义与西方文明类型的"现代化"看成是

---

① 《马克思恩格斯选集》第一卷，人民出版社1995年版，第87页。
② 《马克思恩格斯选集》第一卷，人民出版社1995年版，第122页。

历史的终结，在论述自己的理论过程中，他对于黑格尔与马克思两个人是既爱又怕，心理矛盾十分突出。一方面想批判这两个人的世界历史观中的历史进步思想，把柯耶夫的"历史终结论"与自己的西方现代化是世界史的终结作为最后结论，另一方面，又看到只有马克思与黑格尔世界历史观才可能解释世界历史的规律性，不得不把柯耶夫与自己的肤浅得可怜的货色千方百计地混进马克思与黑格尔的学说中去，这样就不得不反复回到马克思与黑格尔。从这点来说，虽然福山看不起斯宾格勒、汤因比、马克斯·韦伯等人的学说，其实他本人如果仅从学术风格与方法来看，是远比不上斯宾格勒等人的，这些人风格鲜明、叙事清晰、有自己的见解，虽然这些人是管中窥豹，但犹能窥得一斑，而福山本人则是以蠡测海了。

福山把马克思黑格尔的理论称为"世界普遍史理论"，其实就是马克思与黑格尔所说的"世界历史观"的一种曲解，因为福山本人与当代西方学者如亨廷顿等人主张建立"普世（适）性理论"，而马克思则从不认为自己的理论是"世界普遍史"，至少东方国家的历史特殊性他是极为重视的，因为他知道，只有特殊性的理论才可能包含有普遍性的意义，相反，"普遍"的理论却并不能包括特殊性。福山蹈袭柯耶夫的旧辙，鼓吹资本主义的自由民主是已经实现了的共产主义，以后不再会有世界历史进化，唯一存在的问题只是保证"最后的人"如何不变质。关于世界普遍史理论，福山是这样叙述的：

> 最后一部有意义的世界普遍史准备在 20 世纪完成，但它不是一个个人创作物，而是一群社会学家（特别是美国的）集体智慧的结晶。它的内容以二战以来为主，总标题是"现代化理论"。马克思在《资本论》英文版序言中写道："工业比较发达的国家只能向不发达国家展示它自己未来的景象。"这自觉或不自觉地成为现代化理论的最初提法。现

代化理论受到马克思以及社会学家韦伯和涂尔干的深刻影响，断言工业发展会遵循一种经济发展模式，届时会产生出某种跨不同国家和不同文化的统一的社会和政治结构。通过对英国或美国等首批工业化并现代化国家的研究，人们会揭示一种所有国家都可能会遵循的普遍的模式。①

不是无知就是弥天大谎！马克思从来没有这种现代化理论，也从未断言世界只有一个统一的社会政治模式。相反，马克思强调自己关于资本主义的理论只适用于西欧，而关于东方与世界，马克思有著名的亚细亚社会形态理论，其中心就是分析亚洲社会的独特历史规律。特别是马克思关于古代社会的一系列笔记中，从古代起对世界历史进行考察，主要就是强调各民族文明发展的特殊性会表现于社会经济形态之中，在对马·柯瓦列夫斯基《公社土地占有制》一书摘要中，马克思指出了东方社会中，由于继承权与欧洲不同，所以难以形成欧洲式封建社会。马克思写道：

> 根据印度的法律，统治者的权力不得在诸子中分配；这样一来，欧洲封建主义的主要源泉之一便被堵塞了。②

在马克思看来，这种制度与欧洲封建主义并不相同，在某些方面则接近于罗马制度。马克思还进行过这样的比较：

> 由于在印度有"采邑制"、"公职承包制"（后者根本不是封建主义的，罗马就是证明）和荫庇制，所以柯瓦列夫斯基就认为这是西欧意义上的封建主义。别的不说，柯

---

① ［美］弗朗西斯·福山：《历史的终结及其最后之人》，黄胜强、许铭原译，中国社会科学出版社2003年版，第77—78页。
② 《马克思恩格斯全集》第45卷，人民出版社1985年版，第274页。

瓦列夫斯基忘记了农奴制，这种制度并不存在于印度，而且它是一个基本因素。［至于说封建主（执行监察官任务的封建主）不仅对非自由农民，而且对自由农民的个人保护作用（参看帕尔格雷夫著作），那么，这一点在印度，除了在教田方面，所起的作用是很小的］；［罗马－日耳曼封建主义所固有的对土地的崇高颂歌（Boden－Poesie）（见毛勒的著作），在印度正如在罗马一样少见。土地在印度的任何地方都不是贵族性的，就是说，土地并非不得出让给平民！］不过柯瓦列夫斯基自己也看到了一个基本差别：在大莫卧儿帝国特别是在民法方面没有世袭司法权。①

土地所有制是东西方社会形态之间的一个重要差异，在封建社会中，欧洲特别是西欧所实行的土地制度是欧洲封建社会的基础，这是罗马帝国之后在欧洲土地所有制中所产生的实质性变化。这种制度的实行，使欧洲实现了真正的封建社会。这与东方国家是不同的，专制统治之下的印度，并没有这种彻底的封建化，同时，农民所受到的保护与欧洲也是不同的。继承制度也是欧洲与印度的不同之处，诸子分封是欧洲所实行的制度，而印度法律中没有世袭司法权，这是印度法律的特点，印度社会形态不同于欧洲，并不把私有财产与名位的继承作为司法的主要内容之一，这就是东方社会经济所具有的独特之处。马克思敏锐地发现了这些特点，从中看到没有一种普适性的封建社会制度。即使是在西方文明内部，从古代社会到欧洲封建社会也有多种多样的历史背景，他指出"占领"是历史上最普遍的观念，蛮族占领了罗马帝国，这是从古代世界向封建主义的过渡。"但是在蛮人占领下，一切都取决于被征服民族此时是否

---

① 《马克思恩格斯全集》第 45 卷，人民出版社 1985 年版，第 284 页。

已经像现代民族那样发展了工业生产力，或者它的生产力主要
还只是以它的联合和现存的共同体形式为基础。……定居下来
的征服者所采纳的社会制度形式，应当适应于他们面临的生产
力发展水平，如果起初没有这种适应，那末社会制度形式就应
当按照生产力而发生变化。"也就是说，一个国家的社会制度
取决于它的生产力发展水平，而不是按照外来文明或是征服者
原国家制度来制定，马克思特别指出，在现代社会中，这一原
则同样适用。显而易见，马克思可以说从来没有向世人宣布过
有这样的一种普遍性社会发展模式，它可以放之四海而皆准，
东西方文明全都一无例外地、不加区别地适用。

　　事实上，与福山等人的说法完全相反，在创立以社会经济
形态为主体的世界历史分期学说的同时，马克思以一种多视域、
多元化方法来研究世界历史，提出了另外一些具有新意的历史
分期观。从这些世界历史分期中，明显可见黑格尔历史哲学的
启发与马克思自己世界历史观的形成经历一个过程。马克思本
人并没有专门的历史哲学著作，他的世界历史观主要通过多部
相关著作可以看出。在这些写于不同时期的著作中，也可以看
到马克思思想体系不断成熟的过程。

　　其一是一种宏观的世界历史分期，也可以称为人类社会分
期，世界历史分期与人类社会分期之间有视域的差异，但更有
相统一的一面，所以我们特意加以区分。这种世界历史分期把
人类历史分为三个大的时期，第一是无私有财产的时期；第二
是存在私有财产的时期；第三是消灭了私有制的时期。

　　其二是四时期论，这是一种更为具体的世界历史分期，马
克思在《黑格尔法哲学批判》中，把世界历史分为四个大的历
史阶段。1）古代社会，即希腊罗马时代；这种社会是奴隶制
度，但是存在着自由民，自由民是"人民"，人民的私事和生
活与社会政治没有分开，所以国家并不能与人民生活分开，也

就是国家没独立。马克思称之为"人民与国家之间存在着实体性统一"。2）封建社会，主要以欧洲中世纪为代表；在这个阶段中，人民与国家之间仍然是实体性统一，但是已经不是人民的个体，而是等级特权与国家普遍利益之间的统一了。这个社会其实就是市民社会，这是欧洲的一个特点。国家职能并不是社会职能，因为国家与市民社会之间的统一是通过等级实现的。这样，国家其实只是各个等级的特权。等级特权并不具有社会与全民利益的普遍性。3）现代社会即新时代社会，指中世纪之后的现代社会。这时国家与市民社会之间分化，等级制度不再是政治统治性质了。自由人的存在使得市民社会成为国家的对立物，并且从而形成了国家与社会之间的异化。4）未来社会，即民主社会时期。这只是一种理想的社会，由于人是社会动物，所以人的本质是社会性而不是动物性。民主制度是人类所应当具有的社会，民主制就是人民有权决定事物，以人的存在为法则。

其三，马克思还曾经把人类社会分为三大社会形态，这是马克思综合了人类学、社会学、政治经济学与哲学等不同学科所作出的一种划分，在《政治经济学批判（1857－1858年草稿)》中，马克思把人类社会划分为三大形态：

最先出现的是人的依赖关系，这是指人类生产活动处于相当小的范围内，以个人活动为基础的社会形态。在这种形态中，人的依赖关系是统治与服从的关系。其后则进入了物的依赖关系，在这一关系中，人是具有独立性的。人类社会生产发展带来了物质的交换关系，建立了人类多方面关系的要求与能力。最后则进入个人自由发展阶段，这个社会中，全面的生产能力成为了人类共同的社会财富，人具有了自由个性。

这些世界历史分期与观念是马克思在不同时期所提出的，它们的共同特点是以西方社会与国家的历史为依据进行划分的，直到社会经济形态的划分提出，才真正把东方社会即亚细亚作为世界历史观念的一个重要因素来考虑，提出亚细亚社会是人类社会发展史上的一个特有历史时期，这个时期是特殊的，只在亚细亚民族中所具有。但是这一历史时期同时也具有一种社会生产发展阶段的共有特性，也可以在其他民族中存在。这一观念看起来费解，其实是相当精确的，即一种特殊的历史时期却可能成为共同的发展阶段，这一观念的提出是世界历史观上的一个决定性变化。说明马克思实际上已经从全球的不同文明来研究世界历史，把东方文明所特有的社会经济形态作为世界历史的普遍规律来考虑。同时，这也意味着，世界现代化也是多元的，东方文明可以实现它自己的现代化。这也是我们研究东方文明现代化的重要理论依据之一。遗憾的是，甚至直到今天，我们相当多的马克思主义学者还没有认识到这一点，习惯于从西方中心或是民族自我中心来研究世界历史，没有把东方民族如中国、新加坡、韩国等国家的现代化看成是东方文明现代化，而只看作是西方文明的东方化，这二者是有根本区别的。

5. 马克思关于"东方专制"历史根源的分析

西方人认为东方社会政治上最大的弊端就是专制制度，东方社会是专制统治的观念早在希腊时代就已经存在，亚里士多德论政治时就已经有这种看法，所以在西方形成一种传统观念，即东方（当时主要指亚细亚）是典型的君主专制。希腊与波斯的战争中，希腊人以民主制度自居，将波斯人看成是专制统治的国家，把这场战争定义为民主与专制之间的斗争。中世纪的西方虽然处于黑暗时代，但反对教皇专制统治斗争仍在继续，反对者们最经常提到的就是东方专制。15 世纪之后，大批西方人来到东方，对于印度、中国等国的专制制度进行详细的观察，写下了大量关于东方专制制度的文字。当时的欧洲刚从罗马帝国统治下解脱出来，民族国家正在建立之中，从政治经济上并不比东方发达，甚至比起经济发达的中国等东方国家来说，欧洲的经济实力仍是相当落后的。但是，欧洲人已经意识到，民主政治与市场经济将会给欧洲带来迅速的发展，欧洲可能会超越东方。英国、法国等先进国家中的民主政治传统已经树立，这与东方国家是有根本差别的，尽管这种政治制度还是采用封建君主制或是君主立宪等形式，但民主政治观念与法律已经实行，这与东方国家的政治制度有根本的不同。在西方人的概念中，东方专制只是皇帝个人专横制度、暴君专制的代名词。而西方的君主制度则不被看成是专制。

无论东方如何现代化，无论东方如何民主化，但是在西方个别人的眼中，东方永远是专制的。直到当代美国学者福山等人，也仍然把新加坡等国家看成是专制国家，日本的"民主"他们眼中也有"专制意味"。这种看法根深蒂固，难以消除。

从历史上看，东西方的根本差异于是也被归为专制与民主之间的不同，被西方人列为专制代表的有波斯、印度、中国、阿拉伯、土耳其等所有东方国家，甚至将俄国也划了进去，包括了远东与近东各国与部分欧洲国家，几乎是除了西欧与美国的所有国家。

为什么东方会有专制制度？在马克思之前，孟德斯鸠、魁奈等人都有过自己的解释。孟德斯鸠是一个地理环境决定论者，他认为是亚洲国家特有的地理环境使得这种局面得以形成，欧洲国家集中，国家土地较小，互相之间存在着激烈的竞争与广泛交流，所以不易形成专制。而赫尔德等人则认为亚洲国家农业发达是形成专制的主要原因。

另外，我们已经指出，一些当代东方学者的学说其实从某个角度也响应了东方专制论，如美国学者张光直等人提出的中国封建制度的特点是家族观念重于国家观念等，这种说法被西方学者看成是中国专制制度的根源之一。这种看法当然是不妥的，因为中国历史上国家观念是以王为代表的天下观，普天之下，莫非王土，国家观念当然是在家族家庭观念之上的，这是无可怀疑的。

马克思对于这种东方专制的来源进行了考察，并且提出关于专制制度形成原因的看法。

东方专制，马克思认为主要是君主的绝对权力，这种权力没有任何有效的监督，而一种家长式的统治，马克思以中国皇帝为例，认为这是"家长制的权力，……这个广大的国家机器的各部分间的唯一的精神联系"①。把这种专制形容为父权，"正如皇帝通常被尊为全中国的君父一样，皇帝的官吏也都被认为对他们各自的管区维持着这种父权关系"②。这种专制制度是人类社会中最为落后与残暴的制度，恩格斯在《反杜林论》中说："古代的公社，在其继续存在的地方，于数千年中，曾经是最残暴的国家形式（东方君主统治）的基础"。

同时，政府管理与包揽一切国家事务，没有真正的政治民主、市场经济与法制，这也是东方专制的一个特点，这个特点使它不同于欧洲的君主制度，不只是专制程度的差异，而且是社会制度本身的结构与功能的差异。

另外需要区分清楚的是，马克思把东方社会中的奴隶制度作为东方专制的典型，这里我们要特别注意，相当多的学者把东方封建制度与奴隶制度不加区分，这是不符合马克思原义的。马克思曾经把专制君主统治下的奴隶制度称之为"东方的普遍奴隶制，"③ 其用意是不言而喻的。东方专制，在马克思看来是

---

① 《马克思恩格斯选集》第一卷，人民出版社1995年版，第691页。
② 《马克思恩格斯选集》第一卷，人民出版社1995年版，第691页。
③ 《马克思恩格斯全集》第46卷（上），人民出版社1960年版，第496页。

一种社会生产形态上的奴隶制，而与欧洲封建制度是不同的。全体奴隶与农奴处于国家君主的个人统治之下，而不是间接地处于地主或其奴隶主统治之下。欧洲封建社会中同样存在农奴，但这些农奴主要是地主或其他封建领主的农奴，这与东方是有根本不同的。

马克思关于东方专制还有其他一些理解，例如政府行为的不规范甚至是任意性的，劳动者的全部剩余劳动产品被无偿占有，封闭与孤立的社会状态等等。

东方国家为什么会产生专制制度？

一种相当流行的看法是，马克思恩格斯认为由于东方国家以农业生产为主，农业所需要的大规模灌溉必须由政府统一管理，这样就形成了专制的基础。

笔者以为这种看法是没有根据的，错误在于把马克思关于东方国家政府职能特征的论述理解为东方专制产生的原因，这是一种范畴的错位与理解的不到位。由于因果倒置或是概念混乱，则会危及马克思理论，甚至会造成极为不良的后果。因此有必要恢复事实真相，以正视听。

马克思在《不列颠在印度的统治》一文中是这样论述亚洲政府管理职能的：

> 在亚洲，从很古的时候起一般说来就只有三个政府部门：财政部门，或者说对内进行掠夺的部门；战争部门，或者说对外进行掠夺的部门；最后是公共工程部门。所以亚洲的一切政府都不能不执行一种经济职能，即举办公共工程的职能。①

从以上论述我们可以看出，马克思是强调东方国家政府职能范

① 《马克思恩格斯选集》第一卷，人民出版社 1995 年版，第 762 页。

围比起西方来要更多，主要是公共工程部门更加重要，因为东方文明程度较低，自然条件特殊，无法由私营企业管理灌溉工程，只能由政府集中管理。与其说这一特点是东方专制产生的原因，不如说是政府机构的特点。在欧洲学者中，较早提出东方国家因排水灌溉而影响农业生产与政府管理的应当是亚当·斯密，他在《国民财富的性质和原因的研究》中就指出了这一点。

关于产生东方专制的原因，马克思也曾经予以说明：

> 在印度有这样两种情况，一方面，印度人也像所有东方人一样，把他们的农业和商业所凭借的主要条件即大规模公共工程交给中央政府去管，另一方面，他们又散处于全国各地，通过农业和制造业的家庭结合而聚居在各个很小的地点。由于这两种情况，从远古的时候起，在印度便产生一种特殊的社会制度，即所谓村社制度，这种制度使每一个这样的小结合体都成为独立的组织，过着自己独特的生活。……但是我们不应该忘记：这些园田风味的农村公社不管看起来怎样祥和无害，却始终是东方专制制度的牢固基础；它们使人的头脑局限在极小的范围内，成为迷信的驯服工具，成为传统规则的奴隶，表现不出任何伟大的作为和历史首创精神。[①]

应当说，马克思所描绘的印度社会产生东方专制的原因，同样适用于封建制度的中国与以后半殖民地的中国，宗族制度与村社制度所形成的思想狭窄、易于被征服、没有反抗精神、没有创造精神，可以说是东方专制制度的有力阐释。印度莫卧儿人的统治、中国满清的统治，都是游牧民族入侵后建立的政权。

---

① 《马克思恩格斯选集》第一卷，人民出版社 1995 年版，第 762页。

这些民族的文明程度低于原来被征服的印度与中国政权。而且这些民族建立政权后，继续实行更加落后的专制制度，造成了中国与印度文明的进步缓慢，以至成为"停滞的东方"。

除了所谓的村社制度之外，马克思同样重视东方国家的土地非私有化制度，并以此作为东方专制形成的一种原因。在《资本论》中曾经有这样一段话：

> 假设相对出现的，不是私有土地的地主，却像在亚细亚一样，是那对于他们是地主同时又是主权者的国家，地租和课税就会合并在一起，或不如说，不会再有什么和这个地租形态不同的课税。在这种情形，依赖关系在政治方面和经济方面，除以普通的对于国家的臣属关系，不会在此以外，再需要有什么更加苛刻的形态。在这里，国家是最高的地主。在这里，主权就是在全国范围内集中的土地所有权。但在这里，因此也就没有土地私有权，虽然对于土地，既有私人的也有公共的占有权和使用权。[①]

关于东方土地所有制度是马克思最为关注也是他最想解决的问题，他多次提到东方国家的土地国有制度，并且以此作为专制制度存在的原因之一。但是也要看到，东方国家历史悠久，民族文明多样但以农业国居多，而土地是农业生产的命脉，故各国土地所有制度是最重要的问题，土地状况极为复杂。印度与中国历史上的土地制度都经历了多种制度的变更，例如中国早在上古时代就有过土地私有与国家所有的多种记载，中国历史上的私田什么时期出现，是不是完全属于私人所有，虽然目前仍有争论，但公田与私田的不同是无可怀疑的了，《诗经》中"雨我公田，遂及我私"，足以说明公田与私田之间的不同已经

---

① 马克思：《资本论》第三卷，郭大力、王亚南译，人民出版社1953年版，第1032页。

是事实。公元前 594 年，鲁宣公时期的"初税亩"就是承认私田的开始，以后在魏晋、元明清等朝代又经历了多次变化，土地私有制几乎在各个时期都曾经存在过，如果简单说中国是土地国有可能并不完全符合历史事实，但是，从印度与中国的历史总体过程来看，农民土地私有程度极低是一个事实。特别应当注意的是，马克思所谓的土地国家所有并不是专指封建社会，而是包括封建社会之前的各个历史阶段，是东方文明的一个特色。

三．"亚细亚生产关系"理论阐释

1、"亚细亚生产关系"说始末

马克思主义理论中，最为东方学者所关心的莫过于"亚细亚所有制形式"与"亚细亚生产关系"的观点，其实这两者是互相联系的，可以总称为"亚细亚理论"。即使是对于西方学者来说，亚细亚理论也是一个最难以说清的概念，其中部分原因就是，亚细亚理论是马克思的一个创造，以前亚当·斯密等人的经济学虽然涉及亚洲社会的特殊性，但是并没有把亚洲经济列为一个特殊的社会形态。

亚细亚所有制形式是马克思在《经济学手稿（1857－1858年)》中提出的，关于马克思这部著作发表的年代目前尚有争论，可以确定的是，马克思这部著作在生前没有完整发表过，但是其中的部分文章却以不同的名称出版或是发表过。这部著作包括 7 篇经济学方面的手稿，其中最重要的有《〈政治经济学〉导言》、《政治经济学批判》与《巴师夏和凯里》等，与亚细亚概念有直接关系的则是《资本主义生产以前的各种形式》一文，这只是全书中的一个章节，但可以单独成篇。马克思的这部著作虽然只是手稿，但确实是马克思《资本论》之前最重要的政治经济学著作，也可以看做是《资本论》的前身。恩格斯曾经在《卡尔·马克思〈政治经济学批判〉》一文中，称赞马克思的这部著作"一开始就以系统地概括经济科学的全部复杂内容，并且在联系中阐述资产阶级生产和资产阶级交换的规律为目的。既然经济学家无非这些规律的解释者和辩护人，那末，这种阐述同时也就是对全部经济学文献的批判。"①所谓批判，也就意味着创造，是马克思创造的经济学理论首次把东方与亚洲的经济生产与社会形态进行了独立的考察。那么，亚细亚理论是不是马克思早期政治经济学的概念而可能在后期理论中放弃这一概念呢？从《资本论》中继续发展的亚细亚理论来看，马克思从未放弃亚细亚理论，并且一直把它作为东方文明研究的核心概念，马克思关于历史与未来社会的研究中，正是以亚细亚理论为依据，提出了东方社会发展可以跨越资本主义的卡夫丁峡谷，从古代社会进入现代社会。因此，亚细亚理论是至关重要的。

在《资本主义生产以前的各种形式》中，马克思提出三种生产形式：亚细亚所有制、古代所有制与日耳曼所有制。如果再加上资本主义生产与共产主义，那么共有五种所有制形式，这也就是马克思关于社会发展规律的总结。与马克思以前的社会历史观相比，这是首次全面提出东方文明的特殊形式。马克思明确说明，亚细亚所有制是"东方特有的形式"，把东方与西方区分开，以东方的特殊形式来说明人类社会历史发展的一般规律，这对于马克思来说也是前所未有的。

亚细亚所有制是最早的生产形态，土地实行公有制度，这种公有是集体公有与归属于国家君主的个人所有。生产者只能有个人占有权，不具有所有权，个人依附于生产共同体。这种

---

① 《马克思恩格斯选集》第二卷，人民出版社 1995 年版，第 140页。

所有制在东方长期存在，左右了东方文明的发展方向。

古代土地所有制是公有与私有同时存在，西方的奴隶社会是这种所有制的典型社会。个体对于共同体的依赖已经减少，但是仍然存在。

日耳曼所有制是私有与公社所有制，土地部分归于个人，其余归于国家所有。公社所有权并不起决定作用，它只是个人所有权的辅助。在这种社会中，个人对于共同体的依赖是最小的。这种所有制是欧洲封建社会的基础，日耳曼人征服罗马奴隶帝国后，使欧洲进入了封建社会。

以上生产所有制与社会形态其实是欧洲与亚洲都存在的，只是因文明不同而有不同的存在形式，所存在的时代前后与延续时间也不一致。历史已经证明这三种生产所有制或是通常所说社会类型、社会形态等是普适性的。而资本主义则尚未能得到这种证明，如果联系马克思关于跨越卡夫丁峡谷的理论，则可以说，东方社会有可能在西方之外探索自己另一种社会发展途径，以非资本主义方式实现现代化。

马克思对于亚细亚生产的论述是结合印度公社等进行论述的，他认为：

> 例如，目前还部分地保存着的原始的规模小的印度公社，就是建立在土地公有、农业和手工业直接结合以及固定分工之上的，这种分工在组成新公社时成为现成的计划和略图。这种公社都是一个自给自足的生产整体，它们的生产面积从一百英亩至几千英亩不等。产品的主要部分是为了满足公社本身的直接需要，而不是当作商品来生产的，因此，生产本身与整个印度社会以商品交换为媒介的分工毫无关系。变成商品的只是剩余的产品，而且有一部分到了国家手中才成为商品，从远古以来就有一定量的产品作为实物地租流入国家手中。在印度的不同地区存着不同的

公社形式。形式最简单的公社共同耕种土地，把土地的产品分配给公社成员，而每个家庭则从事纺纱织布等等，作为家庭副业。……这些自给自足的公社不断地按照同一形式把自己再生产出来，当它们偶然遭到破坏时，会在同一地点以同一名称再建立起来，这种公社的简单的生产机体，为揭示下面这个秘密提供了一把钥匙：亚洲各国不断瓦解、不断重建和经常改朝换代，与此截然相反，亚洲的社会却没有变化。这种社会的基本经济要素的结构，不为政治领域中的风暴所触动。[①]

所谓"静止的东方"的说法在西方流行几个世纪，一直没有人从社会经济角度对于这一说法作出合理的解释。只有在马克思的政治经济学理论中，才可能有答案，马克思另外一段名言则被人看成是对于亚细亚生产的定义，这是《资本论》中的一段话：

在古亚细亚的、古希腊罗马的等等生产方式下，……这些古老的社会生产机体比资产阶级的社会生产机体简单明了得多，但它们或者以个人尚未成熟，尚未脱掉同其他人的自然血缘联系的脐带为基础，或者以直接的统治和服从的关系为基础。它们存在的条件是：劳动生产力处于低级发展阶段，与此相应，人们在物质生活生产过程内部的关系，即他们彼此之间以及他们同自然之间的关系是很狭隘的。这种实际的狭隘性，观念地反映古代的自然宗教和民间宗教中。[②]

----

① 《马克思恩格斯全集》第 23 卷，人民出版社 1972 年版，第 395 - 397 页。

② 《马克思恩格斯全集》第 23 卷，人民出版社 1972 年版，第 96 页。

马克思这里虽然没有直接说到亚细亚的专制，但是已经指出了"或者以直接的统治和服从"的关系，这与其关于东方专制的其他论述是相适应的。我们可以在马克思《资本论》（1873，法文版）中看到，马克思干脆将其改成这样的论述，"在古亚细亚的、一般说来古代世界的生产方式下"，"以专制制度和奴隶制度的条件为基础"。在这里，马克思的所指再明显不过了，古亚细亚生产方式是古代世界生产方式的一般代表，东方专制是以亚细亚社会形态为基础的，其关系是直接的统治和服从。

其中最重要的是指出"劳动生产力处于低级阶段"，这种生产力状态是由于生产关系限制所形成的，如果这种生产关系不改变，这种生产力状态也不会得到进步。这里，我们应当注意到马克思所说的"物质生活生产过程内部的关系"，什么是内部关系？我们认为主要是指生产关系中的分工而言，马克思的理论中，社会分工具有极为重要的意义，它是生产关系的中枢，因而也是生产力发展的关键。社会分工决定了生产关系，在不同的社会中，依据不同的社会分工而占有生产资料、生产工具并且有了不同的生产条件，这一切构成了生产关系的最重要部分。它决定社会生产中不同阶层的地位、分配与支配权力，并且也间接决定了分配与交换，最终也就决定了生产力的高低。专制君主掌握生产资料与工具，劳动者只能是直接服从奴隶制或相近的关系，产品不是用于交换的，自给自足和全部为国家所有，这样的生产方式中，生产力只能是低下的。内部关系主要指具体劳动过程中的分工，马克思区分了两种分工，一种是社会分工，即社会职业与地位。一种是工场内部分工，即劳动者所从事的工作分工。在亚细亚社会中，前者是"有计划有权威的"并且由法律所规定的，如印度的僧侣官员包括婆罗门等社会地位所形成的划分，这种划分受到法律的保护，是不可动摇的。而工场内部则几乎没有分工，农民农奴与工匠则不得不从事各种工作，服从徭役，没有正式的分工可言。这正是生产力不发达的原因之一。

为什么印度、中国等国家从古代起就多次发生过政治"革命"，农民起义与王朝变革持续不断，但是直到现代社会，社会体制变化仍然不大，关键就在于政治革命是不能取代经济基础的变化的。亚洲这种前封建式的经济是一个固定结构，它一直不变，使得亚洲的政治变革不能深入到社会基础，而固定的经济基础又会保持整个社会结构的不变，于是生产力落后状态也得不到改变。这样，亚细亚模式形成，它作为东方文明所特有的社会生产形式，与西方封建社会到资本主义的迅速变化形成对比。东方文明也成为西方文明的参照系，它使欧洲从自身的改革中看到了西方文明的优越性，如果说东方是以土地公有、公社式的自给自足生产以及巩固的专制王朝统治为特色，那么西方文明的应有之义则是：维护私有财产权益，商品经济与市场贸易的原则，民族国家体制与民主政治的结合，从而生产力得到较快的发展。特别值得注意的是，马克思这里提到了"宗教的狭隘性"这个概念，这是相当重要的，这证明马克思不是仅仅从社会经济形态来比较不同社会，而是把宗教等上层建筑与意识形态也包括在内，用马克思自己的话来说，是从一种"社会形态"的观念来考察它。什么是社会形态，就是一个社会的总体模式与结构，从宏观叙事来说，就是社会的文明性质。而且，为什么说包括亚细亚在内的古代宗教具有"狭隘性"，这当然是与基督教特别是新教之后基督教传播这样的历史相比较而言的，"自然宗教与民间宗教"是宗教的相对低级形态，也是意识形态的历史类型，只能与生产力与生产关系的经济基础的低级阶段相适应，随着文明的进步，这种原始宗教与自然崇拜等必然会被替代。世界性的生产必然有世界性的宗教，这是符合马克思看法的。

综上所述，马克思从理论上真正解释了东西方文明的差异产生的根本原因，这种原因从根本上来说，是不同社会经济具有不同社会形态，社会形态的差异反映着文明的区别。

亚细亚所有制是一种生产关系，所以亚细亚所有制与亚细亚生产关系共同构成了亚细亚社会形态，这种社会形态是东方所特有的。在这里，生产所有制、生产关系与社会形态三者是统一的，这一点完全适用于马克思的社会历史发展观。这种社会形态中，马克思主要阐明的是以下方面的关系。

（1）土地公有制是亚细亚所有制与亚细亚生产关系的关键，由此产生东方社会形态与文明的一些基本点。与此相关的则是贡赋、地租与赋税等方面的关系，

（2）自然经济占有主导地位，商品经济则是从属地位，公社制度与家庭是基础社会结构，这种结构决定了剩余劳动占有方式及财产分配的主要方式。

（3）城市与乡村关系的特殊性，在东方社会中，城市与乡村是统一的，没有因生产发展而出现的城市。

2. 关于土地所有制度

马克思多次强调，"没有土地私有制"，这是东方国家的一个重要特点，他在1853年给恩格斯的信中再次指出："这的确是了解东方情形的关键。"我们上文已经指出，马克思认为亚细亚社会中土地是公有的，这是无可置疑的。但是，马克思同时强调，最重要的其实并不是土地公共所有，这只是一种土地所有制的形式，最重要的其实在于没有土地私有制，这是决定生产关系的关键，其他诸如农村公社、村社制度、地租与赋税等相关因素，无不受到它的影响。

要理解马克思的这一观点，先要知道马克思关于土地所有制的观点以及土地所有制与地租等相关范畴之间的关系。

　　土地所有制，即土地权归谁所有。人类社会发展中，土地所有权有极为多样的形式，但主要是两大类，即国家或集体所有与个人所有，前者一般称为土地公有制，后者则称为土地私有制。在古代社会中，土地公有是最普遍的形式，无论西方还是东方基本相同。马克思认为，在古代社会的末期，原有的土地所有制解体，产生土地私有制。但是这种私有制是经历了一定的时代的，首先存在的是封建制度的领主土地所有，在中世纪，出现了多种形式的土地制度，即土地私有化过程。产生了如我们上文已经提到的小农（Yeomen）那样的农民，其成分相当复杂，包括了小租地农民与自耕农等。土地被租用的状况也十分多样，有终身租用、一年租用等多种形式存在。直到资本主义产生，才可能有真正法律意义上的土地私有，这种制度产生的意义在于土地的商品化，是资本主义发展的条件之一。在这种所有制中，土地属于个人所有受到法律的保护，个人有权力按照自己的意愿进行土地的使用。但是实际上，资本主义的发展正是依靠夺取农民土地完成原始积累。在英国从亨利七世以后持续 150 年立法禁止夺取小租地农民与自耕农的土地，1489 年，亨利七世有一条著名法律，禁止拆毁一切至少附有 20 英亩土地的农民房屋。这一立法曾经受到过培根等的称赞，认为旨在保护农民拥有土地的权利。而在亚洲国家中，由于不具备一定的历史条件，所以并不具有真正的土地私有，只不过是"间或由欧洲人输入"而已。亚洲实行土地国有制度，即土地归属于以君主为代表的统治者。在这里，我们一定要注意到马克思是区分了欧洲不同时代的土地私有的，在《资本论》中他就指出过，农民"对于土地，他们和封建领主具有同样的封建权利"，这里指的就是农民"公共的土地"，也就是马克思所说的"公共土地"。但是这种"公共土地"与亚细亚的土地公有是不同的，这里只是在封建领主土地私有制度下的由农民耕种的土地。

马克思甚至从公社土地制度的历史与源流来考察它，指出了19世纪印度公社土地私有化过程的产生与欧洲中世纪是相同的，对柯瓦列夫斯基《公社土地占有制，其解体的原因、进程和结果》所作的摘要中指出：

> ……（4）最后，印度农村公社在其解体的过程中，也达到了盛行于中世纪的日耳曼、英国和法国并且现在仍盛行于瑞士全境的那个发展阶段，就是说，耕地，往往还有草地，归公社各个成员私人所有，只有所谓 *Appertinenzien*（угодья｛附属地｝仍归公社成员共同所有；……但是印度制度的特点——这些特点的产生是由于它更接近于远古的公社占有制形式，——在于：由于某种原因而失掉土地的公社居民，仍然可以享用"公有附属地"｛"Germein"｝。……
>
> 总之，过程如下：（1）最初是实行土地共同所有制和集体耕种的氏族公社；（2）氏族公社依照氏族分支的数目而分为或多或少的家庭公社。……土地所有权的不可分割性和土地的共同耕作制在这里最终消失了；（3）由继承权【即由亲属等级的远近】来确定份地因而份地不均等的制度。战争、殖民等情况人为地改变了氏族的构成，从而也改变了份地的大小。原先的不均等日益加剧；（4）这种不均等的基础已不再是距同一氏族首领的亲属等级的远近，而是由耕种本身表现出来的事实上的占有。这就遭到了反对，因而产生了：（5）公社土地或长或短定期的重分制度，如此等等。起初，重分同等土地包括宅院（以及毗邻地段）｛Wohnungsboden（mit Zubehör)｝、耕地和草地。继续发展的过程首先导致将宅旁土地［包括毗连住所的田地等等］划为私有财产。随后又将耕地和草地划分为私有财

产。从古代的公共所有制中作为 beauxrestes 保存下来的，一方面是公社土地【［指与已变成私有财产的土地相对立的］［或者原先只是附属地 {Appertinenz} 的土地】另一方面则是共同的家庭财产；但是这种家庭在历史发展的过程中也越来越简分为现代意义上的私人的（单个的）家庭了。①

正如马克思所指出，大约从公元 5－6 世纪起，农村公社已经从原有的按始祖亲属等级而来分配份地的制度，进入了事实上的占有，即按耕种实际情况决定。这种制度长期存在，反映出社会结构变化的缓慢，但是，亚细亚制度最终是要被新的土地制度所取代的，其分化过程则可能如中世纪封建制产生的过程一样，但也可能有更多形式。

正是由于土地所有制不同，地租的不同也是必然的。地租是土地使用过程中所产生的经济效益，它是对于土地所有权的确认，因为地租归土地权所有者，因此地租也就是判断土地权所有者的标准。马克思认为，由于土地的非私有制度，所以亚洲地租有它的不同一般之处。由于亚洲的土地归国家所有，所以地租是交给君主的，同时君主又要征收田地税，这样，君主同时既接受田地税又收取地租。这与欧洲是不同的，欧洲的地租是交给地主的，而田地税是交给国家的。因此，在亚细亚社会生产形态中，专制君主以国家身份成为了双重的接受者，既接受地租又缴纳贡税。同时，从社会形态的劳动关系看，农民与农奴的劳动也就具有两重性，即家族家庭的劳动与共同的劳动是同时存在的。这也是因为在公社所有制中，在公社与个人或家庭的所有财产之上，还有国家的财产，也就是存在国家、公社与个人三级财产。在亚细亚社会中，劳动同时表现为共同

---

① 《马克思古代社会史笔记》，中共中央马克思 恩格斯 列宁 斯大林著作编译局编译，人民出版社 1996 年版，第 35－37 页。

的劳动与个体的劳动。

3. 农村公社与生产方式

虽然马克思早就指出，亚细亚生产是以农村公社为基础的，但是实际上关于农村公社的具体形式马克思仍然并不太清楚，因为仅根据印度的资料还不能全面地把握这一生产形式，其中还有许多问题无法解决，例如家族公社、氏族公社与农村公社之间的关系如何等等。直到马克思读到了柯瓦列夫斯基的著作，并且在与他的通信过程中，以及其后马克思大量阅读了其他众多学者相关论著，马克思才逐步解决了一系列重要问题。值得注意的是，直到马克思逝世，他并没有对于农村公社的所有问题作出简单化的处理，他并不完全赞同柯瓦列夫斯基关于农村公社演进历史的分析，这是马克思的特点，他从不轻易赞同自己所不能完全确定的结论，在这种时刻，他更多地保持否定与疑问的态度。虽然如此，马克思关于农村公社的基本看法依然是相当清楚的。

农村公社是古代社会一定历史条件下的产物，而不是永恒存在的机构，在农村公社制度之前，存在过多种的原始公社制度，农村公社是进化的产物，是适应一定经济发展条件的产物，所以它具有相当的历史意义。农村公社有较长的历史时期存在，它有相当的生命力。如果说在马克思的早期理论中，对于农村公社的批判较多，那么在晚年的马克思著作中，出现了一种有趣的倾向，即对于东方社会的生产形态表现出极大的兴趣，并且对于它存在的合理性有相当多的肯定。这是令人惊奇的，说它是令人惊奇的，是与以前马克思关于亚细亚社会理论相比，明显有了区别；但也是十分合理的，其合理性则在于它与马克思晚年对于东方社会的反思是完全一致的，马克思从人类学、比较语言学等多学科的研究中有了新的发现，马克思并不是

"以今日之我否定昨日之我",而是从昨日之我进步为今日之我。早年马克思是在资本主义社会与东方亚细亚社会的比较中认为亚细亚是落后的制度,尽管他从感情上对于印度与中国等东方国家的命运充满同情,但是他从认识上则肯定历史进步的不可抗拒性,对于东方文明的"悲剧性"表达出一种历史的理解。而在马克思后期理论中,他对于东方文明的理解更加深入,对于这种文明能长期存在,这种文明对于资本主义的顽强抗拒有了新的看法。体味与理解另一种文明,看到世界历史的另一面,具有历史的新文明观,这可以说是一个总的原则。这个总原则是思想观念更加成熟、理论体系更加富于创造性的表现。马克思70年代之后的理论研究,正是在他声望日高的情况下,力学不辍,不断有所发现的结果。

从中世纪后期起,东西方突然产生了相反方向的发展,曾经远远领先于西方的东方国家在蒙古帝国崩溃之后,其强大的生产力开始衰落。在世界事务中,伊斯兰帝国在欧亚大陆的中部扩张起来,西欧与中国都感受到巨大压力。中国完善了封建制度,从海洋上撤退,成为封闭自守的国家。欧洲却走上完全相反的道路,在这一历史时期,欧洲社会结构与政治经济产生巨变,在经历了匈奴、突厥人、蒙古人等游牧民族的入侵后,欧洲扭转了被动局面,开始向外扩张,这种扩张的力量来自于其社会结构内部的变化。这种变化的本质是工商业兴起,西方文明的中心转移,性质也发生了根本性的转变。西方经济中心从地中海向大西洋沿岸转移,以农牧业为主的文明形态被工商业文明形态所取代。从社会政治层次来看,这种变化的趋势是一种"多阶层化"。在各民族国家中,封建主经济冲击着专制统治,普遍实行了采邑制度,封建领土在其统治城邦的权力超过国王。欧洲社会的统治阶层当时主要有三种政治力量,封建君主、郡主与领主,以及教会,三种力量的互相斗争有利于多

样化的经济与政治民主，有助于各个城市的分立与发展。这一
时期中，城市经济突飞猛进，市民社会形态形成，社会阶层多
种多样，工匠、技师、手艺人、大小商贩、服务行业、文化艺
术从业者、自耕农、佣工、骑士与士兵、牧师与僧侣等，三教
九流，各有自己发展的行业组织与能力，这种多元化的经济形
式与人员组成，他们的政治要求在领主与教会的支持下演化出
党派与行会之间的斗争，形成了早期的民主政治。这个民主当
然不是雅典式的民主，而是马克思在《瑞士的内战》一文中所
说到的"原始日耳曼的民主"的变种，但是这个民主是以后的
"文明国家的民主"亦即"现代的民主"的前身，民主政治中
相当的力量是受到贵族领主与教会控制的，从但丁《神曲》中
所涉及的佛罗伦萨市民之间的激烈复杂的政治斗争，可以看到
中世纪欧洲社会民主政治与贵族政治的形式已经相当多样，佛
罗伦萨的市民与贵族之间的斗争只是这个历史画卷中的一幅。
无论如何，这种政治局面在当时的世界各国中为欧洲所独有。
这种社会也决定了欧洲所独具的重视商业、尊重商人的文明传
统。古代罗马曾经一度出现过商业的繁荣，但是未能长久。到
了中世纪后期，就在封建领主经济下，欧洲出现了商业大发展，
也有人称之为商业复兴。首先是犹太商人，继而是意大利威尼
斯商人，引导欧洲商业潮流，掌握经济大权。公元 10 世纪之
后，欧洲商业城镇大量出现。长期贩运经商的商人们定居于城
市之中，商人在社会政治中起了极为重要的作用，国王甚至向
商人借钱，英国国王就曾经向佛罗伦萨的佩鲁齐银行借钱。西
方经济史家指出："在商业经济中心，外交政治受到商业集团
经济利益的支配，在不断取得商业利益的斗争中，从外交到战
争，各种手段无所不用其极。"[1] 商人们成为市长、议员、政府

---

① John Day, *Medieval Market Economy*, *Basil Blackwell*, 1987, P. 177.

官员，社会地位远远胜过了其他阶层。整个西方文明的思想导向发生了极重要的转型，成为重视商业经济的类型。这与重农轻商、以读书仕进为晋身之阶的中国完全不同。《汉书·食货志》中有一段记载："天下已平，高祖令贾人不得衣丝乘车，重税租以困辱之。孝惠高后时，为天下初定，复驰商贾之律，然市井子孙亦不得为官吏。"[①] 商人甚至连穿丝衣出门乘车的权利都没有，而且商人的地位比农民还不如，市井之徒或商人子孙不得做官，以后历代重士轻商的思想也没有完全改变。印度社会中政教合一，种姓划分等级森严，农村公社长期存在，都不利于农业经济向工业经济的转换。

所以欧洲的工商业必然居于世界的前列，国民经济发展速度也最快。到 15 世纪之前，西欧已经超过拜占庭与印度，成为世界工商经济最发达的地区，如果说西欧的经济总量可能未必超过中国，但冶铁、矿业、制造业等方面已经超过中国了，工业技术进步很快，外贸与商业更是领先。产生这一转向的关键就是欧洲的社会生产关系的变迁，封建领主经济与采邑制度的实行，土地占有与使用的私有化程度提高，最终使欧洲走在了世界前列。

亚细亚的农村公社制度作为古代生产制度的一种，长期在亚洲居于统治地位，它决定着社会结构与经济生产形态的整体性变化。马克思认为，原始共同体是最初的所有制形式，以后这种形式产生分化，形成了亚细亚所有制。在原始共同体中的财产所有者与占有者是同一主体的不同部分，所有是共同所有，占有是个人占有。那么，这种形式以后并没有发生根本的改变。在农村公社中，与封建领土经济最重要的区别在于：第一，国家财产是君主所有，这是最高的公共财产所有制，是国有也是

---

① 《二十五史》1，浙江古籍出版社1998年版，第362页。

私有，国有是国家所有，这种国有其实是通过君主的私人所有实现的。第二，对于个人来说，财产首先是国有的，也就是君主所有的，其次才可能是公社共有，个人只有成为公社的共有关系的成员，才可能成为所有者，否则将会一无所有。个人不存在所有权，只有占有权。第三，在土地所有权之外，个人可以拥有其劳动工具的所有权。以上关系对于农村公社来说是至关重要的，它说明了农村公社的性质，以及它与其他生产类型之间的根本差异。

这种关系所形成的生产体系与制度是确定的，马克思在《〈政治经济学批判〉（1857－1858年草稿）》中以对于亚细亚生产方式的解剖来说明它的作用与构成。

这种生产最本质的是一种集体的生产力，这种集体生产力的实现者是一种社会共同体，其中包括了个人的主观生产力与客观的生产力，它是一种伟大的生产力，只在特殊的生产条件下发展，如在农业与畜牧业等条件下，所以它是一种历史生产力。这就是马克思一再强调的生产力不是凭空产生的，它是在一定历史条件下从现有生产过程和流传下来的、传统的所有制关系内部、并且与它们相对立而发展起来的。同时，这种生产方式又会表现为一定的劳动方式，马克思认为："这种劳动方式总是表现为家庭劳动，常常是表现为公社劳动。"[1] 这当然是有别于资本主义大生产方式的劳动，大生产的机器所形成的劳动方式，不仅大量生产产品，而且改变着人们的心理，如马克思所说，工业是一本打开的心理学，要理解人类思想观念与心理，我们从中可以阅读到精彩的篇章，时代有它的生产，就有这种生产的理性与感性，自然经济是自然的理性与感性，技术

---

① 《马克思恩格斯全集》第46卷上册，人民出版社1979年版，第495页。

时代则有技术的理性与感性，"新感性"的产生是存在的，哈贝马斯等人的"技术理性"批判，甚至马尔库塞的"新感性"，都是从社会生产角度来看待人类理性与感性的联系，虽然我们可能并不赞成这种把社会生产与人类思维直接对应的学说，但也并不能简单否定它们所具有的批判性。亚细亚生产为主体的农业社会中，公社式的公有制度在人类心理烙下的印痕是深刻的，中国文明中的天地君师亲伦理秩序体现的是一种以公为荣、以私为耻的观念，提倡"天下为公"的观念，而私有财产、私人权利则少有提及，从社会生产上限制私有制度的发展，并不是偶然现象。甚至从语言里也可以看出，"私"这个词都含有贬义，私通、自私等词义中都有一种不光明正大的意识，要理解亚洲社会心理与个人心理，只有从亚细亚这本大书中去阅读与理解。如果从这一层次来看，中国古代的这种思想传统使得中国人对于马克思主义消灭私有制度的思想较易于接受，虽然两者之间有相当大的差距。

此外，个人与自然的关系中，个人从客观中，从无机自然界中发现自己主体的躯体，把劳动与再生产的自然条件看作是属于自己的条件。但个人又是以公社成员的身份作为媒介的，这种所有制表现为公有制而不是私有制度，马克思曾经指出："在这种情况下，单个人只是占有者，决不存在土地的私有制。"①

对于这种制度，马克思认为最典型的是印度，指出印度农村公社的主要特点是"土地公有、农业和手工业直接结合以及固定分工"。其基本特征是自给自足，而且这种农村公社自身具有一种再生产的能力，即"不断地按照同一模式把自己再生

① 《马克思恩格斯全集》第 46 卷上册，人民出版社 1979 年版，第 484 页。

产出来",亚洲国家的社会结构也是建立在这种小生产团体的重建之外,因此亚洲社会保持一种固定不变的模式。

马克思的东方概念中,涉及印度者多过中国,我们已经说过,由于印度在东方是与西方接触最早的国家之一,以后又成为殖民地国家,因此西方熟悉印度胜过中国。马克思本人也是如此,他对于印度农村公社的论述多于中国。其类似情况在中国同样存在是一个确凿的事实,从中国社会演变的总体过程来看,确实存在马克思所说的旧体制的不断"再生产",一直保持原有社会基础形态的状况。但是也必须说明,中国并不是一成不变的,它的文明延续性决定了它的社会形态变化缓慢,它具有自己独特的演变模式。中国的农村公社制度并不是没有延续到底,相反,它经历了相当复杂的历史过程。古代农村公社制度在中国西周时代仍然相当普遍,土地是国家所有,春秋战国之后,甚至到秦,才有了"除井田、民得买卖,富者田连阡陌,贫者无立锥之地"。两汉之后,小农经济虽然已经开始形成,但是公社制度仍然残存。中国封建经济大发展时代是从魏晋开始,占田法的实行,不但保护了世家大地主的利益,而且发展了新的官吏兼地主,颇有些近于欧洲的领主。以后经历了部分土地私有。明清以后,资本主义生产关系在中国萌芽,土地交易频繁,皇家土地、宗族土地、地主与农家土地划分日益清楚。历史说明,东方社会特别是文明大国中国的发展有自己的道路,这一道路最终被马克思所发现,在后期的研究中可以见其端倪。

4. 东方社会中的城乡关系

启蒙主义者们曾经有过一个比喻,西方犹如世界的城市,东方犹如世界的乡村。这虽然只是一个不太严肃的说法,但是如果从城市与乡村的关系来看,东西方确实是不一样的。我们已经说过，当代考古学证明，无论东方还是西方，城邦的出现都是相当早的，甚至在印度河或是中国黄河长江流域的考古证明，这些地方的古代城市或是城市群落出现的时代早得惊人，远远早于雅典城邦。不过，自从中世纪之后，西方城市化程度逐渐高于东方，特别是对于现代社会影响巨大的城市其实是中世纪后期兴起的，它已经不同于雅典的城邦，而是具有经济与文明意义的新的社会形式，而直到近代，东方一直没有这种类型的城市存在。这是东西方文明比较中一个触目的现象。正是因为城市中的工商业经济发达，市民与资产阶级的形成，使得西方资本主义发展加速，而东方的城市则一直与乡村对立，城市是专制君主的中心，是"天子"所在之地，是不劳而获者的天堂。而乡村的村社则成为自给自足经济的家园，成为世外桃源。西方的乌托邦是城市与乡村的完美结合，是生产力发达的地方，而东方的世外桃源则是与世隔绝的深山僻壤，这真是极为典型的文明差异。

为什么会发生这样的现象，难道只有西方才注重城市文明与商业经济，而东方则不能建设城市，只能固守自然经济？这个历史之谜如果离开东西方社会形态分析并不易于破解，有幸的是马克思也进行了深入的探讨。

进入中世纪之后，古代希腊罗马的城邦与城市逐渐灭亡，这是与当时的社会经济结构变化完全不适应的城市的必然命运，但是，欧洲的城市生活所产生的文明精神却并不会随之消失，这就是所谓"市民社会"（civil society）的存在。在中世纪后期，特别是 10 世纪之后，欧洲大批新型城市诞生，这种城市与古希腊城邦精神上有千丝万缕的联系，这是无可否认的。但同时它是欧洲新的社会形态的产物，反映出欧洲工商业经济的崛起，这也是一种事实。马克思并不是第一个关注欧洲城市文明意义的人，在他之前，首先是霍布斯、洛克与哈林顿（Harrington）等人已经有了关于欧洲城市与市民社会的理论。苏格兰社会学家弗格森（Ferguson）、史密斯（Smith）、卢梭与黑格尔等人已经提出比较全面的关于西方城市发展的理论，西方人类学家称之为"市民社会第一版"（CS. 1）。这种理论中已经阐释了资本主义市场经济与城市关系，同时还提出城市现象所伴随的国家制度、自原宗教（voluntaty religion，指新教的教派）、私人与公共联合组织、合作性社会关系，正是这些关系产生了信任契约制度、政党政治与法律权利及新的民主观念。这种民主观念不同于古代民主，它已经具有了政治民主与法律规定等相当具体的内容。19世纪之后，关于城市化与市民社会出现了大量论著，笔者以为，无论西方学者如何评价，最中心的仍然是城市化及其市民社会对于封建制度解体与资本主义发展所起的关键性作用，这种作用的目的在于推动以市场经济与政治民主为中心的西方文明社会建设。西方学者们把马克思关于城市与市民社会的理论称为"市民社会第二版"，而将西方现代主义与后现代理论家的城市历史作用与市民社会的理论称为"市民社会第三版"。约翰·济恩（John Keane）等人还认为，马克思关于城市化是资本主义社会之间联系的说法是"十分狭隘的"，而且市场资本主义这样的概念是含有贬义的，用于理解广泛的市民社会是不对的①。以笔者之见，无论有多少西方学者极力反对马克思关于城市经济的理论，真正把城市理论发展到体系化的，真正引起世界关注的，并且至今最有影响的学说，仍然是马克思关于城市化与资本主义经济之间联系的学说。

与当代西方经济学家们的想象相反，马克思从来不是单纯地从资本主义市场角度来看待城市的。马克思是从社会分工、

---

① John Keane, *Democracy and Civil Society*, London, Verso. 1988, pp. 31－56.

资本主义经济与市民社会等不同角度来看待城市与乡村关系的。

马克思认为城市的形成是一种历史现象，这种现象的产生最初是社会分工，最后结果则是城乡分离，由于城乡分离，文明才得以形成。马克思指出：

> 一个民族内部的分工，首先引起工商业劳动和农业劳动的分离，从而也引起城乡的分离和城乡利益的对立。分工的进一步发展导致商业劳动和工业劳动的分离。……
>
> 第二种所有制形式是古典古代的公社所有制和国家所有制。这种所有制是由于几个部落通过契约或征服联合成为一个城市而产生的。……在城市中与这种土地占有的封建结构相适应的是同业公会所有制，即手工业的封建组织。①

欧洲中世纪后期出现的城市化，是文明取得进步的关键，它的意义就是物质与精神劳动的分工，这是社会分工而不是工场内部分工，它推动社会文明的进步。文明的产生，又使得城乡之间的对立形成：

> 物质劳动和精神劳动的最大的一次分工，就是城市和乡村的分离。城乡之间的对立是随着野蛮向文明的过渡、部落制度向国家的过渡、地方局限性向民族的过渡而开始的，它贯穿着文明的全部历史并一直至现在（反谷物法同盟）。……城市和乡村的分离还可以看做是资本和地产的分离，看做是资本不依赖于地产而存在和发展的开始，也就是仅仅以劳动和交换为基础的所有制的开始。②

---

① 《马克思恩格斯选集》第一卷，人民出版社1995年版，第68－70页。

② 《马克思恩格斯选集》第一卷，人民出版社1995年版，第104－105页。

马克思高度评价城市化在文明发展中的作用，认为城市是文明进化的主要标志。并且从古代社会、中世纪与资本主义不同历史时代的城市与乡村关系来分析，他认为古代社会的城市是早期的城市，其所有制并没有根本的变化，只是分工的不同，虽然这也是相当重要的，因为存在了契约与征服，城乡之间利益冲突也已存在。而中世纪之后的城市才是工商业分离、物质与精神劳动分离的重要时期，到资本主义时期，城市真正成为资本主义发达的基础。但是，这只是对于欧洲城乡关系的看法，而对于亚细亚来说则并不完全如此。马克思提出：

　　　　亚细亚的历史是城市和乡村无差别的统一。①

以笔者理解，马克思这个论断应当包括多种意义。首先当然是指亚细亚的社会生产方式使得城市与乡村关系并不是"欧洲式的"社会分工，这可谓马克思东方理论的一个直接验证。东方社会中的公社组织中，社会分工的特点我们已经指出，即社会大分工与职业是由专制制度直接决定的，并不受到生产过程的干扰。而工场内部的分工则是不明确的，欧洲手工业分工明确，形成了行会组织，保护工人利益，形成工人阶级。而亚细亚工场没有明确分工，农奴性劳动使得劳动者被迫从事多种工作。这样对于近现代意义上的城市形成起了削弱作用，使得城市与乡村的分化困难。另一方面，村社的土地公有制度、专制制度等不利于工商业发展，东方国家中常见的重农思想也是产生于这个原因。东方城市的成因与欧洲不同，"市"就是交换与贸易的地方，而"城"则是生活居住的都会，欧洲多是因"市"而成"城"，城市形成于商业与交换，这是从中世纪起欧洲社会的规律。而东方城市相当多的是由于政治军事原因所形成的，

---

　　① 《马克思恩格斯全集》第46卷（上），人民出版社1960年版，第480页。

大城市是国家政治军事的中心，是统治者所在的地方。这种城市被马克思称之为"赘疣"。在东方的观念中，城市就是一定范围里的首都，无论是封地还是国家，主要是行使统治的行政中心，商业贸易并不是中心城市的任务，这种思想观念直到今日仍然对东方国家十分重要。商业贸易型的城市在各国出现都相当晚，中国的扬州、宁波、上海、广州、香港等开放性商业城市都形成很晚，主要是因为内外贸易通商的要求才形成的，而主要的古城如西安、开封、北京、杭州等都是历代的政治与行政中心，是行政中心带来城市的繁荣。总体说来，对外贸易在中国与东方其他国家中对于城市形成所带来的作用是相当重要的，所以马克思认为东方国家中"真正的城市只是在特别适宜于对外贸易的地方才形成起来"①。这个判断应当说是符合历史事实的。中国历史学家赵俪生就曾经关注过这一事实，他指出：

> 试想，洛阳的前身——成周，就是周公镇压叛乱以后的军营，它在经济意义上只是赘疣。但是后来的临淄、邯郸、阳翟等，我们就不能说它们是赘疣，它们已经是剥削着乡村的古代的城市的雏形了。到中古时期，清河、博陵二崔氏、荥阳郑氏、弘农杨氏……这些"土围子"成了整个社会的支配势力。到明、清，在资本主义萌芽地区，如像太湖边上南浔和盛泽，资本主义的触角伸向乡村，不是看得很明显吗？②

这也就是说，中国城乡发展是有一定历史类型的，而到了明清

---

① 《马克思恩格斯全集》第 46 卷上册，人民出版社 1979 年版，第 474 页。

② 赵俪生："有关井田制的一些辨析"，《历史研究》1980 年第 4 期，第 89 页。

时代，资本主义在中国产生，盛泽这样的依靠工业发展起来的乡镇已经具有了城市的若干特性，近似于欧洲早期工业化所产生的城市。

马克思关于城市与乡村关系的论述意义在于强调，在历史发展中，城市是工商业集中的地方，城市化代表了一个民族的资本主义生产关系发达程度，具有独立经济能力的城市越大、越多，则代表其资本主义程度越高、其文明程度越高。而乡村则是相对落后的自然经济的代表，一定程度上构成了与城市相对立的关系。东方国家的城乡分化不明显，归根结底是由于其社会生产属于农村公社类型，以村社为生产生活基地，市场经济不发达。在这样的国家中，农业经济与工业经济与欧洲是完全不同的，决定性的因素是乡村而不是城市，中国20世纪的革命就是一个明显的例子。1917年，列宁领导的俄国十月革命在彼得堡等大城市爆发，俄国布尔什维克领导工人起义取得政权。有的中国共产党领导人主张中国也要走俄国革命的道路，在大城市发动工人起义，但深知中国国情的毛泽东却在农村发动了农民起义，走农村包围城市的道路，这是完全符合中国社会生产与经济规律的，因为亚洲的中国与欧洲的俄国不同，俄国虽然并不是最发达的资本主义国家，但是其工业化与城市化程度远高于中国。中国则是典型的东方国家，城市化程度相当低，在社会经济中起决定性作用的仍然是农村；城市是国家政权力量集中的地区，农村则相对薄弱；毛泽东提出走"农村包围城市的道路"，这是中国革命成功的重要原因之一，因为它合乎中国文明的历史规律。

在马克思所引证的关于印度历史的大量资料中，常可以发现因为统治中心转移而导致的城市兴衰的事例，印度古代城市撒马克汗往南到经贾普尔和塞林格帕塔姆，到处可以看到一些昔日国家的首都的遗址，这些首都以前曾经是城市，但是这些城市的兴衰完全系于当时的王政中心所在，而国家与王权的变化相当大，国王新的政治中心所在地一迁移，这些首都也就被它们的居民突然舍弃了，随同王国中心转移。这正是由于亚细亚社会没有形成真正的商业城市、没有真正的大城市的缘故。这种城市没有独立的经济能力，只是依附于国家政权中心的经济，一旦政权中心转移，这种城市随之消失与荒废。这种城市被马克思称之为"王公的营垒"或是所谓"真正经济结构上的赘疣"，就是说它在经济发展中本身并没有积极意义，相反，是靠获取农业生产利益而存在的。欧美国家的城市并不依赖于其政治中心地位，意大利的米兰、佛罗伦萨、威尼斯，美国的纽约、亚特兰大，法国的里昂，英国的利物浦，德国的科隆以及西班牙的巴塞罗那等名城，在历史上只是一些小邦国的首都或不是任何国家的首都，但它们依靠其工商业经济或是文化而成为大城市。中国等东方国家，直到今日，首都仍然是国家的经济文化中心，中国的北京、日本的东京等既是首都，又是最大的经济中心，经济地位与政治地位联系紧密。这是一种东方文明的特性。中国历史上的诸多历史名城如临淄、邯郸、咸阳等地只是一时繁荣，只要不再作为首都则迅速衰落破败，现代的一些大城市除上海、香港、广州等地因与外通商兴起外，多数古城发展无力，开封、西安等一批古都因早已失去政治中心地位而影响城市的发展。

城乡关系甚至可以成为一种世界历史观的独特视域，这是马克思独具匠心的发明，马克思强调，欧洲古代的城市并不是以工商业经济为主体的，而是以农业为中心的，这里是指雅典等古代城市，但是，这些城市已经是古代社会经济的中心，是古代历史的代表。而日耳曼时代则发生了极为戏剧性的变化，日耳曼人本是农牧业民族，但是他们进入的罗马则是城市，他们吸收了罗马的文化，形成了新的城市，这是欧洲封建制度的城市。在这种城市中，存在着城市与乡村之间的对立。资本主义的发展则是城市化的过程，是将乡村经济变为城市的工业经济。未来的共产主义将会消灭城乡之间的差别，这就是实现乡村城市化与城市乡村化，创造新的城乡关系。这样，世界历史的发展与城乡关系紧密结合起来，城市成为世界历史发展的重要标志。从世界历史的过程来说，起于乡村，而依靠城市得到大的发展，最终又消灭了城乡之间的差别。这样世界历史无非是乡村城市化与城市乡村化的一个历史过程，这是一种宏观的视域，也是一种独特的世界历史发展过程的描述。

城乡关系的差异是东西方文明的一个重要区别，正是因为这一差异存在于文明本身，所以它并不会简单地随着经济类型的改变而轻易消失，相反，它会在即使相同的社会类型中以不同的方式表现出来。同样是城市化，不同文明就必然有不同的进程，即使同一文明，因为文化源流与表现形态的不同，也会出现各自的方式。马克思曾经称赞过美国城市化过程胜过古老的欧洲，也正是着眼于其整个文明层次所形成的优势，美国大城市发展中有一个明显的特点，即行政中心与经济中心城市的分离。美国最大城市纽约并不是国家的行政中心，而首都华盛顿也不是一个工商业最发达的城市，同样，在美国各州，行政中心也不设立在本州最大的城市，这倒并不是因为其地理位置或是经济发展的原因，而是体现了一种将行政权力与经济行为区分开来的意识。以路易斯安那州为例，新奥尔良市地理位置十分重要，而且是这个州里最大的城市，开发历史久远，曾经是经济相当发达的地区，但是州政府设立在经济地位远不如新奥尔良市的巴吞鲁支，可以说充分体现出美国人的观念：行政中心与经济中心分离。这种分离曾经被看做是为了防止交通拥挤的措施，其实这只是它的结果而不是动因，或者只是一种考虑。从中可以看到的原则，绝不仅仅是一种便宜行事。它表达了一种分立思想，一种互相制约的观念，可以看做是三权分立思想的一个表征。这种分立原则在美洲大地上以新的方式演绎欧洲的经典，这种分立原则，如同政教分离一样，它是经历了历史的阵痛得来的经验。如果说它来自于欧洲大陆的历史经验，那么新生的美国则可以直接从欧洲文明传统中得到继承。新大陆接受欧洲大陆的传统，是在新的环境中发展一种既有传统又有创新的文明，一定程度上，令人想起日耳曼人与罗马的关系。日耳曼蛮族来到罗马，并不是用日耳曼制度来取代罗马，也不是遵从罗马旧制，而是兼收二者所长，以创立新制。马克思经常说到社会生产力的发展是在利用已有生产力与生产条件基础上的，其实不只是生产力，人类文明也都是一种因袭与变革的过程，旧有制度与社会条件自然会在新制度下起作用。美国这种改革与经验的利用，其实就是文明的更替与推进的一个范式。

5. 跨越卡夫丁峡谷与"东方现代化"

马克思东方文明观的研究对于东方有着特殊的意义，全球化时代中，东方文明的未来如何、这种传统能否实现现代化？这些问题时刻吸引着世界的目光，争论迭起，见解纷纭。

历史经验永远值得记取，20 世纪 20 年代与 60 年代，苏联学者对于马克思东方文明观曾经有过相当热闹的讨论，但最终却无声无息地结束，不但没有什么结论，甚至没有能形成任何有说服力的观念。这种现象产生的原因是复杂的，其中相当重要的原因是，在世界历史观念的研究中，苏联学术界长期受到庸俗政治经济学观念与机械唯物论的影响，对于理论特别是精神的研究是相当落后的，一些颇负盛名的理论家在康德的历史观、黑格尔历史哲学、赫尔德的历史哲学、汤因比与斯宾格勒等人的理论体系阐释中，缺乏理论素养与积淀，更缺少由古代文明所形成的历史感，而马克思则与此完全不同，马克思的理论是深厚的西方文明特别是其精神科学的成果，如果离开了古代希腊罗马的文明传统，没有西方理论的素养来研究马克思，结果是绝对不能令人满意的。苏联的有关研究集中于历史学界，苏联历史学研究一直落后于德法英等国，特别是对于世界古代史的研究，古代世界起源于东方，在这个领域里苏联历史学界更是薄弱，帝俄时代辉煌一时的东方学研究却迅速衰落，本来在特定的历史环境下，苏联与中国的交往使其更有近距离审视东方文明的便利性，但奇怪的是，欧洲中心主义观念在并不是欧洲文明中心的苏联学术界，其呼声甚至比地处西方文明中心的西欧国家还要强烈，苏联 1979 年新出版的《古代东方史》，比起中国人最熟悉的 B. N. 阿符基耶夫的《古代东方史》（1951 年）来说，对于东方历史的研究发现不多，欧洲中心主义的气味却更加浓厚。再者，马克思的东方文明观又是一位政治经济学家与思想家数十年研究的结果，其世界性视域与思想体系对于一般的历史学家或经济学家也是难于立即掌握的。

苏联学术界关于马克思东方文明研究虽然在西方理论界影响不大，但是由于特殊的历史联系，对于中国学术界却是影响不小。20 世纪 20 年代，古老的中国文明发生巨变，共产主义与西方资本主义传入，社会剧烈动荡，东方社会发展的前途问题突显出来。苏联的政治学者、社会理论家与历史学家就亚细亚生产方式的性质、东方社会是否要经历资本主义、东方有没有奴隶制度等问题展开辩论。主要有两种互相对立的观点，一种是卡尔·魏特夫等为代表的，即东方社会有社会历史特殊规律，东方社会是专制制度。另一种是以 B. B. 斯特鲁威等人为代表，与前者相反，他们认为东方社会必须遵循与西方社会的共同规律即五种生产方式发展。后者在 30 年代甚至延续到 40 年代的讨论中占到了上风。无论他们的见解如何不同，有一个共同点是明显的，东方专制主义是东方国家的历史特性。事隔多年，60—70年代，东方文明研究再起波澜，E·瓦尔加等学者企图翻案，强调亚细亚生产方式的特殊性，这当然就威胁到了五个生产方式的社会发展理论，于是争论再起。这次争论虽然范围很广，但并没有理论上的突破，最终仍然回归了原有观念，重复了第一次的定论。1979年新的《古代东方史》的出版，代表着苏联关于这一理论的终结，这本书的主体虽然沿袭旧说，但参考了现代世界史研究的新发现，观点有所变化，可以归结如下：

东方专制制度是存在的，但并不是绝对的，并不是所有的东方国家全都有亚细亚生产方式与专制主义，如埃及各州、腓尼基与北部印度等都有古代共和制度特点，两河流域也不是专制主义。但是，传统理论的三大问题：第一是东方的发展停滞、农村公社的土地公有制度、劳动分工不足。第二是东方城乡关系发展中，城市化程度低，城乡分化不明显，限制了工商业发展。第三，东方专制产生的基础是农业的集体生产，大型灌溉由国家主持等历史原因。这些看法相当陈旧，理论上没有大的突破，未敢越雷池一步。其中的一些主要观点，如东方发展缓慢、城乡分化不明显、专制制度产生于农业灌溉等问题，我们在上文中已经提出了自己的看法，已经批驳了其中相当明显的一些错误观念，这里没有必要再重复了。同时，中国的一些历史学家对于马克思的东方文明理论也提出自己的看法，《世界上古史纲》编写组在"亚细亚生产方式——不成其为问题的问题"一文中说道：

> 亚细亚生产方式是马克思提出的，是马克思的；亚细亚生产方式问题不是马克思的，是对马克思原意误解所造成的。恢复亚细亚生产方式的本来面目，亚细亚生产方式问题就不成其为问题了。
>
> 研究古代东方各国的历史，不必要先有亚细亚生产方

式之类的框框，亚细亚生产方式本来主要是原始公社所有制的内容，一切文明民族在其历史初期都曾有过。马克思、恩格斯从来没有说要用亚细亚生产方式的一整套理论来约束东方古代社会的实际。亚细亚生产方式的名目在马克思、恩格斯全部著作中也不过出现那么几次，研究东方古代历史自有广阔天地。我们不能陷入亚细亚生产方式问题的空论中去。不应当把马克思说的十分简单易懂的亚细亚生产方式，弄成玄虚的东西，而陷入不可自拔的困地。①

以上看法从总体来说是有道理的，亚细亚生产方式并不是东方文明的全部，更不能因为这种理论而使东方古代历史研究步入绝境。但是，我们也要承认，研究马克思的东方文明观是离不开亚细亚生产的，我们已经指出，马克思不同于黑格尔等的历史哲学的关键并不是观点的不同，而是研究方法的不同，从社会生产的特征来把握东方社会，这正是马克思的方法论。亚细亚理论是马克思东方文明观的重要组成部分，绕过这种理论是不可能的。但同时也要看到，苏联学者的研究有相当多的错误看法，其中最重要的是欧洲中心主义观念，是机械唯物论与庸俗社会学。那么，在反对这些错误观念时，我们绝对不能美化东方落后的社会与文明，东方文明相对落后是历史事实，我们已经从世界文明历史形态的角度理解了东方文明与世界文明的主要区别，所有的文明都是历史性的，没有不带有历史色彩的文明形态。东方文明的基本形态反映了世界历史上的阶段性，是农牧业时代的典型。两个东方大国，印度已经成为殖民地，中国成为半殖民地。其专制制度的残暴与封闭也是无可争论的事实，历史上第一个专制王朝秦即以暴政亡国，在这种长期的

---

① 《世界上古史纲》编写组："亚细亚生产方式——不成其为问题的问题"，《历史研究》1980 年第 2 期，第 24 页。

具有东方民族特色的专制统治下，明清两代从世界大国衰变为世界最贫弱与残暴统治的国家之一，对外战争中屡战屡败，时刻面临亡国危险。政府腐败已经无可救治，一旦接触西方，与中国的对比尤其强烈。邹容在《革命军》中悲愤地写道："自秦始皇统一宇宙，悍然尊大，鞭笞宇内，私其国，奴其民，为专制政体，多援符瑞不经之说，愚弄黔首，矫诬天命，搀国人所有而独有之，以保其子孙帝王万世之业。不知明示天下以可欲可羡可歆之极，则天下之思篡取夺之者愈众。此自秦以来，所以狐鸣篝中，王在掌上，卯金伏诛，魏氏当途，黠盗奸雄，觊觎神器者，史不绝书"。如果说中世纪及其之前，世界的专制制度尚占据主导地位，那么从 16 世纪起，专制制度在世界范围内的崩溃已经成为趋势，满清三百年间，世界民主政治、民族解放潮流浩浩荡荡，而中国的专制制度却达到顶峰；毫无民主、人权可言，甚至连到中国推广西方历法的科学家汤若望等人也险些陷身囹圄，清康熙三年（1664 年）11 月 12 日，由于杨光先诬陷汤若望"时宪历面敢书，'依西洋新法'"，"挥金收拾吾天下之人"，礼部曾经将汤氏等人逮捕审讯，最后幸亏孝庄皇太后的干涉，恰逢京城地震，"合都恐惧"，才被释放。其黑暗腐朽是世界近代国家之少有，这样禁锢自由思想的专制王朝是伟大东方文明中最黑暗的一面，这是无可辩驳的事实。所以作为中国人在文明形态大变的新中国倍感鼓舞，对于旧中国有隔世之感。作为一个中国人，必然热爱自己的文明与自己的祖国，但是绝对不能从民族主义立场出发，美化文明中的黑暗面。同样，西方文明虽然是对当代世界推动最大的文明，但也不是完全光明的，更不是值得其他民族所模仿的，西方一神教的诛灭异类、殖民主义扩张都是这一文明最野蛮、最黑暗的方面，只有文明的辩证发展，使东西方文明在自我扬弃中，向对方产生转化，实现参同与契异，文明之道才可能进入一个阴平阳秘的境界，这就是未来文明的方向。

笔者认为，马克思东方文明理论最伟大的贡献在于指出这样一个历史事实：东方文明是有其特殊发展方式与道路的，这是马克思对于世界历史最伟大的贡献之一。在写作《资本论》第二册与东方笔记的过程中，马克思以东方社会独特的发展道路为中心的新世界历史观最终成熟，标志性的思想就是提出东方社会可以跨越卡夫丁峡谷与实现现代化的思想。黑格尔历史哲学有一个明显的逻辑错误，他一方面认为西方与东方是完全不同的文明，两者的差异正是世界历史自身。另一方面，他又以西方的标准来衡量东方，以西方逻辑来判断世界，这正是一种理性的悖论，在这方面，黑格尔就远不如康德了，他没有认真读康德的"第四批判"就是"历史理性批判"，却急急忙忙把赫尔德的一点发明据为己有，匆忙写就《历史哲学》，虽然博取一时虚名，但终究要成为批判哲学的目标。康德的历史理性并不是没有缺陷的，但是有一个超越黑格尔的重要观点，即"人类的世世代代之中并不是哪一个环节而是只有整个的物种才能充分完成它的天职"[①]。这是康德的世界历史与世界公民观念，什么是人类的天职，康德说："人类的天职在整体上就是永不中止的进步。"虽然这种天职概念从本质上看仍然是启蒙主义的理解，但它的世界历史观念的确是全球性的，是人类物种性的，并不是绝对的西方种族自我中心式的。康德与黑格尔都把世界历史看作是理性的胜利，这是他们所共同的西方背景所产生的必然结论。但是其中也有不同，黑格尔把西方文明看成是理性的唯一代表，世界历史进程变成了西方文明的胜利，最后甚至"道成肉身"，变成了日耳曼民族精神的实现。东方

---

① [德] 康德：《历史理性批判文集》，何兆武译，商务印书馆1997年版，第58页。

文明不过是历史的序幕。康德在批判赫尔德里已经指出了这种以西方文明取代理性，以西方民族代表理性主体的看法。这种世界历史观念批判地继承者是马克思，马克思用社会生产类型为中心的社会历史进程论，反驳了理性最终目的论。更为重要的是，马克思否定了影响极大的黑格尔以西方文明、日耳曼民族精神为世界历史实现的荒谬学说，对资本主义进行激烈的批判，将一切文明世界的神话予以颠覆。这种批判是在《资本论》中完成的，其中的世界历史观的批判则集中于东方文明理论。马克思东方文明观在他生命的最后阶段，体现出一种世界历史的整体视域，这是康德也不能具备的，而且超出了历史上所有西方学者的视域。这种视域的焦点，其实就集中于世界历史的前途，集中于东方国家能否以"非资本主义"模式进入现代化社会，这就是"东方现代化"理论。

在《给维·伊·查苏利奇的信》中马克思重复了《资本论》法文版中的一段话：

> 在分析资本主义生产的起源时，我说："'因此，资本主义制度的基础是生产者同生产资料的彻底分离'……这整个发展的基础就是对农民的剥夺。这种剥夺只是在英国才彻底完成了……但是西欧其他一切国家都正在经历着同样的运动。[1]

马克思指出，资本主义是一种有着"历史必然性的"运动"，但是这种运动及其必然性则"明确地限于西欧各国"，不但不包括东方社会，就马克思的分析来说，甚至不包括俄国等东欧国家，这一点明显表现于对俄国经济历史论著的批注之中与给查苏利的信中，他说过："由此可见，在《资本论》中所作的分析，既不包括赞成俄国农村公社有生命力的论据，也不包括

---

[1] 《马克思恩格斯全集》第 19 卷，人民出版社 1963 年版，第 268 页。

反对农村公社有生命力的论据。"①

　　马克思认为并非所有的民族都必须走资本主义道路，资本主义道路作为历史发展的必然性只体现于西欧国家特殊的历史环境之中，他称之为"资本主义制度的卡夫丁峡谷"。资本主义是工业化的一种现实形式，是一种社会制度，它产生于西欧，并且获得成功。但是并非所有民族都必须采用这种形式与制度。

　　这种思想却不胫而走，传遍各界，被认为是马克思主义理论中最重要的创造。当然无须说明，它同时也引起各种版本的诠释，如同任何重要论述的命运一样，没有争议是不可能的。

　　马克思提出这一观念并不是偶然的，它是马克思长期思索的结果，也是马克思东方文明观的必然结论。从马克思一接触东方起，就已经意识到东西方文明的差异，这种差异首先是反映于社会生产方式之中。他所提出的亚细亚生产方式首先就在于说明东方生产的特有方式。这种方式决定了东方社会形态与历史发展道路与西方是不同的，欧洲由于农村公社的解体，经历了奴隶制度向封建制度的过渡。马克思的"专制主义"（Despotism）主要用来指"东方专制主义"，我们的许多学者将其称为"封建专制制度"，但这里面有不妥之处，一是马克思实际上没有对于东方用"封建制度"这一词，二则是在于，封建制度，对于西方来说主要是指中世纪的分封制度也就是采邑制度，与中国的大一统君主制度下的郡县制完全不同。前者具有自治性，而后者只是国家的行政区划，前者有相对自主权，后者则没有。在中世纪后期，西欧的采邑制度中，城市自治运动兴起，欧洲文明从农业文明转向新型的工商业文明，最后产生了大工业文明。这一历史阶段中，东西方关系发生大的变化，

------

　　① 《马克思恩格斯全集》第19卷，人民出版社1963年版，第268－269页。

西方工商业所创造的高效经济使欧洲在历史上首次超过东方，欧洲的工业品开始向东方运送。历史上的丝绸之路是东西方贸易的主要途径之一，过去是东方的商品运向西方进行交换，东方的产品多于西方，欧洲是消费者，东方是生产者。14 世纪之后，欧洲工商业兴旺给这种交换带来了新模式，欧洲工业品逐渐向东方输出，东方成为欧洲的市场，这一变化意味深长，这是新的工业文明与古代的农业文明之间关系的最有说服力的例证。

由于工商业的繁荣，经过科学技术的勃兴而为工业化奠定了基础，欧洲最早建立工业文明，以资本主义生产方式进入现代化社会。但东方必然不会经过这样一种道路，东方由于亚细亚生产方式的存在，土地公有制度与政治上的专制制度相对较为普遍，农牧业生产在社会经济中占主导地位。在世界工业化的发展中，东方不必经历英国式的资本主义生产与私有化过程，也就是不经过所谓的"卡夫丁峡谷"直接进入工业文明时代。"卡夫丁峡谷"是当年罗马人战败之后，被迫通过罗马旁边的狭窄的峡谷，罗马人不得不忍受着屈辱从这里通过，以后用来比喻非经过不可的关口，但是，正像马克思所指出，东方社会完全可以不经过这种关口，而直接到达"成为现代社会所趋向的那种经济体系的直接出发点"。

马克思这里的"现代社会所趋向的那种经济体系"指的是什么？

笔者认为就是工业化与现代化，从经济体系来说是工业化经济，从社会发展阶段来说是现代化，马克思虽然没有使用"现代化"一词，但他关于"现代社会所趋向的那种经济体系"的说法，应当是指工业化与现代化社会经济无疑的。如果把马克思上下文联系起来，其观点就是：包括俄国在内的东方社会，由于生产方式的不同，具有与西方不同的文明类型，所以完全可以不经过资本主义，直接进入现代化，这就是东方现代化的特有道路。

事实上历史已经证明了马克思的天才预见，传统的东方国家如亚洲的中国、新加坡、韩国，包括中国的台湾、香港等已经在工业化中取得突出成就，这些国家没有经过西欧式的资本主义道路，基本上从典型的东方社会直接进入现代社会，形成了东方现代化的新模式。东方各国的未来发展中，如何能形成切合本民族的现代社会模式，这无疑是一个新的思路与创造，而且它已经为社会现实所证实是成功的。这一模式的意义在于破除了资本主义神话，可以说，资本主义制度并不是历史的终结，世界历史不断创造新的社会文明类型，早在福山前一个多世纪，已经被马克思所指明。

马克思这一理论的意义是什么？

首先应当说这是马克思主义社会发展理论的一个新阶段，在庸俗唯物论者看来，马克思的社会发展五阶段论是每一个民族必须经历的，是一个随处可用的公式，但是马克思的东方现代化理论显然对这一看法进行了否定。其次，这一理论是马克思理论体系的一个重要发展，马克思所说的东方社会的独特性形成的依据是东西方不同文明的历史环境，这种环境包括社会生产方式等因素，但已经不单纯是生产方式。如果从理论形态而言，这是一个新形态，这是马克思主义关于世界文明与东方文明的理论。在这个理论之中，现代化与全球化的多元论已经被提出，现代化的模式已经不再是资本主义的发展结果，新的模式是世界现代化，即在不同国家地域实现不同模式的现代化。我们上文中已经讨论过"多元现代化"的模式，可以说这种多元化模式也可以从马克思的理论中看到。昔日曾经是日本人的殖民地的韩国与新加坡，已经成为世界经济发展最活跃的地区，人们的社会生活水平已经与工业化国家相同，甚至可能在某些方面超过了部分西方国家。

19世纪中，现代化的模式是西方化，20世纪则相反，东方现代化的关键在于保持自己民族文明，这就意味着两种互相对立与联系的意义：第一，现代化的形态是多样的，并非只有西方工业化一种模式，进入现代化进程并不意味着西方化。长期以来困扰东方国家的现代化与西方化的二难选择，最终被彻底解决。理论的实践不如实践的理论，因为从现实来说，现代化从萌生以来就是西方模式的，它的历史就是西方化，不可能想像出非西方化的现代化。但是，马克思指出东方国家发展的"非资本主义"模式，为这种非西方化的现代化指明了可行性，这就是实践的理论，这一预见最终于20世纪成为现实，现实成为了理论，远胜过理论的现实化。它为东方国家提供了样板，这是无可怀疑的。甚至对于曾经属于苏联的波罗的海国家、东欧国家与中亚国家，以极其曲折的历史行程与复杂多样的文明背景，都在实现一种多元的现代化。中国明清以来关于中学与西学的争论就是一个明显的例子，徜徉于东西方之间，古代现代之间，无法选择的状态下，被迫提出"中学为体，西学为用"，体与用，中学与西学之间的对立采用了妥协解决的方式，其实这种体与用、中与西的二分法是很难融合起来的。这个难题今日已经被社会现实所成功解决了，中国的现代化完全可以是民族形式的现代化，不必再把西学作为"用"来匹配中学的"体"，可以实现体用无二。"化者，彻头彻尾彻里彻外也"，这样的现代化，正是彻底的现代化。其二，说明不同文明都可进入现代化，各种文明都有现代化的可能性，西方文明作为现代化最早的源泉与方式，具有被本土化的可能。如果从历史来看，北美的现代化是以本土文明被消灭为代价的，是早期现代化的典型。而20世纪的现代化则是全球化的一个组成部分，是一种"后现代式"的现代化。在这种现代化过程中，西方的形象不再是传统的一手执剑与一手拿圣经的殖民主义者，而是与东方进行经济合作与贸易的跨国公司与投资者。

现代化应当是普适性的，并不存在西方人的优先权，西方人不是主人，东方人也不是奴隶，没有主人的现代化，也没有奴隶的现代化，只有人类社会的现代化，这就是东西方共有的现代化。

同，异而俱于之一也。

———《墨子·经上八八》

我相信我们同中存异。

——— ［埃及］优素福·沙欣

第八章　新世纪与未来文明

一、未来文明设计的神学与俗世方案

人类的未来文明是什么？

历来的说法可谓形形色色，因为未来文明设计永远是人类最热门的话题。虽然各种设计方案十分纷繁，但是从设计的思想来源与方式来看主要分为两大类。第一大类是神学模式的设计，宗教用来世否定现世，或是用世界审判与末日来惩治现世，都有一种对于未来的预示。第二大类是从国家与社会制度或是社会生活方面预言未来，可以称之为一种俗世文明的理想。

先说神学方案，在宗教思想中未来的发展从来不是一种历史观念，而是一种现世－来世、此岸－彼岸的两分法。在这种场景中，时间并不重要，因为它实际上是没有时间的。重要的是一种区分与差异，神通过差异来表达对于人类行为的奖与罚，所以这种看法所形成的其实是一种共时性的或是循环性模式，所以这种逻辑并不是文化逻辑，而是宗教逻辑与神话语言。可以说所有的宗教中，都或多或少地存在轮回，只是所占的地位与表达的方式不同而已。此外，未来世界并不是必然到来的，而是个人修行所达到的，信仰是达到未来美好世界与罪恶世界的主要原因。

佛教中的天国是人生的选择，也是世界的理想模式。俗世人永远处于轮回之中。佛说：众生无知，陷于贪欲。因而生死轮回。"在无穷尽的轮回转生之中，爱别离、怨憎会，流下的泪水大于四海"。但是，未来世界又是可能的，这就是修习成为阿罗汉，从而摆脱轮回，达到涅槃。佛陀的力量其实比起天国来说还要大得多，修习可以摆脱世界时空的限制。但从这里也可以看出，佛教其实并没有真正理想的天国，它关于天国的想像是十分原始而简陋的。基督教教义中也没有完美未来世界的描绘，天堂，永远是一个美好幻想，甚至是一个神学的岩洞映像，像柏拉图所说的那样，人们只能通过黑暗的岩洞中的映像来想象未来的世界，一切都是模糊不清的。

现实中真正相信天堂的人并不多，最有影响的可能是但丁《神曲》中曾经描绘过的天堂，他的"天堂"被西方批评家认为是"最美好的天堂全景展示"。但是，但丁本人却十分明白，俗世生活中是不可能有天堂的，在俗世中只有国家与民族，在这个世界上，充满了不同文明之间的斗争。他本人正是因为拂罗伦萨的党争失败才流亡国外，无家可归。所以，在神的世界无法实现的理想，只能在俗世中实现。他主张建立世界统一的大帝国，罗马就是这种大帝国的典范。但丁说：

> 看来，我们已经达到了目的地。因为我们所考察的基本问题的真理已经揭示出来，这些基本问题是，为了给尘世带来幸福，是否有必要建立一个一统的政体；罗马人是否有资格掌握帝国的权力；最后，世界帝国的权威是直接来自上帝还是有赖于其他。当然，关于最后一个问题的答

> 案不能死板地解释成为罗马政体根本不必服从罗马教皇，因为在某些方面我们尘世的幸福服从于我们永生幸福。因此，凯撒之敬重彼得，犹如长子之敬重父亲。这样，有了慈父般恩典，这一政体的光辉可以更加明亮地普照全球大地，而它就在大地上直接依靠上帝进行统治，因为上帝是天上人间万事万物的统治者。①

但丁，这位新世代的第一位诗人尽管是最伟大的诗人，但可能是末流的政治家，这并不是说他在党争中的立场，而是他的伟大国家政体的设计，其实就是天佑我皇的翻版，一个理想中的神赐王国，这真是可笑极了。

此岸世界的问题不可能通过彼岸来解决，这一逻辑早在文艺复兴之后的西方已经被实际承认，否则就无法解释人文主义与理性何以占据社会主潮。但这并不意味着宗教是无意义的，相反，宗教仍然在统治着文明，或是说，它在文明这一更高级的领域里起着决定性作用。现代世界的主要文明仍然是以宗教为划分标准之一。如何理解这一原理呢？宗教虽然不能解决人类社会问题，宗教不能为人类社会提供像资本主义的文化逻辑，但宗教能为人类社会提供神话逻辑，也就是一种神学的逻辑，这种逻辑其实是超理性的。在人类社会中，神话逻辑与理性文化逻辑的辩证作用，是文明的内在动力源。这一点，在韦伯之后，人们已经看得更为清楚了。他所指出的清教精神等其实是神学逻辑与理性逻辑的相互作用，这种作用过程是冲突性的，是科学与宗教的斗争实现了社会进步。我们所提出的新辨证论，其实是对于韦伯思想的一种批判，这其实是说明，在非宗教信仰的社会中，文化逻辑的构成与西方不同，中国的文化逻辑是

———————

① ［意］但丁：《论世界帝国》，朱虹译，商务印书馆1985年版，第88页。

一体的，它不是两者（神话逻辑与理性的文化逻辑）的并列，它是形式逻辑与辩证逻辑二者的合一。中国的墨经逻辑是一种完整的形式逻辑，它产生于易经的辩证逻辑，但它本身已经辩证化了，所以墨学沉沦，并不是一种悲剧，而是一种历史的必然。中国的形式逻辑更加彻底地融入了中国的辩证逻辑，成为了中国的文化逻辑。儒学并没有自己独立的形式逻辑体系，但是它自然继承了易经。同样，道家虽然与儒家不同，但其文化逻辑竟然与儒学是相同的：

"一阴一阳谓之道"，这是道家的辩证性的文化逻辑。"中庸之道"这是儒家的辩证逻辑，两者不正是在易经辩证逻辑中达到了融合与互补吗？

再来看俗世的未来设计，这种设计最常见的模式是未来社会形态，也就是理想国家的设计。因为现代人处于国家社会的形态下，所以关于未来社会最多的就是未来的理想国家。这也就是说，人们只从现有的社会体制来想象未来的社会，这样，人类的想象只能变成了他们自身的映像，他们只能从自身来想象。古代希腊人的理想国，人文主义与启蒙主义的乌托邦，中国陶渊明的世外桃源等，无一不是美好未来的设计。但是，所有这些设计中，都只是神学或是俗世思想的一种延伸。

中国晋代文人陶渊明的《桃花源记》只是一篇短文，却给中国人留下了一种美好社会的模式，他这样描绘桃花源：

> 土地平旷，屋舍俨然，有良田美池，桑竹之属。阡陌交通，鸡犬相闻。其中往来种作，男女衣著，悉如外人。黄发垂髫，并怡然自乐。见渔人乃大惊，问所从来。具答之，便要还家设酒，杀鸡作食。村中闻有此人，咸来问讯。①

---

① 陶潜：《桃花源记》，载［清］严可均校辑《全上古三代秦汉三国六朝文》第二册，中华书局1958年版，第2098页。

这个桃花源，就是中国人的理想社会的典范与化身，后世诗人又有众多的桃花源诗问世，赞美这种神仙生活。其中有两个值得注意之处，一是其所描绘景象被后人称为"仙境"，这里正可以看出它的文化逻辑，其中最有代表性的就是非时间性，"无论魏晋"，不知汉唐，完全是一种超越时空的存在。这一特点，我们上文已经指出，正是宗教的彼岸世界的特性。佛教的天堂，基督教的天堂，全都有这种特点。没有时间，就是永恒的。因为物质的世界总是要坏的。当然，从这一点来说，善于推理的佛教比起基督教反而还要高明一些了，佛教的修持正是起源于对于世界不能永恒的追求。这一特点前人早已注意到了，不信佛的诗人就批判道：

> 神仙有无何渺茫，桃源之说诚荒唐。
> 世俗哪知真与伪，至今传者武陵人。

这位韩先生到底是敢于谏迎佛骨的儒家，把神仙世界归之于伪，从中透出对于佛、道之类宗教的敢于面对的精神。"靖节先生绝世人，奈何记伪不记真"，无论如何，在士子学人的心目中，这种未来社会是虚幻的。另外一个特点就是桃花源记明显的小农经济特性，这是中国农耕文明的理想社会，男耕女织，万古不易，所以，它的理想社会也无法描绘出另一幅图像来。这种社会理想，其实并不是进步的，它有浓重的返古色彩，有一种对于老子所赞美的无为而治、小国寡民社会的向往。这种思想同样表现于孔子的"吾从周"这一对于古代社会的赞美之中，这是一种倒行的社会伦理与美学理想，但却是有中国特色的，在我们反思中华文明时，这不能不是一个重要图景。

1516 年，英国学者托马斯·莫尔（Thomas More）的名著《乌托邦》问世，从柏拉图《理想国》之后，一种西方文明的理想社会图景产生，这种图景以后在空想社会主义者的著作中成为主要模式。首先引人注意的是，《乌托邦》一书其实产生于英国民众水深火热的生活之中，这部书分为上下部，上部所写的正是16世纪初期英国农民被夺取土地的历史，农民流离失所，新贵们通过掠夺而暴富。马克思《资本论》中引用此书，他指出，莫尔《乌托邦》中说过："于是，就有贪得无厌的人，他故乡的真正的瘟疫，一下把几千英亩的土地，用栅垣圈围起来。"英国是一个奇异的国家，那里"羊吃着人"。无疑，马克思是将该书作为史料来看的，并且基于此书及其他一些史料，对于这一历史时代作了大叙事。

莫尔书中这种描写如果与笛福小说中关于工业发展的描写互相参照，英国近代社会的转化过程就一目了然。可能正是对于农民生活的同情心所驱使，莫尔在小说的下部中描写一个老水手希斯拉德漂流到异国的故事，这里就是乌托邦。这个国家中，没有私有财产，劳动是人民生活的必需。人民生活幸福，安居乐业，每人每天工作6个小时，生产出所需的物资，分配上采取各取所需的制度。教育、文学艺术与学术研究，只是公民业余生活的内容，但在社会生活中地位极高。没有体力劳动与脑力劳动的差别，没有城乡生活的对立。这是一幅完美的图画。

乌托邦国中没有私有制度，这是莫尔这位思想家超出常人的见识，这正是阿波罗的神箭，击中了西方近代文明的阿喀琉斯脚踵。保护私有财产，是西方立法的基础，也是社会统治的根本原则。一切社会变革，必然要对于这一制度进行改革，正如法国摩莱里《自然法典》中所说："在被残酷无情的私有制所统治的民族中间，也一定会发生这种现象。私有制是一切罪恶之母，这些罪恶犹如陷入绝望和赤贫境地的儿童。"

但是莫尔的乌托邦并不高明，他所赞美的仍是君主制，贤明君主是他心目中最理想的统治者。虽然他描写的社会中宗教信仰是自由的，但是作者对于宗教是精神信仰的唯一方式却反映出一种文化视域的狭窄。另外，这种乌托邦理想的西方文化性也受到质疑，这是典型的西方话语，是西方人的理想王国，它浓烈的西化色彩与世界文化的多元性并不协调，这是其他民族所不能接受的。更有甚者，把西方的殖民主义扩张也看成是乌托邦梦想的后果，西方人在本土得不到的东西，希望能在海外得到补偿，他们把其他民族的土地看成了是建造这种乌托邦的理想之地。

桃花源与乌托邦，东方与西方不同的理想国模式，代表着不同文明的历史话语与语境，历史话语就是时代性的话语。对于古代中国封建文明来说，桃花源式的农业文明是美轮美奂的，对于16世纪西方文明的代表英国来说，乌托邦的社会生产是家庭生产，是手工业。从这一点来说，也是一种文明的对话，农业文明与工业文明，在理想国家的层次上进行了对话。

综上所述，神学与俗世的理想国其实并不是决然分开的，俗世的理想国家也经常有对于现实的否定与超越，如果没有这种性质，也就无法成为理想。既有超越，就有出世，出世何往？宗教是最主要的归途，所有的理想都无如神与佛为美。于是，俗世理想国就与神的天堂结为了一体，在俗世理想国中最为光明的其实是神的光辉，是天堂的想象。黑格尔曾经把宗教说成是精神现象的最后阶段，与绝对知识并列，宗教是绝对本质一般的意识，在宗教中，表现的内容是绝对精神，也就是说，宗教是通过表象来把握绝对精神的。什么是表象？就是想象、神话、象征、形象思维等。哲学是绝对知识，它是通过纯概念去把握绝对精神的。也可以说，哲学即绝对知识与宗教，是体现绝对精神的两个环节。那么，神学的表象式把握中，天堂是作为一个象征，达到对于人类精神的生活场景的最有价值的表象，应当是无可怀疑的。

在肯定这种价值之后，也就明白了它的限制性，神与俗世的生活场景，其性质是进步的，是一种想象中的进步，或用神学哲学家的话来说，是进步指望。但是，它的可怀疑之处在于，它本身已经达到了它们的终结点，俄国神学哲学家别尔嘉耶夫说：

> 同进步说和进步指望密切联系着的是人间天堂、人间极乐世界的乌托邦。人间天堂这一乌托邦，同样也是对宗教关于神的王国在历史终结时降临人间的观念的歪曲和误解，亦即无意识的千禧年主义。这一乌托邦接二连三地受到打击，它被思想工作所破坏，在实际生活中遭到摧毁。人间天堂的乌托邦在自身中包含着进步说中的那些基本矛盾，因为它同样假定某种完善的状态会在时间内、在历史过程的范围内达到。它假定在历史力量的封闭圈——其中完成着各民族的历史和人类的历史——以内能够解决人类历史命运。……因而，历史应当终结。世界必须进入一个高级的现实、一个完整的时间，在这种现实和时间中，人的个体命运问题将得到解决。①

尽管别尔嘉耶夫对于世界历史的批评并非不无道理，但是他所说的终结是什么呢？世界所要进入的高级现实又何在呢？对于终结理论，无非是现实的终结与神学的终结，神学的终结我们已谈了不少，那么现实的终结又有什么根据呢？所以，我们不能从神学哲学家那里得到任何真正的解释，神学家们侈谈历史与哲学时，毕竟给人不务正业的感觉，这些问题不是《圣经》研究的范围，如果涉足于这些领域，就已经失去了神学家的优势了。

---

① ［俄］别尔嘉耶夫：《历史的意义》，张雅平译，学林出版社2002年版，第154－166页。

二、关于历史终结论

20 世纪末到 21 世纪初，"终结"的神话突然显现了。

全球化的语境可能正是这种显现的潜在因素，千禧年本身就已经令世人感触万千，时光流逝，千年如走马。

世纪的画卷虽然变得如此易于翻动，然而世界的发展却并不能给人以完整的视域，于是人们更加希望能有一个世界文明发展进程的固定目标。当这种目标成为人类意识中的永恒意义时，历史上曾经广泛被使用过的一个词——终结——就再一次泛起。于是种种的"终结"就出现了。

各式各样的终结：艺术的终结、男性的终结……

如果从一种乐观主义观念来看，世界历史将会以一种光明的未来为终结，这是以美国福山为代表的资本主义"终结论"。其实在这种乐观之中又饱含忧患，因为以资产阶级民主制度来结束历史，会形成人性满足而产生的堕落。福山的《历史的终结与最后之人》被人们认为是"终结论"的现代版。如同黑格尔一样，在这部书中，福山所讨论的是世界的普遍史，也就是人类社会历史的根本发展，但是这一发展的基石却是个性的人，是一个人的心理。所以，问题仍然是在于人会不会害怕变成"最后的人"即企求个人平安与幸福而失去进取，从而使整个社会变成历史的终结。

福山理论是黑格尔文化逻辑的产物，他所依据的是黑格尔哲学著作《精神现象学》中"主人与奴隶"关系的旧说，我们在上文中已经指出了黑格尔哲学中这种说法的不实之处，简单说，人与人之间的关系，主要就是从自然人关系进入到文化人关系的历程，经历平等到服从，再到新的民主平等，但是，在一定的文化语境中，绝对的平等是不存在的。例如，在最大的宗教里人与上帝的直接沟通，这是对于人类最平等关系的保证。

但是，每一种文化中都有一种自信，自己是上帝所最信任的民族。犹太人自视为上帝的选民、俄罗斯民族主义者关于俄罗斯人肩负世界重任的思想等等，都使得平等不可能实现。

这里，我们仍然要进一步指出，福山学说中还掺杂了一些美国精神分析学家赖希（Whihelm Reich）等人的东西，这对于我们和西方学术界可能都是一个新的发现，但遗憾的是，它是真实的。所以在解剖福山学说时，我们竟然有了一个普通西方学者所忽略的角度，一个相当多的西方学者连做梦也不会想象到的结论，一种号称民主主义的终结论，竟然有一个法西斯主义的小辫子盘在脑后，我们要不要揪出它来呢？我们本来不屑于在这样一部重要著作中把赖希等人再提出来讨论，几年前作者的一部书中已经批判了赖希的学说。但是福山的学说却在世界学术界大行其道，使赖希也受到了牵涉，这就使我们不得不再次提到赖希，为了打鬼，借助钟馗，实在是出于不得已。

赖希是奥地利精神分析学家，早年曾经参加维也纳精神分析治疗讲习所（Vienna Seminar for Psychoanalytic Tharapy）的活动，1933 年后出版《法西斯主义的群众心理学》（The Mass Psychology of Fascism）后，被共产党除名。1937 年移居美国，在纽约的社会研究新学校任教，1956 年被美国政府判处两年徒刑，1957 年在狱中逝世。赖希最出名的理论是所谓"红色法西斯主义"（Red Fascism）和"伟大的文化革命"（The Great Cultural Revolution）等，其特点是从心理分析来释解社会文化现象，是继弗洛伊德之后将精神分析理论推向社会心理、意识形态与社会政治的重要人物。赖希在社会心理与社会结构方面的看法与弗洛伊德相反，弗洛伊德是从个性的无意识心理来观察社会心理，并从社会心理看社会文化，其实弗洛伊德是一个传统的学者，他较少谈到社会政治，而更注重于对文化的研究。赖希认为事实完全与弗洛伊德所说的相反，不是人性心理决定社会，而是社会政治决定了人的心理。他的名言是："社会，不是一个固定心理结构的结果，而相反，性格结构是一定社会的产物。"① 是社会权力影响了人们的心理，而不是相反。这一理论观点与福山是相同的，同样强调社会心理塑形，福山是从社会学角度来论述，而赖希是从精神分析来看，二者遥相对举，异旨同归。另外一个重要原理相同则是，两人关于个人精神作用原理的看法也是相同的，赖希认为，人从童年起就受到道德、权威的压抑，教育与宗教都起到了压抑的作用，而这种压抑对于人类是不利的。福山只不过用黑格尔的奴隶与主人之间的关系来说明这种压抑，都关注被压抑的心理状态。当然，两人的态度还是不同的，赖希主张解除压抑，解放人类的性，反对宗教、家庭与社会的不公正的压抑。福山则没有像赖希那样，他所看到的是另一种场景，当代社会中，人们从奴隶状态下解放出来，反而失却了动力，由此则会产生世界历史的终结与"最后的人"，说穿了，是人类文明与人类的灭亡。

我们虽然将终结论归为一种乐观的社会理论，但这只是一种相对的划分，因为从社会理论本身来说，其实是既没有悲观也没有乐观的。正像前人所说，首次以悲剧出现的历史，以后可能以喜剧形式再现。

福山说道：

> 黑格尔的伟大诠释者亚历山大·柯耶夫在他20世纪的著作中，用普遍的、平等的认可取代了主人和奴隶的关系，并因此坚定的断言历史已经终结。因为他所称的"人人相同、人人平等的国家"（即我们所理解的自由民主制度）——

---

① Wilhelm Reich, Character and Society, P. 254, 本译文及赖希著作的其他译文，均可参见方汉文《现代西方文艺心理学》，陕西人民教育出版社 1999 年版，第 170 – 173 页。

劳永逸地解决了认可这个问题。纵观整个历史进程，人们一直在寻求的就是获得认可，它是早已出现的历史阶段前的社会发展动力。在现代社会中，人们不仅终于获得了认可，而且得到了"充分的满足"。柯耶夫郑重地做出这一论断，他的论断应当得到我们高度的重视。因为我们可以把人类历史几千年来的政治问题理解为解决认可问题所进行的努力。……尼采相信，现代民主制度不是把奴隶解放成为自己的主人，而是让奴隶和一种奴隶道德获得了完全的胜利。自由民主国家最典型的公民是"最后之人"一种由现代自由主义缔造者塑造的人，他把自己的优越感无偿献给舒适的自我保存。自由民主创造了由一种欲望和理性组合而成但却没有抱负的人，这种人经过对长远利益的算计，很巧妙地以一种新的方法满足了一大堆眼前的小小需要。"最后之人"没有任何获得比他人更伟大的认可的欲望，因此就没有杰出感和成就感。由于完全沉湎于他的幸福而对不能超越这种愿望不会感到任何羞愧，所以，"最后之人"已经不再是人类了。①

另外则存在着一种相反的预测，这是未来世界的毁灭与败落，这也是一种终结论，而且是一种更为有历史来源的终结论。我们可以从基督教的末日审判、世界末日等说法看到其本源。它也有现代版，这个现代版就是未来"黑暗时代"的假说。

何为终结？

1886年恩格斯发表《路德维希·费尔巴哈和德国古典哲学的终结》，书名使用了"终结"一词。他认为，德国古典哲学在黑格尔思想体系中已经终结了，甚至全部哲学也都在这里"终结"。恩格斯在书中说道：

---

① ［美］弗朗西斯·福山：《历史的终结及最后之人·代序》，黄胜强、许铭原译，中国社会科学出版社2003年版，第12－13页。

　　总之，哲学在黑格尔那里完成了，一方面，因为他在自己的体系中以最宏伟的形式概括了哲学的全部发展；另一方面，因为他（虽然是不自觉地）给我们指出了一条走出这个体系的迷宫而达到真正地切实地认识世界的道路。

　　可以理解，黑格尔的体系在德国的富有哲学味道的气氛中曾发生多么巨大的影响。这是一次胜利进军，它延续了几十年，而且决没有随着黑格尔的逝世而停止。①

为什么一面说哲学在黑格尔那里"终结"了，另一方面又说道，不仅哲学，就是黑格尔体系也没有"终结"，即"并没有随着黑格尔的逝世而停止"，这是何道理？朱光潜先生曾经有过一个解释，他认为德文中的"终结"一词不同于英文中的end，其本义并不是结束，而是一种新的开始。这样就可以合理地解释以上矛盾，即终结并不是停止，而恰恰相反，是一种新的阶段的开始与持续。这种解释如果结合恩格斯的语境来看，当然是相当合理的，从而也就消除了"终结"一词的矛盾含义。

　　我们暂且先不考证朱先生的说法是否正确，但可以肯定的是，在福山等当代西方学者的话语中，"终结"一词的本义肯定不是通常意义上的所谓"完结"或是"结束"，"终结"的意义可能正是一种状态的持续发展。如果从一种正常的意义上来说，一种状态的持续不能说是"终结"，那么只能说这里的"终结"绝非通常意义上的终结。我们基本可以断定，无论是在德语中，还是在英语中，"终结"已经超越了它的语言性，获得了一种哲学与文化的含意。

　　这种终结说同时在两个完全相反的方向、在两种完全对立

---

　　① 《马克思恩格斯选集》第四卷，人民出版社1995年版，第220页。

的立场上展现了悖论。一种是福山式的光明的社会理想，这种社会理想是以资本主义为世界国家模式，这种模式首先是普世性的，世界所有国家最终都会变成资本主义国家。同时它也是永恒的，所以资本主义是世界与人类社会的终结，这个终结就是永恒。另一种则是，光明社会即将结束，光明，其实只是启蒙主义的假象，人类不可能看到世界的真相，人类只能从岩洞中看到世界的模糊映像。启蒙主义理想图像已经走到尽头了，工具理性就是这种时代完结的标志，随着新世纪的到来，人类面临的是一个黑暗时代。在这里，终结是指光明社会的结束。

　　西方基督教国家中，黑暗时代的假说是一直存在的，但是当千禧年来临时，这种假说就以更为复杂的方式反映出来。其中最重要的就是西方的"新世纪"。从本质上来说，新世纪也应当是一种对于新兴文明模式的要求，但是这种思想运动的追求者把目光放在神学与神学逻辑上，以此作为治世之方，以拯救他们认为濒于灭亡的现代文明，即理性文明，这就形成了多种来源的、夹杂着无数个湍急旋涡的潜流，这是对于弄潮者们的一种考验。

三、黑暗时代的假设

　　黑暗时代的表现是多种多样的，其中美国的"新时代"（New age）运动是颇有代表性的。它的思想来源相当复杂，有取自"萨满教"的"新萨满主义"，有来自印度瑜伽的思想，也有来自古代希腊神话的"该亚假说"（Gaia hypothesis）等。无论说法如何不一，但是中心观念是明确的，即未来世界并不是如 20 世纪的一些学者所估计得那样，是充满光明的，是如托夫勒所描绘的那种"科技社会"，也不是福山所说的那种"资本主义"的终结；相反，未来社会中，长期以来统治人类社会的理性与启蒙观念将被否定，人类重新回到神学的甚至是蒙昧的社会中。这种寻求当然会在两个主要方向展开：神学与神秘主义方向与原始民族崇拜方向。除了方向性明确之外，他们还往往与部分消极生态主义、消极女性主义、民族自我中心主义等思想流派搭配，组成生态－神圣、女性－原始主义、原教旨主义与消极生态主义等不同组合，共同反对理性中心社会。19世纪以来，宗教神秘主义与精神分析相结合，在美国与欧洲都出现了荣格崇拜，一种对于未知力量的向往。这种崇拜风靡全球，人类学的图腾崇拜原本被视为荒诞不经的学说，竟然堂而皇之地走进了学术殿堂。原始思想与原始社会生活成为了解决现代社会困境的出路。女性主义者波拉·艾伦（Paula Gunn Allen）就大力赞美印第安人的社会，因为这个社会是母系社会，玉米之母与女性族长是统治者，其统治的手段是仪式与崇拜，是非理性的。所以她主张回归到这种原始社会之中。近年来，有一批宣传"新时代"的理论论著出版，但是更为有影响的则是一些新的小说或其他文体的畅销书。美国人卡斯塔尼达原本是美国加利福尼亚州大学的一名学习人类学的研究生，崇拜印第安人巫师唐望，转入对巫术思维方式的研究，以一系列畅销书来介绍这种思维方式与生活方式，以期改变美国社会中普遍存在的理性中心的心理疾病与社会弊病，如《唐望的教诲：亚基文化的知识系统》（1968）、《另一种真实》（1971）、《前往伊斯特兰的旅程》（1973）、《力量的传奇》（1974）、《寂静的知识：巫师与人类学家的对话》（1987）和《做梦的艺术》（1993）等，这些书之所以能在社会上产生一定影响，原因是多方面的，除了猎奇因素之外，渴望通过巫术的心理治疗作用来缓解社会压力、调节生活节奏等也是重要原因。但这些书又确实产生了对于原始社会的向往之情。

此外，千禧年的传说与人类命运的回顾，使得这种神秘主义回流达到高潮，极大地影响人类对于未来社会的瞻望。有感于此，托夫勒惊呼未来的"黑暗村庄"的建立，这种村庄里有多种主要力量：宗教狂热、生态－神权与民族主义，这三种力量的宗旨都在于颠覆理性世界，反对历史的宏大叙事，主张回归神学逻辑或是混沌。他写道：

> 　　由此我们可看到明显地同宗教上的原教旨主义和生态方面的中世纪思想联系在一起的仇外民族主义，而这三者都是属于黑暗时代的东西。

> 　　这些力量的汇合具有可燃性。无论何处存在这样的力量，它们都可能在面对民主制度时爆炸开来。在最坏的情况下，它会变幻出一个种族或部族的、生态法西斯主义的、神权的国家的形象——这是压制人权、宗教自由和限制私有财产的最好办法。

> 　　但是，就是不作最坏的设想，人们也会感到不寒而栗。这类组织不必取得对国家的控制权去大大控制或摧毁一种即使在高技术国家内也已经由于同正在出现的经济与社会不同步而变得脆弱不堪的民主制度。①

并非杞人忧天，进入 21 世纪以来世界意识形态与社会政治状况说明这种忧患可能正在成为现实。

无论是乐观还是悲观，人类未来文明都不会终结，也不会陷于万劫不复的黑暗深渊。我们预见未来，只有一个根据，这就是现实与历史。从新石器时代以来的主要文明阶段证明，人类社会的进步是无可争辩的。也无可讳言，正是历史证明，选择是存在的，但这种选择只是一种文明必然性的选择，如宗教时代、神学时代等必然的来临与结束。人类未来的文明面临多种选择，没有一种必然模式会成功地取代其他模式，没有救世

---

　　① ［美］阿尔文·托夫勒：《力量转移——临近 21 世纪的知识、财富和暴力》，刘炳章等译，新华出版社 1996 年版，第 421 页。

主来指导人类。这样就有必要认真观察未来文明的主要精神与构架，以充足理由来论证选择的合理性。

四、未来文明：从技术理性到辩证理性

未来文明来自于当代文明，未来文明是在当代文明的自身扬弃中实现的。因此所有关于未来文明的设想都会产生于对当代文明的批判。如果聚焦当代文明批判，理性批判又是最为重要的思想批判，其中有代表性的当然是技术理性批判。

1. 技术理性批判：从马尔库塞到哈贝马斯

从精神现象层次，不能把"技术理性批判"列为现代西方文明最伟大的批判。如果作一个历史回顾，我们会发现，这种理性中心的批判是从古代希腊人与犹太人开始，雅典哲人们是以理性来批判理性的，柏拉图《理想国》中，已经把人类灵魂分为三个组成部分：欲望、理性与精神，如同一切希腊人文学者一样，他们最为赞美的其实是人类的"人文精神"。这虽然只是一个原始的划分，但意味深远，它已经为以后的理性的分裂，为以后的理性批判奠定了基础。

犹太人是以神性来批判理性的，神性高于理性，这是宗教理性观的核心。而对于基督教初期的信徒来说，这仍然是无可置疑的原则，到了罗马时代，两者结合为一，形成了既是神性又是理性的思想，人们开始明白，神性如果离开理性，如果没有神学哲学，崇拜是不会持久的，这是任何一种一神教发展的必然规律。早在基督教之前，波斯人与印度人所创造的伟大宗教中，理性崇拜已经与神性崇拜形成了视界的融合了，东方人毕竟是东方人，早熟的智慧仍然先在这里形成，并且逐渐向西方扩展。

我们在探讨关于基督教的"理性化"与"人格化"的部

分，已经研究过这种特性。但在其中，神性批判仍然取得宗主地位，理性则为神性所压抑。启蒙主义之后，理性得到最大膨胀，特别是资本主义的胜利，新教在宗教中占了上风，理性得到最大的张扬。从这个时期起，才真正进入了"一个用头来走路"的时代，用头来走路，这是整个理性时代的漫画。黑格尔所在的德国虽然并不是资本主义的"理想王国"，却是精神领域里的理想王国，黑格尔哲学就是一只在理性中涅槃的火凤凰，这只火凤凰嬉戏于烈火之中，昆仑玉碎凤凰叫，唱出的却是浪漫的鸣声。后现代主义者们把《精神现象学》说成是"浪漫主义的小说"，这是对于黑格尔的一种颇有微词的说法，但是并非全无道理，理性的基础是严肃的，但理性是在同一性的基础上发展走来的，其极致却走向了对立面，这就是德国的浪漫，一种日耳曼人的古朴的浪漫。对此，法国人不理解，而中国人则是能够理解的，因为易经中的辩证思维已经使中国人深谙其中的道理，道成之于阴阳互生，道的本体就是阴阳。理性与逻各斯不能取代道，理性与感性的结合才可能得道。

西方理性一直有一个重要的错误，即，将理性思维与直觉对立起来。这一趋势从古至今没有改变，所以非理性主义的兴起是必然，从理论上看，尼采、弗洛伊德直到当代后现代主义者，对于技术理性的批判是不可避免的。当然，最有代表性的是 20 世纪以来对于西方理性中心与工具理性或是技术理性的批判。经过这种批判，相当多的人认为，理性批判的归宿就是非理性，事实上，从历史时代而言，向非理性主义的回归也是一种难以抑制的趋势。

不是理性，就是非理性，这是一种思维方式的错误。由此推论必然会解放无意识或是创造新感性，以反对理性中心，更是整个西方学术几个世纪的错误，产生这个错误的根本原因在于批判不可能从内部自然生成，西方文明批判与理性批判，都不可能从这种文明内部产生。只需看一下康德到让－弗朗索斯·利奥塔的整个反思过程，就可以看到，无论是他们殚思竭虑，千方百计来批判理性，或如黑格尔所说"理性批判"，一直未能如意。后现代主义者们最崇拜的形象是，蛇可以吃下自己，即从蛇的尾部吃起，一直吃到它的头部。如果说，西方文明可能通过自我批判来吃下自己，建立一种新文明，我们至今尚未能得到验证。

什么是理性？

理性就是人类的认识、判断与思想能力，是人类道德法则建立的基础。从个体来说，它是人类精神活动能力之一，与人类其他精神活动能力如感情、信仰、判断、审美等相关能力一样，但是理性在人类精神活动中占有最重要的地位，它是人类精神活动能力的基础。如果从社会活动角度看，理性是人类区别于其他动物的主要特征之一。《哈姆莱特》中就曾经说过，"没有理性的牲畜"，关于理性范畴，笔者曾经指出：

> 笛卡尔与古希腊哲学家一样，从社会的伦理道德来研究理性的表现。他认为人生活在世界上，都被分配到一种天赋的、能做出正确判断的能力，即是理性。人在认识世界时是凭借理性的，人的感官可能欺骗人，但作为存在的证明"我在思想"这个事实却是实在的。因此人的特性在于他有心灵。……对于心灵的功能，他划分为两类：一类是为心灵意志，这是"绝对地在心灵的能力范围之内，而只能间接地为身体所改变"。另一类是心灵的感情，"包括各类知觉。"这一类只依靠产生于它们的活动，只间接地为心灵所改变。……笛卡尔也采用二元分立的观点来看待心灵，不过他没有明显指责心灵的卑劣情欲，只是把这两部分的性质作了规定，划分为：高级的——理性部分；低

　　级的——感性部分。①

笛卡尔是最早系统阐明理性本质与特性的哲学家，他成为理性主义的代表人物。在他之后，对于理性作出重要贡献的是康德。康德把理性划分为三个部分，纯粹理性、实践理性与判断力，其中判断力是两种理性之间的过渡，这三者之间存在同一性。这三者都是先验的主体所具有的能力。黑格尔发起了一种理性批判，他认为启蒙主义不过是实证哲学的对应物（哈贝马斯语），它的理性并不是真正的理性，而只是反思和目的合理性，所以形成一种理性崇拜，这就用实证论（Positivism）取代了理性论。这种实证性产生了制度的异化，实证性可以包括科学、生产、艺术、市场经济等，总之一切现实的存在。这种实证基于一种主体性原则，主体性原则体现出一种理性暴力，"理性的压制建立在自我的反思的结构之中"，也就是在认识主体的自我活动之中，这样，主体也成为客体。主体的解放，就是主体的欺骗，反思的力量是一种暴力，它以知性为依据。这样，知性成为理性的僭主。如同《哈姆雷特》中所说：

> 这样好的一个国王
> 比起眼前这位来
> 简直是天神与妖怪
> So excellent a king; that was , to this,
> Hyperion to a satyr. ②

异化世界中，理性成为压抑性力量，这就是黑格尔的理性批判，也是以后马克思主义特别是西方马克思主义的法兰克福学派理

---

　　① 方汉文：《西方文艺心理学史》，陕西人民出版社 1999 年版，第116 页。

　　② The Complete Works of Shockespere, edited by George Lymoln Kittredge, Ginn and Company, The Athenaeum Press, 1936, P. 1151.

性批判的起点。但是，正如哈贝马斯所指出，黑格尔已经指出了工具理性的局限性，只是黑格尔是从一种更高层次来批判理性的，即从启蒙辩证法的活动范围来批判工具理性的。

遗憾的是黑格尔之后的法兰克福学派就没有这种辩证可作为依据了，他们只能从精神分析等学说中寻找批判的武器，用来进行对于工具理性的批判，这种批判的代表性人物，法兰克福学派学者马尔库塞对于文明与理性的关系作如下说：

> 但正是文明的进步本身使理性成为一种虚假的理性。现存的自由和满足与统治的需要联系在一起，它们自身已成了压抑的工具。当人的知识和对自然的控制使人能进一步以最少的劳动来满足人的需求的时候，被用来论证制度化了的压抑的匮乏这个理由就越来越站不住脚了。在世界大部分地区仍然普遍存在的贫困不再归结为人力和自然资源的不足，而是归结为分配和利用这些资源的方法不当。这一区别对政治和政治家来说是无关紧要的，但对一种文明理论来说却是至关重要的。这一理论认为，压抑的需要主要是由于人的欲望和满足这些欲望的环境之间存在着"自然的"、持久的不平衡。假如是这样一种"自然"条件而不是某些政治和社会制度为压抑提供了理论依据的话，那么，这种条件已变成不合理的了。工业文明的文化已把人这种有机体改造成一种感觉更灵敏、更有特色、更可以交换的工具，创造了一种足以使这种工具成为目的本身的巨大社会财富。可资利用的资源导致了人类需求的质的变化。劳动的合理化和机械化势必减少消耗在苦役（异化劳动）中的本能能量，使能量得到释放，为实现由个体能力的自由发挥所确定的目标服务。由于技术把生产生活必需品的必要劳动时间降低到最低限度，技术起到了反对压抑地使用能量的作用，节省了时间以便发展在必需品和必要

消费领域以外的各种需求。①

工具理性或是技术理性，本质上就是"理性的毁灭"，这是人类理性史上的悲剧。从古代文明中产生的理性，战胜了野蛮与蒙昧，启蒙人性，功劳赫赫，却不幸毁灭于工业文明时代。在哀痛于它的灭亡之时，如果有眼光的人可以看到，它是以喜剧结尾的，工具理性的毁灭不会使人类回归到原始思维与非理性的阶段，这是尼采与弗洛伊德等人所不理解的，在他们看来，人类中心与理性中心的毁灭会使人回归到非理性社会。但笔者认为，工具理性之后，由于全球化产生的文明视界融合，东西方理性之间的交往，会使人类理性进入新辩证阶段。历史证明，辩证理性是解决理性危机的一种手段，20 世纪的理性毁灭这种历史现象并非史无前例，春秋时代的"礼崩乐坏"是发生于公元前的一次东方文明的理性毁灭，道德伦理的理性毁灭一直没有从文明内部得到补救，直到佛教进入中国，才对理性的进化起了关键性作用。中国文明传统中的古代辩证理性在与佛教思想的融合中，形成了程朱理学，补救了理性衰落，创造了理性新阶段。

西方轰轰烈烈的理性批判特别是工具理性批判有何结果？

哈贝马斯不知是有意还是无意，使用了一个当年列宁著作中的著名比喻来说明后现代主义的理性批判：当我们倒洗澡水时，不要将孩子一起倒掉。

对于工具理性的批判，不要将理性本身一起否定了。

他提倡一种"再语境化"的理性批判。所谓再语境化理性批判，是对于后现代主义的再语境化理性的批判，批判的主体

---

① 马尔库塞：《爱欲与文明》，引自上海社会科学院哲学研究所外国哲学研究室编《法兰克福学派论著选辑》上卷，商务印书馆 1998 年版，第 410 页。

是交往理论。哈贝马斯与所有法兰克福学派先驱一样，长于批判，拙于论证。应当看到，他对于后现代主义者利奥塔的话语理论、麦金泰尔的传统理论等的批判是尖锐的。西方哲学经过语言学转型，主体中心概念已经被一种解先验化的"具体理性"（stuerte Vemuntt）所取代了，但是，再语境化理论内有一种内在批判极限：它用局部背景条件批判纯粹理性，形成自己的合理性标准。而事实上，一定的世界观、范式、生活方式与文化，都有自己的固定视角。这就自有自己的"片断理性"，如果依从再语境化，就不可能有总体考虑话语的多元性，也不可能有相互通约性。没有通约性，也就对于一种世界观的有效性不得而知了。这就是罗蒂等人的"坦率的人种中心论"。我们在理解他人时，没有可能进入他人，也就根本没有可能理解他人，解释学原理全是一派胡言了。一切试图克服自我中心的人自己就无法解脱了，所以，哈贝马斯提倡一种交往理性，即互相承认交往的自由与交往的义务是对称关系，这些关系体现了戴维森（Davidson）的"宽容原则"和伽达默尔的"视界融合"，也就是解释学的期待，这就使得一切"不可通约原则"达到可通性。

另外，交往当然是两种：语言交往运用与交往行为。关于交往行为，就必然有交往理性。哈贝马斯说：

> 因为，分析交往行为，首先就必须阐明交往理性，而在论证实践或日常实践当中，交往理性始终处于在场状态。当然，这样一种交往理性也扎根在不同生活方式的语境当中。任何一个生活世界都用一种共同的文化知识、社会化模式、价值和规范来装饰它的成员。生活世界可以看作是交往行为付诸实现的前提条件，反之，生活世界又必须通过交往行为完成自身的再生产。但是，生活世界的符号结构与交往理性之间保持着一种内在的联系；行为者要想提

出可以批判检验的有效性要求，并且一种"肯定"或"否定"的立场来回应这些要求，他们在日常生活当中就离不开交往理性。①

哈贝马斯与后现代主义最大区别之一就在此，他并不是一般地反对理性，而是以一种新的"交往理性"来取代旧理性。这也是哈贝马斯不同于法兰克福学派的另一些代表人物如马尔库塞等人之处，马尔库塞其实是激烈地反对理性的，他的"新感性"就是把感性与理性对立起来，把精神分析与马克思主义结合为一。这与哈贝马斯是格格不入的，所以，纪念马尔库塞100周年诞辰的纪念会上，哈贝马斯作了一篇讲演，题目是"哲学与政治不合拍"，其中对于马尔库塞的评论中，不无惋惜并且略含讥讽，这可以说是哈贝马斯的真实看法。

哈贝马斯的"交往理性"能否成立？

笔者认为是不可能的，原因很简单，理性是人类思维能力，这种思维能力不是形成于一种观念，或是一种学说，它只能建立于一种逻辑形式的基础之上。逻辑则存在于民族思维的整体性中，世界上主要的三大逻辑体系中，西方是以希腊人的形式逻辑为主体，即使是中世纪中，神学家们一方面将亚里士多德这种生活于耶稣基督之前的希腊人称为异教徒，另一方面却运用希腊哲学家们的学说为神学服务。亚里士多德三段论从古到今影响西方文化，形成了一种以形式逻辑为主体的理性。这种理性并不是可以随意改变的，它深深植根于西方历史之中。理性中心的批判就是西方中心的批判，归根结底是一种文化批判。

一种文化不可能自我批判，鲁迅曾经说过，一个人不可能拔着自己的头发离开地球。事实上，虽然后现代主义者们认为

① ［德］尤尔根·哈贝马斯：《后民族结构》，曹卫东译，上海人民出版社2002年版，第199－200页。

蛇可以吃掉自己，这是完全错误的，任何动物都不可能真正地吃自己。文化批判也是这样，一种文化有其不同结构与整体构成，这些结构与整体性之间的关系形成对应联系。当这种文化体系不能适应于自身的结构调整与外部的应对关系时，必须与其他文化体系之间进行互相渗透与整合，没有外来的新结构方式是不可能改变原有结构的。动物不可能吞食自身，一种文化也不可能对于自身进行彻底批判。哈贝马斯的交往理性仍然是西方理性的一种新发展，它可能部分地适应当代社会，却不会创造出一种新理性。

真正的创造必须是东西方理性之间的"参同合异"，东方，作为异己与他者，如果从古代宗教来说，可以看成是"另外的一个上帝"。《圣经》虽然已经不再承认这种说法，但是《圣经》也曾说到，东方有圣人。中国的辩证理性是在非西方的异质文化中发展起来的理性，是一种高度发达的理性。如果创造全球化的理性，则必然是东方理性与西方理性的结合，未来社会中，这种新的理性是辩证性的，是从东西方理性中发展出的不同于其中任何一方的辩证理性。那最后出现的，是人类社会理性的希望，因为它已经饱浸了不同文明中的人类理性智慧。

2. 不真空论 —— 辩证理性

只有跨越西方文明，才能理解辩证理性。如果不读《易经》、《墨经》等著作，就不可能理解辩证理性，因为辩证理性是产生于东方的，是与西方理性相对的一种同等价值的理性。西方学者对于辩证理性有不同的理解，与我们这里的概念是不同的。萨特《辩证理性批判》等西方学者著作中，其实没有真正触及辩证理性。因为没有东方文明的比照，不可能理解辩证理性。就像不到非洲不可能想象乌木雕一样，这是文明这种土壤的产物。西方文明理性起于三段论与形式逻辑，而中国文明的理性基于同异逻辑即辩证逻辑，辩证理性只能建立于辩证逻辑之上，不可能形成于形式逻辑。

辩证逻辑的核心是"同与异俱于一"，也就是异同交一论，即差异性与同一性的合一性，这种同一性产生真正的文化自主与多元，多元是宽容的，自主也是宽容的。但是多元与自主都是可阐释的，自主不会消失，自主就是自己的视域，自主不可能被他人所取代。文明与文化都不可能被另一种外在的与外来的文明所完全同化，主体是不能位移的。

其中的道理是这样的。世界上的事情并不是非有即无，非真即假。般若空观的提出是人类认识史上的一个重要进步，古代印度的辩证观念有自己的特色，它可以与希腊辩证观、中国辩证观相补充，共同构成世界视域的辩证观。以龙树为代表的中观学派把空与有相统一，即所谓"中道"观，空与有是相统一的。

众因缘生法，我说即是无。亦为是假名，亦是中道义。

僧肇《不真空论》说到这样的道理，诸法因缘而有，故诸法非实有，但亦非无，所以不真即空，诸法所有即空。唯识论论道时，反对我执法执与空执，这其实是佛教的三个阶段。但是对于中国思想界而言，真正发生巨大影响的是《不真空论》中的观点：

三乘等观性空而得道也。性空者为诸法实相也。见法实相，故云正观。若其异者，便为邪观，设二乘不见此理，则颠倒也。是以三乘观法无异，但心有大小为差耳。沤和般若者，大慧之称也，诸法实相，为之般若。能不形证。沤和功也。适化众生。谓之沤和，不染尘累，般若力也。然则般若之门观空，沤和之门涉有。涉有未始迷虚。故常处有而不染。不厌有而观空，故观空而不证。是谓一念之

> 力，权慧具矣。一切之力，权慧具矣。可思历然，可解泥
> 洹尽谛者。直结静而已。则生死永灭，故谓尽耳。无复别
> 有一处尽耳。①

空者，实为性空，性空者，亦为心空也。理性归之于心性，如
有万法诸空，理性便自是其空。"观空不证"，这正是一种辩证
理性。故此，辩证理性不须以形式逻辑来自证，它是以辩证逻
辑为不证之空的。中国人选择了辩证逻辑，而没有选择形式逻
辑。印度人与希腊人选择了形式，放弃了辩证逻辑。虽然佛教
本身已经批判了形式逻辑，对整个印度文化来说，选择形式逻
辑却是一种必然。如熊十力所言"……佛家于内心之照察，与
人生之体验，宇宙之解析，真理之证会，皆有其特殊独到处。
即其注重逻辑之精神，于中土所偏，尤堪匡救"②。这一点，英
国的李约瑟是看得极为清楚的，他早就指出，就在印度人与希
腊人发展形式逻辑的同时，中国人发展了辩证逻辑。至于形成
中西分离之故，他没有明确说明其中的缘由，我们不能责怪他，
因为理性—思维—逻辑三者的关系，在以前并没有学者明确提
出，所以李约瑟也未必能看到，我们揭示了其中的有机联系，
并且把它运用于文明关系的研究。当然，这也只是一家之说，
还有待于时间与历史的证明。

总体上看，西方一直无法理解，有一种辩证理性的存在，
这种理性不同于西方理性。这种理性与非理性之间并不对立，
而是一种辩证的联系方式。

我们上文已述，真正的辩证理性是东方文明与西方文明的
合契，这是新辩证而不是旧有的古代辩证精神。

---

① ［晋］僧肇：《不真空论》，见［清］严可均校辑《全上古三代秦
汉三国六朝文》3，中华书局 1958 年影印本，第 2416 页。
② 熊十力：《佛家名相通释》，东方出版中心 1985 年版，第 3 页。

3. 同与异俱于一：辩证逻辑

世界多种民族文化，各有各的理性标准，各有独自的文化逻辑与文化主体。多种文化之间是否存在同一性（identity）？进一步说，各种文化之间有无可能建立共同的逻辑体系以指导其认识，这是文化交往的关键所在。

同一性的问题，对于我们来说，是从两个不同的方面来论证的。一个是世界文明关系之间的同一性，这是一种大同一性。另一种是认识论中的同一性，这是万物之间关系的同一性。两者有关系，但两者并不相同。

如果没有同一性，我们就无从知道有差异性。

古代航海家经常有一个问题，人类认同，这就是对于人类同一性的认识。当欧洲人进入中国，或是欧洲与阿拉伯航海家在西太平洋和南太平洋航行，看到海岛的原住民时，最初的印象是：他们是与我们一样的人类吗？这个问题中，包含了一种认识上的认证观念，这就是一种同一性的集中表现。认识方法上，人类一直是由人及物与由物及人这两个方向的运动。这一思维特点在原始社会中就制约着人类认识，原始人对于自然的个体性认识令一些人类学家目瞪口呆，原始民族中的居民们为每一棵树都起了独有的名字，甚至会认为每一棵草都是不同的。文明思维最基础的功能之一就是分类，而分类就起于人类对同一性与差异性关系的认识。由于同一性认证的进步，人类又加深了对于差异性的认识，不过，此时的差异性已经产生了质的变化，不再是对于每一个体的认识，而是对于类的差异性比较。在这种比较中，形成了辩证逻辑，辩证逻辑其实是起于同一性与差异性之间的关系。

辩证逻辑起于《易经》，关于易中的辩证观点，古代学者即已经发现，但迄今为止，谈论者众，分析者寡。高亨先生的论述在这方面是有建树的，他曾指出：

冯友兰、李景春两位先生都认为《周易》的卦象含有古人的朴素的辩证观点，我同意这个看法。但是它的具体内容，两位先生没有较详的论述。因此，我再进一步探讨一下。

《周易》的基本符号是"—"与"――"，这叫做爻。两种爻是矛盾对立的形态。用三个爻组成另一种符号，得出八个符号，便是八卦——"☰"（乾）、"☷"（坤）、"☳"（震）、"☴"（巽）、"☵"（坎）、"☲"（离）、"☶"（艮）、"☱"（兑）。《周礼》称作"经卦"（《春官·大卜》，下同）。八卦是四个矛盾对立的形态。再用两个经卦重成另一种符号，得出六十四个符号，便是六十四卦。《周礼》称作"别卦"。六十四卦是三十二个矛盾对立的形态（指别卦中两个经卦的上下位置而言）。可见六十四卦充满着矛盾对立。其次，任何一个经卦或别卦，如果改动其中的一爻或几爻，改"—"为"――"，或者改"――"为"—"，就变成另一个卦，可见六十四卦都是动则变化。矛盾对立与动则变化是六十四卦的两个特征。······我国，以现存文献而论，产生在三千年以前的《周易》六十四卦卦象，就相当集中地反映了那个时代及其以前的朴素的辩证观点。它反映古人对于事物矛盾对立的认识比较突出，反映古人对于事物运动变化的认识也还明显，至于反映古人对于事物互相联系的认识就不易寻索了。当然，那个时代的辩证观点是极其幼稚的。①

当然，高先生的论述还稍嫌简略，特别是只从爻符上所能看到的是不多的，更多的则要从爻辞等文字内容的分析来得出结论，

---

① 高亨：《文史述林》，中华书局1980年版，第286－287页。

但对于易经这样的古代文献来说，真正可靠的恐怕只是这些爻符了，它要比后人所加上的爻辞更具有代表性与真实性。

辩证思想在名辩学说及墨经中得到进一步的逻辑化，这是中国文化逻辑的形成与衍发过程，这一过程其实证明了黑格尔与恩格斯都表达过的一个道理：思维形成于历史。从原始思维到现代思维，这是每一种文明的必经之途，西方人类学家在田野作业时发现的原住民思维，恰恰就是数千年前西方文明发源地民族的共有特征。在此之前，笔者已经在相关著作中描述中国文化逻辑形成的历史过程，但理解者不多，因此不惮重复，再作简略说明。

（1）中国逻辑学起源与视域与西方不同，它具有中国文明所具有的辩证观念的历史痕迹。它表现为中国逻辑以类比推理为最早的中心范畴。它的主要说法是"依类相从"与"连类引譬"。这种观念居于中心，无论是"名言"或是"名辩"都有类比推理的内容。最有代表性的思维方式总结还是：

引而申之，触类而长之，天下之能事毕矣。（《易传》）

这种逻辑有其历史作用，它是理性思维的重要阶段产物，代表中国古代理性思维特征，也是对于人类理性思维的伟大贡献。

但无可讳言，类比推理有其缺陷，它本是一种对于事物关系的经验认识，如果推而广之，则将会对于事物产生错误看法。如五行观念中，就有推衍过度的不足。

（2）中国逻辑学中曾经有形式逻辑的内容。西方逻辑学以形式逻辑为主，特别是亚里士多德的三段论，是西方逻辑体系的主体。而中国古代逻辑中也曾经有过这方面的内容或与此近似的说法。如《墨经》中有"三物必具，然后足以生"论，我们简称为三物论，它主要是指：

辞以故生，以理长，以类行。

这里是指推理原则，而不是推理过程，而且是从辞来论理，是不同于三段论的，但它是别具一格的重要思维原则。另外，中国人对于三段论逻辑方式已经运用，但并不把它作为逻辑形式，汪奠基先生曾经有过两个生动的例子：

> 譬如《国策·齐策》有一条这样的话："夫蛇无足，今为之足，是非蛇也。"这里的推论是正确的，它没有用所谓小前提的小词，却得出了明确的结论。原文的"今为之"只是个形动词，在汉语语言或语法的特殊意义之下，代替了"所画者"一词，在思维活动的形式上完全可以合理地直接推出结论来，并不需要按照什么三段论式的规格勉强进行"改造"。换句话说，不必要把它硬列为下面的形式才能推出结论：
>
> 夫蛇固无足；
> 今所画者有足；
> 故所画者非蛇。
>
> 果然如此，倒是汉语中最蹩扭的说法。《墨经》的逻辑形式并不如此。《经上》说："知也者，所以知也；而不知，若明。"说理非常活泼自然，对于"知，材也"的主题说，论证得充分有力。如果用因明三支式变为：
>
> 知，材也；（宗）
> 以所以知也，而不必知故；（因）
> 凡材皆所以知而不必知，若明。（喻）
>
> 这倒是硬把墨辩翻成了学院式的繁琐形式。逻辑推理的思维进程与数学演绎推理的活动有相通处，但它并不就

是数学公式的东西。如果把共同的形式庸俗地理解一切还原于三段论式或三支式，那就否定了逻辑语言表述的历史特征，就会使丰富多彩的科学内容成为千篇一律的死板形式。当然，这并不等于说为了证明问题性质的"类似"，也不许作为"举例"来对比或比较一下。问题的实质不是这样理解。明白地说，不能说因为历史上没有见名学家讲三段论式，就认为中国没有真正的逻辑创造，就没有三段论的认识。[①]

笔者赞赏汪先生的勇气与部分分析，但是不敢苟同于他的见解。世界上各民族中都可能运用了三段论式的逻辑，因为这是思维的规律，放之四海而皆准也。但是完整的三段论逻辑体系及三段论式是希腊亚里士多德提出的，这也是历史事实。不能因为中国名学家或印度人运用了三段论式思维就认为中国或印度建立了同一种逻辑体系，正像我们都有相对论的思想，但是并不可能取代爱因斯坦的相对论理论发明一样。

　　同时也要看到汪先生及其他研究中国逻辑史的学者们一直没有指出最重要的一点：中国名学家不用三段论，有一种更为重要的理由，这就是中国文明所具有的特性是一种辩证思维的模式，《二程遗书》中曾经拈出一个词：活泼泼地。这个词极能代表中国文明思维方式的特性，古代园林是具有民族性的遗产，苏州留园主人设一地名以此为名，足见中国文明这种思想影响之深。这种思维重视活动变化，故在用语上也有特色，不用形而上的话语，用"阴阳"这种有象征意义甚至还有象形色彩的语词。

　　（3）中国逻辑以辩证逻辑为主，辩证逻辑把事物的感性与

---

　　① 汪奠基：《中国逻辑史料分析》第一辑，中华书局1961年版，第9－10页。

理性融合起来，以形象与抽象的双行方式把握逻辑与思维规律，因此是极难概括的。如果从《墨经》来说，可以说其集中同一性与差异性的辩证关系，并且从中聚集了一种辩证逻辑的形式化产物，笔者认为，可以用墨经中的话来说：同与异俱于一。

从《经上86》到《经下116》，《墨经》对于名学家们争论不已的"合同异"作了逻辑学上的规范，构成了墨辩的本体意义的论述。我们依据汪奠基先生所排列的提要，对于其最核心的部分简介如下：

经上八六：同：重、体、合、类。

经上八七：异：二、不体、不合、不类。

经上八八：同、异而俱于一之一也。（原列三九条，依梁启超校移此）

经上八九：同异交得，放有无。

经上九六：巧转则求其故。

经上九七：法同，则观其同。

经上九八：法异，则观其宜。

经上九九：止，因以别道。

经上一〇〇：正，无非。

经下一〇一：止，类以行之，说在同。

经下一〇二：推类之难，说在名（依孙校增）之大小。

经下一〇三：物尽同名，二与斗，爱，食与招，白与视，丽与（暴），夫与履。

经下一〇四：一偏弃之，谓是而固是也，说在因。（高亨《墨经校释》）

经下一〇五：不可偏去而二，说在见与俱、一与二、广与修。

经下一〇六：不能而不害，说在容。（谭戒甫《墨辩发微》）

经下一〇七：异类不仳，说在量。

经下一〇八：偏去莫加少，说在故。

经下一〇九：假必誖，说在不然。

经下一一〇：物之所以然与所以知之，与所以使人知之，不必同，说在病。

经下一一一：疑，说在逢、循、遇、过。

经下一一二：合与一，或复否，说在拒。

经下一一三：物，一体也，说在俱一、惟是。

经下一一四：宇，或（同域）徙，说在长宇久。

经下一一五：无久与宇，坚白，说在因。

经下一一六：在诸其所然未然者，说在於是推之。①

以上数则，从同异第九开始，以"论辩说形式中概念同异的区划及其矛盾关系"，到物在第十三，论辩说的"俱一"、"惟是"与形、量、时间、空间运转的各种相因关系，构成了一个逻辑体系的核心。这个核心，笔者曾经在《比较文学高等原理》等书中称之为"同与异俱于一"。是取自经上八八"同、异俱于之一也"之说，以其为中心观念。

无独有偶，高亨先生早笔者数年，就已经提出一种说法，以"同异交得"为逻辑规律。此见于高先生"墨经中一个逻辑规律'同异交得'"一文，特照录如下，以示不敢掠人之美：

> 墨家用以上十四个例证来说明"同异交得"这个逻辑规律，即是说明同类事物或同一事物具有对立矛盾的两个方面的辩证规律。这些例证包括"有无"、"多少"、"去

---

① 参见汪奠基：《中国逻辑史料分析》第一辑，中华书局 1961 年版，第 277－279 页。

就"、"坚柔"、"死生"、"长少"、"白黑"、"中央旁"、"是非"、"成未"、"处适"、"存亡"、"姓故"、"贵贱"十四项,各有各的具体内容,至于"长短"、"前后"、"轻重"虽未举例,也提到了,可以说墨家说明这个规律,涉及的方面是很广泛的。……

墨家所举十四个例证,差不多都局限于逻辑意义,我在前面已经指出,但它的逻辑意义,正是墨家辩论推理的根据。墨家当时是运用他们的逻辑学,和其他各家尤其是名家进行辩论,这在墨经里可以看到不少例子,姑且不谈,只就前文所提到的来说。《庄子·天下篇》引"辩者"(名家的旧称)的说"丁子有尾"(丁子是暇蟆的别名)用墨家"于福家阜,恕有无也"一个例证去推论,自然驳倒"辩者"混淆"有无"的谬说。……《天下篇》又引"辩者"的说"龟长于蛇",用墨家"异类不吡"一个规律去推论,自然驳倒"辩者"异类相比的谬说。由此可见,墨家的逻辑规律及其例证,在他们和其他各家进行辩论上,在一般的推理中,都有积极作用。①

是"同异交得"还是"同与异俱于一"?其实,无论用什么词语来概括墨经逻辑本质是无关紧要的,重要的是说明这是一种辩证逻辑,在这一点上,高亨先生与我是完全一致的:即墨家胜于各家之处正是其逻辑体系,其他各家虽然各有辩论的观点与技巧,但没有逻辑体系,不能用理论公式来服人,理论琐碎,无法与墨子抗衡。

中国辩证逻辑以合异同为主线,旁及推理等相关内容。这一逻辑体系与西方亚里士多德以三段论推理、印度三支法都不同,研究对象与内容的分配,主要观念都不相同。这是中国逻

---

① 高亨:《文史述林》,中华书局 1980 年版,第 36 – 37 页。

辑对于世界逻辑最主要的贡献，我们千万不要低估这一逻辑体系的意义，更不要有意强调中国人不讲逻辑体系，不追求理论表达的公式化。其实，墨经的逻辑体系之严密在某些方面远超过亚里士多德逻辑与因明学，这是中国人值得自豪之处，而不是我们的不足。

我研究墨经逻辑并且提出这一观点时并没有读到高先生的大作，以后有幸读到高先生书时，可惜高先生已经辞世。斯人虽去，学术长存，我为自己能与高先生之见相合而深感荣幸。我仍然坚持用"同与异俱于一"的说法，以取后学加密之义。

墨经逻辑的意义并不只在于它是一种逻辑学的体系，更为重要的是它作为一种中国文化的逻辑学，又对于这种文化有重要推动作用，所以我称其为文化逻辑。文化逻辑是指一种文化所依托的逻辑体系，这种体系对于该文化思想观念、认识方法乃至全部构成都有重要影响。比如西方文化逻辑是以同一性为中心的，所以无论是后现代主义还是法兰克福学派都重视对于同一性的批判，因为他们明白，一种文化的批判最中心的是逻辑批判。

墨经逻辑对于中国文化的影响方式是多样的，虽然由于儒学在中国文化中的特殊地位，曾经有过"墨学沉沦"，但是作为一种文化逻辑，却只会由显而隐，融入整个文化之中，不会消灭。就是儒家的"中庸"、道家的"道"等范畴，无处不充溢着这种文化逻辑的因素。作为一种文化逻辑，它作用于政治、经济、思想文化的各领域，高亨先生对此也有相当精辟的论述：

> ……墨家所举十四个例证，虽然差不多都局限于逻辑意义，但墨家也运用他们的逻辑规律及其例证，去判断政治问题，例如《墨子·非攻上篇》说：
>
> 　　杀一人谓之不义，必有一死罪矣。若以此说往，杀十人，十重不义，必有十死罪矣；杀百人，百重不义，必有

百死罪矣。当此，天下之君子皆知而非之，谓之不义；今至大为不义攻国，则弗知非。从而誉之，谓之义；……今小为非则知而非之，大为非攻国，则不知非，从而誉之，谓之义，此可谓知义与不义之辩乎？

这些话就是"比度（恕）多少"，非常显明。又如《公输篇》记载楚国要进攻宋国，墨子去见楚王，对楚王说：

今有人于此，舍其文轩，邻有敝舆，而欲窃之；舍其锦绣，邻有短褐，而欲窃之；舍其粱肉，邻有糟糠，而欲窃之。……荆之地方五千里，宋之地方五百里，此犹文轩之与敝舆也。荆有云梦，犀兕麋鹿满之，江汉之鱼鳖鼋鼍，为天下富，宋所为无雉兔狐狸者也，此犹粱肉之与糟糠也。荆有长松文梓楩枏豫章，宋无长木，此犹锦绣之与短褐也。臣以三事（即三司）之攻宋也，为与此同类……

这些话主要是拿某人和邻人相比，拿楚国和宋国相比，来说明彼此两方一有一无的对立矛盾现象；与"于福家邑，恕有无也"事例相同，也非常显明（墨子话中也有比度恕多少的成分）。墨子运用对于事物矛盾的辩证观，正确地、深刻地、尖锐地，给予侵略者以批判，值得我们赞扬。由此可见，墨家建立自己的逻辑学，主要目的，是为了解决学术问题，社会问题，政治问题。[1]

这里正是墨经哲学与逻辑的运用实例，这种逻辑能说服一国之君，因为它有说服力，其理论价值远胜于一般的纵横家们的巧言，这种说服力的根源在于一种古代的辩证逻辑。

当然这种旧辩证逻辑并不只是影响中国政治，而且对于中国文字、语言、经济、哲学思想乃至文学艺术、社会生活各方

---

① 高亨：《文史述林》，中华书局1980年版，第37－38页。

面都有作用，并且是通过一种更深层次即人类思维的层次来起作用的。

世界大多数民族的文字都进化到拼音文字，但汉字一直保留感性象形表意特性，相当多的学者认为，这与中国文化思维中重视形象与意义的联系有关；中国哲学不建体系，重视感知，同样是一种独特的思维方式与逻辑的表现；文学理论以诗话词话为主要形式，重视感悟；中国画重写意，轻象形；中国戏剧重表意，轻摹仿，几乎所有文化形式都可以看出这种辩证理性的表现。

这时的逻辑已经理性化，成为辩证理性自身，没有必要再表现出来，有些中国学者如冯友兰先生等，认为中国哲学短于科学认识与名理逻辑，这种看法是不对的。冯友兰在《中国哲学史》一书中说：

> 哲学家不辩论则已，辩论必用逻辑，上文已述。然以中国哲学家多未竭全力以立言，故除一起即灭之所谓名家者外，亦少人有意识地将思维辩证之程序及方法之自身，提出研究。故知识论之第二部，逻辑，在中国亦不发达。[①]

这种说法与事实不符，而且长期影响了中国哲学界，危害是相当大的。"知识论第二部"的逻辑在中国至少在春秋战国时期是相当发达的。中国哲学与文明史上，春秋战国时代是极为重要的一段，如同希腊雅典时代一样，可惜的是多数当代中国学者对于古代思想理解不深，这就不能理解中国文明的真谛，甚至墨经逻辑这样与亚里士多德逻辑并列的世界三大逻辑体系之一竟然被置之不论，这种作法当然不妥。而从中更可以看到比较文明学研究的必要性，如果没有这种视域的研究，没有与世界其他逻辑体系的比较，我们也不会理解中国文化逻辑的意义。

---

① 《冯友兰选集》上册，北京大学出版社2000年版，第11页。

4. 中国文化辩证逻辑的批判

辩证逻辑对于独特的中华文明形成有决定性的贡献，这是无可否认的，但是从思维精神层次也因为它先验地综合认知性，拖累了中国文明的进程，甚至使得这种古老文明在历史发展的重要关头，不能起而奋进，以至于在后世最终落后，这是我们在肯定辩证逻辑与思维的同时必须正视的地方。

历史视域仍然是最直接的切入点，中国文明思维从春秋大成之后，到汉代已经发展到顶峰，在董仲舒、扬雄等人的思想中，其缺陷已经暴露无遗。所幸的是，经过魏晋玄学与隋唐佛学的融汇，它接受了印度佛学的因素，有所调整与充实。但是，宋明理学家却再一次把这种古老的辩证思维方式运用于社会道德伦理，使得中国哲学完全成为一门关于人的研究的学说，由于这种思想体系的局限，这种研究成为中国封建社会的代表性学说，其学说的主旨已经从探究天人之道，堕落成为维护统治的武器。中国宋明理学在世界史上的地位极相近于中世纪神学，两者都是一种为某种政治目的而建构的学说，前者是为封建君主，后者是为神或上帝，历史上从来没一种基于世俗与神学的思想目标而建构的学说具有进步性。值得关注的是，正是宋明理学到清代义理学说统治中国思想的时代，西方启蒙主义思想蓬勃兴起，西方从1600年起的超越，正是道学思想统治最为严酷的时代。

何谓宋明理学，宋明理学也称之为道学。这种学说以"穷理尽性"为主要研究的方向，所谓理可以看成是天理与道理，性则是个体心性，从表面上看，也有一般与特殊关系，或是事物原理与其具体表现的意义，但是道德与制欲，是封建社会道德与个人欲望之间的关系。其研究方法是"格物致知"，道学的主要代表人物是宋明两代的程颢程颐、朱熹、陆九渊、王夫之等人。道学与周易关系密切，道学家都自认为是精通周易的。

所以他们的辩证观念也都是从周易中得来的。但是，道学家们的辩证观念已经不再具有进步性，他们只是将周易的辩证观念用于人际关系与理气等观念，对于人与自然、人类存在等重要问题全然不理会。道学仍然是儒学的一宗，对于墨经逻辑是反对的，他们只有所谓的"中庸"观，他们的中庸观念甚至连孔子时代的辩证因素都没有了，变成一种人际关系调节的原则。所以可以说他们的学说是中国传统辩证观念的没落阶段。这一阶段的特点是旧辩证理性在思维方式上基本丧失了理性探索功能，成为一种道德哲学，以直观的感知来认识事物，将形而上学思想方法玄学化。程颢说："仁者浑然与物同体，义、礼、智、信皆仁也。"正像冯友兰先生指出的，仁者，以天地万物为一体，对于他，宇宙、社会或个人的分别都没有了。这正是中国天人辩证学说的一种感性化与非学术化的表现。最根本的原因在于，没有逻辑体系就没有形而上学思维，没有形而上学思维就沦为一种低级的世俗化的辩证理性，理性为感性所征服，失去思维的能力，成为一种中庸的应世之学，一种折衷主义。

　　宋明理学所代表的中国文化辩证理性的没落，这并不是偶然的现象。中国文化中的辩证理性起于古代经典易经，是一种从原始感性认识开始的理论，其构成方式中的感性与理性合一是其长处，但也是其不足之处。经历了二千多年的发展，中国文明从农业文明发展到初期的资本主义萌芽，这种古代辩证观念已经不能正确指导现实，社会需要一种新的辩证观念，用以取代中国的传统辩证理性与西方的理性。宋明理学家的陈腐，并不是他们自身的责任，而是这种理性精神已经不能适应社会现实，它不只表现于理学道学之中，它也表现于近代中国文明的各个方面，从宏观看，宋明两代之间是游牧民族入侵的元代，封建社会已经无法抵御文化低于自己的民族入侵了，以后清代的统治都说明，中国封建文明与这种辩证理性已经走到了它的

尽头。有学者说，理学维护了宋到清的封建社会，这在当时的
世界上是先进的。这种说法是没有根据的，从 15 世纪后期，欧
洲就出现的民主政治与早期工业经济、宗教改革都是新的理性
精神兴起的标志。而中国封建道德在此时还有什么进步意义呢？
正确地说，中国宋明理学从明代开始，就已经完全代表了一种
文明与精神的没落，这是一种文化逻辑的没落，如同古代希腊、
古代印度的文明走向没落一样，是任何人无法阻挡的。西方的
启蒙理性，是在古代希腊与新教精神等因素的结合中产生的新
理性，它顺应时代要求，从而兴起，这是历史的要求及其实现。
当然，在全球化时代，这种启蒙理性走向它的没落，也是一种
必然，也就在这种意义上，时代才会要求建立融汇东西方理性
的新辩证理性。

5. 西方同一性文化逻辑的去魅

西方文明中的理性中心是引人注目的，而西方理性思维又
是以形式逻辑为基础的。当批判西方理性中心时，所涉及的同
一性，其实就是出自于形式逻辑，因为西方的逻辑就是一种同
一性的逻辑。这里不可能全面展开对于同一性逻辑的论述，只
能作最简略的概括，目的是将其作为辩证逻辑的比较。

亚里士多德逻辑是西方理性的根据，正因为如此，是不能
简单认为它过时或是无用了，罗素说过：

> 亚里士多德的学说，尤其是在逻辑学方面，则直到今
> 天仍然是个战场，所以就不能以一种纯粹历史精神来加以
> 处理了。①

正像他所说，亚里士德多逻辑学其实是影响到西方整个文明史

---

① ［英］罗素：《西方哲学史》上卷，商务印书馆 1976 年版，第
252 页。

的，正如中国易经对于中国文明的影响是一样的。

亚里士多德逻辑以三段论为核心，但实际上，亚里士多德与中国的墨子一样，本人并没有纯粹逻辑学定理的提出，他只是用一种形式表达了逻辑公式。

无论是用其中任何一种公式，都可以看出，亚里士多德三段论的思想来源及其命题原则，可以说是一种以普遍性与同一性为主要基础的命题建构，即推理是建立在一个确定的对象基础上，这个对象是有普遍意义的，如"人"、"阔叶植物"、而论证对象则是一个具体事物，如苏格拉底与葡萄树，推理过程就是将一个具体事物归纳为一个普遍事物，所根据的就是具体事物与普遍事物的同一性。在西方学者中比较普遍的看法是：

> 在哲学家中间有样一种意见：亚里士多德是在柏拉图哲学的影响之下来构造他的逻辑体系的；因为柏拉图相信真的知识的对象必须是稳固的并且能够有精确的定义，那就是普遍的东西而不是单一的东西。①

这种以同一性为依据来判断的原理，在理性发展史上成为主流，黑格尔《小逻辑》中总结了这一思想规律，并且对其进行了批判，他是这样说的：

> 对于近代哲学所提出的许多批判中，有一个比较最常听见的责难，即认为近代哲学将任何事物均归纳为同一。因此近代哲学便得到同一哲学的绰号。但这里所提出的讨论却在于指出，唯有哲学才坚持要将概念上和经验上有差异的事物加以区别，反之，那号称经验主义的人却把抽象的同一性提升为认识的最高原则。所以只有他们那种狭义

---

① ［波兰］卢卡西维茨：《亚里士多德的三段论》，李真、李先焜译，商务印书馆2002年版，第15页。

的经验主义的哲学，才最恰当地可称为同一哲学。①

虽然黑格尔不承认本人的哲学是同一性哲学，但其实也很难脱离这一哲学，就在《小逻辑》这部书中，同一性仍然是他理论的中心观念。

由此也可见，对于同一性哲学的批判并非自今日而始，这种批判也不是后现代主义者所发动的，至少在黑格尔时代对于西方哲学同一性的批判已经存在。

后现代主义者主要是把同一性作为整个西方文明的理性中心、自我中心的标志来批判的，这是历史上最浩大的对于同一性的批判，也是对于西方文明逻辑基础的批判，这种批判恰恰发生于西方文明的所谓"终结"阶段，也是西方文明对于其他文明影响最大的时期。

作为一种历史运动，后现代主义尚未结束，但是其可供借鉴之处已经明显可见。首先是对于差异性的强调，这是从德里达等人就开始的。德里达的 différance（差异）尽管目前仍有相当多的不同看法，但是其中对于同一性哲学的叛逆是无可怀疑的宗旨。这种差异的来源是语言学家索绪尔，这是不同于黑格尔哲学中的差异新解释，是从一个封闭的符号系统来重新定义差异。索绪尔说：

……我们可以看到，语言中只有差别。……就拿所指或能指来说，语言不可能有先于语言系统而存在的观念或声音，而只有由这系统发出的概念差别和声音差别。②

这本是一个极为平常的判断，却打开了后现代主义对于理性中

---

① ［德］黑格尔：《小逻辑》，贺麟译，商务印书馆1982年版，第227页。

② ［瑞士］费尔迪南·德·索绪尔：《普通语言学教程》，高名凯译，商务印书馆2001年版，第167页。

心批判的闸门，"差异"与"同一"的辩证关系，成为反对黑格尔所说的"近代同一性哲学"的利器。德里达发展出différance 概念，关于这一概念，他认为具有时空关系中的"间隔"与"延缓"作用，这种作用来自语言自身，是语言创造了差异。在语言中不断产生的差异，这就使得同一性彻底被阻断了，不仅是思维上的同一性，就是语言中的同一概念其实也不可能存在的，同一概念其实总是在语言链中制造一种交织关系。

经历了几乎 20 多年对于同一性的批判，到 20 世纪 80 年代之后，问题逐渐又回归到了文化逻辑，看来，正如笔者所指出，哲学与语言学的批判是绕不开文化逻辑的，亚里士多德与黑格尔《逻辑学》重新成为利奥塔等人关注的论著，并且在哈贝马斯等人之间展开间接的讨论。最引人注目的是，利奥塔又创造了"差别"（differend），在 1983 年出版的《差别》（Le Differend）一书中，他谴责了话语中的弱肉强食，但是对于"论证"中的双双不同立场却表示了理解，他还引用了黑格尔《美学》中关于悲剧人物双方都合理的看法，以表达差别的真实含义。

综上，历时两个世纪的同一性批判，至今仍然任重道远。重要的当然不是结论，而是批判武器的进步，文化逻辑已经从形而上学转向了语言学或是社会交往，但无可怀疑的是，同一性的文化逻辑已经处于穷途末路了。

五、未来文明的原则：义利之辩

以辩证的文化逻辑去观察未来文明，就会看到：

首先，未来文明不会"终结"，一方面是指不会完结，人类不会毁灭，不会进入黑暗社会。辩证文化观看到生成变化，只要有对立就有转化，只要有转化，就有生存与发展。绝对的同一与差异是僵死的，凝固的。另一方面是指未来文明不是以某一种文明为同一性的模式，辩证就是历史展开，资本主义或其他文明不能同化其他异己文明，也不可能建立同一性的社会。如果福山先生真是理解了黑格尔，那就不会犯这样的错误，不会试图以一种同一性图景来建立未来文明设想。

更重要的是，未来文明基于同一性与差异性辩证发展的文化逻辑之上，这就必然有了人与自然、人与他人、人与自我的三个主要层次上的同异共存。

"落霞与孤鹜齐飞，秋水共长天一色"。

孟子所说"万物皆备于我"这种观念无论其初衷如何，其实与弗洛伊德所说的"人类中心"主义是极为相近的。人与自然在环境生态中取得共存，生物的生存取得人类的尊重，人类自身也得到利益；人与他人在社会与文明、民族种族中取得理解，他人之心，予忖度之。多元宗教信仰的共存是未来文明的主色调。我可以信仰基督教，也可以信仰伊斯兰教与佛教，更可以只是一个儒学思想的信奉者，或是无宗教者，而且未来可能会为我们提供更多新的信仰。这个世界是多种宗教和衷共济的世界。孔子文庙、大清真寺、犹太教堂与基督教教堂，在世界的每一个大城市中处处可见；个性与自我，意识与无意识，理性与感性的辩证同一，这是个性自由张扬的渊薮，我今日愿作哲学家，有理性思维的自由。明日愿为艺术家，有感性与审美的实践机会。我亦工，我亦学，我有家庭与我无家庭的自由，在这种自由中，自我取得了限度。

这就是同异共存的文明，这就是辩证理性的文明。

从认识论而言，这就是以辩证逻辑为基础的认识论，它所依据的理性是结合了理性与感性的新形态。这种理性的辩证是一种新的创造，它既有古代希腊人与中国人的辩证观念，又有全球化时代对理性批判中产生的对于差异性与同一性关系的新认识，在这种基础上，我们建立了新辩证理性。正因为人类有辩证理性的支持，宗教理性与文化逻辑就会共存。

未来文明的原则是必须说明的，这就是义利之辨。世界文明之间的关系自古以来就经历了互相冲突与互相融合的不同阶段、不同途径。其中起到关键作用的是取义还是取利，抑或义利兼取。

不同文明之间的利益与交往，只有一个取义的原则，先取义才能得利，无义则无利。文明之间的义，就是道义，即公正与平等。丝绸之路长达千年，东西方的交流得以延续，关键是双方道义的平等交易，如果没有这种道义，双方的利益是不可保障的。16 世纪之后的殖民主义扩张，野蛮入侵美洲，是一种有利无义的行为，对于美洲土地、人口、资源的掠夺是在文明不对等的基础之上的，文明差异成为了弱肉强食的根据，所谓以某种发达文明对于野蛮人的教化，这种说法是不对的。文明之间的道义只能是一种融合关系，异己文明之间的关系必须是平等的，否则就是违反道义的。历史上如此，现实中同样如此，文明冲突的实质在于利益高于道义，并不是真的所谓文明教化或是西方民主化。

取义原则，就是在未来的文明中建立世界新秩序的原则，哈贝马斯的交往理论中有部分观念与此有联系，也可以作为参考。取义，同时也是人际关系道德伦理原则与个性自由与自律的原则。义与利不是对立的，而是互补的，这也可以看出辩证理性的道德目标。

1. 自我辩证观：心性一体

世界与社会都是由个体所组成的，个性是一切问题的起点，所以个性的关注在整个社会中其实是最基本的要素。当代社会中，自我的丧失与个性的沦丧是一切社会问题的本原。工业化社会中，个人的精神世界处于种种冲突之中，外部世界的精神压力与自我堕落、紧张、焦虑与吸毒自杀等现象普遍存在，所以未来文明中，个性的教育也自然是中心。在个性中，最中心的莫过于个体与外界的关系与自我内部的关系，也就是人人关系与自我关系。

个体的精神世界是最为重要的。可惜的是，虽然人类在科技方面已经取得巨大成就，但是精神方面的进步却可以说是缓慢的。目前，世界主要宗教与精神信仰几乎都是在公元前创立的，基督耶稣、孔子、穆罕默德与佛陀都是数千年前的古人，时至今日，他们的思想并不能说完全解决了人类精神所面临的危机。21世纪中，世界性的邪教蔓延仍在继续，日本的奥姆真理教、欧洲与亚洲的众多邪教屡屡制造事端。恐怖主义在世界政治中的作用达到了史无前例的地步，当年日本空军袭击珍珠港时采用的自杀式袭击，在中东战争中已经成为普遍的手段。个体自愿放弃生命，以自我的肉体毁灭来完成目标，这在人类精神发展史上都是不多见的。即使在中世纪的十字军东征中，也没有发生过这种情况。这就使我们不得不重视个体精神所面临的一系列挑战。

在自我关系中，个体的自我具有自然所赋予的躯体与精神，这是自我关系的中心。但同时，个人的自然欲求与社会伦理形成一种对立、冲突与协调的联系，个体常处于心与性、灵与肉的对立之中。这种对立其实是两个层面，一个是意识层面，一个是无意识层面。

从意识来说，中国道学与西方哲学、伦理、宗教可以共同对于人类意识产生一种经过制约的平衡作用，这种平衡都要经过修养与道德积累才可能获得。这是未来社会中自性独立的一个必然途径，自性必须与社会性取得协调，才能得到自立。

这是理与心对于人性的制约作用。性，是中国人相当重视的一个范畴，这个范畴很难在西方哲学或伦理学中找到对应者。中国的"性"是心性，而西方的"性"（sex）则是欲望。孟子曰：

> 尽其心者，知其性也。知其性则知天矣。……存其心，养其性，所以事天也。夭寿不二，修身以俟之，所以立命也。①

这就是孟子的"尽心知性论"，主要是为性善说进行的预设。以后，宋儒其实有了发明，就是提出"穷理尽性论"，二程最心仪的人物其实并不是孔子，而是孟子，孟子的心性之说是二程学说的起点也是终点。对于当时的中国社会来说，仅心性不足以服众，于是加上了"理"，这就是理学家的功劳。《二程集·心性篇》曰：

> 张子厚问伯淳曰："定性未能不动，犹累于外物，何也？"子曰："所谓定者，静亦定，动亦定，无将迎，无内外。苟以物为外，牵己而存之，是以性为有内外也。性为随于外，则当其在外时，何者在内也？是有意于绝外诱，而不知性之无内外也。既以内外为二本，则又乌可语定哉？夫天地之常，以其心普万物而无心；圣人之常，以其情顺万事而无情。故君子之学，莫若廓然而大公，物来而顺应。②

朱子认为，性与情皆统之于心，心有体有用："心有体用，未发之前，是心之体，已发之际，乃心之用。"如果心是水，那么，性是静止的水，而情是流动的水。心的本体是天理，就是道心，而心之用则是情，情有善有不善。这就产生了天理与人欲之间的对立，所以对于个体来说，就要灭欲以存天理，使人

---

① 《诸子集成》一，中华书局1954年版，第517页。
② ［宋］程颢、程颐：《二程集》下，中华书局1981版，1262－1263页。

心回归到道心。这个过程就是"同天人"与"合内外",也是一种天人合一。这种天人合一,与基督教的人对上帝的归从,佛教的人对佛的皈依,伊斯兰教的顺从主,都是一致的。这种多种宗教的自我解放,可以看作是未来社会中自我意识修养的主要方式之一。中国人把这种境界称之为"仁",人者仁也,这是道德伦理的最高目标。关于这种境界,冯友兰曾经说:

> 照道学说,得到了这种统一的人亦得到一种最高的幸福。这种幸福道学称为"至乐"。这种乐和身体感官的快乐有本质的不同,它是一种精神的享受。人一生都在殊相的有限范围之内生活,一旦从这个范围解放出来,他就感到解放和自由的乐(这可能就是康德说的"自由")。这种解放自由,不是政治的,而是从"有限"中解放出来而体验到"无限"(这可能就是康德所说的"上帝存在")从时间中解放出来而体验到永恒(这可能就是康德所说的"不死")。这是真正的幸福,也就是道学所说的"至乐"。①

印度《薄伽梵歌》中曾经歌咏过这样的境界:

> 谓根为上兮,
> 心又上之;
> 谓心为上兮,
> 智又上之,
> 更上于智兮,
> 非彼其谁?
>
> 悟"彼"之超于智兮,
> 自制以"自我"而制。

---

① 《冯友兰选集》上卷,北京大学出版社2000年版,第611页。

　　巨臂！汝其戮此大敌！

　　其形为情欲而难逮！①

这种境界，神人共悦，是个性想象的最高境界。

　　个性精神的提升，应当有感性与理性的协调，这样可以避免理性中心，这已经成为一种共识。如果真正要达到这一目的，从意识本体来说，只有通过意识与无意识之间的关系来揭开新的一页。

　　在西方文明中，康德明确了知性的地位及其作用，也说明了知性的局限性。可惜的是，这种知性的限制并没有受到黑格尔的重视，也是出于其理论的需要，他完全忽略了这一贡献。这也就为以后法兰克福学派批判社会理性压抑提供了可能性。工业文明时代的到来，使得一切社会现实的合理性大大增强，为人类文明提供了一条连续的合理发展的道路。但正是这种合理性，其实在压迫着人类的无意识，特别是性意识，这种压抑最终使人类成为单向度的人，这是弗洛伊德之后关于爱欲与文明关系的重要观念，是马尔库塞等理论家对于后工业文明社会中人类精神状态的探索。

　　在未来社会中，异源与异质的东方文明是否会对西方后工业社会的精神压抑提供一种解救的良方？

　　虽然我们不能完全肯定济世良方存在的可能，但是，东方文明与西方的差异与互补却引起了众多的想象与论证，例如通过中国的禅学来对西方理性压抑进行治疗，就是一种颇有影响的看法。精神分析学家弗洛姆（Erich Fromm）与铃木大拙等人所提倡的将中国禅学与西方精神分析结合起来，用于解决当代社会个人心理问题。铃木认为理性对于理解事物固然重要，但

---

　　①　［印度］室利·阿罗频多：《薄伽梵歌论》，徐梵澄译，商务印书馆 2003 年版，第 512 页。

是理性不能深入到事物的本质之中，真正的答案在于"我们生命的岩床下面，要把它劈开需要意志的最根本的震撼"。理性是肤浅的，是漂浮在意识表面的东西，因此要穿越意识达到无意识。但是，这种穿越又不是心理学的，而是要通过非逻辑的、非心理学的方式来达到本体的无意识，而禅宗的方法则正是如此。但是，无意识又不是最终的决定因素，在铃本看来，无意识相当于佛学中的阿赖耶识，它仍然不是最终的"大圆镜智"，一切事物得以产生的根据是一种"最初意志"，是般若直觉。所以，如果仅从铃木大拙学说本身来看，它并不是真正的禅宗，也不是精神分析，反而是柏格森等人的以直觉为主的思想。直觉是一种主观意志，是所谓的"生命力"，是一种绵延。铃木大拙的观点其实与精神分析之间是有分歧的，因为弗洛伊德一向对那些生命哲学并不赞同，他自视为一个科学家，一个心理学的科学家，是使用科学手段来研究人类心理现象的人。他在《精神分析引论》一书中甚至声明，从宏观来看，社会经济地位决定人的思想，这是必须首先承认的原则。在承认这一原则的基础上，才有对于人的心理与精神的研究。这可能是更出于铃木大拙等人意外的了，如果不对他们说明，他可能会把这句话当成是马克思说的了。事实上，理解弗洛伊德这样的思想家，比起理解铃木大拙这样的人要困难得多。

弗洛姆是一位精神学家，1934 年移居美国之后，创立了精神分析学会。他所关心的主要是社会思想与道德伦理，所以心理家杜·舒尔茨曾经说过："弗洛姆的理论与其说是严格的心理学理论不如说是一种社会哲学。"这是相当符合实际的，因为他与法兰克福学派诸学者一起在哲学与社会学研究方面下了相当大的功夫。弗洛姆对于东方思想感兴趣，并且有一定理解。他认为人是不同于一般动物的，人的自我意识与自我觉知能力，使得人能够通过组织意识来感知事物。这种组织意识主要有三种形式：语言、逻辑与经验的内容。逻辑就是思维方式，他的结论是："逻辑指导着一定文化中人们的思维方式。"于是，他认为：

> ……从而在一种文化系统中不合逻辑的东西，在任何其他文化系统中也必然不合逻辑，因为它与"自然的"逻辑相冲突。关于这个问题的一个好的例子是亚里士多德的逻辑和辩证逻辑（paradoxical logic）之间的差异。
>
> 亚里士多德的逻辑建立在同一律（它申明 A 就是 A）、无矛盾律（A 不是非 A）、排中律（A 不可能既是 A 又是非 A，既不是 A 又不是非 A）的基础上。亚里士多德说："同一事物不可能在同一刻和同一方面既属于又不属于同一事物……这就是一切原理中最确实的一条原理"。
>
> 与亚里士多德逻辑相反的是人们不妨称之为辩证逻辑的逻辑。这种逻辑认为 A 和非 A 并不相互排斥。辩证逻辑在中国和印度的思想中，在赫拉克利特的哲学中，在黑格尔和马克思的思想中（以辩证法的名义）占有突出的地位。老子的"正言若反"，庄子的"其一也一，其不一也一"，以概括的语言清楚地表述了辩证逻辑的一般原理。①

我们要指出的是，弗洛姆所说的辩证逻辑其实是一种悖论思维，而不是真正的辩证逻辑，真正的辩证逻辑是易经－墨经逻辑，估计弗洛姆未必知晓，这种逻辑是莱布尼茨这类对于中国学术有较深理解的人才可能知道的。但我们还是要肯定弗洛姆的一些作用，他毕竟是西方学者中极为罕见的能从文化逻辑角度研究逻辑差异、主要逻辑的特征的学者，其见解虽然还有其他一些不妥之处，如将马克思辩证法与黑格尔理论也说成是辩证逻

---

① 弗洛姆、铃木大拙、马蒂诺：《禅宗与精神分析》，王雷泉、冯川译，贵州人民出版社 1998 年版，第 122－123 页。

辑，这都是不能令人信服的，但是其见解对于比较文明仍是有一定贡献的，从逻辑比较来研究文明差异，这种见解是有相当创新的。正因为具有了这种东西方文化的广阔视域，所以他对理性中心、无意识压抑等方面都有新见。

弗洛姆毕竟是不能忘怀于其改造社会心理的宏大目标的，他将禅宗视为一种与精神分析异曲同工的工具，可以作用于无意识，通过将无意识转化为意识，消除压抑，创造安宁幸福的精神状态，达到改造现代社会人类生活的目的。他的方法与原则仍然是弗洛伊德式的"快乐原则"，不过是加上了"人人可以成佛"或是"人人具有佛性"的禅宗精神，其方式无非是解除压抑而已。不过，这种解脱被弗洛姆赋予了社会理想的色彩，富有哲学意义：

> 然而可以较为确定而言的是，对禅的知识及实践，能够在精神分析的理论与技术上产生最为丰富和清楚的影响。禅虽在方法上与精神分析不同，却可以使精神分析的焦点更为集中，为洞察的本性投洒下新的光辉，并更清楚地意识到什么是见，什么是有创造性，什么是对烦恼与虚幻的知性化作用的克服；而烦恼和知性化作用，乃是建立在主－客分裂的经验基础上的必然结果。①

在他看来，禅与精神分析结合，可以完全解决社会与个性心理问题，为个人的安宁幸福与社会进步服务。

弗洛姆等人对于社会心理治疗所提供的禅的顿悟与精神分析的无意识压抑解脱，并不一定能成为济世良方，但是，东西方文明的交流，却可能为社会进步与个性精神自由提供新的有力支持，特别是两种文化逻辑的互相补益，不同思维方式的结

---

① 弗洛姆、铃木大拙、马蒂诺：《禅宗与精神分析》，王雷泉、冯川译，贵州人民出版社1998年版，第164页。

合，是一个值得重视的经验。禅宗思维不重逻辑，主张顿悟，可以说是近似于辩证思维的方式。这种思维是印度与中国两种文化逻辑相逢的历史产物，隋唐佛学中，不向言语、不在文字、不循理路的思维，可以说是佛教逻辑在中国辩证思维中的发展。"夫玄道者，不可以设功得。圣智者，不可以有心知。真谛者，不可以存我会"。或如寿宁资善禅师所说："若论此事，如鹓凿铁牛，无下口处，无用心处。更向言中问觅，句下寻思，纵饶卜度将来，翻成戏论边事。"何以如此，因为"本来具足"，无须捉摸。

重要的不是用禅宗、儒学、康德、黑格尔哲学等理论来解说世事，也不是像弗洛伊德那样把无意识变成意识。重要的在于以人类文明成果来解除当代与未来社会的精神危机，这就是运用不同文化逻辑来思维，使理性与非理性、意识与无意识、理性与感性之间的关系在未来社会中达到和谐。宗教与人文信仰的互补是一种新的方式，它是多元的，不拘于一种宗教与一种信仰，但它必然是进步的，推动人类文明前行的，不是蒙昧的与野蛮的，这是新世界人类精神革命，也是真正的文化革命。理性是不容否定的，理性的不完美通过感悟得到教正，这是数千年来宗教与科学均未能完成的重任，但并不是不可完成的任务，以吾观之，多元文明共和所创造的个性，必将不负历史之重托，为世界造就完美人性精神。

2. 人人辩证：主奴关系与"仁"

未来社会中，人与人的关系是以社会联系为主的。社会联系不是人与人关系的放大，社会是一种组织，在社会中人与人的关系不同于孤立的人与人之间的联系，这是必须首先要明了的。这一点正是弗洛伊德精神分析等学说的弱点，精神分析学说对于人类心理研究有相当大的贡献，不过，这种研究把人作为孤立的对象来研究，所以其心理无论是无意识还是意识，都是非社会的人。实际上这种人是不存在的，人类心理首先是从社会层面上开始的。但是同时也要看到，社会是以人为中心的，人与人的关系，无论有如何多的经济、政治、宗教等的因素，毕竟要简化为人与人之间的联系，人与人之间的最直接的关联。

基督教的爱人，毕竟不是相当普遍的原理，《圣经》中不时流露出上帝惩罚世人的主张，由于以色列人与周边民族有相当久远的历史冲突，故此"以眼还眼，以牙还牙"的处世原则中，处处可见一种与中国的"和为贵"的思想不同的观念。与基督教相比，佛教理论中有一种所谓"自利利他，自觉觉人"，所要求的是一种"菩萨仁"。这种思想当然比起基督教要更接近于中国文化。世界主要宗教与信仰中，最为关注人与人关系的当数儒学，儒学的仁，曾经是被中国人看成是处理人与人之间关系的最佳良方。不过，一般来说，这种联系的性质仍然是道德伦理关系的，也是一种社会的、外在的明显联系。如果从精神关系方面看，有没有更为深层的精神联系呢？如果说，受到福山所推崇的黑格尔式的精神关系描述仍然在现代社会中有意义，那么，这种良方是否与黑格尔的"主人与奴隶"之间的关系对立呢？

其实，当福山等人用黑格尔"主人与奴隶"之间的关系时，已经是一种对于黑格尔学说的滥用与亵渎了，他所登临者，其实是黑格尔所从未涉及的地方。黑格尔如地下有知，应当会像但丁《神曲》中那个被称为"博学的导师"的维吉尔那样，对他引导的弟子说道：

> 儿子呀，暂时的火和永恒的火你都已见过。你已经来到了我靠自身的能力不能再辨明道路的地方；我已用智力、用技巧把你带到了这地方。……不要再期待我说话、示意了；你的意志已经正直、自由、健全，不照其所欲而行就

是错误。因此我给你加王冠和法冠宣告你为自己的主宰。

可惜的是，我们这位可怜的骑士远没有得到这项王冠与法冠，他还是需要导师黑格尔的扶持，否则，他自撰的"主奴关系"离天堂之路太远了。黑格尔根本无意在《精神现象学》中为人类社会关系开列出一个公式，奴隶与主人关系只是一种精神现象，它是认识的开始，是进入到绝对知识的入门。

精神现象学，重点在于"现象"一词，什么是"现象"，黑格尔自我解释：

> 康德是最早明确地提出知性与理性的区别的人。他明确地指出：知性以有限的和有条件的事物为对象，而理性则以无限的和无条件的事物为对象。他指出的只是基于经验的知性知识的有限性，并称其内容为现象，这不能不说是康德哲学之一重大成果。①

在黑格尔哲学中，"现象"所指恰是有限事物，只是知性而非理性的对象，理性的对象是物自体的。所以，对于黑格尔来说，精神现象恰恰不是普遍性的，它是非真的，用佛学观念来说是"空有"，是"性空幻有"，它是假而不实的。它是没有自性的，一切诸法，本性空寂，非生非灭，非一非异，无取无舍，无我无所。

如果不理解这一点，就无法理解黑格尔的历史哲学，更谈不到辩证法了。黑格尔本人曾经这样说：

> 在我的《精神现象学》一书里，我是采取这样的进程，我从最初、最简单的精神现象，直接意识开首，进而从直接意识的矛盾进展逐步发展以达到哲学的观点，完全

----

① ［德］黑格尔：《小逻辑》，贺麟译，商务印书馆1982年版，第126页。

从意识矛盾进展的历程以指示哲学观点的必然性。（也就因为这个缘故，当那书出版的时候，我把它认作科学体系的第一部分。）……因为哲学的观点本身即是最丰富最具体的观点，乃是经过许多历程而达到的结果。①

黑格尔现象学与胡塞尔现象学是完全不同的，现象学（phenomenology）的始作俑者其实是康德，只是康德本人没有写过关于现象学的专著。费希特在《知识学》一书中提出了现象学问题，以后又把它称为"自我的现象学说"，他认为现象学的中心是自我的道成肉身，是本质与现象，自我与自我表现的同一性。所以黑格尔所谓现象是描述一种历史过程，即从现象寻求本质，从普通意识达到绝对意识的过程，取意识在其自我发展或提高的过程中，意识自身的现象与其本质的相同一的过程。在此过程以后，才可以有逻辑学与本体论。

最能体现黑格尔社会历史观念的当然是他的《历史哲学》了，其中并没有所谓关于奴隶－主人的哲学。黑格尔强调的是世界历史的精神自由性。他的名言是：世界历史无非是自由意识的进展。如果把这里的"精神自由"看成是所谓的"奴隶与主人"的特性，把奴隶制度说成是黑格尔哲学中的奴隶－主人关系，那真是望文生义，俗不可耐了。

至此，我们不能不惊叹，福山作为黑格尔的学生实在是太不合格了，从这里我们是否也可以看出美国的黑格尔研究水平？我相信福山不可能代表美国黑格尔研究中等以上的水平，否则就太令人失望了，福山说道：

我们前面介绍了黑格尔的辩证法，但只截止到历史进程的早期，即人类历史的开始阶段，当时人在第一次为纯

---

① ［德］黑格尔：《精神现象学》上卷，贺麟、王玖兴译，商务印书馆1987年版，第15页。

粹名誉而战的战斗中冒生命危险。黑格尔的"本性之战"（但黑格尔从未用过这个词），并不像洛克认为的那样，直接导致以社会契约为基础的公民社会的建立，而是带来了主人和奴隶关系的产生。原始战士的其中一方由于怕死，"认可"另一方并愿意做他的奴隶。但是，主人和奴隶的社会关系并不能保持长期稳定，原因在于无论是主人还是奴隶最终都需要满足自己获得认可的欲望。这种不满足构成了奴隶社会的"矛盾"，而且产生了推动历史进步的动力。①

很清楚，这里并不是黑格尔在说话，而是福山真正的导师——亚历山大·柯耶夫——在他的《黑格尔导读》中的见解的发挥。柯耶夫虽然大受福山推崇，但此人对于黑格尔的理解实在缺乏思想意义，笔者对于他是否真正读懂了黑格尔很怀疑，如果没有读懂，那么其"导读"就是对于黑格尔的误导了，以己昏昏，何能示人昭昭？

　世界历史上，何曾有一方战士由于"怕死"而愿为奴？非洲黑人是近代才沦为奴隶的，而最早的被奴役民族应当是犹太人，公元前1600年，他们在埃及成为奴隶，越300年，在摩西带领下走出埃及，以后独立立国。公元前586年，犹太国王尼布甲尼撒二世时，国家被灭亡，大批王族与工匠成为巴比伦之囚。公元前538年，在西方人谈之色变的波斯王居鲁士（Cyrus）战胜巴比伦后，犹太人才返回故里。这位东方君主是犹太人的真正救世主。公元前334年再次被亚历山大王所征服，这次亡国历史时期更长，直到1948年，联合国才宣布以色列国成立。从在古埃及被奴役起，犹太民族被奴役的历史之长世所罕

---

　①　［美］弗朗西斯·福山：《历史的终结及最后之人》，黄胜强、许铭原译，中国社会科学出版社2003年版，第218页。

见，犹太人曾英勇反抗过埃及法老政权的压迫，与来犯的亚述人军队、罗马军团等进行过殊死搏斗，这是众所周知的历史事实。

犹太人的格言是：我们的祖先在埃及当过奴隶。这是一个有强烈自尊与民族精神的民族，对于人类的宗教、科学、社会文明都作出过伟大贡献，它被奴役，并不是犹太人怕死，而是对于暴力反抗的方式不同。时经 2000 多年，再看以色列复国，应当说这是一种作为自己民族的主人精神，世界各地的犹太人曾经以犹太教来传续这种精神，他们是真正的终结者。巴比伦王、亚历山大王、罗马人，这些统治者已经被历史所淹没，但被亡国者却建立了新的国家。

"不自由，毋宁死！"这是现实的个体行为的、如爱国志士和民族英雄的誓言，它们无疑是鼓舞民族精神的口号，我们赞美这种精神，一个伟大的民族必须要有这种为民族而奋斗的志士。但是，从比较文明层次来看世界民族精神的发展，却并不是一个简单的现象。民族的精神不是个体的集合，它是一个民族的文明成分，这样，它就是不可灭亡的了。显然，每一个最弱小的民族都会有自己的英雄，但是个体的英雄受难并不是永远能拯救民族的灭亡。

何以救亡？唯有本民族的文明传统，而不是外来的启蒙。

在一个民族争取独立与自由的历史场景中，自由精神是一种历史范畴，它必须是一种正义精神，一种善的精神。黑格尔曾经颇为赞赏的"恶"对于历史的推动，很可能是一种短视的历史观。一个民族，只有拥有了道德与正义，才是一个真正自由的民族。世界上没有不可攻破的城池，罗马城无法抵挡日耳曼勇士，蒙古人攻入中原各城，二战期间日本人对于南京城的大屠杀，都无法消灭被奴役者的文明，这种文明是最后的胜利者。

在这种观念基础上建立的所谓最终社会也是可疑的。福山认为：

> 那么黑格尔的"自由主义"则可以被看做是对理性认可的追求，即在普遍基础上每个人的自由性和自主性都得到所有其他人的认可。我们选择民主这一事实，更重要并且最后更令人满足的事情是，自由社会认可我们的尊严。生活在自由社会意味着走上一条物质极大丰富的道路，但它为我们指明了一条对我们的通向在自由的认可方面具有完全非物质的目标的道路。自由民主国家使我们具有自己的自我价值意识，我们灵魂中欲望和精神这两个部分因此都感到满足。[①]

他为我们所描绘的固然是一幅美妙的图画，但太脱离现实。自由主义是一种西方理想境界，但不是所有民族的理想，每个民族都有自己的理想境界，所以，真正的理想社会是多元理想的融合，并且在这种融合中保持民族性，这正是福山所反对的。

令人感到奇怪的其实在于，这种以主人自居的文明学说，其实是极为可笑的，是历史残梦的再现，曾经有过的世界文明一体论，从罗马人到希特勒，都想建立单一文明的世界，这种世界如今安在？

我们必须关注未来的道德伦理，这并不是单纯的精神现象所能解决的。在一个多元文明社会中，各种文明对于社会价值的取向与标准存在差异，这并不是由某一种文明所决定的。所谓多元，并不是杂乱无章，更不是无头或多头政治，多元并不否定主导，但这个主导不是唯一的主导，而是在多种文明汇融中所形成的互补性中坚。也就是说，我们不会再在某一方面执

---

① ［美］弗朗西斯·福山：《历史的终结及最后之人》，黄胜强、许铭原译，中国社会科学出版社 2003 年版，第 228 页。

着于一种文明，而会由多种文明汇融形成新的文明中坚。如同
罗马时代，多种文明汇融中，基督教文明是在长期的斗争与磨
砺中，在长期的迫害与残酷的压迫下，逐渐占据主导地位的。
未来社会中的冲突也是应有之义，我们预见这种冲突，因为它
有合理性。当然，更好的汇融模式可能是在东方历史上所产生
的，在这里文明替代机制不是克服型的，如清人入关后的汉化，
先进的中原农业文明改造了满清的农牧混杂型文明。同样是在
印度，文明融化的过程也是相当迅速的，莫卧尔在印度的统治
中，也曾经从印度传统中得到了重要的支持。

如果从多元文化比较来看，以道德伦理为中心的入世的东
方文化传统未必低于以求智慧解脱为目标的西方或是印度的宗
教观念，因为，在这个领域中，比较的根据之一就是历史，稳
定的历史文明延续，这是相当多的民族所重视的。这一标准可
能在未来社会的选择中仍然是相当重要的。

中西文明的认知方式是差异极大的，佛之修行与希腊人的
形而上学，是一种理性思考，这是人所尽知的。但是，中国的
知行合一则重在感性与理性的合一，《易经》曰："君子多识前
言往行以畜其德。"这也就是王阳明所说知行合一的道理，"至
于《六经》、《四书》所载，'多闻多见'、'前言往行'、'好古
敏求'、'博学审问'、'温故知新'、'博学详说'、'好问好
察'，是皆明白求于事为之，资于论说之间者，用功节目固不
容紊矣"。从司马迁到王阳明，中国文明中以史为鉴，从见闻
实践入手是主要特征。一种文明会产生只属于自己的范畴，这
种范畴就是文明的燧火，它点亮文明。希腊人创造出了"存
在"、"逻各斯"，这是其他文明所没有的。印度人创造出了
"味"、"梵"，中国人创造出了"道"、"气"、"理"等，这些
范畴是人类精神凝聚品，是人类创造的菁华，这些范畴也为我
们观察研究不同的文明提供了门径。

希腊人的范畴中，以纯粹理性范畴给予世界的贡献最大，印度范畴中，是一种理性与感性两极分化的范畴，从一方面看是极为理性化的，如梵。从另一方面看，它们又是最感性的，如"味"。相比起来，中国的范畴居于其中，道，这个范畴如果说是理性的当然是当之无愧的，但是，"道"又与道路有直接关系，所以它同时具有了感性特征。掌握了一个民族文明之范畴，就掌握了这种文明。

在中国文明范畴中，"仁"是道德伦理中最有代表性的。这是一个不断发展的范畴，在先秦诸子的学说中，仁，只是一个初级的、简单的概念，其最核心的观念是"仁者爱人"。而对于"仁"的诸多含义没有得到全面认识，所以它的作用并没有发挥出来，程朱理学家们发展了这一概念。可以说，在先秦诸子中，仁仍然只是一个具有感性特征的概念，而程朱理学家们则将这一概念理念化了，提高到本体论的水平。朱熹、吕祖谦《近思录》中曰：

> 问仁。伊川曰：此在诸公自思之，将圣贤所言仁处类聚观之，体认出来。孟子曰："恻隐之心，仁也"。后人遂以爱为仁。爱只是情，仁自是性，岂可专以爱为仁？孟子曰："恻隐之心，仁之端也。"既曰仁之端，则不可便谓之仁。退之言："博爱之谓仁，"非也。仁者固博爱，然便以博爱为仁，则不可。（《二程遗书》卷十八）

> 问仁与心何异？伊川曰：心譬如谷种，生之性便是仁，阳气发处乃情也。（《二程遗书》卷十八）。①

这是精神化了的道德范畴，是理式化的伦理性。理学家杂糅了

---

① ［宋］朱熹、吕祖谦：《近思录》，江苏古籍出版社 2001 年版，第 20－21 页。

儒释道，是典型的中国辩证思维方式，把抽象概念与生活经验直接联系在一起，这是世界学术中少见的一种创造。其阐释理念极为经验化，这种方法明显受到禅学的影响，只不过禅僧们是以这种方式来解释佛学思想，而程朱则把它用于解释世界。

理学家不足为师，理学的一两个范畴不能应对当代世界与未来世界，这是无可非议的。但是，未来社会的道德伦理产生只能来自历史，任何创造只是在历史中的创造。理学的仁作为道德范畴，对于推进当代社会观念的变革是有作用的。

3. 天人辩证：天理与人欲

（1）天人关系与生态

从来没一个社会中能有如此多的人工制品，万物没有不能制造的，上帝的神力没有人类不能取代的。我们的纺织品不再是自然中的棉花，我们的食品不再是天然生成的谷物与动物肉类。我们的住所不再是用木料来建造，我们的主要运动方式不再是用上帝给我们的双脚来步行。从汽车代替步行到克隆动物，人类雄心勃勃地取代上帝，创造万物。当第一颗原子弹的蘑菇云冉冉升起时，原子弹的制造者之一美国科学家奥本海默情不自禁地吟诵一首梵语的古诗：

"这是另一个太阳！"

如果连太阳人类都能制造，连人类自身都能克隆，人类还有什么不能制造呢？

然而不幸的是，人类其实是最盲目的动物之一，古代希腊悲剧《俄狄浦斯》就是关于人类的悲剧，因为人类从来就像不幸的国王一样，虽然自己是无意之中，但已经被命运安排了命定要犯下大错而追悔莫及。人类在力图创造新世界之时，已经把自然这个尚未被取代的旧世界过度滥用与污染了。以本书作者之见，这种破坏可以分为三个层次：

第一个层次是地球的自然环境生态平衡的破坏。这是最基本的，也是最显而易见的破坏，主要是社会大规模工业化资源开发与人类生产生活废物的污染。

2004 年 2 月 18 日，美国"忧心的科学家联盟"的 60 多位知名科学家（其中 20 多位为诺贝尔奖得主）公布了一份调查报告，抗议美国政府滥用科学成果，并且配发了一份声明。内容就是在全球变暖、环境保护、生殖健康甚至核武器等问题上，美国政府当发现科学成果与其政策有冲突时就会歪曲科学成果。美国总统科学顾问、白宫科学技术政策办公室主任马尔伯格则于 2004 年 4 月 2 日发表声明，政府并没有压制和曲解科学家们关于气候变化的研究成果。总统布什早在 2001 年 6 月白宫玫瑰园发表的一次演说中就已经指出：大气中二氧化碳等温室气体的积聚自工业革命开始以来显著增加，他还引用美国国家科学院的研究结果说，温室气体积聚导致气温升高，很大程度上归因于人类活动。

无论美国总统是否曲解科学研究成果，有一个事实是明显的，科学研究的成果表明，工业革命以来，短短 300 年间人类活动对于地球活动的影响，远远超过了新石器时代以来近10000 年人类所带来的不利影响。工业化对于地球生态的破坏，是渔猎生产、农业文明所不能比拟的。

大工业生产从产生之日起，就是对于地球自然环境的一种严重破坏，这一点并不是人们都能认识到的，即使是伟大的思想家，也不可能立即认识到这种破坏的严重后果。而且，这个巨大的怪物在刚被释放出来之后，并没有立即显现出它的破坏力。300 年工业文明的历史可以用三个百年的污染阶段来描述。第一个百年之中，我们可以称之为英国蒸汽机模式，产业革命在 18 世纪的英国展开时，具有象征性的是它的动力蒸汽机发明，1763 年格林诺克的詹姆斯·瓦特博士着手制造蒸汽机，

1768 年制造成功。蒸汽机被广泛地应用于工业与交通，从牵引火车到推动纺机，无处不见它的巨臂，当然其中最重要的应用就是用于英国产业革命先锋军——纺织业——真正启动了工业的伟大革命。从来没有人能像马克思与恩格斯这样的经济学家如此细致地观察了产业革命的经过，在《资本论》中详细地记录了它的历程。恩格斯在考察英国工业状况时写道：

> 最初出现的是使用马力或水力的小工厂，但是它们很快就被使用水力或蒸汽力的更大的工厂排挤了。第一个蒸汽纺纱厂是瓦特于 1785 年在诺定昂建立的；随后又有许多建立起来了，新的制度很快就成了普遍的制度。纺纱业中的蒸汽发动机，也像工业中所有其他同时的和较晚的革新一样，异常迅速地推广起来。1770 年，子棉的输入量不到 500 万镑，1800 年增加到 5400 万镑，1836 年又增加到 36000 万镑。现在，蒸汽机织机得到了实际应用，进一步推动了工业的发展。[1]

纺织业发展之后，交通、采矿、冶金与其他重型工业也急速发展，整个英国弥漫在一片烟雾之中，可以说是蒸汽机的烟雾使得工业文明不断上升，地球为此已经付出了惨重的代价。

19 世纪后期到 20 世纪初，美国取代了英国，这轮美洲大地上冉冉升起的太阳了取代了已经是日落西山的"日不落帝国"——不列颠帝国——成了西方世界最发达的工业化国家，与此同时，美国与欧洲其他工业化国家的汽油发动机、大型热电厂也取代了蒸汽机。这也就意味着，纽约与底特律新的工业能源燃烧方式产生的污染取代了旧的烟雾。时至今日，这种燃烧与污染仍然在地球各地肆虐，仍是世界性的主要污染源。

---

① 《马克思恩格斯全集》第 1 卷，人民出版社 1956 年版，第 667页。

　　第三个百年到来之后，一种令世人至今仍然为之担忧的能源——核能源——这种最初以威力惊人的武器而出名的能源，出现于世界各地。这是一种威力巨大的但又隐含着最大破坏力的能源，核辐射与核污染的危害性是人类有史以来最恐怖、最剧烈、最致命的危险。遍布世界的核电站是无数个巨大的污染源，它们集聚的能量足够毁灭人类世界。苏联的切尔诺贝利核电站的泄露，继日本广岛原子弹爆炸后，再一次让人们看到人类毁灭世界与自己的可能性是多么现实。可是，当前世界各国的核电站正在大批建立，一座座的原子反应堆遍地而起。无数座人造火山现在埋藏于人类脚下，其爆发的危险与日俱增。

　　第二个层次是基于地球自然环境之上的、人类自身体质与精神境界的破坏。主要表现为人类无计划增长，各种各样的无法治愈的疾病成为人类身体健康的隐在威胁。环境疾病成为人类主要疾病，重要致命性疾病几乎全部与环境有关。全球化的交往带给人类的隐患之一就是传染疾病的高速蔓延，2002 年冬到 2003 年，一场名为萨斯（Sars）的传染病几个月之内传遍全球 20 多个国家。艾滋病的蔓延使各国束手无策，而且愈演愈烈。各国政要信誓旦旦要消灭某种疾病，到头来无一能够实现。同时，人类最古老的疾病没有任何根本治愈的措施。弗洛伊德曾经说，医学（这里指以希波可拉底为代表的西方医学）其实是一门极不发达的、没有科学的学科。其实这里对于医学的评价是不公正的，主要不是医学学科的科学化程度，而是人类环境的破坏是任何科学所无能为力的，"治世有术，回天乏力"，这句中国医学的至理名言，对于当今之世的状况仍是适用的。

　　第三个层次是工业文明的副作用对宇宙的破坏。人类正在发展宇宙的探索，各种飞船、卫星与宇宙探索器大量进入太空，同时也有大量宇宙垃圾的生成。这种污染的后果正在显现出来。我们对于这种污染的认识虽然处于防患于未然的阶段，它还没有对于宇宙形成直接的威胁，但是我们可以预言，其后果是严重的。

（2）民族生态主义与反全球化

21 世纪是全球化经济发展的一种重要时代，全球化的认识当然十分重要。

所谓的经济全球化其实就是后工业文明的世界形态，信息与数字化等技术手段的进步并不能取代工业化与能源本身，全球化时代的地球环境污染正在加剧，如果没有全球性的环境政策的约束，地球危机将会更为严重。所以问题并不在于全球化本身，而在于全球化时代能否有新的文明模式。对于这一趋势，西方学者大多数并没有清楚的认识。

当代社会环境的一个重要发展趋势却与工业化时代的前二百年完全相反，18、19 世纪时，城市污染重于乡村，工业发达的城市污染重于普通城市，发达国家的污染重于不发达国家。全球化时代则相反，从 20 世纪后期起，局面向相反的方向发展，发达国家的自然环境逐步好转，不发达国家的环境却在恶化。如工业化污染最早也是最严重的城市英国伦敦曾经被称为"雾都"，其中部分原因就是城市被工业烟雾所笼罩。但从 20 世纪 60 年代起，这座城市开始实行禁止大气污染与水污染的一系列法律制度，从而使伦敦的污染大大下降。1972 年联合国斯德哥尔摩大会把环境保护作为一个重要议题，瑞典与美国都提出了新的环境保护标准，80 年代后德国在环境保护方面追上了世界先进水平，以后日本、荷兰、丹麦都成为环境保护较好的国家，1995 年韩国环境部发布了《韩国环境备忘录》，其中宣布要将韩国"从经济增长的模范国家转变为环境保护的模范国家"。

发达国家自然环境的改善使得人们对于工业是不是会破坏环境产生了疑问，也对于全球化的未来世界中文明与环境的关系有不同看法。德国学者乌丁·耶尼克对于全球化与环境的关系作了如下的评论：

> 然而问题在于，世界范围的环境保护方面的不足和限制，是否应主要归因于工业资本主义的全球发展。联邦德国对高速公路不加速度限制是因为世界市场的压力吗？导致煤炭、电力、建筑或农业的价格低廉到从生态学上看是值得怀疑的地步的真的是全球化吗？
>
> ……显而易见，生态现代化的障碍依然主要是在民族国家的层面上。症结在于缺乏（在其他地方明显存在的那种）战略和创新能力。①

这可以说是一种十分乐观的看法，但是一些有影响的西方学者对于工业文明的前景的看法远非这么简单，日本学者池田大作曾经说过：

> 现代科学技术文明已经被从人类生命内部涌出的魔性深深地覆盖着，人类与地球生态同样面临着灭绝的危险。②

事实上，全球化与生态的关系当然是十分密切的，如同其他社会文明与生态的关系密不可分一样。工业化国家的生态改善并不意味着世界生态环境全部转好，更不说明这种文明模式对于生态没有破坏作用。比如，发达国家把生态危害转嫁给其他不发达国家，就是一种更大的破坏。因为整体发展水平的差异存在，使得发达国家把生产污染严重的低级产品、初加工产品的工业推给发展中国家。这种工业分工的差异是无法避免的，发

---

① ［德］乌·贝克、哈贝马斯等著《全球化与政治》，王学东等译，中央编译出版社2000年版，第324页。

② 《池田大作集》，何劲松编选，上海远东出版社1997年版，第256页。

展中国家没有技术、设备与资金的优势，只能生产这种产品。同时，国际大公司的投资者们更愿意把粗加工的工业放到发展中国家，这种工业需要廉价劳动力。于是我们看到是，污染严重的工业如造纸、重型机械、制鞋、化工、农药等都在拉丁美洲与亚洲，而大公司的科研中心则在欧洲与美国。更令人不安的是，发达国家的垃圾与核工业废料竟然被运往发展中国家。黄河、淮河与印度河严重污染，而莱茵河则碧波荡漾。

尽管有以上缺憾，并不是说全球化作为未来文明模式的选择之一就是失败的，应当说，未来文明模式是多元化的。其中对于环境要求的展望中，社会生产的无污染能源是必须要解决的，自然有无限的能源，太阳能利用、风力发电、海洋发电等无污染能源开发是未来社会能源的主流，它们取代核电、石油、煤炭等污染能源是必然的。其次当然是对于一切产业、服务业、科研行业与行政机关的环境要求，不污染、无损害与自觉维护是一种义务，每一个团体与个人都应以它为行动的出发点。地球环境在经历一万年的破坏之后，可望于未来百年文明中得到恢复与修复，世界各国政府与个人应当为绿色世界进行主动的恢复性工作，这是一种"绿色百年的计划"。

未来文明的主导模式是以保护地球环境为先导的，这就决定了它绝不仅仅是保护地球环境，而应当说是建立一种人与自然、人类文明与地球环境和谐的文明模式。要建立这种模式，还必须有人类文明与社会自身的和谐，即发展中国家与发达国家之间及它们共同的环境关系的协调。我们今天所说的发达国家，其实是以西方文明模式为主体的。绝大多数发达国家是西方文明占主导地位的国家，而大多数的发展中国家是以东方文明或其他非西方文明为主导的，所以归根结底，世界与地球环境的关系仍然是文明模式与地球环境关系。从表面上看来，部分西方国家与非西方国家之间的差距较大，如根据《联合国教科文组织 2000 年世界文化报告——文化的多样性、冲突与多元共存》中的 90 年代环境与文化状况统计，美国的森林面积占整个国土面积的 23%，而森林破坏从 1990 到 1995 年是－59 平方公里，占整个森林面积的－1.5%；法国森林面积占整个土地面积的 27%，森林破坏是－16 平方公里，占整个森林面积的－5.5%；同时期相比，巴基斯坦的森林面积占整个土地面积的 2%，森林破坏达到 15%；中国的森林面积也只占到土地面积的 8.7%，森林破坏仍是正增长。其他一些国家的森林破坏更为惊人，大范围来看，整个欧洲的森林增长面积都居世界前列，而撒哈拉沙漠以南的非洲、东南亚、阿拉伯国家、拉美国家的森林破坏状况十分严重，这是明显的事实。

（3）天道与人道

我们在本册的开篇已经指出，关于自然环境与文明关系中，一直存在着是否会由于自然环境的变化而导致文明毁灭的问题。这个不单纯是对于文明史的回顾，而可能是一种前瞻，因为我们所处的工业化社会与经济全球化的社会同样面临环境危机，我们不得不考虑，工业化文明与全球化经济是否同样会受到自然规律的支配，它们是否也有毁灭的可能性。

我们先从历史上文明毁灭的主要原因开始。

自然环境变化毁灭文明的说法主要依据有：

美索不达米亚平原的土壤表土层变化，导致两河文明的毁灭。

尼罗河水量变小，撒哈拉沙漠气候变干，使得埃及文明最终灭亡。

塔里木河水变少，罗布泊干涸，楼兰等古国灭绝。

印度河流域由于夏季季风减少，气候变得干燥，使古老的印度河文明消失。

虽然从形式上看，这些说法有些千篇一律，把古代文明的

衰亡原因全部看成是气候变干燥，单调得令人难以相信，我们
还是有必要认真研究。古代文明如此，现代文明似乎并没有灭
绝。其实这只是一个假象，现代文明与古代文明不同，它是一
个整体文明，工业化大生产、信息与数字社会把人类社会联为
一个整体，人类有共同的命运。但这种命运如果从总体上是一
种与地球环境相对立的态势，那么可能产生的是人类文明的整
体灭绝。完全可以想象有这一天的到来，从文艺复兴时期的人
类文明的杰作，曼哈顿高耸入云的楼群、布鲁克林大桥、爱丽
丝岛上的自由女神像、巴黎埃菲尔铁塔与核能发电站、航天飞
机与飞船发射场……整个一代文明的标志，可能毁于一旦。只
有后人在遗址上挖掘才可能想起它们，如同我们今日挖掘尼罗
河畔的法老墓、印度河谷的古老村落一样。文明的周期是无情
的，文明在这个周期内经历起源发展与毁灭，没有可能例外。

　　文明进化的速度越来越快，其周期就会越来越短，而且世
界文明进化似乎在进行比赛，一轮比一轮更为紧迫，从近代到
现代社会，文明进化速度的加快已经是一个无可否认的事实了，
比较一下世界工业文明与农业文明的进程就可以一目了然。

文明类型	地球历史时代	社会历史时期	周期时间
采集与渔猎并存	第四纪大冰期（300 万年前开始）	从距今 300 万年前到 50 万年前的古猿人 – 晚期智人	约为 50 – 300 万年
农业文明	全新世（Holocene，距今 10000 年前开始）	中石器、新石器、青铜时代、铁器时代，从距今 10000 年前到公元 17 世纪	约 12000 年
工业文明	新高温期	从 17 世纪英国工业革命到 20 世纪 60 年代	约 300 年
经济全球化	新高温期	从 20 世纪 60 年代至今	约为 40 年

采集生产的精确时间已经无法估算了，最少也在数十万年之久，渔猎文明与采集一样，其实不能算作真正的人类文明，可以说是从猿到人的进化过程，渔猎时代之后人类才走出野蛮与蒙昧。从上表可以看出，人类农业文明大约延续了12000年，这是全部人类农业文明周期。每一种古代农业文明进化的周期从没有这么长，一般来说大约为三千年，典型的尼罗河农业文明最早的努比亚低地农业大约起于公元前5000年到公元前3600年，而到整个农业文明的衰落，一般认为存在了2700年。

而世界工业革命如果从17世纪中期起，至今不足400年，而且到了20世纪60年代，法兰克福学派的理论家们就认为，工业文明的极盛时代已经结束了，所以工业文明的时间其实不过300年左右。

为什么会形成这一发展周期？是什么在决定着一种文明发展的周期？

笔者认为，可以简明地把这一周期描述为：决定文明发展周期的是这一文明类型的主导模式与地球环境之间的和谐程度。这可以分为两个方面，一方面是文明自身的发展规律，文明是以物质与精神的进步为标志的，比如种植与畜牧业的发达形成农业文明，蒸汽机等动力的使用产生工业文明，社会生活与生产的不断进化，就会形成新的文明，这是无可非议的。另一方面则是这种产业与动力对于我们生存环境的破坏程度，这是文明的另一个标准，从以上的考察我们可以看到，以往文明发展中，文明类型越向高级发展，其对于地球环境的危害程度就越大，这种危害包括对于自然资源的掠夺性开发、污染与破坏。所以历史上就出现了这样的现象：文明程度越高，生产能力就越强，而生产能力越强，对于自然破坏就越大，对于自然危害越大，文明毁灭就越快，文明周期就越短。农业文明短于渔猎文明，就是因为开垦荒地与过度放牧等所造成的土地沙化、水源短缺等环境破坏。尼罗河农业资源的弱化、罗布泊的沙化等，无一不是如此。工业文明时间短于农业文明，这是由于大型工业对于环境的破坏程度远远高于农业，工业文明对于环境的破坏远大于农业文明，所以周期的内在决定因素其实是文明模式与环境之间的适应度。

渔猎文明是人类在适应地球环境变化中并且直接利用自然已有产物与条件的文明模式。渔猎文明中，人类的生产物从形态上看主要不是人类的发明，食物以自然创造物为主，工具以自然界的石头为主。当然，人类自从存在起，就已经不是自然的被动构成，人没有按动物的方式服从于自然。这也就意味着，人类主要生活方式已经对于自然资源造成一定的破坏，如人类用火造成的山林毁坏，人类穴居与修建最早的居所所造成的自然不谐，人类猎杀动物已经不同于大型动物的捕食，可能造成动物的部分灭绝。

虽然渔猎文明持续时间最长，至少有50万年的时间，但它对于自然所造成的破坏是最小的。

农业文明是人类改造和利用自然创造物的文明，人类按自己的需要改造自然，从野生植物中培养出农作物，从野生动物中选育出家畜。使自然条件为我所用。其中包括对于自然条件的改变，20世纪70年代中国农村有一个农业学大寨的运动，它的一个口号很可以代表农业文明的范式："移山倒海，改天换地"。

但是，过度的垦殖会造成自然的局部失控，从而破坏自然平衡。农业垦殖与畜牧业都造成了沙漠化与草原化。三千年文明使得世界大多数地方自然条件变得比以前差，如果将原始农业加上，持续近一万年的农业生产已经对于环境造成较大危害。最明显的例子是，地球上大多数文明古国的自然环境比起其他国家来说都要差，中国黄河流域曾经存在大片森林，我们可以

从欧洲等地的同类水土保持良好的黄土地状况来想象它当年的
美景，但是经过 2000 年的农业耕作，变成了今日沟壑纵横、水
土流失严重的黄土地；殷商王朝所在的中原地区，曾经有象群
活动，从春秋时代就已经绝迹。曾经水草丰茂的美索不达米亚
平原如今是沙土飞扬。肥美的尼罗河流域也是今不如昔，从阿
斯旺到红海西岸山地，有过生机勃勃的草原与湿地，3000 年前
曾经是大象、长颈鹿、狮子、野羊等动物出没的地方，发达的
埃及农业文明之后，如今这些动物已经踪迹全无。古老的印度
河流域的塔尔地区，曾经是印度半岛上河流密布、林木丛生的
美丽河谷，在哈拉巴文明毁灭后，这里只剩下一片沙化的土地。

工业文明是人类利用自然但是目的在于创造出不同于自然
本体的产物与作用力文明。可以说，至今为止，人类一切创
造仍然没有能超出自然的创造，因为蒸汽动力、电力、石油动
力都还是取自自然形态，这些动力的原始形态来自于自然。即
使是原子能也不是人类独一无二的发明，宇宙中太阳的燃烧原
理基本上与核爆炸相同。但是工业文明与农业文明是不同的，
在工业社会中，人类已经不把自身的存活基本条件即衣食住行
作为社会最高目标，人类有了生产一切自己所需要的产品的信
心与途径。一个制造一切的社会，这就是工业文明模式的意义
之所在。但是无可讳言，工业文明对于地球环境所造成的损害
是前所未有的，其严重程度也是超出任何时代的。

我们可以对天人关系进行归纳：

（1）人类文明的历史周期不是由人类单方面决定的，文明
的总体发展趋势取决于这种文明类型与地球环境之间的和谐程
度。（2）世界文明史上，每一种文明发展时间越来越短，新文
明取代旧文明的周期越来越快，文明进化速度在加快。（3）世
界文明历史时期的长短取决于文明模式与地球环境之间的和
谐性。

"立天之道，曰阴与阳；立地之道，曰柔与刚；立人之道，曰仁与义"。

察古观今，究天人之际，文明之道其实在于天理合人欲，天道乎，人道乎，合为文明之道矣，此之谓一阴一阳之谓道。

文明周期律说明，没有一种文明是永生的。一种文明的价值并不是表现于它能为人类提供什么物质产品，而是要看它能为人类提供什么样的精神体系与文明范式。迄今为止的文明尚没有能为我们提供一种合理的精神范式，根本原因就在于，以往文明范式都不能为文明与自然或说是在天人之间的关系提供一种和谐模式。

未来文明的模式，以笔者之见，应当是一种以人文精神为指导的，以科学技术为社会动力的文明，可以称之为人文科学文明。

那么，相对来说，东方文明与西方文明的任何一方都不可能是唯一的选择。中国的儒学人文对于未来文明的精神支持会高于西方一神教或是其他一神教。这是中国文明的优势。虽然并不意味着儒学是最优秀的，但它是一种有广泛影响的社会理想，这是无可取代的。而从社会生产与科学技术来看，西方科学将会是社会动力的主要来源，这是必须肯定的。未来的科学，应当是对于西方一神教的克服，因为西方宗教最终仍然会是科学的最大敌人。这是一个历史预言，它来自于历史，从中世纪的火刑柱到当代的教皇神谕，科学与宗教的对立是永远存在的，这个矛盾目前虽然仍被掩盖，但最终的爆发是无可避免的。

历史将会证明这一预测。

跋

　　曩昔春秋之世，百家蜂起，诸子争鸣，是能读三坟五典八索九丘者已未见其人矣。夫子遂治六经（庄子言五经）以为久长之计。然诸子于六经之外，立言立说，各成一家，与六经别流。此犹如雅典城邦时代，贤者（δσοφιστηζ）丛起，飞辩驰术，以别于荷马言史诗者也。是以经典长存，立言不易，故圣人述而不作矣。论说之难，已为韩子所言：非吾知之有以说之，又非吾辩之能明吾意之难也，又非吾敢横失而能尽之难也。凡说之难，在知所说之心，可以吾说当之。

　　韩子之后二千载，余不揣简陋，欲再申说难，非吾说以当说者之心，而在吾说非当他人（the Other）之心也。

　　诗曰：他人有心，予忖度之。

　　他人之心，即谓西人之心理也，东西方学术异轸共参，余谓之为"东西参同契"也。其学未尽同而术未尽异，要而言之，学术之本位大略相同，皆以人类理性为本位，东西方人民皆发达与高度理性之民族。昔有法兰西之列维－布留尔·卢西安（Lévy－Brühl Lucién）倡比较思维之说，视东方之非地中海民族为原始思维，其说大谬矣；学术之主体迥然有异，各以其民族之心理与思维方式为主体所操之而异。故其异同在乎神思之间也，以同者观之天地一指，万物一马，以异者观之，肝胆楚越，岂非千古不磨之论兮。

　　易曰一阴一阳之谓道，余取墨经同与异俱于一之论，合于后现代（Postmodernism）之同一性（Identity，语见黑格尔《小逻辑》）与差异性（difference，亦参见 Jaques Derrida 之

différance），合古今于一体，揆情度理，自开户牖，谓之新辨证论也。上以达儒墨之辩，下以决当代学人所谓"实践理性"之说，外辟自亚里士多德至黑格尔之偏见，以明中学与西学，东方文化与西方文化之理也。

易经之"夬"是之谓也。

世界学术，流派纷纭，然其中自成体系且能传承不绝者，无非西方学术与中国学术之二极也。西方学术约略可分为：希腊罗马人文学术，中世纪宗教神学，启蒙思想家，近代欧洲哲学与现代欧美学术。中国学术无非是六经、春秋诸子、汉学、魏晋玄学、隋唐佛学、宋明理学、清代朴学。近五百年西方文明与文化流被于斯世，浸润安那托利亚高原以东，故国旧邦以维新为命，文人学士，操觚依类，滋沿其说，几无新创。实自诸子以降，理弱文卑，以不能持论，故声其销乎！

有客难之曰：三教之如何？

三教之中，道学早衰，老庄自魏晋之后，囿于士子玩味。道教沉郁，不能扬其论。佛经虽饶有义理，然不能成经世学问，复二千余载沉寂，未有新说，道有正奇，时有古今，故其学亦不复为经世之论所倚重，当世虽有学人再论唯识，因其无补世事，修辞不能立其诚，未足力挽狂澜于世。儒学本非圣教，虽源远流长，而至明清理学已见其颓势。

昔《新书》曰："今者何如？进取之时去矣，并兼之势过矣"。

可为见微知著之言矣。故程朱欲张其目，尚不能成一家之言，理不胜乎其辞。及至近世康长素梁公任章炳麟皆不能长其一辞，说法颟顸。不足为法。

当代西学入中国近百年来最盛，学子西行负笈，检讨中西学问，严几道胡适之冯芝生之流为其中硕学鸿儒，起而论道，海外中西学人亦复有扼腕奋笔者。然其学之弊皆在于不能得泰西文明之主旨，复又失中国学之根底，或曰学其皮毛，失其精神。或援引佛法，宗唯识之论，或有通人札记劄言，杂文短论，博闻强记，为时人所重。然其病在琐碎飣餖，犹蚊叮针砭，虽有所刺，未能深入。余不成体系，无以立说立言者众，复不胪列于此。然以上种种，有利于民智开启，学术进步，诚益功不可没矣。

东西学术，各有所长，理论体系非西人之专利，吾国吾民亦是古代文明民族也，理性思维，自古有之，春秋诸子皆大理论家也。故以中西学术之视域，合为辩证理性之思维，庶可见世界文明之势也。先贤有言曰："是以君子为国，观之上古，验之当世，参之人事，察盛衰之理，审权势之宜"。此言甚是矣！

"言而不文，行之不远"。夫子首创文言之说，日月为天之文，山川为地之文，言语为人之文。凡所文者必能深入其髓，而成其大。必登喜马拉雅山，而可见冰峰雪莲，高原旗云；必临南海，入深海之下，方可见玳瑁之斑斓五彩；必于非洲炎日之原野，可见火烈之鸟如云霓；必至格陵兰岛与阿拉斯加冰海，方可见其白虾如玉，得识魔鬼之鱼。文言之道亦然也，感之愈深，思之愈广，韦编何止三绝，读书必过万卷。如登万仞之岳，如临千尺之渊，鹤鸣于渊，声闻于天，其境备矣而文章遂备，其思成则学术得成。

如上所论，近世以来，国学式微，天变道亦变，余以东西古今之学相参互济，名为"比较文化学"，"比较文学"、"比较文明学"。此比较之学有国学，亦有西学，故名之曰：世学。世学者，当代世界之新学术也。世学非国学，亦非西学，世学亦国学亦西学，世学乃贯通中西古今学理，应世致用之学也。昔玄奘译《大般若经》，自叹于此经意境极高，以为中土众生智量狭小，难于领受。其识见谬乎！中土文明，肇自太极，以六经比之吠陀、荷马史诗亦非小智，殊可非而难之，以为智狭小乎？孔老墨韩、程朱陆王，何让于龙树、戒贤者？然，吾亦知中土之人，理性虽笃，重史拙论，形上之学久疏，不能持论者众，故余启其一端，先立其"学"，夫子论语之前无论，春秋而不名史，比其义焉，小子何敢让之，何敢辞之。

希腊哲人曰：历史如河流，轻者浮上，重者沉下。艺文小说，博雅趣谈，或可为市井谈资，时文易作，而理学困顿，此乃积时之弊，实难见转机。

君不见，六经无以开生面，诸子书成何人翻？

然夫子曰：知我罪我，其惟《春秋》乎！安敢不依先圣之例矣？知我罪我，皆在其书矣。

《比较文明学》之作，起于公元一千九百八十九年冬。前此数年，世事多变，吾离周秦汉唐之故都，上山下乡至黄土高原，渭河北岸，扶歧古地。行走于沟壑之间山径，小憩于漆水河昔汉唐旧名好畤河畔，取瓢而饮，将随身所带之俄文版康德著作阅读，会意于中西历史文明之异同，汇通百家而涓弃一说，思想如电光石火，轰然而作。其发现之愉悦，如阿基米德之发现流体动力学之法则而大呼："我发现了！"遂萌著书之念，法人卢梭（Jean Jacques Rousseau）谓著书之念生如"被雷电之击中"。日后再将先秦诸子与古代希腊先哲一一对比而读，见前人之成败得失，遂起意于著世界文明比较之作。

君子处世，随遇而安，本拟栖居周秦旧地，于务工之余，读书以自娱。孰料近而立之年得逢盛世，重归大庠，后又于北京师范大学研读博士学位并赴美国图兰大学（Tulanr University）完成博士后研究，得以博览西文典籍，明东西文明之源流，遂于教学之暇，搦笔为文，时作时辍。归国后，辗转适江南，寓居于苏州耦园之东，相门桥堍，任苏州大学教席，春秋授课，冬夏读书，撮言群经，方其搦翰，倏忽已积稿数尺矣。

是年，蒙国家教育部人文社会科学研究重点基地重大课题之资助，余任北京大学东方文学研究中心特聘专职研究员，往来于北京大学与苏州大学之间，讲学读书于未名湖畔之民主楼与静园，遂专心撰写《比较文明学》，终得以完成，幸甚至哉。

学术者，人类之思想文化之精华，民族生存之根基，近人王国维云："国家与学术为存亡，天而未厌中国也，必不亡其学术；天不欲亡中国之学术，则于学术所寄之人必因而笃之"。斯言是矣，吾以道而贯之，学而统之，见前人之未见，言前人之未言，幸甚至矣。

北京大学东方文学研究中心、东方学院等众多学者相与讨论，获益甚深，北大图书馆予以翻阅操觚之便利。北京大学静园一号院，青砖碧瓦，红绿掩映，有景亦有境，在此专为余辟一工作室。余遂不舍昼夜，读写于斯。季羡林教授、王邦维教授、张玉安教授、唐仁虎教授等，谈笑往来，如鱼得水，甚融洽矣。

苏沪浙学术从明清以来自成一体，或有浙东吴中诸流，然脉流相关，不可骤分。是年隆冬，苏州大学钱仲联教授遽归道山，自此光宣诗文，无可点将，江南文脉，余绪不再，名士风流，已届末代。钱氏乃东南硕儒，虽与余学各有术，然东西通谋，古今一体，同处一郡，故每每移席相济，文章朵颐，昔赵北瓯题吴梅村集曰："已甘身老著书间"，以喻其人甚是哉。今失师友，吾道孤矣！

学界同人北京大学比较文学研究中心乐黛云教授、陈跃红教授、加拿大康科迪亚大学段炼教授、华南师范大学栾栋教授，世界比较文明学会前主席美国学者 Bledsoe，美国加州大学比较文明学教授 George Von der Muhll，美国图兰大学英文系 Jannice Carlisle，日本学者 Koji Kawamoto 教授等国际国内友人亦多有教谕。更承国际比较文明研究会名誉会长 Shuntaro Ito（伊东俊太郎）先生赐序并屡次赐大作，往来信函无数，鼓励赞赏有加，在此一并致谢。

苏州大学比较文学研究中心被国内学界誉为"比较文学研究之重镇"，余长此中心有年，从学诸子博士研究生硕士研究生凡数十人，另有海外学成青年士子每有相聚学问，叩鸣论道。遂以海内外经典别裁成集，曰诗书易礼乐春秋，曰旧约新约即圣经、曰古兰经、曰斯维陀经，曰佛经之金刚般若诸篇什，合称"东西古今十经"，诵读不辍，虽辄有教训，以理论研究相推重，开体系创造之新风，所问学者，则有教无类，旨在树人。

余家人虽然各有繁忙的工作，仍然能省去余家务劳作之烦，关心照料，无所不至，如鸟归林，皆有托矣。

大地苍茫，宇宙浩荡，时空无涯，所思所见，必难周全，管见瞥识，无意挥尘，或可以为复瓿矣。

作者谨识

公元二千零三年十一月八日初记于北京大学静园一号东方文学研究中心一层工作室

公元二千零七年三月十五日改定于沪上牧鱼楼

公元二千零九年十月二十一日再记于苏州大学夔纹矩矱楼